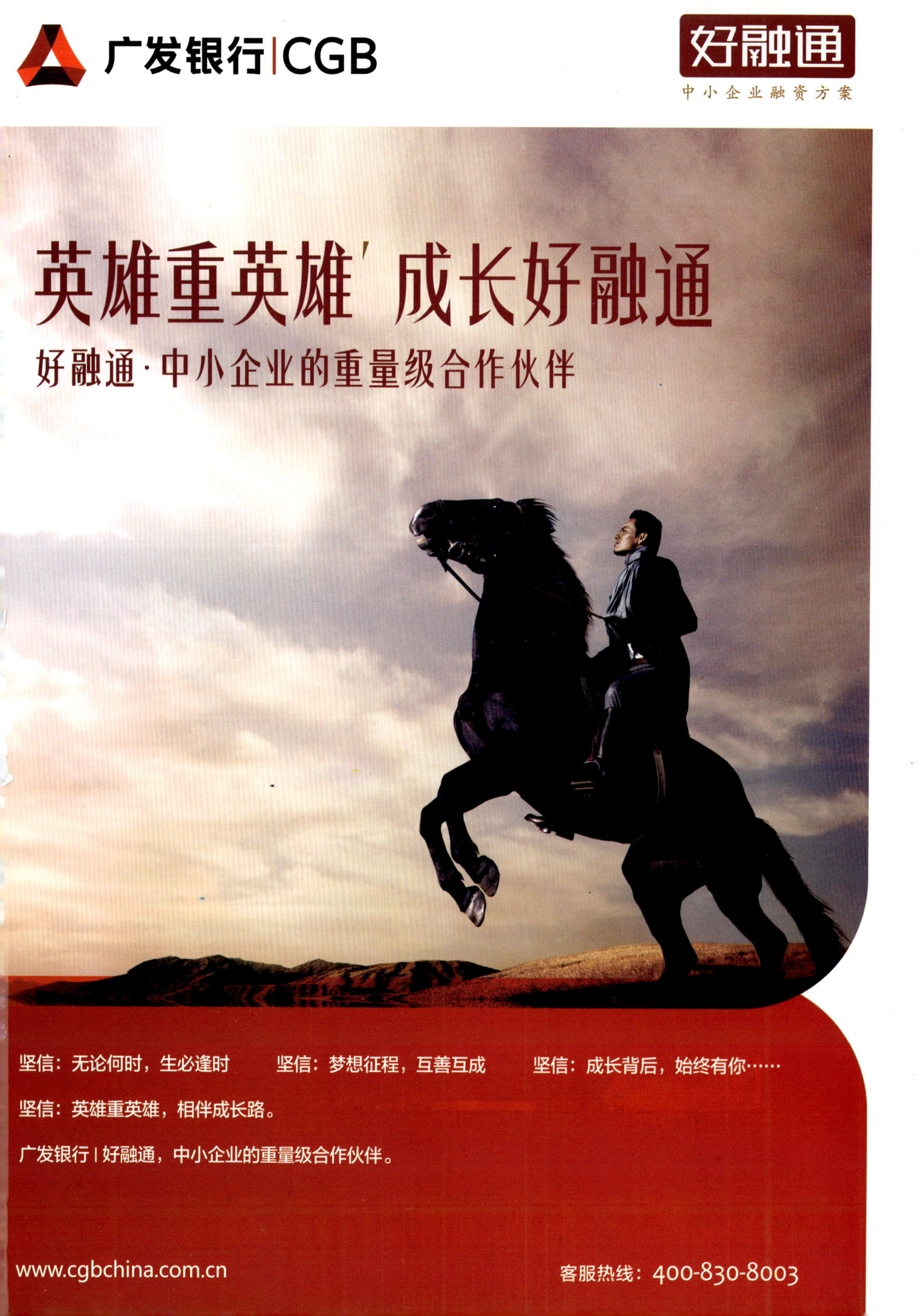

广发银行|CGB
好融通
中小企业融资方案
英雄重英雄，成长好融通
好融通·中小企业的重量级合作伙伴
坚信：无论何时，生必逢时
坚信：梦想征程，互善互成
坚信：成长背后，始终有你……
坚信：英雄重英雄，相伴成长路。
广发银行 | 好融通，中小企业的重量级合作伙伴。
www.cgbchina.com.cn
客服热线：400-830-8003

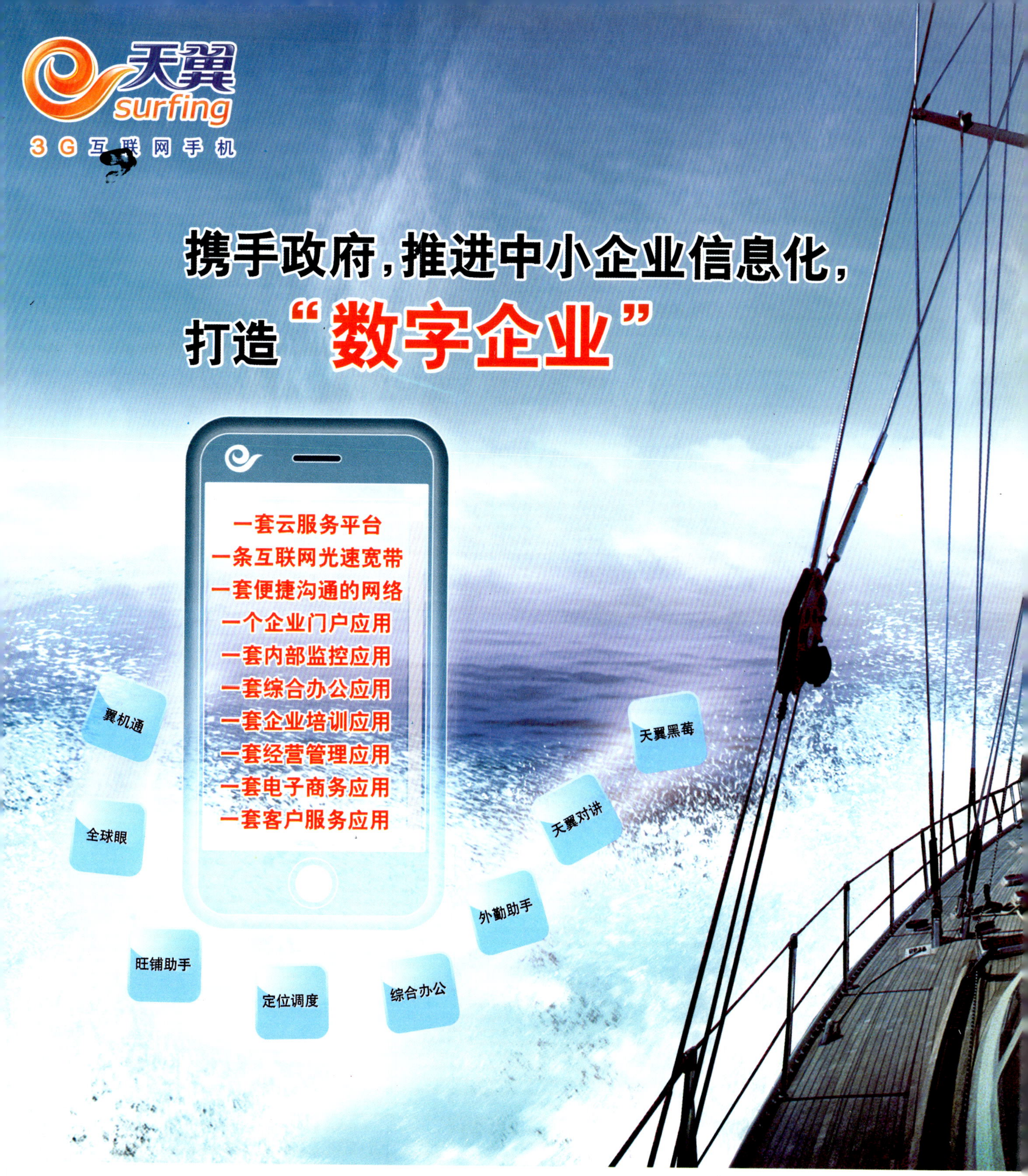
天翼
surfing
3G互联网手机
携手政府，推进中小企业信息化，
打造“数字企业”
一套云服务平台
一条互联网光速宽带
一套便捷沟通的网络
一个企业门户应用
一套内部监控应用
一套综合办公应用
一套企业培训应用
一套经营管理应用
一套电子商务应用
一套客户服务应用
翼机通
全球眼
旺铺助手
定位调度
综合办公
外勤助手
天翼对讲
天翼黑莓

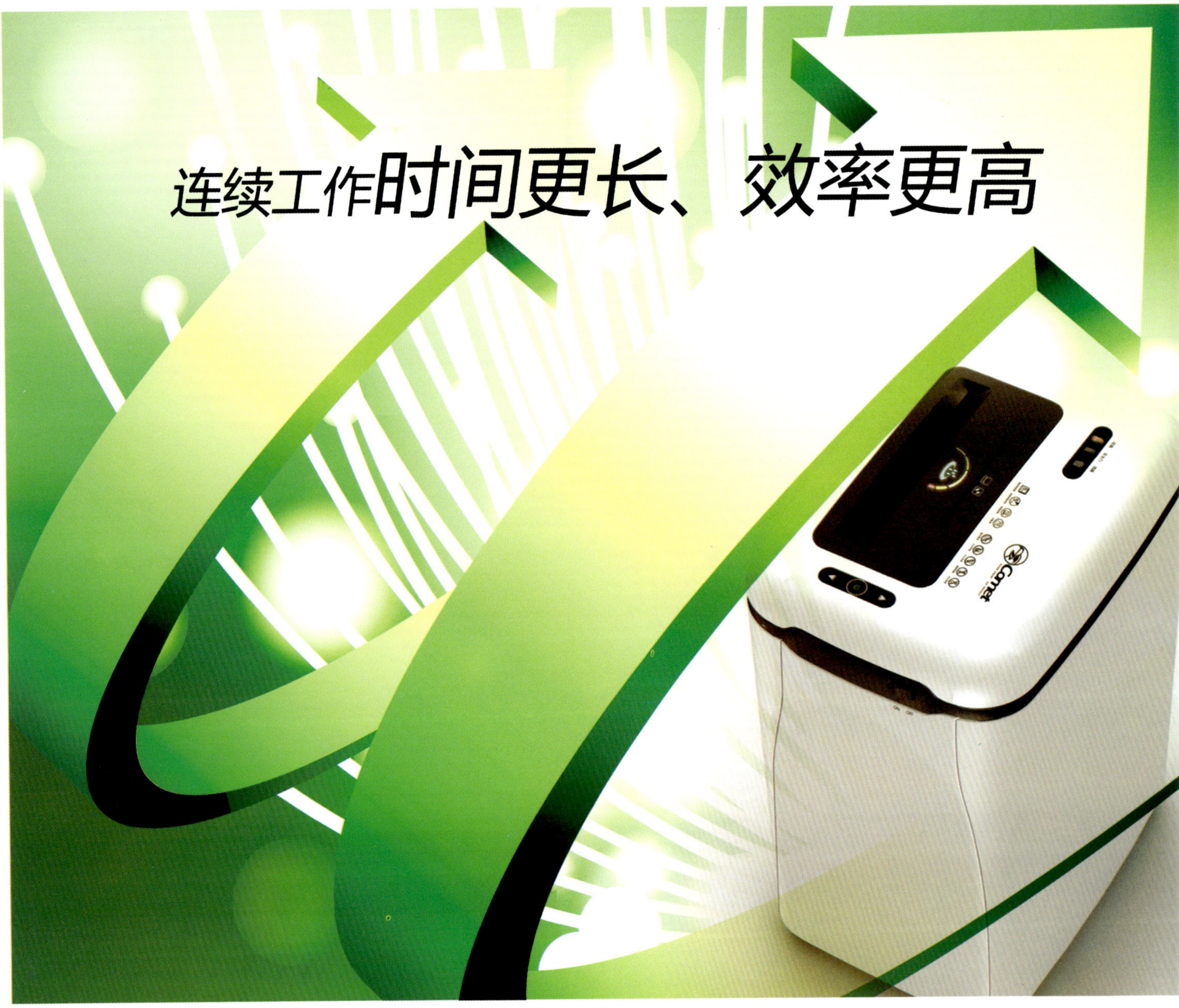

中国农业银行
AGRICULTURAL BANK OF CHINA

简式贷

南通开发区
惠民信用担保公司

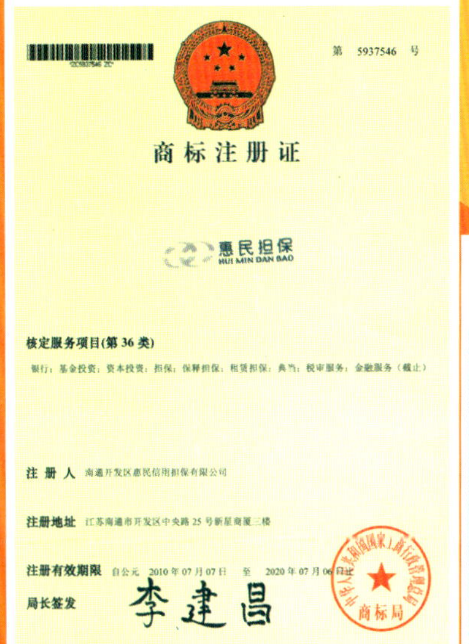

第 5937546 号

商标注册证

惠民担保
HUI MIN DAN BAO

核定服务项目(第 36 类)

银行；基金投资；资本投资；担保；保释担保；租赁担保；典当；税审服务；金融服务（截止）

注册人 南通开发区惠民信用担保有限公司

注册地址 江苏南通市开发区中央路 25 号新星商厦三楼

注册有效期限 自公元 2010 年 07 月 07 日 至 2020 年 07 月 06 日止

局长签发 李建昌

商标局

南通开发区惠民信用担保有限公司是以政府投资为引导、民营资本控股、按市场化运作、实行公司化治理、企业化管理的一家政策性和商业性兼容的专业融资性担保机构。

公司的核心价值观是：诚实守信，成人成事，社会责任、公司利益至上，忠于职守，使命高于生命，与公司共命运、同成长。

公司的经营和服务宗旨是：缓解区域内中小微型企业融资担保难，促进中小微型企业健康发展。在支持服务对象发展的同时发展壮大本公司。

公司的愿景目标是：做专、做精、做实、做强、做新、做一个可持续发展的专业化、规范化的担保公司。

公司的发展策略是：渐进式发展。以业务需要、以“才”和“财”的实际掌握好发展的“度”。

公司的工作作风是：快速、高效。即：快受理、快调查、快审查、汇办和决策等。快对接、快担责，尽快满足中小微型企业客户“快而急”的需求。

惠民担保公司是江苏省再担保体系中的主办机构，目前能为全省（重点是南通地区）中小微企业提供各类融资性担保、诉讼担保、保函担保、保证金担保、工程履约担保、“组团”担保等担保业务的服务和支持。

公司经人民银行南通中心支行对担保行业专项评级信用等级为 A+。公司目前所有者权益 13000 万元，在责担保金额为 72000 万元，按中央银监会《融资性担保公司管理办法》的相关规定还有近 5 个亿的担保额度。

公司目前与南通市主要金融机构（14 个市分行，近百个支行）有担保业务合作关系。

惠民担保及其专用商标已由国家工商商标总局于二０一０年 7 月核发。今年已被南通市评定为市级知名品牌商标。

惠民担保公司成立以来，已累计服务各类中小微型企业数百家，担保 1108 笔，担保金额近 28 亿，较好地承担了社会职责，得到政府、合作银行、服务对象的肯定和认可，成为本地有影响、有知名度的担保公司。

惠民人今后将一如既往地为打造百年惠民品牌而不懈努力！

成都合力創业融資担保有限公司

Chengdu Helichuangye Financing Guarantee Co.,Ltd.

成都合力创业融资担保有限公司成立于 2003 年 12 月，系经四川省人民政府批准成立的省内首批商业性担保机构。公司注册资金 50063 万元，信用等级 AAA，业务范围涵盖融资担保、非融资性担保业务，资产管理、投融资顾问、风险投资、股权投资等诸多领域。公司总部位于有“成都市金融街”之称的东大街，目前在乐山、攀枝花、泸州、宜宾等地均设置了分支机构。

公司荣誉

公司拥有一支优秀的专业团队，其中，来自国内外各著名高校的博士、硕士占员工总数的 30% 以上。公司管理团队成员均具有多年的商业银行、信托公司、投资银行等大型金融机构管理经验，熟悉投融资业务工作流程，风险管控水平极强。同时，大多数成员通过注册金融分析师（CFA）、注册会计师（CPA）、注册税务师（CTA）、金融风险管理师（FRM）、律师等专业资格认证。

办公环境照片

截至 2010 年底，公司累计为 1200 余家中小企业提供融资担保服务，为企业提供融资服务近 100 亿元，其中融资担保在保余额近 20 亿元，代偿损失率不足 0.5%。公司合作伙伴以银行为主，先后与工商银行、农业银行、中国银行、建设银行、交通银行、农业发展银行、农村信用联社、招商银行、兴业银行等 30 余家政策性、商业性银行建立了良好合作关系。作为成都市总商会融资服务体系建设中的重要一员，公司一直致力于为成都市总商会会员企业提供融资服务，并一直积极参与总商会融资服务体系建设；公司还整合了省、市经信委融资平台、西部企业家协会、成都企业联合会、现代物流协会、各行业商会、工业园区管委会等各方资源，并实现了各个渠道与平台间的良性互动。

作为四川省、成都市两级中小企业信用与担保业协会副会长单位和理事单位、四川省融资担保业协会副会长单位、工商业联合会常委单位、成都建筑业协会常务理事单位，公司先后获得了“全国服务行业明星单位”、“四川省星级信用担保机构”、“四川省担保机构孵化培训基地”、“成都市中小企业融资工作先进单位”、“成都市中小企业信用担保机构示范单位”和“成都市诚信担保机构”等殊荣；2010 年，公司参与了《中国担保》杂志社主办的首届“中国担保先锋中国担保英才”评选活动，最终从全国 339 家担保机构中夺得“中国担保辉煌先锋”的称号（全国仅 20 家）。

公司秉承“严谨、用心、尚行、积强”的经营理念，贯彻“融资融智、合力共赢”的方针，践行“服务中小企业”的使命，不断积极探索缓解中小企业融资困境的对策，依托银、担、企三方资源构成合力点，为中小企业提供高效、便捷、专业、一站式融资服务，有效帮助中小企业在残酷的市场竞争中抵御风险、成长壮大。为建设西部经济高地、推动中小企业信用担保体系再上新台阶和促进中小企业与非公有制经济又好又快发展做出积极贡献。

不让土壤，泰山能成其高；不择细流，江河方就其深。展望未来，兼容并蓄；客户至上，信用第一；勇于创新，持续学习。通过孜孜以求地有效提升金融服务核心竞争力，合力担保正向全国一流商业担保机构的目标阔步迈进！

成都金控融资担保有限公司

ChengDu Finacial Holding Finance Guarantee Co., Ltd

成都金控融资担保有限公司是由成都市人民政府整合地方金融产业的平台公司——成都投资控股集团有限公司投资设立的大型国有担保企业。公司于 2009 年 5 月 31 日正式开业，注册资本 5 亿元人民币。公司成立两年多以来，取得了良好的经济效益与社会效益。截止 2011 年 10 月 30 日，公司先后为 600 多家中小企业解决融资困难，累计担保规模已突破 65 亿元，在保规模已突破 48 亿元，解保约 16 亿元，已解保项目零逾期、零代偿、零损失，已成为西部乃至全国最具成长性的担保公司之一。

公司主要为广大中小企业提供多元化担保服务，包括贷款担保、票据承兑担保、项目融资担保等融资性担保业务，以及工程履约担保、投标担保、预付款担保、诉讼保全担保等非融资担保业务。公司虽起步较晚，但敢于创新、不断超越，在做好传统融资担保业务的基础上，率先在省内同行中引入工程担保银行“分离式保函”业务。公司与成都银行、成都农商银行、建设银行、国家开发银行、工商银行、民生银行、招商银行、兴业银行等近 20 家银行建立合作关系，率先在重庆、凉山、乐山设立分公司。在经营活动中，针对中小企业融资难且抵押不足的特点，公司积极发挥国有大型担保机构的引导和示范作用，在项目的评判上一改“重抵押”的行业传统思维，对于抵（质）押虽不足，但符合国家产业调整以及成长性较好的中小企业大胆提供担保支持，得到广大客户和合作银行的一致认可。

公司在确保国有资产保值增值的同时，为地方中小企业发展做出积极贡献。公司力争通过三到五年的努力，发展成为综合竞争力强、西部领先、全国一流的大型融资性担保公司，为企业融资排忧解难，为地方经济建设添砖加瓦。

四川创业融资担保有限公司

Sichuan Chuangye Financing Guaratment Co.,Ltd

四川创业融资担保有限公司于 2004 年经四川省人民政府金融办公室批准成立，同年 5 月 27 日依法在四川省工商局登记注册，注册资本金十亿七千万元人民币，并在四川省中小企业局登记备案，资信等级为 AAA 级。公司是四川省融资担保业协会副会长单位，四川省中小企业信用与担保协会副会长单位，并荣获全国担保行业十大竞争力品牌。公司现有从业人员 300 余人，直属业务部门 20 个，在四川省内各地市州设立分支机构 18 个，公司目前已发展成为四川乃至西南地区注册资本金和责任在保金额最大、业务面向全省的综合型专业担保机构之一。

资信等级证书

椰都信评[2011]第 D03号

四川创业融资担保有限公司

经评审，贵司被评审为 AAA 资信等级。

有效期至 2012年 08 月 17 日。

特发此证

重要备注：在有效期内资信等级经跟踪监测有可能发生改变，请随时向四川椰都信用管理评估有限公司查询。

四川椰都信用管理评估有限公司

2011 年 08 月 18 日

CERTIFICATE OF CREDIT RATING ASSIGNMENT

DATE:

No:

THIS IS HEREBY TO CERTIFY THAT HAS BEEN ASSIGNED TO WHICH WILL BE EFFECTED UNTIL

NOTE

SICHUAN YEDU CREDIT MANAGEMENT & RATING CO.,LTD

公司自成立以来，一直致力于建立和完善以“诚信为本”的社会信用体系和融资担保体系，提供以解决全省中小企业融资难题为诉求目标的全方位综合服务体系。公司秉承规范拓展融资担保业务，不断跟进市场需求，创新金融服务，充分发挥企业内部科学合理的管理体制与风险控制体系的作用，充分发挥专业化从业人员的资源优势，以高效、便捷、安全、周到的服务满足日益增长的中小企业融资与担保需求，支持优秀的中小企业在激烈的市场竞争中稳步发展；坚持以市场化运作和规范化管理提升企业信用，努力改善社会信用资源配置，勇于承担并积极帮助银行化解信贷风险，并以雄厚的实力，一流的信誉和专业的服务在银行、企业与担保公司之间成功搭建了业务合作平台。

截至 2011 年 6 月，公司已为 1000 多个工程项目、500 多家企业及众多个人客户提供了专业化、标准化的融资、担保服务，累计担保责任金额达 100 亿元人民币，在保余额达 60 亿元人民币，取得了担保责任代偿率为零，坏账损失率为零的良好经营效果。

★ 公司经营理念

公司坚持“信用创造财富，担保促进发展”的经营理念和“以资本促进产业发展，以战略提升企业素质，以担保促进企业发展，以企业发展推动担保”的发展思路。

★ 公司经营宗旨

坚持以人为本，以信为根；坚持客户为中心，发展为主线；坚持帮扶为核心，回报为目标；坚持品牌铸基业，诚信立永恒。提供优质的金融担保服务，为社会创造良好投融资发展环境。

★ 公司经营策略

准确定位市场需求，提供每个项目的最佳解决方案，对市场形势的准确判断，对营销技巧合理运用，“以信为根，创造需求，引导消费，创建未来”。

★ 服务类型及业务品种

● 担保业务

融资担保：企业流动资金、固定资产投入短、中、长期贷款、综合授信、银行票据担保、融资租赁担保、贸易融资担保、信托担保。

工程担保：企业招投标、承（发）包商履约及农民工工资支付担保。

个人贷款担保：个人消费贷款（车贷、房贷）及经营性贷款担保、短期抵押贷款担保。

诉讼保全担保：诉前保全担保、诉讼保全担保。

● 咨询业务

为企业提供融资咨询、管理咨询及财务管理、财务顾问服务。

● 投资业务

私募股权投资：风险投资、IPO 前的股权投资。

不良资产投资：企业实物资产收购处置、金融机构不良资产收购处置。

★ 公司优势

● 紧随国家产业政策，倾力打造服务品牌

公司已拥有一支由金融专业人员、经济师、律师、注册会计师等组成的并在经营管理方面具有深厚专业和丰富实践经验的高素质经营团队，致力于为客户提供一体化的投融资服务。在做大担保主业的同时，积极涉足融资服务、咨询服务、管理输出、私募股权基金、投资银行、金融租赁、资产管理等领域，业务布局已初具集团化规模。在多年经营过程中，先后获得了以下荣誉：2004 年被评为“四川省工商联创业投资担保同业会主席单位”；2010 年 1 月，被评为“中国金融担保行业十大竞争力品牌”；2010 年 4 月，成为“四川省中小企业信用与担保协会副会长单位”，公司董事长被选为“四川省中小企业信用与担保协会副会长”；2010 年 8 月，公司被评为业内最高资信等级“AAA”级；2011 年 7 月，成为四川省融资担保业协会第一批副会长单位，公司董事长何俊明先生被选为“四川省融资担保业协会副会长”；2011 年 8 月，公司被评为“2011 年度中小企业信用担保机构”。

● 加强多边业务合作，建立战略发展联盟

公司成立以来，坚持推行现代企业管理制度，实行企业化、市场化、专业化运作，建立了规范化的公司治理结构，完善了业务操作规程，健全了风险防范措施，是一家有实力、守信用、值得信赖的专业性和综合型的投融资担保公司。公司本着服务企业、开拓创新、防范风险、持续发展的经营思想，得到了四川省政府、省市金融办、省市中小企业局、省工商联和广大金融机构的大力支持，并先后与中国工商银行、中国农业银行、中国银行、中国建设银行、交通银行、中国农业发展银行、东亚银行、中国民生银行、深圳发展银行、中信银行、招商银行、兴业银行、恒丰银行、华夏银行、中国光大银行、浙江民泰银行、大连银行、渤海银行、哈尔滨银行、上海银行、重庆银行、成都银行、成都农商银行、浙商银行、包商银行、德阳银行、攀枝花市商业银行、乐山市商业银行、南充市商业银行、凉山州商业银行、雅安市商业银行、四川省农村信用社联合社、双流诚民村镇银行等多家金融机构广泛地开展担保业务合作，并与之建立了紧密的合作关系和稳定的发展联盟，为全省中小企业与金融机构搭建起一座共同发展的合作平台。

在“信用创造财富，担保促进发展”的经营理念下，我们相信：随着金融市场与金融产品的不断扩大与细分，通过公司持续地在业务拓展、风险管理、人才培养、产品研发等方面不断提升核心竞争力，通过全体同仁的不懈努力，四川创业融资担保有限公司终将成为西南地区乃至全国首屈一指的投融资服务机构。

中融信佳投资担保股份有限公司

中融信佳投资担保股份有限公司成立于2004年7月，注册资本30000万元，位于南京市中山南路501号通服大厦15楼A座。

中融信佳投资担保有限公司是由省、市行业背景深厚、主营业务清晰、经营业绩突出的数家大中型企业共同发起组建而成。控股股东江苏汇鸿国际集团是省属大型企业集团。汇鸿国际拥有雄厚的资金实力，拥有近100亿元人民币的净资产、300亿元人民币的总资产、300亿元人民币的年营业收入以及近50亿美元的年进出口总额，居省属外贸企业集团第一位，经济效益在省级外贸企业中名列前茅。在主业快速增长的前提下，汇鸿集团大力发展准金融业，涉足证券、保险、担保等领域，培育新的经济增长点，对中融信佳的发展起到了极大的促进作用。

中融信佳秉承“经营信用、管理风险，为中小企业服务”的经营宗旨，本着“诚实守信、秉公重义、求真务实、和谐共赢”的信念，重点关注管理团队优秀、成长性良好、有高科技含量的中小型制造企业和联系广大民生的第三产业企业，以市场化的运作模式架起企业和银行之间的合作桥梁，为解决中小企业融资难提供全方位的综合服务，营造商业银行、中小企业和担保公司的多赢格局。

自成立以来，中融信佳凭借强大的股东背景、专业的人才队伍、雄厚的资金实力、科学完善的管理机制，坚持风险管理与市场拓展有机统一的经营理念，在担保市场中打造了自身的品牌，在南京市场上实现了标杆的作用。公司已与数十家银行确立了战略合作关系，与政府机构及中介机构建立了良好合作。公司在省、市政府的支持下，于2006年10月牵头组建了“南京市担保行业协会”，并被选举为会长单位，为南京市内众多担保机构、中介机构、合作银行、中小企业提供了良好的融资合作平台。公司将进一步整合和优化资源配置，推动社会信用体系和担保融资体系的建立。2010年，公司引进了三名新的战略投资者南京市河西新城区国有资产经营控股（集团）有限责任公司、南京河西新城建设发展有限公司及南京市供销投资发展有限公司，均为南京市实力较强的国有企业，在原有股东及新股东的支持下，公司将不断扩大自有资金实力。

公司系列化的服务帮助企业在激烈的市场竞争中稳步发展，取得了良好的经济、社会效益。六年多来，公司先后为五百余家中小企业提供信用担保，累计担保额超过60亿元。公司自成立以来，业务量每年以30%以上的速度递增，在服务中小企业的同时，尽力回报社会。

公司着力打造百年企业、品牌企业，精心培养和锻造高水平职工队伍，全方位提高职工爱岗敬业、业务钻研、职业操守的基本素质，树立服务企业、服务社会的理念，推崇“创新发展、诚实信用”的正面形象和高尚的价值观，努力营造公司要发展、发展靠大家，职工与公司共成长的和谐氛围。

中融信佳期望与社会各界加强合作，共创美好未来！

黄石市中小企业信用担保有限责任公司

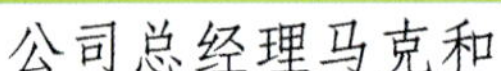

公司总经理马克和

公司全体员工

黄石市中小企业信用担保有限责任公司是 2002 年 12 月经黄石市市委、市政府同意，依法在黄石市工商行政管理局注册成立，公司实行企业化运作，归口黄石市经济和信息化委员会管理。公司注册资本 4 亿元人民币，经营范围是为黄石市域范围内中小微型企业提供贷款担保、票据承兑担保、贸易融资担保、项目融资担保、信用证担保、其他融资性担保业务，诉讼保全担保，履约担保业务，与担保业务有关的融资咨询、财务顾问等中介服务，以自有资金进行投资，监管部门规定的其他业务等。经过近十年的发展公司已经与湖北银行、交通银行、中国农业银行、黄石滨江农村合作银行、国家开发银行、中信银行、招商银行、广东发展银行、中国建设银行、中国工商银行、大冶国开村镇银行、兴业银行、邮政储蓄银行等黄石市域内所有金融机构建立了长期的合作关系。

市担保公司以完善的法人治理结构、稳健的经营团队、成熟的风控体系、顺畅的融资渠道、独特的企业文化，成为黄石担保市场的开创者、领跑者。近十年来，我们坚持服务企业、服务社会的经营理念，全力为我市中小微型企业和下岗失业人员创业再就业提供服务。截止 2011 年 10 月 31 日，市担保公司累计共为 770 家中小企业提供 2683 笔，66.7 亿元的贷款担保，累计为 21038 名下岗失业人员提供 7.6 亿元小额担保贷款，直接提供就业岗位 48349 个，有力地推动了黄石地区经济社会的发展。

与此同时，在由省经信委、省人行指定的中介机构信用评级中，我们由过去没有等级逐年上升至全省担保行业的最高评级之一 AA+ 级，2010 年被省国税局和省地税局评为纳税信用等级 A 级纳税人，黄石市担保公司已成为目前黄石市乃至湖北省内担保行业最亮丽的名片之一。

雄关漫道真如铁，而今迈步从头越。站在新的历史起点上，黄石市中小企业信用担保有限责任公司将继续深入贯彻落实科学发展观，以人为本，始终坚持“两个服务”，大力加强信用建设，砥砺奋进，不断推动黄石担保公司科学、跨越式发展。

深圳市金融联融资担保有限公司

深圳市金融联融资担保有限公司成立于2003年12月，是依托深圳电子结算中心成立的从事专业担保、投资及顾问咨询等业务的金融服务公司。

企业理念

以现代企业的经营管理理念，构建适合自身发展的企业模式。

经营方针：稳定经营　稳步发展

经营理念：人才第一　信誉第一　客户第一

经营宗旨：以管理提升品牌　以服务拓展市场
以风险保障效益　以创新做大做强

企业精神：以人为本　以和为贵
以德为范　以信为立

公司背景

深圳市金融联融资担保有限公司是人民银行组建的深圳电子结算中心为依托的金融联集团作为主要发起人下属的十家系列企业之一。

金融联集团成立于1996年，是中国第一家为金融企业提供专业化和全方位配套服务的综合运营商。

金融联集团以人行结算中心为依托，以集团化经营（拥有10几家子公司、3000余人团队、总资产达数十亿元）为优势，努力打造21世纪金融服务领域综合服务商的旗舰。集团以支付结算技术为先导，以专业化管理为基础，致力于打造金融联综合服务平台，最终跻身于世界一流金融综合配套服务供应商行列。

金融联集团专注于金融服务的各个领域，提供支付结算代理、系统集成与软件开发、金融票据传递与物流配送、融资担保与投资理财、客户商务服务、信用管理、信用卡综合服务、IT及电子产品代理、猎头及人才租赁、综合广告及营销策划等全方位金融企业的外包服务，特别是开发和推广的中国人民银行中国现代化支付系统等大型项目，使深圳的金融支付结算支付水平一直处于全国领先地位。

业务简介

以担保业务为主营，以创新业务为突破，不断增加业务品种，为中小企业提供优质服务，使公司朝综合性经营方向发展。

担保业务：公司重点拓展的主营业务。

担保品种：银行贷款担保、综合授信担保、信用证担保、承兑汇票担保、合同履约担保、工程履约担保、买方信贷担保、诉讼保全担保、租赁担保等。

其他业务：公司除担保业务以外的中间中介等业务。

业务品种：按揭赎楼、加按，"过桥"资金，公司资金证明、注册资金等过渡性融资业务。

咨询业务：市场调研、项目论证、项目融资、资产重组、财务顾问、上市辅导和企业管理等方面的咨询业务。

发展状况

深圳市金融联融资担保有限公司成立于2003年12月，原注册资金8000万元，2006年7月增资到1亿元，2009年增资为1.25亿，具有较雄厚的资金实力；依靠结算中心和金融联集团优势，短期资金更为充裕，对拓展业务十分有利。成立几年来从小到大，已发展成为深圳担保行业位居前五位的担保企业。

公司现有员工50多名，具本科以上学历者达90%，研究生以上学历者占60%，且大多数来自银行，经验丰富，人才优势明显。

公司以"满足社会信用需求，为优秀中小企业提供全方位金融中介服务"为宗旨，以"公平互信、实现共赢"为经营原则，提供适合中小企业发展的优质服务。在深圳市金融行业具有良好的经营口碑，保持良好的信誉。2010年公司被鹏元资信评估有限公司评为AA+级别的信用担保企业，与工行、农行、建行、招商银行、交通银行，浦发银行、深圳发展银行等建立良好的业务往来关系，与上述银行合作的业务额度达20亿元，增强了公司的竞争实力，使公司在深圳同行业名列前茅。

公司目前开展的对公、个人两类担保业务，引入银行审贷分离的管理机制，设立业务开拓和风险评审双轨管理机制。担保业务的管理和规章制度日趋完善：主要包括担保业务的管理制度、操作规程、评审管理、档案管理、操作流程、审批流程、风险管理、风险测评办法、内部控制等等。以完善的管理机制，详细的业务操作规则，良好的风险管理体系，保证担保业务的保前调查、保中审查、保后检查，都有严谨流程管理。

公司以人为本，以人才作为企业的最大资本，以人性化的企业文化作为企业经营管理的核心价值，以团队精神和整体运营保持企业的核心竞争力。

公司推行经营目标责任制管理，严格绩效考核办法，使公司经营成果与员工切身利益挂钩，以促进业务发展，提高经济效益。

公司前景

发展目标

正在加大业务拓展力度，实施一大（做大担保业务）、二多（多种产品、多种经营）、三强（竞争能力强、经营实力强、抗风险能力强）、四稳（稳定、稳步、稳妥、稳赚）的发展战略，力争三年内跻入深圳担保行业前三名，十年内走上规模经营、规模效益的现代大型企业的发展轨道。

企业机制

继续推行和完善以经营目标责任制为主要内容的系统化、规范化、制度化的企业管理模式，进一步强化公司自我约束、自我促进、良性发展的企业机制。

团队建设

继续打造一支领导有力、管理有法、经营有方、生财有道，有协作精神和整体力量的公司团队，以增强公司的核心竞争力.

公司将以信誉赢得合作，以真诚赢得客户，以透明赢得信赖，以实力赢得支持，以友谊赢得朋友，愿与社会各界特别是金融界和实业界朋友携手前进，以共荣共赢形式创造更加美好的明天！

中国中小企业年鉴(2011)

YEARBOOK OF CHINA SMALL AND MEDIUM ENTERPRISES

《中国中小企业年鉴》编委会　编

企业管理出版社

图书在版编目（CIP）数据

中国中小企业年鉴. 2011 /《中国中小企业年鉴》编委会编. -- 北京：企业管理出版社，2011. 12

ISBN 978 -7 -80255 -980 -6

Ⅰ. ①中… Ⅱ. ①中… Ⅲ. ①中小企业 - 中国 - 2011 - 年鉴 Ⅳ. ①F279. 243

中国版本图书馆 CIP 数据核字（2011）第 280111 号

广告经营许可证：京海工商广字第 8127 号

书　　名： 中国中小企业年鉴（2011）
作　　者：《中国中小企业年鉴》编委会
责任编辑： 杜敏 尤颖
书　　号： ISBN 978 -7 -80255 -980 -6
出版发行： 企业管理出版社
地　　址： 北京市海淀区紫竹院南路 17 号　　邮编：100048
网　　址： http：//www. emph. cn
电　　话： 发行部（010）68701638　编辑部（010）68414643
电子信箱： 80147@sina. com　zbs@emph. cn
印　　刷： 香河闻泰印刷包装有限公司
经　　销： 新华书店
规　　格： 215 毫米 × 290 毫米　16 开本　42 印张　1560 千字
版　　次： 2011 年 12 月 第 1 版　2011 年 12 月 第 1 次印刷
定　　价： 460. 00 元

中国中小企业年鉴（2011）

中国中小企业年鉴编委会（2011）

潘海民　工商总局个体私营经济监督管理司副司长
孙　波　国家质检总局质量管理司司长
张卫华　国家统计局工业司副司长
周学文　国家统计局工业司副司长
杨家才　中国银监会银行一部主任
王　林　中国证监会发行监管部巡视员兼副主任
孟亚平　国家开发银行评审三局局长
欧阳晓明　全国工商联经济部部长
邢俊玲　国家统计局工业司行业指导处处长
刘耀东　国家统计局工业司行业指导处副调研员

（各地中小企业主管部门）

荆甫智　北京市经济和信息化委员会中小企业处处长
蒋　颖　天津市中小企业发展促进局副局长
孙际林　河北省中小企业局副局长
王克建　山西省经济和信息化委员会副主任、中小企业局局长
张金亮　内蒙古自治区中小企业局局长
赵连生　辽宁省中小企业厅厅长
毕长泉　大连市经济和信息化委员会副主任、中小企业局副局长
白绪贵　吉林省工业和信息化厅（中小企业局）副厅长
王　磊　黑龙江省工业和信息化委员会主任
周敏浩　上海市经济和信息化委员会秘书长
张乐夫　江苏省中小企业局副局长
吴家曦　浙江省中小企业局局长
林克宇　宁波市经济和信息化委员会主任
吴韦人　安徽省经济和信息化委员会副主任
郑李亭　福建省经济贸易委员会副主任
罗晓芹　厦门市经济发展局企业处处长
吴治云　江西省中小企业局党组书记、局长
徐田军　山东省中小企业办公室党组成员、副主任
王　勇　青岛市经济和信息化委员会中小企业发展局局长
程　瑜　河南省工业和信息化厅中小企业服务局局长
刘进文　湖北省经济和信息化委员会副主任
黄东红　湖南省经济和信息化委员会党组成员、中小企业局局长
张文献　广东省经济和信息化委员会党组成员、中小企业局局长
何佐贤　广东省中小企业局副局长
顾宏伟　深圳市中小企业服务中心主任
方乃纯　广西壮族自治区工业和信息化委员会副主任
丁尚清　海南工业与信息化厅厅长
朱　健　重庆市中小企业发展指导局局长助理（副厅级）
张国斌　四川省经济和信息化委员会副主任
龙超亚　贵州省省经信委副主任、中小企业局局长
许　坚　云南省工业和信息化委员会巡视员、省非公办常务副主任
杨谦让　西藏自治区工业和信息化厅中小企业处处长
诸秀文　陕西省中小企业促进局副局长
杨利斌　陕西省中小企业促进局政策法规处处长
姜义德　甘肃省工业和信息化委员会副主任
董　璞　青海省经委中小企业发展局副主任

王永耀　宁夏回族自治区经济和信息化委员会党组书记、主任
任光华　新疆自治区经济和信息化委员会党组副书记、副主任（正厅）
赵世民　新疆兵团发展改革委（工业局）发改委副主任，工业局局长

联络员

李　方　工业和信息化部中小企业发展促进中心信息调研处副处长
童有好　工业和信息化部中小企业发展促进中心信息调研处高级经济师
宋烜懿　工业和信息化部中小企业发展促进中心信息调研处
魏　颖　北京市经济和信息化委员会中小企业处主任科员
刘　亢　天津市中小企业发展促进局经济运行处副调研员
赵玉山　河北省中小企业局人事人才处处长
原晋军　山西省中小企业局主任科员
葛胜敏　内蒙古自治区中小企业局处长
姚东辉　辽宁省中小企业厅经济运行处副处长
徐长义　大连市经济和信息化委员会中小企业局中小企业处副处长
胡志森　吉林省工业和信息化厅（中小企业局）中小企业处处长
梁其娟　黑龙江省工业和信息化委员会中小企业局局长
宋晓辉　上海市促进小企业发展协调办公室副主任
马　健　江苏省中小企业局综合管理处主任科员
冯华东　浙江省中小企业局综合管理处副处长
董其岳　宁波市经济和信息化委员会调研员
齐　晓　安徽省经信委中小企业局中小企业培训中心副主任
徐　敏　福建省经济贸易委员会中小企业处处长
张朝进　厦门中小在线信息股份有限公司董事长
徐星龙　江西省中小企业局办公室主任科员
王功永　山东省中小企业办公室政策调研处副调研员
王建根　青岛市经济和信息化委员会中小企业发展局规划发展处处长
朱孝恒　河南省工业和信息化厅中小企业服务局发展指导处副处长
雷培德　湖北省经济和信息化委员会中小企业发展处处长
聂　霞　湖南省经济和信息化委员会中小企业发展处科长
刘　广　深圳市中小企业服务中心
黄　加　广西壮族自治区工业和信息化委员会中小企业处副调研员
蔡胤彦　海南工业与信息化厅中小企业处副处长
廖　冰　重庆市中小企业发展指导局政策法规处处长
郜筱亮　四川省经济和信息化委员会企业处主任科员
周　航　贵州省中小企业局非公有制经济处处长
张云江　云南省工业和信息化委员会中小企业处副主任科员
尼玛扎西　西藏自治区工业和信息化厅中小企业处副处长
乔洪英　陕西省中小企业促进局政策法规处干部
陈建设　甘肃省工业和信息化委员会中小企业处主任科员
马新洲　青海省经委中小企业发展局副局长
马　莉　宁夏回族自治区经济和信息化委员会中小企业处主任科员
游　炜　新疆自治区经济和信息化委员会企业处副调研员
帅　英　新疆兵团发展改革委（工业局）经济运行处处长

编辑说明

一、《中国中小企业年鉴（2011）》（以下简称《年鉴》）收录内容为2010年1月1日至12月31日间的相关文献、资料，记述了这一阶段我国中小企业改革与发展的重大事件和主要成就。

二、本《年鉴》收录范围为除香港、澳门、台湾三地外全国31个省、自治区、直辖市、5个计划单列市以及新疆生产建设兵团。各地相关资料按最新发布的全国行政区划顺序编排。

三、本《年鉴》以工具书形式编排，分成重要文献、综述、国家扶持中小企业政策与措施、各省市中小企业改革与发展、中小企业统计资料、政策法规、调研与实践、附录等八篇。

四、2010年中小企业主要经济指标由国家统计局特别提供，包括除香港、澳门、台湾三地外全国规模以上中小工业企业的主要经济指标。地方统计数据由各地中小企业管理部门协助提供。

五、附录中“年度推荐企业”由各地中小企业管理部门推荐，是宣传展示优秀中小企业的公益性平台。

六、2011年7月，编委会在乌鲁木齐市召开了工作会议。工业和信息化部中小企业司领导出席会议并讲话，对上一年度的年鉴工作进行了总结，对本年度工作提出了要求。国家统计局及各省市参会代表就进一步做好年鉴编纂工作，提高年鉴质量提出了许多建设性的意见。

七、本书的编辑出版得到了工业和信息化部领导和中小企业司领导的重视，得到国家统计局等部门的大力支持，也得到各省市中小企业主管部门和服务机构的大力配合和支持。在各方共同努力下，《年鉴》稿件质量不断提高，使本书信息服务功能不断完善和加强。在此我们向支持、参与本书工作的所有同志致以深深的敬意。

八、对于本书存在的不足、疏漏与错误请大家批评指正。让我们共同努力，不断提高《年鉴》的质量和水平，为我国中小企业事业的发展做出贡献。

《中国中小企业年鉴》编委会

2011年12月1日

中国中小企业信息网举行新春联谊会

《 2010年1月29日，中国中小企业信息网举行了新春联谊会，工业和信息化部党组成员、总工程师朱宏任到会致辞，总结一年以来中小企业的相关工作，感谢战斗在中小企业战线的所有同志。

工业和信息化部召开“第六届APEC中小企业技术交流暨展览会”筹备工作电视电话会议

2010年2月9日下午，工业和信息化部召开了“第六届APEC中小企业技术交流暨展览会”筹备工作电视电话会议。部党组成员、总工程师朱宏任做了“搭建展示平台，增进合作交流，促进中小企业市场开拓和持续发展”的重要讲话。》

中小企业划型标准修订工作组工作座谈会在京召开

《

2011 年 3 月 12 日，工业和信息化部与国家统计局牵头，发展改革委、财政部、银监会等部门参加的中小企业划型标准修订工作组工作座谈会召开。工作组组长，工业和信息化部党组成员、总工程师朱宏任出席会议并讲话。

部分省市中小企业工作座谈会在西安召开

2011 年 4 月 9 日上午，来自全国 12 个省（市）的中小企业主管部门代表出席了部分省市中小企业工作座谈会。

《 工业和信息化部党组成员、总工程师朱宏任在会上讲话

《中国中小企业年鉴》工作研讨会在苏州召开

《 2011年5月20日，《中国中小企业年鉴》工作研讨会在苏州市召开，工业和信息化部中小企业司、中小企业发展促进中心的领导和来自18个省市中小企业管理部门的年鉴联络员共30多人参加了会议。

2010中国（苏州）国际中小企业交易会在苏州举办

2010年5月20-23日，2010中国（苏州）国际中小企业交易会（以下简称中交会）在苏州国际博览中心成功举办。本届中交会由中国中小企业国际合作协会、江苏省经济和信息化委员会、江苏省中小企业局和苏州市人民政府共同主办。中国中小企业国际合作协会会长郑斯林、副会长许孔让、工业和信息化部党组成员、总工程师朱宏任、江苏省人民政府副省长史和平、工信部中小企业司司长王黎明、副司长王健翔、江苏省经济和信息化委员会主任陈震宁、江苏省中小企业局副局长陆元刚、苏州市人民政府副市长周伟强等出席了本届中交会开幕式并参加了其他相关活动。 》

《 中国中小企业国际合作协会郑斯林会长（右二）、工业和信息化部党组成员、总工程师朱宏任（右一）参观展馆

中小企业专项资金项目申报工作电视电话会议在京召开

2011 年 5 月 25 日，中小企业专项资金项目申报工作电视电话会议在北京召开，工业和信息化部党组成员、总工程师朱宏任出席会议并讲话。

工业和信息化部领导一行赴清华大学调研

2011 年 6 月 12 日上午，工业和信息化部党组成员、总工程师朱宏任一行赴清华大学调研座谈。2006 年起，清华大学受工业和信息化部委托举办“中小企业高级工商管理研究生课程进修项目”，来带动和推进“国家中小企业银河培训工程”，四年来累计已培养来自全国各地中小企业高级管理人员 1900 余人。

第六届 APEC 中小企业技术交流暨展览会在福州举办

《 2011 年 7 月 1 日上午，第六届 APEC 中小企业技术交流暨展览会在福州海峡国际会展中心隆重开幕。全国人大常委会副委员长、民盟中央主席蒋树声、工业和信息化部、外交部、科学技术部、商务部、福建省人民政府、福州市人民政府有关领导，APEC 秘书处官员及 APEC 成员体代表出席开幕式。工业和信息化部党组成员、总工程师朱宏任致辞。开幕式后，朱宏任总工程师出席“第三届 APEC 中小企业对话世界 500 强财富论坛”并做主旨发言。

国务院促进中小企业发展工作领导小组办公室在京召开第二次会议

2011 年 7 月 20 日，国务院促进中小企业发展工作领导小组办公室在京召开第二次会议。领导小组成员、工业和信息化部党组成员、总工程师朱宏任出席会议并讲话。

《 工业和信息化部党组成员、总工程师朱宏任在会上讲话

工业和信息化部组织中央媒体赴玉树采访

《 2010年8月9日-10日，工业和信息化部组织了新华通讯社、中央电视台、经济日报、中国工业报、中国电子报等部分中央媒体记者赴青海报道玉树中小企业抗震救灾和灾后重建情况及全省中小企业生产运行情况。

第七届中国国际中小企业博览会暨中澳中小企业博览会在广州举办

2010年9月15日，第七届中国国际中小企业博览会暨中澳中小企业博览会，于广州国际会议展览中心隆重开幕。中博会组委会副主任、工业和信息化部党组成员、总工程师朱宏任，澳大利亚驻华大使芮捷锐先生在开幕式上分别致辞。中博会组委会主任、广东省省长黄华华宣布开幕。》

《 中博会组委会副主任、工业和信息化部党组成员、总工程师朱宏任在开幕式上致词

2010’中国（陕西）非公有制经济发展论坛在西安举办

《

2010 年 9 月 26 日，由中国民主建国会中央委员会、工业和信息化部、陕西省人民政府共同主办的 2010’中国（陕西）非公有制经济发展论坛在西安隆重开幕。工业和信息化部党组成员、总工程师朱宏任出席开幕式并作题为《积极转变发展方式，促进非公有制经济平稳较快发展》的演讲。

第二次中德中小企业政策磋商会议在柏林召开

2010 年 11 月 8 日，工业和信息化部副部长苗圩在德国柏林与德国经济和技术部国务秘书布尔格巴赫尔共同主持召开了第二次中德中小企业政策磋商会议，双方回顾了近年来中德在中小企业领域合作与交流情况，介绍了各自国家中小企业发展最新情况、行业结构及特点、为支持中小企业发展和应对国际金融危机所采取的相关政策与措施等。会议就加强两国在中小企业领域的广泛合作达成共识。

》

全国中小企业服务体系建设座谈会在青岛召开

2010 年 11 月 10 日至 11 日，工业和信息化部在青岛市召开全国中小企业服务体系建设座谈会，深入贯彻落实党的十七届五中全会精神，落实《国务院关于进一步促进中小企业发展的若干意见》，总结交流十年来推动服务体系建设情况，研究新形势下加快推动服务体系建设的思路和重点任务。工业和信息化部党组成员、总工程师朱宏任出席会议并作了《加快推进服务体系建设，促进中小企业持续健康发展》的报告。

工业和信息化部党组成员、总工程师朱宏任在会上作报告

2010APEC 中小企业峰会在宜宾举办

2010 年 12 月 10 日，2010APEC 中小企业峰会在四川宜宾隆重开幕，来自亚太地区各经济体、国际组织代表、政府机构代表、著名经济学家、商界精英以及数百家优秀中小企业高层汇聚一堂，共同围绕“中小企业的创造力”展开深入的交流和探讨。本次峰会由中国国际贸易促进委员会、四川省人民政府、APEC 工商咨询理事会共同主办，获得工业和信息化部部、商务部大力支持。

2011 年全国工业和信息化工作会议在京召开

2010 年 12 月 25 日，工业和信息化部在北京召开 2011 年全国工业和信息化工作会议。25 日上午，工业和信息化部部长李毅中在会上作了“加快工业转型升级　推进两化深度融合　走中国特色新型工业化道路迈出新步伐”的工作报告。工业和信息化部党组书记、副部长苗圩主持会议。会议主要任务是全面贯彻落实党的十七届五中全会和中央经济工作会议精神，回顾总结 2010 年工作和“十一五”成绩，分析明确“十二五”面临的环境和任务，部署安排 2011 年的工作，以加快转变发展方式为主线，以调整产业结构为主攻方向，统一思想，明确任务，狠抓落实，努力开拓工业和信息化工作新局面。

工业和信息化部党组书记、副部长苗圩在会上讲话

“中越中小企业经贸交流与合作研讨会”在京召开

2010 年 12 月 28 日上午，由中华人民共和国工业和信息化部、越南社会主义共和国计划投资部共同主办的“中越中小企业经贸交流与合作研讨会”在北京召开，来自中越两国中小企业政府管理部门、服务机构、研究机构和中小企业的 150 余位代表出席了上午的会议，双方围绕两国中小企业扶持政策、加强中小企业的经贸合作等进行了深入交流与研讨。

工业和信息化部党组成员、总工程师朱宏任在会上讲话

西安市雁塔区鱼化工业园

新都市 · 新工业 · 新鱼化
国家级新型都市工业示范园

大西安主城唯一都市工业园

西安雁塔鱼化工业园规划范围东临西三环，西连绕城高速，北至昆明路，南至科技西路，园区总面积5.37平方公里(合8058亩)。雁塔鱼化工业园，以总部经济为支柱，以现代服务业为辅助，建设集生产制造、总部聚集、生活居住、商业服务等功能为一体的综合性工业总部新城。

雁塔鱼化工业园在新型都市工业示范园基础上，打造“总部集聚、资本集聚、高端人才集聚”的总部经济形态为核心的发展思路，以产业集聚和一体化平台建设为核心竞争力，通过产业升级和完善，将园区建设以“总部经济为支柱，高端制造业为基础，金融商务、信息服务业为配套，贸易流通服务业为辅助的工业总部新城”。园区在雁塔区委、区政府的大力支持下，以“鱼化工业总部新城”为整体定位目标，倾力打造西安生产性服务业发展的新标签，成为西安经济发展的新引擎、拉动城市产业升级的新基地，开创西安总部经济的新模本。

区委书记吴键(右一)陪同省委常委、市委书记孙清云(左二)在园区调研

区长汪文展(右一)从国家工信部中小企业发展促进中心主任秦志辉(左一)手中接过牌匾，标志着西北首家国家级“新型都市工业示范园”落户雁塔

园区六大核心价值

政策优势： 省重点项目，各级政府鼎力支持
区位优势： 未来城市新区，绝无仅有工业园
交通优势： 立体交通网，纵横都市工业动脉
配套优势： 全产业配套，奠定企业腾飞基石
人才优势： 数十万精英，科技教育资源丰富
生态优势： 公园大特区，周秦汉唐生态长廊

招商电话：029-84686125

西北总部基地项目(效果图)

西安鱼化汽车产业园(效果图)

标准厂房项目(效果图)

西安鱼化光电电子科技产业园(效果图)

目 录

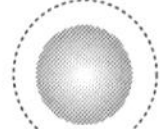

第四篇 各地中小企业改革与发展

第五篇　中小企业统计

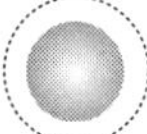

第六篇　政策法规

一、相关法律、法规、部门规章及规范性文件

二、地方性法规、规章及规范性文件

第七篇　调研与实践

第八篇　附录

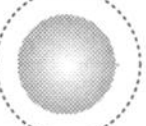

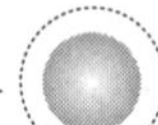

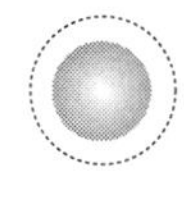

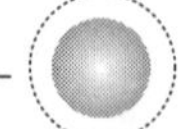

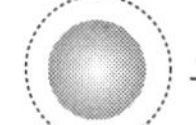

序

中小企业是我国国民经济和社会发展的重要力量。中小企业数量占企业总数的99%以上，对我国GDP贡献超过了60%，并提供了80%以上的城镇就业岗位。中小企业的发展状况，直接影响了整个国民经济的发展水平。随着工业化和信息化深度融合，国内外经济运行环境日趋复杂，中小企业发展既有难得的历史机遇，也面临严峻的挑战。国际经验表明，中小企业的高速发展，离不开有效的社会化服务体系尤其是信息服务体系的支撑。我国在建立完善中小企业服务体系方面也做了大量的工作，取得了显著成效，但其服务功能如创业服务、创新服务、融资服务、管理咨询服务、信息服务、人才培养、市场开拓服务等功能仍需进一步加强。其中，信息服务是其他各项服务的基础。

《中国中小企业年鉴》自创办以来，在中小企业信息服务体系中发挥了重要的作用。作为我国第一部系统、全面介绍我国中小企业现状及趋势分析的信息服务工具书，年鉴多年来坚持不懈地为中小企业、为政府、为各类服务机构提供全面、有效的数据和信息服务。通过整理汇编国务院及各部门指导、扶持中小企业的政策、法规，为中小企业提供政策信息，帮助中小企业了解并充分利用各类扶持资金、政策；通过宣传交流地方中小企业工作成绩和成功经验，促进各地发挥地区优势，发展地方特色产业；通过提供各类中小企业服务机构信息，为中小企业解决资金、技术、人才、市场等问题提供信息支持。

经过多年的积累，年鉴形成了全面、高效的信息征集系统。国家统计局为年鉴提供年度中小企业主要指标数据，并专门撰写中小企业发展状况分析报告。各级中小企业主管部门为年鉴提供权威、翔实的数据和资料。在大家共同努力下，年鉴编辑质量伴随着我国中小企业事业的发展而不断提高，年鉴的信息服务功能不断增强和完善，年鉴工作已成为中小企业服务体系建设的一项重要内容，成为增强服务能力、优化服务环境的重要抓手。在此我对年鉴各组稿单位的辛勤努力表示诚挚的感谢！我相信，在社会各界的支持下，《中国中小企业年鉴》会越办越好，为促进我国中小企业又好又快发展做出更大贡献！

朱宏任

2011年12月2日

第一篇

重要文献

一、国家领导关于中小企业工作的讲话及论述

推动合作创新 实现互利共赢

——在中瑞企业合作与创新论坛上的演讲

中华人民共和国副主席　习近平

尊敬的奥洛夫松副首相，各位企业家朋友，女士们，先生们：

在中瑞建交60周年之际，有机会出席中瑞企业合作与创新论坛，同各位工商界朋友见面，我深感荣幸。在此，我谨向长期以来为促进中瑞经贸关系发展作出积极贡献的各位企业家表示诚挚的问候和由衷的敬意！

中瑞两国远隔千山万水，但两国人民友好交往源远流长。早在1739年，瑞典“哥德堡号”古商船就满载瑞典人民的友谊远航中国，开启了中瑞经贸往来的大门。中华人民共和国成立后，瑞典是同新中国最早建交的西方国家。中国实行改革开放以来，瑞典又是最早同中国签订贸易协定和投资保护协定的国家。历经60年风雨考验，中瑞友好互利合作关系不断加强，双方在政治、经贸、科技、教育、文化、环境保护等领域的交流合作不断扩大。

经贸关系是中瑞关系的重要支柱。在两国政府和企业界共同努力下，中瑞经贸合作实现了量的扩大和质的飞跃。在发生国际金融危机的2009年，中瑞贸易额仍高达96亿美元，其中机电和高新技术产品所占比重达六成，中国自瑞典的进口同比增长8.3%。目前，瑞典在华投资项目已超过1000个，投资金额近20亿美元；中国企业赴瑞投资已占中国对北欧国家投资的四分之三。中国迄今累计自瑞典引进技术1374项，合同金额达127亿美元，瑞典已成为中国在北欧的重要贸易伙伴国和在欧盟最主要的技术引进来源国。中瑞地方交流和民间往来也日益活跃，每年双方人员往来平均达到16.5万人次。不断扩大的经贸关系，给两国人民带来了实实在在的利益。

过去的一年是新世纪以来中国经济发展最为困难的一年。面对国际金融危机严重冲击，中国政府实施积极的财政政策和适度宽松的货币政策，推出大规模增加政府支出和结构性减税、大范围实施重点产业调整和振兴规划、大力度推动科技进步和创新、大幅度提高社会保障水平和扩大城乡就业的一揽子计划，成效非常明显。去年中国国内生产总值同比增长8.7%，出口总量跃居世界第一，进口货物价值超过1万亿美元，成为世界第二大进口国和全球最大新兴市场，为世界经济复苏作出了积极贡献。同时，中国经济社会发展仍然存在一些突出矛盾和问题，特别是经济增长内生动力不足，自主创新能力不强，部分行业产能过剩矛盾突出，结构调整难度加大，就业压力总体上持续增加和结构性用工短缺的矛盾并存；农业稳定发展和农民持续增收的基础不稳固；医疗、教育、住房、收入分配等方面的突出问题亟待解决。

此次中瑞经贸论坛以“合作与创新”为主题，有很强的现实针对性。我们认为，合作与创新是最终战胜国际金融危机的强大武器，是推动经济全球化继续朝着均衡、普惠、共赢方向发展的必由之路，是实现世界持久和平、共同繁荣的不竭动力。中国政府审时度势、下最大决心加快经济发展方式转变和经济结构调整，包括调整内外需结构，调整投资、消费结构和进出口贸易结构，扩大先进技术、关键设备和零部件进口，促进节能降耗、环保产品进口；积极推动出口贸易从规模速度型向质量效益型转变；继续改善外商投资环境，加快提高利用外资质量和水平，把利用外资同推动产业升级和促进区域经济协调发展结合起来；加快实施“走出去”战略等，就是为了推动中国经济进入创新驱动、内生增长的发展轨道，使中国的发展对世界经济复苏和可持续发展作出更大贡献。

转变世界经济发展方式和全球贸易发展方式，需要世界各国携手努力。这里，我对中瑞经贸合作提出5点建议。

第一，密切贸易合作，共同反对保护主义。中瑞经济各有优势、互补性较强，对彼此产品和市场均有较大需求。应结合各自需求和优势，扩大市场开放，促进贸易自由化和便利化，抵制各种形式的保护主义。中方高度评价瑞典等北欧国家一贯坚持自由贸易立场，希望瑞方推动欧盟早日承认中国完全市场经济地位。

第二，深化投资合作，促进经济社会协调发展。两国政府部门应该继续为双向投资合作提供支持和协助，利用经贸联委会等现有促进机制帮助企业适应经济环境变化，拓宽投资领域，创新投资模式，引导企业履行社会责任。通过相互投资，促进两国经济结构调整、协调区域发展、加快产业升级、扩大社会就业、增进人民福祉。

第三，加强创新合作，实现优势互补。瑞典以创新立国，是世界上拥有创新成果和发明专利最多的国家之一，在信息通信、生命科学、精密机械等诸多领域稳居世界领先地位。中国正在加快建设创新型国家，大力发展战略性新兴产业，运用高新技术改造传统产业，大力推动原始创新能力和关键核心技术创新能力建设，正在加强知识产权的创造、运用和保护，大力营造保护知识产权的法制、市场和文化氛围。欢迎更多瑞典高技术企业和研发机构

到中国落户，带动更多企业和科研机构参与技术研发，为双边经贸合作增添新的动力和活力。

第四，推动低碳合作，携手应对气候变化。呵护人类共有的地球家园，加快发展绿色经济和低碳技术，积极应对气候变化，实现人口、资源、环境可持续发展，这是世界各国政府和企业的共同责任。瑞典的水处理、垃圾处理、空气净化、清洁能源技术在世界上处于领先地位，中国正在积极发展循环经济和节能环保产业，双方合作有巨大现实需求和发展潜力。中瑞双方应该落实两国政府间环境、能源和可持续发展城市协议，加快推进唐山曹妃甸国际生态城和无锡中瑞生态城等示范和先导项目，携手推进两国经济社会可持续发展。

第五，完善中小企业合作，夯实双边经贸关系的基础。中瑞大企业合作已日臻成熟。但是，作为两国经济主体的中小企业，在双边经贸合作中的巨大发展潜力还有待充分挖掘。双方应该发挥贸易投资促进机构等中介组织作用，加强中小企业对话，搭建科技研发、信息网络、文化创意、工业设计、市场营销、品牌创立等方面的合作平台，加大资金融通、技术转让、市场共享、人力资源开发等方面的支持力度，切实为中小企业合作创造条件、提供便利，使深化中小企业合作成为两国经贸合作发展的新亮点。

女士们、先生们！

中华民族是热爱和平的民族，拥有 13 亿人口的中国是维护世界和平的坚定力量。中国对内坚持科学发展、和谐发展，对外坚持和平发展、合作发展。一个月后将在上海黄浦江畔开幕的 2010 年上海世博会，是促进中国同世界各国交流合作、促进科技创新和文明进步、促进人类和平发展的盛会，也是展示中国科学发展、和谐发展、和平发展、合作发展理念和成效的重要平台。我们非常感谢瑞典政府和各界人士对上海世博会筹办工作的大力支持，我们愿同各方一道，共同把上海世博会办成一届成功、精彩、难忘的盛会。热诚欢迎瑞典各界朋友届时到上海参与和参观世博会。

最后，祝中瑞经贸论坛取得圆满成功。让我们加强交流、增进互信，携手共创中瑞经贸合作的美好未来。

谢谢大家！

深化交流合作 实现互利双赢

——在中意中小企业合作论坛上的主旨演讲

中共中央政治局常委、中央纪委书记　贺国强

尊敬的福尔米科尼主席，各位企业家朋友，女士们，先生们：

前几天刚刚在北京接待意大利大型经贸团，今天又很高兴来到历史悠久、风景秀丽的米兰市，出席“中意中小企业合作论坛”。在此，我谨对论坛的顺利举办表示热烈祝贺，向与会的各界朋友表示诚挚问候，对两国有关方面为举办论坛所付出的辛勤劳动表示衷心感谢！

2009 年，受国际金融危机冲击，世界经济出现了上世纪大萧条以来最严重的衰退。与其他主要经济体一样，中国经济也遭遇新世纪以来最为严峻的挑战。面对极其困难的形势，中国政府及时果断实行积极的财政政策和适度宽松的货币政策，全面实施并不断完善应对国际金融危机的一揽子计划和政策措施，积极扩大内需特别是居民消费需求，较快扭转了经济增速下滑趋势，在世界率先实现经济回升向好。去年，中国国内生产总值增长 8.7%，其中国内消费和投资贡献率达 144.8%；今年一季度，中国国内生产总值增长 11.9%，其中国内消费和投资贡献率为 109.9%。

在保持国内经济平稳较快发展的同时，中国政府积极参与国际宏观经济政策对话协调和经贸金融合作，在共同应对国际金融危机冲击、推动世界经济复苏中发挥了建设性作用。尽管中国经济同样遭受严重冲击，但中国政府继续积极开展多种形式的贸易投资促进活动，鼓励增加进口。2009 年，中国进口降幅低于出口降幅 4.8 个百分点，低于全球进口降幅 13 个百分点。今年一季度，中国进口增长 64.6%，创季度增速历史最高。

目前，世界经济复苏势头日益巩固，但不确定不稳定因素依然很多，主要经济体失业率居高不下，部分国家主权债务危机还在发展，实现持续全面复苏还面临不少困难。在这种形势下，中国政府将坚持把保持经济平稳较快发展与加快经济发展方式转变有机结合起来，继续实施积极的财政政策和适度宽松的货币政策，处理好调整经济结构和管理好通胀预期的关系，着力扩大内需特别是居民消费，进一步发挥消费在经济增长中的拉动作用；在保持出口平稳增长的同时，稳定各项进口促进政策，提高贸易便利化水平，进一步促进对外贸易平衡发展；不断优化投资环境，加快企业“走出去”步伐，进一步推进对外投资合作，为实现国内经济又好又快发展和促进世界经济持续全面复苏作出积极努力。

女士们，先生们，朋友们！

意大利是欧洲最早与中国开展贸易往来的国家之一，早在 2000 多年前，著名的“丝绸之路”就已经把两个伟大的文明古国紧紧联系在一起。马可·波罗、利玛窦、郎世宁等友好使者的频繁往来，促进了中意经济文化深入交流，为两国人民架起了跨越时空的友谊之桥。意大利的悠久历史和灿烂文明，也早已为中国人民所熟悉。1970 年中意建交后，特别是跨入新世纪以来，两国友好关系进入了一个新的发展阶段，双方高层交往日益频繁、政治互信更加增强、交流领域不断拓宽、合作成果明显丰富，为两国人民带来了实实在在的利益。特别是 2009 年胡锦涛主席、吴邦国委员长成功访意，与意方领导人就双边关系和共同关心的国际问题深入交换看法、

达成广泛共识，为新时期两国关系发展注入了新的动力。

作为两国关系发展的重要内容和支柱，中意经贸合作也在各个领域全面推进、取得丰硕成果。近年来，在两国政府和企业界共同努力下，双边经贸合作实现了量的扩张和质的飞跃。目前，意大利已成为中国在欧盟第五大贸易伙伴和第三大技术进口国，双边经贸合作已从过去单一的货物贸易发展到今天货物贸易、服务贸易、投资合作齐头并进的格局。特别是在受到国际金融危机严重冲击的情况下，去年中意经贸合作仍实现恢复增长。今年1～4月，双边贸易额同比增长31.4%，全年有望实现400亿美元的既定目标。同时，高新技术、节能环保、文化创意等领域合作不断扩展，双边投资日趋活跃。这些都充分证明，只要我们同舟共济、携手并进，就一定能够共克时艰、转危为机，不断夯实两国经贸合作基础、拓展两国经贸合作空间，迎来更加光明的前景！

女士们，先生们，朋友们！

中国古代伟大思想家孔子有句话："三十而立，四十而不惑"。今年是中意建交40周年，这意味着两国关系将步入一个更加成熟稳健的阶段。我们愿意以此为契机，认真落实两国领导人达成的共识，与意大利政府和人民共同努力，全面促进双方经贸、科技、文化、教育、旅游等各领域交流与合作，进一步把中意全面战略伙伴关系推向更高发展水平。

女士们，先生们，朋友们！

中小企业是最活跃的市场主体和国民经济的重要组成部分，在繁荣经济、增加就业、推动创新、改善民生等方面发挥着重要作用。发展中小企业是几乎所有国家的基本经济政策，也是国际经贸合作重点促进的领域。

国际金融危机爆发后，各国中小企业由于规模小、资金短缺，所受冲击更为强烈，出现大规模亏损、停产。去年下半年以来，世界经济逐步回升向好，但中小企业经营状况并未明显改善，"无就业复苏"成为困扰不少国家的难题。实现经济持续全面复苏，必须高度重视中小企业发展，积极帮助中小企业渡过危机、恢复活力，支持中小企业开拓国际市场、开展国际合作。

中意两国中小企业众多，经济结构有着较强的互补性，双方在这一领域的合作有着巨大发展空间。意大利被誉为"中小企业王国"，富有活力的中小企业不仅是意大利的经济支柱、就业主渠道和外贸出口主力军，更是"二战"后意大利跻身西方七大工业国的"意大利奇迹"的创造者。凭借着高度的灵活性、旺盛的创新能力和集群式生产模式，意大利中小企业在纺织服装、制鞋、首饰、建材和机械制造等行业一直保持着强大的国际竞争力，以产品创意超前、工艺设计先进、质量管理精细闻名于世。中国中小企业同样是经济社会发展的重要力量，为国家创造了60%的国民财富，贡献了50%的财政税收，提供了75%的城镇就业岗位，完成了80%以上的新产品开发。在加工制造、商贸服务等行业，中国中小企业有着劳动力成本较低、产业配套齐全、生产动员能力强、体制机制比较灵活的优势。中国国内市场潜力巨大，为中小企业成长提供了广阔空间。加强中意两国中小企业合作，使意大利中小企业先进的工艺设计、管理模式、营销经验与中国中小企业较强的生产能力、广阔的市场空间结合起来，不仅有助于两国企业实现优势互补、共同发展，而且有助于增强两国经济持续健康发展的动力和后劲。

这里，我愿就进一步加强两国中小企业合作，提出以下几点建议：

第一，构建中小企业合作平台。中小企业受规模和资金限制，寻找合作机会的能力有限。双方应充分发挥两国工商会和贸易投资促进机构等中介组织的桥梁纽带作用，创造交流机会，拓宽合作渠道，加强中小企业对话，积极搭建科技研发、信息网络、文化创意、工业设计、市场营销、品牌创立方面的合作平台，为加强中小企业合作提供有力支撑。

第二，拓展中小企业合作领域。近年来，两国中小企业在纺织服装、轻工机械、制鞋和家具等领域的合作发展迅速，成效显著。要巩固和保持这种好的发展势头，在加强传统领域合作的同时，进一步拓展在再生能源、节能环保、创意设计、商品流通和服务外包等领域的合作，为两国中小企业合作注入新的生机和活力。

第三，提升中小企业合作层次。要全面审视两国关系发展面临的机遇，从各自特点和优势出发，不断拓展中小企业合作渠道、寻找合作增长点、提升合作水平，逐渐从单纯的贸易往来扩展至相互投资、共同研发等方面的合作。目前，中国和意大利都积极采取园区式管理和服务模式促进中小企业发展，尤其是意大利在这方面具有很好的经验，我们欢迎意大利中小企业参与中国工业园区建设。

第四，营造中小企业合作环境。促进中意中小企业合作，需要双方携手努力、共同推动。为应对金融危机，中国和意大利都出台了扶持中小企业发展的政策措施。两国经贸主管部门应进一步加强磋商和交流，充分发挥中意经济合作混委会等机制作用，努力消除贸易投资障碍，为对方商品、投资、服务和人员进入本国市场提供更好条件，为两国企业互利合作创造更为公平、开放的贸易投资环境。

这里要特别指出的是，中国政府一贯高度重视知识产权保护，把保护知识产权提升为国家战略，在立法、执法、司法、培训和宣传等领域做了大量卓有成效的工作，并建立了比较完善、符合WTO规则的知识产权法律体系和保护制度。中意两国政府在知识产权领域也已建立合作机制。相信这些机制和举措一定能够充分保护进入中国市场的企业知识产权权益。

女士们，先生们，朋友们！

交流凝聚友谊，合作共铸辉煌。衷心希望中意两国政府和工商会进一步支持两国企业特别是中小企业深化交流、加强合作、加快发展，为推动中意两国经济繁荣、社会进步、人民幸福作出积极贡献。

最后，预祝中意中小企业论坛取得圆满成功！

谢谢大家！

在第五届中国中小企业家年会开幕式上的讲话

全国人大副委员长、民建中央主席　陈昌智

同志们、企业家朋友们：

大家下午好！

首先，我对第五届中国中小企业家年会的召开表示衷心的祝贺！

中小企业是我国国民经济和社会发展的重要力量，促进中小企业发展，是保持国民经济平稳较快发展的重要基础，是关系民生和社会稳定的重大战略任务。中小企业在吸纳就业、增加税收、激发活力和保持稳定等方面也发挥着重要作用。有关统计数据显示，目前我国有近5000多万家中小企业。根据现行中小企业划型标准测算，中小企业占全部企业总数的99.8%，创造了近60%的经济总量和近50%的财政税收，提供了近80%的城镇就业岗位。实践证明，中小企业是我国创造社会财富的主体之一，是安排群众生活和劳动就业的主力，是市场经济最活跃的群体，已成为推动国民经济和社会和谐发展不可缺的重要力量。但是，中小企业在发展速度加快，质量提升，效益回升的同时也面临诸多困难和问题，各级政府和部门尽管制定出台了不少扶持鼓励政策，由于这些政策受限制，无细则，难落实，因此，中小企业难以从中得到实惠。

解决好这些问题，要充分发挥国务院促进中小企业发展工作领导小组的作用，加强对促进工作的组织领导和统筹协调，编制好中小企业成长“十二五”规划。有关部委要尽快出台“新36条”实施细则，逐步扩大中央财政预算扶持中小企业发展的专项资金规模，建立中小企业创业投资发展基金，同时分行业实行不同的减税，用财税政策支持中小企业成长壮大。“十二五”是我国建立完善社会主义市场经济体制的关键期和攻坚期，要完善中小企业健康发展的政策环境，鼓励中小企业进入战略性新兴产业，加强对中小企业的金融服务，支持中小企业发展。同时，中小企业要提高自主创新能力，实现由“制造”向“创造”的转型，不断开拓市场，积极参与国际竞争，加强企业和行业信用体系建设，通过自我完善，实现中小企业在创新中发展。当然，我们也很高兴看到部分中小企业通过自身努力，不断强化内部管理，加大对自身产品结构的调整和“低碳产品”的研发，实现社会效益和经济效益的双丰收，使中小企业的“精特专新”的特点和优势得到发挥。

中国中小商业企业协会作为国家联系中小企业的社团组织，以服务中小企业为宗旨，在贯彻国家中小企业发展方针，有效拓展中小企业融资渠道方面一直发挥着重要的推动作用。去年以来，协会通过中国中小企业家年会这个交流平台，积极会同有关商业银行和投融资机构进行深入合作，其中与中国工商银行、包商银行、南昌银行和锦州银行建立的会行合作机制，全面推进中小企业绿色融资渠道建设，支持了一大批像赞华（北京）电子系统有限公司、陕西领汇实业集团这样的优秀企业，工作值得肯定。对于即将发起成立的中国中小商业企业担保公司，我希望发挥自身特色，开展针对性的服务工作，解决好中小企业融资难问题。

同志们、企业家朋友们，民建作为联系经济界的参政党，今后将一如既往地关心中小企业的健康成长，支持中国中小商业企业协会的工作，帮助中小企业实现跨越发展。相信随着扶持中小企业发展各项政策措施的细化和配套落实，中小企业必将迎来新一轮的更大发展，必将在“低碳经济”时代创造新的辉煌。

谢谢大家！

民间投资是推进经济发展的重要动力

十一届全国政协副主席、中华全国工商业联合会主席　黄孟复

今年是我国经济巩固和增强回升向好势头、夺取应对国际金融危机冲击全面胜利的关键之年。为了提高经济增长质量和效益，促进经济平稳较快发展，我们要认真分析民营经济的发展形势，高度重视鼓励和促进民间投资的重要意义。

一、民营经济为“保增长、保民生、保稳定”作出重大贡献

2009年，我国民营经济发展遇到了巨大困难和挑战。受外需不足影响，大量外向型民营企业出口遇到前所未有的困难；受国内需求不足影响，民营企业经营困难，民间投资意愿下降；受转型升级滞后影响，民营企业长期存在的技术创新能力弱、粗放经营和内部治理结构不完善等问题，在国际金融危机中进一步显现。

尽管如此，广大民营企业化挑战为机遇，再次凸显抗逆性强的特点，依然保持了较好的发展态势，为我国经济率先回升向好、顺利实现经济增长“保八”目标作出了重大贡献。从民营企业数量增长看，截至2009年9月，全国登记注册的私营企业已达718.5万家，注册资本达到13.6万亿元，较2008年底分别增长了9.29%和15.8%。从民营投资增长看，2009年1至11月，城镇固定资产投资中的私营企业投资达到32668.6亿元，同比增长35.0%，高于全国3个百分点。从民营工业增长看，2009年1至11月，规模以上私营工业企业增加值增速达

18.8%，高于全国8.5个百分点。从民营经济税收贡献看，个体私营经济全年纳税总额达到8586亿元，比2008年增长了9.2%。从民营企业进出口看，私营企业出口虽然下降，但降幅明显低于全国水平，比重又有新的提高。从民营经济吸纳就业看，截至2009年9月，个体私营企业从业人员比2008年底增加了1144.5万人，增长了8.4%，城镇新增就业的90%以上都是民营经济解决的。

民营经济之所以能够在危机中保持较好发展势头，为我国"保增长、保民生、保稳定"作出重要贡献，既得益于党中央、国务院对民营经济发展的高度重视，出台了包括《国务院关于促进中小企业发展的若干意见》等在内的一系列促进民营经济发展的政策举措；也得益于广大民营企业根据形势变化，努力转变发展理念，积极调整发展战略，不断创新发展思路，采取正确应变措施。

二、民间投资是经济增长的重要动力

2010年是经济形势非常复杂的一年。从国际看，国际金融市场信心虽然有所恢复，但国际金融体系的受损对实体经济的制约依然严重，还可能出现局部性金融震荡；各国经济刺激政策对经济企稳回升作用虽然显著，但也面临何时退出和怎样退出的艰难抉择；国际贸易和投资虽然出现恢复性增长，但石油等初级产品、大宗商品价格和美元汇率震荡可能加剧，气候变化、能源资源安全等问题带来的全球性挑战压力可能进一步增大。世界经济复苏进程必将呈现复杂多变的特征。从国内看，虽然经济增长"保八"目标成功实现，市场信心明显增强，但国际市场需求仍然疲弱，我国出口压力短期难以缓解；居民收入一时难有大幅度增长，进一步扩大内需存在较大制约；部分行业产能出现过剩，整体技术创新能力依然不足，产业结构调整的压力日益加大；资源环境约束的矛盾仍然突出，节能减排、应对气候变化的要求越来越紧迫。国际因素与国内因素的相互叠加，短期矛盾和长期矛盾的相互交织，我国经济发展仍面临巨大挑战。

为了应对挑战，中央经济工作会议明确了2010年的主要工作目标和要求，提出了一系列重要政策措施。其中的一项重要措施就是，把深化改革与促进发展结合起来，全面提升经济发展的内生动力。并且，中央明确要求放宽市场准入，拓宽民间投资渠道，保护民间投资合法权益，增强非公有制经济和小企业参与市场竞争、增加就业、发展经济的活力和竞争力。

实际上，改革开放以来我国经济快速发展的实践和去年我国抗击国际金融危机冲击的成功实践充分证明，民营企业是我国经济发展最具内在活力的企业群体之一，民间投资是我国经济增长的重要动力。进一步发展民营经济，鼓励和促进民间投资健康发展，是落实中央经济工作会议精神，增强经济发展的内在活力与动力，确保经济平稳较快增长、取得应对国际金融危机全面胜利的客观要求。

（一）鼓励和促进民间投资，有利于保持经济稳定快速增长

2008年下半年国际金融危机爆发后，在国际需求大幅下降、国内消费需求短期难以快速提升的情况下，我国为保经济增长，以空前的力度和规模加大了固定资产投资。实践证明，这一决策是科学的、十分成功的。大规模增加政府投资是在特殊时期采取的特殊措施，主要投向基础设施、公益事业等领域，许多方面具有应急性、临时性。当经济回到正常发展轨道时，政府投资就要回到正常状况，民间投资、社会投资将发挥更大作用。目前，我国全社会固定资产投资的一半以上来源于民间投资。据统计，到2009年11月，城镇固定资产投资当中，国有控股投资占43.6%，私营控股投资占40%以上，全部民间投资占56.4%。在制造业，在批发零售和住宿餐饮业等传统服务业，私人控股投资比重已经超过60%，全部民间投资已达70%至80%，已经成为这些领域发展的主要动力来源。但是，民间投资在一些亟须扩大投资、加快发展的产业领域，比重还很低。据2008年的统计数据，私人控股投资在电力、热力的生产和供应业中只占13.6%，在金融业只占9.6%，在信息传输、计算机服务和软件业中只占7.8%，在交通运输、仓储和邮政业中只占7.5%，在水利、环境和公共设施管理业中只占6.6%。只要按照中央要求，放宽市场准入，民间投资将在这些行业领域发挥与在制造业和传统服务业中一样的加速发展的作用，其潜力十分巨大。鼓励和促进民间投资，不仅可以保证制造业和传统服务业的快速稳定发展，而且可以加快能源工业和运输、通信、金融等重要服务业的发展步伐，进而推动国民经济的持续快速稳定增长。

（二）鼓励和促进民间投资，有利于转变发展方式、调整经济结构

这次国际金融危机对我国的冲击，表面上看是对经济增长速度的冲击，实际上是对经济发展方式的冲击。对大多数民营企业来说，是对长期以来主要以外延型、粗放型为主的生产经营模式的冲击。多数民营企业特别是中小企业，处于全球产业链的低端，面对危机冲击，生存和发展必然受到更严峻挑战。目前，民营经济已经占我国GDP的一半以上。同时，民营经济和中小企业也是我国高耗能、高污染、低技术、低水平产能的主要集中地，转变发展方式的任务更重、更迫切。进一步完善和调整相关政策，鼓励、引导和扩大民间投资，推动民营企业、民间资本更多地流向对传统产业和传统技术的改造，淘汰落后产能与技术，更多地流向新能源、新材料、生物医药、节能环保、信息技术以及现代服务业等领域，发展低碳经济、绿色经济、循环经济，是转变经济发展方式的必然选择和必经之路。这既是民营经济的重要历史任务，也是民营经济新的发展机遇。这方面，华为集团公司为广大民营企业树立了转变发展方式、实现科学发展的成功典范。华为集团公司每年研发投入占销售收入的比重都要达到10%以上，2009年研发投入更是高达70亿元，申请国际专利1600多项，在全球企业中排第一位。

中国需要大批像华为这样的转变发展方式、实现科学发展的民营企业。

（三）鼓励和促进民间投资，有利于提高居民消费需求、促进民生改善

提高居民消费需求能力，着力改善民生，很重要的一个方面就是要不断优化收入分配结构，稳步提高城乡居民的收入和消费水平。在我国，城镇居民收入的60%以上和农村居民收入的近40%都来自工资性收入。而城镇居民的70%以上、农民工的85%以上都在民营经济就业。只有鼓励和促进民间投资，才会涌现大量创业者，从而创造更多的投资性收入；才会形成大量新增就业岗位，吸纳大量城乡待业人员，从而创造更多的工资性收入。“十一五”以来，我国个体私营经济每年新创造1000多万个工作岗位，占城镇新增就业岗位的85%以上，就主要得益于民间投资的持续快速增长。目前，我国消费率只有45%左右，低于国际平均水平近20个百分点。有研究表明，我国消费率每提高1个百分点，经济增速将提高1.5个至2.7个百分点。所以，切实鼓励和促进民间投资，是提高城乡居民的收入和消费水平，改善民生的内在要求。为改善民生，中央已经提出2010年要坚持更加积极的就业政策，努力扩大就业，将进一步统筹城乡区域协调发展，大力推进城镇化建设，这都为民间投资的增加创造了条件，提供了新的空间。广大民营企业要认清形势，善于把握机遇，争取新的更大发展，为实现经济平稳较快发展做出新的更大贡献。

二、部委领导讲话及论述

在"中国投资协会创业投资专业委员会成立大会暨中国创业投资行业发展报告2010首发式"上的讲话

国家发展和改革委员会副主任　刘铁男

各位来宾、女士们、先生们：下午好！

今天，来自国家15个部委和全国47个省级创业投资企业备案管理部门的有关负责同志，以及创投业界的近500名代表汇聚一堂，共同见证中国投资协会创业投资专业委员会的成立和《中国创业投资行业发展报告2010》首发。我代表国家发改委，对协会的成立表示衷心祝贺。

创业投资是一种向成长性企业提供资本支持和管理服务，并通过股权转让获得增值收益的投资方式。创业投资作为支持创业和创新活动的投资制度，能够有效支持创业和创新活动。一些发达国家之所以能够引领并占领技术创新的制高点，经验之一便是通过创业投资制度，培育了一大批引领高新技术产业发展方向的，促进传统产业改造升级的高成长性企业。

近年来，随着国家十部委《创业投资企业管理暂行办法》和相关扶持政策的陆续出台，我国的创业投资体制机制逐步得到完善，创业投资业呈现出快速发展的势头。尽管2008年以来，全球创投业受国际金融危机拖累呈现出负增长态势，但我国创投行业却呈现出持续增长的良好格局。截至2010年3季度末，全国备案的创业投资企业达到571家，实到资本1074亿元，注册资本已接近1500亿元。

创业投资企业的投资运作，有力地支持了企业的创业活动，一大批高成长性企业迅速做大做强，产生了可观的经济和社会效益。2009年度，我国创投机构所投资企业吸纳的就业增长了19.0%，是全社会平均水平的28.7倍；研发投入增长27.4%，是全社会平均水平的1.6倍；销售额增长12.9%，是全社会平均水平的1.5倍；所创造的工业与服务业增加值增长25.0%，是全社会平均水平的2.7倍；缴纳税金增长15.2%，是全社会平均水平的1.7倍。这些数据表明，我国的创业投资企业通过支持企业的创业活动，在增加就业岗位、提高企业研发能力、促进创新产品产业化、推动经济增长和增加税收等多方面，都做出了显著贡献。

尽管如此，我国创业投资业的发展水平，与建设创新型国家，实施"以创业带动就业"的战略要求相比，还存在明显不足；在促进民间投资、提升社会资本效率、推进多层次资本市场方面，还有巨大的潜力；与创业投资业发达的国家和地区相比，规模和质量都还比较落后。创业投资企业还存在募资活动不够规范、投资行为过于短期化、专业管理技能不足、技术投入能力较弱、对初创期企业的投资比例偏低等问题。

当前，我国正处在贯彻落实科学发展观，加快转变经济发展方式，推动产业结构优化升级的关键时期。加快发展创业投资，必须围绕加快转变经济发展方式，培育新的经济增长点，促进创业型社会和创新型国家建设的战略要求，着力于推动产业结构调整，全面提升产业水平和国际竞争力；着力于增加就业，促进"以创业带动就业"战略的有效实施；着力于促进民间投资、提升社会资本形成率，为资本市场培育更多高质量的上市公司，夯实多层次资本市场的基础；着力于完善有中国特色社会主义市场经济的金融服务体系。

今天，中国投资协会创业投资专业委员会的成立，标志着创业投资发展进入了一个新的阶段。创业投资涉及资本市场、产业市场、服务业市场、人才市场，创业投资专业委员会任重而道远。借此机会，我想提两点希望：

一是要勇于探索和创新，把协会办成符合中国特色社会主义市场经济要求的社团组织，尽心尽力地为会员提供高质量服务，深入研究创业投资行业发展过程中的问题，成为创投企业和政府监管部门之间沟通信息和政策诉求的桥梁和纽带，为创投企业的发展营造良好的环境。

二是要通过规范会员单位的行为，把协会办成真正促进行业规范健康发展的自律组织。协会要通过自己的章程、行为规范引导、行为自律公约，及时发现和纠正会员单位在企业运营过程中的不规范行为，促进创投行业规范健康发展。

最后，我特别希望在座的有关部门和有关方面的同志能继续帮助并指导协会的工作，在我们的共同努力下，按照科学发展观的要求，不断完善有中国特色的创业投资体制，不断优化发展环境，为促进创业投资又好又快发展做出贡献。

谢谢大家！

努力做好促进中小企业发展的各项工作

工业和信息化部部长　李毅中

（9月14日，《经济日报》刊登了工业和信息化部部长李毅中的署名文章《努力做好促进中小企业发展的各项工作》，全文如下）

中小企业是我国经济发展的重要力量。促进中小企业发展，是保持国民经济平稳较快发展的基础，是关系民生和社会稳定的重大战略任务。党中央、国务院高度重视中小企业发展，2003年开始实施《中小企业促进法》，2005年发布《国务院关于鼓励支持和引导个体私营等非公有制经济发展的若干意见》，国际金融危机爆发后，去年和今年又分别出台了《国务院关于进一步促进中小企业发展的若干意见》和《国务院关于鼓励和引导民间投资健康发展的若干意见》。截至今年6月底，各部门已制定配套文件17项。这一系列重要法律和政策的颁布实施，将显著改善中小企业发展的外部环境。但是，我们应该清醒地看到，小企业融资困难在得到缓解的同时又遇到了新的问题，非公经济进入一些垄断行业和领域仍受到限制，部分政策没有落实到位，中小企业节能减排和淘汰落后任务艰巨。下一步，需要继续做好以下几个方面的重点工作。

继续完善中小企业法律政策环境。充分发挥国务院促进中小企业发展工作领导小组的作用，加强对促进工作的组织领导和统筹协调。要编制好中小企业成长“十二五”规划，明确扶持中小企业发展的主要政策，引导中小企业发展和社会资源投向。各有关部门编制规划时，要充分考虑中小企业发展需求。要完善扶持政策，扩大专项资金规模，提出进一步运用税收政策促进中小企业发展的具体措施，支持符合国家产业政策、有市场潜力、管理规范的中小企业以及初创期中小企业的发展。要抓紧研究设立国家中小企业发展基金和修订中小企业划型标准，继续清理不利于中小企业发展的政策法规，努力营造有利于中小企业发展的法律政策环境。

积极引导中小企业科学发展。一是支持中小企业“专、精、特、新”发展。鼓励中小企业加强技术改造和技术创新，鼓励推广使用先进适用技术。促进中小企业专业化发展，与大企业建立稳定的协作配套关系。培育一批拥有自主产权、知名品牌的中小企业。实施好中小企业信息化推进工程。二是扎实推进结构调整。继续发展劳动密集型和特色优势中小企业，鼓励中小企业进入现代服务业和新兴产业领域，培育新的经济增长点。三是充分发挥市场机制作用，综合运用金融、环保、土地、产业政策等手段，依法淘汰中小企业中的落后技术、工艺、产品和设备，控制过剩产能和“两高一资”行业盲目发展，防止落后产能异地转移。四是加强企业管理。大力实施中小企业银河培训工程，鼓励开展管理咨询服务，支持中小企业提高管理水平。

努力缓解中小企业融资难。建立符合市场规律的政策引导机制，增强各银行业金融机构对小企业金融服务的主动性和积极性。推进与四大银行开展多种形式合作，不断提高小企业贷款比重。完善中小企业信用担保和再担保体系，规范发展中小企业信用担保服务，建立和完善风险分担和补偿机制。推动中小金融机构设立与发展，推进小额贷款公司试点，加快修订《贷款通则》，引导和规范民间借贷发展。提高中小企业集合发债、集合信托、集合票据等发行规模。规范和发展产权交易市场，推动各类资本的流动和重组。推进中小企业信用制度建设，建立适合中小企业特点的信用征集体系、评级发布制度及失信惩戒机制。进一步完善中小企业板和创业板市场，扩大中小企业直接融资规模。改善中小企业融资环境，目前，我部正按照国务院的分工安排，推动有关部门研究提出鼓励民间资本进入垄断性行业和领域的具体措施，牵头研究制定鼓励民间资本参与电信业务和进入国防科技工业领域的具体办法，会同有关部门推动民营企业加强自主创新和转型升级，大力发展战略性新兴产业，积极参与国内外市场竞争。我部将及时发布相关投资目录和信息，不断拓宽民间资本投资渠道，营造有利于民间投资健康发展的政策环境。

加强和改善对中小企业的服务。加快发展便利、有效和完善的社会化服务体系，促进中小企业集约发展、集聚发展。突出抓好公共服务平台建设，完善服务网络和服务设施。组织编制中小企业服务体系发展规划，开展公共服务示范平台认定工作，支持建设一批公共服务平台项目，抓好生产经营运行监测、质量服务等平台建设。以中心城市为重点，加大对中小企业综合服务机构的支持力度，建立一批国家级中小企业公共服务示范平台，引导服务平台建设和发展。

依法维护中小企业合法权益。加大对中小企业扶持政策贯彻落实情况的监督检查，建立和完善中小企业权益维护机制，鼓励中小企业依法维护自身合法权益，保护他们的投资积极性和创业热情。推动建立和完善中小企业劳动关系协调机制，保障企业职工工资正常增长，促进劳动关系和谐。进一步清理现有行政事业性收费，除国家法律法规和国务院财政、价格主管部门规定的收费项目外，任何部门和单位无权向中小企业收取任何费用，无权以任何理由要求企业提供各种赞助或接受有偿服务。企业有权拒绝和举报无证收费和不合法收费行为。加强对中小企业收费的监督检查，严肃查处乱收费、乱罚款及各种摊派行为，切实减轻中小企业负担。

落实中央财政政策
促进中小企业又好又快发展

——在中央财政专项资金项目申报工作电视电话会上的讲话

工业和信息化部党组成员、总工程师　朱宏任

同志们：

中小企业在我国国民经济和社会发展中的作用日益显现，全国人大、国务院对中小企业的发展高度重视。2003 年以来，中央财政根据《中小企业促进法》，设立了支持中小企业发展和管理支出预算科目，安排中小企业服务体系专项补助资金和中小企业发展专项资金。专项资金在促进中小企业发展工作的开展，改善中小企业发展环境，缓解中小企业贷款难，推动中小企业调整结构、开拓市场，建立和完善中小企业服务体系等方面发挥了积极的引导和促进作用。今年，温家宝总理政府工作报告中，明确提出要继续落实财政对中小企业支持政策，中央财政扶持中小企业发展专项资金安排 106 亿元，资金规模比去年预算增长了 10%。中小企业发展专项资金、中小企业服务体系发展专项资金是其中的重要组成部分。为做好今年中央财政专项资金项目申报工作，我部办公厅和财政部办公厅已联合印发了《关于做好 2010 年中小企业发展专项资金项目申报工作的通知》，我部办公厅印发了《关于组织开展中小企业服务体系项目申报工作的通知》，分别对两项资金项目申报工作进行了布置，待会儿，黎明同志还将做具体说明。下面，我结合当前工业经济形势和中小企业发展情况，对做好今年财政资金使用工作提几点要求。

一、把握当前形势，提高对项目申报工作的认识

今年以来，各地区、各部门认真贯彻落实党中央、国务院决策部署，坚持实施应对国际金融危机的一揽子计划，全力开展工作，经济回升向好态势得到巩固，工业经济总体上保持了生产加快增长、出口继续改善、效益明显提升的运行态势。

一是工业生产持续增长。1 ~4 月份，全国规模以上工业增加值同比增长 19.1%，增速同比加快 13.6 个百分点，若考虑去年同期增速较低，以前年同期为基期，近两年 1 ~4 月平均增速为 12.1%。在全国规模以上工业企业中，1 ~4 月中小型企业增加值同比增长 20.3%，增速比全国平均水平快 1.2 个百分点。产销率达到 97.3%，同比提高 0.5 个百分点。中西部地区产值增速快于东部地区。1 ~4 月，东、中、西部地区规模以上中小企业产值分别增长 32.9%、44.2% 和 42.6%。

二是外贸进出口保持较高增幅。1 ~4 月，全国进出口总额 8560 亿美元，同比增长 42.7%；其中出口额 4361 亿美元，同比增长 29.2%。非国有企业（不含外商投资企业）进出口总额 1501.5 亿美元，由去年同期同比下降 12.2% 转为增长 53.5%。

三是企业数量增加。截至 2 月末，规模以上工业企业共 43 万个，企业全部从业人员平均人数 8232 万人，同比增加 399 万人，增长 5.1%（去年同期同比仅增长 0.4%）。中小企业 42.7 万个，占全部规模以上工业企业的 99.2%；中小型企业从业人数 6374 万人，增加 343 万人，增长 5.7%。截至 4 月底，全国规模以上中小型企业达到 43.4 万户，同比增加 2.4 万户。

四是中小企业经营状况继续改善。1 ~2 月，规模以上中小型企业实现利润同比增长 90.3%，亏损企业亏损额同比下降 30.5%，亏损面由上年同期的 23.6% 降低到 19.6%；吸纳就业人数达到 6374 万人，比去年同期增加 342 万人，占全部规模以上工业从业人员平均人数的比重由去年同期的 77% 上升到 77.4%。

从今年 1 ~4 月份工业经济情况来看，经济回升向好的基础进一步得到稳固，但经济增长内生动力不足，自主创新能力不强，结构调整难度大等问题仍然存在。促进中小企业又好又快发展还需继续加大工作力度。

去年，为帮助中小企业克服困难，转变发展方式，实现又好又快发展，国务院印发了《国务院关于进一步促进中小企业发展的若干意见》（国发［2009］36 号），这是做好中小企业各项工作的一个纲领性文件。文件将解决中小企业现实困难与保持平稳较快发展、推进结构调整结合起来，对于引导中小企业转变发展方式，全面提高企业整体素质和市场竞争力，具有重要意义。加大对中小企业的财税扶持力度是 36 号文件的重要内容，文件规定“逐步扩大中央财政预算扶持中小企业的专项资金规模，重点支持中小企业技术创新、结构调整、节能减排、市场开拓和扩大就业，以及改善对中小企业的公共服务”，今年中央财政在财政支出扩张较快，收支矛盾较为突出的情况下，认真贯彻落实国发 36 号文件，扩大了专项资金的规模，拓展了支持范围和领域，充分体现了党中央、国务院对中小企业工作的高度关心与重视。各级中小企业管理部门应当充分认识这项工作的重要意义，切实做好专项资金项目申报工作。

二、领会文件精神，明确支持方向

中央财政专项资金项目申报既是一项每年要做的具体工作，又是一项贯彻落实中央宏观经济政策，解决当前中小企业发展中突出问题的重要任务。资金的支持方向和重点，是按照温总理今年政府工作报告中对中小企业工作提出的总体要求，我部和财

政部在大量调查研究基础上，反复讨论沟通确定的。主要集中在四个方面。

一是调结构。结构调整是转变我国经济发展方式的重要内容，也是今年经济工作的主线，中小企业结构调整是我国经济整体结构调整的重要组成部分。中小企业发展专项资金中的“企业技术改造项目”、“新兴产业建设项目”、“企业提高素质活动补助项目”，主要围绕这项工作展开的。

二是节能减排。节能减排是贯彻落实科学发展观、促进发展方式转变的重要措施。完成全国节能减排“十一五”计划，中小企业责无旁贷。中小企业发展专项资金中的“节能减排项目”，主要是推动节能减排产品在中小企业中的应用；引导生产节能产品的中小企业加快技术改造，提高产品水平和质量；推动中小企业产业集群开展集中治污减排和节能降耗技术改造。

三是扩大就业。中小企业是解决就业问题的主力军，中小企业的发展，对稳定、增加就业岗位发挥了重要作用。中小企业发展专项资金中的“增加就业岗位项目”，主要是引导产品有市场的劳动密集型中小企业扩大生产规模，增加就业岗位，包括推动增加就业岗位的农产品深加工企业发展。

四是改善中小企业发展环境。建立和完善中小企业服务体系、加强对中小企业的金融支持是今年温总理在政府工作报告中提出的重要任务。中小企业发展专项资金中的“服务企业改造项目”，中小企业服务体系发展专项资金中的“中小企业公共服务平台建设项目”、“服务业务项目”，主要是引导服务性企业、中小企业服务机构提高和完善为中小企业服务的能力，降低向中小企业收取服务费用。此外，中小企业发展专项资金中的“担保（再担保）业务补助项目”，主要是引导发展多层次中小企业信用担保体系，鼓励担保机构为中小企业提供低保费的贷款担保，鼓励再担保机构开展中小企业再担保业务。

在明确上述四个领域的同时，需要强调，申报项目数量有限，不可能支持到每一个符合条件的中小企业和服务机构。中央财政专项资金主要是发挥引导作用，资金使用要突出重点，不撒“胡椒面”，要充分体现公共财政“四两拨千斤”的作用，加大对公共服务领域的支持力度。大家要结合当地中小企业发展的实际情况，按照上述要求，做好项目组织和审核工作，推荐上来的项目要有代表性、典型性、示范性和引导性。

三、加强对项目组织申报工作的领导和管理

目前，省级中小企业管理部门机构改革已基本完成，部分省市工作人员变动较大，有相当一部分同志是新从事专项资金项目组织、审核和申报工作的，加之今年专项资金支持范围扩大，新增内容较多，特别是中小企业服务体系发展专项资金，规模有较大增加，在使用管理上有很多调整。中小企业管理部门单独负责项目组织和审核申报工作，时间紧，任务重，责任大。因此，要切实加强组织领导工作，确保项目申报工作的完成。

财政部要求，今年两项资金的预算下达任务在6月底前完成。这既是中央财政预算管理的要求，也是尽快发挥专项资金对中小企业发展促进和引导作用的需要。为抓紧时间，在中小企业发展专项资金项目申报工作中，地方中小企业主管部门要主动与财政部门加强联系。工作中做到四个“及时”，一是及时将本地区项目申报工作安排通知到市、县中小企业主管部门和有关企业、服务机构，使他们及时了解、掌握项目申报工作的各项要求，尽快将符合申报条件的项目推荐上来。二是及时与同级财政部门协商和沟通，统一认识，形成工作合力，共同推动工作的开展，确保按时完成项目申报工作。三是及时向政府主管领导汇报，专项资金是对地方开展工作的补助，要发挥中央财政资金“四两拨千斤”的作用，地方和企业一定要做好项目资金的配套工作，形成各类投资者和各类资金共同促进中小企业发展的良好局面。四是及时修订完善资金管理的规章制度。严格照章办事，确保专项资金项目申报过程的科学透明、公平公正，坚决杜绝不正之风，发现违规违纪行为坚决查处，通报批评，并按规定调减资金和停止项目申报。

同志们，做好专项资金项目申报工作是今年促进中小企业发展的一项重要工作，从现在到项目申报时间已经很紧了，各地区中小企业管理部门要予以高度重视，克服时间紧、任务重、工作难度大等困难，集中精力，全力以赴做好项目审核和申报工作，为促进中小企业又好又快发展做贡献。

在中小企业信息化工作座谈会上的讲话

工业和信息化部党组成员、总工程师 朱宏任

同志们：

这次在山东省济南市召开的中小企业信息化工作座谈会非常有意义。去年以来，各地中小企业主管部门以贯彻落实国务院《关于进一步促进中小企业发展的若干意见》为主线，积极推动中小企业信息化，在开展调查研究，制定促进政策，推动服务平台建设，支持信息化推进活动，加强案例宣传，充分调动大企业和中小企业积极性，引导和鼓励社会资源参与中小企业信息化推进工作等方面取得了很好的成效。大企业、社会服务机构、新闻媒体从不同的角度，积极思考、相互配合、协同工作，发挥优势、开拓创新，积极支持和推动了中小企业信息化建设。

下面，我谈几点意见，供大家参考：

一、信息化是加快结构调整、转变发展方式的必然要求

2009年，全国工业和信息化系统认真落实中央的“一揽子”计划和应对国际金融危机的各项政策措施，围绕扩内需、保增长、调结构、惠民生的总体目标，在推进经济结构调整，支持企业技术改造，大力扶持中小企业发展，推动信息化建设和两化融合，解决企业生产经营困难和制约发展的“瓶颈”问题，增强工业可持续发展后劲等方面取得了显著成效。2010年，是应对国际金融危机的关键一年，随着世界经济的回升与复苏，我国工业生产总体上保持了持续增长、出口改善、效益提升的向好态势。从今年1~4月份工业经济运行形势看，一是全国规模以上工业增加值同比增长19.1%，增速同比加快13.6个百分点。在全国规模以上工业企业中，中小型企业增加值同比增长20.3%，增速比全国平均水平快1.2个百分点。中西部地区产值增速快于东部地区，东、中、西部地区规模以上中小企业产值分别增长32.9%、44.2%和42.6%。二是全国进出口总额8560亿美元，同比增长42.7%；其中出口额4361亿美元，同比增长29.2%。非国有企业（不含外商投资企业）进出口总额1501.5亿美元，由去年同期同比下降12.2%转为增长53.5%。三是中小企业经营状况继续改善。1~2月，规模以上中小型企业实现利润同比增长90.3%，亏损企业亏损额同比下降30.5%，亏损面由上年同期的23.6%降低到19.6%。

尽管我国工业经济出现了回升向好的态势，但面临的困难和不确定因素仍然很多，经济结构急需调整，发展方式亟待转变，工业结构调整要求的控制总量、兼并重组、淘汰落后、节能减排、品种质量、产业升级，保持经济平稳较快发展等任务还十分艰巨。多年的实践表明，信息化对调整经济结构和转变发展方式具有重要的推动作用。政务信息化在加强政府信息系统建设，推进信息资源在政府内部实现共享的同时，密切了政府与企业、社会的联系，促进了全社会开发和利用各类信息资源。企业信息化将利用信息技术改造和提升传统工业作为重点，围绕创新研究、开发设计、工艺和产品管理、加工制造、质量控制等生产制造的关键环节推动生产过程智能化和数字化改造。围绕库存、财务、客户关系、人力资源、市场风险等管理环节推进信息化，提高了企业的成本控制和风险管理能力。电子商务作为一种新型的商业模式，以全球化、开放性、低成本、高效率的内在特征，以及在拓展商机、降低成本、扩大营销等方面表现出的独特优势，被越来越多中小企业采用。信息化促进了现代服务业的成长。通信技术和现代信息服务业快速发展，信息网络、“三网”融合、物联网应用成为重要的战略性新兴产业。金融、物流、信息、研发、工业设计、商务、节能环保等面向生产的服务业通过信息网络，拓宽了服务范围，增强了服务能力，提高了服务价值，为企业营销、市场监管、诚信体系建设等提供了重要支持。信息化为节约资源和环境保护提供了技术支撑。我国政府提出“十一五”期间，主要污染物排放总量减少10%、节能20%的约束性目标。治污减排工作离不开信息化对环境监测、执法监察等方面的支撑、服务和促进作用。目前，覆盖全国的卫星通信专网已经建成。对钢铁、有色金属、建材、煤炭、石油、化工、建筑等重点行业能源消耗、资源消耗和污染排放的监测，以及对经济运行中资源、能源和环境成本信息的监测与分析工作正在逐步加强。

加快经济结构调整和发展方式转变是党中央、国务院做出的战略部署，也是提高经济运行质量和效益的内在要求。改革开放30多年来，我国工业和信息化发展取得了举世瞩目的成就。工业对国民经济增长和国家税收的贡献率分别保持在40%左右和50%左右，初步建成了由能源、原材料、装备消费品、电子信息、国防科技等门类齐全的产业体系。工业生产规模位居世界前列，信息化进程快速推进。但是，也应该清醒地认识到，国际金融危机对世界经济格局产生了重要影响。经济增长模式面临调整；产业结构开始新一轮的升级；以低能耗、低污染、低排放为特征的经济发展模式成为重要趋势；信息技术的广泛渗透和深化应用给经济社会发展带来了革命性变革；新兴产业的快速发展成为新的经济支柱和增长点。因此，我们必须抓住新一轮产业革命带来的战略机遇，明确目标，抓住重点，更加积极广泛地采用高新技术和信息技术改造和提升传统产业，大力发展新兴产业，以化解长期积累的深层次矛盾，改善工业经济运行的内外部环境，完成扩内需、保增长、调结构的任务。

二、信息化是增强中小企业竞争力的有效途径

中小企业是我国国民经济的重要组成部分。信息化对于推动中小企业转变发展方式，调整优化结构，提高经营管理水平、生产能力和竞争力具有重要意义。多年实践表明，信息化增强了企业的竞争力。很多中小企业通过改善内部管理、技术水平、产品质量、人才结构和供应链，逐步提高了竞争力和获得效益的发展能力。一些有条件的中小企业通过信息化，提高了自主研发和创新能力，通过不断将创新产品推向市场，增强了核心竞争力。信息化对提高企业的效益和效率有不容忽视的促进作用，能够给企业带来商机，已经得到很多企业，特别是已经开展信息化建设的中小企业的认同。例如，广东一家生产厨具的中小企业，在没有实施信息化前，由于无法掌握准确的库存数据，常会出现因供料不及时而延缓交货期，客户取消订单的问题。通过应用管理软件，对业务流程进行了改进和优化，企业不仅成功地拓展了国内市场，而且将交货期从原来的1个月缩减到了15天，利润率提高了2个百分点。信息化帮助中小企业应对了危机。国际金融危机对我国经济发展产生了重大冲击，也使中小企业

的生存发展环境发生了重大变化。中小企业长期积累的深层次矛盾凸显，原有粗放的管理模式、落后的生产手段遭到挑战。但是，我们发现，一些信息化程度较高，技术创新和新产品开发能力较强的中小企业，积极调整产品策略，比较从容地应对了市场变化，平稳地渡过了危机；而一些信息化程度较低、创新能力较差，单纯依靠代工和贴牌参与市场竞争的中小企业则遭受了严重打击，甚至出现停产倒闭。信息化能够支持企业保持持续稳定发展。企业通过实施信息化，可以提高研发、设计、生产制造、销售和供应链管理水平，改善企业的经营管理，优化业务流程，提高效益和效率。这样的成功案例还有很多，我们要很好地收集、研究和总结。

但也应看到，与大企业相比，中小企业在技术、人才、资金等方面的确还存在很多困难，加上我国促进中小企业发展的政策环境、服务体系不尽完善，使中小企业在实施信息化过程中仍然面临许多亟待解决的问题。去年，中小企业司组织开展对全国10万家中小企业管理信息化状况进行了调研，结果表明，我国中小企业信息化发展的总体水平不高，东部、中部和西部区域之间的发展不均衡，东部较发达，中部和西部处于发展阶段。当前中小企业信息化存在的主要问题是，仍有相当数量的中小企业对信息化的作用、效果和国家有关政策了解不够、理解不深；人才缺乏、资金不足任然是制约中小企业信息化的“瓶颈”；信息技术应用与企业业务结合不紧密，应用的深度、广度和集成度较低等问题依然比较突出。

三、要积极推动实施中小企业信息化推进工程

2010年是实施“十一五”规划的最后一年，也是研究制定“十二五”规划的关键一年。在这个承上启下的关键时期，认真回顾和总结中小企业信息化的发展历程，前瞻性地展望和规划未来非常重要。我同意会议期间中小企业司强调的2010年工作重点。在此，再提几点要求：

（一）加强规划引导

以信息化促进中小企业发展任务繁重，需要调动多方面积极性和主动性。各地方和有关单位要在做好年度工作，完成目标要求的基础上，认真开展调研，结合地区、行业中小企业信息化发展特点和实际需求，结合“十二五”信息化总体规划，提出中小企业信息化的工作重点，制定具有前瞻性和可操作性的工作方案，不断深化和拓展中小企业信息化推进工程的内容，把实施中小企业信息化推进工程作为落实国务院36号文件，促进两化融合和中小企业创新发展的重要举措，纳入工作重点，通过几年努力，使信息技术在中小企业应用得更为普及、更为深化，让中小企业通过信息化支持能够实现更好、更快地发展。

（二）推动服务平台建设

最近，我部与国家发改委等7部委印发了《关于促进中小企业公共服务平台建设的指导意见》，目的是通过推动中小企业公共服务平台建设，促进中小企业调整结构，转变发展方式，改善中小企业发展环境，促进专业化分工与协作，逐步形成社会化、市场化、专业化的公共服务体系和长效机制，并提出，用三年时间，在中小企业集聚区和主要行业建设一批服务平台，重点培育一批示范平台的发展目标。各级中小企业主管部门要高度重视这项工作，一方面要积极引导和鼓励服务平台采用信息技术，有效降低服务成本，提高服务效率，扩大服务的覆盖面和受益面。另一方面要推动信息化服务平台建设，在帮助中小企业实施信息化，开展电子商务应用，推广适用技术、产品和服务，进行大规模培训等方面发挥优势，逐步形成覆盖全国、中小企业方便使用的专业化服务网络。

（三）加大资金扶持

中小企业信息化为解决中小企业发展的突出困难提供了重要支撑，加大对中小企业信息化的推动力度是36号文件提出的要求。各级中小企业主管部门要积极向财政、税务部门反映中小企业的信息化需求，与银行等金融机构密切合作，探索为中小企业信息化提供资金支持的多种渠道。近两年，我们非常关注阿里巴巴通过电子商务信用为小企业解决融资难问题，据统计，截止到今年初，通过开展融资、无抵押网络联保贷款、供应链贷款等服务，已累计为5000多家小企业提供贷款100多亿元。这个案例，为电子商务服务平台的建设与发展提供了可以借鉴的思路和方法。

（四）加强协调配合

为保障各项工作顺利进行，中小企业主管部门要认真履行职责，加强统筹协调，不断提高管理水平和工作能力。近几年，在推动中小企业信息化工作中，各地方中小企业主管部门与信息产业、信息化等有关部门在落实促进政策，采取有效措施，加强财税支持，完善公共服务，开展案例研究等方面积极协作，形成了优势互补、协调配合的工作机制。在为企业、服务机构和新闻媒体搭建平台，共同推动中小企业信息化推进工程的过程中，也形成了良好的工作氛围。中小企业信息化仅靠政府推动是不够的，各级中小企业主管部门担负着重要职能，要调动各方面积极性，积极引导、促进和支持信息化推进工作，按照市场经济的客观规律，促进供需互动，实现良性发展的长效机制。

（五）探索和总结经验

推动中小企业信息化是一项具有开拓性的工作，没有现成的经验和模式可循。在过去几年的工作中，无论是地方中小企业、信息化主管部门，还是企业、服务机构、新闻媒体等，在推动中小企业信息化，为中小企业提供支持和服务方面都做出了积极的探索，形成了一些好的做法和经验，要认真总结和宣传。要从各地实际出发，进一步加强调查研究，广泛听取社会各方面意见，集思广益，逐步摸索和总结出适合中国特点、推动我国中小企业信息技术应用、信息化公共服务平台发展的思路和方法。

同志们，中小企业信息化是国家信息化战略的重要组成部分，中小企业对信息化的需求具有特殊性，

不能沿用推动大企业信息化的思路和方法。今天的中小企业信息化座谈会开得很好，今后，中小企业司还要继续创造机会，搭建平台，更多地组织这种工作的交流，开展对中小企业信息化热点难点问题的专题研讨，通过相互学习，共同探索，努力开创中小企业信息化工作的新局面。

非公经济的地位和作用不断增强

——在2010中国（陕西）非公有制经济发展论坛上的演讲

工业和信息化部党组成员、总工程师　朱宏任

2010年9月26日，由中国民主建国会中央委员会、国家工业和信息化部、陕西省人民政府共同主办的2010中国（陕西）非公有制经济发展论坛在陕西西安隆重开幕。本次论坛的主题是“中国非公有制经济成长与发展方式转变。

尊敬的陈昌智副委员长、尊敬的赵乐际书记、赵正永代省长、民建中央各位主席，各位领导、朋友们：大家上午好！

民建中央和工业和信息化部、陕西省人民政府今天在西安举办2010年中国（陕西）非公有制经济发展论坛，讨论交流并研究非公有制经济转变经济发展方式，调整结构的若干重大问题，意义重大，在此我谨代表工业和信息化部对这次论坛的召开，对我们工作的监督帮助和大力支持表示衷心的感谢！

借此机会我就当前形势下促进非公有制经济和中小企业平稳较快发展谈几点体会，供大家参考。

第一，非公有制经济在我国经济社会发展中的地位和作用不断增强。非公有制经济是我国国民经济和社会发展的重要组成部分，在繁荣经济、推动创新、扩大出口、增加就业等方面发挥重要作用。2008年国际金融危机爆发以来，中小企业和非公有制经济发展受到严重的冲击，也经受了严峻的考验，在金融危机严重的时期，一大批劳动密集型、出口型中小企业订单萎缩、资金链断裂，甚至停产倒闭，就业岗位减少，产业链断裂，出口减少。对此，中央果断决策，及时实施的保增长、扩内需、调结构、惠民生的一揽子计划，为调节中小企业促进中小企业发展起到了重要作用。中小企业经济发展起稳回升，逐渐转向平稳较快增长。

（1）保持国民经济平稳较快发展的重要基础。目前中小企业占全国企业总数的99%，创造的最终产品和服务价值相当于全国的60%左右，上缴税率为国家总额的50%。

（2）中小企业为缓解我国的就业压力发挥了不可替代的作用。中小企业提供了近80%城镇就业岗位，在过去两年中，中国面临前所未有的就业压力，金融危机的冲击很大程度表现在企业停产、职工失业离岗，在中央和各地区、各部门的共同努力下，中小企业为缓解我国的就业压力发挥了不可替代的作用。

（3）基础创新的重要力量。中央一揽子计划既推动了基础设施的建设，也带动了中小企业的技术改造和创新。支持企业围绕品种、质量、节能降耗、环境保护，设立工期和安全生产的理念，加强技术改造，通过技术改造的实施，涌现出一大批创新十分活跃的中小企业。目前我国65%的发明专利，75%以上的企业技术创新，85%以上的新产品开发都是由中小企业完成的。

（4）促进经济结构的调整和优化。这次应对金融危机中，调整结构、转变方式和保增长、扩内需一样，都是中央一揽子计划的重要内容，适应于国家节能减排和环境保护的需要。以中小企业积聚为特征的重要产业集群发展迅速，广东、浙江、江苏等地的产业集群的产值已超过当地工业产值的51%以上，推动了中小企业从早期的加工、建筑、运输等领域，向基础设施、机电制造、高新技术等方面拓展，实现了产业结构的升级。可以毫不夸张的说，这次应对国际金融危机中，中国取得的骄人成绩是党中央国务院带领全国人民携手奋进，顽强拼搏的结果，广大中小企业既是一揽子计划的直接收益者，也是企业再铸辉煌的攻坚力量。

第二，转变发展方式和任务。世界经济出现一些新的变化，对我国经济调整有巨大的压力。目前看国际市场需求依然疲软，全球贸易没有增长到金融危机前的水平，世界经济发展格局开始出现深度调整，过度依赖虚拟经济增长模式受到很大冲击，世界经济新突破、产业升级、步伐加快，发达国家科技创新和产业发展战略，把绿色、低碳技术与产业化作为突破口。在这个背景下，我国明确提出了转变经济发展方式，加快结构调整的战略任务，要实现这一战略任务没有量大面广的中小企业发展方式的转变，我国经济发展方式转变就缺乏基础。总体上看，我国中小企业技术装备水平较低，成为转变发展方式的难点。因此，要结合中小企业的实际和特点，进一步把握好以下重点方向。

（1）要更加注重中小企业结构调整、优化。中小企业应及时调整产业结构、产品结构，努力适应市场需求的变化，要引导中小企业通过技术改造进入高技术产业和装备制造业，进入新能源和可再生能源领域，进入服务业，特别是现代服务业，进入就业容量大的劳动密集型产业和农产品深加工业。

（2）更加注重产品质量和品牌。从发达国家所走过的道路来看，中小企业的发展都经历过追求外延式扩张向注重内涵式发展的转变，从数量扩张，向注重产品品牌的阶段。经过30年发展，我国中小企业数量规模已经很大，开始注重以提高素质和品种为发展阶段，面对国内外发展形势和变化，中小企业着力转变发展方式，更加重视创新、品牌、产品质量，全面提高企业素质，增强企业竞争能力和抵御风险的能力，不断发展壮大。

（3）注重提高自主创新能力，转变发展方式和

调整结构。必须大力增强企业的自主创新能力，提高企业技术进步，对经济增长的贡献率。中小企业富有创新精神和创新活力，要引导中小企业增加企业创新、研发的投入，加大新产品、新技术的开发力度，拥有更多的自主知识产权不断提高创新能力。

（4）要更加注重节约资源、保护环境，实现“十一五”规划确定的节能减排目标，需要全社会共同努力，大型企业要增强社会责任感，中小企业同样要增强承担社会责任的能力和使命感。企业追求利润，不能以公共利益为代价，不能以浪费资源和污染环境为代价，企业要从主要依靠规模扩张，过度消耗能源资源的粗放发展，转向注重能源减排和环境保护的可持续发展。

第三，进一步加大政府的扶持力度，强化服务作用。为进一步促进中小企业和非公经济的发展，政府采取了一系列措施。2005 年 2 月国务院下发了关于鼓励支持和引导非公有制经济发展的若干意见。2009 年 9 月国务院下发了关于促进中小企业进一步发展的若干意见，2010 年 5 月国务院又下发了关于鼓励和引导民间投资健康发展的若干意见。目前，各地区、各部门正在采取有力措施，认真加以贯彻落实。下一步政府将重点在以下几个方面加大工作力度。

（1）进一步着力缓解融资难的问题。中小企业融资难是世界性的难，也是制约我国中小企业发展的瓶颈问题。要结合金融体制改革，建立和完善适应中小企业贷款特点的银行体系，大力发展适应中小企业发展特点的小额贷款公司等新兴的金融机构，引导和鼓励金融机构改进金融服务，创新金融传统，找准信贷结构，增加对中小企业，特别是小型、微型企业的贷款，要健全中小企业的信用担保体系，继续推进中小企业信用，提高中小企业信用等级，健全和完善多层次的资本市场体系，扩大中小企业职业融资渠道，要健全中小企业风险投资机制，鼓励和支持中小企业创新发展。

（2）进一步加大财税支持力度。2010 年中央财政支持中小企业的专项资金在 2009 年 96 亿元的基础上增加到 123 亿元，下一步进一步增加财政资金的支持力度，逐步扩大国家支持中小企业的专项规模，重点支持中小企业结构创新、节能减排、开拓市场、提高素质、扩大就业，以及对中小企业的公共服务。制定政府采购帮助中小企业的具体办法，提高中小企业的能力，进一步落实和完善对中小企业各项税收优惠政策，全面清理整顿中小企业的收费政策，进一步规范税收的行为。进一步减轻中小企业的负担，严肃地查处对中小企业乱收费、乱罚款、乱摊派的各种侵权行为，切实保护中小企业及其职工的合法权益。

（3）进一步加大对中小自主创新的支持力度。按照国家中长期科技发展规划的要求，抓紧落实促进中小企业政策措施，充分发挥公共财政的引导作用，培育一批沟通机制平台，健全技术服务网络，为中小企业技术创新提供服务，促进技术平台的建设，要完善知识产权保护，提高中小企业技术创新的积极性，进一步发挥中小企业在国家战略性新兴产业实施过程中的重要作用。

（4）进一步健全全社会的服务体系。按照市场化、专业化、社会化的发展方向，建立健全中小企业服务机构，大力发展对中小企业服务的各类中介，要加强服务机构能力建设，引导服务机构转变服务观念、服务理念，鼓励各类服务机构为中小企业提供管理咨询、技术支持，完善服务功能；加强人才培训、国际合作、市场营销等方方面面的服务；加快中小企业的进度，建立健全中小企业运行监测体系，及时发布有关中小企业发展的产业政策、发展规划、投资重点和市场需求方方面面的信息，引导中小企业健康发展。

（5）进一步积极支持中小企业扩大对外合作。要积极采取有针对性的措施，引导中小企业转变，发展方式，提高出口产品的档次和技术含量。加快加工贸易的转型升级，要鼓励企业更多引进先进技术、关键设备，积极承接国际外包转移，提高利用外资的质量。进一步加大支持力度，鼓励中小企业在境外融资，为中小企业扩大搭建平台，加强与国外有关组织的交流，积极探索中小企业合作的新机制。

（6）进一步引导企业提升管理水平。引导和支持中小企业加强管理，是促进中小企业发展的重要工作，也是应对金融危机的重要措施。要引导具备条件的中小企业适时推进公司制改造，建立现代企业制度，要继续开展管理咨询活动，中小企业信息化推进工程等方面加大工作力度，不断提升中小企业的市场竞争能力，继续实施好中小企业培训工程，提升经营管理者和员工的素质。

同志们，我国西部地区资源辽阔，资源丰富。陕西在西部大开发中具有重要的战略地位和发展潜力，国家西部大开发战略实施以来，包括陕西省在内的西部地区经济增长速度明显加快，基础设施建设和生态环境建设取得长足进展，人民生活不断改善，经济社会发展已经迈上新台阶。西部大开发为中小企业和非公有制企业提供了巨大舞台。我相信通过举办这次论坛，各位领导、专家提出的许多真知灼见，会有力推动中小企业经济发展再上新台阶。

最后预祝论坛圆满成功，谢谢陈昌智副委员长，谢谢民建中央和有关单位的各位领导，谢谢陕西省委省政府对论坛的支持，谢谢大家！

在“第七届中博会”开幕式上的致辞

工业和信息化部党组成员、总工程师　朱宏任

尊敬的黄华华省长，
尊敬的澳大利亚芮捷锐大使，
尊敬的各主办单位领导，各位来宾，
女士们，先生们！

大家上午好！

在金秋送爽的九月，第七届中国国际中小企业博览会暨中澳中小企业博览会在美丽的羊城广州市隆重开幕了。首先，我谨代表“中博会”组委会，向远道而来的澳大利亚代表团和各位中外嘉宾表示热烈的欢迎！

众所周知，中小企业在繁荣经济、推动创新、扩大出口、增加就业等方面都发挥着积极作用。随着经济全球化的深入发展，中小企业的国际交流与合作日益频繁。当前，国际金融危机的阴霾尚未完全消散，而中小企业作为危机中最容易受到伤害又最活跃的群体，受到各国的普遍关注和重视。推动世界各国中小企业的交流合作，实现互利共赢，具有重要意义。

支持、促进中小企业发展，是中国政府应对国际金融危机中始终坚持的做法。近两年，为应对国际金融危机，中国政府采取了“保增长、扩内需、调结构、惠民生”的一揽子计划，取得了积极效果，使广大中小企业从中受益。尤其是，为帮助中小企业迎接挑战、克服困难，国务院在去年中博会期间，出台了《关于进一步促进中小企业发展的若干意见》，今年又制定发布了《关于鼓励和引导民间投资健康发展的若干意见》。这些政策措施的实施，充分体现了中国政府对中小企业发展的高度重视，也进一步提升了中小企业应对国际金融危机的能力，为中小企业乃至整个经济的发展注入了新的动力和活力。今年前7个月，全国规模以上中小企业实现了增加值同比18.2%的较快增长。可以毫不夸张地说，中国中小企业正面对进一步平稳健康发展的新机遇。

已成功举办六届的中国国际中小企业博览会，是一个为推动各国中小企业在更大范围、更广领域、更高层次上加强合作，携手共进的场所。希望通过第七届“中博会”这个展示、交易、交流与合作的平台，交流各国中小企业在应对国际金融危机中积累的经验，务实地推动中小企业之间的交流合作与经贸往来，为促进世界经济繁荣发展做出积极贡献。

我们热诚地欢迎澳大利亚作为主宾国，与中方共同主办本届“中博会”。中国与澳大利亚建交38年来，双边经贸合作发展快速。近年来，中澳两国在能源资源、环境保护等众多领域开展了富有成效的合作。在一批大企业活跃的身影旁，我们也看到了一批活力四射的中小企业。目前，澳大利亚中小企业对我国的投资已具有一定规模，在我国的经营状况良好。一批中国中小企业也在澳大利亚投资，寻求更好地发展。我国正处于经济快速发展时期，许多领域都是中小企业得以发展的沃土。加强中小企业合作是中澳经贸关系，乃至各国交往中一个十分重要的组成部分。第七届中博会必将进一步推动参会各国中小企业合作与交流的深入发展。

我们相信，各国中小企业的积极参与，将使“中博会”越办越好，通过“中博会”这个平台，一定会有更多的中小企业获得新的发展机遇，共同促进经济平稳健康发展。

谢谢大家！

引导中小企业转型成长
实现可持续发展

——在第七届中国国际中小企业博览会暨中澳中小企业博览会中澳中小企业高峰论坛上的演讲

工业和信息化部党组成员、总工程师　朱宏任

女士们、先生们，朋友们：

第七届中国国际中小企业博览会暨中澳中小企业博览会今天开幕了。这是中国和澳大利亚中小企业界的一次盛会，是两国中小企业发展进程中一项很有意义的活动，也是中澳两国政府为促进中小企业发展做的一件实事。借此论坛，我就中国政府加大政策引导，促进中小企业健康发展等问题向大家做一介绍。

一、引导和促进中小企业健康发展，是中国必须长期坚持的重要政策

目前中国中小企业占全部企业总数的99%，创造的最终产品和服务价值约占国内生产总值的60%、上缴税收的50%，提供了80%左右的城镇就业岗位。中小企业以其灵活的运行机制和市场适应能力，成为推动中国经济社会发展的重要力量。

同时应当看到，中国中小企业发展面临着新的挑战。在这次应对国际金融危机过程中，广大中小企业最先受到影响和冲击，除中小企业抵御外部风险能力较弱外，其原因是多方面的。资源、环境及国内外市场竞争日趋激烈，中小企业生存与发展的压力加大。随着技术进步和产业升级步伐不断加快，对中小企业科技创新提出了更高的要求。深入实施可持续发展战略，节约资源、保护环境、履行社会责任，需要付出更多的努力。

中国政府始终把引导和促进中小企业健康发展作为重要目标，并据此形成了政策的着力点。在新形势下，推动中小企业健康发展，必须着力转变发展方式，加快结构调整，切实增强创新能力，保持平稳较快发展与推进结构调整和技术进步相结合，改善外部环境，引导企业加强管理相结合，提高中小企业的整体素质，走可持续发展之路。

一是注重优质发展。把更多的注意力放在提高中小企业发展的质量方面。目前中国中小企业分布领域宽泛，数量已达到一定规模，已经到了以提高素质、提高质量为主的发展阶段。既要抓住机遇，促进中小企业加快发展；又要提升水平，引导中小

企业依靠质量求生存，依靠管理求效益，依靠创新求发展。

二是注重可持续发展。中小企业必须彻底摒弃粗放型的生产方式，结合自身实际采取有效措施，努力提高资源利用率，节能降耗、减排治污，改善安全生产条件，走节约发展、清洁发展、安全发展和可持续发展的道路。

三是注重协调发展。中小企业具有小而分散的特点，尤需注意适应市场、协作配合、有序发展。市场细分要求中小企业扬长避短，找准定位，建立分工协作关系，形成产业链，为中小企业提供一个相对稳定的市场环境，提升竞争能力，共同抵御市场风险。

四是注重和谐发展。中小企业必须依法经营、讲求诚信、履行社会责任。企业要对产品负责、对员工负责、对市场负责、对社会负责。要严格执行劳动保护、最低工资、社会保障等国家法规和制度，规范劳动关系，保障劳动者的合法权益。

二、研究编制好中小企业成长“十二五”规划，继续实施中小企业成长工程

今年是中国执行国民经济和社会发展第十一个五年规划的最后一年，当前国家正在抓紧编制国民经济和社会发展第十二个五年规划。在“十一五”时期实施中小企业成长工程的基础上，我们也在抓紧研究编制中小企业成长“十二五”规划，在“十二五”时期继续实施中小企业成长工程，目前已经形成了一些基本的思路。

“十二五”时期是我国确保2020年实现全面建设小康社会目标的关键时期，也是继续加快工业化进程、积极推进工业强国建设的关键时期，更是深入贯彻落实科学发展观、加快“转方式、调结构”的关键时期。“十二五”时期，受资源、环境、市场和劳动力等因素的影响，我国中小企业生存和发展环境将面临深刻变化，这对我们编制好中小企业成长“十二五”规划，实施中小企业成长工程，推进中小企业加快转变发展方式，提出了更高的要求。

“十二五”时期推进中小企业实现转型成长，各级政府要着力做好以下几项重点工作：

一是着力分类指导，扶持发展一批优势中小企业。支持成长性中小企业成为带动其他中小企业快速发展的龙头企业。扶持一批中小企业，使之成为大企业的“配套专家”和合作伙伴。鼓励走“专、精、特、新”的专业化、差异化发展路子，发展一批小型化经营企业、特色化经营企业和“小巨人”企业。

二是着力技术进步，优化中小企业产品结构。加大技术改造支持力度，鼓励中小企业采用新技术、新工艺、新材料，提高产品质量，提高节能减排和清洁生产水平。鼓励中小企业开发先进适用的技术、工艺和设备，研制适销对路的新产品。加强知识产权保护，引导和支持中小企业创建自主品牌。

三是着力拓展空间，优化中小企业产业分布结构。适应产业结构升级的需要，推进中小企业从制造业向现代服务业和新兴产业延伸；适应城镇化发展的需要，推进中小企业从工业制造业向现代农业，特别是农产品加工业延伸。同时，要努力提高科技型中小企业的比重。

四是着力改善条件，促进中小企业集群化发展。鼓励中小企业围绕关联性大、带动性强的龙头企业，围绕特色专业市场，发展上下游企业分工协作的产业集群。鼓励小企业借助龙头企业品牌优势打造“集群品牌”。加快特色园区建设，为企业集聚提供空间平台和配套环境，形成聚集生产要素的“磁场”效应。

五是着力整合系统，构建服务中小企业的多层次融资体系。落实财政支持政策，完善中小企业融资担保体系，推动金融机构落实 对中小企业的信贷责任，加快村镇银行、小额贷款公司发展，鼓励服务中小企业的直接融资产品和金融创新。

六是着力营造环境，拓展中小企业市场空间。落实政府采购支持中小企业发展的政策，提高中小企业产品和服务在政府采购中的比重。规范和引导大企业市场行为，减轻不合理的负担，为中小企业创造和谐的市场环境。

七是着力夯实基础，全面提高经营管理水平。推动中小企业制度创新，建立科学合理的企业治理结构和管理体制，为中小企业的科学决策奠定良好的制度基础。加强企业战略管理，加强培训，提升中小企业经营者素质，帮助中小企业提高经营管理水平。

八是着力统筹协调，大力推进中小企业公共服务体系建设。抓紧国家中小企业公共服务示范平台建设，推动中小企业信息化，健全中小企业统计监测体系，积极鼓励社会资源投入，培育社会化、市场化、专业化的公共服务体系。

三、中国澳大利亚中小企业合作意义重大，影响深远

近年来，中国与澳大利亚的经贸合作逐年增加，领域不断扩大。据澳大利亚最新数据显示，中国已成为澳大利亚最大的贸易伙伴。中澳在众多领域开展了富有成效的合作，在环境保护和应对气候变化方面加强交流协作，扩大产业合作领域，完善贸易投资合作机制等。目前，澳大利亚中小企业在中国的投资已达到一定规模，经营状况良好。中小企业是中澳经济合作的重要领域，中澳中小企业在食品、消费品、服务业、环保技术和设备、绿色建筑和清洁能源等众多领域有着广阔的合作空间。这对提高两国中小企业国际竞争力，进一步深化中澳两国经贸关系具有重要意义。

本届中博会由中澳两国共同举办，澳大利亚方面组织了200多家企业和机构参会，充分表明了中澳双方加强中小企业合作，共同促进两国中小企业发展的良好意愿。加强中澳两国中小企业合作，有利于巩固和发展中澳经贸合作关系；有利于增进两国中小企业间的相互了解与沟通，加强合作与交流，

促进贸易往来与投资。因此，我希望与会各方充分利用中小企业博览会这个“展示、交易、交流、合作”的平台，在更大范围、更广领域、更高层次上开展经济技术交流与合作，共同提升中小企业发展水平，促进中小企业健康发展。

女士们、先生们、朋友们：

推动世界各国中小企业加强交流与合作，实现互利共赢、共同繁荣，是各国中小企业的迫切愿望。随着中国澳大利亚经贸合作关系的不断发展，必将为两国中小企业的交流与合作开辟广阔天地，交流增进了解，合作推动发展。让我们携手并进，为促进中澳两国中小企业发展、经济繁荣和人民福祉，做出更大的贡献。

最后，预祝第七届中国国际中小企业博览会暨中澳中小企业博览会和中澳中小企业高峰论坛圆满成功，祝各位嘉宾在广州工作和生活愉快！

谢谢大家！

建立健全企业财务制度 促进企业可持续发展

财政部副部长　丁学东

在我国，企业财务制度是国家财政法制的一项重要组成部分。1992 年国务院授权财政部发布的《企业财务通则》，是我国企业财务管理的纲领性规章。2006 年 12 月 4 日，财政部颁发了新的《企业财务通则》，以后相继制定了一系列配套办法，逐步建立和完善了新型的企业财务制度体系。

一、建立健全企业财务制度是现阶段的客观需要

在我国现阶段，建立健全企业财务制度，仍然是一项十分重要而又艰巨的财政管理工作。企业财务制度与会计制度、税收制度有联系，也有区别。财务管理需要利用会计信息，会计核算为财务管理提供基础。企业规范财务管理，可以为税收征管奠定良好的基础；企业依法纳税，可以创建公平的企业财务管理环境，并提升企业价值。可以说，企业财务制度，与企业会计制度、国家税收制度是不能互相替代的、相辅相成的不同制度体系。特别是从现实看，企业财务制度也取决于我国的国情需要，主要体现在以下几个方面：

一是贯彻实施相关法律法规的需要。近年来，根据我国社会主义市场经济发展需要，《公司法》及相关法律、法规对企业依法建立财务制度做出了明确的规定。《企业财务通则》是企业财务管理的基本准则，落实相关法律法规的要求，既是发挥《企业财务通则》作用的重要前提，也是各级财政部门和企业贯彻实施法律法规的客观需要。

二是规范建立现代企业制度的需要。现代企业制度的基本特征之一在于产权清晰，企业内部治理结构管理有效，互相制衡。企业财务制度是现代企业法律制度的一项必要组成部分，它在财务管理领域具体体现着企业法律制度的要求和规范。建立健全企业财务制度，有助于完善现代企业法律制度，进一步推进现代企业制度的建设。

三是促进企业科学管理的需要。财务管理是企业经营管理的核心。企业科学管理，必然要求加强财务管理。目前，我国许多中小企业财务制度不健全，一些大型企业也存在内部财务管理薄弱的问题，导致财务舞弊和经营风险时有发生。建立健全企业财务制度，使企业制定内部财务制度具有明确的要求和可供参考的方法，为企业加强财务管理提供制度保障。

四是维护企业各方利益的需要。企业是相关利益主体的集合体。国家既是企业国有资产的投资者，又是企业的社会管理者，通过实施企业财务制度，理顺企业各方的财务关系，落实财务管理主体的责任，明确企业财务行为规范，有利于维护国有权益，也有利于保护其他投资者、经营者以及企业职工等各方的利益。

五是转变财政职能的需要。随着市场经济的发展，财政部门管理企业财务的职能有了很大的转变，不再以行政手段直接管理企业的内部事务，主要是为企业开展财务活动建立法律规范，创造政策环境，并监督执行。建立健全企业财务制度，可以规范财政部门在企业财务活动中的作用。

此外，与西方发达国家相比，我国资本市场发展相对滞后，法制健全程度尚有差距，难以完全通过银行、证券监管等机构对企业筹资、资本运作等重要财务管理事项予以有效监管，而国家的宏观经济管理，也需要在一定的法律规范下转化为企业财务制度，以合理界定政府经济管理与企业自主管理的界限和责任，化解企业财务风险，维护财政经济秩序的稳定。

二、重视新型企业财务制度的贯彻实施工作

新的《企业财务通则》是新型企业财务制度体系的核心，对比传统的企业财务制度，在功能、观念、体制、体系、机制、内容上都有重大的创新，对企业财务行为更加注重引导，并且涵盖了资金筹集、资产运营、成本控制、收益分配、信息管理、财务监督六大财务管理要素，企业可以更大幅度地开展自主管理。因此，引起了各地方、各部门和各企业的关注。据不完全统计，新的《企业财务通则》颁发后的半年时间内，89 家中央企业集团公司共组织所属 7592 户企业、共计 103661 人参加了新的《企业财务通则》的培训，其中集团领导成员 371 人，各级财务领导 23237 人。各种形式的学习培训，有效地推动了新型企业财务制度的贯彻实施。

近年来，通过学习培训新的《企业财务通则》，企业多年形成的“重核算、轻管理”观念有所改变，财务风险意识、依法理财观念有所增强，有的企业高

管认为，“财务工作就像要打造一条高速公路，什么地方限速、什么地方拐弯、什么地方是出口，都有明确的要求。这就需要高级财务管理人员根据新的《企业财务通则》和企业的实际情况，制定企业内部财务管理制度，控制财务流程，加强内部控制，从而打造企业安全、平稳、高效运行的高速公路。”也有的企业高管认为，新的《企业财务通则》要求控制财务风险，参与战略管理，做好财务决策，实现企业价值最大化。这给企业带来了新的财务管理理念，也给企业财务管理提出了更高的要求。因此，贯彻实施新的《企业财务通则》，对规范企业财务管理，促进企业持续健康发展，具有重要意义。

企业贯彻实施新型企业财务制度，也取得了一定的成效。比如，中国移动通信集团以财务集中管理为手段，推动了各项财务制度及财务流程的完善。中国铁路建筑总公司建立三级风险预警机制和海外工程项目风险控制系统，并建立合同的财务审核制度，明确业务流程和审批权限，发挥财务监督作用。国家电网公司截至2007年6月30日，清理处置各类子公司284家，公司管理级次由7级减少到6级，同时构筑一体化企业级信息集成平台，实现信息纵向贯通、横向集成，支撑集团化运作。中国第二重型机械集团公司则在专门对企业财务状况进行诊断分析的基础上，制定了比较完善的内部财务制度。其他许多企业也都根据《企业财务通则》的要求，采取了加强财务管理的措施。可以说，新型企业财务制度在指导企业不断健全内部财务管理制度，理顺企业财务关系，推进财务管理创新，提高企业财务控制力，应对国际金融危机等方面，发挥了显著的积极作用。

新的《企业财务通则》颁发以来，财政部根据企业改革的实际情况和管理需要，先后制定了一些配套办法，包括企业研发费用、企业重组职工安置费用、企业职工福利费等财务管理办法以及企业有关自主创新激励分配的实施办法等，不断完善新型企业财务制度体系。广大企业结合自身实际，切实贯彻实施新的《企业财务通则》及其配套办法，建立健全内部财务制度体系，对于规范财务行为，维护国家及其他各方的权益，促进企业完善内部治理结构，增强企业抵御风险的能力，实现企业可持续发展，具有重要意义。

中小企业成为推动经济社会和谐发展不可或缺的重要力量

——在第三届APEC中小企业对话世界500强财富论坛上讲话

商务部部长助理　仇鸿

尊敬的蒋树声副委员长、尊敬的诺尔大使、尊敬的各位来宾、女士们、先生们，大家好！

非常高兴出席第三届亚太经合组织中小企业对话世界500强财富论坛，我对本次论坛的召开表示热烈祝贺，对各位来宾表示热烈的欢迎！亚太经合组织是亚太地区最重要的合作组织，区内21个经济体的国内生产组织和贸易总额分别占全球的54%和44%，区内贸易比例达到67%，超过了欧盟区内贸易的比例，亚太经合组织成立20多年来，为区域经济的稳定发展、繁荣和增长做出了重要的贡献，亚太经合组织作为整体在世界经济中的重要性也日益凸显，中国与亚太经合组织各经济体在经济、社会发展等诸多领域开展了互利合作，形成了共同发展的良好局面。2009年中国与亚太经合组织经济体贸易额达到了1.43万亿美元，占中国外贸总额的64.7%，中国的十大贸易伙伴中，亚太经合组织成员占了7个。2009年中国十几利用外资中的70%也来自于亚太地区，达到了634亿美元，同期中国的对外直接投资是433亿美元，起重队亚太地区的投资达到了233亿美元，占54%，中小企业是亚太地区经济发展技术创新和扩大就业的重要力量，据亚太经合组织统计，中小企业为亚太地区50%的经济总量和60%以上的就业机会。长期以来亚太经合组织以及高度关注中小企业合作，致力于推动投资自由化和便利化，为本地区中小企业营造良好的发展环境，并取得了显著成绩，国际金融危机发生以来，全球的需求急剧的萎缩，融资困难，区内一大批中小企业陷入了困境。在这个情况下，2008年亚太经合组织通过中小企业发展计划创意要促进创新，加强金融支持，改善商业环境等列为优先领域开展合作。2009年亚太经合组织领导人宣言，进一步提出将帮助中小企业更好地进入国际市场，获得贸易融资，以使他们能够尽快的恢复活力、摆脱困境，目前中国有五千多万家中小企业，创造了60%的经济总量和50%的税收，提供了80%的就业岗位，中小企业已是中国创造社会财富的主体，安排劳动就业的主力，并已经成为推动经济社会和谐发展不可或缺的重要力量。

中国政府一贯高度重视并积极促进中小企业发展，特别是在国际金融危机爆发以后，出台了保增长、扩内需、推动产业振兴和技术创新等一系列政策措施，帮助中小企业渡过最困难的时期，并为困境中的中小企业提供了新的机遇和发展空间，特别值得一提的是，在应对危机的过程中，中国政府不断着力扩大内需，坚持市场开放，努力实现消费、投资和出口的协调发展，取得了显著成绩，今年第一季度，亚太经济体对华出口1991亿美元，增长了62.4%。其中对华出口增幅超过了50%的就有15个经济体。2009年中国实现社会交易与零售约合1.8万亿美元，实际增长了16.9%。预计2010年中国国内市场规模约达到2万亿美元，这不仅对亚太经济和全球解决复苏形成强力支撑，也是包括外商投资企业在内的中国企业获得了难得的发展机遇。

当前，亚太经济复苏势头有所增强。中小企业活力也有所恢复，但我们必须认识到，世界经济前景还存在着诸多的不确定、不稳定因素。中小企业发展仍然面临着众多困难、资金短缺、融资难问题还没有得到根本的解决。中小企业在经营管理、创新能力、市场竞争力和抗风险能力上仍然存在着诸多问题，众多的中小企业正深受贸易保护主义之害。今天，亚太地区中小企业能与世界500强企业代表齐聚一堂，共同探讨帮助中小企业克服困难的举措，探索促进中小企业发展之道，不仅有助于中小企业学习大企业的宝贵经验、提振信心、破解难题、恢复活力，而且也能够使中小企业在资金、技术、人才、市场等方面与大企业进行深入的交流与合作。不断增强自身的竞争力，更好的参与经济全球化的进程，进一步融入国际分工体系和技术创新的体系。女士们、先生们，中国高度重视，并全面参与了亚太经合组织各层次、多领域的合作，亚太经合组织经济体之间经贸往来的扩大、经济纽带的增强必将促进各国经济体的国民经济的发展，因此，我们真诚的希望各位企业家能够继续在亚太经合组织合作中发挥积极的作用，加强沟通、拓展业务、深化合作，共同努力使亚太地区经济发展继续成为世界上最开放、最有信心和最充满活力的地区。最后祝第三届亚太经合组织中小企业技术交流及展览会圆满成功，祝本次论坛取得丰硕成果，谢谢大家！

在加快经济发展方式转变中促进“两个健康”

——在第六届中国民营企业投资与发展论坛上的讲话

中华全国工商业联合会党组书记、第一副主席　全哲洙

很高兴参加今天的论坛，和大家一起探讨民营企业发展问题。当前我们谈论民营企业发展问题，离不开加快经济发展方式转变这个时代背景。从历史的视野看，加快经济发展方式转变是我们建国以来的第三次历史性变革。如果说第一次变革建立了社会主义制度，创造了新中国60年的辉煌成就；第二次变革确立了社会主义市场经济体制，带来了改革开放30年的飞速发展；那么第三次变革将会实现经济发展方式转变，形成我国经济社会全面协调可持续发展的新格局。在这场伟大的变革中，民营企业要抓住机遇，乘势而上，按照胡锦涛总书记关于在加快经济发展方式转变、保障和改善民生、提高自身素质三个方面有更大作为的要求，把非公有制经济健康发展和非公有制经济人士健康成长统一于加快经济发展方式转变的伟大实践中。

下面就此我谈几点看法。

一、民营企业加快经济发展方式转变刻不容缓

加快经济发展方式转变，是时代要求、发展规律，是复杂的难解之题，也是现实的必解之题。形势喜人、形势逼人、形势不等人，民营企业转变经济发展方式必须在“加快”上下功夫、求实效。

首先，转变经济发展方式是世界现代化进程锤炼的历史经验。近300年的世界现代化史，就是一部发展方式的更新史。英国依靠工业革命转向工业立国，孕育了超凡的能量，成为跨越两个世纪世界经济发展的领头羊；美国重视科技发明和信息革命，使其成为一个具有自主创新能力的国家，跃居世界第一经济强国，并以不断创新的方式增强综合国力、巩固经济强国的地位。相反，拉美国家在上个世纪六七十年代虽已实现了人均GDP3000美元，但由于未能在收入分配等经济社会协调发展方面及时转型，本国企业缺乏技术创新动力，增长粗放方式难以向集约化过渡，最终掉进了“拉美陷阱”而徘徊不前。同样，20世纪90年代后日本、韩国由于忽视了工业经济向知识经济的转型，一个个“大企业和超大企业”缺少创新的激励，技术多停留于模仿层面，缺乏企业核心竞争力，经济发展陷入困境。没有一劳永逸的现代化，也就没有一成不变的发展方式。在发展方式这个问题上，不变则罔，不进则退，这条两百多年来锤炼的历史经验，已经成为世界各国推进现代化的国家理念。

其次，转变经济发展方式是应对国际金融危机的根本体现。国际金融危机对我国经济的冲击表面上是对经济增长速度的冲击，实质上是对经济发展方式的冲击。国际金融危机形成的倒逼机制，迫使我们必须重新审视和评判传统的发展方式。重国际市场、轻国内需求，重低成本优势、轻自主创新能力，重物质投入、轻资源环境，重财富增长、轻社会福利水平提高，成为我国长期形成的传统发展方式的主要弊端。这种发展方式忽视结构的优化、质量的提高、效益的增加、过程的可持续和成果的共享，难以实现质与量的统一、快与好的统一、物与人的统一、人与自然的统一，无法保持经济发展的可持续性。国际金融危机使我国转变经济发展方式问题更加凸显，不加快转变经济发展方式，今后发展的代价会越来越大、发展的空间会越变越小、发展的道路会越走越难。因此，我国加快经济发展方式转变，不仅有利于跟上世界经济发展方式变革的步伐，而且关系到我国在未来竞争中能否获得新的优势，关系到我国在现代化征途上能否取得新的成就，关系到我国能否保持经济又好又快发展的后劲。

最后，转变经济发展方式是民营企业科学发展的必然抉择。转变经济发展方式的主体归根结底是企业，我国民营企业已占全国企业总数的70%以上。广大民营企业能不能调整好自身结构、转变好发展方式，关系到我国经济发展方式转变的全局。当前，规模较大的民营企业正面临发展转型期，为数众多的中小企业正处于创业成长期。在大力发展民营经济过程中，民营企业平均生存期较短，人才短缺，市场准入、融资困难等问题尚未得到根本解决。民营企业特别是中小企业总体上发展方式仍然粗放，高耗能、高污染、低技术、低水平现象比较普遍，加工贸易型、资源依赖型、能源消耗型企业所占比

例偏大，处于产业链低端的数量偏多，在国际市场上的竞争力偏弱。许多中小企业由于对宏观形势把握不准，生产经营不善，应对挑战准备不足，在生存与发展上陷入困境，越来越显示出传统发展方式的不可持续性，更需要我们给予更多的关注和帮助。实践证明，成长性强的科技型中小企业是技术创新的主角，企业技术创新的环境有一条完整的“生态链”。因此，培育和引导有实力的龙头企业，充分利用他们强大的技术力量，带动广大中小企业注重技术进步，走产业集群化、科技含量高、资源消耗低、环境污染少、发展可持续的道路，将成为民营企业科学发展的必然抉择。

二、民营企业要结合实际确立转变发展方式的重点

广大民营企业所处地域不同、分布行业不同、发展规模不同，决定了其转变发展方式的重点不同、途径不同、速度不同，必须坚持从实际出发，因地制宜、量企“裁衣”、视情施策，不能“一刀切”、“齐步走”。

一要把握发展趋势，谋划好发展战略。适应新一轮世界经济变革和调整，发达国家的制造业正加快从生产型制造向服务型制造转变，信息技术与制造环节日益融合，工业产品附加值构成中纯粹制造环节所占的比例越来越低，研发设计、产品营销、电子商务、战略咨询等专业化生产服务所占的比例越来越高；服务业正在从传统的服务经济向现代服务经济转变，现代金融、现代物流、信息服务、技术服务等服务创新层出不穷；传统产业正在从简单的技术改造向抢占战略性新兴产业转变，低碳经济、绿色经济正在成为发展潮流。民营企业要把握这些发展趋势，从自身实际出发，重新审视企业发展战略，创新发展模式，根据经济社会环境的变化，及时调整完善发展战略。

二要积极调整结构，培育新的增长点。企业调整结构要发挥主动性，顺应产业发展规律的结构调整越自觉、越主动、越及时，发展质量就越高，发展后劲就越足，发展活力就越大。企业调整要注重全方位，按照经济社会发展趋势调整组织结构，实现资源优化配置；根据居民消费结构变化调整产品结构，更好地满足市场需求；运用新技术、新材料促进产业结构升级，培育整体竞争优势。企业调整结构要坚持经常性，充分认识结构调整既是阶段性艰巨任务，又是经常性工作，必须常抓不懈。在调整结构过程中民营企业要积极投身新能源、新材料、节能环保、新一代信息技术、生物工程、现代物流等战略性新兴产业，不断创造新产品，培育新的经济增长点。

三要推动自主创新，提升企业核心竞争力。当代科学技术的发展，使得经济结构调整的周期不断缩短。一些新兴技术的出现，深刻影响并改变着人类的生产方式、生活方式和思维方式，许多传统产业发生了“颠覆性”的革命。比如现代信息技术促成传统制造业向柔性化、智能化转变，大批量、单一品种的规模化生产方式渐行渐远，小批量、多品种的生产方式大行其道，产品得到极大丰富，市场被不断细分。民营企业要培育具有特色且可持续的核心竞争力，就必须顺应科技和消费文化发展的趋势，大力推进文化创新、技术创新、管理创新、组织创新。要通过广大民营企业的努力，加快构建我国以企业为主体、市场为导向、产学研相结合的技术创新体系，同时以企业并购、技术合作、吸纳人才等举措，多渠道地吸收全球创新资源和最新成果，增强自主创新能力，努力掌握更多自主知识产权，培育更多自主品牌，提升核心竞争力。

四要搞好节能减排，努力实现低碳发展。民营企业要认清世界发展大势，把握国家产业导向，坚持绿色投资原则，积极调整投资结构，主动跟踪并投资于低碳产业、产品，努力实现经济效益与社会效益、生态效益相统一。从优化升级和有进有退两方面入手，坚持走新型工业化道路，发展循环经济，保护生态环境；对耗能高、污染重的产能加快淘汰和升级改造步伐，推进企业转型升级，实现集约、高效、无废、无害、无污染的绿色发展；以节能减排为重点，全力推行清洁生产。资源配置在转变经济发展方式过程中有两个方面内容：一是资源的利用效率，其核心是降低单位产品的资源耗费数量；二是资源的配置效率，其核心是在把具有可选择用途的资源配置到不同的生产用途过程中，能够通过优化资源配置得到最大的产出。民营企业的低碳发展之路应该采取既基于国情又符合世界发展趋势的技术路径，制定清晰的阶段目标和可行的优先行动计划，把“低碳化”相关指标整合到各项计划和管理制度中去，探求节能减排的发展模式，不断提高企业技术与产品的竞争力，实现技术跨越式发展。

三、在加快转变经济发展方式实践中培育一支高素质企业家队伍

实践证明，成熟的市场经济必须具备两个基本要素，即与市场经济相配套的完善的法律体系和市场化、职业化的企业家队伍。我们的民营企业领导者大多集投资者和管理者、经营者于一身，在早期的市场“拼杀”中练就了一身本领，但面对科学发展的新要求，还必须以现代企业家的高标准，在日益激烈的市场竞争中，在转变经济发展方式的实践探索中，勇于接受锤炼，全面提高素质。

一要加强战略修养，树立科学发展理念。从应对国际金融危机的实践中，我们清楚地看到，企业有无发展战略，发展战略是否科学，已经成为企业发展能否抗风险、可持续的关键因素。我国的民营企业都是从小到大发展起来的，现在大多数还属于中小企业，这种发展历程和发展规模使得许多民营企业不注重、不善于制定和完善企业发展战略。特别是面对转变经济发展方式的新要求，一些民营企业决策者由于缺乏审时度势的战略修养，不能主动求变，思路还不够清晰，行动比较盲目，对于企业发展战略缺乏清醒的认识和把握。在国家采取一系

列措施加大节能减排力度，一些高耗能、高污染的落后产能必将被淘汰的政策规范下，可能有一批企业因越不过这道“坎”而面临生存危机。加快经济发展方式转变，涉及众多领域和方面，是一项复杂的系统工程。从认识论的角度讲，思想是行动的先导，加快经济发展方式转变必先转变思想观念和思维方式。思路决定出路，企业发展战略就体现着企业的发展思路，决定着企业的发展出路。因此，要想成为现代企业家，就必须坚持按照科学理论武装、具有世界眼光、善于把握规律、富有创新精神的要求，树立远大的目标，用唯物辩证法分析形势、判断趋势、把握未来，特别是有实力有条件的企业要坚持“走出去”战略，充分利用两种资源、两个市场，把自己和企业的发展与时代前进的潮流紧密结合起来，以新的思维运用新的战略和方法，不断解决现存的问题，也就是要站在高起点，抢占制高点，达到高水平，成为具有战略修养的科学发展推动者。

二要始终坚持学习，提高科学管理水平。我们正处在一个信息“爆炸”的时代，知识“折旧”速度远远超出人们的想象。在这样一个知识日新月异、局势瞬息万变的时代，民营企业要做到可持续发展，关键在于其领导者树立强烈的“职业风险”意识，牢固树立终身学习观念，注重提高学习能力，带领建设学习型企业，不断提高自身素质。深入学习实践科学发展观的过程，就是不断解放思想的过程。思想解放，包含着内容的解放，同时也是思维方式的转变。所以我们如果放松学习，不及时“充电”，知识就会迅速老化，思想就会很快僵化。如果我们对新事物、新现象的感觉理所当然，缺乏以新的视角进行探索的新思路，那就看不到，也提不出问题，抽象不出规律，解决不了矛盾。尤其在重大问题决策中，不能情况不明决心大，心中无数点子多。转变经济发展方式是一场智慧的较量、技术的竞争、管理的博弈。因此，要想成为现代企业家，就必须自觉树立世界眼光和战略思维，以发展战略谋划、人才队伍建设、企业风险管控、公共关系高层协调为企业家自身管理企业的主要职责，树立“少干就是多干”的思维，做到有所为有所不为。要在创新企业发展战略上着力，把好企业发展的“方向盘”，做到驾驭有方；要在规范企业管理制度上着力，紧紧围绕以人为本和企业生产经营成本的“两本”管理，健全预测、预警、预案一体化的企业风险管理制度，做到管理有道；要在建设企业文化上着力，增强企业的凝聚力和创造力，做到发展有根。

三要发扬创新精神，不断创造发展奇迹。创新是现代企业家的必备素质、重要责任，体现的是精神境界，能够为企业发展注入无穷活力。如果说改革开放激发了中国人的创业激情，那么在加快经济发展方式转变的新形势下，民营企业除了要保持创业激情，更要发扬创新精神，提高创造能力，使自己的企业能够成为长于研发设计的“头脑公司”，而不甘于做只赚加工利润的“手脚公司”。发扬创新精神，就要鼓励冒险、宽容失败、崇尚创业，勇做第一个吃“螃蟹”的人，而且要不断吃新“螃蟹”，必要时也要敢于吃“鳄鱼”。“十二五”期间将是我国加快转变经济发展方式的关键时期，也将是民营企业集中创造奇迹的展示时期。人力资源是第一资源，“奇才”创造奇迹。民营企业必须重视人才储备，吸引更多的高端人才、国际人才、创新型人才，广泛吸纳人才、真心对待人才、放手使用人才，形成支撑企业创造奇迹的人才队伍。因此，要想成为现代企业家，就必须着眼未来发展大势，围绕国家发展大局，按照科学发展观的要求，突出重点，突破难点，在加快转变经济发展方式过程中创造出更多的发展奇迹来。

四要勇担社会责任，具有持久人格魅力。在社会主义市场经济条件下，社会的认可程度，往往决定着企业发展的现实空间和长远潜力。因此，企业履行社会责任，树立发展生产、回馈社会的价值理念，不仅有利于社会进步，也有利于企业发展。作为民营企业领导者，要充分认识到发展好企业、提供好就业、关爱好职工是企业的首要社会责任，维护市场秩序、严格诚信守法是企业的基本社会责任，扶危济困、产业报国是企业的长期社会责任。民营企业领导者的社会责任感，是其内在品德和综合素质的体现。实践证明，民营企业能否长久发展，关键还要看其领导者的人品、眼界、心胸，是否具有持久的人格魅力。产品如人品。德，得也。无德者，既不能得人心，也不能得财富；既不能留住人才，更不可能经营好企业。在转变经济发展方式过程中，民营企业要进一步弘扬中华民族扶危济困的传统美德，积极投身公益慈善事业和光彩事业，当前特别要把构建和谐劳动关系作为企业承担社会责任、转变发展方式的重要内容和目标。就业是最大的民生，民营企业是人民群众就业的主渠道。只有劳动关系和谐了，才能巩固就业、促进就业，为企业的长远发展夯实人力资源基础。我国正处于改革发展的“黄金期”，也是各种矛盾的凸显期，因各种利益冲突引发的群体性事件时有发生，一定范围内存在的企业劳动关系问题也已经成为社会关注的焦点。民营企业要切实维护职工的合法权益，建立职工工资随企业效益增长稳步增加的机制，及时足额缴纳各种社会保险，切实搞好劳动安全保护，加强对职工的技能培训和人文关怀，实行人性化管理，不断改善职工工作生活条件，使其更加有尊严地工作和生活。因此，要想成为现代企业家，就必须坚持以人为本，勇担社会责任，由传统的“资本发展战略”转为“人本发展战略”，由“广告营销”理念转为“人文营销”理念，由“人治管理”转为“人本管理”，以自身的良好品德、人格魅力赢得职工尊重和社会信任。

尽管当前国际经济形势依然充满不确定因素，国内经济回升向好的基础仍需巩固，民营经济发展依然面临诸多困难和挑战，但是只要广大民营企业认清形势、坚定信心、抓住机遇、迎难而上，把握和运用好科学发展观这个强大的思想武器，积极践行社会主义核心价值体系，就一定能够在加快经济发展方式转变中促进“两个健康”，为国民经济平稳较快发展做出新的贡献！

在中国民营企业全球化论坛暨上海世博会（中国）民营企业联合馆答谢礼上的致辞

全国工商业联合会副主席　褚平

尊敬的张梅颖副主席，各位上海市领导，各位企业家，各位与会嘉宾：下午好！

很高兴有机会参加本次2010福布斯·中国民营企业全球化论坛暨上海世博会（中国）民营企业联合馆答谢礼。受我会黄孟复主席、全哲洙第一副主席委托，我荣幸地代表全国工商联在这个丰收的季节，与大家共享世博会、民企联合馆圆满成功的胜利果实。

全国工商联作为指导单位，欣慰地看到民企联合馆在世博会这一世界性的舞台上完成了精彩的演出，世博会民营企业馆的成功，正是中国民营企业在全球世人前的第一次集体亮相。我们觉得，这更像是中国民营企业在全世界面前的一次阅兵，一次彩排。正如习近平同志所说，民企馆成为了上海世博会的一大亮点。她作为一个平台，让世界加深了对中国民营企业的了解，也向全世界展示了中国民营企业乃至中国民营经济的风采。

今天，在民企联合馆即将圆满完成他的使命的时候，也正如我们收到的邀请函中所说，这远远不是一个终点，而是一段新征途的起点，是中国民营企业加快转变发展方式，做大做强的起点，是中国民营企业加快“走出去”步伐，融入全球化市场竞争的起点，更是中国民营经济历经30年的发展，由稚嫩走向成熟，从而走向世界的起点。

改革开放30多年来，我国经济社会发展取得了举世瞩目的成就，其中最重要的特征之一是民营经济异军突起，并逐渐成为社会主义市场经济的重要组成部分和社会主义现代化建设的重要推动力量。民间投资也将是中国经济未来的增长的动力和源泉。正是这种情况极大的激发了广大民众的创业热情，使社会资本的活力竞相迸发，推动我国形成了生动活泼、积极奋发的社会氛围，在思想观念、经济体制和人民生活各方面都发生了翻天覆地的变化。

根据全国工商联的2010年8月29号发布的中国民营企业500家分析报告：在国际金融危机最严重的时刻，民营企业积极调整结构，转变发展方式，表现出了抵御危机的能力。许多民营企业坚持不裁员、积极创造新的就业岗位，成为国民经济一支重要的稳定力量。在企稳向好的2009年，民营企业500家营业收入、资产占总资产收益率高于其他企业，成为我国国民经济突出的重要驱动力。这些都说明民营经济不仅在顺境中有较强的发展动力，也有逆势而上的发展活力和能力。现今虽然限制中国民营经济发展的问题仍有不少，但是我国民营经济的迅猛发展无疑已经成为主要趋势，民营经济的春天已经来临。

全国工商联作为党领导下的，以非公有制企业和非公有制经济人士为主体的人民团体和商会组织，长期以来一直关注着中国民营企业的发展。我们非常欣喜的看到，在民营企业迅速发展的今天，全国工商联作为党和政府联系联系非公有制经济人士的桥梁纽带，作为政府管理和服务非公有制经济的助手，本身已经成为中国经济中非常重要的一个组织。截至2010年上半年，全国工商联共有会员约260万个，其中企业会员约109万个，县级以上工商联组织3312个，已形成覆盖全国的组织网络。今年9月16日，中共中央和国务院联合下发了“关于加强和改进新形势下工商联工作的意见”，充分表明了党和政府对于民营经济发展和工商联工作的重视。

随着我国综合国力的提高和企业竞争力的增强，在经济全球化趋势的大背景下，海外投资必将成为中国经济转型、迈入新的发展阶段的重要依托，企业的国际化是我国广大企业必须面对的选择。在中央和国务院联合下发的《意见》中，也明确提到了工商联需要在我国实施和推进“走出去”战略，提高我国开放型经济水平过程中发挥作用，帮助非公有制企业抓住机遇、积极作为、趋利避害、防范风险，充分利用国际资源，开拓国际市场，增强国际竞争力。

近年来，民营企业的海外投资，已经有了长足的发展。如我们的民企500家调研显示，2009年500家上规模民企中已对外投资的有117家，约占24%。117家企业共拥有海外投资企业和项目481个，比2008年增长57%。累计海外投资额达到22亿美元，比2008年增长47.6%。

今天，我国优秀民营企业的代表、来自各国的学者、专家以及专业人士在此济济一堂，在这民企馆圆满谢幕的日子，就中国民营企业的全球化进程共同交流、讨论，为中国民营企业如何在新的形势下开始一段新的奋斗出谋划策。我相信，在我们的共同努力之下，从民企馆的活力矩阵中，从中国的民营企业家中，很快就会有更多能与世界500强公司相媲美的“中国全球企业”诞生！

各位嘉宾：

300年前的英国经济学家亚当·斯密对经济学所做的巨大的贡献，就是“无形的手”概念的发明——“一个体追求利益最大化的行为会增加全社会的福利，经济可以实现最有效率的资源配置”。中国的民营企业，中国的民营企业领袖们，正是这一支“无形之手”的有形体现。他们的发展壮大、健康成长必将在我国全面建设小康社会、加快推进社会主义现代化进程中贡献更大的力量！

上海世博会（中国）民企联合馆即将谢幕，更大的舞台，更精彩演出的大幕又徐徐拉开，我衷心祝愿中国的民营企业大展宏图，做大做强，祝企业家朋友和在座各位朋友身体健康！

祝2010福布斯·中国民营企业全球化论坛暨上海世博会（中国）民营企业联合馆答谢礼取得完满成功！

谢谢大家！

三、省市领导讲话

在吉林省民营经济腾飞总结表彰暨实施中小企业成长计划动员大会上的讲话

吉林省省长　王儒林

同志们：

从2007年开始实施的促进民营经济三年腾飞已经全面实现预期目标。今天，省委、省政府召开这次会议，主要是总结工作，表彰先进，部署实施中小企业三年成长计划，推动我省民营经济在新的起点上实现更快发展。

全省实施促进民营经济腾飞三年来，各地、各部门认真贯彻落实省委、省政府部署，扎实推进各项工作，民营经济实现了较快发展，主营业务收入年均增长31.2%，综合实力明显增强，为吉林老工业基地振兴做出了重要贡献。一是发挥了拉动经济增长的主力军作用。2009年，全省民间固定资产投资占全社会固定资产投资比重为68.8%，比2006年提高8.3个百分点；民营经济增加值占地区生产总值比重由2006年的35%提高到47%；上缴税金占地方级财政收入比重由2006年的52%提高到65%。民营经济已成为拉动经济增长、壮大经济实力的重要力量。二是发挥了促进结构调整的主动力作用。全省规模以上工业增加值中，民营与国有经济比例由2006年0.4∶1提高到2009年的1.1∶1。特别是民营经济逐渐向高新技术产业发展，全省民营科技型企业达到5200户，增加200户，促进了整体经济素质的提高。三是发挥了扩大就业的主渠道作用。2009年，全省民营企业户数达到10万户，个体工商业户达到108.8万户，分别比2006年增长40%和36%。从业人员达到443.9万人，占全社会城镇就业人员的70%，民营企业三年新增就业125万人，占全社会城镇新增就业的84.2%。四是发挥了支撑县域经济发展的主体作用。2009年，全省民营企业纳税超亿元的县市有40个，超3亿元的有19个，县域民营经济上交税金占县域地方级财政收入的91%，县域中几乎是民营经济“包打天下”。

这些重大成果，是全省上下采取一系列得力措施，加大组织推动力度取得的。坚持把民营经济发展摆上更加突出的位置，省里制定出台了促进全民创业27条政策，各相关部门都制定了配套措施，深入开展全民创业活动；千方百计破解中小企业融资难，壮大担保公司资本金规模，搞好银企保对接，为中小企业解决贷款650亿元；设立省级中小企业发展专项资金，支持中小企业4.7亿元；建立公共技术服务平台16个、孵化基地74个；实施“万名创业者、万名小老板”培训工程，累计培训3.5万人次；加强软环境建设，解决群众投诉涉软问题6000多件。这些工作，凝聚着各有关部门的努力与合作，凝聚着社会各界的支持与帮助，凝聚着广大创业者的智慧和汗水。在此，我代表省委、省政府，对各有关部门、单位的工作给予充分肯定，向所有支持民营经济发展的社会各界表示诚挚的谢意！向全省广大民营企业家和个体工商业者致以崇高的敬意！

前不久召开的全省经济工作会议和刚刚闭幕的全省“两会”，对今年我省经济社会发展进行了全面部署，目标任务已经明确。在新的形势下，做好今年工作，大力发展民营经济至关重要。加大投资拉动，需要民间投资进一步启动；加快结构调整，需要民营企业注入活力和增强带动力；推进城镇化，需要民营经济强化产业支撑作用和吸纳更多的农村转移人口，等等。可以说，民营经济既关系全局发展，又涉及民生改善。而现在看，尽管我省民营经济有了较大发展，但与发达地区相比，无论是经济总量，还是增长质量都存在不小差距，仍然是块“短板”，还不适应吉林振兴发展需要。民营经济的主体是中小企业。国务院出台了进一步促进中小企业发展的若干意见。政才书记在全省经济工作会议上提出要把发展民营经济摆到更加突出的位置，大力倡导全民创业，落实对中小企业的支持政策等要求。各地、各部门要认真贯彻落实。为进一步推动我省民营经济更快发展，省委、省政府决定，从今年开始，利用三年时间，在全省组织实施中小企业成长计划。总的要求是：以科学发展观为指导，以扩总量、优结构、强龙头、提素质为目标，坚持市场导向和政府推动相结合，突出企业生成、成长壮大、集群发展、配套提升等关键环节，强化政策扶持，打造优质环境，提高服务层次，大力培育中小企业，努力推动民营经济跨越发展。主要目标是：到2012年，全省民营经济主营业务收入达到1.6万亿元，增长60%；增加值占地区生产总值比重达到55%以上，提高8个百分点；上缴税金占地方级财政收入的比重达到70%左右，提高5个百分点；从业人员占全省职工和城镇个体劳动者总数比重达到75%，提高5个百分点；企业户数达到12万户，其中规模以上企业达到1万户，年度主营业务收入超亿元企业达到2000户，科技型民营企业达到6000户，个体工商业户达到130万户。今年要实现主营业务收入、上缴税金分别增长20%以上，增加值占全省地区生产总值的比重达到50%。着重抓好六个方面工作：

第一，深入开展全民创业活动，提高中小企业孵化生成能力。全民创业是发展之基、民生之本、就业之源，也是培育生成中小企业的主要途径。要深入开展全民创业活动，在全社会营造百姓创家业、能人办企业、干部干事业的发展氛围。积极搭建公共服务平台，为创业者提供项目开发、技术指导、产品检验等服务。广泛开展创业代理服务，建立省、市、县三级创业服务平台，切实帮助初创期小企业降低成本，提高创业成功率。继续推行公共财政购买公共服务，深入实施国家银河培训工程和“万名创业者、万名小老板”培训工程，力争每年为企业培训管理和技能型人才2000人。重点搞好企业孵化基地、创业基地、大学生创业园建设，继续实行财政税收扶持政策，三年内省级孵化基地达100个，孵化总规模达到5000户。今年力争新建创业孵化基地10个，生成小企业1万户，新增就业10万人。

第二，突出抓好企业成长，推动中小企业做大做强。促进中小企业成长壮大，是扩大总量的重要措施，也是调整优化结构的内在要求。要加强政策引导，推动有条件的企业以资本、技术等为纽带，实施兼并重组，实现低成本扩张，打造主业突出、核心竞争力强的企业集团。实行省、市、县三级联动，着力形成企业成长梯队，省里重点培育1000户年主营业务收入超亿元成长型企业，各市（州）重点扶持超千万元企业成长为亿元企业，县（市、区）重点培育小企业成长为规模企业。要积极支持中小企业技术改造，不断提升装备水平和产品质量，向创新型、循环型和科技型转变。鼓励组建中小企业技术联盟，加快新技术推广和科研成果产业化。完善中小企业法人治理结构，加强企业管理创新，提高中小企业信息化发展水平，提升企业发展能力。今年力争全省规模以上中小企业增加1000户，亿元以上企业增加200户。

第三，加快产业集群发展，提升中小企业整体素质。推进产业配套和集群发展，是现代工业布局的重要形式，也是扩大企业规模的有效途径。目前，我省大企业不够强，小企业不够多，群体规模不够大。现在，省里正在谋划汽车产能力争早日达到300万辆、轨道客车新增1000辆高速动车组和1000辆新型城轨客车、打造千亿级化工产业基地和千万吨级油气生产基地等，主导产业配套率要达到70%以上，发展空间巨大。要围绕全省支柱优势产业前伸后延，积极引导和鼓励中小企业提供配套服务，发展产业链经济，通过三年努力，使重点产业本地配套率达到40%以上。鼓励创办现代物流、信息服务、工业设计等生产型服务企业，增强产业集群竞争能力。围绕龙头企业、核心技术、优势产品，以各类开发区、园区及区域优势产业为依托，着力培育50个产业集群。加大品牌推介和培育力度，鼓励产业集群申请注册集体商标，打造集体和区域品牌，推进集群企业共同发展。大力扶持集群主导产业科技研发、标准检验、技术支持等公共服务平台建设，进一步放大服务功能。抓紧组建行业配套协作中心，积极开展项目对接。今年，重点鼓励大型企业通过专业分工、服务外包、订单生产等方式，与中小企业建立稳定配套机制，推进构建产业集群发展格局。

第四，积极拓宽融资渠道，着力破解融资难题。融资难是长期困扰中小企业发展的瓶颈。要采取有效措施，着力加以解决。要进一步搞好银企保对接，积极争取信贷投放规模，确保每年中小企业新增贷款额度不低于上年。加大初创企业小额贷款支持，探索建立小额贷款风险补偿金，力争每年为创业者提供小额贷款15亿元。继续实施“百户重点企业”、“千户成长企业”和“万民创业小额担保贷款项目”，切实解决重点行业、重点企业资金短缺问题。建立完善担保机构资本金注入、风险补偿和奖励补助机制，进一步提高担保能力。同时，要积极探索建立吉林省创业投资引导基金和风险投资基金，健全中小企业上市培育和扶持政策体系，加快中小企业上市步伐。推进建立吉林省股权交易所和高技术企业三板交易平台，鼓励企业通过发行集合债券、短期融资债券及信托投资等方式实现直接融资。今年，要继续深入实施融资服务品牌项目，尽快实现县域担保机构全覆盖，力争全年为企业融资350亿元。

第五，加大政策扶持力度，切实强化服务保障。强化政策扶持是中小企业加快发展的重要条件。要全面贯彻落实省政府促进全民创业和中小企业发展的若干政策，在准入门槛、金融支持、优化结构、创造环境等方面加大扶持力度。逐步增加省级中小企业发展专项资金规模，进一步扩大资金扶持覆盖面，各市（州）、县（市）也要逐步设立中小企业发展专项资金，有条件的地区可通过奖励补助、贷款贴息等方式对成长型企业技术创新、节能减排、开拓市场等给予支持。要把中小企业建设用地纳入土地利用年度计划，保证用地指标。要健全各级服务中心，完善融资担保、创业培训、创业咨询、管理诊断、公共技术、电子商务、法律维权、市场开拓、事务代理、信息网络等10大服务平台。开展人才服务民营经济发展项目，继续坚持干部联系包保民营企业制度，帮助开拓市场、解决困难。加大社会资源整合，引导各类服务机构为中小企业提供优质服务。强化要素协调，努力为中小企业解决煤电油运等实际困难。

第六，大力优化软环境，营造良好发展氛围。创造宽松的发展环境，是中小企业发展的迫切要求，也是各级党委政府的重要职责。近年来，我省发展软环境有了很大改善，但仍然有许多不尽如人意的地方。要进一步加大软环境建设力度，各级政府督查室、软环境办公室、工信部门等，要联合搞好软环境专项治理，深入基层、深入企业，督促检查各项政策贯彻落实情况，严厉查处企业反映强烈的基层执法和服务人员吃拿卡要等行为，实行严格问责。要充分发挥新闻舆论和社会监督的作用，进一步改进政府服务，着力解决好企业发展中的突出问题。加强中小企业劳动关系处理、工资支付、劳动保护、社会保险等检查，依法维护劳动者合法权益。

中小企业发展事关吉林振兴发展全局，涉及面广、政策性强、任务很重。省政府专门成立了促进中小企业发展工作领导小组，并把中小企业发展作为政府绩效评估的重要内容，分解落实到市（州）、省直有关部门和单位，实行定期公布制度，对发展较好的市（州）给予奖励，对完成不好的要通报批评。各市（州）、省直有关部门要进一步提高认识，建立工作责任制，确保各项任务落实到位。民营经济主管和服务部门要充分发挥职能作用，努力为中小企业发展创造良好条件。

同志们，加快中小企业发展，壮大民营经济，是一项重要而紧迫的任务。我们要进一步解放思想，开拓创新，真抓实干，努力争取中小企业和民营经济发展不断取得新成绩，为振兴吉林老工业基地做出新的更大贡献。

在湖北全省中小企业成长工程工作会议上的讲话

湖北省副省长　段轮一

同志们：

全省中小企业成长工程工作会议，是湖北省政府每年都召开的十分重要的会议，主要是贯彻全省经济工作会议精神，总结成绩，表彰先进，部署工作，加快推进全省中小企业成长。刚才，欧阳万坤同志报告了全省实施中小企业成长工程的工作情况，省统计局、人行武汉分行、湖北银监局、农发行省分行分别就加强统计监测和改进中小企业金融服务工作讲了很好的意见，宜昌市经信委、大冶市经信局在大会上交流了经验和做法，都讲得很好，希望大家学习借鉴。工信部党组成员朱宏任总工程师、中小企业司郑昕司长出席大会，朱宏任作了重要讲话，请大家认真贯彻落实。会议还表彰了2010年度全省实施中小企业成长工程先进单位和先进工作者。在此，我代表省人民政府，向受到表彰的单位和个人表示热烈的祝贺！下面，我再强调两点意见。

一、正确把握形势和任务，进一步增强做好中小企业成长工程工作的紧迫感和责任感

面对复杂多变的国内外经济环境，过去的一年，全省工业战线在省委、省政府的正确领导下，认真贯彻中央和省的决策部署，坚持应急与谋远相结合，积极推进“工业兴省”战略，加快工业结构调整和发展方式转变，全省工业经济呈现生产快速增长、效益大幅提升、运行质量明显改善、结构调整稳步推进的良好局面，中小企业总量规模不断壮大，发展速度逐步加快，“十一五”规划目标任务全面完成。2010年，全省中小企业完成增加值7980亿元，比上年增长22.6%；全省规模以上工业企业达到15878家，净增2139家，是“十五”末的2.4倍；规模以上中小工业企业实现主营业务收入12617亿元，比上年增长47.7%；实现利润646亿元，比上年增长67.5%；上缴税金391亿元，比上年增长36.8%。中小企业的发展，有力地支撑和保证了全省工业经济平稳较快增长，为全省工业发展和新增就业做出了重要贡献。2011年1～3月，全省工业战线积极适应形势新变化，提早谋划开局，精心组织生产，加强要素保障，规模以上工业实现增加值1738.8亿元，同比增长21.6%，工业经济和中小企业发展实现了良好开局。这些成绩的取得是大家共同努力的结果，来之不易。

虽然我省中小企业发展总体态势良好，但与发达省市相比，无论是总量规模、质量效益，还是产业结构、发展后劲都存在着较大差距，加之面向中小企业的服务体系建设滞后，融资难的瓶颈制约，全省中小企业发展面临的任务仍然十分艰巨。目前，世界经济复苏进程艰难曲折，全球流动性资金增加使通胀压力加大，国家加强宏观调控，国内区域竞争激烈，经济运行中的新老矛盾相互交织，我省中小企业发展面临的形势复杂。同时，我们应看到，中小企业也面临着难得的发展机遇。国家实施扩大内需战略，新型工业化、新型城镇化进程加快，为我省发展提供了强大动力；国际及沿海发达地区资本和产业加快向内陆地区转移，新一轮技术创新加速推进，为促进我省要素集聚和产业发展提供了有利条件；国家大力实施促进中部地区崛起战略，湖北加快建设“四基地一枢纽”，着力构建“两纵两横”经济带，为我省加快发展提供了重大契机；长江经济带开放开发、“三峡后续工作规划”、“南水北调工程生态补偿”、武汉城市圈“两型”社会综合配套改革、武汉市综合交通枢纽试点城市建设、东湖国家自主创新示范区等国家战略实施和重大项目建设，为我省经济社会发展提供了有力支撑。省委、省政府明确“把跨越式发展写在‘十二五’发展的旗帜上”，大力推进“工业兴省”战略，“产业第一、企业家老大”的理念深入人心，我省工业发展后发优势明显。这些都为中小企业跨越式发展提供了难得的机遇。因此，各地、各有关部门要充分认识中小企业在繁荣经济、增加就业、推动创新、催生产业、扩大内需等方面发挥的重要作用和肩负的使命，进一步增强做好中小企业成长工程工作的紧迫感和责任感。

二、真抓实干，奋力推进中小企业发展新跨越

实施中小企业成长工程，是省委、省政府推进湖北跨越式发展、加快构建促进中部地区崛起重要战略支点的重大举措。“中小企业兴，则湖北兴；中小企业强，则湖北强”，没有中小企业发展的跨越，经济发展、民生改善、社会和谐就缺乏基础，湖北的跨越式发展就没有根基。今年全省中小企业成长工程的目标是确保新增销售收入500万元以上的工业企业1000家，同时还提出新增销售收入2000万元以上工业企业600家的指导性任务。各地、各有关部门一定要真抓实干，奋力推进全省中小企业发展实现新的跨越。

（一）加强组织协调，进一步优化中小企业发展环境

各地、各有关部门要认真实施《中小企业促进法》和《湖北省实施〈中小企业促进法〉办法》，积极贯彻落实《国务院关于进一步促进中小企业发展的若干意见》和省政府拟制发的《关于进一步促进全省中小企业发展的意见》，加强对中小企业工作的统筹规划、组织领导和政策协调，切实把推进中小企业跨越发展纳入重要工作日程，放在更加突出的位置，不断完善推进中小企业成长的机制，提高服务水平，特别要在解决实际问题上下工夫，为中小企业营造良好的发展环境。经信部门要切实加强组织协调和政策指导，及时研究解决企业成长中的突出矛盾和问题；科技部门要进一步强化科技扶持措施，支持成长型、科技型中小企业创新发展；财政部门要加大扶持，落实好支持中小企业发展的各类专项资金；统计部门要进一步完善中小企业统计制度。总之，一句话，要充分履行职责，想方设法为中小企业的发展提供好的政策，创造好的环境。

（二）加大工作力度，继续推进中小企业成长工程工作

实施中小企业成长工程，是加快市场主体培育，做好中小企业工作的重要抓手。要围绕催生、育苗、助长、培优四个环节进行分类指导，通过创办更多微小企业、发展规模企业、培植龙头企业、抓好重点企业等措施，形成支持全民创业的创办机制、“千户进规”的培育机制、“百户重点”的成长机制。要坚持招商与创业互动，一手抓招商引资，一手抓全民创业，广泛吸纳各类投资者到湖北、到本地创业发展，充分激发民众的创业热情，积极培育市场主体。要坚持大、中、小企业发展并举，一手抓大企业壮大，一手抓中小企业成长，做到既有“几轮明月”，又有“满天繁星”，既能“顶天立地”，又能“铺天盖地”。要坚持数量、质量和效益相统一，积极推动全省中小企业在数量扩张的同时更加注重质量效益的提高。今天会上省经信委与各市州签订了2011年实施中小企业成长工程目标责任书，目标已确定，任务已分解，各地要加大落实力度，圆满完成目标任务。同时，省经信委要会同省财政厅、省统计局密切跟踪全省实施中小企业成长工程工作动态，定期对各地成长工程进展情况进行通报，不断改进和完善考核考评办法，加大督办力度，强化进规企业核查，在全省形成你追我赶、竞相发展的良好局面。

（三）转变发展方式，引导中小企业加快调整升级

要引导中小企业运用先进适用技术改造提升传统产业，围绕品种质量、节能减排、环境保护、能效提高、安全生产以及“两化”融合，加快中小企业改造升级，建立质量、节约、清洁、安全、循环的新型生产方式，走企业集中、产业集聚、资源集约的发展模式。要引导中小企业积极参与产业分工和社会分工，发展高新产业、战略新兴产业和生产性服务业，推动新兴产业规模化，提升产业和企业竞争力。要引导中小企业进一步完善体制机制，建立健全现代企业制度，完善法人治理结构，支持有核心竞争优势的中小企业开展联合兼并重组。要引导中小企业集聚集约集群发展，主动融入区域经济和县域经济发展，发展特色产业，延伸产业链。要认真制订好全省民营经济发展“十二五”规划，通过规划，进一步明确全省发展民营经济的指导思想、基本原则和预期目标，进一步改善发展环境，推动民营经济科学发展、跨越式发展。

（四）强化措施手段，切实缓解中小企业融资难题

随着国家宏观调控力度加大和稳健货币政策的实施，我省中小企业融资困难更为突出。各地各有关部门要正确认识当前宏观经济形势，保持清醒头脑，强化措施手段，加大协调力度，切实缓解中小企业融资困难。一是要完善和深化银企合作机制，进一步改善金融服务。经信部门要充分发挥中小企业主管部门的职能作用，加大组织协调力度，加强与金融机构的沟通合作，通过搭建银企合作平台、组织银企合作促进会、银企联谊会等多种形式，积极向金融机构推荐符合国家产业政策，有市场、有技术、有发展前景的优势企业和优势项目，加强协调跟踪，推动项目落实。金融机构要提高对稳健货币政策的适应能力，结合实际用好国家一系列宏观调控政策和货币信贷政策，加强引导，创新服务，健全中小企业信贷考核激励机制，加大对全省中小企业金融支持力度；要争取支持，积极寻求信贷投放的增长点和支撑点，积极主动地向上级银行争取规模，加强主动营销，扩大全省中小企业授信业务和信贷投放，争取中小企业的贷款增幅高于全省贷款的平均增幅，进一步支持中小企业发展。要大力发展村镇银行和小额贷款公司，支持各类创投资本投资中小企业，努力扩大社会融资规模，充分利用间接融资与直接融资两种融资手段，增加对中小企业的资金支持。中小企业要提高管理水平，健全各项制度，规范账目管理，重视信用建设，加强自主创新，全面提升自身素质，增强金融机构对企业投放资金的信心。二是要加快担保和再担保体系建设。近年来，担保机构在中小企业和金融机构之间发挥了重要作用，在为中小企业提供担保增信的同时，担保行业也得到了快速发展。各地、各有关部门要充分履行职责，通过加强对担保机构的政策引导、行业监管和协调服务，促进全省担保行业的规范发展；要充分发挥财政资金的引导作用，开辟多元化担保资金筹措渠道，在全省形成省市县三级担保机构健全、资源充分利用、运营科学规范、担保再担保结合、融资服务功能显著提高的发展格局，加快建成担保能力强、业务覆盖广、风险控制好、社会贡献大、发展后劲足的融资担保服务体系；要做大做强省中企投资担保公司，积极发挥其信用输出功能，以地方担保机构为主要服务对象开展分保、联保和再担保，分散和降低风险，提升地方担保机构的信用水平；要大力推进市县融资性担保机构做强做实，进一步提高全省担保行业的整体素质和融资担保能力。各担保机构要切实增强自身实力，积极争取金融机构支持，不断扩大担保规模和拓展担保业务，加强风险防范，为缓解中小企业融资难发挥更大的作用。

（五）加强规范引导，建立健全中小企业社会化服务体系

省政府去年印发了《关于进一步加快全省中小企业社会化服务体系建设的意见》，把政府引导和市场主导结合起来，突出创业辅导、融资担保、人才培训、技术创新、信用评价、信息咨询、法律维权、协会商会等八大服务功能，推进了服务型政府建设，促进了社会服务资源的整合，改善了对中小企业的服务。各地、各有关部门要认真贯彻落实《意见》精神，建立健全以政府公共服务为引导、公益性服务为基础、商业性服务为支撑，体系完备、功能健全、服务规范、运转高效，省、市、县三级贯通的中小企业社会化服务体系；要集中各种政策和工作手段，加大服务体系建设推进力度，通过资质认定、购买服务、资金补助和建立服务测评与激励机制等多种方式，促进优质服务机构加快发展；要重点培育国家和省级示范平台，加快重点产业集群和中小企业集聚区公共服务平台建设，推广武汉市打造“中小企业服务超市”的经验，加强各级中小企业服务中心建设，为中小企业转型发展提供支撑服务。各类中小企业服务机构要增强服务意识，创新服务方式，拓展服务领域，加强自身建设，为中小企业提供全方位、多层次、高质量的服务。

（六）培养造就一支优秀的企业家队伍，不断提高中小企业核心竞争力

经济发展靠产业，产业发展靠企业，企业发展靠企业家。在企业发展的诸多要素中，企业家是第一要素，起着决定性的作用。鸿忠书记多次讲到这就好比“1和0”的关系，在企业发展过程中，需要金融资本、厂房、土地等生产要素，唯有企业家才能把这些要素整合集成，变成一个企业活的资本，才能干出事业，放大财富效应。“1和0”的关系，就是没有企业家这个“1”，“0”再多，还是“0”，那都是物化的，只有企业家才能把这些企业要素组合起来并发挥其最大作用。所以，在资本、土地、劳动力等各类生产要素中，企业家发挥着灵魂性、主导性的作用。在当今世界，国家与国家之间的竞争更多地体现在经济实力的较量，体现在企业和企业家之间的竞争。可以说，优秀的企业家就是和平时期的民族英雄，优秀企业家是湖北最稀缺的资源。湖北经济要实现跨越式发展，就必须培养和造就一大批有事业心、责任感强、懂经营、善管理的企业家。各地、各有关部门对企业家要高看一眼，厚爱一份，切实维护企业和企业家的合法权益，在全社会形成关心、支持、爱护、崇尚企业家的良好氛围。通过尊重企业家、培育企业家、扶持企业家、让利企业家、依靠企业家，充分发挥企业家的重要作用，提升企业管理水平，打造品牌和技术优势，建设开放包容的企业文化，提高企业核心竞争力，加快中小企业成长。

大力实施“中小企业成长工程”和“市场主体增量行动”，是国生省长在“十二五”开局的全省“两会”上发出的号召，意义重大，催人奋进。希望同志们把握机遇，开拓创新，真抓实干，奋力推进全省中小企业跨越式发展。

谢谢大家！

在全省中小企业管理巡诊活动上的讲话

湖南省人民政府副省长　陈肇雄

尊敬的叔红副主任、宝华副主席，同志们：

这次全省中小企业管理巡诊活动，是深入开展“企业服务年”活动和推进中小企业服务体系建设的重要举措。刚才，超英同志通报了全省中小企业服务体系建设情况，长沙市介绍了中小企业管理升级工作经验，同时对全省中小企业核心服务机构进行了授牌，开通了中小企业网上服务平台。下面，我就加快推动全省中小企业服务体系建设讲三点意见：

一、要提高对中小企业服务体系建设重要性的认识

服务体系建设是否完善，事关中小企业能否拥有一个良好的发展环境、实现持续快速健康发展，反映一个地区的发展水平和经济活力。必须从战略和全局的高度，切实提高对推进中小企业服务体系建设重要性和紧迫性的认识。

（一）加强服务体系建设，是服务经济社会发展大局的客观需要

经过近年来的快速发展，目前我省中小企业总数已达15万户，其中工业企业7万户，另有个体工商户近150万户，在促进经济增长、调整产业结构、推动科技创新、扩大社会就业、增加财政收入中发挥着越来越重要的作用。但我们也要清醒看到，我省中小企业规模总量较小、发展层次较低、创新能力较弱等问题仍然突出，对社会化、专业化服务需求十分迫切。加强服务体系建设，促进中小企业发展，对于推动全省经济又好又快发展具有十分重要的意义。

（二）加强服务体系建设，是促进中小企业健康发展的有效途径

近年来，在各级各部门的积极推动下，我省中小企业服务体系建设取得了明显成效，但也还存在服务资源有待整合、服务范围有待拓宽、服务品种有待丰富、服务水平有待提高等问题，服务供给与企业需求对接不够，制约了中小企业发展。构建完善的社会化服务体系，形成有效的服务支撑网络，是促进中小企业健康发展的有效途径。

（三）加强服务体系建设，是加快政府职能转变的必然要求

中小企业数量众多，分散面广，更加需要健全的服务体系解决企业发展壮大面临的问题。通过政

府扶持中介、中介服务企业的方式构建中小企业服务体系，既是服务中小企业发展的必然要求，也是转变政府职能、打造服务型政府的具体表现形式和有效方式。

二、要明确推进中小企业服务体系建设的重点

要认真落实国家《中小企业促进法》和《国务院关于进一步促进中小企业发展的若干意见》，结合我省中小企业发展实际，突出规划制定、平台建设、机构培育等重点，加快构建功能完善、管理规范、服务高效的社会化服务体系。

（一）科学制定建设规划

各级各有关部门要紧密结合“十二五”产业发展规划，以服务区域特色产业、工业园区中小企业为重点，以社会化、专业化、市场化为要求，制定本地区中小企业服务体系建设规划和工作方案，明确服务体系建设目标和内容，科学谋划和统筹推进全省中小企业服务体系建设。

（二）加快建设公共平台

要围绕构建信息、融资、技术、人才培训、管理咨询、创业辅导、市场开拓、政策法律等八大服务平台，优化配置社会服务资源，整合企业、科研院所、社会中介和政府机构服务资源；引导和鼓励各类资本投资服务场所、仪器设备、配套设施，改善服务条件；积极应用现代信息网络技术建设服务平台。今天开通的中小企业网络服务平台必将在我省中小企业服务体系中发挥重要作用。各地要加强网络服务平台建设，努力完善和提升网络服务功能。

（三）大力培育服务机构

要通过加强能力建设，制定服务规范，完善管理制度，创新服务测评机制，打造一批核心服务机构，使之成为全省中小企业服务体系的骨干和支撑力量。希望今天授牌的首批中小企业核心服务机构，进一步增强服务创新能力和自我发展能力，积极引领全省中小企业服务机构不断提升服务水平。

三、要强化中小企业服务体系建设的措施

中小企业服务体系建设点多面广，是一项复杂的系统工程和长期而艰巨的任务。各级政府和有关部门要切实加强组织领导，明确目标责任，制订实施方案，精心组织，周密部署，有序推动服务体系建设。

一是要加大扶持力度。要按照“政府扶持中介，中介服务企业”的原则，完善扶持中小企业服务体系建设的政策措施，调动各方面的积极性和创造性。各级财政资金支持重点要逐步由支持单个企业向支持公共服务平台转变，并根据财政增收状况增加财政投入。同时，在公共平台建设用地、税收等方面要给予政策支持。

二是要搞好部门协作。各级有关部门要各司其职、分工负责，通力协作、整体推进。中小企业主管部门要切实履行服务体系建设牵头职责，做好规划和组织协调工作，加强各级中小企业服务中心综合服务平台建设。科技、教育、司法、质监等部门要推动本系统服务机构加强服务能力建设，积极为中小企业服务，提高服务质量。民政、工商等部门要加强对各类服务机构的管理和监督，规范服务行为，改善服务环境。宣传部门要大力宣传中小企业服务体系建设的重要性，宣传优秀服务单位和服务体系建设好的经验、做法，为全省加快推进服务体系建设营造良好氛围。

三是要深入开展主题活动。这次组织开展全省中小企业管理巡诊活动，是加快推进中小企业服务体系建设的一项重要内容和措施。希望各市州政府和工业园区认真做好组织服务工作，咨询机构和专家倾注更多精力，积极推动巡诊对象管理水平迈上新的台阶，努力开创全省中小企业服务体系建设的新局面，为全省经济科学跨越发展做出新的更大贡献。

现在，我宣布全省中小企业管理巡诊活动正式启动！并预祝活动取得圆满成功！

谢谢大家！

在自治区促进中小企业发展工作会议上的讲话

新疆维吾尔自治区党委书记　张春贤

同志们：

自治区党委、人民政府决定召开这次会议，目的是深入贯彻党的十七届五中全会、中央经济工作会议精神，进一步落实中央新疆工作座谈会和自治区党委七届九次、七届十次全委（扩大）会议精神，总结新疆中小企业发展的经验，明确新形势下发展中小企业的思路，进一步促进新疆中小企业科学发展，跨越发展，后发赶超。为开好这次会议，自治区党委、政府作了认真安排部署，相关部门开展了扎实的前期准备工作。前不久，自治区人民政府出台了《关于促进中小企业发展的实施意见》，提出了具体指导性政策措施，意义重大。各地各部门要结合实际，抓好贯彻落实。下面，我讲几点意见。

一、充分肯定成绩，坚定发展中小企业的信心和决心

多年来，自治区党委、人民政府高度重视中小企业工作，出台政策，加强领导，采取有效措施，大力加以推进。我区中小企业呈现出快速发展的态势，在全区经济社会发展中起着举足轻重的作用。

第一，中小企业总体实力不断增强，对经济增长的贡献进一步加大。目前全区共有中小企业3.25万家左右，占到了全区所有企业总数的99.8%，资产总额约5242亿元，占全区企业的60.5%。中小企业创造的最终产品和服务价值占全区GDP的30%左右。

第二，中小企业涉足领域不断扩大，对三次产业的影响进一步增强。目前，我区中小企业已广泛涉足一、二、三产各个领域，形成了一批有影响、有实力的骨干企业。特别是中小企业已经成为我区外贸领域的主力军。2009年新疆进出口贸易总额138亿美元，其中主要由中小企业构成的私营经济进出口贸易额为93亿美元，占总额的67.2%，以中小企业为主经营的边境小额贸易额占到了进出口总额的65.9%。

第三，中小企业吸纳就业的能力不断增强。目前我区中小企业从业人员已达89.86万人，超过全区企业就业总人数的七成。特别是在批发和零售业、住宿和餐饮业，个体工商户和中小企业有着大企业不可替代的作用。同时，中小企业的发展，有效缓解了城镇新增就业人员、下岗失业职工的就业、再就业问题，吸纳了大量的农村富余劳动力。

第四，中小企业对增加地方财税收入的贡献进一步加大。2009年，我区中小企业缴纳的国税额为167亿元，占国税收入总额的36.7%。同时，以中小企业为主的非重点税源企业缴纳的地税额为190亿元，占地税收入总额的68.4%。

我区中小企业近些年虽然有较快发展，但也存在明显不足，不仅与内地发达省市即使与西部省区相比都还有很大差距。一是企业规模小，整体实力不强。我区中小企业主要经济指标不仅在全国排名靠后，在西部地区也居于后列。2009年我区规模以上中小工业企业资产总额仅列全国第26位，在西部地区仅列第8位；企业利润总额位列全国第25位，在西部地区列第7位。在管理方式上，我区中小企业大多管理水平比较低，创新能力不强。在产业分布上，中小企业主要集中在第三产业，发展层次低，大多从事批发、零售和住宿、餐饮等行业，进入工业领域的相对较少，龙头企业更少，缺乏引导行业发展的骨干力量。

二是粗放经营的特征比较明显。中小企业人才匮乏，技术装备落后，品牌效益不明显，绝大多数中小工业企业分布在一般加工工业领域，产品档次低，市场竞争力弱，经济效益不佳。

三是非公有制经济发展水平较低，吸纳就业能力较弱。2009年，我区非公经济就业人数占全社会就业人数的19.3%，低于全国平均水平；非公经济创造的增加值占地区生产总值的比重不到25%，远低于全国65%的平均水平。

四是不少中小企业自身发展也存在着法人治理结构不健全、财务管理不规范、信用程度低等问题。

同时，我们还必须看到，法制环境不完善、政策落实不到位也是制约我区中小企业发展的一个突出问题。譬如，一些执法部门执法不公，一些部门工作人员在服务办事中还存在吃拿卡要，变相收费，以罚代管的现象。法制环境不完善，影响了中小企业和企业家们的发展预期。在政策落实上，（1）准入难。一些国家和自治区已明文规定放宽的基础性投资领域，一些地区和部门在准入把关中有形无形地层层加码，导致"玻璃门"、"弹簧门"现象比较突出。（2）融资难。对大多数中小企业来讲，资金是发展壮大的关键要素。但目前我区中小金融机构发展滞后，担保体系不完善，对中小企业融资政策落实不到位，中小企业融资渠道过份狭窄。（3）审批难。主要表现为审批过多、程序繁琐、效率偏低。对于这些问题，必须引起高度重视。有效解决这些问题，本身就是对我们各级党委、政府和各部门推进科学发展、体现新疆效率的考验和检验。我们既要看到差距，看到工作中的薄弱环节，更要增强推进中小企业加快发展、实现后来居上的信心和决心，进一步解放思想、抢抓机遇，有针对性的采取措施，推进新疆中小企业发展跃上新台阶。

二、统一思想认识，进一步增强加快中小企业发展的责任感和紧迫感

内地和经济发达省市的实践经验证明，中小企业是"最具活力的经济细胞"和"社会稳定的减震器"，是促进国民经济和社会发展的一支不可替代的重要力量。当前，新疆已经进入新时期新阶段。我们要充分认识中小企业在经济社会发展中的重要地位和作用，努力推进中小企业跨越式发展。

一是必须认识到促进中小企业发展是党和政府坚定不移的方针政策。党中央、国务院历来高度重视中小企业的发展。2005年，国务院颁布了《关于鼓励支持和引导个体私营等非公有制经济发展的若干意见》，提出了鼓励支持和引导个体私营等非公有制经济发展的36条政策措施。2009年，国务院又出台了《关于进一步促进中小企业发展的若干意见》，提出了鼓励支持和引导个体私营等非公有制经济发展的政策措施。2009年以来，自治区党委、人民政府先后派出多个调研组，深入各地了解中小企业发展情况；赴内地省市学习考察，查找不足。2010年6月，自治区又组织200名机关干部深入100家企业，开展了为期一个月的进企业服务活动，帮助企业解决问题。在经过充分调研的基础上，自治区人民政府制定印发了《关于促进中小企业发展的实施意见》，把中小企业发展提升到自治区战略层面上加以推进，从优化发展环境、加大财税支持、缓解融资困难、拓宽服务渠道、促进结构调整等方面给予中小企业前所未有的支持。国家、自治区出台的一系列政策措施为加快中小企业发展创造了难得的有利条件，奠定了坚实基础。

二是必须认识到支持中小企业发展是实现新疆跨越式发展的一项重大举措。自治区党委七届九次全委（扩大）会议提出了新疆实现跨越式发展和长治久安的具体战略选择，即以现代文化为引领，以科技、教育为支撑，加速新型工业化、农牧业现代化、新型城镇化进程；加快改革开放，打造中国西

部区域经济的增长极和向西开放的桥头堡，建设繁荣富裕和谐稳定的美好新疆。实现上述任务，要求我们必须始终把发展作为解决一切问题的基础，始终把保障和改善民生作为全部工作的出发点和落脚点，充分发挥新疆的比较优势和后发优势，实现高起点、高水平、高效益的发展。而中小企业是最具活力的经济群体。从世界范围看，中小企业历来是发达国家创造经济奇迹的重要因素，是推动经济社会发展的重要力量。美国的中小企业占到全国企业总数的99%以上，德国靠中小企业创造了经济发展的奇迹。从国内看，浙江之所以能成为我国经济增长最快、发展活力最强的省份之一，一个重要原因就是中小企业的快速发展。前不久新疆党政代表团到浙江考察，大家对浙江印象最深的一条就是那里有老百姓勤劳智慧主动创业的氛围，有从小事抓起、踏踏实实干事的文化，像义乌就是从“鸡毛换糖”做起的。现在义乌小商品市场经营总面积达400余万平方米，一万多境内外客商常驻义乌进行国际采购，小商品真正做成了大产业。各地各部门都要把促进中小企业发展提升到战略的高度来看待，深刻认识到抓中小企业就是抓城乡居民增收，就是抓促进就业，就是抓新型工业化、农牧业现代化和新型城镇化，就是推进新疆跨越式发展。

三是必须认识到支持中小企业发展是构建和谐社会的重要举措。中小企业大部分是劳动密集型企业，在吸纳就业方面有着明显的优势。自治区党委、政府高度重视增加就业问题，今年以来，先后出台了零就业家庭动态清零、政府购买公益性岗位安置促进就业等一系列措施，取得了好的成效。但是，要使每一个人有工作岗位，使每一个失业者能实现再就业，仅靠政府购买公益性岗位等措施是远远不够的，破解这一难题最现实、最快捷的有效途径就是大力发展非公经济，大力发展中小企业和劳动密集型产业，创造更多的就业岗位，有效吸纳就业、再就业人员和农村富余劳动力，为构建和谐社会奠定基础。

四是必须认识到加快中小企业发展是壮大县域经济的重要抓手。县域经济发展的规模与水平，直接关系到我区经济社会发展进程，是加速经济发展的一个重点。目前，我区县域经济总体比较薄弱，虽然一些县市通过开发矿产资源带动了地方经济发展。但对于绝大多数县市，特别是南疆三地州，由于资源相对缺乏，产业结构偏重于农业，县域经济整体实力相对较弱。加快这些地方的中小企业发展，对于形成当地新的经济增长点，有效扩大经济总量，有力提升经济质量，活跃和壮大县域经济，带动新型工业化、农牧业现代化和新型城镇化发展都具有十分重要的意义。

各地、各部门都要站在全局和战略的高度，进一步统一思想认识，增强加快发展中小企业的紧迫感和责任感，明确目标，坚定信心，加快推进中小企业发展取得新成就。当前，首先是进一步解放思想，要以贯彻落实好中央新疆工作座谈会精神，推动中小企业实现跨越发展为目标，坚持在解放思想中破解发展难题，在更新观念中转变发展方式，敢于改革和创新、敢于突破，只要是符合中央精神、符合群众意愿、符合当地实际的，就坚决去干，形成干事创业的浓厚氛围。要坚持“新疆效率”。虽然搞经济工作要按照市场规律办、急不得，但是现在也等不得、慢不得，要始终保持时不我待、只争朝夕的精神状态，树立战略思维、世界眼光，在各方面体现“新疆效率”，高起点、高水平、高效益，不断推进我区中小企业加快发展。

三、采取有力措施，推动我区中小企业科学发展、跨越发展

党的十七届五中全会强调指出，要把科学发展作为“十二五”时期经济社会发展的主题，把加快转变经济发展方式作为主线，努力使加快转变经济发展方式要求贯穿经济社会发展全过程和各领域，切实做到在发展中促转变、在转变中谋发展。这对中小企业的发展提出了更新更高的要求。自治区党委七届九次全委（扩大）会议明确指出，要大力支持非公有制经济和中小企业的发展，把以非公经济为主体的中小企业放到战略层次，作为重大举措来激活、推动、提升。新形势下发展中小企业，一开始就要使用新机制、新体制，立足高起点发展。这一思路和方向，贯彻了中央新疆工作会议精神，完全符合新疆实际。结合贯彻党的十七届五中全会和中央经济工作会议精神，我们紧紧围绕推进新型工业化、农牧业现代化和新型城镇化，以加快转变经济发展方式为主线，以拓展领域、调整结构、提升质量为重点，充分发挥市场配置资源的基础性作用，确定“十二五”期间我区中小企业的发展思路和目标是：尽快形成一批竞争力和辐射带动能力较强、具有核心竞争力的中小型企业；吸纳社会就业的能力进一步增强，对经济增长的贡献进一步加大。到2015年，中小企业创造的最终产品和服务价值占全区GDP的比重达到35%。

实现上述目标，必须立足当前，着眼长远，依托资源和区位优势，转变发展观念、创新发展模式、提高发展质量，立足高起点、高水平、高效益的发展，着力在科学发展的轨道上推动中小企业实现跨越发展。

（一）要在参与优势资源开发利用上实现新突破

东部发达地区中小企业之所以能形成气候，一个很重要的原因就在于他们立足于自己的特色，营造自己的比较优势，形成了高度的专业化生产和分工协作的发展格局，培育了特色鲜明、具有一定竞争力的产业体系。我区中小企业要取得新发展，首先要在产业结构上实现大的突破，而突破口就在于参与优势资源开发利用，发展壮大特色优势产业。这既是我区产业发展的必然选择，也是中小企业发展的重点和希望所在。我区是一个资源富集区，有着丰富的石油、天然气和各类矿产资源。立足资源优势，做大做强特色支柱产业，走出适合区情的新型工业化道路是我们坚定不移的方针。要继续支持大企业大集团在疆发展，同时也要支持中小企业积

极参与优势资源开发与建设，特别是要围绕煤电煤化工和石油的下游产业链延伸多做文章。各地各有关部门要制定相关政策措施，鼓励和支持中小企业利用先进技术，发挥机制灵活的优势，全面参与优势资源开发、加工和综合利用，做到既促进企业壮大，又加快地方经济发展。需要指出的是，中小企业要进一步发展，一定要坚持资源开发可持续、生态环境可持续的原则，摒弃粗放型发展方式，努力提高资源利用率，节能降耗、减排治污，改善安全生产条件，走节约发展、清洁发展、安全发展和可持续发展的道路。

（二）要在围绕为大企业大集团开展协作服务上实现新突破

广大中小企业要积极主动加强与大企业大集团的有效对接，发挥自身的特点和比较优势，在大企业的生产环节中找准产品定位，主动承接产业转移和技术扩散，发展与大企业大集团相配套的产业和产品，形成强大的配套加工能力。各级政府都要积极主动地做好这方面工作的引导。要在择优引进较大生产规模、较高技术水准的大企业大集团和战略投资者的同时，引导大企业大集团承担更多带动地方中小企业发展，延伸产业链的责任和义务，引导和支持中小企业围绕大企业大集团开展配套协作和专业化服务，从事专业化生产和特色经营，真正实现互利共赢、共同发展。中小企业也要扬长避短，调整定位，建立沟通协作的关系，提升竞争能力，形成产业链共同抵御市场风险。

（三）要在推进中小企业产业集群发展上实现新突破

产业集群是工业化发展到一定阶段的必然趋势。发达工业化国家，譬如意大利，产业集群程度相当高，号称中小企业王国，70%以上的制造业、40%以上的出口、30%以上的就业是在集群区域内实现的。我国浙江、广东等省，产业集群发展的特色也十分明显。譬如，浙江已经形成了一大批支柱产业、专业市场和城镇建设有机结合、相互促进的区域特色经济和小企业集群，一乡一品、一县一业、各具特色的“块状经济”，在挖掘创业潜能、细化专业分工、共享外部经济、树立区域品牌、推动地区经济发展等方面发挥了十分重要的作用。目前各地已建设了一批基础条件较好、吸纳和承载力较强的工业园区，这些园区应该成为推进中小企业产业集群发展的重要平台。各地区都要按照企业进园区、园区产业化、产业集群化的发展思路，找准产业定位，因地制宜，突出个性化，发展具有区域特色的中小企业产业集群。要围绕自治区新型工业化进程，大力发展提供相关协作配套服务的中小企业集群；围绕“粮、棉、林、畜”四大基地建设，大力发展农副产品精深加工中小企业集群；围绕新型城镇化建设，大力发展三产服务中小企业集群。

（四）要在提升中小企业技术创新与管理水平上实现新突破

产品科技含量低、市场竞争力弱是制约新疆中小企业发展壮大的另一重要因素。要积极探索与区内外大型企业、学校、科研机构开展技术和人才合作的新模式，提高企业创新能力。要加快推进体制机制和管理创新，改革管理模式，完善产权治理结构，建立现代企业制度，逐步改变家族式、作坊式的经营方式，大胆探索和实践并购重组、联营联合、参股控股等形式，扩大规模，壮大实力。品牌是企业走向市场的名片。要积极鼓励和支持具有鲜明特色和竞争优势的民营企业加快品牌培育，提高品牌档次，扩大品牌影响。

（五）要在加强企业家队伍建设上实现新突破

加快中小企业发展核心和关键在于培养造就一批具有战略眼光、市场开拓精神、管理创新能力和社会责任感的优秀企业家和一支高水平的企业经营管理人才队伍。广大中小企业人士要切实把企业利益和社会利益统一起来，严格依法诚实经营，构建和谐劳动关系，努力成为创新发展的楷模，成为社会诚信的典范，成为勇于承担社会责任的带头人。各地各部门要加大对企业家队伍的培养力度，特别要加大对本土企业家的关心和帮助。这些企业家熟悉当地文化、熟悉新疆实际、热爱家乡，有创业的基础、熟悉市场，要在政治上鼓励、经济上激励、政策上扶持、法律上保护，支持他们大胆创业，发展壮大。要广泛宣传企业家的改革创业精神和为社会进步所做出的巨大贡献，在全社会形成一个关心企业家、崇尚企业家、爱护企业家的良好氛围。

（六）要在带动全民创业上实现新突破

促进中小企业发展、扩大社会就业、增加居民收入，最终要靠全民创业。我区非公经济、中小企业发展缓慢，关键问题就在于全民创业气氛还不浓、群众参与创业的广度和深度不够。要坚决破除等靠要的依赖思想，鼓励广大群众自主创业、自闯市场、自我发展，努力形成“人人搞经济、个个忙创业、户户奔小康”的生动局面。要围绕新型工业化、农牧业现代化和新型城镇化的发展开展创业，着力加强产业配套，延伸上下游产业链条，以创业促就业，并带动相关产业发展。同时，要进一步完善全民创业的政策体系，在具体实践中，凡是各级政府已经出台支持创业的政策，都要用足、用活、用好；凡是被实践证明是行之有效的措施，都要继续坚持并及时推广；凡是外地成功的做法和经验，都要认真学习和借鉴。不论所有制形式，不论是区内的还是区外的创业人员，只要在新疆创业，都要一视同仁，谁发展得好就支持谁，谁发展得快就奖励谁。

要紧紧抓住对口援疆省市支持新疆加快发展的有利时机，制定有效措施，鼓励、引导、支持对口援疆省市扶持当地中小企业发展，特别是把推进援疆省市产业转移与发展受援地区优势产业、特色产业结合起来，充分发挥援疆省市在资金、技术、管理、人才、信息、品牌和市场网络建设等方面的优势，支持当地中小企业加快发展，增强“造血”功能，培育自我发展能力，形成经济发展的新亮点。

四、进一步形成加快中小企业发展的合力

面对新形势新任务，各地各部门要抓住中央支

持新疆跨越式发展和长治久安的重大历史机遇，精心谋划，扎实工作，建立起全社会关心、各部门联动，共同促进中小企业发展的新体制新机制，形成促进中小企业加快发展的强大合力，让中小企业在新疆大地上蓬勃兴起。

（一）加强组织领导，健全工作机制

在新形势下加快中小企业和非公经济发展，对各级领导干部的能力和素质提出了新的更高的要求。各级党委政府都要把发展中小企业作为经济工作的重中之重来抓，列入重要工作议事日程。要进一步加强中小企业发展工作的组织领导和政策协调，充分发挥自治区促进中小企业发展工作领导小组的作用，健全理顺中小企业管理体制，确保各项政策措施的落实。各地州市县要根据实际情况整合相关管理机构和职能，充实工作力量，建立部门间联系工作机制，加强组织领导和政策协调，切实提高服务中小企业发展的能力和水平。

（二）改进工作作风，营造良好环境

相对大企业来说，中小企业处于弱势地位，更需要给予更多的关心、重视和支持，特别是要消除对中小企业的歧视，努力为中小企业发展创造廉洁高效的政务环境、公平公正的法制环境、规范守信的市场环境、和谐稳定的社会环境。

在优化政务环境方面，要把强化服务职能、规范行政行为作为重要突破口，从源头上优化政务环境。要按照市场经济的要求，多服务、少干预，多帮忙、少添乱，努力为中小企业发展提供良好的公共服务平台。要科学精简审批事项，公开办事程序，明确审批条件，承诺办理时限，做到急事急办，特事特办，用非常措施解决非常问题，千方百计为中小企业发展开绿灯。

在优化法制环境方面，要建立完善保障中小企业合法权益的地方性法规和政策体系，严格执法、公正执法、依法行政，进一步优化法制环境。严厉打击和坚决依法处理巧立名目、吃拿卡要、强买强卖、以权谋私等违法乱纪行为。及时受理、妥善处理和反馈中小企业的投诉，依法保护中小企业投资者的财产权、知识产权、自主经营权和企业家名誉等合法权益。

在优化市场环境方面，要进一步建立健全市场体系，完善市场竞争机制，鼓励竞争，打破垄断，反对地方保护主义，废除各种不合时宜的土政策和条条框框，允许外来资本、外来技术和外来人员进入本地市场，吸引更多的投资者创办中小企业。前一阶段，自治区组织开展的机关干部进企业服务活动，解决了一批困扰企业发展的问题，为建立企业长效服务机制，改进政务环境发挥了积极作用。今后各级各部门领导干部要继续在解决企业困难，建立为企业长效服务机制上下功夫，经常深入基层、深入企业，研究解决中小企业发展中出现的新情况、新问题，为他们排忧解难。

（三）加大扶持力度，解决实际问题

切实有效的政策措施是促进中小企业加快发展的重要保障。自治区党委、人民政府制定出台的《关于进一步促进中小企业发展的实施意见》，明确了一系列促进中小企业发展的政策措施，具有很强的针对性和可操作性。各地各部门要认真落实具体政策措施，帮助中小企业解决实际问题。

1. 解决市场准入问题

要进一步明确“非禁即入”原则，凡法律法规未禁止的所有行业和领域，一律对非公有制经济和中小企业开放。

2. 强化财税支持问题

自治区决定，2010 年自治区中小企业发展专项资金增加到 1 亿元，以后逐年按 20% 递增，专门用于支持中小企业发展。对围绕大企业大集团发展配套产品和下游产品以及生产性服务业的中小企业，与大企业同等享受用地、用电等优惠政策，并给予相关税收优惠。

3. 有效缓解融资难问题

自治区将着力推进成长性好的优势企业上市融资、再融资和发行企业债券；大力创新企业信贷品种，探索和推广应收账款、知识产权、采矿权证以及供应链融资；组建中小企业信用担保集团公司，增加中小企业信用担保机构资本金。

4. 加快中小企业服务平台建设问题

采取措施统筹解决中小企业产业结构调整、开拓市场空间、技术更新改造、项目用地需求等方面的实际困难。自治区财政将增加 2000 万元专项资金，专项用于中小企业新产品新技术开发、科技创新和产学研结合。各级政府、各有关部门也要根据财力状况设立专项资金，拿出“真金白银”扶持中小企业发展。

（四）加强督促检查，确保责任落实

近年来，国家和自治区相继出台了一系列促进非公经济和中小企业发展的政策措施，现在关键要抓好落实。各地各有关部门要结合本地区本部门实际，抓紧制定完善实施办法，深化细化具体措施，做到政策执行不偏离、不走样、不打折扣，确保各项政策措施落实到位。要建立健全督促检查机制，及时发现并解决问题，对支持中小企业发展成绩突出的要予以表彰和奖励，对工作不力的要进行批评、限期整改。同时，及时清理和修订各种不利于中小企业发展的法规规章，扫清制约中小企业发展的政策障碍，促进中小企业发展。

同志们，促进中小企业加快发展使命光荣，责任重大。让我们在以胡锦涛同志为总书记的党中央领导下，深入贯彻落实党的十七届五中全会、中央新疆工作座谈会和自治区党委七届九次全委（扩大）会议、七届十次全委（扩大）会议精神，进一步解放思想、开拓创新，科学跨越、后发赶超，推动中小企业加快发展，为实现新疆跨越式发展和长治久安做出新的更大的贡献！

第二篇 综述

2010年全国中小企业工作及发展状况

2010年是继续应对国际金融危机、保持经济平稳较快发展、加快转变经济发展方式的关键一年，是全面实现“十一五”规划目标、为“十二五”发展打好基础的重要一年。一年来，在部党组领导下，中小企业司紧紧围绕工业和信息化部中心工作，深入学习实践科学发展观，全力贯彻落实国发36号文件，积极促进中小企业加快转变发展方式，努力营造有利于中小企业发展的良好环境，不断巩固和扩大应对国际金融危机冲击取得的阶段性成果，中小企业继续保持回升向好的态势，实现了平稳较快发展，总体呈现“三个持续”：

一是中小企业工业增加值持续平稳较快增长。今年前8个月，规模以上中小工业企业实现工业总产值30.6万亿元，同比增长32.3%；增加值同比增长18%，增速比规模以上工业平均水平快1.4个百分点。

二是中小企业经营状况持续好转。今年前8个月，规模以上中小工业企业实现销售收入29.1万亿元，同比增长34%；上缴税金总额9704.1亿元，同比增长25.6%；实现利润16904.8亿元，同比增长53.7%。

三是中小企业吸纳就业能力持续增强。截至今年8月，规模以上中小工业企业达43.82万户，较去年同期增加2.58万户；从业人数比去年同期增加500.83万人。

一年来，我们主要做了以下几方面工作：

（一）贯彻落实国发36号文件，着力改善发展环境

以贯彻落实国发36号文件为主线，抓紧16项部门工作分工的细化和落实。充分发挥国务院促进中小企业发展工作领导小组及其办公室的作用，加大政策协调力度，多次召开领导小组办公室会议，研究制定配套文件。及时汇总印发有关部门贯彻落实国发36号文件的进展情况和工作重点，明确部门责任，分解落实任务。通过《中小企业》简报，及时反映中小企业发展情况，交流领导小组各成员部门以及各地方扶持中小企业发展的经验和好的做法。目前，29条政策意见和16项主要任务分工的贯彻落实均已取得积极进展，主要财税政策已经兑现。截止到10月底，有关部门已出台18个配套文件。从减免税费、实施缓缴社会保险或降低费率、扶持中小企业公共服务平台、担保体系建设等方面提出了具体措施。指导中小企业“十二五”发展的两项重要规划即中小企业成长规划和中小企业服务体系建设规划初稿编制工作已完成。此外，山东等11个省（直辖市）已出台贯彻落实国发36号文件的具体政策和实施办法，其他地区也正在抓紧制定相关文件。

修订中小企业划型标准，明确对小型和微型企业的扶持政策。成立了由我部和统计局领导任组长的中小企业划型标准修订工作组。根据国民经济行业分类，分指标、分区间开展测算工作，测算数据达26万多个。研究提出了按照中型、小型、微型三档划分，覆盖全行业的中小企业划型标准修订意见，待新的国民经济行业划分标准颁布后正式发布。

按照温家宝总理和张德江副总理批示精神，进一步抓好“非公36条”贯彻落实工作。向发展改革委、财政部等30多个单位发函，了解和督促贯彻落实工作，并提出建议上报国务院。贯彻落实《国务院关于鼓励和引导民间投资健康发展的若干意见》，制定印发部内分工方案。

开展减轻企业负担专项治理工作，加强对中小企业的权益保护。会同运行局印发《关于做好减轻企业负担工作的指导意见》和《2010年减轻企业负担专项治理工作实施意见》，将减轻中小企业负担列入2010年主要工作任务和专项治理范围。会同运行局、监察局召开全国减轻企业负担专项治理工作电视电话会议，组织减负督查组，全面清理整顿涉及中小企业的收费，进一步规范执收行为。

加强政策宣传力度，营造良好社会氛围。会同办公厅制定中小企业宣传工作方案。通过在线访谈、新闻发布会、媒体见面会等多渠道宣传中小企业政策，及时发布政策解读。“两会”期间，李毅中部长围绕“工业结构升级和中小企业发展”接受了中外记者的集体采访；协调经济日报等媒体开设中小企业专栏。李毅中部长连续在经济日报发表《努力做好促进中小企业发展的各项工作》和《着力促进中小企业转变发展方式》署名文章，引起社会广泛关注；组织中央媒体对“非公36条”颁布5周年、玉树地震灾区中小企业恢复重建工作、中博会、APEC技展会、服务体系建设成就等新闻热点进行宣传报道，帮助中小企业及时了解国家政策，引导全社会关注中小企业发展。

（二）采取有效措施，切实缓解融资困难

加强和改善金融服务。进一步落实我部与工、农、中、建四大国有商业银行签订的加大对中小企业信贷支持的合作框架。印发《关于做好中小企业金融服务工作的通知》，促进地方中小企业管理部门与四大行分行系统对接与合作联动；协调有关部门出台《关于进一步做好中小企业金融服务工作的若干意见》，进一步完善信贷政策，对小企业金融服务实施差异化监管，积极引导银行业金融机构按照小企业信贷工作“两个不低于”的要求，合理增加对小企业的信贷投放，加大了对符合国家产业政策和环保政策的中小企业的信贷投放力度。国有商业银行和股份制银行基本建立小企业金融服务专营机构；协调财政部放宽了金融机构对中小企业的呆账核销条件，允许金融机构中小企业贷款损失准备金按一定比例税前扣除；协调银监会、人民银行对符合条件的中小商业银行取消分支机构准入数量限制，鼓励股份制商业银行、城市商业银行到县城、大的集镇设立分支机构。截至2010年8月末，小企业贷款余额6.63万亿元，增量比去年同期增加2578亿元，增速比平均增速高7.3个百分点，实现了“两个不低于”的目标。

拓宽融资渠道。与财政部等六部门共同印发《关于加强知识产权质押融资与评估管理支持中小企业发展的通知》，鼓励和引导商业银行等金融机构和各类担保机构开展知识产权质押融资业务，支持中小企业创新发展；批复河南省、广东省区域性中小企业产权交易市场试点工作实施方案，启动了区域中小企业产权交易市场试点，带动风险投资行业和其他金融资源对中小企业的投入；配合有关部门，积极推进中小企业上市育成工作。证券公司代办股份系统为非上市股份有限公司提供股份报价转让服务试点稳步推进；召开全国中小企业新型融资方式工作座谈会，及时总结和推广小企业集合债、集合信托、集合票据等创新型直接融资方式。

完善信用担保体系。与财政部共同印发《中小企业信用担保资金管理办法》，2010 年安排 10 亿元信用担保资金，对 663 家担保机构开展的中小企业贷款担保业务及降低收费标准给予补助；根据《关于中小企业信用担保机构免征营业税有关问题的通知》，会同税务总局对 77 家中小企业信用担保机构给予营业税免税政策；进一步完善鼓励和扶持中小企业信用担保机构发展的政策措施，出台《关于加强中小企业信用担保体系建设工作的意见》、《融资性担保公司管理暂行办法》和《关于中小企业信用担保机构有关准备金税前扣除问题的通知》。

（三）加大财政扶持力度，加快转变发展方式

加强技术改造和技术创新。在中小企业发展专项资金中安排 15 亿元重点支持中小企业加强专业化生产，发展新兴产业，引导中小企业集聚发展，提高产品质量和节能减排水平，支持物流、信息等生产性服务业，共支持 1131 个固定资产投资类项目；配合规划司，在中央预算内企业技术改造专项投资中，继续安排 30 亿元支持中小工业企业特别是小企业技术改造；会同知识产权局印发了《关于实施中小企业知识产权战略推进工程的通知》和《关于实施中小企业知识产权战略推进工程首批实施单位的通知》，加快培育一批拥有自主知识产权、知名品牌和较强竞争力的中小企业，促进中小企业转变发展方式。

深入开展节能减排工作。会同节能司印发了《关于进一步加强中小企业节能减排工作的指导意见》，进一步强化中小企业节能减排监督管理，推动中小企业节能减排技术进步，建立健全促进中小企业节能减排的政策激励和约束机制。

支持中小企业走“专精特新”和与大企业协作配套的路子。会同军民结合司，研究制定 2010 年中小企业与军工企业合作工作计划，召开中小企业与军工企业合作项目推介会。在中国中小企业信息网发布《军用技术转民用目录》，推动中小企业与军工企业的合作；会同科技司印发《关于推进中小企业质量建设的若干意见》，鼓励在政策、技术、资源等方面加强对中小企业质量工作的指导和扶持。建立和认定了一批中小企业质量检测公共服务平台，完成了 300 名中小企业全面质量管理普及教育教师的培训。

大力促进两化融合。继续实施中小企业信息化推进工程，继续开展研发、管理和电子商务信息化服务平台试点。在两化融合试验区开展中小企业信息化示范项目试点，引导中小企业走新型工业化道路。

（四）加强服务体系建设，夯实长远发展基础

加强中小企业公共服务平台建设。会同有关部门出台了《关于促进中小企业公共服务平台建设的指导意见》和《国家中小企业公共服务示范平台管理暂行办法》，推动形成社会化、市场化、专业化的中小企业服务体系。在中小企业集聚的区域和行业建立、充实和完善一批服务平台，重点培育国家中小企业公共服务示范平台。支持认定了 150 个中小企业公共服务示范平台；中央财政整合设立中小企业服务体系发展专项资金，增加专项资金规模，支持中小企业公共服务机构改善服务设施和环境条件，鼓励开展中小企业培训、信息、技术、创业等服务业务，安排 2.5 亿元支持了公共服务平台建设项目和服务业务项目 119 个；会同信息化司、办公厅，将中小企业信息网建设规划纳入到我部“十二五”国家重大信息化工程建设规划，研究提出提高技术水平和服务能力的规划思路和建设内容。

引导中小企业提高经营管理水平。印发《关于促进中小企业加强管理的指导意见》，组织实施中小企业管理提升计划，对管理提升项目和企业管理咨询给予资金支持；与有关部门联合召开了全国企业班组工作座谈会。联合下发《关于开展向“王海班”学习活动的决定》和《关于加强班组建设的指导意见》；继续实施中小企业银河培训工程。配合中组部将中小企业银河培训工程纳入《国家中长期人才发展规划纲要（2010～2020 年）》。印发《关于进一步加强中小企业经营管理者培训的指导意见》，完成了 20 万成长型中小企业经营管理者培训。会同安全司印发《关于指导工业领域中小企业加强安全生产培训工作的通知》。对银河培训工程信息化平台进行改版，加强对培训质量的监督检查，提高培训资源共享水平；继续开展中德中小企业管理人员培训合作项目。

加强统计分析工作。协调统计局印发了《关于进一步加强中小工业企业统计监测分析工作的通知》，按季度开展中小工业企业生产经营状况监测分析，加强了对规模以下企业的抽样统计分析工作。中小企业生产经营运行监测平台已进入正常运作，每月对全国 1000 家重点监测的中小企业基本情况和生产经营数据进行监测分析。

（五）深化国际交流合作机制，支持中小企业开拓市场

继续完善和亚欧会议中小企业部长级会议及有关国家、国际组织中小企业交流合作机制。会同国际司，组团出席 APEC 中小企业工作组会议和 APEC 中小企业部长会议。陪同李毅中部长出访瑞典，与瑞典签署中瑞中小企业合作备忘录。组织召开了第四次中韩中小企业事务级会议，签署《中韩中小企业合作备忘录》。组织召开了第 2 次中欧中小企业政策对话会。成立中欧、中法中小企业合作项目工作组，进一步深化与欧盟的沟通协调。

支持中小企业开拓市场。成功举办第7届中博会、第6届APEC技展会等重要展会。其中中博会展会面积超过10万平方米，参展企业近3000家。有来自35个国家和地区的近800家企业和机构参展。达成成交意向130亿元，合同成交4.28亿元。第6届技展会成果丰硕，签约128个项目，总投资34.82亿元，现场成交金额6.73亿元。国内贸易成交额达26.3亿元，出口成交额近1.85亿美元。组织召开中国苏州（国际）中小企业交易会、东西部中小企业合作项目推介会和部分省市中小企业投资项目推介会。

（六）开展创先争优活动，加强队伍建设

深入开展创先争优活动，加强队伍建设和党风廉政建设。司领导班子调整后，及时对司领导班子分工做了调整。按照宏任同志提出的“平稳过渡、无缝衔接”和“讲团结、讲大局、讲责任、抓作风”的要求，坚持民主集中制，注重营造团结向上的和谐氛围，充分发挥全司同志主观能动性和创造性，积极开展“思想争先，工作争先，业绩争先”和“学习优，作风优，素质优”的创先争优活动，部内主动加强融合。在政策研究、项目审核、资金分配、人事安排等重大事项上，充分发挥民主决策机制，进一步完善司内各项工作制度，印发《中小企业司工作制度》。

（工业和信息化部中小企业司）

2010年规模以上中小工业企业发展状况分析

近年来，随着国民经济的进一步发展，在经历了全球金融危机之后，中小企业经受住了各种考验，在我国经济发展中起着越来越重要的作用，为繁荣经济、增加就业、推动创新和催生产业中做出的贡献越来越大，成为促进社会生产力发展和推动社会主义和谐社会建设的重要力量。中小企业的出口规模较2009年大幅增加，

2010年，中小企业继续保持东退势头，中部、西部和东北地区中小企业数量进一步增加，显示出产业结构的梯度升级和转移继续保持良好的势头。中小企业仍然保持着良好的发展态势，企业数量继续增加，中小企业已经成为我国缓解就业压力的重要力量，全国来看，各项指标总量均占规模以上工业企业的一半以上。

一、2010年中小型工业企业发展状况

中小企业在数量上占绝对优势。2010年全国共有规模以上中小型工业企业44.9万家，比2009年的43.1万家，增长了4.2%，占2010年全部规模以上工业企业总数的99.2%。这些企业涉足领域遍及全部工业39个大类行业和全国31个地区。①

中小企业已经成为我国缓解就业压力的重要力量。2010年中小型工业企业吸纳就业人员7236.9万人，占规模以上工业企业9544.7万人就业人员的比例高达75.8%，比重较2009年有所降低，但从业人员数量较2009年增加了449.2万人。

2010年，中小企业完成工业总产值468643.3亿元，与2009年相比，新增产值96144.4亿元，增长25.8%，增幅较上年大幅提高，占当年全部规模以上工业企业总产值的67.1%。

中小企业继续发挥着国民经济主力军的作用，各项经济指标均占全部规模以上工业企业的一半以上。2010年中小企业资产规模356624.9亿元，占全部规模以上工业企业资产总额的60.2%；主营业务收入459727.2亿元，占规模以上工业企业的65.9%；利润总额35419.3亿元，占规模以上工业企业的66.8%；上缴税金18176.2亿元，占规模以上工业企业的54.0%（见表1）。

表1 2010年中小型工业企业各项经济指标占全部比重

指标名称	规模以上	规模以上	中小企业占规模以上比重%
企业数量（万个）	45.3	44.9	99.2
从业人员（万人）	9544.7	7236.9	75.8
资产合计（亿元）	592881.9	356624.9	60.2
主营业务收入（亿元）	697744.0	459727.2	65.9
利润总额（亿元）	53049.7	35419.3	66.8
上缴税金（亿元）	33655.8	18176.2	54.0
总产值（亿元）	698590.5	468643.3	67.1
出口交货值（亿元）	89910.1	49194.9	54.7

2010年，中小企业的发展已经克服了全球经济危机、世界经济降温等不利因素的影响，出口较2009年大幅增加。2010年中小企业实现出口交货值49194.9亿元，同比增长18.6%，占全部规模以上工业企业出口交货值的54.7%，比重较上年降低了2.9个百分点。

二、中小型工业企业特点

（一）行业主要集中分布于传统的劳动密集型行业

从企业数量看，2010年企业数排名前10位的大类行业依次是：通用设备制造业、非金属矿物制品业、纺织业、化学原料及化学制品制造业、电气机械及器材制造业、金属制品业、农副食品加工业、塑料制品业、交通运输设备制造业、专用设备制造业，顺序与2009年没有变化，上述10个行业中，中小企业数总计27.6万家，占全部中小型工业企业的61.6%。上述数据表明，劳动密集型和技术资本有机

① 本文中所有中小企业均指规模以上工业企业，即年主营业务收入500万元以上的企业。

构成相对较低的产业仍是中小企业的主体（见图1）。

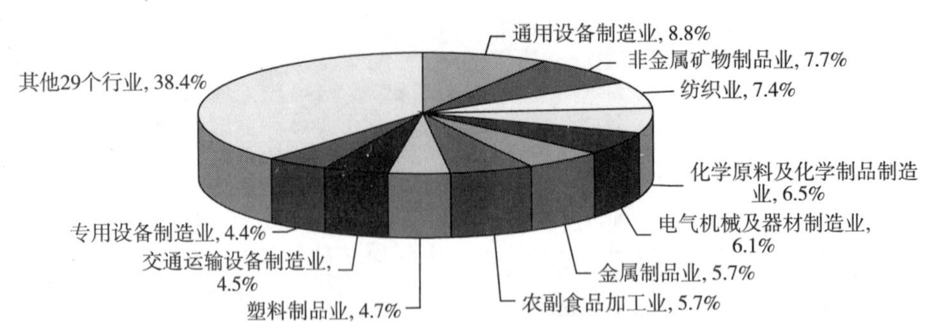

图1　2010 年 10 大行业中小企业数占全部中小企业的比重

从就业人员所占比例看，39 个大类行业中，除了石油和天然气开采业、烟草制品业、黑色金属冶炼及压延加工业、煤炭开采和洗选业、石油加工及炼焦及核燃料加工业、通信设备计算机及其他电子设备制造业、电力热力的生产和供应业、化学纤维制造业、有色金属冶炼及压延加工业、交通运输设备制造业等 10 个行业外，其他 29 个行业的中小企业就业人员比例均高于中小企业占全部规模以上工业企业就业人员比重的 75. 8%。其中，其他采矿业、废弃资源和废旧材料回收加工业、木材加工及木竹藤棕草制品业、印刷业和记录媒介的复制、工艺品及其他制造业、塑料制品业、非金属矿物制品业、非金属矿采选业、金属制品业、纺织服装鞋帽制造业、家具制造业、文教体育用品制造业等 12 个行业所占比例甚至达到了 90% 以上。这些行业的就业岗位 90% 以上是中小企业提供的（见表 2）。

表 2　2010 年中小企业从业人员所占比例超过 90% 的 12 个行业

行业	从业人员（万人）		小企业占规模以上比例%
	总计	中小企业	
其他采矿业	0. 4	0. 4	100. 0
废弃资源和废旧材料回收加工业	13. 9	13. 6	97. 5
木材加工及木、竹、藤、棕、草制品业	142. 3	137. 7	96. 8
印刷业和记录媒介的复制	85. 1	81. 1	95. 4
工艺品及其他制造业	140. 4	132. 9	94. 6
塑料制品业	283. 3	267. 0	94. 3
非金属矿物制品业	544. 6	504. 7	92. 7
非金属矿采选业	56. 5	52. 4	92. 6
金属制品业	344. 6	318. 9	92. 5
纺织服装、鞋、帽制造业	447. 0	406. 6	91. 0
家具制造业	111. 7	101. 3	90. 7
文教体育用品制造业	128. 1	115. 6	90. 2

此外，按实际从业人员总量容纳劳动力最多的中小企业十大行业为纺织业、非金属矿物制品业、通用设备制造业、电气机械及器材制造业、通信设备计算机及其他电子设备制造业、纺织服装鞋帽制造业、化学原料及化学制品制造业、交通运输设备制造业、农副食品加工业、金属制品业，劳动力吸纳比例最低为通信设备计算机及其他电子设备制造业，吸收的劳动力比例最高的为非金属矿物制品业，解决了 504. 7 万人的就业问题，吸纳劳动力数量最多的为纺织业，解决了 559. 0 万人的就业问题，中小企业吸收的劳动力比例为 86. 4%（见表 3）。

表 3　2010 年中小企业从业人员总量最多的 10 个行业

行业	从业人员（万人）		中小企业占规模以上比例%
	总计	中小企业	
纺织业	647. 3	559. 0	86. 4
非金属矿物制品业	544. 6	504. 7	92. 7
通用设备制造业	539. 4	480. 0	89. 0
电气机械及器材制造业	604. 3	469. 7	77. 7
通信设备、计算机及其他电子设备制造业	772. 7	426. 8	55. 2
纺织服装、鞋、帽制造业	447. 0	406. 6	91. 0
化学原料及化学制品制造业	474. 1	377. 1	79. 5
交通运输设备制造业	573. 7	374. 0	65. 2
农副食品加工业	369. 0	321. 8	87. 2
金属制品业	344. 6	318. 9	92. 5

从产值来看，39 个大类行业中有 23 个行业中小企业产值所占比例超过 80%。其中其他采矿业、废弃资源和废旧材料回收加工业、木材加工及木竹藤棕草制品业、非金属矿采选业、印刷业和记录媒介的复制、工艺品及其他制造业、塑料制品业、非金属矿物制品业、家具制造业、文教体育用品制造业、金属制品业、燃气生产和供应业等 12 个行业的中小企业所占比例均超过 90%（见表 4）。

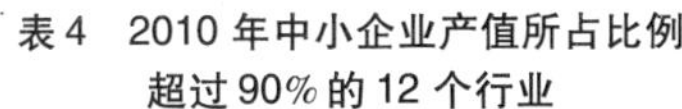
表4　2010年中小企业产值所占比例超过90%的12个行业

行业	总产值（亿元）		中小企业占规模以上比例%
	总计	中小企业	
其他采矿业	31.3	31.3	100.0
废弃资源和废旧材料回收加工业	2306.1	2269.1	98.4
木材加工及木、竹、藤、棕、草制品业	7393.2	7151.0	96.7
非金属矿采选业	3093.5	2981.3	96.4
印刷业和记录媒介的复制	3562.9	3431.6	96.3
工艺品及其他制造业	5662.7	5390.6	95.2
塑料制品业	13872.2	13158.7	94.9
非金属矿物制品业	32057.3	29836.0	93.1
家具制造业	4414.8	4073.2	92.3
文教体育用品制造业	3135.4	2892.2	92.2
金属制品业	20134.6	18561.7	92.2
燃气生产和供应业	2393.4	2186.8	91.4

从资产看，中小企业所占比重较大的行业依然是劳动密集型的行业，如文教体育用品制造业、金属制品业、家具制造业、非金属矿物制品业、农副食品加工业、非金属矿采选业、水的生产和供应业、燃气生产和供应业、食品制造业，中小企业资产所占比例均超过80%；废弃资源和废旧材料回收加工业、印刷业和记录媒介的复制、木材加工及木竹藤棕草制品业、塑料制品业、工艺品及其他制造业甚至超过了90%（见表5）。

表5　2010年中小企业资产所占比例超过80%的行业

行业	资产（亿元）		中小企业占规模以上比例%
	总计	中小企业	
其他采矿业	16.2	16.2	100.0
废弃资源和废旧材料回收加工业	923.6	904.9	98.0
印刷业和记录媒介的复制	3216.4	3077.6	95.7
木材加工及木、竹、藤、棕、草制品业	3541.8	3318.2	93.7
塑料制品业	9211.0	8629.4	93.7
工艺品及其他制造业	3330.0	2996.7	90.0
文教体育用品制造业	1829.9	1640.0	89.6
金属制品业	13155.3	11693.8	88.9
家具制造业	2639.1	2343.4	88.8
非金属矿物制品业	25567.4	22623.1	88.5
农副食品加工业	16731.3	14329.4	85.6
非金属矿采选业	1882.3	1577.6	83.8
水的生产和供应业	5539.2	4629.1	83.6
燃气生产和供应业	2982.9	2469.2	82.8
食品制造业	7229.4	5835.7	80.7
纺织业	18790.0	15056.8	80.1

2010年共有15个行业中小企业主营业务收入占规模以上工业的比重超过85%（见表6）。

表6　2010年中小企业主营业务收入超过85%的行业

行业	主营业务收入（亿元）		中小企业占规模以上比例%
	总计	中小企业	
其他采矿业	30.5	30.5	100.0
废弃资源和废旧材料回收加工业	2381.8	2340.5	98.3
木材加工及木、竹、藤、棕、草制品业	7166.0	6924.8	96.6
印刷业和记录媒介的复制	3468.3	3339.4	96.3
非金属矿采选业	3005.1	2892.2	96.2
工艺品及其他制造业	5700.7	5418.7	95.1
塑料制品业	13571.1	12880.3	94.9
非金属矿物制品业	31267.2	29084.7	93.0
金属制品业	19642.4	18166.8	92.5
家具制造业	4304.8	3969.9	92.2
文教体育用品制造业	3060.9	2820.1	92.1
燃气生产和供应业	2505.9	2286.1	91.2
农副食品加工业	34668.3	30653.3	88.4
水的生产和供应业	1143.1	1000.1	87.5
纺织服装、鞋、帽制造业	11988.6	10416.8	86.9

从主要经济效益指标看，28个行业的中小企业主营业务收入、利润总额、上缴税金达到规模以上工业企业70%以上的比例。

从以上数据可以看出，无论是企业数量、从业人员，还是主要经济效益指标，中小企业在劳动密集型行业上都占有绝对优势。

（二）区域间发展不均衡，但差距在逐步缩小

由于各省份自然条件与资源状况的不同，目前中小企业仍然存在着比较明显的区域发展不均衡的特点，但是在国家大力发展中西部地区的政策带动下，区域间的差距有缩小的趋势。

从中小企业数量分布看，明显呈现出东部多，中西部和东北地区①少的格局。2010年东部地区拥有中小型工业企业28.9万家，占全部中小型工业企业数的64.3%；中、西部地区和东北地区中小型工业企业数分别有7.7万个、4.9万个和3.4万个，分别占规模以上工业中小型企业总数的17.2%、10.8%和7.6%。与2009年相比，东部地区的中小企业数量有所回升，占全部中小企业的比重继续下降，而中、西部地区中小企业数量和比重均有所提

① 东部地区包括：北京、天津、河北、上海、江苏、浙江、福建、山东、广东和海南。中部地区包括：山西、安徽、江西、河南、湖北和湖南。西部地区包括：内蒙古、广西、重庆、四川、贵州、云南、西藏、陕西、甘肃、青海、宁夏和新疆。东北地区包括：辽宁、吉林和黑龙江。

高，东北地区中小企业数量有所增加，占全部中小企业的比重则有所下降。

分省（市、区）看，2010年中小企业数超过1万家的省份有13个，浙江、江苏均超过有6万家，广东超过5万家，山东超过4万家，辽宁超过2万家，河南、福建、上海、安徽、湖北、湖南、河北、四川各1万多家，13省（市、区）合计中小企业数37.6万家，占全部中小型企业的83.8%；中部地区超过1万家的有河南、湖南、湖北、安徽四省，东北和西部地区超过1万家的只有辽宁和四川。

从2004~2010年各区域中小企业数占全部中小企业数量比重的变化可以看出，东部地区的中小企业比重在不断降低，而中西部中小企业比重在小幅提高，东北地区中小企业比重窄幅波动，各区域中小企业数量的差距有逐渐减少的趋势（见表7）。

表7　2004~2010年各区域中小企业数量占全部中小企业数量比重（%）

地区＼年份	2004年	2005年	2006年	2007年	2008年	2009年	2010年
东部	69.4	68.3	67.5	67.3	66.6	65.3	64.3
中部	14.1	14.6	14.9	15.2	15.5	16.4	17.2
西部	10.3	10.8	10.7	10.5	10.4	10.6	10.8
东北	6.2	6.3	6.9	7.1	7.4	7.8	7.6

从就业人员比例看，2010年中小企业东部地区占64.0%，较2009年有所降低，中、西部和东北地区分别占17.1%、12.7%和6.2%。中西部及东北地区21个省（市、区）的就业人数只有东部10省（市、区）的56.3%。东部地区中小企业从业人员数超过600万人的省份有4个，分别是广东、江苏、浙江和山东，其中广东省的就业人数达到1246.0万人，比中部6个省（市、区）的总和多出6.1万人，比西部12个省（市、区）的总和多出328.6万人，而中西部及东北地区21个省（市、区）中只有河南、湖北、四川、辽宁、湖南五省就业人数超过200万人。从东、中、西部及东北地区中小企业就业人数所占全部规模以上工业企业就业人数比例看，东部地区为79.2%，中、西部及东北地区分别为71.6%、71.6%和65.4%（见图2）。

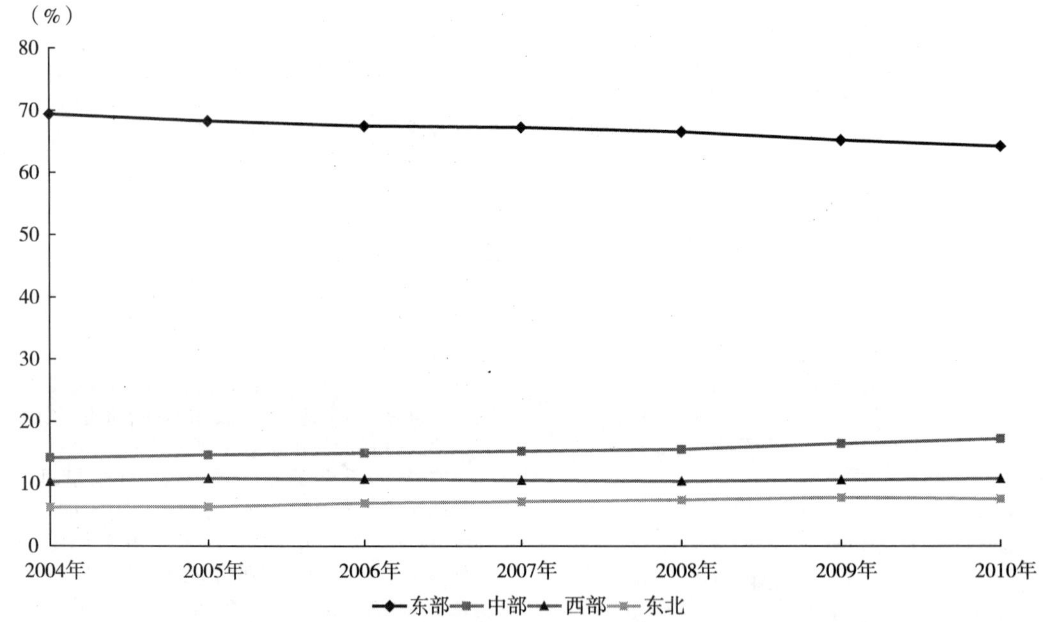

图2　2004~2010年中小企业东、中、西及东北地区企业数量比重

从资产规模和主要经济效益指标看，区域差距依然较为明显。

2010年各项主要指标，东部地区企业数占64.3%，从业人员占64.0%，主营业务收入占62.4%，总产值占62.1%，资产占60.8%，利润占58.4%，税金占56.5%，出口交货值占近九成。

中部地区企业数占17.3%，从业人员占17.1%，主营业务收入占17.4%，总产值占17.4%，资产占15.1%，利润占19.6%，税金占19.1%，出口交货值占5.1%。

西部地区企业数占10.8%，从业人员占12.7%，主营业务收入占12.4%，总产值占12.6%，资产占17.1%，利润占14.4%，税金占17.2%，出口交货值占2.4%。

东北地区单位数、从业人员、资产、主营业务收入、利润总额、税金、总产值、出口交货值所占比例分别为7.6%、6.2%、7.0%、7.8%、7.6%、7.2%、7.9%、3.2%（见表8）。

表8　2010年东中西部及东北地区中小企业主要指标所占比重（%）

指标	企业个数	就业人数	资产	主营业务收入	利润	税金	总产值	出口交货值
全国	100	100	100	100	100	100	100	100
东部	64.3	64.0	60.8	62.4	58.4	56.5	62.1	89.3
中部	17.3	17.1	15.1	17.4	19.6	19.1	17.4	5.1
西部	10.8	12.7	17.1	12.4	14.4	17.2	12.6	2.4
东北	7.6	6.2	7.0	7.8	7.6	7.2	7.9	3.2

东部地区中小企业经济实力远远强于中西部及东北地区。从东中西部及东北地区内部中小企业所占比例看，东部地区的中小企业在区域内发挥的作用也大于中西部及东北地区。上述主要经济指标，东部地区中小企业所占比例基本都在56.5%～64.3%之间，而中西部基本上在38%左右，东北地区基本上在7%上下（见表9）。

表9　2010年东中西部及东北地区中小企业主要指标占区域内规模以上工业企业比重（%）

指标	企业个数	就业人数	资产	主营业务收入	利润	税金	总产值	出口交货值
全国	99.2	75.8	60.2	65.9	66.8	54.0	67.1	54.7
东部	99.3	79.2	64.2	67.0	68.0	60.0	68.0	55.1
中部	99.1	71.6	53.5	66.0	71.3	51.5	67.5	58.3
西部	98.8	71.6	58.0	63.2	60.4	48.8	64.9	46.5
东北	99.2	65.4	50.6	61.7	60.1	38.7	63.0	47.4

出口型中小企业集中在沿海开放地区，占中小企业近九成的出口市场份额，而中西部和东北总共不到一成。

东部地区的解决了规模以上工业近80%的就业岗位，中部和西部也吸纳了决了超过70%规模以上工业的就业岗位，东北地区略低，也超过了65%。

东部地区规模以上工业64.2%的资产分布在中小企业，中部、西部、东北地区中小企业的资产比例分别为53.5%、58.0%、50.6%。

从主营业务收入来看，东部和中部中小企业规模以上工业的贡献比例在66%以上，西部和东北地区在61%以上。

东部和中部规模以上工业68%以上的利润是由中小企业贡献的，西部和东北地区六成以上的利润来源于中小企业。

东部地区规模以上工业中小企业上缴了六成以上的税金，中部也超过了一半的比例，西部接近50%，东北地区不到四成。

东部和中部地区规模以上工业中小企业创造了近70%的产值，西部和东北地区中小企业的产值也超过了63%。

东部和中部地区规模以上工业55%以上的出口额由中小企业贡献，西部和东北地区中小企业的出口额也在46%以上。

可以看出，2005～2010年（见表10），东部地区中小企业总资产、主营业务收入、利润、税金、总产值等指标占全部中小企业比例均出现下降，而相应的中部、西部地区及东北地区所占比例稳中有升，尤其是中西部地区，各项指标所占比例逐年都有不同程度的提高。2005～2010年，主营业务收入所占比例，中部、西部、东北地区分别提高了4.9、2.8、2.5个百分点，东部地区下降了10.2个百分点；利润所占比例，中部、西部、东北地区分别提高了7.5、4.7、4.1个百分点，东部地区下降了16.3个百分点；产值所占比例，中部、西部、东北地区分别提高了4.3、3.0、2.6个百分点，东部地区下降了9.9个百分点；资产所占比例，中部、西部、东北地区分别提高了1.9、3.1、0.7个百分点，东部地区下降了5.7个百分点；税金中部、西部、东北地区分别提高了2.4、2.6、1.7个百分点，东部地区下降了6.7个百分点。

表10　2005～2010年东中西部及东北地区中小企业主要指标占全部中小企业比重（%）

指标	地区	年份					
		2005	2006	2007	2008	2009	2010
主营业务收入	东部	72.6	71.9	69.7	66.5	64.6	62.4
	中部	12.5	13.1	14.2	15.6	16.2	17.4
	西部	9.6	9.6	10.3	11.0	11.7	12.4
	东北	5.3	5.4	5.8	6.9	7.5	7.8
利润	东部	74.7	71.8	66.0	61.3	61.8	58.4
	中部	12.1	14.4	17.1	20.2	19.0	19.6
	西部	9.7	10.3	12.0	12.6	12.6	14.4
	东北	3.5	3.5	4.9	5.8	6.6	7.6
税金	东部	63.2	63.7	60.5	58.4	57.7	56.5
	中部	16.7	17.0	18.5	20.2	18.6	19.1
	西部	14.6	14.0	15.2	15.1	16.2	17.2
	东北	5.5	5.3	5.8	6.3	7.5	7.2
总产值	东部	72.0	71.4	69.0	66.1	64.2	62.1
	中部	13.1	13.5	14.7	15.7	16.1	17.4
	西部	9.6	9.7	10.4	11.2	12.1	12.6
	东北	5.3	5.4	5.9	6.9	7.5	7.9
资产	东部	66.5	66.6	65.4	62.2	62.0	60.8
	中部	13.2	13.1	13.6	14.9	14.8	15.1
	西部	14.0	13.9	14.7	15.9	16.2	17.1
	东北	6.3	6.4	6.3	7.0	7.0	7.0

以上数据显示，目前中小企业存在着比较明显的区域发展不均衡的特点，但是差距在逐步缩小。政府要继续加大对中西部及东北地区中小企业的扶持力度，发挥欠发达地区人力和资源的优势，推进产业转移，推动中小企业加快产品结构调整，促进中小企业全面发展。

（国家统计局工业统计司行业指导处 刘耀东）

第三篇 国家扶持中小企业政策与措施

2010 年中国中小企业信息网服务和网络建设情况

2010 年，中国中小企业信息网（以下简称“中小企业网”）在中小企业司的指导下，在网站全员员工以及中小企业网各分站的共同努力下，信息服务工作及与各分站协调互动的模式有了良好的进展，在为广大中小企业提供各项服务和保障网站持续发展方面进行了调整和尝试。2010 年的主要工作情况及 2011 年工作思路总结如下。

一、2010 年工作情况

（一）信息服务

1. 2010 年网站信息服务工作

2010 年，总网编辑部发布信息 20 余万条，其中，中小企业网系统自采自编的原创信息 2864 条，比 2009 年增加 12%，从全网来看，根据 39 家一级分站自评资料统计，中小企业网一级分站 2010 年新增信息 280 万条。这些信息全面、及时地报道了全国中小企业系统所发生的重要事件、政策法规、重要活动、领导讲话，以及产业、创新、融资、服务等全方位的信息。与 2009 年相比，2010 年更注重于以下几个方面的工作：

一是突出重点，以专题形式做好重大活动的报道。在做好日常新闻信息编辑录入工作的基础上，根据阶段性的重点工作、重大活动做了 29 个中、英文专题报道。其中包括：两会报道、百日招聘活动、第七届中博会、世博会、物联网、中央新 36 号条、低碳经济、青海玉树地震、三网融合、西部大开发、中小企业成长之路、战略性新兴产业和 2010APEC 中小企业峰会等。从背景材料、主题介绍、各界评论、媒体报道、图片新闻等多角度进行宣传，受到了浏览者的广泛关注，收到了较高点击率。

二是对于中小企业关注的政策法规予以重点汇总整理。对上一年度国家出台的相关政策做分类整理，形成“2009 国家出台扶持中小企业发展政策汇编”专版。每月对国家、地方出台扶持中小企业发展的政策进行分类汇编，推出每月出台的中小企业相关政策综述。对全年政策发布情况进行了分类采集，共计完成 6 个方面内容的整理汇编。

三是对新闻发布方式进行改革尝试。对首页和政策法规频道进行了重大改版，并对融资担保、新闻频道等做了改版和补充修正。每日推出一组受中小企业关注的新闻主题报道和点击率最高的 10 条信息，增加了以原创信息为主的编辑视点栏目，每周/月对最受读者关注的信息内容进行整理综述、回顾，以及不断针对当前最热门的话题推出专题专版。

2. 多种形式提供信息服务

与 2009 年相比，2010 年又增加了 2 种信息服务形式，一是向中小企业司的全体领导和工作人员每周提供 2 期《互联网中小企业动态摘要》，简要介绍了一周内互联网上对各地中小企业动态的相关报道。重点包括中小企业政策落实、融资贷款、技术创新、产业集群、信息化与电子商务、升级转型、农民工、人才交流、培训、创业、问题反映等主题，供中小司领导及各处室参阅，2010 年总共编发了 90 期。

二是正式向中小企业司和各地中小企业管理部门领导，中小企业网分站领导及部分中小企业提供中小企业网手机《移动快讯》和中小企业网手机版服务，自 2010 年 5 月 4 日开通至 12 月底，共编发了 63 期。在政策法规的快速传递方面起到了重要作用。目前移动快讯共设有：政务动态、产业动态、经济运行、培训/展会/活动、经济观察、企业/新产品/新技术、融资担保、服务机构推荐、趣闻知识等 9 个专栏。

（二）举办多种形式活动，服务中小企业

“十一五”期间，举办大量与中小企业密切相关的各类活动也是中小企业网运营工作的一大转变。2010 年也组织开展了一些大型的服务活动。

1. 百日招聘活动

“2010 年全国中小企业网上百日招聘高校毕业生活动”，自 3 月 1 日启动。历时 100 天，于 6 月 8 日圆满结束。在中小企业司的指导下，网站高度重视活动的组织工作，密集的新闻宣传贯穿活动始终；王黎明司长分别接受中央电视台财经报道专访和中国中小企业信息网专访；活动期间，在中央电视台、经济日报等主要中央媒体发布新闻。每两周一期的活动简报更是随时报道活动进展情况、分析招聘形势和动态。

2010 年百日招聘活动的亮点和创新形式是，活动不仅仅在总网上举办，而是发动了多个地方分站，按省市举办地方招聘专场，不断在总网进行推荐，滚动介绍各地的招聘情况，地域优势，就业政策，需求专业，紧缺人才等，河南、四川、云南等 12 个省市分站在活动期间举办了招聘专场，扩大了百日招聘活动的影响，使活动更为活跃和具吸引力，受到了众多求职者的关注。

活动期间共有 9928 家中小企业参与，共发布职位数 23849 个，提供就业岗位 141780 个，有 35686 名高校毕业生上网注册，各项数据均好于 2009 年同期水平。

2. 第 7 届中博会中小企业信息化论坛

2010 年，网站继续成功承办了“第 7 届中博会中小企业信息化论坛”。中小企业司郑昕副司长，广东省经信委吴锋副主任、中小企业司周健、刘怡等出席了会议。中国移动集团、用友畅捷通、SAP、金蝶、阿里巴巴、戴尔、展众网等国内外知名企业代表及香港科技大学专家等出席论坛并发表了演讲。CCTV、新华社、广州日报、南方日报、广东电视台、广州电视台、南方电视台、羊城晚报、中国计算机报、新华网、新浪、网易等 20 余家媒体到会采访，200 多家中小企业代表出席了会议。

3. 培训项目

培训部与机械工业信息中心、戴尔公司合作，以论坛的形式，在青岛、重庆共组织了 2 场“中小

企业信息化培训"，主题为"融合创新，探索中小企业未来发展之路"，共有240余位中小企业代表出席了活动。

此外，组织了80人次的"工程师技术培训认证（'653'工程）"。

（三）网络体系建设

"十一五"期间，进行了大量的调查研究和分站的联络协调工作，使中小企业网系统整体上有了很大的提升。举办多场业务联络、工作研究、交流会议，探讨中小企业网协同发展的模式；走访了二十多个省市的中小企业服务机构、分站，与100多个中小企业进行座谈，不断完善中小企业网的发展规划，并被列入工业和信息化部电子政务系统十二五建设规划。

1. 完成了网站建设"十二五"发展规划

2010年在中小企业司的直接领导下，在进行广泛调查研究的基础上，经多次讨论修改，最终完成了中国中小企业信息网"十二五"发展规划，为中小企业网下一步的发展确定了明确的目标。在中小司领导的积极协调下，还将中国中小企业信息网的电子政务建设，列入了工业和信息化部电子政务系统"十二五"规划："全国工业、通信业和信息化综合管理与服务电子政务系统工程项目建议"。

2. 政策法规系统的推广

2010年，网站以自行开发的新政策法规系统为突破口，向全网系统实现互通互联迈进，该系统一旦实施完毕，可将全网所有分站的政策法规数据库联通，统一规范政策法规的分类，页面设计，技术应用等，使浏览者能够方便地在任何一个分站查找全国各级政府发布的中小企业政策法规。为此，9月14日至16日在广州举办了新政策法规系统应用培训班，29个一级分站的40名技术和编辑人员参加了培训。总站还建立了技术人员网上服务平台，安排专人在线值班，随时解决推广、使用过程中的疑难问题。目前已有20余个分站开始试运行或正在安装调试新政策法规系统。政策法规频道的实施，使得中小企业网向成为有机整体的目标迈出了重要的一步。

3. 中小企业信用数据管理系统开发

2010年启动了中小企业信用数据管理系统的开发。该系统主要通过采集中小企业的基本信息、经营性信息、产品、品牌等和信用关联的信息，并通过中小企业网的管理机制，对数据进行核实和补充，逐步实现中小其余的信用数据管理，满足政府指导、管理中小企业发展的需要，以及服务机构服务中小其余的需要。2010年已经完成了第一期工作，即中小企业数据中心的开发和实施工作，并于年底进行了初步验收，计划于2011年一季度上线运营。

4. 政府项目管理系统的建设和升级

目前在中小企业网上运行着4个政府项目管理系统：中小企业发展专项资金申报管理系统、中小企业担保机构运营监测系统、中小企业担保机构免税申报系统和中小企业生产运行监测系统，这些系统均为2010年新开发或进行了重大的升级改造，在承担政府项目申报管理等政务方面起着重要的作用。与2009年相比，能够感到越来越多的政府项目在网上实现公开申报和管理，对政府项目的管理也更为严谨、科学，充分体现了中小企业政府项目的公平、公正和公开的性质。

5. 中小企业网一级分站评价办法制定

根据中小企业司的要求和指导意见，由中小企业网总站牵头起草，中小企业网一级分站代表参与，制定了《中国中小企业信息网一级分站信息服务工作年度评价暂行办法》，从信息发布、政务服务、企业服务、网站建设、网站运维等五个方面对中小企业网一级分站进行评价，评价结果将作为信息服务类项目评审的参考依据。该办法的制定对进一步规范中小企业网的建设和运营管理，更好地发挥中小企业网系统的整体作用将起到很好的促进作用。

二、2011年工作思路和重点

2011年是"十二五"规划的第一年，我们将全力以赴打好开年之仗，我们的基本目标是：完善团队建设，加强执行能力，提升业务水平，提高市场收入。主要工作如下：

第一，加强人力资源调整，做好团队建设工作。努力提高队伍的基础素质、工作效率和团队、特别是干部队伍的执行能力。

第二，提高信息质量，探索深层次的信息服务模式。一步调动编辑的主观能动性，加强业务培训，明确岗位职责，提高新闻采写能力。在信息服务方面，一是加强版面的活跃度，以增加网站浏览量。继续围绕与中小企业相关的新闻热点，开展大型专题报道，增加信息的深度；二是以信息、图片、专题、视频、频道合作等多种形式在网上实现与分站的互联互动。三是探索深层次信息服务模式，建立专家队伍，逐步开展中小企业信息研究工作。

第三，下定决心抓市场，促进中小企业网持续发展。做好培训工作，会员发展及服务工作，启动中小企业信息化服务计划，举办和参与组织各类大中型活动。

第四，继续做好相关政务服务工作。

第五，继续做好中小企业网的建设工作。重点包括：中小企业网开通十周年大型改版；建立融资服务平台；推动中小企业数据中心的建设。

2010年银河培训工程

2010年《国家中长期人才发展规划纲要（2010～2020年）》将国家中小企业银河培训工程列入规划。按照中央的统一部署，工业和信息化部制定了国家中小企业银河培训工程实施方案。考虑到绝大多数的企业经营管理人才集中于中小企业和非公经济。方案的主要目标是：进一步加大中央财政支持力度，带动各级地方财政投入，2010年至2020年每年培训不少于50万名中小企业经营管理者。到2020年完成500万中小企业经营管理人才的培训任务。2010

年，工业和信息化部继续实施以中小企业经营管理者和创业者为主要培训对象的国家中小企业银河培训工程，培训内容主要为政策法规、企业管理、创业知识、融资担保、信息化、质量管理、安全生产、社会责任等方面。全年共完成6多万人次的集中培训、近7万人次的远程网络培训。各地中小企业管理部门也拨出专款，支持了约20万人次的培训。为进一步推动“创办小企业，开发新岗位，以创业促就业，以创业促发展”工作，在国家中小企业银河培训工程的支持下，安徽、新疆、黑龙江、福建、贵州等省中小企业主管部门还组织开展了赛飞创业辅导师培训，各地参训学员积极响应，把学到的赛飞创业辅导知识和方法运用到实践中，取得良好成效。

2010年政府资金支持

一、中央财政扶持中小企业发展资金总体安排

《国务院关于进一步促进中小企业发展的若干意见》（国发［2009］36号）提出，“逐步扩大中央财政预算扶持中小企业发展的专项资金规模，重点支持中小企业技术创新、结构调整、节能减排、开拓市场、扩大就业，以及改善对中小企业的公共服务”。据此，2010年，中央财政预算扶持中小企业发展的专项资金共计安排118.5亿元，资金规模比上一年预算增长了12.1%。主要用于中小企业发展专项资金、科技型中小企业技术创新基金、中小企业服务体系发展专项资金、农业科技成果转化资金、中小企业国际市场开拓资金、中小外贸企业融资担保专项资金等方面。其中，中小企业发展专项资金和中小企业服务体系发展专项资金（以下简称两项资金）由财政部、工业和信息化部负责项目审核工作。2010年，两项资金共安排预算27.7亿元。

二、两项资金项目申报工作安排

（一）工作目标和支持重点

按照中央提出的“加快转变经济发展方式，调整优化经济结构，大力推动经济进入创新驱动、内生增长的发展轨道”总体要求，今年专项资金的工作目标是：贯彻落实《国务院关于进一步促进中小企业发展的若干意见》，支持中小企业结构调整、稳定就业，改善中小企业融资环境及公共服务条件，支持中小企业服务机构建设中小企业公共服务平台、开展中小企业公共服务业务。资金支持方向和重点主要集中在四个方面。

一是调结构。结构调整是转变我国经济发展方式的重要内容，也是今年经济工作的主线，中小企业结构调整是我国经济整体结构调整的重要组成部分。中小企业发展专项资金中的“企业技术改造项目”、“新兴产业建设项目”、“企业提高素质活动补助项目”，主要围绕这项工作展开的。

二是节能减排。节能减排是贯彻落实科学发展观、促进发展方式转变的重要措施。完成全国节能减排“十一五”计划，中小企业责无旁贷。中小企业发展专项资金中的“节能减排项目”，主要是推动节能减排产品在中小企业中的应用；引导生产节能产品的中小企业加快技术改造，提高产品水平和质量；推动中小企业产业集群开展集中治污减排和节能降耗技术改造。

三是扩大就业。中小企业是解决就业问题的主力军，中小企业的发展，对稳定、增加就业岗位发挥了重要作用。中小企业发展专项资金中的“增加就业岗位项目”，主要是引导产品有市场的劳动密集型中小企业扩大生产规模，增加就业岗位，包括推动增加就业岗位的农产品深加工企业发展。

四是改善中小企业发展环境。建立和完善中小企业服务体系、加强对中小企业的金融支持是今年温总理在政府工作报告中提出的重要任务。中小企业服务体系发展专项资金支持范围为2008年、2009年实施并完成的“中小企业公共服务平台建设项目”、“中小企业服务业务项目”，中小企业发展专项资金中的“服务企业改造项目”，主要是引导服务性企业、中小企业服务机构提高和完善为中小企业服务的能力。此外，中小企业发展专项资金中的“担保（再担保）业务补助项目”，主要是引导发展多层次中小企业信用担保体系，鼓励担保机构为中小企业提供低保费的贷款担保，鼓励再担保机构开展中小企业再担保业务。

（二）工作安排和特点

为做好两项资金项目申报工作，2010年5月17日，工业和信息化部办公厅、财政部办公厅已联合印发了《关于做好2010年中小企业发展专项资金项目申报工作的通知》（工信厅联企业［2010］93号）。2010年5月18日，工业和信息化部办公厅印发了《关于组织开展中小企业服务体系项目申报工作的通知》（工信厅企业函［2010］340号），分别对两项资金项目申报工作进行了布置。

2010年5月25日下午，工业和信息化部召开了“中央财政中小企业专项资金项目申报工作电视电话会议”。部党组成员、总工程师朱宏任同志出席会议并讲话，强调要将做好项目申报工作作为今年贯彻落实国发36号文件，引导中小企业转变发展方式，实现又好又快发展的一项重要工作。要求各地区中小企业管理部门加强对项目申报工作的领导和管理，克服时间紧、任务重、工作难度大等困难，集中精力，全力以赴做好工作。中小企业司司长王黎明主持会议，并就两项资金项目申报工作做了详细说明。会议的主会场设在工业和信息化部，部中小企业司、财务司、产业司、运行局、节能司、消费品司的有关领导参加了会议，各省、自治区、直辖市、计划单列市、新疆生产建设兵团中小企业管理部门的主要负责同志及负责专项资金项目申报工作的同志在当地分会场参加了会议。

与往年相比，2010年两项资金项目有“多、广、急”三个特点。“多”指的是资金规模增加。今年两项资金规模比去年增长了48%。与之相应，各地组织上报的项目数要比年多，项目组织、审核等工作量将会大幅增加。“广”是指专项资金支持领域扩大。中小企业发展专项资金的支持内容更加丰富。固定资产投资类项目在继续支持企业技术改造的基础上，增加了新兴产业建设项目和服务环境改善项目两项内容；中小企业信用担保体系建设项目在继续支持中小企业信用担保业务补助项目基础上，增加了再担保业务补助项目。此外，新增加了企业提高素质活动补助项目，对企业开展提高管理水平和专利开发、申请等活动给予补助。中小企业服务体系专项补助资金改为中小企业服务体系发展专项资金，增加了信息、技术和质量、法律服务和公共服务平台建设等补助内容。“急”是指按照财政部的要求，项目预算资金下达时间从10月底提前到6月底，项目组织、申报、评审等工作时间紧、任务急。

三、支持项目情况

（一）项目安排

6月上旬，工业和信息化部、财政部组织专家对各地上报的专项资金项目进行审核。共支持了2175个项目，安排资金27.7亿元。

1. 中小企业发展专项资金项目支持情况

共收到各地申报中小企业发展专项资金项目2307个，经审核确定支持项目2056个，占申报项目数的89%，安排资金25.2亿元。其中，固定资产投资类项目1131个，占申报项目数的89.41%，担保（再担保）业务补助项目663个，占申报项目数的88.87%，企业提升素质活动补助项目261个，占申报项目数的88.18%。中国国际中小企业博览会补助项目1个。

2. 中小企业服务体系发展专项资金支持情况

共收到226个服务机构申报的中小企业服务体系发展专项资金项目。其中地方所属机构申报项目219个，中央所属机构申报项目7个。经审核，共有119个服务机构申报的164个项目获得专项资金支持。其中，112个地方所属机构支持平台项目79个，服务业务项目78个；7个中央所属机构支持平台项目5个，服务业务项目2个。

（二）项目成效

1. 中小企业发展专项资金项目

（1）固定资产建设类项目。2010年以补助和贷款贴息方式支持中小企业技术改造、新兴产业建设和服务环境改善项目共计1131个，拉动社会投资300多亿元，预计可增加就业岗位40万个。其中，10大振兴行业中小企业科研成果转化、产品升级和专业化发展项目498个，占全部固定资产建设类项目的44%；中小企业节能减排项目68个，占6%；增加就业岗位、推动产业集群和区域经济发展项目309个，占27%；中小企业新兴产业建设项目24个，占2%；中小企业服务环境改善项目232个，占20%。在中小企业服务环境改善项目中，安排中小企业创业环境改善项目148个，项目完成后，预计增加创业小企业1.6万个，增加就业岗位23万个。

（2）担保（再担保）业务补助项目。2010年共支持担保（再担保）项目663个。其中662个担保机构共为4.5万户中小企业提供了1886亿元贷款担保；北京中小企业信用再担保公司共为10家担保机构提供了90多亿元再担保业务。

（3）企业提高素质活动补助项目。2010年共支持企业提高素质活动补助项目260个。其中，提升企业管理水平项目145个，项目实施后的第一年（即2009年）企业存货周转天数比2007年平均缩短21天，应收账款周转率平均缩短20天，营业利润率平均增长3个百分点，销售增长率平均增长19个百分点；申报专利补助项目115个，涉及专利4040个（含发明专利1966个），其中3613个专利已在产品中应用，专利产品销售收入达100多亿元。

（4）中国国际中小企业博览会补助项目。2010年补助中国国际中小企业博览会展位数4500个，受助企业3600多家，并对其中的160多家汶川地震重灾区和玉树地震灾区参展企业提高了补助额。中央财政补助资金降低了中小企业参展成本，发挥了引导中小企业积极开拓市场的作用。

2. 中小企业服务体系发展专项资金项目

（1）中小企业公共服务平台建设项目。2010年支持中小企业公共服务平台建设项目84个，重点支持中小企业综合服务平台建设和产业集群或中小企业集聚区内的中小企业公共（专业）服务平台建设项目。建设内容主要包括服务仪器、设备和软件购置，服务场地及相关设施改造。项目建成后，将进一步增强服务功能，提高为中小企业服务的能力。

（2）中小企业公共服务业务项目。2010年支持中小企业公共服务业务项目80个，重点支持服务机构为中小企业提供信息、技术和质量、法律等方面的服务，鼓励和引导中小企业服务机构开展公益性服务，降低服务收费。

2010年非公有制经济发展情况

在我国，非公有制经济的绝大部分是中小企业，中小企业和非公有制经济是促进国民经济平稳较快发展的基础，在繁荣城乡经济、增加财政收入、扩大社会就业、促进科技创新、优化经济结构等方面，发挥着不可替代的作用。为应对国际金融危机，国家出台了一揽子经济计划，2010年，中小企业和非公有制经济发展总体呈现平稳较快发展态势，但是也出现了一些新情况、新问题需要引起高度重视。

一、中小企业和非公有制经济发展取得积极进展

党中央、国务院高度重视中小企业和非公有制

经济工作，出台了一系列方针政策。随着这些政策措施的贯彻落实，中小企业和非公有制经济发展取得了积极进展。

一是政策环境逐步改善。2003 年国家颁布实施了《中小企业促进法》，2005 年国务院下发《关于鼓励支持和引导个体私营等非公有制经济发展的若干意见》（以下简称“非公经济 36 条”）。为应对国际金融危机，2009 年国务院出台《关于进一步促进中小企业发展的若干意见》（以下简称“国发 36 号文件”），2010 年国务院出台了《关于鼓励和引导民间投资健康发展的若干意见》。国务院还把完善促进非公有制经济和中小企业发展的体制机制作为一项重要改革任务，从 2005 年开始连续五年以国务院或国办文件下发。各地区、各部门高度重视，积极贯彻落实，在市场准入、财税金融、改善政府监督和管理、营造舆论环境等方面相继出台了配套文件和实施办法。比如“非公经济 36 条”中央有关部门已出台配套文件近 60 个，各地区累计出台促进非公有制经济发展的法规、政策性文件 250 多件。再如，国发 36 号文件已出台 19 个配套文件，主要财政政策已经兑现。随着一系列政策措施的逐步到位，中小企业和非公有制经济发展也呈现企稳回升，并逐渐向平稳较快发展态势。

二是市场准入范围进一步扩大。各有关部门出台了一系列推动非公有制经济进入铁路、军工、电信、金融、文化和城市基础设施等领域的政策措施，进一步扩大市场准入范围。如在医疗卫生方面，国办转发了发展改革委等部门《关于进一步鼓励和引导社会资本举办医疗机构意见的通知》；在铁路方面，铁道部下发了《关于鼓励支持和引导非公有制经济参与铁路建设经营的实施意见》，在铁路建设运营、客货运、铁路装备制造、多元化经营等领域放宽市场准入；在民航方面，民航部门出台《国内投资民用航空业规定》，明确对非公有资本在公共航空运输、通用航空、民用机场、空管系统、民航相关项目领域的市场准入规定；在电信领域，工业和信息化系统大力推进改革，出台了《关于深化电信体制改革过程中电信服务工作的通知》、《关于规范当前电信市场秩序的意见》等相关文件；等等。

三是融资难担保难状况有所缓解。金融部门积极鼓励和支持民间资本发起或参与设立村镇银行、小额贷款公司等新型金融机构；进一步强调和重申小企业信贷投放增速不低于全部贷款增速，增量不低于上年。开发银行、国有商业银行和股份制银行建立了小企业金融服务专营机构，各商业银行努力简化工作程序、开展小企业金融产品和服务创新，新型农村金融机构有了进一步发展。中小企业板块和创业板市场开通。据有关方面统计，全国已设立小额贷款公司 2348 家，小额贷款公司贷款余额 1620 亿元。信用担保体系建设方面，银监会、法制办、工业和信息化部等七部门发布了《融资性担保公司管理暂行办法》。

四是财税支持力度进一步加大。为加强对中小企业的扶持，中央财政设立了科技型中小企业技术创新基金、中小企业发展专项资金、中小企业国际市场开拓资金、中小企业服务体系专项补助资金等专项资金，从不同角度和环节对中小企业的发展和创新给予支持。2010 年，中央财政支持中小企业资金达 123 亿元，比 2009 年增加了 27 亿元，支持了一大批中小企业进行技术改造，产品升级、质量提升、节能减排、创新创业、市场开拓和完善服务等，产生了很好的带动和示范作用。同时，加大税收扶持，去年对年应纳税所得额 3 万元及以下小型微利企业所得税减半征收等一系列税收政策逐步到位。国务院减轻企业负担部际联席会议下发了做好减轻企业负担工作的指导意见，国务院纠风办、监察部部署将减轻中小企业负担作为专项治理的重要内容。发展改革委、财政部、工商总局、质检总局等开展了涉企收费专项检查和社团收费专项治理。

五是中小企业技术进步和结构调整进一步加快。中小企业发展专项安排资金支持中小企业加强专业化生产，提高产品质量和节能减排水平，发展生产性服务业。财政部安排地方特色产业中小企业发展资金 29.5 亿元，支持地方特色产业集聚区中小企业技术进步和协作配套。财政部、科技部安排中小企业技术创新基金 35 亿元，支持中小企业技术创新、产品开发和成果转化。中央财政安排 15 亿元资金，支持地方政府依法关闭能耗高、污染严重、安全隐患突出的小企业。中央预算内投资安排 30 亿元，支持中小企业技术改造。发展改革委、财政部实施了创业风险投资和新兴产业创投计划。工业和信息化部加强了中小企业公共服务平台、企业质量管理和食品生产企业诚信体系建设，实施了中小企业信息化推进工程。各有关部门组织实施重点产业调整振兴规划，开展节能减排、兼并重组、淘汰落后等工作，推动中小企业结构调整。

六是社会化服务体系进一步完善。中央财政设立了多项专项资金支持为中小企业提供社会化服务的中介机构。2010 年，中央财政支持建立了近 120 个公共服务平台项目。工业和信息化部会同有关部门出台了促进中小企业公共服务平台建设的指导意见，制定了《国家中小企业公共服务示范平台管理暂行办法》。目前，工业和信息化部正在积极推进国家中小企业公共服务示范平台工作。统计局加强了对中小企业的统计监测分析。农业部、人力资源社会保障部等部门以及工会、妇联、共青团等加强了对中小企业职业及管理培训，质检、海关、工商行政管理等部门也进一步改善了对中小企业的服务。全国工商联也积极调查研究，提出政策建议。面向中小企业的人员培训、信用担保、技术支持、信息服务、管理咨询、市场开拓、国际合作等社会化服务体系正在进一步完善。

总的来看，在各地区、各部门和广大中小企业和非公有制企业的共同努力下，2010 年全国中小企业和非公有制经济发展总的形势是好的。2010 年1～11 月，全国规模以上中小工业企业工业增加值同比增长 17.5%，增速较去年同期加快 4.4 个百分点。产销率 97.4%，同比提高 0.3 个百分点，实现利润同比增长 50.5%。全年非国有企业（不含外商投资企业）进出口总额 7505.5 亿美元，同比增长

47.1%，增幅比去年同期加快52.6个百分点。其中，出口4812.7亿美元，同比增长42.2%；进口2692.8亿美元，同比增长56.6%。全年非国有投资13.93万亿元，同比增长29.4%，增速比去年同期加快1.4个百分点。

“十一五”时期，中小企业的规模不断扩大，对国内生产总值的贡献超过了60%，税收超过50%，发展的质量也明显提高。中小企业已从一般加工制造等传统领域逐步向高新技术和新兴产业、现代服务业扩展，特别在信息咨询、创意设计、现代物流等新兴服务业十分活跃，已经成为我国提升自主创新能力加快发展方式转变和优化经济结构的生力军。在提供就业岗位、缓解就业压力方面中小企业提供了80%的城镇就业岗位，起到了社会稳定器的作用。当然，在促进中小企业和非公有制经济发展中还有一些工作需要改进，比如相关政策的落实力度、关键是执行力方面还应该进一步加大，可操作性还应加强，法律法规、配套措施还需进一步完善等等。

二、中小企业和非公有制经济发展面临的新情况和新问题

当前，国内外经济形势正在出现一些新的情况和变化，值得研究、关注和把握。全球需求结构出现明显变化，围绕市场、资源、人才和技术的竞争更加激烈，问题更加突出，各种形式的保护主义抬头，我国发展的外部环境更趋复杂。从国内看，工业化、信息化、城镇化、市场化、国际化深入发展，经济结构转型加快，市场需求潜力巨大。与此同时，我们必须清醒的认识到我国发展中不平衡、不协调、不可持续的问题仍然十分突出。反映在中小企业方面新情况、新问题表现在以下几个方面：

一是中小企业生产经营压力加大。企业生产成本上升过快，劳动力成本明显提高。人民币持续升值，不少出口型中小企业不敢接大单、接长单；涉企收费仍然偏多偏高。二是小企业融资难度增加。在缓解中小企业融资方面，金融部门做了大量的工作，融资难问题得到了一定的缓解，随着央行多次上调存款准备金和存贷款利率，小企业融资的矛盾更为突出。三是服务体系仍不够完善。特别是公共服务的发展速度与质量远远不能适应中小企业发展的需要。四是转变经济发展方式和产业结构调整的任务艰巨。中小企业大多集中在传统产业，技术和管理水平较低，创新能力不强，缺乏品牌，部分行业产能过剩、布局雷同的现象突出。

应当看到中小企业当前存在的新情况、新问题，如劳动力成本上升、人民币升值、原材料涨价等，在一定意义上也有利于促进中小企业加快结构调整、转变发展方式。但受新、老问题的叠加影响，中小企业特别是小企业生产经营短期内存在较大的压力。这就需要针对发展中出现的新情况、新问题，研究和制定有效的政策措施，进一步营造良好的发展环境。

三、下一步推进中小企业发展的几个重点工作

2011年是“十二五”规划实施的开局之年，做好2011年工作对实现“十二五”良好开局具有十分重要的意义。要以科学发展为主题，以转变发展方式为主线，结合中小企业的发展实际，围绕“转方式、调结构、上水平”的要求，加强对新情况、新问题的研究和分析，在此基础上制定新对策，并着重从以下几个方面做好中小企业工作。

一是继续狠抓现有政策的贯彻落实。抓好“非公经济36条”、“国发36号文件”和“促进民间投资36条”等文件的贯彻落实，细化政策措施，进一步扩大市场准入优化发展环境。继续组织开展减轻中小企业负担专项治理，清理不利于中小企业发展的政策规定。进一步加大宣传力度，动员新闻媒体，加大对党中央、国务院关于促进非公有制经济和中小企业健康发展方针、政策的宣传。

二是进一步缓解中小企业融资难。要结合金融体制改革，配合有关部门建立和完善适应中小企业贷款特点的银行体系，大力发展适应中小企业发展特点的小额贷款公司等新兴的金融机构，引导和鼓励金融机构改进金融服务，增加对中小企业，特别是小型、微型企业的贷款。健全中小企业的信用担保体系，健全和完善多层次的资本市场体系，拓宽融资渠道。

三是进一步促进中小企业转变发展方式。当前中小企业的经济总量已经很大了，不管是从中小企业的总体发展，还是就企业的自身发展而言，都到了由量的发展到质的提升的关键时期，这就必须要加快转变发展方式，促进产业升级。要按照《中央关于制定国民经济和社会发展第十二个五年规划的建议》的有关要求，引导中小企业加快转变经济发展方式，促进结构调整，推动产业集群发展。支将促进中小企业发展作为转变发展方式，促进产业升级的重要抓手。中小企业开展技术改造和技术创新，利用先进实用技术改造提升传统产业，走“专精特新”的发展路子。鼓励更多中小企业进入现代服务业、高新技术和战略性新兴产业领域。引导中小企业注重节能减排降耗。

四是进一步加大财税支持力度。配合协调相关部门进一步增加财政资金的支持力度，逐步扩大国家支持中小企业的专项规模，重点支持中小企业结构创新、节能减排、开拓市场、提高素质、扩大就业，以及对中小企业的公共服务。制订政府采购中小企业的具体办法，进一步落实和完善对中小企业各项税收优惠政策。

五是进一步加大对中小企业自主创新的支持力度。按照国家中长期科技发展规划的要求，抓紧落实促进中小企业政策措施，充分发挥公共财政的引导作用，支持一批公共服务平台，健全技术服务网络，为中小企业技术创新提供服务，要完善知识产权保护，提高中小企业技术创新的积极性，进一步

发挥中小企业在国家战略性新兴产业实施过程中的重要作用。

六是进一步健全全社会的服务体系。按照市场化、专业化、社会化的发展方向，建立健全中小企业服务机构，大力发展为中小企业服务的各类中介机构，要加强服务机构能力建设，引导服务机构转变服务观念、服务理念，鼓励各类服务机构为中小企业提供管理咨询、技术支持，完善服务功能；加强人才培训、国际合作、市场营销等服务。

七是进一步引导企业提升管理水平。要引导具备条件的中小企业适时推进公司制改造，建立现代企业制度，要组织实施中小企业管理提升计划和中小企业信息化推进工程，继续开展管理咨询活动，继续实施好中小企业银河培训工程，提升经营管理者和员工的素质，不断提升中小企业的市场竞争能力。同时，要进一步积极支持中小企业扩大对外合作，搭建合作平台，拓展合作渠道。

2010 年全国中小企业信用担保机构发展与服务概况

2010 年，全国中小企业信用担保机构呈现结构优化、实力增强、信用功能放大和服务能力显著提高的健康发展局面，为促进中小企业特别是地县级以下中小企业克服国际金融危机影响、平稳健康发展发挥了重要作用。

一、发展状况

据统计，截至 2010 年底，全国中小企业信用担保机构共有 4817 家，筹集担保资金达 3915 亿元，当年为 35 万户企业提供贷款担保额 1.58 万亿元，其中，当年新增贷款担保额达 9794 亿元，新增担保企业 22 万户，在保责任余额 9678 亿元，在保企业 21 万户，实现收入 506 亿元，纳税 31 亿元，实现利润 106 亿元，保持了良好的运行状况。

当前中小企业信用担保机构发展主要呈现以下特点：

（一）户数减少，实力增强，结构实现优化

2010 年，各地中小企业管理部门协同相关部门，按照银监会、工业和信息化部等七部委《融资性担保公司管理暂行办法》（七部委 3 号令）有关要求，加强了对融资性担保机构的规范整顿，中小企业信用担保机构数量明显减少，比上年共减少 730 家，减少 13.16%。机构数量减少的同时，资本实力显著增强，2010 年中小企业信用担保机构实收资本达 3915 亿元，比上年增长 18.53%。其中货币出资 3620 亿元，占实收资本的 92.46%。担保机构户均注册资本 8127 万元，平均每户比去年同期增加达 2165 万元。中小企业信用担保机构发展结构得到进一步优化。

（二）信用放大功能和服务能力明显提高

2010 年中小企业信用担保机构共为 35 万户中小企业提供担保贷款额达 1.58 万亿元，担保贷款额比 2009 年增长 46.84%；本年新增担保额 9794 亿元，比 2009 年增长 35.35%，新增担保企业 22 万户，新增担保业务额达实收资本的 2.50 倍，比 2009 年提高 0.31 倍。担保机构信用放大能力进一步增强，服务能力明显提高，对缓解中小企业融资难担保难，促其加快发展发挥了重要作用。

（三）过亿元担保机构增加明显，作用突出

2010 年注册资本 1 亿元及以上担保机构 1770 户，占担保机构总户数的 36.74%，比 2009 年提高 14.92 个百分点；其实收资本额达 2882 亿元，占中小企业信用担保机构实收资本总额的 73.57%，比 2009 年提高 11.48 个百分点。过亿元担保机构当年新增担保企业户数达 13 万户，占新增担保企业总户数的 59%，新增担保业务额达 7453 亿元，占当年新增担保总额的 76.09%，比 2009 年提高 3.14 个百分点。过亿元及以上担保机构的实力和作用进一步增大。

（四）地县级担保机构为主体，以小企业为主要服务对象

2010 年全国地县级中小企业信用担保机构达 4121 家，占总户数的 85.55%。在当年提供近 58.5 万笔担保业务中，单笔 800 万元以下（含 800 万元）的 55.9 万笔，占 95.5%，比 2009 年提高 2.2 个百分点，其中单笔 100 万元以下的 34.9 万笔，占 59.7%，比 2009 年提高 7.5 个百分点。以地县级担保机构为主体的中小企业信用担保机构主要为小企业或小额贷款项目提供担保服务。

（五）风险控制能力较强，社会效益显著

2010 年中小企业信用担保机构共提取各项风险准备金合计 291 亿元，代偿总额 70 亿元；当年开展业务新增代偿额 10.09 亿元，代偿率 0.16%，已提取风险准备金对出现的风险实现完全覆盖，代偿率控制在较低水平。2010 年受保企业新增就业 209 万人；新增销售收入 2004 亿元；新增利税 541 亿元，担保机构服务中小企业的社会及经济效益显著。

二、存在问题

调查反映，各地在推进中小企业信用担保体系建设中也存在一些亟待解决的问题。

一是区域发展不均衡，西部地区担保机构能力较弱，发展依然缓慢。担保机构发展不平衡现象仍很严重，经济发达地区特别是浙江、江苏、广东等东部沿海地区担保机构发展速度较快，机构规模相对较大，服务能力较强；部分中部地区和西南部分地区，如安徽、河南、湖北、重庆、四川等地担保机构发展速加快，服务能力明显提高；但大部分西部（特别是西北）地区的担保机构发展缓慢，机构规模偏小，服务能力较弱。

二是部分担保机构运营不够规范，对担保机构整体信用水平带来负面影响。部分中小企业信用担保机构货币资本占比小，以不能变现的土地、不动产、机器设备作为注册资本，有的非法抽逃资本，影响了担保机构的担保能力。另外，还有一些中小企业信用担保机构仍然热衷于从事拆借、搭桥贷款、搞高风险投资等活动，加大了机构自身的经营风险。有些中小企业信用担保机构高比例收取企业保证金，甚至涉嫌非法吸存、非法集资行为，干扰了中小企业信用担保机构的有序发展，对中小企业信用担保机构发挥信用功能放大作用带来较大的负面影响。

三是担保机构有开展大业务项目的倾向，担保潜在风险增加。2010 年担保机构平均单笔担保业务额为 270 万元，是 2009 平均单笔业务额的 1.39 倍，平均单笔业务额度明显增大。其中，单笔在 800 万元以上的担保总额达 5867 亿元，占担保总额的 37.11%，比 2009 年的占比提高 2.76 个百分点，平均单笔达 2292 万元，是 2009 年的 2.31 倍，平均单笔业务额度较 2009 年成倍增加，担保业务潜在风险亦增加。

四是担保机构与银行业金融机构合作不对等，再担保风险分担机制尚未建立和完善。担保机构普遍反映与银行难以建立地位平等、互利双赢、风险共担的合作关系。银行对担保机构合作门槛过高，制约担保机构发挥其担保能力。大部分地区尚未建立再担保机构，已建立的再担保机构经营机制和业务拓展能力尚待进一步提高，再担保风险分担机制仍需探索和形成。

三、工作思路

（一）加大政策引导和扶持力度，支持西部地区中小企业信用担保机构的发展

继续对符合条件的中小企业信用担保机构给予营业税减免政策；落实好《中小企业信用担保资金管理暂行办法》（财企［2010］72 号），完善财政风险补偿机制，对担保、再担保业务、资本金补充等给予支持；加大财税政策向西部地区倾斜，加强对西部中小企业信用担保机构的支持，加快西部地区中小企业信用担保机构的发展；引导和支持各类担保机构加大为小型企业和微型企业的服务力度。

（二）加强部门间协调配合，为中小企业信用担保机构发展营造良好环境

贯彻落实国发 36 号文件和工业和信息化部《关于加强中小企业信用担保体系建设工作的意见》（工信部企业［2010］225 号），推动地方进一步明确责任，细化配套政策。一是完善抵质押相关登记制度。制定合理中介收费标准，提供程序规范、简化、适时高效的中介服务，登记部门对符合规定要求的均应办理；二是对有资质的担保机构开放征信系统，完善信息查询制度，实现信用共享；三是研究制定深化银担利益共享、风险分担机制，统筹考虑银担合作中的信贷规模、放大倍数、风险分担和代偿追偿等制度设计；四是促进各地中小企业管理部门配合相关部门，依法合规加强监督管理，为中小企业信用担保机构向中小企业特别是小企业提供信用担保服务营造良好的政务环境。

（三）推进省级中小企业信用再担保机构的设立和发展，发挥其对担保机构分担风险提升信用的作用

对制度健全、信用较高、业绩突出的中小企业信用再担保机构已开展业务情况进行总结推广，研究制定扶持和规范再担保机构的相关政策和规章制度，指导地方政府为政策性再担保机构进行注册资本金相应补充和建立风险补偿机制，鼓励再担保机构为担保公司提供再担保服务，引导银行充分运用再担保机制，实现设立再担保公司扩大中小企业融资规模、规范担保机构经营行为、完善中小企业信用担保体系的政策目标，以确保担保机构可持续发展。

（四）加强对中小企业信用担保机构服务状况的运行监测

继续开展对全国中小企业信用担保机构的年度调查，开发与应用担保机构风险控制与业务信息报送管理系统，对中小企业信用担保服务运行情况进行监测，引导和促进中小企业信用担保机构健康、有序发展。

2010 年中小企业公共服务平台建设

中小企业公共服务平台是中小企业创立和发展的重要支撑，推动中小企业公共服务平台建设，是促进中小企业发展的重要工作。近年来，工业和信息化部及各地中小企业主管部门把推进中小企业公共服务平台建设作为促进中小企业又好又快发展的重要抓手，通过加强政策引导，加大资金扶持，典型示范推动，初步形成了一批以政府引导、社会参与、资源共享、市场化运作、面向产业、服务企业的公共服务平台。在解决中小企业共性需求，畅通信息渠道，改善经营管理，提高发展质量，增强市场竞争力，实现创新发展等方面发挥着重要作用。

一、加强政策引导，典型示范推动

2009 年，国务院发布了《国务院关于进一步促进中小企业发展的若干意见》（国发［2009］36 号），提出加快中小企业公共服务基础设施建设。通过引导社会投资、财政资金支持等多种方式，重点支持在轻工、纺织、电子信息等领域建设一批产品研发、检验检测、技术推广等公共服务平台。

2010 年 4 月，我部会同国家发展改革委等 7 部门下发了《关于促进中小企业公共服务平台建设的指导意见》（工信部联企业［2010］175 号），明确了平台建设的指导思想、原则和目标，提出了平台建设的基本条件和发展要求。

2010 年 5 月，我部印发了《国家中小企业公共服务示范平台管理暂行办法》（工信部企业［2010］

240号），并组织开展了首批国家中小企业公共服务示范平台评审工作。经过评审，对99家业绩突出、公信度高、服务面广的服务平台，授予“国家中小企业公共服务示范平台”称号。99家示范平台总资产41.3亿元，服务面积达82万平方米，从业人员6170人，其中87%是具有大专及以上学历和中级及以上技术职称的专业人员，服务内容涉及信息、信用、投融资、创业、培训、咨询、技术、检测等方面，年服务中小企业近百万家。这些平台在满足中小企业服务需求，提升中小企业创新能力和产品质量等方面，发挥了重要作用。同时，带动了一批社会服务机构，为中小企业服务。

二、各地高度重视、全力推动平台建设

各地认真贯彻落实国发36号文件，推动平台建设的力度不断加大。据对27个省（区、市）的调查，有21个省出台了推动平台建设的文件；部分省开展了平台认定工作，认定省级公共服务平台1100多家；有23个省对平台的建设和运营给予了资金支持。如黑龙江省人民政府出台了《黑龙江省中小企业公共服务平台认定和扶持办法》（黑政办发［2010］2号），并安排资金用于支持中小企业公共服务平台建设。山东省编制了“十一五”《中小企业公共服务平台发展规划》和《中小企业公共服务平台认定暂行办法》（鲁中小企办字［2007］23号），并安排1700多万元，扶持了58个中小企业公共技术服务平台建设项目。湖南省安排资金2000多万元，重点围绕工业园区、产业集群、地方特色产业搭建了108个公共服务平台，努力满足中小企业的服务需求。

三、创新思路、构建平台网络

中小企业量大面广，行业分布广泛，发展阶段各异，对服务需求更是大不相同。单个服务平台难以满足中小企业信息、技术、市场、人才、管理等服务需求，越来越多的中小企业希望通过优质、高效、规范的社会化、专业化服务，了解政策法规，把握市场需求变化，提高创新能力、管理水平和经营效率，保持市场竞争力，获得新的发展机会。为此，在总结以往工作的基础上，我部与财政部提出了“十二五”推动平台网络建设的思路，即：以省公共服务平台为枢纽，以省辖重点城市和中小企业集聚区内的公共服务平台为“窗口”，形成互联互通、资源共享的中小企业公共服务平台网络。计划用3～5年的时间，在全国80%的省（自治区、直辖市、计划单列市）基本建成平台网络，为中小企业提供找得着、用得起、有保证的服务，使各省中小企业公共服务平台网络成为本地区中小企业可以依靠、值得信赖的服务品牌。

公共服务平台网络建设更加注重全省公共服务平台建设的顶层设计和总体规划，更加注重全省服务资源的统筹共享，更加注重各公共服务平台的服务协同，更加注重对社会服务的引导和带动。公共服务平台网络建设有利于实现各平台之间的功能互补，减少重复建设，有利于降低服务成本、形成服务品牌。

根据中小企业公共服务平台网络建设思路和目标要求，中小企业服务体系发展专项资金安排5亿元，计划用3年时间，重点支持辽宁、浙江、四川等10个省市建设平台网络。项目建成后，10省市平台网络计划联通“窗口”服务平台327个，共享服务资源2640家，年组织开展服务4万项（次），服务满意率达到90%以上。“十二五”期间，平台网络建设方式将在全国逐步推广。

四、下一步推动平台建设的几项工作

1. 尽快研究制定加快推进中小企业服务体系建设的指导意见，加强和改善对中小企业的服务。

2. 发挥示范平台的引导作用，继续推动公共服务平台建设。做好《国家中小企业公共服务示范平台暂行办法》的修订工作。

3. 启动第二批国家中小企业公共服务示范平台的推荐、申报、评审和认定工作。

4. 研究制定中小企业公共服务平台税收政策，开展相关政策调研，完成《中小企业公共服务平台政策课题研究》。

5. 在10省建立公共服务平台网络的基础上，进一步向其他省市推进，并着手研究建立全国性的共享数据库系统，在更大范围和更高层面整合资源，提高服务水平和效率。

2010年我国中小企业对外合作与市场开拓进展情况

2010年，继续深化了中小企业领域多边双边合作机制，推动签署中小企业合作协议，深入中小企业政策对话机制，探讨在相关领域务实合作。继续通过中国国际中小企业博览会和APEC技术交流暨展览会等中小企业“展览、展示、交易、合作”平台，鼓励中小企业积极开拓国内外市场和加强区域交流合作。

一、我国中小企业对外合作与交流取得积极进展

2010年，积极探索中小企业国际合作新途径和新机制，完善与相关国家和国际组织在中小企业领域的交流合作，推动中小企业对话机制和合作协议新进展，继续执行实施中德中小企业管理人员培训合作项目。

（一）继续组织参加APEC中小企业部长会议，完善与相关国家和国际组织间在中小企业领域交流合作机制

积极参加APEC工作组会议。3月16日参加了APEC工作内部研讨会。6月9日在香港参加第30次APEC中小企业工作组会议。9月29～30日在日本参加第31次APEC中小企业工作组会议。

继续组织参加每年一次的APEC部长会议。朱宏任总工程师10月率团赴日本参加“重振经济增长的双重动力：中小企业和亚太经济”为主题的第17次中小企业部长会议。此次会议主要任务是，围绕“改善中小企业商业环境”、“加强中小企业支持计划”、“促进中小企业创新和进入全球市场”等议题开展讨论。会议听取了2010年APEC高官会（SOM）关于2010年发展的总体评估及针对《APEC增长战略》所做的报告、第31次APEC中小企业工作组主席的报告等。会议通过了部长联合声明，汇集了此次会议的共识和成果，并对2020年前APEC区域的中小企业发展规划进行了展望。联合声明提出“中小企业的持续成长和发展是实现《APEC增长战略》的关键”，中小企业是亚太区域的一大增长引擎。

（二）积极推动中小企业对话机制和合作协议新进展

1. 继续深化中欧中小企业合作机制

工业和信息化部与欧盟工业和企业总司9月17日在广州召开“第2次中欧中小企业政策对话”会议。工业和信息化部党组成员、总工程师朱宏任同志与欧盟工业和企业总司司长德雷克共同主持对话。双方就中国和欧盟中小企业发展情况、发展政策及划型标准等进行了交流，探讨合作方向。工业信息化部企业司、国际司及欧盟工业和企业总司、欧盟驻华使团、中国—欧盟商会相关人员参会。

欧盟中小企业中心启动仪式在北京举行。工业和信息化部党组成员、总工程师朱宏任、中小企业司副司长郑昕，欧盟委员会负责工业和企业事务的副主席安东尼奥·塔亚尼、欧盟驻中国、蒙古国代表团大使赛日·安博、中英贸易协会执行理事布莱恩·欧乐等相关人士出席了11月5日的启动仪式。这也是对2009年5月在布拉格举行的第11届欧盟—中国峰会上工业和信息化部与欧盟企业与工业总司共同签署《中欧中小企业合作共识文件》所提“为建立欧盟中小企业中心提供必要支持”的具体落实。欧盟中小企业中心将致力于加强欧盟与中国的经贸联系，帮助欧洲中小企业解决在华投资和出口中所面临的困难与阻碍。

2. 继续探讨亚欧中小企业合作与交流

亚欧中小企业发展研讨会9月16日在广州举行。工业信息化部中小企业司副司长郑昕主持研讨会。欧盟企业与工业总司司长德瑞克女士等出席会议并发言。研讨会以低碳经济对中小企业的影响为主题，与会嘉宾以本国实践为例，介绍了各成员在发展低碳经济，鼓励中小企业走节能减排、低碳发展道路方面的经验。

3. 中德中小企业政策磋商机制新进展

工业和信息化部副部长苗圩在德国柏林与德国经济和技术部国务秘书布尔格巴赫尔11月8日共同主持召开了“第2次中德中小企业政策磋商”会议，双方回顾了近年来中德在中小企业领域合作与交流情况，介绍了各自国家中小企业发展最新情况、行业结构及特点、为支持中小企业发展和应对国际金融危机所采取的相关政策与措施等。会议就加强两国在中小企业领域的广泛合作达成共识。

4. 中法中小企业合作取得新进展

工业和信息化部中小企业司与法国经济、工业和就业部的工业、服务业和竞争力总署11月11～16日在法国巴黎召开“第一次中法中小企业工作组”会议。双方分别介绍了中小企业发展情况、政府管理体系及促进政策措施，并就希望开展的合作领域进行深入探讨。期间，与法国巴黎工商会、法国贸促会进行座谈，了解法国工商会及贸易促进机构在组织中小企业参展、人员培训、信息咨询、市场开拓等方面的成功做法。

5. 加强中日中小企业合作与交流

工信部中小企业司和日本经济产业省中小企业厅3月23日在北京支持举办了“中日中小企业发展论坛”。论坛由中国国际贸易促进委员会、日本商工会议所主办。论坛是日本商工会议所访华重要活动之一，旨在交流中日中小企业发展情况，促进日本商工会议所与我国中小企业间的经济技术合作。工信部总工程师朱宏任、日本商工会议所会长冈村正和贸促会原会长俞晓松分别致辞，中日两国政府部门、有关机构及中小企业家约400人参加了此次论坛。

6. 增进中越在中小企业领域的交流合作

中国工业信息化部和越南计划投资部12月28日在北京共同主办“中越中小企业经贸交流与合作研讨会”。双方围绕两国中小企业扶持政策、加强中小企业的经贸合作等进行了深入交流与研讨。来自中越两国中小企业政府管理部门、服务机构、研究机构和中小企业的150余位代表参会。2010年是中越建交60周年。中越两国总理于2009年4月宣布将2010年确定为“中越友好年”。本次研讨会作为中越友好年系列活动的重要组成部分，对于进一步推动中越中小企业间的友好交流与合作具有重要意义。

7. 重新签署双边中小企业合作协议

工业和信息化部与瑞典王国企业能源交通部3月共同签署《中小企业合作谅解备忘录》。7月份，在北京组织召开第四次中韩中小企业事务级会议期间，工信部与韩国中小企业厅重签《中韩中小企业合作备忘录》。

（三）继续执行实施中德中小企业管理人员培训合作项目

赴德培训的各项组织实施工作进展顺利。3月份召开项目协调会，拟定工作进度安排，落实项目调研、学员面试、出国培训等事项。4月份陪同德方代表团赴陕西、四川推广项目并调研中小企业。6月份在北京举办了学员面试，选择44名学员于9月赴德国培训。10月份在上海召开学员跟进会和汇报会，德国经济技术部长听取了本项目的成果汇报。

“中德中小企业经营管理者培训合作项目第三次

指导委员会”会议顺利在德国举办。11 月 8～9 日，工业信息化部中小企业司赴德国波茨坦参加“中德中小企业经营管理者培训合作项目第三次指导委员会”会议，指导委员会成员单位的中小企业司、国际合作司、人事教育司和中国中小企业发展促进中心，以及德国经济和技术部、德国国际继续教育与发展协会以及 3 名学员代表参加了会议。王建翔副司长和德国联邦经济技术部文德凌副司长共同主持会议并致辞。会上，中德双方听取学员代表汇报、双方执行单位所做年度报告。项目指导委员会成员分别对项目进行评估和讨论。双方一致认为，中德中小企业经营管理者培训项目自 2007 年开展以来，3 年中完成了 5 批近 100 名学员赴德培训，取得了积极成果，执行单位的组织、推广和促进富有成效。

二、中小企业市场开拓和区域合作取得积极成效

2010 年，支持举办了第七届中博会、第六届 APEC 技展会，搭建中小企业“展示、交流、交易、合作”平台，鼓励和支持各地开展产品交易等海马和区域合作交流。

（一）第七届中国国际中小企业博览会暨中澳中小企业博览会取得圆满成功

各项组织筹备工作进展顺利。3 月 31 日在京召开亚欧中小企业展览馆情况通报会。4 月 14 日召开组委会第一次会议、全国动员会和新闻发布会。8 月 10 日在青海省西宁市召开第二次全国联络员会。9 月 11 日在广州市召开第三次全国联络员会。9 月 15～18 日，在广州召开第七届中博会。期间，朱宏任总工程师会见主宾国澳大利亚代表团，举办中澳中小企业高峰论坛、信息化论坛、各省市项目推介会、军民结合项目推介会等活动。

第七届中博会取得积极成效。本届中博会于 9 月 15～18 日在广州举办。本届中博会突出强调绿色、低碳和可持续发展理念，落实“博中有专”的办展理念，在举办专业展和主题展方面实现突破。主宾国澳大利亚以“绿色、清洁、安全、创新、时尚”为参加本届中博会口号，除食品葡萄酒等行业之外，组织大批清洁能源、绿色建筑、环保技术方面的中小企业前来参展，与我国中小企业寻求合作。共计约 14 万人（21 万人次）进场参观、洽谈、采购，其中境外客商 9137 人；截至 9 月 18 日的统计，共计 12 个省、区、市达成成交意向 130 亿元，其中合同成交 4.28 亿元，其中广西自治区有 26 个项目签约，合同总投资 43 亿元。

期间举办了中小企业高峰论坛、中澳绿色建筑与生态城市论坛、中小企业股权融资论坛暨项目对接会、中小企业信息化推广活动、广东产业转移工业园开放周活动等 50 多场层次高、针对性强的活动。

（二）“第六届 APEC 中小企业技术交流暨展览会”成功举办

各项组织筹备顺利进展。2 月 9 日在京召开全国电视电话会议，3 月 4 日和 5 月 26 日在福州召开第一次和第二次联络员会议，进一步落实宣传、招商招展等工作。5 月 31 日在京召开新闻发布会。4 月份，派出 5 个小组赴 APEC 成员经济体招展招商，落实境内外展位。

第 6 届技展会成功举办。6 月 30 日～7 月 3 日技展会在福州海峡国际展览中心举办。本届 APEC 技展会共设展位 1738 个，展览面积 4 万平方米。其中，境外 15 个 APEC 成员经济体参展企业 306 家，设展位 570 个；境内 35 个省、市、自治区、新疆生产建设兵团及计划单列市参展企业 821 家，设展位 1168 个，来自境内外 10 万人次的专业观众和客商参展。

期间举办了 9 场针对性较强专业论坛、推介会和技术交流活动。“第三届 APEC 中小企业对话世界 500 强财富论坛”和“低碳地产论坛”，围绕企业关心的问题，为企业走出金融危机影响，认识低碳经济，建设环境友好社会提供了借鉴；“日本大阪招商推介会”、“韩国大邱庆北经济自由区投资环境说明会”、“马来西亚投资环境说明会”、“加拿大实用技术推介会”等活动，为 APEC 成员经济体之间提供了招商引资和技术交流合作平台。另外，“技术转让专题会”，主要针对国内企业军转民项目进行推介，旨在促进和加快军转民项目的具体实施。据统计，本届展览会累计共签约 128 个项目，其中合同项目 69 项，协议项目 14 项，意向项目 45 项，总投资 34.82 亿元，现场成交金额 6.73 亿元。累计国内贸易成交额达 26.3 亿元人民币，出口成交额近 1.85 亿美元。

（三）大力支持各地举办展览展示活动和加强区域合作

积极支持相关省市举办相关产品交易和推介活动。工信部作为主办单位，积极支持“东西部中小企业合作项目推介会”4 月 9 日在西安召开。支持“国际中小企业交易会”（“中交会”）5 月 20 日在苏州顺利召开，部党组成员、总工程师朱宏任分别出席 2 个会议开幕式并致辞。

支持中国中小企业协会和大连市人民政府 10 月 30 日在大连共同主办“第四届中国中小企业节”。本届中小企业节以“创新、转型、低碳、成长”为主题，同时举办低碳金融服务创新与中小企业发展论坛、辽宁沿海经济带开发开放项目推介会等活动。部党组成员、总工程师朱宏任同志在开幕式上致辞，介绍中小企业工作取得的进展，提出进一步贯彻落实“国发 36 号文件”，重点做好加强规划指导、鼓励技术创新、引导中小企业结构调整、完善中小企业服务体系、加强和改善对中小企业的金融服务、支持中小企业开拓市场、提高中小企业经营管理水平和支持中小企业集群发展等八个方面的工作。

（工业和信息化部中小企业司）

第四篇 各地中小企业改革与发展

北京市

2010年是北京市继续应对国际金融危机、保持经济平稳较快发展、加快转变经济发展方式的关键一年。在市委、市政府的领导下，北京市以贯彻落实国务院《关于进一步促进中小企业发展的若干意见》文件精神为主线，努力践行科学发展观和“人文北京、科技北京、绿色北京”三大理念，以结构调整、转变经济增长方式为重点，不断解决中小企业发展中的诸多矛盾和问题，进一步营造有利于我市中小企业发展的良好环境。

一、2010年完成的主要工作

（一）加强政策法规引导，积极推进地方立法工作

市经济信息化委研究制定了《北京市贯彻〈国务院关于进一步促进中小企业发展的若干意见〉实施意见》（以下简称《实施意见》），12月底，市政府专题会议原则通过了《实施意见》。着手研究制定了《北京市“十二五”时期中小企业发展促进规划》（草案）、编制了《小企业创业基地建设（五年）方案》和《中小企业公共服务平台建设（五年）方案》、起草了《小企业基地建设认定管理办法》和《中小企业公共服务示范平台管理暂行办法》。

年初，北京市成立了《北京市中小企业促进条例》调研起草工作小组；市政府法制办审核通过了中小企业地方立法立项论证。市人大常委会召开主任会议，审议通过了“关于制定《北京市中小企业促进条例》的立项论证报告”，决定对《北京市中小企业促进条例》予以立项。北京市中小企业地方立法工作正式进入起草阶段。

（二）加强创业投资引导基金监管，提高资金使用效率

不断完善中小企业创业投资引导基金的日常管理等一系列制度，加强对合作创投公司绩效考核、考评、退出等制度建设。完成与第三批4家合作创业机构签订相关协议，4家合作创业投资公司均已召开了第一次股东会、董事会，并完成了首期入资。2010年，引导基金向合作创业投资公司出资金额1.13亿元，合作创业投资公司新增投资项目12个，新增投资金额1亿元，全部是北京企业。截止12月底，合作创业投资机构总计出资额5.23亿元，引导基金总计出资额2亿多元；引导基金合作创业投资公司已对北京地区30家中小企业进行了股权投资，投资额3.1亿元。

（三）争取国家和统筹市级专项资金支持，加快推进企业技术改造和产品创新

2010年，北京市争取国家中小企业发展专项资金支持项目39项，支持金额7740万元；国家工业中小企业技术改造投资项目57项，补助资金8996万元。北京市中小企业发展专项资金支持项目204项，支持金额3亿元。截至12底前，北京市对2009年中小企业技改专项项目进行了检查，针对发现的问题督促企业进行整改。

（四）创新金融产品，不断缓解中小企业融资难题

2010年，北京市积极鼓励发展中小企业集合债券、集合票据、集合信托等多种融资方式，全市中小企业集合产品发行额近18亿元，覆盖13个区县，总计融资惠及中小企业95家。其中：发行中关村高新技术中小企业集合债券一期，融资额3.83亿元；发行中小企业集合票据5支，融资额7.02亿元；针对轻资产、规模小的企业，担保公司不愿担保、银行不给贷款的问题，推出了“北京中小·成长之星”集合信托计划，共发行中小企业集合信托19期，融资额达7.125亿元。

（五）加大工作力度，促进中小企业服务体系建设

在全市建立市区两级协调统一的中小企业服务体系，重点开展投融资、信息、教育培训等中小企业亟需的公共服务。市中小企业发展专项资金支持1598万元，区县自筹资金1250.82万元，建设完善11个区县服务中心、服务平台及市中小企业服务中心、市中小企业融资平台建设。多次举办区县中小企业主管部门、服务中心负责人业务培训工作，不断提升业务能力。

（六）积极开展国内外合作交流，不断加强中小企业运营监测

按照工信部中小司的工作部署，北京市组织近百家优秀中小企业参加中国中小企业国际博览会及APEC技展会。为提升中小企业运营监测水平，北京市初步建立起了中小企业生产经营运行监测体系。截至2010年底，我市共监测企业84户，在全国35个监测网点中名列前茅，每月准时上报监测分析报告，共计12份；组织全市培训会4次，区县企业培训会6次，共计160余人次，发放培训教材160余册，我市中小企业运行监测基础工作得到巩固加强。

二、2011年工作重点

2011年是“十二五”开局之年，是深化改革开放、加快转变经济发展方式的攻坚时期，是推动“人文北京、科技北京、绿色北京”建设的重要一年。中小企业发展既面临重要的战略机遇期，也面临着诸多困难和挑战。

进入2011年，中小企业普遍面临贷款会更加困难，原材料、能源涨价，劳动力供需结构性矛盾突出，人民币升值，国际市场贸易保护主义加剧等问题。由于首都独特的区位特征，从而形成特有的环保、土地、资源、人力等高成本压力，北京市中小企业生存、发展环境更加严峻。

2011年北京市中小企业工作总体要求是：深入学习实践科学发展观，贯彻落实《国务院关于进一步促进中小企业发展的若干意见》和《北京市贯彻〈国务院关于进一步促进中小企业发展的若干意见〉

实施意见》精神（以下简称《实施意见》），优化中小企业发展环境，加快调整中小企业产业结构，引导中小企业进入战略性新兴产业和现代服务业，大力推进中小企业服务体系建设，提高中小企业综合竞争能力和经营管理水平，为中小企业、非公经济又好又快发展提供坚实保证。

（一）进一步优化发展环境，完善政策措施

发挥我市促进中小企业发展工作领导协调机制的作用，加强对中小企业工作的组织领导、统筹规划和政策协调。做好的《实施意见》的宣传与解读，充分利用各种媒体，宣传和介绍《实施意见》主要内容，扩大文件的政策影响力。加强部门间的协调，按照《实施意见》22项任务分工，分层次、分重点推动配套措施的出台，确保政策落实到位。

推进中小企业地方立法，争取尽快颁布实施《北京市中小企业促进条例》。努力使地方立法的过程，成为听取广大中小企业诉求，解决中小企业发展困难，完善对中小企业政策扶持，全方位推动中小企业健康发展的过程。

编制发布《北京市“十二五”时期中小企业发展促进规划》。加强分类指导，引导中小企业从事符合首都城市功能定位和资源禀赋条件的战略性新兴产业、生产性服务业、现代制造业、文化创意产业、都市型农业、新兴业态等产业发展。

（二）建立健全服务网络，推进服务体系建设

不断加大政策支持的力度，构建以市、区县中小企业服务中心为骨干，行业协会和中介机构为支撑，社会中介组织广泛参与，市区两级协同、区域和行业全覆盖的中小企业服务体系。重点抓好中小企业服务中心能力建设，加大资源集成力度，建立协同服务机制，突出公益性质，提高为中小企业服务的有效性和针对性。鼓励行业协会、商会等社会组织参与中小企业服务体系建设，为中小企业提供行业信息发布、咨询指导、宣传培训、政策建议、权益保障等服务。

研究制定《中小企业公共服务平台管理暂行办法》，加强政策支持，带动社会服务资源，建设一批公共服务平台；认定一批市级中小企业公共服务示范平台，在此基础上向工信部推荐“国家中小企业公共服务示范平台”。

研究制定《小企业创业基地认定管理暂行办法》，建设一批小企业创业基地，不断完善小企业创业服务体系，优化创业环境，降低创业成本，提升小企业的创业能力。

（三）增强投融资支持，推动金融服务创新

加强政、企、银合作，建立“方式多样、覆盖广泛、专业高效”的投融资服务体系。整合现有的资源，重点抓好北京市中小企业投融资服务平台的建设，建立健全区县中小企业投融资服务平台，形成“1+16”的投融资服务平台网络，实现市、区县的全覆盖。加强对融资服务平台的指导、协调，实现互联互通、资源共享，以此为基础，研究建立“网上融资服务大厅”。搭建投融资“快车道”，推出创新服务品种，不断创新服务形式等，为中小企业提供专业化的融资服务。积极推进中小企业集合债券、集合票据、集合信托等方式融资，稳步扩大发行规模。

拓宽中小企业直接融资渠道，鼓励有条件的区县设立创业投资引导基金。加强创业投资引导基金监管，不断提高使用效率。在保证引导基金规范运作的前提下，尽快设立新的、规模较大的专业化基金，使政府资金更多、更快地引导社会资金加快对我市战略新兴产业的支持。加强创新研究，总结引导基金实施过程中的经验和问题，研究探索引导基金运作方式，解决不同类型中小企业股权投资需求。加强对合作创业投资公司的服务，建立、充实创业投资项目备选库，与引导基金合作创业投资公司进行对接。

（四）提升创新发展能力，促进转变发展方式

加强中小企业技术改造和技术创新，支持中小企业“专精特新”发展。进一步用好中央支持的专项资金。加强我市中小企业发展的专项资金的统筹协调，细化财政支持相关政策，创新支持方式，提高资金使用效益。推动中小企业向现代服务业、先进制造业、新兴产业领域和新型业态发展。研究建立中小企业财政资金使用绩效评价机制，不断加大项目建设和资金使用情况的监督检查工作。加大淘汰落后产能力度，依法淘汰中小企业中的落后技术、工艺、产品和设备。

推动产学研合作，促进科研成果产业化。继续推进北京市技术转移中心、北京市企业技术中心建设。要开拓技术供给与需求市场两河市场，成为桥梁和纽带，有效地连接供需双方；加强创新信息平台建设，丰富内容为更多的企业、高校、科研机构和政府机构服务；积极举办参加各类活动，在高校和科研单位与企业对接方面多做有益的尝试，探索北京高新技术与企业需求紧密结合的新模式，加速科技成果的转移与转化；实行绩效考评，建立激励机制。

（五）促进交流合作，引导中小企业提高经营管理水平

继续坚持“走出去”方针，研究建立中小企业政策交流和国际合作平台，组织好参加中博会等重要活动，促进中小企业国内外合作交流。

加强培训，落实中小企业银河培训工程，今年，市级完成2000人成长型中小企业经营管理者培训，提高中小企业人员素质和水平，引导中小企业加强基础管理，强化营销和风险管理，完善法人治理结构，推进管理创新，提高经营管理水平。

（六）发挥产业链条作用，抓好传统产业改造提升

抓好大项目建设，带动中小企业发展。结合北京实际，做好战略性新兴产业规划、布局，发挥大项目，大企业的龙头作用，充分利用产业链条，支持中小企业与大企业协作配套；鼓励大企业、大集团与中小企业建立原材料、生产、销售、技术开发等方面的协作关系，发挥双方优势，提高产业和行业的协作和竞争能力，支持和引导中小企业向经济效益好、技术含量高、环境友好的高端产业链延伸；鼓励大企业为中小企业提供设计、技术、人才、服

务等多方面的支持。

鼓励中小企业并购重组，改造提升传统产业，引导中小企业进入战略性新兴产业和现代服务业，加快调整优化中小企业产业结构。一是在存量上下功夫，改造提升传统产业，把推动中小企业技术改造与提升传统产业层次相结合、与推动企业自主创新相结合、与推动两化融合相结合、与推动节能减排相结合；二是在增量上下功夫，引导中小企业进入战略性新兴产业和生产性服务业。支持一批中小企业做大做强，提高中小企业的竞争能力。

（北京市经济和信息化委员会　中小企业处）

天津市

一、2010 年天津市中小企业发展情况

2010 年是天津市中小企业工作开拓创新、锐意进取、成果丰硕的一年。在市委、市政府的正确领导下，市中小企业发展促进局深入贯彻落实科学发展观，按照市委、市政府一系列重大决策部署，紧密围绕全市中心工作，以园区为载体，以项目为支撑，以创新为动力，以服务为保障，扎实推进各项工作，中小企业、民营经济和区县经济保持了平稳较快的发展态势，为全市经济社会实现又好又快发展做出了积极贡献。

一是中小企业规模增加实力增强。到 2010 年底，全市中小企业发展到 16.6 万家，比“十五”末翻了一番，其中规模以上企业 1.7 万家，科技型中小企业 1.25 万家。2010 年全市规模以上中小企业实现营业收入 2.1 万亿，占全市规模总量的 65.5%，“十一五”期间年均增长超 15%。

二是民营经济发展迅速不断壮大。到 2010 年底，全市非国有企业达 15.3 万户，其中民营企业 14.3 万户，比“十五”末增 5.7 万户，年均增长 10.8%；注册资本金 6691 亿元，年均增长 32.3%。全市个体工商户达 22.8 万户，比“十五”末增加 5.1 万户，注册资本金 111 亿元，年均增长 13.2%。

三是区县经济快速增长贡献突出。到 2010 年底，区县规模以上工业企业 4900 多家，比“十五”末增加近 2000 家；工业增加值同比增长 22.44%；完成工业总产值 5314.79 亿元，为“十五”末的 3.08 倍，比上年净增 1139.3 亿元，对全市规模工业贡献率达 25.61%，拉动全市规模工业增长 8.12 个百分点。

这些成绩的取得，是市委、市政府科学决策、正确领导的结果，是全市中小企业系统团结一心、开拓创新的结果，是全局上下党员干部顽强拼搏、不懈奋斗的结果。总结 2010 年工作，主要有三个方面的经验：一是坚定不移地解放思想、创新发展。坚持“三个善于”，积极学习先进地区中小企业、民营经济的发展模式和有效经验，推动全市中小企业工作站在高起点，抢占制高点，达到高水平。二是坚定不移地抓好重点工作。按照“统筹兼顾，重点突出”的工作方法，狠抓各项重点工作，增强我市中小企业发展的全面性、协调性和可持续性。三是坚定不移地打造优质团队。深入开展“创先争优”活动，全面推进干部队伍的建设，营造团结稳定、风正气顺心齐、想干会干干好的环境氛围，形成了干事创业的强大合力。

在肯定成绩的同时，我市中小企业工作与市委市政府的要求、群众的愿望和先进地区相比，还存在许多问题和较大差距，主要表现在：一是中小企业和民营经济活力不强、实力不足，总量偏少，规模偏小，自主创新能力和经营管理水平总体偏低，产业结构性矛盾比较突出。二是中小企业服务体系建设滞后，服务机构亟待健全，服务手段相对单一。三是中小企业工作机构需要进一步充实，工作队伍需要进一步提升，创新意识需要进一步增强，工作思路需要进一步完善。

二、2010 年主要工作

（一）加快示范工业园区建设，不断打造中小企业发展载体

加快示范工业园区是天津市委、市政府加快中小企业发展、做大做强区县经济实力的重大决策。2009 年，在应对国际金融危机中，市委、市政府抢抓机遇，及时审议批准了 31 个区县示范工业园区。2010 年，我们积极落实市政府《关于整合提升发展区县示范工业园区的若干意见》，制定了园区验收标准，通过每月召开推动会的方式不断加强督导，高水平推进了 31 个示范工业园区基础设施建设，到 2010 年底，125 平方公里的起步区基础设施基本完成，累计完成基础设施投入 199 亿元，其中当年完成投入 145 亿元，提前超额完成全年 140 亿元的工作目标；平均每平方公里基础设施投入 1.68 亿元，有 3 个园区超过 2 亿元；累计完成“七通一平”面积 113 平方公里，占起步区总面积的 91%；新建道路 868.7 万平方米，全部铺设沥青或混凝土路面，全部完成规划环评，大部分园区完成道路两侧绿化，绿化面积达 732 万平方米，打造了良好的招商载体。在 2010 年底组织的验收中，有 29 个园区实现达标，其中 11 个园区被评为优秀园区，15 个园区被评为良好园区。

（二）加大招商引资力度，不断引进一批高水平大项目好项目

按照边建设、边招商的工作思路，把招商引资作为园区工作的重中之重，加大“走出去、请进来”力度，采取多种形式，精心策划开展海内外各类招商引资活动，一大批大项目、好项目落户园区。继 2009 年深圳“珠三角”推介会之后，又分别于 2010 年 3 月和 11 月，举行了台湾和“长三角”招商引资活动，共签订建大轮胎、台湾农业生物科技园、贵航产业园、雨润食品工业园（二期）等项目 50 个，计划总投资达 680 亿元。到年底，31 个园区累计签约 920 个项目，计划投资额 3000 亿元，年内签约 418 个项目，计划投资额 1735 亿元，提前完成全年 1600 亿元的招商引资

任务。全部签约项目平均投资额达3.26亿元，其中投资额超10亿元的有60个，超50亿元的有10个。投资100亿元的天津云快线、中国北车等项目均已开工建设。

（三）加快推进区县重大项目建设，不断增强区县经济实力

高水平大项目好项目是调整优化经济结构的重大举措，是做大做强区县经济的产业支撑，我们一直把区县重大项目建设继续摆在十分突出的位置，按照投产达标一批、开工建设一批、储备报批一批的要求，不断加大区县重大项目建设推动力度。从2008年2月的第一批到2010年2月的第五批，累计推出了600个区县重大项目。到2010年底已有320个项目竣工投产，其中本年有130个竣工投产；累计完成投资2070亿元，其中本年完成投资860亿元，超额完成市政府考核目标。下半年组织筛选了第六批区县重大项目100个，计划投资额618亿元，安排在2011年初推出，区县重大项目将累计达700个。重大项目建设有力地支撑了区县固定资产投资的快速增长，对区县经济快速发展起到了重要拉动作用。全年区县工业固定资产投资完成1200亿元，同比增长39.5%，占全市工业实际投资额的40%。“十一五”期间，区县工业累计完成投资相当于整个“十五”时期的6.15倍，年均增长43.8%，每年平均拉动区县工业经济增长20.6个百分点。2010年已投产的区县重大工业项目新增产值800亿元，对区县工业增长的贡献率达到60%。

（四）加快科技型中小企业发展，不断提升中小企业科技创新水平

为深入贯彻落实科学发展观，加快转变经济发展方式，调整优化经济结构，建设创新型城市，推动我市科技型中小企业实现突破性发展，天津市委市政府出台了《关于加快科技型中小企业发展的若干意见》，制定了科技型小巨人成长计划，把加快科技型中小企业发展作为一项重大战略举措，今后五年科技型中小企业增加到3万家，形成“铺天盖地”的发展态势；扶持一批掌握核心技术、成长性好的科技型中小企业做大做强，培养“顶天立地”的科技“小巨人”1500家。根据《关于加快科技型中小企业发展的若干意见》安排，我局主要负责现有中小企业转型升级工作。到年底，我们研究制定了工作方案和指导意见，组织召开示范工业园区搭建科技创新服务平台工作推动及培训会，开展园区科技公共服务平台建设第一批试点工作，3个园区的科技公共服务平台列入市科技项目计划，共获得市财政扶持资金700万元。同时，我们继续开展科技创新服务工作，充分发挥市财政专项资金引导作用，并积极争取国家资金，支持鼓励我市中小企业加快技术改造和科技创新，提高科技含量和技术水平。2010年，共安排4936.8万元郊区工业技术改造贴息资金，支持76个中小企业技术改造、技术创新项目。76个项目中，属于新兴产业和我市八大优势产业的项目占60%以上，填补我市空白和拥有自主知识产权的专利项目占比重达到21%。项目投产后可新增销售收入107亿元、利税13亿元、出口7.2亿元、吸纳就业6708人。筛选具有科技含量高、成长性强、附加值高、市场拉动性好的项目，申报国家中小企业技术改造项目，有40个项目列入“2010年新增中央投资工业中小企业技术改造专项项目投资计划”，获得国家资金9000万元。

（五）搭建服务平台，不断完善中小企业服务体系建设

一是搭建信息服务平台，启动了“967899”中小企业服务热线。二是搭建金融服务平台，加大对中小企业信用担保机构的财税支持力度。有5家担保机构获得国家专项资金870万元，15家担保机构获得我市专项资金支持300万元，并有5家机构获得免征营业税资格，全年中小企业担保金额达100亿元；采用签订战略合作协议、召开银企对接会等多种形式，多渠道争取内外资银行的支持。三是搭建信用服务平台，完成了168户中小企业和13户中小企业担保机构信用评级工作。四是搭建科技创新服务平台，会同市科委编制了《天津市科技小巨人成长计划》，支持27个产业技术提升项目争取国家中小企业发展专项资金2920万元；制定了《2011～2015年中小企业公共服务平台工作方案》，支持4家平台项目获得国家中小企业服务体系专项资金支持410万元。五是搭建人力资源培训服务平台，累计培训中小企业经营管理人员2.6万人次，非农产业职业技能培训2.3万人，专业技术人员194人，并先后两次组织中小企业家赴日本学习精细化管理。六是搭建创业服务平台，制定了《天津市小企业创业基地建设工作方案》，有7个小企业创业基地共获得国家资金1110万元。七是搭建中小企业市场拓展服务平台，组织100多家中小企业参加了第六届APEC中小企业技术交流展览会、第七届中国国际中小企业博览会和“陆资入岛政策说明会”。八是搭建法律服务平台，利用网上平台、服务热线和培训咨询等方式，为近3000家中小企业提供了法律支持服务。

（六）加强规划和政策制定，不断完善中小企业政策体系

一是组织编制了《天津市中小企业发展“十二五”规划》，作为指导我市中小企业在未来五年发展的纲领性文件，分析了我市中小企业面临的机遇和挑战，明确了我市中小企业在“十二五”期间的指导思想、主要原则、工作目标和发展重点，提出了中小企业发展的“赶超、转型、集聚、提升”的“八字方针”和科技创新、载体建设、企业培育、技术改造、管理提升、绿色产业的“六大举措”。二是认真贯彻落实国务院《关于进一步促进中小企业发展的若干意见》和《关于鼓励和引导民间投资健康发展的若干意见》，结合我市实际，研究制定了《关于进一步促进我市中小企业发展的若干意见》，从拓宽投资发展领域和范围，加大金融、财税、技术进步、开拓市场支持力度，以及努力改进对中小企业的服务等6个方面提出了27条政策措施，并于2011年4月20日经市政府常务会议审议通过。

（七）创新体制机制，不断强化中小企业工作机构

一是在2009年组建中小企业发展促进局的基础

上，根据中小企业、民营经济工作的实际情况，我局进行了体制机制创新，形成了5个处室、3个中心的组织结构，充分调动了全局人员的工作积极性。二是在2010年我市区县政府机构改革中，各区县都成立了中小企业局或加挂中小企业局牌子，配备充实了相应人员。三是成立了中小企业协会，搭建了政府与企业沟通的桥梁，为服务中小企业创造了更加有利的条件。

（天津市中小企业发展促进局）

河北省

2010年，河北全省各级各部门坚持以科学发展观为指导，紧紧围绕省委、省政府“调结构、促转变、求突破”的总体要求和战略部署，积极贯彻落实促进民营经济发展的“一会一文件”精神，加速推进科技进步，加快促进结构转变，大力鼓励全民创业，努力营造良好的发展氛围，全省民营经济呈现出稳定、较快、向上的发展态势。

一、民营经济基本情况

2010年是民营经济发展形势极其复杂的一年，也是河北全省民营经济发展环境建设力度最大的一年，全省各级部门紧紧围绕“调结构、促转变、求突破”的总体要求和战略部署，扩大内需，调优结构，转变发展方式，成为发展的主旋律。省委、省政府颁布的进一步鼓励和支持民营发展“一会一文件”制度，召开的“加快民营及经济发展动员大会”，在政策措施上实现了重大突破，极大地鼓舞了士气，振奋了精神，迅速掀起民营经济大发展的新热潮，对推动民营经济的健康、快速发展将产生积极而深远影响。

2010年，全省民营经济单位数达216万余个，民营经济累计完成增加值11976.9亿元，同比增长16%；实现营业收入45869.7亿元，同比增长30.5%；上缴税金1389.7亿元，同比增长20.6%。对全省经济和社会发展的贡献更加突出。

二、民营经济运行主要特点

（一）规模工业企业实力增强，拉动作用显著

近几年，全省一批民营企业实现快速扩张，新型产业和新生力量迅猛崛起，2010年全年新投产（预算投资50万元以上）项目21339个，推动了民营规模工业企业实力实现大幅提高。2010年，全省民营规模以上（500万元）工业企业12167家，比上年增加了1276家，从业人员234.6万人，增加了19.7万人，完成增加值5237亿元，同比增长33.5%，占全部民营经济的43.7%，占全省国民生产总值的25.9%；上缴税金500.6亿元，同比增长19.6%，占全部民营经济的36%，占全部财政收入的20.6%。其中营业收入2000万元以上规模工业企业855余家，完成增加值4908.9亿元。

民营规模工业企业在促进经济增长、繁荣县域经济方面发挥了重要的主力军作用。河北敬业集团完成增加值8072余万元，占平山县乡镇企业总量的69%；上缴税金53521万元，占全县财政收入的1/3；邢台市邢台县德龙公司和中煤旭阳公司两家企业完成营业收入189余亿元，占全县民营经济的二分之一，上交税金4.04亿元，占县民营经济的49%。衡水市春风实业集团、京华制管有限公司、华林板业有限公司、金音乐器有限公司等21家企业的生产规模效益居国内同行业前列，拉动了本区域经济快速增长。2010年，廊坊市新奥集团、邢台市德龙钢铁、唐山市瑞丰钢铁和贝氏体钢铁、邯郸市文安钢铁等5家民营企业入选中华全国工商业联合会评选的“中国民营企业500强”，规模工业企业的快速增长，对全省民营经济的健康发展起到了有力的支撑和拉动作用。

（二）工业生产稳定发展，效益明显提高

2010年，全省民营经济工业全面实现了较快稳定增长，完成增加值6911余亿元，营业收入25340余亿元，实现利润总额2000余亿元，税金771余亿元，同比分别增长23.3%、20.7%、27.6%和20.5%。主要影响因素：一是2009年以来国家和我省推动民营经济摆脱金融危机的各项政策和措施发挥了积极作用；二是公路、铁路和水利等基础工程项目增多带动了民营企业相关产业的快速发展；三是水泥、钢铁、玻璃、粮食加工等行业民营企业置换落后产能的积极效果逐步显现；四是一些重点主导行业的产品价格快速走强，工业企业效益实现较快回升。唐山市46种工业主导产品中，产量同比增长的有36种。其中铁精粉增长57%，焦炭增长48.8%，生铁增长36.6%。邢台市136种工业产品中，有102种实现了增长，其中单晶硅、太阳能电池增速一倍多，铁矿石同比增长50%，平板玻璃同比增长51.2%。秦皇岛市乡镇企业工业实现销售收入、利润总额同比增长35.1%、36.6%。张家口市5个县的62家冶金矿山企业扭转了停产半停产状态，承德市采掘业全面恢复，实现增加值增长近三成。邯郸武安市粗钢产品产量同比增长三成。民营工业企业产能的较快恢复和稳定增长，巩固了全省民营经济回升向好的发展势头。

（三）固定资产投资强劲，持续快速增长

2010年全省民营经济积极淘汰落后产能，加快升级传统产业，加大结构调整，发展新型行业，固定资产投入保持高位增长，呈现大项目多、高科技含量项目多、结构调整项目多、技改投入比例大的特点。全省11个设区市中，民营经济投资总量较多是邯郸市，完成固定资产投入占全省民营经济固定资产投入总量的17.8%；投资增长较快的张家口、保定、沧州、衡水和邯郸5个市固定资产投资增幅在30%以上，其中张家口市增幅达64.3%。2010年全省民营经济新开工项目24936个，施工项目数

29130个，其中亿元以上项目总数达1376个，11各设区市中唐山、邯郸和衡水市居前三位，分别为213、197和194个；廊坊市固安县仅6个项目总投资就达365亿元；主要行业中装备制造业投资增速最快，平均增速超50%。

全省民营企业资金投向以工业项目为主，呈现多元化，向服装纺织、冶金、化工、机械制造、信息产业、装备升级、农业产业化、清洁能源等国家政策鼓励、支持的领域不断拓展，优势产业、地方特色和传统产业升级成为重点。沧州市40%的投资重点用于结构调整和传统行业改造提高。保定市谋划并开工了一批大项目：徐水县新开工投资3.7亿元的中恒泰达粮油购销深加工项目、投资4.5亿元的中国石油集团可探震源产品项目、投资3.12亿元的晨阳水性涂料项目等；白沟·白洋淀温泉城新建箱包工业项目22个，总投资91.27亿元；高新区新开工亿元以上项目10个；涿州新开工市级以上重点项目4个，总投资12.48亿元；涞源县项目5个，总投资18.65亿元。邢台市内邱县今年15个工业项目完成投资12.2亿元，年可新增工业产值36.3亿元，利税6亿元；任县全年实施工业项目30个，完成投资17.9亿元。持续增长的固定资产投入为全省民营经济发展蓄积了后劲，成为推动民营经济实现转变发展方式，调整产业结构，提升产品质量，持续快速发展的重要支撑。

（四）外贸出口普遍恢复，增幅稳中有升

2010年全省民营经济出口保持了稳定的恢复性增长，整体发展已基本达到金融危机前水平。全年民营经济完成出口产品交货值1150亿元，同比增长14%；其中年出口产品交货值500万元以上民营企业实现出口产品交货值637亿元，同比增长40%，成为全省出口贸易中的重要组成部分。全省11个设区市中秦皇岛、唐山、廊坊、保定、沧州和邢台5个市出口同比增幅超过20%，其中唐山、廊坊和邢台3市同比增幅超过40%，而2009年有7个市是负增长；主要出口产品类中，畜产和机械类同比增幅超过30%。保定市以纺织品出口为主的高阳县，出口产品交货值同比增长超过40%；以箱包出口为主的白沟·白洋淀温泉城，出口产品交货值同比增长60%以上；以出口新能源及能源设备产品为主的高新技术开发区，出口创汇同比增长80%。石家庄市钢材、纺织服装、装备制造、石膏板出口大体增长40%，其中华莹玻璃出口增长50%。外向型民营企业出口形势的大幅好转推动了民营经济快速持续的发展。

三、部分主导行业发展情况

1. 钢铁行业

2010年全省民营企业钢铁行业在波动中回暖，钢铁企业在钢渣综合处理、水资源综合利用、煤气回收、高炉富氧燃煤、炉外精炼、高压水除磷等先进工艺得到广泛应用，行业总体呈现恢复性增长。2010年4月到5月中旬，钢材市场再度萎缩，14～25mm普中板现款价格较4月份下降约370元，其他产品价格均有不同程度的下跌。河北钢铁集团6月份线材每吨价格下调约550元，螺纹钢下调约400元，中厚板下调约200元，再次影响了乡镇企业钢铁行业。三季度，铁矿石协议价格上涨23%，全省民营企业钢铁企业铁矿石以现货矿为主，远高于季度协议价，企业生产成本进一步拉升。全省7～9月份主要钢铁产品价格呈震荡态势，10月份基本恢复正常，主要钢铁产品价格呈上升趋势。邯郸市民营企业钢铁企业实现营业收入约1130亿元，上缴税金37多亿元，同比增长21.1%、35.2%。唐山市2009年民营企业钢铁行业完成增加值下降12.1%，2010年同比增长4.1%。河北敬业集团完成增加值同比增长41.2%，上缴税金同比增长29.2%。武安市钢铁产业经过整合重组成为全省规模最大的产业集群。

2. 装备制造业

2010年全省民营装备制造业增长较快，呈现高增长和高盈利。民营规模以上装备制造企业数量达到1391家，增加186家，完成营业收入1067.4亿元，增长27.6%，上缴税金62.7亿元，增长126.8%。电气机械及器材制造业和交通运输设备制造业，两大类产品的快速增长为我省装备制造业的快速增长起到了有力的拉动作用。保定市装备制造行业增长近80%；利润总额增长1.2倍；上缴税金同比增长近100%。石家庄市装备制造业利润总额同比增长47%，冀凯集团的矿井设备6项国际发明专利，达到世界一流水平，出口多个国家；唐山市装备制造业增长43.1%。张家口市钻机增长34.2%，采矿设备增长54.2%；液压机械制造业增长49.1%。

装备制造业龙头企业长城汽车公司在多个国家建起了SKD组装厂，在"中国汽车50年自主创新成果大典"中，长城整车和发动机产品荣获6项创新大奖，4款车型首获欧盟整车认证，开启了中国汽车进军欧盟市场的先河，综合产能已达到40万辆，同比增长94.5%。邯郸永年标准件居全国同行业县级总量第一位。秦皇岛市铝合金轮毂生产基地已发展成为中国水平最高、规模最大的高档汽车轮毂生产基地、冶金阀门占国内50%市场份额，建成世界一流的百万千瓦级核岛主设备生产基地。振兴装备制造业，既是应对金融危机的有力举措，也是我国工业化中期的经济发展阶段所决定的必然选择，将成为全省继钢铁产业之后新的支柱产业。

3. 纺织服装业

2010年全省民营服装纺织行业整体恢复速度较快，发展形势良好。纺织行业形势好于服装行业，棉纱等基础原料价格上涨、带动了纺织品价格的上扬，纺织行业高额回报，又促使了棉花、化纤的价格的持续上涨，皮棉价格增长32%，涤纶价格增长25.8%。全省乡镇企业纺织业利税增长30%以上，无论是棉纺还是混纺企业，2010年经济效益是历史最好时期，带来了较大的利润空间，一般企业利润增速40%以上，高的达到60%。服装行业主要是恢复性增长，全年利税增幅也超过了15%。

全省纺织服装业主要是保定市容城服装业、高阳纺织业，邯郸棉纺企业、石家庄市区的服装加工、晋州纱锭化纤纺织业，邢台市清河县羊绒业，已成为南方服装原材料采购地和品牌加工地。石家庄晋州市纺织有300万纱锭，占全省的37%；无极县制革企业产值、利润同比均增长1倍多。邢台市清河县羊绒业从羊绒主市场转变为羊绒纱主市场，并正在向羊绒衫主市场地位冲击。2010年我省涌现出一批省著名商标和省名牌产品，纺织服装出口50多个国家和地区。在服装业的带动下，纺织、印染、拉链、制线、钮扣、包装、装潢等服装配套行业得到迅猛发展，产业链条进一步延伸。

4. *农产品加工业*

2010年全省民营规模以上农产品加工企业3172家，增加195家，从业人员60.1万人，增长1.3万人，增加值和实交税金分别达到910.1亿元和81.4亿元，同比增长22 %和48%。农产品加工业在吸纳劳动力就业，推动县域经济和城镇化建设进程中发挥着积极的作用。

2010年农产品加工业发展的主要特点：一是食品行业发展缓慢，主要是面临原材料涨价、市场竞争日趋激烈、工资性增长带来的企业管理费用增加等困难，影响了企业效益增长和发展。邢台市食品工业利润降低42%，今麦郎利润同比降低了990元/吨；张家口万全、康保等县的小杂粮加工企业满负荷生产，全年营业收入同比仍下降了15%。二是在粮食淀粉企业转型发展，由于价格上扬，而淀粉价格不涨，致使纯生产淀粉企业亏损，原淀粉企业转入深加工，并获取较好的效益。邯郸市全年面粉每吨升高180元左右，大名县面粉产业，在五得利集团、邯雪面粉中国名牌、中国驰名商标等龙头企业带动下，完成营业收入372.4亿元，增长15.7 %；石家庄市赵县因淀粉行业的好转工业用电量增长超过50%。三是新型农产品加工业前景较好，邯郸市晨光色素，全年出口3.25亿美元，增长9.1%，总量占世界总产量的25%；石家庄晋州市纤维素钠医药级国内第一，食品级居第三位，占国内市场的50%；无极广威农牧有限公司年收入2.5亿元，建成全省从土地到餐桌最完整的农业化产业链。

农产品加工是惠民行业，但对财政的贡献较低，一些地方对农产品加工重视不够，而且粮食加工企业，受到区域粮食消耗指标的限制，影响了行业的更好发展。农产品加工业需充分发挥资源优势，进一步开展特色农产品精深加工，增强企业技术创新能力和产品竞争力，培育更多的产业龙头企业，创建名牌新产品，延长产业产品链条，提高产品附加值，才能全面提升产品国内外市场竞争力。

四、存在的问题和困难

（一）中小企业投入不足，资金短缺依然严重

中小企业投资增长幅度相对于城镇固定资产投资及国有企业投资来讲，增长幅度仍然偏低，中小企业规模工业投资增幅低于全省规模工业增幅近3个百分点。中小企业投资虽然增幅不低，融资渠道也逐渐增多，但企业自筹仍占主体，自筹占72.6%，金融机构仅占11.8%。企业资金不足仍是制约企业发展的主要制约因素。2010年因国家金融机构不断上调存贷款利率，多次调高准备金基点，金融政策的日益趋紧，信贷规模严控，融资愈加困难，加之中小企业自身实力弱，还贷风险高，可抵押担保资产不足等问题的制约，流动资金紧张，致使中小贷款难问题更加突出。

（二）人力成本上升过快，招工难度普遍加大

我省由于过去工资标准过低，劳动力资源相对紧缺，造成了劳动密集型产业人力成本上升、用工荒等问题。在产业集中地区，同工种工资水平上升达一倍多。衡水市宝力橡胶、昭远钢构等许多企业都出现了招工难的问题，尤其是高级技工人员。廊坊市人造板行业缺工近1.5万人。纺织服装是劳动密集型产业，受用工短缺、劳动力成本增加影响很大，基本全年都在招工。石家庄晋州市纺织工工资达3000元/月，招工依然不足；辛集市皮装业在淡季时，工人放假，仍需每月支付800元工资，以防人员流失。

“用工荒”现象的出现，实质也是结构性矛盾，主要是产品附加值低，劳动力成本占比偏高，导致市场竞争力下降。解决民工荒一方面要提高待遇，改善劳动条件；另一方面要通过调整产品结构，提高附加值和核心竞争力。

（三）过度依赖资源消耗，结构矛盾日益突出

我省民营企业产业结构过度依赖产品量的扩张和规模扩大、过度依赖低成本的生产要素，企业产品同质化严重，节能减排调控致使停产的企业主要是中小企业。我省是钢铁大省，资源依赖程度大，承德市规模以上民营工业中61.4%是采矿业，产业结构单一的矛盾日益突出。土地指标受到严格控制，未纳入省以上重点项目的，几乎没有指标，致使企业进一步发展失去基本条件；虽然更多的行业放宽市场准入，但因土地的刚性控制，在我省平原地区创业更难。

（四）出口环境依然严峻，国际市场开拓困难

在国际需求大幅下降的大背景下，我省民营企业出口遇到了较大的困难：一是出口产品缺乏竞争力，出口渠道单一，交易方式落后，结构和管理的不适应显现；二是出口退税的政策不稳定和有限性，国际贸易壁垒，制约了企业出口；三是在国家刺激消费，拉动内需的政策下，外贸企业由外向内赚得较多的利润，出口的积极性减退；四是东南亚国家货币不同程度贬值使人民币升值，降低了我国产品的竞价力，而且劳动力成本低很多，外贸出口压力进一步加大。

五、推进民营经济发展的主要措施

2011年是实施第十二个五年发展规划的开局之年，也是推动全省民营经济发展的重要一年。全省各级各部门紧紧围绕省委、省政府“稳增长、调结构、控物价、惠民生”的总体要求和战略部署，以科学发展为主题，以转变发展方式为主线，以扩大

规模、优化结构、提档升级为重点，进一步优化发展环境、加大扶持力度、提升服务质量，促进全省民营经济实现健康、稳定、快速地发展。

（一）切实抓好政策落实

2011年是落实好各项发展政策的重要一年，上年我省先后制定颁发了《河北省人民政府关于进一步促进中小企业发展的实施意见》（冀政［2010］37号），《关于进一步加快民营经济发展的意见》（冀政［2011］36号）等重要文件，并在工作摆位、扶持措施、激励机制等方面提出18条突破性意见。主要措施是：建立与省直部门的横向联席会议制度，健全与各市县民营办的纵向联系协调机制，通过定期召开领导小组会议，会同有关部门对损害乡镇企业、民营经济发展的重大问题进行调查处理。以“一会一文件”为重点，充分利用电视、广播、报刊、网络等媒体，采取开辟专栏、系列报道、专题广告等形式，把省委、省政府的决策部署、“一会一文件”精神特别是“民营经济18条”的政策措施落实到各级各部门，传达到全社会，营造加快推进中小企业大发展的浓厚舆论氛围；组织完成对设区市、县（市）政府民营经济发展情况和百强民营企业、优秀民营企业家、创业功臣组织开展考核、评选活动，并召开民营经济总结表彰大会对先进给予公开表彰。

（二）大力推动全民创业

充分发挥省鼓励创业工作领导小组办公室作用，指导协调省直有关部门和各地开展多种形式的创业活动；加强创业辅导基地建设，完成年内新增中小企业创业辅导基地50个，总数达到340个。组织开展5次重点区域创业辅导基地发展规划论证，制定出台《河北省中小企业创业辅导基地评价办法》，对创业辅导基地进行阶段评价和等级评定，提高基地整体水平；加强中小企业服务体系建设，制定出台《关于加快中小企业服务体系建设实施意见》，年内开展订单式服务活动40场，形成服务品牌和窗口。

（三）积极拓宽融资渠道

按照“做强省级、做大市级、做实县级”的工作思路，加快融资性担保体系建设步伐，年内担保资本金达到110亿元，担保机构达到300家，市级区域性核心担保机构资本金全部达到亿元以上，争取3～4家达到3亿以上。组织完成融资性担保机构的复查、整顿和审核工作，开展融资性担保机构内控制度、风险控制等专项制度建设，进一步提高融资性担保机构规范化运作水平。开展多种形式的对接合作活动，与省内银行签署支持中小企业合作协议，组织指导市县开展银企保互动交流、洽谈合作，年内解决中小企业贷款1000亿元以上。

（四）着力推进结构调整

采取贴息方式支持重点民营企业加大技术改造力度，新上一批技改项目，促进在建项目投产达效；建立完善项目库，实施动态管理，年内组织技术成果转让对接活动。引导民营企业淘汰落后技术、工艺和装备，开展绿色生产；支持减排技术装备和环保产品在民营企业中的推广应用。鼓励企业开展技术研发、增加科技投入，瞄准行业内领先的企业和标准开展产业集群内部企业对标行动，推动企业实现管理创新、技术创新、制度创新，加大区域品牌培育力度，做好第二批省级区域品牌认定工作。大力发展新兴产业，鼓励引导“一圈、一带、一区”内的民营企业积极承接产业转移，加快发展节能环保、新一代信息技术、生物、高端装备制造、新能源、新材料和新能源汽车等新型战略产业和现代服务业。

（五）积极搞好协调服务

研究制定民营经济组织人才培训基地认定管理办法，在年内认定20个培训基地的基础上，抓好培训基地的标准化、规范化建设。制定《河北省加快民营经济组织人才队伍建设的意见》，按照“百千万”培训目标，指导各地开展全员短期培训、专业技术人员培训。坚持综合培训与专业培训、乡镇企业与行政人员培训相结合的原则，以提高企业家素质为重点，举办2期卓越管理高级研修班、4期青年CEO培训班和6期名家讲坛，直接培训企业高管人员和行政人员4000名。年内全省培训各级各类人员1万名。

（六）继续强化统计监测

进一步完善民营经济统计体系，优化和健全统计监测网络，加强民营经济、乡镇企业统计直报和中小企业监测工作的管理；定期与省相关部门沟通衔接，搞好与有关省市民营经济情况综合对比分析；积极组织统计人员参加国家、省和设区市的业务培训，提高统计人员的综合素质，保证统计工作质量；强化市、县级民营经济统计部门的统计手段，继续做好统计专用设备的配发工作；加强专题调研、综合分析，客观反映和科学预测民营经济的发展现状与趋势，增强统计信息的科学性、权威性和前瞻性，为各级政府部门指导民营经济发展服好务。

（河北省中小企业局人事人才处）

山西省

一、2010年中小企业、民营经济发展情况

2010年，在省委、省政府的正确领导下，山西省中小企业系统以科学发展观为指导，认真贯彻落实中央和全省有关会议精神和重大决策部署，特别是7·29全省领导干部大会和11·19全省民营经济转型跨越发展大会精神，全力推进中小企业、民营经济转型跨越发展，克服困难，扎实工作，使全省中小企业和民营经济尽快走出了金融危机的阴影，走上了企稳回升、发展向好的路子，保持了平稳较快发展的良好势头。

2010年，全省中小企业8万户，同比增长5.1%；完成增加值3582.8亿元，同比增长21.7%，占全省地区生产总值9088.1亿元的39.42%；完成营业收入11757亿元，同比增长21.3%；上缴税金659亿元，同比增长19.2%，占全省财政收入1810.7亿元的36.39%；从业人员289万人，同比增

长4.4%。总体上看，中小企业发展呈现出以下七个特点：

一是社会贡献越来越大。以中小企业为主的民营经济成为经济体制改革中最为活跃的积极因素，成为全省改革开放的排头兵，民营经济的持续健康发展为全省经济社会发展做出了积极贡献。目前，全省农村经济总产值的2/3，全省国内生产总值、出口总额、工业增加值净增量和城乡居民收入的1/2，财政收入的1/3，都来自民营经济。

二是社会稳定和谐发展作用越来越强。以中小企业为主的民营经济在吸纳劳动就业、履行社会责任、维护社会稳定、促进社会和谐中发挥着重要作用，现实意义巨大。目前，全省全社会就业的40%以上，农村剩余劳动力的60%以上和城镇新增就业岗位的80%以上、城乡居民收入的一半都是由民营企业提供的。中小企业在自身快速发展的同时，还积极支持社会公益事业的发展，积极参与社会主义新农村建设，据有关部门测算，近年来全省中小企业投入光彩事业项目资金、为社会公益事业捐款捐物等资金超过200亿元。

三是产业结构日趋优化。经过几年的结构调整，全省中小企业产业结构快速向新型化、规模化、可持续化、多元化推进，整体结构趋向合理。传统优势产业得到全面提升：煤、焦、铁等传统优势产业企业数量减少，但产业素质得到全面提升，开始从资源粗加工向资源深加工转变，形成了一批煤－焦－化、煤－焦－铁－钢－材、煤－焦－气－电、煤－铁－铸造等循环经济产业链。新兴产业快速发展：初步形成乳制品、食用醋、小杂粮、粮油、饮料、果蔬、畜禽、枣系列产品等八大农副产品加工企业集群；初步形成生物制药、精细化工、磁性材料、新型建材、信息科技五大高新技术企业群体；初步形成餐饮服务、商贸流通、交通运输、文化娱乐、信息服务和旅游等六大第三产业发展重点；初步形成玻璃器皿、玛钢铸件、纺机制造、精密铸造、法兰盘、碳素、耐火材料、活性碳等一批具有县域特色的块状经济和产业集群。

四是经济总量、上交税金与五年前相比实现翻番。2005年全省以中小企业为主的民营经济完成增加值2100亿元，上交税金252亿元；2010年全省以中小企业为主的民营经济完成增加值4338.6亿元，上交税金693亿元。经济总量和上交税金都实现了翻番。

五是大企业、大集团数量、规模扩增。“小作坊”、小企业滚动发展、跨越发展，不断成长壮大。2005年全省销售收入亿元以上的民营企业359家，其中10亿元以上的企业18家；纳税千万元以上企业228家，其中超过亿元的企业14家。2010年全省营业收入亿元以上的民营企业达到589家，10亿元以上民营企业达到62家，20亿元以上民营企业达到21家，50亿元以上民营企业达到5家；纳税在亿元以上的民营企业达到54家。

六是企业素质有了明显提升。企业管理逐步由“家族式”管理向股份制、现代企业管理转变，产业行业逐步由传统产业向高新技术、现代服务等新兴产业转变，企业产品逐步由卖资源、粗加工、低附加值向产业链延伸、精细加工、高附加值转变，企业的人才队伍、科技研发、技术装备由弱到强、从无到有，由落后到先进转变。涌现出了一大批具有科技含量和高技术装备水平的现代企业集团，如生铁行业，由原来的生产铁球、一般铸造发展到现在的精密铸造、再到成品重卡汽车生产、整车出口。一批为大企业协作配套的产业正在形成，晋城、临汾、晋中、太原、忻州等地的机械加工制造业和铸造业，优势越来越明显。2010年，全省民营企业中，科技型企业达到1500多家，全省中小企业技术研发中心达到500多个，全省规模以上企业与科研院所实行产学研合作比例达到10%以上。

七是工业园区建设发展迅速。全省注重发挥产业特色优势，坚持高起点规划、高水平引进、高标准建设的原则，各类工业园区、技术园区建设步伐加快，中小企业由分散走向集中，板块经济、集聚效应逐步凸显，企业布局日趋优化。目前，各类工业小区、科技园区、东西合作示范区、中小企业创业园区和民营经济开发区达到130多个。入园企业数量比“十五”末增加了近三分之一，完成的营业收入占到全省民营经济总量的五分之一。部分市县入园企业营业收入已占到本地区民营经济总量的二分之一以上，上交的税金已占到本地区财政收入的近三分之二。

山西中小企业在企稳向好的同时，也存在许多制约进一步发展的困难和问题：一是投资乏力，全省民间投资占同期全社会固定资产投资比例还比较低，与全国平均水平相差10个百分点左右；二是份额不大，全省民营经济增加值占GDP的比重与周边省份比还比较低；三是规模较小，全国民企500强中山西只占五席；四是结构趋重，中小企业以煤、焦、铁等能源、原材料工业为主的传统企业仍占有相当大的比重，多数市、县经济发展，依然以能源原材料为主，高度依赖能源、资源；五是管理滞后，民营经济实行家族式管理还较为普遍，远远不能适应现代市场经济体制的生存要求；六是资本外流，全省民企在外省投资与外省民企在山西投资相比，处于民资“净流出”状态。另外，中小企业的政策法规落实难，融资难、担保难，技术创新能力弱等问题也在一定程度上制约着中小企业、民营经济的健康快速发展。

二、2010年主要工作

（一）积极创优发展环境

一是进一步创优政策发展环境。认真贯彻落实《国务院关于进一步促进中小企业发展的若干意见》（国发［2009］36号），牵头代省政府起草了山西省《关于贯彻落实国务院〈关于进一步促进中小企业发展的若干意见〉的实施意见》；参与起草了《关于进一步加快发展县域经济的若干意见》；制定下发了《山西省中小企业缴费登记手册》，建立了中小企业缴费登记制度，有力保护了中小企业合法权益。二是努力营造加快发展氛围。召开了全系统工作总结表彰大会，对全省服务中小企业的先进单位，优秀中小企业及企业家进行了通报表彰；召开了全省民营经济转型跨越发展大会，对100家优秀民营企业进行了表彰，在全省上下引起很大反响。三是提出创优发展环境的合理化建议。组织了全省中小企业发展情况大调研活动；起草上报了《关于全省中小企业发展情况的调研报告》（原省委张宝顺书记作出重要批示：中小企业的发展关系到全省的就业、产业结构调整，调查所提出的问题，尤其是融资、土地等问题应在总体安排中占有相应比例，政府职能部门加强改进，对中小企业的服务也要引起足够重视。）组织人员赴陕西就县域工业园区建设等内容学习考察；组织人员赴浙江、上海、江苏、福建等省市就民营经济“十二五”发展规划进行专题考察调研；参与省委、省政府“进一步发挥民间投资在经济社会发展中的作用”等多个重要课题的考察调研。向省政府提出了进一步创优发展环境上的多项合理化建议。四是大力营造良好的社会舆论环境。充分利用电视、广播、报刊、网络、信息等媒体，对优秀民营企业及企业家进行了广泛不间断的宣传，组织开展了民营经济转型发展成果展览及民营经济宣传月活动，使民营经济发展的社会舆论环境得到了进一步改善。

（二）加强经济运行监测

在调查摸底的基础上，分不同地区、不同行业、不同类型确定了300户重点监测企业，初步建立了重点企业生产经营运行监测平台。重点企业主要经济指标等经济信息数据直报国家工信部中小企业司和市局、省局。通过信息数据直报，进一步加强了中小企业经济运行监测和预警分析，较好地把握了中小企业经济运行发展的态势，了解并掌握了中小企业在发展中遇到的问题和困难，有的放矢地强化了对企业的指导和服务。同时，也为各级政府决策提供了参考和依据。全省监测企业无论是数量、还是质量都走在了全国前列，得到了国家工信部的充分肯定。

（三）推进产业转型发展

一是强化支持引导。引导支持煤、焦、铁等传统产业向新兴产业领域转产转型发展；引导支持钢铁、制造、建材等重点行业加快兼并重组步伐，进行技术改造升级；引导支持中小企业体制机制转型，进行规范的股份制改造。二是提供项目支持。积极组织项目合作与对接，对转型发展好的企业，给予优先扶持、重点支持。2010年选择长治市进行重点帮扶指导，组织新兴产业领域的80余个项目进行对接，12家企业与中科院国家技术转移中心等项目单位签订了合作协议，为全省中小企业的转型发展起到了示范带头作用。三是推进科技创新。引导支持企业与科研院所联合，走产学研相结合创新发展的路子。2010年，仅长治市就有30多家中小企业与全国各地科研院所建立了合作关系，在嫁接、引进先进技术方面取得积极成果。全省科技型中小企业达到1500多家；全省中小企业技术研发中心达到500多个，技术研发人员达7000多人。

（四）积极争取资金扶持

2010年，积极争取国家资金、协调落实省本级资金，累计扶持各类企业项目、公共服务平台项目317个，下达扶持资金2.709亿元。其中扶持各类企业项目254个，下达扶持资金2.284亿元，带动社会投资达65.49亿元，有力支持了中小企业发展。另外，向国家推荐了中小企业公共服务示范平台项目6个，被认定的示范平台也将获得国家重点扶持。

（五）支持园区、基地建设

从政策、资金、服务三方面实施重点倾斜，着力优化空间布局，鼓励企业入园发展。以项目建设带动园区发展，对入园发展的重点产业、重点项目给予资金扶持。充分发挥中小企业服务体系的作用，在资金、技术、人才、信息等方面提供服务，靠前帮扶。编制完成了山西小企业创业基地规划建设方案，支持市、县加快完善中小企业创业基地建设。2010年重点帮扶了晋城市“十百千万”创业工程、运城市“5161”骨干中小企业推进工程、长治市中小企业创业辅导中心、朔州市、汾阳市创业基地建设。对长治县创业示范园、朔州市、汾阳市创业基地、清徐醋产业发展园区进行了重点资金扶持。

（六）大力实施成长工程

进一步加大对小企业的孵化、成长性企业的扶持和骨干企业的培育，千方百计地抓项目建设，抓创业就业。2010年，累计扶持成长性中小企业254个，下达扶持资金2.284亿元，带动社会投资达到65.49亿元。2010年，新培育1.1万户小企业，新增从业人员32.2万人；全省营业收入亿元以上的民营企业达到589家，十亿元以上民营企业达到62家，二十亿元以上民营企业达到21家，五十亿元以上民营企业达到5家；纳税在亿元以上的民营企业达到54家。

（七）强化服务支持力度

一方面，围绕难点搞服务，努力缓解中小企业融资困难。一是建立企业客户推介机制。积极与金融部门合作，搭建银企沟通、合作平台，2次召开政、银、企、保参加的全省中小企业融资工作座谈会。建立目标企业库，与有关银行建立了企业客户推介机制（省委袁纯清书记作出重要批示：省中小企业局与有关银行建立企业客户推介机制，这个办法好，应加大推进力度，解决中小企业融资难题），深入市县开展银企对接，选定运城市化工、医药等十个产业集群和运城市空港、盐湖两个开发区作为批量开发的目标客户。与工商银行、兴业银行、民生银行、浦发银行、晋商银行等签订了战略合作框架协议，积极筛选优质企业向银行推荐。2010年中小企业贷款余额2878亿元，比年初增加647亿元，增幅28.98%；占全省贷款总量29.87%，占全省企业贷款总量的44.84%；较全省贷款总量平均增幅高出6.88个百分点，较全省企业贷款平均增幅高出4.95个百分点。全省银行业对中小企业信贷投放的增量和增幅均创历史新高。二是加强信用担保体系建设。积极争取国家支持，为省内10家重点担保公司注入风险补偿金1510万元，为5家担保公司上报免征营业税手续，提升了担保机构的担保能力和抗风险能力；协助部分市县成立了小额贷款公司，目前有1/3的县（市）已投入运营。三是积极探索开展新型融资方式。太原市侨友石化等11家企业进入第一期中小企业集合票据发行候选范围；忻州同德化工、晋城富基新材料股份公司在天交所上市；太原乾达瑞农机公司等5家企业在滨海国际股权交易所挂牌；运城颐源阳光集团在国家区域性（河南）中小企业产权交易市场挂牌上市。山西省基金发展集团与英国洛克利中国基金合资成立山西中盈洛克利创业投资有限公司，积极寻找投资项目。

另一方面，围绕发展搞服务，加快中小企业服务体系建设。中国中小企业信息网山西分网扩容增量，中小企业信息化公共服务平台建成开通，走在全国上游，搭建了山西省第一家“远程网络培训平台——中小企业直通车网络商务学院”。组建了山西省非公有制企业工会工作委员会，积极为非公企业培育组建企业工会组织，推动了非公企业和谐劳动关系的发展。开展中小企业负担监督专项治理工作，对首批2000多家企业发放了《缴费监督手册》和《中小企业权益保护手册》。在省中小企业法律维权服务网络开通专家工作室，开展“法律服务三晋行”活动。设立法律维权“绿色通道”，为1500余家企业提供了法律咨询及援助服务。组织建设了“山西中小企业技术创新服务专家数据库”，累计为创业者提供创业咨询服务1500余人次。举办了第一届全省中小企业职业技能大赛。组织开展山西省2009年度最具社会责任中小企业评价排序活动，63家企业入选。组织开展了“银河培训”工程，培训企业中高层管理人员1500余人。组织开展了乡镇企业高级专业（职业）技术培训，培训人数累计达到500人。省、市、县三级累计开展“蓝色证书”培训1万多人，累计组织中小企业“金桥行动”、开展企业诊断和管理咨询服务近百场次，为近千家企业提供了管理培训及企划设计。同时，与省知识产权局联合，实施了中小企业知识产权战略推进工程。还组织企业参加了中国（苏州）国际中小企业交易会、第六届APEC（福州）技展会和第七届（广州）中博会等大型展会，共签订项目103个，引资43.97亿元。全省民营经济转型跨越发展大会期间，组织了深圳、太原民营经济转型跨越发展招商引资项目签约活动，46个项目成功签约，引资119.2亿元。

（山西省中小企业局　原晋军）

内蒙古自治区

“十一五”期间，是内蒙古自治区中小企业与非公有制经济发展历程中最快最好的时期。全区深入贯彻落实党中央、国务院和自治区党委、政府关于促进中小企业及非公有制经济发展的各项方针政策，形成了党委政府重视支持，相关部门密切配合，社会各界齐心合力，大力促进中小企业及非公有制经济快速、健康、持续发展的新局面，为推动工业化和城镇化进程，促进区域经济发展和社会和谐做出了重要贡献。

一、改善发展环境 促进中小企业加快发展

（一）完善政策法规体系

为深入贯彻落实《中小企业促进法》，自治区党委、政府充分发挥政策的推动和引导作用，围绕促进中小企业及非公有制经济发展，“十一五”期间先后出台了27个文件，在财税支持、创业指导、创新推动、市场拓展、服务引导、权益维护、金融扶持等方面，对中小企业给予政策扶持。各地区相应出台了促进中小企业发展的配套措施。为积极应对国际金融危机，2009年7月14日，自治区人民政府出台了《关于进一步促进中小企业发展的意见》（内政发［2009］66号），7月15日又召开全区中小企业工作会议，研究部署推进我区中小企业发展工作。2010年，自治区成立了促进中小企业发展工作领导小组，并在政府机构改革中专设了中小企业局，各盟市也组建了相应工作机构，进一步加强了对中小企业的组织、协调、支持和服务。这些政策措施为中小企业发展注入了强大的动力，中小企业发展的市场环境、政策环境、法治环境和社会环境得到不断改善。全社会关注、关心、支持中小企业发展的良好氛围正在逐步形成。

（二）引导企业集聚发展

从2007年开始，在全区启动了“一个产业带动百户中小企业”和“一个园区带动百户中小企业”的“双百工程”，鼓励和引导中小企业围绕优势特色产业搞延伸、围绕重点项目搞协作、围绕大型基地搞配套，积极承接产业转移，带动中小企业集约化、集群化、园区化发展。全区建成各级各类工业开发区（工业园区）119个，创造了60%以上的工业总量。

（三）加大财政支持力度

自治区政府先后设立了中小企业发展专项资金、中小企业技术进步贴息资金、科技型中小企业技术创新基金和中小企业信用担保资金，不断加大对成长型中小企业支持力度。从2004年以来，国家下达中小企业发展专项资金13715万元、扶持164个项目；2005年至今国家累计下达中小企业服务体系专项补助资金及小企业创业基地和中小企业公共服务平台建设项目资金1961.9万元、扶持项目23个；2009年、2010年国家下达18000万元工业中小企业技术改造专项资金、扶持224个项目。自治区财政累计安排中小企业发展专项资金9800万元、扶持160个项目，累计安排中小企业技术进步贴息资金36617万元、扶持568个项目，自治区中小企业技术创新基金的投入也由过去的200万元提高到500万元。部分盟市也相应安排了配套资金。专项资金发挥了“四两拨千斤”的作用，引导了中小企业科学发展，加速了产业集聚，加快了中小企业向“专、精、深、新”方向的发展速度，同时拉动了金融机构对中小企业的贷款。

（四）优化融资环境

一是支持国有商业银行组建中小企业信贷专门

机构，简化信贷审批流程，完善考核评价体系。2010年末，全区中小企业贷款余额达到2564亿元，同比增长37.4%，高于全国中小企业贷款余额增速15个百分点。其中，小企业贷款余额1148亿元，占全部企业贷款余额的49%，占全部贷款余额的32.4%。二是面向中小企业加快发展地方性中小金融机构和小额贷款公司。呼和浩特商业银行改组为内蒙古银行，在各盟市设立分支机构。包头商业银行针对微小信贷项目创新了产品。部分商业银行在重点旗县发起设立村镇银行。目前，农村合作金融机构已成为旗县中小企业贷款的主要提供者。作为全国建立小额贷款公司的试点省区之一，我区小额贷款公司开业422家，注册资本312.5亿元，覆盖全区95%的旗县区，在全国各省市区中小额贷款公司数量最多、规模最大。2010年全年累计发放贷款511亿元，12月末贷款余额348亿元，成为支持中小企业和个体私营经济的重要力量。三是积极引导和帮助符合条件的企业上市，促进企业直接融资。奈伦集团获得国家批准成功发行5亿元企业债券，由呼市金创投资公司、太西煤集团以及深圳平安资本三家股东出资创建规模为3亿元的股权基金，全部投资于我区重点培育的拟上市中小企业。四是加强中小企业信用体系建设。出台了《内蒙古中小企业信用体系建设指导意见》，成立了内蒙古中小企业信用与融资促进会，调动了信用评级机构、担保机构和金融机构三方合作的积极性，降低了企业融资成本。自治区对融资性担保机构进行规范整顿后，190家融资担保机构取得了经营许可证，担保机构注册资金总规模163亿元，累计为中小企业融资担保467亿元，在保余额234.6亿元，累计受保企业19113户。积极建立中小企业客户推荐机制和优质中小企业项目库，及时向金融部门推荐优质中小企业客户。自治区经信委与中国建设银行内蒙古分行签订中小企业金融服务合作协议，并会同建设银行内蒙古分行、交通银行内蒙古分行深入旗县、园区开展了中小企业银企对接活动。2010年全区中小企业贷款高速增长。

（五）依法减轻税费负担

2009年，在国家取消100项行政事业性收费的基础上，自治区又取消和清理了108项行政事业性收费。实施了小型微利企业减按20%税率征收企业所得税，小规模纳税人减按3%征收率征收增值税等税收优惠政策。减、免、缓征部分中小企业所得税、营业税和行政事业收费，促进中小企业轻装上阵加快发展。各盟市也相继出台税费政策，对涉及交通、教育、房管、公安、民政、国土等部门的收费项目进行了全面清理，取消多项地方性收费，为中小企业发展切实减轻了负担。各地进一步优化中小企业创业和发展环境，降低工商准入门槛，简化项目审批备案手续，对土地出让实施倾斜政策，开辟创业“绿色通道”，实行了“一条龙”服务和“一站式”办理。

（六）完善社会化服务体系

自治区对加快中小企业公共服务平台提出明确扶持措施，2010年全区已认定自治区级公共服务示范平台32个，国家级公共服务示范平台1个。成立了内蒙古自治区中小企业公共服务中心，组建了内蒙古自治区中小企业协会等50多家社会化服务机构和服务平台，为中小企业提供融资担保、产权交易、政策咨询、创业辅导、经营管理、技能培训、法律维权等服务。强化了信息化服务，自治区初步建立了中小企业信息统计监测体系，开通了与盟市互动的中小企业网，成立了中小工业企业信息化推进联盟。广泛组织中小企业开展对外交流与合作，组团参加中国中小企业博览会、APEC中小企业博览会、广交会、民交会和西洽会等，帮助中小企业积极开拓市场。

（七）培育创业环境

自治区出台了《关于鼓励全民创业促进以创业带动就业的意见》，《关于进一步促进中小企业发展的意见》，提出了提高培训补贴标准等14条扶持创业政策，制定完善了强化创业服务、解决创业场地等5项服务措施，明确了政府和部门的责任，建立了财政投入机制和创业评价考核体系。设立了创业投资政府引导基金，加大了创业投资力度，对初创中小企业在税费、市场准入、审批手续、土地使用等方面给予优惠政策。劳动保障、税务、工商等部门分别从实际出发，积极采取有效措施，为各类中小企业创业提供服务和支持，创造宽松的准入环境。加快推进创业基地建设，2003年以来，全区改造和建设小企业创业基地已达70多个，累计孵化企业2000余家。中小企业已成为吸纳职工就业、增加城乡居民收入的重要渠道。

二、中小企业发展情况

近年来，在国家和自治区一系列政策扶持下，我区中小企业快速发展，综合实力和发展后劲明显增强，创造了全区70%左右的GDP、50%以上的税收，提供了80%以上的就业岗位，已成为推动经济发展、调整经济结构、扩大社会就业、实现富民强区、构建和谐社会的重要力量。中小企业发展呈现出数量多、经济贡献大、吸纳就业广、发展趋向集群化、三产企业数量增长快的特点。

以中小工业企业为例：

发展势头强劲。2010年，全区工商注册的中小企业及个体工商户共计89.2万户，比2005年增加32.4万户。其中，规模以上中小工业企业由2005年的2447户发展到2010年的4631户。

贡献不断加大。2010年，全区规模以上中小工业企业对工业贡献率达到76.3%；“十一五”期间带动新增就业46.7万人。

创新能力增强。全区98家企业被认定为国家级高新技术企业，有中国驰名商标29件，比2005年增加16个，中国名牌产品11个；自治区著名商标330个，比2005年增加252个，自治区名牌产品225个；企业技术中心75个，比2005年增加39个，其中国家级企业技术中心9个，比2005年增加4个。其中，中小企业占80%以上，驰名商标数量和比例均走在西部十二省区前列。

截至2010年底，全区中小企业和个体工商户共计89.23万户，其中，中小企业达到14.91万户，比上年末增加3669个，占全部企业总数的98.5%。按产业划分：一产中小企业达到6203户，比上年末增加255户；二产中小企业达到30592户，比上年末增加480户；三产中小企业达到112295户，比上年末增加2934户。全区工业企业达到23986户，比上年末增加95户，工业企业占二产企业总数的78.4%，占中小企业总数的16.1%。其中规模以上中小工业企业4536户，占工业企业比重达16.9%，规模以下工业企业118107户，占工业企业比重达83.1%。

“十一五”期间，我区中小企业进入了加速发展的快车道，取得了显著成效。但总体上，我区中小企业发展仍处于初级阶段，与发达地区存在着比较大的差距。当前，制约我区中小企业发展的主要问题：一是各级各部门对中小企业的战略地位缺乏足够的认识，没有把扶持中小企业发展真正作为一项战略任务来抓。全社会扶持中小企业的氛围尚未形成，中小企业发展环境有待于进一步优化。二是中央和自治区扶持中小企业的政策没有得到充分落实，特别是金融部门扶持中小企业发展政策启动相对缓慢。三是中小企业服务体系不健全，中小企业难以得到稳定的、权威的、及时有效的社会化、专业化服务，已成为制约我区中小企业发展的主要问题之一。特别是政府主导的自治区、盟市、旗县三级中小企业公共服务中心没有建立，与其他先进省市形成明显差距。各类社会化专业服务组织服务中小企业能力较弱。服务体系“小、散、弱”的特征明显。四是中小企业融资难的问题更加突出。五是中小企业整体素质不高，技术创新、管理创新以及市场开拓能力较弱，转变发展方式，优化产业、产品结构显得尤为重要。六是自治区各类中小企业专项资金额未能实现逐年递增，特别是国家2003年就设立中小企业服务发展专项资金（2010年前为中小企业服务体系专项补助资金），全国27个省市在扶持中小企业专项资金中安排了支持服务体系建设的内容，江苏省每年从财政拿出2.2亿元用于支持服务体系建设，而我区至今未设立中小企业服务体系发展专项资金。七是虽然在政府机构改革中专设了中小企业工作机构，并明确了主要职责，负责组织推动全区中小企业及非公经济的管理工作。但目前相关部门职能交叉现象严重，难以整合全社会资源形成合力扶持服务中小企业发展。

三、今后工作努力方向及目标

就业是民生之本，中小企业是吸纳就业的主力军，促进中小企业又好又快发展是加快推进富民强区战略的首要举措。中小企业是构建我区多元发展、多极支撑产业体系的主体，是吸纳农村牧区剩余劳动力的主渠道，也是形成多极发展的城镇化格局产业支撑主体，对于协调推进工业化、城镇化和农牧业现代化具有重要作用。“十二五”期间是我区加快推进富民强区进程、全面建设小康社会的关键时期，又是加快转变经济发展方式，开拓科学发展新局面的重要转型时期，促进中小企业又好又快发展具有重要的战略地位。全区中小企业工作将继续以科学发展观为指导，以实施中小企业成长工程、培育中小企业产业集群、促进中小企业发展方式转变为主线，以完善扶持中小企业发展政策体系、促进政策落实、优化发展环境为抓手，以健全中小企业服务体系、扩大服务覆盖面、提升服务水平为切入点，切实加强与相关部门的协调配合及对社会服务组织的引导，组织全社会力量扶持服务中小企业发展，为促进全区经济发展、扩大社会就业、实现富民强区目标做出积极贡献。争取到2020年，全区中小企业占全部企业比重有所下降，对经济贡献率进一步提高，城乡居民收入比重明显提高，实现就业率稳定在80%以上，中小企业发展环境进一步优化，中小企业服务体系更加完善，中小企业技术创新能力显著提升。

（一）实施“三大示范工程”，引导中小企业科学发展

一是实施工业中小企业成长工程。为促进产业结构优化升级，推动非资源型产业、中小企业、富民工程一体化发展，加快构建多元发展、多极支撑的现代产业体系，自治区党委、政府决定在实施好“双百亿工程”（培育和建设一批营业收入超百亿元开发区和营业收入超百亿元地方优势骨干企业），继续抓好重大项目、大型企业发展的同时，从今年开始力争用3年时间，围绕全区重点培育的60个产业集群，扶持千户成长型中小企业做强做大。经过3年的扶持发展，使千户成长型中小企业整体规模、发展水平、吸纳就业能力进一步提升，产品、产业结构进一步优化，带动和示范作用更加明显，成为全区中小企业及产业集群发展的中坚力量。力争到2013年，千户成长型中小企业资产规模、营业收入均实现翻番，分别达到2200亿元、2890亿元，累计带动新增就业12万人。

二是实施“以创业带就业”工程。配合就业部门进一步强化政策扶持、创业培训、创业服务“三位一体”工作机制，鼓励大学毕业生、复转军人、城镇下岗失业人员及农民工创办微型企业，实现以创业带动就业。争取每年扶持发展2万户微型企业实现新增就业10万人以上。“十二五”期间，累计发展10万户微型企业，带动就业50万人以上。

三是实施生产性服务业领域中小企业发展工程。从今年开始每年重点支持100户中小企业在现代物流、融资担保、技术信息服务等现代生产性服务业领域发展，培育新的增长点。“十二五”期间，累计扶持发展生产性服务业示范中小企业500户。

（二）全面落实中小企业政策，切实优化中小企业发展环境

为进一步优化我区中小企业发展环境，促进中小企业又好又快发展，使之成为我区“十二五”时期实现经济发展、社会和谐的重要支撑点，自治区党委、政府决定将2011年确定为全区促进中小企业政策落实年。通过开展一系列活动，切实加大中小企业政策的宣传落实力度，让中小企业了解、享受政策，让政府各部门明确支持中小企业的责任，整合政府和全社会中小企业管理、服务资源，形成各方面支持中小企业发展的合力。积极探索，进一步构建自治区、盟市、旗县纵向三级联动与横向多部门协作联动相结合的长效落实机制，使中小企业发展的舆论环境、政策环境、融资环境和服务环境得到进一步优化。同时，继续加大资金扶持力度，已设立的中小企业发展专项资金、中小企业技术进步贴息资金、工业开发区（工业园区）基础设施建设补贴资金、节能技改专项资金、科技创新引导基金、中小企业信用担保风险资金、承接产业转移专项资金、农牧业产业化发展专项资金，要根据自治区财政收入情况和产业发展需要，有重点的逐年调增。

（三）加快综合公共服务平台建设，健全中小企业服务体系

结合我区实际制定出台中小企业服务体系建设的指导性文件或办法，把中小企业服务体系建设作为中小企业工作核心和抓手，加大投入力度，自治区设立每年不低于2000万元的中小企业服务体系发展专项资金，用于支持服务体系建设，鼓励和引导社会优质服务资源，加快服务体系建设。加快公共服务平台建设步伐，力争在“十二五”期间，培育自治区级的中小企业公共服务示范平台100家，国家级的中小企业公共服务示范平台30家，培育自治区级的小企业创业示范基地100家。抓住国家调整中小企业服务体系发展专项资金使用和管理，扶持省级服务平台网络建设的难得机遇，发挥后发优势，借鉴发达地区先进经验，高起点科学规划全区公共服务平台建设，争取用2～3年时间基本建成全区“信息畅通、功能完善、服务协同、资源共享、供需对接便捷、具有较强社会影响力”的中小企业服务平台网络，成为全区中小企业可以依靠、值得信赖的服务品牌，为中小企业提供了找得着、用得起、有保证的服务，充分发挥公共服务政策传导、服务枢纽作用，促进社会资源优化配置，从根本上改变我区中小企业服务体系建设滞后、基础薄弱的局面。

（四）构建多层次融资体系，拓宽中小企业融资渠道

进一步完善中小企业的抵押担保机制，建立和完善担保机构和担保基金，增加财政资金对担保基金的补贴，发展壮大担保基金的规模，促进担保业务的规范健康发展，改善县域中小企业的融资条件。加快资本市场体系的建设步伐，完善为中小企业服务的股权市场，丰富资本市场产品，引导中小企业通过资本市场以股权融资、项目融资等方式筹集资金，以及出台有关民间借贷管理办法，以制度形式规范民间借贷行为，扩大直接融资比例；大力发展小额贷款公司、中小企业担保中介机构等地方性融资机构，切实解决中小企业融资难问题。

（五）积极承接产业转移，培育中小企业产业集群

自治区以承接产业转移为抓手，以工业开发区（园区）为载体，全力打造一批非资源型产业集群，形成工业经济新的增长点，促进中小企业和非资源型产业集中集聚发展，提升非资源型产业集约化发展水平。一是紧紧抓住我国东部沿海地区资本和产业北上西移的有利时机，认真贯彻落实《国务院关于中西部地区承接产业转移的指导意见》，结合我区实际制定整体实施方案，科学确定承接重点，优化产业空间布局，引导产业集聚。在盟市旗县层面，搞好资源、产业、园区、政策承接产业转移；在企业层面，搞好项目、品牌、产权承接产业转移。二是积极争取自治区设立承接产业转移专项资金，对承接产业转移项目予以扶持。三是协调有关部门，切实解决影响承接产业转移环境方面的关键问题。根据60个产业集群的特点及发展需要，深入开展调查研究，有针对性地制定支持产业集群发展的政策措施，力求做到每个产业集群都有一套相应的政策支持措施，确保承接产业转移工作取得实效。四是加强承接产业转移的协调、组织和引导工作。制定承接产业转移示范园区标准，在加强宏观指导的基础上，在全区评选并命名20个承接产业转移项目较多、产业层次较高、发展空间较大的工业园区为自治区承接产业转移示范园区。每年开展2～3次大型项目对接和招商引资活动，组织盟市赴东部发达地区进行产业转移对接，积极协助盟市、旗县（市、区）立足各自特色优势，与相应发达地区建立长期协作关系。

（六）构建多元交流合作平台，加强对内对外交流与合作

积极探索和建立与区外政府和相关组织合作的新途径、新机制、新平台，组织参加好中国国际中小企业博览会、自治区和盟市招商洽谈会等国际国内贸易交流，多渠道、多层次扩大对内对外合作交流。积极引导和鼓励区内盟市间围绕优势特色产业，发挥优势互补，开展合作交流，打造区域发展整体优势。三是依托重点项目合作交流，积极引进区外、国外资金、人才、先进技术和装备，提高我区中小企业整体外向发展水平和市场开拓能力。

（内蒙古自治区中小企业局）

辽宁省

2010年是我省民营经济实现跨越式发展的一年。在省委、省政府的正确领导下，我省广大民营企业抓住机遇，顺势而上，全省民营经济发展又迈上了一个新的台阶，全年民营经济增加值首次突破万亿元，在实现“十一五”民营经济发展计划完美收关的同时，又为“十二五”计划的高起点起步奠定了坚实基础。

一、民营经济运行的基本情况

（一）2010年主要指标完成情况

2010年，全省民营经济实现增加值11058亿元，增长23%；出口交货值1502.5亿元，增长

15.5%；利润总额2865.8亿元，增长20.3%；上交税金1257亿元，增长21.7%；固定资产投资10252亿元，增长48.4%；民营经济单位数178万户，增长0.63%，净增加1.11万户；民营经济从业人员1123.2万人，增长4.4%，净增加47.37万人。在民营经济主要指标总量大幅增加的同时，人均劳动效率和收益也有较大提高，2010年人均劳动生产率（产值）44.37万元/年，增长21.8%；人均劳动报酬15429元/年，增长13.2%。民营经济持续、快速、健康发展的趋势进一步巩固。

（二）“十一五”期间民营经济发展情况

“十一五”期间，民营经济虽然经历了国际金融危机的冲击和影响，但我省紧紧抓住实施振兴辽宁老工业基地战略的历史机遇，在各级民营经济主管部门的积极推动下，经过广大民营企业的不懈努力，战胜了众多困难，全省民营经济仍然实现了跨越式发展，经济总量和社会贡献大幅度增加。“十一五”期间，全省民营经济增加值年均增长22%，2010年是2005年的2.7倍，占全省GDP的比重由2005年的50.9%上升到60.50%，提高了9.4个百分点；利润总额年均增长22.7%，2010年是2005年的2.78倍；上交税金年均增长24.8%，2010年是2005年的3倍；出口产品交货值年均增长13.5%，2010年是2005年的1.89倍；固定资产投资年均增长40.8%，2010年是2005年的5.5倍；民营经济单位数达178万户，年均增加1.44万户；民营经济从人员达1123.2万人，年均增加44.64万人。民营经济已经确立了在全省经济社会发展中的重要地位和作用。

二、民营经济运行的主要特点

（一）工业经济继续快速增长，主导地位坚实稳固

2010年全省民营工业仍然保持了高速增长势头，主要指标增幅全面高于民营经济总体水平。全年民营工业实现增加值6966亿元，增长24.8%，高于总体增幅1.8个百分点；实现利润1773.9亿元，增长22%，高于总体增幅1.7个百分点；上交税金702.1亿元，增长25.4%，高于总体增幅3.7个百分点；完成固定资产投资5663.6亿元，增长49.6%，高于总体增幅1.2个百分点。据对千户重点民营企业营业收入情况调查，2010年机械工业增长45%，农副产品加工业增长43.6%，采矿业增长35.5%，食品工业增长33%，石化工业增长30%，纺织服装业增长29%，冶金工业增长14.1%。重点行业在民营经济快速增长过程中发挥了重要作用。

随着国内外经济逐渐复苏，由于市场萎缩所造成的民营经济停产、半停产已不再是主要影响因素。据调查，2010年年三季度中小企业停产、半停产率基本稳定在5%左右，未再出现大的波动。因季节性生产的影响，年底一些行业的中小企业停产、半停产率有所上升亦属正常现象。工业经济持续、快速、稳定的增长，确保了全省民营经济的持续、快速发展。

（二）固定资产投资高速增长，规模扩张强劲有力

2010全省民营经济完成固定资产投资10252亿元，增长48.4%，连续5年为各项指标增幅之最。“十一五”期间，全省民营经济累计完成固定资产投资28500亿元，民营经济规模强势扩张，所形成的产能可实现增加值6000亿元左右，外延扩大再生产成为民营经济高速增长的主要动力和基本方式，体现了我省在深化经济体制改革的过程中民营经济迅速崛起的后发优势。随着民营经济发展环境的不断优化，民营经济固定资产投资的规模和水平也不断提升，2010年投资5000万元以上项目达2700余个，其中不乏总投资91亿元的辽宁龙栖湾化纤有限公司年产240万吨差别化纤维项目、总投资115亿元的宝来石化工业园建设项目、总投资100亿元的振奥化工特种橡胶产业园建设项目、总投资100亿元的辽河新城项目、总投资110亿元的盘锦荣兴港区建设项目等一大批具有优化地区产业结构，拉动区域经济高速增长的重大项目的建设及投产，为民营经济发展注入了强大的活力，进一步夯实了民营经济发展的基础。

（三）产业集群不断增加壮大，聚集效应持续增强

“十一五”期间，随着辽宁老工业基地振兴步伐的加快，以产业集群为代表的民营经济发展模式对促进区域经济结构优化起到了积极而重要的作用。经过五年的发展，我省产业集群实现了阶段性的飞跃。2010年，我省已有区域特色民营企业产业集群136个，销售收入14848亿元，占全省民营经济销售收入的比重超过三分之一。民营企业产业集群发展的主要特征是：总量膨胀规模扩张，实现了数量倍增、总量翻番。特色明显结构改善，显现出鲜明的产业特色和优势；品牌响亮，竞争力增强，目前共有省以上商标和品牌387个；基础环境优化，公共平台建设加快。集群核心区公共基础设施日益完善，现有产业集群公共平台157个；目标宏伟，潜力巨大，各市纷纷提出未来五年的飞跃目标，年产值拟超过百亿元的集群125个，其中超过千亿元的集群29个。产业集群已经成为民营经济发展的新的、重要的引擎。

（四）科技创新成效显著，企业素质明显提升

经过近几年的培育和发展，中小企业具有自主知识产权的“专精特新”产品和技术得到了迅猛发展。一批重点“专精特新”产品经研发、中试并投入批量生产，促进了我省产业和产品结构的调整，创造了显著的经济效益。2010年，全省中小企业共完成新产品开发7157项，实现新产品增加值1103亿元，比上年提高1.2个百分点。在2010年评定的175项“专精特新”产品技术项目中，产品技术填补国内空白的31项，国内技术水平领先的项目48项，国际先进水平45项；自主发明专利技术42项，实用新型专利技术149项。在全省3.8万户“专精特新”型中小企业中，科技型企业（按新标准）3557家，高新技术企业435家，企业获得省以上科技成果2165项，获得有效期内的中国名牌产品48种，获得有效期内的辽宁名牌产品512种。在列入省中小企业“专精特新”产品（技术）指导计划的623个项目中，产品技术填补国内空白、达到国际先进水平项目占38%以上。科技创新有效地促进了我省产业和产品结构的优化升级，增强了中小企业的抗风险能力。

（五）两个市场共同开发，不断拓展发展空间

2010年，我省民营企业在应对国际金融危机的过程中不断总结反思，认真研究国内外市场变化趋势，坚持两个市场共同开发，进一步提高了应变能力，效果显著。2010年全省民营工业产销率为94.3%，比上年提高1.7个百分点，努力拓展国内市场并取得积极成效是民营经济持续快速增长的重要保障。与此同时，外向型民营企业面对国际经济复苏缓慢，出口需求缩减的不利局面，积极调整出口产品结构，搭建对外交流合作平台，扩大对外合作空间，在出口形势依然疲软的情况下，全省民营企业出口交货值仍实现了两位数增长，为民营经济发展提供了有力支撑。

三、民营经济发展的主要原因

（一）省委、省政府高度重视民营经济，为民营经济发展，营造了良好环境和氛围

“十一五”期间，省委、省政府不断推进民营经济发展工作，特别是在国际金融危机严重冲击民营经济、中小企业的关键深刻，我省颁布实施了《辽宁省促进中小企业发展条例》，出台了《辽宁省人民政府关于促进全省中小企业稳定健康发展的见》等政策法规，帮助和引导民营经济走出了困境，经受了考验。2010年11月2日省委、省政府专门召开了全省民营经济工作会议，出台了《中共辽宁省委 辽宁省人民政府关于加快民营经济发展的决定》、《辽宁省人民政府关于进一步促进中小企业发展的若干意见》、《中共辽宁省委 辽宁省人民政府关于表彰2009年度全省民营经济工作先进单位和民营百强企业、明星企业的决定》，再一次掀起了促进民营经济发展的高潮。与此同时，各级政府和有关部门也积极出台相应的政策措施，支持民营经济发展，进一步优化了促进民营经济发展的社会环境。

（二）各级主管部门进一步加大工作力度，指导民营经济持续快速健康发展

2010年，各级民营经济主管部门不断采取有力措施，加大对民营经济发展的指导、引导和支持力度，在深化经济体制改革，完善民营经济政策法规体系、加大资金扶持力度，促进民营经济产业机构调整、以“‘专精特新’工程”为载体，提升民营企业科技创新水平、破解融资难题，增加对民营企业的资金供给、推动产业集群发展，增加民营经济聚集效应、实施成长型中小企业发展计划，支持民营企业做大做强、加快社会化服务体系建设，改善和加强对民营企业的服务等方面都发挥了重要作用，为民营经济和中小企业在后国际金融危机时期实现持续、快速、健康发展提供了有效的支持、保障系统和服务平台。

（三）民营企业成长壮大，民间创业意识不断增强

良好的社会环境和政策支持，激发了我省广大民营企业不断开拓进取，做大做强的积极性和创造性，不仅我省的企业自我发展意识增强，也吸引了省外发达地区的资金大量投入，一大批高水平、高起点、大规模的现代化企业和项目不断建成投产，促进了我省民营企业做大做强。2005年以来我厅推出的百强民营企业排序活动，有力地提升了民营企业的社会形象，并在全省民营企业中形成了竟相加快发展的良好氛围。2004年度我省年销售收入百强民营企业的入围标准是3.5亿元，排名第一的企业销售收入为76.2亿元，百强企业平均销售收入为10.6亿元，没有一个年销售收入百亿元以上的企业。到2010年，我省民营企业的规模有了显著扩大，年销售收入百强民营企业的入围标准已达13亿元，排名第一的企业销售收入已超过260亿元，百强企业平均销售收入超过40亿元，年销售收入100亿元以上企业达到8个。随着我省成长型中小企业发展计划的实施，全省规模以上民营企业的群体也急剧扩大。2005年全省年销售收入500万元以上企业为10039个，到2010年已超过22828个，翻了一番，并呈迅速增加的趋势。规模以上企业群体的扩大，特别是大型企业的持续增加，成为民营经济持续、稳定发展的强大推动力量。

四、民营经济发展面临的主要问题

（一）劳动力成本上升，企业用工出现结构性矛盾

2010年我省中小企业劳动力成本上升了13.3%。劳动力成本提高，熟练工人和技工流动性增强，企业用工出现结构性矛盾。我省一些地区反映企业出现用工困难。丹东市一些企业不仅缺乏高端人才，而且缺乏技术工人。丹东新区仪器仪表企业一次性需求2000人，应征者远远不足；该市服装行业用工缺口达上万人。营口市反映劳动力结构性短缺的矛盾日益严峻，市场主流需求趋向技术型、年轻化，然而年轻、有一定工作经验和技术能力的人员相当短缺，部分劳动强度大、收入相对较低的企业招工困难。本溪市很多企业反映，人才引进难，人才留住更难，由于用工成本持续上升，人才短缺已成为制约中小企业快速发展的瓶颈。

（二）订单不足，原材料价格上涨，企业利润率下降

据我省对1000户规模以下工业企业调查显示，11月停产半停产率为18.5%，尽管小企业的生产活动有季节性特点，但订单不足仍是小企业停产、半停产率较高的重要原因。从外贸的主要行业看：家具、纺织皮革、服装服饰等行业订单饱和度相对较高；健康医疗用品、化学制品矿产冶金等行业，仍面临严重的订单困难。从内贸的主要行业来看：服装、五金工具、电工电气等行业订单饱和度相对较高；食品饮料、橡胶塑料制品等行业，仍面临严重的订单困难。

据专业机构调查，2010 年中小企业采购成本上涨 7%。由于成本上涨的压力，制造型中小企业库存原材料半年以上的现象比较普遍。盘锦市今年因能源价格上调带动下游产品成本上升，以天然气为原料的化肥生产企业和以成品油为燃料的运输企业等生产成本增加，利润空间缩小，尿素等生产企业甚至出现严重亏损。从行业看：纺织皮革、服饰等消费品行业，中小企业采购价上涨较快；化学制品、矿产冶金等工业品行业，中小企业采购价格上涨较快，由此导致中小企业为规避采购价格的进一步上涨而囤积原材料的现象比较普遍，增加了通胀调控难度。

（三）融资成本高，中小企业融资仍然困难

目前，我省中小企业贷款利率平均为 6.06%，银行在此利率的基础上可上浮 30%，再加上担保成本费用为保额的 2.59%，初步测算我省中小企业贷款成本将达到 10.5% 左右。如此高的融资门槛，令中小企业望而怯步，融资难仍然是制约中小企业发展的瓶颈。

五、应重点关注的工作

（一）以落实“十二五”发展计划为主线，确保 2011 年发展目标的顺利实现

2011 年是“十二五”时期的开局之年。各级民营经济主管部门应围绕“十二五”期间“全省民营经济腾飞计划”所确定的目标任务，加快编制完成本地区“十二五”期间民营经济发展计划。要通过各项计划措施的落实和实施，为民营经济发展创造更好的社会环境和条件，在招商引资、政策支持、资金扶持、科技创新、电子商务、人才培训、等方面为民营企业及中小企业提供良好的服务，促进企业素质和综合实力不断正增强，竞争力不断提升，进一步夯实民营经济发展基础，努力实现一季度“开门红”、二季度“时间过半任务过半”以及全年民营经济发展目标，为“十二五”发展计划的实施开好头，起好步。为此，各级主管部门要加强对经济运行情况的监测和调查，及时了解和掌握民营经济生产经营活动的状况和态势，未雨绸缪，有效地指导民营经济发展工作。

（二）加强宏观经济形势分析预警，引导企业有效应对市场变化，提高抵御外部风险的能力

针对当前宏观经济不确定因素的增加，各级主管部门要加强对民营企业生产经营活动的工作指导。一是面对原材料价格波动较大，企业采购成本增加，制造业产能过剩，企业库存增加等复杂因素的影响，要提醒和引导企业注重控制产能扩张速度，尽量减少库存，加快资金周转，慎重决策，谨慎面对市场风险。二是针对当前出口放缓的趋势，要帮助外向型企业认真分析国际市场需求变化，严格控制生产规模，坚持以销定产，通过积极调整产品结构，提高技术含量来提升企 - 业竞争力，并尝试开拓国内市场。为此，各级主管部门要注意加强对宏观环境变化及生产要素波动情况的预警分析，指导企业及时制定应对措施，组织开展国内外经贸合作活动，搭建对外合作交流平台，帮助企业积极拓展国内外市场。

（三）关注劳动力就业市场变化，为产业升级做好人才储备

随着我国农村劳动力转移势头减缓，企业用工难的矛盾开始显现。一方面，受农民工返乡扶持政策和国家增加投资对于普通农民工需求增加的影响，大中城市中小企业用工难将继续阻碍中小企业扩大生产规模，并导致用工成本上升。另一方面，持续的高校扩招导致大中专毕业生资源充足，但因专业和观念等因素的影响又出现大中专毕业生就业难的现象。为此，各级主管部门要积极引导广大民营企业正确认识当前劳动力就业的短期动态及长期趋势，建立科学的用工制度，保持职工队伍的相对稳定。同时，要帮助民营企业认清“80 后”大学生将是知识经济的领军人物这一事实，抓住机遇，以大中专毕业生为重点招聘对象，加强人才培养和人才储备，从而改善企业的人才结构，为产业升级做好准备。

（四）积极推进民营经济发展政策措施的研究、制定和实施，为民营企业提供宽松、公平的生存和发展环境

近年来国家和各级地方政府相继出台了一系列支持和鼓励民营经济、中小企业发展的政策措施，对民营经济的快速增长起到了重要的促进作用。但是，随着国内外宏观经济环境的变化，导致新的问题和矛盾不断出现，民营企业必须面对和承受。从当前看，必须重视对以下问题的研究：一是垄断行业利用垄断优势和垄断价格向民营企业转嫁经营成本，获得高额垄断利润。二是基础设施和房地产开发项目对资源类产品消耗的过快增长挤占了生产型民营企业的资源需求空间。三是面对新一轮国际经济结构和格局的调整，在研究制定外向型经济相关政策的过程中如何考虑中小企业的生存能力和必要的利润空间 。四是针对人民币汇率及贷款利率上浮，如何改进和完善中小企业融资担保体系，加强财政扶持力度，降低中小企业融资成本。五是进一步研究落实中小企业减免税政策和其他扶持政策，有关政策应同企业用工数量挂钩，在帮助中小企业发展壮大的同时，解决社会就业问题 。六是引导和鼓励中小企业应用电子商务并给予财政补贴，使中小企业通过应用电子商务提高经营效率，降低经营成本，增强竞争力。

（辽宁省中小企业厅经济运行处）

吉林省

近几年来，民营经济腾飞计划的顺利实施使全省民营经济得到了长足发展，企业数量和规模不断扩大、经济总量和效益明显提升、社会贡献进一步加大，在促进经济增长、优化产业结构、增加财政收入、扩大就业等方面发挥了重要作用，为吉林老工业基地振兴做出了重要贡献。

一、2010年吉林全省中小企业和民营经济发展情况

预计到2010年底，全省民营经济主营业务收入达到1.3万亿元，同比增长30%。上缴税金380亿元，同比增长27%。从业人员424万人，同比增长6%。企业户数达到11.5万户，个体工商户达到110万户，同比分别增加1万户和10万户。民营经济增加值占全省地区生产总值的比重由2006年的35%提高到50%，上缴税金占全口径财政收入的比重由2006年的25.4%提高到35%，就业人员占全省城镇职工总数的比重由2006年的54%提高到73%。从发展趋势看，呈现以下几个特点：

一是发挥了拉动经济增长的主力军作用。预计到2010年底，全省民间固定资产投资占全社会固定资产投资比重将达到68%，比2006年提高8个百分点；民营经济增加值占地区生产总值比重达到50%，比2006年提高15个百分点；上缴税金占全口径财政收入比重由2006年的25.4%提高到33%。民营经济已成为拉动经济增长、壮大经济实力的重要力量。

二是发挥了促进结构调整的主动力作用。预计全省规模以上工业增加值中，民营与国有经济比例由2006年0.4：1提高到2010年的1.1：1。特别是民营经济逐渐向高新技术产业发展，全省民营科技型、高新技术型企业在不断成长壮大，促进了整体经济素质的提高。

三是发挥了扩大就业的主渠道作用。2010年，预计全省私营企业户数达到11.5万户，个体工商业户达到110万户，分别比2006年增长64 %和41%。从业人员达到424万人，占全社会城镇就业人员的73%，民营经济三年腾飞新增就业125万人，占全社会城镇新增就业的84%。

二、发展中存在的突出问题

尽管吉林省民营经济保持了较快发展的势头，但总体上看基础还比较薄弱，突出表现为总量不大，企业整体素质不高，市场竞争能力不强，同发达省份和全国平均水平相比还有较大差距。我省民营企业对地区生产总值和就业的贡献均低于全国10个百分点，对税收的贡献低于全国15个百分点，还处于爬坡和成长阶段。突出表现在：第一，整个民营经济总量还比较小。尽管我省民营经济的增加值占到全省地区生产总值的50%，但是全国平均水平已占到60%以上，我省低于平均水平10个百分点。从企业数量看，我省每万人拥有民营企业的数量是42户，而江苏和浙江每万人拥有89户，辽宁每万人拥有49户，我省差距较为明显。从企业的规模看，我省的民营企业户均资产额只占到国有企业的5.5%，而且2010年我省进入全国500强的民营企业，也只有2户。“大企业不大，小企业不多”，是吉林省民营企业面临的现实问题，我省民营经济、中小企业仍然是块短板。第二，民营企业的素质还不高。一是自主创新的能力还不强，我省规模以上的民营企业新产品的产值率也只有5.8%，低于全国4个百分点。多数民营企业往往是通过仿制或者嫁接的方式来获得技术和专利，缺乏核心技术和自主品牌。二是市场开发的能力比较欠缺。缺乏对市场开发的商业运作模式、营销渠道和高端的营销人员，产品市场占有率偏低。吉林省特色产品，比如人参、鹿茸、矿泉水，等等，但是这些产品多数是在黄河以北销售，真正到达长江以南，在全国销售的产品很少。三是民营企业内部管理还比较粗放。突出表现在很多民营企业现在仍然是家族式的、经验式的管理，还缺乏构建一种公司制的现代企业制度。同时在科学管理方面还有很大欠缺。特别涉及到产品开发、项目投资、合资合作上，重大事项还是靠拍脑袋来做决策，没有整套的、完整的、科学的决策方式和决策规则。高端人才匮乏，企业内部从高端的管理人才、专业技术人才和高技能人才都不同程度存在欠缺，不能完全承载起全省民营经济腾飞的需要。第三，资金的融通能力不强。民营企业多数属于中小企业，由于他们信用等级不高，加之信用体系建立不完善，金融市场、资本市场的建设还相对滞后，因此很多中小企业很难通过银行拿到贷款，也很难通过资本市场达到直接融资。

三、采取的主要措施

“十一五”期间，在省委、省政府的正确领导下，全省上下，进一步解放思想，创新工作，迎难而上，通过开展民营经济腾飞竞赛活动、促进全民创业，破解融资难题，强化政策扶持与服务，推动民营企业开拓市场等实际措施，使全省民营经济发展总量实现了翻番，为全省经济社会发展作出了很大贡献。

（一）政府强力推动，加大政策供给

《国务院关于进一步促进中小企业发展的若干意见》（国发［2009］36号）出台以来，我们积极协调有关部门贯彻落实，建立和完善工作协调机制，成立了省促进中小企业发展工作领导小组，出台了《吉林省促进中小企业发展若干政策》，并制定了落实政策的具体办法，在政策层面上推动了中小企业环境的改善。为推动新一轮中小企业发展。2010年年初，省委省政府召开了吉林省民营经济腾飞总结表彰暨实施中小企业成长计划动员大会，表彰了民营经济腾飞先进市县、中小企业社会服务机构及百强民营企业，会上省政府与各市县政府签订中小企业成长计划目标责任书，印发了《吉林省中小企业成长计划》（吉政发［2010］3号）、《吉林省促进中小企业发展若干政策》（吉政发［2010］4号）两个重要文件，并在吉林日报上进行了刊登，营造了尊重创业、尊重发展的良好氛围，在全省掀起了新一轮的民营经济发展热潮。

（二）强化服务措施，推进全民创业

从2006年开始，通过深入贯彻吉林省委、省政

府关于全民创业的重要部署，强力推动全民创业工作的开展，通过营造创业氛围，培育创业主体，开发新的就业岗位，有力地促进了小企业的生成和发展。预计到2010年底，全省通过组织实施“万名创业者、万名小老板”培训工程，培训了创业者和创业小老板近8万人，被培训人员创业率达到50%以上；同清华大学开展高端人才培训近4000人；开展高技能工人培训近5000人；实施国家银河培训工程，共培训人员4000与人。通过开展了“创办小企业、开发新岗位、促进多就业”活动，共向创业者推介创业项目近1.2万个，向社会各类人员提供就业岗位信息20万余条，开发新岗位30余万个，新创办小企业近5万户。积极做好创业孵化基地规划建设工作，全省已有创业孵化基地85个，在孵企业2000多户，总孵化能力达3500户左右。推动和完善服务体系建设，建立省市县三级中小企业服务机构64家，公共服务平台19家。

（三）拓宽融资渠道，缓解企业融资难

积极开展银企保对接，适时召开银企保对接会，共为企业融资超过500亿元。有效实施“万民创业小额贷款”项目，助推全民创业。共为30个县（市）发放“万民创业小额贷款”19.21亿元，支持项目近万个。积极做好担保机构资本金引入与政策扶持工作。目前全省共有担保机构110户，县域担保机构覆盖率达到95%；全省担保机构资本金累计达到65.6亿元，资本金规模超亿元担保机构11户。积极协调省财政，建立银行和担保机构风险补偿专项资金，对29家担保机构给予了风险补偿。积极推动再担保运营体系构建和省担保公司做大做强。东北再担保公司与省担保及9个市（州）级担保机构签定了战略合作协议，并进入了实质性的合作阶段。

（四）推进中小企业信息化建设，积极开展市场交流与合作

积极推动与阿里巴巴、启明公司共建“阿里巴巴吉林省分站”，召开了吉林省电子商务应用暨推广大会，工信厅与启明公司组织力量赴9市州、20多个市县，开展企业签约入网工作，已有530户企业使用了“诚信通”和“出口通”产品，并正式开通网络。同时积极组织企业走出去开拓市场，成功组织20户科技型企业参加韩日经贸交流与合作，部分企业与日韩公司签订数百万美元合同或借此达成合作意向；组织企业参加中博会，30户企业与国内外客商达成了60项合作意向，金额达6亿多元，其中签订500万元以上的购销合同15个，我省食品药品、建材等企业展区零售额突破100万元。

（五）加强统计运行分析工作，监测发展趋势

完善修订《吉林省中小企业统计报表制度》，并向统计局报批工作。并按照《报表制度》开展了各市州民营经济发展情况的月调度、200户重点企业月调度、11个重点特色园区的季调度及上报国家40户企业的直调工作。每月梳理调度内容，形成分析材料汇报材料，及时监测运行情况，上报省政府，为领导决策提供可靠依据。

（六）巩固宣传阵地，营造良好舆论氛围

从2007年开始，每年都召开全省民营经济腾飞总结表彰及实施中小企业成长计划动员大会，对民营经济腾飞活动进行总结，对全省民营经济发展先进市（州）、先进县（市、区）、十佳中小企业社会服务机构和百强民营企业进行表彰和奖励，在全省取得很大反响。同时继续办好《吉林中小企业》期刊和民营经济腾飞简报，五年来共编辑出版《吉林中小企业》期刊60期、简报100多期。通过宣传政策、分析形势、报道各类典型，搭建了交流平台，为推动民营经济发展起到了积极的作用。

（吉林省工业和信息化厅中小企业处）

黑龙江省

一、非公经济及中小企业基本情况

2010年，黑龙江全省非公经济在党的十七大精神指导下，全面贯彻落实科学发展观，按照省委、省政府提出的建设“八大经济区”和实施“十大工程”的总体部署，认真贯彻落实国发36号文件，解放思想，强化服务，努力营造发展环境，全省非公经济呈现出欣欣向荣的发展景象。全省非公有制经济增加值达4972.2亿元，比上年增长23.8%，占地区生产总值的48.6%。全省非公经济固定资产投资为2987.7亿元，同比增长57.9%，占城镇固定资产投资的47.5%。截至2010年底，全省非公经济单位户数207.7万户，比上年增长2.8%。其中：非公有制企业24.7万户，个体经营户183.0万户，均比上年增长了2.8%；全省个体工商户达到101.4万户，同比增长9.7%；私营企业15.7万户，同比增长11.5%；全省中小企业数为9.7万户，从业人员为322.4万人，分别比上年增长2.8%和4.8%；实现增加值2685亿元，同比增长32.4%，占地区生产总值的26.2%。全省拥有主营业务收入在10亿元以上的非公企业59户，亿元以上的非公企业834户。形成产业集群90个，集群内企业达9972户，从业人员43.7万人，年实现销售收入1193亿元。全省非公经济实现税收599.3亿元，同比增长24.1%，占全社会税收收入总额的46.5%，创历史发展最好水平；全年进出口总值达到203.5亿美元，同比增长73.6%，占全社会进出口总值的79.8%，实现快速增长。从各项经济指标对比来看，非公有制经济在全省经济和社会发展过程中发挥了越来越重要的作用。

二、非公经济发展的主要特点

1. 非公经济规模持续扩大，成为推动全省经济增长的重要力量

2010年，我省非公有制经济继续保持快速发展的态势，非公有制经济增加值达到4972.2亿元，比上年增长23.8%，占地区生产总值的48.6%，拉动全省经济增长9.3个百分点，对全省经济增长的带

动作用越来越明显。非公有制经济的单位数达到207.7万户，与2005年的178.6万户相比，增长了16.3%，年均增长3.1%。

2. 非公经济已成为财税增收的重要来源

2010年，全省非公有制经济实现税收收入599.3亿元，同比增长24.1%，与2005年相比增长了2.4倍，年平均增长28.1 %；税收收入占全社会税收收入总额的46.5%，比2005年提高了22.5个百分点，非公经济对全省税收增长的贡献度有了长足发展。

3. 城镇非公有固定资产投资快速增长，经营领域逐步拓宽

2010年，城镇非公有固定资产投资额达到2987.7亿元，占城镇固定资产投资的47.5%，同比增长57.9%，与2005年相比增长了2倍，年平均增长39.9 %。在总量快速增长的同时，非公有制经济投资领域不断拓宽，逐步由非生产性投资向生产性投资转变，向制造业、批发零售业、餐饮业、房地产业等众多领域发展，并逐步扩展到交通运输、电力生产、城市建设等基础设施行业。

4. 非公经济成为吸纳就业的主要渠道

非公有制企业点多面广，发挥了重要的就业作用，成为吸纳就业的主要渠道。到2010年末，非公有制经济的单位数达到207.7万户，比2005年的178.6万户增长了16.3%，年平均增长3.1%。全省非公有制经济从业人员达到715.4万人，同比增长4.86%，比2005年末增长29.9%，年均增长5.4%；占全社会从业人员的比重由2005年的31%提高到2010年的37% ，所占比重提高6个百分点，5年间增加164.9万人。

5. 产业结构呈现新变化，第三产业从业人员增长迅速

2010年，全省非公有制经济三次产业分别实现增加值545.9亿元、2230亿元和2196.3亿元，五年间年均分别增长15.3%、24.3%和18.8%；非公有制经济三次产业结构由2005年的13.7：38.6：47.7调整为2010年的11：44.9：44.1，产业结构呈“二、三、一”格局，基本与全省经济发展趋势相符。非公有制经济第三产业从业人员不断增多，批发零售贸易业、住宿餐饮业和其他服务业的从业人员增加明显。2010年，非公有制经济第三产业从业人员比2005年增长35.4%，年均增长6.3 %；批发零售贸易业从业人员由2005的105万人增加到2010的148.2万人，五年间增加了43.2万人，增长41.1%；住宿和餐饮业由2005年的36.7万人增加到2010年的42.2万人，五年间增加了5.5万人，增长15%；其他服务业由2005年的102.3万人增加到2010年的141.4万人，五年间增加了39.1万人，增长38.2%。

6. 实施成长工程，骨干企业迅速崛起

2010年省工信委开展了万名创业小老板培育活动和成长型中小企业评价扶持活动。全年新辟建省级基地14个；举办各类创业培训班200期，培训创业人员1.8万人次；扶持新创办和扶持创业初期的小企业8119户；新创办、创业初期小企业完成增加值27.4亿元；安置就业人员6.76万人；开展创业服务3887次，参加企业1.45万户，参加人数4.74万人次。评价扶持400户成长型中小企业跨入规模企业行列，对221户成长型企业提供贷款担保61.1亿元，对96户成长型企业提供国家和省各类专项资金1亿元。2010年，全省规模以上非公有制工业企业达到3923户，同比增长13.8%；主营业务收入3797.4亿元，同比增长55.5%，占全省规模以上工业企业主营业务收入的37.3 %；规模以上非公有制工业企业利润总额224.7亿元，同比增长64.6%，占全省规模以上工业企业利润总额的21%；实现增加值1167.1亿元，同比增长54%。主营业务收入超亿元的非公有制企业达到798户，比2005年增长3倍，年平均增长32.2%。由此可见实施成长工程效果显著，规模以上骨干企业成为非公经济增长的重要基础，是推动非公经济增长的重要力量。

7. 非公经济成为拉动全省对外贸易高速增长的主要力量

近年来，我省外贸格局出现较大变化，由于国家外贸体制改革的深入，原有的国有企业进出口“一枝独秀”的传统格局被彻底打破，非公有制经济成分大量涌入外贸领域，并呈现出了强劲的发展态势，成为我省对外贸易的主要力量。2010年，全省非公有制经济进出口总额达到203.5亿美元，同比增长73.6%，比2005年增长2.1倍，年平均增长25%；占全部进出口总额的比重达到79.8 %，比2005年提高了10.2个百分点。

8. 自主品牌建设加快，资本市场日趋活跃

非公有制企业从全面提升产品品质和服务品质着手，实现品牌价值升级；从大力增加技术研发投入、强化产品技术创新着手，实现技术和产品的升级；从转变经营理念、创新经营思路着手，实现商业模式的升级，全面提升企业的核心竞争力。截止到2010年末，全省非公有制经济新申请注册商标3400多件，上报省著名商标74件，推荐中国驰名商标7件；国家工商总局认定我省中国驰名商标27件，重点培育32件，私营企业占95%。全省非公有制企业职务发明专利1030项，占全省申请专利总数的24.2%；其中发明专利357项，占全省发明专利总数的18.8%；实用新型专利610项，占全省申请实用新型专利总数的29.1%；外观设计专利63项，占全省申请外观设计专利总数的24%。非公有制经济利用资本市场融资创历史最好水平，成为新亮点。2010年，全省境内外上市非公有制企业4户，其中境内外各2户。哈尔滨九洲电气、哈尔滨誉衡药业相继在国内创业板、中小板成功上市，共募集资金23.44亿元，成为我省在创业板和中小板上市的第一家企业，结束了我省多年来没有国内上市企业的历史。大庆博润生物科技有限公司在美国纽交所上市，共募集资金4000万美元；大庆盛永盈生物工程技术开发有限公司，在美国纳斯达克上市，共募集资金2000万美元。

三、中小企业发展的主要特点

1. 经济总量持续扩大

2010 年，全省中小企业实现增加值为 2685 亿元，比上年增长 32.4%，其中，第二、第三产业分别实现增加值 1940.2 亿元和 744.9 亿元，增长 36.8% 和 22.0%，中小企业二、三产业结构为 72.3：27.7。市（地）中小企业增加值增幅超过 40% 的有伊春（56.2%）、大兴安岭（42.3%）、双鸭山（42.1%）和大庆（40.9%）。

2. 对经济贡献不断增强

2010 年，全省中小企业增加值占全省地区生产总值的比重达到 26.2%，比上年提高了 1.7 个百分点。各市（地）中小企业增加值占地区生产总值比重超过 30% 的有七台河（49.7%）、牡丹江（38.3%）、鹤岗（37.9%）、双鸭山（37.5%）、鸡西（37.0%）、齐齐哈尔（34.0%）。

3. 企业数量稳步增加

截至 2010 年底，全省中小企业单位发展到 9.7 万个，比上年增长 2.8%。全省除大兴安岭地区有所减少外，其他市均有不同程度增加。中小企业达到 5000 家以上的有哈尔滨（42328 家）、大庆（13961 家）、牡丹江（9163 家）、齐齐哈尔（7479 家）、绥化（5058 家）。

4. 吸纳社会就业人员稳步增加

2010 年，全省中小企业吸纳就业人员 322.4 万人，比上年增长 4.8%。其中，第二产业就业人员 177.6 万人，第三产业就业人员 144.8 万人，分别增长 4.8% 和 4.8%。

5. 中小工业企业发展迅猛

2010 年，全省中小工业企业实现增加值 1724.9 亿元，比上年增长 39.0%，占全部中小企业增加值的份额达到了 64.2%，比上年提高 3 个百分点。全省中小工业企业中的四大支柱产业共实现增加值 1323.7 亿元，占中小工业企业增加值的份额已达 76.7%，占全省中小企业增加值的份额达到 49.2%，占全省地区生产总值的份额达到 12.9%。

6. 经济特征区域明显

全省中小企业以市场为导向，充分发挥当地的资源和传统加工优势，逐步形成了鲜明的板块经济特征。2010 年，哈尔滨市中小医药工业企业增加值已占全省中小医药工业企业增加值比重的 53.6%；哈尔滨市、大庆市中小石油化工企业增加值已占全省中小石油化工企业增加值的 50.9%；鸡西、鹤岗、双鸭山和七台河四煤城中小能源工业企业增加值已占全省中小能源工业企业增加值的 59.4%。

7. 产业集群发展势头良好

据省工信委统计，2010 年，全省已形成特色中小企业产业集群 90 个，集聚了 9000 多户中小企业，吸纳就业人员 43.7 万人，有力地促进了全省中小企业的良好发展。

四、非公经济及中小企业发展存在的主要问题

虽然我省非公经济取得了长足发展，但与南方发达地区及周边省份相比，还有很大差距。既有外部环境因素，也有企业自身存在问题：

1. 自主创业精神不强，创业氛围不浓

一方面，由于历史文化原因，思想保守、满足现状、小农经济等传统观念对人们的影响较深，导致一些群众宁肯维持社会保障的低水平生活，也不肯走自主创业之路，存在“看、等、靠、要”思想，缺乏敢于冒风险、敢闯敢试、大胆创新、百折不挠的创业精神，缺乏创业激情，创业能力较弱。另一方面，创业环境不宽松，创业氛围还没有形成。政府对初创企业提供的公益性服务不多，在小额信用贷款、专项资金支持上几乎没有，现有的创业基地无法满足创业者的需求。信息不对称，有好项目的没有资金，有资金的没有好项目等，如何扶持初创企业成长，制定出台切实可行的优惠政策，还没有摆到各级政府的重要议事日程上，没有从根本上营造创业的社会氛围。

2. 发展环境偏紧，政策落实不到位

是管理体制不畅，难以形成合力。政府部门对非公有制经济事实上存在多头管理、各自为政的现象。地方，部门、机构之间在非公有制经济管理上往往是涉及利益时大家都插手，遇到困难时大家都回避，承担责任时大家都推诿。致使政策落实不到位，部门之间无法形成合力。结果，虽然国家出台了许多有利于非公经济发展的优惠政策，但在我省还存在“落实难”问题。政策落实不到位，政策的配套性、合理性、创新性及可操作性跟不上形势，政策环境尚不宽松，部门利益作祟，部门之间没有形成合力。例如，有的企业为扩大生产规模，需要政府帮助解决用地、资金、贷款等问题，在我省无法办到的事情、在邻近省份辽宁却能办到，企业只好将总部迁移到异地办厂。二是服务意识不强，办事效率低下。为企业服务的意识还没有根本转变，服务不到位、政令不畅通的现象依然存在。有的事项审批程序繁琐，需要跑多个部门，办理时间过长，不同程度地对企业发展形成一定影响和制约。同时，非公有制企业合法权益遭受侵犯的案例日益增多，一些企业家的名誉权和人身安全有时也会受到侵害。三是企业负担仍然较重。企业实际税费较重，许多地方对非公有制企业的收费项目太多，不少企业反映各种名目的收费实际上已经大于正式税收。有的基层部门，往往为了完成任务，确定硬性指标，不考虑企业实际情况；行政收费种类依然很多，搭车收费现象时有发生，有些收费还没有停止。四是歧视现象依然存在，资金扶持力度不大。在一些部门，重视大企业，轻视小企业、轻视非公经济；重视大项目，轻视小项目；在项目资金上对非公经济的支持力度也不够，辽宁、吉林、北京、广东等省、市每年中小企业发展专项资金分别为 1 亿、2 亿、5

亿、10亿元。而我省省级中小企业发展专项资金只有6000万元，实际上能直接用到的不足2000万元，惠及面太窄。五是政府部门服务不到位，社会化服务体系不健全。一些政府部门重管理规范，轻引导服务，缺少为企业提供无偿或低偿服务的公益性服务机构，尤其是直接面向企业的市、县一级更为薄弱，企业急需的融资担保、人才培训、技术支持、市场开拓、经营管理等服务体系还没有健全起来，企业的创业、成长、壮大多数处于自然状态。

3. 技术创新和管理创新能力较弱

一是产品档次偏低，自主创新能力不强。我省很多企业还处在资本原始积累阶段，粗加工企业多、科技型企业少，技术创新投入平均仅占全部企业营业收入的1.2%，80%的企业没有任何技术发明与专利。而且规模普遍偏小，生产设备简陋，技术改造滞后，专业人才匮乏，产品科技含量低，市场占有率不高，自主研发与创新能力不强。二是改革相对滞后，经营管理粗放。非公有制企业家族式管理的模式仍比较普遍，股份制改造、建立现代企业制度等任务十分艰巨。由于“先天不足”，相当一部分非公有制企业经营机制、管理制度不健全，经营者素质不高，经营管理水平比较落后，缺乏综合竞争力。

4. 产业结构单一，调整难度较大

我省一些资源型城市因盲目追求数量上的扩张，导致产业一直停留在矿产资源的粗放式开采及初步简单加工上，大多数非公有制企业立足当地资源，进行粗放型加工，“三高一低”现象比较普遍。第二产业中制造业比重过轻，产品的技术含量低，附加值不高。第三产业发展偏慢，产业结构调整问题突出。低层次结构与经济市场化进程加快的矛盾日益显露，非公有制企业增长方式直接受到市场经济的强烈冲击。

5. 融资渠道狭窄，发展后劲不足

一是贷款难。主要表现两方面：一方面，企业贷款抵（质）押严重不足，企业争取贷款难。如一些企业所占用的土地或厂房是租赁形式，或是政府划拨土地、林业用地，都没有土地证，有的有土地证因缴纳出让金不足，不能做担保抵押；还有的企业自建的附属厂房也不能办理房产证，企业可供抵押的设备抵押率又较低，这部分企业很难在银行申请到贷款。另一方面，银行信贷审核条件严格，贷款门槛较高。信贷资金由于受金融监管与风险防范强化限制，各商业银行贷款门槛设立普遍较高，我省多数中小企业符合贷款条件的不多，贷款难度大，银行不愿意冒险放贷，特别是对初创期和急速成长期的企业来说贷款更难。二是上市难。由于证券市场门槛高，上市限制条件严格，多数企业不具备发行企业债券和股票上市的条件，证券市场上的资金很难流向中小企业，使我省非公有制企业、中小企业很难在资本市场公开募集资金。不少企业只能寻求境外上市，但成本较高，风险较大，不确定因素较多。三是担保难。目前，我省以中小企业、非公有制经济为主要服务对象的中小企业融资性担保机构只有45家，其中政府出资的占70%以上。这些担保机构多数集中在大中城市，县级担保机构还不到10家，大多数县（区）没有设立担保机构。由于担保体系不完善，担保机构较少，资本金规模不足，信用放大能力低，风险补偿和资本金注入机制尚未建立与完善，再担保作用没有充分发挥，不能满足大多数中小企业贷款担保需求。

五、黑龙江省非公经济发展趋势

2010年，按照黑龙江省委、省政府的总体部署，以优环境、调结构、上水平、增后劲为主线，以实施企业成长工程为依托，以完善服务体系为载体，创新思路，强化服务，引导非公经济进入重点产业领域，采取切实有效措施，不断提升企业核心竞争力，促进全省非公经济快速健康发展。

2010年1月栗战书省长在“全省大力发展非公经济暨中小企业工作会议上的讲话”中提出的我省非公经济发展总体思路是：依托省内外各种发展资源，围绕“八大经济区”、“十大工程”战略部署，以增加经济总量、扩大企业规模、调整优化产业结构为重点，以打造区域“民字号”优势产业为着力点，坚持走新型工业化道路，坚持走新型城市化道路，坚持走以工促农，以城带乡，城乡一体的和谐、可持续发展道路，用三至五年时间，把我省非公经济发展由“三分天下”有其一，提升到超过“半壁江山”，真正成为龙江加速老工业基地全面振兴、推动经济赶超、实现发展跨越的主要依靠力量。全省非公经济发展的战略目标是：2010年全省非公经济增加值要保持在18%以上的增长速度，非公经济固定资产投资同比增长50%以上。2010年加上“十二五”时期共6年时间，我省非公经济要实现一个新的发展跨越，到“十二五”期末非公经济固定资产投资占全省固定资产投资比重提升到65%以上，基本赶上全国平均发展水平，挤进中部非公经济发达省区行列。主要体现在五个方面：一是在非公经济规模上，占GDP的比重要提升到55%以上，规模以上非公有制企业增加值年均增幅到20%以上，非公经济发展对固定资产投资、税收、就业的贡献率年增幅分别达到30%、20%和40%左右。二是在企业培育上，力争使全省规模以上非公有制企业户数增长80%，让五年重点培育的千户成长型企业利税年均增幅达到20%以上。其中，主营业务收入亿元以上的企业达到1000户，10亿元以上的达到100户，上市达到10户以上。三是在推进全省产业结构优化升级上，要成为战略性新兴产业的发展主体。在新能源、新材料、新兴环保、生物产业、信息产业和先进装备制造等六大战略性新兴产业中，发展速度年均保持在15%以上。要成为现代服务业的发展依托，在旅游、物流、房地产、文化产业、创意经济、体育赛事、会展经济、服务外包、职业技能培训、餐饮服务等方面的增加值比重提升到70%以上。要成为农产品加工业的发展主力。积极进入装备、石化、能源等主导产业领域，发挥其在传统产业优化升级中的重要作用。四是在推动科技进步上，要成为重要的支撑力量。开发各类新产品600项，其中力争国家级100项、省级100项，推广应用新技术、新工艺、新成果300项，科技对民营企业贡献率达到60%以上。加快科技成果转化，培育30个国家级品牌、300个省级品牌、1000个省级绿色有机特色品牌。五是在促进区域协调发展上，要成为“八大经济区”建设的主力军。对园区建设、项目建设、全民创业、吸纳就业、集群发展、以城带乡、节能减排等方面的贡献率提高30%。要形成100个产业集群，其中30个专业化名镇、10个以上新兴产业集群、60个集群效应突出的产业群。

六、2010年主要工作

2010年，全省非公经济战线坚持以党的十七大精神为指导，全面贯彻落实科学发展观，按照省委、省政府提出的建设“八大经济区”和实施“十大工程”的总体部署，认真贯彻落实国发36号文件，解放思想，强化服务，努力营造发展环境，全省非公经济呈现出欣欣向荣的发展景象。

1. 制定优惠政策，营造良好发展环境

经过周密筹备，年初1月8日成功召开了全省大力发展非公有制经济暨中小企业工作会议，省委书记吉炳轩，省委副书记、省长栗战书分别作了重要讲话，并以省委、省政府名义表彰奖励了2008年度全省非公经济纳税百强、先进创业（孵化）基地10佳和优秀担保机构10佳，发布了全省200户成长型中小企业名单。同时，为贯彻落实《国务院关于进一步促进中小企业发展的实施意见》（国发[2009]36号），省政府于1月6日印发施行《黑龙江省人民政府关于促进非公有制经济（中小企业）加快发展的实施意见》及其四个配套措施文件，进一步完善了中小企业发展的政策支撑体系。为抓好贯彻落实情况，会同省委督查室、省政府督办室以《督查要点》形式，分解到市（地）和中省直有关部门进行督办，大多数市（地）和省直相关部门制定了贯彻落实省政府发展非公经济政策的实施细则、落实措施。实施部门包扶非公企业制度，以省政府办公厅名义下印发了《中省直涉企部门包扶非公有制重点企业工作方案》，建立起重点民营企业直通车服务制度，收集汇总问题73个，经分类、整理和初步核实后，由中省直相关部门包扶帮助解决。开展了发展环境调查工作。会同省监察厅共收回800多份调查问卷，突出反映了非公有制企业在自身发展、发展环境、优惠政策等方面的问题。为深刻认识并准确把握国内外形势新变化新特点，抢抓发展机遇，12月7日在哈尔滨成功举办了以“转型、环境、政策、跨越”为主题的全省非公有制经济发展论坛。邀请了国务院参事室参事、国务院发展研究中心副主任侯云春，中国民营经济研究会会长保育钧，中国民营经济促进会副会长、北京华商管理学院院长袁青鹏分别就我省如何抓住机遇转变发展方式、调整结构与工业转型升级，改善、优化非公经济发展环境，提升企业发展层次，谋划非公经济“十二五”发展规划进行了主旨演讲，省政协副主席洪袁舒出席论坛并致辞。全省工信系统、部分中省直部门领导和重点非公经济企业家400多人参加了论坛。论坛对于解放思想、开阔思路，推动我省非公经济进一步发展起到了积极作用。

2. 实施成长工程，扶持骨干企业做大做强

一是积极鼓励全民创业。推出了一系列支持创业的优惠政策，在全社会大力倡导自主创业、艰苦创业的舆论氛围，引导扶持全民创业。开展了万名创业小老板培育活动，计划用两年完成培育万名创业小老板、实现增加值20亿元、8万人就业的目标。组织了“创家业、兴家业、奔小康”全民创业竞赛，评选出创业标兵100名，优秀创业小老板50名。全年共辟建创业基地135个，其中新辟建省级基地14个，省级创业基地总数达到59个。举办各类创业培训班200期，培训1.8万人次。扶持新创办和扶持创业初期的小企业8119户；新创办、创业初期小企业完成增加值27.4亿元，安置就业6.76万人；开展创业服务3887次，参加企业1.45万户，参加人数4.74万人次。二是建立小企业进入规模企业育成机制。经省市共同推进，全年有400余户小企业跨入规模企业行列。三是开展成长型中小企业评价扶持工作。按照《黑龙江省成长型中小企业评价方法》，会同省统计局联合金融机构和担保机构，在去年首次评价扶持200户成长型中小企业的基础上，动态评价认定了400户成长型中小企业。这400户企业中，装备制造行业97户，占总数的24.3%；医药化工行业54户，占总数的13.5%；林木加工行业46户，占总数的11.5%；食品制造及农产品加工业97户，占总数的24.3%；新兴产业81户，占总数的20.3%；其他行业25户，占总数的6.2%。截至目前，金融担保机构为221户成长型企业贷款担保61.1亿元，96户企业获得国家和省各类专项资金1亿元支持。评价结果在省报进行了公告，连续三天进行宣传报道。与此同时，指导成长型企业编制三年发展规划。在明确自身核心竞争力的基础上，指导企业通过挖掘潜力积极做大做强。

3. 强化集聚发展，促进结构优化升级

不断创新工作思路，积极探索提高中小企业整体创新能力，促进区域经济发展新路径。一是推动产业集群加快发展。通过政策引导等措施扶持齐齐哈尔装备制造、牡丹江汽车配套、绥化钢结构、兰西亚麻、穆棱木业等20个特色园区和产业集群加快发展。据统计，截至目前，全省已形成特色中小企业产业集群90个，集聚了9000多户中小企业，吸纳就业人员达到43.7万人，实现销售收入1193亿元。二是指导建立中小企业公共服务平台。指导各地区以解决集群内中小企业共性需求为前提，以提高中小企业自主创新能力、转变发展方式、增强竞争力为目标，紧紧围绕服务中小企业，在中小企业重点行业、优势产业区域内建立公共服务平台。一年来，共建立完善了26个省级中小企业公共服务平台，有效满足了中小企业的共性需求，促进了中小企业产业结构调整和优化升级步伐，增强了区域经济活力和竞争力。三是加大对服务机构和公共服务平台的

支持力度。为进一步完善和提高服务机构和公共服务平台的服务功能和水平，经积极争取，全年有14个服务机构、行业协会、公共服务平台获得国家和省级财政资金1520万元支持。与此同时，按照国家工信部中小企业司的工作部署，在对全省中小企业公共服务平台发展现状进行调研的基础上，形成了全省中小企业公共服务平台“十二五”建设方案，并向国家工信部申报了6个国家级中小企业公共服务示范平台，目前待批复。

4. 开展多措并举，努力缓解融资难题

一是始终项目建设作为解决非公有制融资难问题的一个重要抓手。从省里情况看，一方面，积极开展对上项目资金争取工作，全年申报国家中小企业发展专项资金项目（含信用担保业务补助项目）59个，获得资助资金6760万元；配合省发改委申报国家工业中小企业技术改造项目111个，获得国家补助资金9000万元。另一方面，积极争取，全年省级中小企业发展专项资金6000万元中，实际安排支持资金1445万元，起到较好的示范带动效应。从各市地情况看，除佳木斯、大庆、黑河市以外，其他10个市地和省农垦总局均设立了中小企业发展专项资金，总额度为8250万元，资金扶持力度得到一定程度的加强。二是开展工业企业助保金试点工作。会同省财政厅确定哈尔滨、齐齐哈尔、绥化、鹤岗4个市（地）为试点单位，建立起省市、企业、银行和担保机构贷款担保风险共担机制。从目前运行情况看，4市（地）政府共出资20100万元作为助保金贷款的风险补偿金，省新型工业化资金拨出5000万元进行匹配，按照黑政办发［2010］2号文件规定的最高放大10倍比例计算，预计到年底可放贷25.1亿元。三是积极推进中小企业集合债发行工作。本着“政府推动、择优推荐、政策扶持、市场化运作”的原则，我委牵头组织，经考察、评审和论证，确定哈尔滨市红光锅炉总厂、哈尔滨惠佳贝食品、黑龙江宾西牛业、黑河市黑宝山矿业等4户企业作为我省2010年中小企业集合票据发行企业，经中国银行间交易商协会审核注册，成功完成了“2010黑龙江中小企业集合票据”申报与发行工作，票据总额1.7亿元，期限3年。四是企业上市工作有新突破。全年有中国一重、龙江交通在主板上市，哈尔滨九洲电气、哈尔滨誉衡药业哈尔滨九洲电气、哈尔滨誉衡药业分别成为我省在创业板、中小板上市的第一家企业，共募集资金23.44亿元。大庆博润生物科技、大庆盛永盈生物工程分别在美国纽交所和纳斯达克上市，共募集资金6000万美元。目前，我省境内上市公司有30家、境外上市公司24家。当前正会同省证监局、省金融办着手建立非公经济拟上市后备资源库。五是继续推进中小企业商业承兑汇票贴现试点工作。目前各相关银行正在筛选合规企业。

5. 实施品牌战略，提高自主创新能力

积极引导中小企业走“专、精、特、新”道路，在全省范围内开展了2010年中小企业“专、精、特、新”产品评选活动。充分利用中国中小企业黑龙江网的资源优势，建立了“黑龙江中小企业名优特新产品网上展示平台”，进一步实施名牌兴企战略，打造中小企业核心竞争力。截至目前，已征集14个行业的2000多种产品，并在展示平台上优先发布了100户企业的优质产品，在此基础上，组织专家评选2010年全省中小企业“专、精、特、新”产品，近期有望公布。

6. 开展招商引资，拓宽经贸合作领域

坚持把对外经贸合作作为加快发展非公有制经济的一项重要工作来抓，实施“走出去，请进来”的发展战略，加大对外经贸合作工作力度，进一步拓宽招商引资渠道。先后组织企业参加APEC、上海工博会、中博会，开展专题招商活动，大力宣传我省资源、区位优势，吸引发达地区企业到我省工业园区、产业集群投资发展，做好承接发达地区产业转移工作。从目前掌握的情况看，非公经济已成为各类园区发展的骨干力量。一批工业园区已初现雏形：以制药企业比较集中的呼兰利民开发区；以食品、机电加工为主的双城、宾县宾西经济技术开发区；以电子、信息和技术孵化为主的哈尔滨南岗科技园区；以石化产品吃配为主的大庆龙凤万宝园区、让胡路化工园区等，在经济发展中起到了较强的带动辐射作用。

7. 建立统计制度，加强非公经济运行分析

一是探索建立起非公经济统计监测制度。会同省统计局在全省范围内正式开展了非公有制经济统计运行监测工作，联合编印了《黑龙江省非公经济暨中小企业统计季报》，按季度定期发布相关指标，进行季度和年度分析工作，逐步建立健全中小企业市场监测、风险防范和预警机制，为掌握非公经济中小企业发展提供了依据，供省委、省政府决策参考。这项工作的开展，使我省成为全国少数启动非公有制经济统计工作的省份之一，有效增强了工作的主动性和预见性。一季度和半年、三季度全省非公经济运行分析已分别报送省委、省政府，其中一季度分析报告省委书记吉炳轩作了重要批示，运行分析材料同时在省报上发表。二是开展重点企业生产经营运行监测工作。按照国家工信部中小企业司的工作部署，在全省范围内开展了重点企业生产经营运行监测工作，现已近260户重点中小企业开展了月度指标监测工作，为及时发现和报告倾向性、苗头性问题提供了第一手素材。

8. 加大培训力度，有效提供智力支撑

紧紧把握新兴战略性产业发展的重要机遇期，积极开展非公经济、中小企业专题性培训，先后举办全省中小企业高层管理人员法律经济知识、融资上市、信息化、互联网与电子商务应用等方面培训；组织召开全省第一期创业管理人员培训班和全省第一期赛飞创业辅导师培训班；成功举办了黑龙江发展低碳经济企业应对策略高层论坛；并联合省直有关部门成功举办了全省院校学生就业与企业用工信息对接发布会，开展了中小企业网上百日招聘高校毕业生活动。同时，紧紧把握企业发展需求，以提高岗位技能为重点，积极开展企业专业技术人才和熟练技术工人培训工作。一年来，通过实施“百千万教育培训工程”，全年共培训2.3万人次。其中，全省非公经济、中小

企业中高级经营管理人员1.3万人次，专业技术人员1万人次以上，有效提高了非公经济和中小企业人员的素质与业务水平。

9. 制定考核细则，力促责任目标全面完成

会同省统计局经严格测算，起草制定了《2010年市（地）非公有制经济发展主要指标》，已于全省非公经济会议后由省政府办公厅印发各地市执行。从制定的主要指标计划看，13个市非公有制经济增加值预计完成4472亿元；同比增长18%以上；非公有制经济固定资产投资2837亿元；同比增长50以上。新增规模以上非公有制企业356户、销售收入亿元企业52户、主营业务收入10亿元企业10户；创办扶持小企业5000户，新安置40000人就业。按照省政府年底将依此对市（地）非公有制经济发展主要指标完成情况进行考核，并兑现奖惩，在全省范围内进行通报的重要指示精神，将于2011年3月份赴实地进行考核，以确保实现非公经济快发展、大发展的战略部署。大兴安岭将非公经济指标列入党政班子和各乡镇年终考核内容，各县区局均实行了非公有制经济发展目标奖励机制。与此同时，推广佳木斯市开展的“民营企业评议涉企部门”作法，并将其纳入责任目标管理。以佳木斯市为例，该市以执法部门、综合管理和社会服务部门为测评对象，组织500名非公经济企业的经营管理者对31个涉企部门，采取问卷测评和网上测评相结合的办法进行测评，有效改进并促进了政风、作风建设。

（黑龙江省中小企业服务中心）

上海市

2010年是上海世博会的举办年，也是“十一五”规划的最后一年。在党中央、国务院和市委、市政府的坚强领导下，在社会各界的大力支持下，上海中小企业面对复杂多变的国内外经济环境，积极加快创新驱动、转型发展，为上海国民经济保持平稳较快发展和社会保持和谐稳定作出了重大贡献。

根据上海市统计局快报数显示，2010年上海中小型法人企业（以下简称“中小企业”，不包括非法人企业和个体工商户）共有33.86万户，占上海法人企业总数的99.50%；吸纳从业人员805.72万人，占上海法人企业总数的80.80%；实收资本总额为20028.60亿元，占上海法人企业总额的77.09%；实现营业收入61924.31亿元，占上海法人企业总额的64.51%。

一、中小企业发展概况

（一）2010年上海中小企业总体情况

1. 中小企业数量基本保持稳定

截至2010年底，上海共有中小型法人企业33.86万户，占上海法人企业总数的99.50%，其中，中型企业1.04万户，比上年底增加119户；小型企业32.82万户，比上年底增加270户。

2. 中小企业从业人员略有增长

2010年底，上海中小企业从业人员805.72万人，占上海法人企业从业人员总数的80.80%，比上年底增长0.79%。其中，中型企业从业人员260.67万人，占中小企业从业人员总数的32.35%，比上年底增长0.56%；小型企业从业人员545.05万人，占中小企业从业人员总数的67.65%，比上年底增长0.91%。

3. 中小企业实收资本大幅下降

2010年，上海中小企业实收资本达20028.60亿元，占上海法人企业总额的77.09%，比上年底下降16.66%。其中，中型企业实收资本6426.99亿元，占中小企业实收资本的32.09 %，比上年底下降18.95%；小型企业实收资本13601.61亿元，占中小企业实收总额的67.91%，比上年底下降15.52%。

4. 中小企业营业收入增长明显

2010年，上海中小企业实现营业收入总额61924.31亿元，占上海法人企业总额的64.51%，比上年底增长11.14%。其中，中型企业实现营业收入19204.03亿元，占中小企业营业收入总额的31.01%，比上年底下降4.38%；小型企业实现营业收入42720.28亿元，占中小企业营业收入总额的68.99%，比上年底增长19.88%。

（二）2010年上海中小企业三次产业情况

2010年，三次产业中小企业的数量均占9成以上，从业人数占比均在7成以上，营业收入占比均在7成以上，实收资本占比均在6成以上。

1. 第一产业

2010年，第一产业中小企业户数1993户，占上海第一产业企业数量的99.75%；从业人员4.46万人，占95.48%；营业收入59.02亿元，占77.14%；实收资本89.06亿元，占92.39%。

2. 第二产业

2010年，第二产业中小企业数量达9.82万户，占上海第二产业企业数量的99.84%从业人员425.11万人，占83.07%；营业收入22562.44亿元，占64.43%；实收资本5888.42亿元，占80.35%。

3. 第三产业

2010年，第三产业中小企业数量达23.84万户，占上海第三产业企业数量的99.36%；从业人员376.15万人，占78.25%；营业收入39302.86亿元，占64.55%；实收资本14051.12亿元，占75.72%。

（三）2010年中小企业注册类型情况

1. 中小企业在上海各注册类型中的比重

截至2010年底，在上海国有企业、集体企业、私营企业、港澳台及外商投资企业、混合型企业（除国有、集体、私营、港澳台及外商投资企业以外的所有企业，以下同）中，中小型私营企业和集体企业在数量、从业人员、营业收入、实收资本上占绝对优势，在上海的比重均在9成以上；中小型国有企业、港澳台及外商投资企业、混合型企业尽管在数量上优势明显，但在营业收入等方面不够突出，如混合型中小企业营业收入仅占上海混合型企业的44.19%。

2. 中小企业注册类型分布情况

2010 年底，中小企业从数量上以私营企业为主，中小型私营企业占中小企业总数的 80.83%，遥遥领先其他注册类型的中小企业；在从业人员上，中小型私营企业占一半以上，较排名第二的中小型港澳台及外商投资企业多了 27.69 个百分点；在营业收入上，主要集中在中小型港澳台及外商投资企业和私营企业，分别占 38.79%、31.82%，两种类型的比重相差不大；在实收资本上，中小型港澳台及外商投资企业、私营企业、混合型企业分别占 35.13%、24.59%、21.41%，比重相对较为均衡。

3. 各类注册类型中小企业发展情况

（1）中小型国有企业。2010 年，上海中小型国有企业 5626 户，吸纳从业人员 47.57 万人，实现营业收入 7362.21 亿元，累计实收资本 3349.75 亿元，分别较 2006 年增长 -20.65%、-7.64%、8.81%、0.13%。

（2）中小型集体企业。2010 年，上海中小型集体企业 1.14 万户，吸纳从业人员 36.52 万人，实现营业收入 1193.56 亿元，累计实收资本 429.24 亿元，分别较 2006 年下降 42.78%、36.47%、8.45%、10.33%。

（3）中小型私营企业。2010 年，上海中小型私营企业 27.37 万户，吸纳从业人员 418.62 万人，实现营业收入 19705.33 亿元，累计实收资本 4925.53 亿元，分别较 2006 年增长 7.56%、13.36%、64.09%、37.30%。

（4）中小型港澳台及外商投资企业。2010 年，上海中小型港澳台及外商投资企业 2.90 万户，吸纳从业人员 195.53 万人，实现营业收入 24018.93 亿元，累计实收资本 7035.14 亿元，分别较 2006 年增长 24.50%、8.00%、102.86%、31.33%。

（5）中小混合型企业。2010 年，上海中小型混合型企业 1.89 万户，吸纳从业人员 107.48 万人，实现营业收入 9644.29 亿元，累计实收资本 4288.94 亿元，分别较 2006 年增长 -12.52%、-11.44%、30.23%、12.23%。

（四）2010 年中小企业资本来源情况

1. 中小企业资本来源的总体分布

2010 年，上海中小企业累计实收资本 20028.60 亿元，占上海法人企业总额的 77.09%。其中，国家资本 3369.52 亿元，占上海中小企业资本投入总额的 16.82%；集体资本 661.76 亿元，占 3.30%；法人资本 5815.79 亿元，占 29.04%；个人资本 4376.96 亿元，占 21.85%；港澳台商资本 2209.03 亿元，占 11.03%；外商资本 3591.02 亿元，占 17.93%。

2. 中小企业主要资本来源情况

（1）国家资本。2010 年，中小企业国家资本为 3369.52 亿元，比上年底下降 3.45%。从三次产业看，国家资本主要投向第三产业，第三产业中小企业国家资本 2988.91 亿元，占中小企业国家资本总额的 88.70%；从注册类型上看，国家资本主要投向国有企业，资本总额为 2287.23 亿元，占 67.88%；从行业大类来看，国家资本主要投向商务服务业、房地产业、工业、交通运输业、批发业等，5 个行业分别占中小企业国家资本总额的 44.70%、20.95%、9.38%、8.09%、6.69%。

（2）法人资本。2010 年，中小企业法人资本为 5815.79 亿元，比上年底下降 31.28%。从三次产业看，法人资本主要投向第三产业，资本总额累计为 4199.65 亿元，占中小企业法人资本总额的 72.21%；从注册类型上看，法人资本主要投向混合型企业，资本总额累计为 2558.91 亿元，占 44.00%；从行业大类来看，法人资本主要投向房地产业、工业、商务服务业等，3 个行业分别占中小企业法人资本总额的 25.22%、24.83%、23.35%。

（3）个人资本。2010 年，中小企业个人资本为 4376.96 亿元，比上年底增长 6.72%。从三次产业看，个人资本主要投向第三产业，资本总额累计为 3189.04 亿元，占中小企业个人资本总额的 72.86%；从注册类型上看，个人资本主要投向私营企业，资本总额累计为 3695.73 亿元，占 84.44%；从行业大类来看，个人资本主要投向批发业、商务服务业、工业、房地产业等，4 个行业分别占中小企业个人资本总额的 22.55%、18.95%、17.66%、14.94%。

（4）外商资本。2010 年，中小企业外商资本为 3591.02 亿元，比上年底下降 29.91%。从三次产业看，外商资本主要投向第二产业、第三产业，资本总额分别为 1856.58 亿元、1732.30 亿元，分别占中小企业外商资本总额的 51.70%、48.24%；从行业大类来看，外商资本主要投向工业、商务服务业、房地产业、批发业等，5 个行业分别占中小企业外商资本总额的 51.32%、13.58%、11.07%、8.50%。

二、2010 年上海中小企业主要工作

2010 年，在市委、市政府坚强领导下，上海中小企业工作以全面贯彻落实《国务院关于进一步促进中小企业发展的若干意见》（国发［2009］36 号，以下简称国务院《若干意见》）和《上海市人民政府贯彻国务院关于进一步促进中小企业发展若干意见的实施意见》（沪府发［2010］11 号，以下简称上海市《实施意见》）为主线，进一步改善发展环境，加强全面服务；进一步完善服务体系，推动政策落实，努力促进中小企业转型发展。主要开展了以下六方面工作：

（一）推进中小企业政策法规建设，改善发展环境

制定发布上海市《实施意见》和实施细则。贯彻国务院《若干意见》精神，充分听取中小企业及社会各界意见和建议，制定了上海市《实施意见》，从 6 个方面提出了 23 条具体意见，4 月 3 日以“市政府 11 号文”形式正式发布。会同相关委办局共同做好实施细则制定发布工作，加大政策宣传，推动政策落地。

中小企业地方立法实质性进展。市人大常委会 2010 年初将上海中小企业立法列入了当年正式立法项目。市经济信息化委、市人大财经委、市人大常

委会法工委、市政府法制办共同推进，12月22日，市人大常委会第一次审议了《上海市促进中小企业发展条例（草案）》。（注：2011年2月二审，2011年4月12日市人大常委会三审通过，于2011年6月1日起施行。）

做好中小企业发展专项资金相关工作。一是完善专项资金管理办法。修订了《上海中小企业发展专项资金管理办法》，进一步扩大专项资金的使用范围，提高专项资金的资助额度，加强项目后期跟踪与专项审计的工作力度，提高专项资金的使用效益；市经信委配合市财政局出台了《上海市地方特色产业中小企业发展资金管理操作办法》，加大对地方特色产业集群和特色产业聚集区内中小企业支持。二是加大中小企业项目专项资金扶持力度。积极组织上海中小企业项目申报国家中小企业发展专项资金、工业中小企业技术改造专项资金、财政部地方特色产业中小企业专项资金等各类资金。全年，通过市中小企业办组织获得的国家专项资金近2.5亿元。上海市中小企业发展专项资金也进一步加大了扶持力度。

（二）完善中小企业工作服务体系，推动政策落地

形成上海促进中小企业发展工作合力。市政府成立了促进中小企业发展工作领导小组，组长由分管副市长担任，23个委办局分管领导为领导小组成员，并明确领导小组办公室设在市经济信息化委。充分发挥领导小组作用，定期召开领导小组会议，做好委办局间沟通协调，加强对上海中小企业工作的领导；进一步巩固市区联动的工作机制，加强对区县中小企业工作部门和区县中小企业工作联络员的业务指导，定期召开工作例会，加强沟通协调，发挥区县作用；充分发挥全社会的积极作用，进一步形成上海促进中小企业发展的整体合力。

推动建立市、区县中小企业服务中心。按照上海市《实施意见》要求，积极推进市、区县中小企业服务中心组建工作。在市经济信息化委和市工商联共同努力下，上海撤并了上海市小企业（生产力促进）服务中心与上海市小企业（贸易发展）服务中心，新设立“上海市中小企业发展服务中心”，归口市经济信息化委领导和管理，市中小企业发展服务中心2010年11月28日已正式挂牌成立。同时，引导区县参照市中小企业服务中心组建形式完成区县中小企业服务中心设立。截至2010年底，松江、浦东、虹口、杨浦、普陀、奉贤、闵行等区已组建区中小企业服务中心。

完善公共服务体系和平台建设。按照政府引导和市场运作相结合的原则，充分发挥上海已有的信息、研发、知识产权、检验检测、管理咨询、创业辅导、人员培训、市场开拓、融资服务等各类公共服务平台作用；根据工信部等七部委《关于促进中小企业公共服务平台建设的指导意见》，会同市发改委、市科委、市财政局、市人保局、市环保局、市质量技监局等六部门，共同制定了《关于促进上海中小企业公共服务平台建设的通知》。积极推荐上海中小企业公共服务平台成为国家中小企业示范平台。计划用三年时间，建立、充实和完善300家中小企业公共服务平台，重点培育100家运作规范、支撑力强、服务面广、业绩突出、信誉良好、公信度高的上海中小企业公共服务示范平台。

（三）做好“专精特新”中小企业培育工作，实施政策聚焦

建立“专精特新”中小企业培育库。根据上海市《实施意见》的要求，继续推进“中小企业百千万成长工程”，培育“专精特新”中小企业，真正体现“专精特新”中小企业的发展带动作用。按照到2012年培育1000家“专精特新”中小企业的目标，在区县、行业协会等支持下，经多方推荐和动态筛选，2010年底首批产生了500家“专精特新”中小企业。

加强中小企业运行情况动态监测。在监测机制上，积极争取市统计局、上海海关、人民银行上海总部等部门的支持，建立数据共享机制，定期提供工业、商贸业、进出口、信贷所涉及的中小企业数据。在监测内容上，采取“点面结合”的原则。面上，对规模以上工业中小企业、商贸业中小企业以及上海中小企业的进出口、信贷融资等进行分析，力求反映上海中小企业的总体运行情况，每月发布“上海市中小企业运行监测报告”；点上，对“专精特新”中小企业开展数据直报，跟踪分析典型企业。在上海中小企业网建立了“上海市中小企业运行情况报送系统”，根据报送数据，及时跟踪分析中小企业运行趋势。

政策聚焦扶持“专精特新”中小企业发展。组建了专家委员会，加大中小企业调研力度，及时发现共性困难和问题，研究对策并积极帮助协调解决。针对“专精特新”中小企业碰到的困难，会同相关部门做好协调服务工作。研究制定支持“专精特新”中小企业转型发展的政策意见。2010年底启动了第一期“上海中小企业领军人才培训”。

（四）拓宽中小企业融资渠道，缓解融资困难

大力推进中小企业集合票据融资试点。召开专题会议，开展系列培训，积极推动区县中小企业集合票据发行工作。截至2010年底，上海有2只中小企业集合票据成功发行，募集资金6亿元，分别为闵行中小企业集合票据5亿元、嘉定中小企业集合票据1亿元。同时，还有浦东新区、杨浦区、松江区、宝山区、青浦区、黄埔区等多个区县中小企业集合票据筹备发行，上海已经形成了“全面开花、梯次推进”的格局。

不断加强改制上市服务。加大政策支持力度，市政府办公厅转发了市金融办、市经济信息化委等十六部门《关于推进上海中小企业上市工作实施意见》的通知，上海组建了市推进中小企业上市工作联席会议制度，市中小企业发展专项资金中新设了“改制上市培育项目”。做好改制上市培育工作，加强市区联动，开展公益性培训和辅导，协调解决企业上市过程遇到的困难。2010年，上海共有14家企业在中小板和创业板上市，募集资金117亿元。截至2010年底，上海在中小板、创业板上市的中小企业数量分别为21家、10家。

推动优化间接融资环境。上海积极引导和支持银行业小企业金融服务产品创新，推动知识产权质押融资，促进银企对接，编撰了《2010上海中小企业融资指引》。2010年11月28日“上海中小企业发展论坛”上，市中小企业办与招商银行小企业信贷中心、交通银行上海市分行、民生银行上海分行和上海浦东发展银行上海分行签署了授信总额达100亿元的服务“专精特新”中小企业战略合作协议。市金融办、市经济信息化委等共同做好小额贷款公司试点相关工作。

推进信用担保体系建设。市金融办等部门出台了规范整顿上海融资性担保公司的政策意见。中小企业发展专项资金和中小外贸企业融资担保专项资金加大对中小企业担保机构的业务补助。市税务局、市经济信息化委积极落实担保机构免征营业税政策。市经济信息化委、人民银行上海分行联合开展了2010年担保机构信用评级工作。

（五）推动中小企业创新发展，提升竞争能力

深化开展中小企业品牌建设培育工作。基于“梯度培育”的工作理念，自2006年起，上海开展了“上海中小企业品牌建设推进工作”。2010年，继续深化推进，在各有关部门、区县共同支持下，推荐产生了114个中小企业品牌企业和329个中小企业品牌产品。4年来已累计向社会告示了900多项品牌产品和300多家品牌企业，据不完全统计，有50多款产品获得了上海市名牌产品称号，有20多家品牌企业被授予上海市“著名商标”、1家企业获得国家驰名商标称号。通过推荐推广一批“品牌企业”和“品牌产品”，较好地推动上海中小企业提高了品牌意识，提高了核心竞争力。

试点推出“中小企业信息化应用示范企业”。中小企业作为“两化融合”建设的生力军，信息化应用水平直接关系企业核心竞争力。根据“中小企业信息化应用推广工程”要求，试点开展中小企业信息化应用示范企业推荐活动，2010年推出了50家“上海市中小企业信息化应用示范企业”。通过发挥“示范企业”的引领和示范效应，推动上海产业结构调整和城市转型发展。

（六）搭建中小企业合作交流平台，帮助拓展市场

组织中小企业参加相关展会，搭建合作交流平台。组织上海中小企业参加了第六届APEC中小企业技术交流暨展览会、第七届中国国际中小企业博览会暨中澳中小企业博览会等国内外展会，为中小企业搭建交易、展示平台，多家中小企业达成合作意向。组织30多家中小企业赴喀什进行了投资合作考察，有2个项目落地。

加大政府采购支持中小企业力度。市财政局、市经济信息化委认真落实《上海市政府采购促进中小企业发展的暂行办法》，做好中小企业供应商资格认定，对于中小企业参与政府采购优先安排，并对预算金额200万元以下的政府采购项目规定只能从中小企业采购（中小企业不能提供的除外），减免中小企业投标保证金等。

（上海市促进中小企业发展协调办公室）

江苏省

2010年，江苏中小企业认真贯彻落实中央和省的各项决策部署，努力转变发展方式，坚持创新发展和科学发展，保持了平稳健康的发展态势，在全省经济和社会发展中发挥了举足轻重的作用。

一、中小企业运行情况

2010年全省中小企业达到了123万户，中小企业创造了全省60%的生产总值、提供了80%的从业岗位、提供了50%多的税收，中小企业实现了全省65%的发明专利、75%以上的企业技术创新、80%以上的新产品开发。规模以上中小工业保持良好的发展态势。一是产销保持稳定较快增长。2010年，全省规模以上中小工业企业实现产值6.5万亿元，占全省规模以上工业的70.7%，同比增长29.7%，比上年同期提高15个百分点；实现销售收入6.4万亿元，占全省规模以上工业70.4%，同比增长30.3%，高于全省规模以上工业销售收入增幅3个百分点，比上年同期提高16.6个百分点。产销率为98.1%，比上年同期提高1.1个百分点。二是经济效益进一步提高。2010年，规模以上中小工业实现利税总额6446.29亿元，占全省规模以上工业比重的72.5%，同比增长38%，高于全省规模以上工业增幅3.1个百分点；实现利润总额4139.45亿元，同比增长47.5%，高于全省规模以上工业增幅3.9个百分点。三是创业投资热情较高。以中小企业为主体的民间固定资产投资1.49万亿元，同比增长25.5%，高于全社会投资增幅3.1个百分点；占全社会投资总额的64.2%，比上年提高1.6个百分点。四是新兴产业加快发展。新能源、新材料、新医药、环保、软件等新兴产业领域中小企业的销售收入增长30%以上，中小企业已成为新兴产业发展的主体力量。全省规模以上工业中，中小企业产值分别占装备制造业的79.5%、新医药的75.4%。在软件与信息服务业中，中小企业营业收入占85%以上。五是外贸出口恢复增长。2010年，全省规模以上中小工业实现出口产品交货值9491.59亿元，同比增长28.9%，比上年同期提高31.3个百分点。

二、推动中小企业健康发展的工作举措

（一）营造良好发展环境

努力营造良好的发展环境，是对中小企业最直接和最有效的支持。2010年，省委省政府认真贯彻落实党中央、国务院关于扶持和鼓励中小发展的总体部署，研究制定了一系列政策措施，支持中小企业发展。为落实国发［2009］36号文件精神，省政府出台了《关于进一步促进中小企业发展的实施意

见》（苏政发［2010］90号），从进一步健全中小企业服务体系、多渠道缓解中小企业融资困难、促进中小企业自主创新和转型升级、提高中小企业经营管理水平、营造有利于中小企业发展的良好环境、强化对中小企业工作的组织领导等六个方面支持和促进中小企业快展。10月，省委省政府召开了全省民营经济工作会议，表彰了一批优秀民营企业和民营企业家，出台了《关于加快民营经济转型升级的意见》（苏发［2010］17号）和《关于鼓励和引导民间投资健康发展的实施意见》（苏政发［2010］130号）两个重要文件，为进一步鼓励和扩大民间投资、促进民营经济、中小企业加快转型升级、激发民资创新创业热情营造了良好环境。我们认真贯彻落实全省民营经济工作会议精神和省委省政府促进民营经济健康发展的各项政策措施。一是抓好政策的贯彻落实。梳理编印了《江苏省促进民营经济发展文件汇编》，免费发放到基层和有关企业，推动各项支持民营经济、中小企业发展政策落实到企业。二是加大宣传力度。配合央视、江苏卫视和新华日报对我省民营经济发展成就、民营企业加快转型升级、我省促进民营经济加快发展的政策措施进行了集中宣传报道。

（二）增强企业创新发展动力

全省上下把支持中小企业创新发展摆在突出位置，作为工作的重中之重。一是大力培育创新型中小企业。制定印发了《江苏省中小企业创新能力建设示范企业认定办法（试行）》，认定并公布了首批45家中小企业创新能力建设示范企业和50家重点培育企业。按照《江苏省科技型中小企业认定办法》的规定，认定了两批共400多家科技型中小企业。二是大力促进中小企业发展新兴产业。制定印发《江苏省高成长型中小企业认定办法（试行）》，重点在新兴产业中，认定首批高成长型中小企业40家，高成长型中小企业重点培育企业60家。三是大力引导企业开发具有自主知识产权的新产品。根据《关于推进全省中小企业知识产权工作的意见》和《江苏省中小企业专利新产品推荐实施办法》，认定并公布230个省中小企业专利新产品，其中180个产品属发明专利。四是大力推进中小企业公共技术服务平台建设。根据《江苏省中小企业公共技术服务示范平台认定办法》，认定第二批江苏省中小企业公共技术服务示范平台21家。组织各地围绕当地特色产业、主导产业和新兴产业编制上报2011～2015年中小企业技术服务平台建设规划。五是促进产学研对接。在省内高校征集200多项科技成果产业化项目和近400项中小企业技术合作需求，促进产学研合作和成果转化。

（三）推进集约集聚发展

优化整合集聚区资源，坚持企业向园区集中发展，发展专业化、特色化产业。一是发挥示范带动作用。制定下发了《江苏省中小企业产业集聚示范区认定办法（试行）》，认定并公布第一批19家省级中小企业产业集聚示范区名单。二是推动产业集群做大做强。全省营业收入百亿以上产业集群达62家，比上年增加6家。其中：500亿以上产业集群达8家，比上年增加3家；千亿以上产业集群达3家，比上年增加2家。三是促进企业集中度进一步提高。全省产业集聚区入驻企业96000家，净增加企业3445家。其中规模以上中小企业达33000家，占县域工业规模以上中小企业数的63%，较去年提高两个百分点。四是加快标准厂房建设。2010年新建标准厂房2700万平方米，较上年增长8%。其中：多层厂房1070万平方米，同比增长7%；单层厂房1630万平方米，同比增长8.6%。全省中小企业产业集聚区已累计建设标准厂房1.87亿平方米，累计为8.4万个中小企业提供了发展载体。五是加快淘汰落后产能。全省钢铁行业淘汰落后生产能力370万吨、关停小火电机组117万千瓦、淘汰水泥落后产能450万吨、淘汰造纸产能6.5万吨。其中大部分属于中小企业。当年关闭小化工生产企业528家。自2007年以来全省累计关闭小化工企业超过了5000家。

（四）完善服务体系建设

切实转变政府职能，提高服务效能和服务水平。一是着力构建中小企业服务体系。加快中小企业服务中心建设，形成省、市、县（区）三级服务网络。目前，全省中小企业服务中心市、县覆盖率达97%。经济发达地区已延伸到乡镇，超额完成了省政府下达的目标任务。二是培育星级服务平台。出台“江苏省中小企业公共服务平台星级评定暂行办法”，认定公布三星级以上公共服务平台110家，完成省政府50项重点工作中“重点培育100家中小企业公共平台”的目标要求。三是开通全省中小企业“96885”免费法律服务热线，建立首个省级中小企业法律公共服务平台。整合全省各地100家以上律师事务所、1000名以上专业律师，为全省中小企业提供每天24小时的免费法律咨询服务。四是加强企业人才培训。组织开展优秀企业家高端培训班、高级工商管理硕士学位班等十大品牌培训。创新培训方式，开发了网络在线培训，为企业建立一个公益性的培训服务平台，现已拥有12大类、2000余小时的课件，全省4000多家中小企业开通网络在线培训，全年听课人次达40万以上。

（五）切实缓解融资难题

化解融资难题，是促进中小企业加快发展的一项重要举措。一是完善信用担保体系。全省担保机构市、县（市）覆盖率达85%以上。2010年，全省纳入统计的担保机构注册资本金超过300亿元，当年新增担保贷款超过1000亿元，在保企业近3万户。二是推进银企合作。与金融机构合作开展“万企千亿”中小企业融资培育工作，联合举办各类中小企业金融产品服务推荐展示会。与中信银行南京分行签订3年为中小企业提供800亿元信贷支持的发展合作协议；组织各市申报小企业贷款增长风险补偿奖励资金，对全省250家银行业金融机构发放的小企业（年销售收入3000万元以下、贷款余额500万元以下）贷款增量258亿元安排风险补偿和奖励资金1亿元。三是拓宽融资渠道。加强融资服务平台建设，省中小企业融资服务网开通一年来，累计受理3258家企业融资申请，帮助1014家企业获得融资61.9亿元。与中国信保江苏分公司联合推动利用政策性出口信用保险支持我省中小企业发展。

（六）大力开拓国内外市场

搭建合作交流平台，帮助企业开拓国内外市场。一是举办和组织中小企业参加展览会，全年共支持1000多家中小企业开拓国内外市场。举办了“2010中国（苏州）国际中小企业交易会”，组织企业参加第七届“中博会”和APEC中小企业技展会。二是支持各地举办专业展览会。2010年重点支持了启东电动工具五金交易会、常州横林地板国际博览会、昆山模具国际博览会等专业性展会，提升了我省特色产业集群的知名度。三是推进民营企业开展国际经贸合作交流。6月，组织200多家中小企业分别与意大利马尔凯大区40多家中小企业进行贸易洽谈。发挥中小企业国外代表处的经贸桥梁作用，为民营企业“走出去”做好牵线搭桥工作。

（江苏省中小企业局）

浙江省

2010年，面对经济发展形势变化的严峻挑战，在省委省政府的正确领导下，全省中小企业工作系统认真贯彻科学发展观，深入实施“创业富民、创新强省”总战略，全面落实中央和省委省政府的经济工作部署，加快中小企业转型升级，全省中小企业增速平稳较快，发展质量明显提升，呈现出“高开稳走”的运行格局，较好地巩固了中小企业企稳回升向好的势头，为全省经济的平稳健康发展作出了新的贡献。

一是产销增速保持稳步增长。全省规模以上中小企业实现工业总产值43536.7亿元，同比增长31.2%，比上年同期提高28.2个百分点，高于大型企业工业总产值增幅3.6个百分点。

二是对外出口保持稳步增加。全省规模以上中小工业企业实现出口产品交货值8816.5亿元，同比增长27.7%，比上年同期提高37.7个百分点。出口交货值与工业销售产值之间的增幅差距，已从去年一季度的10.6个百分点，缩小到年底的3.3个百分点。随着出口形势的好转，已经基本摆脱了2008年以来的颓势。

三是经济运行质量稳步提高。全省规模以上中小工业企业实现利税总额3809.0亿元，同比增长41.5%，高于全省规模以上工业企业利税平均增幅4个百分点。实现利润总额2463.4亿元，同比增长51.4%，高于全省规模以上工业企业利润平均增幅4.1个百分点，比去年同期提高17个百分点。

四是中小企业的发展已经基本恢复到金融危机以前的水平。全省各类中小企业总数已达290多万家，占全省企业总数的99.7%，其中规模以上工业企业63273家，亿元以上销售收入工业企业7025家。目前全省工业总量的84.1%、工业税收的73.3%、外贸出口的82.5%、工业企业从业人员的90.9%都来自中小企业。中小企业在全省国民经济的支撑作用、对社会发展的稳定作用十分明显。

一年来，在工信部尤其是中小企业司的正确指导下，浙江中小企业工作系统以“152行动计划”为抓手，完善工作机制，突出工作重点，创新工作载体，坚持分类指导，巩固发展应对金融危机成果，加快推进转型升级，各项工作取得了显著成效。

（一）抓政策落实，着力为中小企业加快发展提供新保障

2010年年初，浙江省政府制定了《关于促进中小企业加快创业创新发展的若干意见》。意见明确了今后一个时期我省中小企业发展的指导思想和主要任务，提出了从中小企业数量大省向素质强省转变的发展战略目标，制定了包括鼓励创业、支持创新、改善融资、强化服务、加强指导等方面的40条措施。这是继2005年我省制定出台《浙江省促进中小企业发展条例》之后，又一个指导中小企业发展的重要综合性文件，是我省认真贯彻落实国务院“36号文件”精神，加快转变经济发展方式，推进中小企业转型升级的重大举措。

省政府关于促进中小企业发展“40条”出台后，我们积极与省相关部门加强沟通联系，明确主要职责，制定任务分解方案和实施意见，研究制定配套政策，切实抓好细化落实工作。先后牵头和推动有关部门制定了中小企业信用担保体系建设、规范融资性担保公司、金融业深化改革加快发展、开展“百千万”中小企业成长工程、加强企业上市、加快工业产品创新、减轻企业负担、为中小企业提供司法保障等方面的配套细化政策，确保了“中小企业40条”政策的实效性和可操作性。

（二）抓融资服务，着力为中小企业金融需求提供新平台

搭建融资合作对接平台，成功举办“首届中国—浙江成长型中小企业投融资洽谈会”。有135家国内外知名投资机构、36家省内外银行业金融机构、120多家咨询服务机构，以及1200多家成长型中小企业参会，参会人数达到2300多人。400多家企业和投融资机构进场对接，46家企业上台路演，现场达成66个投融资意向项目。活动期间，我们与中国中小企业协会融资服务中心签署了“浙江中小企业百亿集合债”战略框架协议，召开了中国股权投资协会第一次筹备会，成立了着眼于为中小企业提供长期融资服务的“浙江省中小企业投融资战略服务联盟”和“全国工商联并购公会浙江俱乐部”。此次“浙融会”取得了丰硕成果，被参会企业和投融资机构誉为是一次别开生面的中小企业融资“奥斯卡”盛会。大会的成功举办，也为浙江成长型中小企业与国内外投融资机构搭建了一个直接交流对接的平台，对推进浙江“中小企业金融中心”和“民间投资促进中心”建设产生深远影响。

规范完善提升担保服务，通过信用评级、备案、规范型担保机构评价认定等一系列专项监管措施的制定和实施，加强对担保机构的运行监管服务，提高担保机构的运营质量，培育和提升担保机构的信用。截至去年底，全省已有中小企业信用担保机构402家，担保资金总额195亿元，已累计为15万家中小企业提供30万笔担保，累计担保总额达2600多亿元。与国开行浙江省分行共同组建的浙江省中小企业创业融资平台，坚持担保机构“抱团增信”发展模式，第一批全省10家担保机构组建的省级平台和第二批温州平台、台州平台，到去年年底共为全省908个中小企业项目提供了18亿元的基准利率贷款，没有发生一起逾期风险。

积极推进多种方式的银企合作。去年我局与省移动公司、省农行共同启动实施中小企业“e融行动”。方案实施一年多来，全省已有575家中小企业获得授信78亿元。积极探索中小企业贷款保证保险，推动中国人保财险公司与舟山定海农村合作银行开展贷款合作。加快探索融资创新，相继推出发行信托债权基金、发行短期融券等一系列金融创新举措。通过成功试点，全省已经发行超过10亿元的小企业集合信托债权基金，平均每家企业融资在500万元以下，真正使一批小企业获得了资金支持。

（三）抓境外拓展，着力为中小企业抱团出海提供新渠道

成功举办“浙江—美国中小企业合作周活动”。活动期间开展了5场大型洽谈对接活动，参会的170多家浙江中小企业和美国1000多家中小企业对接交流，达成合作意向140多项，涉及金额15多亿美元。在美期间，与美国纳斯达克证交所、富顿集团、马里兰州、宾夕法尼亚大学沃顿商学院等分别签署合作协议书，推动我省中小企业在上市融资、名品推介、科技创新、人才培养等方面与美国有关机构的合作。美国纳斯达克证交所和高盛集团等全球金融业顶尖机构纷纷表示要深化与我省中小企业的全面合作。此次“合作周”活动取得很大反响，美国各大媒体把浙江商务代表团的活动，称为中美两国经贸活动的一件大事，是一次难得的合作之旅、拓展之旅、经贸之旅。在活动结束不到两个月的时间里，包括美国国务卿希拉里的特别助理在内的相关政要和企业巨头纷纷来浙考察访问，美国高盛集团已与省政府签订了合作发展浙江海洋经济的战略框架协议。据初步统计，参加“合作周”的我省企业中有70多家确立了到美国投资的意向，60多家确立与美国相关企业开展技术合作，8家计划赴美上市，30多家计划赴美进行品牌推广，40多家初步安排派员到沃顿商学院进行培训，为我省中小企业在更大范围、更深层次开展国际合作迈出了第一步。

此外，积极组织中小企业参加浙台精品展、第七届中博会、第六届APEC技交会、第五届印尼博览会等国内外多个高层次展会，进一步提升了浙江中小企业在国际上的影响力。截至2010年底，浙江境外企业和机构累计已达3000多家，连续多年居全国第一，投资遍布6大洲，约130个国家和地区。

（四）抓创业创新，着力为中小企业培育成长提供新服务

加快实施以“百家升级”、“千家成长”和“万家培育”为主要内容的“百千万”工程，建立“百千万”中小企业培育信息库，重点培育500家企业从规模以上小企业成长为中型企业，5000家微小企业成长为规模以上企业，10000家初创型小企业实现成功创业。

建立中小企业技术创新服务体系。以行业和产业集聚区为依托，按照国家公共服务平台标准，完善我省技术中心管理办法，加强动态管理，增强技术中心为企业提供技术支持的能力和水平。全省已认定502家省级中小企业技术中心和2609家科技型中小企业。去年还启动了自主知识产权优势中小企业培育工作，首批确认了43家中小企业作为培育对象。

积极开展创业辅导工作。完善创业辅导形式，创新创业辅导内容，提升创业辅导质量，扩大创业辅导的覆盖面。2010年，全省共开展多种形式的创业辅导活动700余场，辅导企业2500余家，参加人数达3.1万人次。通过辅导，全省已有30家中小企业率先获得省级管理创新型企业称号。

积极推进小企业创业基地建设。指导和协助各地制定小企业创业基地扶持政策，鼓励通过改造厂房、仓库以及挖掘社会资源等多种形式建设小企业创业基地。目前，全省已有小企业创业基地入住企业9041家，安排从业人员34.82万人。数年来，小企业创业基地已成功培育1052家企业成长外迁，较好地发挥了小企业创业基地“孵化园”的作用。

加强中小企业行业协会建设。通过抓好22个中小企业行业协会的培育工作，更好地发挥行业协会自我管理、自我服务、自我约束、自我发展的功能，及时为企业提供指导性信息，帮助企业拓展国内外市场，拓宽融资渠道，开展科技创新。各行业协会注重加强行业从业人员素质提升，仅2010年就有6000多家会员参加了协会组织的各类培训。

（浙江省中小企业局）

安徽省

Ⅰ．中小企业发展情况

一、2010年安徽中小企业发展情况

2010年以来，安徽省中小企业发展越来越受到各方面支持和关注，从国家到地方对中小企业更是“高看一眼，厚爱一层”，极大地坚定了中小企业战线广大同志应对危机、克服困难、谋求发展的信心和决心。全省中小企业在省委、省政府的正确领导下，积极应对金融危机带来的不利影响，迎难而上，奋力拼搏，呈现了“止跌回升”的良好势头，为促进全省经济发展、增加就业、维护社会稳定做出了积极贡献。

一是发展速度稳步回升。2009年金融危机影响到安徽以后，中小企业发展速度下降严重，11月份规模以上中小工业企业增速减为21.51%，比10月份回落了23.2个百分点，12月份增速继续下降，减为16.89%。到今年2月份，国家和省扩大内需各项措施的积极作用开始显现，中小企业发展速度开始止跌回升，2月份当前增速为20.6%，比去年12月

份回升了3.71个百分点，比元月份回升了3.86个百分点，此后发展速度逐月提升。8月份发展速度为28.24%，比2月份提高了7.6个百分点。1～9月份，全省规模以上中小工业企业实现增加值1806.99亿元，同比增长24.52%；其中，9月份当月实现增加值240.94亿元，同比增长29.31%。

二是产销衔接逐步好转。2009年10月份以后，中小企业市场销售受阻，产销衔接趋于恶化，产销率同比下降。11月份规模以上中小工业企业产销率同比下降1.65个百分点，12月份同比下降1.18个百分点。到2010年3月份产销率开始回升，3月份当月实现销售产值607.61亿元，同比增长15.92%，产销率达96.18%，比2月份提高2.01个百分点，进入产销衔接平稳发展阶段，8月份产销率达97.03%。1～8月份实现销售产值5109.9亿元，同比增长19.5%。

三是优势行业和产品较快增长。中小企业新产品产值始终保持较快增长，在金融危机冲击最严重时期，2009年11月和12月仍然分别增长25.60%和51.23%；2010年1～8月份实现新产品产值318.99亿元，同比增长26.55%，高出全省工业平均增幅8.15个百分点。从轻重工业发展态势看，轻工业发展快于重工业。2010年1～8月份轻工业实现增加值519.6亿元，同比增长31.67%；重工业实现增加值1045.1亿元，同比增长20.87%。列入统计范围的37个行业中，1～8月份有32个行业保持增长，仍然是负增长的只有5个行业，并且降幅逐月减少，止跌回升。装备制造业实现销售产值1662.8亿元，同比增长26.8%，其中，专用设备制造业实现销售产值214.3亿元，同比增长39.27%。农产品加工实现销售产值705.7亿元，同比增长31.3%。

四是新建企业和新上项目拉动作用较大。2010年1～8月份新建企业完成销售产值559.5亿元，同比增长408.01%。上半年非公经济实现增加值906.9亿元，同比增长24.2%。到6月底，全省私营企业达18.3万家，同比增长10.9%；全省新登记私营企业1.9万户。个体工商户达124.2万户，同比增长16.8%；新登记个体工商户15.1万户。

五是非公经济进一步壮大。非公经济的主体地位进一步增强，所占比重进一步提高；以制造业为主的工业企业主导作用更加突出，规模骨干企业支撑作用明显，中小企业进一步向工业园区、产业集群聚集，空间布局更趋合理，聚集效应初步显现。目前我省共有产业集群193个，其中超过10亿元的集群有43个，集群中的企业约3万个，其中规模以上企业2850个；超亿元的企业有162个，超5亿元的有70个；年营业收入1500亿元以上，利润总额约120亿元，上缴税金约80亿元。建成了铜材加工、高沟电缆、汽车零部件、秦栏电子、博望刃模具、槐林渔网、亳州中药材、桐城包装印刷等一批初具规模、特色明显，在全国市场有一定影响力的产业集群。工业园区已经成为中小企业发展的重要载体和县域经济发展新的增长极。省政府认定的57个产业集群专业镇集聚“一镇一业”的专业化生产企业4000多户，实现销售收入近1000亿元，吸纳就业人员49.5万人。

二、安徽中小企业主管部门的主要工作

一是组织召开全省非公经济表彰大会。为认真贯彻落实省委省政府关于进一步鼓励支持和引导个体私营等非公有制经济发展的有关政策，落实科学发展观，动员全省上下继续创新思路，搞好服务，激发广大非公人士的创业积极性，我局按照委领导要求，精心筹备全省非公经济表彰大会。会议对已形成一定规模的优秀非公企业、优秀非公企业家和个体工商户进行表彰奖励。在当前形势下召开非公经济表彰大会，有利于营造全省上下关注、关心和支持中小企业和非公有制经济发展的良好氛围，有利于齐心协力推动我省中小企业和非公有制经济加快发展。

二是进一步贯彻落实国家和省里出台的政策文件。推动出台安徽省贯彻国发36号文件实施意见。在调研和征求省直有关部门意见的基础上，我们起草了实施意见并上报省政府，10月25日上午，省长王三运主持召开省政府第62次常务会议，通过了我委代拟的《安徽省政府关于进一步促进非公有制经济和中小企业加快发展的实施意见》，三运省长充分肯定了实施意见。深入推进《关于进一步推动个体私营等非公有制经济又好又快发展的意见》（皖发［2008］19号）的贯彻落实。省发展非公有制经济推进全民创业领导小组办公室和省监察厅决定今年重点督查各市、县（市、区）人民政府在优化非公经济发展环境等方面的工作进展情况，切实把政策规定转化为促进发展的动力；下发了《关于对皖发［2008］19号文件贯彻落实情况进行督查的通知》（皖经信明电［2010］87号），就各市政策法制环境、行政审批环境、市场规范环境、舆论宣传环境情况进行督查。

三是大力培育“专精特新”中小企业和成长性小企业。下发了《关于组织推荐全省重点调度的500户“专精特新”中小企业和1000户成长性小企业的通知》，制定了《安徽省“专精特新”中小企业认定办法》，建立了安徽省成长性小企业评价系统，遴选出省重点调度的500户“专精特新”中小企业和1000户成长性小企业；开发了安徽省重点调度的500户“专精特新”中小企业和1000户成长性小企业运行直报系统软件，开展了系统软件操作知识培训。积极申报2010年国家中小企业发展专项资金项目，今年与省财政厅共同组织了90个（文件规定）项目上报工信部、财政部争取国家中小企业发展专项资金的支持，其中，中小企业技术改造项目30项，服务环境改善项目10项，企业提高素质活动补助项目10项，总投资12.54亿元，争取国家项目资金1.118亿元。

四着力加快中小企业社会化服务体系建设。按照市场化的原则组建了省中小企业服务中心并建成中小企业服务大厅，开通了中小企业服务网。成立了安徽省中小企业协会陶瓷专业委员会。目前正在

开展中小企业服务机构发展情况调查，逐步摸清全省承担综合服务任务的各级中小企业服务机构和机构状况，为研究制定政策措施，培育综合服务机构，加快推动服务体系建设提供决策参考。积极组织申报国家专项资金支持中小企业服务机构的建设，经过精心组织，细致工作，所报6个项目全部获得国家的批准，也是唯一一个所报项目全部获批的省份，共获补助资金1820万元，占资金总额的7.3%，项目总数和资金总量双双位于全国之首，高于获得资金量第二位的江苏省500多万元。向国家工信部上报推荐6家2009年度国家中小企业公共服务示范平台。通过政府资金的引导和扶持，将进一步推动我省中小企业服务体系建设，加强和改进对中小企业的服务，促进中小企业又好又快发展。目前全省市、县中小企业服务中心已经发展到161家。

五是大力发展特色产业集群专业镇和农产品加工业示范基地。启动了实施100个产业集群专业镇培育计划，根据全省产业集群发展的规律和特点，结合各自的资源、产业等优势，按照“高起点、高标准、布局合理、适度超前”的原则，选准主导产业和发展区域，分步实施，促进产业布局与工业化、城镇化、农业产业化协调发展。对省政府认真的57个产业集群专业镇进行了考核，从全省上报的106个乡镇中遴选出43产业集群专业镇将上报省政府。召开了全省产业集群专业镇规划编制及统计业务培训会；工商银行协调，研究制定了《安徽省产业集群专业镇资金管理办法》，加大对产业集群专业镇的扶持力度。根据《农业部办公厅关于组织申报第二批全国农产品加工业示范企业和第四批全国农产品加工业示范基地的通知》（农企办［2010］15号），按照文件要求组织了申报，并对申报材料进行了初审，所报材料符合文件要求。黄山市松萝有机茶叶开发有限公司等17户企业申报的“第二批全国农产品加工业示范企业”材料和宿州市泗县黄圩镇意杨林木加工业示范基地等7个基地申报的“第四批全国农产品加工业示范基地”已上报国家农业部。

六是加强中小企业和非公经济的人才培训工作。一是继续实施中小企业银河培训工程。充分把握国家计划用三年时间对100万户成长型中小企业经营管理者实施全面培训的机遇，积极争取培训资源，开展不同领域、不同层次的培训。二是组织名师大讲堂活动。对初创小企业、非公企业经营者进行专项培训。三是继续组织好赛飞培训。与德国技术公司共同组织进行创业辅导师的培训工作，进一步扩大创业辅导师队伍；承办了三期全国赛飞创业辅导培训班。共培训全省中小企业经营管理人员4500人左右。

七是围绕摸情况、找问题，认真开展专题调研。为贯彻落实国发［2009］36号文，省中小企业主管部门加强对全省中小企业信用担保机构运营情况的监测，开展了2009年度中小企业信用担保机构情况调查；对省级中小企业信用再担保工作情况调查，掌握和了解中小企业信用再担保机构基本情况；按照工信部的要求对2003年以来我省获得国家支持的中小企业专项资金项目实施情况进行了调研，了解专项资金的使用情况和效果，进一步发挥财政资金的引导作用。针对调研中发现的问题、提出的建议已形成的三份调研报告上报工信部。为全面了解我省中小企业人才资源状况，更好地实施人才强省、人才强企战略，配合省人力资源和社会保障厅开展了全省中小企业人才队伍建设调研活动。

八是着力开展中小企业对外合作。组织中小企业参加第十届中国东西部合作与投资贸易洽谈会、江苏苏州产品交易会。进一步做好参加第七届中小企业博览会的各项工作，围绕“招展、招商、宣传”三大任务，排出各项具体工作，采取倒计时，责任到人，分工协作，高质量完成各项工作。以此为平台，促进中小企业产品销售，扩大招商引资、项目合作成果。确定了能够突出反映我省轻纺、食品发展水平好的68家中小企业参加展会，展位数70个；其中38家食品药品企业，22家纺织服装企业，其他企业8家；在中博会期间，各市分团合同招商67.8亿元，参展企业获得产品销售定单2.25亿元。

三、安徽中小企业发展当前面临的主要问题

金融危机发生以后，各地采取了一系列措施，帮助中小企业化解矛盾，解决问题，有效地缓解了中小企业发展面临的资金、技术、人才、信息、市场等方面压力，极大地增强了中小企业和非公经济渡过难关的信心。但是，当前中小企业发展形势仍然严峻，面临着许多困难和问题。

一是出口受阻的局面仍然没有得到根本性的转变。2010年1~8月规模以上中小工业企业完成出口交货值273.8亿元，同比下降4.28%，其中，8月完成出口交货值37.1亿元，同比下降0.48%。

二是库存积压较多。8月当月新增加库存22.8亿元，上半年库存累计达217.11亿元，同时，应有账款增加，流动资金周转速度减缓。

三是自主创新能力不足。结构层次低仍然是安徽省中小企业和非公经济面临的最突出、最现实的问题。规模以上中小工业企业完成新产品产值仅占中小工业企业总量6.0%。中小工业企业所从事的行业以及所生产的产品绝大多数处在产业链低端，处在过度竞争的领域。

四是地区发展不平衡。在全省17个市中，低于全省平均水平的有10个市，低于2位增长的有4个市，其中，铜陵市为-1.7%，马鞍山市仅增长2.8%，巢湖的增速也只有5.3%。

五是中小企业融资难的局面仍然没有得到根本改变。虽然上半年新增中小企业融资总量增加、速度加快，但与近18万户中小企业对资金的需求仍然有较大差距。据了解，目前全省中小企业资金缺口仍有1000亿元左右。

六是中小企业社会化服务体系建设滞后。中小企业作为弱势群体，需要呵护和支持，需要提供创业辅导、企业诊断、信息咨询、市场营销、投资融资、产权交易、技术支持、人才引进和培训等服务。但据我们开展的中小企业服务资源调查，目前全省

为中小企业服务的机构仅有100多家，公益性服务中心只有44家，而且，这些服务机构存在着服务质量、服务能力等不高的问题，与我省中小企业对各类服务的需求仍有较大差距。

同时，安徽省中小企业自身也存在的一些问题：

一是自主创新能力不足。结构层次低仍然是我省中小企业面临的最突出、最现实的问题，在自主知识产权产品和自有品牌产品生产上的薄弱十分明显。企业生产的产品带有完全或大部分仿制性，自主研发、具有自主知识产权的产品拥有率低。上半年规模以上中小工业企业完成新产品产值232.30亿元，仅占中小工业企业总量6.14%。中小工业企业所从事的行业以及所生产的产品绝大多数处在产业链低端，处在过度竞争的领域。

二是企业经营管理能力不强。管理能力低，管理制度不健全、管理人才缺乏、财务混乱是我省中小企业的通病。一些企业缺乏科学的经营战略，只是“一切跟着感觉走”，走一步，看一步，企业行为短期化严重。

三是对自身的企业文化重视不够。企业把绝大部分的精力都投放在产品的生产和销售的数量及价格上，企业对文化建设重视不够，不利于企业培育人才、留住人才。

四、2011年安徽省中小企业发展工作打算

当前，安徽省中小企业回升的基础还不牢固，不稳定，不平衡，积极变化和不利影响同时显现，短期问题和长期问题相互交织，国际、国内因素相互影响，资源约束的压力越来越大，劳动力成本上升，保持中小企业平稳较快发展、推动发展方式转变和结构调整难度增大。明年我们将以全力贯彻落实好《安徽省政府关于进一步促进非公有制经济和中小企业发展的实施意见》为主线，以结构调整、转变经济发展方式为重点，以营造非公经济和中小企业发展的良好环境为基础，着力解决影响和制约非公经济和中小企业科学发展的突出问题，提高非公有制经济和中小企业的整体素质和竞争力，支持引导健康发展，为“十二五”开局奠定良好基础。明年主要做好收下几个方面的工作。

一是进一步贯彻落实国家和省里出台的政策文件。认真贯彻落实国家和省关于非公经济和中小企业发展的政策，特别是《安徽省政府关于进一步促进非公有制经济和中小企业加快发展的实施意见》；组织召开全省中小企业工作座谈会；联合省监察厅等部门开展政策意见落实情况的专项督查。

二是大力实施非公有制经济和中小企业创业创新工程。鼓励支持全民创业，培育“专、精、特、新”企业和成长性小企业，扶持产业集群专业镇发展，支持非公有制经济和中小企业提升技术创新能力，支持非公有制经济和中小企业发展自主品牌。

三是建立健全中小企业和非公经济服务体系。加快推进中小企业融资担保体系、中小企业服务机构、创业服务体系、中小企业信息服务体系的建设。

四是促进中小企业和非公经济对外交流与合作。全力做好第七届中国中小企业博览会参展工作，办好2010年皖粤企业对接会，加强产业集群专业镇产业对接工作，抓好中博会和皖粤企业等对接项目的落实与调度。

五是加强中小企业和非公经济的人才培训工作。组织实施中小企业银河培训工程、名师大讲堂、赛飞培训等。

六是加快中小企业融资担保体系建设。帮助符合条件的担保机构申报享受免征营业税政策，努力争取国家对担保机构专项资金支持份额，强化对担保机构运行监测与调度。进一步搭建银企合作平台，总结工商银行、农信社推行股权、商标、专利权质押贷款的经验，着力解决中小企业担保物不足的问题。

七是抓好中小企业与非公经济运行监测。建立健全以全省500户“专精特新”中小企业和1000户成长型小企业为重点的中小企业统计监测体系。建立完善以产业集群专业镇为重点的非公经济统计体系。

Ⅱ．非公有制经济发展情况和2011年工作要点

一、2010年全省非公有制经济发展基本情况

2010年，全省上下认真贯彻落实省委、省政府关于进一步促进非公有制经济发展的政策措施，优化发展环境，培育发展主体，营造浓厚氛围，全省非公有制经济总量快速扩张、总体实力显著提升、创新能力不断增强。

（一）经济总量快速扩张，贡献不断加大

“十一五”期间，我省非公有制经济的发展速度高于全省地区生产总值增长速度，2008年、2009年非公有制经济对全省经济增长贡献率分别达到70%和65.1%，成为经济增长的主要推动力量。预计2010年全省非公有制经济实现增加值7000亿元，占全省生产总值的比重达58%，较“十五”末提高约8.5个百分点；规模工业实现增加值3400亿元，同比增长30%；上缴税收1000亿元，同比增长35%；民间投资占全社会固定资产投资比重的60%以上，创历史新高。

（二）企业数量持续增加，总体实力显著增强

截至2010年底，全省私营企业达22.86万户，比“十五”末增加12.26万户；全省个体工商户共有134万户，比“十五”末增加23万户；营业收入超10亿元的非公有制企业90户。

（三）创业载体建设加快推进，创业带动就业成效显著

把推进全民创业摆在更加突出的位置，完善推动以创业带动就业的政策扶持体系，加快推进城乡创业园建设，形成了大量劳动力需求，吸纳了绝大部分劳动力的增量和存量转移，缓解了就业压力。

已建成各类创业基地217个，入驻企业近9000户，从业人数40多万，基地内有各类服务机构1400多个。目前，非公有制经济提供了城镇75%以上的就业岗位；全省有70多万农民工回乡创业，创办各类企业30多万户，吸纳200多万农村富余劳动力就业。

（四）创新能力不断增强，技术水平明显提升

“十一五”期间，全省非公有制企业每年申请商标总量6000多件，占当年全省申请商标总量的60%以上。全省首批认定的自主创新企业中，非公有制企业占到70%以上；全省高新技术企业中，非公有制企业占60%以上。一批科技企业迅速成长，研发创新能力明显提升，在电子信息、生物工程、新医药、新材料等领域占据了重要地位，涌现出一大批具有自主知识产权和领先技术水平的高新技术企业。科大讯飞、美亚光电、安科生物等企业在国内外都有较高知名度。

（五）专业镇加快发展，产业集群初具雏形

以中小企业高度集聚为特征的产业集群专业镇发展迅速，产业集群发展从小到大，从最初的粗放式发展到内涵的整合提升阶段，已逐步成为推动农村工业化、城镇化的重要力量。2010年全省100个产业集群专业镇共有各类企业1.95万户，从业人员89.4万人；规模以上企业2780家，较上年末增加610家；实现主营业务收入2450亿元，同比增长12%；实现工业增加值710亿元，同比增长36%；上缴税金95亿元，实现利润220亿元。全省还有100多个镇已初步形成了产业集群专业镇的雏形，主导产业特色明显，产品有一定的市场占有率和知名度，成为发展县域经济的支柱。

总体上看，全省对发展非公有制经济的重要性认识进一步深化，发展的环境、氛围进一步优化。我省的非公企业呈现新的特点，即：由原来的劳动密集型为主逐步向技术、资金密集型发展；发展的领域由商贸、建筑等行业为主逐步向装备制造、基础设施等领域发展；企业规模由小规模、分散化逐步向规模化、产业化发展；企业体制逐步由家族企业向法人治理结构转化。但是非公有制企业的融资难、土地制约、人才缺乏、非公经济进入其他行业和领域的比重较低等仍然是制约我省非公经济发展的主要因素。

二、安徽省发展非公经济的主要措施

2010年，省非公办紧紧围绕强化中小企业服务、做大做强非公经济，各项工作有新举措、取得新进展，主要体现为“八个一”：

一是出台了一个实施意见。以省政府名义出台了《关于进一步促进非公有制经济和中小企业发展的实施意见》，通过拓宽非公有制经济发展空间、进一步鼓励创业创新、加大对非公有制企业扶持力度、不断完善促进非公有制经济发展机制等措施促进非公有制经济的大发展大提高。

二是开展了一项重大活动。围绕承接产业转移，大力开展与全国知名民营企业合作发展活动，建立工作机制，成功举办了安徽省与全国知名民营企业合作发展会议。

三是召开了一次表彰大会。筹备召开了全省发展非公经济表彰大会，对优秀非公企业、非公企业家和创业者进行了表彰，激发广大非公人士的创业积极性，进一步营造关注、关心和支持非公经济发展的良好氛围。

四是扶持了一批产业集群专业镇。实施产业集群专业镇培育计划，对省政府认定的57个产业集群专业镇进行了考核，制定了《安徽省产业集群专业镇资金管理办法》，组织开展了专业镇中小企业项目流动资金贷款申报工作。

五是编制一系列规划方案。编制了《安徽省“十二五”非公有制经济发展规划》、《安徽省产业集群专业镇“十二五”发展规划》、《安徽省小企业创业基地“十二五”发展规划》和《安徽省中小企业公共服务平台“十二五”建设方案》。

六是继续培育一批“专精特新”和成长性小企业。制定了《安徽省“专精特新”中小企业认定办法》，下发了《关于组织推荐全省重点调度的500户“专精特新”中小企业和1000户成长性小企业的通知》，建立了安徽省成长性小企业评价系统，遴选出省重点调度的500户“专精特新”中小企业和1000户成长性小企业。

七是争取到一批国家级农产品加工示范企业和示范基地。经积极申报、努力争取，农业部认定合肥市燕之坊食品有限公司等7户企业为全国农产品加工示范企业，认定黄山市太平猴魁等5个基地为全国农产品加工示范基地。

八是完善一个体系。着力加快中小企业社会化服务体系建设。建立健全省市县三级中小企业服务机构，督促和帮助各市县建立政府资助的中小企业服务中心。组建了省中小企业服务中心并建成中小企业服务大厅，开通了中小企业服务网。出台了《安徽省中小企业公共服务示范平台认定办法》，认定了21家省级中小企业公共示范平台。加强非公有制经济和中小企业的人才培训工作，组织开展8期“名师大讲堂”和3期全国赛飞创业辅导师培训班。

三、2011年非公有制经济发展工作要点

（一）目标任务

2011年，以实施非公经济创业创新工程、深化与民企合作发展、加快产业集群专业镇发展、培育“专精特新”企业和成长性小企业、完善中小企业服务体系为抓手，努力实现中小企业融资新突破，力争全省非公有制经济增加值达8400亿元，占全省生产总值的比重达60%左右；新创办企业4万户，企业总数达27万户，培育一批销售收入50亿元以上的非公企业；培训非公企业经营管理人员3000人次。

（二）重点工作

1. 充分发挥职能作用，进一步优化发展环境

（1）深入宣传贯彻国发36号文件、《安徽省人

民政府关于进一步促进非公有制经济和中小企业加快发展的实施意见》等一系列文件精神，切实把政策转化为促进非公经济发展的动力。

（2）健全非公经济工作体系。做好非公领导小组办公室日常工作，定期召开非公领导小组联络员会议，协调工作、通报情况。指导和督促市、县进一步完善非公经济工作体系，理顺工作体制，加强组织领导，充实工作队伍，从上至下建立健全的非公经济工作体系。

（3）联合省监察厅、省工商联等部门定期开展政策落实情况专项督查，加大对非公企业负担的监督检查，严肃查处乱收费、乱罚款及各种摊派行为。

2. 围绕承接产业转移，加大招商引资力度

（1）组织非公企业主动参与皖江城市带承接产业示范区的建设工作，组织我省产业集群专业镇和非公企业与长三角、珠三角地区的专业镇进行交流和产业对接。

（2）支持泛长三角、珠三角地区在我省设立各类商会，推动以商招商。多种措施引导支持发达地区的企业家来我省投资兴业。在继续扩大招商引资规模的同时，更加注重引进先进的技术、现代化的管理和优秀的人才，引导外资投向基础设施、环保产业、教育产业、高新技术产业等领域，鼓励内资企业加强与跨国公司及其研发机构的合资合作。通过利用外资带动安徽省产业升级和技术进步，推动全省经济持续快速健康发展。

（3）加强企业对外交流合作，利用好中国（广州）中小企业国际博览会这一中小企业展示交流的平台，鼓励企业外向发展。

3. 引导企业集聚，促进产业集群专业镇发展

（1）引导专业镇制定完善发展规划，按规划要求推进特色产业集聚，延伸产业链条。培育专业镇龙头骨干企业，加大对专业镇中小企业的资金扶持力度。积极承接产业转移，继续开展专业镇与江、浙、粤等省的产业对接活动。

（2）贯彻落实《关于进一步加快产业集群专业镇发展的若干政策意见》和《安徽省产业集群专业镇资金管理办法》，继续引导支持专业镇的“五个一”建设，继续对已认定的产业集群专业镇内的中小企业项目流动资金贷款提供担保。

（3）建立健全产业集群专业镇公共服务体系。鼓励高等院校、科研机构和产业集群专业镇进行合作与对接，选择高校或培训机构在产业集群专业镇设立教学点和培训基地，开设与特色产业相关的专业和学科，加强培训工作，提升产业层次。

（4）筹备召开全省产业集群专业镇现场经验交流会，交流经验、分析问题，研究加快产业集群专业镇发展的措施。

4. 支持民众创业，培育企业发展壮大

（1）对已认定500户“专精特新”企业和1000户成长性小企业进行重点培育，对牵动作用显著的项目予以重点调度、支持，加快推进企业结构调整和产业升级步伐。今年力争符合“专精特新”标准的企业增加200户。

（2）推进中小企业信息化。会同中国移动通信集团公司安徽省分公司、省银监局等机构，在全省选择100户中小企业，分别制定制造、商贸、交通物流等企业各运营环节信息化解决方案，引导企业提高信息化管理水平。

（3）继续推动各市县的创业工作。今年力争新增规模以上工业企业2000户以上。

5. 多种途径突破，缓解企业融资难题

积极协调有关部门加大对小额贷款公司、典当行、投资公司等发展的支持力度。扩大股权、商标权、专利权质押贷款的规模，在授信开证、押汇、保理等方面加大力度，多渠道增强中小企业融资能力。积极争取国家对担保机构的免税、补偿支持，继续帮助符合条件的担保机构申报享受免征营业税政策。开展中小企业集合票据融资试点工作，力争在中小企业集合票据发行上实现突破。密切与建设银行、中国银行、徽商银行、中信银行等金融机构的联系，打造政银企综合性融资服务平台，开展网上融资超市、银企对接等系列活动。

6. 明确服务宗旨，加强对企业的服务工作

（1）督促和帮助各市县建立政府资助的中小企业服务中心，对已经建立的，要求进一步巩固、提高，拓展延伸新的服务内容；对尚未建立的，要求尽快建立并开展有关服务工作。

（2）加强国家和省级中小企业公共服务示范平台考核管理，积极争取国家资金支持。召开中小企业服务机构现场会，总结交流推广典型经验和好的做法。

（3）为民众创业提供信息服务。以省经信委门户网和安徽中小企业网为平台，进一步扩展网络功能，为创业者提供办事指南、政策查询、项目咨询、网上交易、受理投诉等免费服务。

（4）加强服务平台建设，除完善安徽产学研合作网上对接和交易平台外，积极推动建设行业共性技术平台、科技创业公共服务平台、中小企业信息化应用与服务平台等，为非公企业发展提供技术支持。

（5）加大对中小企业经营人员的培训。广泛利用全省视频系统，做好对各类人员的培训。计划今年省考核认定创业辅导中心30家，考试认定创业辅导师100名；举办“赛飞”创业辅导师培训班10次，举办“名师大讲堂”活动8次，组织“专精特新”和成长性小企业部分经营管理者到宁波开展专题学习培训，通过各种形式培训非公企业经营管理人员3000人次。

7. 落实目标责任，加大考核表彰力度

（1）加大对非公经济发展政策落实考核力度。认真贯彻落实《安徽省人民政府关于进一步促进非公有制经济和中小企业加快发展的实施意见》，健全政策落实的贯彻和督查机制，分期分批对贯彻促进非公有制经济发展相关政策的落实情况进行专项督查。

（2）进一步完善非公经济和专业镇统计指标体系。健全以全省500户“专精特新”中小企业和1000户成长型小企业为重点的中小企业统计监测体系。完善非公经济月报统计体系和100个产业集群专业镇网络报送制度，按季度分析运行情况并形成

分析报告。

（3）加强对各市非公经济发展进行目标管理。对17个市非公有制经济发展情况进行综合考核评价和表彰奖励，认真筹备召开全省发展非公有制经济工作会议，表彰优秀非公企业、优秀非公企业家和优秀创业者。

（安徽省经信委中小企业局
安徽省发展非公有制经济领导小组办公室）

福建省

一、2010年福建省中小企业基本概况

2010年，在国家保增长、扩内需政策带动下，我省中小工业发挥自身优势，主动适应市场需求，生产和经济效益持续向好，产值、增加值、主营业务收入和利润总额均保持两位数增长，出口恢复较快、内销比重提高。

（一）总体概况

1. 生产总量增长，季度增幅平稳

2010年，我省中小工业实现产值19558.84亿元，同比增长23.1%，占全部工业产值比重为82.4%；实现增加值5641.69亿元，增长18.0%，占全部工业增加值比重为84.7%。其中，规模以上中小工业实现产值17654.75亿元，同比增长25.0%，占规模以上工业产值比重为80.9%；实现增加值5033.14亿元，增长19.3%，占规模以上工业增加值比重为83.1%。分季度观察，四个季度产值增幅平稳，分别为25.9%、23.4%、25.8%和25.0%，变化幅度较小，仅在2.5个百分点之内。

2. 出口增长较快，增幅较大

2010年，规模以上中小工业实现出口交货值3388.75亿元，同比增长20.9%，增幅比2008年和2009年分别提高10.5和22.5个百分点，接近2007年23.6%的增幅。分季度观察，四季度受上年同期出口增长较快的影响，增幅偏低，其他季度增幅均达20%以上。

3. 经济效益两位数增长

2010年，规模以上中小工业实现主营业务收入16751.71亿元，同比增长29.9%，占规模以上工业比重为78.5%。实现利税总额1448.86亿元，同比增长39.1%，占规模以上工业比重为75.9%。其中，实现利润总额943.44亿元，同比增长50.1%，占规模以上工业比重为76.6%。

4. 资产和负债均增加

2010年，规模以上中小工业资产总额为12298.10亿元，同比增长21.3%，占规模以上工业比重为77.8%。其中，流动资产总额5813.29亿元，同比增长30.3%，占规模以上工业比重79.0%。负债总额6308.74亿元，同比增长21.7%，占规模以上工业比重为75.2%。

5. 企业数略有增加

12月末，中小工业企业数为67224户，同比增长3.2%，占全省工业企业比重为99.8%。其中，规模以上中小工业企业数为19541户，同比增长5.5%，占规模以上工业数比重为99.5%。

6. 从业人员增加

2010年，中小工业企业从业人员为438.70万人，同比增长10.3%，占全部工业企业从业人员比重为91.1%。其中，规模以上中小工业从业人员340.02人，同比增长9.4%，占规模以上工业从业人员88.8%。

7. 获利能力、营运能力提高，偿债能力有所减弱

2010年，规模以上中小工业总资产报酬率为7.67%，同比上升1.47个百分点；总资产周转率为1.36次，比上年同期增加0.09次。偿债能力有所减弱，资产负债率为51.3%，同比上升0.1个百分点；产权比率为105.3%，同比上升0.6个百分点。

（二）发展特点

1. 出口恢复较快，增幅接近金融危机前水平

2010年，规模以上中小工业实现出口交货值3388.75亿元，同比增长20.9%，增幅比2008年和2009年分别提高10.5个和22.5个百分点，接近2007年23.6%的增幅。出口恢复较快的主要原因：一是电子、纺织等行业拉动作用明显。占全省出口比重大的通信设备、计算机及其他电子设备制造业，纺织服装、鞋、帽制造业，皮革、毛皮、羽毛（绒）及其制品业，农副食品加工业，非金属矿物制品业5个行业实现出口交货值1679.16亿元，拉动出口增长9.6个百分点；二是部分产品出口价格提高。全省工业品出厂价格同比上涨3.2%，部分产品出口价格有所提高。如：福建天守服装有限公司反映，生产的防寒衣出口价格同比上升6.5%，仅此一项，拉动企业出口额上升5.0个百分点。

2. 省内销售比重提高

2010年，全部中小工业企业（采掘业和制造业）境内市场销售比重为71.1%，同比提高2.4个百分点。列入中小工业调查企业中，占12.2%的企业境内销售比重同比上升超过3.0个百分点；37个大类行业中，18个行业境内销售比重同比上升，其中，通信设备、计算机及其他电子设备制造业和交通运输设备制造业等6个行业境内销售比重同比上升超过3.0个百分点。

3. 近四成企业投资总额同比上升

3013户占38.6%的企业反映投资总额同比上升，其中，56.8%的企业扩大产能投资；43.2%的企业增加改建及技改投资。投资增加加快了企业发展，如：福建沙县嘉宇纺织有限公司反映扩大产能投资同比上升20%以上，实现产值3.18亿元，增长2倍；福建新中亚食品有限公司反映技改投资同比上升20%以上，实现新产品产值3522.30万元，增长63.4%。

（三）中小工业监测中值得关注的几个方面

1. 缺工现象仍较严峻

当前全省经济形势向好势头继续巩固，企业生产经营明显好转，导致用工需求增加，用工出现短缺。中小工业监测调查显示，用工短缺现象仍较严

峻，主要表现在：一是三种用工短缺情况并存。①行业性缺工。列入调查中51.1%的企业反映2010年劳动用工短缺，无法满足正常的生产需要。缺工严重的行业主要是劳动密集型行业，如：纺织服装、鞋、帽制造业，橡胶制品业，皮革、毛皮、羽毛（绒）及其制品业，纺织业和通信设备、计算机及其他电子设备制造业等，缺工企业面均达70%以上。②长期性缺工。受企业生产持续增长、投资总额上升等影响，企业用工需求持续增加，但招工存在不足，部分企业出现长期性缺工。如：连江县东岱塑胶厂反映投资总额同比上升7.5%，用工增加近百人，但招工不足，长期缺工92人，占30%。③季节性缺工。一方面，部分企业反映在生产旺季时，出现缺工；另一方面，受春节返乡的影响，部分企业员工在节后返工率低，导致缺工。如：浦城县闽城光学有限责任公司反映节前员工1420人，节后员工返工率不足40%。二是熟练工人、技术工人和普通工人短缺尤为明显。随着我省中小工业企业生产持续向好，用工的结构性短缺突出，主要表现为熟练工、技术工和普通工难招。在缺工企业中，反映短缺熟练工（占40.2%）、技术工（占24.0%）和普通工（占23.1%）的比重达87.3%，管理人员和营销人员等仅占12.7%。三是招工难度大。随着中西部地区经济发展，吸引农民工就近、就地就业；新生代农民工就业预期不断提高和部分省份最低工资标准高于我省等各种因素影响，导致部分中小工业企业招工难度大。如：石狮市犹斯顿服饰有限公司反映，2010年需招工310人，但总共才招到150人，缺口50%。

2. 成本上升，企业压力增大

一是原材料购进成本不断提高。2010年，全省工业品出厂价格由2009年下跌4.5%转为上涨3.2%，原材料、燃料、动力购进价格由2009年下跌6.8%转为上涨7.7%，购进与出厂价格同比涨幅剪刀差为4.5个百分点，分别比一季度、上半年和前三季度扩大1.2、0.5和0.4个百分点。如：福州源田针织服装有限公司反映，2010年，生产服装的主要原材料（面料）价格持续上涨，仅此一项，成本多支出350万元，增加10%；三明市万欣纺织有限公司反映，棉花和化纤价格同比上涨一倍左右，仅此一项，企业成本多支出1.5倍。二是工人工资提高。2010年，我省各地普遍提高最低工资标准，平均提高幅度为24.5%，为1998年我省执行最低工资制度以来调整幅度最大的一次，最低工资标准的提高使企业劳动力成本明显上升。如：莆田市嘉雄玩具有限公司反映，2010年员工平均工资上调至1600元，同比增加300元，增长23.1%，仅此一项，成本上升5%。

3. 外贸出口压力较大

2010年，我省中小工业企业在人民币升值、贸易壁垒、贸易政策调整等各种因素影响下，境外市场销售比重为28.9%，同比下降2.4个百分点。境外市场销售比重下降的主要原因：一是人民币持续升值，削弱出口竞争力。欧美是我省出口的主要市场，2010年以来，美元和欧元持续疲软下跌。美元兑人民币12月31日与1月4日贬值3.1%；欧元兑人民币12月31日与1月4日贬值10.9%。人民币升值，削弱企业出口竞争力。如：漳州市恒丽电子有限公司反映，由于人民币升值幅度以及升值时间无法预期，企业难以报价，目前只接受短期订单，难以大规模扩大市场，四季度订单量不到三季度的30%；龙岩金鑫钨业股份有限公司反映，人民币升值压缩利润空间，企业承接外贸订单的意愿下降；至9月底，三明市有215家企业有进出口权，其中，50家企业停止出口。二是贸易壁垒影响企业出口。据中小工业监测调查显示，2010年列入调查的2407户有出口业务的中小工业企业中，有39.2%的企业反映受到贸易壁垒的影响。其中，35.3%的企业受到进口配额、进口许可证、产品最低限价、品种等限制；25.4%的企业遭遇各类技术和卫生标准等绿色贸易壁垒；21.6%的企业遇到出口国特别紧急关税、特定产品高关税等关税贸易壁垒；9.0%的企业遭遇反倾销、反补贴等；8.7%的企业遭遇其他形式的贸易壁垒。贸易壁垒对我省中小工业企业产生的负面影响主要体现在以下四个方面：①成本上升。28.6%的企业反映贸易壁垒使其成本上升。如：福建省莆田三路鞋业有限公司反映，由于美国加大对偶氮监测力度，对原材料质量提出更高要求，成本上升5%；三明麦克奥迪光学仪器有限公司反映《欧盟电气、电子设备中限制使用某些有害物质指令》对显微镜机身油漆的铅、镉、汞等六种物质提出更高要求，仅油漆成本上升5%。②利润下降。24.7%的企业反映贸易壁垒使其利润下降。如：2010年，漳州市国辉工贸有限公司为应对美国木质卧室家具反倾销案日落复审，支付应诉费150万元左右，占全年利润的15%。③出口量下降。22.2%的企业反映贸易壁垒使出口量下降。如：三明三华食品有限公司反映，日本对进口鳗鱼有关的药残检测项目多达118种，造成出口量下降5%。④价格上涨。18.8%的企业反映贸易壁垒使其价格上涨。如：祥兴（福建）箱包集团有限公司反映，出口至巴西的背包遭遇最低限价的贸易壁垒，只能提高出口价格，加大了市场开拓难度。三是取消“两高一资”出口退税对部分企业影响较大。6月22日，财政部和国家税务总局联合下发《关于取消部分商品出口退税的通知》，决定从7月15日起，取消“两高一资”等高耗能产品在内的406个税号产品的出口退税，涉及塑胶制品、玻璃制品、化工等产品，我省这些产品生产企业在该新政策实施之前享受国家5%～17%的出口退税率，出口退税率取消对这些产品生产企业的出口影响较大。如：清流县闽山化工有限公司反映取消出口退税后，7、8、9月化工产品出口订单比上半年各月减少20%左右；福建天宇钢铁制品有限公司花纹板、钢带、H型钢等产品之前享受9%的出口退税，产品出口占出口总量30%以上，9月产品出口占比减至5%；漳平市九鼎氟化工有限公司之前享受13%的出口退税，取消退税后，8、9月出口值比6月分别下降73.5%和71.6%。

4. 银行信贷收紧对部分企业影响较大

中小企业的融资渠道单一，银行贷款是中小企业外源融资的主要渠道，列入中小工业监测调查有进行融资的企业中，向银行贷款占融资总额比重为80.0%；通过担保机构获得贷款占融资总额比重为14.2%；民间贷款、企业内部集资等占融资总额比重为5.0%；通过上市占融资总额比重为0.8%。因此，银行信贷收紧对部分企业影响较大。一是部分企业贷款难度加大。2010年，央行五次上调存款准备金率，银行缩减放贷量，部分企业贷款难度加大。如：福建省永安金银湖水泥有限公司在民生银行贷款2000万元，2010年11月到期还款，至今年2月无法续贷。二是贷款利息支出增加，利润减少。中小工业监测调查显示，成长型中小企业很难获得中长期贷款，72.3%的企业反映贷款期限多为一年期。2010年央行两次上调存贷款利率，一年期贷款利率由原来的5.31%上调至5.81%，对这部分企业影响较大。如：厦门东林电子有限公司反映，2010年，向银行贷款占融资总额100%，贷款利率提高增加其利息支出5.3万元，利润总额减少0.9%。

5. 中国 东盟自由贸易区建立给我省企业出口东盟带来新的机遇

2010年1月1日，中国 东盟自由贸易区建立，促进至东盟的出口。东盟6个老成员国（文莱、印尼、马来西亚、菲律宾、新加坡、泰国）对90%以上的中国产品实行零关税，对中国平均关税从12.8%降为0.6%，“零关税”优惠政策，有利于我省中小企业稳定和开发东盟市场。2010年，我省至东盟的出口额为83.07亿美元，同比增长38.3%，增幅同比提高23.2个百分点，比出口欧盟和日本分别提高9.5个和31.7个百分点。对东盟出口主要呈现如下特点：一是订单额增长较快。如：东山县顺来发水产食品有限公司反映，来自东盟（马来西亚）订单额为700万元，同比增长35%。二是出口东盟的比重明显提高。如：永安市海纯贸易有限公司出口东盟的比重达90%，同比提高80个百分点；福建三都澳食品有限公司出口东盟的比重为55%，同比提高50个百分点。三是利润有所提高。如：福建百宏聚合纤维实业有限公司出口东盟利润同比提高5%；福鼎海鸥水产食品有限公司出口东盟的利润额达1300万元，提高4%。

二、2010年主要工作

2010年，中小企业处工作围绕国家提出的“保增长、保民生、保稳定”的总体部署和全省经济工作会议的总体部署、省经贸工作会议提出的专项工作要求，在完善融资性担保体系建设、深化政银企工作、做好小额贷款公司试点、完善小企业贷款风险补偿机制、深化闽港澳中小企业合作、做好乡镇企业管理服务等方面工作取得新进展，主要情况总结如下：

（一）完善融资担保体系建设

1. 建立融资性担保机构审批监管体制

一是建立融资性担保机构监管机制。研究草拟并以省政府办公厅的名义出台了《关于明确融资性担保业务监管职责（暂行）的通知》（闽政办［2010］15号），在省、设区市、县（市、区）三级建立了以经贸部门为牵头，银监、工商、人行等部门参加的省、设区市、县（市、区）三级联席会议制协同监管体制和工作机制。目前全省三级监管体制框架搭建工作均已完成，各地都以政府名义出台相应的体制规定，监管责任已落实到位。二是明确融资性担保机构审批规范。根据3月8日颁布的《融资性担保公司管理暂行办法》（中国银监督会等7部委令2010年第3号），及时研究制定并经省级融资性担保业务监管联席会议通过后出台了《关于融资性担保公司设立（确认）和变更审批有关事项的通知》（闽经贸中小［2010］284号），对融资性担保公司审批的相关事项加以明确和规范，并授权各设区市经贸部门根据本地实际制定配套措施。目前各地均已出台配套政策。三是启动融资性担保机构审批工作。根据《关于融资性担保公司设立（确认）和变更审批有关事项的通知》要求，各设区市融资性担保公司审批申报工作陆续展开，除厦门、泉州未申报外，第一批共收到220家担保公司的申报材料，目前已经过专家评审，待省级融资性担保业务监管联席会议审核通过后审批。

2. 开展融资性担保机构规范整顿工作

为规范全省融资性担保公司按照7部委《办法》规定要求限期达标，在4月对有开展融资性担保业务的担保机构作了全面书面调查摸底，7月初又对全省在工商登记注册的各类担保公司进行了调查了解。在此基础上，根据我省融资性担保机构的现状，起草了《福建省融资性担保机构规范整顿方案》，将对全省融资性担保机构进行全面清理整顿，该《方案》待省级融资性担保业务监管联席会议通过后下发实施。

3. 进一步完善省级担保机构风险补偿机制

在原有基础上，2010年进一步规定“对为《重点产业振兴实施方案》规定的节能环保产品及其装备的生产和技术开发、生物与新医药、新能源、新材料等企业融资提供担保的担保机构，按年度担保额16‰比例给予风险补偿”。2010年共138家符合条件的担保机构获得风险补偿资金6264.6万元。这些担保机构注册资本137.5亿元，在补偿年度内担保总额3215276.33万元，被担保企业数4465家，担保笔数10944笔。经上述担保机构担保的中小工业企业和贸易企业，在担保期末（指2010年6月30日）职工人数537223万人，比担保前增加45686万人，担保期内实现销售收入2685.92亿元，实现利税总额167.55亿元，流动资金平均占用额1004.63亿元。

4. 推动省级再担保公司发展

目前，我省再担保公司已与9家金融机构签订一般责任再担保协议，将24家担保机构纳入省再担保体系，并为体系内担保机构提供再担保授信113.5亿元。按照年度再担保额4‰的比例，今年给予省再担保公司风险补偿资金4万元。

5. 组织担保培训

为进一步规范担保也发展，整体上提高全省担保从业人员素质，提高担保风险防范能力，根据我省各中小企业担保机构的强烈要求，今年分别举办了两期近3百人参加的业务骨干培训班和高管人员研修班，对7部委新出台的《融资性担保公司管理暂行办法》和相关政策进行深度解读，对银保合作、财务制度、风险内控等进行培训。

（二）深化政银企工作

1. 搭建沟通平台

推动地市加强行业主管部门、行业协会等单位与银行业机构的联系合作，提高银企资金对接效果。如支持福安电机配套企业与建行福安支行搭建融资担保平台，通过调整优化信贷投向结构深化银企合作，支持电机配套企业快速发展，今年建行总行特批该行业的担保贷款可按1：6的比例进行放大。

2. 创新融资担保方式

支持建行福建省分行借助阿里巴巴第三方支付系统创新网络信贷产品；用活无形资产，推出小企业专利权质押贷款，截至9月底晋江市引导商业银行开展企业商标专用权和股权质押贷款业务累计已成功发放“两权”质押贷款8.1亿元。

3. 加强信息共享

通过进一步完善与福建银监局建立的“福建省中小企业融资服务网”，为中小企业、银行业机构、担保公司、小额贷款公司等搭建了解政策动向、增进企业对信贷政策、融资产品和金融服务的了解，实现信息资源共享的平台。

4. 优化金融服务环境

部分地市政府为中小企业补办“两证”（土地证、房产证）手续，解决固定资产抵押难题。如晋江市今年累计为企业补办“两证”1112宗，新增贷款49.9亿元。

（三）做好小额贷款公司试点工作

1. 加强管理和指导小额贷款公司开展业务

到目前，全省已在泉州、龙岩、三明、南平、宁德五个设区市新共设立6家小额贷款公司，注册资本13.38亿元。为加强小额贷款公司日常监管，下发《关于报送小额贷款公司经营情况的通知》（闽经贸函中小［2010］560号），力求及时掌握小额贷款公司运营基本情况。

2. 按照严格监管、规范运作的原则，制定试点小额贷款公司准入标准和操作程序

按照明确职责、防范风险的原则，建立分工明确、各负其责、多方联动、协调一致的监管机制，代省政府办公厅草拟并以省政府办公厅名义出台我省试点小额贷款公司暂行管理办法，对小额贷款公司的设立、公司组织机构与经营管理、董事和高级管理人员任职资格、监督管理和风险防范等方面进行规范管理，促进我省小额贷款公司健康发展。

3. 做好扩大试点工作

为贯彻落实省委八届九次全会精神，做好生产要素保障，进一步规范和引导民间融资，改善农村地区金融服务，为福建跨越发展提供资金支持，根据省政府办公厅下发的《关于扩大小额贷款公司试点的通知》（闽政办［2010］221号）精神，8月底，召开了全省扩大小额贷款公司试点工作会议，对试点小额贷款公司暂行管理办法进行解读，对下一步试点工作进行部署，并下发了《关于做好小额贷款公司试点申报工作的通知》（闽经贸函中小［2010］648号）。根据会议要求，各地也对辖区内县（市、区）进行了工作部署，申报工作正陆续展开。同时，为体现公平、公正原则，组建了省级小额贷款公司及融资性担保公司准入审核专家组，将使我省小额贷款公司的设立、变更等工作更具规范性、权威性和科学性。

（四）完善我省小企业贷款风险补偿机制

针对小企业贷款风险比较高的问题，加强与省财政厅、人民银行福州中心支行、福建银监局等的联系和沟通，在2009年对银行业小企业贷款进行风险补偿的基础上，对补偿对象、范围、条件、标准等进行修改完善，以鼓励银行业机构调整信贷投放结构，引导银行资金流向各县域经济需要发展的行业。为进一步建立小企业贷款风险补偿长效机制，共同草拟了《福建省小企业贷款风险补偿暂行管理办法（送审稿）》并报送省政府办公厅，待审定后下发执行。

（五）深化闽港澳中小企业合作

第一，继续加强人才培训合作

组织我省担保机构管理人员和经贸部门相关负责人38名赴港参加与香港贸发局联合举办的融资担保培训班，学习香港先进的金融管理经验，同时也为我省中小企业担保机构提供直接与香港金融机构沟通交流平台。

第二，配合我省产业振兴规划，搭建产业技术提升平台

与香港生产力促进局合作开展精益生产管理辅导培训，先期筛选了5家企业进行试点。推动福建华晟钟表开发有限公司与香港生产力促进局合作第二期“轮系自动装配线”合作研发项目。

第三，利用香港会展业的国际影响力，拓展国际市场，开展区域品牌推介

9月份与香港贸发局合作，组织漳州钟表企业18家企业参加“第二十九届香港钟表展”，开展漳州钟表区域品牌宣传推介，提升了漳州钟表品牌的国际影响力；10月份组织20家莆田电子企业参加香港秋季电子展，开展“莆田电子”区域品牌推介。

第四，组织设区市经贸部门干部和20家中小企业管理人员参加香港贸发局举办的香港中小企国际博览会和创新科技及设计展，学习香港中小企业服务机构在帮助中小企业方面好的经验和做法，同时让我省中小企业了解如何利用香港平台开展国际合作。

第五，按照省政府统一部署，组织我省部分中小企业参加在澳门举办的“第十五届国际投资贸易展览会”，并以“魅力海西，腾飞福建、商机无限”为主题设立福建馆，展示我省展示我省完善的基础设施、良好的投资环境和跨越发展的新风貌，集中推介我省出台的政策措施、投资贸易合作项目以及漳州钟表、福安电机、莆田电子等名优产品，拓展欧洲及葡语系国家市场。

（六）做好乡镇企业管理服务工作

第一，按照农业部部署做好乡镇企业统计管理，

认真贯彻执行乡镇企业统计制度，开展统计人员培训，组织各级经贸部门做好年报汇编工作。一是按照农业部要求，完成了2009年度乡镇企业企业年报汇编工作。二是组织12名我省乡镇企业统计工作人员参加农业部举办的统计培训。

第二，鼓励和引导广大乡镇企业农产品加工业积极调整产业结构，加快体制创新和农产品加工业重点发展项目的技术改造，支持促进我省农产品扩大出口，重点支持农产品加工企业扩大农产品出口、重点解决当地农民就业、增加农民收入的劳动密集型重点技术改造项目。组织开展了2009年度乡镇企业重点项目申报工作并下发农产品加工企业贷款贴息550万元。

第三，根据农业部关于加快推进乡镇企业服务体系建设的工作要求和《全国乡镇企业宣传要点的通知》及我委下发的《关于福建省乡镇企业社会化服务体系建设工作的意见》，要求各设区市根据实际，进一步推动多主体、多层次、全方位的乡镇企业社会化服务体系建设。一是加大对乡镇企业服务体系建设的宣传力度，创造有利于乡镇企业服务体系建设与发展的氛围和社会环境。二是抓服务体系队伍的建设，引导推动各级经贸部门建设中小企业服务机构，通过由服务机构联系社会中介机构为广大乡镇企业开展社会化的公益性服务。

（福建省经济贸易委员会中小企业处）

江西省

2010年是江西省实施“十一五”计划的收官之年，也是鄱阳湖生态经济区建设上升为国家发展战略的第一年。一年来，在省委、省政府的正确领导下，全省中小企业紧紧抓住国家进一步促进中小企业发展的大好机遇，围绕建设鄱阳湖生态经济区的战略部署，着力转方式、调结构、强管理、提效益，总体保持了较快增长，为全省经济发展和社会进步作出了重要贡献。

一、江西全省中小企业发展基本情况

（一）发展速度逐年加快，成为推进工业化的重要力量

与2005年相比，2010年，全省中小企业实现5年翻番，增加值由2132亿元增加到5250亿元，工业增加值由1203亿元增加到3659亿元，分别增长146.2%、204.2%；对全省工业GDP增长的贡献率达到84.6%，成为全省经济发展的重要力量和最具活力的增长点。

（二）依靠创业促进就业，为社会稳定作出了重要贡献

2010年，全省中小企业由2005年的80.2万户发展到123.5万户（含个私），净增43.3万户；从业人员由502万人增加到785万人，新增383万人；帮助全省85%的新增劳动力和90%的下岗失业人员实现就业。

（三）对外开放不断扩大，成为外贸出口的有力支撑

去年，全省中小企业外贸出口由2005年的21亿美元增加到105亿美元，翻了两番，占全省外贸出口总额的78.2%。

（四）经济效益大幅提高，成为财政增收的重要渠道

2010年，全省中小企业上缴税金由2005年的175亿元增加到650亿元，增长271.4%。全省税收总额的58%来自中小企业。

二、促进全省中小企业发展的主要举措

（一）完善政策措施，优化发展环境

省委、省政府高度重视中小企业发展，在认真贯彻落实国家一系列惠企政策措施的同时，先后出台了《江西省人民政府关于进一步促进中小企业发展的实施意见》（赣府发［2010］10号）、《关于支持民营小企业创业基地建设的若干意见》（赣府发［2010］60号）、《关于进一步提升工业园区发展水平的实施意见》（赣府厅发［2010］62号）等一系列政策法规和文件，从规范行政执法行为、改革行政审批制度、完善财政管理体制、加大政策扶持力度等方面，完善了中小企业发展的政策支持体系。相继成立了由省政府领导挂帅、各有关部门参加的“省促进非公制经济发展领导小组”、“省工业园区工作领导小组”、“省信用担保工作指导协调小组”、“省促进中小企业发展工作领导小组”，省政府每两年召开一次全省非公经济表彰大会，并在去年安排1600万元中小企业发展专项资金的基础上，今年将增加到2000万元，为中小企业创造了良好的发展环境。

（二）实施成长工程，增强发展后劲

成长阶段是中小企业发展壮大的关键阶段，也是进行政策指导、信息引导、科技带动和融资服务等帮扶措施的最佳时期。“十一五”期间，通过实施中小企业成长工程，全省规模以上中小企业数量稳步增长。全省规模以上中小企业由2005年的4373家发展到2010年的7938家。在推进“成长工程”的实施中，着力完善三项制度：一是建立了目标管理制度。按照“统一规划、分步实施、重点突破、形成优势”的思路，制定了《江西省中小企业成长工程实施方案》，每年根据各市、县的区域范围大小、中小企业整体水平，下达年度培育目标，建立成长型企业发展台账。二是建立了政策扶持制度。从发展导向、产业布局、资金支持、法规体系建设、服务平台建设、扶持创业诸方面采取配套措施加以推进。中央预算安排我省的中小企业技术改造专项资金全部用于支持成长型中小企业；各级中小企业信用担保机构优先为成长型企业提供融资担保服务；国家“银河培训工程”、省级中小企业发展专项资金培训计划对成长型企业实行免费培训。三是建立工

作考核制度。采取“年初下达目标任务，年中督促检查，年底考核评比”的方式，建立“成长工程”督查考评制度，主要考核各地在组织实施、强化措施、优化服务等方面取得的成效和年度目标任务完成情况，确保“成长工程”取得扎实成效。

（三）注重融资服务，破解发展难题

针对中小企业融资难现实，积极构建信用担保体系，加大了融资的支持力度。一是加强中小企业信用担保机构建设。在全省99个县（市、区）设立了中小企业信用担保机构，在每个设区市至少成立了1家5000万元以上的担保机构，基本建成覆盖全省的中小企业信用担保体系。到2010年底，全省注册备案的中小企业信用担保机构268家，注册资本金117.4亿元，累计为22045户企业提供担保518.9亿元。二是积极探索建立工业园区融资平台，通过与国家开发银行江西分行、中国银行江西省分行、浦发银行南昌分行等金融机构合作，先后为52个工业园区内的510户企业担保贷款11.35亿元，有效缓解了园区中小企业的融资困难。三是加强担保机构管理服务。进一步完善了对信用担保机构的备案管理制度，加强了担保机构从业人员的业务培训，开展了担保机构的信用评定和绩效评估前期准备工作。

（四）推进平台建设，努力构建服务体系

一是明确思路，整体推进。坚持“做强省级、做大市级、带动县级”的原则，制定了《江西省2007年至2010年中小企业公共服务平台项目建设规划》，并按照“统一规划、突出重点、整合资源、分步实施”的思路，引导各地合理确定中小企业公共服务平台的空间布局和功能定位，着力解决平台建设中思路不明确，特色不明显，共享优势不突出等问题，做到有序发展，稳步推进，避免一哄而起，盲目建设。二是突出重点，加大扶持。制定《江西省中小企业公共服务示范平台管理暂行办法》，加快构建全省中小企业服务体系主体框架的步伐。同时充分发挥政府资金的引导作用，引导社会资金投入平台建设，扶持了一批重点公共服务平台建设，取得明显成效。目前平台建设正朝县（市、区）和工业园区延伸。三是资源整合，培育特色。在重点行业、重点领域、重点地区，建立了一批中小企业公共技术服务平台。目前，陶瓷、中医药、稀土、有色冶金、特种冶金、新型建材、轴承等特色产业技术服务平台建设进展顺利。这些平台虽然组建方式不同，运行方式不一，但都具有服务产业集群，提供共性技术服务的特点。

（五）建设创业基地，推进全民创业

积极贯彻落实省委、省政府关于“推进全民创业，加快富民兴赣”的战略决策，着力开展小企业创业基地建设，切实发挥基地在推动全民创业中的功能和作用。一是建立以省、市、县三级共同建设为特色的政府引导机制，为创业者提供制度保障。按照“创办小企业、开发新岗位、以创业促就业”的工作思路，制定下发了《江西省小企业创业基地管理暂行办法》和《关于进一步加强省级小企业创业基地建设的通知》，明确提出了省、市、县三级配套的政府引导机制，要求各地完善配套设施和服务，制定支持小企业创业基地建设的优惠政策。建立了省级小企业创业基地半年监测调度制度，及时掌握发展动态。二是建立以盘活闲置场地为特色的基地创立机制，为创业者提供场地支持。引导和鼓励各地充分利用现有闲置场地，完善各类配套设施和服务，为创业项目和初创企业提供创业场地。全省各地牢牢把握这一原则，探索出政府主导、政府资助、完全市场三种模式进行小企业创业基地建设。三是建立以全程服务为特色的企业孵化机制，为创业者提供创业服务。按照“政府引导、市场化运作”的模式，注重整合和利用社会资源，指导小企业创业基地构建创业所需的各类公共服务平台，逐步开展了包括政务代理、信息咨询、创业辅导、融资贷款、经营管理、人才培训、技术指导、权益维护等各项服务。

（六）加强教育培训，提供人才支持

一是扩大培训范围。充分利用国家中小企业银河培训资金和省级中小企业发展专项资金，采取国家、省、市、县四级联动的方式，每年在全省11个设区市、99个县市区免费培训近2万名中小企业经营管理、财会统计、信息服务人员。二是创新培训方式。主要采取了岗前培训、在岗培训、“校企合作”培训、企业自办职业技术学院和技工学校进行培训等多种办法，为企业培训了大量实用人才。新余创业大学模式为全省培训树立了典范。连续多年在江苏无锡举办了重点乡镇党政领导干部发展中小企业知识培训班，每年培训人员约190人。与省财政厅、江西财经大学一道，联合开办了全省非公有制企业高层管理人员MBA培训班，深受企业家欢迎。三是注重培训质量。坚持以服务企业为宗旨，以企业需要为重点，以打造品牌为目标，选准培训主题，制定培训计划，加强培训管理，提高培训质量。按照“扩大范围、规范程序、严格标准、注重质量”的要求，继续开展了非国有企业专业技术人员的职称申报和培训考试工作。

三、当前中小企业发展存在的主要问题

虽然我省中小企业发展势头总体看好，但今年以来，经济发展环境出现了不少新情况、新问题，中小企业面临巨大的压力和挑战。

（一）能源、原材料价格上涨，劳动力成本上升，运输成本提高，推动生产成本增加

一是由于国际大宗商品市场波动日益加剧，原材料价格上涨加快。1～4月，我省工业生产者购进价格指数同比上涨13.3%，而工业生产者出厂价格同比仅上涨11.7%，两者价格指数呈“高进低出”态势；二是劳动用工成本持续提高。去年7月1日起，江西调整全省最低工资标准及其适用区域，调整幅度为80元至140元，平均增长幅度为23.6%，其中一类地区为720元/月，涨幅24.1%。目前，全省中小企业用工平均工资达到1200～1500元，较上年实际平均增加100～200元。三是受燃油价格上涨的影响，运输成本同比上涨10%以上。以南昌至武

汉货运为例，今年的运输价格约为230元/吨，而去年同期约为160元/吨，上涨了70元/吨。生产成本增加大幅压缩了企业的利润空间。

（二）资金供需矛盾进一步加剧，资金缺口加大，融资环境和形势变得严峻

企业资金供需矛盾主要由三个因素引起：一是银行信贷规模减少。今年一季度，我省新增贷款456.4亿元，其中，中小企业新增贷款160.2亿元，只占全部新增贷款的35.1%。我省工、农、中、建四家国有大型银行信贷规模460亿元，比去年减少了117亿元。南昌银行、赣州银行、九江银行等地方法人金融机构贷款也出现不同程度下降。二是融资成本上升。本轮调控至今，央行连续4次加息、10次提高存款准备金率，推动企业融资成本不断上升。据有关机构测算，中小企业获取银行贷款的综合成本上升幅度至少在13%以上，远远高于一年期贷款基准利率。三是担保机构授信不够，放大倍数不高。例如，发行中小企业票据没有相应的担保机构。一些担保机构达不到最低要求，难以获取财政的补助，影响担保作用发挥。

（三）受行政体制和机制的影响，财政扶持政策环境亟待完善

第一，现行财政扶持政策虽然为改善中小企业的投资、经营环境发挥了积极作用，但尚未形成一套系统和完善的支持中小企业的政策结构和支持方式，着力点比较分散，政出多门、多家管理，政策之间缺乏衔接，不仅导致职能上的交叉和监管的不便，而且降低了财政政策对中小企业发展支持的影响力度；第二，现有资金的规模和支持力度太小，与中小企业对经济、社会的贡献相比，极不对称，不能适应中小企业发展的实际需要，绝大多数优秀企业享受不到财政政策资金的支持；第三，金融危机爆发以来，国家出台一系列扶持政策，但政策重心偏向大企业、大项目，这种政策尽管在近年来有所改变，但没有发生实质性变化，中小企业在享受技改项目立项、财政支持等政策上处于劣势，受惠企业太少。

（四）受自身缺陷的制约，我省中小企业整体发展水平不高

一是企业规模小。我省中小企业总数虽然已达123.5万户，但规模以上企业不到8000家；二是产业档次低。中小企业涉及领域多分布在劳动、资源密集型产业，处于产业链的低端，多数产品只是低技术含量、低附加值的低水平重复生产；三是管理方式落后。多数未建立现代企业制度，基本还处在家族管理、经验管理阶段。而且不少企业主由于自身素质的局限，并不具备企业家精神，充其量只是个体私营企业所有者，企业家精神的缺乏掣肘了企业快速发展。

（五）从政府管理的层面看，机构职能比较混乱

有的地方缺少能统一协调、管理服务的工作机构，基层中小企业主管部门工作职能普遍弱化。尤其是机构改革后，不少地方中小企业管理体制尚未理顺，有些事项多个部门管理，有些事项又没有部门能够管理，工作中出现错位、缺位的现象，在实际工作中政府难以全面、准确、有效地掌握中小企业发展情况，严重影响宏观决策。

四、下一步推进全省中小企业发展的思路举措

2011年是实施十二五规划的开局年，也是完成全省工业和工业园区三年强攻规划的关键年。我们将认真贯彻落实《国务院关于进一步促进中小企业发展的若干意见》和《江西省人民政府关于进一步促进中小企业发展的实施意见》精神，努力在以下五个方面寻求新突破：

（一）以“成长工程”为主线，在提升中小企业发展水平上求得新突破

规模以上中小企业数量过少，所占比重小，是我省中小企业发展的主要问题。“十二五”期间，我们将以实施中小企业成长工程为主线，大力促进中小企业上规模、上水平。一是不断做大中小企业总量。从提升企业成长性入手，通过整合财政、金融、培训等资源，依托创业大学、中小企业协会、担保机构、小企业创业基地等载体，加快建立具有江西特色的中小企业成长机制。力争5年内，全省培育规模以上企业5000家，使全省规模以上中小企业总数突破1.2万家。二是建立梯次培育机制。在全省选择一批发展潜力大、团队素质好、创新能力强的中小企业建立全省优质企业库。对处于初创期、成长期、壮大期的入库企业，根据不同发展阶段进行有针对性、连续性的扶持，集中政策资金、融资担保、培训辅导、股权投资等多种手段，支持其快速成长，做强做大，形成企业发展的梯次培育机制。三是完善上市培成机制。按照上市路线图，继续办好清华大学拟上市企业总裁高级研修班，加强对60家拟上市企业的跟踪服务，组织与发审部门、券商、产业基金、风险投资机构进行对接。同时按照改制、辅导、上报审核等环节，分阶段对拟上市企业进行以奖代补扶持，引导和支持一批中小企业到中小企业板、创业板上市。四是推进企业管理创新机制。采取购买服务、财政补贴等方式，支持专业管理咨询机构为中小企业提供发展战略、财务管理、人力资源、市场营销、品牌管理、节能减排等咨询诊断服务，帮助中小企业针对自身薄弱环节和突出问题，运用现代管理方式和模式，完善管理制度，夯实管理基础，走内涵发展的路子。

（二）以服务体系建设为重点，在优化中小企业发展环境上求得新突破

按照国家工信部的要求，结合我省实际，力争用3～5年的时间，基本建成信息畅通、功能完善、具有较强社会影响的服务平台网络。一是加快推进省服务平台建设。以省中小企业服务中心为基础，利用鄱湖云计算平台，采用现代信息技术，开发覆盖全省的在线服务和呼叫服务系统、平台网络管理运营系统、共享数据资源中心等，建设全省服务平台网络中枢，促进服务供需有效对接。二是加快推进“窗口”服务平台建设。在设区市、重点产业集

群、工业园区建立一批“窗口”服务平台，设立服务大厅，通过与专业服务机构的合作，为中小企业提供现场咨询、事务代理、管理咨询、融资担保、研发设计、检验检测、创业辅导、人员培训等多方位的专业化服务。三是加快推进全省服务协同机制建设。积极创造条件，推动建立全省性的服务联盟或重点服务系统服务联盟，增强服务机构间的联系与合作，提高服务体系各层级、各重点系统的协同服务能力和资源配置效率，实现优势互补，资源共享，提高服务的协同性。条件成熟后，在服务联盟基础上，逐步向服务机构自律组织过渡。

（三）以拓宽融资渠道为重点，在构建多层次融资服务体系上求得新突破

融资难一直是困扰中小企业发展的瓶颈，促进融资方式创新，完善投融资体系，是破解中小企业融资难的有效途径。一是加快构建三级信用担保体系。按照“以政府资金为引导、资本多元化”的原则，加快完善中小企业信用担保体系，力争到2015年，全省中小企业信用担保机构数量达到360家，注册资本金达到150亿元，基本建成省、市、县三级中小企业信用担保体系。二是做大做强一批骨干担保机构。鼓励中小企业信用担保机构依法通过多种形式增资扩股或资产重组。综合运用资本注入、税收减免、风险补偿和奖励补助等多种方式，增强担保资本实力和抗风险能力。重点扶持注册资本金5000万元以上的担保机构。鼓励和促进担保行业的整合和重组，支持制度健全、信用度高、业绩突出、带动力强的优强中小企业信用担保机构加快发展。三是积极探索多元化融资模式。加强对成长性好、初创型中小企业的股权融资工作，逐步实现政府资金使用方式从无偿补助和贷款贴息向股权投资转变。发挥省中小企业创业投资公司的引导作用，引进战略投资者推动优势企业上市。采取积极稳妥的方式，鼓励符合条件的中小企业依法自主选择集合债、集合信托、短期融资券等新型融资方式，进一步拓宽中小企业融资渠道。四是进一步加强与金融机构的合作。组织开展多种形式的政、银、企对接活动，加强客户推介、政策交流等方面合作，促进金融机构扩大中小企业的信贷规模。鼓励金融机构在继续加大票据、理财等融资业务的同时，有针对性地开发出一批新的金融产品和服务，扩大抵押、质押的范围，缓解中小企业贷款抵质押不足的矛盾。

（四）以促进创业就业为目标，在打造小企业创业基地上求得新突破

按照“扩大总量、提升质量”的要求，重点抓好四方面的工作。一是加快小企业创业基地建设。坚持多样化、多层次发展，充分利用现有的经济技术开发区、工业园区、大学科技园区、创业园区等建设小企业创业基地，重点培育一批技术创新型、产业集群型以及混合型小企业创业基地。力争到“十二五”期末，在全省大部分市、县（区）和重点工业园区建成150个设施配套、功能齐全、服务高效的省级小企业创业基地。二是加强小企业创业基地管理。加快制定基地建设的评价指标体系和考核奖励办法，强化运行监测和动态管理；完善项目立项、审批、监督机制；开展认定和评级工作，每两年组织一次综合考核，对考核不合格的小企业创业基地限期整改，通过这些措施，促进小企业创业基地上规模、上水平。三是完善创业服务措施。充分发挥各地创业服务中心的作用，建立创业辅导师队伍，开展多种形式的创业辅导。组织专业中介机构向中小企业初创者提供免费辅导、政务代理、融资支持、场地租用、政策咨询等服务。按照基础教育与专业培训相结合、政府资助引导与企业自主培训相结合、集中面授与远程网络教育相结合的原则，积极开展创业知识培训，提高创业成功率。四是落实扶持政策。统筹安排中小企业发展专项资金，支持小企业创业基地建设；充分发挥小额贷款和中小企业信用担保机构对创业的支持力度，解决初创企业的资金困难；争取江西省战略性新兴产业配套基地用地指标用于工业园区小企业创业基地建设，帮助小企业创业基地解决建设用地需求。

（五）以工业园区为载体，在促进中小企业集聚发展上求得新突破

工业园区不仅是推动我省经济社会发展的重要支撑点和增长极，更是我省中小企业集聚发展的主要载体，我们将按照省委、省政府的部署安排，围绕提高产业集群水平，重点做好以下几项工作。一是加强产业规划。按照国家产业政策，遵循产业集群形成、演进、升级的内在规律，综合考虑市县区位优势、产业基础和资源禀赋，加快制定全省工业园区产业集群发展规划。利用财政专项资金，每年集中支持20个左右的产业集群编制规划，力争用3～5年的时间，实现《鄱阳湖生态经济区规划》中“每个园区要打造一个过10亿元产业集群”的目标。二是推进产业配套。引导中小企业立足工业园区加快集聚发展，支持中小企业向园区、小区集中。鼓励中小企业与龙头骨干企业开展经济技术合作，形成分工明确、相互依存、优势互补、共生共赢的产业体系。每年在全省工业园区挑选10个左右产业基础较好的小企业创业基地进行重点扶持，把小企业创业基地办成战略性新兴产业配套基地。省财政安排的工业园区产业集群发展专项资金主要用于支持工业园区内围绕重点产业、龙头企业进行产业配套的中小企业。三是突出产业招商。紧紧抓住新一轮产业转移和全球产业再分工的有利时机，组织工业园区按照各自的产业定位，从支撑产业主体、壮大产业规模、延伸产业链条的实际需要出发，选择产业集聚明显的沿海发达地区，开展产业集群缺失环节招商对接活动，同时加强省内园区之间、省内园区与省外园区之间供应链的合作，着力推进产业链条式延伸、企业集聚式组合，加快形成产业集群优势。

（江西省中小企业局）

山东省

一、中小企业保持平稳快速发展

到2010年底，全省中小企业户数达到68万户，比2009年的63万户新增了5万户（见表1）。其中规模以上中小企业发展到46567万户，比“十五”末新增19987户；从业人员达到703万人，比“十五”末增加143万人。规模以上中小企业实现增加值15885亿元、主营业务收入62706亿元、利税6323亿元，分别是“十五”末的3.35倍、3.2倍和3.3倍；中小企业增加值、主营业务收入、利税占全部规模工业比重达到70%、70%、65%，分别比“十五”末提高3、4.5和9个百分点。个体私营企业户数发展到293万户、从业人员1185万人、注册资金13257亿元，分别比2005年底增加93万户、376万人和8776亿元。

表1　近年全省中小企业户数变化情况纵向比较

	2008年	2009年	2010年
企业总户数	59.1万户	63万户	68万户
新增户数	0.2万户	4万户	5万户

2010年山东中小企业、私营企业同部分省、市横向比较如表2、表3、表4、表5所示。

表2　中小企业数量

地区	中小企业户数（万户）	私营企业户数（万户）
山东	68	53
江苏	123	105
上海	85	71
浙江	78	64
广东	121	95

表3　规模以上中小工业总产值

地区	绝对值（亿元）	同比增长（%）
山东	65638.65	25.8
江苏	65055.56	29.7
上海	17540.33	23.7
浙江	43536.66	31.2
广东	62029.14	29.2

表4　私营企业注册资金

地区	注册资本（亿元）	户均注册资本（万元）
山东	12409	254
江苏	27996	287
上海	14170	220
浙江	16706	284
广东	18548	214

表5　私营企业外贸出口额

地区	绝对值（亿美元）	同比增长（%）
山东	281.92	44.8
江苏	492.43	54.1
上海	202.11	40.3
浙江	926.02	31
广东	999	39.4

二、实施中小企业四项计划

“十一五”期间全省中小企业按照省委、省政府的决策部署，大力实施中小企业“四项计划”（科技创新计划、中小企业成长计划、小企业培育计划、特色产业提升计划），取得了丰硕成果，有效地推动了中小企业又好又快发展。科技创新计划成效显著：到2010年底，全省省级以上企业技术中心的科研投入占企业销售收入的比重达到5.2%以上，比“十五”末提高2个百分点；全省科技型中小企业发展到7000多家，比“十五”末增加1000家；全省国家级和省级高新技术产业开发区中，中小企业占到开发区企业总数的80%以上。全省国家级创新型企业、知识产权示范创建企业和试点企业中一半以上是中小企业，近2000家中小企业建立了自己的研发机构。全省中小企业拥有驰名商标165个，占全省58%；著名商标1283个，占66%；山东名牌产品1495个，占85%；中国名牌产品189个，占70%。中小企业成长计划和小企业培育计划完成预期目标任务：中小企业成长计划实施五年，全省新增大型企业54家、新增中型企业172家。小企业培育计划实施3年，全省新增规模以上企业11592家，超额完成了省政府确立的3年新增1万家规模以上企业的任务目标。特色产业提升计划取得重大突破：“十一五”期间，通过实施特色产业提升计划，积极培植壮大特色产业，全省重点培植了140个特色产业镇，带动发展起来了一批产业特色鲜明、经济优势突出、综合实力较强的经济强镇，成为产业集群发展的重要支撑。截至2010年底，全省年销售收入过10亿元的产业集群发展到356处，集群内企业达92450处，从业人员745万人，实现销售收入30986亿元，利税2530亿元。其中过100亿元的产业集群96个、过50亿元161个，分别比上年增加13个和17个，是“十五”末的9.7倍和5倍，集中集约集聚发展成为我省中小企业发展新特征。

三、推进结构调整

全省中小企业共推出了结构调整重点项目2110项，与工、农、中、建、农信社五大金融机构签署合作协议，给予信贷支持500亿元。合作担保机构给予200亿元的贷款担保。2010年全省中小企业206个转方式、调结构重点项目获得国家和省专项扶持资金2.485亿元，比上年增长55.4%，对重点扶持项目进行调度和跟踪，项目完工110项，完工率达到53.4%。2010年全省中小企业投资增幅显著，完成10713亿元，增长21.7%，开发新产品10084项，淘汰落后设备12213台套。通过重点扶持、以点带面、典型引路，全省中小企业转方式、调结构收到显著成效。

四、加大财政扶持

2010年全省中小企业共获得国家各项专项补助资金15850万元，总额居全国第2位，在2009年比上年增长3.1倍的基础上，2010年增长45%。省级中小企业发展专项资金规模达到9000万元，比上年增长80%，省级专项资金规模的增加起到了引导市县设立和扩大专项资金额度的作用。2010年全省17个市和23个全国百强县都设立了中小企业发展专项资金，17个市和73个县（市、区）在预算中设立中小企业发展专项达8.9亿元，80个县设立过桥周转金34.7亿元。

五、破解融资难题

针对中小企业融资难这一制约发展的瓶颈，各级、各部门进一步解放思想，以创新为动力，通过各种有效方式，为中小企业搭建融资新平台。截至2010年底，全省中小企业贷款余额11562亿元，比年初增加2477亿元，分别占全部企业贷款余额和新增的57%和72.5%，通过提供信用担保发放贷款750亿元，同比增长23%，占新增贷款额的33%。潍坊、威海两市发行两支中小企业集合票据，11家企业共募集12.9亿元。山东省中小企业集合债券发行工作走在了全国前列，在全国中小企业融资方式创新座谈会上介绍了经验。

六、加大政策落实力度

全省重点抓了关于促进中小企业发展的国务院［2009］36号和省政府［2009］127号文件的贯彻落实。一是落实政策措施，重点扶小扶优。组织实施了小微企业“三五二”税收优惠政策落实工作，整理了23万家小微企业的基本资料，印制了《优惠政策告知书》，以直邮方式寄送到16万户小微企业，并在媒体上刊登政策信息。“三五二”政策惠及小微企业约5万多家，减免所得税近1亿元。二是抓住热点难点，着力解决企业用地问题。出台了《关于统筹安排建设用地支持中小企业发展的意见》（鲁国土资字［2010］1264号）文件，采取盘活存量、增减挂钩、建立工作机制等措施，缓解中小企业发展用地难。三是面向基层服务，为企业排忧解难。设立中小企业负担举报电话和网络受理平台，直接为企业和基层提供接访，为中小企业进行政策解答和服务咨询。

七、推动产业集聚发展

省中小企业办与省财政厅联合制定下发了《关于集中资金集约投入重点支持中小企业产业集群发展的通知》，采取每年重点支持几个市，每市支持1000万元，集中资金、集约投入，重点支持的方式支持产业集群发展，2010年首批对枣庄、威海、潍坊、临沂4个市7个产业集群41个项目进行资金支持4000万元，促进了产业集群和特色产业镇的健康发展。省中小企业办与齐鲁晚报联合对全省20多个特色产业镇进行了深度系列专题报道，举办了“山东省特色产业镇创富论坛”，命名表彰了第三批40个特色产业镇、22个领军人物和20个明星企业。组织举办郿部电声乐器校园展示活动，宣传展示“中国电声乐器之乡”郿部特色产业，扩大了品牌效应，建立了实践教学基地，促进了校企合作，引起了全省各级、各部门和社会各界对特色产业镇发展的高度关注。

八、推进节能减排和技术创新

2010年9月召开了全省中小企业第一次节能减排现场推进会议，推广典型经验，表彰示范企业，对节能减排工作起到重要的推动作用。2010年全省有36家企业被认定为中小企业节能减排示范企业，其中对12家企业进行了扶持，确定了10家精细化管理样板企业，申报了国家农产品加工技术研发分中心扶持项目。申报了科技进步奖励省科学技术进步奖一等奖一项，111个成果被评为山东省中小（民营）企业科学技术进步奖，有77个中小企业项目列为山东省技术创新计划项目。

九、积极开拓市场

一是组织156家中小企业参加第七届中博会，其中122家企业拿到订单，签订合同298个，合同金额19.3亿元。二是加强对台经贸交流。组织了山东省中小企业经贸大型交流团赴台，参加“第一届海峡两岸优良农产品洽商大会”，达成了一系列技术经贸合作意向和协议。三是为企业服务找订单。与省侨办联合邀请意大利政府采购团来我省采购太阳能、铝合金型材，签订了采购协议，扩大了山东中小企业产品的影响力和知名度。四是开展直邮服务为企业拓展市场。与省邮政公司加大直邮服务中小企业的力度，直邮服务的中小企业超过1万家，其中950多家中小企业新增收入2.18亿元。五是中小企业协会在世博会期间先后组织七批会员单位，考察上海特色创意园区，开展引资活动。组织中小企业代表参加山东－吉林两省经济合作交流会并进行对口洽谈，共签署合作项目48个。

十、加快服务体系建设

一是规范发展信用担保行业，提升服务企业能力。出台了依法推进信用担保体系建设的意见和办法，将体系建设的重点转到行业自律、自我完善、提高担保能力上。2010年国家和省扶持中小企业信用担保的专项资金达到8970万。省担保协会顺利换届，会员单位已超过200家，协会的代表性和凝聚力明显提高。表彰了2010年度山东省十佳中小企业信用担保机构、40家银保合作信得过单位和1720家受保单位星级信用企业。组织了5批中小企业信用担保与融资研修班赴台培训。全年中小企业信用担保额达到750亿元，比上年增长23%。二是提高中小企业信息化建设水平。2010年6月，全国中小企业信息化系统会在济南召开，会上介绍了山东中小企业发展电子商务的经验，突出了推进电子商务工作，建立和开通了中小企业电子商务平台。2010年4月，全省中小企业产业集群电子商务现场会在临沭召开，推广临沭复合肥产业集群电子商务建设和运营的经验。到年底，已有临清、临朐、沂水、邹平等地的产业集群电子商务平台启动。全年中小企业电子商务交易额达到100亿元。2010年省中小企业办与山东移动公司开展了活力100体验活动，与山东联通公司开展中小企业信息化管理提升活动，全年中小企业用户由年初的6万家，到年底达到13万家，参与信息化管理提升活动的企业达15万家。三是加强人才培训。制定了《2010～2012年山东省成长型中小企业管理者培训规划》，提出用三年时间完成10万名成长型中小企业管理者培训，2010年已完成3.6万人培训。四是加快创业辅导基地建设。到2010年底，全省共建立省、市级中小企业创业辅导基地184家，培育小企业16191家，吸纳从业人员54万多人，其中省级创业辅导基地62家，培育小企业6500多家，吸纳从业人员13.5万人。

（山东省中小企业办公室　杨亚强　王功永）

河南省

近年来，在省委、省政府的正确领导下，河南中小企业呈现出强劲的发展势头，经济总量迅速增长，整体实力不断提高。中小企业已驶入快速发展的轨道，已成为河南经济发展最具活力的增长点，成为就业再就业的重要渠道，成为推动河南工业化城镇化进程、实现跨越式发展的强大动力，成为实现中原崛起、构建和谐中原的有生力量，为河南保持经济平稳增长、保持跨越式发展的基本态势和社会和谐稳定，发挥了不可替代的重要作用。

一、河南省中小企业发展基本状况

（一）发展状况

2010年，全省中小企业达35.16万家，从业人员1041.43万人；实现增加值10741.32亿元，比2006的4174.10亿元增长了151.73%，实现利润总额3630.91亿元，比2006的1607.14亿元增长了86.76%；实交税金993.72亿元，比2006年的373亿元增长了145.39%；完成出口产品交货值412.21亿元，比2006年的276.38亿元增长了49.15%。年营业收入前十位的工业主要是钢铁、化工、纺织服装、农副产品加工、建筑建材、矿产品加工、工艺美术、机械加工、冶金辅料、生物医药等行业。

2010年，全省非公有制企业达39.52万家，从业人员1055.47万人，累计实现增加值11123.26亿元，总产出35427.52亿元，营业收入达33896.75亿元，利润总额3615.34亿元，实交税金1064.38亿元，资产总额达21251.85亿元。全省个体经营户达236.47万个，从业人数1145.57万人，实现增加值3893.29亿元，营业收入12535.72亿元，利润总额1501.08亿元，实交税金238.17亿元。

（二）主要特点

第一，农副产品加工形成一定规模。粮油加工、面粉加工、肉类加工、酿酒、蔬菜加工逐步成长为主导产业。

第二，纺织、服装、地毯等轻工行业占相当大的比重。

第三，汽车配件、矿山机械、起重机械、粮机、石油机械、钢铁等重工业日益占居重要地位。

第四，资源加工型企业比重大，包括建材、煤炭、黄金开采、石油、天然碱等，占总产值的50%以上。

第五，传统工艺美术产业，包括玉雕、钧瓷、柳编等产业发展较快，其中南阳的玉雕产业年产值达到150亿元以上。

第六，以服务业、旅游业为主的第三产业迅速增长。

第七，企业密度低。2009 年河南中小企业达到 37.8 万家，但企业密度依然较低，每千人只有 3.8 家，全国现有中小企业 1030 万家，企业密度约为 7.8 家，河南比全国的平均水平还少 4 家。

二、促进中小企业发展采取的主要措施和做法

（一）抓服务，促进中小企业成长

深化企业服务，推动能人创企业、百姓创家业，加速民营经济总量扩张。一是加强创业辅导。采取引导扶持、多方投资等方式，在各县（市、区）建设 1～2 个具有滚动孵化功能的小企业创业基地，为初创企业者提供信息咨询、创业辅导、行政审批、证照办理和开业指导等服务，提高创业成功率。制定出台小企业创业基地认定办法和中小企业公共服务平台认定办法，每年筛选 20 个符合标准的创业基地和服务平台，采取以奖代补的办法进行扶持。二是帮助企业开拓市场。分行业、分专题、分地区开展产销对接活动，加强上下游衔接和产供销对接。下半年集中召开一次全省产销对接大会。组织好 APEC 中小企业技术交流展览会和第七届中国国际中小企业博览会参会工作。三是加强运行监测调节。健全和完善经济运行预警监测机制，加强重点行业、企业和产品动态监测，加强煤电保障和电力需求的管理，确保要素稳定有效保障。

（二）抓龙头，培育大型民营企业

坚持发展与提高并重，着力扶优扶强，培育一批优势骨干民营企业。一是培育大企业。围绕装备制造、有色、化工、服装纺织、食品等战略支撑产业，鼓励优势企业打破所有制、行业和地域界限，通过参股、控股兼并、购买和联合协作等途径，加快品牌聚集和资本聚集，扩张生产经营规模，做大做强一批具有核心竞争力的民营企业。二是落实大项目。积极参与民营大项目的策划招商、前期准备、报批攻关等工作，全程跟踪服务。积极推动民营企业通过各种方式参与新兴产业发展和项目建设，抢抓新兴产业发展先机。三是加大支持力度。开展百强民营企业和百户高成长性民营企业评选，按营业收入、入库税收和技术投入等指标排名，实行动态管理，对升档进位明显的，给予相应的政治待遇，在项目、资金、技术等方面重点扶持。

（三）抓融资，活跃中小型民营企业

着力解决资金短缺和融资难、贷款难、担保难等问题，培育一批“专、精、特、新”的中小型民营企业。一是完善中小企业信用担保体系。规范发展各种类型的信用担保机构，加快省中小企业担保集团开展信用再担保业务步伐，放大担保倍数，增加在保余额。二是加强银企对接和银担合作。落实与广东发展银行、国家开发银行等的战略协议，推进中小企业金融专项服务。加快小额贷款公司试点工作。采取集合担保措施，发行集合债券、资券、票据、贷款等，增强集合融资效果。三是加快中小企业产权交易试点工作。作为国家确定的 5 家试点机构之一，已于 2010 年 11 月份鸣锣开盘，加快培育一批上市交易企业，扩大产权、债权、股权融资渠道。

（四）抓转型，提升中小企业综合竞争力

加快民营企业转型升级，促进管理精细化、成本最小化、利润最大化，提高综合竞争力。一是加快企业技术改造步伐。充分利用国家中小企业技改资金和专项资金，引导和支持企业加大技改投入，积极采用新技术、新工艺、新材料和新设备；引导企业技术中心研发设施和装备投入，提高企业创新能力。大力实施名牌带动战略，积极推动争创国家和省级名牌产品。加快淘汰落后产能，以等量置换为发展腾出更大空间。二是推进工业化与信息化融合。充分发挥信息化专项资金的引导作用，选择 80 家民营企业开展两化融合试点。继续开展邮政直投业务，为中小民营企业提供信息流、实物流和邮储资金流“三流合一”服务。继续实施“百万中小企业信息化体验计划”，为中小民营企业提供政策扶持、金融产品与服务、软件产品与服务的综合信息化服务包。三是加强企业管理和人才培训。企业家的素质决定着企业发展的速度和高度。继续做好中小企业银河培训工作，引导民营企业提升管理水平，不断深化内部改革，创新经营机制，规范各项制度，打造百年基业。

（五）抓集聚，推动中小企业集群发展

大力推进中小企业集聚区发展，打造“创新高地”和“成本洼地”。一是积极承接产业转移。抢抓沿海产业转移的重大机遇，有选择、高起点地承接产业链高端环节的转移，2010 年 11 月份工信部与省政府在郑州联合举办的承接产业转移系列活动，通过以资源换技术、以产权换资金、以存量换增量、以市场换项目等方式，推动河南中小企业的对接联合和优化集聚。二是积极开展新型工业化产业示范基地创建工作。通过制定和实施示范基地产业发展计划和政策措施，引导各类要素向示范基地集中，大力发展以龙头企业带动、中小企业集聚为特征的产业集群。三是打造特色经济。立足于各地的传统工艺、特色产品和自然资源，鼓励发展“一村一品”、“一乡一业”，做大做强特色产品和产业，做到板块发展、链条拉动。

（六）抓环境，营造中小企业发展氛围

中小企业民营经济是候鸟经济，哪里环境好、支持力度大，它就往哪里去。一是创造政策环境。树立“非禁即入”的观念，落实好民营企业“国民待遇”，制定细化的、操作性强的促进中小企业和民营经济发展的政策措施，放宽政策，放开手脚，放活机制，放开空间，使民营企业留得住、扎下根，创大业、发大财。二是转变政府职能。抓具体、办实事，大力推广“一站式”办公、“一条龙”服务和网上审批，切实帮助企业解决突出矛盾和问题，积极办、主动办，办得快、办得好。开展减轻企业负担专项治理工作，严查“四乱”和吃拿卡要的行为，切实把各项扶持政策落实到企业。三是营造发展氛围。加强与新闻媒体联合，宣传发展民营经济

的方针政策，宣传民营经济的重要地位和作用，宣传守法经营、勤劳致富、回报社会的先进典型，为民营经济转型发展创造良好的舆论氛围。

三、贯彻实施《中小企业促进法》和《国务院关于进一步促进中小企业发展的若干意见》（国发［2009］36号）的情况

（一）《中小企业促进法》实施办法及相关配套政策的制定情况

《中小企业促进法》颁布实施后，省委、省人大、省政府高度重视，出台了《河南省实施〈中华人民共和国中小企业促进法〉办法》，该办法突出了资金支持、融资服务、自主创新、服务体系建设和维护企业合法权益等重点内容。省委、省政府先后出台了《河南省关于损害经济发展环境行为的责任追究办法》（豫办［2006］13号）、《河南省人民政府关于开展清理限制非公有制经济发展规定工作的通知》（豫政办［2006］28号）、《河南省人民政府关于贯彻国发［2005］3号文件鼓励支持和引导非公有制经济发展的实施意见》（豫政［2006］32号）、《河南省人民政府关于印发河南省民营企业投诉处理办法的通知》（豫政［2006］42号）、《河南省人民政府关于加快全省中小企业信用担保体系建设的若干意见》（豫政［2006］62号）、《河南省人民政府批转省信息产业厅中小企业服务局关于大力支持中小企业信息化服务平台建设意见的通知》（豫政［2006］67号）、《河南省人民政府关于在全省开展企业服务年活动的实施意见》（豫政［2009］17号）、《河南省人民政府关于以财政为依托建立健全融资性中小企业担保体系的意见》（豫政［2009］24号）、《河南省人民政府关于支持中小企业加快发展的若干意见》（豫政［2009］35号）、《河南省人民政府关于建立健全中小企业信用担保体系的若干意见》（豫政［2009］36号）、《河南省人民政府办公厅转发省中小企业服务局关于建立健全全省中小企业社会化服务体系若干意见的通知》（豫政办［2005］74号）、河南省人民政府办公厅转发省中小企业服务局等部门关于加快建立和完善信用担保体系促进中小企业发展意见的通知》（豫政办［2006］1号）、《中共河南省委、河南省人民政府关于推动全民创业的意见》（豫发［2008］21号）、《中共河南省委、河南省人民政府关于加快发展服务业发展的若干意见》（豫发［2008］10号）等一系列政策和措施。这些政策措施为中小企业发展提供了强有力的支持。

（二）国发［2009］36号文件贯彻落实情况

我们起草了《河南省人民政府贯彻落实国发［2009］36号文件进一步促进中小企业发展的实施意见》，从进一步促进中小企业发展的重要意义、进一步优化中小企业发展环境、积极缓解中小企业资金困难、加大对中小企业的扶持力度、大力推进中小企业成长工程、建立健全中小企业统计监测和评价体系、加强对中小企业工作的组织领导等7个方面提出了支持中小企业发展的具体政策措施。在起草过程中，我们广泛征求了省直有关单位、部分省人大代表政协委员、各市县及社会各届的意见，当前正等待省政府审批。

四、当前中小企业发展中存在的主要问题

近年来，河南中小企业虽然取得了长足发展，但在发展中还存在着诸多问题和困难，主要表现在以下几个方面：

（一）企业自身方面

第一，产业结构有待进一步优化。从总体上看，河南非公有制经济一、二、三产业的比重仍然呈“橄榄型”的结构，第一产业不仅数量少，而且规模小；第二产业比重偏大，且大多集中在资源开采和传统加工行业，缺乏具有市场竞争力的高精尖产品；第三产业投资和发展的势头不旺，比重偏低。

第二，企业规模较小，集团化程度低，整体水平不高，难于形成规模效益，走新型工业化道路的实力明显不足。

第三，企业外向度较低，对国际和发达地区产业结构转移的承接能力较弱，目前大多数还盯在当地资源上，对国内国外两种资源的开发利用和两个市场的开拓还远远不够。

第四，企业技术水平较低。大多数民营企业生产装备、生产方式比较落后，产品技术含量较低，科研开发能力不足，缺乏自己的核心技术。

第五，中小企业的经营者素质不够高。主要表现，一是缺乏先进的发展理念，创新意识、竞争意识、机遇意识、品牌意识等比较淡薄；二是企业家凝聚力不强，企业之间缺乏信息沟通，相互合作；三是有些企业家目光短浅，小富即安，缺乏干大事，创大业的勇气和魄力；四是有些企业信誉不高，缺乏社会责任感；五是不少企业习惯于传统的经营模式，对转变经济增长方式的重大意义认识不够，缺乏自觉性和紧迫感。

第六，人才匮乏。由于多数中小企业规模小、效益差、工作环境差，大中专毕业生不愿前去就业，有30%的企业反映存在高层次人才缺乏、低层次人才相对过剩问题。

第七，管理水平低下。对企业管理的重要性认识不到位，管理人员对企业管理问题的重视程度不高，大多数民营企业还没有建立现代企业制度，管理制度不健全、管理不规范，管理水平较低。

第八，企业文化建设层次不高。大多数中小企业对企业文化的认识还不够全面或者存在着认识上的误区，更缺乏自觉推进企业文化建设的意识。品牌意识不强，缺乏凝聚力和核心竞争力。

（二）外部环境方面

第一，发展环境不够宽松。小企业出生难、生存难、成长难的状况还没有根本性好转，创业难、办证难、贷款难、用地难等具体问题还没有得到有效解决。

第二，市场准入受限。河南省政府出台了《关于改革市场主体准入制度加快我省经济发展的意见》，以推进公平竞争。目前一般的领域都放开了经营，但是国有企业垄断领域，如邮政、供水、供气、医疗卫生、城建、军工、基建、出版和通信等领域，民营企业依然无法进入。

第三，中小企业负担过重。中小企业要面对城建、食品、卫生、消防、气象、统计（强制培训）、工会和残联（以税收的形式强制收取）、环评、测绘、文物勘探等众多收费门类，同时还要面对各种罚款。政府工作部门除中小企业工作部门外，几乎都有收费项目，且大都有罚款权利。注册一个3万~5万元的小公司，平均注册过程中的费用在2000元以上，即使不营业，一年也需要交税3000元以上，60%的小企业反映税率过高、规费过多、负担过重。

第四，政府服务部门相对弱化。这次政府机构改革后，在省工业和信息化厅内设中小企业服务局，编制只有14人。这与庞大的中小企业民营企业，纷繁的行业，庞大的服务需求很不相称。这样低级别的机构、少量的人员，难以提供有效的服务。

第五，财政政策扶持不够。近年来，各级政府加大了对中小企业民营企业的支持，但服务职能、扶持政策、补助资金分散在发改、财政、科技、工商、商务、人力资源和社会保障、工商联等众多部门，导致政策棚架，消耗严重，执行落实不力，中小企业民营企业找不到具体的综合服务部门。2008年以来，河南也设立了中小企业发展专项资金5000万元，但全部以注册资本金的投入了省担保中心和担保集团公司。

第六，服务体系不健全。中小企业信用担保体系大而不强。目前全省有1000多家中小企业信用担保机构，但大多数担保机构规模小、实力弱、信誉低，达不到银行业要求的合作条件。还有一些担保机构违规经营，亟待加强监管。社会化服务机构不完善，不能为中小企业民营企业提供规范有效的信用评价、人才培养、信息网络、创业辅导、市场开拓等服务。

五、2011年初步工作计划

第一，进一步抓好《国务院关于进一步促进中小企业发展的若干意见》（国发［2009］36号）的贯彻落实。

第二，筹建中小企业发展服务中心。把中小企业局无力承担的具体服务工作，交给服务中心去做。形成政府部门和服务中心的双重优势，发挥双重作用，强化系统服务职能，为全省中小企业提供更多种、更具体、更有效的服务。

第三，继续开展河南省小企业创业基地和中小企业公共服务平台认定工作。

第四，着力扶优扶强，继续做好全省100家高成长型民营企业和100家百强民营企业的认定工作。

第五，继续深入开展企业服务。不断创新服务方式，改进服务手段，继续全方位的为中小企业民营企业搞好服务。

第六，继续组织做好中国国际中小企业博览会等参会工作，帮助中小企业开拓市场。

第七，继续做好中小企业宣传工作。

第八，创新表彰形式和内容，做好2011年全省民营企业表彰工作。

第九，加强担保机构监管，完善中小企业信用担保体系建设。

第十，创新小额贷款公司发展模式，进一步引导民间资本规范运作。

第十一，规范区域性（河南）中小企业产权交易市场运作，拓宽中小企业融资渠道。

六、“十二五”加快中小企业发展的思路和措施

针对当前河南中小企业发展中存在的问题，在今后的一段时期内要重点抓好以下工作：

（一）转变政府职能，服务中小企业发展

第一，深化行政体制改革，合理设置行政机构，减少行政审批，变管理型政府为服务型政府，充分发挥市场配置资源的基础性作用，不断提高对中小企业的服务水平和办事效率。省优化办、纠风办在对政府职能部门进行行风评议时，要注重听取中小企业的意见。

第二，各级政府要牢固树立正确的政绩观，要从坚持科学发展、着力改善民生、构建和谐社会的全局出发，用全面的、科学的标准来衡量和引导中小企业的发展，不能偏面追求产值、速度指标。要强化服务意识，在完善法规、落实政策、提供信息、资金扶持、人才培训、维护企业合法权益等方面为中小企业提供切实有效的服务，创造竞争有序的市场环境。

第三，加快公共服务平台建设，为中小企业提供信息咨询、人才培训、技术交流等服务；大力发展各种中介组织，发挥其“提供服务、反映诉求、规范发展”的职能作用，逐步建立起完善的社会化服务体系。

（二）优化发展环境，促进中小企业发展

第一，放宽民营企业投资领域和市场准入条件。加快垄断行业改革，鼓励、支持和引导民营企业参与国有企业改革，进入金融服务、公用事业、基础设施建设等领域。一些重要的矿产资源开采领域，允许民营企业、社会资金以资本形式进入。凡是国家法律、法规没有明令禁止的行业和领域，都要允许民营企业进入。凡是鼓励和允许外商资本进入的领域，均应鼓励和允许民间资本进入；在实行优惠政策的投资领域，其优惠政策对民营企业同样适用。

第二，优化中小企业经营环境。深入开展“两转两提”工作，进一步简化报批、审批手续，进一步下放项目审核和备案权限，进一步健全重大项目联审联批工作机制，推行联合审批、首问负责、限时办结和“一站式”服务、“一窗式”管理，加快

项目的协调推进。进一步清理整顿涉企收费，凡不符合规定和未按规定审批设立的行政事业性收费项目一律予以取消，对不执行国家规定或擅自立项、扩大范围、提高标准等乱收费行为，一经查实，要严肃处理。积极支持中小企业开拓市场，及时发布重点项目建设信息，鼓励和支持有条件的中小企业拓展并参与全省的基础设施和重大项目建设；要做好重点项目和企业供需衔接，搞好供需合作，扩大中小企业产品本地市场占有率和覆盖率；各级政府采购在同等条件下优先选择民营企业产品。要充分发挥中小企业开拓海外市场专项资金的引导作用，引导和支持有条件的中小企业走出去参展办厂，扩大出口。

第三，改善中小企业创业环境。建立健全市、县级中小企业创业辅导机构，培育一批创业基地，制订考核定级标准，实行以奖代补。加大技术创新和人才开发支持力度，完善知识产权保护制度，提高中小企业创业创新的积极性，鼓励和支持有条件的企业建立研发中心，对高新技术中小企业比照大型企业集团模式，开展直接供电试点。要科学规划，因势利导，在有条件的地区促进产业集群形成，提高中小企业发展水平和效益；引导中不企业走节约生产、清洁生产、安全生产和可持续发展的路子。

第四，营造中小企业发展舆论环境。要采取各种有效形式，广泛宣传中小企业民营经济的重要地位、作用和优秀中小企业、民营企业家对社会做出的贡献，营造谁发展谁光荣，尊重民营企业家就是尊重劳动、尊重人才、尊重创造的良好社会氛围，使全社会都关心支持民营企业的发展。省政府每年评出“百强民营企业”和“百家高成长性中小企业”，对贡献突出、行业认可、社会公认的优秀民营企业和企业家每2年进行一次表彰，使奉公守法、事业有成的民营企业届人士政治上有荣誉、社会上有地位、经济上有实惠。

第五，维护中小企业和职工合法权益。建立健全全省中小企业民营企业维权体系，理顺投诉受理渠道，依据河南省民营企业投诉处理办法，及时查处侵害中小企业民营企业合法权益的案件。加大对市县民营企业投诉中心的指导力度，在全省形成维护民营企业合法权益的工作合力，为中小企业民营企业发展提供宽松的发展环境。深入贯彻落实《劳动合同法》，切实维护企业职工的合法权益。

（三）转变发展方式，加快中小企业发展

第一，大力引导结构调整。要通过财政手段，金融政策，技术进步政策和投资倾斜引导产业结构调整，培养产业和企业竞争力。要加强市场建设和行业管理，保证市场效率和公平，引导企业走公平竞争的路子，形成市场对企业的刚性约束。要尽快改变民营经济“橄榄型”的格局，努力发展三高农业，加快发展先进制造业，大力发展现代服务业，特别要积极进军文化产业。要加强高新技术开发区、工业园区和产业集聚区的建设，培育特色优势产业，努力推动产业结构升级，提高整体经济结构效益。

第二，积极推进自主创新。技术进步能够提高资源配置效率，带动整个国民经济的协调发展，是经济增长方式转变的核心和根本推动力，也是经济增长方式转变的决定性因素。要坚持以企业为主体，以市场为导向，以提高自主创新能力为目标，以产学研相结合为支持体系，坚持原始创新、集成创新和引进消化吸收再创新相结合的原则，着力提高全省中小企业自主创新能力，增强整体竞争力。积极实施品牌战略，加快产品结构调整。重点支持建立一批国家级、省级技术研发中心和一批博士后科研工作站，建设一批公共技术服务平台，为中小企业提供技术支持和服务。继续推进中小企业管理创新，推行现代公司治理结构，推广先进的管理理念，采取先进的管理制度，鼓励中小企业运用现代信息技术提升管理水平，催生一批管理水平和技术水平先进的高新技术企业，培育一批拥有自主知识产权的产品，形成一批特色明显、结构优化、体系完整的高技术企业群体。

第三，促进新兴产业发展。当前，各省都在加快发展电子信息、新材料、新能源等战略性新兴产业，抢占未来竞争制高点，河南应该积极跟进，实现“边路突破，弯道超车”。去年以来，河南省在新能源电动汽车上取得了一定突破，下一步，要结合河南的实际，密切跟踪新兴产业的发展步伐，在节能环保、新型电池、创新药物、非金属功能材料等领域实现重点突破。要着力推进工业化与信息化融合。从区域、行业、企业三个层面推进两化融合，重点抓好产业集聚区尤其是新型工业化示范基地的两化融合工作，推进设计研发信息化、生产装备数字化、生产过程智能化和经营管理网络化。要大力推动制造业与服务业的融合，积极发展现代服务业，尤其是生产性服务业。

（四）加大支持力度，扶持中小企业发展

第一，加大财税支持力度。各级政府要按照《河南省实施〈中华人民共和国中小企业促进法〉办法》的要求，尽快设立中小企业发展专项资金，并逐步扩大专项资金规模，积极支持和引导中小企业固定资产投资项目和环境改善类项目（创业基地、公共服务平台等）的建设。要按照《国务院关于进一步促进中小企业发展的若干意见》（国发［2009］36号）文件要求，尽快研究设立河南省中小企业发展基金和河南省中小企业技术改造专项资金，用于支持引导中小企业采用新技术、新工艺、新设备、新材料进行技术改造。要严格执行国家鼓励支持民营企业的各项税收政策，对于国家没有明文规定、政策权限又在地方的税收项目，要按照省委、省政府的决定，加大支持力度。各级财政、审计等职能部门要改进对中小企业、民营企业服务和监管，进一步提高企业的财务管理水平。

第二，加大信贷支持力度。各金融机构要认真落实支持企业特别是中小企业发展的各项政策措施，建立健全企业融资量化考核制度，确保中小企业信贷投放增速不低于全部贷款增长速度。要积极为中小企业提供信贷服务，重点支持有市场、有订单、有技术优势的中小企业发展；要积极创新适应中小企业特点的金融产品，改进授权授信方式，探索灵活的抵（质）押方式和贷款担保形式，加大对中小企业的支持力度；要加快改革发展步伐，提高经营管理水平，提升为民营企业服务的能力。继续做好中小企业信贷政策导向效果评估工作，对金融机构开展中小企业服务情况进行评估考核，强化信贷政策实施效果，引导金融机构加大对中小企业的信贷投放。

第三，加强信用担保体系建设。一是调整担保机构发展方针，鼓励发展大规模的担保机构，限制发展小规模的担保机构，禁止发展关联性的担保机构。二是进一步完善担保机构的准入和退出机制，对不符合规定的担保机构进行规范整顿。三是对担保机构实行许可证制度，并开展行业年检。四是开展担保机构业务统计和绩效考核工作，防控系统风险。五是开展担保机构信用评级工作，同时探索实施担保机构违法违规经营“黑名单”制度；六是加强担保机构从业人员培训工作，逐步实施业务人员资格准入和持证上岗制度。

第四，拓宽企业融资渠道。一是大力发展小额贷款公司。坚持“一扩大四允许”的方针，增加小额贷款公司数量。制定优惠政策，对经营规范、为解决“三农”、中小企业贷款做出贡献的小额贷款公司进行奖励和资金扶持。积极与银行业合作，争取对小额贷款公司的支持。加强对小额贷款公司的监管，规范小额贷款公司运作行为，及时识别、预警和处置风险。二是积极开展集合融资。省中小企业担保集团在提供再担保增信服务的同时，要发挥自身优势与金融、保险、投资等机构合作，为中小企业集合融资提供服务。把集合发债、集合贷款、集合中期票据、集合短期融资券、集合信托计划等多种融资方式，变成可操作、见实效的融资行动。三是加快产权交易市场建设。积极开展中小企业产权交易市场试点工作，搭建中小企业跨地区直接融资的大平台。帮助各市县建设中小企业产权交易配套机构，形成覆盖全省的中小企业产权交易市场体系。

第五，加强人才队伍建设。一是加强企业员工培训。要逐步加大培训支持力度，开展多层次的培训，提升现有人员和企业的整体素质。引导社会各类职业教育培训机构，根据企业用工需求开展有针对性的培训。引导中小企业与高等院校建立长期稳定的人才培养机制，采取多种形式培养人才。二是加强对企业家的培养。各级各部门要下大力气培育一支视野开阔，诚实守信，具有创新能力、合作能力、应变能力、竞争能力的优秀民营企业家队伍；要加大对民营企业家培训的投入，依托知名院校、邀请著名专家，搭建民营企业家培训平台，多渠道多形式地开展企业家教育培训活动，建设有利于企业家成长的服务体系。三是营造人才成长的良好环境。对做出突出贡献的企业家，要大张旗鼓地给予表彰和奖励，让他们政治上有地位，经济上得实惠，社会上受尊重，在全社会营造尊重劳动、尊重人才、尊重创造、尊重企业家的浓厚氛围。

（五）加快产业集聚区建设，引导民营企业集聚发展

第一，加快产业集聚区建设。各市、县要科学筹划，要把产业集聚区作为中小企业发展的重要平台，统筹规划和建设，完善道路、供排水、供电、供气、污水垃圾处理、通信网络等基础设施，加快多层标准厂房建设，推动中小企业向产业集聚区发展。要加大扶持力度，做好规划，增加对产业集群公共要素的投入，通过土地、税收、财政投入、政府采购、项目审批、投融资体制改革等政策手段，吸引和鼓励社会各方面投资，提高产业集聚区的规模和实力。

第二，引导企业集聚发展。积极引导企业特别是中小企业、民营企业向集聚方向发展，是维系河南比较优势和竞争优势的关键，是河南完成保持经济平稳增长、保持跨越式发展基本态势至关重要措施的最基本、最核心的环节，也是提升产业集群、区域经济、特色经济竞争新优势的关键。各地要以市场为导向，以科技进步为动力，以产业结构优化升级为重点，坚持因地制宜，科学规划，合理引导，遵循规律，逐步推进；围绕优势资源、优势产业、优势企业，优化产业布局，促进企业聚集和产业聚集，使全省中小企业、民营企业产业集中度明显提高，主导产业带动力明显增强，产业集群的发展明显加快。

第三，积极承接产业转移。各地要以产业集聚区和重大产业基地为载体，结合本地发展实际，找准产业转移的承接点，积极承接产业转移，要注重精深加工产业的承接，特别是高新技术产业和服务外包产业的承接。要注重产业链招商、板块承接和集聚发展，努力实现承接产业转移和推进产业升级同步前进。要不断创新产业转移承接方式，建立长期稳定的承接机制和渠道，形成企业主动、政府推动、各方联动的承接产业转移新格局。

（六）加强运行监测，保障民营企业发展

做好中小企业非公有制经济的统计分析及运行监测工作，是各级党政机关掌握中小企业民营企业发展情况的基础和依据，对促进中小企业民营企业发展意义重大。但目前，河南没有建立相应的统计工作体系，中小企业非公有制经济的统计工作各自为政，统计口径不一，统计指标、数据不全面也不统一，有的甚至差别很大。为此，省政府将安排专门经费，责成有关部门根据中小企业民营企业发展快、行业广、分布散的特点，抓紧研究建立一套能较为全面、客观、准确的反映中小企业民营企业状况与特点的评价体系，加强运行监测分析，增强对中小企业民营企业服务的针对性和有效性，整合各方资源，帮助企业解决实际困难，保障民营企业发展，为省委省政府决策提供依据。

整体来看，河南中小企业民营企业正处在全面快速发展的关键时期。与几年前相比，企业生存的政策环境、服务环境、市场环境都有了极大改善，民营企业发展的数量和质量都有了很大提高，面临的矛盾和问题正逐步得到有效解决，展现出了蓬勃发展的良好局面。河南将继续按照中央、工信部及省委省政府的部署，认真落实加快中小企业民营企业发展的各项政策，在社会各界的共同努力下，河南中小企业民营企业一定能够战胜困难，实现又好又快发展。

（河南省工业和信息化厅中小企业服务局）

湖北省

一、中小企业发展情况

（一）地位作用不断增强

2010 年，全省中小企业完成增加值 7980 亿元，比上年增长 22.6%；规模以上中小工业企业实现主营业务收入 12617 亿元，增长 47.72%；实现利润 646 亿元，同比增长 67.48%；上缴税金 391 亿元，同比增长 36.77%。中小企业的发展，有力支撑和保证了全省工业经济平稳较快增长，为全省工业发展做出重要贡献，中小企业已成为推动湖北经济社会发展的重要力量，在繁荣经济、增加就业、推动创新、催生产业等方面发挥着越来越重要的作用。

（二）民营经济发展迅速

2010 年，全省民营经济增加值为 7666 亿元，增长 24.2%，对 GDP 增长的贡献率达到 52.5%；全省新登记个体工商户 31.55 万户，比上年增长 7.39%；新登记私营企业 5.13 万户，比上年增长 16.15%。截至去年底，全省个体工商户总数 144.65 万户，全省私营企业总数 26.66 万户、注册资本 5420.07 亿元，个体工商户和私营企业合计从业人员 570 万，新增从业人员 47.5 万人，呈现出快速发展的良好势头。

（三）支柱产业不断壮大

湖北是我国近代工业的桥头堡，是我国重要的老工业基地，已经形成了以汽车、钢铁、化工、电力、食品、轻纺、电子信息为支柱和特色的工业体系，形成了一批全国的重要产业基地，近几年，我们着力培育的汽车、石化、冶金、食品、电子信息、纺织六个“千亿元产业”，这六大产业聚集了一大批中小企业，中小企业为我省支柱产业的形成和发展作出了重要贡献。2010 年，六大千亿元产业计划全面超额完成，汽车行业营业收入 3067 亿元，增长 45.5%；钢铁、石化、食品行业均超过 2000 亿元，分别为 2705 亿元、2444 亿元、2342 亿元，增长 45.4%、34.6%、46.9%；电子信息、纺织行业达到 1540 亿元、1311 亿元，增长 29.2%、45.5%。六大千亿元产业营业收入合计 13326 亿元，是“十五”末的 3.4 倍，占全省工业的 64%。此外，机械、电力行业营业收入达到 2003 亿元、1485 亿元，工业中已有 8 个行业跨入千亿元产业“俱乐部”。

（四）骨干企业快速成长

近几年来，我省大力实施中小企业成长工程，着力构建全省中小企业成长工程考核奖励机制，在“催生”、“育苗”、“助长”、“培优”等四个环节加强分类指导，加强重点扶持，重点培育，一大批中小企业快速成长壮大。2010 年，我省规模以上工业企业达到 15878 户，比上年净 2139 户；主营业务收入 2000 万元以上的企业达到 8569 家，比上年净增 1168 家，骨干企业成长迅速，成为我省工业经济发展的领头羊。

（五）产业集群发展趋势良好

近几年，省委省政府高度重视产业集群发展，省政府出台了《关于促进产业集群发展的意见》和《省重点成长型产业集群管理试行办法》，同时在全省每年选择一批特色鲜明，成长性好的产业集群进行重点培育，安排 1 亿元财政资金支持集群龙头企业发展和服务平台建设。2010 年底，全省 60 家重点成长型产业集群中，销售收入过百亿元的 4 家、过 50 亿元的 20 家、过 30 亿元的 32 家、过 10 亿元的 60 家 。

（六）自主创新能力不断增强

全省 67% 的发明专利、75% 以上的新产品开发，是由中小企业完成的。无论是在电子信息、生物医药、新材料等高新技术领域，还是在信息咨询、创意设计、现代物流等新兴服务业，中小企业的创新都十分活跃，形成了一大批“专精特新”的中小企业，为促进我省经济结构的调整和优化做出了积极贡献。2010 年，全省中小企业和县域企业累计完成工业技术改造投资 1531.8 亿元，占全省累计技术改造投资的 92.7%，同比增长 24.6%；新增固定资产 1141.3 亿元，占全省累计固定资产总值的 92.4%，同比增加 13.4%，中小企业和县域企业成为技术改造投资的生力军。

二、所做的主要工作

一是不断完善和落实政策法规。为促进中小企业发展，2005 年以来，省委、省人大、省政府相继出台了《关于实施中小企业成长工程的意见》、《关于进一步加快个体私营等非公有制经济发展的若干意见》、《湖北省实施〈中小企业促进法〉办法》、《湖北省企业负担监督条例》、《关于促进产业集群发展的意见》、《关于加快推进中小企业信用担保体系建设的意见》、《关于进一步加快全省中小企业社会化服务体系建设的意见》，《关于进一步促进全省中小企业发展的意见》也已报省政府审批，既将印发执行，政策、法规逐步形成体系。近年来，全省不断加大执法力度，持续开展“治乱减负”专项治理，加大中小企业专项资金扶持力度，不断完善社会化服务体系，依法促进中小企业发展。

二是全面实施中小企业成长工程。支持中小企业加快成长，成为全省促进中小企业发展的一条工作主线。省政府将中小企业成长工程纳入全省“十一五”发展规划；从 2005 年开始，省政府每年召开成长工程工作会议，研究部署成长工程工作目标和措施；省经信委每年与各市州经信委签订目标责任书，年终进行考核，表彰奖励先进单位；省财政每年安排 2200 万元专项奖励资金，以转移支付方式奖励先进县（市、区）。通过各级、各方面的共同努力，目前已在全省形成了较为完善的中小企业成长工程考核激励机制，有力促进了中小企业平稳较快发展。

三是强力推进县域经济发展。近年来，我们按照省委、省政府提出的县域经济“一主三化”（以民营经济为主，加快推进工业化、城镇化和农业产业化）的指导方针，强化各项政策措施的落实，使全省县域经济发展逐步提速，进入较快发展的新时期。一是营造氛围。从2002年起，省委、省政府连续每年召开高规格的全省县域经济工作会议，在全省上下营造了发展县域经济的浓厚氛围。二是制订政策。先后制定了一系列“扩权放活”的政策措施，将大部分审批权限直接下放到部分县（市），起草出台了省委、省政府《关于在新的历史起点上推进县域经济又好又快发展的若干意见》，不断创新体制机制，促进县域经济加快发展。三是加强考核。建立科学的监测分析和评价指标体系，坚持每年对全省76个县（市、区）经济发展进行考核，实行一年一考核、一年一评价、一年一公布，对县域经济发展先进县（市）和发展进位先进县（市）进行表彰和奖励，进一步调动了县（市）发展的积极性，形成了你追我赶、竞相发展的局面，有力促进了县域中小企业健康发展。

四是引导中小企业集聚发展。省委省政府高度重视产业集群发展，先后出台了《关于促进产业集群发展的意见 》和《省重点成长型产业集群管理试行办法》，以产业基地和工业园区为载体，引导中小企业走企业集中、产业集聚、土地集约的发展模式。通过规划引导和重点培育，着力抓好全省60家集中度高、关联性强、特色鲜明、大中小企业协调、环境友好、竞争优势明显产业集群，围绕集群壮大与升级补缺完善产业链和服务链。省财政每年安排1亿元资金支持集群龙头企业发展和服务平台建设。

五是积极推动社会化服务体系建设。建立功能齐全、服务完善的社会化服务体系，是促进中小企业又好又快发展的重要保证。近年来，按照政府扶持中介、中介服务企业的要求，加快建设适应中小企业发展需要的社会化服务体系。出台了《省人民政府关于进一步加快全省中小企业社会化服务体系建设的意见》，力争通过3～5年的努力，在全省建立起以政府公共服务为引导、公益性服务为基础、商业性服务为支撑，体系完备、功能健全、服务规范、运转高效，省、市、县三级贯通的中小企业社会化服务体系，形成创业辅导、融资担保、人才培训、技术创新、信用评价、信息咨询、法律维权、协会商会等八大服务平台，培育一批受中小企业欢迎的服务机构示范单位，打造一批有特色的品牌服务产品，培养一支高水平的专业化服务队伍，为中小企业提供全方位、多层次、高质量的服务。

六是切实抓好银企合作。切实加强与金融部门的协调沟通，积极向金融机构推荐符合国家产业和环保政策，有市场、有技术、有发展前景的企业和项目。为缓解中小企业融资难，省政府连续六年举办全省中小企业银企合作促进会议，搭建银企合作平台，建立银企对话机制，推动银企合作。全省各地也都举办了不同形式的中小企业银企合作促进会议，全省中小企业贷款余额逐年稳步增长。截至2010年12月末，全省中小企业本外币贷款余额4447.11亿元，同比增加1077.55亿元，增长32.0%，高于全省本外币贷款增速11.9个百分点，占全省贷款的30.4%，有力支持了中小企业发展。

七是积极推动全民创业。坚持将推进全民创业作为增强中小企业民营经济发展活力的重要途径，认真落实扶持全民创业的政策措施，切实降低创业门槛，积极开展创业辅导，加快创业基地建设，加大创业培训力度，持续开展等多种形式的“创业之路”、“创业明星”、“创业工作先进单位”评选表彰活动，全民创业的热情持续升温，创业环境进一步改善，新登记个体工商户和私营企业数逐年稳步增加。

八是加快淘汰落后产能。近年来，我们通过采取调整产业结构、强化节能考核、加快技术改造、大力发展循环经济、优化能源结构等措施，积极开展工业节能减排工作。调研起草并提请省政府出台了《关于加快淘汰落后产能工作意见》、《2010年淘汰落后产能实施意见》，加强组织协调和检查督办，全部按要求完成了国家下达给我省的2010年淘汰落后产能任务。制订了《推进工业节能减排和资源综合利用的实施意见》，推动节能技术改造，淘汰了一批能耗高，污染排放大的工艺和技术，引导中小企业走资源节约、环境友好、绿色增长的发展道路。

三、发展中存在的主要问题

一是发展环境有待进一步优化。中小企业比较集中的县域基础设施、交通通信等建设相对落后，工业用地紧缺，难以适应园区经济、产业集群快速发展的需要；轻视甚至歧视民营业主的现象程度不同地存在，尊重企业、尊重企业家、尊重纳税人和宽容失败的社会风尚有待进一步形成。

二是中小企业融资难依然突出。受多方面因素制约，大多数中小企业难以获得银行贷款；民间金融不发达，限制了中小企业民间融资；担保机构在市场准入、担保放大倍数、担保审批手续等方面还存在一些瓶颈，加上风险补偿机制尚未建立，制约了担保机构作用的发挥；资本市场门槛高，只有极少数企业能够上市融资。

三是社会化服务体系建设滞后。服务机构管理分属多个部门，服务资源相对分散，服务职能的散、乱现象比较突出，中小企业服务体系建设尚处于起步阶段，难以满足广大中小企业的服务需求。

四是中小企业自身素质不高。主要表现在：企业规模小，产业层次偏低，竞争力不强；技术创新能力弱，大部分中小企业产品开发能力弱，企业技术进步迟缓，资源利用率低，发展方式粗放；信息化程度不高，企业管理水平较低；社会责任感不强，部分企业依法经营、诚实守信不够，侵犯职工合法权益的现象时有发生。

四、2011年工作安排

目前，我省中小企业面临资金制约异常突出、生产经营成本持续走高、民营企业不公平待遇依然存在、企业自身素质有待提高等问题。下一步，我们将着力做好以下工作：

一是以培育市场主体为中心任务，扎实推进中小企业成长工程。进一步完善成长工程推进机制，促进中小企业和民营经济加快发展速度，壮大市场主体总量。突出支持微小企业创办、加快发展规模企业、大力培植龙头企业。大力扶持民营经济发展，抓好典型带动，切实抓好“成长工程100户重点培育企业”、“100户重点企业技术改造示范工程”、“100家两化融合试点示范企业”等重点培育工作，形成民营经济加快发展，大中小企业协调配套的产业发展格局。

二是以产业集群建设为重要抓手，着力推动中小企业和民营经济集聚集约发展。推进工业园区建设，使园区成为中小企业、民营经济发展的重要载体，区域经济结构调整的助推器；引导企业集群集约发展，着力培育重点产业集群，推动产业的配套和集群内大中小企业协调发展，提高集群内产业集中度，延长产业链，推动集群内服务平台建设，为民营经济营造更好的产业发展环境。

三是以结构调整升级为主攻方向，着力推动民营经济转变发展方式。坚持把改造提升传统产业作为中小企业、民营经济转变发展方式的重要内容，抓好一批先进适用技术、节能减排技术和信息化提升改造项目，推动传统产业调整升级；服务支持民营企业发展战略新兴产业和生产性服务业，发展循环经济，综合运用法律、法规、技术和其他必要行政手段，加快淘汰落后产能。引导中小企业和民营企业加强内部管理和现代企业制度建设。

四是以缓解融资难为突破口，着力缓解中小企业发展的瓶颈制约。建立与各级金融机构更加良好的合作关系，搭建好银企合作平台，创造条件，服务支持金融机构针对中小企业创新金融产品和服务，为中小企业、民营经济提供更多的信贷支持；规范和促进担保行业发展，努力培养一批年担保额超过50亿元的担保机构，为民营企业提供更多的融资担保服务。

五是以服务体系建设为重要支撑，着力提升服务民营经济的水平。针对民营企业普遍存在的创业难、融资难，缺人才、缺技术、缺管理等突出困难，加大公共服务体系建设力度，完善服务体系，提升公共服务水平。培育一批创业示范基地、担保示范机构、综合服务示范平台和重点产业集群公共服务平台，帮助民营企业缓解发展的瓶颈制约。重点培育和建设一批具有“超市”功能的综合服务平台，为民营企业创业发展提供更加方便快捷的服务。

（湖北经信委中小企业发展处）

湖南省

一、基本情况和主要特点

（一）中小企业和非公经济平稳健康发展

2010年，湖南省中小企业和非公有制经济保持平稳健康发展。2010年末，全省中小企业共计16.66万家，较上年增加1.46万家，增长9.6%，占全省企业总数的99.8%。2010年实现增加值6471.39亿元，较上年增长18.7%；完成各种税收806.08亿元，比上年增长24%。2010年，全省非公经济实现增加值8936.75亿元，比上年增长15.8%；实缴税金741.93亿元，比上年增长29.5%；非公经济二、三产业年末从业人员数为2012万人，比上年增长2.4%。

（二）私营经济发展较快

截至2010年底，全省共有私营企业18.53万户，从业人数248.41万人，注册资金4517.35亿元，分别比上年增长15.6%、11%和35.3%；个体工商户137.6万户，从业人员266.22万人，注册资本638.88亿元，分别比上年增长12.1%、28.9%和16.5%。

（三）产业结构继续调整

全省非公有制经济中，第一产业增加值587.85亿元，增长3.9%；第二产业增加值4727.07亿元，增长23.1%；第三产业增加值3621.82亿元，增长11.8%。非公有制经济三次产业构成由上年的7.8∶49.6∶42.6调整为6.6∶52.9∶40.5，第二产业比重提高3.3个百分点，第一产业和第三产业比重分别下降1.2个和2.1个百分点。

（四）工业经济快速发展

全省非公有制工业增加值突破4000亿元，达到4123.72亿元，占全省非公有制经济的46.1%；增加值增长24.0%，比全省非公有制经济增速快8.2个百分点。其中，规模以上非公有制工业实现增加值3746.61亿元，增长26.5%，比全省规模工业增速快3.1个百分点；总量占全部规模工业的63.6%，比上年提高5.9个百分点。

（五）社会贡献和作用突出

2010年，全省中小企业实现增加值占全省GDP的40.7%，比上年提高1.4个百分点。中小企业拉动GDP增长6.9个百分点，对GDP增长的贡献率为47.3%。中小企业完成税收占全省全部企业税收的57.5%。中小企业从业人数占全部企业从业人数的85.3%。2010年，全省非公有制经济实现增加值占全省地区生产总值的比重达56.2%；非公有制经济实缴税金占全社会实缴税金的51.8%；非公有制经济二三产业从业人员占全部二三产业从业人员的87.8%。

二、存在的主要问题

（一）中小企业融资依然困难

尽管一系列有利于中小企业融资的政策出台和执行，但由于金融体系依然不够健全，中小企业直接融资渠道不畅，加之中小企业存在资本规模小、产品结构单一且科技含量低、财务制度不健全等问题，导致中小企业融资难的状况没有根本改善。2010年，全省中小企业年末贷款余额达3560.3亿元，比上年增长23.6%，占全部企业贷款余额的

50.7%，比上年分别下降了5.6个和1.1个百分点。

（二）服务体系不健全

湖南省这几年中小企业社会化服务体系建设步伐加快，且取得了一定进展，但专门面向中小企业的社会化服务体系还不够完善，功能不全，使中小企业发展受到制约。一是社会化服务体系建设滞后。由于中小型企业的规模较小、资金不充裕，大多数企业在新产品开发、人员培训、市场开拓、经营管理等方面的能力较弱，非常希望从企业外部、从政府和社会获得满足发展需要的服务，而当前湖南省为中小企业发展提供的社会化服务体系尚不健全，信用担保、技术支持、人才引进、信息咨询、中介服务等社会化服务体系建设还有待加强。

（三）政策落实不到位

近年来，湖南省陆续出台了一系列促进中小企业和非公有制经济发展的法规、政策，但由于宣传不到位、实施细则不明确等方面的原因，致使政策在执行过程中出现了落实不到位的情况。中小企业在生产经营中遇到的融资、用地、税收、人力资源、社会保障等具体问题往往得不到有效解决，影响了企业的生产经营活动，制约了中小企业的发展。

三、所做的主要工作

（一）进一步完善政策促进体系，营造良好的发展环境

1. 贯彻落实《国务院关于进一步促进中小企业发展若干意见》

一是制定和落实工作分工方案。《国务院关于进一步促进中小企业发展若干意见》出台之后，省非公经济工作领导小组办公室及时进行了认真的贯彻落实，并根据文件具体内容和要求，结合省委、省政府出台的关于促进中小企业和非公经济发展的相关文件，认真研究，对省直相关单位进行工作分工，制定了《关于贯彻落实国务院36号文件的工作分工方案》，报请省政府以省非公经济工作领导小组文件下发实施。二是开展贯彻落实国务院36号文件的调研活动。结合全省减轻企业负担专项治理工作，省非公经济工作领导小组办公室对省直相关单位及各市州贯彻落实国务院36号文件的情况进行了专题调研，促进政策落实到位。

2. 出台促进非公经济和中小企业发展的政策措施

2010年，省政府出台了《关于鼓励和促进民间投资健康发展的实施意见》（湘政发［2010］21号），在市场准入、融资渠道、科技支撑等方面，明确了支持非公经济发展的具体政策；出台了《湖南省人民政府关于进一步促进建筑业改革和发展的意见》（湘政发［2010］23号），明确提出了加快发展非公有制建筑企业的政策措施；省政府办公厅出台了《关于金融扶持县域经济发展的意见》（湘政办发［2010］64号）和《全面推进农村金融产品和服务方式创新的意见》（湘政办发［2010］70号），提出了加大对县域中小企业和农村地区中小企业金融支持的具体措施；工商部门从放宽投资主体、放宽企业名称登记条件等7个方面制定了进一步放宽市场准入的政策措施等。

3. 切实减轻中小企业负担

一是减少下放行政审批事项。省监察厅牵头，落实国务院第五批取消和下放的行政审批项目，继续精简省本级行政审批项目，取消23项，下放47项，调整合并165项，共精简198项，精简率为34.7%。二是减少涉企检查。省委办公厅、省政府办公厅下发了《湖南省规范涉企检查的若干规定》。推行企业“宁静日”制度以及同一部门和单位就同一事项对同一企业开展检查的次数原则上每年不得超过一次等制度和措施。三是减少涉企收费。省监察厅会同有关部门制定了《湖南省治理和规范涉企收费工作方案》，对涉企行政事业性收费、涉企经营服务性收费等进行了全面的清理，取消了14个收费项目，降低了6个收费标准，每年可为企业减轻负担1.2亿元。

4. 认真受理投诉，加大查处力度

全省各级纪检监察机关充分利用行政效能投诉中心这个平台，认真受理企业投诉。全年全省各级投诉中心共接到各类企业来电、来访、信件及网络投诉2431件，投诉件办结率95%。同时，全省各级纪检监察机关加大查处损害经济发展环境案件的力度。据统计，全年查处案件901件，并对典型案例进行了通报，收到了良好的效果。

5. 加大宣传力度，营造良好的舆论环境

省委宣传部、省经信委、省工商联等单位牵头，组织开展了一系列的宣传活动，为非公经济发展营造良好的舆论环境。为加大宣传力度，促进中小企业和非公经济加快发展，省委、省政府把组织对中小企业进行转型升级方面的宣传报道作为省委、省政府确定的年度主要媒体3大集中宣传报道活动之一。6月至7月，省委宣传部、省经信委组织湖南日报、湖南卫视、红网等10多家主流媒体，开展“转变发展方式，谋划科学跨越——看中小企业如何转型升级”集中采访报道活动，对近20家中小企业进行为期2个月的集中宣传，推介非公经济和中小企业转型升级方面的典型和经验。

（二）加大对中小企业和非公经济的财税支持

1. 加大省本级财政资金的支持力度

2010年，省财政继续安排中小企业发展专项资金4000万元，支持中小企业专业化发展、与大企业协作配套、技术创新、新产品开发、新技术推广以及中小企业服务体系建设，促进中小企业技术进步、调整结构、产业升级、信息化建设等。安排信用担保风险补偿资金4000万元，对中小企业信用担保机构给予风险补偿和奖励，提高其抗风险能力。安排专项资金3000万元，对银行业金融机构中小企业贷款年度新增10%以上部分，给予适当风险补偿。安排专项资金8000万元，对中小企业贷款项目予以贴息补助等。

2. 积极争取国家资金支持

2010年，有关职能部门和财政部门共同努力，为非公经济和中小企业向国家争取资金支持。省财政厅、省发改委、省经信委等部门共争取国家资金8亿多元，支持中小企业和非公经济技术改造、结构调整、管理创新和获得公共服务等。

3. 落实税收优惠政策

税务部门积极落实税收优惠政策，营造良好的纳税环境。国税部门在依法行使征税权，确保国家税收及时、足额入库的同时，高度重视维护纳税人的合法权益，依据国家法律、法规，全面落实相关税收政策，支持非公经济和中小企业发展。地税部门制定和落实“对小型微利企业实行20%的优惠税率”，“对高新技术中小企业，可享受15%的所得税优惠税率”，“对非营利性中小企业信用担保机构、再担保机构，对其从事担保业务的收入，三年内免征营业税”等多项税收优惠政策。

（三）缓解中小企业融资困难

1. 加强中小企业信用担保体系建设

一是组建成立了湖南担保有限责任公司，积极开展担保业务和再担保业务。二是加强担保机构从业人员培训。举办了二期业务人员和一期高管人员培训班，共培训业务人员226人、高管人员75人。三是研究制定了《湖南省中小企业信用担保资金管理暂行办法》，促进担保行业健康发展。四是落实对担保机构的各项扶持政策，增强担保机构的抗风险能力和发展能力。截至2010年底，全省经审批获得融资性担保资格的中小企业信用担保机构103家，注册资本100亿元，实收资本85.5亿元。2010年为9731家中小企业提供贷款担保325亿元，比2009年翻了一番。

2. 加大对中小企业的信贷支持

多家银行机构制定了专门的中小企业信贷政策。大部分银行建立了中小企业金融服务专营机构或内设部门，明确专岗、专人，促进中小企业信贷业务的专业化。多家银行建立了单独的、较为完善的中小企业内部信用评级体系，其他机构也在评级模块中不同程度地体现了中小企业的差异性，制定了中小企业分类评级和信贷准入标准。绝大多数银行机构已建立中小企业贷款专项考核和尽职免责机制。各家银行简化合并中小企业贷款审批环节，提高审批效率，大大缩短了贷款审批周期，短的仅为5天，中小企业信贷服务效率大幅提高。中小企业金融创新产品和服务方式日趋丰富。各银行业金融机构从抵押担保方式、贷款模式以及用款、还款方式等方面推出了9大类75项符合中小企业特点的信贷创新产品和服务方式。2010年末，全省主要金融机构非公经济和中小企业贷款余额3560.3亿元，比上年增长22.5%。

3. 推动非公企业境内外上市融资

2010年，省政府出台了《关于进一步加快发展资本市场的若干意见》，从培育上市后备资源、提高上市公司质量、推动创业投资引导基金和股权投资类企业发展等8个方面对优化金融环境作了规定。2010年，全省进入省重点上市后备企业资源库158家，90%以上是非公企业。目前，17家非公企业在中小板成功上市，实现首发上市融资107.14亿元。5家非公企业在创业板成功上市，实现首发上市融资32.15亿元。9家非公企业在美国、香港、新加坡等境外交易所成功上市，实现融资170.16亿元。

4. 促进小额贷款公司健康发展

坚持“试点先行、有序推进、严格准入、规范运作、有效监管、防范风险”的基本原则，积极稳妥地推进小额贷款公司试点工作。全省已批准开业的小额贷款公司51家，注册资本26.14亿元。其中正式开展业务的小额贷款公司有49家，注册资本金合计24.94亿元。全省已运营的小额贷款公司贷款余额为23.94亿元，全部投向非公经济和个人，为促进非公经济和中小企业发展发挥了重要作用。

5. 积极开展融资服务对接活动

举办了“战略性新兴产业银企对接会”、“银企融资洽谈会”、“湖南企业赴境外上市暨股权融资洽谈会”、“直属行业商（协）会银企融资座谈会”等多项融资服务对接活动，为非公经济和金融机构增进了解、加强交流和共享信息提供了良好平台。

6. 加强中小企业信用体系建设

2010年，省政府出台了《关于加强信用信息工作促进中小企业健康发展的意见》，建立健全征信服务于中小企业融资的有效联动机制。加强中小企业信用体系建设，健全中小企业信用信息基础数据库，完善信用信息服务机制，积极开展信用体系建设宣传活动，取得了良好的效果。截至2010年末，全省累计有5.2万户中小企业建立了信用档案，其中有8150户获得了银行授信或贷款支持，较上年末增加1905户。

（四）大力推动创业工作

1. 落实和出台促进创业的政策措施

继续贯彻落实省委、省政府《关于大力推动全民创业的意见》。2009年12月，全国创办小企业工作座谈会在湖南召开，对全省创业工作给予了充分肯定。2010年，湖南省深入贯彻落实全国创办小企业工作座谈会精神，全力促进创业工作。各相关部门也加大了工作力度，如省工商局出台了《关于推进全民创业的若干措施》，提出了进一步放宽准入、降低门槛，鼓励和扶持创业的具体措施。

2. 编制了创业基地建设方案

编制了《湖南省创业基地建设方案》。对湖南省创业基地发展现状和问题进行了分析，对“十一五”期间，推动创业工作的情况进行了总结，提出了“十二五”期间创业基地建设工作思路、目标和重点建设项目。

3. 进一步加大创业扶持和服务力度

加强对创业基地建设的指导，引导创业基地提高创业服务队伍整体素质和服务水平。充分利用中小企业信息网，为创业者提供全方位的创业服务。加大创业扶持力度，全年争取国家资金1140万元和安排省级资金420万元用于扶持创业基地建设项目。从2010年开始，在实施“小巨人”计划的基础上，对初创企业实施“创业”计划，选择一批符合国家产业政策，市场前景好的初创企业列入“创业”计划，每年在中小企业发展专项资金中安排一定资金对“创业”计划企业项目给予支持，促进初创企业健康成长。2010年共确定“创业”计划企业275家。

2010年，全省新登记注册各类企业3.89万户，比上年增长15%，其中私营企业3.56万户，比上年增长17.1%；个体工商户27.67万户，比上年增长4.3%。

（五）加强对中小企业和非公经济的服务

1. 推进中小企业公共服务平台建设

一是在广泛调研的基础上编制了《“十二五”全省中小企业公共服务平台建设工作方案》。二是加大对中小企业服务项目的扶持。省经信委安排1500万元资金对72个产业基础好、服务作用强、服务效果明显的服务项目给予了扶持。三是组织建设开通了中小企业在线咨询服务平台、法律服务平台。通过一年的努力，全省中小企业公共服务平台服务范围明显扩宽，服务能力和服务效率明显提高。

2. 开展中小企业核心服务机构认定工作

制定了《湖南省核心服务机构管理办法》。7月，确认了72个服务单位为全省第一批中小企业核心服务机构。8月，省人大、省政府、省政协领导为核心服务机构授牌。核心服务机构的认定，对整合服务资源、培育服务品牌、改善服务质量具有重要意义。

3. 组织开展全省中小企业管理巡诊活动

省经信委组织专业机构和专家对全省14个市州200家中小企业进行管理诊断。8月20日，在长沙经开区举行了巡诊活动启动仪式。2010年完成了长沙、湘潭、株洲、岳阳4站75家中小企业的巡诊活动。通过巡诊活动，企业的管理意识、管理水平和服务机构的服务意识都得到了提升，效果十分明显。

4. 组织开展各类培训

2010年，继续与北京大学、清华大学合作开展民营及中小企业高层管理人员培训；以国家中小企业银河培训工程为载体，积极开展中小企业经营管理人员培训等，全年共2000多人参加了培训。还举办了非公建筑业企业发展研习班，乡镇企业和农产品加工企业员工培训等各类培训活动，通过培训，非公经济和中小企业整体素质明显提高。

5. 促进中小企业对外交流

积极推动非公企业和中小企业“走出去”。组织非公经济和中小企业参加了中国国际中小企业博览会、珠洽会、湘商大会、台湾湖南周活动、中日企业合作对接洽谈会、湘菜食材供销展览、全国农产品加工投资贸易洽谈会等活动，促进非公经济和中小企业对外交流。

（湖南省经济和信息化委员会中小企业局）

广东省

一、基本情况、特点

2010年，广东民营经济增加值增长，产业规模扩大。全省民营经济单位数达438.68万户，比上年增长5.4%；全年民营经济实现增加值19620.96亿元，增长13.1%，占全省生产总值的43.1%；从业人数2305.31万人，增长7.3%；上缴税金2933.09亿元，增长27.2%；出口总额1002.44亿美元，进口总额686.43亿美元，分别增长38.5%和55.0%；完成固定资产投资8625.20亿元，增长24%。

民营工业增长态势良好。全年全省规模以上民营工业企业完成增加值5533.69亿元，增长23.1%，增幅高于全省工业企业平均水平5.5个百分点，分别高于国有控股企业、集体企业、外商及港澳台商投资企业9.7、2.8、7.9个百分点。分季度看，4个季度增速分别为21.5%、21.8%、21.8%和23.1%，运行较为稳定。

民营工业在多个领域形成产业规模。截至年底，全省民营经济工业总产值超千亿元的行业有4个，分别是塑料制品业、非金属矿物制品业、电气机械及器材制造业、通信设备计算机及其他电子设备制造业，四大行业实现工业总产值占民营工业的44%，产值增速分别为33.8%、32.4%、25.9%和40.1%。除电气机械及器材制造业增长略低于全省同行业水平外，其他三大行业增幅分别高于全省同行业水平8.2、3.6和20.4个百分点。

二、主要工作

2010年，广东省不断加强中小企业民营经济发展工作力度，重点是优化中小企业发展环境，加强对中小企业的服务，积极支持引导中小企业加快提升素质和核心竞争力，推动中小企业民营经济发展上水平，进一步增强经济发展内生动力。

（一）进一步明确中小企业民营经济发展上水平思路

2010年7月7日，广东省委省政府再次召开了高规格的全省民营经济工作会议，省四套班子领导出席会议，来自全省各地各部门及百强民营企业的300多名代表参加了会议。这次会议全面总结了近年来广东加快民营经济发展取得的显著成绩，深刻分析了新的历史阶段广东民营经济提升发展面临的突出问题，进一步明确了今后促进民营经济发展的总体思路，并就解决好当前的困难和问题、推动民营经济大发展大提升作了明确的部署和要求，为做好民营经济工作指明了方向。省委省政府进一步明确，民营经济发展的总体思路是：深入贯彻落实科学发展观，进一步解放思想、创新机制，坚持以公有制为主体、多种所有制经济共同发展的基本经济制度，以加快转变发展方式为主线，以拓展领域、调整结构、提升质量为重点，充分发挥市场配置资源的基础性作用，增强民营经济竞争力和可持续发展能力，把民营经济打造成为支撑广东经济内生增长的主体力量。

（二）完善中小企业民营经济发展政策

2010年3月出台了《贯彻国务院关于进一步促进中小企业发展若干意见的实施意见》，进一步巩固和深化了我省应对危机的政策措施。特别是2010年9月份，省委省政府又出台了《关于促进民营经济发展上水平的意见》，对我省当前和今后一段时期民营经济发展进行全面谋划和部署，提出了优化民营经济发展的三个环境（法制环境、投资环境和融资环境），提升民营经济发展的四个水平（产业发展水平、自主创新水平、经营管理水平和对民营企业的服务水平），加强民营经济发展的政策落实和对民营经济工作的组织领导等32条政策措施。

（三）加强促进中小企业民营经济发展的组织保障

2010年10月，为贯彻落实国发36号文，成立了省促进中小企业发展工作领导小组，由分管副省长任组长，包括了省经信委等18个职能部门。

（四）想方设法切实解决中小企业融资难问题

一是加快发展新型中小金融机构。积极推进小额贷款公司试点，至2011年初，全省共核准成立95家小额贷款公司，总注册资本金78.76亿元。二是加大中小企业贷款融资的支持力度。积极商请各商业银行设立中小企业金融服务专营机构，鼓励金融机构创新对中小企业的融资方式和融资产品。创新贷款担保模式，开展股权出资、股权出质登记试点。推进集体建设用地使用权抵押融资活动，推进集体建设用地使用权流转、抵押。三是完善中小企业信用担保体系。至2010年末，全省已经形成省、市、县三级中小企业信用担保网络，共有担保机构约780多家，其中纳入省中小企业局备案管理的300多家担保机构累计融资担保额3951.2亿元（含省再担保公司直保业务，未计再担保业务），累计担保企业278763户，其中，2010年担保总额1485.55亿元，当年新增融资担保额904.52亿元，担保企业数为82388户。受保企业由于担保融资后增加销售额1894.59亿元，增加利税181.57亿元，增加就业人数约78.4万人。四是大力支持中小企业上市融资。2010年11月，广东省中小企业局与广东证监局签订了《共同推进广东省民营企业上市梯度培育工程合作备忘录》；制定了《关于开展广东省民营企业上市梯度培育工程的指导意见》，明确了中小企业、民营企业上市融资工作的方向；建立了省中小企业上市后备资源数据库，参照创业板市场的准入条件筛选出符合条件的280家企业进入资源库；举办了“广东中小企业改制上市培训班”、“广东省民营企业上市梯度培育工程启动仪式暨上市融资推介洽谈会”等活动，为省内中小企业、民营企业改制上市提供政策指导。2010年，我省有上市意向的未改制企业371家，已改制企业51家，全省（含深圳市）进入持续辅导的企业110余家，已完成辅导验收向证监会提交申报材料的企业约70家，其中绝大多数为民营企业，发行上市企业数与募集资金额均居全国前列。五是帮助中小企业开拓多种融资渠道。与光大银行广州分行、顺德区政府合作，推进中小企业集合票据试点工作，拟于2011年上半年发行集合票据，包括：顺德龙腾一期（1.1亿元左右）、顺德龙腾二期（1.2亿元左右）、顺德三农票据（2亿元左右）。组织开展广东省中小企业产权交易市场试点工作，成立了广东省中小企业产权交易市场试点工作指导委员会，审议通过《广东省中小企业产权交易试点方案》并上报工信部。工信部批复了该《方案》，并授予南方联合产权交易中心为“区域性中小企业产权交易市场试点单位”。积极探索网络银行信贷业务试点，与建设银行广东省分行、阿里巴巴共同探讨在省内开展小企业网络银行信贷业务试点工作。

（五）积极运用财税政策扶持中小企业发展

一方面加大各级财政支持力度，另一方面利用结构性减税等手段减轻企业负担，全力促进中小企业平稳健康发展。2006~2010年省财政共安排9.4亿元中小企业发展专项资金，用于中小企业技术创新、改造、融资和担保补助及服务体系建设等。2006~2010年中小企业发展专项资金已扶持中小企业和民营企业技术创新项目697个，安排扶持资金2.4亿元，拉动社会投资92.3亿元；扶持中小企业和民营企业社会化服务体系建设项目1013个，安排扶持资金2.67亿元；扶持中小企业信用担保体系建设项目150个，安排扶持资金7660万元。

（六）多管齐下推动中小企业转型升级上水平

一是促进提升中小企业自主创新能力。加快推进中小企业技术创新公共服务平台（基地）建设，鼓励有条件的中小企业建立企业技术中心，或与大学、科研机构联合建立研发机构，至2010年末，已确认广东省中小企业公共（技术）服务示范平台29个，认定中小企业创新产业化示范基地54个。组织实施一批中小企业技术创新和技术改造项目，进一步引导中小企业加大企业技术改造投入，加快适销对路新产品开发。加强民营科技园建设，集聚发展一批创新活跃的科技型中小企业。二是促进中小企业开展标准化建设和品牌创建工作。大力推行联盟标准，指导中小企业建立完善的标准体系，提高标准化水平。在2010年全省荣获中国标准创新奖37项中，中小企业主导和参与了23项，比例达62%。大力实施名牌带动战略，积极支持和帮助中小企业申请注册商标，努力培育中小企业驰名商标和著名商标。三是推动中小企业提升员工专业技术水平。大力推动校企合作，全省100所优质技工学校向珠三角包括中小企业在内的1000家以上企业在岗职工提供“量身定做”的技能提升服务。强化企业职工技能培训，利用假期对放假的在岗农民工提供免费技能培训。结合推进“双转移”工作，开展普惠制的农村劳动力转移就业培训，为转移园区内的中小企业输送大量技能人才。四是搭建中小企业服务体系。2006~1010年，全省从事创业辅导的企业达3000户，从事管理咨询的企业达1万户，从事信息化服务的企业达5万户，全省中小企业服务机构共培训16.8万人次。省财政投入1.7亿元，重点建设258个省级中小企业公共服务平台。

（七）加强服务积极帮助中小企业开拓国内外市场

大力开展“广东产品全国行”活动，加强省际间经济技术交流与合作。2010年的第七届中国国际中小企业博览会暨中澳中小企业博览会，展示面积超过10万平方米，共有5328个国际标准展位，参展客商达到21.04万人次。有来自35个省（区、市）的3000家中小企业和60个参会团组，与境外35个国家和地区的871家参展企业和45个参会团组。展会期间，举办的项目推介、研讨交流等集体交流活动超过50场次，参与人员近8000人次。在“一对一”对接活动中，有来自境内900多家企业的1644个中高层管理人员，与328家境外企业进行了对接，签约金额超过百亿元。

（八）加大力度优化中小企业民营经济市场环境

一是拓宽民营经济市场领域。认真贯彻落实《国务院关于鼓励和引导民间投资健康发展的若干意见》（国发［2010］13号），出台了《广东省人民政府关于进一步鼓励和引导民间投资的若干意见》，放宽民间投资准入范围，提升民间投资发展水平，完善相关配套政策，改善民间投资管理和服务。目前正在全面组织清理各领域的准入条件，加快编制民间投资项目计划，特别鼓励中小企业加快进入战略性新兴产业、基础设施建设、现代物流、工业设计、教育培训、医疗、文化创意等领域。二是加快中小企业社会化服务体系建设。截至2010年底，全省各地级以上市已全部成立市级中小企业综合服务机构，121个县（市、区）已有105个成立了县级中小企业综合服务机构，全省市、县、区综合服务机构覆盖率超88%。全省共认定了“中小企业技术支持服务示范单位”69家、“中小企业信息化示范单位”42家、“中小企业培训示范单位”34家、“中小企业综合服务示范单位”42家、“中小企业市场开拓服务示范单位”7家、“中小企业管理咨询服务示范单位”8家。三是加快中小企业创业基地建设。制定出台了《广东省小企业创业基地确认管理试行办法》，组织开展小企业创业基地认定，评定27家省级小企业创业基地。召开创业基地经验交流会，对我省小企业创业基地建设进行了总结和部署。目前，我省小企业创业基地建设呈现良好发展势头，27家省小企业创业基地占地面积5255万平方米，已入驻企业2594家，从业人员72476人。积极推动成立中小企业创业投资引导基金。

（九）加快信息化应用和人才培训

一是积极实施“企业家培养工程”。制定2010年我省中小企业人才培训工作方案，组织实施中小企业局长班、民营骨干企业高管研修班、部分市转型升级总裁培训班等培训项目。举办“广东省协会商会负责人业务能力提升专题培训班”，提升各个行业协会服务能力，加强服务机构间的学习与交流。大力实施“企业家素质提升工程”，根据5年内对民营骨干企业高层经营管理人才轮训一遍的要求，编制并印发了2010年省中小企业人才培训指导性计划183个项目，培训人数9.2万人次。二是积极实施中小企业信息化推进工程。继续推进全省地方中小企业网建设。截至目前，广东中小企业网已建成并开通的地级分网21个、县（区）分网67个。开展中小企业信息化应用服务调查，召开中小企业信息化工作座谈会。加强与联通、畅捷通等信息化服务商的交流与合作，在全省开展中小企业信息化普及之旅体验活动，举办170多场形式多样的普及应用和培训活动，参加中小企业8000多人次。

（广东省中小企业局、广东省民营经济发展服务局）

广西壮族自治区

一、2010年广西中小企业发展情况

2010年，广西中小企业实现工业增加值2702.4亿元，比2005年增加1666.3亿元，年均增长21.1%，占全区全部工业增加值的70%；中小企业（含工商个体户）达128.7万户，比2005年增加30.6万户，年均增加6.1万户；中小企业从业人员384.8万人，比2005年增加159.3万人，年均增加31.9万人。中小企业的平稳较快发展，为广西工业总产值跨上万亿元台阶，工业化由初期阶段迈入中期阶段做出了重大贡献。中小企业发展主要呈现以下亮点：

（一）中小企业成为技术创新的生力军

“十一五”期间，广西创新型企业中56%是中小企业；自治区认定的知识产权示范企业中70%是中小企业；在广西被评为国家、自治区名牌产品和驰（著）名商标中70%由中小企业拥有；全区发明专利80%以上由中小企业申报；全区科技型中小企业占国家级和自治区级高新技术产业开发区企业总数的80%以上。桂林海威科技自主生产的LED地板屏及高清户外全彩显示屏，在开闭幕式上把“创意亚运”推向了高潮，被誉为“效果最好的屏幕”；梧州神冠蛋白肠衣有限公司是我国最大的胶原蛋白肠衣专业生产企业，全球九家胶原蛋白肠衣生产企业之一，拥有完全自主知识产权，在肠衣界以高新技术产品著称，2009年10月在香港主板成功上市，成为广西中小企业发展的一个闪光点。这些企业的突出表现，标志着广西中小企业自主创新产品正在多个关键领域发挥重要作用，并逐步走向世界舞台，成为技术创新的生力军。

（二）中小企业成为投资的主要力量

随着中小企业发展实力的日益增强，一大批科技型、外向型、服务型中小企业迅速崛起，并在广西投资建设中占据越来越重要的地位。2007年自治区政府出台《关于加快中小企业发展的若干意见》后，广西中小企业投资热情日益高涨，投资力度不断加大，投资领域不断拓宽，投资规模逐渐超过国有企业。五年来，广西中小企业完成固定资产投资2900亿元，占全社会固定资产投资总额的55.7%，占城镇投资的53.6%，已成为全社会投资的主要力量。

（三）中小企业成为对外贸易的重要支撑

广西中小企业积极参与国际分工合作，及时调整出口产业和产品结构，产品质量不断提高，出口份额持续扩大，国际市场竞争力明显增强。2010年，广西进出口总额为177.1亿美元，同比增长24.3%，进出口规模在西部12省区市中排名第二。中小企业进出口额占同期全区进出口额的71.8%，成为广西对外贸易的重要支撑。其中，边境小额贸易进出口额为42.4亿美元，同比增长35.9%，高出全区进出口总额增幅11.6个百分点，占同期全区进出口额的23.9%；加工贸易进出口为17.5亿美元，同比增

长32.3%。

（四）中小企业成为县域工业的主力军

广西以创建“加快中小企业发展、壮大县域经济示范县”为目标，着力实施中小企业“十百千万”发展工程，中小企业迅速壮大，成为县域工业的主力军。2010年，广西县域工业实现增加值630亿元，超过全区县域GDP的60%以上。特别是农产品加工、建材、矿产、建筑房产、机械加工和三产服务等六大行业，根据市场需求变化，及时调整产品结构，改进生产工艺，开发高科技终端产品占领市场，成为推动县域经济发展的有力抓手。

（五）中小企业成为社会就业的主要渠道

中小企业提供了50%以上的城镇就业岗位。中小企业是农民工务工的主要场所，并已开始成为一些高校毕业生就业的重要渠道。2010年底，广西中小企业从业人员384.8万人，其中规模以上中小企业从业人员105.1万人，同比增长10%。

近年来，中小企业为广西经济社会发展做出了重大贡献。但在看到成绩的同时，也要清醒地看到存在的不足和差距。主要是广西“两高一资”产业比重偏高，中小企业节能减排降耗任务艰巨；“融资难”问题虽有所缓解，但远未能满足中小企业发展的需求，新创办企业和微型企业的融资渠道仍然偏少；中小企业公共服务项目较少，服务程度较低，进一步发展受到明显的制约等。

二、2010年做的主要工作

（一）加大政策扶持，大力改善政策环境

1. 制定政策，推动中小企业服务体系建设

根据郭声琨书记的批示精神，一是结合《国家工信部等七部委关于促进中小企业公共服务平台建设的指导意见的通知》，我委与发改、科技、财政、人保、环保、质监七部门围绕我区18个重点产业和特色产品建设一批信息查询、技术创新、管理咨询、创业辅导等自治区级的中小企业公共服务示范平台，通过示范平台的带动作用，加强提高为中小企业服务的水平。二是调研起草《关于健全中小企业服务体系，引导社会中介机构为中小企业服务的通知》，要求中小企业主管部门加强指导，通过公益性中小企业服务中心的示范作用引导一批社会中介机构为中小企业服务。已为中小企业服务的中介机构，给予财政补助，补助的原则是“政府支持中介，中介为企业服务”，以及“政府支持一点、中介少收一点、企业出一点”的办法来鼓励和引导中介机构为中小企业服务。

2. 编写《千家中小企业成长工程推进方案》

根据自治区主席马飚在2010年《政府工作报告》中关于“千家中小企业成长工程”的战略部署，我委起草代拟了《广西千家中小企业成长工程推进方案》。到2012年，实现全区中小企业主营业务销售收入年均增长13%以上；技术改造投入每年达1000亿元左右；年新产品产值率达到22%以上，重点培育和发展一批产业集中度高、互补能力强的中小企业聚集群，培育50个知名品牌；年新增就业岗位20万个以上；有1500户具有成长潜力的微型企业（年主营业务销售收入500万元以下）成长为中小型企业，有300户以上具有成长潜力的中小型企业成长为大中型企业。

3. 推动出台《关于贯彻落实国务院文件精神进一步促进中小企业发展的实施意见》

为贯彻落实《国务院关于进一步促进中小企业发展的若干意见》（国发［2009］36号）和《国务院关于鼓励和引导民间投资健康发展的若干意见》（国发［2010］13号）文件精神，加快转变经济发展方式，实现产业结构优化升级，进一步促进我区中小企业发展，我委起草代拟了《自治区人民政府办公厅关于贯彻落实国务院文件精神进一步促进中小企业发展的实施意见》，从营造有利于中小企业发展的良好环境、切实缓解中小企业融资困难、加大对中小企业的财税扶持力度、提高中小企业竞争力、支持中小企业开拓市场、努力改进对中小企业的服务、提高中小企业经营管理水平、加强对中小企业工作的领导等八个方面，二十条具体措施，支持中小企业快速健康发展。

（二）加强财政资金引导，促进企业结构调整和优化

以项目建设为载体，实施“千家中小企业成长工程”。鼓励各市县加强项目前期工作，建立项目库，储备一批中小企业项目。紧紧围绕2010年全区2100亿元技术改造目标和自治区产业振兴规划，举办中小企业与大企业合作项目洽谈会，引导中小企业按产品上下游进行专业化分工，延伸产业链，提高产业集中度，促进中小企业多层次、全方位的联合协作。

（三）组织开展千家中小企业成长工程项目开竣工活动

根据自治区党委、政府“工作落实年”的部署。年初，我委统一布置开展全区千家中小企业成长工程项目开竣工活动，全区14个市103个县（市、区）陆续举行了项目开竣工仪式。到10月31日止，全区共有917个中小企业项目隆重举行了项目的开竣工庆典，总投资超过960亿元，涵盖自治区重点发展的18个支柱产业，项目投产达产后，预计新增产值超过711亿元，新增税收21.5亿元，新增利润30.4亿元，新增就业人数20.3万人。为做好千家中小企业成长工程项目开竣工活动工作总结和经验交流，11月22日下午，广西千家中小企业成长工程项目开竣工现场会在贺州市隆重召开。我委束华主任亲自出席会议并作了重要讲话。会议进一步推动了千家中小企业成长工程项目开竣工活动深入开展，推动了今年工业投资和技术改造投资任务的全面完成，一定程度上促进了我区民间投资的快速增长。

（四）拓宽融资渠道，加强为中小企业服务

1. 成立广西中小企业融资促进会

经自治区人民政府批准，广西中小企业融资促进会于5月份正式成立。由我委牵头，会同有关部门研究制订改进中小企业融资服务的政策措施，协调指导全区中小企业金融服务组织体系建设，协调规范和减轻中小企业融资性成本和负担，督促引导中小企业通

过内部管理提高融资能力，协调相关部门共同解决中小企业发展中的重大问题，对各市支持中小企业融资工作进行指导。

2. 针对中小企业融资难的问题，我委会同有关部门共同创新中小企业融资方式，推进中小企业集合发债工作

5月与人民银行南宁中心支行联合举办《全区非金融企业债务融资工具培训班》，全区各银行业金融机构，各市、县（区）中小企业管理部门人员及部分重点中小企业负责人等共有300多人参加，提高了金融部门和中小企业管理部门对中小企业集合发债的认识。6月底和7月初，与交通银行广西分行在南宁、柳州、桂林针对有意向发集合债的中小企业开展培训工作，全力推动发行中小企业集合债券。另外，融资促进会在工作中不断完善小企业贷款风险补偿机制，引导银行积极为中小企业提供担保。

（五）加强培训，提高中小企业素质

实施中小企业管理培训工程，加强中小企业经营者管理培训。今年我委举办了6期培训班，参加培训人员有中小企业主管理部门领导、中介机构负责人和中小企业法人代表和财务管理人员，免费培训中小企业经营管理人员3000多人。邀请广西大学、财经学院、职业学院的教授及财政、金融等主管部门的专家授课，培训内容涵盖了项目申报、政策解读、经营管理、人力资源管理、财务管理能力等。通过培训，提高主管部门和中介机构为中小企业服务的水平，及中小企业生产经营者的素质。

（六）加大为中小企业服务，深入开展“服务企业年”活动

第一，进一步转变政府职能，继续深化“服务企业年”活动。扎实推进“行千里路，访百家企”。工信委系统服务企业工作组深入各市、县、企业调查研究，为企业提供长期的、点面结合的巡回式服务，对企业进行政策指导，及时帮助中小企业协调和解决项目建设和生产经营中存在的问题，做好煤电油运和资金等的组织协调，在电煤补贴、融资贴息、产品营销、运输调度、劳动保障等方面帮助企业走出困境，为企业提供良好的发展环境，增强发展信心。

柳州市连续四年开展中小企业服务月活动，今年以“搭平台、助创业、促发展、重提升”为活动主题，开展“政务咨询会”、“银企手牵手”等十一项覆盖政务、金融、人才、科技等方面的具体活动，取得了很好的效果，在社会上反映很大；南宁市开展“行千里路，访百家企业”活动，副市长、中级法院院长等领导带队到县、工业园区为中小企业服务，现场为企业解决困难；桂林市整合各类中介组织为中小企业服务，加强对中小企业公共服务平台建设的支持；贺州市通过中小企业服务中心促成金源稀土、科隆粉体、亿健茶业、隆德粉体等企业与广西大学、广西工学院、华中理工学院、合肥学院、贺州学院等区内外高校、科研院所联姻，开展产学研合作，共建研发和技术检测机构，建立长期的技术战略联盟。

第二，转发国家工信部等七部委《关于促进中小企业公共服务平台建设指导意见的通知》，围绕18个重点产业和特色产品制定建设一批信息查询、技术创新、质量管理、管理咨询、创业辅导、市场开拓和人员培训等自治区级的中小企业公共服务示范平台文件。组织我区中小企业服务机构申报国家中小企业公共服务平台补助。

（七）组团参加第七届中国国际中小企业博览会暨中澳中小企业博览会

第七届中博会广西政府代表团以自治区政协李达球副主席为团长，自治区工信委、发展改革委、财政厅、商务厅、工商局、投资促进局、广西银监局等部门领导和中小企业代表为成员，各市分管工作的副市长为分团团长共430多人组成。

根据广西18个重点产业规划，重点推介具有广西产业特色的高新技术和食品两大产业，参展企业共有49家，展位46个，其中高新技术产业展位22个，参展高新技术企业21家，食品行业展位24个，参展食品企业28家，汇集了桂林广陆数字测控股份有限公司、柳州相光科技有限责任公司、广西网纪诺立信息网络工程有限公司、广西领华数码科技有限公司、桂林海威科技有限公司、桂林鑫鹰电子科技有限公司、广西竹福星生物科技有限公司、广西桂人堂金花茶产业集团股份有限公司、广西巴马丽琅饮料有限公司、广西巨东种养集团玉林大自然农牧科技有限公司等一批有特色、有自主知识产权、代表我区中小企业水平的企业。中博会期间，广西代表团共签订产品意向销售协议和合同13份，金额总计1.748亿元；签订经济合作项目22个，投资总额41.18亿元。

（广西壮族自治区工信委中小企业处）

海南省

一、2010年海南省中小企业发展情况

（一）主要发展情况及特点

个体私营经济数量大幅增加。截至2010年底，全省企业总数达109600家，其中非公有制企业（主体为中小企业）94744家，占全省企业总数的86.4%，比2005年增长了108.8%；个体工商户238957户，比2005年增长了82.73%。

经济效益和社会贡献显著提高。2010年，非公有制上缴税收416亿元，占全省税收总额的87.6%；实现进出口总额72.78亿美元，占全省进出口总额（不含由中国国际石油化工联合有限责任公司等外省企业代理海南炼化进出口的数据）的84.3%。各类非公有制企业和个体工商户解决全省约90%的就业，比2005年提高了16%。

工业中小企业发展明显提速。近年来，随着工业园区的发展和工业支柱产业链条的不断延伸，工业中小企业的产业配套水平不断提高、产业集聚逐步成型。初步形成了以海马汽车为代表的汽车制造及配件产业集聚、以海口药谷先声药业、海药为代表的医药产业集聚、以春光、南国为代表的椰子加工产业集聚、以思远、翔泰、泉溢、通威等为代表的金鲳鱼、罗非鱼、南美对虾等水（海）产品加工出口产业集聚

等。2010 年，全省工业中小企业实现增加值 138.89 亿元，同比增长 23.1%，高出全省工业增长速度 5.5 个百分点，对全省工业增长的贡献率达 46%。

（二）存在的主要问题

2010 年我省中小企业发展虽然取得了一定成绩，但与兄弟省份相比，仍有较大差距。主要体现在：一是中小企业主体发育不充分，规模小，自主创新能力弱，市场竞争力不强，企业发展过程中的各项需求受限，导致中小企业公共服务平台建设、小企业创业基地等工作滞后；二是融资担保工作有待进一步加强，虽然担保公司实现了各市县全覆盖，但担保机构总体实力不强，业务开展不均衡，海口市担保机构承担了近 90% 的全省担保业务，部分市县担保机构一直没有开展业务。三是“综合服务机构（以公益性服务）+专业服务机构（商业性服务）”的服务体系建设有待进一步完善，我省没有建立省级中小企业服务中心来承担综合服务职能，各市县的中小企业综合服务水平也比较弱，协会等社会中介的服务水平亦参差不齐。

（三）未来发展趋势

近年来，在海南省委、省政府的高度重视下，海南省中小企业的发展环境发生了较大变化，企业发展迎来了新的机遇，进入了加速发展阶段。未来几年，全省中小企业集群将不断发展壮大，大中小企业间的配套协作将继续加强，中小企业融资渠道更为顺畅，企业技术创新能力不断提高，“专精特新”型龙头中小企业不断涌现，部分成长型中小企业逐步迈入大企业行列。预计 2011 年我省工业中小企业对全省工业增长贡献率将达 50%。

二、2010 年海南省中小企业工作

2010 年以来，海南省委、省政府继续坚持把中小企业发展放在重要的战略位置，抓住海南国际旅游岛上升国家战略带来新一轮中小企业投资的新机遇，将扶持中小企业发展列为为民办实事“十大工程”的重要内容来抓，采取更加积极有效的政策、资金、服务等措施，着力改善中小企业发展环境，加快中小企业结构调整，推动我省中小企业又好又快发展。

（一）出台“省 18 条”，进一步加大政府扶持中小企业发展的力度

省委省政府在前两年已出台的《海南经济特区促进中小企业发展条例》、《海南省人民政府关于鼓励支持和引导中小企业和非公有制经济发展的若干规定》（简称“25 条”）等一系列省级法规规章和相关配套扶持政策基础上，2010 年又重点出台了《海南省 2010 年进一步鼓励和支持中小企业发展政策措施》（琼府［2010］5 号，简称“18 条”），该政策是深入贯彻落实《国务院关于进一步促进中小企业发展的若干意见》（国发［2009］36 号）文件精神的具体行动，条条政策实，操作性强，进一步扩大了中小企业支持的范围，加大了资金扶持力度，共计新增 2.55 亿元专项用于融资担保、技改创新、服务平台、市场开拓、品牌建设和购买服务等 15 个方面的支持，更加优化了有利于中小企业发展的政策环境。

（二）加强融资服务体系建设，有效缓解中小企业融资难问题

第一，推动担保贷款业务增长。继续完善“银行+担保+政府补贴”（“三个一点”政策）的中小企业融资服务模式，在省里 2009 年安排 3000 万元中小企业专项资金用于担保贷款贴息、补偿和奖励的基础上，2010 年增加到 4500 万元，全年共撬动 7 家银行、17 家担保机构为 347 家中小企业提供新增融资担保贷款 18.8 亿元，同比增长 65.29%，预计拉动社会投资 33.46 亿元，新增销售收入 37.23 亿元，稳定和新增就业岗位 14.9 万个。有利地支持了中小企业和非公经济发展。

第二，做大做强担保机构。2010 年从省工业发展资金中首次安排 5000 万元对中小企业担保公司给予资本金注入或借款支持，有 2 家省级中小企业担保平台获得借款支持；推动新成立 6 家担保公司；目前，全省开展中小企业信用担保服务的机构已有 30 家、注册资本达 12.5 亿元。其中，注册资本亿元以上的担保机构有 7 家。实现了全省 18 个市县担保机构全覆盖、担保业务全覆盖，全省中小企业融资担保服务能力得到进一步加强。

第三，创新思路，拓宽融资渠道。支持中小企业直接融资，2010 年成功推动海南康芝药业在深圳创业板上市，筹集资金 15 亿元，2011 年 1 月推动海胶集团在上交所 A 股上市，首发募集资金 47 亿元，成为 A 股市场天然橡胶第一股；安排 2000 万元海南省金融发展专项资金，推动 6 家小额贷款公司、2 家村镇银行、3 家农村资金互助社开业；创新中小企业融资产品，联合中国人民银行海口中心支行、省中小企业投资协会和工商银行海南分行共同推进海南首支中小企业集体票据发行，初步确定票据发行额度为 1.5 亿元，发行期限 3 年，目前已完成企业初选，3 家符合条件的企业通过了主承销商工行海南分行的专业审核，即将进入增信、审批程序；学习借鉴外省成功经验，推动省中小企业投资协会成立了中小企业融资超市；继续深入开展政、银、保、企四位一体合作，金融机构参与担保公司的合作的积极性进一步增强。

（三）推动中小企业产业优化升级，实现产业集聚发展

第一，在支持中小企业技术改造方面，积极争取到国家中小企业专项资金 3940 万元，按照“重点产业、重点园区、成长企业”原则，重点支持农产品加工、医药等 30 个项目技术改造，有望带动企业投资超 6 亿元；新增 3000 万元省级中小企业技术改造专项和 3800 万元节能专项，重点用于技改、节能改造和资源综合利用等中小企业发展。

第二，在支持特色产业和新兴产业发展方面，加大对电子信息等高科技产业的扶持，设立省电子信息产业发展资金 2000 万元专项用于海南生态软件园等园区建设，截至目前，已有 143 家 IT 企业入园；配合省农业厅等部门，重点加强海南特色农产品种养殖、加工、物流体系的全产业链建设。

第三，在支持中小企业技术创新方面，协助省科技厅等部门，利用 500 万元中小企业专项技术创新资金支持 2010 年度省科技型中小企业技术创新资金项目

26个，经大力推荐，其中的14个项目获2010年国家科技型中小企业技术创新基金资助共1020万元，这是我省中小企业技术创新领域获得国家立项数量和资助金额最多的一年。

（四）加强中小企业针对性服务，努力提高服务水平

第一，抓服务体系建设。鼓励现有中小企业服务机构加强自身建设，提高服务水平，帮助海南信息岛技术服务中心、海南工经联等2家机构争取到国家中小企业服务体系建设专项资助240万元，推荐“海南中小企业公共信息服务示范平台”成功被工信部授予首批“国家中小企业公共服务示范平台”称号。

第二，抓交流合作。组织企业参加了工信部办的第六届APEC中小企业技术交流会暨展览会，并获得了组委会“最佳组织奖”和“最佳设计奖”；加强与兄弟省市合作，参加了省里举办的天津环渤海经贸洽谈会，与天津市中小企业局签订了两省市中小企业战略框架协议；政府专项补贴组织54家企业参加第七届中博会，现场销售各类产品610万元，签订合同项目及意向13个，总金额4456万元。

第三，抓咨询培训。用好国家银河培训和《海南中小企业大讲堂》平台，2010年共开展各类培训23期，培训2500余人次，同时发挥各专业行业协会作用，加大对行业企业、人员的咨询服务力度。

第四，抓信息服务。丰富完善省中小企业信息服务网功能，面向全省中小企业提供电子政务、网上培训、创业辅导、信用担保、人力资源、市场开拓、技术创新及管理、信息化推进等服务；创新搭建了中小企业信息发布平台，将中小企业政策、法规、工作动态等信息及时、准确地传递给市县中小企业主管部门、各行业协会及企业。

第五，抓统计监测。从2008年10月开始坚持至今，省政府每季度召开一次由省政府有关部门、重点企业和中小企业参加的全省工业经济运行分析例会，了解掌握非公经济和中小企业的发展动态，对企业反映的问题，专人跟踪，限时督办；2009年6月，省政府办公厅印发了《海南省中小企业及个体经济统计调查实施办法》，启动对全省中小企业及个体经济的规范统计调查工作；同时我厅按照工信部要求，启动了30家中小企业的月度监测工作。

第六，抓中小企业减负。2010年取消了15项行政事业性收费，年减轻企业负担8869万元；降低计量检定收费标准432个，年减免收费金额约171万元；开展专项整治，规范涉企经营性收费，查处违法所得金额784.7万元；清理基层部门“三乱”，努力为中小企业发展营造良好的服务环境。

（海南省工业和信息化厅中小企业处）

重庆市

2010年是“十一五”规划收官之年。面对复杂的国际国内经济环境和较为频繁的自然灾害，重庆市非公有制经济、中小企业工作系统在市委、市政府的坚强领导下，以科学发展观统领全局，认真贯彻落实中央、国务院及市委、市政府的决策部署，坚持以科技创新为动力，以结构调整为主线，以载体建设为抓手，开拓进取，创新图强，推动全市非公有制经济、中小企业持续健康发展，为全市经济社会发展作出了重要贡献。

一、基本情况

（一）非公有制经济

2010年，全市非公有制经济产业活动单位达到87.1万个（其中，非公有制企业15.7万户，个体工商户71.4万户），比“十五”末新增35.4万户，同比增长68.3%；实现增加值4828.8亿元，比2005年末增长2.1倍，同比增长19.5%，占全市GDP的比重达到61.2%，对全市经济增长的贡献率达到68.1%；其中工业2753.1亿元，同比增长21.5%；新增从业人员38.1万人，达到802.3万人，比2005年末增长36.5%；实现税金572.8亿，比2005年增长2.6倍，实现劳动者报酬1746亿元，比2005年增长2.3倍，实现利润748.1亿元，比2005年增长2.2倍。

（二）中小企业

2010年，全市中小企业达到19.3万户，比2005年末新增6.4万户，增长46.3%；实现增加值3261.5亿元，比2005年末增长2.1倍；占全市GDP的比重为41.3%，比2005年末提高7.7个百分点；其中工业2254.6亿元，比2005年末增长2.7倍；新增从业人员18.9万人，达到519.4万人，比2005年末增长18.6%。实现税金515.9亿元，比2005年增长1.7倍，实现劳动者报酬1150.3亿元，比2005年增长2.1倍，实现利润490.7亿元，比2005年增长1.7倍。

二、主要特点

（一）经济总量持续攀升，在国民经济中的地位和作用日益增强

2010年，在国内外宏观经济形势持续好转背景下，重庆非公有制经济、中小企业继续保持稳定向好的发展态势。非公有制经济、中小企业分别实现增加值4828.8亿元、3261.5亿元，按可比价计算分别比去年同期增长19.5%、19.3%。非公有制经济发展表现出色，各季度连续处于19%以上的快速增长区域。高于公有经济6.1个百分点，高于全市经济增速2.5个百分点（见图1）。非公有制经济占比重逐季提高（见图2），对全市经济发展的贡献率达68.1%，拉动GDP增长11.6个百分点。全市非公有制经济、中小企业质量和效益同步增长，已成为推动全市经济社会持续快速协调健康发展的重要力量。

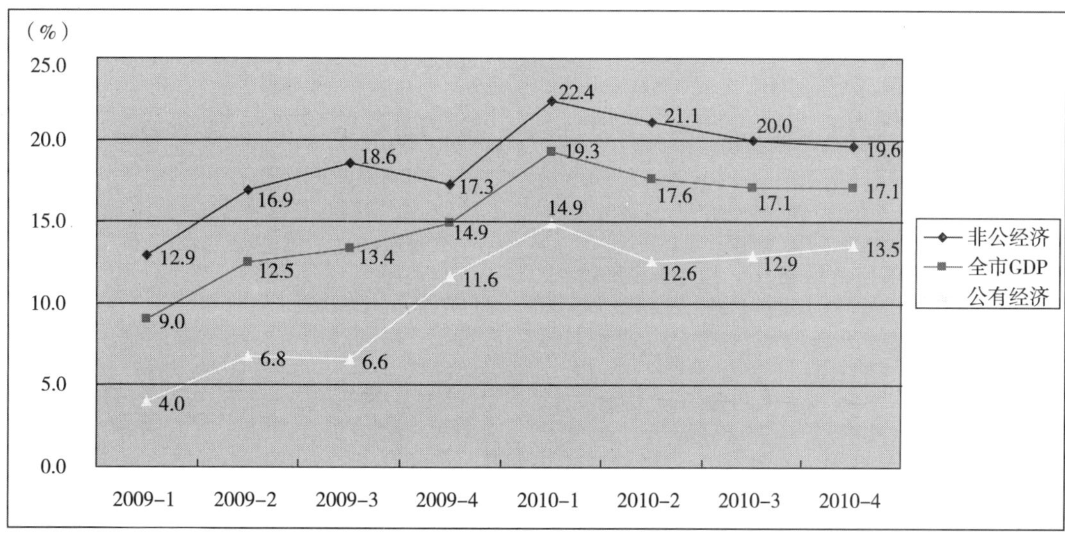

图1　2009 年以来重庆市非公经济季度增长情况

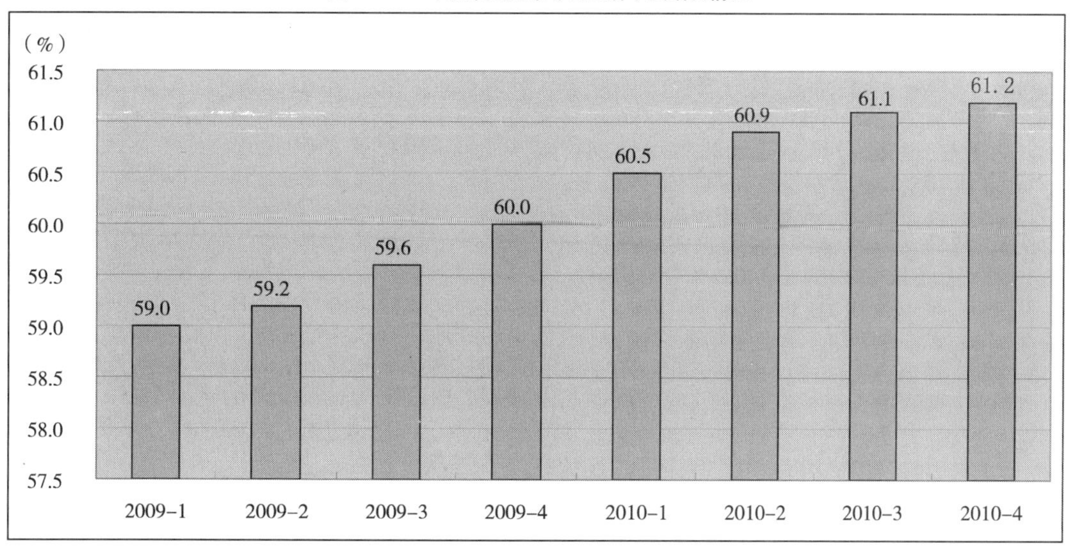

图2　2009 年以来重庆市非公经济季度占比情况

（二）个体私营企业发展迅速，促就业增收成效显著

2010 年，在重庆成为西部地区“政策洼地”和大力扶持发展微型企业利好政策推动下，非公有制经济产业活动单位发展步伐明显加快。全市非公有制经济产业活动单位达 87.1 万户，个体私营企业表现出色，其中非公企业 15.7 万户，个体工商户 71.4 万户。新生私营企业涉及农业、工业、建筑、批发零售、餐饮服务、交通运输和现代服务等行业，其中工业是主体，批发零售业和现代服务业占有相当大的比重。分行业来看，农业企业增加 1.28 万家，工业企业增加 0.19 万家，以批发和零售业、租赁和商务服务业等为代表的第三产业新增 1.09 万家。在经济向好背景下，市场主体发展活跃，为社会就业提供了有力保障，促进社会和谐稳定。非公有制经济、中小企业从业人员较上年末新增 38.1 万人、18.9 万人，累计达到 802.3 万人、519.4 万人。非公有制经济已成为解决社会就业问题的主渠道，占全市二、三产业从业人员的比重达到 81.7%。同时，劳动报酬有较大幅度增长，分别增长 15% 以上，成为城乡居民稳步增收的重要来源。

（三）产业结构不断优化，工业贡献不断增强

重庆非公有制经济、中小企业坚持招商引资与结构调整并重战略，从而促进产业结构的不断优化。以非公有制经济来看，一二三产业构成为 1.0∶69.1∶29.9，与全市 GDP 三次产业构成 8.7∶55.2∶36.1 相比，一产业低 7.7 个百分点，二产业高 13.9 个百分点，三产业低 6.2 个百分点。在结构不断优化的同时，工业贡献不断增强。非公有制工业实现增加值 2753.1 亿元，工业增加值同比增长 21.5%，占全市工业增加值的比重为 75.4%，对全市经济增长的贡献率达 40.4%，拉动 GDP 增长 6.9 个百分点，成为拉动全市工业快速发展的重要力量。工业贡献增强的主要原因：一是重庆积极落实产业调整振兴规划，加快实施产业结构调整，做强做大支柱产业，非公有制工业的产业集群优势十分显著。传统汽摩行业持续走强，规模以上产值近3000亿元。二是装备制造、化工医药、材料工业、轻纺工业产值均突破1000亿元，形成具有一定竞争力的产业集群。三是以电子信息为发展重点，抓好大项目、大产业、大基地建设，“6+1”支柱产业集群不断发展壮大，电子信息产业产值年均增速超过40%，到2010年实现产值1400亿元，占全市工业经济比重达14%，达到历史的新高点。

（四）多题材集聚项目扎堆重庆，拉动投资保持较快增长

在国家进一步加大对西部地区扶持的宏观背景下，以两江新区为题材，加之直辖概念、国家中心城市和两个保税港区以及“314”总体部署等政策叠加，从而带来了海内外产业、资金等生产要素加速流向我市各行业，一大批重大项目纷纷扎堆我市，遍布各区县非公有制经济、中小企业各行业领域，从而拉动我市以非公有制经济投资保持较快增长，完成固定资产投资额3645.2亿元，同比增长31.1%。以中小企业投资项目来看，新开工项目达到9817个，其中工业项目6503个；投产项目8873个，其中工业项目7052个。从项目投资规模看，固定资产投资规模在1000万以上项目达到1978个。其中投资规模在1000万～5000万元、5000万～1亿元和上亿元的项目分别为1653个、217个和108个，成为投资的重点支撑力量。分区县来看，非公有制经济投资超过50%的区县有秀山县、丰都县、涪陵区、酉阳县、长寿区、黔江区和万州区，分别同比增长159.4%、140.3%、119.4%、108.4%、70.9%、64.1%和51.3%。

（五）载体建设推进良好，产业聚集效应明显

近年来，重庆非公有制经济、中小企业以小企业创业基地、园区、百强中心镇为载体，以特色产业为主体，以骨干企业为龙头，延长产业链配套的企业不断聚集，形成了具有地方特色和区域竞争优势的连片发展格局。2010年重庆新创建市级小企业创业基地11个，使全市市级小企业创业基地总数达到114个，入驻小企业达4012户，解决就业28万人，其中解决农民工就业20万人，实现销售收入500亿元。依托优势资源、优势产业和龙头企业，继续扶持培育九龙坡摩托车及配件、大足龙水五金、璧城鞋业、涪陵榨菜、荣昌夏布等一批聚集程度高、带动能力强、经济效益好的具有区域优势的中小企业特色产业集群，先后认定特色产业集群累计达到26个，为推动产业结构调整作出了较大贡献。坚持科学引导，示范带动的原则，培育壮大骨干龙头企业，农产品加工基地和示范企业快速增长。先后建成的市级农产品加工示范企业达到107户，全国农产品加工业示范企业达10户；市级农产品加工基地达6个，全国农产品加工示范基地达22个。

（六）经济效益不断改善，发展质量稳步提升

在国家调整优化结构，转变发展方式政策作用下，全市非公经济继续加快结构调整步伐，加大投入促技改，提升质量强竞争，全市非公有制经济、中小企业经济效益稳步提高。非公有制经济、中小企业分别实现营业收入15304.6亿元、11140.5亿元，分别同比增长22.7%、22.1%，较2009年末加快2.3个、4.4个百分点。实现利润748.1亿元、490.7，同比增长23.5%、21.6%。全年非公有制经济规模以上工业企业亏损面较上年末下降1.5个百分点，亏损金额同比减少21.8个百分点。据重庆纳入国家工信部重点监测的300户中小企业数据显示，监测企业盈利快速增长，利润总额同比增长26.5%，其中皮鞋毛皮羽毛制品业、木材加工及木竹藤棕草制品业、医药制造业、塑料制品业、有色金属冶炼及压延加工业、金属制品制造业、通用设备制造业、交通运输设备制造业、电气机械及器材制造业等9个行业的企业利润快速增长，对利润增长的贡献度达到73.3%。监测企业实现税收16.9亿元，同比增长24.9%。

（七）第三产业快速发展，休闲农业成为新亮点

在“稳增长、调结构、促消费”的政策导向下，进一步激发了非公有制经济第三产业发展活力，全年实现增加值1447.1亿元，增长20.2%，比上年提高5.8个点；占全市第三产业增加值比重达到49.4%，比上年提高3.7个点。其中，交通运输、仓储和邮政业中的非公有制企业增加值增长50.2%，金融业中的非公有制企业增加值增长19.8%，房地产业中的非公有制企业增加值增长15.0%。随着生活水平的提高和交通条件的改善，近郊短程休闲旅游持续火爆，带动休闲旅游产业迅速发展。全年休闲农业接待累计达2216万人次，较上年同期增加245万人次。其中：休闲企业接待量为725万人次，同比增加87万人次；农家乐与民俗旅游接待户接待量为1491万人次，同比增加158万人次。分地区来看，一圈内接待量明显高于两翼地区，部分景点接待量增幅达3倍以上。在休闲农业营业收入增长的同时，为农村居民累计提供劳动报酬达2.9亿元，相当于提供人均年报酬1.17万元，成为农村居民收入的重要来源。休闲农业的快速发展，直接带动了农村相关产业发展，激发了农村经济活力。

三、主要举措

（一）贯彻大政方针，优化发展环境

一是认真贯彻落实国务院《关于进一步促进中小企业发展的决定》（国发［2009］36号）和《关于进一步鼓励引导民间投资健康发展若干意见》（国发［2010］13号）精神。我们通过召开各种类型和层次的专题座谈会，深入基层、企业调查研究等形式，广泛听取意见，了解和掌握非公有制经济、中小企业发展中遇到的新情况、新问题，及时以市政府名义出台了贯彻国发［2009］36号文件的意见，即：《重庆市人民政府贯彻落实〈国务院关于进一步促进中小企业发展的若干意见〉的通知》（渝府发［2010］105号）。

二是通过向区县工作部门赠送本系统政策法规电子文件包、积极办理市政府和市长公开信箱邮件、利用重庆卫视与重庆日报等主流媒体广泛宣传国家和我市促进非公有制经济、中小企业发展的政策法规，营造了良好的舆论氛围。及时开展了相关政策法规的清理，并通过组织专项督查、结合办理两会建议提案等形式加大了对有关政策措施执行情况的督查，有力地推动了各项促进非公有制经济、中小企业发展政策的贯彻落实。

三是充分发挥市政府民营企业维权投诉中心的作用，加大维权投诉案件办理力度。为进一步强化全市民营企业维权网络体系建设，增强维权实效，今年以来，我们对全市已设立的60个民营企业维权监测点和监督员进行了清理整顿，其中，复审合格的首批监测点和监督员分别达到40个和40名，对少部分因企业破产等原因导致无法正常工作的监测点和监督员进行了撤销。同时，新建立了15个监测点，新聘任15名监督员，使全市维权网络分布更加合理，工作效率得到明显提升。2010年，维权投诉中心已办结市领导交办事项和处理各类投诉案件及政策咨询事宜共53件，较好地维护了企业与职工的合法权益。

（二）加强载体建设，拓展发展空间

一是都市工业发展有新举措。制定了《重庆市都市工业园（楼宇）建设评价考核暂行办法》，对全市都市工业园（楼宇）实行动态管理；成功召开了都市工业园（楼宇）建设现场会，表彰了14个“优秀都市工业园”；开展专题调研，为出台《进一步推进都市工业园（楼宇）建设，发展都市工业的意见》作好准备。落实兑现了10多家都市工业园享受20号文规定的优惠政策。新认定了5个都市工业园（楼宇），截至今年9月，全市有95个都市工业园（楼宇）实现销售收入730亿元，利税60亿元。

二是小企业创业基地建设有新突破。年初，按照《重庆市小企业创业基地建设综合考核办法》（渝中小企［2009］39号）对24区县上报的77个市级小企业基地进行了综合考核，对巴南区界石等15个市级小企业基地建设成效显著的进行了通报表彰，激发了创建小企业基地的积极性。对今年区县申报认定的小企业基地进行实地考察，并现场指导创建工作，已认定7个小企业创业基地。截至2010年9月底，全市110个市级小企业创业基地，入驻企业达到4000多户；实现营业收入500亿元；利税50亿元，从业人员达到28.1万人。

三是中小企业特色产业集群建设有新亮点。按照转变发展方式，促进结构调整，加强资源节约和环境保护，走科学发展之路的要求，对全市23个特色中小企业基地认定已满3年的10个重庆市中小企业特色产业基地进行了复查，通报了复查结果，新认定了5个市级中小企业特色产业基地，累计达到27个。

四是农产品加工业发展有新形象。制定并颁发了《重庆市农产品加工基地认定办法》（渝中小企［2010］30号），积极开展创建市级农产品加工基地工作，今年以来，已认定渝北石盘河、万州分水、涪陵百胜、涪陵珍溪、梁平双桂、巴南南泉等6个农产品加工基地为市级农产品加工基地。同时，对重庆荣双食品有限公司等40家市级农产品加工示范企业进行了复查，并组织申报了全国农产品加工示范企业和示范基地。

五是启动了发展休闲农业工作。对全市休闲业进行了调查摸底，及时掌握第一手情况，提出了发展休闲旅游农业构想，我市被农业部乡镇企业局确定为9个全国休闲农业示范省市之一。

（三）加强招商引资，服务区县经济

大力实施“走出去、引进来”战略，促进招商引资工作全面开展。

一是精心筹备大型经贸活动。首次组织20家企业参加第六届APEC中小企业技术交流暨展览会，超额完成工信部下达的目标任务；认真组织2010年全国知名民营企业重庆行项目对接和签约活动，共计签约项目92个，签约金额730亿元；组织59家企业参加中国（国际）中小企业博览会暨中澳中小企业博览会，实现了开拓市场，扩大交流的预期目标；圆满完成市政府安排的渝洽会、高交会等系列活动的对口接待任务。与市外经委共同承办了“全球中小企业国际合作计划中国西部启动仪式”。

二是“重庆－山东周”活动取得实效。促成潍坊市与江津区结为友好城市，潍柴与川江汽车合作，新增投资约50亿元，与忠县签订“林下种植”项目9个，签约项目金额25亿元。

三是充分利用各种资源为区县经济服务。建立“驻渝机构助推中小企业发展联席会”机制，举办驻渝机构助推中小企业发展论坛，与区县签订招商引资项目21个，签约资金238亿元。并组织南京中小企业考察团等来渝考察，达成了落户万盛区两项目和浙江达峰汽车技术有限公司落户丰都县新建轿车三元催化装置配套企业的投资意向，已在全国知名民营企业重庆行活动仪式上签约。

（四）强化融资服务，拓宽服务领域

一是发行中小企业中期集合票据工作有新起色。积极稳妥地做好中小企业中期集合票据的发行工作，已有4家中小企业上报中国人民银行银行间交易协会获批，发行首期的集合票据3.68亿元。

二是与金融机构的合作有新拓展。举行了重庆市中小企业融资合作及融资项目签约仪式。市中小企业局同浦发银行重庆分行签署了首期100亿元贷款规模的“重庆市中小企业融资服务战略协议”，主城8个区县和涪陵区中小企业主管部门分别与浦发银行支行签订了一批金融服务合作协议。浦发银行为46家中小企业授予了3.5亿元无抵押贷款确认书。

三是中小企业担保工作有新成效。2010年，全市中小企业担保机构新增担保总额260亿元，累计担保额达到813亿元，是2005年末累计担保额92.2亿元的7.19倍。其中：三峡担保集团、进出口担保公司、瀚华担保公司新增担保额均在20亿元以上。担保行业的健康发展，为缓解中小企业融资难，助推中小企业发展起到了重要作用。

四是中小企业融资超市建设有新构想。在充分借鉴安徽铜陵，四川成都，江苏南京等地先进模式及经验的基础上，遵循“政府搭台，市场运作，银企双赢”的原则，已在观音桥步行街重庆工业服务港内建立了重庆首个“中小企业融资服务超市”，为全市中小企业提供一站式融资服务。

（五）推动两化融合，促进技术创新

一是科技创新取得了新突破。坚持把增强自主创新能力、加快科技成果转化作为调整经济结构、转变发展方式为重要着力点，不断采取“加强政策导向，搭建科技平台，狠抓典型示范，促进产学研结合”等系列举措为推手促进科技成果转化，使科技创新水平得到了显著提高。2010年，重庆非公有制经济、中小企业完成重点新产品340个，比2009年增加20个；新增高新技术产品150个，占全市新增数的90%；新增高新技术企业260家，占全市新增数的95%。用高新技术和先进适用技术改造和提升传统产业的产值占同期全市中小企业产值的比重将达9.5%；高新技术产品产值占全市中小企业工业产值比重将达22.7%，分别比“十五”提高1.5个和1.8个百分点。

二是信息化建设由点到面，稳步推进。开展了重庆市“中小企业健康成长计划”活动；举办了“信息化应用评估”主题研讨会；分别在万州、涪陵、黔江等地举办了“两化融合，创新中国——2010国产工业软件发展论坛暨新产品体验巡展活动；与中企动力科技股份有限公司联合举办了“从中国文化来，领信息未来去”、“十年一步，携手超越—中国符号，改变世界”企业品牌应用论坛；组织企业参加了百度“营销中国行”重庆站的活动；新认定了60家信息化示范企业，使全市信息化示范企业达到142家。对示范企业中信息化成效明显的给予了一定资金补助。

三是知识产权工作进一步加强。与市知识产权局联合召开了知识产权工作会，部署了2010年全市中小企业知识产权工作。邀请了国家知识产权局专利管理司马司长对200家企业进行了《企业专利管理战略》专题培训。申报了国家中小企业知识产权战略推进工程实施方案，重点培育4个国家示范性知识产权优势中小企业集聚区。全市中小企业知识产权试点单位累计达到108家，今年新增65家，国家级试点单位达到33家。今年上半年共申请专利4154个，其中专利授权数2367件，分别比上年同期增长28%和45%。

（六）强化人才培育，提供智力支持

通过学历教育、短期培训、远程教育等形式，大力培训各类人才。

一是大力对创业者进行培训。2010年，培训创业者、中小企业服务机构人员、经营管理人员等达到5000余人。其中：举办创业者培训班11期，免费培训1568人。

二是校企合作开展定单培训。与世界500强企业富士康实施校企合作，建立富士康西部唯一的校企合作示范基地，局属管理学院开展定单培训420人，直接输送到该企业就业；帮助富士康在重庆每年招工2000人。

三是对企业进行培训。与阿里吧吧合作，分别在江津、大足、璧山、永川、綦江、铜梁等地开展电子商务培训，举办培训19场次，培训企业390户，为推动信息化工作奠定了基础。

四是政策解读培训。开展了3个片区科技政策解读巡讲，受训人员达400人次。

五是完成了专技人员的职称转评工作。为解决专业技术人员职称问题，通过多方协调，达成了解决原乡镇企业职称转评遗留问题的意见，对在原转评期限内未转称号进行了最后一次转评，现已组织各区县申报评审，评审工程类初级任职资格127人，中级任职资格530人，解决了专业技术人员最关心，最期盼的问题，调动了专业技术人才的积极性，稳定了专业技术人才队伍，圆满结束乡镇企业职称转评工作。

（七）强化考核激励，增强内生动力

对各区县2008～2009年度中小企业发展进行了综合考核，以市政府渝府发［2010］12号文通报表彰了全市中小企业发展综合考核先进单位和全市民营企业50强企业，渝北区等6个区获得一等奖，沙坪坝等15个区县获得二等奖，南川区等14个区县获得三等奖，并评选表彰了80名2007～2009年度全市三类经济统计工作先进个人，这次会上又将以市人社局和市中小企业局名义表彰全市中小企业系统15个先进集体和60名先进个人。必将鼓励先进，凝聚力量，激发热情，促进发展。

四、主要问题

2010年，虽然重庆非公有制经济、中小企业主要指标较为可观，但其发展依然面临着较为复杂的形势，影响和制约其发展的主要问题和困难有：

（一）天然气供应趋紧

2010年以来，部分区县因天然气指标不足或缺口较大影响较为突出，能源供应依然趋紧，从而影响企业的正常生产经营。重庆市合川区随着玻璃企业整体技改陆续完成，玻璃企业需气量每天增加约6万方，但因天然气指标不足，制约玻璃行业整体发展。长寿区建滔、鑫富、柴光国际等企业天然气缺口达1.2亿方，三峡英力、德雅化工、创绿环保等企业因无天然气指标无法开工生产，晏家园区13户新建成企业也因无天然气供应指标而推迟生产。忠县、石柱等区县部分企业也因天然气供应紧张影响企业正常生产经营。

（二）原辅材料价格上涨，利润空间压缩

据2010年重庆市统计局有关统计资料显示，重庆市原材料、燃料、动力购进价格指数徘徊在108%左右，比全市工业品出厂价格指数高5个百分点左右，二者之间的“剪刀差”效应，直接挤占企业利润。重庆市部分中小企业属能耗型和资源加工型企业，随着电力、煤炭和农副产品等原材料价格大幅上涨，运行成本增加，已经形成的上下游产品价格剪刀差，对生产中下游产品的中小企业，特别是配套企业而言，影响较大，导致企业盈利能力下降，影响了企业进一步发展。能源价格逐步走高与企业经营规模小、技术含量低、附加值低的矛盾日益突出。

（三）企业融资难尚未得到有效缓解

中小企业融资难问题一直是制约经济发展的瓶颈。去年国家在一年内多次上调存款准备金率，以及国家由适度宽松向稳健的货币政策等，这些政策举措释放信号表明，国家货币政策趋紧，资金流量将减少，中小企业融资将更加困难，挤出效应明显。一是贷款趋于集中，挤出效应明显。贷款多集中在规模较大、效益较好的大中型企业。在全市19.3万户中小企业中。全市无信贷记录的中小企业比重达到80%以上，而且有加速攀升趋势。部分区县的化工、造纸、普通机械加工、铝合金加工等强周期性行业直接被金融机构拒绝贷款。二是部分区县企业资金缺口较大。重庆市璧山县有67家企业需融资4.86亿元；梁平县去年上半年工业企业仅新增贷款2100万元；忠县上半年工业贷款仅占全县贷款余额的29.5%，仅6家规模以上企业获得新增贷款，且多数属于年度转贷，目前企业融资缺口高达7个多亿；武隆中小企业仅获得3000多万元贷款，现资金缺口达1亿余元；南岸区各商业银行对中小企业贷款比例仅占全部总量的24%；涪陵上半年企业贷款比去年同期大幅减少，减少幅度达26.7%，加剧了企业资金短缺的紧张局面。

（四）企业用工难问题较为突出

企业普遍反映招工较为困难，特别是熟练工、高技工紧张，留不住人才，致使部分区县企业出现"用工荒"现象。主要原因是：一是部分行业市场持续火爆，企业短期内扩大生产线，员工需求量大一时难以满足；二是由于部分企业奖励机制不完善，导致部分技术员工跳槽，留不住人才；三是部分管理层干部及高技工，在国家及市鼓励公众创业、扶持微型企业政策激励下，选择自主创业。部分区县企业表现较为突出，如：重庆市合川区清平镇14户玻璃企业短缺劳动力2000多人；万盛区部分工业企业缺工200余人；渝北区、江津区等区县劳动力缺口较大。

（五）发展空间受限，小企业无地可用

一是因国家宏观调控，新批土地难。中小企业具有新生多、规模小、传统工艺多、新技术含量少的特征，新办小企业在园区内很难得到土地，在园区外也得不到土地。二是经济发达的主城区无地可供。特别是主城9区，除"两江新区"等市里重点扶持区域板块之外，由于没有土地，一些优势项目难以落地，优势企业难以扩展，城区旧城改造中的小企业无地安置。三是全市中小企业中，租地经营的占80%以上，且很多企业规模较大，已成为区县经济发展的重要支撑、就业的主要渠道。但在新一轮国家宏观政策调控，特别是农村用地改变租用性质的清理整顿中，形势严峻。同时也影响到企业融资和长期发展规划。

（六）中小企业产业结构调整任重道远

重庆市部分中小企业增长方式比较粗放、结构性矛盾仍较突出。有的区县铁合金、氧化铝、碳酸锶、锰矿、煤炭、水泥、造纸、铝合金等高投入、高能耗、高污染、低附加值产品比重较大，在部分区县接近所在地区工业总产值的"半壁江山"。产业结构单一，抗风险能力较弱，高新技术产业比重很小，产品档次不高，缺乏新产品和名牌产品，支撑基础不牢，资源开采及加工型企业比重较大，产业结构调整之路任重而道远。

五、发展趋势

2011年是"十二五"规划实施的开局之年，开好头，起好步，对加快推进全市三类经济发展具有重要意义，我们将在重庆市委、市政府的正确领导下，认真贯彻落实中央和市里一系列方针政策，坚持因地制宜，分类指导；坚持扩大开放，调整结构；坚持扶持公众创业，做强成长型企业；加强招商引资，扩大对外开放；加大公共服务力度，维护企业合法权益，促进政策落实；创新融资服务，破解融资瓶颈；高标准抓好小企业基地等载体建设，发展都市工业，培育特色产业，打造休闲农业，构建产业集群；加快技术进步，促进两化融合，为"十二五"计划的启动奠定坚实基础。全市非公有制经济、中小企业的主要经济指标将全面实现预定目标。

非公有制经济：实现增加值达到5860亿元左右，增长18%左右，占全市GDP的比重比2010年提高1.4个百分点左右，力争达到62%，新增从业人员20万人左右，达到825万人左右。

中小企业：增加值达到3940亿元左右，增长17%左右；占全市GDP的比重比2010年提高1个百分点左右，新增从业人员10万人左右，达到530万人左右。

为实现全年目标任务，我们将重点抓好以下工作：

（一）抓好规划实施

坚持以国家产业政策调整为导向，与社科院一道，对全市非公有制经济、中小企业做好深入调查研究，尽快编制相应的经济发展规划，指导地方经济发展。同时，要做好产业的科学合理布局。通过规划实施引导企业加快产业结构调整，促企业结构升级换代，增强企业可持续发展能力，真正让规划成为指导地方经济发展的"指挥棒"和"风向标"，成为实实在在的生产力。

（二）抓好融资工作

在货币政策越趋紧缩的背景下，在缓解融难方面应重点抓好以下工作：一是进一步完善重庆工业服务港中小企业融资超市功能，加强与区县主管部门对接，积极推进扶持中小企业金融服务计划的实施；二是用好企盟网、中小企业网两个信息服务平台，增强资源共享、信息对称能力；三是在全面掌握企业资金需求的前提下，加快推进融资服务"区县行"活动，为企业牵线搭桥，提供"点对点"服务；四是进一步做好中小企业中期集合票据发行工作，今年争取成功发行中小企业集合债或票据8亿~10亿元；五是加大与国家有关部委的协调力度，争取更多政策资金支持中小企业做大做强，尽力缓解企业融资难题。

（三）积极推动"走出去"战略

一是要加强宣传。对走出意向明显的企业建立信息数据库，要鼓励和引导有条件企业放眼国外，寻找资源、市场、停息、技术等；二是要用好政策。要组织有关人员学习关于走出去方面的政策，用好用足用活政策资源；三是要强化服务。要从市、区（县）两个层面加强对境外投资的调查研究，为有意境外投资企业提供政策咨询、决策指导、市场调研、商务谈判、实务培训等综合服务。同时，要积极组织企业参加国内外重大展会，通过展会平台，寻求对外资金、技术、产业项目合作的新机遇，为企业发展拓宽领域，提供指导服务。

（四）加强调研指导

要深入区县，深入企业，加强调研，认真分析和研究经济运行中出现的苗头性、倾向性问题，准确把握非公有制经济、中小企业运行情况和发展态势，为领导决策提供参考。同时，认真梳理企业在发展过程中存在的困难，积极帮助协调解决用水、用电、用气、用工等需求问题，提高工业生产要素保障能力，为企业发展创造良好的外部环境。

（五）抓好载体和服务平台建设

在拓展企业发展空间和服务平台建设方面，应重点抓好：一是新创市级都市工业园（楼宇）5个和市级小企业创业基地10个；二是新建中小企业特色产业集群3～5个，力争培育1～3个国家级重点产业集群；三是新创市级农产品加工示范企业10户、农产品加工基地5个；四是新增市级中小企业创业服务重点机构5家，新增市级中小企业公共服务平台5个，累计达到14个，创建国家中小企业公共服务示范平台5个。

（六）抓好统计监测

当前世界经济尚未全面复苏，宏观经济形势仍然错综复杂，非公有制经济、中小企业发展面临生产经营成本增大，节能减排和转型升级等诸多困难和问题，抓好统计监测工作意义重大。重点抓好工信部下达我市300余户中小企业网上直报工作，加强中小企业运行监测预测分析，对运行过程中出现的新情况、新现象、新问题及时组织力量进行调研，尤其是对宏观经济中的趋势性问题、突发性问题和中小企业自身的长期性问题进行专题性研究，及时为领导和部门决策提供参考。

（重庆市中小企业发展指导局）

四川省

一、“十一五”时期四川中小企业发展情况

“十一五”期间，四川中小企业系统广大干部职工按照党中央、国务院的部署要求，在省委、省政府的坚强领导下，认真落实科学发展观，紧紧围绕“两个加快”（加快建设灾后美好新家园、加快建设西部经济发展高地）战略，积极贯彻国家和省促进中小企业发展各项政策，不断创新发展思路，转变服务方式，扩大服务领域，开拓进取，扎实工作，推动全省中小企业保持平稳快速发展，圆满完成各项目标任务。

（一）“十一五”主要成绩

1. 保持年均40%以上增速，总量规模跃上新台阶

2010年，全省中小工业企业总户数达34.5万户，完成工业增加值7180.1亿元，占全省工业增加值的98.0%。其中，规模以上中小工业企业13707户，完成工业增加值5224.3亿元，占全省规模以上工业增加值的76.4%；实现主营业务收入17528亿元，比“十五”末增长217%。

2. 利润、利税双双增四倍，增长质量显著提升

2010年，全省规模以上中小工业企业完成利税总额2024.4亿元，实现净利润1143.5亿元，分别占到全省规模以上工业企业的74.0%、77.8%，依次比“十五”末增长403%和405%。

3. 高新企业户数增长5倍，创新能力进一步加强

到2010年底，全省获得国家高新技术企业称号的中小企业达1100户，比“十五”末增长5倍。全省中小企业获得授权专利总数达到9290件，同比增长110%，占全省获得授权专利数的28.8%，比“十五”末增长10倍。全省中小工业企业拥有省级及以上企业技术中心196家。

4. 结构调整稳步推进，三大结构不断优化

“十一五”期间，全省中小企业的三次产业结构总体呈现出一产平稳增长、二产支撑趋强、三产高速膨胀的发展态势，全省一、二、三产业中小企业增加值比例较“十五”末进一步优化；所有制结构更趋多元化，民营经济异军突起，发展态势迅猛；区域结构渐趋合理，基本形成成都、川南、攀西、川东北地区中小企业领先发展，三区（即革命老区、贫困地区和少数民族地区）中小企业加快发展格局。

5. 集聚发展态势迅猛，区域性优势集群特色纷呈

“十一五”期间，全省中小企业坚持专业化方向，“精、特、新、配”发展，共有约65000余户中小企业为我省57户工业类大企业大集团提供专业化配套协作，户均配套企业超过1000户。到2010年底，全省中小企业产业集群数量近200个，集聚中小企业上万户，实现销售收入约3500亿元，并围绕龙头骨干企业，形成了以德阳重大装备制造、绵阳数字家电、成都软件和汽车、攀枝花钒钛、中国白酒“金三角”、资阳机车、夹江陶瓷、武侯皮鞋、崇州皮革、新都家具、广汉钻机、郫县豆瓣等为重点的区域性特色优势产业集群。

6. 出口交货值翻两番，国际市场开拓能力大幅提升

2010年，全省规模以上中小工业企业完成出口交货值322.7亿元，同比增长34.4%，占到全省规模以上工业企业的37.8%，比2005年增长2.74倍。

7. 融资渠道进一步拓宽，企业融资能力不断提高

2010年，共有10户工业企业在主板、中小板和创业板挂牌上市，募集资金145.76亿元。“十一五”期间，全省上市工业企业达29户，共募集资金328亿元。到2010年底，全省中小企业担保机构个数达362户，比“十五”末增加216户，年末在保余额达671亿元。“十一五”期间，全省担保机构累计为6.5万户中小企业提供担保贷款总额达1818亿元。

8. 促增长、稳就业，经济社会贡献作用显著

2010年，全省中小企业增加值对全省GDP的贡献率达50.8%，拉动GDP8个百分点，创造了全省60%以上的财政收入、70%以上的工业增加值和60%以上的外贸出口。全省中小企业从业人员达600多万人，其中规模以上中小工业企业从业人员266万人，同比增长15.8%，占全部中小企业从业人员的44.3%。

（二）2010 年主要工作

1. 积极贯彻落实国家和省上政策并细化实施方案

根据《国务院关于进一步促进中小企业发展的若干意见》，立足全省中小企业发展实际，制定出台《四川省人民政府关于进一步支持中小企业加快发展的意见》。随后又印发了《四川省人民政府办公厅关于印发贯彻落实省政府〈关于进一步支持中小企业加快发展的意见〉工作任务分解的通知》。还结合省政协社情民意调研中所反映的有关我省中小企业发展的7 个方面意见建议，制定出进一步促进中小企业发展、助推经济平稳较快发展的具体工作方案。

2. 全力实施中小企业成长工程和“小巨人”企业培育计划

一是出台了《关于进一步实施“小巨人”培育计划和推进“成长型”中小企业加快发展的意见》，进一步加大对“小巨人”和“成长型”中小企业的扶持力度，“十一五”期间，共培育“小巨人”企业500 余户、“成长型”中小企业 1000 户以上。二是根据“7 +3”产业发展规划和培育大企业大集团后备力量的现实需要，组织市（州）、扩权县的主管部门和“小巨人”企业开展 2010 年“小巨人”发展专项资金项目申报、评审工作。全年共安排资金 3100 万元，对 99 个“小巨人”企业项目予以支持。三是继续推进“小巨人”培育计划，形成了一大批“专精特新配”发展的中小龙头骨干企业。截至 2010 年底，全省主营业务上亿元中小企业达 4325 户，上五亿元中小企业达 587 户。

3. 不断强化中小企业发展专项资金项目管理

一是积极加强与工信部的工作衔接，认真做好国家中小企业发展专项资金项目的组织申报、评审及上报工作，2010 年共争取到国家专项资金 1.15 亿元，支持中小企业项目 83 个。二是制定出台《四川省中小企业发展专项资金管理办法》，进一步规范和强化了项目管理工作。三是按照《管理办法》，认真组织项目申报、市州及扩权强权县初审和专家评审等工作，2010 年共下达省中小企业发展专项资金 1.1 亿元，有力支持了全省中小企业发展。

4. 启动中小企业“十二五”规划编制

我委联合省社科院从 2009 年下半年启动《四川省“十二五”促进中小企业发展规划》的编制准备工作。在大量调研和反复论证基础上，进一步明确了“十二五”期间全省中小企业发展的指导思想、主要目标、重点任务和对策保障措施。目前，规划初稿编制工作已基本完成，正在进一步的修改完善中。

5. 积极推动全省中小企业加强对外开放合作

一是组织我省中小企业参加第六届 APEC 中小企业技术交流暨展览会，现场签订合同金额 642 万元，意向协议 6300 万元。二是组织 109 家中小企业参加第七届中国国际中小企业博览会暨中澳中小企业博览会，布置展位 117 个，现场签订合同金额 1.15 亿元，意向协议 6.42 亿元，总成交额达 7.57 亿元。

6. 进一步完善中小企业统计监测制度

召开 2010 年中小企业统计年报会议，总结 2010 年工作，安排部署 2011 年工作。加强与省统计局的衔接，在企业数据收集、经济运行分析、统计数据发布和监测预警以及相关工作制度建设等方面开展积极协商与广泛合作。目前，各项工作正有序开展。

7. 全力加快中小企业服务体系建设

一是继续贯彻中央七部委《关于促进中小企业公共服务平台建设的指导意见》和《四川省人民政府办公厅关于推进全省乡镇企业中小企业服务体系建设的意见》，强化全省中小企业服务体系建设的总体规划和部署。二是坚持“政府搭台，市场化运作”，采取多种形式组织中小企业、服务厂商、媒体和大专院校等参与中小企业服务体系建设，建立政企协作推进服务体系的工作机制。三是积极争取各级财政加大对中小企业服务体系建设的资金投入，整合资源，形成多元投入、共促发展的格局。四是大力构建省市县三级服务平台体系。据初步统计，全省共有各类中小企业服务机构近 100 余家，其中市（州）级服务机构占60% 以上，部分地区的服务平台已延伸至产业园区和集群。五是不断强化服务功能。目前四川中小企业网已开设有 32 个一级栏目和 68 个二级栏目，注册会员企业 7 万多家，每天发布各类信息 300 余条，累计访问量超过 1500 万人次；中小企业信息化推进工程和“百万体验计划全省行”行动已在攀枝花、自贡、泸州、绵阳、广元、眉山等市开展；经过三次改版的《四川中小企业》杂志和为中小企业提供 24 小时咨询服务的四川中小企业服务 962555 热线已成为全省信息服务的有效载体；不断开拓创新教育培训体系，建立省市县三级培训网络，围绕工业园区、产业集群、创业基地，开展有针对性的培训服务。大力实施国家银河培训工程，2009 年以来先后举办 10 余期“银河培训”，参训人员超过 3300 多人；建立中小企业服务体系人才培养体系，开展服务体系人才成长计划，约有4000 家企业近 6000 人次参加了不同的服务体系免费培训。同时，不断加快建设科技创新、管理咨询、市场开拓、政策法律等服务体系。

8. 积极减轻中小企业社会负担

一是开展包括行政事业性收费、经营服务性收费、社会团体收费等在内的涉企收费专项治理，共公布取消省级批准设立的行政事业性收费项目 4 个、中央和省管经营服务性收费项目 22 个，清理了全省16563 个社团的收费项目，查处涉嫌违规收费金额5.33 亿元。二是积极落实惠企政策，共计落实各项惠企政策项目 12235 个，涉及金额 144.58 亿元。三是强化惩治力度，认真查纠违纪违规行为。全年共查处涉企乱收费、乱罚款和各种摊派问题涉及金额 2531 万元、责任追究 23 人；发现并取消政府、行业协会违规涉企收费项目 23 项，金额 816.36 万元。四是认真落实并不断完善“企业负担监测工作制度”、“涉企检查公示制度”和“收费公示制度”等制度，积极构建减轻企业负担的长效工作机制。

（三）目前存在的主要问题

1. 总体发展水平不高

一是数量少。我省中小企业和规模以上中小企业企业数量仅相当于浙江、江苏、广东的四分之一左右。二是规模小。全省规上中小工业企业增加值仅占全省 GDP 的 24.2%，规下企业增加值更是仅为1.1%。三是自主创新能力低。技术研发和创新能力普遍较弱，R&D 不到 1%，约 90% 的企业没有进行研发活动且技术、装备陈旧老化。四是经营管理水平普遍偏低。大多数中小企业尚未建立现代企业制度，经营方式粗放、管理水平低下。五是集聚发展程度不高。产业离散度大，在产业园区、创业基地和产业集群的聚集度仅为 5.3%，导致规模聚集效应不强、特色优势不突出、专业化协作水平低。

2. 结构仍需进一步优化

从三次产业看，中小工业企业发展势头强劲，现代农业中小企业则发展不足，现代服务业中小企业的发展更是严重滞后于工业的快速发展；从产品层次看，我省中小企业产品多集中在产业链中低端，技术含量、加工程度和附加值均偏低，自主品牌少，缺乏核心竞争力；从区域分布看，革命老区、贫困地区和少数民族地区中小企业发展不足，远远滞后于先进地区中小企业发展水平。特别是甘、阿、凉三州和巴中市的规模以上中小企业户数均在 100 户以下，远低于全省平均水平。

3. 融资瓶颈亟待破解

主要表现为企业融资的渠道单一、运行不畅、成本较高，解决中小企业融资问题的信用体系建设和金融产品及服务创新明显滞后于中小企业的快速发展和现实诉求。中小企业普遍存在规模小、缺乏抵押资产、有效担保不足等问题，导致银行贷款意愿不高，企业难以顺利获得银行贷款。

4. 开放合作水平有待进一步提高

据不完全统计，全省 8000 多家具有进出口经营权的企业，仅 3393 家企业有进出口实绩，成功实现“走出去”战略的中小企业更是凤毛麟角。

5. 发展环境有待进一步改善

主要表现为对扶持中小企业发展的各项法律法规和政策落实不够，涉企年检、年度复核、年度审验等行政审批程序还不够简化，市场准入门槛过高、限制过多，中小企业难以公平地获取各类社会资源尤其是要素保障，涉及中小企业的收费仍较为繁多等。

6. 服务体系建设有待进一步加快

一是相关服务体系实施政策措施需进一步完善，服务市场管理需进一步规范，服务体系建设的资金力度有待加强。二是服务能力未能得到充分开发和有效利用。服务供给与企业需求对接不够，面向中小企业、面向产业服务所蕴藏的巨大商机尚未得到充分挖掘。三是服务资源有待整合。各级服务机构之间尚未形成有效的资源共享机制，相互之间信息不对称，影响了现有资源的有效利用，造成服务机构服务质量参差不齐。

二、“十一五”时期四川非公经济发展情况

“十一五”以来，四川省委、省政府坚持把促进非公经济加快发展作为经济结构调整和经济发展的着力点，不断加大推进力度，完善政策措施、健全服务体系、优化发展环境，有力推动全省非公经济呈现出加快发展的良好态势，为全省经济社会发展做出突出贡献，为“十二五”全省非公经济大发展奠定良好基础

（一）四川非公经济发展成绩

1. 非公经济成为国民经济的重要支撑

近年来，四川各级党委、政府认真贯彻落实中央的方针政策和省委、省政府关于促进非公经济发展的决策部署，始终坚持“两个毫不动摇”的基本经济制度，解放思想，开拓创新，积极营造有利于非公经济发展的良好环境，充分激发了非公企业的发展动力，推动全省非公经济得到快速发展。尤其是在 2008 ~ 2009 年，虽然先后经历了“5·12”汶川特大地震和国际金融危机双重冲击，仍然保持逆势上扬的发展态势，非公经济增加值每年以 1000 亿元的增量递增。“十一五”期间，全省非公经济比重从 43.4% 提高到 56%，五年提高了 12.6 个百分点，非公经济增加值由 2005 年的 3207.5 亿元增加到 2010 年的 9455.0 亿元，年均增速达到 18.9%，高于 GDP 年均增速 5.2 个百分点。非公经济对全省经济社会的快速发展，起到了重要的促进作用，做出了突出贡献。

2. 非公经济成为财政收入的重要来源

伴随全省非公企业经济效益的不断改善和提高，各级政府的财政收入也不断增强。2010 年，全省民营经济缴纳税收收入（含国税和地税）首次突破 1 千亿元大关，比 2005 年增长 315.9%；实现国税收入 782.9 亿元，占全省国税收入比重的 71.7%；实现地税收入 561.4 亿元，占全省地方税收比重的 50.4%。

3. 非公经济成为扩大就业的主要渠道

全省非公经济的快速发展创造出了大量的就业机会，成为吸纳就业的主要渠道。截至 2010 年 12 月 31 日，全省个体工商户从业人员达 392.8 万人，比上年增长 8.1%，私营企业从业人员达 372.2 万人，比上年增长 2.0%，分别比上年新增就业劳动 13.1 万人和 17.6 万人。非公经济的发展不仅有效缓解了下岗失业职工和城镇新增就业人员的就业压力，而且还吸纳了大量农村富余劳动力，有效地促进了城乡居民的收入增长和生活水平提高，为安定和谐的社会局面创造了有利条件。

4. 非公企业成为新农村建设的重要力量

“十一五”期间，全省各地大力推进农业产业化，促进龙头企业不断发展壮大，带动能力明显提高，在加快推进农业结构调整的同时，大大促进了农民增收。四川农民专业合作社的业务范围主要集中在种植业、养殖业、农产品销售等行业，各地的农村种植养殖大户、技术能手、经纪人等成为兴办农民专业合作社的领头人，把农户之间通过生产合作关系连接起来，形成了成员之间的良性互动，许多农业专业户成为本地农民的致富带头人。截止 2010 年底，全省农民专业合作社成员总数 150.7 万户，同比增长 24%，其中农民成员 142.4 万户，占成员总数的 94.5%。各地依托龙头企业带动、优势资源推动、优势市场拉动，初步形成了一批布局合理、特色突出、效益明显的农产品生产基地和农产品加工产业带。

5. 非公经济有力推动地区经济发展

近两年，全省各地充分利用扩大内需和灾后重建的发展机遇，狠抓招商引资和非公经济园区建设，以项目为重要抓手，促进企业自主创新、产业升级，非

公企业已成为推动县域经济发展的主要力量。从非公经济总量占当地GDP比重看，全省21个市（州）中有18个市（州）的非公经济增加值占当地GDP比重已超过50%。在遂宁、眉山等县域经济发展比较好的地区，非公经济对GDP增长的贡献率已超过70%。

（二）四川非公经济发展存在的主要问题

虽然四川非公经济的综合实力与发展水平在全国处于中上游，但与沿海地区先进省份相比，无论规模还是结构，差距仍然较大。总体来看，制约四川非公经济发展的根本原因还在于意识观念上的落后，导致对国家和省上的政策落实不到位，一些地方和部门对非公经济仍然存在歧视现象，对非公经济的重视程度和支持力度不够，具体表现为行政审批环节多、管理服务不到位、融资渠道不畅、“名义上开放、实际上限制”的“玻璃门”、“弹簧门”仍有不少等。

（四川省经信委企业处）

贵州省

中小企业、非公有制经济作为社会就业的主要承载者，作为发展经济的主要活力来源，在工业强省战略中的地位和作用至关重要。实践表明，我省中小企业、非公有制经济对经济发展的贡献日益凸显，成为创业、创新的主体，是加速发展，加快转型、推动跨越的重要力量，是加快城镇化的新兴力量。

一、2010年中小企业、非公有制经济发展基本情况

2010年是“十一五”的收官之年，延续了“十一五”以来中小企业、非公有制经济快速发展的势头。2010年，全省私营企业、个体工商户分别达到7.8万户、64.7万户，分别比2005年增长了50%、87.5%，其中私营企业户均注册资本突破200万元，注册资本1000万元以上的私营企业达4296户。非公有制经济实现增加值1608亿元，占全省生产总值的比重从2005年的28.4%上升35%。规模以上工业非公有制企业实现总产值1853.23亿元，是2005年的3.07倍。规模以上工业非公有制企业总产值占全省规模以上工业企业总产值的比重提升了8.7个百分点，达到44.5%。非公有制企业拥有国家、省级企业技术中心的38.3%，产学研联合开发示范基地的1/5。

从社会贡献来看，“十一五”期间，非公有制经济成为税收的重要来源，部分县（市、区）的税收全部由非公有制经济提供。个体、私营等非公有制经济提供了80%左右的新增就业岗位，吸纳了大量的城镇新增就业人员、下岗失业人员、高校毕业生和农村剩余劳动力就业、再就业。

从产业结构看，中小企业、非公有制经济以第二、三产业发展为主体，在食品、医药、旅游商品、化工、建材、装备制造业、煤炭、交通运输仓储和邮政、批发零售、住宿餐饮、房地产等行业中占据重要地位。全省非公有制经济在食品、医药、旅游商品、化工、白酒、茶加工、锰加工、煤及煤化工等行业已逐步形成一批以专业化、规模经营为特征的产业集群和产业集聚区。

从地区分布上看，2005～2010年规模以上非公有制工业企业的统计数据表明，全省规模以上非公有制工业企业的实力进一步增强，企业户数与工业总产值分别年均增长9.14%、25.07%。

二、2010年中小企业、非公有制经济工作情况

（一）改善政策环境

良好的政策环境，是加快中小企业、非公有制经济发展的助推剂。改善政策环境，对中小企业、非公有制经济加速发展、加快转型、实现跨越至关重要。一是《贵州省中小企业促进条例》于2010年3月1日正式实施，我省中小企业、非公有制经济进入依法发展的新时期。二是认真贯彻省委十届五次全会通过的《中共贵州省委贵州省人民政府关于大力推进个体私营等非公有制经济又好又快发展的若干意见》（黔党发［2009］12号），共有48个省直部门、单位，9个市（州、地）出台了贯彻措施和意见，在改善政府服务、放宽准入条件、改善金融服务、扩大中小企业发展专项资金支持面等方面对非公有制经济加大支持，省经信委出台了《关于推动非公有制经济又好又快发展的实施意见》，从创业支持、企业扶持、融资服务、自主创新和节能减排、完善服务等方面提出了具体措施。省委督查室、省政府督察室、省监察厅、省经信委、省工商联、贵州日报组成联合督查组，对各市（州、地）贯彻落实省委促进非公经济发展政策情况进行督查。

（二）推进贵州特色和优势产业发展

我省中小企业、非公有制经济在特色食品、民族医药、旅游商品以及煤炭、化工、建材、装备制造业、新兴产业等我省特色和优势产业中占重要位置，是特色和优势产业主要经济增量的重要来源。加快特色和优势产业的非公有制经济发展，对全省非公有制经济发展具有带动和示范作用。

按照实施工业强省战略和城镇化带动战略要求，我们制定工业十大产业的规划和八大行动计划，把非公有制经济列为规划重点，把非公有制经济项目纳入重点发展项目，把中小企业、非公有制经济作为增加就业的主要载体。旅游商品产业已列入工业十大产业发展规划，成为创业带动就业、转移农村剩余劳动力、增强城镇吸纳就业的重要载体。我们成功承办第五届多彩贵州旅游商品两赛一会，把“两赛一会”打造成培育旅游商品产业发展的平台，打造成鼓励创业、带动就业的平台。大力实施“万户小老板工程”。先后与各市（州、地）签订了《加快推进“万户小老板工程”实施协议》、《2010年中小企业、非公有制经济发展协议》，支持了6个小老板工程平台建设项目和1264名小老板，新增就

业2万人。2009～2010年通过旅游商品两赛一会和实施万户小老板工程，对3000户以上的民间文化传承人、能工巧匠、个体户、返乡农民工等创业者进行了创业辅导和培训培育。培育了一大批个体工商户、小作坊、中小企业进入旅游商品产业，带动100多万人就业。

（三）加大中小企业、非公企业扶持力度

充分发挥财政资金对非公有制经济的“雪中炭、锦上花”的效果，支持和引导非公有制经济结构调整、创新发展、创建品牌，加快转变发展方式。围绕实施中小企业成长工程，重点实施“百户优强中小企业扶持计划”，2010年共安排省中小企业发展专项资金10000万元，项目262项，其中非公有制经济占资金总数和项目总数的79.73%、79.77%。获得国家扶持中小企业发展的各项资金22892万元，项目252项。注重创新工作内容，在全国范围内率先对小额贷款、“万户小老板工程”等项目进行支持，共支持了1264户小老板创业，新增就业22672人。不断完善中小企业发展专项资金项目库建设，通过企业申请、地区审核等程序，共有1650个项目进入项目库。

与省知识产权局一起实施全省中小企业知识产权战略推进工程，共同下发了《贵州省中小企业知识产权战略推进工程实施方案》，并且与20户中小企业签订“中小企业知识产权战略推进工程合同”，促进一批知识产权创造、管理、运用、保护效果良好的示范中小企业发展。贵阳市成为全国第一批中小企业知识产权战略推进工程的城市之一。

（四）改善中小企业、非公有制经济融资环境

贷款难、担保难是制约非公有制经济的重要因素之一。通过规范担保机构、发展小额贷款公司、协调银行等方式多渠道拓宽融资渠道，增加融资额度，缓解非公有制经济融资难问题。

通过建立全省中小企业信用担保体系，推动现有银行业金融机构资金更加畅通地流向非公有制企业。近年来，通过政策支持、资金补助、奖励、资本金注入等方式，我省信用担保业获得长足发展。2010年继续加大对中小企业信用担保机构的扶持力度，国家和省中小企业发展专项资金共补助12个担保机构1135万元。

按照国家七部委联合下发的《关于融资性担保机构管理暂行办法》制定了《贵州省融资性担保机构管理暂行办法》，坚持“放宽、放权、放开”的原则，把注册资本5000万元以下的融资性担保机构审批、监管、风险处置下放到各市（州、地），贵阳市融资性担保机构的审批、监管、风险处置权放宽到注册资本2亿元以下。并按照省政府的要求，在全省范围内开展融资性担保机构清理、规范工作。

积极推进小额贷款公司发展，增加非公有制企业融资供给。截至2010年底，继续推进小额贷款公司的试点工作，共批复筹建94户小额贷款公司，其中80户小额贷款公司累计为5109户企业和个人提供了332916万元贷款。

与人行、银监、银行等部门、单位共同开展了中小企业信用体系建设、中小企业金融服务系列宣传、“政、银、企、保”对接会。与交通银行、建设银行开展中小企业集合票据发行合作，增加融资渠道，与国家开发银行共同搭建小额贷款公司贷款平台，与浦发银行、重庆银行、招商银行、花旗银行等积极沟通，形成了为非公有制企业提供融资服务的合作意向。

（五）继续完善全省中小企业服务体系建设

非公有制经济社会化服务体系是一项系统工程，是推动非公有制企业向“专精特新”方向发展的系统工程，是加快非公有制经济做大做强的系统工程，一直是我省非公有制经济工作的重点。2010年支持新建了5个中小企业服务中心、15个公共服务平台、3个小企业创业基地，向工信部推荐6户中小企业公共服务平台为国家示范性服务平台。目前全省拥有县级中小企业服务中心85个，公共服务平台36个，小企业创业基地20多个。国家和省中小企业发展专项资金共支持了26个服务平台项目，资金2410万元，3个小企业创业基地项目，资金330万元。“国家中小企业银河培训工程”、“贵州中小企业星光培训工程”共免费培训7500人次；通过“贵州省中小企业网、贵州省非公有制经济网”，实施中小企业信息化“双百工程”和“千户数字中小企业工程”，打造“黔之萃”电子商务平台和“黔商在线”移动信息平台，与中国移动、中国电信、中国邮政签订了《战略合作协议》，推动企业信息化；完成2009年度百户优强中小企业信用评级，15户中小企业获得AA级及以上信用等级，开展了2010年度百户优强中小企业信用评级工作；建立重点中小企业统计月报直报系统，与省统计局共同完善我省非公有制经济、中小企业统计监测制度；组织100多户中小企业参加“中博会”、“APEC技展会”等展览展销活动；赴港参加香港中小企业国际博览会。

三、2011年我省中小企业、非公有制经济工作思路

当前，我省非公有制经济迎来了重大机遇。在“十一五”与“十二五”承前启后的关键时期，在谋划好“十二五”发展规划的重要时刻，省委、省政府确定了“一个主基调、二个战略、三个高于”的战略发展思路，即确立了“加速发展、加快转型、推动跨越”的主基调，明确了工业强省战略和城镇化带动战略为我省经济社会发展的主导战略，要求实现“高于贵州历史发展速度、高于西部地区平均发展速度、高于全国平均发展速度”的目标。非公有制经济作为创业、创新的主体，作为加速发展，加快转型、推动跨越的重要力量，作为创业促就业、增加就业岗位、加快城镇化的新兴力量，得到了前所未有的重视和关注。省委十届十次全会提出非公有制经济是实现跨越式发展和加速发展的主体力量，这在以前是没有过的，特别是2011年3月28日省委、省政府还召开了全省加快民营经济发展暨表彰大会，出台了《中共贵州省委、贵州省人民政府关于进一步加快全省民营经济发展的意见》（黔党发

[2011] 10 号)，并制定了《贵州省民营经济倍增计划》(黔府发 [2011] 19 号)，力争在三年内实现非公有制经济的总体倍增、主体倍增、就业倍增和创新能力倍增。可以说，非公有制经济发展必将迎来良好的发展机遇。

2011 年是“十二五”开局之年，要紧紧抓住机遇，把握机会，解放思想，加强协调，整合资源，进一步落实促进非公有制经济发展的政策措施，进一步加大非公有制经济的扶持力度，进一步破除非公有制经济的发展障碍，进一步完善中小企业社会化服务体系，加速发展，做大规模，增强竞争，努力增强非公有制企业参与市场竞争、增加就业、发展经济的活力和竞争力，努力使非公有制经济成为我省跨越式发展、加速振兴的主体力量。

重点工作：

第一，加强政策贯彻落实。扎实开展“三个建设年”、“四帮四促”、“创先争优”活动，把服务非公有制经济作为活动的重要载体，推动各有关部门将制定的扶持非公有制经济发展的具体措施落实到位。推动各地、各部门贯彻落实全省加快民营经济发展暨表彰大会的精神，出台细化措施和实施细则，进一步加强推进非公有制经济发展工作的督促检查。

第二，加大企业扶持，加强项目建设。充分发挥政府引导投资、银行贷款投资、民间社会投资等各方面的作用和积极性，推动非公有制企业新建项目加快前期工作，帮助在建、续建项目落实资金、技术等要素，加快建设进度，加强项目库建设，增强发展后劲。大力实施“百户优强中小企业扶持计划”和“千户数字中小企业工程”，推动非公有制企业走“专精特新”道路，通过项目吸引更多民间资本进入各领域发展。

第三，加强金融服务。与人行、银监、银行等部门、单位共同开展中小企业信用体系建设、金融服务系列宣传、打造“政、银、企、保”金融平台。继续开展中小企业信用评级工作，对信用等级高的非公有制企业列为中小企业发展专项资金重点扶持对象。加大对信用担保机构扶持力度，完成全省融资性担保机构的清理和规范工作，在法律法规许可范围内，研究制定放宽条件的具体措施。将小额贷款公司试点审批工作转为常态机制，加快各县市区设立小额贷款公司工作，推动扩大贷款规模，鼓励尽快增资扩股。力争担保机构和小额贷款公司的资本金倍增。

第四，加强创业、就业载体培育。充分发挥非公有制经济在创业就业方面的带动和承载作用，围绕十大民生工程，实施“万户小老板创业行动计划”、“工业带动就业倍增行动计划”，加速创业者向微型企业转变、微型企业向小型企业转变、小型企业向中型企业转变，实现非公有制企业规模升级的良性循环，全年增加小老板 2000 户，新增就业 10000 个。支持开展包括创业教育、创业咨询、创业孵化、创业辅导、创业评价等一系列内容的创业服务，在各类工业园区或利用旧厂房建设小企业创业基地。加快发展旅游商品产业，以旅游商品龙头企业、一县一品、专业村镇、集散市场、关键技术、包装设计为突破口加快发展，创新形式继续办好旅游商品两赛一会，推广“贵州名匠”、“贵州名创”品牌从区域性品牌成长为全国性品牌。紧密结合我省工业十大产业和地方特色产业，在劳动密集型产业、传统产业、资源型产业、生产性服务业等方面扶持非公有制企业扩大规模，增加就业岗位。

第五，加强服务体系建设。整合社会公共资源，充分利用协会商会、科研院所、企事业单位等现有的服务条件和设施开展信息查询、技术创新、投资融资、质量管理、信息化应用、创业辅导、人才培训、管理咨询、市场开拓等公共服务，在服务机构组建方式、运营模式、服务功能、资源组织等方面创新发展；制定《贵州省中小企业公共服务示范平台管理暂行办法》，开展服务平台示范工作，对经认定的省级示范平台给予重点支持，并择优推荐申报国家级示范平台；继续实施中小企业“银河培训工程”、“星光培训工程”，全年免费培训人数不少于 8000 人；继续承担好中国国际中小企业博览会和 APEC 中小企业技展会参展工作，组织非公有制企业参加香港国际中小企业博览会和意大利手工艺品博览会活动，推动非公有制经济开拓国际国内市场。

(贵州省经信委中小企业办公室)

云南省

2010 年，在省委、省政府的正确领导下，全省非公经济和中小企业工作坚持以科学发展观为指导，着力化解国际金融危机、特大旱灾等不利因素影响，紧紧围绕非公经济发展目标任务，积极营造有利于企业加快发展的良好环境，狠抓转方式、调结构、育产业、建支柱、促增长等政策措施的落实，全省非公有制经济继续保持了平稳较快发展势头，为全省经济社会持续快速健康发展作出了积极贡献。

一、运行态势及特点

(一) 主要指标完成情况

全省非公经济主要指标均保持两位数以上增长，其中，非公经济户数、注册资金、上缴税金和社会消费品零售额保持较快增长（见表 1）。增加值、税收及从业人员均全面完成省政府下达的年度发展目标（见表 2）。

表 1　2010 年全省非公经济主要指标完成情况表

指标名称	2010 年	2009 年	增长%
非公经济户数（万户）	130	112.5	15.6
其中：私营企业（万户）	15.6	13.7	13.9
注册资金（亿元）	5044.6	4016.7	25.6

续表

指标名称	2010 年	2009 年	增长%	
非公经济增加值（亿元）	2931.38	2411.8	现价	21.5
			可比价	16.2
其中：第一产业	277.06	293.4	-5.6	
第二产业	1423.2	1084.6	31.2	
#非公工业增加值	1081.51	812.9	33	
第三产业	1231.12	1033.8	19.1	
上缴税金（亿元）	369.4	292	26.5	
民间投资（亿元）	2795.78	2259.8	23.7	
社会消费品零售额（亿元）	2064.9	1715.8	20.3	
外贸进出口总额（亿美元）	79.7	41.5	92	
个私从业人员（万人）	441.6	400.2	10.3	

表 2　2010 年非公经济发展三项考核指标完成情况表

指标	完成数	目标数	完成进度%
非公经济增加值（亿元）	2931.38	2763	106.1
上缴税金（亿元）	369.4	337.8	109.3
从业人员（万人）	441.6	400.2	100.3

（二）非公经济运行主要特点

从 2010 年全省非公经济运行情况来看，主要呈现以下特点：

一是非公经济总量继续扩大。2010 年，全省非公经济户数达 130 万户，比上年增长 15.6%；注册资金 5044.6 亿元，比上年增长 25.6%；全年非公经济预计完成增加值 2931.38 亿元，占全省 GDP 的 40.6%，所占比重比 2009 年提高 1.5 个百分点，对 GDP 的贡献率为 52%。其中，第一产业完成增加值 277.06 亿元，占全省的 25.1%；第二产业完成增加值 1423.2 亿元，占全省的 44.1%；第三产业完成增加值 1231.12 亿元，占全省的 42.6%。

二是消费需求保持平稳增长。2010 年全省非公经济消费品零售额 2064.9 亿元，比上年增长 20.3%，占全省社会消费品零售额的 82.6%。

三是民间投资重回半壁江山。2010 年，国家促进民间投资发展效果显现，全省民间投资完成 2795.78 亿元，比上年增长 23.7%，增幅比 2009 年上升了 12.2 个百分点，占全省固定资产投资的 50.6%，同比上升 0.7 个百分点。自 2008 年以来重回到占全省固定资产投资的 50% 以上的水平。

四是信贷资金大幅缩减。2010 年，全省对中小企业贷款余额为 3569.6 亿元，比年初增加了 545.06 亿元，比 2009 年减少 254.79 亿元，占全省新增贷款的 36.6%，比 2009 年下降 2.8 个百分点。

五是非公企业进出口贸易增长强劲。2010 年，全省非公企业共完成进出口总额 79.7 亿美元，比上年增长 91.9%，占全省进出口总额的 59.6%，比 2009 年增加 7.8 个百分点。其中，非公企业进口额完成 24.6 亿元，增长 79.2%，占全省进口总额的 42.7%；非公企业出口额完成 55.1 亿元，增长 98.2%，占全省出口总额的 72.4%。

六是非公企业的经济效益蒸蒸日上。2010 年，纳入财政快报统计的非公企业营业收入较为平稳，利润大幅增加。实现营业收入 1245 亿元，同比增长 25%，盈亏相抵后累计实现利润突破百亿，达到 103 亿元，同比增长 66%。分地区看，玉溪市、曲靖市、文山州和红河州累计实现利润超 10 亿元，分别达到 17.1 亿元、16.7 亿元、10.3 亿元和 10.2 亿元；临沧市、版纳州、保山市、德宏州、丽江市和普洱市盈利大幅增长，分别增长 332%、198%、195%、177%、156% 和 145%。分行业看纳入统计的非公企业利润主要集中在冶金、轻工和煤炭，分别实现利润 34 亿元、17 亿元和 13 亿元，三个行业利润总和占非公企业实现利润的 62%。

七是社会贡献继续加大。2010 年，全省非公经济上缴税金完成 369.4 亿元，同比增长 26.5%，相当于全省地方财政收入的 42.4%；个私经济从业人员达到 441.6 万人，比上年同期增长 10.3%。

八是规模以上中小工业企业运行质量良好。2010 年，全省规模以上中小工业企业共有 3602 户，其中轻工业 1010 户，重工业 2592 户；资产合计 6447.87 亿元，同比增长 17.11%；主营业务收入 3729.7 亿元，同比增长 29.71%；利润总额 275.66 亿元，同比增长 82.61%；利税总额 590.62 亿元，同比增长 42.82%；从业人员 74.7 万人，同比增长 7.12%。

九是年度考核目标全面超额完成。2010 年，全省非公经济完成增加值 2931.38 亿元，完成年度目标的 106.1%；上缴税金完成 369.4 亿元，完成年度目标的 109.8%；从业人员完成 441.6 万人，完成年度目标的 100.3%，三项指标均全面超额完成。从全省 16 个州市非公经济三项责任考核指标的完成情况来看，所有州市均全面完成年度目标。

二、2011 年全省非公经济发展展望

2011 年是实施“十二五”规划的开局之年，是非公经济发展调结构、转方式的关键时期，是顺利完成“十二五”各项目标并奠定良好基础的重要时期。展望 2011 年，全省非公经济发展机遇与挑战并存。

从有利因素来看：一是全球经济发展趋势总体向好，已呈现温和复苏趋势。发达国家经济缓慢恢复，新兴市场国家活力增强，带动了国际贸易和跨国产业转移。后金融危机时代，全球产业分工格局、贸易格局、经济力量对比都会发生重大变化，我们

国家在国际上的重要性和影响力显著提升，有利于非公经济、中小企业更好运用两个市场、两种资源加速发展。日本大地震后恢复重建及对大量无核污染食品、农产品的需求也将进一步增加我国非公、中小企业发展商机。二是国家各级政府对非公经济、中小企业发展给予高度重视，民间投资领域正逐步扩大。在刚闭幕的全国人大政府工作报告中温总理又强调指出："大力发展劳动密集型产业、服务业、小型微型企业和创新性科技企业"将进一步为小型微型企业发展创造巨大发展空间。三是国家实施新一轮西部大开发战略，将进一步推动我省的特色资源优势转化为产业发展优势，为我省非公经济、中小企业的发展创造更多机遇；省委、省政府"央企和民营大企业入滇"战略，也将进一步促进我省非公经济的发展、促进中小企业配套产业的壮大。四是"两强一堡"发展战略，使我省非公中小企业对外开放的空间得到极大拓展，将为我省非公中小企业在更大范围内参与国际分工和分享分工效益创造条件，更好地参与国际竞争与合作，为非公中小企业进一步扩大产品和服务的出口，并在有色冶金、化工、机电、制糖、建材、钢铁、农特产品加工等传统行业提供新的市场机遇。五是我省大力发展轻工业战略也为非公及中小企业结构调整、转变发展方式创造良好机遇；结合我省工业园区标准厂房建设，将进一步促进中小非公企业聚集发展、提升非公中小企业生产技术装备水平和产品质量。六是随着省政府新设立的非公有制经济发展督导组工作开展，将进一步促进对全省非公经济发展所需政策措施的检查落实工作，从而推进我省非公经济和中小企业快速发展。

从不利因素来看：一是外部环境仍较复杂严峻。主要发达国家失业率居高不下，新兴经济体饱受通胀问题困扰，主要经济体政府债务负担沉重，贸易保护主义不断加剧，一些国家和地区政局不稳，局部战争、冲突及自然灾害等将在一定程度上制约企业走出去发展的步伐。二是融资难问题将依然严峻。受我国防通胀政策措施的约束，货币和信贷政策日益趋紧，中小非公企业融资成本将不断加大，2011年中小企业融资难问题会更加突显。三是物价上涨压力加大，表现在农产品及原材料价格上涨趋势加大，由于受日本大地震影响，制造业、电子信息产业上游产品及配件价格上涨，将进一步影响企业生产成本和原料供应；与人民生活密切相关的部分商品季节性涨价，也容易放大价格上涨效应，劳动力、服务业、资源环境等因素都可能推动企业生产成本加大。

三、2011年我省非公经济、中小企业总体工作思路及发展目标

工作思路：紧紧抓住新一轮西部大开发和实施"两强一堡"战略的机遇，着力推进"三创两到位"，即：服务创优、全民创业、企业创新，金融支持到位，政策落实到位，突出抓好"放开、引导、扶持、保护"四个环节。组织实施"专精特新"培育工程、融资服务创新工程、市场开拓推进工程、集群发展促进工程、信息化服务推进工程，以先进制造业、现代服务业和农业产业化为主要发展方向，着力改善发展环境，大力构建服务体系，拓宽民间投资领域，激发民间投资活力。

发展目标：2011年力争全省非公经济实现增加值3400亿元，增长20%，占全省GDP的42%左右；从业人员达到484万人，增长10%。新增认定100户省级成长型中小企业，新增认定省级技术中心20个左右，重点培育省级公共服务示范平台5～10个，建设小企业创业示范基地10个以上。力争4～5户企业成功上市。

（云南省工信委中小企业处）

西藏自治区

2011年是我区经济社会发展"十二五"规划开好局起好步的关键之年，也是全面贯彻落实"中小企业成长工程"的关键一年。2011年，在厅党组的正确指导下，在分管领导的直接领导下，在各有关部门及相关处室的积极配合和团结协作下，全处上下以继续深入贯彻落实好藏政发［2009］79号文件为主线，以加快结构调整、转变发展方式为重点，着力解决影响和制约中小企业又好又快发展的突出问题，提高中小企业和非公有制经济的整体素质和竞争力，支持引导中小企业健康发展，努力营造中小企业发展的良好环境。按照全区经济工作会议、全区工信工作会议总体部署和安排，充分履行中小企业管理、服务职能，本着急企业之所急，想企业之所想，办企业之所需的原则，开拓创新，求真务实，锐意进取，不断开创我区中小企业和非公经济发展工作新局面。

一、我区中小企业发展基本情况

西藏和平解放以前，我区没有任何现代意义上的中小企业，仅有的民族手工业加工实体属于家庭式互助性质手工作坊。西藏和平解放60年以来，特别是改革开放30多年来，在党中央、国务院的特殊关怀下，在全国人民的大力支援下，在自治区党委、政府的正确领导下，我区中小企业从无到有、从小到大、从低水平到较高水平，从单一向多元、从传统加工到运用现代科技，逐步发展，不断壮大，已成为促进我区社会生产力发展、推动国民经济又好又快发展和建设平安西藏、小康西藏、和谐西藏、生态西藏的重要力量。多年来，全区上下认真贯彻执行《中华人民共和国中小企业促进法》等法律法规，全面落实胡锦涛总书记关于我区培育战略支撑产业重要指示精神和国家扶持中小企业又好又快发展的一系列决策部署，大力实施国家"中小企业成长工程"，按照自治区党委、政府确定的"一产上

水平、二产抓重点、三产大发展”经济发展战略，着力培育战略支撑产业，不断增强自我发展能力。大力发展中小企业和非公有制经济，实现了我区中小企业和非公有制经济的跨越式发展。通过不懈努力，不仅培育和发展了一批如西藏矿业股份有限公司、西藏银河科技股份有限公司、西藏高争集团、拉萨饭店、高新建材、西藏自治区藏药厂、西藏奇正藏药厂、西藏山南江南矿业有限责任公司、西藏达氏集团、西藏远征集团、拉萨地毯有限公司、西藏汽车贸易总公司、西藏达热瓦建筑有限公司等一批对产业建设和工业经济发展作用突出的骨干企业和企业集团，而且培育出拉萨啤酒、甘露藏药、奇正藏药、5100矿泉水、诺迪康胶囊、高原之宝牦牛奶、西藏神水、虫草饮料、珠峰冰川、高争牌水泥、藏缘牌青稞酒、圣鹿牌食用植物油、雪域圣毯牌地毯、宗山牌地毯等一批“名、优、新、特”产品，打造了一批具有西藏特色的名牌产品。“甘露藏药”、“拉萨啤酒”、“诺迪康药业祥云牌藏药”、“高争水泥”、“藏缘牌青稞酒”、“5100”矿泉水等分别获得国家驰名商标、国家名牌产品、国家免检产品称号。

——中小企业发展势头迅猛

目前，我区中小企业主要分布在特色旅游业、优势矿产业、藏医药业、农畜产品深加工业、绿色饮（食）品业、民族手工业、建筑建材业、水电能源、文化等多个产业及现代物流、餐饮娱乐等服务业领域。截至2010年，全区各类市场主体达到10.78万户，注册资本（金）566.72亿元，其中：各类企业1.29万户，注册资本（金）533.4亿元；个体工商户9.45万户，注册资金30.1亿元；农民专业合作社共384户，出资总额达3.1亿元。

全区中小企业中：私营企业7270户，注册资金204.8亿元；农民专业合作社共384户，出资总额达3.1亿元；国有企业1764户，集体企业1396户，公司2247户，股份合作企业8户，其注册资本达308.8亿元；外商投资企业264户，注册资本达2.9亿美元。

近年来，我区中小企业其总量和规模逐年扩大、涉足行业领域逐步拓宽、结构不断优化、产品品牌和质量日趋提升、自主创新能力稳步提高、核心竞争能力日益增强。按照国家现行大中小型企业划定标准，我区中小企业的数量占全区各类企业总数的98%以上。我区各类中小企业在推动科学发展、促进区域经济发展、转变发展方式、调整经济结构、增加财税收入、保障民生、深化改革开放、繁荣城乡市场、扩大就业、推进城镇化发展、维护社会稳定等方面发挥了不可替代的重要作用。其主要体现在：一是对经济发展的贡献稳步提高。我区从事特色旅游业、藏医药业、优势矿产业、高原生物产业等特色优势产业和现代服务业中小企业的产量、产值、销售（营业）收入的不断增长，为经济跨越式发展做出了积极贡献。以工业经济发展为例，“十一五”期间，全区工业增加值连续五年保持了两位数增长，去年，全区工业增加值实现39.74亿元，比2005年的17.45亿元增长了1.28倍，年均增长17%以上。二是逐步成为扩大社会就业的主渠道。中小企业成为吸纳农村剩余劳动力、国有企业下岗职工再就业和高校毕业生就业的重要渠道。区、地（市）两级每年举办的各类招聘会和岗位推荐会，一些中小企业逐渐成为广大求职者的首选。截至去年，个体工商户和民营企业累计创造就业岗位35万个，比上年同期增长9.26%。三是地方税收收入的主要来源。随着我区特色优势产业和工业经济发展壮大，各类中小企业已经成为培植地方财源的主要来源。去年，全区税务部门组织收入50.67亿元，其中，中小企业和非公有制经济完成税收40.05亿元，占全区税务部门组织收入的79%。四是有力推进产业结构的调整和优化升级。中小企业的迅猛发展，有力地推动了培育具有地方特色和比较优势的战略支撑产业，增强自我发展能力。同时，还带动和催生了新能源、新材料等新兴产业的发展。五是我区各族人民生产、生活物资的供给者。中小企业生产的质优价廉、品种丰富的工业品和民族特需产品一定程度上满足了区内生产、生活消费市场需求，为实现我区经济社会跨越式发展以及巩固边疆提供了强有力的物质保障。六是已成为技术创新的摇篮。中小企业提供了全区约90%以上的发明专利、企业技术创新和新产品开发项目。自治区认定的高新技术企业均属中小企业范畴。七是推进我区经济跨越式发展和社会长治久安的重要力量。由于我区的特殊区情，中小企业不仅是物质财富的创造者，而且是增加农牧民收入、维护社会稳定、推进中国特色社会主义事业建设的重要力量。

近几年来，我区中小企业成长取得的巨大成就，是国家各有关部门始终关心西藏、支持西藏经济建设的结果，是自治区党委、政府高度重视和正确领导的结果，是自治区各有关部门团结协作、鼎力支持的结果，是各地区、各部门全面贯彻国家和自治区一系列扶持中小企业决策部署的结果，也是广大中小企业加强管理、提升素质、奋力拼搏的结果。

二、促进中小企业发展采取的主要政策措施

我区的中小企业绝大部分均属于非公有制经济。非公有制经济和中小企业是互为主体的。自治区党委、政府历来高度重视我区中小企业发展工作，专门成立了自治区非公有制经济（中小企业）发展工作领导小组（领导小组办公室设在自治区工业和信息化厅）。把中小企业和非公有制经济又好又快发展作为我区产业结构优化升级，转变经济发展方式的重要载体和发展战略，积极采取有效措施，不断改善中小企业发展环境。

（一）扶持中小企业发展政策体系逐步完善

2003年，《中华人民共和国中小企业促进法》颁布实施以来，国家制定出台了扶持中小企业发展的一系列决策部署。自治区人民政府相继出台了《西藏自治区人民政府关于贯彻〈国务院关于鼓励支持和引导个体私营等非公有制经济发展的若干意见〉的实施意见》（藏政发［2005］37号）等相关

文件，并及时制定出台了财税、金融等相关配套政策。逐步放宽了市场准入，加大了政策支持，完善了社会服务，改进了监督管理。2009年，为应对国际金融危机冲击，国务院颁布出台《关于进一步促进中小企业发展的若干意见》（国发［2009］36号）。2009年底，我厅报经自治区政府研究通过了《西藏自治区人民政府关于贯彻〈国务院关于进一步促进中小企业发展的若干意见〉的实施意见》（藏政发［2009］79号）。该意见针对我区中小企业发展面临的突出矛盾和问题，从优化中小企业发展环境、着力解决中小企业融资难、加大中小企业财税支持、支持中小企业开拓市场等8个方面提出了35条政策意见。这些政策意见不仅有现行政策的完善、延续和细化，而且提出了一些适应中小企业发展的新的思路、政策和措施。是自治区第一个涉及中小企业发展的综合性文件，也是当前和今后一段时期指导我区中小企业平稳、健康、快速发展的纲领性文件。该文件出台后，在全社会中造成了积极广泛的影响，特别是广大中小企业深受鼓舞，更加坚定了发展信念，得到了各类中小企业坚决拥护和拍手叫好。在全国属于最先、最快出台贯彻《实施意见》的省区之一。去年，以贯彻落实好藏政发［2009］79号文件为主线，会同区财政厅出台了《西藏自治区中小企业发展专项资金管理办法》，为管好用好中小企业发展资金提供了制度保障。

（二）加大中小企业技术进步投入力度

我们紧紧抓住中央给予西藏的一系列特殊优惠政策和国家加大企业技术改造资金投入的有利时机，会同相关部门，积极组织申报各类中小企业结构调整项目，夯实发展基础。①国家层面：自2004年国家中小企业发展专项资金设立以来，截至去年，我区共落实国家中小企业发展项目109个，下达资金1.05亿元；今年上半年，根据国家有关文件要求，我厅积极组织申报国家中小企业发展扶持项目52个，申请资金1.25亿元。为应对国际金融危机，国家设立了国家重点产业振兴和技术改造专项投资，我区共落实项目91个，下达补助资金3.1亿元；为贯彻落实中央第五次西藏工作座谈会精神，我厅会同财政厅积极争取设立了以西藏为主体的藏区中小企业发展创业扶持资金。②自治区层面：为贯彻落实藏政发［2009］79号文件，去年，自治区财政设立中小企业发展专项资金2亿元。专项资金主要来源为自治区财政年度预算安排的资金和财政部拨付我区的支持藏区中小企业发展创业、特色产业中小企业发展等各项资金。项目申报通知下发后，自治区工业和信息化厅、财政厅建立的项目库中收到自治区中小企业发展专项资金项目达300多个，项目总投资46.2亿元，申请补助资金达12.5亿元。根据《西藏自治区中小企业发展专项资金管理办法》等有关规定，今年，已下达第一批中小企业发展专项资金7687万元，安排项目30个。这些扶持项目均属我区特色旅游业、藏医药业、高原特色生物产业、高原绿色食（饮）品加工业、特色农牧产品加工业、民族手工业等战略支撑产业和现代服务业。通过积极利用国家和地方财政专项资金，加快先进适用技术改造和提升传统产业步伐，优先对重点行业、重点企业、重点产品和重大先进技术装备进行扶持，集中解决一批促进产品结构、产业结构调整的关键性技术和共性技术，着力提高企业技术创新能力建设，改善中小企业发展环境，努力培育对产业建设作用明显的优质中小企业和品牌产品。

（三）采取积极措施缓解中小企业融资困难

一是狠抓中小企业信用担保体系建设。按照《西藏自治区人民政府关于推进信用担保体系建设的意见》（藏政发［2009］51号）文件精神，加快推进自治区、地（市）、县三级信用担保体系建设。逐步完善政府出资担保机构资本金注入机制，鼓励组建商业性担保机构。采取多种形式，增强信用担保机构实力和规模，提高信用水平，提升其风险防范能力。创造一切有利因素，全面推动信用担保机构和银行业金融机构的互利合作。自治区财政出资2亿元，增加西藏财信担保有限公司资本金，扩大和提升了公司服务功能和综合实力；拉萨市政府出资7000万元，设立了拉萨市信用担保有限责任公司，开创了在地（市）设立信用担保公司的先河。目前，我区注册登记有2家政策性担保公司和6家商业性担保公司。担保注册资本金达6.29亿元。截至目前，我区8家担保公司累计为中小企业90户，提供3.03亿多元的贷款担保服务。去年，落实担保业务补助经费190万元；另外，我区首家小额贷款公司——西藏裕融小额贷款公司已发放小额贷款7604万元，有效解决中小企业小额贷款需求。二是建立与银行业金融机构工作联系机制。加强了银行业金融机构以及西藏银监局、人行拉萨中心支行等部门的沟通和联系机制，了解掌握西藏银行业金融机构扶持中小企业发展金融优惠政策落实情况。同时，按照银行业金融机构业务需求，将我区优质中小企业以及特色优势产业建设项目进行推荐。积极组织开展银企、银政合作工作，搭建银企合作平台。三是鼓励和支持符合条件的中小企业股份制改组和上市，强化优质中小企业上市培育工作。鼓励和支持中小企业通过信托融资、租赁融资、股权融资、企业联户担保等新型融资模式，缓解融资需求。

（四）积极推进中小企业节能减排和清洁、安全生产

逐步完善发展循环经济和节能减排工作的各项政策措施，加大对发展循环经济和节能减排、安全生产项目的扶持力度，促进工业企业向资源节约型、环境友好型、安全生产型发展方式转变。在矿产、建材、轻工等重点行业中，鼓励使用“（零）低排放”技术、废弃物综合利用技术等再利用技术和再循环技术，推动循环经济发展。

（五）积极稳妥地推进中小企业服务体系建设

近年来，通过有效利用中小企业服务体系扶持资金，积极培育和发展为中小企业提供职业培训、管理咨询、创业辅导、企业策划、财务管理等服务的各类机构。实施服务体系建设项目3个，落实国家补助资金400万元。

另外，我区通过加大小企业创业基地建设，优化企业结构调整，加快中小企业信息化建设，积极推进中小企业开拓市场、有序推进中小企业交流合作等有效措施，着力解决中小企业又好又快发展的突出问题。

三、我区中小企业发展存在的主要问题

在各方面的共同努力下，我区中小企业发展条件和环境有了明显改善，发展质量和水平有较大提高。但是，我区中小企业仍处于起步和发展阶段。存在企业布局分散，总体规模较小，产业层次偏低，自我积累少；技术装备落后，自主创新能力不强，品牌意识淡薄；产品科技含量低，产品结构单一；人才资源缺乏，观念陈旧，管理落后；企业信用程度不高，融资难度较大，贷款成本较高；企业核心竞争力和抗风险能力弱等与西部兄弟省区相同的共性问题外，还存在一些我区特殊的个性问题。一是中小企业发展环境有待改善。中小企业发展的配套政策还不完善，现有政策尚需进一步落实，一些深层次的体制机制障碍没有根本消除。二是围绕中小企业的发展需求，提供市场营销、人才培训、信息咨询、创业服务、管理咨询、财务管理等综合服务机构和社会化专业服务机构严重不足，中小企业无法得到优质贴身服务。三是中小企业技术进步资金短缺，严重制约了中小企业结构调整；中小企业自我积累少，融资渠道单一等缘故，企业技术改造资金严重不足。四是中小企业公共服务基础设施建设严重滞后，影响中小企业平稳健康快速发展。由于我区地广人稀、交通不便等众多原因，矿产业等中小企业自身承担道路维修、电力供应、通信保障等基础设施建设，严重增加了企业负担。五是中小企业贷款难、银行难贷款问题十分突出。截至去年底，我区金融机构本外币存款余额 1296.73 亿元，贷款余额为 301.82 亿元，其中企业贷款余额 101.92 亿元，占全区金融机构贷款余额的 33.5%。同时，银行业金融机构和担保机构合作需进一步深化。六是产业结构性矛盾依然突出。行业分布仍以传统制造业为主，传统优势的劳动密集型产业仍占主导地位，而技术含量和附加值相对较高的新兴行业比重偏低；七是对产业建设和经济社会发展带动明显的龙头企业、骨干企业偏少，导致自我发展能力弱，经济总量小。以我区工业企业为例，规模以上工业企业户数不到 100 户，其经营规模小、结构松散，产量较低。八是企业经营成本较高。由于我区自然、气候、地理、交通等原因，企业日常生产经营、生产资料要素成本远远高于内地平均水平，大大挤压了中小企业盈利空间。

四、今后中小企业发展的思路及下一步工作重点

西藏地理自然条件和社会条件特殊，不能照搬照抄其他地方的发展模式。必须把中央关于加快西藏发展的决策部署同西藏实际紧密结合起来，转变发展观念，创新发展模式，提高发展质量，充分发挥自身的优势和潜力，走“中国特色、西藏特点”中小企业发展路子。今后一个时期我区中小企业发展基本思路是：以中央第五次西藏工作座谈会精神为指导，深入学习实践科学发展观，全面贯彻落实国家和自治区加快中小企业平稳较快发展的一系列决策部署，大力实施“一产上水平、二产抓重点，三产大发展”的经济发展战略，以加快推进我区中小企业结构调整、转变经济发展方式为主线，以营造中小企业发展的良好环境为基础，以着力解决中小企业融资难、健全中小企业服务体系建设、加大中小企业培训力度、加快中小企业技术进步为突破口，着力解决影响和制约中小企业科学发展的突出问题，提高中小企业和非公有制经济的整体素质和竞争力，支持引导中小企业健康发展。

据此，中小企业发展工作要更加突出以下重点：

（一）继续改善中小企业发展的政策环境

以全面贯彻落实国发 36 号文件和藏政发 79 号文件为主线，抓紧制定出台扶持中小企业发展的相关配套政策，毫不动摇地鼓励支持中小企业发展。放心、放手、放开中小企业，建立公开、平等、规范的市场准入制度，清理不利于中小企业发展的规章制度，推动中小企业总量上规模、结构上档次、质量上水平，管理上台阶。贯彻落实《国务院关于鼓励和引导民间投资健康发展的若干意见》，引导民间投资在更广范围、更宽领域发挥更大作用。

（二）大力推进中小企业结构调整和优化升级

要充分利用国家加大企业技术改造投资的有利时机，鼓励中小企业采用新技术、新工艺、新设备、新材料进行技术改造，重点扶持劳动密集型、增加就业型、高科技创新型中小企业。支持企业向“专、精、特、新”方向发展。一是加大中小企业技术改造和新建项目前期工作力度，积极争取国家中小企业发展专项资金、国家重点产业振兴资金和技术改造等专项资金的支持；二是安排使用好自治区中小企业发展专项资金。重点支持中小企业技术创新、结构调整、节能减排、市场开拓，以及改善对中小企业的公共服务。着重培育具有地方特色和比较优势的特色旅游业、藏医药业、优势矿产业、高原特色生物产业、特色农牧产品加工业、民族手工业等战略支撑产业以及服务业中小企业。

（三）多措并举缓解中小企业融资难

一是支持建立和完善中小企业信用担保体系。通过营业税减免、担保业务补贴、资本金注入等扶持政策，提高担保机构担保能力和抗风险能力。二是引导金融机构全面落实中央赋予西藏的一系列特殊金融优惠政策，主动为中小企业做好金融服务。建立符合西藏实际的差异化信贷管理办法和单独考核办法，合理扩大授信审批权限，鼓励增加信贷投放，把中小企业作为新的信贷增长点。积极采取银企合作座谈会、项目推介会等有效措施，促进形成银企、银担合作长效机制。设立中小企业贷款风险补偿资金，对银行业金融机构发放中小企业贷款按增量给予适度补助；对中小企业不良贷款损失给予

适度风险补偿。三是积极拓宽中小企业融资渠道，破解中小企业融资难问题。

（四）加强中小企业社会化服务体系建设

加强规划指导、健全投入机制，形成层次合理、分工明确的中小企业社会化服务体系。按照市场化、专业化、社会化的发展方向，引导和支持现有各类中介机构拓展服务领域，提高服务能力，开展创业辅导、人才培训、技术创新、市场开拓、企业管理等服务，为中小企业提供贴身服务。重点抓好公共服务综合平台建设和认定一批自治区级公共服务示范平台，务实推进中国中小企业信息网西藏分网建设。借鉴兄弟省区中小企业服务体系建设的成功经验，加强服务能力建设和服务标准化、规范化建设，积极有序重点推进我区服务体系建设。

（五）大力实施名牌创建战略

要积极帮助中小企业争创驰名商标和著名商标，争创中国名牌、西藏名牌和免检产品，积极申请驰名商标、著名商标和产品原产地域保护，增强我区中小企业的市场竞争能力。要大打高原牌、西藏牌，坚持产品求特、质量求优，围绕一个“藏”字做文章，在“优”字上下功夫，大打高原牌、文化牌、原生态牌，培育在全国叫得响、影响大的知名品牌。

（六）强化中小企业各类人员的培训工作

中小企业各类人员培训纳入全区“十二五”培训规划和年度培训工作，制定中小企业各类人员培训的专项规划。在中小企业发展专项资金中安排培训经费，用于政府购买培训服务、扶持培训机构，鼓励企业自主培训。全面整合公益性培训资源，规范社会性培训机构，充分发挥中高职院校、行业协会（商会）的作用，培育2～4家有规模、有实力、有条件的中小企业人才培训中心，为中小企业开展各类人才委培、代培、定向培训。利用国家银河培训工程，通过网络、卫星、电视等现代远程培训方式和手段，对企业家、经营管理人员、专业技术人员开展政策法规、企业管理、市场营销、专业技能等各类培训。组织各类免费技能培训和等级评定，有效提高非公有制经济从业人员的劳动技能。

（七）加强中小企业合作与交流

鼓励和支持中小企业积极参加中小企业博览会、高交会、企业技术交流会等活动，为中小企业发展搭建“展示、交易、交流、合作”平台。通过各种形式和途径，组织中小企业赴国内进行考察、学习，通过“走出去、请进来”等方式，加快推动我区中小企业发展。

（八）大力营造公平的发展环境

良好的外部环境是中小企业健康发展的必要条件。严厉打击和坚决依法、依纪严肃处理巧取豪夺、吃拿卡要、强买强卖、以权谋私等违法违纪行为。坚决打击非法宗教势力、分裂势力、黑恶势力等，进一步净化社会发展环境。要尽快制定出台《西藏自治区关于改善投资环境的决定》，切实保护投资者合法权益。

（西藏自治区工信厅中小企业处）

陕西省

2010年，陕西省中小企业促进局在省委、省政府的正确领导和高度重视下，以科学发展观为指导，认真贯彻国务院《关于进一步促进中小企业发展的若干意见》、《关于鼓励和引导民间投资健康发展的若干意见》，以及省政府《关于进一步促进中小企业发展的实施意见》精神，全面落实省委、省政府对中小企业、非公经济的工作部署，按照“围绕促进做文章，协调各方解难题，分工负责抓落实，凸显地位创一流”的工作目标，加强自身建设，创新工作思路，狠抓工作重点，强化协调服务，努力化解洪灾、后金融危机等不利因素影响，使全省中小企业呈现出高位平稳运行、效益明显提升、贡献继续加大的态势，全面完成了省委省政府下达的年度目标任务，为中小企业“十二五”发展奠定了坚实基础，为推进富民强省做出了积极贡献。

一、全省中小企业发展的基本情况和主要特点

（一）速度与效益快速提升

2010年全省中小企业个数达到137.99万户，比上年新增2.63万户；实现营业收入12861.86亿元，同比增长27%；增加值4596.8亿元，同比增长23%，占全省GDP的比重超过45%，比上年提高2个百分点；实现利润总额、实缴税金同比分别增长28.9%和26.5%。主要指标的增幅是“十一五”期间最快的一年。

（二）非公经济发展快中显好

2010年全省非公经济增加值4970亿元，占全省GDP的比重超过49.5%，比上年提高0.9个百分点。全省非公控股企业营业收入、利润总额、实交税金同比分别增长30%、28%和25%。

（三）骨干企业带动作用明显

2010年全省年营业收入500万元以上中小企业、非公企业近6000户，年均新增800多户，实现营业收入约占全省中小企业营业收入的45%，同比增长34%。

（四）吸纳就业能力进一步增强

2010年全省中小企业从业人员700.5万人，比上年新增33.06万人。支付劳动者报酬780亿元，从业人员年均工资提高到11350元。

（五）县域工业集中区迅速发展

2010年，100个重点建设县域工业集中区入驻法人企业4500家，从业人员达到45万人，实现营业收入超过1600亿元，平均每个园区实现营业收入比上年新增1亿元。重点监测的部分工业集中区营业收入同比增长35%、利润总额增长49%、实交税金增长34%。

（六）固定资产投资力度加大

2010年全省中小企业、非公企业完成固定资产

投资2528.52亿元，同比增长32.08%。其中，第一产业完成投资297.36亿元，占4.36%；第二产业完成投资1390.74%，占55%，比重提高9.55个百分点；第三产业完成投资840.42亿元，占40.64%。新建投资1163.13亿元，技扩改投资1365.39亿元，分别占46%和54%。全省建成投资1000万元以上重点项目690个。

二、全省中小企业发展面临主要问题和发展趋势

（一）园区化、集群化发展相对滞后

我省县域工业园区仍处于起步阶段，年营业收入20亿元以上的园区个数仅占县域园区总数的9%，全省县域工业园区的平均工业营业收入仅为全国平均水平的54.8%。我省中小企业分散发展、重复生产的情况较为普遍，没有形成专业化分工及产业关联互补的明显效应。大企业在省内的配套率不到30%，在很大程度上影响了中小企业产业链条的延伸和产业集群的发展。

（二）转变发展方式步伐不大

中小企业传统产业、资源加工、初级产品企业居多，技术装备和生产工艺落后、资源利用率低等问题比较突出。产品和产业结构调整、优化升级难度大，创新能力不强，许多行业面临着关停淘汰限产压力。第三产业发展不够快，比重偏小。大多数中小企业管理水平低，现代企业数量少，有限责任公司个数仅占全省法人中小企业总数的23.7%。

（三）企业生产经营困难加大

据我局统计监测显示，2010年以来用工成本上升、原材料和动力价格上涨等因素对我省中小工业发展带来较大压力，一些工业企业用工短缺、开工不足，部分批发零售企业销售收入同比增幅较低，传统产业特别是部分农产品加工企业的效益受到较大影响，利润空间压缩，亏损企业数也有所增加。

（四）融资难题依然突出

据人民银行统计，2010年全省中小企业银行贷款余额2374.83亿元，新增351.29亿元，只占同期各类银行新增贷款的20.9%；小企业贷款额新增190.4亿元，仅占同期各类银行新增贷款的11.3%，占全部各项贷款的8.95%。据测算，中小企业实际资金缺口仍在千亿元以上。银行贷款条件还很严格，中小企业贷款难依然突出。信用担保机构担保资金规模过小，资本金补偿制度缺位，自身抗风险能力较差，担保机构与银行之间担保放大倍数不理想、风险分担比例不合理，直接影响担保机构贷款担保的积极性，中小企业融资难没有得到实质性缓解。特别是随着货币政策的相对从紧和出口难度的加大，中小企业融资难问题更加突出。

（五）发展环境仍需改善

社会化服务体系不发达，缺少必要的激励措施，难以适应企业发展需要。不少创业者缺乏项目、技术等方面指导，相当一部分中小企业缺乏产业引导。有些扶持政策不具体不明确，难以操作，政策效用未能充分发挥。一些领域和行业涉企服务水平低，对中小企业门槛高，乱收费、乱罚款、乱检查现象依然存在。还有一些地方中小企业、非公经济管理体制不顺，职责不明确，多数县没有建立非公企业维权中心。在发展环境方面，许多企业反映仍不够宽松。

2011年是“十二五”时期的开局之年，也是我省中小企业、非公有制经济抢抓机遇、加快发展之年。我省中小企业、非公经济系统要在省委、省政府的正确领导下，认真落实中省促进中小企业、非公有制经济发展的一系列政策措施，优化发展环境，加强指导服务，推进创业和创新，培育经济主体，破解融资难题，加快县域工业集中区建设，促进全省中小企业、非公有制经济和县域工业化取得新的跨越发展，为推进富民强省做出新的贡献。重点抓好以下六个方面的工作：一是加快推进企业体制、管理和技术创新，促进中小企业转变发展方式。二是加快县域工业集中区建设，引导中小企业园区化、集聚化、产业化发展。三是大力推进全民创业，培植经济主体。四是创新融资服务，切实解决融资难题。五是健全中小企业服务体系，提升服务水平。六是优化和改善中小企业、非公经济发展环境。

三、2010年主要工作

（一）加强政策宣传落实，积极营造发展环境

一是认真贯彻国务院36号文件精神，制定了《陕西省人民政府关于进一步促进中小企业发展的实施意见》，由省政府下发各地执行。同时，通过多种形式，组织局机关和全省各级中小企业主管部门学习解读《实施意见》，制定具体措施，抓好政策落实。西安市积极支持引导中小企业为大工业配套协作，当年落实本地产品配套扶持资金3956万元。二是积极筹备全省非公经济发展大会，精心组织开展了全省杰出民营企业家、优秀民营企业和为社会公益事业做出突出贡献的民营企业家以及促进非公经济发展的先进单位的评选工作，到2010年11月底，各项工作准备就绪。三是加强宣传，营造发展环境。在《陕西日报》、《陕西画报》和省广播电台分别开设了为期3个月的“中小企业巡礼”、“中小企业突破发展”等专栏、专版和专题节目，对我省中小企业进行了全方位系列宣传报道，共计见报文章48篇、图片报道60余幅、播音25次，为我省中小企业和非公经济发展营造了良好的氛围。

（二）加快科技创新和结构调整，促进中小企业发展方式转变

一是做好规划引导，组织开展“十二五”规划前期课题研究，编制完成了我省“十二五”中小企业发展规划（草稿）和陕西省“十二五”县域工业化发展规划（草案）。二是推动中小企业技术进步与创新，促进新产品新技术开发和产学研联合，进一步增强创新内生动力。认定了第二批省级中小企业创新研发中心，使全省中小企业创新研发中心达到156户。三是抓好节能减排示范企业建设工作，

经过各地推荐，确定全省中小企业节能减排示范企业100家。四是围绕提高中小企业自主创新能力、产品质量及技术改造升级，实施项目推动，加快转型升级步伐。全省争取中央财政预算支持102个项目，资金规模9000万元。重点支持了农产品加工、装备制造配套、纺织服装、医药化工、食品加工等行业重点企业。

（三）加快工业园区建设，壮大县域经济

一是经省局审查并报省政府同意，确定了100个重点建设县域工业集中区，并加大建设力度。这些集中区累计完成基础设施建设投资250亿元，其中2010年新增投资70亿元。二是积极开展招商引资，加快工业集中区发展。在十四届西洽会上，成功举办了东西部中小企业合作项目推介会，全省签约项目总投资35亿元，合同引资30亿元，被省政府授予第十四届西洽会“先进单位”；组织全省200多户企业、211种产品参加第七届中国国际中小企业博览会，被组委会提名为“优秀组织奖”；组织28家企业、70多种产品、10项技术发明专利参加第六届APEC中小企业技术交流暨展览会。通过招商活动，宣传展示了陕西中小企业发展的新成果，为县域工业集中区引入了一批合作项目。三是积极探索解决工业集中区中小企业融资问题的新途径。通过积极争取和多次协调，省政府确定用1亿元省级中小企业发展专项资金，支持在县域工业集中区建立一批小额贷款公司。省中小企业促进局已与省财政厅、省金融办下发了小额贷款公司项目申报指南。四是加快推进产业集群发展。制定了全省中小企业为大企业、大集团配套协作情况调查方案，组织地市开展前期调研，为制定中小企业为大企业配套协作意见奠定基础。宝鸡市从财政列支5000万元，推进钛合金、汽车及零部件、机床工具、石油装备等9大产业集群发展，支持每个集群培育30户配套型中小企业。

（四）积极改善中小企业的融资环境，努力解决融资难

一是加快信用担保体系建设，提升担保能力。召开了全省中小企业信用担保体系建设工作会议，总结交流经验，研究部署工作。成立了省中小企业担保服务中心，向中小企业免费发放《陕西省中小企业融资服务手册》10万册，电子文本50万册。同时，组织省中小企业担保服务中心与10家银行签订了共计100亿元的贷款合作协议。加大对中小企业信用担保机构支持力度，做好备案登记工作。目前，在省中小企业促进局备案登记的中小企业信用担保机构已达130多户，累计为中小企业贷款担保总额超过150亿元。二是主动协调银行业金融机构、担保机构，推进中小企业中长期票据发行，已成功发行了2.21亿元中小企业中期票据。积极协调做好第二批、第三批中小企业中长期票据发行工作，发行总量均在5亿元左右。铜川市组织金融机构专家对中小企业厂长经理进行培训，拓展企业管理人员融资思路，并协调金融机构与重点企业开展对接，为中小企业融资1.2亿元。三是积极与有关方面推进中小企业上市融资。2010年，全省中小企业创业板上市5户，募集资金总量为22.79亿元。省创业板上市公司数量位居西部第2位。四是联合省发改委、省银监局等部门制定下发了《陕西省知识产权质押贷款管理办法》，开展知识产权质押贷款工作，拓展了中小企业融资渠道。

（五）加强人才培训，提高中小企业职工队伍素质

一是联合中国中小企业协会举办了“企业家讲企业大讲堂”活动，李子彬会长亲自解读国家宏观经济政策，传播企业管理知识和知名企业的经营管理经验。争取公益性免费培训，推选10名企业负责人赴德国参加了“中国中小企业经营管理人员培训秋季班”学习。二是加强与西安交大、西北大学、陕西行政学院等院校合作，先后举办3期中小企业经营管理培训班。与西北大学经济管理学院合作，开办首期“陕西省中小企业CEO总裁高级研修班”，建立了108人的陕西省中小企业专家信息库。三是继续搞好银河培训工作，扶持培训项目66个，共培训各类人员60万人次。组织中小企业开展应届高校毕业生网上百日招聘活动，参与人数达2640人，提供职位652个，在全国排名位居前十名。

（六）强化协调和服务，促进中小企业发展

一是完善省促进非公经济发展联席会议机制，协调成员单位共同促进非公经济发展。参与2010中国（陕西）非公有制经济发展论坛的筹备，组织协调有关方面做好论坛组的各项工作，成功举办了产学研发展论坛，“关一天”经济发展沙龙、文化产业发展沙龙，协办了房地产开发等四个沙龙，圆满完成了省政府部署的任务。二是完善市县中小企业统计工作体系，加强中小企业的监测与分析。在全省建立了比较规范的统计及预警监测点60个，重点监测企业2500户，及时掌握分析全省中小企业和非公企业的生产经营情况，为领导决策、指导企业发展提供依据。三是推进中小企业信息化建设，确定了100户信息化应用重点企业，5000多户企业信息进入陕西省中小企业网上查询系统，联合陕西移动公司在全省开展“百万中小企业信息化体验计划”活动。四是积极协调省内16家中介机构，发起成立了陕西省中小企业服务联盟，为中小企业开展政策解读、创业指南、质量认证、人才培训、管理咨询等服务创建了新平台。

（七）加强自身建设，提高服务效能

一是扎实开展创先争优和学习型机关建设，提高干部职工队伍素质。突出抓好党组中心组学习和各支部学习，组织干部职工参加有关培训，全面提高干部队伍素质。二是加强机关组织建设，增强机关干部职工的凝聚力和战斗力。对机关党委进行了换届选举，改选了机关党支部，保证了班子健全，分工明确，责任到位。三是加强制度建设，推进机关工作规范化、程序化。适应机关工作职能变化需要，进一步理顺了局机关处室职能职责。制定了理论学习、廉政建设、服务承诺、机关会议、服务平台管理等11项制度。同时，认真落实厉行节约的有关规定，进一步推行处室经费预算管理，从严控制支出，做到收支基本平衡。四是加强党风廉政建设，进一步落实党风廉政建设责任制，坚持“一岗双责”，坚持党风廉政建设与中心工作同部署、同落实、同检查、同考核。五是加强作风建设，提高服务水平。由局领导带队定期深入基层宣讲中省关于促进中小企业、非公经济的政策文件，研究解决企业发展中的问题。积极做好重要事项落实和群众来信来访办理工作，认真办理了人大代表建议和政协委员提案19件，接待来访群众19人次。2010年省中小企业促进局被省政协授予“提案办理先进单位”。同时，积极开展“两联一包”扶贫和“千企千村”扶助扶贫工作。省中小企业促进局作为扶贫牵头单位，组织成员单位对渭南市临渭区6个村镇进行扶贫，争取扶贫资金近400万元。

（陕西省中小企业促进局　乔洪英）

甘肃省

近年来，随着国家和甘肃省促进中小企业发展的一系列政策措施的颁布实施，甘肃省中小企业发展环境进一步改善，促进中小企业发展的政策体系日趋完善，中小企业保持了较快发展，已成为地方财政收入的重要来源，城乡创业和劳动力就业的主渠道，也成为实施工业强省战略，加快工业化、城镇化进程的重要力量，在国民经济和社会发展中的地位和作用不断增强。

2010年以来，我省中小企业围绕促进发展这一主题，以政策引导、优化环境、强化服务、项目带动、开拓市场为重点，积极应对中小企业发展中存在的突出困难和问题，采取了一系列措施，保增长、保稳定、保就业，全省中小企业已呈现出生产稳定增长的平稳态势。截至2010年12月底，全省全部工业中小企业完成工业增加值650.04亿元，同比增长22.65%。其中：规模以上工业中小企业完成增加值571.12亿元，同比增长26.16%；规模以下工业中小企业完成增加值78.92亿元，同比增长2.1%。

一、2010年主要工作

（一）完善政策体系，优化发展环境

成立了以石军副省长任组长，省直19个相关部门组成的“甘肃省促进中小企业发展工作领导小组”，建立了促进中小企业发展的工作协调机制。结合我省实际，起草了《甘肃省贯彻落实〈国务院关于进一步促进中小企业发展的若干意见〉的实施办法》（征求意见稿）。完成了《甘肃省中小企业十二五发展规划》（征求意见稿）。帮助企业落实阶段性缓缴社会保险、降低社会保险费率以及减免税收等优惠政策。进行了《甘肃省企业治乱减负状况调查问卷》，有针对性地提出了解决企业负担的措施。

（二）加强市场准入，完善服务体系

制定了《甘肃省融资性担保机构审批管理办法》、《甘肃省融资性担保机构规范整顿方案》、《甘肃省关于促进融资担保业发展的意见》及《甘肃省中小企业信用担保资金管理暂行办法》。开展了全省中小企业服务体系建设情况调查，2010年认定省级中小企业公共服务平台23个，全省累计认定已达53个；建立了甘肃中小企业发展基金投资中心。共从9个市州筛选发行企业47户，启动了中小企业集合票据发行工作。加快推进工信部已确定我省兰州市中小企业知识产权战略工程实施工作。

（三）加强运行监测、强化项目建设

加强运行监测体系建设。每月对部重点监测323户中小企业生产运行情况进行分析上报。建立了动态调整的甘肃省中小企业项目库。对2003年以来国家、省上中小企业专项资金项目实施情况进行了全面调查。动态确定了重点宣传支持的30户成长性好的中小企业。圆满完成了第六届APEC展览会和第七届中博会甘肃代表团参展及有关招商工作，获得组委会“最佳组织奖”、“最佳设计奖”、“优秀组织奖”。同时我省征集筛选120个项目通过外网向瑞士推介。

二、2011年工作重点

2011年是“十二五”的开局年，也是全省中小企业化解危机、克服困难、加快发展的关键一年。全省中小企业发展的工作思路是：认真贯彻落实国家和省上促进中小企业发展的方针政策，按照委里的统一部署，加快转变经济发展方式，紧紧围绕“稳增长、抓创新、调结构、促发展”，以强化政策环境和服务体系建设，强化投融资和担保平台建设，强化招商引资和技术改造，强化企业改革发展和运行监测为重点，放手发展民营经济，全面提升企业的市场竞争力和整体素质，为推动全省经济社会跨越式发展做出积极贡献。

（一）中小企业发展工作

以促进中小企业发展为主题，以实施规划、优化环境、强化服务、项目带动、加强监测为重点，进一步改革创新、做大总量、扩大就业、提高效益，不断开创中小企业发展的新局面，力争中小企业完成工业增加值增长15%以上。

1. 完善政策体系，优化发展环境

按照《国务院关于进一步促进中小企业发展的若干意见》（国发［2009］36号），明确“甘肃省促进中小企业发展工作领导小组”职责和工作机制。出台《甘肃省贯彻落实〈国务院关于进一步促进中小企业发展的若干意见〉的实施办法》、《关于加快甘肃省民营经济发展意见》。对近年来中央和省上已出台的各项中小企业扶持政策的落实情况进行调研督查。继续进行中小企业减负工作，切实落实减负的各项优惠政策措施。

2. 强化规划引领，实施成长工程

依据《甘肃省中小企业“十二五”发展规划》，以开发优势资源、现代服务业、劳动密集型产业、为大工业配套和农产品加工为重点，培育和发展一批专业化水平高、配套能力强、延长产业链，提高

专业化协作水平、产品特色明显的中小企业。制定科学的指标评价体系，动态确定30户创新能力强、具有良好发展前景和可持续发展能力的创新型企业，给予表彰和重点支持。

3. 完善服务体系，提高服务质量

根据国家即将出台的《关于加快推进中小企业服务体系建设的指导意见》，制定出台《甘肃省加快推进中小企业服务体系建设的指导意见》。对全省已认定的53户省级平台进行优胜劣汰考核，提高公共服务平台的服务水平和能力。制定和完善省级中小企业服务机构认定办法，培育认定20户综合素质好，创新能力和竞争力强的省级公共服务平台。积极推进市、县级服务平台建设，逐步建立中小企业公共服务平台网络体系。

4. 健全统计体系，加强运行监测

建立全省全口径中小企业运行发布制度。做好工信部中小企业生产经营运行监测定期报送。建立各市州中小企业运行监测定期发布制度。制定甘肃省企业景气分析发布制度。

5. 推进项目建设，强化市场开拓

以全省中小企业项目库为基础，掌握落实全省中小企业项目建设情况，建立定期专项资金使用情况督查制度。支持中小企业开拓两个市场，做好招商引资、展会的各项工作。实施好兰州市作为国家中小企业知识产权战略推进工程实施城市的各项工作。

（二）中小企业融资工作

围绕我委《“十二五”发展规划》要求，以改善中小企业融资环境为中心，以构建覆盖面广、功能强大的融资平台重点，不断丰富完善中小企业融资服务体系，强化协调服务、开展银企合作、拓宽融资渠道，进一步拓展创新融资方式，创造性地解决中小企业融资难问题。

1. 继续探索推广投融资平台建设

在已成立的甘肃省中小企业发展基金投资中心的基础上，继续做好股权融资平台的延伸和扩展，鼓励有条件的市州和县区按照省上的发展模式，尽快设立分支机构，力争2～3年内建成覆盖全省、实力雄厚的中小企业基金投资平台网络。会同国开行甘肃分行、中瑞信甘肃公司搭建“银政投”融资平台，着力做好“银政投”融资平台建设。发挥甘肃大象能源科技有限公司的自身优势，依托中科院白银高技术产业园区，开展工业园区投融资平台建设试点，采取市场化的运作模式，发起并推动甘肃白银高科中小企业投融资平台建设，通过试点带动，逐步推动工业园区内各类投融资平台建设步伐。

2. 继续建立完善中小企业融资体制机制

不断完善融资政策性文件。深入贯彻《国务院关于鼓励和引导民间投资健康发展的若干意见》和《国务院关于加快培育和发展战略性新兴产业的决定》，制定和完善促进股权融资发展、融资平台建设等相关政策措施，健全政策扶持体系。进一步巩固与相关单位的信息通报制度。定期进行信息沟通，不定期进行走访，促进部门间融资信息充分流动，准确掌握融资运行态势。

3. 不断增强银政银企对接活动效果

与银行、企业间建立畅通有效的沟通机制，逐步建立较为完善的中小企业融资需求项目库，利用虚拟信息平台和会议活动平台促进借贷信息双向流动，有效解决借贷双方信息不对称的问题。同时，通过与合作银行的对接，筛选条件较为成熟的2～3家银行进行合作试点。

4. 利用多种方式拓宽融资渠道

继续配合有关方面做好企业上市、集合票据发行，以及村镇银行、小额贷款公司等中小企业融资机构的设立与发展工作。

（三）中小企业信用担保体系建设工作

按照“政府引导、社会参与、多层次构建、市场化运作”的原则，一手抓扶持促进科学发展、一手抓监管促进风险防控，持续推进中小企业信用体系建设，着力引导和规范担保机构健康发展，逐步壮大全省担保业。

1. 建立健全融资担保业政策制度体系

以贯彻国家《融资性担保公司管理暂行办法》及8个配套制度和甘肃省融资性担保机构《审批管理办法》、《规范整顿方案》为主线，强化宣传与培训，着力推进监管队伍和担保机构人才队伍建设；加快《甘肃省关于促进融资担保业发展的意见》出台进程，研究制定推进银担合作、担保机构重大事件报告制度文件及全省担保业业务运营状况监控软件。

2. 强化市场准入审核，认真规范整顿，净化担保市场环境

贯彻落实《甘肃省融资性担保机构审批管理办法》、《甘肃省融资性担保机构规范整顿方案》，严格担保机构监管及准入、变更、退出审批，按期完成全省担保机构规范整顿工作，并做好总结上报、担保机构统计汇总及经营许可证发放工作。

3. 加大担保扶持力度，推进中小企业集合票据发行

积极协调省财政建立信用担保风险补偿机制，设立信用担保风险补偿资金，制定出台《甘肃省中小企业信用担保资金管理暂行办法》；拟定我省再担保平台的组建方案，力争组建省级再担保平台的工作能有所突破；积极协调金融机构，按照“成熟一批发行一批”的原则，继续做好我省中小企业集合票据发行工作，拓宽中小企业直接融资渠道。同时，积极做好国家及省上信用担保专项补助资金项目的整理、审核和申报工作。

4. 推进企业信用体系建设

与全省社会信用体系建设牵头单位人行兰州中心支行深入合作，健全中小企业信用档案，组织实施信用培育及信用评级相关培训，按照《中小企业信用培育实施方案》、《甘肃省担保机构信用评级实施方案》，持续推进企业信用培育及信用评级工作，建立长效“守信激励、失信惩戒”机制。

（甘肃省工信委中小企业处）

青海省

一、基本情况

“十一五”以来，特别是党的十七大召开后，在省委、省政府的正确领导下，全省认真贯彻落实国家中小企业及非公有制经济方针政策，把发展中小企业和非公有制经济列入政府工作的重要议事日程，积极营造和完善加快中小企业和非公有制经济发展的良好环境，推动全省中小企业和非公有制经济组织快速发展，综合实力和市场竞争能力不断增强，在活跃地方经济、扩大就业渠道、增加财税收入等方面发挥了重要作用，成为我省国民经济的重要组成部分和推动经济社会各项事业发展的新增长点。

1. 非公有制经济总量持续扩大

2010 年全省非公有制经济完成增加值 426.23 亿元，是 2005 年的 2.6 倍，超额完成了翻一番的目标，占全省 GDP 的 31.56%，比 2005 年提高了 6.26 个百分点。

2. 非公有制经济效益稳步提高

2010 年非公有制经济实体实现销售（营业）收入 1736.2 亿元，是 2005 年的 2.6 倍；上缴税金 63.45 亿元，是 2005 年的 5.2 倍，占全省财政收入的 31%，比 2005 年提高了 11.8 个百分点。

3. 非公有工业企业不断发展壮大

2010 年我省非公有工业企业实现销售（营业）收入 859.76 亿元，是 2005 年的 6.2 倍，占非公有制经济销售（营业）收入的 49.5%；实现工业增加值 229.27 亿元，是 2005 年的 4.8 倍，占非公有制经济增加值的 53.8%，成为非公有制经济的主体。涌现出了青海电子材料、洁神集团、康泰模锻、藏羊集团、伊佳服饰、清华博众、可可西里等一批“专精特新”的非公有企业集团和中小企业。

4. 外资企业增长迅猛

2010 我省外资企业总数由 2005 年的 44 户增长为 80 户，实现主营业务收入 269.18 亿元，完成增加值 57.74 亿元，分别是 2005 年 30.3 倍和 12.8 倍，成为非公有制经济中发展最快的经济类型。

5. 非公有制经济产生的社会效益不断彰显

非公有制经济在缓解就业压力、增加城乡居民收入、维护社会稳定方面发挥着重要的作用，在教育、扶贫、救灾、公共安全等方面所承担社会责任的能力不断增强。2010 年全省非公有制经济从业人员 69.33 万人；发放劳动者报酬 185.57 亿元，比 2005 年净增 119.64 亿元，是 2005 年的 2.8 倍。此外，非公有企业积极向 5·12 汶川地震灾区、4·14 玉树灾区捐赠款物，参与国有企业改革，参与产业化扶贫、智力扶贫、开发式扶贫、造血式扶贫及社会主义新农村建设，为经济社会发展与稳定做出了积极贡献。

6. 非公有制经济发展环境不断改善

“十一五”期间，全省认真贯彻落实党的非公有制经济方针政策，积极推动中小企业和非公经济发展，实施了“中小企业成长工程”，对 100 户成长型的中小企业重点进行培育；积极开展中小企业服务体系建设、初步建立了信用担保体系，为非公有制经济提供政策、技术、信息、融资等多方面服务，扶持力度不断加大；全面加强了非公有制经济行业协会建设和工会、党建工作。

二、发展环境

“十二五”时期，我省将进入经济加快发展、产业加快转型、城镇化全面推进的重要战略机遇期。我省中小企业和非公有制经济的发展，既面临着实现跨越发展的难得历史机遇，又面临着发展环境复杂多变、自身基础薄弱等严峻挑战。

（一）发展机遇和有利条件

1. 制度环境更加有利

党和国家推动非公有制经济发展的方针政策为非公有制经济加快发展创造了更加有利的制度环境；省委、省政府明确提出营造各种所有制经济依法平等使用生产要素、公平参与市场竞争、同等受到法律保护的体制环境，全面落实促进非公有制经济发展的政策措施，将为推动我省非公有制经济实现跨越发展消除制度性障碍。深入实施西部大开发、支持藏区发展和玉树地震灾后重建等政策措施的落实，将为我省中小企业和非公有制经济的发展提供新的发展契机。

2. 发展空间更加广阔

国家坚持扩大内需战略的实施，保障和改善民生举措的落实，城镇化进程的加速推进以及城乡居民收入水平的不断提高，带来消费需求的扩张以及消费结构的升级，将为中小企业和非公有制经济的成长创造更加广阔的发展空间。“青洽会”、“郁金香节”、“国家藏毯博览会”、“国际清真食品节”等一系列招商引资和经贸活动，搭建了更加广阔的发展平台。

3. 发展方向更加明确

国家培育发展战略性新兴产业、增强自主创新能力建设，我省着力推动“四个发展”，加快特色产业园区、示范区建设，推进形成“四区两带一线”区域发展格局，全面促进工业结构优化升级，加快发展新能源、新材料等十大现代特色优势产业等战略部署，为中小企业和非公有制经济指明了发展方向。

（二）面临的挑战和困难

1. 传统发展方式面临严峻的挑战

我省的工业发展主要依靠高投入、高消耗的资源型产业和高耗能产业带动，结构偏重，层次不高；而生态环境极其脆弱，对产业发展的承受能力有限。“十二五”是我省转变经济发展方式的关键时期，随着要素成本上升、资源环境约束增强，经济发展与生态保护的矛盾更加突出，在产业准入、要素配置、土地集约、节能环保等方面会实施更加规范、严格的政策，对企业提高产品质量、重视资源能源的节约利用、重视环境保护以及保障就业者合法权益等方面会提出更高要求，使得非公有制经济主体以及中小企业适应环境变化、转变发展经营理念、提升发展层次的任务更加紧迫。

2. 中小企业和非公有制经济整体发展水平低

从整体上看，我省中小企业和非公有制经济规模小、总量小、比重小，产业层次不高，区域发展不平衡，特色产业、特色经济发展不明显，粗放经营的特征还比较明显；大部分工业企业分布在一般加工工业领域，技术装备水平低，生产工艺落后，创新能力弱；知识型、创新型、复合型的企业家人才稀缺，从业人员整体素质不高，实现可持续发展、绿色发展、循环发展的难度大。

3. 发展中的瓶颈制约特别是融资困难问题依然突出

制约中小企业和非公有制经济发展的一些因素特别是融资难的问题在我省表现更为明显。一方面，金融业发展相对缓慢，能够提供给中小企业和非公有制经济的市场化融资手段有限；另一方面，中小企业规模普遍较小，缺乏有效抵押物，加之自身财务制度不完善、信用担保体系发展不健全，融资需求难以得到满足。

4. 发展环境和服务体系有待进一步改善

有些行业和领域的准入限制已经取消，但名义开放、实际限制的现象仍然存在；一些部门和人员对发展非公有制经济在思想认识上还存在偏差，服务意识不强，政府管理体制有待完善；在政策、信息、融资以及创业辅导、技术支持、员工培训等方面，政府服务和社会服务体系还不健全，对中小企业和非公有制经济的支持和帮助作用有限，有的尚处于起步阶段。

总体看，机遇与挑战并存、困难与希望共生，机遇大于挑战。必须增强机遇意识和忧患意识，坚定发展信心，科学判断和准确把握发展趋势，开拓创新、克难攻坚，更加奋发有为地推进我省中小企业和非公有制经济发展。

三、2010年中小企业主要工作情况

（一）抓好中小企业成长工程

2010年确定全省百户重点培育中小企业，通过组织召开企业联系会议，深入企业生产第一线，摸清情况，加强指导，多次协调解决企业在生产经营过程中遇到的困难和问题，落实各项扶持措施。国家和省级中小企业发展专项资金安排的113个项目中对近一半百户重点企业的项目进行了支持。100户重点企业2010年工业增加值比上年同期增长25%左右。规上企业年初确定的培育目标为60个，通过采取有力措施，加大培育力度，拓展培育对象，到年底完成95户小企业进入规上企业。2010年全省非公有制经济增加值占全省经济总量的比重比上年增加0.85个百分点。

（二）狠抓项目建设工作

确定全省150个中小企业重点项目，项目总投资48.04亿元，实现投资41.78亿元。2010年完工项目133个，17个项目跨年度完成。完工项目新增产值10亿元，实现工业增加值1.5亿元。

（三）做好国家相关政策的贯彻落实工作

4月份，起草了《关于进一步促进中小企业发展的意见》。《意见》共分六部分二十五条，针对目前我省中小企业发展的薄弱环节和发展重点，分别从推进中小企业成长工程，缓解中小企业融资难，加大政策扶持力度，优化发展环境，提高经营管理水平，加强组织领导等六个方面进行了阐述。意见已报省政府办公厅。

（四）做好两个规划的起草工作

根据工作安排，承担编制了青海省“十二五”轻纺工业规划、“十二五”中小企业和非公有制经济发展规划。截至年底，已完成两个规划“十一五”期间的情况调研和起草工作。

（五）加快培育中小企业工业集中区（创业园）工作步伐

起草了《关于加快发展中小企业工业集中区（创业园）的意见》。《意见》提出从2010年起，通过资源配置、资金扶持等有效措施，在全省建成10个分工合理、特色鲜明、配套完善、优势突出、产业衔接较为紧密的中小企业集中区（创业园）。到“十二五”末，10个中小企业集中区（创业园）销售收入年均增长30%以上，工业性税收同步增长，累计固定资产投资200亿元以上；建成年销售收入超过10亿元的8个，超过20亿元的2个。同时提出了加快发展中小企业集中区（创业园）的八项措施，并制订了具体推进工作方案，指导协调并组织实施。《意见》已于5月初上报省政府。目前，初步确定的9个中小企业集中区都已制定规划，其中的8个集中区已开工建设、入驻企业。装备制造、青年、大通三家中小企业创业园也已开工建设。

（六）大力支持中小企业担保机构发展

配合省财政共安排地方债券资金和中小企业发展专项资金1.94亿元支持海西、海北、海南、黄南、果洛、玉树各县建立中小企业融资担保机构和支持四维、天诚、金鼎、西宁等四家比较大的担保公司扩充担保能力。开展业务的31家担保公司累计为省内中小企业和个体私营者提供32亿元银行贷款担保，有力地支持了中小企业的持续、快速发展。上报工信部、国家税务局五户中小企业信用担保机构营业税免税工作，已获批准。

（七）积极做好中小企业发展专项资金项目申报工作

一是做好2010年省级中小企业发展专项资金安排的2000万元中小企业项目投资补助和贷款贴息工作。二是做好2010年国家中小企业发展专项资金的申报工作。根据工信部和财政部《关于做好2010年中小企业发展专项资金项目申报工作的通知》，向工信部组织申报了64个项目，得到了国家的大力支持。共获得专项资金5863.76万元，比上年增长25.45%。

（八）做好玉树地震灾区灾后重建政策措施的制定工作

玉树发生地震后，积极开展以下工作，一是组

织中小企业捐款献爱心；二是组织相关企业，创造条件，保障饮用水生产和供应；三是会同州经贸委对中小企业地震损失进行统计和上报；四是会同省工商地税局向省政府上报了《关于支持玉树地震灾区个体私营企业恢复生产经营加快发展的措施》的请示，省政府以省政府办公厅的名义下发了此文。6月，根据省政府指示，会同省商务厅、农牧厅、旅游局向省政府上报了《关于支持玉树地震灾区产业扶持政策的意见》，省政府已下发该文；五是在玉树州灾后重建规划组的指导下，通过深入细致的调查研究，牵头起草了《关于玉树灾区灾后重建产业布局和产业调整的意见（特色产业部分）》，并报总规办和省政府。

（九）举办“百万中小企业信息化体验计划”培训班

2010年8月5日至9月9日，会同中国移动通信集团青海有限公司承办了“百万中小企业信息化体验计划”青海省落地专项活动启动仪式暨2010年全省中小企业信息化巡回培训班，先后成功举办了西宁、海北、海南、格尔木、海东、黄南及海西7场培训。全省共有497个企业的691名企业负责人、信息化主管及信息化工作人员参与了培训。

（青海省经济委员会中小企业发展局）

宁夏回族自治区

“十一五”期间，宁夏中小企业按照国家的统一部署，在自治区党委、政府的正确领导及有关政府部门的大力支持下，积极贯彻落实国家《中小企业促进法》等法律法规，不断提高自主创新能力，积极转变发展方式，运行情况不断好转，企业素质进一步提高，地位和作用更加突出，为促进全区国民经济平稳较快发展发挥了重要作用。

一、基本情况

（一）中小企业快速发展

2010年，宁夏共有中小企业法人单位约5000户。其中，规模以上中小工业企业980个（500万元口径），占规模以上工业企业总数的98.3%；完成工业增加值337亿元，比2005年增长1.1倍，年均增长15.9%，占规模以上工业的比重为61%；实现销售收入1208亿元，比2005年增长2.02倍，年均增长24.7%，占规模以上工业的比重为65%；实现利润总额67.8亿元，比2005年增长2.1倍，年均增长25%，占规模以上工业利润总额比重达到54%。

2010年，宁夏重点支持的30户骨干中小工业企业深入落实科学发展观，积极转变发展方式，生产、销售和效益等主要指标均保持良好的增长态势，为全区工业经济保持较快增长发挥了积极作用。累计完成工业总产值129.9亿元，同比增长23.2%；累计实现销售收入129亿元，同比增长28%；实现利润总额3.5亿元，同比增长35.3%；累计实现税金总额7.1亿元，同比增长30.6%。

2011年一季度，宁夏规模以上中小工业企业716户（2000万元口径），占规模以上工业的97%；实现主营业务收入275.2亿元，同比增长32.1%，占规模以上工业的56.2%；全部从业人员16.7万人，同比增长7.8%，占规模以上工业的61%。

（二）非公有制工业不断扩张

2010年，宁夏规模以上（500万元统计口径）非公有制工业企业846个，占规模以上工业的84.9%；实现主营业务收入907.2亿元，同比增长34.8%，占规模以上工业的48.8%；全部从业人员平均人数14.2万人，同比增长7.7%，占规模以上工业的50%。

2011年一季度，宁夏共有规模以上非公有制工业企业616个（2000万元口径），占全区规模以上工业的84%；实现主营业务收入198.1亿元，同比增长37.6%，占规模以上工业的40.5%；全部从业人员12.9万人，占规模以上工业的47.4%。

（三）个体私营经济活力不断增强

近年来，宁夏私营企业已经成为各类市场主体中最具活力的经济增长点。据有关资料显示，截至2010年底，宁夏私营企业37740户，占全区企业总数45468户的83%；个体工商户197868家，注册资本总额达1148亿元。2010年，宁夏非公经济项目单位完成投资631.6亿元，占全区全社会固定资产投资的43.1%。据不完全测算，2010年宁夏非公有制经济增加值约为900亿元，占全区GDP1643亿元的55%左右。

截至2010年3月底，全区新登记各类企业2384户，其中新登记私营企业2260户，占全区新登记各类企业的94.8%；目前，全区注册资本（金）500到1000万元的私营企业有1102户，1000万元到1亿元的私营企业745户，超过亿元的31户，私营企业集团64户，占全区企业集团总量的98.46%。

宁夏工业中小企业快速发展，在自治区国民经济中的地位和作用进一步显现，主要特点：

一是成为工业经济快速发展的重要支撑。宁夏规模以上中小工业企业实现增加值占规模以上工业增加值的比重达到61%；中、小型企业增加值的贡献率分别为22.7%和60.3%，中、小型企业分别拉动规模以上工业增加值增长3.2个和8.6个百分点。

二是成为增加就业的重要渠道。2010年，宁夏规模以上中小企业年平均就业人数超过16万人，占规模以上工业企业在业人数的62%。从业人员中，农民工占较大比重，有效地促进了农民增收和推动城市化进程。

三是成为科技活动生力军。宁夏中小企业科技活动人员和研究发展人员已占规模以上企业两项人员总数的比重的73%以上。企业内部用于科技活动的经费支出、研究与发展经费支出和新产品产值分别占以上各项支出总计的62.8%、62.8%和63.5%；有效发明专利超过120件，占规模以上企业有效发明总数的69.6%。在自治区重点技术创新和新产品试产项目中，中小企业承担的项目比重达到97%。

四是成为产业集聚和配套的重要载体。宁夏中小企业为大型企业协作配套的比重不断增大，涌现出一大批配套产品。机电行业为国内大型炼钢企业、风力发电企业进行配套；灵武和同心的羊绒加工、永宁的生物发酵、吴忠的乳制品、中卫的枸杞深加工，石嘴山的高耗能产品、西吉的马铃薯、惠农的脱水蔬菜，平罗和泾源清真肉制品等均是以中小企业为主体，呈现出产业集聚的趋势，形成了一定规模和竞争优势。

五是成为地方财政税收的重要来源。统计数据显示，中小企业实现利税占全部工业实现利税总额的40%以上，其中规模以上工业利润总额比重达到45%，成为自治区重要的财税来源，有力地促进了县域经济的发展。

二、主要工作推进情况

（一）政策法规体系逐步健全

近年来，宁夏相关部门相继出台了支持中小企业和非公有制经济发展的一系列法规、政策。2010年9月1日，《宁夏回族自治区促进中小企业发展条例》颁布实施，成为我区中小企业发展的里程碑。全区中小企业发展环境得到了进一步优化。银行、财政、税务、科技、金融服务等部门也相继出台了鼓励、扶持中小企业发展的相关政策措施，极大地调动了企业的积极性。

（二）融资难题初步得到缓解

目前，宁夏已有小额贷款公司70多家，各类中小企业信用担保机构57家，注册资本金总额超过20.6亿元。探索出了以产业集聚为发展基础的企业间的“互助担保”模式。政府相关部门定期召开各种形式的项目、金融产品、邮政服务中小企业推介会。自治区积极筹设中小企业投资发展基金，加大推动中小企业上市，积极推进中小企业集合票据发行。“十一五”期间，全区金融机构小企业贷款余额增速、新增贷款额增量均高于同期自治区金融机构同期指标，较“十五”时期有了较大程度的改善。

（三）税费负担逐步减轻

宁夏已明确了享受税收优惠的中小企业范围，确定了小型微利企业享受优惠政策的核定条件和程序，大幅度降低了一般纳税人标准和征收率；落实小型微利企业税收减免政策，加大对中小企业权益保护力度，切实减轻各项社会负担。中小企业“三乱”行为得到有效治理。

（四）社会化服务体系建设步伐加快

我区中小企业服务体系已具雏形，人才培训、信息化建设、创业服务、融资担保等中小企业服务功能等已初步建立。“十一五”期间，全区中小企业服务机构共为中小工业企业培训经营管理人员12000多人，开通了中国中小企业宁夏网，加快推进中小企业创业孵化基地建设，中小企业技术服务体系、知识产权保护和金融服务体系的建设工作取得了积极进展。

三、存在的问题

虽然宁夏中小企业和非公有制经济发展取得了长足进步，但仍存在一些亟待解决的困难和问题。

（一）产业结构有待优化

宁夏中小工业企业生产的产品主要分布在煤炭、食品制造、纺织、化工、冶金等行业，以资源性、初加工产品为主，为大型企业输送原材料、半成品和配套部件，终端产品较少。铁合金、电石、碳化硅等高耗能产业产能过剩。从事小食品、小粮油、小煤炭等劳动密集型的中小企业占40%左右，产品档次低、品种单一，呈现典型的初级加工型发展模式。

（二）非公经济发展较慢

宁夏中小工业企业中，有80%以上是非公有制经济。和沿海发达地区相比，非公有制经济对经济的贡献偏低、发展不平衡，环境有待改善。目前，全区非公有制经济占GDP的比重仅为45%左右，远低于经济发达的广东、浙江等东南沿海省区；对非公有制企业在资金、贷款、优惠政策的支持还亟待加强。

（三）基础管理水平不高

宁夏相当一部分中小企业还缺科学有效的管理制度，财务制度不健全。受地域条件的限制和企业经营方式的制约，技术管理人员缺乏，技术创新能力不强，影响了企业的持续健康发展。

（四）社会化服务体系有待加强

目前，宁夏正在建立统一完善的中小企业公共服务平台网络，部分服务机构服务内容单一，服务能力不强，缺乏综合性服务人才，服务综合协调机制尚未形成。“三乱”现象仍然存在。

（五）企业个数增速和利税比重增速趋缓

由于近年来自治区实施大企业发展战略，大企业扩张迅猛，加之金融危机和节能减排造成部分“两高一资”中小企业退出市场，使得宁夏中小企业个数增速和利税比重呈下降趋势。

四、下一步工作重点

（一）进一步完善促进中小企业的各项政策法规体系

继续加大对《宁夏回族自治区促进中小企业发展条例》的宣贯，制定或协调各相关部门制定创业扶持、资金支持、融资担保、技术创新、市场开拓、服务体系建设等方面的实施细则。创造放手发展中小企业的政策环境，形成全社会支持中小企业发展，全民关心中小企业发展的良好氛围。继续编印中小企业法规政策汇编，通过各种方式，将国家和自治区最新支持中小企业的政策及时传达到广大中小企业。

（二）实施中小企业“百家成长，千家培育”工程

开展成长型中小企业评价工作，动态认定一批成长型中小企业和重点培育企业，建立“百家成长、千家培育”中小企业信息库。与金融机构建立“百家成长、千家培育”中小企业融资共促机制，向银行等金融机构、贷款担保机构推荐业绩优、成长性好的中小企业，解决金融机构、担保机构和中小企业融资不对称的问题。自治区各项优惠政策、扶持资金优先向其倾斜。

（三）努力缓解融资难担保难问题

在实施中小企业“百家成长、千家培育”工程的同时，要继续与相关部门加大配合力度，进一步完善我区中小企业信用担保体系，强化市级中小企业担保机构，充分发挥自治区担保和再担保机构的作用。推动自治区中小企业创业投资基金的建立和运行，引入国内知名的基金管理公司，争取在年内选择1~2家中小企业进行股权投资。与自治区金融办、国家交通银行共同作好发行自治区中企业集合票据工作，制定相关集合票据管理办法，争取在年内发展1~2期中小企业集合票据。继续支持中小企业上市。继续落实与工农中建等《中小企业金融服务合作备忘录》银行类金融机构，如开金融机构支持中小企业工作座谈会，共同协商建立金融机构促进中小企业发展的有效机制。

（四）大力推动结构调整和产业升级

引导中小企业加快结构调整，提升自主创新能力，转变增长方式，走“专精特新”和与大企业协作配套的路子，重点推动装备制造业中小企业与区内外大企业的协作配套工作，召开中小企业与大企业协作配套现场会。完善推动中小企业节能减排工作，配合制定加强中小企业节能减排工作指导意见，协助推动中小企业加快淘汰落后工艺和设备步伐，引导中小企业发展循环经济，促进节能服务产业发展，推广合同能源管理、节能设备租赁等方式在中小企业中的广泛应用。

（五）加快推进中小企业服务体系和平台建设

落实国家关于加快中小企业服务体系建设的指导意见并出台自治区相关配套措施。完善全区服务体系建设，强化各市服务机构和能力。建设自治区和各市中小企业共公服务示范平台，重点建设自治区中小企业服务中心和服务大厦，整合各相关中小企业服务机构，成立全区中小企业综合服务平台。开展全区中小企业银河、星光培训工程，强化中小企业提高经营管理水平。推进中小企业知识产权战略，实施中小企业信息化推进工程，加快自治区和5市中小企业网的建设。做好对外交流与合作，组织优势特色中小企业参加国家相关大型展会和自治区相关展会工作，组织中小企业到区外、国外进行考察学习，开阔眼界，提高素质。

（六）进一步加大支持力度

继续争取国家中小企业专项扶持资金和中小企业服务体系补助资金，做好项目的申报和筛选工作。积极用好自治区工业化扶持资金对中小企业及服务体系的支持。努力落实国家和自治区各项优惠政策。协同工商、税务、财政等相关部门，落实近年来出台的支持中小企业各相关政策，重点是各项财政、税收支持中小企业、金融担保机构的相关政策。

（七）建立完善中小企业统计监测制度

进一步加强对自治区30户骨干中小企业的运行监测力度。全面开展国家确定的百户重点中小企业人网上监测工作。对重点和骨干中小企业统计人员进行运行监测培训，提高人员素质，确保数据的科学性性准确性。与统计部门配合，编制“十一五”自治区中小企业发展蓝皮书。

（八）进一步加强对中小企业工作的组织领导工作

召开中小企业工作会议，成立自治区促进中小企业工作发展领导小组，明确各部门支持中小企业发展的职责，不断加强协调和配合力度，加大各方面对中小企业的支持力度，共同营造促进中小企业发展的良好环境。

（宁夏经济和信息化委员会）

新疆维吾尔自治区

近年来，自治区党委、人民政府坚持把促进中小企业加快发展作为经济工作的重点来抓，出台了一系列政策措施扶持中小企业发展。经过各方面的共同努力，我区中小企业发展呈现出经济总量快速增加、经营领域不断拓宽、产业结构日趋优化、竞争能力明显增强、社会贡献进一步增大的良好态势。

一、基本情况

全区工业、建筑业、交通运输业、邮政业、批发业、零售业和住宿餐饮业等七大行业共有法人单位32616家，按2003年中小企业划分标准，其中，中小型企业32541家，占99.8%；中小型企业资产合计5241.88亿元，占60.5%；主营业务收入4719.03亿元，占55.7%；纳税额159.76亿元，占35.9%；就业人数89.86万人，占73.2%。据测算，目前我区中小企业创造的最终产品和服务价值占全区GDP的30%左右。

（一）中小企业发展的主要特点

一是中小型工业企业对工业经济增长贡献逐年提高。2006~2010年，规模以上中小型工业企业完成工业总产值（现价）占规模以上工业的比重分别为34.5%、39%、37.9%、43.5%和44.8%；实现利润总额占规模以上工业的比重分别为11.4%、17.9%、16.9%、25.2%和30.5%。仅2008年受金融危机的影响所占比重略有下降，其他年度逐年增长，年均增长2个百分点。

二是中小企业结构调整加快，呈现聚集化发展势头。目前，新疆中小企业分布比较广泛，涉及门类齐全，逐步从传统的手工业、农产品加工等领域向现代制造加工、特色经济等行业发展，中小企业

向园区集聚的发展速度加快。截至2010年底，全区经国家、自治区审批的工业园区（开发区）52个，累计入园企业9973家，新增入园企业2909家，园区已成为推进自治区新型工业化的重要载体。

三是中小企业创新能力增强，发展质量和层次进一步提高。近年来，自治区着力用高新技术和信息技术改造传统产业，大力实施品牌带动战略，已形成一批拥有自主知识产权和较强竞争力的品牌企业和产品。目前，已创8个中国名牌，265个新疆名牌。全区建立自治区认定企业技术中心126家，技术创新已成为促进中小企业发展，提高企业竞争力的重要手段。

四是中小企业落后产能淘汰力度加大。近年来，我区加快推进产能过剩行业结构调整和落后产能淘汰力度，重点监督实施列入年度淘汰落后计划的企业和项目，产业结构调整取得了新的进步。截至2010年底，新疆列入“十一五”国家淘汰计划的11个行业全部完成任务。十一五期间，自治区万元GDP能耗、工业增加值能耗呈逐年下降趋势。

（二）存在问题

一是中小企业融资难担保难问题依然突出。发展资金短缺，融资渠道不畅，金融产品创新和服务不到位，银行信贷投放总量不足，仍是阻碍中小企业发展的突出问题。2010年全区金融机构为中小企业提供各项贷款余额1834亿元，占企业贷款的56%。中小企业信用担保体系规模小，担保能力弱，担保倍数低，担保规模有限。2010年全区87家中小企业担保公司为2200多家中小企业担保贷款近70亿元，户均担保额近300万元。

二是中小企业服务体系不健全。中小企业公共服务平台、信息服务网络和小企业创业基地建设等公共服务设施严重不足，供需差距大。

三是中小企业人才缺乏，管理水平低。中小企业管理者素质不高，管理水平低，技术人才匮乏，一定程度上削弱了企业竞争力。

二、2010年中小企业工作

一是在贯彻落实国务院36号文的基础上，积极争取出台了自治区《关于促进中小企业发展的实施意见》，明确了二十七条政策措施，是当前和今后较长时期指导全区中小企业发展的纲领性文件，这是我区第一次出台系统支持中小企业发展的政策文件，意义重大。

二是建议自治区人民政府成立了库热西主席任组长，自治区政协副主席、自治区经信委党组书记、主任王永明任副组长的自治区促进中小企业发展工作领导小组，办公室设在自治区经信委。负责统筹中小企业工作，研究和协调解决中小企业发展中的重大问题。

三是建议自治区党委召开了首届自治区中小企业工作会议，全面安排部署今后一段时期中小企业的发展工作。

四是积极争取成立了自治区中小企业局。主要负责自治区中小企业经济工作的管理、指导和服务工作。自治区中小企业局的成立，是全区政治和经济生活中的一件大事，充分体现了自治区党委、政府为加快企业发展，加快新型工业化建设，实现新疆跨越式发展和长治久安的重大战略任务的信心和决心。

五是积极争取自治区财政支持，将自治区中小企业发展专项资金额度增加至1亿元，加大了政府对中小企业的扶持力度。同时，积极争取国家中小企业发展专项资金对我区的支持。

六是努力缓解中小企业融资担保难。对中小企业担保机构进行中小企业担保业务补助及代偿损失补助，鼓励中小企业担保机构为中小企业提供担保。共有11家担保机构获得国家批准免征营业税。

七是继续推进服务体系建设。按照“政府扶持中介，中介服务企业”的思路，着力构建以中小企业服务中心为骨干、协会和中介机构为支撑的社会化服务体系。目前，全区14个地州市已有8个地、州、市成立了中小企业中介服务机构。积极引导中介机构开展创业辅导、管理咨询、人才培训等服务体系工作。积极开展自治区中小企业银河培训工作，免费为1500余名中小企业经营管理者及创业人员开展了工商管理、项目投资、上市融资及创业辅导等培训，提高中小企业经营者素质。鼓励创业，以创业带动就业。鼓励各地建设小企业创业基地，引导新成立小企业入基地发展，为小企业创业提供办公、生产场地及办证、办照等一条龙代理服务，对小企业进行孵化，今年重点扶持7个基地建设。以展会为契机，引导企业扩大合作交流，不断开拓市场。先后组织我区100多家中小企业参加第七届中国中小企业博览会及第六届亚欧经济共同体中小企业技术交流和产品展示会，促进我区中小企业与国内外中小企业开展贸易洽谈，共签订意向协议13亿元。进一步加强对中小企业经济运行监测，直接面向中小企业的开展统计监测工作。目前已有400多家企业列入统计范围。

（新疆自治区经信委企业处）

大连市

一、基本情况

2010年，我市民营经济、中小企业，在市委、市政府的正确领导下，以科学发展观为统领，以结构调整转变经济增长方式为重点，以强化服务，搭建服务平台为载体，着力解决影响和制约中小企业发展的突出问题，大力营造中小企业发展的良好环境，民营经济实现了又好又快的发展。

（一）民营经济各项指标快速增长

民营经济实现增加值由“十五”末的1218亿元增至2010年的3219亿元，年均递增12.4%；占全市GDP的比重从“十五”的53.2%上升到2010年的62.3%，增长9.1个百分点，实现营业收入10429

亿元，与“十五”末的3792亿元相比，年均递增12.7%；实缴税金由“十五”的9.39亿元增至2010年的303亿元，年均递增32%。全市民营经济基本单位数达34.5万户，与“十五”的30.7万户相比，增加了3.8万户；年营业收入超百亿元的民营企业由“十五”期末的193户增至2010年的831户，民营经济增长贡献达到71%。

（二）固定资产投资

民营企业完成生产性固定资产投资由“十五”末的439亿元增至2010年的2346亿元，年均递增16.3%。民营企业投资建设的总投资超亿元项目305个，总投资978亿元。美罗大药厂、大橡塑、坤达铸铁、固特异轮胎、福佳大化等一批大项目相继竣工投产。

（三）创新能力显著增强

2010年中小企业完成新产品开发2100余项，比上年增长20%。大连弹簧研制成功时速350公里的高铁弹簧；亿特科技自主开发的国内第一代柴油机高压共轨系统ECVIO电控平台，能够满足国内IV和国际V排放法规要求；连城科技开发的硅太阳能电池板多线切割机打破国外技术垄断并实现产业化。宝原、天元电机、大高阀门等一批中小企业进军新能源装备领域，在核用闸门、泵、阀和风力发电电机等产品的研发上取得成果。截至2010年底，全市民营企业创建企业技术中心100余户，拥有市级以上高新技术企业796个。

（四）专业化园区集聚发展

国家半导体照明产业基地瓦房店光电产业园开工建设，成功引进一批集成电路制造光电子项目，花园口经济区被列为国家级新材料产业基地，引进航空航天级合金材料，高性能工程塑料等新材料项目。金州新区半导体照明产业园二期工程启动，德豪光电等8家企业入驻。大连湾临港装备制造业聚集区成为首批国家新型工业化产业示范基地，形成装备制造、电子信息、新能源、新材料、服装纺织、农产品深加工、轴承、软件和服务外包等八大产业集群。

（五）双方开放取得新成果

2010年民营企业实际利用外资11.88亿美元，比上年增长15.5%，引进内资445亿元，比“十五”期末翻了一番。外向型经济快速发展，出口创汇由“十五”末的23.4亿美元增至2010年的65.7亿美元，年均递增12.9%。民营企业在开拓国际市场上取得新突破，推动了52个海外并购项目，完成了大橡塑收购加拿大麦克罗、艾科科技收购德国奥克莱等18个项目，总并购额1.68亿美元。

二、主要工作

（一）成功举办第四届中国中小企业节

中国中小企业节于去年10月30日在我市成功举办，取得了良好的效果。为办好此次盛会，我们借助中小企业节这一平台，在大连日报、主流网站上开辟了专题宣传窗口，设立人物专版，重点宣传我市中小企业创新成果，举办了第四届中国中小企业节启动仪式，分别召开两次新闻发布会，启动了大连中小企业品牌展示工程。会议期间先后举办了中国中小企业协会理事会议、第四届中国中小企业节开幕式、2010低碳经济金融服务论坛、2010国际优秀中小企业服务商大会、大连市中小企业创新成果展和辽宁沿海经济带中小企业项目推介会等丰富多彩的活动，得到国家领导高度重视，全国政协副主席李金华等国家领导和相关部委领导、各省市中小企业代表、有关行业协会、中介机构及港澳台中小企业代表1500多人出席了会议，规格之高，影响之大。在本届中小企业节上签约合作项目16个，签约总额达61.4亿元。

（二）编制中小企业“十二五”发展规划

为了高水平、高标准编制好中小企业“十二五”规划，年初伊始，我们就成立中小企业“十二五”规划课题组，结合落实国务院出台的十大产业调整振兴规划和《辽宁沿海经济带发展规划》的要求，按照全域城市化的战略构想，以推进产业结构调整升级为重点，在新的起点上，高水平谋划“十二五”中小企业发展思路，科学规划中小企业发展目标与任务。同时，多次深入各区市县（先导区）围绕中小企业发展现状展开全方位的调研，广泛听取中小企业的意见和建议。为把发展规划做更加完善和科学，先后召开“十二五”规划研讨会、座谈会和评审会，积极吸纳社会各界对中小企业“十二五”发展规划的建议，便于增强规划的指导性和可操作性。

（三）加大政策支持力度，推动项目建设

为全面落实国发36号文件和《辽宁省促进中小企业发展条例》，我们加大了工作协调力度，督促政府各相关部门加紧落实相关政策意见，支持中小企业发展高新技术产业、科技创新、技术改造、创业基地建设、服务外包、品牌建设、节能环保、信息化、社会化服务等多个方面。自2005年开始设立1亿元中小企业发展专项资金以来，截至目前，已累计安排支持中小企业发展的资金达7亿元。2010年落实国家、省市中小企业专项资金8000余万元，支持百余家中小企业创新发展。在落实政策的同时，我们加强对中小企业重点项目的跟踪分析和调度，对重点项目实行专人负责制，强力推进大项目建设。2010年民营中小企业投资在建的亿元以上项目达305个，同比增加88个。电镀产业园、静脉产业园、金州新区半导体照明产业园二期工程、华信软件园、亿达信息谷等重大项目已开工建设。瓦房店光电产业园引进LED项目近20项。

（四）强化银保企合作领域，全力解决企业融资难题

按照“服务企业，解决瓶颈”的思路，大力推动融资担保机构发展，2010年累计设立担保机构165家，为中小企业解决融资达200多亿元。目前，担保机构累计为企业提供担保贷款达700亿元。同时，积极为企业搭建融资平台，目前已设立小额贷款公司39家，去年为企业投放贷款55.1亿元。采取有效措施推进企业上市融资，通过开通上市绿色通道，多手段推动企业上市。截至目前，有24家中小企业实现境内外上市，占全市上市企业总数的60%。2010年，市政府又制定出台《大连市中小企业创业发展信贷风险补偿专项资金管理暂行办法》（大政办发［2010］98号），市财政出资3亿元，与大连银行合作，形成30亿元的专项贷款，对那些符合产业发展方向、有核心竞争力、成长性较好的且不符合银行信贷条件的中小企业给予信贷资金支持。

（五）实施成长工程，引导中小企业创新转型

在全市范围内实施中小企业成长工程，有33户企业认定为"全省民营百强企业"，272户企业认定为"全省民营明星企业"。通过成长工程的实施，带动了规模工业的增长，年营业收入超亿元的中小企业由2005年的193户增至2010年的831户。为推动企业加快结构调整、自主创新，印发了《大连市实施中小企业知识产权战略推进工程的实施方案》，有力地促进了企业对知识产权的创造、运用和保护能力。通过落实国家、省市优惠政策，积极鼓励支持中小企业研发新材料、新能源、节能环保产品，向低碳绿色方向发展，走"专精特新"之路。截止到2010年末，中小企业创建企业技术中心81户，其中国家级3户，省级30户，市级48户。中小企业开发的LED照明、太阳能电池、新能源汽车、静脉产业以及核用闸门、泵、阀和风力发电电机等一系列节能环保产品走上产业化，显现出巨大的创新带动作用，中小企业对全市科技进步的贡献率达70%。

（六）强化服务工作，推动创业发展

为帮助中小企业做好培训、法律援助、管理咨询、信息化等多方面服务，我们召开了小企业创业基地现场会，交流经验，进一步提高创业基地的服务功能、服务水平。截至目前，我市共有创业基地21户，其中11户被认定为省级；全年新创办中小企业1万户，为中小企业免费培训13.2万人（次）。为打造一批功能强的公共服务平台，我们围绕食品、软件、农产品加工等各行业特点，积极推进公共服务平台建设。截至目前，已认定公共服务平台19个，其中省级8个。为切实维护企业合法权益，帮助企业解决切身利益问题，2010年为企业提供法律咨询、法律援助等综合性法律服务达1.3万人次；受理企业各类投诉案件192件，调解各类合同纠纷65件，受到企业好评。

（七）加大开放力度，支持企业开拓市场

为帮助中小企业搭建对外交流合作平台，鼓励资助中小企业多层次、宽领域、全方位开展交流与合作，帮助企业抢市场、拿订单。2010年，组织企业参加温州、重庆、呼和浩特、上海、宁波等地的经济交流合作活动和APEC技术展会、第七届中小企业博览会等具有影响力的洽谈会、展销会、博览会，帮助企业开拓国内市场。在"双向开放"战略的指导下，中小企业主动"对接长珠闽、联结港澳台、融入全球化"，全面参与国际经济技术合作与竞争，中小企业海外并购力度进一步加强，收效明显。目前已完成远东工具收购德国维克刀具、源盛化工并购美国包装材料公司、亿达信息技术公司并购日本爱特佳株式会社、艾科科技收购德国奥克莱等18个项目，总并购额1.68亿美元。

（八）实施集中战略，推动产业集群发展

按照市内区域"立体发展"，北三市"平面发展"的思路，在市内区域实施"立体发展"，鼓励发展总部经济、现代服务业和楼宇经济，创建专业特色大厦。截至目前，市内四区共创建金融、科技、物流、航运等特色大厦64座，入驻中小企业近3000家，实现税收7.1亿元。在县域实施"平面发展"，鼓励中小企业集聚发展，拉长产业链，发展产业集群，目前已建成家具、服装、轴承、互感器、汽车部件、生物医药、模具器件、光电子、软件等一大批以特色产业园区为依托的民营产业集群。

（大连市经信委中小企业处）

宁波市

2010年是宁波市中小企业极不平凡的一年，也是"十一五"结出丰硕成果的一年。"十一五"以来尤其是2010年，宁波市中小企业牢牢把握科学发展观的根本要求，主动应对要素制约、能源原材料价格大幅波动和世界金融危机等严峻复杂形势，扎实推进工业转型升级，深入实施工业结构调整"1+X"政策和"两创"倍增计划，各项工作取得了较好的成就，全市中小企业总体呈现出"总量快速增长、结构日趋优化、效益迭创新高"的良好发展态势，"十一五"中小企业发展目标均完成或超额完成。

一、中小企业基本情况

（一）中小企业综合实力明显增强

工业总量迈上新台阶。"十一五"末，宁波市中小企业工业总产值达到13171亿元，是2005年的2.2倍，年均增长17.2%。全部工业增加值2590亿元，其中，规模以上工业增加值2142亿元，分别是2005年的2.2倍和2.3倍。规上工业产值从2005年只相当于杭州的87%，规模以上工业增加值从2006年只相当于杭州的81%，到2010年分别达到杭州的96.5%和99.4%，差距大幅缩小。五年来，工业的总体发展速度快于三产，工业增加值占全市GDP的比重从2005年的48.5%提高至50.1%。经济效益增长更是快于增加值和产值增长。如图1、图2所示，2010年，全市规模以上企业实现利税1148亿元、利润654亿元，分别是2005年的2.7倍和2.6倍；规模上以工业全员劳动生产率达到11.3万元/人·年，比2005年提高了68%。全市财政一般预算收入中有60%左右来自工业，工业在经济社会发展中持续发挥着主导作用。

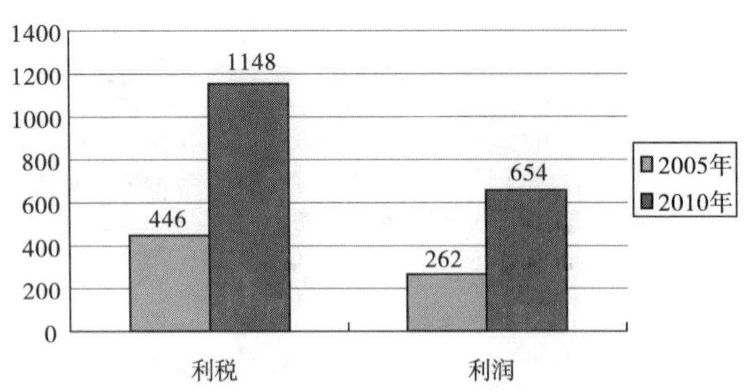

图1 “十一五”时期我市工业效益增长

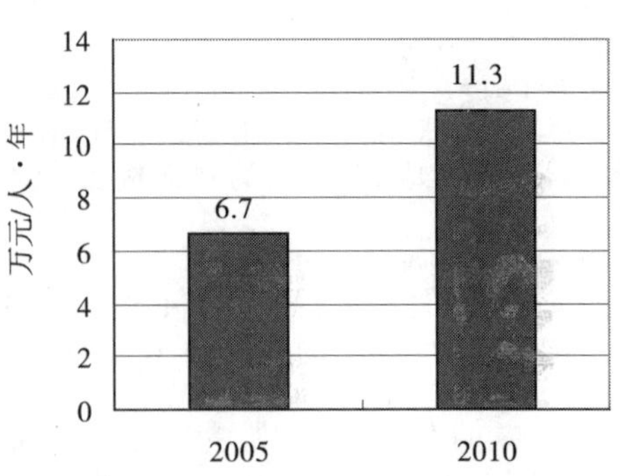

图2 “十一五”期间工业全员劳动生产率增长情况

（二）中小企业产业结构逐步优化

以临港工业为代表的重工业主导地位显著，“十一五”以来，全市中小企业规上重工业产值年均增长20.2%，2010年达到7473亿元，占全市规上工业产值的68.8%。传统产业比重逐步下降，高新技术产业、装备制造业占比稳步上升；至2010年底，纺织服装产业产值占全市规模以上工业比重为9.4%，比2005年下降了2个百分点；装备制造业产值占规模以上工业总产值比重达到36.8%，比2005年提高了4.1个百分点。全市有135种产品居全国同行业首位。五年来，我市先后被评为全国工业行业唯一的“中国××之都”有，“中国文具之都”、“中国模具之都”、“中国注塑机之都”、“中国橱房之都”、“中国水表之都”、“中国工程塑料之都”等荣誉称号。

（三）中小企业创新能力显著提高

创新平台建设扎实推进。“十一五”以来，全市中小企业分别新增国家级企业技术中心4家、省级企业技术（研发）中心141家、市级企业工程（技术）中心363家，累计分别达到7家、207家和500家，获国家技术发明奖5项（见图3）。规模以上工业新产品产值稳步增长，去年新产品产值率达到17.1%，比2005年提高7.7个百分点。专利、品牌和标准战略实施进展良好。“十一五”期间，新增驰名商标292个、中国名牌28个，累计分别达到303个和61个，在全国同类城市中名列第一，并三次荣获“中国品牌之都”称号。去年，全市专利授权量达25971件。其中发明专利1209件，分别是2005年的6.5倍和7.7倍（见图4）。目前，我市共荣获“中国标准创新贡献奖”5个，已经和计划主持、参与制修订的国际、国家、行业标准达518项。

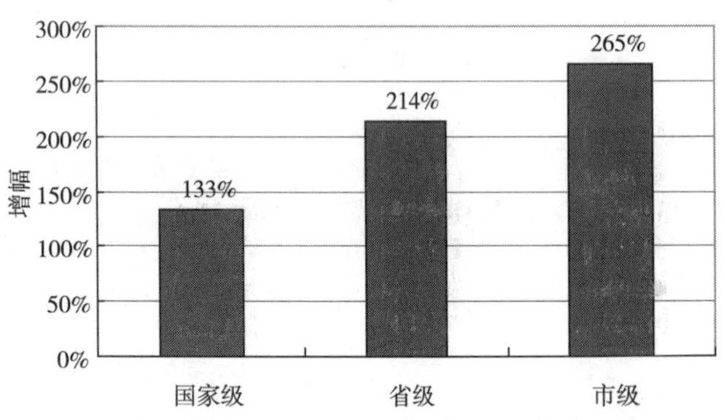

图3 “十一五”以来我市企业技术中心数量增长情况

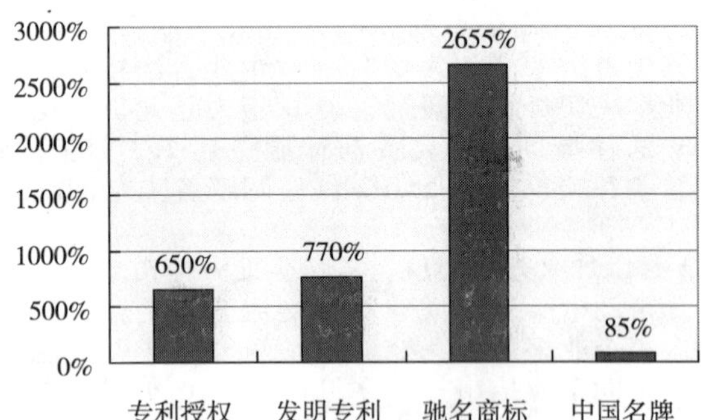

图4 “十一五”以来我市专利授权、发明专利、驰名商标和中国名牌增长情况

（四）中小企业产业集聚水平提升

中小企业工业产业布局由“低、小、散”向“园区化”、“集群化”转变。宁波省级高新区升格为国家级高新区，宁波化工园区成为国家级经济技术开发区和国家级新型工业化示范基地，保税区获“国家级集成电路产业基地”称号。我市塑料机械、西服衬衣、模具产业、家用小电器、文具等5大产业集群入选中国社会科学院发布的“2008中国百佳产业集群”名单，服装、家电被省认定为现代产业集群的示范区。

（五）中小企业组织化程度不断提高

2010年全市中小企业规模以上企业平均销售规模达8518万元，比2005年提高了53%。涌现出一批市场份额高、经济效益好、带动作用突出的龙头企业和骨干企业。全市规模以上企业达到12404家，是2005年的1.6倍，其中销售收入超亿元企业1479家、超10亿元企业110家、超百亿企业10家，分别是2005年的2.3倍、2.5倍和2.5倍。“十一五”以来，新增上市工业企业15家，累计上市公司达到25家，位居副省级城市前列。

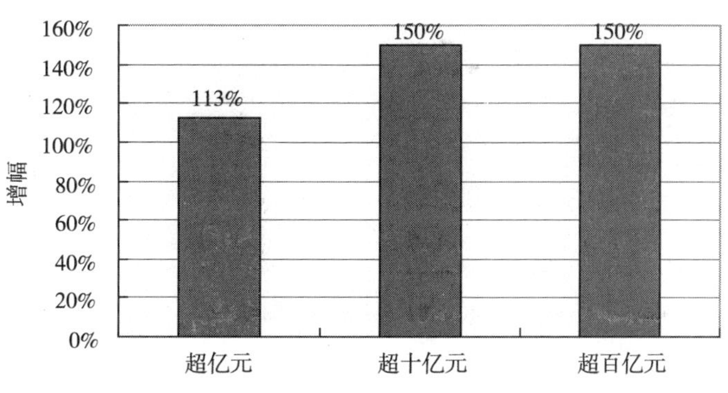

图5 “十一五”期间亿元以上企业数量增长情况

（六）中小企业节能降耗成效明显

“十一五”期间，全市中小企业共实施重点节能技术改造项目1000余项，累计形成年节能能力410万吨标准煤。共有10项项目列入国家节能补助计划。通过全市上下的共同努力，可以完成省政府下达的万元GDP能耗下降任务。全市万元工业增加值用水量为22立方米，比2005年下降50%以上；工业固体废弃物处置利用率每年都在95%以上。2009年，宁波经济技术开发区被评为国家生态工业园区示范试点。

二、中小企业主要工作

（一）以中小企业梯队工程为抓手，推进组织结构转型

一是引导企业做大做强。每年评选出上年度“纳税50强”、“成长之星”、新获国家名牌企业、科学发展特别奖、大学生创业奖、市长质量奖等10余类奖项，并在全市创业创新风云榜颁奖盛典上进行隆重表彰奖励，激发企业创业创新的热情。五年来，共有1541家（次）企业（单位、个人）受到表彰。二是大力实施中小企业“成长工程”。加强中小企业专业化配套和服务，重点扶持中小企业融资担保、技术支持、创业服务、培训教育、市场拓展和信息交流等六大服务平台。到目前为止，全市备案认定的39家融资担保机构，五年来共为1.8万家（次）中小企业提供了363亿元担保服务。加快市十大公共技术服务平台和各类中小企业公共技术服务平台建设，全市已认定了市级中小企业公共技术服务平台56家，累计服务企业50万家（次）以上。三是加强和改善行业协会的管理和服务。近五年新培育了石油和化学行业协会、医药行业协会等20余家专业行业协会。同时充分发挥行业协会作用，积极组织行业龙头企业和中小企业参加境内外相关的展会、技术交流和培训等活动，促进中小企业与国内外大企业加强合作与交流。

（二）以中小企业产业升级工程为抓手，推进产业结构转型

一是强化产业投资导向。先后大力实施了“510”产业升级工程和“5+5”产业优先发展战略进行精准扶持，制订并完善我市工业产业投资导向目录和产业准入政策。制定出台市级重点工业低产田改造项目扶持管理办法，推进“零土地”技改。2005年以来，全市新开工千万元以上“零土地技改”项目占总项目数的70%以上。以海天塑机、吉利汽车、裕人针织等装备制造总部型企业为龙头，大力推进装备制造“产业链技改”。二是加快重点优势产业发展。制定出台了装备、轻工、纺织、汽车、有色等9大产业的调整振兴三年（2009~2011年）行动计划。设立专项扶持资金，加快发展先进装备制造业。实施“工业设计创意12345工程”，大力发展以工业设计为重点的生产性服务业。三是培育重点产业基地。制定出台加快推进新兴产业和特色优势产业基地建设的政策，组织评定了工业设计、汽车零部件、新材料等38个产业基地。四是认真编制“十二五”工业规划。在做好35个前期研究的基础上，确定形成了“135”规划编制体系，共16个规划。规划现已经过预审，正在最后完善中。

（三）以中小企业节能降耗工作为抓手，推进生产方式转型

一是完善工作机制保障节能。与14个县（市）区政府（管委会）、11个市级主要涉能部门签订节能目标责任书，对167家重点用能企业下达了节能年度目标任务书，层层落实节能目标责任制，并创新性地加强对标考核和按产品单耗考核。二是依靠技术进步支持节能。成立节能技术服务市场专委会，积极培育合理用能评估中介机构，连续三年举办中国（宁波）节能环保技术与产品博览会，发布节能技术（产品）导向目录，大力推广节能新技术、新工艺、新产品。三是规范管理强化节能。制订出台《宁波市节约能源条例》，组建市节能监察中心，推进节能工作的法制化和节能长效机制的建立。实施市重点用能单位“333”节能行动方案，加大节能监测、能源审计和执法监督检查工作力度。积极推进清洁生产工作，目前全市已有近700多家重点企业通过了清洁生产审核。四是调整产业结构推动节能降耗。制定超限额高耗能行业能评政策，把牢高耗能产业准入关。积极引导风能、太阳能、地热能等可再生能源开发和建设，调整能源结构。积极实施小火电、小钢铁、小印染、黏土砖瓦窑、S7变压器等“两高”落后产能关停、淘汰，淘汰范围和淘汰量均远超国家和省政府规定的要求。大力推进工业循环经济“2412”工程，抓好循环经济试点。

（四）以中小企业创新能力建设为抓手，推进动力机制转型

一是加强企业技术创新平台建设。鼓励有条件的大企业（大集团）创建省级以上工程（技术）中心。鼓励民营企业与市内外高校、科研院所开展产学研合作。近年来，我市先后与国内外150多所高校和科研机构建立了合作关系，引进和共建技术研发机构140多个。积极构建科技应用转化服务体系，引导社会资金创办综合性或专业性的科技孵化器。目前，全市已建立市级以上科技孵化器16个，其中国家级6个，总孵化面积达35万平方米，孵化毕业企业340余家。二是大力实施“专利、品牌、标准”三大创新战略。加大专利扶持力度的同时，建立健全政府部门执法联动机制和行政与司法衔接机制，加强专利保护。对获得中国驰名商标和中国名牌的企业给予奖励或重点宣传，鼓励企业依托专利技术和优质产品创知名品牌。此外，以块状经济为依托，打造区域整体品牌。积极鼓励行业骨干企业参与或牵头主持国家标准、行业标准和地方标准的制定或修订。三是坚持以信息化带动工业化。编制企业信息化技术指导规范，加大扶持企业信息化示范项目力度。以纺织服装、装备制造、家用电器、化工、模具、文具等重点特色行业的信息化平台建设为重点，提升产业集群的综合竞争力。四是设立“市长质量奖”。2006年制定“市长质量奖”评定标准，2007年起开展“市长质量奖”评定活动，鼓励重点骨干企业推崇卓越绩效管理，全面提升企业发展战略、愿景规划、产品升级转型计划、服务质量、社会责任等水平，三年来已有9家企业获此殊荣，去年评定的两家企业待批。

（五）以服务中小企业活动为抓手，推进服务方式转型

一是帮助企业拓展市场。积极鼓励企业参与“家电下乡”、“汽车摩托车下乡”等产品招投标，我市共有42家家电生产企业中标，位居全国第一。以境内外“宁波周”、市外重要会展等合作平台为载体，重点针对我市服博会、能博会、汽车零部件和工业设计与创意产业进行招展招商。二是深化服务企业促发展活动。面对国际金融危机对我市工业经济的冲击，2008年7月中旬起至2009年底先后全面启动了“干部进企业、服务促发展”活动和“创建服务型机关、促进企业发展”活动，建立了市、县、镇服务企业三级联动机制，全市近7000名机关干部走访企业6万余家次，帮助企业解决各类难题超2万件，解决率从70%逐年提升到82%，收到了良好的社会效果，经委也因此荣获“集体三等功”。去年起，依托8718公共服务平台，建立服务企业长效机制，成为了企业各类咨询、难题提交流转的主渠道。此外，加大企业减负工作力度，仅2008年下半年以来，为企业减轻税费超过300亿元。三是加强企业人力资源培训。通过中小企业创业辅导班、EMBA班、国家银河工程、经委网络学院等多种形式，积极对中小企业经营管理者、专业技术人员、高级技工等开展各类培训，五年来，通过经委培训企业各类人员超过20万人次。

（六）推动中小企业产业结构升级，提升优势发展能力

一是强化产业基地发展优势。以“5＋5”产业为重点，对2009年度公布的第一批24个产业基地开展年度考核评价，并组织评定了工业设计、汽车零部件、新材料等14个新产业基地。二是加大工业设计产业发展扶持。先后发布《关于加快工业设计产业发展的若干意见》等文件，市财政新增安排1000万元，重点用于产业对接项目扶持、“和丰奖”工业设计大赛、国内外获奖作品奖励等方面。组织举行“和丰奖”工业设计大赛，完成34万平米“和丰创意广场”5栋大楼全面结顶的目标，入驻企业50家，签约承租面积约6.6万平方米。三是鼓励引导企业做优做强。推出综合示范和节能降耗、公共服务等专项，新增设立“设计主导型工业示范企业”专项，共有43家企业获得第二批“两创”示范企业称号。举办2009宁波创业创新风云榜，发布各类榜单30个，受表彰企业（单位）438家（次）。

（七）推动中小企业节能减排工作，提升持续发展能力

一是加快淘汰落后产能。成立市淘汰落后产能专项整治工作领导小组，与各县（市、区）政府（管委会）签订了2010年淘汰落后产能责任书，淘汰落后产能范围由省定的五个行业扩大到十个行业。公布了第一批淘汰落后工艺和设备名单，共331家企业、611台（套）落后设备。今年，除超额完成国家、省下达的任务计划外，又自行加压淘汰了隔膜法烧碱能力6万吨、格法玻璃能力150万重量箱、铸造企业6家、铸钢企业18家和200多台S7变压器等落后设备。二是严格执行有序用电。积极组织我市行业企业分批分期开展有序用电工作。通过及时的信息发送、限电措施执行落实情况督查和对空调温度设置、城市景观灯、亮化工程等进行专项督查，确保有序用电工作有效执行。下达区域用电控制方案，结合各县市区万元GDP能耗强度情况，分解落实并严格执行，保证了居民生活用电和重点单位用电，未出现大面积拉闸限电现象。三是开展节能专项行动。成立了市节能专项行动办公室，从相关部门机构抽调30多名人员集中办公，建立了节能专家库，完成全部188家市级重点用能单位的节能督察服务工作，编印分发“节能有关政策汇编”、“节能政策百问百答”等资料，走访市、县、部门等各级的重点企业达1300多家。

（八）推动中小企业技术创新工作，提升领先发展能力

一是加大技术改造力度。编制发布《2010年宁波市千万以上工业技术改造新开工项目计划》，共有397个项目列入，计划总投资311.8亿元。积极争取国家资金支持，获得国家重点产业振兴和技术改造资金1.7亿元。组织推进2010年度宁波市装备制造和新兴产业转型升级技术改造专项项目128个，计划总投资41.6亿元。确定海天塑机、吉利汽车2家企业为2010年度宁波市装备制造产业链龙头企业，实施装备制造“产业链技改”。确定市级低产田改造项目33个，共计补助2939万元。二是加快推进工业化与信息化融合。制定出台《宁波市加快信息化与工业化融合促进工业转型升级实施意见》，修订完善2010年度信息化工作扶持办法，首次把服务商列入企业信息化示范项目补助范围，鼓励服务商加大企业信息化建设推广力度。三是推动企业技术中心建设培育。重点做好省级企业以上中心的培育，今年新增1家国家级企业技术中心。组织指导企业报送国家科技成果转化项目申报。“高性能稀土永磁材料产业化”和“30万锭环锭紧密集聚纺纱生产线建设”项目获2010年国家科技成果转化项目专项资金补助，共计补助资金3600万元。四是鼓励企业加强产品创新。组织开展2009年度宁波市先进装备制造业重点领域首台（套）产品的申报认定，有2个产品获得国内首台套称号、11个产品获得省内首台套称号。大力引导企业开发工业新产品，开展2009年度重点工业新产品认定，确定重点工业新产品24个。

（九）推动中小企业发展要素保障，提升服务发展能力

一是积极推进企业市场拓展。成功举办第十四届宁波国际服装服饰博览会、2010中国（宁波）“能博会”以及一系列行业展会。利用“宁波周”契机，举办汽车零部件产业等产业对接洽谈会，在佛罗伦萨主办宁波—意大利服装产业合作交流暨服博会推介会”。认真做好青川灾后重建和库车产业对接相关工作，积极引导我市企业抓住西部大开发战略机遇，大幅跨出“走出去”步伐。二是做大做强融资担保机构。在全省率先出台全市融资性担保公司实施细则。对25家符合条件的担保机构，下达风险补偿资金2500万元。举办余姚、慈溪区域中小企业融资担保特别服务日活动，现场签订贷款担保合同7405万元。三是推动企业公共服务发展完善。新认定市级公共服务平台2家，新增服务企业家数3万家；新认定小企业创业基地1家，新增创业场地148万平米，新增就业人数9000人，孵化规模以上企业550家。积极推荐担保机构、服务平台、创业基地和中小企业技改项目申报国家中小企业专项资金的扶持，今年共累计获得这方面的资金补助4500万元，在计划单列市中名列第一。四是开展多层次企业辅导培训。全年共开设25大类的29个中小企业短期培训班，培训人员3100多人次，组织开展网络培训学院、乡镇领导转型升级培训、新兴产业总裁班和担保机构培训班等，累计培训基层干部和企业领导超过3.5万人/次。工程系列职称评审工作取得新突破，新增教授级高工15名，副高及中级职称219名。

（十）推动中小企业宏观引领指导，提升科学发展能力

一是全面推进“十二五”规划编制工作。成立了以分管市长任组长的“十二五”工业发展规划编制工作领导小组，在做好35个前期研究的基础上，确定形成了“135”规划编制体系，共16个规划。目前，所有规划完成初稿后，已进行多次征求意见和修改。二是提升工业经济运行监测分析工作实效。建立了全市220家重点工业企业月度运行监测制度，重点监测、及时跟踪重点企业、行业和区域的发展情况。积极推进产业安全预警工作，提高产业安全数据库报送率，被商务部评为产业安全数据库扩容工作先进单位。三是深化企业服务工作。以深化“作风建设年”为契机，进一步建立服务企业长效机制，初步形成了市、县两级8718服务企业的长效平台。委领导带队走访和联系企业群众近千人次，为企业实际解决问题100余个。加大企业减负工作力度。预计，全市将为企业减轻税费负担超过40亿元。

（十一）着力规范提升融资性担保机构

2010年宁波市中小企业管理部门着眼于推进担保机构优化服务，着力发挥政策的引导、扶持和规范作用，促进担保机构在增强实力、创新发展同时，努力扩大担保额。据对已完成变更手续和新设立的22家融资性担保机构统计，2010年担保总额达到102.6 9亿元，期末担保余额为74.94亿元，同口径比较，分别比上年同期增长86.04 %和60.78%。

一是市政府明确了担保机构的行政监管部门。多年来，宁波市担保事业发展良好。但监管部门不够明确，也给担保机构的进一步快速健康发展带来了一定影响。2010年8月，市政府明确市经委为全市融资性担保机构的行政监管部门。市经委确定由我们中小企业处承担具体职责。行政监管部门的明确，为全市融资性担保机构的管理和发展提供了体制性保障。

二是制定发布了监管政策。为加强对融资性担保公司的监督管理，规范融资性担保行为，促进融资性担保行业健康发展，经国务院批准，去年3月8日，国家银监会、发改委、工信部、财政部、商务部、人民银行、工商总局七个部门联合发布2010第3号令《融资性担保公司管理暂行办法》。市政府明确全市融资性担保机构的行政监管部门以后，我们根据国家七个部委联合发布的上述3号令，着手起草相关实施细则，并于去年8月9日，与市工商局联合制定发布实施《宁波市融资性担保公司设立、变更和终止实施细则（试行）》（甬经中小［2010］169号），对在宁波大市区域设立、变更、终止融资性担保机构作出了具体规定。这一实施细则为更好地促进全市融资性担保公司发展提供了重要保障。

三是开展担保公司的清理整顿。国家七部委的3号令提出，对不符合《融资性担保公司管理暂行办法》规定要求的担保机构，要在今年3月31日前完成清理整顿。去年8月以来，我们按国家规定，根据甬经中小［2010］169号文件，实行面上辅导和个别指导相结合，对担保机构进行清理整顿，开展变更为融资性担保机构的工作，进展顺利。截至2010年底，全市已有17家担保机构变更为符合国家要求的融资性担保公司，新设立了5家融资性担保机构，注册资本总额达到13.74亿元，注册资本超过一亿元的6家。在以上22家融资性担保机构中，慈溪市12家，余姚市3家、奉化市2家、北仑区1家、象山县1家、海曙区1家，鄞州区1家、高新区1家。我市担保公司的清理整顿工作走在全国前列。

四是大力做好担保机构风险补偿资金补助工作。根据《关于宁波市中小企业信用担保机构风险补偿资金使用管理办法的通知》（甬经中小［2008］170号），会同市财政局，委托专业的财务审计机构，对各担保机构的担保业务进行严格审计。根据审计结果，对符合条件的25家担保机构下达市级风险补助资金2500万元。按测算，2010年，市、县（市）区两级对担保机构的风险补助资金超过4000万元。

五是搭建融资担保平台。3月24日，我委和市建行、余姚市经发局、慈溪市经发局，联合在余姚举办了余慈区域小企业融资担保特别服务日活动。余姚、慈溪的17家担保机构、7家银行的32个支行单位和110余家中小企业共200余位代表参加了此次活动。活动日现场签订贷款担保合同项目56个，担保额达到7405万元。各担保机构积极响应我委倡导，为企业提供优惠服务。对活动日期间签订合同的项目减半收取担保费，对签订意向性合同的项目按80%收取担保费，对参加活动并在一年内签订担保合同的企业，同意给予其中一笔500万元以内的担保贷款，也按80%收取担保费。融资担保特别服务日活动，扩大了担保公司的影响，进一步推进了担保机构和银行的合作。

（十二）着力提升中小企业公共服务平台建设水平

针对中小企业普遍存在的技术和土地等难题，宁波市强化政策引导，注重发挥财政扶持资金的牵引作用，推动各地和相关部门、企业，加强公共技术服务平台和小企业创业基地建设。

一是依托产业集群，努力挖掘新的平台和基地。采取问卷调查的方式，在全市范围内选取83家重点企业，开展产品检测现状、服务能力和对外服务意愿等方面的调查，在此基础上挖掘了一批依托我市产业集群或优势产业，技术水平先进、有对外服务意愿的企业内部检测机构或实验室，力争将它们分步培育成为市、县（市）区新的公共服务平台。

二是注重学习调研，提升建设水平。组织有关县（市）区经发局同志和部分技术服务平台、小企业创业基地负责人赴江苏考察，学习苏州、无锡等地技术服务平台和小企业创业基地建设的先进经验，加强指导，促进技术服务平台发展和小企业创业基地建设水平不断提高。

三是完善政策。在学习外地先进经验基础上，根据新的形势，制定出台了新的《宁波市中小企业公共服务平台扶持资金管理办法》（甬经中小［2010］217号），对服务平台申报年度仪器设备、软件、专利技术和场地改造的实际投资额，结合服务业绩情况，给予8%～10%的补助，最高补助额度可达到100万元；并对服务功能完善、服务业绩突出的优秀服务平台，每家给予10万元的奖励。

2010年宁波市已认定的市级中小企业公共服务平台56家。其中，中小企业公共技术服务平台23家，服务类型包括检测类13家（均获得国家实验室资质）、加工类4家、研发类4家、市场拓展和信息服务类各1家；注册资金达到10933万元，工作场地5.72万平方米，从业人员852人，服务企业15万家次，四年来累计服务企业34万家次。小企业创业基地33家，提供创业场地577万平方米，共入驻小企业4300家，吸纳从业人员21.1万人，创业成功率在90%以上，我市部分创业基地已从单纯的以物业管理为主，转变为集人才培训、公共管理、融资担保、产品设计、检测、加工、信息等配套服务功能于一体的综合性企业培育基地，几年来累计培育规模以上企业1300多家。

（十三）着力创新中小企业创业辅导培训

坚持利用社会培训资源，以政府买单为主，通过为期3～5天的短训和EMBA班长训两种形式，为企业实行免费或低费培训，是近年来我市卓有成效地服务中小企业的一项重点工作。去年，在中小企业经营管理和技能人才培训方面作了新的探索。一是短期培训班。全年共开设25大类的29个培训班，培训企业经营管理和技能人才2900多人次，课程涉及危机管理、财务管理、精细化管理、知识产权保护等多个领域。其中，精细化管理培训班10期，培训学员1300多人次，主要面向年销售产值在5000万元以上、有一定管理基础和管理文化的中小企业中高层经营管理人员；民营企业传承和发展培训班2期，培训学员60多人，全部是民营企业第二代接班人。精细化管理、民企传承和发展，是去年新设立的两类培训班，受欢迎程度超过预期，取得了很好的社会效果。2005年至今，我们已累计开设短训班169期，培训学员1.6万人次。二是成长型中小企业领导高级工商管理（EMBA）培训班。在继续办好由企业总经理（董事长）和副总经理一起学习的混成班同时，重点探索举办主要由总经理（董事长）参加的“老总班”。精心设置课程，进一步推进教学管理，力求学员在学业、交流和情谊等方面获得更大收益。与浙大、复旦、宁大合作，分别开设第九期、第二期和第三期成长型中小企业EMBA班，新培训学员158人；完成了与浙大合作开设的第十期EMBA班的招生工作。12月31日，浙大第九期EMBA班学员运用老师教授的知识，开展了演讲比赛，他们一致反映收获很大。到目前为止，我们已累计与浙江大学、复旦大学、宁波大学、浙江万里学院开办成长型中小企业EMBA班15期，参加学员750余人，其中前12期学员已顺利结业，结业人数共计600多人。

（十四）着力加强国家扶持资金项目申报工作

2010年宁波市进一步强化工作创新，加强项目考察和申报辅导，积极推荐担保机构、服务平台、创业基地和中小企业技改项目申请国家中小企业资金扶持，全年共有41个项目共获得国家资金补助4540万元，位居全国计划单列城市第一，受到了市委常委、副市长余红艺的高度肯定。其中，象山县中小企业信用担保中心等16家财务制度规范、担保业绩显著的担保机构业务补助项目，获得国家中小企业发展资金支持2370万元；宁波永发集团有限公司等15家符合国家产业政策、技术水平先进的企业技术改造项目，获得国家资金补助1150万元；慈溪市华东轻纺针织城发展有限公司等4家运作规范、服务功能突出的小企业创业基地和中小企业公共服务平台等项目，获得专项资金补助650万元；鄞州永林电子电器有限公司等4家企业通过提高管理素质活动，获得国家资金补助270万元；宁波腾泓信息服务发展有限公司等2家中小企业服务机构，获得国家资金补助100万元。

“十一五”期间，宁波市累计共争取到国家各类中小企业扶持资金12684万元。其中：中小企业信用担保项目50家次，获得补助资金6630万元；国家中小企业固定资产投资技改项目45个，补助资金3240万元；中小企业公共服务平台10家，补助金额1480万元；小企业创业基地项目5家，补助金额820万元；企业提高管理素质项目4家，补助金额270万元；中小企业服务体系项目10个，补助资金166万元；国家银河工程培训项目8期，资金补助78万元。国家扶持资金的取得，有力地促进了我市中小企业体系建设，推进了企业发展。

（十五）着力帮助中小企业开拓国内外市场

由国家工信部主办的第六届APEC中小企业技术交流暨展览会和第七届中国（国际）中小企业博览会，分别于2010年7月上旬、9月下旬在福州和广州举办。为展示我市中小企业技术创新成果，我委独立组展，精心组织7个县（市）区的26家中小企业参展，落实展位62个，并统一组织设计和装修，有效帮助企业开拓国内外市场。宁波代表团获得了第六届APEC展览会组委会颁发的“最佳组织奖”和“最佳设计奖”、第七届中博会优秀组织奖。2005年以来，我们已累计组织220家企业参加由国家发改委和国家工信部在青岛、福州主办的四届APEC中小企业技术交流暨展览会和在广州举行的七届中小企业博览会，扩大了宁波商品和宁波城市品牌的影响力，展示了宁波制造业的优势。

中小企业服务体系建设的宣传和表彰工作得到新的加强。在宁波日报设立专版，对部分担保机构、公共技术服务平台、小企业创业基地和企业培训工作进行专题宣传报道，扩大了服务体系建设单位的影响力。推荐象山中小企业信用担保中心、宁波中普检测技术服务有限公司和宁海模具城等14个单位，作为优秀公共服务平台，在2010年4月25日全市“创新创业风云榜”颁奖典例上受到公开表彰。

2010年宁波市根据国家工信部要求，开展了中小企业运行监测工作，全市共有63家中小企业及时向工信部上报了监测数据，位居全国前列，受到了工信部表扬，并在2010年8月召开的全国会议上作典型发言介绍。

三、个体私营（民营）企业发展情况

2010年，宁波市全面开展“改革突破”、“创新提升”活动，民营经济增长平稳较快，产业结构调整加快，个体私营经济继续保持回升向好的态势，主要经济指标增幅较大，全市个私企业经济运行总体情况良好。

宁波市2010年有个体工商户29.51万户，从业人员60.48万人，自有资金137.59亿元，同比分别增长7.47%、7.77%和18.98%；共有私营企业12.7万户（含分支机构），投资者25.04万人，雇工151.29万人，注册资金2554.28亿元，同比分别增长11.02%、12.43%、6.35%和26.33%。

（一）个体私营经济总量双双突破新高，新开业户数明显增加

2010年，宁波市个体工商户总量再创新高，自去年达到27.46万户后，今年又突破29万户，再创历史新高。个体工商户总量增幅由去年的3.97%上升到7.47%，上升3.5个百分点。个体从业人员60.48万人，同比增长7.77%，上升2.64个百分点，自有资金数达到137.59亿元，同比增长18.98%，上升7.22个百分点。

从个体工商户总量的增幅上看，杭州湾新区是增长速度最快的区域，增幅为17.58%，鄞州区、镇海区、保税区、江北区的增幅也较为突出，同比分别增长16.56%、11.37%、11.36%和10.64%。此外，有9个地区保持在0～10%的低增长势态；而高新区和海曙区出现了负增长。其中，高新区的个体户总量自上年冲高后，2010年因注销、吊销等而清理了水分，同比增幅为－8.55%；海曙区因受地域限制，个体户总量接近饱和，同比增幅为－0.55%。本年度，全市个体工商户新开户数量6.18万户，同比增长13.60%，上升3.42个百分点。其中，保税区、鄞州区、杭州湾新区、余姚市的个体工商户新开业户数增长喜人，同比分别增长73.68%、65.15%、64.38%和38.34%。此外，有5个地区个体工商户新开户数在1～16.85%小幅增长，有7个地区出现小幅下降趋势。

2010年，宁波市私营企业发展良好，运行稳健。全市私营企业总户数12.70万户，又创历史新高，增幅为11.02%，上升8.49个百分点。各地私营企业总量增幅总体向好，均呈现上升趋势（见表1）最好的是杭州湾新区，同比增长32.52%；其次是高新区，同比增长27.86%；北仑区、鄞州区、江东区、镇海区的增幅在10%～20%。此外，有9个地区增幅在5%～9%，江北区的增幅最低，为4.46%。

2010年宁波市新开私营企业户数明显增多（见表2），达2.26万户，投资者4.49万人，雇工19.69万人，注册资金389.59亿元，同比分别增长17.58%、22.07%、20.97%和47.03%，继续保持了上一年度的良好增势。其中，市局本级新开业私营企业增幅最大，同比增长36.67%；镇海区和北仑区紧随其后，同比增长 34.82% 和 34.40%。其他，有 6 个地区的增幅保持在 20% ~30%，有 3 个地区的增幅在 10% ~20%，有 4 个地区的增幅在 0% ~10 之间，而唯独保税区的私营企业新开户数同比为负增长，增幅为 -5.96%。

表 1　2009 ~2010 个私企业实有户数指标增长对比

	私企户数（万户）	投资者（万人）	雇工（万人）	注册资金（亿元）	个体户数（万户）	从业人员（万人）	资金数额（亿元）
2010 年末	12.70	25.04	151.29	2554.28	29.51	60.49	137.59
2009 年末	11.44	22.27	142.25	2021.89	27.46	56.13	115.64
同比增长率	11.05%	12.44%	6.35%	26.33%	7.47%	7.77%	18.98%

表 2　2009 ~2010 个私经济新开业指标增长对比

	私企户数（万户）	投资者（万人）	雇工（万人）	注册资金（亿元）	个体户数（万户）	从业人员（万人）	资金数额（亿元）
2009 年末	1.93	3.68	16.28	264.97	5.44	11.62	28.80
2010 年末	2.27	4.49	19.69	389.59	6.18	15.32	39.94
同比增长率	17.62%	22.01%	20.95%	47.03%	13.60%	31.84%	38.68%

纵观 2010 年的私营经济发展状况，总体上保持了回暖上升、稳健发展的势态。第一、二、三季度私营企业期末实有户数、注册资金均呈现良好势头，稳步攀升。第四季度，受宏观调控政策、原材料价格上涨、节能限电等因素影响私营经济中的相关指标有所下降，具体变化情况见图 6、图 7。

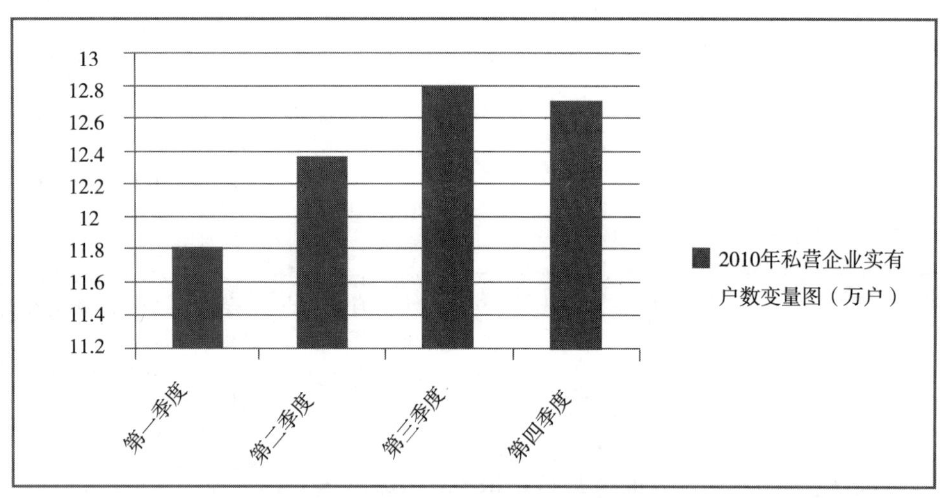

图 6　2010 年私营企业实有户数变量图

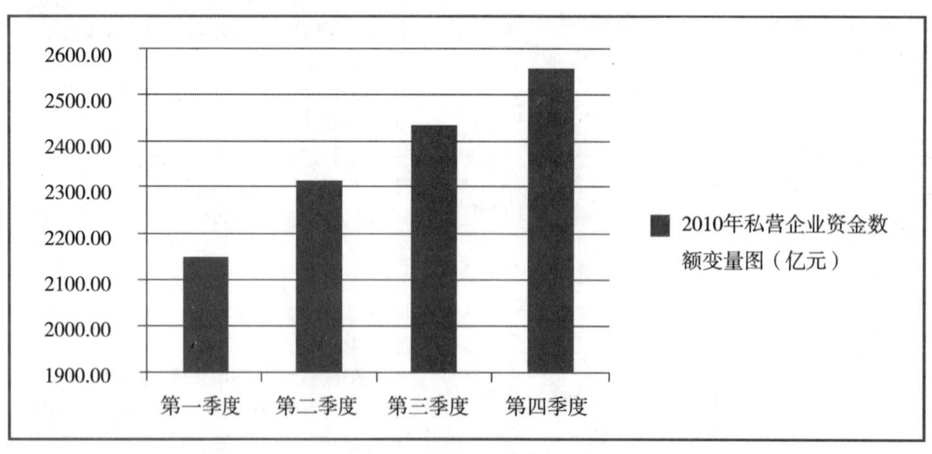

图 7　2010 年私营企业实有资金变量图

（二）股份有限公司企业快速发展，有限公司企业增幅较大

在私营企业发展类型方面，数据如表3所示。

表3　私营企业公司类型

公司类型 数据	独资公司	合伙企业	有限责任公司	股份有限公司
2009年	30087	6861	76960	518
2010年	29788	7314	89307	626
增长率	-0.99%	6.60%	16.04%	20.85%

由于对外经销联系、交往的需要，公司制企业更加符合国际惯例，具有与社会主义市场经济相适应的经营机制，能实现产权明晰、责权明确、政企分开、管理科学，使企业真正成为自主经营、自负盈亏的法人主体，并符合大多数人的心理，使有限责任公司成为投资者首选的组织形式，公司制企业随之稳步发展。在鼓励个人投资创业、吸引民间资本、扩大就业渠道和促进地方经济发展等方面，公司制这一企业组织形式将发挥着越来越重要的作用。

（三）注册资本（金额）继续扩张，新开企业资金规模较大

2010年，私营企业注册资本（金额）达2554.28亿元，同比增长26.33%；个体工商业资金数额为137.59亿元，同比增长18.98%。全市新开私营企业注册资本（金额）达389.59亿元，同比增长47.03%；个体工商户新开户数资金数额达39.94亿元，同比增长38.65%。

我市个体私营企业增加投入，主要源于：

一是企业期盼做大做强，增强抵御风险能力。今年我市又有14家企业入选浙江百强企业，在这些龙头企业的引领下，部分生产经营能力达到一定规模、研发能力强的企业，增加投入、扩大资金规模明显增多。如宁波雅戈尔高新置业投资有限公司注册地在我市东部新城地块，今年4月在国家出台房产新政后投资热情不减，注册资本就高达10个亿，成为2010年注册资本最大的私营企业。

二是宁波市目前正处于城市轻轨建设和东部新城开发等有利于企业发展的机遇期。江东区地处我市东部新城核心地块，房地产开发企业都想抓住时机，纷纷利用企业增资来提升企业的发展空间，从而提升企业的核心竞争力。2010年上半年，宁波东部新城开发投资有限公司注册资本从2亿元增至7亿元，宁波开投置业有限公司注册资本从4亿元增至5亿元，宁波环球置业有限公司注册资本从3.5亿元增至4.5亿元，宁波宏泰房地产开发有限公司注册资本从6.55亿元增至7亿元，宁波江东百隆房地产有限公司注册资本从5000万元增至5.2亿元。

三是相关扶持政策的出台，很大程度上为投资者增添了发展的信心。新国36条和我局出台的《关于支持自主经营鼓励创业发展的意见》及其实施细则降低了企业准入门槛，缓解了经营场所、资金等制约企业设立发展的瓶颈问题，使更多的市场主体进入市场创业发展。

（四）受经济回暖影响，注销企业增幅总体回落

2010年，宁波市企业注销户数高幅增长的现象，已得到有效缓解。私营企业的注销5283万户，同比增长0.19%，私企注销行业依次排列为科学研究、技术服务和地质勘查业、租赁商服业、广告业，分别占注销数的16.13%、13.50%和13.33%。全市私营企业资金总量因企业注销，有58.09亿元资金退出市场。

个体工商户因其规模小、抗风险能力差，加上经营不善、营业场所租金上扬等因素，全年注销2.6万户，注销量同比下降8.22%。从本年度个体工商业的注销行业来看，仍然集中在房地产业、信息传输、计算机服务和软件业、建筑业，分别占总注销数的40.70%、33.75%和20.77%。

（五）在产业结构方面，个体私营经济发展各有侧重

个体工商户期末实有户数第一产业、第二产业、第三产业分别占整个产业结构的0.89%、21.91%和77.20%，与去年同期相比基本持平。其中，新增第一产业个体工商户573户，同比增长18.39%；新增第二产业个体工商户14745户，同比增长52.86%；新增第三产业个体工商户46520户，同比增长5.00%。

私营企业期末实有户数第一产业、第二产业、第三产业分别占整个产业结构的0.83%、51.69%和47.48%，与去年同期相比基本持平。其中，新增第一产业私营企业175户，同比增长-9.79%；新增第二产业私营企业8547户，同比增长20.58%；新增第三产业私营企业13966户，同比增长16.25%。

（六）行业投资热点纷呈，制造业仍然为个私经济发展的主力军

从统计数据（表4）可看出，个体工商户第一产业中农、林、牧、渔业发展迅猛，新开业户数同比增长18.39%，资金数额同比增长43.61%。第二产业中制造业较去年有较大起色，新开业户数同比增长56.25%，资金数额同比增长72.88%。第三产业中金融业、交通运输、仓储和邮政业、房地产业同比增长幅度位居前三甲，新开业户数同比增长分别为100%、84.31%和40.94%，资金数同比分别增长7.42%、80.42%和28.10%。

表4　2009～2010个体工商户行业新开业增长情况对比表

行业分类	其中：本期开业					
	2010年户数	2009年户数	同比增（%）	2010年资金数额（万元）	2009年资金数额（万元）	同比增（%）
	61838	54436	13.60	399425	288072	38.65
农、林、牧、渔业	573	484	18.39	20102	13998	43.61
采矿业	4	12	-66.67	428	1355	-68.41
制造业	14417	9227	56.25	117457	67942	72.88

续表

行业分类	其中：本期开业					
	2010年户数	2009年户数	同比增（%）	2010年资金数额（万元）	2009年资金数额（万元）	同比增（%）
	61838	54436	13.60	399425	288072	38.65
电力、燃气及水的生产和供应业	2	7	-71.43	11	58	-81.03
建筑业	322	400	-19.50	4134	6777	-39.00
交通运输、仓储和邮政业	6377	3460	84.31	37347	20700	80.42
信息传输、计算机服务和软件业	81	96	-15.63	290	377	-23.08
批发和零售业	30962	31670	-2.24	145990	118929	22.75
住宿和餐饮业	2510	2522	-0.48	31220	25160	24.09
金融业	8	4	100.00	275	256	7.42
房地产业	410	320	28.13	1544	1046	47.61
租赁和商务服务业	698	639	9.23	4214	4375	-3.68
科学研究、技术服务和地质勘查业	43	43	0.00	160	216	-25.93
水利、环境和公共设施管理业	5	6	-16.67	473	114	314.91
居民服务和其他服务业	5036	5035	0.02	27905	21034	32.67
教育	—	1	-100.00	—	20	-100.00
卫生、社会保障和社会福利业	37	57	-35.09	1363	1319	3.34
文化、体育和娱乐业	351	441	-20.41	6493	4309	50.68
其他	2	12	-83.33	19	87	-78.16

统计数据（表5）显示，私营企业第一产业中农、林、牧、渔业新开户数虽呈现出下降趋势，同比下降9.79%，但新开户私营企业户数规模有所增大，注册资金同比增长47.78%。第二产业中，私营企业建筑业和制造业成为良性发展的主动力，新开户数同比增长20.54%和21.36%，注册资金同比增长25.9%和13.21%。第三产业中，基数较大的科学研究、技术服务和地质勘查业、房地产业、交通运输、仓储和邮政业新开户数同比分别增长49.58%、30.42%和22.79%，注册资金同比增长99.03%、83.62%和41.21%。其中，大榭开发区因拥有世界上罕见的直接靠港40万吨级货轮的深水岸线，造就了临港化工、能源中转和港口物流业，成为辖区第三大支柱产业。三个行业并驾齐驱，协调发展，从而逐步形成集码头、化工生产、仓储、能源中转、物流于一体的完整产业链。随着一批集装箱码头、油品码头和散货码头泊位的建成投产，越来越多从事交通运输、仓储等港口物流业的投资者开始将目光聚集到大榭。2010年，大榭开发区共设立从事内资物流港口业的企业17家，注册资本（金）达9150万元，到目前为止该辖区的内资港口物流业企业累计已达112户，注册资本（金）达130633万元，呈现良好的发展态势。

表5 2009~2010私营企业行业新开业情况对比表

行业分类	其中：本期开业					
	2010年户数	2009年户数	同比（%）	2010年注册资本（万元）	2009年注册资本（万元）	同比（%）
	22688	19296	17.58	3895906	2649666	47.03
农、林、牧、渔业	175	194	-9.79	29878	20218	47.78
采矿业	11	11	0.00	535	990	-45.96
制造业	7453	6183	20.54	753818	665849	13.21
电力、燃气及水的生产和供应业	9	9	0.00	5773	220	2524.09
建筑业	1074	885	21.36	139462	110775	25.90
交通运输、仓储和邮政业	695	566	22.79	162197	114860	41.21
信息传输、计算机服务和软件业	491	493	-1.41	59792	44918	33.11
批发和零售业	7587	6752	12.37	839838	647540	29.70
住宿和餐饮业	294	249	18.07	28550	18543	53.97
金融业	45	38	18.42	103448	76803	34.69
房地产业	626	480	30.42	612230	333431	83.62
租赁和商务服务业	2318	2050	12.85	789039	421527	87.19
广告业	386	369	4.61	15767	17019	-7.36
科学研究、技术服务和地质勘查业	1255	839	49.58	320874	161215	99.03
水利、环境和公共设施管理业	46	44	4.55	7609	6396	18.96

续表

行业分类	其中：本期开业					
	2010年户数	2009年户数	同比（%）	2010年注册资本（万元）	2009年注册资本（万元）	同比（%）
	22688	19296	17.58	3895906	2649666	47.03
居民服务和其他服务业	438	371	18.06	20706	18369	12.72
教育	2	5	-60.00	300	80	275.00
卫生、社会保障和社会福利业	22	8	175.00	770	299	157.53
文化、体育和娱乐业	146	105	39.05	21037.00	7583	177.42
其他	1	5	-80.00	50.00	50	0

（七）国际需求进一步回暖，外贸出口迅速回升

随着全球经济的回暖，国际需求量进一步加大，2010年经历了国际金融危机洗礼的宁波外贸实现了历史性跨越，年进出口总额首次突破800亿美元大关。据海关最新统计数据显示，2010年全市个体私营经济共实现外贸进出口总额829亿美元，同比增长36.3%，其中进口309.4亿美元，出口519.7亿美元，同比分别增长39.6%和34.5%。

2010年，宁波市抓住国际市场外需恢复的契机，政企联手开拓市场，取得了积极成效。全市对欧盟、美国两大传统市场出口同比增幅均接近40%，对巴西、俄罗斯等重点新兴市场出口增幅超过80%。目前，直接与宁波开展贸易往来的国家和地区有220多个。外贸队伍特别是民营进出口企业的不断壮大，增强了我市外贸发展的后劲。本年度，全市外贸实绩企业突破1万家，同比增加1100多家，进出口上亿美元企业超百家。私营企业中的中基集团、远大物产、前程投资、慈溪进出口、神化化学品等民营外贸企业已成为全国同行的标杆企业。

（八）私营企业重视科技创新，注重提高核心竞争力

企业创新投入持续增长，全市规模以上工业企业科技活动经费支出在连续多年保持较快增长的基础上（其中2008年和2009年分别增长22.1%和9.6%），2010年1~10月累计投入78.1亿元，同比增长41.9%，高于去年同期增速31.8个百分点。全市累计专利授权量21738件，同比增长82.8%；其中发明专利授权954件，同比增长59.0%，专利授权量居15个副省级城市第4位。新产品生产快速增长。1~11月，全市规模以上工业企业累计完成新产品产值1631.1亿元，同比增长47.6%，比上半年增速提高6.1个百分点，高于同期产值增速11个百分点；累计新产品产值率16.7%，高于去年同期1.4个百分点。如宁波江丰电子材料有限公司目前已能生产超高纯铜、铝、钽、钛等材质的各类靶材产品，并应用到当前最先进的半导体制造领域，吸引了多家世界500强企业的目光；浙江佳贝思绿色能源有限公司在国家大力发展电动汽车等绿色交通工具的背景下，不断加强与国际著名企业的技术合作，开发了近10个规格的锂动力电池产品，产品已经成功进入欧美高端市场。

（九）积极实施节能降耗，促进循环经济发展

在当前严峻的节能减排形势下，不少私营企业把节能降耗工作摆上重要位置，不断创新工作方式，加大节能投入，走可持续发展之路。我市积极鼓励企业开展清洁生产工作，并全力加强业务指导，努力让企业通过加大技改投入、挖掘内部潜力等办法来进一步提升节能降耗水平，通过清洁生产来进一步提升节能效益。同时，我市严格控制高能耗、高排放项目落户，优先考虑能耗低、潜力大的节能环保类项目。如宁波胜康纸业有限公司实施了节能环保型印刷生产线节能技改项目，该项目不仅可每年新增产值6000万元，而且与原生产线相比，可节煤30%、节电27%、节水25%；宁波科博特公司先用工业污水用于对粉尘的喷淋，然后经过压滤机处理后再回用，日节水80吨，实现了水资源的循环利用。

（十）世博经济给宁波个体私营经济带来了新的机遇

世博会在上海的举办，对宁波个体私营经济转型升级、加快发展是一个难得的机遇。如宏润建设中标世博会园区浦东部分道路及市政配套设施工程，龙元建设集团揽得安置世博会动迁居民的工程订单，贝发集团生产的“世博会”系列纪念笔是2010年世博特许产品，欧琳厨具成为上海世博会厨具指定供应商，宁波音王集团成为上海世博会中国馆、主题馆音响设备指定供应商等。此外，我市还充分利用世博宁波案例馆指定产品供应商的平台来宣传宁波企业和产品，提高宁波企业和产品的知名度。陆龙兄弟、宁波音王集团、宁海大梁山啤酒有限公司等企业成功入选世博宁波案例馆指定产品供应商。

（宁波市经济和信息化委员会　董其岳）

厦门市

2010年，在市委、市政府的正确领导和上级部门的指导下，我市中小企业民营经济系统深入贯彻落实国务院《关于支持和引导个体私营等非公有制经济发展的若干意见》和厦门市人民政府《关于支持中小企业经营发展的实施意见》等有关政策，围绕工作目标，从完善工作机制、推进中小企业成长工程、加强融资服务、推动企业管理提升和进一步完善服务体系等工作入手，引导、帮助中小民营企业把握海西战略机遇，顺应当前经济形势，实现持续、快速、健康发展。

（一）完善民营中小企业发展环境，提升民营中小企业竞争力

1. 充分发挥重点民营企业的带动作用

继续开展重点民营企业评选，2010年度重点民营企业评选工作在总结前3次经验的基础上，于2010年2月10日启动，通过宣传发动、推荐报名，共有95家民营企业申报，经过资料审核、计分排名、部门联审、拟定初选名单、公示等工作程序，共50家民营企业获得2010年度厦门市重点民营企业称号。

2. 继续推动中小企业成长工程

今年4月完成2010年度成长型中小企业评选，评选出最具成长性中小企业36家，成长型中小企业237家。继续设立中小企业成长支持资金，重点支持符合国家产业政策、为大企业协作配套、具有自主知识产权的成长型中小企业的固定资产投资及流动资金贷款项目，全年共有59家成长型中小企业获得840万元贴息资金。

3. 举办中小企业服务博览会活动

4月18日，举办以“海峡两岸携手合作、共助中小企业发展”为主题的中小企业服务博览会，“博览会”邀请工信部中小企业司、省经贸以及中国中小企业协会作为指导单位，引进台湾中小企业及其服务机构共同参与，进一步提升活动规格、扩大活动规模、拓宽服务领域、创新服务手段。博览会在6000多名方米的展厅内开设服务馆与商机馆，分设综合服务、融资、管理咨询等9个展区，共310个展位，为参加博览会的广大中小企业代表提供一站式的专业化服务。博览会以两岸合作、融资服务、管理提升等为主题共举办17场专题论坛，为中小企业指点迷津。

4. 加强中小企业公共服务平台建设

根据工信部等7部委联合发文《关于促进中小企业公共服务平台建设的指导意见》文件精神，4月30日召集了相关部门、各区经贸局、工业园区管委会以及各行业服务机构在市政府召开中小企业公共服务平台建设工作座谈会。根据会议精神，厦门市经济发展局随后开展市级中小企业公共（技术）服务平台的认定工作，首批认定10个服务平台，通过政策扶持、资金引导提高公共服务拓展中小企业市场的积极性。

5. 送政策进企业

联合银行、担保公司、管理咨询服务等机构开展走访成长型中小企业、送政策进企业的活动，深入企业，服务企业。对2010年度最具成长性中小企业和新入选的成长型中小企业逐户走访，并在各区召开成长型中小企业片区座谈会，让中小企业尽可能使用好政府出台的扶持企业的各项优惠政策。针对我市成长型中小企业主普遍反应的土地、厂房困难，7月16日，厦门市经济发展局牵头组织了一场由来自食品、机械、电子、鞋类等多个行业的数十家成长型企业参与的“中小企业厂房及工业用地需求对接会”。从翔安火炬园到集美灌口工业区，务实紧凑的考察和走访，让各企业既加深了对其对岛外整体工业布局及规划发展的宏观了解，也对岛外厂房及用地情况加强了感性认识，与会企业家均对这种讲解与实地考察结合的项目对接活动形式感到满意。

6. 支持企业开拓国内外市场

积极组织中小企业参加第7届中小企业博览会、APEC技展会等，不断拓宽市场发展空间。依托厦门工业经济网、中小企业在线网站开辟厦门地产工业品展示专栏，促进本地企业对接，鼓励企业进行网上采购；帮助符合条件的中小企业纳入政府采购目录，推动政府采购向中小企业产品倾斜。依托市中小企业服务中心、行业协会等平台，加强与专业培训机构合作，聘请优秀营销名师，大力开展营销技能培训，不断提高中小企业营销队伍的专业技能。举办“透过香港，走向国际”香港服务业研讨会，帮助我市中小企业更全面地了解企业在香港融资上市以及投资的相关信息，透过香港引进国外先进的管理方式，开拓和发展国际市场。

7. 推动中小企业境内外交流合作

7月，组织部分中小企业领导赴韩国和日本进行了为期10天的经贸考察交流活动，学习和借鉴日韩中小企业发展经验，广泛接触各方人士，通过交流，了解日韩企业的投资意向，有目的的开展招商活动；还举办了“大阪—厦门中小企业合作论坛”，进一步加深了厦门市中小企业与大阪市中小企业及企业家之间的了解，特别是通过中日企业家论坛对大阪有了更加直观的认知，为我市有针对性地开展合作与交流奠定了基础；11月，为促进海峡两岸金融业界的学习与交流，积极探索破解中小企业融资难问题，组织部分中小企业及银行业界的相关人员，赴台湾进行为期8天的考察学习活动。考察团分别拜访了中小企业信用保证基金、台北富邦银行、华南金融控股有限公司、兆丰金融控股有限公司、台湾中小企业银行、中租迪和股份有限公司和中华金融业务研究发展协会。两岸业界同仁就如何破解中小企业发展中的融资难问题、积极提升中小企业的竞争力及促进中小企业健康发展等方面进行了广泛的交流和探讨；12月，组织部分中小企业代表以及银行、担保典当等服务机构负责人赴港进行为期5天的考察学习活动，代表团参加了2010年“国际中小企业博览”和“创新科技及设计博览”等活动，并与香港中小企业服务中心就中小企业服务工作进行了广泛交流与探讨。活动增强我市与香港两地中小企业的交流，为引导我市中小企业充分利用香港作为国际金融中心、国际商贸平台和现代物流配送中心的优势，提供更多的商机和学习交流机会。

8. 开展中小企业生产经营运行监测

为及时了解中小企业生产经营情况，进一步增强工作的主动性、预见性，积极应对中小企业发展的困难和问题，更好地服务和指导中小企业，促进中小企业持续健康平稳发展，根据工信部的要求，全年实现200户企业向全国中小企业生产经营运行监测平台数据直报的目标。

9. 帮助中小企业申请国家、省级专项扶持资金

根据国家中小企业发展专项资金、省级中小企业扶持资金申报要求，辅导我市企业准备材料、组织专家评审筛选项目，积极争取国家、省专项扶持。全年共争取各级专项资金6793万元。

（二）拓宽融资渠道，切实解决中小企业融资难题

1. 继续发挥厦门市中小企业融资工作联席会的作用

今年的联席会，着重研究政银企会商协调机制、

融资担保服务体系的建立与完善、积极宣传推广中行借鉴“淡马锡”中小企业融资服务模式经验、鼓励银行业金融机构创新服务机制与理念、企业抵质押物评估登记工作等方面的问题。会议明确继续对为我市中小企业提供融资担保的信用担保机构给予贷款担保风险补偿，充分发挥风险补偿金对中小企业融资的引导促进作用，进一步扩大中小企业信用评级范围，对参评企业采用补贴的方式鼓励其积极参与。

2. 调动银行业中小企业贷款积极性

与市财政局、银监局等相关部门联合开展银行业中小企业贷款奖励工作，评选出厦门农行等5家银行为2010厦门市银行业金融机构小企业授信工作先进单位、10位个人为2010厦门市银行业金融机构小企业授信工作先进个人，并对厦门银行等5家银行给予通报表扬。通过加强考核、落实奖励资金，鼓励银行业扩大中小企业贷款规模、创新中小企业融资服务产品，完善中小企业的贷款利率定价机制和考核机制，支持做好中小企业融资服务工作。4月18日，与建行等5家银行签订支持中小企业合作发展协议，5家银行承若3年内不少于2250亿元信贷额度用于支持中小企业经营发展，并将优先支持成长型中小企业、高新技术企业以及节能减排、绿色环保项目等。根据《厦门市银行业金融机构小企业贷款风险补偿金暂行办法》，共有厦门工行、建行等10家银行获得2009年度小企业贷款风险补偿金共计1447万元。

3. 推进中小企业融资担保工作

一是开展融资性担保机构规范整顿工作。为进一步加强对融资性担保公司监督管理，规范融资性担保行为，厦门市经济发展局、厦门市工商局、厦门银监局、人民银行厦门中心联合发布《厦门市融资性担保机构监督管理暂行办法》，对担保机构的准入、运营及退出事项进行明确规定；二是发布《厦门市融资性担保机构及分支机构设立申报指引》、《厦门市融资性担保机构及分支机构确认申报指引》、《关于开展厦门市融资担保机构规范整顿暨确认工作的通知》等文件，指导各担保机构对照文件要求进行自查整改，并在全市开展融资性担保机构规范整顿工作；三是完成2009年厦门市担保行业调研情况报告，分析担保行业运行状况，上报工信部；四是积极协调处理市担保、金原担保和丰润担保等3家担保机构享受3年营业税减免事宜；五是根据《厦门市中小企业信用担保风险补偿金管理办法》，2010年家中小企业融资担保机构获得344万元风险补偿金。同时，还有14家担保机构获得国家、省担保风险补偿金931万元；六是依托行业协会，推进担保行业自律。积极培育和支持厦门市担保典当行业协会发展，紧密结合当前典当监管工作实际，指导协会积极开展行业自律，制定了《厦门市担保典当行业自律公约》。

4. 加强典当行监管服务工作

一是完成2009年典当行运行情况分析报告，开展厦门市典当行业业绩评价工作。根据各典当行的经营业绩、资金运作能力、风险控制水平、投资回报及社会贡献等具体指标进行综合分析比较排名，并就排名结果和经营业绩给予相应评述，同时通过网络、媒体宣传公布，鼓励典当行做强做大。二是开展典当行年审工作。对本市28家正常营业的典当行进行每年一度的审查，依法检查了各家典当行当票、续当票使用保管情况、财务账册、凭证和银行对账单，以及监控设备运行保存等安防措施、运作状况和合规性。对查出的违规或异常问题，均要求限期整改，并进一步完善制度、规范运作规则，防范类似问题再次发生。三是根据《福建省经济贸易委员会关于落实典当企业执行〈企业会计准则〉有关事项的通知》精神，组织本市典当公司财会人员学习典当企业会计制度和信息报送制度。四是贯彻落实商办建函［2010］1365号精神，适时召开全市典当行业监管工作会议，布置落实典当行业监督管理信息系统启用的各项准备工作，敦促典当行切实提高规范化管理水平，增强风险防控能力。五是根据对审计中介机构名单两年一认定原则，积极开展2011－2012年度担保机构、典当行及中小企业发展专项资金审计中介机构认定工作。六是转发闽经贸综合［2010］402号文，对典当行的变更事项进行严格审核，切实规范股权变更行为，防止不具备资格的企业和个人进入典当行业。2010年办理完成华信典当股东变更、骏德行典当法人变更、百侨典当法人、股权变更和及时雨典当股东变更批复，以及福融兴典当股东、法人变更请示，并认真做好金恒生典当、森泉典当的变更咨询接待。

5. 进一步加快中小企业集合发债

两家中小企业参与、首期规模达6000万元的集合可转换债券项目已完成前期的各项准备工作，报人民银行相关部门审批。该项目的成功发行将为下一步我市优质中小企业通过前期发债融资到最终上市融资探索出一条新路子，进一步拓宽了我市中小企业融资渠道。

6. 推动创投公司的进一步开展

依托厦门市企业投融资促进会，通过网络平台建设、开展项目对接活动等形式，积极推进我市创业投资服务平台的建设与完善。4月18日，举办海峡两岸中小企业创业投资论坛，结合市场需要，为加快我市更快地了解私募融资、创业投资和海内外资本市场，进一步拓宽我市中小企业的直接融资渠道，推动产业结构调整和创新经济发展，实现投资机构与拟融资企业与政府的多方共赢。

（三）创新培训教育方式，提升中小企业管理水平

1. 开展企业管理咨询巡回义诊和管理论坛/沙龙公益活动

2010年度，先后召开包括巡回义诊在内的9场中小企业管理提升对接活动，参与活动的管理咨询机构达83家，受益企业近千家。在一系列对接活动中，专家就中小企业面临的企业治理制度、生产运营管理、人力资源管理、市场营销管理、财务管理和品牌战略管理等方面的问题给予诊断和辅导。同时还组织管理咨询机构深入到部分重点民营企业、成长型中小企业开展逐一现场考察、调研、诊断等公益性智力支持活动。举办10场/次的管理论坛/沙龙公益活动，可使我市中小企业约1500人通过此项活动受益并获得提升。

2. 开展管理提升培训工作

一是依托四个层次的培训开展短期公益培训工作：国家主办的“中小企业银河培训工程”、省经贸委主办的“企业成长培训”、市经发局主办的“品牌厦门”公益培训以及国内市场拓展专项培训。2010年，共完成“国家中小企业银河培训工程”五期培训，培训人数503人次；完成“企业成长培训”创业辅导班和企业精细管理培训班两大系列13期培训，培训人数1267人次；“品牌厦门”系列培训在总结过去的基础上创新培训形式，分别以大型讲座、沙龙座谈和专题系列培训等形式全年举办四期培训，培训人数737人次。“国内市场拓展专项培训”举办了两期，培训人数428人次。全年培训共24场次，2935人次。二是继续举办中小企业总裁研修班，培养中小企业管理者的商业新思维，提高中小企业经营管理人员的整体素质，帮助企业探寻企业成长突破之道。去年举办的首届清华大学中小企业经营管理创新（总裁）高级研修班于6月结业，获得中小企业家的高度评价，取得良好的成效；今年来自我市74名中小企业主、中高层管理人员报名参加2010年清华大学中小企业经营管理创新（总裁）高级研修班。研修内容涉及企业经营发展战略、创新经营与公司管理、核心竞争力体系构建、资本运营与财务管理、人力资源开发与管理、市场创新营销管理、组织行为管理、执行力管理和企业领袖领导艺术与管理沟通等多个方面。

（四）构筑公共信息服务平台，推进中小企业信息服务工作

依托定位于“政务信息平台、服务交流平台、商务发展平台”的厦门中小在线网（www.xmsme.gov.cn），构筑并完善厦门市中小企业公共信息服务平台，推进中小企业信息服务工作。

1. 丰富完善平台内容，强化政务服务功能

搭建网上直播系统，建设专业级的视频演播厅，用于嘉宾访谈、新闻发布、企业产品服务动态展示制作、活动播放等；组织开发中小企业项目预审系统，便捷企业项目报送，提高工作效率；持续《厦门民营经济与中小企业》期刊的编辑与发行工作，扩大赠阅范围，方便更多机构与社会人士关心厦门中小企业与民营经济的发展；加强与政府部门的沟通，第一时间转载发布与中小企业相关的政策政务信息，提高政务信息发布的时效性与准确性；利用人才频道做好2010年全国中小企业网上百日招聘高校毕业生活动，组织我市中小企业面向应、往届高校毕业生招聘，助力企业改善人才结构；利用网络平台做好我市中小企业生产经营运行监测数据的采集、分析等工作，组织申报企业按月定期申报企业经营数据，做好中小企业生产经营运行监测网上数据直报工作；建立“厦门中小企业网络商学院”（中小企业网络公共培训服务平台），为我市中小企业提供网上培训服务。

2. 整合社会服务机构，搭建服务交流平台

有效整合社会服务机构、借力专业机构以网上交流、网下服务方式，为搭建专业化、一站式服务交流平台创造良好基础条件，包括：联合时代光华建立“厦门中小企业网络商学院”，为中小企业提供网上培训服务；加大与银行等金融机构的合作力度，引入新的机构进驻“融资超市”搭建中小企业融资平台，在金融、准金融服务机构和中小企业之间搭建了一个网上对接交流的平台，为金融服务产品与企业融资需求实现有效对接创造了“超市式”的便利条件；对厦门企业信用数据库进一步扩充和改造，形成了厦门市最权威的企业数据库；完善商务频道功能，丰富中小企业网上商务活动，打造该频道成为广大中小企业免费发布产品信息、寻求项目合作、宣传企业的一个重要窗口；开通WAP手机网站，为中小企业提供方便、快捷的信息服务。

3. 探索企业服务需求，坚持公益服务与市场化运作有机结合

秉持“背靠政府做好公共服务、面向市场加强创收增效”的工作思路，厦门中小在线网坚持“面向中小企业以公益服务为主、增值服务为辅，面向中介服务机构收取服务费用，同时结合‘政府购买服务’”的运营模式，积极研究中小企业的服务需求，实现公益性与市场化的有机结合，线上服务和线下服务的有效结合，实现了“以网养网”、服务平台自负盈亏的目标，逐步形成一种健康、有效、可持续发展的服务模式。

（厦门市经济发展局企业处）

青岛市

2010年，我市以贯彻落实国务院《关于进一步促进中小企业发展的若干意见》为主线，以鼓励全民创业、小企业创新发展为宗旨，以加快转型升级为核心，以优化发展环境为保障，以推动中小企业增量提质为目标，按照“重心下移、普惠服务”的工作理念，着力解决中小企业发展面临的突出问题，创新思路、不断开拓，促进中小企业健康全面发展。

一、基本情况

全市中小企业发展态势较好，主要表现在四个方面：

（一）民众创业热情高涨

截至2010年底，全市共有个体私营企业42.7万户，全年新注册私营企业2.5万户，同比增长28.2%，注册资本金46.7亿元，同比增长88.7%，私营企业总数11.9万户；新注册个体工商户8.5万户，同比增长22.2%，新增注册资金25.1亿元，同比增长30.8%，个体工商户总数30.9万户。

（二）经济贡献稳步提升

2010年，全市中小企业呈现平稳较快增长的良好态势，各项经济指标均创新高。2010年全市规模以上中小型工业企业累计5987户。全年实现主营业

务收入7830亿元，同比增长22.6%，占规模以上工业企业的69.5%；实现利润431.2亿元，同比增长33.9%，占规模以上工业企业的72.3%；税金总额398.8亿元，同比增长29.6%，占规模以上工业企业的75.8%；实现利税830亿元，同比增长30.7%，占规模以上工业企业的73.9%。其中，小型工业企业全年实现主营业务收入、利润、税金总额和利税分别为5012亿元、308.4亿元、250.1亿元和558.6亿元，同比分别增长26.6%、26.6%、47.4%和35.2%。

（三）民生贡献充分显现

2010年，规模以上工业企业从业人数116.7万人，其中，中小企业94.4万人，占规模以上工业企业的80.9%，小企业从业人数60.7万人，增长3.4%。企业家的社会责任感不断增强，广大中小企业积极参与扶贫开发、对口支援和社会公益事业。

（四）企业创新、创牌、创富意识不断增强

2010年，康大食品、海利尔药业等3家民营企业新获国家认定企业技术中心。全市民营企业已有国家认定企业技术中心11个，省认定企业技术中心34个，市认定企业技术中心131个，占全市的55%、68%和87%。借助“青岛品牌之都”的优势，中小企业品牌发展战略成效显著。截至目前，我市民营企业已创建中国驰名商标47个，中国名牌30个，分别占全市的77%和44%。民营企业已有10家上市。

二、促进中小企业发展的主要措施

（一）不断完善促进中小企业发展的政策体系

2010年市政府先后出台《关于进一步鼓励小企业创业创新发展的意见》、《关于加快推进中小企业公共服务平台建设的通知》等文件。各有关单位在建立小企业考核奖励机制、加大融资扶持、减免企业负担、落实小型微利企业所得税优惠政策等方面制定31个实施细则，形成了比较完备的政策体系。

（二）切实为中小企业营造良好发展环境

一是充分发挥促进小企业发展领导小组办公室的组织协调作用，形成各成员单位支持中小企业的合力。加强与各成员单位的沟通联系，了解各单位支持中小企业的优惠政策和工作措施，形成《2010年促进小企业发展领导小组工作总结》，全面分析我市中小企业目前存在的问题和困难，汇总我市支持中小企业发展的政策措施，并提出下一步的工作打算。二是开展中小企业问卷调查，详细了解企业生产经营中难处。问卷围绕政务政策环境、企业面临主要困难、企业需要的社会服务、对政府工作的意见建议等四个方面，共设计15类问题，发放问卷200份，汇总后形成了分析报告。三是会同市委宣传部、市政府督查室，组织青岛日报、青岛人民广播电台、青岛电视台等9家新闻媒体，开展了“促进小企业发展区市行活动”，青岛日报、青岛人民广播电台、青岛电视台等8家新闻媒体，进行了集中连续报道，产生了较好宣传报道效果。

（三）着力建设中小企业公共服务体系

建成国内一流水平的市级中小企业公共服务中心，集创业、咨询、信息、技术、融资、培训、市场、法律等8个服务系统和1个国际交流平台于一体，实现一站式、集成化服务；工信部在青召开全国中小企业服务体系现场座谈会；加快构建三级公共服务平台和区（市）、重点镇街园区联动服务网络，制定加快中小企业服务平台建设意见，规划了今后三年市、区市、街道（镇、园区）服务平台建设的目标任务。

（四）切实改善中小企业融资环境

以缓解中小企业融资难为主线，破解“小额贷款难、担保难、抵押难、直接融资渠道不畅、融资成本高、信息不对称”六大瓶颈，充分发挥政府资金“四两拨千斤”引导作用，深化“三个平台、六条路径”为主的融资组合服务模式。搭建信用信息、统借统还、融资服务三个平台，拓宽银行主渠道、担保体系建设、解决过桥资金支持、政府直接扶持、直接融资、产业链融资六条路径，疏通融资主路径。全年安排融资补助资金1000万元，拉动中小企业担保额162亿元，增长83亿元，小企业贷款增速创历年之最，余额比年初劲增56.97%，高于全市企业贷款增速26.79个百分点，有力支持了全市小企业创新发展。缓解中小企业融资难问题。破解融资难题，企业资金紧张矛盾得到缓解。

（五）成立小企业协会，强化服务与沟通

协会于2010年12月28日正式成立，成为国内首家以小微企业为主要成员和联系对象的协会组织，采取民办官助的形式，不收取会员任何费用。协会成立以来在小微企业调研、政策宣讲、“中介机构走进小企业”等活动中，创新开展各项工作，成为小企业与政府部门沟通对话的纽带，与中介服务机构共赢的桥梁，小企业权益的维护者。

（六）建立多层次人才培养体系，提高中小企业人才素质

充分利用政府扶持政策，建立健全“三级联动，三个层次”的立体培训体系，依托各涉企相关部门，借助高校和各类社会培训机构，启动市、区市、企业三级培训网络，采取多种形式，全面推进中小企业人才队伍建设，联合清华大学举办第四期EMBA企业家培训班，开办担保业EMBA研修班，中高层工商管理课程班，办好“民营经济大讲堂”活动，举办“中小企业开拓市场研讨会”，2010年开展各类涉企业政策培训2600余家，培训中小企业经营管理人员3000余人，创业者培训近万人，职工技能培训近2万人。积极为中小企业发展提供人才保障和智力支持。

（七）积极发挥中介服务机构作用，设立小企业服务“外包池”

一是积极推进小企业公共服务外包项目。根据市政府《关于进一步鼓励小企业创业创新发展的意见》（青政发［2010］5号）文件精神，政府通过购买服务的方式，公开招标一批经营规范、信誉良好、收费合理的中介机构，按照“企业负担50%、机构让利30%、财政补贴20%”的形式，对小企业急需的创业辅导、法律会计、市场营销、检验检测、管理咨询等服务，优质低费为小企业提供外包服务，帮助小企业提高自身素质和生产经营管理水平。16家中标机构已正式签约服务，随着项目顺利实施，预计有超过1500家企业受惠。

（八）加大财税支持力度，切实减轻中小企业各类负担

市财政局、市经信委实施中小企业成长工程和小企业“专精特新”行动计划，共拨付扶持资金2200万元。市科技局安排科技专项资金1835万元，组织实施创新型中小企业滚动培育计划，协助10余家科技中小企业获得低息、无抵押等多种形式的融资贷款4000万元。市商务局落实中央国际市场开拓行为扶持资金4850万元，落实市服务外包扶持资金3500万元，争取国家服务外包扶持资金730万元，帮助我市企业申报国家对外经济技术合作专项资金，给予22家企业支持1030万元。市财政局、物价局下发文件取消和暂停征收11项行政事业性收费项目，取消、降低、规范和放开14项经营性收费项目。全市落实国家、省、市出台的各项收费减免政策，每年可减轻企业和社会负担6亿多元。

三、中小企业发展存在的困难和问题

通过组织中小企业座谈会、问卷调查、实地调研等形式，我市中小企业普遍面临以下问题：一是创业氛围不够浓厚，按部就班的传统观念有待转变。与南方江浙等地创业氛围浓厚不同，我市择业“旱涝保收”的观念根深蒂固，自主创业、持续创新的理念落后于其他先进城市，形势不容乐观。二是融资环境有待改善。中小企业大多没有效抵押资产，利率上浮30%到50%，依然贷款困难，部分有存量贷款的企业受到抽贷。三是成本大幅上升，企业盈利能力下降。四是人才短缺、用工紧张仍然困扰中小企业发展。在整个社会人才流动中，中小企业处于弱势地位，存在招聘人才困难，用人成本高，容留人才难的“三难现象”，中小企业之间的人才流动缺乏合理机制。五是缺乏核心技术，产业升级压力较大。我市中小企业多数缺乏核心技术，在传统产业占比较大，在高新技术、先进制造业领域所占比重较低，与大企业协作配套有待拓展，产业的配套率较低、小企业集聚、集约发展不足。

（青岛市经济和信息化委员会中小企业发展局）

深圳市

2010年，在深圳市委、市政府的高度重视和正确领导下，我市中小企业工作坚持以科学发展观为指导，认真贯彻落实《中小企业促进法》和《国务院关于进一步促进中小企业发展的若干意见》（国发［2009］36号），颁布实施了《深圳经济特区中小企业发展促进条例》，各项工作取得了较好成绩，中小企业和民营经济在全市国民经济和社会发展中发挥着越来越重要的作用。

一、2010年深圳市中小企业改革发展总体情况

（一）中小企业发展情况

截至2010年底，我市登记注册的各类中小企业数量35.7万家，约占全市企业总数的99.3%。2010年，中小企业实现生产总值4500亿元，约占全市生产总值的65%（不含金融业和房地产业）。中小企业纳税总额1090亿元，约占全市企业纳税的53%（不含海关关税及海关代征税、股票交易印花税和车辆购置税）。

我市中小企业发展的主要特点：

一是中小企业成长迅猛。一方面，数量快速增加。“十一五”期间，我市中小企业数量以年均15%的速度增长，截至2010年底，全市共有中小企业35.7万家，占全市企业总数的99.2%。另一方面，质量明显提升。2010年，中小企业实现增加值4500亿元，约占全市生产总值的65%（不含金融业和房地产业）。越来越多的中小企业依靠技术、管理等方面的不断进步，实现了转型发展和跨越发展。

二是创新能力显著增强。技术创新方面，截至2010年底，我市国家级高新技术企业有1750家，其中90%以上是中小企业。在国内专利申请和发明专利授权方面，中小企业占全市的比重逐年提升，分别由2008年的52.7%和21.2%提高到2010年的62.1%和32.8%。商业模式创新方面，一大批中小企业凭借灵活的决策机制，通过销售模式和运营模式等方面的持续创新，有效整合配置资源，快速做强做大。特别是在电子信息、生物医药、互联网、新能源、文化创意等领域，涌现了一大批新兴商业模式的中小企业。

三是上市公司快速增加。自2004年实施中小企业上市培育工程以来，引导培育了一大批中小企业沿改制上市路径逐步建立现代企业制度，实现规范化发展。特别是2007年以后，中小企业改制上市步伐明显加快。截至2011年6月底，全市共有255家中小企业在海内外挂牌上市，平均每年新增上市公司30家。其中，境内上市企业167家（上交所主板12家，深交所主板67家，中小板61家，创业板27家），境外上市88家。我市在中小板和创业板上市企业总数已连续4年位居全国大中城市首位。此外，还有一大批中小企业专注于细分市场，瞄准世界领先技术，快速成长为细分行业的领跑者，这些企业成为重要的上市后备梯队。

四是重点梯队初步构建。按照“分类指导，突出重点，梯度扶持”的思路，着力构建培育三支重点企业队伍。2007年，认定首批111家民营领军骨干企业。通过实施上市培育工程，构建了上市拟上市企业队伍。截至2011年6月底，我市共有上市备案企业567家。2010年，认定首批500家成长型中小工业企业，梯队培育体系初步形成。

五是社会贡献稳步增长。“十一五”期间，中小企业纳税占全市企业纳税的比重保持在50%左右。2010年全市中小企业纳税总额925亿元，约占全市企业纳税的50%（不含海关关税、海关代征税、股票交易印花税和车辆购置税）。全市民营及中小企业提供的就业岗位占全市就业岗位总量的80%左右。

（二）2010年我市中小企业主要工作

2010年，我市认真贯彻落实促进中小企业发展的各项政策措施，以促进发展方式转变为主线，努力促进中小企业实现上水平发展，在一些方面取得了新的突破，为“十一五”画上圆满的句号。

一是法制环境取得新突破。2010年10月1日，我市颁布实施《深圳经济特区中小企业发展促进条例》（以下简称《条例》）。《条例》立足长远，从创业扶持、创新推动、市场开拓、资金扶持、融资促进、权益保护等多个方面加强对中小企业的扶持力度，首次为我市中小企业的创新发展提供了法制保障。《条例》出台后，及时在我市的主要媒体开展相关宣传工作，并着手研究起草落实《条例》的配套措施。

二是上市培育取得新突破。2010年，我市中小企业上市数量再创历史新高，继续领跑全国。全年共有45家中小企业在海内外挂牌上市，首发募集资金总额483.12亿元。其中，中小板上市20家，创业板上市16家，占两个板块2010年新增上市企业总数的12%。我市企业上市培育工作得到了省委省政府的高度肯定，中央政治局委员、省委书记汪洋同志在2010年的全省民营经济工作会议上特别提出要在全省范围内推广深圳的上市培育成功经验。

三是融资渠道取得新突破。针对中小企业“短小频急”的资金需求特点，启动中小企业联保增信计划，由政府牵头协调、以企业联保为手段、调动商业银行积极参与，重点解决成长型中小企业两年以内、单笔额度3000万元以下的短期小额资金信用贷款问题，进一步拓宽了中小企业的融资渠道。目前，已与10家商业银行签定合作协议，对3家会员企业发放了首批2800万元贷款。启动中小企业金融顾问服务制度，聘任了首批100名中小企业金融顾问，组织首批55家中小企业与金融顾问进行双向对接，帮助企业提高融资能力和金融业务水平。2010年我市对中小企业的信贷投放明显增加，一半新增企业贷款投向了中小企业。特别是对小型企业贷款年度增量达到479.20亿元，增幅为58.18%。

四是人才培训取得新突破。在企业家培育的基础上，以培训班学员为主体，成立深圳市中小企业家联谊会，为企业家打造后续交流学习合作互助平台，进一步完善了企业家培育体系。出台新的《深圳市人才认定办法》，进一步提高我市对人才的吸引力。完善创业培训体系，加强公共创业培训基础设施投入和师资力量建设，形成了“项目多层次、对象全覆盖”的创业培训工作格局。全年开展创业意识培训9571人次，创业技能培训4592人次。通过创建国家级创业型城市中期考评，获全省第一名。

二、当前中小企业发展面临的困难和问题

随着全球滞涨忧虑隐现，国内防通胀宏观调控力度不断加大，我市中小企业生产经营也遇到一些困难和问题，具体如下：

（一）融资喜忧参半

2011年以来，央行连续3次加息和6次上调银行存款准备金率直至21.5%，进一步控制银行信贷总量，使商业银行贷款额度紧张，中小企业信贷缺口较大。同时，各商业银行信贷投放从大型国企、基础设施建设项目向中小企业重点倾斜，信贷投放量稳步增加，比重不断提高。特别是自主创新能力强、发展潜力大及成长性好的中小企业普遍受到了青睐，而传统制造业的中小企业的银行贷款难现象依然普遍存在。中小企业融资成本大幅上涨，企业贷款最终利率一般是基准利率上浮近20%～30%，银行原先承诺的放贷额度、低利率以及优惠条款等优惠政策都已经取消。为规范融资性担保行业，进一步拓宽融资渠道，我市去年11月起开展融资性担保公司分公司规范整顿工作，共审核验收63家担保公司，注册资本总计118.21亿元，平均每家担保公司的注册资本增加48.73%，业务能力和运作规范性进一步提高。

（二）招工难问题凸显

2009～2010年房价普遍上涨幅度超过四成，今年以来，在房地产政策的调控下，房价虽有所回落，据市规划国土委公布的数据显示，5月份全市新建住宅均价在每平方米1.9万元左右，同比下降10%，房价仍保持在高位。同时，今年我市物价上涨幅度较大，近两个月CPI上涨幅度已超过5%，实际物价上涨幅度更大。受到高房价和高物价的影响，我市总体生活成本明显偏高，对人才的吸引力不断下降，有经验的技术人员和工人，甚至管理人员普遍招聘困难。一方面有经验的普工缺乏，人员流动性大，起薪点高，如钟表行业的伯尼实业，目前人员规模只有110多人，普工的起薪点上调到1600～1800元，普工缺口还有20人，而且已入职的员工稳定性差；另一方面具有一定的研发能力的高新技术中小企业，如LED行业的万润科技、电子信息行业的科信通信等，所处的位置周边生活设施和交通相对不完善，由于起薪点较高，出现普工能招满，但技术人员和管理人员难招的现象，人才储备缺口较大的问题仍然存在。

（三）经营成本上升

一是人民币持续升值。2010年以来，美金与人民币的兑换率为6.47，升值幅度已超过2%，预计全年上涨幅度将达到3%～5%，这对出口企业造成极大的冲击。二是原材料价格上涨。今年以来，原油价格上涨约10%，物流成本受石油涨价而上行。贵金属价格常年异常波动，金银等金属材料上涨30%～40%，宝石材料上涨高达50%。木材原材料上涨也有10%～20%。此外，日本地震造成电子类原材料供应紧张，价格波动较大，对我市电子信息

行业形成一定的冲击。三是最低工资标准再次上调。今年4月1日我市最低工资标准调整为1320元/月，按照新的劳动法，企业的加班费用急剧增加，如LED行业的联腾科技，加班费涨幅达50%～60%。四是住房公积金制度推行。去年底我市推出了住房公积金制度，公积金缴存比例为5%～20%，但在具体实施过程中，企业人员普遍流动性大、缺乏城市归属感以及公积金提取程序较繁琐等，企业和员工并不愿意缴存住房公积金。五是利息支出增加。部分供应商的结款周期延长，提供到款周期较长的承兑汇票，企业提前贴现时需支付较高利息，资金周转与去年相比要显得趋紧，同时也存在客户拖欠的情况，货款回收周期长。六是其他日常费用支出增加。企业房租上涨幅度较大，如家具、珠宝行业的店面每年的租金涨幅约有10%～15%，与之相关的物业管理、水、电等费用也随之上升。

（四）市场环境复杂多变

一是外围环境复杂多变。受成本上涨、融资难、以及招工难等综合影响，一些企业的订单明显下滑，与2008年金融危机的情况不同的是，今年出现了有订单不敢接的现象，企业接的订单越大，面临的风险越大，亏损越大。据市皮革协会反映，今年龙岗鞋业商会的500家会员企业中约有200家企业出现停业现象，订单转移趋势明显。二是无序竞争加剧。部分行业准入门槛较低，产品或服务差异小，价格竞争激烈，市场环境有待于进一步规范。如物流行业大多以中小企业为主且企业市场准入度较低，价格竞争引起货运价格参差不齐，货运市场无序竞争激烈，不仅给客户带来潜在危险，也对正规企业带来了极大的冲击。其他行业如电子信息、模具以及安防等也存在同样的情况，有些企业在技术、创新方面投入和积累不足，热衷于模仿和加工，基本上没有掌握新产品开发的主动权，产品质量不达标但通过压低价格来获得订单，对正规中小企业发展带来一定的影响。三是房地产政策环境趋紧，房地产调控效应显现。我市与房地产紧密相关的建材、家具以及家电等上下游企业也受到较大的影响。今年以来，房地产调控政策影响居民消费支出，导致相关行业需求下降，如家具行业70%～80%的专卖店销售额出现明显下滑，同比下降30%，尤其是高端市场流失比较严重。

（五）用电持续紧张

今年以来，我市不断加大电网的建设力度，新建变电站陆续投产，但用电负荷增长较快，据统计，1～5月，我市全社会用电量256亿千瓦·时，同比增长6.53%，加上要确保大运会期间安全可靠用电，而电网建设具有一定的周期性，我市中小企业用电形势依然紧张。一些地区还存在拉闸限电的现象，如宝安、龙岗区以及光明新区等区，与往年情况不同的是，企业普遍反映今年临时停电频繁、停电周期长以及缺乏计划性，已经影响到了企业的正常生产。企业为保生产自备发电机组应急，接单风险有所增加，成本压力不断加大，但企业停止生产，必然会减少接单量。

（六）用地严重不足

近几年，我市平均年供应工业用地不足2平方公里，然而实际工业项目需求用地为每年供应量的10倍以上；每年企业用地需求项目在200个左右，然而只有30个左右项目能够得到土地供应，用地不足严重制约中小企业快速发展壮大，特别是上市企业总部和募集资金落地用地难以解决日益突出，造成募投项目和募集资金加速流失。截至2011年6月底，我市在中小板和创业板上市的88家中小企业，共形成了304个IPO募投项目，其中35.5%落到外地，共计划投入377.11亿元募集资金，其中38.4%投到外地。

三、下一步工作措施

下一步，我市将深入贯彻落实科学发展观，进一步解放思想，创新思路，强化服务，优化健全中小企业的发展环境和服务体系，大力推动中小企业产业结构调整和产品结构调整，努力促进中小企业发展方式的转变，把我市中小企业工作推上一个新的台阶。工作措施有：

（一）优化发展环境

1. 营造良好的政策法规环境

认真贯彻落实《国务院关于进一步促进中小企业发展的若干意见》和2010年全省民营经济工作会议精神，建立市、区、街道三级行政管理部门紧密联动机制，出台进一步促进民营经济发展上水平的重要政策，推动我市中小企业和民营经济加快实现发展方式转变；以《深圳经济特区中小企业发展促进条例》的颁布为契机，尽快出台配套政策，为中小企业发展提供法制保障。

2. 营造公平的营商环境

进一步提升民营经济在全市经济社会发展中的战略定位，把民营经济作为关键要素之一，纳入城市发展规划，合理引导民营企业进入金融服务、公用事业、基础设施建设等领域，打造民营经济与其他所有制经济公平竞争、共同发展的新格局。

（二）拓宽融资渠道

继续发挥中短期小额贷款增信平台的积极作用，为重点中小企业提供融资支持。研究设立中小企业发展基金和小额贷款风险补偿基金，为广大的中小企业提供融资增信支持。加强中小企业专营金融服务机构建设，鼓励金融机构创新开发适合中小企业的融资产品。搭建银行以及各类投资机构与中小企业的沟通交流平台，促进投融资机构之间的互动合作。推进面向中小企业的场外产权交易市场建设，借助上市培育平台，推进股权投资基金发展，完善中小企业产权交易、流转机制，促进中小企业场外融资。推动中小企业信贷资料中心、中小企业信用评级体系的建立和完善，健全中小企业信用共享以及授信管理机制。

（三）强化上市培育

1. 进一步加大上市培育力度

切实落实《关于扶持我市中小企业改制上市的若干措施》（深府办［2009］43号），健全中小企业上市培育工作联动机制，按照“五个一批”的方针，推动一批优质中小企业完成股份制改造，实现上市；建立上市培育备案企业经营情况动态监测制度，加强对上市培育企业的筛选和辅导，通过重点指导、专项扶持，支持上市培育备案企业尽快实现上市发展。

2. 拓展上市企业发展空间

加快推动南山、福田区上市公司总部大厦建设，解决企业总部和基地用房问题，使上市企业扎根深圳；研究在龙岗、宝安区和光明、坪山新区建立上市企业园区，实现一批符合我市发展规划的产业在本地投资扩产，着力解决上市企业募集资金在深圳落地问题，把上市资金固化在深圳；创新工作思路，结合旧工业区改造以及“城中村”、“农民房”改造，为上市企业开辟新的发展空间。

（四）加强社会化公共服务体系建设

贯彻落实《关于促进中小企业公共服务平台建设的指导意见》（工信部联企业［2010］175号），尽快出台《深圳市中小企业公共服务示范平台管理暂行办法》；争取在市民营及中小企业发展专项资金的资助项目中增设中小企业公共服务体系发展项目，支持中小企业公共服务平台建设和运营；建立健全服务平台的服务资质标准、服务等级制度等，规范服务平台的服务行为；建立健全服务评价制度，促进服务机构提高服务质量和水平；培育示范平台队伍，凝聚和发展一批服务能力强、专业水平高的服务示范平台；规范、引导服务平台健康发展，通过示范平台带动社会资源向中小企业公共服务领域聚集，全面提升中小企业公共服务质量、水平和效率。

（五）促进创新创业

1. 提升自主创新水平

实施中小企业创新援助计划，通过无偿资助、贷款贴息、委托开发等方式，引导支持中小企业加大技术创新研发投入，积极开展管理创新和经营模式创新等。充分发挥国家中小企业专项资金、技术改造资金的引导作用，推动中小企业积极应用新技术和新工艺，加快技术改造和设备更新改造。搭建产学研技术创新合作平台和中小企业技术创新合作联动平台，整合中小企业技术创新资源，促进中小企业之间的技术创新合作和技术创新资源共享。认定和重点扶持一批中小企业创新产业化示范基地和公共（技术）服务示范平台。

2. 加强创业载体建设

推进创业孵化器规划和建设，进一步完善和丰富创业孵化器的服务功能。到“十二五”期末，力争我市创业孵化器建设规模和可容纳企业数量在“十一五”期末的基础上均翻一番。建立和完善创业孵化器考评和奖励机制，引导创业孵化器规范发展。扶持和发展创业服务机构，认定一批省级创业服务示范平台。

（六）加强人才培训

1. 扩大培训规模

以培养企业家创新能力，提高企业高级管理人员管理水平，提升行业紧缺人才工作技能为目标，不断扩大中小企业人才培训规模，争取5年内对民营领军骨干企业等重点梯度队伍的企业家或高管轮训一遍。

2. 完善交流平台

充分发挥市中小企业家联谊会的平台作用，促进中小企业家和高级管理人员的交流合作和资源共享；搭建中小企业与国内外高等院校、科研院所等智力型机构之间的人才交流和合作平台，拓宽中小企业人才引进渠道；推动大型企业与中小企业、中小企业之间的人才交流与合作，实现企业间人才嫁接，提升人才资源利用效率。

（七）开拓国内外市场

支持更多的中小企业参加市政府组团参加的各类大型经贸洽谈会，认真组织参加“苏州中交会”等中小企业专门展会，开展民企名品北上西进专场活动，大力帮助企业开拓国内市场。进一步加大对中小企业自行参加国内各类展会的扶持力度。积极组织我市中小企业参加中国国际中小企业博览会、APEC中小企业技术交流暨展览会等面向国际的重要展会，为中小企业走出去提供展示交易平台。支持中小企业建立海外营销网络，收购知名品牌，深度开发传统海外市场，大力拓展新兴海外市场。

（八）提升企业信息化水平

联合有关行业协会、商会、企业和专家，建立信息技术推广应用服务平台，为中小企业信息化建设提供指导和协助。每年围绕1个信息技术应用主题，整合信息化服务资源，开展信息化培训活动。通过财政资金引导，鼓励中小企业实施信息化管理，每年资助60～100家中小企业建设信息化项目，在优势传统产业中打造一批数字化改造示范中小企业。推动在创业基地、产业园区等中小企业集聚基地建立信息化建设公共服务机构，扶持一批中小企业信息化服务示范平台。

（深圳市中小企业服务中心）

新疆生产建设兵团

2010年是“十一五”规划的收官之年，也是认真贯彻中央新疆工作座谈会议精神，推进兵团实现跨越式发展和长治久安目标的起步之年。兵团中小企业认真学习领会党的十七届四中、五中全会精神，按照兵团党委六届四次、五次全委（扩大）会议的总体部署，坚持以科学发展观为统领，坚持把促进工业经济平稳较快发展作为中小企业工作的中心任务，积极贯彻落实国家《中小企业促进法》和国务院《关于进一步促进中小企业发展的若干意见》，推进中小企业服务体系建设和公共服务平台建设，推进经济结构调整和发展方式转变，加大技术改造和技术创新力度，中小企业发展环境得到进一步优化，为不断巩固兵团经济企稳回升向好的基础，实现兵团工业经济总体平稳较快发展的既定目标，做出了新成绩。

一、2010年兵团中小企业工作回顾

（一）加强和改进中小企业培训工作

参加了全国中小企业培训工作座谈会议并提出了贯彻会议精神进一步改进中小企业培训工作的思路目标和措施。举办了2010年第一期兵团“中小企业项目申报培训班”，兵团11个师30个团场、68家企业的130位学员参加培训。分别在北屯、石河子两地举办了以中小企业社会责任、产业政策与宏观调控、职业经理人、创业辅导为主要内容的四期培训班，共培训867人次。

（二）做好中小企业发展的基础性工作

对兵团中小企业信息化和信息化服务机构的发展现状和信息化需求进行了调查，并形成调查报告上报国家工信部。与兵团财务局联合上报了兵团2010年度中央财政关闭小企业补助资金的申请和2011年度关闭小企业计划。下发了《关于报送“十一五”时期中小企业发展情况等材料的紧急通知》并形成兵团“十一五”时期中小企业发展情况上报国家工信部。

（三）加快中小企业技术进步和结构调整工作

全年累计落实中央支持中小企业发展的各类专项资金项目44个，共有国资公司、兵团直属，以及13个师的44家企业得到中央补助资金6100万元，带动社会资金80000万元。行业和项目以造纸、制糖、番茄加工、油脂、乳制品、肉制品、红枣、农机、建材、节水、滴灌肥为主，涉及专利、信息化、企业管理、节能减排、工业园区、小企业创业基地、公共服务平台、中小企业信用担保机构等。主要包括：1. 中小企业发展专项资金项目。按照国家工信部、财政部《关于做好2010年中小企业发展专项资金项目申报工作的通知》文件精神，对申报工作进行专门安排，按照公开、公平、公正的原则，组织有关行业技术、经济、管理等方面专家，对各师申报项目进行了认真筛选、评审。共落实中小企业发展专项资金项目20个，争取国家财政部专项资金补助2100万元。其中，申请国家中小企业信用担保业务补助资金项目2个，争取国家补助资金160万元。2. 中小企业技术改造专项资金项目。按照国家工信部、财政部《关于做好2010年中小企业技术改造专项资金项目申报工作的通知》文件精神，组织上报国家工信部2010年工业中小企业技术改造切块资金项目，共落实国家中小企业技术改造专项资金项目24个，争取国家切块补助资金4000万元。

同时，为加强对政府投资重点项目的监管、稽察和检查，确定31个2010年国家产业振兴和技术改造重点项目。并配合中央检查组对新增中央投资扩大内需项目进展情况进行了重点监督检查，对存在各类问题的项目，提出了限期整改要求。

在落实2010年度中央财政关闭小企业补助资金项目方面，按照《财政部、工业和信息化部关于印发〈中央财政关闭小企业补助资金管理办法〉》的通知精神，会同兵团财务局联合向财政部、国家工信部上报了兵团2010年度中央财政关闭小企业补助资金的申请和2011年度关闭小企业计划，争取并落实2010年度中央财政关闭小企业补助资金839万元，其中农七师新疆奎屯热电厂212万元，农十师318万元，兵团国资公司309万元。

（四）积极推进中小企业服务体系建设和中小企业公共服务平台建设

农六师五家渠市和兵团国资公司等三家单位编制的《小企业创业基地建设方案》和《中小企业公共服务平台建设方案》已上报国家工信部审核。向国家工信部推荐农六师、农八师等三家单位为2009年度国家中小企业公共服务示范平台。阿拉尔市、五家渠市、石河子市建立了中小企业服务中心及小企业创业园。兵团农产品质量检测公共服务平台、新型农机公共服务平台、化工新技术公共服务平台已开展服务。组织开展了新型工业化产业示范基地建设和环境友好型、资源节约型的创建工作。向国家工信部推荐农一师阿拉尔工业园区和石河子经济技术开发区为2009年度国家新型工业化建设示范基地并申请列入创建计划。石河子经济技术开发区被列入2009年度国家新型工业化建设示范基地，进入公示期。加强小企业创业基地建设，在“四市两区”重点推动兵团中小企业创业工程，按照国家“创办小企业，开发新岗位”的目标，积极利用闲置厂房和设备，建立为创业者提供全方位支持与服务的创业辅导基地。

（五）大力实施中小企业“走出去”战略

积极做好兵团参加第七届中国国际中小企业博览会暨中澳中小企业博览会、第六届APEC的中小企业技术交流暨展览会各项筹备工作。进一步扩大了开放、增进了交流、为加强与国内外中小企业之间的合作发展奠定了基础，促进中小企业招商引资取得了显著成效。

一是组织筹办了兵团参加第六届APEC中小企业技术交流暨展览会。工业和信息化部等五部委主办的第六届APEC中小企业技术交流暨展览会于2010年6月30日至7月3日在福州举行。为展示兵团名牌产品及企业，新产品与新技术，“专、精、特、新”中小企业和区域特色产品，自主知识产权及专利产品，积极推动兵团中小企业与国际、国内间的经贸合作与技术交流，进一步促进兵团中小企业平稳较快健康发展，经兵团领导同意，组织筹办了兵团第六届APEC中小企业技术交流暨展览会，并荣获“第六届APEC中小企业技术交流暨展览会最佳组织奖和最佳设计奖”。本次展会兵团共有4个部门、6个师20人参会，有12家企业26种产品参展，涉及食品饮料、香精香料、纺织、农牧机械、节水器材、农副产品深加工以及新型建材等行业及产品。通过此次展会，兵团的中小企业在经营管理、产品开发思路、市场拓展等方面得到了有益的交流，同时进一步加强兵团与APEC各成员体以及世界500强之间的经贸合作与交流，为兵团中小企业的自主创新与技术研发、开拓国内外市场、项目合作投融资等搭建了更加广泛的交流合作平台。

二是组织筹办了兵团参加第七届中国国际中小

企业博览会。工业和信息化部等9部委于2010年9月15～18日在广州琶洲国际会展中心举办了第七届中国国际中小企业博览会暨中澳中小企业博览会。为展示、宣传和推荐兵团具有自主知识产权的产品和“专精特新”技术、名牌产品参展，推动兵团中小企业与国际、国内的合作与交流，推进产业结构优化升级，提升企业产品的技术含量和产品质量，提高中小企业的国际竞争力，促进经济平稳较快发展，经兵团领导同意，牵头组织筹办了第七届中国国际中小企业博览会，并获得优秀组织奖。本届展会兵团有10个师40家企业（包括10个团场）参展，参展产品主要有食品、果蔬饮料、饮料酒、香精等四大类106个品种。兵团代表团签约22个项目，总金额146亿元，项目签约总金额比上届中博会高出120亿元。签约项目涉及能源、纺织、钢铁、农副产品加工和产品购销等领域，不仅有工业项目，还有商贸流通项目、信息化建设项目以及中小企业融资平台建设项目。展会期间，组委会还组织部分参会代表专程到广东东莞工业园区、家纺企业、建材企业等参观学习，并到广州中国神州数码体验中心学习体验，开阔了视野，看到了不足和差距，更加充实和丰富了参展工作。通过组织参加此次博览会达到了加强合作，扩大交流，互利互赢，携手发展的目的。

三是积极推动对口援疆工作。第七届中国国际中小企业博览会暨中澳中小企业博览会展会期间，充分利用兵团中小企业参加广州中博会的宝贵时机，积极加强兵团与广东省对口支援工作联系。兵团代表团团长、副政委雪克来提·扎克尔还专门率领兵团组委会成员及部分参会代表专程到兵团农三师对口援疆省市——广东省东莞市参观考察学习交流。9月16日，兵团与广东省对口支援工作座谈会在广州市举行，兵团副政委雪克来提·扎克尔代表兵团党委、兵团向广东省对口支援兵团表示感谢，并建议广东省进一步加大对口支援力度，着力解决事关民生、基层和困难地区的重点问题，落实中央确定的直接对口到兵团师、团场的援助机制，并做到覆盖受援师所有团场，推动兵团实现长治久安和跨越式发展。广东省的领导在会上表态，下一步将进一步加强对农三师对口支援工作的支持力度，统一规划、突出重点、分步实施、方式多样，着手做好对口援建全覆盖规划的编制工作，推动对口援疆工作的顺利实施。9月17日，农三师图木舒克市与东莞市对口援建工作座谈会在广东省东莞市举行，兵团副政委雪克来提·扎克尔出席会议并讲话。目前，东莞对口支援图木舒克市的各项工作已全面展开，并取得了阶段性成果。

2010年中小企业发展存在的主要困难和问题，表现在以下五个方面：

一是中小企业生产规模偏小，产业升级转型水平不高，发展方式转变不快，与大企业大集团的协作、配套能力很弱。

二是中小企业工艺技术装备落后、技术改造步伐缓慢，前期工作滞后，项目储备不足，带动作用十分有限。

三是中小企业管理水平较低，消耗较高，环境污染和资源浪费严重，运行质量不高，企业竞争能力不强。

四是中小企业融资渠道不畅，融资能力不足，银行授信度低，缺少金融机构的支持，融资担保十分困难。

五是中小企业服务体系还不健全，促进中小企业加快发展的内外部环境尚需进一步完善和优化。

二、2011年中小企业发展面临的环境

2011年是实施“十二五”规划的开局之年，是深入贯彻中央新疆工作座谈会精神，推进新疆和兵团跨越式发展和长治久安、加快全国对口援疆工作全面展开的关键之年，更是落实兵团党委六届六次（全委）扩大会议的部署安排，坚定兵团走城镇化、新型工业化、农业现代化“三化”发展道路的重要之年，中小企业迎来了这个千载难逢加快发展的战略机遇期。

“十一五”以来，兵团工业按照兵团党委“构建两大基地、壮大六大支柱产业”的发展思路，大力实施优势资源转换战略和大企业大集团战略，积极推进新型工业化和农业现代化进程，工业发展实现了历史性跨越。工业固定资产投资逐年大幅增长，工业结构调整实现新突破。食品、纺织、建材、化工产业加工基地基本形成，能源电力等基础产业得到快速发展，六大支柱产业地位初步确立。技术进步、技术创新和管理水平跃上新台阶。企业改革、改组和改制工作取得积极进展，工业发展的动力和活力不断增强。尤其兵团城镇化、新型工业化、农业现代化步伐加快，基础设施不断完善，自身发展能力不断增强，兵团中小企业生产经营的外部环境和条件得到极大改善，奠定了兵团中小企业加快发展的扎实基础。

三、2011年中小企业工作总体思路和工作重点

（一）总体思路

2011年兵团中小企业工作坚持以科学发展观为统领，认真贯彻党的十七届五中全会、中央经济工作会议、中央新疆工作座谈会议及中央9号文件精神、深入落实国务院《关于进一步促进中小企业发展的若干意见》（国发［2009］36号文件），按照兵团党委六届六次（全委）扩大会议的部署和要求，紧紧围绕促进工业经济平稳较快发展这个中心，以转变经济发展方式为主线，以加快建立健全中小企业服务体系，完善和优化中小企业发展的内外部环境为重点，坚持市场化、专业化、社会化的发展方向，发挥政策引导与市场机制的双重作用，以服务中小企业为宗旨，不断优化服务资源配置，增强服务功能，扩大服务范围。围绕促进中小企业成长

“一条主线”，实施中小企业成长计划、培育计划、特色产业提升计划“三项计划”，建立和完善人才培训、管理咨询、创业辅导、信用评价、融资担保、信息网络、行业协会“七大服务体系”。以深化与大企业大集团的协作配套为主攻方向，加强技术改造，推进自主创新，不断提高中小企业、非公有制经济的整体素质和竞争力，为加快城镇化、新型工业化、农业现代化“三化”建设，促进兵团经济长期平稳较快发展做出新贡献。

（二）工作重点

第一，解放思想，抢抓机遇，促进兵团工业经济平稳快速发展，是2011年兵团中小企业工作的中心任务。要紧紧抓住新疆跨越式发展的机遇，深入贯彻落实中央新疆工作座谈会、兵团六届六次全委（扩大）会议精神，以“大学习、大讨论”为契机，全面落实国家扶持中小企业发展的一系列政策措施。抓住对口援疆和产业转移的机遇，围绕重点园区、重点产业、重点项目，加快优势特色产业发展，努力提高中小企业自我发展能力。

第二，认真贯彻落实国务院《关于进一步促进中小企业发展的若干意见》，在大力扶持农业产业化龙头企业和大企业、大集团的同时，着力加快中小企业发展，不断巩固保持兵团经济社会平稳较快发展的重要基础，培育和发展壮大中小企业，做大做强龙头企业和支柱产业，为新型工业化发展奠定企业基础。

第三，积极引导和支持中小企业，尤其是团场企业向各类工业园区集中，向“专、精、特、新”方向发展。为农业产业化龙头企业和大企业、大集团提供生产配套和产业协作，着力发展为农牧机械、食品饮料、纺织服装、矿产开发、氯碱化工和煤化工六大支柱产业协作配套的“小巨人”。扶持小企业创业基地建设，加大对创业基地建设的政策引导和管理规范，提高基地孵化小企业的能力。支持工业园区内的中小企业和生产性服务业的技术改造。

第四，争取扩大中央财政中小企业发展专项资金规模，重点支持产业集群中的龙头企业、骨干企业、具有自主知识产权和自主品牌的中小企业的技术创新、技术改造和产业升级。支持中小企业积极采用先进技术、先进生产工艺和设备，提高产品质量，降低资源消耗，节约能源，提高经济效益。全年争取中央财政扶持中小企业各类补助资金6000万元以上。

第五，加快中小企业服务体系建设。贯彻落实国家《关于支持中小企业技术创新的若干政策》，加快建立以企业为主体、市场为导向、产学研相结合的中小企业技术创新体系。继续实施中小企业银河培训工程。支持各师成立一批中小企业服务机构，大力开展企业管理咨询工作，引导和帮助中小企业加强营销和风险管理，提高中小企业经营管理水平。推进兵团中小企业信息网建设。支持建立一批中小企业创业基地、公共技术、融资信用、信息服务、管理咨询等公共服务平台。全年计划争取成立创业基地4个。

第六，加快中小企业信用体系建设，积极与金融部门协调，加大对中小企业贷款支持力度，完善中小企业信贷考核机制，引导推进兵团各师成立中小企业信用担保机构，积极缓解中小企业融资难担保难问题，提升中小企业融资再发展能力。全年计划新增设立中小企业信用担保公司3家。

第七，推动中小企业对外合作交流，组织参加各类中小企业博览会、展览会或洽谈会，积极搭建中小企业发展平台，鼓励中小企业与东中西部及疆内企业开展经济技术合作，加强与国外中小企业的交流合作，推进企业扩大影响、招商引资、广交朋友，不断开拓国内外市场。组织兵团参加第八届中国国际中小企业博览会。

第八，开展专题调研，充分发挥现有国家级、自治区级、兵团级企业技术中心、工程研究中心的资源和优势，加快战略性新兴产业的培育和重大问题的研究，组织部分中小企业赴东部沿海地区考察学习中小企业服务体系尤其是信用担保体系建设、小企业创业基地建设的经验和做法，提高中小企业自我发展能力，进一步促进兵团中小企业加快发展。

（新疆生产建设兵团发展改革委经济运行处　帅英）

第五篇

中小企业统计

各地区规模以上工业

地区代码	地区名称	企业单位数量（个）		从业人员（万人）		资产（亿元）		主营业务收入（亿元）	
		总数	中小企业	总计	中小企业	总计	中小企业	总计	中小企业
000000	全国总计	452872	449130	9544.7	7236.9	592881.9	356624.9	697744.0	459727.2
110000	北京	6884	6827	124.2	91.6	22750.6	15285.2	14807.1	7606.3
120000	天津	7947	7872	148.9	106.6	14584.3	8004.4	17319.6	9749.3
130000	河北	13927	13756	344.7	235.1	24943.7	11517.6	31628.9	18494.5
140000	山西	4240	4091	219.9	107.1	18505.9	8679.3	12712.5	6161.9
150000	内蒙古	4611	4536	125.2	86.4	14691.4	9260.0	13387.8	9598.0
210000	辽宁	23832	23685	401.7	282.0	29076.8	15330.8	36049.6	24428.8
220000	吉林	6181	6127	139.8	90.8	10196.1	5254.7	12647.3	6943.2
230000	黑龙江	4596	4532	147.6	77.8	10471.2	4568.4	9899.1	4756.7
310000	上海	16684	16572	291.6	238.7	27555.9	16322.8	32084.1	17886.0
320000	江苏	64136	63637	1153.9	888.0	66134.1	43839.2	91077.4	62424.0
330000	浙江	64364	64139	857.6	768.0	47282.8	39468.3	50536.3	40962.9
340000	安徽	16277	16177	264.9	190.0	15930.3	9098.2	18164.6	11747.0
350000	福建	19227	19103	411.8	360.6	16058.7	12252.2	21479.4	16532.9
360000	江西	7908	7856	199.2	164.2	8637.5	5395.9	14250.5	10573.7
370000	山东	44037	43637	931.5	683.1	53761.3	29597.5	83663.0	56346.3
410000	河南	19548	19320	479.3	332.3	23467.4	12717.3	36163.1	25040.7
420000	湖北	16106	15991	295.0	216.8	20894.3	9905.9	21151.6	12486.3
430000	湖南	13844	13775	272.4	229.7	13039.0	7963.4	18669.8	13898.9
440000	广东	53389	52875	1568.0	1246.0	62626.9	39123.7	84114.9	55664.5
450000	广西	6583	6535	150.5	123.9	8667.4	6136.3	9235.8	6596.8
460000	海南	497	494	12.4	11.1	1621.4	1246.1	1322.8	1163.3
500000	重庆	7130	7057	146.6	114.1	8099.0	4934.0	9039.0	5921.3
510000	四川	13706	13576	351.7	265.8	22564.8	14452.1	23062.8	16692.4
520000	贵州	2963	2933	80.3	58.0	5960.1	3444.6	3926.0	2414.3
530000	云南	3599	3554	92.6	74.0	9611.1	6578.8	6356.2	4066.5
540000	西藏	97	96	1.9	1.6	315.2	186.5	59.7	50.4
610000	陕西	4564	4478	151.1	87.0	14688.7	6201.5	10888.8	5673.0
620000	甘肃	2000	1967	71.3	39.8	6487.3	2792.4	5148.4	1654.1
630000	青海	555	543	20.1	11.2	3053.6	1238.7	1525.1	689.7
640000	宁夏	975	958	29.0	17.3	3293.2	1962.6	1880.0	1122.2
650000	新疆	2465	2431	60.2	38.3	7912.0	3866.5	5492.6	2381.4

企业主要指标（2010）

利润（亿元）		税金（亿元）		总产值（亿元）		出口交货值（亿元）	
总计	中小企业	总计	中小企业	总计	中小企业	总计	中小企业
53049.7	35419.3	33655.8	18176.2	698590.5	468643.3	89910.1	49194.9
1028.3	728.4	602.9	254.2	13699.8	7168.0	1641.7	629.4
1552.1	703.9	868.9	325.8	16751.8	9444.6	2162.0	1130.3
2141.5	1521.9	1232.3	694.1	31143.3	18955.8	1154.2	554.8
958.2	444.9	859.7	409.6	12471.3	6351.8	281.8	76.6
1688.4	1115.1	796.8	538.2	13406.1	9763.8	252.1	82.3
2371.4	1848.2	1670.8	828.0	36219.4	25037.5	2921.9	1358.6
843.2	412.2	722.4	240.2	13098.4	7201.3	227.4	153.6
1248.8	423.3	988.2	240.0	9535.1	4816.0	199.1	76.0
2299.7	1249.9	1395.0	484.9	30114.4	17250.2	8204.3	3274.4
5970.6	4154.8	3345.4	2355.5	92056.5	63381.0	18563.8	8927.1
3174.8	2542.8	1925.2	1412.2	51394.2	41910.6	10642.8	8629.7
1445.6	1002.8	955.8	409.7	18732.0	12314.2	818.5	518.5
1754.2	1338.0	824.3	628.8	21901.2	16950.6	4699.2	3285.9
909.8	717.4	611.7	411.2	13883.1	10592.7	1124.9	855.6
6108.0	3964.8	3629.6	2174.8	83851.4	57679.4	6638.0	3940.6
3302.2	2655.5	1626.3	996.9	34995.5	24948.4	632.5	300.0
1668.5	984.1	1281.5	514.0	21623.1	13010.2	958.1	474.9
1451.4	1139.5	1384.0	722.0	19008.8	14257.8	494.6	286.1
6239.6	4370.5	3178.8	1819.4	85824.6	57177.5	25919.1	13450.8
771.6	590.0	552.8	373.7	9644.1	7019.3	385.3	244.6
140.0	114.9	139.1	126.8	1381.3	1211.0	97.0	96.1
518.6	390.1	493.3	235.3	9143.6	6056.4	425.1	261.1
1661.9	1287.0	1331.0	868.0	23147.4	17136.5	862.2	260.2
317.6	177.6	353.8	149.9	4206.4	2683.1	90.1	23.3
599.3	374.9	845.0	277.0	6464.6	4193.9	115.1	88.4
10.8	12.8	5.8	5.4	62.2	54.0	0.0	0.0
1469.6	655.9	932.4	376.7	11199.8	5868.1	244.0	120.4
231.5	90.5	358.4	82.7	4882.7	1930.6	47.5	16.3
182.0	83.2	120.7	42.6	1482.0	721.8	1.4	1.3
138.0	64.5	105.5	43.1	1924.4	1161.8	52.1	29.7
852.4	259.8	518.4	135.4	5341.9	2395.4	54.2	48.3

各行业规模以上工业

行业代码	行业名称	企业单位数量（个）		从业人员（万人）		资产（亿元）	
		总数	中小企业	总计	中小企业	总计	中小企业
	全国总计	452872	449130	9544.7	7236.9	592881.9	356624.9
06	煤炭开采和洗选业	9016	8768	527.2	212.7	29941.7	9565.3
061	烟煤和无烟煤的开采洗选	8725	8491	510.5	205.9	28330.4	8800.3
062	褐煤的开采洗选	228	214	15.9	6.0	1593.2	746.9
069	其他煤炭采选	63	63	0.7	0.7	18.1	18.1
07	石油和天然气开采业	310	270	106.1	6.8	16692.0	1699.1
071	天然原油和天然气开采	143	119	67.1	2.9	14365.6	1401.4
079	与石油和天然气开采有关的服务活动	167	151	39.0	4.0	2326.5	297.7
08	黑色金属矿采选业	4262	4237	67.0	55.5	5985.1	3359.2
081	铁矿采选	3930	3906	62.0	50.8	5798.9	3180.0
089	其他黑色金属矿采选	332	331	5.0	4.7	186.2	179.2
09	有色金属矿采选业	2443	2424	55.4	48.0	3083.5	2383.2
091	常用有色金属矿采选	1529	1517	31.5	27.2	1783.8	1351.1
10	非金属矿采选业	4633	4622	56.5	52.4	1882.3	1577.6
101	土砂石开采	3429	3429	34.4	34.4	812.8	812.8
102	化学矿采选	348	346	6.2	5.4	341.9	273.9
103	采盐	177	168	9.4	6.1	539.6	302.8
109	石棉及其他非金属矿采选	679	679	6.5	6.5	188.0	188.0
11	其他采矿业	39	39	0.4	0.4	16.2	16.2
110	其他采矿业	39	39	0.4	0.4	16.2	16.2
13	农副食品加工业	25612	25507	369.0	321.8	16731.3	14329.4
131	谷物磨制	6494	6490	52.3	51.1	2379.6	2348.5
132	饲料加工	3696	3690	42.9	40.8	2055.8	1974.0
133	植物油加工	2408	2402	29.7	27.4	3504.3	3120.1
134	制糖	307	301	14.8	12.9	995.1	891.0
135	屠宰及肉类加工	4021	3973	95.8	69.2	3141.6	2030.7
136	水产品加工	2438	2419	50.1	43.8	1687.6	1387.0
137	蔬菜、水果和坚果加工	3647	3639	45.1	42.0	1342.1	1233.8
139	其他农副食品加工	2601	2593	38.4	34.6	1625.3	1344.3
14	食品制造业	9152	9090	175.9	151.5	7229.4	5835.7
141	焙烤食品制造	1547	1539	28.7	26.4	698.6	622.6
142	糖果、巧克力及蜜饯制造	901	895	16.5	14.1	578.7	407.4
143	方便食品制造	1354	1337	32.5	25.0	1004.6	695.8
144	液体乳及乳制品制造	784	771	23.4	17.8	1383.5	938.8
145	罐头制造	967	966	19.3	19.0	593.6	588.2
146	调味品、发酵制品制造	1289	1281	21.8	18.2	1136.2	946.7

企业主要指标（2010）

主营业务收入（亿元）		利润（亿元）		税金（亿元）		总产值（亿元）		出口交货值（亿元）	
总计	中小企业	总计	中小企业	总计	中小企业	总计	中小企业	总计	中小企业
697744. 0	459727. 2	53049. 7	35419. 3	33655. 8	18176. 2	698590. 5	468643. 3	89910. 1	49194. 9
23609. 6	10600. 7	3446. 5	1692. 2	2257. 5	990. 1	22109. 3	10723. 1	128. 7	15. 5
21944. 4	9819. 0	3194. 7	1543. 2	2092. 8	913. 6	20447. 3	9930. 9	116. 6	10. 0
1626. 6	743. 0	245. 9	143. 1	162. 5	74. 4	1622. 6	752. 9	12. 1	5. 4
38. 6	38. 6	5. 8	5. 8	2. 2	2. 2	39. 4	39. 4	0. 0	0. 0
10617. 6	1484. 4	3026. 8	464. 2	1640. 1	144. 3	9917. 8	1358. 4	90. 3	40. 9
8934. 2	1162. 4	3020. 2	426. 2	1519. 9	126. 8	8486. 4	1045. 1	57. 4	40. 8
1683. 4	322. 0	6. 6	38. 0	120. 2	17. 5	1431. 4	313. 4	33. 0	0. 1
6135. 2	5058. 4	893. 0	748. 7	407. 4	356. 5	5999. 3	5244. 6	0. 3	0. 3
5832. 1	4769. 9	848. 3	709. 0	386. 2	335. 5	5682. 6	4942. 4	0. 3	0. 3
303. 1	288. 5	44. 8	39. 6	21. 1	21. 0	316. 7	302. 2	0. 0	0. 0
3836. 1	3156. 2	572. 0	485. 3	182. 8	158. 7	3799. 4	3244. 4	11. 9	7. 6
1977. 2	1663. 4	293. 1	253. 7	135. 9	115. 0	1930. 0	1718. 7	11. 8	7. 5
3005. 1	2892. 2	276. 2	269. 3	180. 2	169. 1	3093. 5	2981. 3	31. 7	30. 9
2007. 2	2007. 2	182. 1	182. 1	106. 1	106. 1	2066. 9	2066. 9	10. 6	10. 6
281. 5	247. 7	35. 5	31. 9	28. 9	24. 4	289. 2	259. 7	2. 0	2. 0
285. 5	206. 4	26. 9	23. 6	21. 3	14. 7	284. 4	201. 7	1. 1	0. 3
430. 9	430. 9	31. 5	31. 5	23. 9	23. 9	453. 0	453. 0	18. 0	18. 0
30. 5	30. 5	2. 0	2. 0	1. 2	1. 2	31. 3	31. 3	0. 0	0. 0
30. 5	30. 5	2. 0	2. 0	1. 2	1. 2	31. 3	31. 3	0. 0	0. 0
34668. 3	30653. 3	2343. 6	2079. 3	901. 2	781. 0	34928. 1	31114. 4	1982. 5	1720. 8
6268. 9	6186. 8	407. 3	403. 7	150. 6	148. 7	6227. 0	6143. 9	23. 8	23. 8
5557. 9	5304. 9	370. 2	351. 7	114. 9	108. 6	5649. 5	5396. 6	30. 8	29. 7
5984. 9	5394. 1	356. 0	326. 9	150. 8	135. 1	5971. 3	5393. 1	44. 7	42. 1
771. 6	678. 1	106. 3	91. 4	47. 3	40. 8	804. 7	711. 5	2. 5	2. 5
7470. 5	5490. 1	485. 4	362. 1	184. 2	138. 2	7315. 5	5540. 5	189. 2	127. 3
2951. 4	2680. 7	193. 1	171. 7	78. 0	70. 8	3117. 0	2822. 4	999. 5	850. 1
2698. 0	2560. 4	213. 8	198. 5	75. 0	70. 4	2784. 2	2640. 7	542. 3	528. 9
2965. 1	2358. 1	211. 5	173. 4	100. 4	68. 5	3058. 9	2465. 7	149. 8	116. 3
11133. 5	9302. 1	1015. 4	815. 0	457. 8	362. 0	11350. 6	9545. 8	744. 5	680. 7
1262. 5	1122. 8	104. 1	97. 5	49. 4	42. 3	1275. 9	1146. 3	26. 5	26. 3
904. 7	686. 1	105. 1	61. 0	52. 1	26. 2	898. 1	690. 9	73. 0	69. 2
1862. 3	1317. 5	154. 9	102. 2	67. 4	49. 0	1911. 1	1330. 1	64. 1	47. 6
1939. 8	1556. 1	177. 0	132. 7	84. 1	63. 6	1949. 5	1600. 5	4. 8	4. 8
863. 0	857. 9	49. 5	49. 1	28. 8	28. 6	894. 1	888. 9	253. 3	250. 2
1601. 7	1296. 3	139. 9	114. 0	63. 6	53. 7	1655. 4	1341. 9	92. 2	77. 6

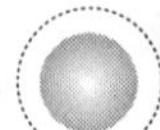

行业代码	行业名称	企业单位数量（个）		从业人员（万人）		资产（亿元）	
		总数	中小企业	总计	中小企业	总计	中小企业
149	其他食品制造	2310	2301	33.7	31.1	1834.1	1636.2
15	饮料制造业	6371	6309	130.0	100.6	7852.8	5315.9
151	酒精制造	188	186	4.1	3.4	385.6	290.9
152	酒的制造	2738	2697	72.8	51.4	4603.9	2435.1
153	软饮料制造	1889	1870	39.7	32.4	2431.9	2158.4
154	精制茶加工	1556	1556	13.4	13.4	431.4	431.4
16	烟草制品业	151	126	21.1	7.4	5484.0	1209.2
161	烟叶复烤	48	47	3.1	2.7	164.8	158.4
162	卷烟制造	64	40	16.9	3.6	5248.3	979.9
169	其他烟草制品加工	39	39	1.1	1.1	70.9	70.9
17	纺织业	33384	33212	647.3	559.0	18790.0	15056.8
171	棉、化纤纺织及印染精加工	14559	14445	326.2	267.0	10202.3	7850.8
172	毛纺织和染整精加工	1496	1487	30.0	24.6	1175.5	827.6
173	麻纺织	314	313	9.2	9.0	199.0	193.1
174	丝绢纺织及精加工	2666	2660	33.4	31.1	1225.9	1064.3
175	纺织制成品制造	5886	5869	85.4	77.4	2594.0	2234.4
176	针织品、编织品及其制品制造	8463	8438	163.1	149.9	3393.3	2886.6
18	纺织服装、鞋、帽制造业	18547	18474	447.0	406.6	7026.1	5588.5
181	纺织服装制造	17445	17376	418.7	381.2	6747.2	5332.5
182	纺织面料鞋的制造	748	744	20.7	17.8	181.1	158.2
183	制帽	354	354	7.6	7.6	97.8	97.8
19	皮革、毛皮、羽毛（绒）及其制品业	8854	8791	276.4	242.2	3907.4	3084.2
191	皮革鞣制加工	881	879	15.2	13.9	555.7	489.9
192	皮革制品制造	6873	6817	245.4	214.0	2865.4	2146.5
193	毛皮鞣制及制品加工	583	580	7.4	6.4	179.1	157.7
194	羽毛（绒）加工及制品制造	517	515	8.4	7.8	307.3	289.9
20	木材加工及木、竹、藤、棕、草制品业	11366	11357	142.3	137.7	3541.8	3318.2
201	锯材、木片加工	1648	1646	16.7	16.0	394.6	385.2
202	人造板制造	5996	5990	79.9	76.3	2168.2	1962.6
203	木制品制造	2535	2534	29.8	29.5	762.0	753.5
204	竹、藤、棕、草制品制造	1187	1187	15.9	15.9	217.0	217.0
21	家具制造业	5934	5908	111.7	101.3	2639.1	2343.4
211	木质家具制造	3734	3721	67.4	61.8	1534.1	1369.0
212	竹、藤家具制造	106	106	1.7	1.7	27.5	27.5
213	金属家具制造	1190	1184	25.1	23.1	638.2	564.9
214	塑料家具制造	103	103	1.5	1.5	31.6	31.6
219	其他家具制造	801	794	16.0	13.3	407.7	350.4
22	造纸及纸制品业	10270	10225	157.9	141.5	9655.3	6946.0

续表

主营业务收入（亿元）		利润（亿元）		税金（亿元）		总产值（亿元）		出口交货值（亿元）	
总计	中小企业	总计	中小企业	总计	中小企业	总计	中小企业	总计	中小企业
2699. 5	2465. 4	284. 9	258. 6	112. 3	98. 5	2766. 5	2547. 3	230. 6	204. 9
9165. 7	6881. 3	991. 3	608. 5	726. 7	481. 8	9152. 6	7060. 4	181. 3	155. 7
466. 4	386. 1	26. 9	22. 6	24. 6	21. 9	478. 5	396. 6	3. 9	1. 8
4658. 1	2980. 9	607. 1	259. 4	531. 0	309. 2	4623. 7	3113. 5	41. 3	18. 4
3324. 7	2797. 7	287. 3	256. 5	139. 9	119. 5	3301. 6	2801. 5	88. 3	87. 7
716. 6	716. 6	70. 0	70. 0	31. 2	31. 2	748. 8	748. 8	47. 7	47. 7
5628. 2	1246. 2	734. 0	154. 3	3489. 6	685. 1	5842. 5	1372. 8	27. 7	9. 0
106. 5	100. 8	24. 9	24. 3	10. 7	10. 5	113. 0	107. 1	0. 1	0. 1
5463. 9	1087. 7	701. 0	121. 9	3474. 3	670. 0	5666. 8	1203. 0	23. 4	4. 7
57. 8	57. 8	8. 0	8. 0	4. 6	4. 6	62. 7	62. 7	4. 2	4. 2
28110. 1	23456. 1	1697. 9	1379. 1	855. 1	718. 8	28507. 9	23917. 4	4620. 5	3730. 8
15558. 4	12441. 6	965. 1	753. 7	487. 0	396. 3	15692. 0	12661. 0	1509. 7	1047. 8
1639. 3	1185. 9	93. 2	63. 5	43. 3	30. 5	1659. 3	1207. 5	208. 4	121. 8
297. 1	290. 1	15. 1	14. 9	10. 8	10. 6	290. 7	286. 1	37. 3	36. 0
1512. 1	1369. 8	72. 3	65. 5	46. 8	41. 9	1509. 9	1378. 2	152. 0	132. 4
4067. 9	3598. 0	249. 3	226. 7	120. 7	109. 3	4174. 7	3699. 5	957. 4	863. 7
5035. 3	4569. 9	302. 9	254. 9	146. 5	130. 1	5181. 3	4685. 1	1755. 8	1529. 1
11988. 6	10416. 8	851. 9	653. 0	410. 4	356. 0	12331. 2	10676. 1	3344. 6	2937. 7
11356. 1	9808. 4	815. 3	618. 0	387. 8	333. 9	11684. 8	10059. 1	3152. 2	2760. 4
442. 6	418. 5	26. 1	24. 5	16. 0	15. 5	454. 4	424. 9	130. 6	115. 4
189. 9	189. 9	10. 5	10. 5	6. 6	6. 6	192. 0	192. 0	61. 8	61. 8
7738. 9	6532. 2	611. 5	455. 5	253. 0	207. 7	7897. 5	6693. 3	2311. 6	1943. 7
1176. 2	1066. 0	101. 3	85. 8	36. 4	34. 3	1200. 0	1088. 6	123. 1	91. 6
5575. 1	4550. 8	435. 2	303. 8	182. 3	140. 2	5699. 7	4674. 8	1980. 6	1670. 4
465. 1	416. 9	42. 8	37. 5	16. 7	16. 0	465. 2	421. 4	76. 0	64. 0
522. 6	498. 5	32. 1	28. 4	17. 5	17. 3	532. 6	508. 5	131. 9	117. 7
7166. 0	6924. 8	515. 3	498. 0	257. 4	247. 3	7393. 2	7151. 0	648. 2	551. 1
815. 3	807. 3	59. 9	59. 0	28. 6	28. 5	857. 3	850. 2	24. 0	24. 0
4346. 8	4124. 9	325. 2	309. 3	163. 1	153. 0	4459. 2	4235. 4	267. 7	181. 7
1478. 1	1466. 7	90. 9	90. 4	46. 2	46. 2	1536. 2	1524. 9	217. 9	206. 8
525. 8	525. 8	39. 2	39. 2	19. 5	19. 5	540. 5	540. 5	138. 7	138. 7
4304. 8	3969. 9	281. 6	251. 6	136. 2	127. 4	4414. 8	4073. 2	1203. 2	1047. 1
2495. 3	2362. 1	158. 3	149. 7	84. 1	80. 5	2570. 8	2424. 1	544. 5	491. 4
55. 5	55. 5	4. 0	4. 0	2. 0	2. 0	57. 6	57. 6	16. 5	16. 5
1020. 1	916. 6	72. 0	59. 9	30. 3	27. 8	1034. 7	938. 8	378. 6	333. 3
66. 0	66. 0	3. 1	3. 1	2. 0	2. 0	67. 7	67. 7	23. 4	23. 4
667. 8	569. 7	44. 2	34. 9	17. 8	15. 1	684. 0	585. 0	240. 2	182. 5
10201. 8	8411. 2	727. 1	587. 1	348. 9	288. 6	10434. 1	8623. 8	666. 0	419. 8

行业代码	行业名称	企业单位数量（个）		从业人员（万人）		资产（亿元）	
		总数	中小企业	总计	中小企业	总计	中小企业
221	纸浆制造	120	118	3.8	3.1	630.5	342.5
222	造纸	3603	3565	76.8	62.7	6358.6	3990.6
223	纸制品制造	6547	6542	77.4	75.8	2666.1	2612.8
23	印刷业和记录媒介的复制	6850	6841	85.1	81.1	3216.4	3077.6
231	印刷	6485	6476	80.7	76.8	3001.0	2862.2
232	装订及其他印刷服务活动	285	285	3.2	3.2	115.4	115.4
233	记录媒介的复制	80	80	1.1	1.1	100.0	100.0
24	文教体育用品制造业	4827	4806	128.1	115.6	1829.9	1640.0
241	文化用品制造	1137	1133	16.8	15.6	348.6	325.4
242	体育用品制造	1331	1324	32.7	28.5	565.3	485.1
243	乐器制造	313	312	7.1	6.9	158.1	152.7
244	玩具制造	1883	1877	68.3	62.3	664.5	604.4
245	游艺器材及娱乐用品制造	163	160	3.2	2.2	93.4	72.3
25	石油加工、炼焦及核燃料加工业	2324	2247	92.2	50.6	15669.2	7666.8
251	精炼石油产品的制造	1525	1479	48.3	18.6	10452.0	3868.9
252	炼焦	794	766	42.8	31.9	5021.5	3797.4
26	化学原料及化学制品制造业	29504	29286	474.1	377.1	38772.0	28407.1
261	基础化学原料制造	6698	6642	115.3	87.1	10848.3	8016.2
262	肥料制造	2650	2590	74.7	47.3	6329.9	3405.2
263	农药制造	959	950	19.2	16.6	1339.0	1112.5
264	涂料、油墨、颜料及类似产品制造	4437	4433	44.3	43.1	2719.7	2560.9
265	合成材料制造	2651	2614	49.2	35.3	6753.0	4776.8
266	专用化学产品制造	10261	10224	137.5	121.9	8963.6	7251.1
267	日用化学产品制造	1848	1833	33.9	25.8	1818.6	1284.3
27	医药制造业	7039	6949	173.2	133.8	11116.4	8161.9
271	化学药品原药制造	1234	1211	34.9	25.3	2414.4	1621.1
272	化学药品制剂制造	1291	1260	48.3	33.9	3534.8	2353.2
273	中药饮片加工	819	819	9.9	9.9	481.4	481.4
274	中成药制造	1550	1520	44.9	32.0	2643.0	1817.2
275	兽用药品制造	590	590	8.0	8.0	338.7	338.7
276	生物、生化制品的制造	862	859	14.2	13.5	1273.4	1227.4
277	卫生材料及医药用品制造	693	690	13.0	11.2	430.7	322.9
28	化学纤维制造业	1939	1907	43.9	28.0	4204.8	2853.3
281	纤维素纤维原料及纤维制造	288	278	11.6	6.0	866.4	528.5
282	合成纤维制造	1651	1629	32.3	22.0	3338.4	2324.8
29	橡胶制品业	4856	4802	102.9	79.9	4134.0	2460.6
291	轮胎制造	629	585	33.3	14.7	2429.8	847.0
292	橡胶板、管、带的制造	1086	1086	13.9	13.9	485.1	485.1

续表

主营业务收入（亿元）		利润（亿元）		税金（亿元）		总产值（亿元）		出口交货值（亿元）	
总计	中小企业	总计	中小企业	总计	中小企业	总计	中小企业	总计	中小企业
249.4	188.9	16.9	8.1	11.7	9.2	259.9	191.4	1.4	1.3
5774.0	4118.7	414.7	291.2	195.3	140.5	5875.5	4214.4	402.3	170.7
4178.4	4103.6	295.4	287.9	142.0	138.9	4298.6	4217.9	262.3	247.7
3468.3	3339.4	309.2	289.4	138.6	132.4	3562.9	3431.6	293.3	253.9
3272.7	3143.7	288.7	268.9	131.2	125.0	3360.3	3229.0	257.3	217.9
128.3	128.3	14.8	14.8	6.0	6.0	131.2	131.2	7.8	7.8
67.3	67.3	5.7	5.7	1.4	1.4	71.4	71.4	28.2	28.2
3060.9	2820.1	165.7	151.4	82.9	76.2	3135.4	2892.2	1358.2	1210.8
504.1	473.9	31.3	29.0	14.1	13.1	522.6	491.5	183.1	172.5
888.5	799.9	44.5	39.6	25.0	21.9	900.9	812.4	434.3	376.8
210.0	203.3	14.3	13.9	5.9	5.8	216.4	209.4	72.0	69.7
1334.3	1249.4	67.6	63.3	33.5	32.1	1366.4	1281.2	618.8	563.1
124.1	93.6	8.0	5.5	4.3	3.2	129.1	97.7	50.1	28.6
29310.7	12527.2	1221.1	619.9	3811.0	1108.5	29238.8	12606.9	382.0	202.5
24467.9	8827.8	981.8	435.6	3629.3	966.0	24310.1	8823.2	350.6	181.3
4783.7	3697.1	237.8	184.2	181.3	142.4	4854.7	3781.4	28.2	21.2
47452.4	38281.1	3638.4	3012.2	1789.1	1310.2	47920.0	38921.7	3103.3	2443.2
12654.2	9915.7	823.7	723.8	547.8	368.6	12736.1	10061.9	623.5	483.5
5537.2	3633.4	351.6	252.6	160.1	92.4	5481.3	3698.7	120.3	45.4
1569.6	1365.6	129.1	115.1	44.3	39.5	1625.6	1434.7	213.5	170.0
3854.0	3718.8	323.8	305.8	137.6	133.1	3932.0	3785.6	249.4	231.4
8241.8	6392.2	568.0	466.8	244.2	160.3	8347.2	6483.0	548.8	442.2
12886.3	11444.3	1127.8	981.9	469.0	428.6	13051.2	11632.1	1141.9	890.2
2709.2	1811.1	314.3	166.2	186.1	87.7	2746.6	1825.8	206.0	180.4
11417.3	8546.7	1331.1	995.3	624.8	456.5	11741.3	9082.5	948.6	654.1
2443.7	1771.5	236.7	165.2	103.3	74.8	2437.6	1847.9	458.7	294.3
3470.5	2220.2	430.8	292.8	226.7	142.8	3514.0	2342.6	170.3	53.6
677.0	677.0	58.3	58.3	26.5	26.5	712.1	712.1	20.0	20.0
2520.0	1730.8	305.4	201.6	162.2	115.1	2651.1	1899.7	40.4	32.6
543.0	543.0	58.5	58.5	23.9	23.9	566.1	566.1	20.9	20.9
1128.7	1085.6	178.5	171.9	55.8	52.5	1208.0	1175.3	149.5	147.4
634.5	518.7	62.9	47.0	26.5	20.8	652.4	538.7	88.7	85.2
5020.3	3393.4	359.3	244.0	119.4	84.2	4954.0	3445.9	331.0	170.8
793.0	534.2	60.3	53.4	27.3	19.9	784.3	536.0	50.6	16.2
4227.3	2859.2	299.0	190.6	92.1	64.3	4169.7	2909.8	280.4	154.6
5826.2	3806.6	398.8	269.8	183.7	123.3	5906.7	3894.0	1049.1	537.7
3037.6	1147.3	175.7	64.3	88.5	34.2	3065.9	1178.1	633.5	147.2
735.6	735.6	64.2	64.2	27.1	27.1	761.5	761.5	62.6	62.6

行业代码	行业名称	企业单位数量（个）		从业人员（万人）		资产（亿元）	
		总数	中小企业	总计	中小企业	总计	中小企业
293	橡胶零件制造	1090	1089	15.4	14.4	415.9	384.4
294	再生橡胶制造	234	234	2.3	2.3	60.5	60.5
295	日用及医用橡胶制品制造	295	295	6.0	6.0	158.7	158.7
296	橡胶靴鞋制造	708	701	21.7	18.7	279.1	233.1
299	其他橡胶制品制造	814	812	10.3	9.8	304.8	291.7
30	塑料制品业	21033	20996	283.3	267.0	9211.0	8629.4
301	塑料薄膜制造	2074	2068	24.1	21.6	1364.2	1202.5
302	塑料板、管、型材的制造	3411	3402	40.8	35.5	2244.6	1987.6
303	塑料丝、绳及编织品的制造	2679	2679	34.8	34.8	702.5	702.5
304	泡沫塑料制造	1217	1217	10.7	10.7	346.0	346.0
305	塑料人造革、合成革制造	545	544	12.3	12.1	502.2	491.5
306	塑料包装箱及容器制造	2230	2230	23.6	23.6	1015.2	1015.2
307	塑料零件制造	2334	2326	38.7	35.6	913.9	855.7
308	日用塑料制造	2980	2973	47.7	44.4	936.0	871.7
309	其他塑料制品制造	3563	3557	50.7	48.8	1186.3	1156.7
31	非金属矿物制品业	34793	34697	544.6	504.7	25567.4	22623.1
311	水泥、石灰和石膏的制造	5451	5431	114.2	105.0	9380.2	8210.0
312	水泥及石膏制品制造	6262	6257	69.4	67.6	3781.1	3709.7
313	砖瓦、石材及其他建筑材料制造	10445	10426	132.5	126.7	3712.1	3530.5
314	玻璃及玻璃制品制造	4744	4713	99.5	85.1	4472.3	3441.5
315	陶瓷制品制造	2424	2416	61.4	57.8	1034.5	936.3
316	耐火材料制品制造	2552	2546	33.8	31.1	1477.2	1278.6
319	石墨及其他非金属矿物制品制造	2915	2908	33.7	31.4	1710.0	1516.5
32	黑色金属冶炼及压延加工业	7881	7626	345.6	129.0	45984.3	10543.3
321	炼铁	632	619	24.4	17.6	1947.8	1028.6
322	炼钢	336	278	53.0	7.1	8269.7	818.9
323	钢压延加工	5279	5110	234.5	75.6	33994.8	7360.7
324	铁合金冶炼	1634	1619	33.7	28.6	1772.0	1335.1
33	有色金属冶炼及压延加工业	8200	8081	191.6	122.6	20298.1	10254.0
331	常用有色金属冶炼	1974	1899	86.3	37.5	10638.4	3396.8
334	有色金属合金制造	791	788	10.5	9.2	757.8	649.2
335	有色金属压延加工	4503	4473	74.5	59.9	6737.7	4923.7
34	金属制品业	25703	25641	344.6	318.9	13155.3	11693.8
341	结构性金属制品制造	8272	8251	103.8	95.1	4608.1	4061.5
342	金属工具制造	2772	2766	35.3	33.6	1043.1	936.0
343	集装箱及金属包装容器制造	1702	1698	27.7	25.9	1405.8	1291.5
344	金属丝绳及其制品的制造	1797	1789	23.1	17.9	1298.7	984.6
345	建筑、安全用金属制品制造	3347	3340	45.0	42.9	1361.9	1271.3

续表

主营业务收入（亿元）		利润（亿元）		税金（亿元）		总产值（亿元）		出口交货值（亿元）	
总计	中小企业	总计	中小企业	总计	中小企业	总计	中小企业	总计	中小企业
615.5	578.5	64.1	54.4	22.1	20.8	632.5	597.6	87.5	74.4
159.0	159.0	11.8	11.8	7.1	7.1	165.3	165.3	0.7	0.7
261.6	261.6	15.3	15.3	7.0	7.0	263.6	263.6	70.4	70.4
502.4	423.2	33.0	25.7	16.4	12.8	506.9	432.7	128.3	120.2
514.6	501.6	34.7	34.1	15.4	14.3	511.0	495.2	66.1	62.3
13571.1	12880.3	929.5	882.8	400.9	385.4	13872.2	13158.7	2145.0	1881.2
1820.8	1617.6	112.4	98.7	43.6	40.6	1853.8	1637.2	236.0	176.0
3008.4	2744.4	233.3	212.5	95.5	87.7	3094.4	2825.3	198.0	156.4
1516.2	1516.2	102.3	102.3	51.6	51.6	1534.9	1534.9	80.5	80.5
640.4	640.4	41.6	41.6	19.3	19.3	656.1	656.1	59.4	59.4
719.7	689.7	45.3	43.2	19.7	18.8	746.8	716.7	89.2	85.6
1208.4	1208.4	97.4	97.4	39.0	39.0	1224.4	1224.4	107.4	107.4
1195.3	1119.8	75.4	70.2	34.3	32.5	1219.7	1142.1	334.6	279.9
1596.1	1519.0	102.1	98.9	46.7	45.2	1632.0	1554.7	585.8	515.1
1865.7	1824.8	119.8	118.1	51.2	50.7	1910.2	1867.4	454.1	421.0
31267.2	29084.7	2858.6	2623.6	1435.5	1338.1	32057.3	29836.0	1536.6	1256.0
7370.4	6688.6	739.9	673.4	370.6	342.4	7577.1	6887.1	38.4	37.8
4887.1	4792.9	329.5	316.9	226.2	222.1	4984.7	4888.5	19.8	19.7
6996.5	6745.0	625.5	604.3	285.9	278.5	7234.4	6963.9	251.4	239.8
4835.5	4234.3	474.5	400.4	197.1	170.9	4981.5	4367.2	572.5	409.8
1856.8	1769.6	165.8	156.7	92.5	88.6	1909.5	1819.4	401.6	336.4
2664.4	2410.7	303.9	267.4	151.2	133.7	2688.8	2434.9	131.4	99.1
2656.6	2443.6	219.5	204.6	111.8	102.0	2681.3	2474.9	121.4	113.3
54490.9	18954.7	2149.0	1007.7	1527.2	504.3	51833.6	18941.7	1706.5	452.4
2689.5	1665.5	141.1	111.9	71.5	54.6	2620.3	1682.2	10.8	5.8
8997.0	1369.3	243.2	62.4	282.8	44.1	8417.1	1322.4	146.3	8.9
39957.8	13508.2	1584.6	671.8	1062.9	316.8	37922.1	13497.4	1504.6	399.4
2846.6	2411.8	180.1	161.5	110.0	88.8	2874.1	2439.7	44.9	38.3
29175.2	20032.4	1620.6	1081.7	820.1	543.2	28119.0	20138.8	1065.8	657.2
11746.1	5098.5	534.7	241.9	376.1	164.1	10644.7	5131.2	218.4	57.3
1112.4	1040.0	89.1	77.0	31.6	25.9	1138.3	1048.9	85.4	74.0
13551.6	11723.4	689.6	541.2	323.3	287.3	13602.5	11812.8	634.6	426.7
19642.4	18166.8	1364.7	1234.3	633.5	574.0	20134.6	18561.7	2758.5	2403.9
6590.9	6130.4	468.4	417.4	213.0	195.3	6806.3	6253.4	385.0	319.5
1556.3	1432.5	124.5	114.7	57.2	52.7	1586.6	1461.5	420.9	381.6
1871.8	1760.8	151.7	142.3	56.7	54.2	1926.8	1804.3	501.2	402.8
1864.7	1508.1	113.9	86.8	64.9	45.2	1868.9	1519.2	151.6	118.0
2206.7	2118.1	151.0	138.6	70.3	66.0	2282.3	2193.8	469.4	407.5

行业代码	行业名称	企业单位数量（个）		从业人员（万人）		资产（亿元）	
		总数	中小企业	总计	中小企业	总计	中小企业
346	金属表面处理及热处理加工	2157	2154	26.9	25.6	1017.5	981.7
347	搪瓷制品制造	266	265	4.8	3.6	116.5	89.3
348	不锈钢及类似日用金属制品制造	2934	2927	47.9	45.8	1157.7	1090.8
349	其他金属制品制造	2456	2451	30.1	28.5	1145.9	987.2
35	通用设备制造业	39699	39543	539.4	480.0	27615.3	21336.4
351	锅炉及原动机制造	1821	1789	40.2	30.4	3912.8	1980.7
352	金属加工机械制造	4001	3982	58.1	49.5	3257.5	2585.4
353	起重运输设备制造	2302	2285	43.2	35.0	3347.8	1980.3
354	泵、阀门、压缩机及类似机械的制造	6915	6893	92.0	84.8	4228.0	3795.6
355	轴承、齿轮、传动和驱动部件的制造	3584	3570	56.1	49.9	2343.6	1963.0
356	烘炉、熔炉及电炉制造	330	330	3.5	3.5	178.7	178.7
357	风机、衡器、包装设备等通用设备制造	4875	4849	72.1	61.9	3838.6	3036.8
358	通用零部件制造及机械修理	7334	7323	77.9	73.3	2810.0	2553.2
359	金属铸、锻加工	8537	8522	96.1	91.8	3698.2	3262.7
36	专用设备制造业	20083	19936	334.2	268.2	19561.4	13155.8
361	矿山、冶金、建筑专用设备制造	4810	4756	97.6	68.2	8584.5	4331.8
362	化工、木材、非金属加工专用设备制造	4619	4608	64.3	60.7	2601.5	2418.6
363	食品、饮料、烟草及饲料生产专用设备制造	967	965	12.6	11.9	464.5	453.1
364	印刷、制药、日化生产专用设备制造	1212	1210	14.5	14.0	664.2	633.8
365	纺织、服装和皮革工业专用设备制造	1666	1653	24.5	21.1	1196.6	923.1
366	电子和电工机械专用设备制造	1214	1172	35.4	18.5	2007.9	852.4
367	农、林、牧、渔专用机械制造	1556	1550	26.2	20.0	934.8	719.8
368	医疗仪器设备及器械制造	1310	1300	25.3	22.1	996.2	892.2
369	环保、社会公共安全及其他专用设备制造	2729	2722	33.9	31.8	2111.3	1931.0
37	交通运输设备制造业	20718	20348	573.7	374.0	47981.1	20669.7
371	铁路运输设备制造	847	806	34.4	15.4	2647.0	920.4
372	汽车制造	13895	13701	361.0	245.9	30776.9	13446.7
373	摩托车制造	2030	2005	43.4	34.3	1661.2	1119.6
374	自行车制造	1226	1222	20.9	19.5	607.0	569.4
375	船舶及浮动装置制造	2177	2112	76.8	46.2	8926.1	3690.2
379	交通器材及其他交通运输设备制造	306	305	3.4	3.1	163.3	144.5
39	电气机械及器材制造业	27537	27279	604.3	469.7	31717.9	21684.4
391	电机制造	3250	3214	77.0	60.7	4784.0	3743.5
392	输配电及控制设备制造	8672	8632	148.0	128.0	8092.8	6149.0
393	电线、电缆、光缆及电工器材制造	5715	5685	94.7	83.5	5982.4	5149.8
394	电池制造	1637	1593	61.3	40.2	4082.2	2170.6
395	家用电力器具制造	3267	3187	128.8	72.7	6148.3	2201.7
396	非电力家用器具制造	862	858	14.2	12.7	623.2	551.0

续表

主营业务收入（亿元）		利润（亿元）		税金（亿元）		总产值（亿元）		出口交货值（亿元）	
总计	中小企业	总计	中小企业	总计	中小企业	总计	中小企业	总计	中小企业
1601.0	1516.5	93.0	89.7	48.1	45.7	1624.2	1541.3	75.3	71.0
195.9	177.1	13.3	11.7	6.0	5.3	200.6	181.6	37.2	36.6
1992.9	1918.4	129.5	124.1	58.9	56.0	2055.6	1974.0	528.6	480.8
1762.2	1605.0	119.3	108.9	58.5	53.6	1783.2	1632.5	189.4	186.1
34400.1	29078.7	2710.7	2259.5	1264.1	1054.3	35132.7	29812.4	3286.2	2464.0
3200.6	2053.4	261.6	166.7	167.3	97.1	3324.2	2122.6	253.4	120.0
3353.0	2777.1	259.5	223.3	124.5	103.3	3402.6	2851.5	185.1	158.3
3855.7	2517.5	303.5	181.5	129.5	88.1	3904.3	2594.4	443.2	195.6
5393.9	4925.2	459.3	418.7	192.1	178.5	5481.6	5018.1	712.3	635.4
2688.5	2357.0	226.0	195.4	91.4	79.0	2738.6	2419.4	303.4	251.7
203.9	203.9	16.9	16.9	7.3	7.3	207.9	207.9	16.5	16.5
4763.7	3922.0	414.7	349.6	166.7	138.5	4880.3	4012.5	655.9	447.9
4266.8	4006.4	287.8	260.5	149.6	137.5	4332.6	4076.4	374.9	332.7
6674.1	6316.3	481.3	447.0	235.8	224.9	6860.6	6509.6	341.5	306.0
21313.0	15882.4	1855.0	1370.5	743.4	563.3	21561.8	16309.1	1994.8	1478.1
8917.7	5482.8	851.6	480.7	330.0	188.4	8984.6	5628.8	468.9	260.3
2811.8	2638.4	228.8	203.1	101.1	94.1	2895.6	2715.1	363.4	322.0
685.1	660.6	67.9	66.0	27.1	26.6	702.9	678.7	49.7	49.4
758.2	731.7	64.6	62.4	30.4	29.5	781.3	751.5	56.8	51.7
1347.6	1149.6	92.7	80.5	47.9	41.5	1363.6	1176.8	190.8	151.1
1644.2	895.2	105.3	78.4	41.5	29.1	1624.6	942.8	233.0	131.3
1792.5	1318.1	115.9	98.9	41.5	37.4	1772.2	1345.4	108.3	88.5
1148.5	1013.3	125.6	113.8	39.3	36.0	1178.4	1036.3	352.0	268.7
2207.4	1992.5	202.6	186.7	84.6	80.8	2258.6	2033.6	172.0	155.1
55058.7	25785.4	4856.4	2094.4	2851.1	960.3	55452.6	26389.0	5938.8	2909.7
2544.9	1004.9	185.3	98.5	113.7	45.5	2563.3	1029.6	98.5	18.2
40975.9	18153.3	3843.4	1555.7	2426.9	717.0	40898.8	18390.3	1993.5	1260.9
2518.9	1741.3	135.3	98.2	90.5	58.3	2525.8	1779.8	393.0	246.3
895.1	845.7	47.8	44.1	21.9	21.2	903.4	857.0	276.9	247.7
6258.7	3363.8	543.6	250.1	161.2	99.0	6678.0	3641.5	2940.5	1043.3
272.9	214.8	19.8	16.8	11.2	10.4	285.2	228.1	33.9	29.1
42152.6	30487.2	3116.2	2206.7	1314.1	926.9	43344.4	31524.3	7982.7	5008.1
5332.2	4444.1	444.4	358.6	172.5	141.1	5596.2	4705.0	853.6	627.3
9098.5	7456.9	791.0	653.7	357.6	287.0	9407.1	7726.7	1038.3	788.8
9994.6	8719.5	622.9	537.0	260.2	223.2	10232.5	8946.4	846.6	706.3
4456.0	2688.3	376.3	174.9	110.1	65.8	4467.4	2689.9	1589.2	796.1
9278.4	3668.8	581.5	223.1	288.4	102.2	9520.4	3849.7	2622.5	1198.5
934.5	819.0	76.2	64.8	34.6	27.4	974.8	845.5	118.5	106.4

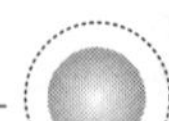

行业代码	行业名称	企业单位数量（个）		从业人员（万人）		资产（亿元）	
		总数	中小企业	总计	中小企业	总计	中小企业
397	照明器具制造	3442	3420	70.1	62.1	1575.7	1335.3
399	其他电气机械及器材制造	692	690	10.2	9.7	429.3	383.6
40	通信设备、计算机及其他电子设备制造业	14838	14311	772.7	426.8	37719.8	16804.8
401	通信设备制造	1540	1472	100.7	40.9	7491.1	2394.6
403	广播电视设备制造	473	468	11.0	9.4	455.6	353.8
404	电子计算机制造	1413	1266	171.2	48.9	9832.0	1846.7
405	电子器件制造	2485	2378	124.8	74.1	7869.1	4841.3
406	电子元件制造	6674	6527	274.7	190.4	7848.6	5069.7
407	家用视听设备制造	1090	1050	57.3	36.0	2825.9	1220.8
41	仪器仪表及文化、办公用机械制造业	5828	5776	124.9	101.6	5168.6	4128.0
411	通用仪器仪表制造	2946	2933	42.8	37.6	2479.4	2065.2
412	专用仪器仪表制造	1004	998	17.3	15.6	908.6	805.8
413	钟表与计时仪器制造	400	400	12.3	12.3	175.9	175.9
414	光学仪器及眼镜制造	818	808	26.0	20.4	671.7	519.7
415	文化、办公用机械制造	473	450	24.4	13.5	847.4	475.7
419	其他仪器仪表的制造及修理	187	187	2.1	2.1	85.6	85.6
42	工艺品及其他制造业	7937	7915	140.4	132.9	3330.0	2996.7
421	工艺美术品制造	5408	5398	95.6	92.0	2027.5	1897.6
422	日用杂品制造	1813	1803	33.0	29.7	670.3	548.6
423	煤制品制造	137	137	1.2	1.2	49.9	49.9
43	废弃资源和废旧材料回收加工业	1302	1301	13.9	13.6	923.6	904.9
431	金属废料和碎屑的加工处理	818	817	10.7	10.3	754.3	735.6
432	非金属废料和碎屑的加工处理	484	484	3.2	3.2	169.3	169.3
44	电力、热力的生产和供应业	6558	6431	275.6	160.1	76725.4	48207.1
441	电力生产	3904	3845	105.0	80.1	40283.8	34291.2
442	电力供应	1600	1539	151.8	63.3	34041.6	11899.3
443	热力生产和供应	1054	1047	18.8	16.7	2400.0	2016.6
45	燃气生产和供应业	970	962	19.0	16.7	2982.9	2469.2
450	燃气生产和供应业	970	962	19.0	16.7	2982.9	2469.2
46	水的生产和供应业	2109	2090	45.9	39.6	5539.2	4629.1
461	自来水的生产和供应	1757	1738	43.1	36.7	4479.2	3569.1
462	污水处理及其再生利用	325	325	2.6	2.6	776.9	776.9
469	其他水的处理、利用与分配	27	27	0.2	0.2	283.0	283.0

续表

主营业务收入（亿元）		利润（亿元）		税金（亿元）		总产值（亿元）		出口交货值（亿元）	
总计	中小企业	总计	中小企业	总计	中小企业	总计	中小企业	总计	中小企业
2416.6	2141.3	177.7	151.3	70.6	61.8	2500.0	2208.6	824.0	714.6
641.7	549.3	46.2	43.2	20.1	18.5	646.0	552.4	89.9	70.0
55161.2	20671.8	2873.0	1303.7	1002.2	461.8	54970.7	20937.0	34250.3	9075.8
9902.5	2738.3	732.3	191.8	280.9	69.6	9591.2	2725.3	4879.6	903.1
559.5	439.2	39.4	30.4	13.5	13.0	577.3	456.7	226.7	151.9
19176.7	2764.6	639.3	147.5	216.7	62.3	19040.9	2763.3	14661.8	1442.1
8610.4	4147.4	479.5	299.6	143.0	76.7	8826.3	4236.4	5756.5	1993.2
10702.5	7023.6	629.1	438.3	202.7	157.5	10894.1	7173.1	5917.9	3014.9
4591.3	2306.2	246.8	109.6	102.8	49.1	4452.8	2351.9	2227.1	1191.0
6322.9	4792.8	538.0	444.0	203.4	169.7	6399.1	4861.6	2047.8	1185.6
2764.0	2345.3	267.1	234.7	115.1	97.8	2798.2	2377.1	312.4	261.5
982.4	882.4	105.9	93.8	40.8	34.6	993.3	896.5	173.6	155.4
215.0	215.0	13.0	13.0	5.8	5.8	229.6	229.6	122.7	122.7
723.4	526.8	45.9	36.7	15.8	13.1	736.8	538.2	321.2	211.4
1546.8	732.1	96.3	55.9	21.8	14.1	1548.3	727.4	1110.4	427.2
91.3	91.3	0.0	9.9	4.3	4.3	92.8	92.8	7.5	7.5
5700.7	5418.7	370.5	352.4	172.6	161.6	5662.7	5390.6	1620.0	1544.8
4107.6	4005.9	260.0	253.4	120.7	116.3	4059.9	3954.9	1175.4	1133.3
1036.3	897.7	67.4	55.2	36.0	29.5	1056.4	925.6	380.4	347.3
84.1	84.1	6.5	6.5	3.5	3.5	85.9	85.9	0.3	0.3
2381.8	2340.5	114.9	111.3	83.1	82.7	2306.1	2269.1	5.4	5.4
2140.9	2099.7	98.3	94.7	74.4	74.0	2063.4	2026.4	3.1	3.1
240.8	240.8	16.6	16.6	8.7	8.7	242.7	242.7	2.3	2.3
40561.3	19134.0	1968.5	1410.7	1813.2	968.8	40550.8	19239.9	67.4	62.5
13524.5	11416.2	1062.1	923.5	822.1	686.4	13535.4	11496.9	48.5	44.0
26116.9	6900.1	913.0	489.9	971.8	264.6	26164.7	6975.0	4.0	3.6
919.9	817.7	-6.6	-2.8	19.3	17.8	850.8	768.0	14.9	14.9
2505.9	2286.1	254.0	233.6	76.4	63.7	2393.4	2186.8	15.4	15.4
2505.9	2286.1	254.0	233.6	76.4	63.7	2393.4	2186.8	15.4	15.4
1143.1	1000.1	60.3	77.1	60.3	51.1	1137.1	1000.8	30.3	30.3
908.1	765.1	31.9	48.7	55.3	46.1	913.5	777.2	1.2	1.2
163.7	163.7	12.0	12.0	4.1	4.1	166.8	166.8	1.7	1.7
71.3	71.3	16.4	16.4	1.0	1.0	56.7	56.7	27.5	27.5

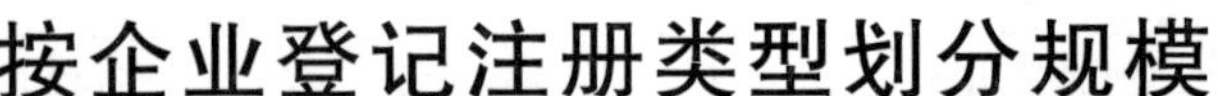

按企业登记注册类型划分规模

代码	企业登记注册类型	企业单位数量（个）		从业人员（万人）		资产（亿元）		主营业务收入（亿元）	
		总数	中小企业	总计	中小企业	总计	中小企业	总计	中小企业
	全国总计	452872	449130	9544.7	7236.9	592881.9	356624.9	697744.0	459727.2
110	国有企业	8726	8305	638.0	290.4	79887.9	36100.2	58956.9	20824.9
120	集体企业	9166	9132	188.8	167.0	5473.4	3648.1	10335.3	7848.7
130	股份合作企业	4481	4462	62.3	55.2	2628.5	2047.7	3755.8	3147.4
141	国有联营企业	130	128	6.7	3.4	1022.7	495.7	688.6	336.0
142	集体联营企业	222	222	5.2	5.2	106.2	106.2	215.8	215.8
143	国有与集体联营企业	175	173	3.9	3.0	179.5	99.7	155.9	145.1
149	其他联营企业	177	177	2.4	2.4	113.3	113.3	141.0	141.0
151	国有独资公司	1479	1214	338.7	60.3	43488.4	7028.8	29213.3	4260.0
159	其他有限责任公司	68599	67854	1679.8	1208.2	124650.5	75487.6	130496.1	85517.2
160	股份有限公司	9562	9002	616.1	279.2	68098.8	24200.4	64414.2	21404.0
171	私营独资企业	59926	59904	588.2	579.0	15275.2	14704.1	37812.1	36953.4
172	私营合伙企业	10432	10431	111.4	111.1	2526.2	2519.1	6105.8	6083.9
173	私营有限责任公司	192614	192276	2435.8	2310.5	90447.0	82100.9	150787.6	140595.4
174	私营股份有限公司	10287	10228	176.6	152.9	8619.5	6502.0	13132.7	10268.6
190	其他企业	2851	2843	45.0	42.1	1812.4	1524.3	2803.6	2587.6
210	合资经营企业（港或澳、台资）	10583	10462	328.1	270.2	20368.7	16143.5	22623.6	18090.4
220	合作经营企业（港或澳、台资）	1223	1209	41.9	33.3	1624.7	1169.6	1934.5	1366.7
230	港、澳、台商独资经营企业	21671	21365	836.5	659.9	27450.7	19957.5	37388.3	25128.8
240	港、澳、台商投资股份有限公司	592	566	28.6	18.1	3051.3	1851.5	2946.9	1477.6
310	中外合资经营企业	15036	14775	474.9	352.5	43252.5	26913.0	56515.3	32984.2
320	中外合作经营企业	1237	1222	34.6	29.8	2204.2	1963.4	2443.4	2202.4
330	外资企业	23027	22558	851.3	578.9	45120.5	29812.4	60087.7	36319.2
340	外商投资股份有限公司	676	622	49.8	24.2	5479.8	2135.8	4789.7	1829.1

以上工业企业主要指标（2010）

利润（亿元）		税金（亿元）		总产值（亿元）		出口交货值（亿元）	
总计	中小企业	总计	中小企业	总计	中小企业	总计	中小企业
53049.7	35419.3	33655.8	18176.2	698590.5	468643.3	89910.1	49194.9
3302.8	1600.7	5294.1	1765.4	57012.6	21007.0	1130.5	312.3
805.7	612.8	385.6	314.9	10383.4	7970.4	493.4	377.2
319.0	232.8	164.1	131.8	3788.8	3185.7	207.3	154.3
27.6	25.2	27.9	18.5	722.8	352.1	29.0	3.1
16.7	16.7	10.2	10.2	217.7	217.7	13.1	13.1
10.3	7.4	4.9	4.6	154.1	140.1	4.5	3.8
15.3	15.3	5.2	5.2	142.5	142.5	3.1	3.1
1910.4	219.3	2468.3	231.8	27304.7	4240.5	1208.0	114.7
10076.4	6331.2	6129.6	3423.1	128927.7	87028.0	7425.6	3655.5
6203.2	2088.7	4747.5	1020.2	63804.2	21561.9	4282.9	1250.1
3192.1	3134.3	1629.4	1552.7	38809.4	37895.5	1343.6	1295.0
574.3	572.5	298.6	297.4	6253.7	6231.2	168.8	168.8
10233.1	9525.4	5285.1	4933.6	154714.9	144382.6	10310.2	9117.7
1103.0	886.5	479.7	401.9	13560.5	10581.0	857.0	500.0
240.2	231.3	115.4	107.8	2876.1	2655.4	169.5	154.6
1846.7	1460.6	762.9	635.9	22976.4	18492.4	4508.5	3352.2
158.4	127.1	60.8	47.8	1977.4	1395.6	602.7	406.7
2849.3	2044.2	1014.0	710.0	37459.4	25421.9	15831.2	9201.3
259.1	154.7	159.8	47.2	2944.4	1509.4	442.2	203.9
5238.2	2997.1	2867.8	1310.0	56652.0	33499.9	10148.2	6099.0
214.5	185.4	120.1	111.9	2484.8	2229.3	544.2	461.3
4021.1	2796.2	1436.1	1032.2	60596.3	36646.7	28584.4	11985.9
432.3	153.9	188.6	62.2	4826.4	1856.7	1602.1	352.5

2010 年天津市中小企业主要经济指标统计表（分行业）

行业代码	行业名称	企业单位数（个）	资产合计（亿元）	营业收入（亿元）	增加值合计（亿元）	出口创汇（亿美元）	税金总额（亿元）	从业人员期末数（万人）
		中小型	中小型	中小型	中小型	中小型	中小型	中小型
0600	煤炭开采和洗选业	2	489.97	526.93	17.03	0.49	12.20	0.12
0700	石油和天然气开采业	9	829.68	999.29	720.47	2.47	52.59	0.47
0800	黑色金属矿采选业	2	0.49	2.89	0.39	0.00	0.24	0.01
0900	有色金属矿采选业	0	0.00	0.00	0.00	0.00	0.00	0.00
1000	非金属矿采选业	4	6.34	1.15	2.01	0.00	0.09	0.07
1100	其他采矿业	0	0.00	0.00	0.00	0.00	0.00	0.00
1300	农副食品加工业	157	239.25	387.24	21.98	1.65	3.38	1.61
1400	食品制造业	148	165.83	283.35	20.64	3.83	5.37	2.56
1500	饮料制造业	51	105.88	114.43	21.52	0.13	5.26	1.41
1600	烟草制品业	1	2.09	26.63	17.34	0.00	13.70	0.09
1700	纺织业	135	42.79	56.54	9.04	2.00	1.26	1.74
1800	纺织服装、鞋、帽制造业	274	63.11	110.24	23.11	10.73	3.69	6.34
1900	皮革、毛皮、羽毛（绒）及其制品业	46	18.82	21.19	3.35	2.25	0.25	0.94
2000	木材加工及木、竹、藤、棕、草制品业	61	17.10	21.23	3.77	0.62	0.59	0.55
2100	家具制造业	94	40.18	41.38	7.73	2.32	0.46	1.55
2200	造纸及纸制品业	200	126.95	128.63	17.00	0.58	2.09	2.18
2300	印刷业和记录媒介的复制	110	50.76	39.88	8.06	0.16	1.20	1.17
2400	文教体育用品制造业	76	32.79	47.92	10.97	4.68	0.98	1.34
2500	石油加工、炼焦及核燃料加工业	40	99.13	185.50	21.82	0.03	10.05	0.56
2600	化学原料及化学制品制造业	607	682.72	720.82	94.41	6.57	13.14	5.16
2700	医药制造业	133	344.78	184.96	55.06	3.44	10.81	2.86
2800	化学纤维制造业	13	8.93	10.33	1.69	0.12	0.14	0.18
2900	橡胶制品业	108	117.84	131.45	19.24	4.73	2.90	2.66
3000	塑料制品业	387	200.61	222.69	35.15	3.08	4.45	4.56
3100	非金属矿物制品业	277	258.28	267.37	42.11	1.64	7.35	3.24
3200	黑色金属冶炼及压延加工业	312	627.24	1317.11	46.28	0.83	7.16	4.38
3300	有色金属冶炼及压延加工业	122	169.27	468.28	16.00	1.31	3.31	1.14
3400	金属制品业	868	495.08	664.35	68.56	10.47	9.18	8.26
3500	通用设备制造业	736	655.49	564.12	103.77	12.38	10.28	8.17
3600	专用设备制造业	527	480.17	399.17	83.11	9.71	10.98	6.63
3700	交通运输设备制造业	573	658.38	1016.73	192.25	13.40	27.65	11.43
3900	电气机械及器材制造业	477	530.54	528.02	80.02	14.20	9.89	6.21
4000	通信设备、计算机及其他电子设备制造业	468	659.19	1071.63	122.91	92.51	11.12	13.09
4100	仪器仪表及文化、办公用机械制造业	156	110.18	160.97	21.81	12.10	3.04	1.81
4200	工艺品及其他制造业	182	47.67	80.47	13.37	4.35	2.17	2.11

续表

行业代码	行业名称	企业单位数（个）	资产合计（亿元）	营业收入（亿元）	增加值合计（亿元）	出口创汇（亿美元）	税金总额（亿元）	从业人员期末数（万人）
		中小型	中小型	中小型	中小型	中小型	中小型	中小型
4300	废弃资源和废旧材料回收加工业	55	49.75	161.53	3.94	0.11	1.08	0.47
4400	电力、热力的生产和供应业	66	568.28	291.96	52.65	0.13	9.24	1.88
4500	燃气生产和供应业	17	19.84	22.70	2.43	0.12	0.67	0.15
4600	水的生产和供应业	30	193.47	26.64	9.73	0.00	1.81	0.44
E	建筑业	1380	0.00	1366.98	171.94	0.00	42.22	31.89
F	交通运输、仓储及邮政业	908	1640.96	690.99	127.11	0.00	19.65	8.77
G	信息传输、计算机服务和软件业	244	437.77	197.65	104.92	0.00	4.61	2.58
H	批发和零售业	3279	3225.75	6817.97	119.94	0.00	7.22	9.74
I	住宿和餐饮业	589	155.09	66.51	14.05	0.00	3.60	4.89
J	金融业		0.00	0.00	0.00	0.00	0.00	0.00
K	房地产业	813	6134.58	326.94	160.82	0.00	29.45	1.85
L	租赁和商务服务业	992	6407.39	205.82	50.74	0.00	3.32	8.01
	其他行业 *							

* 注：1. 其他行业指上述行业以外的所有其他行业。
2. 如统计口径不同，请说明。

2010 年内蒙古自治区全部中小工业主要指标（分地区）

编制单位：内蒙古自治区统计局　　单位：千元

地区	序号	工业总产值				工业增加值增速	
		2010 年 12 月	全年累计	全年累计增长%	2010 年 12 月比去年同月增长%	全年累计增长（按可比价计算）%	2010 年 12 月比去年同月增长（按可比价计算）%
		1	2	3	4	5	6
合计	1	106777215	998308446	33.16	52.36	23.6	32.7
呼和浩特市	2	11400010	87811833	13.90	50.69	14.6	31.5
包头市	3	12183372	138382601	40.21	37.62	26.4	23.0
呼伦贝尔市	4	8026135	60339263	40.88	56.71	29.3	48.7
兴安盟	5	1150104	12580088	15.95	18.89	13.8	21.5
通辽市	6	16071754	153443005	50.48	75.39	31.9	47.4
赤峰市	7	13079387	101106384	38.22	76.52	23.0	47.3
锡林郭勒盟	8	6006678	60110728	35.51	37.79	24.9	30.8
乌兰察布市	9	7539834	66534504	16.66	35.88	13.2	28.3
鄂尔多斯市	10	14435945	158061489	34.61	72.60	27.6	68.5
巴彦淖尔市	11	8056233	75521216	30.96	31.86	20.6	18.4
乌海市	12	4318617	41229907	40.03	32.79	28.7	30.7
阿拉善盟	13	4509148	43187427	43.44	33.94	33.7	27.7

2010年内蒙古自治区全部中小工业主要指标（分行业）

编制单位：内蒙古自治区统计局　　　　单位：千元

行业	序号	工业总产值				工业增加值增速	
		2010年12月	全年累计	全年累计增长%	2010年12月比去年同月增长%	全年累计增长（按可比价计算）%	2010年12月比去年同月增长（按可比价计算）%
		1	2	3	4	5	6
总计	1	106777215	998308446	52.4	33.2	32.7	23.6
煤炭开采和洗选业	2	15016808	143991660	173.3	61.7	120.3	40.6
石油和天然气开采业	3	499900	5251019	-6.5	23.3	-13.7	-6.7
黑色金属矿采选业	4	3129398	33562499	57.3	32.0	36.0	14.2
有色金属矿采选业	5	3510250	35651752	43.5	43.1	29.7	23.9
非金属矿采选业	6	1596138	12810272	116.9	69.0	85.7	52.5
其他矿采选业	7	10000	40938	-100.0	596.2	-85.0	506.8
农副食品加工业	8	12564179	96623464	62.7	30.2	44.0	21.3
食品制造业	9	2843215	30672688	37.4	22.1	27.2	16.0
饮料制造业	10	1841018	16832703	11.5	15.6	5.9	9.3
烟草制品业	11	308677	5156928	41.7	23.0	31.8	18.2
纺织业	12	4703064	36467529	49.9	23.6	34.3	18.5
纺织服装、鞋、帽制造业	13	343972	3300434	106.5	31.3	84.8	22.8
皮革、毛皮、羽毛（绒）及其制品业	14	186535	1718558	76.8	-8.3	53.7	-9.0
木材加工及木、竹、藤、棕、草制品业	15	960737	13750346	-16.1	29.4	-16.0	23.3
家具制造业	16	145490	1262877	10.8	0.9	7.9	1.0
造纸及纸制品业	17	1032387	8655170	61.0	34.2	35.7	21.9
印刷业和记录媒介的复制	18	136640	1036794	53.4	42.1	45.3	35.8
文教体育用品制造业	19	0	0	-100.0	-100.0	-85.0	-85.0
石油加工、炼焦及核燃料加工业	20	2534891	21816179	35.5	25.8	24.8	11.7
化学原料及化学制品制造业	21	7941491	75721987	14.5	14.7	2.4	5.8
医药制造业	22	2005989	17722578	37.2	33.6	30.6	23.3
化学纤维制造业	23	0	0	-100.0	-100.0	-85.0	-85.0
橡胶制品业	24	56547	423254	139.7	85.5	117.6	71.7
塑料制品业	25	986185	7854171	163.3	48.3	133.9	43.6
非金属矿物制品业	26	4693291	55945012	62.4	38.0	50.2	31.3
黑色金属冶炼及压延加工业	27	3961980	49069389	-6.5	12.0	-1.3	6.5
有色金属冶炼及压延加工业	28	12663992	96857951	75.6	41.6	42.0	17.2
金属制品业	29	2003820	16976104	84.8	80.7	72.3	69.9
通用设备制造业	30	1904691	14233774	44.7	9.0	37.2	9.7
专用设备制造业	31	890312	7608755	182.7	41.5	147.7	37.9
交通运输设备制造业	32	1542080	14727503	75.4	57.4	60.9	48.0

续表

行业	序号	工业总产值				工业增加值增速	
		2010 年 12 月	全年累计	全年累计增长%	2010 年 12 月比去年同月增长%	全年累计增长（按可比价计算）%	2010 年 12 月比去年同月增长（按可比价计算）%
		1	2	3	4	5	6
电气机械及器材制造业	33	2128197	20101576	91. 4	67. 7	64. 3	67. 1
通信设备、计算机及其他电子设备制造业	34	1241260	5380535	190. 5	-47. 3	137. 1	-30. 4
仪器仪表及文化、办公用机械制造业	35	5452	104537	-7. 3	183. 9	-6. 2	156. 3
工艺品及其他制造业	36	506520	3485782	169. 1	78. 1	140. 6	62. 0
废弃资源和废旧材料回收加工业	37	131138	841398	129. 1	72. 9	108. 0	78. 7
电力、热力的生产和供应业	38	10349068	111623769	9. 6	23. 2	6. 6	17. 8
燃气生产和供应业	39	2175173	29049907	20. 8	58. 9	-1. 3	39. 8
水的生产和供应业	40	230515	1982439	31. 6	9. 2	13. 5	-5. 1

2010 年辽宁省民营

指标	企业个数			从业人员年末数			增加值			上交
	2010	2009	增长%	2010	2009	增长%	2010	2009	增长%	2010
总计	1781495	1768901	0.7	11236740	10758268	4.4	128768956	103029965	25.0	12574847
一、按登记注册类型分组										
1. 内资企业小计	1763065	1758034	0.3	10809650	10413456	3.8	121986978	97636451	24.9	11681187
其中：(1) 集体企业	9098	8821	3.1	378368	388599	-2.6	3987959	3451002	15.6	365643
(2) 股份合作企业	11640	7490	55.4	117554	97092	21.1	1432880	978712	46.4	183570
(3) 联营企业	947	722	31.2	22739	21149	7.5	313909	389197	-19.3	31301
(4) 有限责任公司	71338	64459	10.7	1358383	1381509	-1.7	23735427	18188838	30.5	2672532
(5) 股份有限公司	32914	17020	93.4	566214	275375	105.6	7031921	4196991	67.5	913704
(6) 私营企业	205830	208091	-1.1	3310904	3142729	5.4	46749350	35807579	30.6	4559500
(7) 其他企业	1431298	1451431	-1.4	5095488	5107003	-0.2	38735532	34624132	11.9	2954937
2. 港澳台商投资企业	3147	2244	40.2	84842	88527	-4.2	2334035	1940093	20.3	433613
3. 外商投资企业	15283	8623	77.2	342248	256285	33.5	4447943	3453421	28.8	460047
二、按国民经济行业分组										
第二产业	376490	380054	-0.9	5799213	5544338	4.6	88858324	70545406	26.0	7838151
(一) 工业	341496	350361	-2.5	5034747	4848610	3.8	81893159	65251664	25.5	7021043
1. 采矿业	15988	19654	-18.7	384151	380083	1.1	6732997	4678883	43.9	1023745
2. 制造业	323768	330205	-1.9	4586949	4432347	3.5	74138627	60161212	23.2	5888501
3. 电力、燃气及水的生产和供应业	1740	502	246.6	63647	36180	75.9	1021535	411569	148.2	108797
(二) 建筑业	34994	29693	17.9	764466	695728	9.9	6965165	5293742	31.6	817108
其中：资质等级企业	2358	1838	28.3	168646	179257	-5.9	1827562	1411931	29.4	187306
第三产业	1405005	1388847	1.2	5437527	5213930	4.3	39910632	32484559	22.9	4736696
1. 交通运输仓储业	292618	302935	-3.4	750913	738857	1.6	6403440	6167816	3.8	506037
2. 批发零售业	641061	630332	1.7	2474934	2278100	8.6	17312734	13591224	27.4	2200487
3. 住宿及餐饮业	186993	176174	6.1	913299	882857	3.4	6602608	5119222	29.0	726629
其中：餐饮业	108682	110106	-1.3	537108	600665	-10.6	3305724	2896099	14.1	372344
4. 生活服务业	167582	177164	-5.4	793966	753322	5.4	5575569	4383903	27.2	647751
5. 其他	116751	102242	14.2	504415	560794	-10.1	4016281	3222394	24.6	655792

经济指标对比表

单位：个、人、万元

税金		劳动者报酬			总产值			营业收入			利润总额		
2009	增长%	2010	2009	增长%	2010	2009	增长%	2010	2009	增长%	2010	2009	增长%
10331725	21.7	17345118	14667623	18.3	498473971	392059002	27.1	478373930	376601162	27.0	28658391	22160300	29.3
9754876	19.7	16471985	14007935	17.6	475443031	373113063	27.4	455419147	358245406	27.1	26979453	20757947	30.0
330693	10.6	628635	566283	11.0	16249696	12323209	31.9	14660608	11888533	23.3	805729	557448	44.5
132602	38.4	207884	142008	46.4	5532993	4117160	34.4	5139718	4746064	8.3	294666	211587	39.3
42488	-26.3	44838	44375	1.0	1256199	1727909	-27.3	1231310	1762612	-30.1	67671	89829	-24.7
2319324	15.2	2390879	2261886	5.7	89340997	68252024	30.9	84902480	63754907	33.2	5209222	3760418	38.5
513924	77.8	1056256	435552	142.5	25307029	15497434	63.3	22992306	15070817	52.6	1644256	757760	117.0
3736837	22.0	5948056	4903246	21.3	181639403	139419579	30.3	175918892	131623870	33.7	9789978	7419941	31.9
2679008	10.3	6195437	5654585	9.6	156116714	131775748	18.5	150573833	129398603	16.4	9167931	7960964	15.2
214960	101.7	234343	216674	8.2	9310131	6858423	35.7	7509437	6795247	10.5	767866	787558	-2.5
361889	27.1	638790	443014	44.2	13720809	12087516	13.5	15445346	11560509	33.6	911072	614795	48.2
0270070	24.9	9654058	8046054	20.0	356761515	280023285	27.4	338621451	260784442	29.8	19303251	14642944	31.8
5598330	25.4	8317068	6963997	19.4	330130190	259738841	27.1	311366854	240617701	29.4	17739080	13434516	32.0
696921	46.9	687157	539491	27.4	24275378	17590850	38.0	22810612	16301498	39.9	1886337	1311483	43.8
4829962	21.9	7499289	6330173	18.5	302438331	240466643	25.8	285590637	222671293	28.3	15694531	11963006	31.2
71447	52.3	130622	94333	38.5	3416481	1681348	103.2	2965605	1644910	80.3	158212	160027	-1.1
678040	20.5	1336990	1082957	23.5	26631325	20284444	31.3	27254597	20166741	35.1	1564171	1208428	29.4
189422	-1.1	320482	276348	16.0	6149347	5561721	10.6	5733796	5358982	7.0	311928	265373	17.5
4055355	16.8	7691060	6620669	16.2	141712456	112035717	26.5	139752479	115816720	20.7	9355140	7517356	24.4
421305	20.1	1084109	939641	15.4	24839264	19811985	25.4	22778736	20000533	13.9	1544689	1310424	17.9
1960557	12.2	3337655	2787141	19.8	60070764	48696459	23.4	63308625	53289571	18.8	4074847	3220428	26.5
597022	21.7	1293895	1091246	18.6	23802630	17324102	37.4	22263208	17084456	30.3	1529645	1229824	24.4
358208	3.9	729968	665901	9.6	12091005	10437201	15.8	11531070	9935466	16.1	834670	766730	8.9
502172	29.0	1133167	997755	13.6	17681598	13058290	35.4	17661521	13105506	34.8	1132784	889673	27.3
574299	14.2	842234	804886	4.6	15318200	13144881	16.5	13740389	12336654	11.4	1073175	867007	23.8

2010 年辽宁省民营经济主要经济

地区	企业个数			从业人员年末数			增加值			总产值			营业收入	
	2010 年	2009 年	增幅%	2010 年	2009 年	增幅%	2010 年	2009 年	增幅%	2010 年	2009 年	增幅%	2010 年	2009 年
甲	1	2	3	4	5	6	7	8	9	10	11	12	13	14
辽宁省	1781495	1768901	0.71	11236740	10758268	4.45	128768956	103029965	24.98	498473971	392059002	27.14	478373930	376601162
沈阳市	310615	307332	1.07	2465904	2177203	13.26	29461628	23881107	23.37	114450800	88420356	29.44	109149267	82589561
大连市	276212	288927	-4.40	2267184	2284701	-0.77	32198178	26272358	22.56	107340956	86522147	24.06	104289075	85082722
鞍山市	169066	160929	5.06	926308	878110	5.49	12433602	9341234	33.10	42932853	33937610	26.51	41828114	33610678
抚顺市	83108	82988	0.14	501653	485817	3.26	5260549	4304869	22.20	19694790	15234664	29.28	18654714	15295752
本溪市	70174	70286	-0.16	389062	386869	0.57	4631157	3648448	26.93	13875603	11102416	24.98	12831150	10150035
丹东市	102210	107812	-5.20	559972	544626	2.82	5988992	4978818	20.29	33114501	26194758	26.42	30919064	24709149
锦州市	145213	143405	1.26	727846	734096	-0.85	7204349	6704537	7.45	34214303	29194950	17.19	32115031	27556414
营口市	110271	103396	6.65	612008	601576	1.73	8000427	6503982	23.01	32638699	26200859	24.57	32473698	25026631
阜新市	75931	70660	7.46	362892	346765	4.65	1528690	1113269	37.32	6282431	4485668	40.06	7231295	5135611
辽阳市	65287	64034	1.96	492477	523090	-5.85	5340010	4274072	24.94	19720811	16047402	22.89	18728469	15753986
铁岭市	89580	91835	-2.46	558094	528519	5.60	5007012	3900870	28.36	21472051	16950461	26.68	20641089	15600146
朝阳市	113544	112789	0.67	502973	475559	5.76	3995280	2890496	38.22	15493089	11711235	32.29	15210409	11618361
盘锦市	57101	53725	6.28	304176	238662	27.45	5361010	3172407	68.99	25361634	15947702	59.03	23405520	15218608
葫芦岛市	113183	110783	2.17	566191	552675	2.45	2358072	2043498	15.39	11881450	10108774	17.54	10897035	9253508

指标对比表（按地区）

计算单位：个、人、万元

	利润总额			上交税金			劳动者报酬			出口交货值			固定资产投资		
增幅%	2010 年	2009 年	增幅%	2010 年	2009 年	增幅%	2010 年	2009 年	增幅%	2010 年	2009 年	增幅%	2010 年	2009 年	增幅%
15	16	17	18	19	20	21	22	23	24	25	26	27	28	29	30
27.02	28658391	22160300	29.32	12574847	10331725	21.71	17345118	14667623	18.25	15024942	13009764	15.49	102519236	69102659	48.36
32.16	6211164	4656807	33.38	2939104	2626909	11.88	3669524	3246339	13.04	1190890	975643	22.06	30240311	21995013	37.49
22.57	6312842	5255875	20.11	3031718	2466402	22.92	4846356	3971221	22.04	7199703	6055424	18.90	23461916	15928967	47.29
24.45	3277243	2267573	44.53	1098620	868557	26.49	1461417	1189427	22.87	1185323	980056	20.94	9519608	6286322	51.43
21.96	1723250	1363535	26.38	638056	531046	20.15	808434	715875	12.93	297980	279551	6.59	3199984	2348172	36.28
26.41	576103	474836	21.33	491734	406922	20.84	518570	512578	1.17	54277	69868	-22.31	4161022	1862102	123.46
25.13	1093867	913162	19.79	366612	319178	14.86	629455	533454	18.00	1393001	1180301	18.02	1784550	1260846	41.54
16.54	2146188	1789966	19.90	554328	510452	8.60	833203	726518	14.68	575549	497541	15.68	4615406	2496930	84.84
29.76	1501130	1212599	23.79	1000264	854997	16.99	686784	647281	6.10	1507963	1351842	11.55	4340405	2754352	57.58
40.81	447789	330769	35.38	166533	114343	45.64	486291	423521	14.82	56667	44990	25.95	2376358	1173426	102.51
18.88	1468181	1353139	8.50	679628	476641	42.59	790448	681925	15.91	929128	803244	15.67	2198600	2175296	1.07
32.31	1677587	809624	107.21	471794	312594	50.93	858444	566202	51.61	169655	169035	0.37	6291783	4971373	26.56
30.92	1135276	826505	37.36	583473	407493	43.19	632101	524579	20.50	126483	100942	25.30	3009194	2124937	41.61
53.80	507865	392162	29.50	350865	244790	43.33	486575	373506	30.27	136858	117880	16.10	5635891	2438010	131.17
17.76	579906	513748	12.88	202118	191401	5.60	637516	555197	14.83	201465	383447	-47.46	1684208	1286913	30.87

2010年吉林省中小企业暨民营经济主要指标完成情况表

指标 地区	全部主营业务收入（亿元）		实缴税金（亿元）		企业户数（户）		规模以上企业户数（户）		个体工商业户数（万户）		从业人员（万人）		增加值（亿元）	
	本期实际	同比增长（%）	本期实际	同比增长（%）	本期实际	同比增长（%）	本期实际	同比增长（%）	本期实际	同比增长（%）	本期实际	同比增长（%）	2010年	GDP占比（%）
全省	13955.9	30.7	412.2	29.0	114817	17.0	10334	22.9	122.8	9.4	505.5	11.0	4219.9	49.2
长春市	6030.8	26.9	173.7	34.7	60749	16.3	2575	14.9	40.6	8.8	172.2	10.5	1385.4	41.6
吉林市	2446.7	27.3	61.2	31.8	15837	9.3	1879	19.1	20.1	5.7	85.7	5.9	816.4	45.3
四平市	1029.7	34.7	28.9	7.7	6268	24.4	1032	50.7	11.0	3.0	44.3	5.4	359.4	45.5
辽源市	524.9	31.1	11.2	17.5	3538	23.7	517	9.9	3.7	9.5	19.9	10.0	208.2	50.8
通化市	1049.0	36.8	38.9	30.1	6217	34.9	1099	19.2	12.2	16.7	42.7	17.9	308.1	49.1
白山市	567.2	39.8	24.9	26.6	4594	20.1	656	40.0	4.6	7.9	26.1	7.1	230.6	53.2
白城市	480.4	37.8	18.5	45.0	2833	26.4	410	28.2	6.3	9.1	19.6	6.4	166.0	37.6
松原市	883.6	33.5	25.5	21.8	5882	16.6	1235	31.9	13.5	17.0	48.5	21.8	502.6	45.6
延边州	951.0	28.7	28.6	19.8	8735	13.9	936	17.4	10.6	9.5	46.7	17.0	247.2	46.3

2010年黑龙江省非公经济主要指标统计表

非公有制经济主要指标	1～12月	增长（%）
企业数（万个）	24.7	2.8
企业从业人员（万人）	256.7	8.2
个体经营户（万户）	183	2.8
个体经营户从业人员（万人）	458.7	2.1
增加值（亿元）	4972.2	23.8
占地区生产总值（%）	48.6	—
第一产业	545.9	18.5
第二产业	2230	35.4
第三产业	2196.3	15
城镇非公有固定资产投资（亿元）	2987.7	57.9
占城镇固定资产投资（%）	47.5	—
进出口总值（亿美元）	203.5	73.6
占全社会进出口总值（%）	79.8	—
税收收入总额（亿元）	599.3	24.1
占全社会税收收入总额（%）	46.5	—

2010年黑龙江省非公经济主要指标分地区统计表

分地区主要指标（规上）	地区增加值（亿元）		施工项目（个）		地区税收（亿元）			
					国税税收		地税税收	
	1－12月	增长%	1－12月	新开工	1－12月	增长%	1－12月	增长%
全省	4972.2	23.8	4999	4421	327.9	17.3	271.4	36.7
哈尔滨	1904.3	18.4	1792	1616	123.9	18.1	115.4	28.5
齐齐哈尔	428.9	25.6	475	430	19.8	5	20.3	47.3
鸡西	150	25.2	224	188	23.8	49.2	9.4	33.5
鹤岗	63.2	21.1	373	348	15.6	19.1	7.3	16
双鸭山	135.7	36.5	216	175	10.5	-4.8	9.9	53.4
大庆	575.8	29.1	529	479	43.5	15.5	35.6	43.5
伊春	107.5	32.2	136	109	7.3	18.1	3.7	40.8
佳木斯	181.4	28	147	120	14.2	26.4	15.5	49.6
七台河	185.9	35.2	242	226	16.1	-7.4	7.9	36.1
牡丹江	484	26.3	514	450	27.3	28.4	25.4	46.3
黑河	60.7	25.4	91	70	7.3	13.3	6.3	37
绥化	369.2	27	201	164	16.9	23.6	13.1	57.1
大兴安岭	34.1	35.6	48	36	1.7	-11.3	1.6	28.8
农垦总局	291.5	20.4	11	10	—	—	—	—

2010年黑龙江省非公经济主要指标分行业统计表

分行业主要指标（规上）	企业数（个）	从业人员（万人）	投资额（亿元）	占全部工业投资（%）
合计	3923	54.9	1606.5	58.7
装备工业	898	9.4	331.6	67.8
石化工业	400	5	158	59.5
能源工业	361	7.4	255	28.1
食品加工业	1053	14.1	357.2	85.7
其中：农副产品加工	717	8.2	236.3	88.9
医药工业	112	2.2	46.6	71.5
林业加工	472	6.9	145.5	90.9
其他	627	9.9	312.7	71.9

2010年黑龙江省中小企业主要经济指标统计表

中小企业主要指标	1～12月	增长（%）
企业数（万户）	9.7	2.8
从业人员（万人）	322.4	4.8
增加值（亿元）	2685	32.4
占地区生产总值（%）	26.2	—
其中：规上中小工业（亿元）	1435.1	42.7
占全部规上工业企业	35.8	—

2010年黑龙江省中小企业主要指标分地区统计表

分地区	增加值（亿元）	增长（%）
哈尔滨	636.1	27.8
齐齐哈尔	284.5	29.9
鸡西	119.9	31
鹤岗	56.1	9.1
双鸭山	102	42.1
大庆	551.8	40.9
伊春	61.3	56.2
佳木斯	99.4	25.9
七台河	151.6	39.6
牡丹江	297.4	23.3
黑河	41.2	39.2
绥化	176.2	35.5
大兴安岭	25.9	42.3
农垦总局	81.6	37.3

2010年黑龙江省中小企业主要指标分行业统计表（规模以上）

分行业（规上）	企业数（个）	从业人员（万人）
合计	4813	73.8
装备工业	997	11
石化工业	483	7.3
能源工业	551	18.8
食品加工业	1079	14.5
其中：农副产品加工	727	8.3
医药工业	124	2.3
林业加工	491	7.9
其他	1088	12

2010年黑龙江省中小企业主要指标分行业统计表（规模以下）

分行业（规下）	企业数（个）	从业人员（万人）
合计	27477	58.3
装备工业	7407	13.6
石化工业	2538	6
能源工业	1241	5.6
食品加工业	6405	7.8
其中：农副产品加工	3562	4.9
医药工业	245	0.5
林业加工	3764	8.6
其他	5877	16.2

上海中小企业情况（2010年快报数）

	单位数（个）	从业人员（人）	营业收入（千元）	实收资本（千元）
总计	338562	8057217	6192431388	2002860482
一、按三次产业分				
第一产业	1993	44616	5901524	8906377
第二产业	98187	4251088	2256243749	588842057
第三产业	238382	3761513	3930286115	1405112048
二、按主要登记注册类型分				
内资	309586	6101930	3790537927	1299346421
#国有	5626	475686	736220657	334974743
集体	11412	365160	119356002	42924313
私营	273651	4186241	1970532516	492552875

续表

	单位数（个）	从业人员（人）	营业收入（千元）	实收资本（千元）
私营独资	38760	440223	141392436	31769499
私营合伙	9873	128050	47371029	14398038
私营有限责任公司	216840	3474043	1678397126	422311985
私营股份有限公司	8178	143925	103371925	24073353
港澳台商及外商投资	28976	1955287	2401893461	703514061
港澳台商投资	9778	627914	454156229	275477380
外商投资	19198	1327373	1947737232	428036681
三、按主要行业分				
农业 01～05	1993	44616	5901524	8906377
工业 06～46	80279	3428070	1791458194	527932750
建筑业 47～50	17908	823018	464785555	60909307
交通运输业 51～57	10421	390129	257651736	101448175
仓储业 58	2008	55779	16325205	18347712
邮政业 59	891	14172	1252181	469713
信息传输、计算机服务和软件业 60－62	10771	189869	38708888	28986820
批发业 63	84381	901269	3025494099	224656284
零售业 65	32253	351509	233055241	39695594
住宿业 66	2446	107727	16823866	16661635
餐饮业 67	7148	229263	55726189	8989095
金融业 68～71	952	32692	18318071	37576000
房地产业 72	11849	370051	76414302	404363585
租赁业 73	1358	19296	3806985	5098472
商务服务业 74	42595	581253	107169054	446495137
科研及技术服务业 75～77	14809	223708	43926696	43585175
居民服务业 82	5602	64604	6018539	2813385
文化、体育和娱乐业 88～92	2698	42861	6653737	8751769
其他	8200	187331	22941326	17173497

上海中型法人企业情况（2010年快报数）

	单位数（个）	从业人员（人）	营业收入（千元）	实收资本（千元）
总计	10421	2606747	1920403171	642699156
一、按三次产业分				
第一产业	188	19706	3995194	1657957
第二产业	1915	1345784	1030334401	217874583
第三产业	8318	1241257	886073576	423166616
二、按主要登记注册类型分				
内资	7218	1607982	1175336944	377597789
#国有	933	301236	405803367	169805984

续表

	单位数（个）	从业人员（人）	营业收入（千元）	实收资本（千元）
集体	514	106530	28520103	9797175
私营	3561	620627	339429099	51100839
私营独资	194	27624	13189968	3185069
私营合伙	124	11527	4142468	367975
私营有限责任公司	3094	554538	311074036	43366468
私营股份有限公司	149	26938	11022627	4181327
港澳台商及外商投资	3203	998765	745066227	265101367
港澳台商投资	1007	309018	208856097	81975455
外商投资	2196	689747	536210130	183125912
三、按主要行业分				
农业　01～05	188	19706	3995194	1657957
工业　06～46	1683	1054112	778785316	207266861
建筑业　47～50	232	291672	251549085	10607722
交通运输业　51～57	125	153986	61381902	29750824
仓储业　58	360	31705	12638253	8519885
邮政业　59	5	4432	235457	74100
信息传输、计算机服务和软件业　60～62	836	88690	27938443	12227293
批发业　63	488	97197	479079614	15888719
零售业　65	437	95877	100857730	10399175
住宿业　66	44	24458	5983770	4521900
餐饮业　67	35	22671	4824953	1229548
金融业　68～71	461	26401	17117515	27214537
房地产业　72	1274	218878	53631289	108927014
租赁业　73	70	8230	2622718	2278982
商务服务业　74	2319	245682	68856343	177917453
科研及技术服务业　75～77	952	88546	28097207	11549968
居民服务业　82	143	17008	3354560	779904
文化、体育和娱乐业　88～92	160	17157	4678416	3986833
其他	609	100339	14775406	7900481

上海小型法人企业情况（2010年快报数）

	单位数（个）	从业人员（人）	营业收入（千元）	实收资本（千元）
总计	328141	5450470	4272028217	1360161326
一、按三次产业分				
第一产业	1805	24910	1906330	7248420
第二产业	96272	2905304	1225909348	370967474
第三产业	230064	2520256	3044212539	981945432

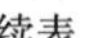

续表

	单位数（个）	从业人员（人）	营业收入（千元）	实收资本（千元）
二、按主要登记注册类型分				
内资	302368	4493948	2615200983	921748632
#国有	4693	174450	330417290	165168759
集体	10898	258630	90835899	33127138
私营	270090	3565614	1631103417	441452036
私营独资	38566	412599	128202468	28584430
私营合伙	9749	116523	43228561	14030063
私营有限责任公司	213746	2919505	1367323090	378945517
私营股份有限公司	8029	116987	92349298	19892026
港澳台商及外商投资	25773	956522	1656827234	438412694
港澳台商投资	8771	318896	245300132	193501925
外商投资	17002	637626	1411527102	244910769
三、按主要行业分				
农业　01 ~ 05	1805	24910	1906330	7248420
工业　06 ~ 46	78596	2373958	1012672878	320665889
建筑业　47 ~ 50	17676	531346	213236470	50301585
交通运输业　51 ~ 57	10296	236143	196269834	71697351
仓储业　58	1648	24074	3686952	9827827
邮政业　59	886	9740	1016724	395613
信息传输、计算机服务和软件业　60 ~ 62	9935	101179	10770445	16759527
批发业　63	83893	804072	2546414485	208767565
零售业　65	31816	255632	132197511	29296419
住宿业　66	2402	83269	10840096	12139735
餐饮业　67	7113	206592	50901236	7759547
金融业　68 ~ 71	491	6291	1200556	10361463
房地产业　72	10575	151173	22783013	295436571
租赁业　73	1288	11066	1184267	2819490
商务服务业　74	40276	335571	38312711	268577684
科研及技术服务业　75 ~ 77	13857	135162	15829489	32035207
居民服务业　82	5459	47596	2663979	2033481
文化、体育和娱乐业　88 ~ 92	2538	25704	1975321	4764936
其他	7591	86992	8165920	9273016

2010 年江苏省规模以上中小工业主要经济指标

单位：个、亿元、%

主要经济指标	企业个数	销售收入		利税总额		利润总额	
		实绩	增长	实绩	增长	实绩	增长
总　计	60833	63847.15	30.3	6446.29	38.0	4139.45	47.5
1. 国有企业	308	1171.49	22.1	310.53	20.5	104.34	22.9
2. 集体企业	1031	894.98	21.3	76.42	18.0	39.77	24.5
3. 股份合作企业	431	448.35	28.0	44.15	30.0	26.21	40.4
4. 股份制企业	36667	32110.02	31.7	2993.11	37.9	1810.53	45.8
5. 外商和港澳台投资企业	13218	24432.57	28.6	2543.77	39.4	1884.43	50.3
6. 其他企业	9178	4789.73	35.1	478.31	49.4	274.16	56.9
在总计中：国有控股企业	757	3812.42	30.6	629.10	18.4	312.78	25.1
在总计中：民营工业	46965	36355.19	31.8	3377.06	40.8	2021.36	48.4
其中：私营工业	41192	28513.81	31.9	2592.87	42.1	1537.85	49.5

2010 年江苏省规模以上中小工业主要经济指标（分地区）

单位：亿元、%

指标 / 地区	企业个数	销售收入		利税总额		利润总额	
		实绩	增长	实绩	增长	实绩	增长
苏南地区	33162	36201.79	26.9	3232.66	35.7	2281.06	48.1
南京市	3405	4694.77	30.0	482.67	53.8	330.49	66.1
无锡市	7149	8218.98	26.6	739.64	34.8	548.12	44.4
常州市	6471	5745.49	25.1	466.82	32.1	303.21	43.6
苏州市	13178	14417.04	25.6	1271.92	29.9	933.57	44.8
镇江市	2959	3125.51	33.4	271.61	45.5	165.67	56.1
苏中地区	14716	15413.68	29.0	1688.70	35.4	1034.38	39.8
南通市	7528	6640.99	23.4	721.41	30.6	472.43	35.2
扬州市	3710	4861.87	34.9	527.57	45.8	303.57	46.8
泰州市	3478	3910.82	31.9	439.72	32.1	258.38	40.8
苏北地区	12954	12221.41	43.6	1531.15	46.2	831.11	56.9
徐州市	3462	4157.56	52.9	714.36	51.6	370.31	66.9
连云港市	1682	1655.49	47.3	192.28	47.2	126.48	54.3
淮安市	2113	2083.95	53.1	218.72	39.5	105.14	57.0
盐城市	3606	3371.37	29.4	320.26	42.2	168.76	46.2
宿迁市	2091	953.04	36.4	85.53	35.5	60.42	39.5

2010 年江苏省规模以上中小工业主要经济指标（分行业）

单位：亿元、%

行业＼指标	总产值		销售收入		利税总额		利润总额	
	本期	增长	本期	增长	本期	增长	本期	增长
总　计	65055.55	29.7	63847.15	30.3	6446.29	38.0	4139.45	47.5
冶金（有色）	6415.37	26.6	6319.78	28.6	419.57	37.4	268.88	51.5
其中：冶　金	3513.95	22.2	3455.81	23.5	255.82	36.5	162.69	50.2
有　色	2901.42	32.4	2863.97	35.3	163.75	38.8	106.19	53.6
机　械	18955.91	33.0	18458.97	33.5	2031.06	42.0	1377.98	50.8
建　材	3101.35	28.0	3038.06	28.7	320.06	51.0	189.90	71.5
石油石化	8495.96	31.9	8331.62	32.4	883.60	43.0	569.29	52.6
轻工（烟草）	9800.35	29.8	9639.21	30.3	1080.07	34.2	606.00	42.2
其中：轻　工	9583.04	30.1	9423.18	30.6	897.58	37.7	565.71	45.1
烟　草	217.31	17.2	216.03	16.7	182.49	19.5	40.29	10.6
纺　织	7971.82	21.8	7853.08	22.6	640.70	41.3	384.24	55.0
电　子	5617.27	36.6	5561.14	36.4	435.08	49.4	335.81	66.7
医　药	1248.54	28.2	1208.29	24.7	184.11	24.0	120.61	22.9
煤　炭	37.93	34.7	37.09	35.2	5.33	45.9	2.80	57.3
电　力	1229.23	19.3	1239.36	18.9	190.33	-15.5	126.20	-14.4
其　他	2181.81	27.6	2160.55	29.7	256.38	41.9	157.74	46.0

2010 年江苏省个体工商户注册情况（分市）

项　目	户数（户）			注册资本（万元）		
	本期	2009 年底	增长（%）	本期	2009 年底	增长（%）
全省合计	3006028	2614427	15.0	22584635	15817118	42.8
南京市	235479	215995	9.0	1604221	1426284	12.5
无锡市	206544	199697	3.4	695069	611160	13.7
徐州市	243658	218321	11.6	804183	604228	33.1
常州市	157532	143339	9.9	593698	466227	27.3
苏州市	354992	325499	9.1	1850983	1538119	20.3
南通市	392086	341695	14.7	1422944	1155150	23.2
连云港市	110165	102042	8.0	416975	340387	22.5
淮安市	162790	154944	5.1	2083531	1633645	27.5
盐城市	528096	408524	29.3	6704483	4162079	61.1
扬州市	134689	127599	5.6	1200199	1262175	-4.9
镇江市	154873	97938	58.1	2760813	445430	519.8
泰州市	160882	153236	5.0	1990299	1869029	6.5
宿迁市	164242	125598	30.8	457237	303205	50.8

2010 年江苏省私营企业注册情况（分市）

项　目	户数（户）			注册资本（万元）		
	本期	2009 年底	增长（%）	本期	2009 年底	增长（%）
全省合计	1048108	911554	15.0	279963566	201366531	39.0
省级	5318	4583	16.0	7425681	5326516	39.4
南京市	136305	123961	10.0	22467480	17960091	25.1
无锡市	116354	105964	9.8	38519887	27251658	41.3
徐州市	68205	58339	16.9	12234322	8447913	44.8
常州市	67203	59659	12.6	16287776	12022022	35.5
苏州市	182575	157320	16.1	55901130	42055319	32.9
南通市	152255	137448	10.8	38983990	30455551	28.0
连云港市	29100	26248	10.9	8643576	6665423	29.7
淮安市	32479	30442	6.7	8555923	6374686	34.2
盐城市	88859	71308	24.6	19786076	13012412	52.1
扬州市	50176	45755	9.7	15805061	11706370	35.0
镇江市	45853	28929	58.5	17092960	6165257	177.2
泰州市	44118	37257	18.4	11384759	8153125	39.6
宿迁市	29308	24341	20.4	6874046	5770187	19.1

2010 年福建省规模以上工业企业主要指标（按行业）

分组类别	工业总产值（亿元）	同比增长（%）	工业增加值（亿元）	同比增长（%）	工业总产值（亿元）	同比增长（%）	工业增加值（亿元）	同比增长（%）	出口交货值（亿元）	同比增长（%）	主营收入（亿元）	同比增长（%）
总计	19558.84	23.1	5641.69	18	17654.75	25	5033.14	19.3	3388.75	20.9	16751.71	29.9
煤炭开采和洗选业	135.93	11.9	87.71	9.5	132.69	12	86.67	9.5	—	—	131.63	21.2
黑色金属矿采选业	136.86	23.7	57.94	20.1	130.2	24.6	55.81	20.6	—	—	127.92	76.1
有色金属矿采选业	76.08	16.7	34.56	13.7	70.26	17.5	32.7	14	—	—	58.71	41.2
非金属矿采选业	146.72	16.5	59.39	13.6	96.39	21.4	43.3	15.7	2.72	-8.1	94.59	25.3
农副食品加工业	1297.86	25.4	299.7	20	1222.08	26.7	275.48	21.2	252.9	45.2	1170.41	35.2
食品制造业	563.89	29.7	150.4	23.1	522.73	31.8	137.25	24.8	92.25	42.1	504.27	35
饮料制造业	360.98	20.8	120.05	16.1	291.11	24.3	97.72	18.1	7.43	26.4	278.99	31.4
烟草制品业	170.6	12.6	135.6	9.8	170.6	12.6	135.6	9.8	0.1	100	163.47	7.4
纺织业	1115.27	21.8	309.19	17.4	1017.06	23.3	277.8	18.5	123.19	12.4	976.81	25.7
纺织服装、鞋、帽制造业	1257.74	19.2	431.77	15.4	1082.31	21.2	375.7	16.6	377.97	11.9	1044.77	20.3
皮革、毛皮、羽毛（绒）及其制品业	1232.43	16.6	403.16	13.5	1121.34	17.5	367.65	14.1	357.08	10.4	1087.08	17.8
木材加工及木、竹、藤、棕、草制品业	546.38	20.4	173.28	16.7	459.74	23.1	145.6	18.5	38.02	3	443.97	25.6
家具制造业	252.74	28.5	66.46	22.4	223.47	31.7	57.11	25.1	95.73	25.4	219.93	35.3
造纸及纸制品业	565.03	24.8	163.49	19.8	498.92	27.4	142.37	21.7	21.3	17.2	486.35	33.5
印刷业和记录媒介的复制	163.07	21	51.49	17.4	108.87	28.6	34.17	22.7	6.09	-11.5	107.11	28.4
文教体育用品制造业	155.31	25.4	44.11	19.7	136.38	28.3	38.06	21.8	69.94	11.9	133.79	32.3
石油加工、炼焦及核燃料加工业	60.8	-4.1	12.65	-4.7	59	-4.4	12.07	-5.3	0.28	300	59.68	33.5
化学原料及化学制品制造业	813.42	24.9	210.88	21.5	762.9	26.2	194.73	22.8	71.94	48.9	757.6	42.1
医药制造业	152.11	20.2	53.71	15.9	146.96	20.7	52.06	16.2	18.07	27.8	134.87	22.4
化学纤维制造业	293.07	11.2	55.59	10.2	290.95	11.2	54.92	10.2	7.92	37	272.29	42.2
橡胶制品业	225.69	19.5	71.03	16.6	200.33	21.1	62.93	17.8	29.83	9.4	195.64	23
塑料制品业	842.05	22.1	242.04	17.3	736.15	24.4	208.2	19	174.15	16.9	710.09	31.1

非金属矿物制品业	1579.06	17	451.98	13.6	1330.12	18.8	372.41	14.8	234.31	8.3	1305.16	23.4
黑色金属冶炼及压延加工业	634.42	18.8	109.01	15.6	627.15	18.9	106.68	15.8	19.42	64	623.62	34.2
有色金属冶炼及压延加工业	371.67	38	82.94	26.3	364.55	38.7	80.66	26.9	61.75	81.2	355.21	59.3
金属制品业	517	26.4	139.22	21	436.57	30.5	113.51	24.4	84.02	43.2	417.5	32.8
通用设备制造业	709.42	33.9	208.63	26.2	618.58	38.8	179.6	29.7	74.32	21.1	607.25	38.5
专用设备制造业	451.3	26.7	119.07	21.4	392.9	30	100.4	24.2	34.24	30	375.82	29.2
交通运输设备制造业	748.97	40.8	204.63	31.6	692.69	44.4	186.65	34.4	133.53	10.7	657.02	48.3
电气机械及器材制造业	939.57	29.3	264.72	22.8	879.3	31.1	245.46	24.1	230.96	29.2	837.74	32.6
通信设备、计算机及其他电子设备制造业	908.19	33.8	207.61	27.9	876.53	35	197.49	29.1	456.9	27.1	859.26	27.8
仪器仪表及文化、办公用机械制造业	189.75	29.1	60.82	23.6	174.42	31.3	55.91	25.2	86.02	34.8	168.37	30.8
工艺品及其他制造业	609.08	19.6	191.54	15.8	515.83	21.9	161.74	17.4	226.35	8.6	506.31	25.9
废弃资源和废旧材料回收加工业	25.11	73.1	7.47	60.3	19.64	107.9	5.72	88.2	—	—	19.67	139
电力、热力的生产和供应业	1224.3	16.6	325.51	12.1	1157.34	17.1	304.11	12.4	—	—	764.7	19.3
燃气生产和供应业	57.63	40.8	17.79	32.4	56.15	41.9	17.32	33.1	—	—	60.93	86.9
水的生产和供应业	44.87	6.3	21.52	4.3	32.54	5.7	17.57	3.4	—	—	33.16	19.5

续表

分组类别	利税总额（亿元）	同比增长（%）	利润总额（亿元）	同比增长（%）	资产总额（亿元）	同比增长（%）	流动资产平均余额（亿元）	同比增长（%）	负债总额（亿元）	同比增长（%）	企业数（户）
总计	1448.86	39.1	943.44	50.1	12298.1	21.3	5813.29	30.3	6308.74	21.7	19541
煤炭开采和洗选业	22.22	-4.4	11.51	-4.6	59.32	7.8	30.34	13.8	26.32	8.6	208
黑色金属矿采选业	25.81	265.6	19.67	421.8	71.21	41.4	26.91	35.1	34.81	40.2	88
有色金属矿采选业	8.71	24.1	5.45	31.3	50.09	25.4	22.91	17.7	26.25	24.1	99
非金属矿采选业	12.17	13.2	6.02	56.8	52.12	56.6	19.11	28.5	16.16	9.6	215
农副食品加工业	58.8	75.8	45.4	78.5	623.8	36.1	382.44	54	393.24	41.3	1049
食品制造业	38.31	43.8	26.22	56	263.95	25.8	130.24	28.3	124.54	28.7	526
饮料制造业	35.93	29.9	22	38.3	187.26	24.8	80.37	32.8	80.24	23.4	514
烟草制品业	118.13	6.9	16.7	-16.3	157.38	1.9	98.87	5.4	41.52	-18.6	6
纺织业	60.73	50.7	44.05	63.9	748	21.3	356.78	29.3	336.92	25.7	1074
纺织服装、鞋、帽制造业	84.46	31.7	57.12	33.4	542.87	13.7	294.27	28.1	231.71	12.4	1461
皮革、毛皮、羽毛（绒）及其制品业	84.55	28.7	56.74	34.6	525.02	17	279.39	24.2	221.55	4.5	1192
木材加工及木、竹、藤、棕、草制品业	30.17	42.5	19.12	68.2	221.91	28.9	102.36	31.7	105.76	26.8	1084
家具制造业	12.18	64.4	8.08	64.2	143.81	28.9	73.7	22.8	78.73	32.2	333
造纸及纸制品业	45.27	46.7	29.24	40.2	382.59	20.9	189.23	37.2	195.8	15.9	659
印刷业和记录媒介的复制	10.63	34.9	6.59	41.4	86.34	12.1	41.15	17	42.48	9.9	261
文教体育用品制造业	6.05	27.1	4.09	35.4	92.51	26.4	54.58	30	45.1	39.1	245
石油加工、炼焦及核燃料加工业	3.7	15.3	2.54	1.2	29.17	52.5	12.71	21.9	17.24	47	27
化学原料及化学制品制造业	77.65	77.9	58.3	89.9	555.84	25.1	260.26	35.1	266.82	21.2	808
医药制造业	20.19	33.4	14.87	38.1	141.4	10.7	69.77	16	61.46	-0.9	119
化学纤维制造业	16.8	269.2	14.57	362.5	309.84	19.5	139.38	47.1	173.51	56.5	89
橡胶制品业	17.41	21.2	13.13	19.6	153.49	21.6	65.66	20	74.48	29.4	258
塑料制品业	43.75	33	29.75	37.4	410.88	26.7	222.58	26.8	204.61	23.9	1031

非金属矿物制品业	132. 19	39. 7	91. 08	53	951. 25	16. 9	409. 75	22. 3	439. 27	15. 8	2162
黑色金属冶炼及压延加工业	15. 84	82. 3	7. 55	129. 5	379. 26	39. 3	204. 08	33. 2	266. 25	40. 4	194
有色金属冶炼及压延加工业	17. 26	44. 4	14. 49	49. 7	296. 3	28. 2	126. 83	39. 3	174. 17	29. 6	146
金属制品业	25. 82	37. 6	18. 22	49. 5	275. 64	24. 2	156. 58	29. 1	141. 22	24. 7	651
通用设备制造业	42. 11	63. 3	29. 23	79. 4	374. 48	22. 9	200. 77	24. 3	187	18. 9	808
专用设备制造业	37. 13	36	27. 75	49	317. 15	28. 4	180. 37	34. 9	157. 59	30. 2	522
交通运输设备制造业	56. 13	57. 6	39. 53	53. 7	535. 57	29. 2	280. 01	25. 1	283	25. 5	632
电气机械及器材制造业	76. 49	23. 8	59. 49	27	585. 4	26. 9	359. 57	34. 1	297. 28	26. 3	694
通信设备、计算机及其他电子设备制造业	64. 92	46. 8	53	50. 5	667. 34	28. 2	425. 26	30. 1	376. 86	29. 7	522
仪器仪表及文化、办公用机械制造业	12. 07	43. 9	9. 62	49. 4	114. 22	11. 6	70. 22	26	45. 28	16. 7	229
工艺品及其他制造业	32. 86	43	23. 31	52. 5	229. 48	17. 3	128. 72	25. 8	96. 39	16. 5	1120
废弃资源和废旧材料回收加工业	1. 79	237. 7	1. 1	358. 3	10. 04	40. 1	5. 03	71. 1	5. 26	76. 5	30
电力、热力的生产和供应业	89. 77	20. 4	49. 61	29. 3	1483. 84	9. 1	264. 67	37. 7	910. 04	10. 2	388
燃气生产和供应业	7. 68	1029. 4	6. 81	1235. 3	81. 98	6. 4	11. 59	82. 5	52. 92	-2. 8	13
水的生产和供应业	3. 19	-8. 6	1. 5	-19. 8	187. 33	16. 1	36. 83	23. 8	76. 95	26. 4	84

续表

分组类别	从业人员（万人）	同比增长（%）	资产负债率（%）	同比上升（百分点）	产权比率（%）	同比上升（百分点）	总资产周转率（次）	同比上升（次）	流动资产周转率（次）	同比上升（次）	总资产报酬率（%）	同比上升（百分点）
总计	340.02	9.4	51.3	0.1	105.3	0.6	1.36	0.09	2.88	-0.01	7.67	1.47
煤炭开采和洗选业	4.47	6.2	44.4	0.3	79.8	1	2.22	0.25	4.34	0.27	19.4	-2.54
黑色金属矿采选业	0.97	7.8	48.9	-0.4	95.6	-1.5	1.8	0.36	4.75	1.1	27.62	20.14
有色金属矿采选业	0.86	6.2	52.4	-0.6	110.1	-2.5	1.17	0.13	2.56	0.42	10.88	0.49
非金属矿采选业	2.1	5	31	-13.3	44.9	-34.6	1.81	-0.46	4.95	-0.13	11.55	0.02
农副食品加工业	12.77	11.2	63	2.3	170.6	16	1.88	-0.01	3.06	-0.43	7.28	1.73
食品制造业	9.84	18.8	47.2	1.1	89.3	3.7	1.91	0.13	3.87	0.19	9.93	1.92
饮料制造业	5.38	15.7	42.8	-0.5	75	-1.5	1.49	0.08	3.47	-0.04	11.75	1.15
烟草制品业	0.43	-8.5	26.4	-6.6	35.8	-13.5	1.04	0.05	1.65	0.03	10.61	-2.32
纺织业	22.77	5	45	1.5	82	5.1	1.31	0.05	2.74	-0.07	5.89	1.53
纺织服装、鞋、帽制造业	37.57	6.5	42.7	-0.5	74.5	-1.5	1.92	0.1	3.55	-0.23	10.52	1.55
皮革、毛皮、羽毛（绒）及其制品业	45.23	4.7	42.2	-5	73	-16.6	2.07	0.01	3.89	-0.21	10.81	1.42
木材加工及木、竹、藤、棕、草制品业	10.75	5.3	47.7	-0.8	91.1	-2.9	2	-0.05	4.34	-0.21	8.62	2.01
家具制造业	5.91	10.5	54.7	1.3	121	6.5	1.53	0.07	2.98	0.27	5.62	1.21
造纸及纸制品业	8.36	8.6	51.2	-2.2	104.8	-9.7	1.27	0.12	2.57	-0.07	7.64	1.05
印刷业和记录媒介的复制	2.94	3.2	49.2	-1	96.9	-3.8	1.24	0.16	2.6	0.23	7.63	1.58
文教体育用品制造业	5.5	4.6	48.8	4.5	95.1	15.5	1.45	0.07	2.45	0.04	4.42	0.29
石油加工、炼焦及核燃料加工业	0.2	25	59.1	-2.2	144.5	-14.2	2.05	-0.29	4.7	0.41	8.71	-4.42
化学原料及化学制品制造业	7.35	3.2	48	-1.6	92.3	-6	1.36	0.16	2.91	0.14	10.49	3.58
医药制造业	2.25	6.6	43.5	-5.1	76.9	-17.5	0.95	0.09	1.93	0.1	10.52	2.09
化学纤维制造业	1.68	7.7	56	13.2	127.3	52.6	0.88	0.14	1.95	-0.07	4.7	3.48
橡胶制品业	5.79	16.3	48.5	2.9	94.3	10.5	1.27	0.01	2.98	0.07	8.55	-0.15
塑料制品业	16.35	12.1	49.8	-1.1	99.2	-4.6	1.73	0.06	3.19	0.1	7.24	0.56

非金属矿物制品业	27.97	12.6	46.2	-0.4	85.8	-1.5	1.37	0.07	3.19	0.03	9.57	2.26
黑色金属冶炼及压延加工业	3.04	12.6	70.2	0.5	235.6	5.6	1.64	-0.07	3.06	0.03	1.99	0.78
有色金属冶炼及压延加工业	2.41	22.3	58.8	0.7	142.6	3.7	1.2	0.23	2.8	0.35	4.89	0.7
金属制品业	8	13.2	51.2	0.1	105.1	0.8	1.51	0.09	2.67	0.08	6.61	1.12
通用设备制造业	9.07	13.5	49.9	-1.7	99.7	-7	1.62	0.18	3.02	0.31	7.81	2.46
专用设备制造业	6.33	11.1	49.7	0.7	98.8	2.7	1.18	0	2.08	-0.09	8.75	1.21
交通运输设备制造业	11.79	21.7	52.8	-1.6	112	-7.4	1.23	0.16	2.35	0.37	7.38	1.18
电气机械及器材制造业	14.7	15.8	50.8	-0.3	103.2	-1.1	1.43	0.06	2.33	-0.02	10.16	0
通信设备、计算机及其他电子设备制造业	16.03	20	56.5	0.7	129.7	3.4	1.29	0	2.02	-0.04	7.94	1.17
仪器仪表及文化、办公用机械制造业	5.47	10.1	39.6	1.7	65.7	4.6	1.47	0.21	2.4	0.09	8.42	2.13
工艺品及其他制造业	18.23	3.5	42	-0.3	72.4	-0.9	2.21	0.15	3.93	0	10.16	2.34
废弃资源和废旧材料回收加工业	0.22	29.4	52.4	10.8	110.3	39	1.96	0.81	3.91	1.11	10.96	7.61
电力、热力的生产和供应业	5.88	1.4	61.3	0.6	158.6	2.1	0.52	0.05	2.89	-0.44	3.34	0.52
燃气生产和供应业	0.16	6.7	64.6	-6	182.1	-58.2	0.74	0.32	5.26	0.13	8.31	7.65
水的生产和供应业	1.21	5.2	41.1	3.4	69.7	9.1	0.18	0.01	0.9	-0.03	0.8	-0.36

2010年福建省规模以上工业

分组类别	工业总产值（亿元）	现价同比增长（%）	工业增加值（亿元）	现价同比增长（%）	出口交货值（亿元）	现价同比增长（%）	主营收入（亿元）	同比增长（%）	利税总额（亿元）	同比增长（%）	利润总额（亿元）	同比增长（%）	资产总额（亿元）	同比增长（%）
福州市	3641.68	25.5	954.41	23.9	741.58	23.9	3367.54	27.2	228.39	38	161.95	43.7	2565.41	18.6
厦门市	2323.58	27.2	647.47	26.7	853.27	26.7	2292.25	28.1	277.23	31.3	190.65	41.7	2295.52	18.1
莆田市	1201.96	32.7	358.42	32.5	241.94	20.9	1171.92	33.5	63.14	49.5	42.12	63.5	670.41	23.3
三明市	1147.11	40.4	339.92	41.8	43.6	24.7	1098.13	40.3	67.15	54.4	33.32	93.7	630.33	20.1
泉州市	4912.12	22	1467.79	22.1	971.24	7.2	4639.95	21.3	426.95	39.1	299	47.5	2982.65	21
漳州市	1739.68	37.9	451.86	35.5	350.9	39.6	1671.17	42.2	109.86	46.5	70.68	51.5	1244.63	29
南平市	699.49	28.8	196.63	27.6	46.41	32.8	646.64	30.9	56.18	62.8	37.81	94.8	482.84	19.6
龙岩市	1071.52	38.5	369.15	33.3	41.41	55.9	1026.23	39.9	168.83	31.8	76.66	51.1	812.58	23.6
宁德市	917.6	47.5	247.48	44.8	98.39	26	837.89	48.2	51.14	47.4	31.25	66	613.72	30.4

企业主要指标（按地区）

流动资产平均余额（亿元）	同比增长（%）	负债总额（亿元）	同比增长（%）	企业数（户）	从业人员（万人）	同比增长（%）	资产负债率（%）	同比上升（百分点）	产权比率（%）	同比上升（百分点）	总资产周转率（次）	同比上升（次）	流动资产周转率（次）	同比上升（次）
1221. 64	27. 3	1395. 77	25. 3	2937	53. 76	6. 5	54. 4	2. 9	119. 3	13	1. 31	0. 09	2. 76	0
1255. 99	21. 6	1168. 68	17. 1	2225	49. 97	9. 7	50. 9	-0. 4	103. 7	-1. 8	1	0. 08	1. 83	0. 1
280. 58	39. 6	378. 96	17. 3	1354	23. 83	12	56. 5	-2. 9	130	-16. 6	1. 75	0. 13	4. 18	-0. 19
270. 07	26. 1	365. 36	13. 5	1652	16. 28	9. 6	58	-3. 3	137. 9	-20. 6	1. 74	0. 25	4. 07	0. 42
1383. 01	32. 6	1318. 97	22. 3	5333	120. 44	7. 5	44. 2	0. 4	79. 3	1. 4	1. 56	0. 01	3. 35	-0. 32
623. 66	44. 1	659. 27	30. 7	2304	31. 37	17. 9	53	0. 7	112. 6	3	1. 34	0. 12	2. 68	-0. 04
206. 92	42. 6	224. 83	12. 9	1307	14. 17	6. 5	46. 6	-2. 8	87. 1	-10. 4	1. 34	0. 12	3. 13	-0. 28
347. 83	27. 9	404. 71	20. 2	1405	17. 71	10. 8	49. 8	-1. 4	99. 2	-5. 8	1. 26	0. 14	2. 95	0. 25
223. 6	39. 1	392. 18	27. 1	1024	12. 5	17. 9	63. 9	-1. 7	177	-13. 5	1. 37	0. 17	3. 75	0. 23

2010年1～12月江西省规模以上中小工业企业主要经济指标表(一)

设区市	企业个数(个)		主营业务收入(万元)			税金总额(万元)				利润总额(万元)		
	11月底	今年增加	本月止累计数	去年同期	增长(%)	本月止累计数	去年同期	增长(%)	占全口径税收总额(%)	本月止累计数	去年同期	增长(%)
全省总计	7938	649	107929148	74354774	45.15	4036189	2801982	44.05	36.02	6963377	4018622	73.28
南昌市	1140	68	17377970	12944845	34.25	406720	322418	26.15	14.71	763490	589710	29.47
景德镇市	432	24	4820898	3314528	45.45	199482	139105	43.40	58.09	245021	146183	67.61
萍乡市	798	49	8550696	5639356	51.63	553848	398936	38.83	—	1089830	591952	84.11
九江市	899	148	11004117	7328082	50.16	302576	200591	50.84	22.51	852218	447376	90.49
新余市	369	10	6361758	4400002	44.59	213574	139070	53.57	24.81	556889	354010	57.31
鹰潭市	182	4	5885790	4026262	46.18	117749	99829	17.95	16.51	120971	72555	66.73
赣州市	888	110	12280208	8295675	48.03	491912	335550	46.60	43.61	564618	348330	62.09
吉安市	777	53	11224658	7427750	51.12	519016	353815	46.69	63.58	778773	462996	68.20
宜春市	850	64	11504323	7872560	46.13	544360	366603	48.49	58.58	912856	526406	73.41
抚州市	831	104	7316815	5246521	39.46	234281	149015	57.22	39.63	309114	168347	83.62
上饶市	770	15	11567946	7829868	47.74	452647	296984	52.41	44.43	767520	308959	253.86

2010 年 1～12 月江西省规模以上中小工业企业主要经济指标表(二)

设区市	工业总产值(万元)				工业销售产值(万元)				产品销售率(%)			
	本月数	环比增长	本月止累计数	同比增长(%)	本月数	环比增长(%)	本月止累计数	同比增长(%)	本月	本月止累计	环比增减(点)	同比增减(点)
全省总计	13166931	10.23	108212818	43.43	13180289	11.75	107034073	43.55	100.10	98.91	1.37	0.08
南昌市	1917359	2.82	17715069	34.22	1858476	2.06	17322237	34.11	96.93	97.78	-0.73	-0.08
景德镇市	598146	9.18	5012006	42.62	597730	10.62	4910296	43.22	99.93	97.97	1.30	0.41
萍乡市	1366738	29.46	8301154	47.79	1368131	29.78	8297476	46.72	100.10	99.96	0.24	-0.73
九江市	1334660	10.29	10748458	45.52	1336931	10.92	10611801	45.12	100.17	98.73	0.57	-0.27
新余市	891020	10.32	6397456	41.47	888579	12.00	6336384	41.91	99.73	99.05	1.49	0.31
鹰潭市	841237	50.73	5757317	43.80	877935	60.23	5760746	45.80	104.36	100.06	6.18	1.37
赣州市	1325168	2.57	12369459	46.18	1340074	4.13	12273757	46.46	101.12	99.23	1.52	0.19
吉安市	1345680	2.80	11329400	50.68	1353088	4.57	11211849	51.70	100.55	98.96	1.71	0.67
宜春市	1544234	8.46	11588250	45.15	1597612	15.05	11517449	45.73	103.46	99.39	5.92	0.40
抚州市	813629	17.54	7364518	39.03	813327	18.06	7281479	38.98	99.96	98.87	0.44	-0.04
上饶市	1185519	0.47	11588560	46.57	1145688	-1.97	11470297	45.49	96.64	98.98	-2.40	-0.74

2010 年江西省非公有制经济上缴税金统计情况表

单位：万元

设区市	税金总额			其中：1. 国税		2. 地税		同比增长（%）	
	合计	其中：非公经济	占税收总额（%）	合计	其中：非公经济	合计	其中：非公经济	合计	其中：非公经济
全省总计	11206662	7075407	63.14	6856791	3990821	4349871	3084586	35.48	42.20
南昌市	2764703	1205199	43.59	1724027	546248	1040676	658951	32.23	28.54
景德镇市	343403	235684	68.63	173710	105867	169693	129817	41.92	62.59
萍乡市	521466	411981	79.00	273057	217368	248409	194613	35.29	37.76
九江市	1344063	664914	49.47	943078	372426	400985	292488	35.94	56.07
新余市	860790	638280	74.15	560629	429265	300161	209015	59.00	77.98
鹰潭市	713121	515998	72.36	562814	393250	150307	122748	35.32	48.28
赣州市	1127889	782125	69.34	613561	393037	514328	389088	25.76	26.92
吉安市	816284	664397	81.39	459367	374685	356917	289712	32.76	39.55
宜春市	929274	734855	79.08	546963	427361	382311	307494	34.55	35.43
抚州市	591111	476200	80.56	283063	236310	308048	239890	33.93	35.96
上饶市	1018832	743949	73.02	716522	495005	302310	248944	43.73	56.58

2010 年江西省个私企业单位数、注册资金、从业人员统计情况表

设区市	截至 2010 年底									比上年增长(%)								
	单位数(户)			注册资金(万元)			从业人员(人)			单位数			注册资金			从业人员(人)		
	合计	其中：个体	私营	合计	其中：个体	私营	合计	其中：个体	私营	合计	其中：个体	私营	合计	其中：个体	私营	合计	其中：个体	私营
全省总计	1223107	1068658	154449	39515055	4514125	35000930	5351381	2744462	2606919	26. 95	27. 29	24. 65	40. 76	36. 72	41. 30	20. 06	26. 08	14. 31
南昌市	169317	124952	44365	9770526	339108	9431418	729395	303386	426009	27. 26	30. 49	18. 96	38. 34	45. 93	38. 08	19. 79	31. 70	12. 54
景德镇市	55352	51029	4323	760452	119247	641205	217696	137448	80248	32. 24	32. 79	26. 11	24. 12	44. 41	20. 96	26. 38	27. 56	24. 42
萍乡市	73666	67170	6496	1331716	246236	1085480	403996	209123	194873	26. 65	27. 06	22. 54	27. 70	67. 28	21. 20	36. 38	56. 81	19. 66
九江市	138518	119871	18647	5137722	595648	4542074	478948	278002	200946	30. 41	28. 46	44. 52	61. 03	12. 52	70. 68	−22. 72	24. 66	−49. 35
新余市	38689	33081	5608	1454166	160893	1293273	146408	77313	69095	24. 58	24. 79	23. 39	42. 59	24. 25	45. 26	18. 30	21. 54	14. 87
鹰潭市	24507	20636	3871	802330	74420	727909	121395	68606	52789	24. 38	25. 13	20. 48	47. 51	116. 79	42. 84	20. 60	21. 67	19. 24
赣州市	229819	213579	16240	5082586	1237252	3845334	963085	635453	327632	26. 11	26. 23	24. 58	46. 15	41. 12	47. 85	22. 80	25. 14	18. 50
吉安市	122695	111753	10942	2573849	298519	2275330	460670	232791	227879	24. 12	24. 70	18. 51	24. 07	27. 33	23. 66	18. 45	23. 32	13. 86
宜春市	129269	115079	14190	4781666	635946	4145720	736683	252128	484555	25. 30	24. 54	31. 77	51. 07	30. 23	54. 87	69. 81	18. 32	119. 53
抚州市	88652	76160	12492	2350033	265887	2084146	410648	171652	238996	31. 27	31. 29	31. 20	34. 37	26. 89	35. 39	23. 90	29. 56	20. 12
上饶市	151441	135348	16093	4025320	540969	3484351	656528	378560	277968	25. 61	26. 51	18. 57	30. 34	60. 38	26. 66	15. 45	18. 26	11. 83

2010年江西省非公有制经济规模企业增加值、出口创汇统计表

设区市	规模企业增加值（万元）							出口总额（万美元）		其中：非公有制经济		
	合计	规模以上非公有制工业增加值		资质等级以内非公有制建筑业增加值		限额以上非公有制批发零售、住宿餐饮业增加值						
		绝对值（万元）	增长(%)（可比价）	绝对值（万元）	增长(%)（现价）	绝对值（万元）	增长(%)（现价）	绝对值	增长（%）	绝对值	增长（%）	占比重（%）
全省	26755779.62	22373032	24.9	2857699	23.0	1525049	41.2	1341603	82.07	1197166	90.39	89.23
南昌市	5739067	3603450	22.8	1266993	13.9	868624	43.4	367427	72.47	282368	88.34	76.85
景德镇市	1120439	985642	25.1	95938	45.4	38859	29.2	77599	61.22	52239	49.72	67.32
萍乡市	2141320	2001119	24.4	101074	31.7	39127	22.5	44818	79.98	44201	83.83	98.62
九江市	2690818	2446393	27.8	184176	35.1	60249	91.8	121237	162.26	110408	162.51	91.07
新余市	2113991	1908436	35.4	112476	31.7	93079	46.3	201270	92.17	199827	92.64	99.28
鹰潭市	867865	764101	24.9	74312	39.9	29452	35.3	36313	90.82	34283	97.75	94.41
赣州市	2690123	2385901	22.2	255591	34.0	48631	11.6	131042	33.89	129173	34.21	98.57
吉安市	2475950	2261309	27.3	188606	15.8	26035	11.3	99529	125.41	98585	129.26	99.05
宜春市	2751694	2456780	28.7	198451	44.0	96463	9.4	55757	69.33	52516	81.61	94.19
抚州市	1698612	1514180	23	110938	45.5	73494	107.4	54512	14.90	50428	24.91	92.51
上饶市	2556820	2136640	26.5	269144	19.4	151036	43.9	152097	160.54	143139	196.47	94.11

2010年江西省非公有制经济增加值、从业人员、固定资产投入统计表

设区市名称	非公有制经济增加值（万元）				非公有制经济安排就业人数（万人）				非公经济50万元固定资产投入（万元）		
	非公有制经济增加值	生产总值	非公有制占GDP比重%	比上年增长%	绝对数	增长（%）	占当地社会就业总人数比重（%）	比重增减百分点	2010年	2009年	增长速度（%）
全省	51521600	94350100	54.6	16.1	1206.92	6.1	48.3	1.8	60589253	44901395	34.9
南昌市	12523368.41	22071059	56.7	15.4	136.6	2.7	47.4	0.4	13364241	10196684	31.1
景德镇市	2618614	4615001	56.7	16.2	59.7	3.8	61.5	1.0	3247020	2498285	30.0
萍乡市	3466369	5203900	66.6	16.9	67.6	4.5	64.5	2.7	6004427	4710976	27.5
九江市	6066121.751	10320647	58.8	14.5	189.1	0.2	61.3	0.0	6321427	4760145	32.8
新余市	3943197	6312212	62.5	17.0	35.3	4.4	48.3	0.7	4900462	3386377	44.7
鹰潭市	1591982	3426958	46.5	16.5	36.4	4.7	51.4	0.6	1331162	801803	66.0
赣州市	6620045	11194724	59.1	15.9	240.2	8.6	49.9	1.6	4381409	3054313	43.4
吉安市	4265508	7205251	59.2	16.3	104.5	3.5	40.4	0.8	5963917	4559548	30.8
宜春市	5214092	8700005	59.9	14.9	143.3	11.8	47.6	4.0	5496912	3884340	41.5
抚州市	3881963	6300124	61.6	16.9	88.8	5.0	42.1	1.0	4812692	3599303	33.7
上饶市	5595228	9010029	62.1	16.8	182.2	10.5	46.1	3.0	4765584	3449621	38.1

2010 年江西省设区市及分县（区）非公有经济增加值

地区	2010 年		地区	2010 年		地区	2010 年	
	绝对值（万元）	2010 年比 2009 年增长（%）		绝对值（万元）	2010 年比 2009 年增长（%）		绝对值（万元）	2010 年比 2009 年增长（%）
南昌市	12312349	15.4	**鹰潭市**	1591982	16.5	**宜春市**	5214092	14.9
南昌县	2212477	18.0	月湖区	634550	17.7	袁州区	725180	18.5
新建县	1181985	15.8	余江县	300626	18.1	丰城市	1470541	17.7
进贤县	1093964	16.3	贵溪市	656806	16.1	高安市	730825	16.1
安义县	376310	14.3				樟树市	885092	15.9
东湖区	1380189	14.7	**赣州市**	6735823	15.9	奉新县	362809	16.0
西湖区	1360815	16.4	章贡区	950103	17.0	万载县	445895	11.6
青云谱区	610726	14.9	赣县	501169	16.2	上高县	428574	12.7
青山湖区	2197200	15.9	信丰县	561047	19.6	宜丰县	315182	17.1
湾里区	165700	9.7	大余县	418716	12.2	靖安县	139669	16.6
			上犹县	174815	15.6	铜鼓县	85864	14.9
景德镇市	2652614	16.2	崇义县	270726	16.6			
乐平市	786640	16.9	安远县	162454	12.3	**抚州市**	3881963	16.9
浮梁县	302135	16.3	龙南县	416655	17.9	临川区	1549159	16.1
珠山区	793861	14.8	定南县	203202	13.8	南城县	343951	18.8
昌江区	769978	16.0	全南县	165614	17.2	黎川县	200696	18.5
			宁都县	422267	16.4	南丰县	349695	17.4
萍乡市	3466369	16.9	于都县	577091	18.6	崇仁县	357435	17.1
安源区	858823	18.5	兴国县	406008	16.8	乐安县	167400	15.9
湘东区	766105	16.9	会昌县	254417	14.3	宜黄县	181006	17.3
上栗县	702070	16.9	寻乌县	164090	18.7	金溪县	242682	16.5
芦溪县	497446	16.5	石城县	122647	16.6	资溪县	109875	17.0
莲花县	190991	15.9	瑞金市	396115	15.7	东乡县	533421	17.5
			南康市	574666	16.9	广昌县	122401	17.2
九江市	6066122	14.5						
庐山区	835315	15.6	**吉安市**	4265508	16.3	**上饶市**	5595228	16.8
浔阳区	1456239	13.9	吉州区	349943	16.9	信州区	733028	15.8
共青城市	343967	19.8	青原区	271889	16.1	上饶县	603537	18.6
九江县	292974	14.5	吉安县	443269	17.5	广丰县	981675	15.2
武宁县	291073	15.9	吉水县	336975	18.2	玉山县	441679	17.8
修水县	393441	14.2	峡江县	161803	17.6	铅山县	352782	17.6
永修县	285580	14.1	新干县	357318	16.4	横峰县	292619	17.6
德安县	248099	16.7	永丰县	427204	17.4	弋阳县	293393	16.8
星子县	225012	16.0	泰和县	476851	14.6	余干县	342590	15.6
都昌县	207183	14.4	遂川县	339271	17.2	鄱阳县	467785	15.6
湖口县	458969	17.1	万安县	177157	17.0	万年县	290280	17.9
彭泽县	254501	14.8	安福县	393177	16.8	婺源县	273383	14.7
瑞昌县	449004	15.3	永新县	266898	16.8	德兴市	474482	14.5
			井冈山市	180376	17.4			
新余市	3999587	17.0						
分宜县	747384	14.2						
渝水区	3247096	17.1						

2010年江西省非公有制经济就业人数与社会就业人数对比表

地区	非公有制经济就业人数（万人）								社会就业人数（万人）			
	2010年				2009年				2010年		2009年	
	绝对数	增长（%）	占当地社会就业总人数比重（%）	比重增减百分点	绝对数	增长（%）	占当地社会就业总人数比重（%）	比重增减百分点	绝对数	增长（%）	绝对数	增长（%）
全省	1206.92	6.1	48.3	1.8	1137.51	5.3	46.5	1.6	2498.76	2.2	2445.20	1.7
南昌市	136.62	2.7	47.4	0.4	132.99	1.1	47.0	-0.6	288.21	1.9	282.80	1.9
南昌县	21.77	0.1	46.5	-1.2	21.76	1.1	47.7	-1.6	46.82	2.7	45.61	4.4
新建县	20.85	1.2	60.7	0.3	20.60	0.4	60.4	-0.2	34.34	0.7	34.09	0.6
进贤县	21.01	1.2	52.6	0.0	20.76	2.9	52.6	-3.1	39.97	1.3	39.46	0.9
安义县	6.80	6.5	57.6	-0.2	6.39	3.4	57.8	1.7	11.80	6.8	11.05	0.3
东湖区	8.30	0.0	87.6	0.0	8.30	0.3	87.6	-0.1	9.48	0.0	9.48	0.4
西湖区	6.40	5.1	86.5	-1.0	6.09	0.9	87.5	1.1	7.40	6.3	6.96	-0.4
青云谱区	3.94	2.2	79.4	0.1	3.86	2.6	79.3	-0.4	4.97	2.0	4.87	3.2
青山湖区	8.37	1.4	67.7	-1.8	8.24	7.1	69.5	-1.5	12.35	4.0	11.88	9.5
湾里区	1.76	1.6	46.7	0.7	1.74	3.6	46.0	0.2	3.78	0.1	3.78	3.1
景德镇市	59.67	3.8	61.5	1.0	57.51	5.0	60.5	1.2	96.98	2.1	94.97	2.8
乐平市	31.19	3.6	61.6	0.9	30.12	5.0	60.7	1.1	50.60	2.1	49.57	3.0
昌江区	7.68	4.2	65.5	0.6	7.37	5.6	64.9	2.0	11.72	2.5	11.43	3.1
浮梁县	8.39	3.7	47.5	0.9	8.09	4.7	46.6	1.1	17.68	1.8	17.37	2.1
珠山区	12.41	4.0	73.1	1.4	11.93	4.9	71.7	1.2	16.98	2.3	16.60	2.9
萍乡市	67.60	4.5	64.5	2.7	64.70	2.4	61.8	0.9	104.80	1.1	103.69	0.8
安源区	14.20	4.6	62.9	2.5	13.58	3.2	60.4	1.4	22.57	1.3	22.29	0.9
莲花县	7.65	4.1	59.8	2.3	7.35	2.2	57.5	0.8	12.80	0.9	12.68	0.8
芦溪县	11.09	4.4	66.6	2.7	10.62	2.2	63.9	0.8	16.65	1.0	16.49	0.9
上栗县	16.60	4.5	65.7	2.7	15.88	2.1	63.0	1.1	25.25	1.1	24.97	0.6
湘东区	15.84	4.6	65.3	2.8	15.14	2.1	62.5	0.9	24.25	1.0	24.01	0.9
萍乡经济开发区	2.22	3.7	67.7	2.8	2.14	2.2	64.9	0.6	3.28	0.9	3.25	0.6
九江市	189.05	0.2	61.3	0.0	188.75	1.2	61.3	0.6	308.25	0.1	307.87	0.2
九江开发区	3.21	8.1	59.3	1.7	2.97	12.1	57.6	3.0	5.41	4.8	5.16	6.2
九江县	9.38	1.4	47.3	0.0	9.25	2.8	47.3	0.3	19.85	1.5	19.56	2.1
武宁县	8.58	4.6	48.2	1.6	8.20	8.6	46.6	3.6	17.80	1.1	17.60	0.2
修水县	16.30	2.3	43.1	0.3	15.93	1.0	42.8	0.1	37.82	1.5	37.26	0.8
永修县	8.67	1.6	49.3	0.2	8.53	11.8	49.1	4.7	17.58	1.2	17.37	1.1

续表

地区	非公有制经济就业人数（万人）								社会就业人数（万人）			
	2010 年				2009 年				2010 年		2009 年	
	绝对数	增长（%）	占当地社会就业总人数比重（%）	比重增减百分点	绝对数	增长（%）	占当地社会就业总人数比重（%）	比重增减百分点	绝对数	增长（%）	绝对数	增长（%）
德安县	3. 83	3. 2	49. 2	0. 3	3. 71	6. 6	48. 9	2. 5	7. 79	2. 8	7. 58	2. 3
星子县	5. 50	1. 3	49. 5	0. 2	5. 43	6. 5	49. 3	1. 9	11. 12	1. 0	11. 01	2. 4
都昌县	17. 88	-4. 8	50. 9	-1. 2	18. 79	0. 1	52. 1	0. 0	35. 14	-2. 6	36. 08	0. 2
湖口县	8. 26	3. 0	53. 8	0. 4	8. 02	8. 2	53. 4	1. 7	15. 36	2. 3	15. 02	4. 7
彭泽县	8. 20	5. 1	46. 9	2. 2	7. 80	16. 9	44. 7	6. 1	17. 48	0. 2	17. 44	1. 0
瑞昌市	13. 04	6. 9	51. 3	2. 1	12. 20	6. 8	49. 2	2. 0	25. 40	2. 4	24. 81	2. 5
新余市	35. 25	4. 4	48. 3	0. 7	33. 78	2. 9	47. 6	0. 0	73. 03	2. 9	70. 95	2. 9
分宜县	7. 13	4. 2	47. 5	0. 8	6. 84	2. 6	46. 7	0. 0	15. 02	2. 3	14. 64	2. 5
渝水区	28. 12	4. 4	48. 5	0. 7	26. 94	3. 0	47. 8	0. 0	58. 01	3. 0	56. 31	2. 9
鹰潭市	36. 42	4. 7	51. 4	0. 6	34. 77	2. 6	50. 8	0. 4	70. 87	3. 5	68. 48	1. 8
月湖区	6. 98	15. 8	50. 4	2. 8	6. 03	6. 5	47. 6	0. 2	13. 86	9. 3	12. 68	1. 1
贵溪市	18. 18	1. 5	52. 2	0. 1	17. 92	2. 2	52. 1	0. 6	34. 84	1. 2	34. 41	1. 0
余江县	11. 26	4. 1	50. 8	0. 2	10. 82	1. 2	50. 6	0. 2	22. 17	3. 7	21. 39	1. 0
赣州市	240. 18	8. 6	49. 9	1. 6	221. 14	5. 9	48. 3	1. 4	481. 41	5. 1	458. 02	2. 7
章贡区	13. 82	29. 4	57. 8	6. 0	10. 68	6. 9	51. 8	1. 4	23. 93	16. 0	20. 62	1. 2
赣县	16. 95	6. 0	49. 4	0. 5	15. 99	4. 6	48. 9	0. 2	34. 29	4. 9	32. 70	4. 2
信丰县	22. 53	7. 8	56. 5	1. 8	20. 90	4. 2	54. 7	1. 2	39. 88	4. 4	38. 21	1. 9
大余县	7. 09	6. 5	44. 7	0. 5	6. 66	5. 6	44. 2	1. 0	15. 86	5. 3	15. 07	3. 2
上犹县	9. 23	3. 1	54. 6	0. 6	8. 95	6. 9	54. 0	1. 5	16. 92	2. 0	16. 58	3. 9
崇义县	5. 36	4. 3	48. 5	0. 9	5. 14	3. 3	47. 6	0. 8	11. 05	2. 3	10. 80	1. 6
安远县	7. 50	6. 7	39. 8	1. 4	7. 03	2. 5	38. 4	0. 5	18. 83	2. 9	18. 30	1. 1
龙南县	11. 82	4. 8	56. 3	0. 5	11. 28	5. 9	55. 8	1. 1	20. 98	3. 8	20. 22	3. 8
定南县	5. 13	3. 0	41. 6	0. 1	4. 98	6. 9	41. 5	1. 2	12. 33	2. 6	12. 02	3. 9
全南县	5. 59	2. 4	56. 5	0. 1	5. 46	2. 5	56. 4	1. 0	9. 90	2. 3	9. 68	0. 7
宁都县	16. 76	6. 5	40. 6	0. 7	15. 73	4. 9	39. 9	0. 5	41. 32	4. 9	39. 39	3. 5
于都县	24. 10	7. 5	51. 6	1. 2	22. 42	6. 9	50. 4	1. 8	46. 72	5. 0	44. 51	3. 0
兴国县	21. 97	8. 7	49. 9	2. 0	20. 22	11. 8	47. 9	4. 5	44. 00	4. 3	42. 19	1. 4
会昌县	10. 51	4. 0	42. 6	0. 5	10. 11	4. 1	42. 1	1. 3	24. 69	2. 9	23. 99	0. 8
寻乌县	5. 18	5. 5	33. 1	0. 8	4. 91	3. 0	32. 3	0. 4	15. 65	3. 0	15. 19	1. 8
石城县	5. 58	5. 3	36. 9	1. 0	5. 30	6. 9	35. 9	1. 0	15. 11	2. 4	14. 76	3. 9
瑞金市	15. 46	10. 3	50. 5	2. 1	14. 01	3. 5	48. 4	0. 8	30. 62	5. 8	28. 94	1. 7
南康市	31. 38	13. 4	60. 6	2. 8	27. 66	6. 9	57. 8	1. 6	51. 75	8. 1	47. 86	3. 9

续表

地区	非公有制经济就业人数（万人）								社会就业人数（万人）			
	2010 年				2009 年				2010 年		2009 年	
	绝对数	增长（%）	占当地社会就业总人数比重（%）	比重增减百分点	绝对数	增长（%）	占当地社会就业总人数比重（%）	比重增减百分点	绝对数	增长（%）	绝对数	增长（%）
开发区	4.22	13.7	55.7	2.6	3.71	6.9	53.1	1.5	7.58	8.4	7.00	3.9
吉安市	104.51	3.5	40.4	0.8	100.95	5.1	39.6	1.6	258.68	1.1	255.89	1.4
吉州区	9.20	7.0	56.8	3.4	8.60	38.7	53.4	14.4	16.20	0.6	16.10	1.2
青原区	6.29	9.0	51.3	1.9	5.77	8.5	49.4	1.7	12.26	5.1	11.67	4.7
吉安县	10.01	0.2	40.7	-0.1	9.99	0.3	40.8	-3.4	24.58	0.3	24.50	4.0
吉水县	10.01	1.8	37.7	0.2	9.83	1.9	37.5	0.2	26.54	1.3	26.19	1.3
峡江县	4.26	1.7	43.4	0.2	4.19	3.0	43.2	0.6	9.81	1.1	9.70	1.6
新干县	5.65	27.0	36.9	6.5	4.45	11.8	30.4	3.4	15.30	4.5	14.64	0.3
永丰县	8.65	1.1	39.5	0.3	8.56	1.4	39.2	0.4	21.88	0.3	21.82	0.3
泰和县	7.68	3.9	31.1	0.7	7.39	4.4	30.4	0.6	24.73	1.6	24.33	2.4
遂川县	14.38	1.5	46.4	0.2	14.17	2.2	46.2	0.2	31.00	1.0	30.70	1.8
万安县	6.81	2.1	37.9	0.7	6.67	1.4	37.2	0.4	17.98	0.3	17.92	0.2
安福县	8.26	1.0	41.3	0.4	8.18	2.9	40.9	1.1	20.00	0.1	19.99	0.2
永新县	9.43	1.6	34.1	0.5	9.28	0.9	33.6	0.2	27.66	0.2	27.61	0.2
井岗山	3.88	0.3	36.1	0.0	3.87	1.6	36.1	0.5	10.74	0.2	10.72	0.2
宜春市	143.34	11.8	47.6	4.0	128.25	6.8	43.6	1.7	300.97	2.3	294.26	2.7
袁州区	28.67	20.5	44.3	6.8	23.80	17.2	37.5	4.7	64.78	2.0	63.50	2.6
丰城市	35.75	18.6	53.7	7.8	30.15	16.3	45.9	5.9	66.61	1.4	65.67	1.4
樟树市	13.91	5.2	42.4	1.2	13.22	15.8	41.2	4.5	32.79	2.1	32.11	3.2
高安市	22.98	4.6	54.7	1.2	21.97	5.8	53.5	1.4	42.03	2.3	41.10	3.1
奉新县	4.65	6.7	30.1	1.5	4.36	21.5	28.6	4.8	15.45	1.3	15.25	1.1
万载县	11.45	8.0	33.4	1.2	10.60	13.9	32.2	2.6	34.32	4.3	32.91	4.8
上高县	11.50	8.5	62.9	2.8	10.60	8.7	60.1	2.4	18.28	3.5	17.66	4.5
宜丰县	6.08	4.7	46.9	1.5	5.81	0.2	45.4	-0.5	12.96	1.3	12.79	1.3
靖安县	2.97	25.9	44.3	6.7	2.36	7.8	37.6	0.6	6.70	6.7	6.28	6.1
铜鼓县	5.38	0.0	76.3	-0.7	5.38	0.0	77.0	-0.7	7.05	0.9	6.99	0.9
抚州市	88.83	5.0	42.1	1.0	84.61	4.9	41.1	1.0	211.18	2.7	205.64	1.4
临川区	24.96	7.0	41.7	1.9	23.32	0.3	39.8	-0.7	59.92	2.4	58.54	1.2
南城县	6.83	4.9	40.2	1.0	6.51	4.7	39.2	0.6	16.99	2.3	16.61	2.3
黎川县	5.50	6.8	41.4	1.2	5.15	7.1	40.2	1.9	13.30	3.8	12.81	1.3
南丰县	6.43	6.8	41.8	1.8	6.02	3.6	40.0	0.2	15.38	2.3	15.04	2.2
崇仁县	7.88	6.1	43.3	0.8	7.43	5.2	42.5	1.4	18.18	4.0	17.48	1.2

续表

	非公有制经济就业人数（万人）								社会就业人数（万人）			
	2010 年				2009 年				2010 年		2009 年	
	绝对数	增长（%）	占当地社会就业总人数比重（%）	比重增减百分点	绝对数	增长（%）	占当地社会就业总人数比重（%）	比重增减百分点	绝对数	增长（%）	绝对数	增长（%）
乐安县	7.59	6.3	43.3	1.3	7.14	1.9	42.0	0.1	17.53	3.1	17.01	0.9
宜黄县	4.94	6.7	42.2	1.8	4.63	6.9	40.4	1.5	11.71	2.2	11.46	2.2
金溪县	6.59	5.4	42.7	1.4	6.25	5.2	41.3	1.5	15.44	2.0	15.13	0.8
资溪县	2.65	6.0	42.1	1.2	2.50	9.7	40.9	2.7	6.30	3.1	6.11	1.7
东乡县	9.02	5.5	42.7	1.4	8.55	4.5	41.3	1.0	21.11	2.0	20.69	1.1
广昌县	6.44	5.4	42.0	0.6	6.11	5.3	41.4	1.4	15.32	3.8	14.76	1.0
上饶市	182.23	10.5	46.1	3.0	164.95	6.3	43.1	2.1	395.69	3.3	383.06	3.6
信州区	11.48	14.8	55.0	3.4	9.99	7.4	51.6	2.0	20.86	7.8	19.35	5.3
上饶县	21.95	13.9	49.6	3.3	19.27	7.7	46.3	2.6	44.26	6.2	41.66	4.1
广丰县	20.64	8.7	43.9	2.8	18.99	11.0	41.1	3.4	47.00	1.7	46.21	4.6
玉山县	14.30	9.5	49.0	3.0	13.06	9.9	46.0	2.2	29.18	2.7	28.42	7.0
铅山县	12.31	19.1	47.5	2.6	10.33	9.0	44.9	2.8	24.73	7.4	23.03	4.6
横峰县	5.77	8.0	48.3	2.3	5.34	12.9	46.0	3.4	11.94	2.9	11.60	7.0
弋阳县	8.35	9.4	43.1	3.2	7.64	3.1	39.9	2.3	19.40	1.4	19.12	-0.3
余干县	22.57	7.9	42.5	2.9	20.91	-1.2	39.6	0.7	53.09	0.6	52.80	-0.5
鄱阳县	36.76	5.3	43.1	1.6	34.92	7.4	41.5	1.9	85.27	1.3	84.21	5.0
万年县	10.60	23.2	47.7	6.1	8.60	9.1	41.6	2.1	22.21	7.5	20.66	6.2
婺源县	8.70	5.3	45.2	3.6	8.26	4.5	41.6	-0.1	19.23	-3.2	19.87	7.3
德兴市	8.80	15.2	47.5	0.2	7.64	-3.0	47.3	2.8	18.52	14.6	16.15	-6.6

2010 年 1 ~12 月江西省工业园区主要经济指标表

指标名称	计量单位	今年本期	去年同期	增长（%）
园区实际开发面积	平方公里	505.21	408.05	23.81
完成基础设施投入	万元	3211241	2317624	38.56
招商签约资金	万元	39968712	29407478	35.91
其中：1 亿元以上项目的资金	万元	28579493	20434258	39.86
1000 万美元以上的资金	万美元	605581	424427	42.68
招商实际到位资金	万元	19735124	14252710	38.47
其中：省外资金	万元	12506683	10936442	14.36
境外资金	万美元	318642	207585	53.50
园区内工业企业数	个	8108	7936	2.17
工业增加值	万元	23098809	18995731	21.60
出口交货值	万元	9007272	6639593	35.66
主营业务收入	万元	98327211	68750672	43.02
利润总额	万元	5931863	3491781	69.88
税金总额	万元	3801146	2752774	38.08
从业人员	人	1644763	1398608	17.60
资产总额	万元	55776743	44937756	24.12
历史以来投资总额	万元	57351973	30612260	87.35
其中：本期工业固定资产投资	万元	23528472	14894266	57.97
投资强度	万元/亩	75.68	50.01	51.32
工业企业用电量	万千瓦时	3249257	2595875	25.17

注：截至 2010 年 12 月底，全省工业园区共有各类企业 12520 个，其中非工企业 1667 个，在建工业企业 2745 个。

2010年山东省乡镇企业经济运行指标月报表

2010年1～11月　　单位：亿元

经济指标	本月止累计	增幅（%）
增加值	10560	19.75
现价总产值	40619	20.74
工业销售产值	0	0.00
出口产品交货值	2986	21.03
营业收入	38903	21.25
利润总额	2865	22.78
上交税金	983	23.33
劳动者报酬	1267	16.31
▲固定资产投资完成额		
▲企业单位数（万个）		
▲期末从业人员数（万人）		

注：各市中小局上报数据（不含青岛）　表中还▲的指标、栏次按季度上报，其余月份免报

2010 年山东省规模以上

（省统计局数据）　　　　2010 年 1－12 月

指标名称	增加值					出口交货值				企业单位数		全部从业人员平均人数（万人）			
	中小企业		全部规模工业		占全部规模以上工业比重（%）	中小企业		全部规模工业		中小企业	全部工业	中小企业		全部规模工业	
	本月止累计	增减（%）	本月止累计	增减（%）		本月止累计	增减（%）	本月止累计	增减（%）	本月止累计（个）	本月止累计（个）	本月止累计	增减（%）	本月止累计	增减（%）
全省	14588	16.11	20730	15.00	70.37	4485	17.81	6966	21.28	46567	47010	703	6.78	929	6.26
济南	881	16.94	1265	14.37	69.70	71.3	32.63	174.5	46.38	2270	2288	33.9	4.19	43.1	3.79
青岛	2118	15.48	2798	16.05	75.68	1210.2	12.67	1733.0	12.76	5987	6037	94.3	0.52	116.6	-0.16
淄博	1388	17.29	1919	16.18	72.35	223.0	15.46	326.8	19.64	3407	3436	52.5	8.12	68.1	9.05
枣庄	707	13.48	825	12.15	85.76	58.1	3.62	59.5	4.36	1904	1912	39.8	7.05	47.4	5.82
东营	710	32.71	1735	14.21	40.93	111.3	164.36	191.3	77.71	920	939	13.7	9.40	31.1	5.07
烟台	1703	15.94	2382	16.12	71.48	780.5	18.15	1673.1	22.77	3784	3821	68.8	13.21	94.0	10.65
潍坊	1334	19.34	1809	15.38	73.72	386.2	23.05	568.0	29.4	5214	5258	69.4	4.26	88.0	5.94
济宁	646	15.92	1195	16.52	54.06	74.0	19.09	182.8	34.56	4144	4220	48.3	11.95	66.9	9.61
泰安	640	15.19	939	16.31	68.21	77.7	38.96	95.8	37.67	1683	1704	30.8	7.85	49.2	7.93
威海	943	8.97	1114	10.52	84.67	714.6	7.89	924.2	10.29	2086	2118	49.6	5.19	62.1	4.59
日照	495	19.20	624	16.24	79.37	200.5	13.52	225.8	16.93	1040	1072	16.6	0.90	18.7	1.05
莱芜	103	16.68	307	14.01	33.67	30.4	80.79	58.6	117.05	495	506	6.3	4.33	14.8	0.76
临沂	809	16.23	1098	16.44	73.73	163.4	17.57	194.9	22.84	4129	4154	54.9	10.69	67.3	11.11
德州	694	17.30	773	15.99	89.75	142.6	16.08	147.2	16.52	3458	3476	44.5	3.79	48.7	4.03
聊城	783	23.20	1072	18.11	73.02	61.2	31.44	97.9	33.96	2420	2437	27.2	9.08	37.6	7.33
滨州	501	17.73	920	16.61	54.45	66.7	15.87	198.3	31.03	1635	1650	22.0	10.23	39.7	9.36
菏泽	494	19.37	558	19.03	88.62	113.6	53.47	114.1	52.48	1990	1994	30.5	9.68	31.2	9.61

中小企业效益指标月报表

单位：亿元

主营业务收入				利润总额				利税总额				实交税金总额			
中小企业		全部规模工业		中小企业		全部规模工业		中小企业		全部规模工业		中小企业		全部规模工业	
本月止累计	增减（%）	本月止累计	增减（%）	本月止累计	增减（%）	本月止累计	增减（%）	本月止累计	增减（%）	本月止累计	增减（%）	本月止累计	增减（%）	本月止累计	增减（%）
62706	26.61	89168	26.81	4030	35.16	6040	37.58	6323	32.13	9690	34.09	1753	22.57	3359	26.71
2790	16.11	4764	21.26	189	8.03	263	12.44	313	9.62	516	12.01	125	23.17	218	18.04
7691	22.62	11377	23.37	431	27.20	609	33.92	830	30.65	1187	34.00	289	19.30	448	25.80
5864	31.22	7839	31.10	462	48.98	564	50.09	735	43.51	974	38.28	207	26.83	356	24.17
2728	23.35	3093	23.20	161	20.37	217	21.84	274	19.17	369	20.33	65	9.05	115	13.91
3537	47.03	6114	39.44	314	48.25	722	49.73	422	44.68	1160	55.62	84	40.77	474	54.27
7788	22.66	10967	22.14	506	38.63	857	39.03	774	37.39	1115	37.15	139	24.22	246	22.02
5603	32.92	7883	31.22	302	39.05	478	45.84	445	36.96	725	41.91	149	35.17	244	34.85
2661	26.06	4449	32.19	170	25.17	365	50.78	253	24.29	564	42.19	81	20.06	210	27.55
2779	30.25	3904	29.48	202	40.28	307	41.40	329	32.73	496	35.17	68	13.09	109	14.86
4326	11.27	5185	13.11	198	19.21	257	20.91	316	20.26	400	19.90	84	23.12	116	24.85
1677	26.03	2202	22.24	109	63.55	143	25.30	156	48.48	205	22.21	35	27.02	61	10.14
386	32.91	1631	25.17	19	37.54	57.8	8.6	27	21.98	96	3.69	11	3.07	57	2.28
3681	27.49	4920	28.34	205	30.34	281	34.81	306	30.23	410	31.72	78	26.05	117	27.65
3627	24.68	4059	23.41	232	26.80	254	24.39	428	20.30	470	19.12	126	-2.17	139	-2.19
3068	37.44	4190	32.47	190	42.92	275	36.89	291	39.33	402	34.92	76	42.02	109	42.68
2295	34.05	4269	36.12	85	45.56	239	57.36	157	26.47	362	42.08	61	27.35	126	49.07
2206	29.00	2513	28.30	165	54.35	189	72.25	266	50.41	306	60.72	72	34.73	90	40.75

2010年河南省中小企业主要经济指标统计表（分地区）

地区	企业单位数（个）		资产合计（亿元）		营业收入（亿元）		增加值合计（亿元）		税金总额（亿元）	
	中型	小型	中型	小型	中型	小型	中型	小型	中型	小型
合计	351569		16881		33658		10740		994	
郑州市	75885		2906		5058		2209		339	
开封市	18825		588		1775		458		28	
洛阳市	17201		1700		2009		700		100	
平顶山	31514		1353		2296		822		61	
安阳市	8089		1003		2768		718		86	
鹤壁市	4459		333		738		261		21	
新乡市	13002		1378		2139		640		38	
焦作市	11424		1021		1914		559		42	
濮阳市	12706		649		2068		586		33	
许昌市	24605		1394		2775		844		70	
漯河市	5021		513		848		219		13	
三门峡	2644		371		862		206		27	
南阳市	48773		1131		2446		822		45	
商丘市	29923		492		1188		340		15	
信阳市	15527		675		1463		479		13	
周口市	17795		655		1639		460		26	
驻马店	9689		510		955		263		14	
济源市	4487		209		717		154		23	

2010年河南省非公有制经济主要经济指标统计表（分地区）

地区	企业单位数（个）	资产合计（亿元）	营业收入（亿元）	增加值合计（亿元）	税金总额（亿元）
合计	395183	21249	33899	11124	1064
郑州市	78721	3239	5461	2535	373
开封市	18792	576	1769	457	28
洛阳市	22038	5994	2134	747	96
平顶山	32551	1311	2315	871	59
安阳市	8294	1035	2841	738	87
鹤壁市	8117	240	720	235	89
新乡市	16727	1395	2172	667	38
焦作市	11403	1014	1958	576	41
濮阳市	12635	637	2044	579	31
许昌市	30946	1333	2592	800	55
漯河市	5017	465	807	212	11
三门峡	6773	296	710	165	23
南阳市	51412	1228	2587	881	47
商丘市	29923	492	1188	340	15
信阳市	15628	580	1333	436	11
周口市	30355	664	1613	460	25
驻马店	11118	538	1036	280	14
济源市	4733	212	619	145	21

2010年河南省中小企业主要经济指标统计表（分行业）

行业代码	行业名称	企业单位数（个）		资产合计（亿元）		营业收入（亿元）		增加值合计（亿元）	
		中型	小型	中型	小型	中型	小型	中型	小型
0600	煤炭开采和洗选业	835				1210		443	
0700	石油和天然气开采业								
0800	黑色金属矿采选业	409				312		129	
0900	有色金属矿采选业	487				482		180	
1000	非金属矿采选业	757				558		207	
1100	其他采矿业	514				369		166	
1300	农副食品加工业	2382				1883		562	
1400	食品制造业	1087				740		225	
1500	饮料制造业	367				348		109	
1600	烟草制品业	28				18		5	
1700	纺织业	1087				977		302	
1800	纺织服装、鞋、帽制造业	592				335		109	
1900	皮革、毛皮、羽毛（绒）及其制品业	323				326		101	
2000	木材加工及木、竹、藤、棕、草制品业	783				389		133	
2100	家具制造业	450				146		49	
2200	造纸及纸制品业	377				557		151	
2300	印刷业和记录媒介的复制	211				116		39	
2400	文教体育用品制造业	49				26		10	
2500	石油加工、炼焦及核燃料加工业	180				447		163	
2600	化学原料及化学制品制造业	882				1093		282	
2700	医药制造业	331				302		110	
2800	化学纤维制造业	186				282		76	
2900	橡胶制品业	204				141		47	
3000	塑料制品业	497				366		115	
3100	非金属矿物制品业	1716				1522		469	
3200	黑色金属冶炼及压延加工业	509				1148		330	
3300	有色金属冶炼及压延加工业	2406				1120		337	
3400	金属制品业	1086				717		206	
3500	通用设备制造业	1576				1222		356	
3600	专用设备制造业	894				629		181	
3700	交通运输设备制造业	416				489		142	
3900	电气机械及器材制造业	555				638		198	
4000	通信设备、计算机及其他电子设备制造业	302				160		38	
4100	仪器仪表及文化、办公用机械制造业	253				131		49	
4200	工艺品及其他制造业	1152				745		230	
4300	废弃资源和废旧材料回收加工业	127				70		21	
4400	电力、热力的生产和供应业	121				338		70	
4500	燃气生产和供应业	29				29		8	
4600	水的生产和供应业	100				66		20	

2010 年湖北省 1～12 月规模以上中小企业主要指标(分地区)

地址码	地址名称	企业单位数	亏损企业			应收帐款			存货			产成品		
		本月止累计(个)	本月止累计(个)	去年同期(个)	增减(%)	本月止累计(亿元)	去年同期(亿元)	增减(%)	本月止累计(亿元)	去年同期(亿元)	增减(%)	本月止累计(亿元)	去年同期(亿元)	增减(%)
420000	湖北	15767	1730	1957	-11.60	1103.56	856.79	28.80	1238.14	831.73	48.86	586.07	460.09	27.38
420100	武汉	2775	601	696	-13.65	437.13	336.22	30.01	362.94	254.27	42.74	147.23	120.57	22.11
420200	黄石	696	113	114	-0.88	53.54	38.90	37.63	59.63	41.62	43.27	29.47	24.59	19.85
420300	十堰	909	151	170	-11.18	80.25	63.13	27.12	65.36	49.08	33.17	35.68	33.35	6.99
420500	宜昌	1241	116	125	-7.20	88.74	78.35	13.26	134.12	85.89	56.15	61.34	44.06	39.22
420600	襄阳	1537	146	162	-9.88	97.64	60.69	60.88	134.35	80.50	66.89	68.15	47.29	44.11
420700	鄂州	508	23	8	187.50	20.55	11.47	79.16	20.71	13.27	56.07	10.86	7.08	53.39
420800	荆门	1165	89	78	14.10	32.76	24.67	32.79	75.64	40.14	88.44	39.23	23.50	66.94
420900	孝感	1195	77	88	-12.50	53.67	48.25	11.23	62.15	43.72	42.15	24.54	22.43	9.41
421000	荆州	1222	117	174	-32.76	76.42	69.06	10.66	102.36	80.03	27.90	51.12	49.18	3.94
421100	黄冈	1577	102	129	-20.93	48.86	41.56	17.56	66.39	39.79	66.85	38.40	26.24	46.34
421200	咸宁	801	78	100	-22.00	34.38	22.79	50.86	44.36	33.90	30.86	20.76	16.81	23.50
421300	随州	592	28	18	55.56	31.54	21.65	45.68	38.26	20.99	82.28	20.57	14.16	45.27
422800	恩施	556	47	58	-18.97	10.37	7.88	31.60	11.42	6.72	69.94	5.88	4.99	17.84
429004	仙桃	406	19	19	0.00	17.70	13.33	32.78	22.33	16.41	36.08	11.14	10.20	9.22
429005	潜江	274	11	12	-8.33	9.74	8.03	21.30	15.30	11.33	35.04	9.91	5.88	68.54
429006	天门	295	4	1	300.00	10.09	10.11	-0.20	21.67	13.03	66.31	10.91	8.99	21.36
429021	林区	18	8	5	60.00	0.18	0.70	-74.29	1.16	1.03	12.62	0.90	0.77	16.88

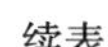

续表

地址码	地址名称	流动资产合计			资产合计			负债合计		
		本月止累计（亿元）	去年同期（亿元）	增减（%）	本月止累计（亿元）	去年同期（亿元）	增减（%）	本月止累计（亿元）	去年同期（亿元）	增减（%）
420000	湖北	4828.34	3680.12	31.20	9751.97	7527.98	29.54	5673.75	4432.60	28.00
420100	武汉	1627.67	1201.32	35.49	2870.53	2276.70	26.08	1717.95	1388.87	23.69
420200	黄石	231.96	173.41	33.76	476.64	411.35	15.87	311.80	255.21	22.17
420300	十堰	252.12	178.10	41.56	432.23	339.02	27.49	291.78	241.30	20.92
420500	宜昌	602.13	554.38	8.61	1365.93	1032.19	32.33	862.58	658.59	30.97
420600	襄阳	430.79	277.70	55.13	776.58	549.46	41.34	457.17	323.63	41.26
420700	鄂州	91.96	63.67	44.43	236.38	148.54	59.14	137.49	83.39	64.88
420800	荆门	199.84	137.30	45.55	439.23	371.93	18.09	230.64	199.49	15.61
420900	孝感	216.10	170.73	26.57	520.48	405.28	28.42	243.56	199.36	22.17
421000	荆州	314.49	240.06	31.00	590.79	443.97	33.07	339.08	243.45	39.28
421100	黄冈	201.83	137.80	46.47	512.30	370.69	38.20	249.54	203.74	22.48
421200	咸宁	168.41	116.42	44.66	342.25	266.25	28.54	161.89	125.93	28.56
421300	随州	133.65	83.35	60.35	251.05	157.00	59.90	128.60	81.65	57.50
422800	恩施	68.75	150.65	-54.36	354.67	329.89	7.51	229.81	218.64	5.11
429004	仙桃	82.59	64.33	28.38	151.26	137.96	16.89	86.54	71.44	21.14
429005	潜江	80.44	57.66	39.51	165.08	129.85	27.13	83.75	56.23	48.94
429006	天门	110.89	65.62	68.99	225.39	131.94	70.83	116.36	61.95	87.83
429021	林区	14.73	7.63	93.05	31.19	25.97	20.10	25.21	19.72	27.84

续表

地址码	地址名称	主营业务收入			主营业务成本			主营业务税金及附加		
		本月止累计(亿元)	去年同期（亿元）	增减(%)	本月止累计(亿元)	去年同期（亿元）	增减(%)	本月止累计(亿元)	去年同期（亿元）	增减(%)
420000	湖北	12617. 30	8541. 09	47. 72	10735. 66	7255. 02	47. 98	106. 65	76. 57	39. 28
420100	武汉	2792. 56	2030. 94	37. 50	2335. 43	1677. 63	39. 21	14. 93	12. 73	17. 28
420200	黄石	674. 05	480. 85	40. 18	606. 64	423. 65	43. 19	3. 70	2. 99	23. 75
420300	十堰	568. 71	404. 74	40. 51	504. 21	353. 79	42. 52	2. 56	1. 92	33. 33
420500	宜昌	1322. 11	876. 37	50. 86	1110. 37	746. 84	48. 68	13. 91	8. 60	61. 74
420600	襄阳	1303. 79	745. 11	74. 98	1132. 80	649. 42	74. 43	8. 68	6. 54	32. 72
420700	鄂州	477. 68	315. 96	51. 18	433. 27	279. 24	55. 16	2. 90	2. 33	24. 46
420800	荆门	801. 22	566. 94	41. 32	687. 28	487. 45	40. 99	9. 19	6. 76	35. 95
420900	孝感	899. 24	593. 56	51. 50	740. 07	488. 84	51. 39	16. 87	13. 00	29. 77
421000	荆州	753. 99	528. 81	42. 58	649. 55	445. 73	45. 73	4. 88	4. 08	19. 61
421100	黄冈	741. 84	502. 82	47. 54	628. 72	438. 03	43. 53	7. 50	5. 04	48. 81
421200	咸宁	580. 55	381. 33	52. 24	491. 86	324. 79	51. 44	4. 01	3. 03	32. 34
421300	随州	487. 33	286. 04	70. 37	411. 18	244. 14	68. 42	4. 21	2. 81	49. 82
422800	恩施	176. 73	119. 68	47. 67	139. 90	93. 58	49. 50	1. 88	1. 35	39. 26
429004	仙桃	423. 41	308. 82	37. 11	342. 85	257. 41	33. 19	3. 59	1. 37	162. 04
429005	潜江	310. 52	199. 12	55. 95	277. 68	178. 58	55. 49	5. 32	2. 31	130. 30
429006	天门	296. 03	194. 80	51. 97	239. 07	162. 68	46. 96	2. 06	1. 50	37. 33
429021	林区	7. 53	5. 19	45. 09	4. 79	3. 23	48. 30	0. 46	0. 19	142. 11

续表

地址码	地址名称	营业费用			管理费用			财务费用		
		本月止累计(亿元)	去年同期(亿元)	增减(%)	本月止累计(亿元)	去年同期(亿元)	增减(%)	本月止累计(亿元)	去年同期(亿元)	增减(%)
420000	湖北	383.27	268.80	42.59	466.94	338.50	37.94	163.26	116.75	39.84
420100	武汉	99.94	70.06	42.65	128.70	97.42	32.11	27.71	24.92	11.20
420200	黄石	11.80	10.19	15.80	21.33	18.45	15.61	7.31	5.90	23.90
420300	十堰	11.62	9.94	16.90	22.25	15.82	40.64	4.88	4.06	20.20
420500	宜昌	41.13	27.34	50.44	52.04	39.21	32.72	25.46	18.94	34.42
420600	襄阳	26.96	17.69	52.40	35.81	25.44	40.76	12.36	7.60	62.63
420700	鄂州	4.64	3.01	54.15	6.82	4.12	65.53	5.40	0.95	468.42
420800	荆门	23.95	18.56	29.04	25.27	18.64	35.57	8.17	5.73	42.58
420900	孝感	29.49	18.52	59.23	35.26	23.96	47.16	12.56	9.70	29.48
421000	荆州	30.72	25.00	22.88	27.59	21.06	31.01	7.75	4.99	55.31
421100	黄冈	19.77	13.82	43.05	19.90	13.75	44.73	14.19	6.56	116.31
421200	咸宁	16.09	10.11	59.15	17.94	12.95	38.53	6.38	4.69	36.03
421300	随州	23.96	14.26	68.02	18.62	11.23	65.81	7.18	4.16	72.60
422800	恩施	4.51	3.34	35.03	9.46	7.55	25.30	8.63	8.77	-1.60
429004	仙桃	20.95	15.71	33.35	21.24	13.22	60.67	4.74	3.96	19.70
429005	潜江	5.30	3.91	35.55	5.77	4.51	27.94	2.76	1.99	38.69
429006	天门	11.99	7.21	66.30	18.16	10.67	70.20	7.28	3.42	112.87
429021	林区	0.45	0.12	275.00	0.79	0.50	58.00	0.51	0.45	13.33

续表

地址码	地址名称	利息支出			利润总额			亏损企业亏损总额		
		本月止累计(亿元)	去年同期(亿元)	增减(%)	本月止累计(亿元)	去年同期(亿元)	增减(%)	本月止累计(亿元)	去年同期(亿元)	增减(%)
420000	湖北	120.22	87.60	37.24	645.86	385.64	67.48	54.03	55.78	-3.14
420100	武汉	19.58	15.60	25.51	146.96	86.87	69.17	22.66	27.46	-17.48
420200	黄石	4.98	3.24	53.70	24.58	19.35	27.03	3.78	3.34	13.17
420300	十堰	4.11	3.53	16.43	27.06	11.21	141.39	2.26	1.78	26.97
420500	宜昌	22.10	16.71	32.26	76.86	49.59	54.99	4.72	4.85	-2.68
420600	襄阳	10.23	6.11	67.43	58.88	32.53	81.00	3.15	3.33	-5.41
420700	鄂州	2.69	0.99	171.72	12.86	10.56	21.78	3.59	0.41	775.61
420800	荆门	6.68	4.69	42.43	46.92	27.67	69.57	1.86	1.68	10.71
420900	孝感	5.94	4.66	27.47	44.41	28.34	56.70	2.06	2.65	-22.26
421000	荆州	5.85	3.63	61.16	33.84	21.31	58.80	3.57	3.02	18.21
421100	黄冈	6.84	5.34	28.09	33.73	19.74	70.87	1.75	1.79	-2.23
421200	咸宁	5.60	4.21	33.02	38.18	23.37	63.37	0.88	1.08	-18.52
421300	随州	4.30	2.15	100.00	28.96	12.92	124.15	0.78	0.46	69.57
422800	恩施	7.87	8.24	-4.49	9.74	5.00	94.80	0.81	1.41	-42.55
429004	仙桃	4.39	3.54	24.01	33.75	21.04	60.41	1.14	1.47	-22.45
429005	潜江	1.93	1.82	6.04	10.89	6.82	59.68	0.53	0.90	-41.11
429006	天门	6.80	2.85	138.60	17.78	8.90	99.78	0.07	0.01	600.00
429021	林区	0.32	0.29	10.34	0.46	0.42	9.52	0.42	0.16	162.50

续表

地址码	地址名称	税金总额			应交增值税			全部从业人员平均人数		
		本月止累计(亿元)	去年同期(亿元)	增减(%)	本月止累计(亿元)	去年同期(亿元)	增减(%)	本月止累计(亿元)	去年同期(亿元)	增减(%)
420000	湖北	391.01	285.89	36.77	284.36	209.32	35.85	208.85	185.44	12.62
420100	武汉	67.31	56.29	19.58	52.38	43.56	20.25	43.67	40.19	8.66
420200	黄石	15.95	14.62	9.10	12.26	11.62	5.51	9.74	9.20	5.85
420300	十堰	16.08	11.78	36.50	13.52	9.86	37.12	9.87	9.01	9.57
420500	宜昌	48.02	36.68	30.92	34.10	28.08	21.44	18.63	15.70	18.65
420600	襄阳	33.66	21.63	55.62	24.98	15.08	65.65	19.23	16.79	14.52
420700	鄂州	20.40	13.78	48.04	17.50	11.45	52.84	5.44	4.56	19.22
420800	荆门	24.16	16.29	48.31	14.97	9.53	57.08	11.94	10.63	12.38
420900	孝感	40.24	27.81	44.70	23.37	14.81	57.80	16.98	15.39	10.36
421000	荆州	20.01	16.53	21.05	15.13	12.45	21.53	14.78	13.56	9.00
421100	黄冈	23.41	17.90	30.78	15.90	12.86	23.64	17.45	14.65	19.10
421200	咸宁	16.29	12.15	34.07	12.28	9.12	34.65	9.71	8.73	11.27
421300	随州	17.03	9.79	73.95	12.81	6.98	83.52	7.59	6.25	21.38
422800	恩施	9.13	7.47	22.22	7.25	6.11	18.66	4.88	4.20	16.33
429004	仙桃	17.90	11.25	59.11	14.32	9.88	44.94	7.91	7.66	3.34
429005	潜江	8.06	5.29	52.36	2.74	2.98	-8.05	4.50	4.34	3.53
429006	天门	12.30	5.63	118.47	10.24	4.14	147.34	6.41	4.44	44.28
429021	林区	1.07	0.99	8.08	0.61	0.79	-22.78	0.11	0.14	-19.48

2010年湖北省1～12月规模以上中小企业主要指标（分行业大类）

行业名称	企业单位数	亏损企业			应收帐款			存货			其中：产成品		
	本月止累计（个）	本月止累计（个）	去年同期（个）	增减（%）	本月止累计（亿元）	去年同期（亿元）	增减（%）	本月止累计（亿元）	去年同期（亿元）	增减（%）	本月止累计（亿元）	去年同期（亿元）	增减（%）
总计	15767	1730	1957	-11.60	1103.56	856.79	28.80	1238.14	831.73	48.86	586.07	460.09	27.38
06 煤炭开采和洗选业	252	19	36	-47.22	1.49	1.14	30.70	1.42	1.25	13.60	0.90	1.11	-18.92
07 石油和天然气开采业	5	1	0	-100.00	0.08	0.01	700.00	0.12	0.09	33.33	0.08	0.08	0.00
08 黑色金属矿采选业	181	12	18	-33.33	3.87	3.08	25.65	6.08	2.83	114.84	4.59	2.64	73.86
09 有色金属矿采选业	65	6	8	-25.00	3.31	3.66	-9.56	2.46	1.94	26.80	1.35	1.44	-6.25
10 非金属矿采选业	546	33	32	3.13	14.96	12.04	24.25	10.92	9.68	12.81	7.41	8.24	-10.07
11 其他采矿业	11	1	0	-100.00	0.74	0.02	3600.00	0.06	0.01	500.00	0.05	0.01	400.00
13 农副食品加工业	1662	71	96	-26.04	41.23	29.11	41.64	129.01	76.26	69.17	73.10	49.56	47.50
14 食品制造业	383	30	32	-6.25	22.58	14.29	58.01	28.75	21.42	34.22	16.39	14.49	13.11
15 饮料制造业	441	26	20	30.00	13.36	20.29	-34.15	31.44	22.24	41.37	12.68	10.62	19.40
16 烟草制品业	9	0	0	-100.00	1.74	1.76	-1.14	2.14	1.22	75.41	1.72	1.12	53.57
17 纺织业	1100	111	162	-31.48	33.15	28.28	17.22	85.17	60.49	40.80	38.05	36.82	3.34
18 纺织服装、鞋、帽制造业	592	61	76	-19.74	18.19	14.98	21.43	25.20	18.86	33.62	15.69	14.12	11.12
19 皮革、毛皮、羽毛（绒）及其制品业	66	14	9	55.56	2.36	0.92	156.52	3.57	2.15	66.05	2.14	1.34	59.70
20 木材加工及木、竹、藤、棕、草制品业	281	18	26	-30.77	4.56	3.91	16.62	11.97	7.77	54.05	5.68	4.83	17.60
21 家具制造业	102	9	8	12.50	1.64	1.34	22.39	2.89	1.73	67.05	1.32	1.09	21.10
22 造纸及纸制品业	293	39	43	-9.30	15.77	12.91	22.15	16.78	11.41	47.06	6.92	5.58	24.01
23 印刷业和记录媒介的复制	229	34	33	3.03	14.35	10.28	39.59	15.90	11.74	35.43	8.81	8.64	1.97
24 文教体育用品制造业	27	3	3	0.00	1.37	1.24	10.48	2.21	1.39	58.99	1.10	0.48	129.17
25 石油加工、炼焦及核燃料加工业	46	8	7	14.29	4.57	3.50	30.57	10.98	9.53	15.22	6.60	2.77	138.27
26 化学原料及化学制品制造业	1105	130	147	-11.56	50.88	51.56	-1.32	88.28	55.59	58.81	38.99	30.07	29.66
27 医药制造业	353	56	56	0.00	27.71	25.14	10.22	37.46	29.45	27.20	20.58	16.54	24.43
28 化学纤维制造业	18	2	2	0.00	1.44	0.79	82.28	4.12	3.52	17.05	1.83	2.17	-15.67

29 橡胶制品业	103	10	12	−16. 67	9. 60	6. 46	48. 61	7. 34	6. 25	17. 44	3. 74	2. 66	40. 60
30 塑料制品业	590	70	62	12. 90	29. 48	21. 37	37. 95	36. 17	28. 52	26. 82	20. 47	19. 25	6. 34
31 非金属矿物制品业	1840	166	165	0. 61	65. 13	45. 42	43. 39	69. 59	47. 83	45. 49	35. 51	27. 34	29. 88
32 黑色金属冶炼及压延加工业	179	22	36	−38. 89	21. 14	16. 66	26. 89	43. 37	27. 37	58. 46	16. 41	11. 87	38. 25
33 有色金属冶炼及压延加工业	181	25	27	−7. 41	21. 76	18. 54	17. 37	24. 56	15. 36	59. 90	13. 46	10. 94	23. 03
34 金属制品业	657	78	80	−2. 50	44. 26	32. 64	35. 60	63. 50	39. 63	60. 23	26. 16	20. 53	27. 42
35 通用设备制造业	987	132	139	−5. 04	81. 15	62. 17	30. 53	88. 35	55. 65	58. 76	35. 63	26. 61	33. 90
36 专用设备制造业	634	95	110	−13. 64	52. 21	40. 20	29. 88	44. 33	34. 53	28. 38	19. 04	13. 59	40. 10
37 交通运输设备制造业	1342	188	206	−8. 74	248. 30	183. 56	35. 27	185. 02	117. 34	57. 68	86. 66	65. 96	31. 38
39 电气机械及器材制造业	546	71	75	−5. 33	92. 25	66. 24	39. 27	68. 18	43. 57	56. 48	27. 51	21. 39	28. 61
40 通信设备、计算机及其他电子设备制造业	271	45	59	−23. 73	56. 77	39. 30	44. 45	47. 07	31. 20	50. 87	19. 66	12. 88	52. 64
41 仪器仪表及文化、办公用机械制造业	155	33	50	−34. 00	34. 62	15. 33	125. 83	17. 28	12. 95	33. 44	9. 30	7. 69	20. 94
42 工艺品及其他制造业	121	8	11	−27. 27	8. 14	6. 02	35. 22	16. 34	13. 99	16. 80	3. 69	2. 57	43. 58
43 废弃资源和废旧材料回收加工业	31	4	7	−42. 86	3. 13	2. 57	21. 79	1. 29	1. 27	1. 57	0. 80	0. 55	45. 45
44 电力、热力的生产和供应业	207	51	52	−1. 92	46. 24	51. 80	−10. 73	5. 22	2. 89	80. 62	0. 20	0. 19	5. 26
45 燃气生产和供应业	43	4	7	−42. 86	5. 00	4. 12	21. 36	2. 39	2. 24	6. 70	1. 50	2. 08	−27. 88
46 水的生产和供应业	113	44	45	−2. 22	5. 01	4. 09	22. 49	1. 24	0. 58	113. 79	0. 36	0. 21	71. 43

续表

行业名称	流动资产合计			资产合计			负债合计			主营业务收入		
	本月止累计(亿元)	去年同期(亿元)	增减(%)	本月止累计(亿元)	去年同期(亿元)	增减(%)	本月止累计(亿元)	去年同期(亿元)	增减(%)	本月止累计(亿元)	去年同期(亿元)	增减(%)
总计	4828.34	3680.12	31.20	9751.97	7527.98	29.54	5673.75	4432.60	28.00	12617.30	8541.09	47.72
06 煤炭开采和洗选业	12.80	9.50	34.74	40.26	35.70	12.77	19.68	18.30	7.54	57.38	46.61	23.11
07 石油和天然气开采业	13.58	9.13	48.74	19.52	16.07	21.47	4.48	3.48	28.74	8.74	6.87	27.22
08 黑色金属矿采选业	23.26	15.43	50.75	49.40	39.33	25.60	23.38	19.31	21.08	185.25	131.89	40.46
09 有色金属矿采选业	13.60	16.79	-19.00	33.53	36.86	-9.03	16.58	23.15	-28.38	49.36	35.05	40.83
10 非金属矿采选业	85.52	55.62	53.76	167.56	120.60	38.94	98.87	68.90	43.50	225.62	138.93	62.40
11 其他采矿业	1.63	0.55	196.36	3.12	0.93	235.48	1.46	0.23	534.78	5.14	3.11	65.27
13 农副食品加工业	306.29	199.85	53.26	578.71	407.55	42.00	310.90	194.66	59.71	1434.84	955.51	50.16
14 食品制造业	88.00	62.52	40.75	200.18	150.66	32.87	99.50	78.85	26.19	353.23	233.36	51.37
15 饮料制造业	114.71	84.34	36.01	237.29	187.77	26.37	136.86	115.61	18.38	319.25	226.05	41.23
16 烟草制品业	8.42	5.31	58.57	15.20	11.63	30.70	3.67	4.06	-9.61	8.25	7.44	10.89
17 纺织业	210.50	164.32	28.10	473.48	352.10	34.47	234.97	181.89	29.18	839.55	582.28	44.18
18 纺织服装、鞋、帽制造业	96.55	67.11	43.87	197.07	147.87	33.27	108.29	76.13	42.24	366.52	247.21	48.26
19 皮革、毛皮、羽毛(绒)及其制品业	8.69	5.76	50.87	14.18	9.55	48.48	7.74	5.34	44.94	24.57	16.09	52.70
20 木材加工及木、竹、藤、棕、草制品业	34.96	26.30	32.93	82.93	64.54	28.49	44.36	26.00	70.62	132.26	87.31	51.48
21 家具制造业	11.53	8.25	39.76	23.01	17.64	30.44	11.14	9.10	22.42	29.74	20.15	47.59
22 造纸及纸制品业	69.34	52.67	31.65	134.27	105.05	27.82	74.49	57.64	29.23	217.41	154.70	40.54
23 印刷业和记录媒介的复制	53.23	39.04	36.35	96.77	81.10	19.32	52.99	45.73	15.88	113.64	84.78	34.04
24 文教体育用品制造业	7.23	5.50	31.45	12.43	10.67	16.49	7.00	5.97	17.25	12.89	9.00	43.22
25 石油加工、炼焦及核燃料加工业	31.64	26.06	21.41	63.15	49.79	26.83	37.88	31.82	19.04	116.10	76.22	52.32
26 化学原料及化学制品制造业	362.09	248.44	45.75	696.00	538.59	29.23	414.15	306.73	35.02	1057.69	742.66	42.42
27 医药制造业	178.63	138.69	28.80	356.91	294.34	21.26	166.40	136.85	21.59	365.88	272.04	34.49
28 化学纤维制造业	12.91	11.18	15.47	34.83	34.73	0.29	14.98	13.79	8.63	28.89	19.47	48.38
29 橡胶制品业	27.03	20.01	35.08	47.67	38.52	23.75	30.30	26.74	13.31	83.18	57.18	45.47
30 塑料制品业	117.19	88.44	32.51	215.84	169.27	27.51	106.33	79.50	33.75	319.80	225.05	42.10

31 非金属矿物制品业	287.26	212.06	35.46	744.62	561.69	32.57	402.17	319.76	25.77	913.99	593.85	53.91
32 黑色金属冶炼及压延加工业	168.27	97.34	72.87	338.67	208.55	32.39	199.13	124.20	60.33	492.63	275.41	78.87
33 有色金属冶炼及压延加工业	82.04	58.86	39.38	161.52	123.55	30.73	91.73	68.58	33.76	354.84	226.91	56.38
34 金属制品业	182.35	123.01	48.24	307.32	218.14	40.88	187.27	129.71	44.38	416.13	270.66	53.75
35 通用设备制造业	317.07	248.86	27.41	506.91	405.29	25.07	315.41	252.32	25.00	575.48	395.80	45.40
36 专用设备制造业	195.38	148.34	31.71	298.67	225.40	32.51	177.22	141.24	25.47	303.17	193.84	56.40
37 交通运输设备制造业	726.72	504.29	44.11	1102.61	810.52	36.04	692.93	523.32	32.41	1417.84	943.16	50.33
39 电气机械及器材制造业	277.84	185.24	49.99	521.06	375.65	38.71	310.44	214.82	44.51	545.46	348.16	56.67
40 通信设备、计算机及其他电子设备制造业	231.34	138.08	67.54	379.54	220.14	72.41	180.22	84.02	114.50	257.31	171.07	50.41
41 仪器仪表及文化、办公用机械制造业	115.24	80.97	42.32	173.61	112.55	54.25	83.66	63.05	32.69	123.07	75.95	62.04
42 工艺品及其他制造业	37.15	28.58	29.99	57.29	49.15	16.56	31.63	27.42	15.35	79.76	58.10	37.28
43 废弃资源和废旧材料回收加工业	14.07	9.96	41.27	23.15	15.38	50.52	12.56	9.78	28.43	46.08	26.15	76.21
44 电力、热力的生产和供应业	207.87	405.03	-48.68	1104.22	1072.41	2.97	828.37	827.50	0.11	604.35	505.26	19.61
45 燃气生产和供应业	27.97	19.81	41.19	84.45	70.85	19.20	57.44	48.63	18.12	46.77	38.23	22.34
46 水的生产和供应业	68.44	58.90	16.20	155.03	137.87	12.45	77.13	68.46	12.66	85.23	39.59	115.28

续表

行业名称	主营业务成本			主营业务税金及附加			营业费用			管理费用		
	本月止累计(亿元)	去年同期(亿元)	增减(%)	本月止累计(亿元)	去年同期(亿元)	增减(%)	本月止累计(亿元)	去年同期(亿元)	增减(%)	本月止累计(亿元)	去年同期(亿元)	增减(%)
总计	10735. 66	7255. 02	47. 98	106. C5	76. 57	39. 28	383. 27	268. 80	42. 59	466. 94	338. 50	37. 94
06 煤炭开采和洗选业	44. 41	36. 68	21. 07	1. 54	1. 15	33. 91	1. 30	1. 00	30. 00	4. 72	3. 56	32. 58
07 石油和天然气开采业	6. 40	5. 06	26. 48	0. 06	0. 01	500. 00	0. 00	0. 00	-100. 00	0. 00	0. 0i	-100. 00
08 黑色金属矿采选业	163. 47	114. 52	42. 74	1. 70	1. 13	50. 44	2. 39	1. 84	29. 89	3. 23	2. 27	42. 29
09 有色金属矿采选业	33. 22	22. 67	46. 54	0. 67	0. 53	26. 42	0. 68	0. 42	61. 90	3. 80	3. 61	5. 26
10 非金属矿采选业	167. 94	102. 39	64. 02	7. 17	5. 15	39. 22	9. 29	5. 44	70. 77	13. 31	9. 24	44. 05
11 其他采矿业	4. 20	2. 59	62. 16	0. 22	0. 12	83. 33	0. 26	0. 07	271. 43	0. 20	0. 08	150. 00
13 农副食品加工业	1270. 91	842. 88	50. 78	9. 10	6. 99	30. 19	36. 27	24. 64	47. 20	30. 63	20. 52	49. 27
14 食品制造业	286. 89	189. 31	51. 55	3. 73	2. 36	58. 05	21. 18	15. 97	32. 62	14. 32	8. 74	63. 84
15 饮料制造业	230. 55	164. 45	40. 19	7. 33	5. 70	28. 60	35. 09	23. 05	52. 23	13. 74	9. 59	43. 27
16 烟草制品业	5. 00	4. 66	7. 30	0. 11	0. 08	37. 50	0. 24	0. 18	33. 33	0. 74	0. 95	-22. 11
17 纺织业	736. 64	522. 87	40. 88	9. 77	7. 40	32. 03	17. 77	12. 46	42. 62	25. 87	17. 49	47. 91
18 纺织服装、鞋、帽制造业	310. 06	210. 60	47. 23	2. 83	1. 99	42. 21	12. 85	8. 24	55. 95	16. 02	10. 55	51. 85
19 皮革、毛皮、羽毛(绒)及其制品业	21. 16	13. 55	56. 16	0. 19	0. 17	11. 76	0. 70	0. 46	52. 17	1. 07	0. 71	50. 70
20 木材加工及木、竹、藤、棕、草制品业	110. 73	74. 16	49. 31	1. 40	0. 89	57. 30	4. 17	3. 28	27. 13	4. 72	3. 45	36. 81
21 家具制造业	23. 35	15. 63	49. 39	0. 22	0. 17	29. 41	1. 48	1. 30	13. 85	1. 86	1. 24	50. 00
22 造纸及纸制品业	189. 35	135. 47	39. 77	1. 70	1. 45	17. 24	6. 46	4. 72	36. 86	6. 01	4. 61	30. 37
23 印刷业和记录媒介的复制	91. 54	68. 10	34. 42	0. 78	0. 56	39. 29	3. 50	2. 47	41. 70	6. 82	5. 64	20. 92
24 文教体育用品制造业	10. 62	7. 04	50. 85	0. 10	0. 08	25. 00	0. 37	0. 54	-31. 48	0. 72	0. 76	-5. 26
25 石油加工、炼焦及核燃料加工业	107. 14	68. 58	56. 23	3. 21	1. 30	146. 92	1. 32	1. 24	6. 45	1. 70	1. 58	7. 59
26 化学原料及化学制品制造业	913. 13	651. 52	40. 15	9. 34	4. 50	107. 56	36. 31	27. 08	34. 08	35. 24	26. 99	30. 57
27 医药制造业	285. 86	211. 59	35. 10	1. 96	1. 59	23. 27	23. 46	19. 00	23. 47	21. 84	17. 44	25. 23
28 化学纤维制造业	26. 78	17. 54	52. 68	0. 07	0. 05	40. 00	0. 47	0. 35	34. 29	1. 00	1. 11	-9. 91
29 橡胶制品业	71. 04	48. 69	45. 90	0. 67	0. 51	31. 37	2. 74	1. 97	39. 09	3. 71	2. 86	29. 72
30 塑料制品业	270. 62	191. 25	41. 50	3. 23	2. 50	29. 20	11. 49	7. 13	61. 15	12. 30	8. 05	52. 80

31 非金属矿物制品业	767.30	496.27	54.61	10.85	7.61	42.58	31.11	20.98	48.28	31.37	21.62	45.10
32 黑色金属冶炼及压延加工业	460.68	256.04	79.93	1.92	1.21	58.68	9.72	3.33	191.89	7.61	5.47	39.12
33 有色金属冶炼及压延加工业	333.90	211.12	58.16	1.14	0.78	46.15	3.96	3.75	5.60	5.61	4.49	24.94
34 金属制品业	347.19	227.71	52.47	3.82	2.28	67.54	14.80	10.56	40.15	18.21	12.03	51.37
35 通用设备制造业	488.16	333.83	46.23	3.84	3.63	5.79	18.25	12.62	44.61	29.36	22.68	29.45
36 专用设备制造业	253.24	157.59	60.70	2.13	2.26	-5.75	8.40	6.10	37.70	16.56	12.46	32.91
37 交通运输设备制造业	1212.43	810.41	49.61	5.73	3.74	53.21	31.51	24.36	29.35	61.68	45.43	35.77
39 电气机械及器材制造业	449.03	280.78	59.92	3.25	2.86	13.64	16.89	12.71	32.89	25.71	19.11	34.54
40 通信设备、计算机及其他电子设备制造业	213.07	133.22	59.94	1.37	0.82	67.07	7.37	3.90	88.97	15.99	8.69	84.00
41 仪器仪表及文化、办公用机械制造业	91.38	53.59	70.52	1.23	0.94	30.85	4.85	3.38	43.49	8.90	5.77	54.25
42 工艺品及其他制造业	66.51	50.62	31.39	0.84	0.52	61.54	2.29	1.17	95.73	4.06	2.96	37.16
43 废弃资源和废旧材料回收加工业	33.89	23.37	45.01	0.48	0.23	108.70	0.55	0.32	71.88	1.22	0.87	40.23
44 电力、热力的生产和供应业	542.67	445.26	21.88	2.49	2.23	11.66	1.28	0.83	54.22	11.47	10.84	5.81
45 燃气生产和供应业	36.83	29.59	24.47	0.19	0.19	0.00	1.15	0.95	21.05	1.39	1.22	13.93
46 水的生产和供应业	58.40	23.83	145.07	0.26	0.88	-70.45	1.33	0.98	35.71	4.22	3.78	11.64

续表

行业名称	财务费用			利息支出			利润总额			亏损企业亏损额		
	本月止累计(亿元)	去年同期(亿元)	增减(%)	本月止累计(亿元)	去年同期(亿元)	增减(%)	本月止累计(亿元)	去年同期(亿元)	增减(%)	本月止累计(亿元)	去年同期(亿元)	增减(%)
总计	163. 26	116. 75	39. 84	120. 22	87. 60	37. 24	645. 86	385. 64	67. 48	54. 03	55. 78	-3. 14
06 煤炭开采和洗选业	0. 54	0. 41	31. 71	0. 35	0. 29	20. 69	4. 19	2. 94	42. 52	0. 21	0. 31	-32. 26
07 石油和天然气开采业	0. 00	0. 00	-100. 00	0. 00	0. 00	-100. 00	1. 23	0. 98	25. 51	0. 00	0. 00	-100. 00
08 黑色金属矿采选业	1. 21	1. 20	0. 83	0. 78	0. 59	32. 20	6. 01	3. 28	83. 23	0. 20	0. 37	-45. 95
09 有色金属矿采选业	0. 37	0. 21	76. 19	0. 34	0. 30	13. 33	8. 81	6. 65	32. 48	0. 20	0. 17	17. 65
10 非金属矿采选业	4. 58	2. 20	108. 18	2. 12	1. 17	81. 20	19. 41	13. 05	48. 74	0. 47	0. 27	74. 07
11 其他采矿业	0. 02	0. 01	100. 00	0. 00	0. 01	-100. 00	0. 10	0. 11	-9. 09	0. 00	0. 00	-100. 00
13 农副食品加工业	13. 73	9. 06	51. 55	11. 01	6. 86	60. 50	58. 54	35. 39	65. 41	1. 43	1. 67	-14. 37
14 食品制造业	3. 36	2. 13	57. 75	2. 70	1. 59	69. 81	17. 43	13. 30	31. 05	0. 59	1. 40	-57. 86
15 饮料制造业	2. 66	1. 78	49. 44	1. 89	1. 22	54. 92	28. 08	21. 77	28. 98	0. 79	0. 87	-9. 20
16 烟草制品业	0. 01	0. 06	-83. 33	0. 05	0. 08	-37. 50	1. 98	1. 52	30. 26	0. 00	0. 00	-100. 00
17 纺织业	11. 99	8. 59	39. 58	7. 39	5. 13	44. 05	33. 59	16. 10	108. 63	1. 07	3. 13	-65. 81
18 纺织服装、鞋、帽制造业	4. 51	2. 74	64. 60	3. 64	1. 95	86. 67	17. 38	10. 31	68. 57	0. 46	0. 55	-16. 36
19 皮革、毛皮、羽毛(绒)及其制品业	0. 33	0. 27	22. 22	0. 24	0. 16	50. 00	0. 98	0. 54	81. 48	0. 14	0. 14	0. 00
20 木材加工及木、竹、藤、棕、草制品业	1. 51	0. 97	55. 67	1. 14	0. 72	58. 33	7. 28	4. 26	70. 89	0. 13	0. 41	-68. 29
21 家具制造业	0. 41	0. 27	51. 85	0. 33	0. 18	83. 33	1. 89	1. 15	64. 35	0. 12	0. 06	100. 00
22 造纸及纸制品业	1. 63	1. 38	18. 12	1. 00	0. 87	14. 94	10. 18	7. 38	37. 94	0. 57	0. 68	-16. 18
23 印刷业和记录媒介的复制	1. 14	0. 95	20. 00	0. 83	0. 69	20. 29	8. 57	5. 80	47. 76	0. 55	0. 57	-3. 51
24 文教体育用品制造业	0. 17	0. 15	13. 33	0. 12	0. 08	50. 00	0. 62	-0. 01	6300. 00	0. 10	0. 63	-84. 13
25 石油加工、炼焦及核燃料加工业	0. 50	0. 33	51. 52	0. 44	0. 26	69. 23	1. 98	3. 27	-39. 45	0. 52	0. 45	15. 56
26 化学原料及化学制品制造业	11. 32	8. 10	39. 75	8. 59	6. 65	29. 17	55. 08	29. 27	88. 18	3. 61	5. 17	-30. 17
27 医药制造业	3. 62	2. 39	51. 46	3. 03	2. 61	16. 09	28. 71	19. 40	47. 99	1. 78	1. 98	-10. 10
28 化学纤维制造业	0. 43	0. 38	13. 16	0. 35	0. 24	45. 83	0. 96	2. 23	-56. 95	0. 42	0. 09	366. 67
29 橡胶制品业	0. 96	0. 74	29. 73	0. 75	0. 41	82. 93	3. 44	2. 38	44. 54	0. 06	0. 22	-72. 73
30 塑料制品业	4. 30	2. 64	62. 88	3. 15	2. 22	41. 89	17. 23	11. 97	43. 94	0. 64	0. 63	1. 59

31 非金属矿物制品业	13. 48	9. 04	49. 12	10. 27	6. 70	53. 28	49. 34	28. 62	72. 40	4. 23	3. 23	30. 96
32 黑色金属冶炼及压延加工业	3. 55	1. 68	111. 31	2. 69	1. 22	120. 49	16. 71	4. 36	283. 26	1. 00	1. 46	-31. 51
33 有色金属冶炼及压延加工业	3. 26	1. 49	118. 79	2. 14	0. 82	160. 98	5. 56	4. 24	31. 13	2. 15	1. 35	59. 26
34 金属制品业	6. 77	2. 60	160. 38	2. 97	2. 11	40. 76	22. 23	13. 56	63. 94	1. 08	0. 81	33. 33
35 通用设备制造业	5. 85	3. 41	71. 55	4. 39	2. 59	69. 50	26. 86	16. 01	67. 77	2. 97	3. 71	-19. 95
36 专用设备制造业	3. 45	2. 52	36. 90	2. 12	1. 41	50. 35	15. 55	7. 84	98. 34	2. 12	2. 26	-6. 19
37 交通运输设备制造业	10. 50	7. 88	33. 25	8. 77	6. 22	41. 00	86. 59	47. 56	82. 06	4. 46	3. 50	27. 43
39 电气机械及器材制造业	6. 83	5. 65	20. 88	4. 49	2. 74	63. 87	34. 68	21. 56	60. 85	3. 00	1. 81	65. 75
40 通信设备、计算机及其他电子设备制造业	2. 41	1. 49	61. 74	2. 18	0. 72	202. 78	16. 49	8. 79	87. 60	5. 99	2. 33	157. 08
41 仪器仪表及文化、办公用机械制造业	0. 69	0. 79	-12. 66	0. 42	0. 32	31. 25	10. 24	4. 95	106. 87	0. 48	1. 01	-52. 48
42 工艺品及其他制造业	0. 70	0. 48	45. 83	0. 45	0. 34	32. 35	4. 27	2. 27	88. 11	0. 07	0. 10	-30. 00
43 废弃资源和废旧材料回收加工业	1. 57	0. 18	772. 22	0. 16	0. 14	14. 29	1. 03	0. 78	32. 05	0. 04	0. 09	-55. 56
44 电力、热力的生产和供应业	33. 05	30. 85	7. 13	27. 97	26. 97	3. 71	12. 68	1. 97	543. 65	11. 01	13. 02	-15. 44
45 燃气生产和供应业	0. 92	0. 67	37. 31	0. 22	0. 34	-35. 29	6. 59	7. 01	-5. 99	0. 06	0. 10	-40. 00
46 水的生产和供应业	0. 92	1. 08	-14. 81	0. 75	0. 68	10. 29	3. 37	3. 08	9. 42	1. 31	1. 21	8. 26

续表

行业名称	税金总额			应交增值税			全部从业人员平均人数		
	本月止累计(亿元)	去年同期(亿元)	增减(%)	本月止累计(亿元)	去年同期(亿元)	增减(%)	本月止累计(万人)	去年同期(万人)	增减(%)
总计	391. 01	285. 89	36. 77	284. 36	209. 32	35. 85	208. 85	185. 44	12. 62
06 煤炭开采和洗选业	4. 84	3. 65	32. 60	3. 31	2. 50	32. 40	3. 09	2. 78	11. 10
07 石油和天然气开采业	0. 12	0. 03	300. 00	0. 06	0. 03	100. 00	0. 22	0. 21	1. 64
08 黑色金属矿采选业	5. 42	3. 86	40. 41	3. 72	2. 73	36. 26	1. 84	1. 53	20. 13
09 有色金属矿采选业	2. 57	2. 28	12. 72	1. 90	1. 75	8. 57	0. 92	0. 94	-1. 86
10 非金属矿采选业	17. 04	12. 16	40. 13	9. 87	7. 01	40. 80	4. 85	4. 36	11. 28
11 其他采矿业	0. 35	0. 19	84. 21	0. 13	0. 08	62. 50	0. 09	0. 05	95. 92
13 农副食品加工业	23. 14	15. 76	46. 83	14. 04	8. 77	60. 09	14. 71	11. 76	25. 09
14 食品制造业	12. 84	8. 62	48. 96	9. 11	6. 26	45. 53	6. 42	5. 95	7. 97
15 饮料制造业	17. 38	13. 62	27. 61	10. 04	7. 92	26. 77	4. 54	3. 97	14. 47
16 烟草制品业	0. 90	0. 78	15. 38	0. 79	0. 70	12. 86	0. 28	0. 29	-4. 84
17 纺织业	29. 34	20. 09	46. 04	19. 57	12. 68	54. 34	23. 62	22. 99	2. 76
18 纺织服装、鞋、帽制造业	10. 16	6. 80	49. 41	7. 34	4. 81	52. 60	13. 49	11. 89	13. 47
19 皮革、毛皮、羽毛(绒)及其制品业	0. 87	0. 55	58. 18	0. 69	0. 38	81. 58	0. 98	0. 72	36. 27
20 木材加工及木、竹、藤、棕、草制品业	4. 56	3. 51	29. 91	3. 17	2. 61	21. 46	2. 97	2. 40	23. 70
21 家具制造业	0. 84	0. 63	33. 33	0. 62	0. 46	34. 78	0. 88	0. 75	17. 18
22 造纸及纸制品业	6. 55	4. 89	33. 95	4. 85	3. 44	40. 99	3. 40	3. 09	10. 23
23 印刷业和记录媒介的复制	4. 21	3. 22	30. 75	3. 43	2. 67	28. 46	2. 80	2. 49	12. 38
24 文教体育用品制造业	0. 37	0. 24	54. 17	0. 28	0. 16	75. 00	0. 35	0. 33	7. 63
25 石油加工、炼焦及核燃料加工业	4. 36	2. 98	46. 31	1. 15	1. 68	-31. 55	0. 43	0. 43	0. 42
26 化学原料及化学制品制造业	31. 28	20. 97	49. 17	21. 94	16. 46	33. 29	12. 09	11. 14	8. 52
27 医药制造业	16. 73	12. 63	32. 46	14. 77	11. 04	33. 79	6. 23	5. 89	5. 74
28 化学纤维制造业	0. 46	0. 43	6. 98	0. 39	0. 38	2. 63	0. 67	0. 54	24. 53
29 橡胶制品业	3. 05	2. 14	42. 52	2. 38	1. 63	46. 01	1. 38	1. 24	11. 75
30 塑料制品业	11. 53	8. 00	44. 13	8. 31	5. 51	50. 82	5. 85	5. 04	16. 13

31 非金属矿物制品业	36. 40	26. 29	38. 46	25. 54	18. 68	36. 72	18. 56	16. 42	13. 01
32 黑色金属冶炼及压延加工业	10. 60	6. 67	58. 92	3. 68	5. 46	58. 97	4. 10	3. 45	18. 61
33 有色金属冶炼及压延加工业	5. 21	4. 38	18. 95	4. 06	3. 61	12. 47	2. 50	2. 13	17. 04
34 金属制品业	14. 22	9. 46	50. 32	10. 40	7. 18	44. 85	7. 00	6. 01	16. 42
35 通用设备制造业	20. 78	15. 04	38. 16	16. 94	11. 41	48. 47	11. 43	9. 94	14. 98
36 专用设备制造业	8. 74	6. 84	27. 78	6. 61	4. 57	44. 64	6. 08	5. 39	12. 70
37 交通运输设备制造业	35. 45	24. 27	46. 07	29. 72	20. 54	44. 69	21. 60	18. 85	14. 55
39 电气机械及器材制造业	13. 71	9. 95	37. 79	10. 46	7. 09	47. 53	8. 46	7. 10	19. 18
40 通信设备、计算机及其他电子设备制造业	6. 32	4. 27	48. 01	4. 94	3. 45	43. 19	5. 92	4. 95	19. 67
41 仪器仪表及文化、办公用机械制造业	3. 19	2. 60	22. 69	1. 95	1. 65	18. 18	2. 39	2. 18	9. 46
42 工艺品及其他制造业	2. 15	1. 31	64. 12	1. 31	0. 79	65. 82	1. 70	1. 43	18. 72
43 废弃资源和废旧材料回收加工业	2. 11	1. 27	66. 14	1. 63	1. 04	56. 73	0. 57	0. 52	10. 87
44 电力、热力的生产和供应业	21. 03	22. 64	-7. 11	18. 54	20. 41	-9. 16	3. 88	3. 91	-0. 64
45 燃气生产和供应业	0. 92	0. 93	-1. 08	0. 72	0. 74	-2. 70	0. 60	0. 54	9. 87
46 水的生产和供应业	1. 27	1. 90	-33. 16	1. 01	1. 03	-1. 94	1. 95	1. 84	6. 46

2010 年海南省中小型企业及个体经济增加值及构成

	增加值（亿元）		2010 年比 2009 年增长	构成（%）	
	2010 年	2009 年		2010 年	2009 年
合计	562.87	439.45	19.4	100.0	100.0
第二产业	178.29	135.30	23.5	31.7	30.8
工业	138.89	105.45	23.1	24.7	24.0
建筑业	39.40	29.85	25.1	7.0	6.8
第三产业	384.58	304.15	17.5	68.3	69.2
交通运输邮政仓储业	40.74	32.61	23.9	7.2	7.4
物流业	11.74	8.88	31.2	2.1	2.0
批发和零售业	136.63	122.26	6.6	24.3	27.8
住宿和餐饮业	58.21	51.45	8.5	10.3	11.7
房地产业	83.77	47.29	40.1	14.9	10.8
其他服务业	65.23	50.54	28.0	11.6	11.5

注：1. 2010 年全省中小型企业及个体经济增加值占同期全省 GDP 总量的 27.4%，2009 年中小型企业及个体经济增加值占同期全省 GDP 总量的 26.6%；
2. 调查范围不包括农业、金融保险、行政事业单位；
3. 建筑业不包括省外产业活动单位。
4. 交通运输邮政仓储业不包括航空、铁路和管道运输业。
5. 行业增加值增长速度按可比价格计算。

2010 年度重庆市非公有制经济主要指标

单位：个、人、万元

甲	产业单位数	从业人员年末数	增加值	总产值	营业收入	利润总额	上交税金	劳动者报酬	资本金	固定资产投资完成额
2010 年	870562	8023151	48287917	153866873	153045810	7481029	6620893	17460102	40199571	36451512
其中：非公企业	156890	5221676	38796262	126784860	125159073	5868159	5274744	12461678	37876593	—
个体工商户	713672	2801475	9491655	27082013	27886737	1612870	1147571	4998424	2322977	—
2009 年	865330	7642203	39153217	124567837	123903119	6056617	4444201	13807014	35463475	27795107
同比 ±%	0.60	4.98	19.50	22.10	22.73	23.51	48.97	15.63	13.35	31.14

非公经济增加值占全市 GDP 的比重由上年的 60% 提高到 61.2%。
注：增加值的绝对值为现价，增速为可比价。

2010 年度重庆市各区县非公有制经济主要指标完成情况

区县	从业人员年末数		增加值			已上交税金总额		劳动者报酬		本年度固定资产投资完成额	
	2010 年实际	排位	2010 年实际	排位	同比增长%	2010 年实际	同比增长%	2010 年实际	同比增长%	2010 年实际	同比增长%
万州区	383220	3	3254510	3	39.8	195619	57.1	626615	24.3	1244750	51.3
涪陵区	315434	10	2637285	6	37.1	133258	14.3	552709	47.1	1194962	119.4
渝中区	339304	5	2890530	5	21.0	520510	21.8	902708	33.9	2734021	27.0
大渡口区	208817	17	1252518	15	18.9	136116	19.8	312918	11.0	379391	18.9
江北区	316617	9	2606095	7	22.7	322586	21.0	569911	10.6	1872906	20.9

续表

区县	从业人员年末数		增加值			已上交税金总额		劳动者报酬		本年度固定资产投资完成额	
	2010 年实际	排位	2010 年实际	排位	同比增长%	2010 年实际	同比增长%	2010 年实际	同比增长%	2010 年实际	同比增长%
沙坪坝区	336044	6	2942413	4	24.5	362068	16.3	594753	14.5	271459	8.0
九龙坡区	512612	1	4130246	1	19.4	527297	9.6	894947	10.5	387596	14.6
南岸区	120389	25	2353228	8	17.8	181543	10.2	317808	8.1	305522	8.1
北碚区	369962	4	1509675	13	23.0	208702	29.2	511265	18.4	962341	8.5
万盛区	38851	36	235672	37	26.7	29311	14.1	45822	9.6	28069	6.4
双桥区	20337	39	238595	36	34.9	14072	5.9	35762	33.2	75912	36.0
渝北区	388451	2	3777342	2	23.7	503646	44.2	900548	16.0	3542604	23.2
巴南区	289731	12	2120640	9	27.2	337780	38.6	596194	18.4	726982	8.2
黔江区	124141	23	503462	29	32.2	34261	-12.6	144618	16.4	230441	64.1
长寿区	241936	14	1336346	14	28.7	111818	19.8	557410	82.2	353805	70.9
江津区	315015	11	1858674	11	24.2	155502	1.1	506562	9.3	1142335	13.2
合川区	260076	13	1544342	12	8.4	149964	22.1	333842	20.4	1026660	26.1
永川区	322496	8	2004255	10	24.4	179338	26.7	576489	17.7	1226107	-3.4
南川区	98120	29	941359	20	25.8	69487	27.9	176180	17.2	293772	26.8
綦江县	166049	19	1056085	18	27.1	136305	54.8	261368	8.2	241920	19.5
潼南县	97289	30	603951	25	22.8	32959	15.6	119504	3.1	169528	12.9
铜梁县	156719	20	1039277	19	19.2	73431	24.3	212639	3.0	646941	23.2
大足县	177851	18	879364	22	27.1	46771	13.4	322512	22.0	453506	4.8
荣昌县	239785	15	1092466	17	25.3	120054	19.7	443641	35.7	646810	35.3
璧山县	329445	7	1100339	16	20.9	166321	21.7	551935	25.9	893460	26.9
梁平县	96966	31	601230	27	20.4	30335	6.8	107192	6.7	105376	10.2
城口县	4382	40	162878	40	23.0	10522	-8.2	6990	6.1	5297	-16.8
丰都县	101477	26	407825	31	17.5	25443	32.2	105449	30.1	394770	140.3
垫江县	123100	24	680901	23	22.5	34879	20.4	165857	11.5	112203	46.6
武隆县	29931	37	375536	34	17.3	16424	17.2	33883	8.0	203293	-0.7
忠　县	150126	21	602666	26	18.5	214956	417.6	249042	15.8	250925	8.3
开　县	143439	22	914312	21	22.7	85463	74.5	276420	59.9	124437	7.5
云阳县	98218	28	515324	28	14.4	28398	28.9	127702	26.8	107024	34.9
奉节县	210696	16	613567	24	22.3	46530	21.7	231939	26.7	112047	24.5
巫山县	66921	33	299358	35	25.3	26645	35.4	106549	40.8	81786	16.8
巫溪县	65375	34	210915	39	22.7	11154	2.2	59437	12.5	104959	4.7
石柱县	100950	27	378192	32	20.4	71003	20.4	182721	30.1	218477	30.0
秀山县	59909	35	430913	30	24.4	57795	84.5	59855	10.5	121100	159.4
酉阳县	76651	32	227773	38	13.3	55727	55.3	151110	22.9	245347	108.4
彭水县	24989	38	377646	33	19.4	12798	-15.7	31724	11.2	75069	33.5

注：同比增长按现行价计算。

2010 年度重庆市中小企业主要经济指标完成情况

单位：个、人、万元

甲	企业个数	从业人员年末数	增加值	总产值	营业收入	利润总额	上交税金	劳动者报酬	资本金	固定资产投资完成额
2010 年	192714	5194283	32615191	111601697	111405577	4907081	6267140	11503087	40405761	30506110
2009 年	185715	5005014	26283245	91051397	91211378	4034231	4225213	9984452	33888922	23100189
同比 ±%（现价）	3.77	3.78	19.31	22.57	22.14	21.64	48.32	15.21	19.23	32.06

中小企业增加值占全市 GDP 的比重由上年的 40．25% 提高到 41．31%。

注：增加值的绝对值为现价，增速为可比价。

2010 年度重庆市中小企业主要经济指标(按行业分)

甲	企业个数	从业人员年末数	增加值	总产值	营业收入	利润总额	上交税金	劳动者报酬	工资总额	资产总额	固定资产原价	固定资产净值	负债总额	资本金	出口产品交货值	固定资产完投资成额
总计	192714	5194283	32615191	108879261	111405577	4907081	6267140	11503087	10432534	85639790	38948256	28046302	51358731	40405761	3627441	30506110
二、按国民经济行业分组																
1. 农、林、牧、渔业	6720	95490	505126	1421347	1345784	70117	24916	193355	177445	844421	720474	536204	497821	885930	—	294752
2. 采矿业	1905	335685	2012630	6076549	5608946	379265	364305	900227	816928	3504920	1938428	1364042	2077932	606172	7571	1723475
其中:规模以上	697	181822	994317	3089276	2874536	255005	277795	644758	589181	2484449	1228138	915495	1434213	411963	7571	1121394
3. 制造业	34508	2044622	18330311	61350099	55813461	2367390	3588539	4881535	4431860	40700368	18752047	13389467	24491119	10904843	3119109	14881149
其中:规模以上	6127	1290573	14816915	50129247	46196199	2192710	2931733	3318872	2991090	32894792	15701474	11509433	19171502	9970824	2907157	9951333
4. 电力、燃气及水的生产和供应业	1940	58191	782115	2054034	1933006	98935	169105	173995	153619	4964588	4031603	2977279	2964830	2140995	0	1822253
其中:规模以上	226	42442	616541	1848737	1739936	92060	150435	146589	127858	4268376	3663541	2699496	2526574	1709098	0	1185568
5. 建筑业	11650	1116599	3451730	14689009	13488529	588464	646456	2455490	2194494	9067418	2396115	1725791	5461342	5983515	0	2591820
6. 交通运输仓储业	8218	138452	761031	2612123	2447523	130877	97095	301208	275270	2553849	1905493	1369327	1523098	2221797	0	837661
7. 批发零售业	62021	683167	2801742	7255630	15302686	638698	618338	1177929	1074316	8116196	3976704	2887977	4839559	5880166	500761	1091063
8. 住宿及餐饮业	3704	162172	888426	2930729	2816049	127014	123857	267961	247786	2184205	1844452	1338103	1300840	367326	—	459867
其中:餐饮业	2762	88719	515362	1699803	1647756	86881	74287	155046	143392	1247476	1064706	774139	728339	166572	—	225418
9. 社会服务业	43179	269545	1096152	3684922	3604803	123346	142030	458567	425398	3566956	1625119	1185469	2144900	2944516	—	577835
10. 其他业	18869	290359	1985928	6804818	6630350	382975	492500	692821	635419	10136870	1757821	1272643	6057289	8470502	—	6226235

2010年度重庆市中小企业主要经济指标（按登记类型分组）

甲	企业个数	从业人员年末数	增加值	总产值	营业收入	利润总额	上交税金	劳动者报酬	工资总额	资产总额	固定资产原价	固定资产净值	负债总额	资本金	出口产品交货值	固定资产完投资成额
总计	192714	5194283	32615191	108879261	111405577	4907081	6267140	11503087	10432534	85639790	38948256	28046302	51358731	40405761	3627441	30506110
一、按登记注册类型分组																
1. 内资企业小计	190565	4977650	30895205	103352553	103479251	4710159	5934283	10823187	9818429	81292908	36721997	26417992	48762975	38729144	3344520	28400469
其中：（1）国有企业	5587	169122	1172889	4011547	3891111	105072	559593	391920	352952	4847375	3227034	2329489	3030468	1027963	91795	2019924
（2）集体企业	7416	125984	443885	1549765	1516412	44529	122373	278477	255722	906633	642841	450336	586531	418935	3996	240362
（3）股份合作企业	2116	86293	175851	583576	585209	62611	112218	207953	186124	782306	601101	430927	468020	286831	4593	740695
（4）联营企业	167	40130	182599	613884	610328	39320	35848	91918	82378	698906	471541	335537	418610	84960	14628	388450
（5）有限责任公司	21008	926483	6638232	22239398	21870777	1018575	1359399	2144273	1936472	20502262	7888865	5633773	12281957	10759376	995603	6494011
（6）股份有限公司	91	123586	1375480	4537823	4538308	207785	454160	390946	355573	5487617	2503300	1819103	3276344	2057893	578375	1758014
（7）私营企业	154180	3506052	20906269	69816561	70467106	3232269	3290692	7317699	6649208	48067810	21387315	15418827	28701045	24093187	1655529	16759013
2. 港、澳、台商投资企业	1504	125712	719658	2338380	2305983	86892	138631	388529	350902	1906792	914611	669473	1142800	556748	131864	1213305
3. 外商投资企业	645	90922	1000328	3188328	3205904	110030	194226	291371	263203	2440089	1311649	958837	1452956	1119869	151057	892336

2010 年度重庆市各区县中小企业主要指标完成情况

单位：人、万元

区县	从业人员年末数		增加值			工业产值			已上交税金总额		劳动者报酬		本年度固定资产投资完成额	
	2010 年实际	排位	2010 年实际	排位	同比增长%	2010 年实际	排位	同比增长%	2010 年实际	同比增长%	2010 年实际	同比增长%	2010 年实际	同比增长%
万州区	332301	2	2828376	1	43.7	4074137	6	21.0	199914	32.6	590902	16.4	1448886	28.7
涪陵区	186630	10	2015306	5	43.5	4652541	3	43.2	338524	27.7	320617	20.1	1223707	101.2
渝中区	295160	3	1969200	7	21.1	467615	32	21.1	551035	46.7	769932	56.8	746962	23.1
大渡口区	97730	20	840566	18	20.0	2249657	18	18.5	90698	13.7	174199	12.0	379391	18.9
江北区	197934	6	2013745	6	27.6	3248983	11	12.9	326784	15.0	373577	8.2	440800	11.3
沙坪坝区	190995	9	1543042	12	18.5	3565832	8	8.0	302106	15.0	443362	16.0	277040	13.2
九龙坡区	363205	1	2807502	2	17.0	4251167	5	30.1	387103	11.0	699859	15.0	398193	8.0
南岸区	132836	17	1844905	8	35.4	5863785	1	64.9	185230	11.3	329369	10.9	321927	9.9
北碚区	175488	11	1626785	10	34.6	3786063	7	16.4	203194	39.4	397149	34.5	927057	36.7
万盛区	25636	36	144504	37	28.9	343982	35	22.9	30041	15.3	38964	24.2	71005	17.8
双桥区	16614	38	174538	35	21.0	578429	30	16.0	14136	8.3	32765	42.0	42149	15.4
渝北区	195764	7	2185410	4	26.7	5436241	2	20.6	372642	23.6	492410	15.6	1952637	20.6
巴南区	195428	8	1792136	9	60.0	3520643	10	28.5	201634	43.7	436125	23.3	740319	22.1
黔江区	37287	32	617127	22	73.0	1109632	23	62.7	238247	31.3	66712	16.5	385269	172.7
长寿区	150978	14	916264	15	31.3	2686140	14	60.3	95701	19.4	289650	37.4	562749	86.6
江津区	245099	4	1595149	11	24.7	3523526	9	33.1	161841	4.0	396971	2.1	1262458	24.1
合川区	154433	13	1528944	13	40.2	3213896	12	38.6	144055	25.1	224002	20.1	1122312	25.6
永川区	203326	5	2477050	3	59.5	4410616	4	69.9	171603	25.0	438109	13.1	1687330	43.2
南川区	79947	23	902433	16	89.3	1910814	19	39.9	61787	32.4	136430	26.6	288702	38.5
綦江县	99129	19	787667	20	53.0	1447951	20	45.7	106488	47.7	168905	7.1	231501	17.7
潼南县	58466	26	287221	29	32.0	557413	31	16.2	28599	27.1	106564	25.2	207659	10.3
铜梁县	80685	22	849591	17	34.4	2265227	17	33.9	66879	32.3	142626	19.4	677481	34.7
大足县	134881	16	810732	19	30.6	2345175	16	42.5	48505	11.8	264208	19.3	485843	6.2
荣昌县	146942	15	731012	21	30.9	2481005	15	35.7	107821	26.7	281599	24.2	545336	38.8
璧山县	160464	12	999462	14	31.8	3000925	13	39.1	128617	26.7	309404	31.6	840942	28.6
梁平县	54606	28	230006	31	22.8	646922	26	25.6	28051	21.5	74759	18.3	84902	24.7
城口县	5194	40	80608	40	56.7	202273	38	2.3	13083	-6.6	10825	-0.6	136231	187.4
丰都县	43340	29	288547	28	79.6	584877	29	38.7	20719	31.2	51259	24.1	201418	30.5
垫江县	79785	24	575283	23	54.6	1137794	22	54.5	40671	57.8	141520	23.5	118636	60.8
武隆县	12729	39	135037	38	7.3	362590	34	46.5	19687	18.3	28695	29.4	248885	22.7
忠　县	76015	25	430624	25	16.8	1203845	21	105.1	39030	20.9	141078	15.8	300415	28.8
开　县	85413	21	424369	26	18.4	1064363	24	36.3	48420	29.2	116415	27.4	91260	18.6
云阳县	39558	30	178558	34	35.1	309164	37	33.7	21644	35.0	62198	35.8	79265	34.5
奉节县	125440	18	187994	33	24.1	332133	36	26.1	39467	26.4	134332	23.4	111657	25.4
巫山县	38832	31	151827	36	38.4	182360	39	31.7	32443	25.2	74546	21.4	83739	21.4

续表

区县	从业人员年末数		增加值			工业产值			已上交税金总额		劳动者报酬		本年度固定资产投资完成额	
	2010年实际	排位	2010年实际	排位	同比增长%	2010年实际	排位	同比增长%	2010年实际	同比增长%	2010年实际	同比增长%	2010年实际	同比增长%
巫溪县	24395	37	125085	39	51.3	163537	40	27.7	12507	1.0	42433	16.7	128259	-19.8
石柱县	57195	27	287002	30	15.8	588653	28	24.5	51400	21.5	100732	23.7	173357	29.9
秀山县	34834	34	455149	24	72.4	900959	25	37.6	61405	37.0	64401	45.9	132193	166.0
酉阳县	26370	35	210281	32	90.6	395937	33	-3.5	35005	122.0	54336	19.0	233040	138.9
彭水县	28583	34	312209	27	36.0	603315	27	67.7	41262	2.3	45982	41.0	80271	11.2

注：同比增长按现行价计算。

2010年度重庆市中小工业企业生产、销售情况

项目	企业个数	从业人员年平均人数	增加值	现价总产值	现价销售产值	营业收入	利润总额	上交税金
甲	1	2	3	4	5	6	7	8
总计	38353	2438497	21125056	69480682	67668876	63355414	2845590	4121949
按轻重工业分								
轻工业	17265	1001536	8823335	28551015	27773775	26177364	1137183	1839000
以农产品为原料	10526	533507	4358308	14280130	13967403	13220744	608378	910276
以非农产品为原料	6738	468029	4465027	14270885	13806372	12956620	528806	928724
重工业	21088	1436961	12301721	40929667	39895101	37178049	1708407	2282948
采掘工业	2323	331061	1941758	6076549	5903482	5608946	379265	364305
原料工业	3278	168323	2304620	7784750	7550557	7051329	290001	501485
加工工业	15487	937577	8055342	27068368	26441062	24517775	1039141	1417158
按工业行业分（目录附后）								
煤炭采选业	1422	192263	1234492	3922707	3625247	3416472	166242	199042
黑色金属矿采选业	169	16780	127650	412551	378833	362852	20385	27893
有色金属矿采选业	70	12395	87948	288928	265464	249126	15560	13548
非金属矿采选业	953	84174	484354	1589570	1457885	1357595	59571	72331
其他矿采选业	77	6525	49594	159408	146562	137793	6459	7775
食品加工业	2984	114253	1042345	3611693	3335154	3172280	152275	161027
食品制造业	1174	61031	534257	1845674	1702977	1599732	71844	80637
饮料制造业	1478	51372	387786	1350146	1231198	1147491	53534	61983
烟草加工业	5	5916	362867	1066933	980654	924875	82873	330562
纺织业	1570	121294	761502	2771579	2535646	2349209	78815	120282
服装、鞋、帽制造业	761	33401	242609	863517	792251	744795	29701	31575
皮革、毛皮、羽绒及其制品业	1468	57532	440710	1586475	1462474	1367318	63286	74005
木材加工及竹、藤、棕、草制品业	536	23284	174239	604494	553016	520261	24015	25388
家具制造	1864	41885	291364	1015815	933597	869874	38747	43829
造纸及纸制品业	564	31377	314107	1126531	1035000	958328	35009	52312

续表

项目	企业个数	从业人员年平均人数	增加值	现价总产值	现价销售产值	营业收入	利润总额	上交税金
甲	1	2	3	4	5	6	7	8
印刷业、记录媒介的复制	598	43504	294387	1011792	930343	871277	38489	48767
文教体育用品制造业	46	6655	37357	129758	118611	109483	3435	5865
石油加工、炼焦及核燃料加工业	70	13472	173798	607864	558526	519094	12628	38519
化学原料及化学制品制造业	945	83702	751112	2729084	2487958	2293900	101839	168631
医药制造业	724	38393	469997	1588569	1456342	1355161	63167	118621
化学纤维制造业	42	3198	30577	107306	98359	94183	5041	5577
橡胶制品业	421	30152	201077	707118	656245	612368	28383	37373
塑料制品业	935	43192	316096	1152656	1060195	1003100	39915	69302
非金属矿物制造业	6112	308295	2080667	7143004	6580611	6153489	298522	340970
黑色金属冶练及压延加工业	385	30745	404770	1403653	1286320	1208760	53171	92981
有色金属冶练及压延加工业	635	23809	428562	1506398	1381448	1282798	47162	118081
金属制品业	1669	100452	803104	2822967	2588016	2408716	109695	147338
通用设备制造业	1605	111274	915384	3187970	2941319	2770042	131624	186240
专用设备制造业	759	56361	416334	1460045	1340549	1239970	60588	76503
交通运输设备制造业	4858	493182	4884786	17468598	16040370	14996237	633061	890263
电气机械及器材制造业	733	63722	891096	3203190	2987043	2806962	120294	153489
电子及通信设备制造业	265	26459	406848	1412677	1300239	1194136	40828	74330
仪器仪表及文化办公用品机械制造业	249	24915	246219	843513	782103	734543	33353	41822
工艺品及其他制造业	331	20947	128427	447313	413346	387783	17275	25112
废弃资源和废旧材料回收加工业	79	4502	65146	229698	217936	202405	9868	10871
电力、热力的生产和供应业	1114	38012	489601	1609324	1489276	1430631	68327	129263
燃气生产和供应业	164	7129	90347	294934	270485	264602	14448	18784
水的生产和供应业	734	12943	86689	270183	247278	237773	16161	21058

2010 年度重庆市中小规模以上工业企业生产、销售情况

项目	企业个数	从业人员年平均人数	增加值	现价总产值	现价销售产值	营业收入	利润总额	上交税金
甲	1	2	3	4	5	6	7	8
总计	7050	1514838	16427772	55067260	53533076	50810672	2539775	3359964
按轻重工业分								
轻工业	3133	590806	6400130	22183289	21599159	20730316	1039503	1279253
以农产品为原料	1667	299915	3123724	10708596	10464356	10123037	518704	617240
以非农产品为原料	1466	290891	3276406	11474694	11134803	10607279	520800	662013

续表

项目	企业个数	从业人员年平均人数	增加值	现价总产值	现价销售产值	营业收入	利润总额	上交税金
甲	1	2	3	4	5	6	7	8
重工业	3917	924032	10027643	32883970	31933917	30080355	1500272	2080711
采掘工业	720	165507	994317	3089276	3005759	2874536	255005	277795
原料工业	538	135677	1478724	5031042	4873593	4616293	232937	346355
加工工业	2659	622848	7554602	24763652	24054565	22589526	1012330	1456560
按工业行业分（目录附后）	7050	1514838	16427772	55067260	53533076	50810672	2539775	3359964
煤炭采选业	509	144601	816896	2530661	2461541	2360806	258123	199404
煤炭开采业	354	103224	634849	1981400	1942988	1837214	190325	171163
黑色金属矿采选业	27	11351	76049	243330	240411	224424	24924	41569
有色金属矿采选业	9	3691	17152	54697	53292	49242	7229	9186
铅锌矿采选业	3	929	4948	15026	14625	14315	304	888
非金属矿采选业	64	16660	84463	270042	262111	251171	15313	29857
其他矿采选业	7	492	3977	12137	11714	11391	868	1285
食品加工业	404	70157	809710	2675095	2615230	2488626	104910	111617
谷物磨制业	106	7109	74214	258398	251159	241064	9244	11525
饲料加工业	94	12528	184284	613274	598327	589241	24536	24955
食品制造业	247	36621	323799	1097125	1074856	1022843	51492	53350
焙烤食品制造业	31	4758	37209	118090	114150	111411	6658	4072
糕点、巧克力及蜜饯制造业	9	1189	11722	37439	36407	14123	1079	709
方便面制造业	56	5129	64446	203028	196287	198947	9713	13436
液体乳及乳制品制造业	10	5584	35164	114033	111068	116567	10711	6611
罐头食品制造业	29	4701	41485	134474	130073	109735	8145	4165
调味品、发酵制品业	47	10984	68403	223817	217479	354446	26895	16797
饮料制造业	166	24499	229442	811740	788732	752645	35761	54005
酒制造业	84	14009	127009	404515	388698	372771	26440	30888
啤酒制造业	10	3544	52049	161841	156957	163127	7437	20379
软饮料制造业	35	9652	60038	205552	199164	303443	2185	6693
制茶业	52	6930	31308	107539	105729	114033	4098	4600
烟草加工业	6	5212	337110	696945	680508	662709	98686	478889
纺织业	340	71669	547098	1740473	1681561	1608330	57544	60463
服装、鞋、帽制造业	84	22879	193550	639668	621209	596147	18129	19717
服装制造业	56	20626	162135	553501	535407	489233	11131	10881
制鞋业	9	3597	15283	50293	48731	49557	1336	1271
皮革、毛皮、羽绒及其制品业	138	28819	239120	724101	705240	675128	31785	37250
制革业	9	1112	10566	30391	29552	29901	1405	2275
皮革制品制造业	123	27044	228450	593277	577149	591673	26512	31394
木材加工及竹、藤、棕、草制品业	52	8221	70591	223572	217267	204531	11283	13606

续表

项目	企业个数	从业人员年平均人数	增加值	现价总产值	现价销售产值	营业收入	利润总额	上交税金
甲	1	2	3	4	5	6	7	8
家具制造	92	11950	118879	378930	368713	341108	15100	20181
木质家具制造业	47	11727	108522	249720	241349	233883	10805	9862
竹、藤家具制造业	1	168	2885	5172	5022	4780	431	384
造纸及纸制品业	143	22763	222507	780283	755667	714483	30313	38212
造纸业	90	14174	157333	541427	521641	508101	15107	19557
印刷业、记录媒介的复制	123	12836	119090	399486	388908	365197	23332	27080
文教体育用品制造业	7	1054	12908	38908	37823	35623	1634	2262
玩具制造业	2	518	2227	7799	7571	7253	511	316
石油加工、炼焦及核燃料加工业	39	7118	106505	372355	362851	341527	16609	20354
化学原料及化学制品制造业	360	85697	1065634	3391416	3274133	3072858	122213	173190
医药制造业	139	32619	493472	1711235	1664780	1605532	78377	96719
中药饮片加工	13	1366	22825	74181	71912	69848	3260	4422
中成药制造	27	8959	99998	278882	272279	258811	13269	12587
化学纤维制造业	9	2436	27527	95778	92597	86257	4541	5200
橡胶制品业	74	15714	127215	438787	426287	409225	26199	21699
塑料制品业	158	23554	207714	736896	713382	674155	40702	39047
非金属矿物制造业	527	159093	1709508	5168631	5028462	4796743	268413	300418
黑色金属冶练及压延加工业	136	21864	385318	1315183	1278734	1207840	60227	77259
有色金属冶练及压延加工业	115	24840	470312	1668208	1618564	1532092	67326	99167
金属制品业	260	55297	605723	2056110	1993766	1888958	75419	95875
通用设备制造业	335	77267	832421	2995857	2906446	2743986	119758	141689
专用设备制造业	143	18395	213959	755791	738098	707262	34933	48809
交通运输设备制造业	1672	366469	4104945	15126034	14711109	13937569	574085	662072
电气机械及器材制造业	218	35929	542311	1853489	1793521	1699097	105323	117122
电子及通信设备制造业	60	22878	408962	1256113	1234898	1118240	30711	57376
仪器仪表及文化办公用品机械制造业	91	16522	158049	538823	526188	503161	25269	34271
工艺品及其他制造业	59	9084	85272	280238	269911	252633	9874	11414
废弃资源和废旧材料回收加工业	21	4457	44045	140387	135263	129193	6542	9914
电力、热力的生产和供应业	113	28376	476047	1401844	1364116	1321822	63304	122579
燃气生产和供应业	50	6610	88202	290399	284358	273253	12392	18528
水的生产和供应业	55	7143	52292	156494	150831	144861	11133	9328

2010 年度重庆市中小企业固定资产投资情况

项目	代码	本年施工项目个数（个）	本年新开工项目个数(个)	本年投产项目个数（个）	本年完成投资额		本年固定资产投资资金来源(万元)							本年新增固定资产
					合计	其中:设备购置	1. 国家及有关部门扶持资金	2. 金融机构贷款	4. 引进资金		5. 自有资金	7. 其他资金	
									小计	其中:引进外资			
甲	乙	1	2	3	4	5	6	7	8	9	10	11	12
总计	01	15774	9817	8873	30506110	12941655	761332	2646963	1588015	2891823	14426041	11174061	14976229
其中:工业	03	9664	6503	7052	23247296	9969022	628852	1986289	839982	249508	7544031	7812843	11458286
在总计中:													
新建	1	5187	3404	2727	9945577	1662297	107229	1289787	983754	90607	6422650	1142228	6222197
扩建	2	4304	2732	2396	5385710	1363987	144118	665041	307964	184225	3784355	484271	3992974
改建	3	2787	1679	1576	2700601	891723	25033	182281	145843	11811	1999536	347929	1957058
其他	4	3496	2002	2174	12474221	9023648	484952	509855	150454	2540	2219499	9199633	2804000

2009～2010年重庆市各区县非公有制经济增加值占地区GDP比重

单位：万元、%

区县名称	2009年				2010年			
	地区GDP	非公经济	同比增长	占GDP比重	地区GDP	非公经济	同比增长	占GDP比重
万州区	3864546	2328446	26.6	60.3	5001318	3254510	39.8	65.1
涪陵区	3550379	1923111	23.2	54.2	4344866	2637285	37.1	60.7
渝中区	4683640	2388317	21.2	51.0	5530269	2890530	21.0	52.3
大渡口区	1495622	1053578	13.4	70.4	1772136	1252518	18.9	70.7
江北区	3253546	2124478	24.5	65.3	3913947	2606095	22.7	66.6
沙坪坝区	3476947	2363890	21.1	68.0	4195406	2942413	24.5	70.1
九龙坡区	5000291	3460201	17.9	69.2	5895846	4130246	19.4	70.1
南岸区	3001501	1997069	20.1	66.5	3512280	2353228	17.8	67.0
北碚区	1923567	1227723	23.7	63.8	2323726	1509675	23.0	65.0
万盛区	400125	186074	21.9	46.5	492747	235672	26.7	47.8
双桥区	315100	176863	21.4	56.1	400262	238595	34.9	59.6
渝北区	4594015	3054812	25.3	66.5	5736350	3777342	23.7	65.8
巴南区	2433339	1667612	22.6	68.5	3087180	2120640	27.2	68.7
黔江区	790985	380761	25.9	48.1	1001270	503462	32.2	50.3
长寿区	1763812	1038524	14.6	58.9	2286417	1336346	28.7	58.4
江津区	2492853	1496901	20.1	60.0	3029969	1858674	24.2	61.3
合川区	2287492	1424341	23.4	62.3	2444920	1544342	8.4	63.2
永川区	2440761	1611678	21.2	66.0	3000382	2004255	24.4	66.8
南川区	1147261	748394	14.9	65.2	1435465	941359	25.8	65.6
綦江县	1409650	830934	14.4	58.9	1672786	1056085	27.1	63.1
潼南县	955856	491638	16.6	51.4	1167882	603951	22.8	51.7
铜梁县	1277970	871576	17.2	68.2	1501846	1039277	19.2	69.2
大足县	1186283	692129	20.2	58.3	1450067	879364	27.1	60.6
荣昌县	1299825	872140	21.2	67.1	1599511	1092466	25.3	68.3
璧山县	1280463	909762	14.5	71.0	1527576	1100339	20.9	72.0
梁平县	925479	499556	20.5	54.0	1111066	601230	20.4	54.1
城口县	208889	132370	1.4	63.4	250064	162878	23.0	65.1
丰都县	657076	347068	14.8	52.8	771182	407825	17.5	52.9
垫江县	946825	555801	23.9	58.7	1138705	680901	22.5	59.8
武隆县	592003	320244	17.8	54.1	724155	375536	17.3	51.9
忠　县	936896	508464	21.2	54.3	1094111	602666	18.5	55.1
开　县	1230269	745380	14.3	60.6	1492810	914312	22.7	61.2
云阳县	746052	450499	10.9	60.4	857637	515324	14.4	60.1
奉节县	855842	501880	17.0	58.6	1029661	613567	22.3	59.6

续表

区县名称	2009年				2010年			
	地区GDP	非公经济	同比增长	占GDP比重	地区GDP	非公经济	同比增长	占GDP比重
巫山县	419065	238868	21.6	57.0	503060	299358	25.3	59.5
巫溪县	309436	171840	22.1	55.5	375962	210915	22.7	56.1
石柱县	539074	314194	20.6	58.3	648118	378192	20.4	58.4
秀山县	621158	346387	21.3	55.8	759080	430913	24.4	56.8
酉阳县	476985	200980	74.9	42.1	581616	227773	13.3	39.2
彭水县	581401	316161	21.7	54.4	663882	377646	19.4	56.9

注：本表数据由市统计局提供，同比增长按现行价计算。

2009~2010年重庆市各区县中小企业增加值占地区GDP比重

单位：万元、%

区县	地区GDP	中小企业增加值		增加值占GDP比重	
		2009年	2010年	2009年	2010年
万州区	5001318	1967876	2828376	50.92	56.55
涪陵区	4344866	1404339	2015306	39.55	46.38
渝中区	5530269	1626560	1969200	34.73	35.61
大渡口区	1772136	700472	840566	46.83	47.43
江北区	3913947	1578671	2013745	48.52	51.45
沙坪坝区	4195406	1491408	1543042	42.89	36.78
九龙坡区	5895846	2398946	2807502	47.98	47.62
南岸区	3512280	1362170	1844905	45.38	52.53
北碚区	2323726	1208978	1626785	62.85	70.01
万盛区	492747	112131	144504	28.02	29.33
双桥区	400262	144238	174538	45.78	43.61
渝北区	5736350	1873174	2185410	40.77	38.10
巴南区	3087180	1116013	1792136	45.86	58.05
黔江区	1001270	356710	617127	45.10	61.63
长寿区	2286417	697737	916264	39.56	40.07
江津区	3029969	1279651	1595149	51.33	52.65
合川区	2444920	1090776	1528944	47.68	62.54
永川区	3000382	1553187	2477050	63.64	82.56
南川区	1435465	476666	902433	41.55	62.87
綦江县	1672786	514651	787667	36.51	47.09
潼南县	1167882	217674	287221	22.77	24.59
铜梁县	1501846	632196	849591	49.47	56.57
大足县	1450067	620854	810732	52.34	55.91

续表

区县	地区 GDP	中小企业增加值		增加值占 GDP 比重	
		2009 年	2010 年	2009 年	2010 年
荣昌县	1599511	558645	731012	42.98	45.70
璧山县	1527576	758445	999462	59.23	65.43
梁平县	1111066	187285	230006	20.24	20.70
城口县	250064	51456	80608	24.63	32.23
丰都县	771182	160642	288547	24.45	37.42
垫江县	1138705	372073	575283	39.30	50.52
武隆县	724155	125792	135037	21.25	18.65
忠　县	1094111	368782	430624	39.36	39.36
开　县	1492810	358504	424369	29.14	28.43
云阳县	857637	132157	178558	17.71	20.82
奉节县	1029661	151486	187994	17.70	18.26
巫山县	503060	109698	151827	26.18	30.18
巫溪县	375962	82681	125085	26.72	33.27
石柱县	648118	247934	287002	45.99	44.28
秀山县	759080	264064	455149	42.51	59.96
酉阳县	581010	110313	210281	23.13	36.15
彭水县	663882	229585	312209	39.49	47.03

2010 年四川省规模以上中小工业企业生产指标（分地区）

单位：亿元、%

地区名称	企业个数（个）	工业总产值（现行价格）		新产品产值		工业销售产值（现行价格）		出口交货值	
		本月止累计	累计增长	本月止累计	累计增长	本月止累计	累计增长	本月止累计	累计增长
全省	13707	18356.18	41.31	2636.17	29.98	17953.86	40.98	322.71	34.34
成都市	3749	4712.17	25.57	721.14	2.80	4558.86	23.96	150.74	40.62
自贡市	572	885.04	51.11	207.15	67.60	877.37	51.65	5.92	-22.61
攀枝花市	404	532.1	50.19	7.24	1508.89	504.55	51.80	6.2	222.92
泸州市	595	784	59.28	130.28	102.64	778.84	58.58	4.56	117.14
德阳市	1029	1066.82	39.14	67.7	-3.16	1031.98	40.24	35.96	29.59
绵阳市	984	798.45	38.28	43.4	42.39	756.65	39.89	22.08	89.69
广元市	300	310.74	54.20	3.98	156.77	305.59	54.03	2.75	78.57
遂宁市	449	665.04	49.16	132.06	100.79	662.29	51.69	14.66	26.05
内江市	602	986.2	44.48	206.39	60.07	979.39	44.67	13.79	39.57
乐山市	795	1131.1	38.83	154.46	7.16	1086.96	36.14	21.82	-4.80
南充市	590	1182.93	46.24	196.22	49.35	1180.79	46.44	22.25	32.68
眉山市	598	771.24	54.03	90.76	12.58	760.45	53.45	5.28	42.32
宜宾市	521	823.01	52.13	35.44	39.64	814.95	55.26	4.53	8.37
广安市	347	552.42	49.57	112.97	50.29	549.39	46.34	4.17	94.86

续表

地区名称	企业个数（个）	工业总产值（现行价格）		新产品产值		工业销售产值（现行价格）		出口交货值	
		本月止累计	累计增长	本月止累计	累计增长	本月止累计	累计增长	本月止累计	累计增长
达州市	494	915.76	51.99	182.57	15.53	911.02	51.59	2.52	-37.78
雅安市	436	326.57	51.04	44.37	8.11	317.05	48.81	0.51	0.00
巴中市	104	175.6	46.37	30.33	49.56	171.85	46.58	0.89	41.27
资阳市	558	1005.81	45.96	244.85	67.77	991.61	46.15	1.49	8.76
阿坝州	87	78.39	56.44	0.67	179.17	75.74	59.39	0.38	-25.49
甘孜州	70	43.34	30.46	0	—	43.07	32.04	0.25	25.00
凉山州	423	609.44	58.25	24.17	23.95	595.45	58.30	1.96	2.08

2010年四川省规模以上中小工业企业经济效益指标(分地区)

单位:万元

地区	企业数(个)	资产合计		主营业务收入		利润总额		全部从业人员平均人数		亏损企业数(个)		利税总额		税金总额	
	本月止累计	本月止累计	比去年增减%	本月止累计	比去年增减%	本月止累计	比去年增减%	本月止累计	比去年增减%	本月止累计	比去年增减%	本月止累计	比去年增减%	本月止累计	比去年增减%
全省	13707	143136228	29.29	175284357.4	40.44	11435083.4	45.63	266168.8	15.75	1204	-9.13	20243572.6	45	8759539.4	43.95
成都市	3749	43489159	22.1	44247699.2	21.94	2951122.6	32.59	64709.2	13.89	438	0.23	4701742.3	29.91	1736836	25.23
自贡市	572	3371052.6	33.75	8770896.3	54.34	321261.5	120.32	11670.9	14.6	35	-12.5	818366	118.2	496999	117.19
攀枝花市	404	10458773.7	25.2	4921593.7	60.67	286213.4	57.83	5857.9	14.42	95	-20.17	513484.5	34.26	224006.6	13.55
泸州市	595	2954655.2	13.02	7793615.3	58.77	477560.3	42.72	9411.8	14.57	17	-39.29	982738	46.92	503049.5	51.39
德阳市	1029	10800711.9	88.1	10115098.6	43.94	735154.2	40.36	14922	5.28	62	-20.51	1011808.9	30.75	275874.5	11.3
绵阳市	984	6850019.9	24.39	7500773.8	41.58	549553.4	33.99	15646.7	21.42	89	-31.54	895968	36.23	345572.9	40.3
广元市	300	2326029.3	31.54	3125849.6	57.5	138849.3	69.68	4919.1	21.58	32	6.67	218453	57.66	66127.9	24.34
遂宁市	449	2907870.7	16.4	6692456.3	52.54	413685.4	36.41	10016.6	33.82	9	-10	993138.5	63.63	579401.5	90.84
内江市	602	3472781.2	21.95	9813341	42.5	611886.8	45.69	14056.6	10.04	7	40	1269422.5	41.42	657535.7	37.67
乐山市	795	10216069	25.3	9874184.3	34.46	708982.5	13.21	17340.7	7.33	105	-11.76	1207872.7	28.14	493717.6	56.48
南充市	590	8531476.9	29.46	11833787.2	46.49	736687.8	59.86	19770.7	31.13	13	8.33	1608927.8	58.4	872034.7	57.16
眉山市	598	5008546.6	19.17	7439116.5	51.37	373781.9	66.39	11418.9	8.98	52	20.93	672552.8	48.15	296539.6	29.49
宜宾市	521	4714907.7	32.42	7617965.1	59.01	615534.5	70.74	14082.8	13.99	30	0	1100040.2	62.27	484071.6	52.7
广安市	347	1695524.3	14.8	5510754.2	49.92	252896.6	38.98	9208.8	50.53	7	40	473830.6	42.47	220627.8	46.88
达州市	494	5935132.5	167.28	8965091.8	46.98	410583.7	90.53	10067.1	9.62	16	6.67	692557	63.23	281973.3	35.05
雅安市	436	5080900	11.77	2744111.7	38.75	245492.1	19.07	5711.7	9.12	60	15.38	406192.3	25.5	160700.2	37.14
巴中市	104	616812.4	5.76	1689885.8	48.11	29073.4	26.32	2443.1	12.14	9	28.57	89055.8	27.73	59900.5	28.26
资阳市	558	3267777.1	30.59	9778676.3	42.96	722131.3	60.85	13008	13.78	16	0	1163971.2	53.71	441272.8	43.25
阿坝州	87	3461795.9	9.46	785321.6	53.39	136649.3	141.14	1193.1	6.5	31	-24.39	199025.6	110.19	61224.2	64.78
甘孜州	70	1980151.8	20.25	433040	30.91	136456.6	70.78	817.8	17.77	13	-18.75	189949.1	54.2	53492.5	23.59
凉山州	423	5996080.3	30.62	5631099.1	57.25	581526.8	70.3	9895.3	20.32	68	-26.09	1034475.8	65.44	448581	58.17

2010年四川省规模以上中小工业企业生产主要指标（分行业）

行业名称	企业个数（个）	工业总产值（现行价格）		新产品产值		工业销售产值（现行价格）		出口交货值		产销率（%）
	本月止累计	本月止累计	累计增长（%）	本月止累计	累计增长（%）	本月止累计	累计增长（%）	本月止累计	累计增长（%）	本月止累计
总计	13707	18356.18	41.31	2636.17	29.98	17953.86	40.98	322.71	34.34	97.81
煤炭开采和洗选业	999	990.15	47.16	11.21	162.04	983.59	48.21	0.21	-15.11	99.34
石油和天然气开采业	17	117.85	285.16	0	-100	117.08	282.16	0.16	-100	99.34
黑色金属矿采选业	128	267.74	52.26	2.35	-67.4	257.21	51.78	0	-100	96.07
有色金属矿采选业	130	158.18	57.45	4.35	-23.37	152.45	57.69	0.5	-100	96.38
非金属矿采选业	199	235.65	75.44	9.6	30.82	229.75	74.48	0.7	161.05	97.5
其他采矿业	3	10.89	21.49	0	-100	10.71	21.99	0	-100	98.32
农副食品加工业	1100	1829.82	35.87	199.97	32.36	1806.99	36.61	7.94	-11.07	98.75
食品制造业	450	501.04	41.37	83.51	16.84	493.7	41.66	18.27	45.59	98.54
饮料制造业	521	810.28	49.85	129.67	47.25	792.99	48	1.31	-5.61	97.87
烟草制品业	6	9.5	4.92	2.82	8599.54	9.61	8.07	0	-100	101.08
纺织业	425	665.8	46.92	87.83	63.69	659.63	48.2	28.81	37.95	99.07
纺织服装、鞋、帽制造业	105	110.83	51.54	24.31	61.45	107.67	49.92	11.17	34.27	97.15
皮革、毛皮、羽毛（绒）及其制品业	211	300.88	31.41	123.9	7.94	296.85	30.98	30.06	39.13	98.66
木材加工及木、竹、藤、棕、草制品业	246	201.46	50.27	35.86	43.36	196.73	47.84	2.18	-23.01	97.65
家具制造业	187	201.54	59.34	15.25	-32.76	197.77	60.03	0.12	-16.29	98.13
造纸及纸制品业	352	386.33	42.82	42.82	25.01	375.43	41.34	0.26	45.1	97.18
印刷业和记录媒介的复制	197	124.97	26.98	14.08	61.38	121.48	28	0	-100	97.2
文教体育用品制造业	8	3.88	134.69	0.1	-100	3.79	137.98	1.02	20.53	97.78
石油加工、炼焦及核燃料加工业	83	399.81	33.95	86.47	40.3	394.73	36.43	0	-100	98.73
化学原料及化学制品制造业	1003	1391.75	40.15	184.05	4.09	1341.78	39.56	20.09	9.41	96.41
医药制造业	393	604.64	32.47	126.46	23.31	588.77	31.66	10.24	19.38	97.38
化学纤维制造业	19	58.05	38.67	14.98	74.19	57.69	42.88	2.79	-3.98	99.38
橡胶制品业	74	76.41	36.61	13.71	64.42	75.11	35.59	0.4	63.85	98.29
塑料制品业	439	422.8	36.04	59.64	30.95	414.47	36.11	0.96	-22.62	98.03
非金属矿物制品业	1608	1624.62	47.73	208.08	46.23	1584.27	46.39	8.71	55.15	97.52
黑色金属冶炼及压延加工业	342	722.75	36.92	117.32	11.07	707.77	37.36	0.5	-25.28	97.93
有色金属冶炼及压延加工业	214	495.19	49.73	39.56	32.28	487.9	48.79	6.82	113.85	98.53
金属制品业	529	515.17	37.54	59.55	32.52	503.59	37.69	4.6	-20.94	97.75

续表

行业名称	企业个数（个）	工业总产值（现行价格）		新产品产值		工业销售产值（现行价格）		出口交货值		产销率（%）
	本月止累计	本月止累计	累计增长（%）	本月止累计	累计增长（%）	本月止累计	累计增长（%）	本月止累计	累计增长（%）	本月止累计
通用设备制造业	1056	1172.17	44.86	207.84	45.73	1142.83	44.52	17.54	1.63	97.5
专用设备制造业	530	686.56	33.36	191.85	58.42	668.51	31.89	20.65	-0.98	97.37
交通运输设备制造业	498	977.17	48.03	233.14	58.11	956.7	48.34	7.16	17.55	97.91
电气机械及器材制造业	486	700.63	34.31	140.44	32.12	672.72	32.64	37.19	141.38	96.02
通信设备、计算机及其他电子设备制造业	293	451.68	20.44	125.02	-12.53	421.59	15.8	70.59	45.01	93.34
仪器仪表及文化、办公用机械制造业	91	80.63	20.98	19.8	6.44	78.44	24.34	2.68	22.11	97.29
工艺品及其他制造业	66	98.91	42.24	7.15	49.29	96.73	39.97	9.05	84.54	97.79
废弃资源和废旧材料回收加工业	31	24.94	74.08	1.76	150.54	23.74	69.33	0	-100	95.21
电力、热力的生产和供应业	431	734.49	30.61	7.25	37.03	733.11	30.67	0	-100	99.81
燃气生产和供应业	143	132.2	28.43	4.1	101.39	132.11	28.83	0	-100	99.93
水的生产和供应业	94	58.82	35.19	0.34	-21.91	57.86	34.95	0	-100	98.37

2010 年四川省规模以上中小工业企业经济效益主要指标(按行业)

行业名称	企业单位数	亏损企业		主营业务收入		利润总额		资产合计		全部从业人员平均人数		利税总额
	本月止累计(个)	本月止累计(个)	增减(%)	本月止累计(亿元)	增减(%)	本月止累计(亿元)	增减(%)	本月止累计(亿元)	增减(%)	本月止累计(亿元)	增减(%)	本月止累计(亿元)
总计	13707	1204	-9.13	17528.44	40.44	1143.51	45.63	14313.62	29.29	266.17	15.75	2024.36
煤炭开采和洗选业	999	64	-15.79	959.49	49.07	75.83	50.61	367.6	21.77	26.09	9.65	140.68
石油和天然气开采业	17	1	0	110.53	275.77	14.72	311.85	379.32	520.27	0.63	31.65	24.31
黑色金属矿采选业	128	20	-57.45	247.55	55.31	25.03	67.77	244.15	57.24	3.11	19.12	42.8
有色金属矿采选业	130	16	-33.33	150.16	60.44	23.17	134.06	138.6	25.99	3.4	24.97	36.76
非金属矿采选业	199	18	80	225.56	67.93	16.13	52.29	118.41	36.5	3.42	16.13	37.22
其他采矿业	3	1	-100	10.51	19.63	0.3	15.42	3.88	19.4	0.11	79.59	0.91
农副食品加工业	1100	76	2.7	1782.62	34.56	81.36	45.86	563.57	22.82	17.84	19.3	141.25
食品制造业	450	40	21.21	477.37	42.12	25.09	33.36	260.84	24.8	8.16	15.96	46.53
饮料制造业	521	27	3.85	777.17	46.43	55.35	30.54	369.39	14.66	8.1	13.86	119.49
烟草制品业	6	1	-100	9.42	4.52	1.45	18.89	21.34	33.98	0.46	48.6	1.81
纺织业	425	22	-51.11	637.65	46.45	29.35	85.23	267.76	22.32	13.66	12.27	60.14
纺织服装、鞋、帽制造业	105	6	100	107.82	51.5	6.41	162.57	42.91	39.31	2.65	13.82	11.44
皮革、毛皮、羽毛(绒)及其制品业	211	12	0	276.1	33.72	10.67	67.31	91.1	7.63	5.76	22.53	19.31
木材加工及木、竹、藤、棕、草制品业	246	18	-14.29	195.01	45.69	10.31	59.35	109.04	30.45	3.61	22.93	17.2
家具制造业	187	2	-50	192.86	59.08	9.91	97.57	89.73	70.7	3.1	24.86	14.38
造纸及纸制品业	352	26	-27.78	358.88	39.4	16.61	56.56	228.04	31.02	6.13	11.79	32.71
印刷业和记录媒介的复制	197	14	-6.67	120.54	27.89	8.53	22.23	74.68	12.13	2.32	13.97	13.62
文教体育用品制造业	8	0	-100	3.63	127.33	0.18	132.48	6.29	1329.53	0.04	63.97	0.25
石油加工、炼焦及核燃料加工业	83	7	-12.5	387.37	33.44	22.27	21.32	197.97	20.59	2.15	10.49	65.92
化学原料及化学制品制造业	1003	109	-26.35	1313.26	42.74	90.94	62.3	1124.96	27.64	17.25	8.32	146.12

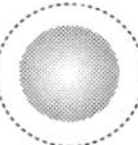

医药制造业	393	39	-11. 36	573. 81	34. 07	54. 71	37. 96	458. 42	16. 23	9. 47	16. 78	91. 89
化学纤维制造业	19	2	-33. 33	53. 93	31. 96	2. 57	114. 28	48. 71	32. 82	0. 67	11. 39	3. 9
橡胶制品业	74	5	0	73. 89	47. 82	4. 8	68. 67	39. 74	33. 29	1. 98	14. 6	8. 58
塑料制品业	439	33	13. 79	414. 38	34. 59	24. 25	34. 2	230. 67	19. 22	6. 03	9. 62	39. 42
非金属矿物制品业	1608	171	8. 23	1551. 4	46. 03	99. 6	23. 12	1141. 19	29. 17	29. 57	13. 9	172. 09
黑色金属冶炼及压延加工业	342	51	-17. 74	697. 63	36. 04	22. 77	-18. 01	311. 25	30. 86	6. 12	19. 15	43. 47
有色金属冶炼及压延加工业	214	42	-30	485. 59	45. 33	10. 52	79. 75	313. 6	34. 59	3. 8	13. 34	21. 23
金属制品业	529	52	20. 93	497. 6	35. 21	28. 14	70. 12	305. 95	31. 22	7. 14	22. 03	46. 06
通用设备制造业	1056	72	-6. 49	1110. 78	44. 7	57. 62	59. 35	1010. 37	108. 57	14. 87	14. 93	98. 26
专用设备制造业	530	36	9. 09	634. 83	34. 34	52. 1	35. 48	505. 87	20. 1	10. 06	18. 05	80. 42
交通运输设备制造业	498	36	9. 09	954. 58	45. 73	58. 12	28. 24	663. 07	28	13. 3	17. 88	118. 38
电气机械及器材制造业	486	38	0	651. 15	32. 4	39. 31	78. 91	561. 25	61. 19	9. 25	42. 32	66. 99
通信设备、计算机及其他电子设备制造业	293	26	-23. 53	391. 17	18. 59	34. 25	55. 65	491. 38	26. 13	9. 7	38. 3	46. 7
仪器仪表及文化、办公用机械制造业	91	6	0	73. 8	29. 84	6. 61	25. 18	86. 3	21. 2	1. 2	16. 36	9. 81
工艺品及其他制造业	66	5	0	92. 78	32. 69	2. 14	49. 6	33. 11	17. 36	1. 14	9. 31	3. 75
废弃资源和废旧材料回收加工业	31	3	-25	23. 38	68. 72	1. 69	67. 4	17. 1	61. 2	0. 26	45. 2	2. 48
电力、热力生产和供应业	431	86	-3. 37	711. 13	24. 9	92. 75	46. 38	2988. 72	8. 66	10. 26	2. 76	156. 16
燃气生产和供应业	143	5	0	138. 86	29. 31	17. 75	23. 39	168. 16	23. 32	1. 7	6. 48	28. 75
水的生产和供应业	94	16	14. 29	54. 25	31. 05	10. 19	45. 32	239. 2	26. 58	1. 68	6. 04	13. 19

2010 年度陕西省中小企业主要指标统计情况（一）

单位：个、人、万元

项目	2010 年			2010 年比 2009 年增长（%）		
	增加值	利润总额	实交税金	增加值	利润总额	实交税金
陕西省	45968079	11585784	5336333	23	28.9	26.5
西安市	16394465	3761403	2106888	14.74	18.46	25.91
铜川市	901142	130486	122794	21.34	79.7	17.37
宝鸡市	4169731	730238	324673	20.97	30.42	30.24
咸阳市	5420832	804388	234917	24.79	76.22	49.41
渭南市	3507412	484974	259353	36.22	45.03	23.05
汉中市	2536809	275099	144417	20.53	27.4	22.67
安康市	1483569	499385	171156	30.15	27.5	19.87
商洛市	1149212	228643	104250	19.56	3.4	23.92
延安市	1587408	732424	209973	28.53	37	18.89
榆林市	8561792	3851747	1642939	37.71	119.43	88.73
杨凌区	255707	86997	14973	31.49	39.26	24.7

2010 年度陕西省中小企业主要指标统计情况（二）

单位：个、人、万元

项目	2010 年					2010 年比 2009 年增长（%）	
	企业个数			年末人数	营业收入	年末人数	营业收入
	小计	法人企业	个体经营户				
陕西省	1379938	141826	1238112	7005193	128618644	6.42	27
西安市	376234	58402	317832	2084033	53897420	4.56	32.55
铜川市	29274	2599	26675	150728	2173757	4.02	23.56
宝鸡市	165140	10365	154775	957715	14647378	6.04	25.36
咸阳市	143855	28854	115001	769356	13428294	8.44	28.67
渭南市	154693	10015	144678	801422	9552259	6.18	37.66
汉中市	130650	8735	121915	632773	5951935	3.23	19.35
安康市	92414	5122	87292	310303	4399739	4.4	24.71
商洛市	89384	3771	85613	381787	2747937	1.47	25.6
延安市	70360	5826	64534	274803	5373524	6.09	26.96
榆林市	122930	6718	116212	608024	15724362	22.05	37.82
杨凌区	5004	1419	3585	34249	722039	5.45	19.27

2010 年度陕西省中小企业主要指标统计情况（三）

单位：个、人、万元%

项 目	2010 年			2010 年比 2009 年增长		
	劳动者报酬	固定资产投资总额	资产总计	劳动者报酬	固定资产投资总额	资产总计
陕西省	7808330	25285192	87884643	26	32.08	33.58
西安市	2066101	17331065	39418550	28.37	37.27	55.85
铜川市	151869	152935	1545316	41	58.14	8.23
宝鸡市	989768	973488	8353379	25.15	8.8	1.7
咸阳市	813626	1197113	3948741	35.54	23.36	25.38
渭南市	757076	1319764	6010109	23.59	15.72	26.16
汉中市	571940	621200	3477816	23.5	32.71	8.62
安康市	451105	608568	4061529	13.83	39.33	37.26
商洛市	452451	677366	1937144	30.97	49.6	-3.61
延安市	349349	301127	2376308	22.56	18.9	37.08
榆林市	1120049	1700365	15817051	54.77	20.84	30.19
杨凌区	84996	402201	938700	9.55	1.04	5.66

2010 年甘肃省规模以上工业中小企业增加值及增长速度表

指标名称	单位	工业增加值（现价）				工业增加值速度（可比价）	
		本月	本月止累计	同月	去年同月止累计	本月	本月止累计
全部规模以上中小企业	千元	6463286.06	57112174.32	4442493.04	40994369.34	31.21	26.16
中型企业	千元	2585184.75	25108252.62	1913633.32	19544661.83	22.90	17.70
小型企业	千元	3878101.31	32003921.70	2528859.72	21449707.51	37.40	33.70

2010 年甘肃省规模以下工业中小企业主要指标表

单位：亿元、个、人

指标名称	增加值	企业单位数	期末从业人数	工业总产值
全部规模以下工业	78.92	59824	433288	219.7
规模以下工业企业		9264	201018	151.42
规模以下个体工业		50560	232270	68.28

2010 年甘肃省规模以上工业中小

地址码	地址名称	企业单位数	亏损企业			应收帐款			存货			其中：产成品		
		本月止累计（个）	本月止累计（个）	去年同期（个）	增减（%）	本月止累计（亿元）	去年同期（亿元）	增减（%）	本月止累计（亿元）	去年同期（亿元）	增减（%）	本月止累计（亿元）	去年同期（亿元）	增减（%）
全省	620000	1955	423	494	-14.37	236.22	174.40	35.45	330.09	216.87	52.21	136.09	114.12	19.25
兰州市	620100	463	86	99	-13.13	72.67	62.03	17.15	141.45	98.10	44.19	41.76	34.66	20.48
嘉峪关	620200	44	13	24	-45.83	9.68	10.18	-4.91	12.25	8.84	38.57	5.71	5.45	4.77
金昌	620300	53	17	25	-32.00	2.85	2.93	-2.73	10.19	7.28	39.97	4.28	3.61	18.56
白银	620400	188	44	52	-15.38	19.17	13.58	41.16	22.72	13.85	64.04	12.06	10.84	11.25
天水	620500	165	43	40	7.50	24.57	20.55	19.56	24.56	18.82	30.50	10.29	7.87	30.75
武威	620600	185	25	27	-7.41	8.06	7.84	2.81	11.84	7.27	62.86	6.03	5.11	18.00
张掖	620700	159	27	41	-34.15	22.48	17.13	31.23	24.52	18.04	35.92	18.38	14.88	23.52
平凉	620800	88	22	16	37.50	5.97	4.81	24.12	10.38	5.79	79.27	5.55	3.82	45.29
酒泉	620900	173	44	53	-16.98	14.59	10.94	33.36	14.54	11.99	21.27	8.61	9.18	-6.21
庆阳	621000	71	8	8	0.00	2.85	1.85	54.05	4.13	3.87	6.72	1.84	1.67	10.18
定西	621100	79	19	24	-20.83	3.98	3.72	6.99	6.42	5.17	24.18	4.26	1.71	149.12
陇南	621200	114	25	32	-21.88	10.54	9.75	8.10	11.89	7.15	66.29	5.22	6.69	-21.97
临夏	622900	66	10	18	-44.44	4.92	4.03	22.08	7.50	3.63	106.61	2.22	2.90	-23.45
甘南	623000	46	18	18	0.00	4.23	2.87	47.39	2.58	1.39	85.61	1.94	0.82	136.59

企业主要效益指标表（分地区）

主营业务收入			利润总额			亏损企业亏损总额			税金总额			全部从业人员平均人数		
本月止累计（亿元）	去年同期（亿元）	增减（%）	本月止累计（亿元）	去年同期（亿元）	增减（%）	本月止累计（亿元）	去年同期（亿元）	增减（%）	本月止累计（亿元）	去年同期（亿元）	增减（%）	本月止累计（人）	去年同期（人）	增减（%）
1597.40	1188.84	34.37	90.75	52.55	72.69	23.78	27.17	-12.48	115.80	94.57	22.45	397370.00	385086.00	3.19
575.97	455.42	26.47	31.93	23.31	36.98	5.59	6.70	-16.57	68.74	57.58	19.38	112152.00	109200.00	2.70
71.58	57.16	25.23	8.02	7.68	4.43	0.24	1.07	-77.57	3.50	3.26	7.36	10722.00	9857.00	8.78
47.84	37.61	27.20	2.33	1.04	124.04	0.58	0.76	-23.68	1.59	1.06	50.00	8904.00	9116.00	-2.33
154.38	113.59	35.91	6.24	2.32	168.97	3.82	3.62	5.52	7.61	6.51	16.90	35956.00	34894.00	3.04
101.57	81.63	24.43	2.24	1.32	69.70	3.32	3.64	-8.79	4.69	3.63	29.20	34912.00	36056.00	-3.17
110.04	76.55	43.75	3.71	2.60	42.69	0.69	0.62	11.29	3.57	2.81	27.05	52373.00	52318.00	0.11
100.16	85.91	23.57	7.48	4.32	73.15	0.57	0.72	-20.83	4.67	3.90	19.74	25939.00	23466.00	10.54
66.26	43.54	52.18	1.07	-0.08	1437.50	4.68	3.84	21.88	2.91	2.47	17.81	22041.00	18945.00	16.34
79.78	62.00	28.68	5.39	0.78	591.03	1.36	2.56	-46.88	3.17	2.61	21.46	22342.00	22031.00	1.41
36.77	28.07	30.99	0.96	0.89	7.87	0.09	0.10	-10.00	2.88	2.19	31.51	11410.00	11115.00	2.65
30.19	23.37	29.18	1.32	0.56	135.71	0.56	0.48	16.67	1.32	1.20	10.00	12393.00	12365.00	0.23
63.57	40.09	58.57	9.61	4.14	132.13	0.65	0.98	-33.67	5.71	4.19	36.28	21822.00	21153.00	3.16
40.42	31.97	26.43	2.42	0.63	284.13	0.84	1.31	-35.88	2.24	1.57	42.68	12969.00	13296.00	-2.46
19.89	17.48	13.79	3.28	2.51	30.68	0.41	0.46	-10.87	1.57	1.19	31.93	4861.00	4860.00	0.02

2010年甘肃省规模以上工业中小

行业名称	企业单位数	亏损企业			应收帐款			存货			其中：产成品		
	本月止累计（个）	本月止累计（个）	去年同期（个）	增减（%）	本月止累计（亿元）	去年同期（亿元）	增减（%）	本月止累计（亿元）	去年同期（亿元）	增减（%）	本月止累计（亿元）	去年同期（亿元）	增减（%）
总计	1955	423	494	-14.37	236.22	174.40	35.45	330.09	216.87	52.21	136.09	114.12	19.25
06 煤炭开采和洗选业	84	7	8	-12.50	2.81	2.60	8.08	2.88	2.46	17.07	2.06	1.86	10.75
07 石油和天然气开采业	7	0	0	-100.00	0.22	0.20	10.00	0.36	0.34	5.88	0.02	0.01	100.00
08 黑色金属矿采选业	51	14	23	-39.13	2.42	1.92	26.04	3.08	3.16	-2.53	2.64	3.01	-12.29
09 有色金属矿采选业	77	22	23	-4.35	8.11	8.79	-7.74	8.66	6.54	32.42	6.22	6.42	-3.12
10 非金属矿采选业	28	4	9	-55.56	1.05	0.85	23.53	1.12	0.97	15.46	0.80	0.79	1.27
11 其他采矿业	0	0	0	-100.00	0.00	0.00	-100.00	0.00	0.00	-100.00	0.00	0.00	-100.00
13 农副食品加工业	258	43	41	4.88	15.65	11.33	38.13	34.52	23.64	46.02	23.26	18.03	29.01
14 食品制造业	68	16	20	-20.00	2.46	1.69	45.56	6.71	5.18	29.54	4.59	3.60	27.50
15 饮料制造业	85	24	26	-7.69	11.39	8.56	33.06	26.83	14.74	82.02	15.27	9.84	55.18
16 烟草制品业	2	1	1	0.00	5.86	5.87	-0.17	29.91	27.72	7.90	0.69	0.51	35.29
17 纺织业	30	3	6	-50.00	0.69	0.48	43.75	2.11	1.41	49.65	0.68	1.02	-33.33
18 纺织服装、鞋、帽制造业	7	2	2	0.00	0.47	0.50	-6.00	0.58	0.52	11.54	0.27	0.31	-12.90
19 皮革、毛皮、羽毛（绒）及其制品业	11	2	2	0.00	2.06	1.24	66.13	4.99	1.36	266.91	1.06	1.10	-3.64
20 木材加工及木、竹、藤、棕、草制品业	6	2	1	100.00	0.13	0.10	30.00	0.11	0.12	-8.33	0.07	0.12	-41.67
21 家具制造业	4	0	2	-100.00	0.12	0.08	50.00	0.12	0.08	50.00	0.06	0.07	-14.29
22 造纸及纸制品业	22	6	7	-14.29	0.51	0.30	70.00	1.53	1.50	2.00	0.98	1.00	-2.00
23 印刷业和记录媒介的复制	18	6	6	0.00	0.95	0.66	43.94	1.00	0.86	16.28	0.34	0.57	-40.35
24 文教体育用品制造业	1	0	0	-100.00	0.03	0.00	-100.00	0.03	0.00	-100.00	0.02	0.00	-100.00
25 石油加工、炼焦及核燃料加工业	17	3	5	-40.00	0.81	0.77	5.19	7.72	5.90	30.85	3.42	2.93	16.72
26 化学原料及化学制品制造业	141	25	42	-40.48	10.87	8.98	21.05	22.49	14.84	51.55	10.65	8.59	23.98
27 医药制造业	61	13	12	8.33	9.02	9.68	-6.82	11.44	10.98	4.19	5.43	5.41	0.37
28 化学纤维制造业	3	0	0	-100.00	0.02	0.01	100.00	0.03	0.03	0.00	0.02	0.02	0.00
29 橡胶制品业	5	2	2	0.00	0.34	0.13	161.54	0.44	0.30	46.67	0.26	0.23	13.04

企业主要效益指标表（分行业）

主营业务收入			利润总额			亏损企业亏损额			税金总额			全部从业人员平均人数		
本月止累计（亿元）	去年同期（亿元）	增减（%）	本月止累计（亿元）	去年同期（亿元）	增减（%）	本月止累计（亿元）	去年同期（亿元）	增减（%）	本月止累计（亿元）	去年同期（亿元）	增减（%）	本月止累计（人）	去年同期（人）	增减（%）
1597.40	1188.84	34.37	90.75	52.55	72.69	23.78	27.17	-12.48	115.80	94.57	22.45	397370.00	385086.00	3.19
48.94	30.11	62.54	6.95	4.52	53.76	0.16	0.13	23.08	4.33	3.01	43.85	24780.00	22314.00	11.05
10.51	8.50	23.65	0.50	0.45	11.11	0.00	0.00	-100.00	2.08	1.68	23.81	3041.00	2911.00	4.47
19.49	16.29	19.64	0.86	0.57	50.88	0.11	0.22	-50.00	0.68	0.38	78.95	5496.00	5375.00	2.25
39.09	27.91	40.06	6.76	3.77	79.31	0.46	0.43	6.98	3.19	2.32	37.50	14895.00	13679.00	8.89
8.02	6.84	17.25	0.42	0.31	35.48	0.01	0.03	-66.67	0.41	0.34	20.59	3943.00	4434.00	-11.07
0.00	0.00	-100.00	0.00	0.00	0.00	0.00	0.00	-100.00	0.00	0.00	-100.00	0.00	0.00	-100.00
124.51	99.47	25.20	5.36	3.44	55.81	0.80	0.75	6.67	1.76	1.20	46.67	35320.00	35134.00	0.53
32.43	24.21	33.95	0.78	0.56	39.29	0.36	0.63	-42.86	0.80	0.82	-2.44	12305.00	11246.00	9.42
75.56	58.22	29.78	3.90	2.52	54.76	0.91	1.01	-9.90	6.02	4.61	30.59	20247.00	18097.00	11.88
78.47	64.49	21.68	5.99	6.37	-5.97	0.02	0.02	0.00	51.25	39.36	30.21	2420.00	2208.00	9.60
11.08	9.24	19.91	0.31	0.30	3.33	0.02	0.08	-75.00	0.22	0.19	15.79	7061.00	6831.00	3.37
1.99	1.68	18.45	0.14	0.09	55.56	0.01	0.01	0.00	0.04	0.03	33.33	1892.00	1923.00	-1.61
8.82	7.88	11.93	0.58	0.51	13.73	0.22	0.06	266.67	0.28	0.25	12.00	2071.00	2162.00	-4.21
0.89	1.01	-11.88	0.01	0.00	0.00	0.01	0.00	-100.00	0.01	0.02	-50.00	814.00	931.00	-12.57
0.32	0.30	6.67	0.01	0.00	0.00	0.00	0.01	-100.00	0.02	0.02	0.00	980.00	980.00	0.00
8.84	6.60	33.94	-0.05	0.08	-162.50	0.26	0.08	225.00	0.13	0.13	0.00	6178.00	5635.00	9.64
5.04	4.06	24.14	0.07	0.03	133.33	0.04	0.03	33.33	0.14	0.17	-17.65	3973.00	3731.00	6.49
0.43	0.31	38.71	0.03	0.03	0.00	0.00	0.00	-100.00	0.01	0.00	-100.00	120.00	120.00	0.00
37.01	28.85	28.28	1.21	0.47	157.45	0.37	0.36	2.78	0.52	1.04	-50.00	1701.00	1662.00	2.35
144.39	104.73	37.87	4.37	-0.06	7383.33	1.88	3.53	-46.74	4.24	3.69	14.91	31291.00	30586.00	2.30
43.58	33.58	29.78	7.81	6.46	20.90	0.22	0.08	175.00	2.43	3.26	-25.46	12307.00	11546.00	6.59
0.44	0.32	37.50	0.00	0.00	0.00	0.00	0.00	-100.00	0.00	0.00	-100.00	215.00	210.00	2.38
1.37	0.93	47.31	0.02	-0.02	200.00	0.01	0.02	-50.00	0.05	0.02	150.00	988.00	1278.00	-22.69

行业名称	企业单位数	亏损企业			应收帐款			存货			其中：产成品		
	本月止累计（个）	本月止累计（个）	去年同期（个）	增减（%）	本月止累计（亿元）	去年同期（亿元）	增减（%）	本月止累计（亿元）	去年同期（亿元）	增减（%）	本月止累计（亿元）	去年同期（亿元）	增减（%）
30 塑料制品业	67	14	11	27.27	4.31	2.64	63.26	5.54	3.87	43.15	3.61	3.12	15.71
31 非金属矿物制品业	201	38	31	22.58	18.58	13.73	35.32	20.20	13.60	48.53	10.39	7.97	30.36
32 黑色金属冶炼及压延加工业	107	27	46	-41.30	9.47	8.83	7.25	28.07	17.27	62.54	11.02	11.27	-2.22
33 有色金属冶炼及压延加工业	47	11	8	37.50	8.70	3.61	141.00	39.16	18.16	115.64	8.55	6.30	35.71
34 金属制品业	62	12	15	-20.00	16.54	10.58	56.33	8.57	5.44	57.54	4.39	3.91	12.28
35 通用设备制造业	76	16	24	-33.33	11.75	9.00	30.56	13.63	11.26	21.05	4.81	4.27	12.65
36 专用设备制造业	61	13	16	-18.75	9.82	8.93	9.97	8.91	7.41	20.24	3.15	3.47	-9.22
37 交通运输设备制造业	21	6	7	-14.29	6.87	4.62	48.70	4.79	3.38	41.72	1.76	1.68	4.76
39 电气机械及器材制造业	58	13	9	44.44	39.98	14.90	168.32	25.00	9.58	160.96	7.14	4.26	67.61
40 通信设备、计算机及其他电子设备制造业	8	2	2	0.00	3.96	4.03	-1.74	4.43	1.69	162.13	1.06	1.12	-5.36
41 仪器仪表及文化、办公用机械制造业	7	3	4	-25.00	0.95	0.54	75.93	0.68	0.53	28.30	0.30	0.39	-23.08
42 工艺品及其他制造业	8	3	2	50.00	0.17	0.06	183.33	1.34	0.39	243.59	0.32	0.35	-8.57
43 废弃资源和废旧材料回收加工业	1	0	1	-100.00	0.06	0.05	20.00	0.17	0.00	-100.00	0.11	0.00	-100.00
44 电力、热力的生产和供应业	220	63	67	-5.97	28.04	27.37	2.45	2.73	1.53	78.43	0.62	0.50	24.00
45 燃气生产和供应业	4	0	1	-100.00	0.22	0.17	29.41	0.00	0.04	-100.00	-0.01	0.04	-125.00
46 水的生产和供应业	21	7	12	-41.67	0.81	0.61	32.79	0.22	0.05	340.00	0.06	0.00	-100.00

续表

主营业务收入			利润总额			亏损企业亏损额			税金总额			全部从业人员平均人数		
本月止累计（亿元）	去年同期（亿元）	增减（%）	本月止累计（亿元）	去年同期（亿元）	增减（%）	本月止累计（亿元）	去年同期（亿元）	增减（%）	本月止累计（亿元）	去年同期（亿元）	增减（%）	本月止累计（人）	去年同期（人）	增减（%）
26.08	20.87	24.96	0.92	0.72	27.78	0.25	0.15	66.67	0.53	0.40	32.50	11289.00	11061.00	2.06
135.85	97.52	39.30	14.45	10.30	40.29	0.90	0.43	109.30	8.10	6.59	22.91	39227.00	38723.00	1.30
150.08	118.55	26.60	4.60	0.22	1990.91	0.70	1.71	-59.06	4.12	3.91	5.37	20529.00	19177.00	7.05
89.38	65.28	36.92	7.14	2.94	142.86	0.34	0.70	-51.43	1.89	1.81	4.42	13996.00	14012.00	-0.11
53.31	28.50	87.05	2.39	0.93	156.99	0.09	0.09	0.00	1.47	1.00	47.00	10746.00	8877.00	21.05
45.71	33.20	37.68	1.80	1.31	37.40	0.39	0.47	-17.02	1.91	1.16	64.66	16282.00	16630.00	-2.09
29.88	28.55	4.66	0.89	1.18	-24.58	0.84	0.73	15.07	0.99	0.92	7.61	12267.00	12993.00	-5.59
24.41	21.78	12.08	1.42	1.23	15.45	0.05	0.09	-44.44	0.28	0.27	3.70	7641.00	7629.00	0.16
104.99	55.09	90.58	3.67	1.57	133.76	0.63	0.16	293.75	2.03	0.98	107.14	12844.00	13585.00	-5.45
7.10	5.45	30.28	0.49	0.14	250.00	0.00	0.00	-100.00	0.32	0.18	77.78	5549.00	5891.00	-5.81
2.48	1.98	25.25	0.20	0.06	233.33	0.01	0.07	-85.71	0.13	0.09	44.44	1284.00	1283.00	0.08
2.47	0.66	274.24	0.04	0.00	0.00	0.01	0.00	-100.00	0.00	0.01	-100.00	1125.00	912.00	23.36
1.30	0.43	202.33	0.69	-0.10	790.00	0.00	0.10	-100.00	0.17	0.04	325.00	543.00	560.00	-3.04
204.07	162.06	25.92	4.85	1.22	297.54	13.55	14.64	-7.45	14.65	14.30	2.45	44068.00	43250.00	1.89
10.83	7.43	45.76	0.70	0.65	7.69	0.00	0.02	-100.00	0.17	0.06	183.33	1925.00	1450.00	32.76
8.23	5.98	37.63	0.48	-0.22	318.18	0.17	0.34	-50.00	0.44	0.31	41.94	6017.00	6060.00	-0.71

2010年甘肃省规模以上工业中小企业主要效益指标总表

指标名称	企业单位数	亏损企业			应收账款			存货		
	本月止累计(个)	本月止累计(个)	去年同期(个)	增减(%)	本月止累计(万元)	去年同期(万元)	增减(%)	本月止累计(万元)	去年同期(万元)	增减(%)
总计	1955	423	494	-14.37	2362196.20	1743963.60	35.45	3300923.70	2168650.70	52.21
在总计中:1 国有企业	243	61	72	-15.28	374522.80	330816.20	13.21	670235.90	408093.90	64.24
2 集体企业	107	16	22	-27.27	88182.00	70381.00	25.29	87204.60	71400.20	22.13
3 股份合作制企业	36	9	11	-18.18	22312.20	12100.00	84.40	30198.10	10897.40	177.11
4 股份制企业	1342	311	361	-13.85	2086368.10	1509811.60	38.19	4223583.90	2725258.90	54.98
5 外商及港澳台投资企业	50	8	11	-27.27	139224.90	132645.10	4.96	147444.80	68389.90	115.59
6 其它企业	193	21	21	0.00	49153.40	44811.10	9.69	101936.10	59354.40	71.74
在总计中:亏损企业	9	9	12	-25.00	33216.90	30154.40	10.16	42108.80	37061.70	13.62
在总计中:国有控股企业	421	112	120	-6.67	1266243.70	873696.70	44.93	1711613.50	1040822.50	64.45
其中:亏损企业	12	4	5	-20.00	9128.40	9983.80	-8.57	11023.00	13638.90	-19.18
其中:中央企业	2	2	2	0.00	767.10	727.10	5.50	1309.10	1401.10	-6.57
在总计中:新建企业	100	19	13	46.15	328857.20	18484.90	1679.06	289198.40	39800.60	626.62
在总计中:大中型工业	197	35	49	-28.57	1025180.30	874596.00	17.22	1649686.50	1088801.10	51.51
其中:国有控股企业	105	25	24	4.17	708001.60	600530.20	17.90	1230646.10	830496.20	48.18
其中:亏损企业	4	2	2	0.00	6502.10	5224.10	24.46	6137.10	10130.10	-39.42
在总计中:1 国有控股	421	112	120	-6.67	1266243.70	873696.70	44.93	1711613.50	1040822.50	64.45
2 集体控股	215	42	53	-20.75	213140.20	186003.80	14.59	272147.40	223038.80	22.02
3 私人控股	1219	246	292	-15.75	743997.30	560377.00	32.77	1128415.40	807495.80	39.74
4 港澳台商控股	9	2	2	0.00	28995.50	23902.50	21.31	37969.70	17622.40	115.46
5 外商控股	18	2	3	-33.33	53109.70	52581.60	1.00	83035.70	36558.30	127.13
6 其他	73	19	24	-20.83	56709.80	47402.00	19.64	67742.00	43112.90	57.13

续表

指标名称	其中:产成品			主营业务收入			利润总额		
	本月止累计(个)	去年同期(个)	增减(%)	本月止累计(万元)	去年同期(万元)	增减(%)	本月止累计(万元)	去年同期(万元)	增减(%)
总计	1360874.30	1141166.00	19.25	15974008.90	11888423.30	34.37	907500.50	525451.30	72.71
在总计中:1 国有企业	186514.90	153165.50	21.77	2680144.20	2056847.40	30.30	151031.30	88596.20	70.47
2 集体企业	53603.70	45755.50	17.15	666105.10	514915.90	29.36	41418.60	29983.20	38.14
3 股份合作制企业	12456.00	8694.30	43.27	206413.80	149693.20	37.89	6394.00	14427.20	-55.68
4 股份制企业	1488127.50	1150502.10	29.35	22258247.20	17387351.60	28.01	770778.00	651984.60	18.22
5 外商及港澳台投资企业	79928.40	44710.10	78.77	912083.10	793974.10	14.88	72648.80	48260.20	50.54
6 其它企业	58839.80	42594.90	38.14	750887.40	538555.00	39.43	37271.00	21039.20	77.15
在总计中:亏损企业	14908.90	17641.90	-15.49	330683.90	269558.20	22.68	-8935.00	-12141.70	26.41
在总计中:国有控股企业	451812.70	358079.80	26.18	7835930.50	5624883.00	39.31	410652.30	217920.40	88.44
其中:亏损企业	5592.60	5230.30	6.93	154571.30	105168.70	46.97	197.40	-185862.90	100.11
其中:中央企业	526.70	343.10	53.51	51231.20	35567.40	44.04	-6244.60	-9686.50	35.53
在总计中:新建企业	78037.30	24352.10	220.45	1349413.90	402550.70	235.22	79077.80	-1556.90	5179.18
在总计中:大中型工业	472711.70	399074.10	18.45	7472421.70	5908042.90	26.48	497120.90	354981.50	40.04
其中:国有控股企业	286066.20	244991.50	16.77	5128098.10	3979641.90	28.86	282807.60	206421.30	37.01
其中:亏损企业	3765.70	3660.80	2.87	89647.20	57383.40	56.22	-4985.60	-9133.50	45.41
在总计中:1 国有控股	451812.70	358079.80	26.18	7835930.50	5624883.00	39.31	410652.30	217920.40	88.44
2 集体控股	143785.10	147397.20	-2.45	1600646.90	1347980.60	18.74	129376.20	122887.00	5.28
3 私人控股	671230.30	578598.90	16.01	5648750.70	4172264.20	35.39	272684.90	125148.40	117.89
4 港澳台商控股	30363.50	14595.10	108.04	98029.50	62340.60	57.25	9427.50	3990.30	136.26
5 外商控股	41337.80	17842.40	131.68	398582.20	366432.50	8.77	46068.80	33056.70	39.36
6 其他	22344.90	24652.60	-9.36	392069.10	314522.40	24.66	39290.80	22448.50	75.03

续表

指标名称	亏损企业亏损总额			税金总额			全部从业人员平均人数		
	本月止累计(个)	去年同期（个）	增减(%)	本月止累计(万元)	去年同期（万元）	增减(%)	本月止累计(万元)	去年同期（万元）	增减(%)
总计	237829.70	271662.70	-12.45	1157984.80	945743.90	22.44	397370.00	385086.00	3.19
在总计中:1 国有企业	75061.60	71614.70	4.81	132901.10	125677.70	5.75	81637.00	80433.00	1.50
2 集体企业	2292.50	1845.10	24.25	30840.70	27126.70	13.69	21806.00	21354.00	2.12
3 股份合作制企业	2147.00	2435.90	-11.86	7968.50	6685.10	19.20	5190.00	5188.00	0.04
4 股份制企业	274041.50	308623.00	-11.21	2470756.30	2300836.90	7.39	376582.00	365345.00	3.08
5 外商及港澳台投资企业	4625.00	6745.40	-31.43	46176.00	52477.30	-12.01	12802.00	12909.00	-0.83
6 其它企业	4441.80	3344.00	32.83	25275.20	16011.10	57.86	25239.00	24609.00	2.56
在总计中:亏损企业	8935.00	271662.70	-96.71	18497.10	13596.80	36.04	9970.00	10091.00	-1.20
在总计中:国有控股企业	176800.60	185862.90	-4.88	828100.70	671026.00	23.41	160961.00	154531.00	4.16
其中:亏损企业	6430.70	185862.90	-96.54	11300.60	8091.40	39.66	5605.00	5695.00	-1.58
其中:中央企业	6244.60	9686.50	-35.53	3920.10	3271.40	19.83	1623.00	1694.00	-4.19
在总计中:新建企业	5085.50	7044.30	-27.81	24065.50	2134.80	1027.30	12866.00	6748.00	90.66
在总计中:大中型工业	116566.70	119343.20	-2.33	821214.30	679566.20	20.84	156629.00	153488.00	2.05
其中:国有控股企业	111193.70	97444.00	14.11	695077.70	570881.30	21.76	89698.00	88426.00	1.44
其中:亏损企业	6244.60	97444.00	-93.59	7288.10	5254.40	38.70	3587.00	3669.00	-2.23
在总计中:1 国有控股	176800.60	185862.90	-4.88	828100.70	671026.00	23.41	160961.00	154531.00	4.16
2 集体控股	10834.30	19085.10	-43.23	83191.20	74678.00	11.40	50391.00	49485.00	1.83
3 私人控股	46297.90	59515.70	-22.21	201262.00	160908.60	25.08	158880.00	154063.00	3.13
4 港澳台商控股	31.80	65.20	-51.23	1462.40	1330.70	9.90	1731.00	1615.00	7.18
5 外商控股	615.60	2970.70	-79.28	18181.50	19631.00	-7.38	4477.00	4331.00	3.37
6 其他	3249.50	4163.10	-21.95	25787.00	18169.60	41.92	20930.00	21061.00	-0.62

2010 年青海省非公有制基本情况和生产经营活动状况汇总表

单位：户、人、万元

指标	代码	户数	从业人员	注册资金	销售收入或营业收入	本年上交税金	利润总额	固定资产
一、按经济类型分	01	200316	693275	6185845	17362166	634535	992913	6681339
股份合作企业	02	165	6124	81435	143536	2862	7610	50388
联营企业	03	194	3993	250195	247107	12196	-403	64191
有限责任公司	04	1921	126594	1571221	5540294	219568	393954	2154257
股份有限公司	05	329	20402	657738	936065	35662	25731	818940
私营企业	06	7419	140835	2672548	3843712	185877	299800	1923669
个体经济	07	189758	365414	342375	3438859	46024	-294	3000
港澳台商投资企业	08	35	1978	30733	444786	7296	13533	41074
外商企业	09	80	20213	559530	2691817	120363	250684	1572213
其他企业	10	415	7722	20070	75990	4687	2298	53607
二、按行业类别分	11	200316	693275	6185845	17362166	634535	992913	6681339
第一产业	12	1097	16081	136071	164977	7728	1563	14466
农林牧渔业	13	1097	16081	136071	164977	7728	1563	14466
第二产业	14	19919	241745	3009596	10139842	449985	770277	5119565
工业	15	14215	139713	2248224	8597598	403654	744992	4763871
建筑业	16	5704	102032	761372	1542244	46331	25285	355694
第三产业	17	179300	435449	3040178	7057347	176822	221073	1547308
交通运输、仓储及邮政业	18	31629	49910	81657	513084	3772	4788	159335
信息传输、计算机服务和软件业	19	1039	9219	157472	342378	9293	73163	393018
批发和零售业	20	100594	201874	1482169	4641143	101770	128205	332768
住宿和餐饮业	21	17562	82998	196462	364124	9363	-5288	165259
金融业	22	50	82	0	0	0	0	0
房地产业	23	805	14304	715774	764041	34755	7317	292619
租赁和商务服务业	24	2943	18668	171660	186076	7179	-1255	84387
科学研究、技术服务和地质勘查业	25	116	5121	75984	59614	3230	10274	23395
水利、环境和公共设施管理业	26	115	948	20717	3426	183	547	6410
居民服务和其他服务业	27	17584	33769	84409	135557	2809	1471	10295
教育	28	949	6330	11729	13882	435	1069	43517
卫生、社会保障和社会福利业	29	3712	7769	17483	13782	72	434	13776
文化、体育和娱乐业	30	2187	4417	24662	20240	3961	348	22529
公共管理和社会组织	31	15	40	0	0	0	0	0

2010年青海省非公有制增加值构成表

单位：万元

指标	编码	总产出	增加值	劳动者报酬	固定资产折旧	生产税净额	营业盈余
一、按经济类型分	01	13015344	4262255	1855747	475099	639842	1291567
股份合作企业	02	124323	45791	7608	2293	2304	33586
联营企业	03	21239	4938	1967	610	1854	507
有限责任公司	04	4440934	1242292	272180	134804	229062	606246
股份有限公司	05	337767	68271	25251	16114	17761	9145
私营企业	06	3099431	913620	336310	83502	196414	297394
个体经济	07	2806600	1201663	1046353	98000	57310	0
港澳台商投资企业	08	416632	185344	37826	31560	13212	102746
外商企业	09	1720389	577399	113763	106893	117281	239462
其他企业	10	48029	22937	14489	1323	4644	2481
二、按行业类别分	11	13015344	4262255	1855747	475099	639842	1291567
第一产业	12	625274	225980	210951	411	12198	2420
农林牧渔业	13	625274	225980	210951	411	12198	2420
第二产业	14	9746860	2672213	839478	299458	446798	1086479
工业	15	8168235	2292654	549805	276307	399912	1066630
建筑业	16	1578625	379559	289673	23151	46886	19849
第三产业	17	2643210	1364062	805318	175230	180846	202668
交通运输、仓储及邮政业	18	513084	216283	202572	1092	7798	4821
信息传输、计算机服务和软件业	19	315441	156836	38707	33121	9453	75555
批发和零售业	20	771982	503066	260917	17035	108859	116255
住宿和餐饮业	21	357522	152068	138658	7122	9594	-3306
金融业	22	0	0	0	0	0	0
房地产业	23	260253	156111	26779	103955	29574	-4197
租赁和商务服务业	24	186076	79434	65235	7094	8129	-1024
科学研究、技术服务和地质勘查业	25	59572	27368	10987	3139	2916	10326
水利、环境和公共设施管理业	26	2196	894	410	21	111	352
居民服务和其他服务业	27	135557	41850	35892	1450	2597	1911
教育	28	13654	11970	9628	668	330	1344
卫生、社会保障和社会福利业	29	7026	5287	4174	261	351	501
文化、体育和娱乐业	30	20847	12895	11359	272	1134	130
公共管理和社会组织	31	0	0	0	0	0	0

2010 年宁夏回族自治区中小企业主要经济指标（分行业）

甲栏分组	代码	企业单位数（个）		资产总计（亿元）		主营业务收入（亿元）		工业增加值（亿元）		出口交货值（亿元）		税金总额（亿元）		全部从业人员年平均人数（万人）	
		中型	小型	中型	小型	中型	小型	中型	小型	中型	小型	中型	小型	中型	小型
总计	0000	136	822	1391	571	665	457	189	86	19	10	38	16	10	7
煤炭开采和洗选业	0600	4	72	18	37	15	47	5	5	0	0	1	2	0	0
石油和天然气开采业	0700	0	3	0	3	0	1	0	1	0	0	0	0	0	0
黑色金属矿采选业	0800	0	2	0	1	0	2	0	0	0	0	0	0	0	0
有色金属矿采选业	0900	0	0	0	0	0	0	0	0	0	0	0	0	0	0
非金属矿采选业	1000	0	3	0	1	0	1	0	0	0	0	0	0	0	0
其他采矿业	1100	0	0	0	0	0	0	0	0	0	0	0	0	0	0
农副食品加工业	1300	3	87	12	34	6	42	1	5	0	0	0	1	0	1
食品制造业	1400	3	33	13	16	8	15	1	2	0	1	0	0	0	0
饮料制造业	1500	3	23	13	24	7	9	4	2	0	0	1	0	0	0
烟草制品业	1600	1	1	5	0	4	0	3	0	0	0	2	0	0	0
纺织业	1700	6	40	57	40	35	33	9	5	2	3	1	1	0	0
纺织服装、鞋、帽制造业	1800	1	0	1	0	1	0	0	0	0	0	0	0	0	0
皮革、毛皮、羽毛（绒）及其制品业	1900	0	12	0	5	0	6	0	1	0	0	0	0	0	0
木材加工及木、竹、藤、棕、草制品业	2000	0	3	0	1	0	1	0	0	0	0	0	0	0	0
家具制造业	2100	1	4	1	1	1	2	0	1	0	0	0	0	0	0
造纸及纸制品业	2200	7	9	81	2	30	2	7	0	0	0	1	0	1	0
印刷业和记录媒介的复制	2300	0	9	0	3	0	3	0	1	0	0	0	0	0	0
文教体育用品制造业	2400	0	0	0	0	0	0	0	0	0	0	0	0	0	0
石油加工、炼焦及核燃料加工业	2500	8	22	135	18	64	14	14	2	0	0	5	0	1	0
化学原料及化学制品制造业	2600	21	81	105	66	86	47	19	9	4	0	3	1	2	1
医药制造业	2700	4	7	39	2	20	1	12	0	9	0	1	0	0	0
化学纤维制造业	2800	0	0	0	0	0	0	0	0	0	0	0	0	0	0
橡胶制品业	2900	2	2	18	1	25	1	4	0	0	0	1	0	0	0
塑料制品业	3000	1	28	1	8	1	9	0	1	0	0	0	0	0	0
非金属矿物制品业	3100	14	141	99	74	39	70	16	17	0	4	4	4	1	1
黑色金属冶炼及压延加工业	3200	18	73	70	29	65	54	10	12	1	0	3	2	1	1
有色金属冶炼及压延加工业	3300	7	14	150	19	91	19	19	3	0	1	2	0	1	0
金属制品业	3400	1	24	3	9	3	10	0	2	0	0	0	0	0	0
通用设备制造业	3500	8	40	43	20	27	11	10	3	3	0	1	0	1	0
专用设备制造业	3600	1	12	7	9	7	8	2	2	0	0	1	1	0	0
交通运输设备制造业	3700	0	6	0	3	0	1	0	0	0	0	0	0	0	0
电气机械及器材制造业	3900	6	26	25	28	20	28	6	4	0	0	1	1	0	0
通信设备、计算机及其他电子设备制造业	4000	0	0	0	0	0	0	0	0	0	0	0	0	0	0

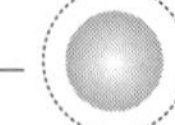

续表

甲栏分组	代码	企业单位数（个）		资产总计（亿元）		主营业务收入（亿元）		工业增加值（亿元）		出口交货值（亿元）		税金总额（亿元）		全部从业人员年平均人数（万人）	
		中型	小型	中型	小型	中型	小型	中型	小型	中型	小型	中型	小型	中型	小型
仪器仪表及文化、办公用机械制造业	4100	2	4	13	2	8	1	2	0	0	0	0	0	0	0
工艺品及其他制造业	4200	0	1	0	0	0	0	0	0	0	0	0	0	0	0
废弃资源和废旧材料回收加工业	4300	0	0	0	0	0	0	0	0	0	0	0	0	0	0
电力、热力的生产和供应业	4400	11	25	446	87	92	12	37	6	0	0	7	1	1	0
燃气生产和供应业	4500	2	6	35	8	8	4	4	1	0	0	0	0	0	0
水的生产和供应业	4600	1	9	4	17	1	3	1	1	0	0	0	0	0	0

注：表中填写均为规模以上数。

2010 年宁夏回族自治区非公有制经济主要经济指标统计表

甲栏分组	代码	企业单位数（个）		资产总计（亿元）		主营业务收入（亿元）		工业增加值（亿元）		出口交货值（亿元）		税金总额（亿元）		全部从业人员年平均人数（万人）	
		中型	小型	中型	小型	中型	小型	中型	小型	中型	小型	中型	小型	中型	小型
宁夏	01	94	738	617	434	396	403	189	71	16	10	20	13	7	6

注：表中填写均为规模以上数。

2010 年新疆维吾尔自治区分地区中小企业主要经济指标

单位：万元

地区	企业单位数(个)		资产总计		主营业务收入		出口交货值		税金总额		全部从业人员年平均人数(人)	
	中型	小型	中型	小型	中型	小型	中型	小型	中型	小型	中型	小型
总计	295	2136	250255. 60	232649. 70	20898538. 50	17766246. 40	13157094. 70	10656917. 80	908018. 70	445687. 60	195914. 00	187439. 00
乌鲁木齐市	59	392	97799. 00	76381. 00	7571299. 80	3829778. 00	3964357. 00	2226934. 70	162032. 80	64444. 50	43053. 00	35817. 00
克拉玛依市	15	82	9607. 00	0. 00	575259. 20	430747. 70	769763. 40	471350. 30	20062. 00	38519. 20	9070. 00	6513. 00
吐鲁番地区	15	59	1633. 20	1914. 60	841085. 30	784060. 20	543671. 80	477075. 70	32400. 30	30895. 20	9673. 00	6338. 00
哈密地区	14	135	0. 00	2891. 00	584039. 90	1678548. 40	443168. 40	538137. 60	34798. 00	34786. 00	8998. 00	13461. 00
昌吉回族自治州	40	371	38502. 70	20914. 60	2298671. 60	2222916. 50	1297732. 80	2143537. 90	70395. 40	67583. 10	23001. 00	31524. 00
伊犁哈萨克自治州	57	430	3936. 30	53019. 30	3516296. 30	3535268. 50	2118136. 30	1973517. 60	261291. 40	90024. 40	39167. 00	38333. 00
伊犁州直属县(市)	28	239	854. 60	23919. 20	2174932. 50	1903366. 20	1002088. 60	1068343. 40	175005. 10	43339. 90	18778. 00	21111. 00
塔城地区	22	103	3081. 70	29100. 10	714417. 70	725432. 30	739735. 60	485938. 80	34924. 10	12872. 60	15244. 00	9533. 00
阿勒泰地区	7	88	0. 00	0. 00	626946. 10	906470. 00	376312. 10	419235. 40	51362. 20	33811. 90	5145. 00	7689. 00
博尔塔拉蒙古自治州	8	50	3154. 90	0. 00	250990. 70	342503. 90	153616. 60	202952. 70	7568. 90	5031. 10	4457. 00	4109. 00
巴音郭楞蒙古自治州	20	165	3827. 10	53192. 80	1279099. 20	1500356. 40	909090. 80	801859. 50	48393. 10	40279. 70	14630. 00	13603. 00
阿克苏地区	21	177	120. 50	5753. 00	1523624. 80	1418348. 40	1462782. 00	746660. 60	196120. 10	36245. 00	12997. 00	14080. 00
克孜勒苏柯尔克孜自治州	3	15	0. 00	0. 00	99625. 50	166030. 50	39600. 00	67782. 10	6661. 10	4861. 20	1134. 00	1275. 00
喀什地区	8	67	2266. 10	180. 00	286003. 30	441410. 00	216939. 10	232092. 30	15233. 50	6936. 90	4657. 00	6191. 00
和田地区	3	26	0. 00	0. 00	119211. 50	275201. 30	45035. 40	74056. 00	3009. 00	6266. 70	1971. 00	2409. 00
自治区直辖市	32	167	89408. 80	18403. 40	1953331. 40	1141076. 60	1193151. 10	700960. 80	50053. 10	19814. 60	23106. 00	13786. 00
石河子市	22	82	69184. 30	16623. 70	981147. 80	524438. 10	731413. 90	412222. 10	31850. 80	12319. 60	16095. 00	7407. 00
阿拉尔市	2	44	0. 00	0. 00	236819. 90	289733. 70	175369. 60	157906. 40	7298. 10	4264. 60	1654. 00	3303. 00
图木舒克市	1	12	0. 00	0. 00	8434. 00	167106. 00	8262. 90	46892. 80	151. 00	1288. 50	350. 00	1201. 00
五家渠市	7	29	20224. 50	1779. 70	726929. 70	159798. 80	278104. 70	83939. 50	10753. 20	1941. 90	5007. 00	1875. 00

2010年新疆维吾尔自治区工业企业主要经济指标

行业名称	行业代码	企业单位数(个)		资产合计(万元)		营业收入(万元)		增加值合计(万元)		税金总额(万元)		全部从业人员年平均人数(人)	
		中型	小型	中型	小型	中型	小型	中型	小型	中型	小型	中型	小型
总计	0000	295	2136	20898538.50	17766246.40	13157094.70	10656917.80	4086890.93	2857106.21	908018.70	445687.60	195914.00	187439.00
煤炭开采和洗选业	0600	29	115	1123412.00	1514405.40	407976.70	499830.00	304784.55	298073.91	58596.70	53465.10	21652.00	18431.00
石油和天然气开采业	0700	9	17	286162.40	154205.20	347593.50	123879.90	67629.77	46991.13	13487.10	7087.80	4937.00	1829.00
天然原油和天然气开采	0710	1	1	47706.70	77588.20	181393.50	56163.20	5466.00	27238.41	5466.00	3621.60	300.00	155.00
黑色金属矿采选业	0800	8	75	704581.40	814074.10	458524.20	447152.00	223821.29	181016.92	52590.00	53389.40	4630.00	6096.00
有色金属矿采选业	0900	8	33	589480.80	549921.90	322327.30	128099.30	260823.25	83749.34	38484.20	14010.70	6204.00	3705.00
非金属矿采选业	1000	3	21	25319.40	84274.80	21095.10	111960.60	15624.32	38789.90	3523.40	9813.50	1482.00	1783.00
采盐	1030	2	2	17143.40	10315.20	16467.50	8909.90	12914.06	4011.10	3273.10	1412.80	962.00	231.00
农副食品加工业	1300	21	324	851680.00	1959912.70	470370.10	1802758.60	137116.99	261614.76	20112.00	13298.60	10586.00	20097.00
谷物磨制	1310	0	62	0.00	247834.40	0.00	314287.80	0.00	39185.59	0.00	2411.50	0.00	2802.00
饲料加工	1320	1	33	177183.90	120418.70	100415.40	243883.40	23082.22	27737.74	2652.20	1860.00	861.00	2239.00
制糖	1340	13	2	316207.20	8854.70	228816.30	2966.50	87890.73	1282.03	16197.70	80.00	6573.00	230.00
食品制造业	1400	15	149	719386.60	1039725.80	364157.80	631776.60	64171.51	151742.66	15809.40	16743.40	8015.00	12751.00
罐头制造	1450	5	68	462185.80	623535.10	121924.60	254083.60	-7266.28	64854.22	1847.00	3917.70	2840.00	4773.00
饮料制造业	1500	7	68	331073.00	402572.70	177493.30	353101.20	59908.90	103331.99	22695.70	26312.10	3540.00	5942.00
酒的制造	1520	5	48	281973.90	263822.20	111370.40	187761.50	44528.02	62428.04	20726.30	21876.70	2791.00	4199.00
烟草制品业	1600	1	0	217131.00	0.00	235999.00	0.00	188122.57	0.00	136803.40	0.00	885.00	0.00
纺织业	1700	38	68	1022813.10	441659.30	750430.40	337487.60	186143.62	67157.76	33878.70	6591.80	27147.00	9028.00
棉、化纤纺织及印染精加工	1710	32	47	882400.40	364463.00	691372.30	283556.00	171550.65	53004.19	31629.40	5352.90	22447.00	7042.00
毛纺织和染整精加工	1720	2	7	10961.70	32043.30	13236.70	19616.60	1914.17	5783.91	909.30	793.30	1423.00	639.00
纺织服装、鞋、帽制造业	1800	1	5	16004.20	7062.50	22722.20	5026.80	3974.13	1956.12	84.60	203.30	836.00	337.00

续表

行业名称	行业代码	企业单位数(个)		资产合计(万元)		营业收入(万元)		增加值合计(万元)		税金总额(万元)		全部从业人员年平均人数(人)	
		中型	小型	中型	小型	中型	小型	中型	小型	中型	小型	中型	小型
皮革、毛皮、羽毛(绒)及其制品业	1900	0	4	0.00	16787.80	0.00	46287.70	0.00	8375.20	0.00	917.20	0.00	414.00
皮革鞣制加工	1910	0	2	0.00	12625.40	0.00	32721.80	0.00	6805.22	0.00	659.90	0.00	258.00
皮革制品制造	1920	0	1	0.00	1543.90	0.00	730.70	0.00	264.31	0.00	34.50	0.00	101.00
木材加工及木、竹、藤、棕、草制品业	2000	0	21	0.00	91883.00	0.00	84685.80	0.00	19260.92	0.00	3411.40	0.00	2044.00
家具制造业	2100	0	7	0.00	50901.90	0.00	37844.10	0.00	8417.60	0.00	570.60	0.00	664.00
造纸及纸制品业	2200	3	49	131078.70	181853.60	54128.90	126538.10	19596.92	33844.01	5329.40	3644.90	2973.00	3809.00
印刷业和记录媒介的复制	2300	1	32	22716.20	93701.20	6556.00	59434.80	4135.08	21402.62	282.20	2720.40	569.00	2724.00
石油加工、炼焦及核燃料加工业	2500	15	82	1378731.20	700103.50	1877597.70	915759.40	341360.99	172688.76	186974.10	48371.70	8865.00	6741.00
炼焦	2520	11	51	763548.50	307455.90	323697.10	277637.40	92863.57	72977.53	14607.20	6819.50	6086.00	4337.00
化学原料及化学制品制造业	2600	24	151	2190536.20	809017.40	977513.50	703344.50	298592.73	163065.52	45645.70	28677.60	17234.00	10345.00
基础化学原料制造	2610	13	25	1618223.90	184477.80	469392.20	126178.80	135676.68	36485.10	27825.10	6641.70	9405.00	3029.00
肥料制造	2620	2	42	254366.40	159402.70	137197.10	92116.60	63069.36	29520.61	3049.50	2412.90	2117.00	2133.00
医药制造业	2700	2	23	47447.90	140705.80	21554.90	73358.90	6706.70	28508.48	1862.30	5967.60	892.00	2597.00
化学纤维制造业	2800	10	7	929999.50	93026.60	976455.20	72830.70	165225.31	30519.14	25046.40	2111.80	8298.00	753.00
橡胶制品业	2900	1	5	28245.70	7334.60	61533.70	6102.40	10391.10	1815.17	3034.70	299.90	1283.00	360.00
塑料制品业	3000	3	161	174565.80	513146.30	104738.40	459662.50	19933.43	101340.97	1644.20	10224.30	3085.00	9463.00
非金属矿物制品业	3100	31	230	1946107.60	1890843.30	884181.40	1015725.80	295712.14	277188.56	52445.20	46630.80	18736.00	23028.00
水泥制造	3111	19	45	1431355.90	583690.00	511431.20	315731.30	198409.70	111601.63	41146.50	18949.80	12697.00	7135.00
黑色金属冶炼及压延加工业	3200	11	42	573626.90	346362.90	693655.20	478471.50	132872.17	61017.68	12688.60	7046.30	8233.00	5318.00
有色金属冶炼及压延加工业	3300	9	22	774193.80	154730.50	475043.50	195204.00	116255.15	47837.70	12992.20	2547.50	5522.00	2207.00
金属制品业	3400	4	71	92893.00	417310.80	51992.80	481166.70	13033.14	58434.94	2864.20	8727.00	2073.00	5797.00
通用设备制造业	3500	1	57	16910.00	166804.90	14635.70	123718.50	5952.20	30501.08	939.20	4096.60	373.00	3976.00

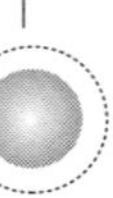

续表

行业名称	行业代码	企业单位数(个)		资产合计(万元)		营业收入(万元)		增加值合计(万元)		税金总额(万元)		全部从业人员年平均人数(人)	
		中型	小型	中型	小型	中型	小型	中型	小型	中型	小型	中型	小型
专用设备制造业	3600	3	43	108977.60	181816.20	52647.50	168129.20	13758.09	35201.90	2314.60	3491.80	2067.00	3409.00
交通运输设备制造业	3700	2	12	69940.00	78136.20	57899.60	77542.70	1561.01	7958.65	50.30	1206.70	1132.00	1595.00
电气机械及器材制造业	3900	4	34	2692743.80	189643.50	1977253.90	131104.10	552246.66	23889.95	71948.50	3967.70	2913.00	2677.00
通信设备、计算机及其他电子设备制造业	4000	0	2	0.00	7527.90	0.00	7579.40	0.00	475.94	0.00	33.10	0.00	91.00
仪器仪表及文化、办公用机械制造业	4100	0	4	0.00	31059.40	0.00	11088.00	0.00	3371.15	0.00	374.50	0.00	163.00
工艺品及其他制造业	4200	0	3	0.00	8464.20	0.00	12185.50	0.00	3011.26	0.00	619.70	0.00	269.00
电力、热力的生产和供应业	4400	29	145	3326480.10	4045410.70	1195747.90	787245.00	549426.49	414802.78	82891.50	52632.30	20002.00	14281.00
电力生产和电力供应	4410	25	68	3092996.20	3444694.50	1130866.70	614228.90	529394.09	349985.30	82288.60	48493.30	18494.00	7783.00
燃气生产和供应业	4500	1	25	229716.90	215691.90	73486.50	82364.10	22125.51	37000.04	1874.60	4161.30	959.00	1579.00
水的生产和供应业	4600	1	26	276583.70	326786.20	21782.80	47732.90	5885.21	26973.69	1125.60	1998.00	791.00	2975.00

2010 年大连市民营经济主要经济指标表

单位名称：大连　　2010 年　　单位：个、人、万元

甲	企业个数	从业人员年末数	增加值	总产值	营业收入	利润总额	上交税金	劳动者报酬
	1	2	3	4	5	6	7	8
总计	276212	2267184	32198178	107340956	104289075	6312842	3031718	4846356
一、按登记注册类型分组								
1. 内资企业小计	274684	2123028	29606346	99178930	96286883	5850101	2763717	4456634
其中：(1)集体企业	1178	68360	662633	2139941	2107369	189660	63381	125519
(2)股份合作企业	1526	19154	172130	564505	532715	46446	40484	61173
(3)联营企业	36	726	47622	138830	120435	3049	1462	1336
(4)有限责任公司	12672	251228	4099287	13335089	12773633	751812	533815	507325
(5)股份有限公司	10970	235881	2145356	6924105	5974795	399295	386404	577904
(6)私营企业	33108	815045	12864775	44001256	42436702	2471838	1190365	1925886
(7)个体工商户	215194	732634	9614543	32075204	32341234	1988001	547806	1257491
2. 港、澳、台商投资企业	327	22026	597310	1783924	1831575	89995	79197	100126
3. 外商投资企业	1201	122130	1994522	6378102	6170617	372746	188804	289596
二、按国民经济行业分组								
1. 工业	52906	1015230	18357527	63292878	58514447	3055140	1306614	2106757
其中：采矿业	430	11923	220310	630478	583787	41796	17308	31082
制造业	51443	992118	17887440	61844800	57250729	2968922	1278064	2051080
电力、燃气及水的生产和供应业	1033	11189	249777	817600	679931	44422	11242	24595
2. 建筑业	6874	236970	2736360	10128535	10719479	711840	338098	513740
其中：资质等级企业	600	62551	748122	2660129	2639665	126833	61552	135230
3. 交通运输仓储业	37312	106005	1468701	4654061	4755538	364225	122663	245753
4. 批发零售业	100029	434992	4005431	12077185	13055979	908403	522146	989897
5. 住宿及餐饮业	25557	146571	1496255	4724188	4405410	323077	193876	271221
其中：餐饮业	9046	50997	448259	1348331	1428381	81397	31595	76081
6. 居民服务、其他服务业和娱乐业	24505	176938	2041471	5472074	5927847	329985	264017	382493
7. 其他	29029	150478	2092433	6992035	6910375	620172	284304	336495

历年宁波市中小企业主要经济指标

单位：亿元　万人

年份	总产值（当年价）	固定资产原值	固定资产净值	主营业务收入	利税总额	利润总额	全部从业人员年平均人数
1978	15.79	7.07			4.29	2.59	—
1979	18.11	8.25	6.28	18.71	4.73	2.86	—
1980	23.73	9.59	7.35	24.89	6.17	3.93	—
1981	29.67	11.38	8.76	30.05	6.94	4.26	—
1982	29.99	13.53	10.49	32.36	7.99	4.86	—
1983	35.23	15.84	12.17	38.98	9.07	5.57	—
1984	50.93	21.09	16.67	54.57	11.3	6.53	—
1985	68.63	32.55	26.43	76.16	14.62	7.65	65.48
1986	81.96	38.43	30.49	86.67	15.86	7.94	68.69
1987	102.16	52.61	41.79	110.96	18.54	9.92	71.29
1988	132.17	62.81	48.85	147.85	23.24	12	72.06
1989	159.41	74.8	56.6	162.81	23.64	11.47	69.05
1990	200	89.31	64.39	167.35	20.99	8.21	67.71
1991	261.62	107.17	79.45	218.15	25.27	11.79	72.02
1992	341.42	128.57	95.03	282.9	31.65	14.82	73.15
1993	491.07	192.06	147.38	430.65	45.15	22.68	73.94
1994	642.18	276.98	225.18	480.46	53.56	26.06	71.53
1995	837.8	357.05	281.28	664.7	62.61	29.46	66.08
1996	843.48	407.73	312.7	722.15	66.57	28.63	64.6
1997	842.62	496.05	374.92	747.51	78.6	33.32	55.88
1998	940.59	567.09	423.5	835.24	88	37.52	50.78
1999	1062.29	668.71	490.07	985.32	118.65	61.21	52.38
2000	1427.7	829.69	601.93	1350.52	163.26	88.11	58.42
2001	1629.66	926.49	648.5	1538.7	213.72	115.95	66.9
2002	2000.16	1058.9	727.01	1945.02	267.09	152.34	77.22
2003	2630.29	1251.24	854.79	2604.9	322.01	189.3	91.96
2004	3815.04	1602.75	1113.37	3660.69	417.63	241.31	128.94
2005	4890.97	1926.51	1337.3	4698.16	446.13	262.36	140.82
2006	6187.91	2469.35	1755.66	5930.59	525.65	312.63	159.64
2007	7789.01	2886.87	2013.56	7456.24	639.84	387.31	174.24
2008	8746.36	3422.49	2363.23	8283.18	489.32	221.25	178.59
2009	8272.85	3908.81	2633.33	7824.88	867.35	462.11	168.67
2010	10853.55	4431.4	2920.36	10396.63	1160.55	657.77	181.09

2010年宁波市规模以下中小企业及个体企业主要经济指标

指标	单位	总计	指标	单位	总计
总计			资产总计	万元	9806375
企业（单位）数	个	111643	固定资产原值	万元	3589575
期末从业人员	人	1291591	固定资产净值	万元	2662945
工业总产值	万元	21885435	应收账款	万元	1773745
资产总计	万元	15113740	应付账款	万元	1014030
企业主要经济指标			利息支出	万元	61750
企业数	个	34756	银行借款利息	万元	55385
期末从业人员	人	570923	民间借款利息	万元	5320
工业总产值	万元	9764195	个体工业主要经济指标		
主营业务收入	万元	9402625	单位数	个	76887
税金总额	万元	500555	期末从业人员	人	720668
所得税	万元	103455	营业收入	万元	12121240
营业利润	万元	671175	生产支出	万元	8209900
工资及福利	万元	1026475	雇员报酬	万元	1364770
社会保险费	万元	90820	上缴税费	万元	499795
折旧	万元	233890	资产总计	万元	5307365

青岛市规模以上工业中小型企业主要经济指标（2010年）

经济类型	企业单位数	主营业务收入		其中：出口主营业务收入		利润总额		税金总额		全部从业人员平均人数	
	本月止累计（个）	亿元	增减%	亿元	增减%	亿元	增减%	亿元	增减%	万人	增减%
总计	6037	11264	23	1787.4	11.6	596.6	33.3	525.9	34.1	116.72	-0.2
在总计中：中型工业企业	492	2818	15.9	599.9	11.3	122.7	28.6	148.7	17.4	33.7	-4.4
在总计中：中小型工业企业	5987	7830	22.6	1270	9.9	431.2	27.2	398.8	34.6	94	0.5
中小型所占比重%	99	70	-0.2	71	-1	72	-3.5	76	0.3	81	0.6
在总计中：小型工业企业	5495	5012	26.6	670.1	8.7	308.4	26.7	250.1	47.4	61	3.5
小型所占比重%	91	44.5	1.2	37.5	-1	51.7	-2.7	47.6	4.3	52.03	1.8

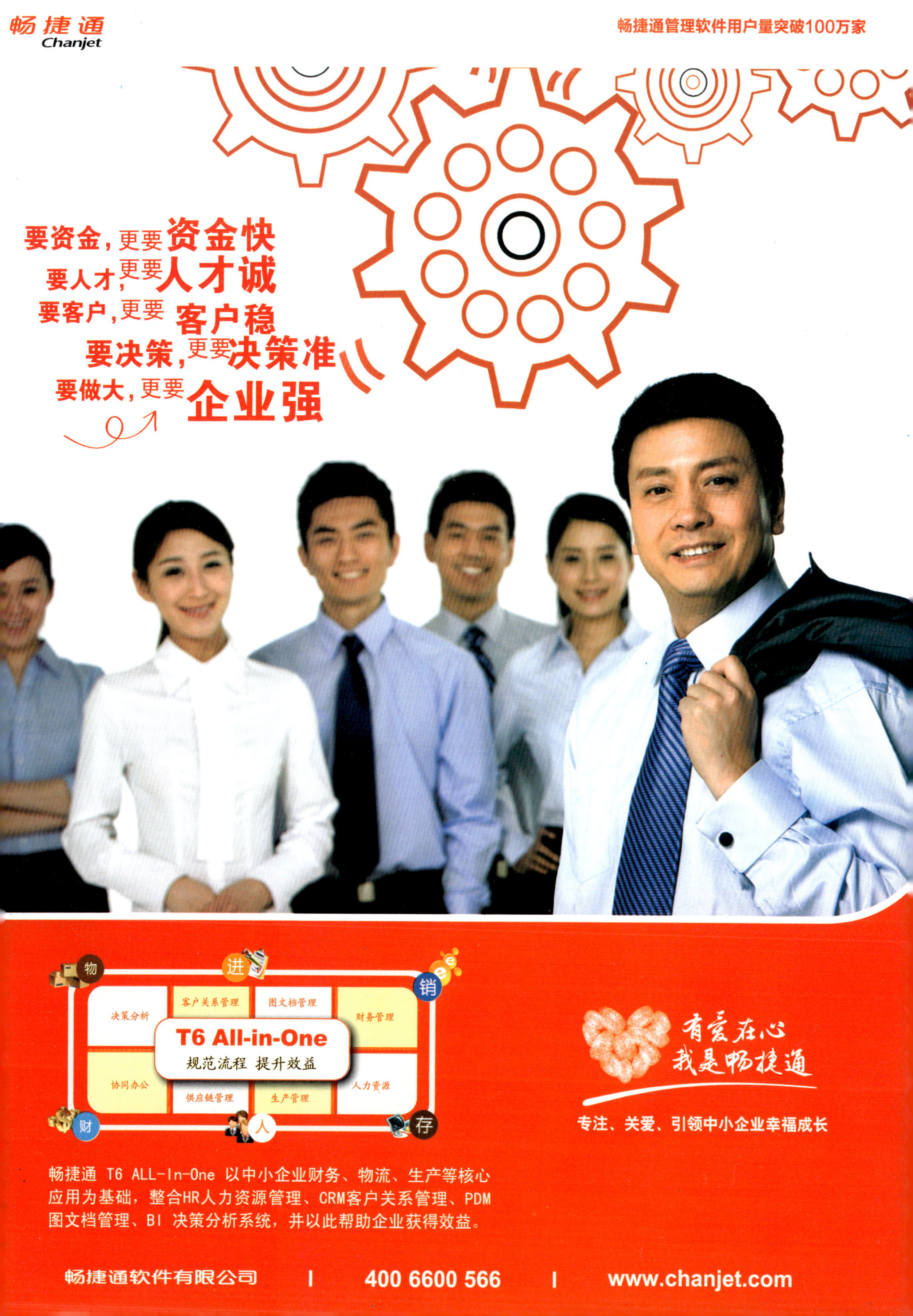

畅捷通
Chanjet
畅捷通管理软件用户量突破100万家
要资金，更要资金快
要人才，更要人才诚
要客户，更要客户稳
要决策，更要决策准
要做大，更要企业强
物
进
销
决策分析
客户关系管理
图文档管理
财务管理
T6 All-in-One
规范流程 提升效益
协同办公
供应链管理
生产管理
人力资源
财
人
存
有爱在心
我是畅捷通
专注、关爱、引领中小企业幸福成长
畅捷通 T6 ALL-In-One 以中小企业财务、物流、生产等核心应用为基础，整合HR人力资源管理、CRM客户关系管理、PDM图文档管理、BI 决策分析系统，并以此帮助企业获得效益。
畅捷通软件有限公司
400 6600 566
www.chanjet.com

NOKIA
Connecting People
诺基亚

诺基亚在全球

诺基亚是全球领先的移动产品制造商，引领移动互联行业的发展。今天，我们正在以全新和多样的方式帮助人们彼此相联——我们将先进的移动技术与个性化服务融为一体，让人们能与自己息息相关的人与事紧密联系。诺基亚移动产品行销全球的每一个市场。其中既包括价格平易的、话音功能卓越的移动电话，也包括互联网功能强大的智能手机。通过诺基亚丰富的服务，人们尽情享用移动地图和导航服务、内容丰富的应用商店、琳琅满目的数字音乐库、免费的电子邮件服务和其他更多服务。诺基亚旗下的 NAVTEQ 是综合数字地图和导航服务的业界领袖，诺基亚西门子通信有限公司是全球电信网络硬件、软件和专业服务领域的领先供应商之一。

2010 年诺基亚全球净销售额 424 亿欧元，移动终端销量 4.53 亿部。目前，全球有超过 13 亿人每天使用诺基亚手机。

诺基亚在中国

中国是诺基亚全球最大的市场，并在研发、创新、生产、采购、人才培养方面扮演着日益重要的角色。在中国，诺基亚专注于不断提升本地用户的沟通体验，并帮助他们创建崭新的分享方式。诺基亚还以青少年教育与发展以及环境保护为切入点，积极发起和参与各种长期的可持续性公益项目，致力于成为中国最优秀的企业公民之一。

中国市场在诺基亚全球战略中的重要作用

中国不仅是诺基亚全球最大的市场，也是诺基亚的全球创新中心。此外，诺基亚在中国还创建了一个充满活力的手机生产体系，在生产效率、可持续性和质量方面位居世界领先地位。

在中国，诺基亚设有 8 个研发机构（包括诺基亚西门子通信公司），拥有超过 4500 名研发人员；

诺基亚在北京和东莞分别设有两大手机生产基地，仅 2010 年一年就生产了 2.3 亿部手机。位于北京的手机生产基地星网工业园是全球最大的移动电话产业链之一，在运营效率和可持续发展方面都为行业树立了典范。

诺基亚西门子通信公司在中国拥有三个电信网络硬件生产厂。

诺基亚在中国市场中的领先地位

诺基亚致力于在中国的长期发展，并推动中国的创新。通过支持本地研发、投资于本地产业链等举措，诺基亚伴随中国社会的发展，也取得了巨大的成就。

从 2004 年到 2010 年，诺基亚连续七年领跑中国手机市场，目前已拥有超过 2.5 亿用户。诺基亚手机是最受中国消费者欢迎的手机品牌。

2010 年，诺基亚大中国区净销售额达 76.1 亿欧元，贡献了全球销售额的 18%；2010 年诺基亚大中国区手机销量达到 8250 万部，继续保持在中国手机市场的领先地位。

为中国经济发展所做贡献

诺基亚是中国最大的外商投资企业之一。至 2010 年，诺基亚（包括诺基亚西门子通信有限公司）在华投资总额达 72 亿欧元，并不断投资于未来发展。诺基亚携手合作伙伴，在中国带动就业人数超过 50,000 人。

自 2000 年以来，诺基亚一直是中国移动通信行业中最大的出口企业之一。2010 年，诺基亚（包括诺基亚西门子通信有限公司）出口额达到 65 亿欧元。

全力培育和推动中国开放式创新

随着诺基亚全球新战略的推出，北京将成为诺基亚的创新中心。北京不仅是诺基亚 S30 和 S40 手机研发的主要基地，致力于实施诺基亚帮助未来十亿用户紧密相联的发展战略。与此同时，北京还是诺基亚为中国用户和全球用户开发 Windows Phone 手机的主要基地。

诺基亚(包括诺基亚西门子通信公司)在中国拥有诺基亚北京研究院、诺基亚北京产品开发中心在内的 8 个研发机构，与中国顶尖学府、科研机构以及其他外部合作伙伴一道，全力培育和推动中国开放式创新。

诺基亚北京研究院成立于 1998 年，主要服务于诺基亚全球新兴市场，着眼于未来，重点研究领域为“未来用户界面”和“情境建模”等世界级的前沿技术。诺基亚中国研究院还长期与清华大学等顶尖学府在未来科技方面深化合作，专门成立了诺基亚 - 清华联合实验室，以及湖南大学 - 诺基亚联合研究实验室。

诺基亚北京产品开发中心成立于 1999 年，主要为新兴市场设计和开发移动电话，并于 2009 年设立了专门的 TD-SCDMA 研发团队，设计开发 TD-SCDMA 产品。

诺基亚还成立了中国地区最大的移动社区——诺基亚论坛，为开发伙伴和运营商伙伴提供技术和商业发展支持，并致力于将创新应用带到全球市场。

同时，诺基亚成长伙伴基金也于 1998 年来到中国，通过投资于亿动广告传媒、空中网和优视科技等专注于移动技术、服务和媒体的成长型公司，推动中国产业链创新。

关注中国可持续发展，致力于成为优秀的企业公民

从进入中国的第一天起，诺基亚就以优秀的企业公民作为自身定位，积极履行企业社会责任，投身于青少年教育与发展、环境保护、员工参与、灾难救助等公益事业。诺基亚致力于投资于长期、可持续发展的企业社会责任项目，并确保我们的活动能使员工积极广泛地志愿参加。

2008 年 8 月，由诺基亚投资 6000 万、携手“国际计划”和中国青少年社会教育基金会共同推出的“手牵手”计划正式启动，该项目是中国农村儿童早期养育和教育事业史上最大的非政府投资项目，旨在为 0 至 6 岁的农村儿童提供优质的早期教育和养护。“手牵手”计划第一期结束时，已有超过 11 万儿童、3000 名教师、13 万父母和养护人员从中受益。该项目计划于 2012 年底结束，受益儿童达 38 万。

2008 年，诺基亚秉承“以人为本”的企业价值观，积极投身 5.12 汶川地震抗震救灾，根据灾情不同阶段的实际需要，为灾区提供最直接、最实际的援助。除捐助外，诺基亚继续致力于灾区的长期重建工作，主要关注帮助青年创业和“精神家园建设”两个重要领域。其中，着力于精神家园建设的“金色阳光工程”项目已令 20 万群众受益。

同时，诺基亚也是中国环保事业的领导者，是手机制造行业中电子废弃物回收行动的倡导者。诺基亚于 2005 年携手业内合作伙伴发起“绿箱子”计划，至 2010 年底，已收集超过 160 吨废弃手机及配件。此外，多年来，累计超过 12000 名诺基亚员工参加了全国范围的义务植树活动。这些公益活动对当地社会发展有着积极而深远的影响。

2010，诺基亚载誉中国

2010 年，诺基亚荣膺多个重量级奖项和头衔，显示了我们卓越的品牌形象和广受认可的企业信誉。其中包括：

◇ 诺基亚入选由道农研究院主办、北京大学光华管理学院联合主办、《中国企业家》杂志社和新浪网为战略合作方联合评选的“中国绿色公司 2009 年度星级标杆企业”。这是诺基亚连续第二年获此殊荣

◇ 诺基亚荣膺权威第三方全球调研机构 Milward Brown 评选的“中国市场最值得信赖的品牌”称号

◇ 诺基亚荣获《环球企业家》“在华最值得信任的跨国公司”评选第一名；“在华最成功的跨国公司”评选第二名

◇ 2010 年，诺基亚为中国经济发展做出突出贡献，入选《英才》评出的“百优公司”名单

◇ 诺基亚被《中国企业家》评为“跨国公司本土化指数 2010 暨跨国公司本土化 50 强”

2011 年 8 月，在全球最大的独立品牌研究与评判机构 Superbrands 公布首次针对中国大陆地区的品牌调查，并评出的“2011 中国消费者最喜爱的 50 个品牌”中，诺基亚名列榜首。

小企业金融服务

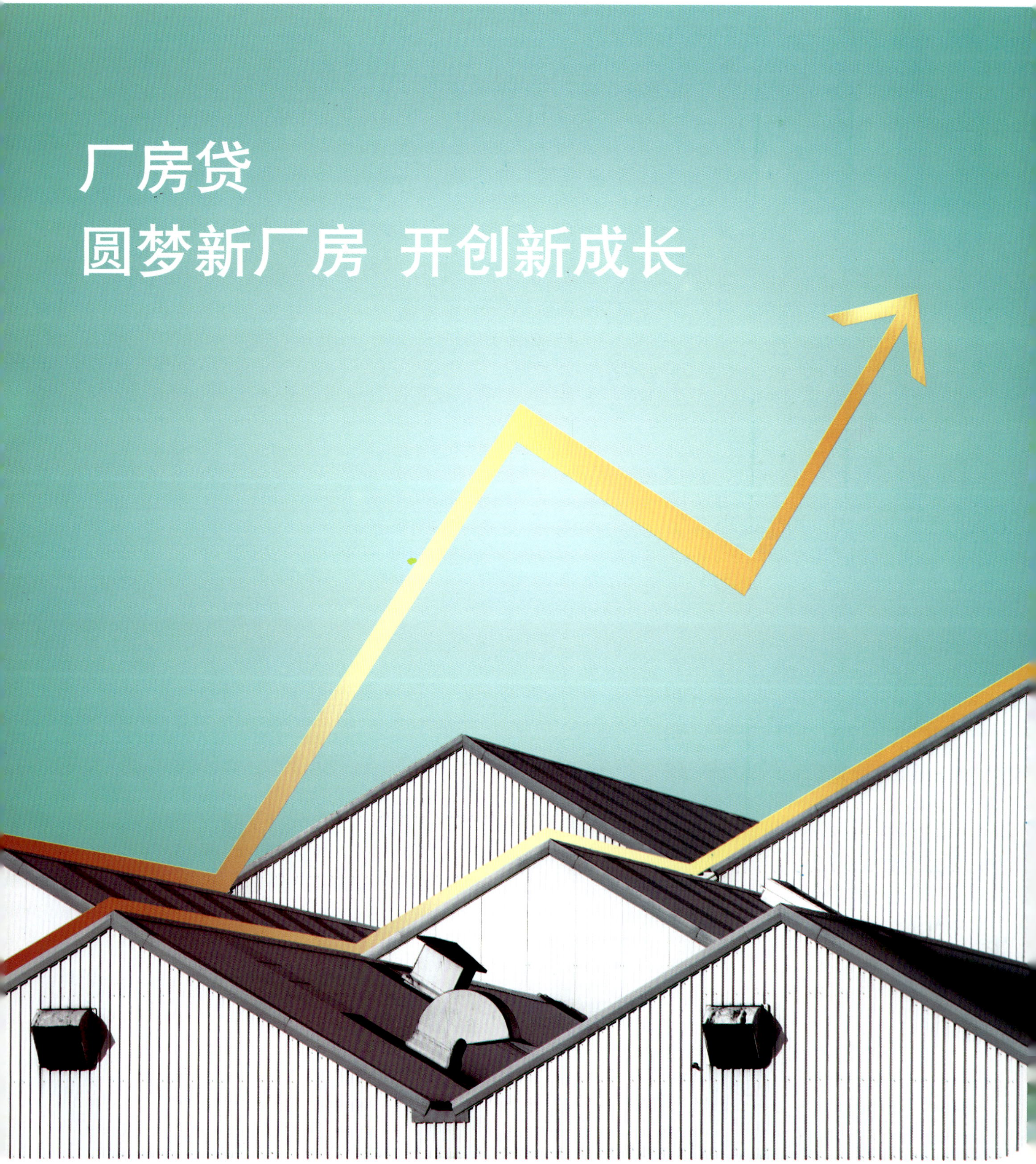

厂房贷，为企业按揭一个家

拥有自己的厂房，“贷”动企业的成长，中国农业银行"厂房贷"，助您轻松圆梦。

贷款额度高 贷款额度最高达2000万元。

还款期限长 贷款期限结合企业的预期现金流、盈利能力和偿债能力等因素综合确定，最长可达10年。

还款压力小 根据自身情况，以未来的现金流分期还款，单期还款压力小。

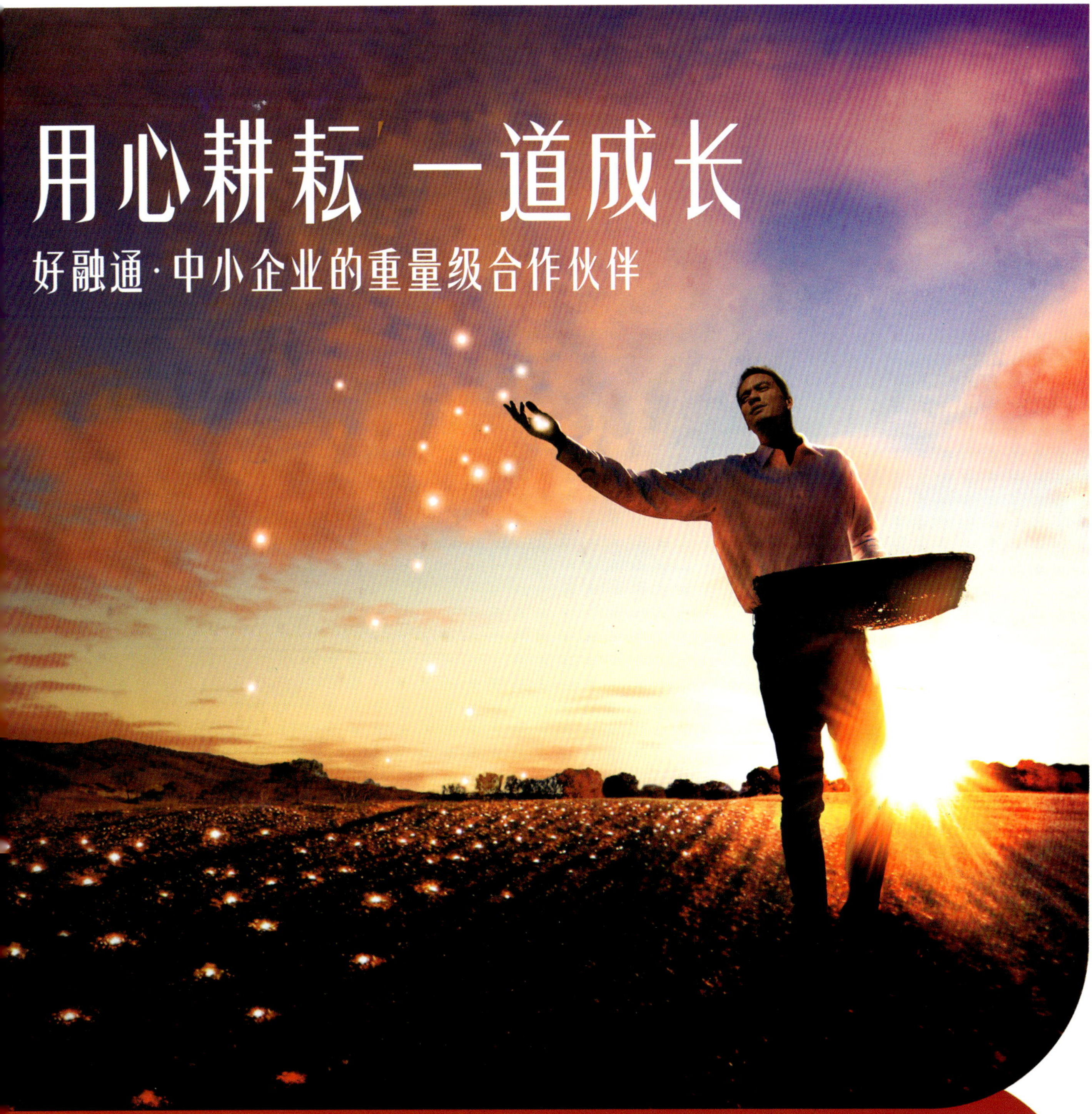
用心耕耘 一道成长
好融通·中小企业的重量级合作伙伴

善建者行

中国建设银行
China Construction Bank
江苏省分行

BUSINESS
EASY LOAN
小微金融 服务专线
4008695568
www.cmbc.com.cn

银联在线支付

为满足广大银联卡持卡人、发卡和收单机构、商户以及电子商务企业的境内外互联网支付需要，中国银联充分利用自身资源、技术、平台和管理优势，建立了具有中国自主知识产权、国际领先的网上银行卡交易转接清算平台——银联在线支付系统，并以严格规范的金融业务技术标准和操作流程，完备的风险防控和服务体系，致力于为广大用户提供“安全、快捷、全球化、多选择”的互联网支付环境和服务体验。

“银联在线支付”作为银联特色互联网支付的集成化、综合性工具，涵盖认证支付、快捷支付、普通支付、储值卡支付、网银支付、网上货到付款等多种支付方式，可广泛应用于境内外网上购物、网上缴费、商旅服务、信用卡还款、网上转账、微支付、基金申购、理财产品销售、企业代收付、慈善捐款等诸多领域。

“银联在线支付”具有发卡银行接入方式的灵活性、受理银行数量的广泛性、支付模式的多样性、支付功能的丰富性、适用卡种的全面性和业务模式的多方共赢性六项优势；同时，具有方便快捷、安全可靠、全球通用、金融级预授权担保交易、综合性商户服务和无门槛网上支付六大显著特点。

银联在线支付是中国银联重点创新业务，对于中国电子支付和电子商务产业的发展具有深远的意义，也将中国银行卡网上支付推进到一个崭新的时代。中国银联将继续本着“服务、创新、责任、共赢”的理念，与各合作机构精诚合作，携手努力，不断满足日益多元化、个性化的网上支付需求，共同推动中国电子支付产业快速、健康发展。

银联在线支付业务特点：

- 方便快捷。简单灵活支付，无需繁琐程序，加快交易进程，提升用户体验，有助于银行、商户吸引更多客户，促进网上交易，25亿张银联卡普遍适用。
- 安全可靠。多重安全防控技术保障，实时风险监控，完备的风险处置和化解机制，前中后台联动，充分保证交易安全。
- 全球通用。银联跨境网上支付服务已经覆盖全球主要国家和地区，国内主要银行发行的银联卡均可使用，境外网上受理商户已超过200万家，免收货币转换费，持卡人足不出户即可“轻点鼠标，网购全球”。
- 网上货到付款（金融级预授权担保交易）。银联在线支付是国内首个支持金融级预授权担保交易的在线支付平台，与其它担保支付方式相比，银联在线支付完全按照金融规范和标准提供预授权担保交易，在货品送达并签收前，交易资金在持卡人自有账户内冻结，无需提前向第三方划转，免除利息损失和挪用风险，解决了持卡人和商户对支付资金安全问题的担心，最大化的保证了银行、商户和持卡人的利益。
- 综合性商户服务。基于中国银联强大的资金清算体系和综合服务能力，不仅可为商户提供线下线上一体化的资金清算服务、便利的交易管理服务，提高资金管理效率，更可为商户带来庞大客户资源和无限商机。
- 无门槛网上支付。“银联在线支付”通过特殊的无卡支付通道，让无网银客户也能畅享网上支付服务，有助于银行减少对网银系统的资源投入，吸引更多客户进行网上交易。

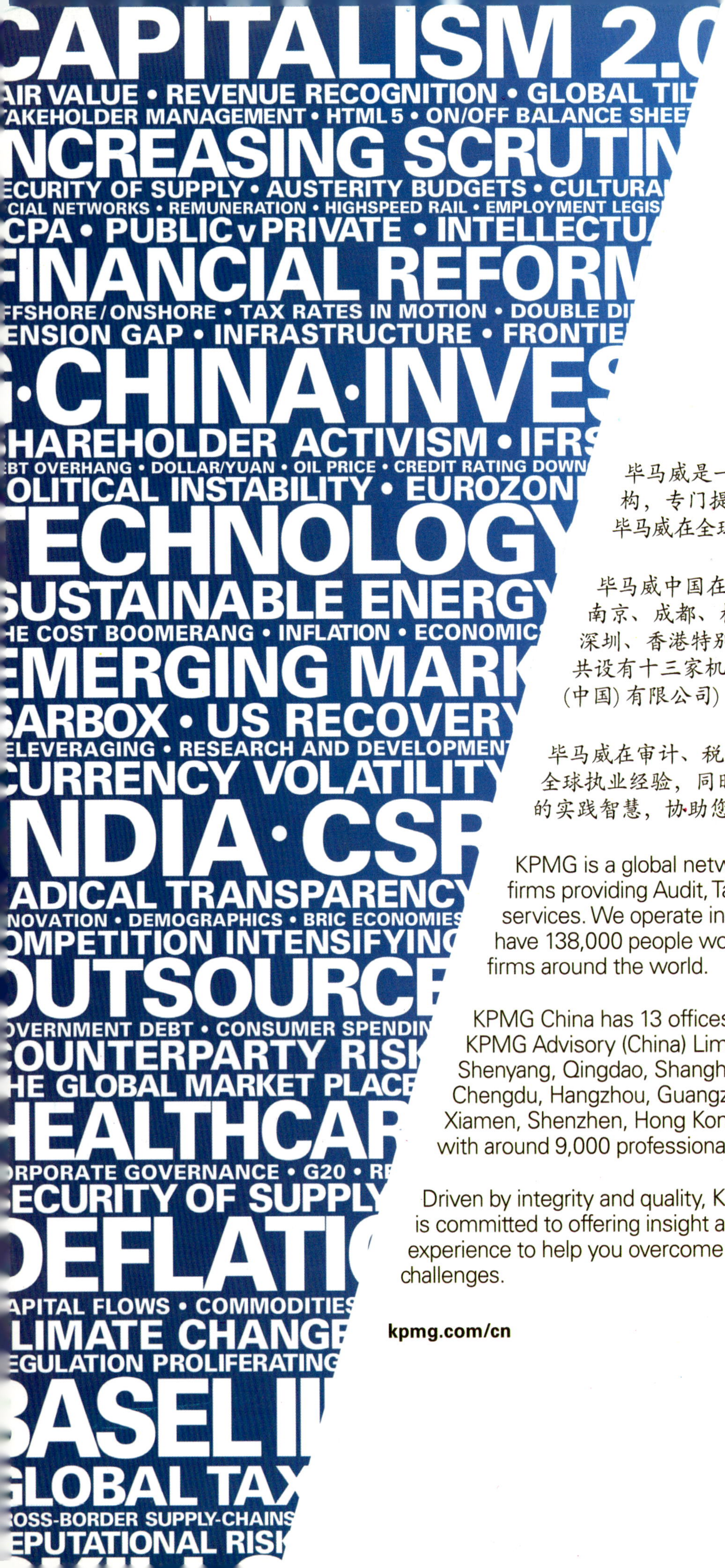
CAPITALISM 2.0
AIR VALUE • REVENUE RECOGNITION • GLOBAL TIL
AKEHOLDER MANAGEMENT • HTML 5 • ON/OFF BALANCE SHEE
NCREASING SCRUTIN
ECURITY OF SUPPLY • AUSTERITY BUDGETS • CULTURA
CIAL NETWORKS • REMUNERATION • HIGHSPEED RAIL • EMPLOYMENT LEGIS
CPA • PUBLIC v PRIVATE • INTELLECTU
FINANCIAL REFORM
FFSHORE/ONSHORE • TAX RATES IN MOTION • DOUBLE DI
ENSION GAP • INFRASTRUCTURE • FRONTIE
CHINA·INVES
HAREHOLDER ACTIVISM • IFRS
BT OVERHANG • DOLLAR/YUAN • OIL PRICE • CREDIT RATING DOWN
OLITICAL INSTABILITY • EUROZONE
TECHNOLOGY
SUSTAINABLE ENERGY
HE COST BOOMERANG • INFLATION • ECONOMIC
EMERGING MARK
ARBOX • US RECOVERY
ELEVERAGING • RESEARCH AND DEVELOPMENT
CURRENCY VOLATILITY
NDIA·CSR
ADICAL TRANSPARENCY
NOVATION • DEMOGRAPHICS • BRIC ECONOMIES
OMPETITION INTENSIFYING
OUTSOURCE
VERNMENT DEBT • CONSUMER SPENDIN
COUNTERPARTY RISK
HE GLOBAL MARKET PLACE
HEALTHCAR
RPORATE GOVERNANCE • G20 • RE
ECURITY OF SUPPLY
DEFLATIO
APITAL FLOWS • COMMODITIES
LIMATE CHANGE
EGULATION PROLIFERATING
BASEL II
GLOBAL TAX
OSS-BORDER SUPPLY-CHAINS
EPUTATIONAL RISK

企業簡介：

鄺家賢律師事務所札根香港、服務中華。為中國企業，尤其是生機蓬勃的中小企業提供優質、嚴謹、務實而有效的專業服務。主要業務包括公司合併/收購，中國投資，企業融資等顧問服務。協助中國企業「引進來」及「走出去」，在全球化的背景中，業務得以穩健發展。

鄺家賢律師於1991年成立鄺家賢律師事務所，並於2008年轉型為以鄺家賢專業顧問有限公司為核心的高端服務業團隊。我們的團隊包括金融、財務及管理的專家，為企業的業務發展提供全方位的專業顧問服務。

鄺家賢律師簡歷

鄺家賢女仕1980年畢業於香港大學，兼修歷史及政治。1983至1985年間，她前往英國的Bristol及Guildford的法學院學習法律。1994年，她修讀了由中國人民大學及香港樹仁學院共同開設的中國律師培訓班。1999年，鄺律師獲得了中國中山大學的**中國經濟法律碩士學位**。鄺律師亦於中國政法大學取得了**中國民商法博士學位**，師承“中國民法之父”江平教授，博士論文的題目為「中國企業跨境合併與收購」。

鄺律師目前專注的法律議題包括跨法域收購兼併、企業融資、兩岸四地經濟協作的法律問題及中國內地建立現代產權制度的法律問題等。

鄺律師以中小型企業為目標客戶群。對企業「引進來」及「走出去」的各種模式包括合資、合併及收購、以及企業重組等，有一定的經驗。鄺律師亦為各地企業擔任法律顧問，有關的法律事項包括公司架構（例如股東協議），以及業務增長策略（例如合併收購及投資基金等）。鄺律師亦處理商業糾紛個案，並代表各企業處理有關的訴訟、仲裁及調解事宜。

鄺律師曾於著名的高偉紳律師行及的近律師行任職，處理**銀行、金融及房地產方面的法律事務**。亦曾於地政署、破產管理署、公司註冊署等不同的政府部門任職。

鄺律師是香港中小企業國際交流協會的創會會長。她曾擔任**香港總商會中小型企業委員會的主席**及**廣東省涉外投資法律學會的名譽理事**。鄺律師創立了**亞太法律協會**，是該會的**會長**。她曾擔任**中國鄉鎮企業協會鄉鎮企業家委員會顧問**。她同時亦曾擔任**江蘇省海外聯誼會理事**。

鄺律師現擔任亞太法律協會會長、全球華人企業聯合會高級法律顧問、香港特區政府人事登記審裁處審裁員、香港教育發展基金諮詢委員會委員、香港公民協會中常委、香港政策研究所成員、鄺家賢專業顧問公司總裁、東星能源集團有限公司(股份代號668)獨立非執行董事等。

鄺律師自**1988年**起為**香港執業律師**。現在亦為**香港註冊財務策劃師**、**香港董事學會資深會員**、**香港中國企業協會會員**等。

保山中小企业信用担保中心

云南保山中小企业信用担保中心成立于 1997 年 8 月，由保山市隆阳区工商联主办，是云南省成立最早，专注于为民营中小企业提供融资信用担保机构，业务范围由当初在区内开展，现扩张到为保山市四县一区中小企业提供融资担保服务。多年来担保中心的性质始终界定为：以非盈利性、公益性、服务性为当地民营中小企业提供信用担保服务，重点支持对地方有财税贡献，安置就业有贡献，符合国家产业导向，面向三农的中小企业和下岗失业人员。故中心在保山市民政局登记为：民办非企业法人组织。2009 年中心注册资本 3800 万元，审计确认净资产 7167.39 万元，拥有可用担保保证金为 8319 万元，充足良好的资金确保了担保机构的良性运行。中心实行会员制。企业必须先加入工商联，成为会员，获得担保贷款的资质、享受信用担保的便利。

担保中心实行会员制的组织构架，故在融资担保贷款上，以信用担保为主，中心的整个担保业务，信用担保的比重占整个担保业务的 90%，抵押、质押仅占 10%—15% 的比重，形成了信用担保为主，抵质押为辅的特色。多年来，会员企业的人数不断增多，在担保中心形成一批不断外延的优良客户群。担保中心在业务上不断创新，涉及的业务有信用担保、互保联保、商品交易中间环节担保（履约担保），知识产权担保、固定资产担保，民间资本借贷担保、进出口贸易担保，会员企业互帮互助过桥担保、下岗失业人员创业统一贷款担保等，在信用担保上实行保证金制度，提高违约成本，以平辈压力促信用建设。

中心在融资担保上始终保持了与时俱进、不断创新的精神，始终坚持与银行保持差异化的经营策略，有力促进了中心业务范围的扩大，实力不断增强。1998 年被云南省委、省政府推介为“保山模式”在全省推广；是全省纳入信用担保体系建设的重点单位之一；1999 年被云南省政府评为《扶持个体私营经济先进单位》2008 年 8 月被省经济委员会、省中小企业局评为《中小企业服务示范机构》2008 年 10 月 15 日被云南省人民银行授信评定为 A+ 级；2009 年被评为 AA 级；2008 年 10 月被中华全国工商业联合会授予《全国工商联系统先进单位》；2009 年 6 月被云南省政府授予《云南省十佳非公企业服务机构》；2011 年被省担保协会评为持续发展先进单位。中心成立近十四年来，在各级党委、政府、银行、工商联的大力支持下，经过“中心担保人”的不懈努力，始终坚持争取政府扶持与会员缴纳保证金组成的联合担保为基础，互助担保为补充的民间性、互助性、非盈利性的为中小企业全心全意服务。取得了显著成绩，从 1997 年成立起步时只有 98 万元保证资本金（其中政府投入 20 万元）开始发展到 2008 年底拥有保证金 8319 万元。十三年间为全市 411 户中小企业担保贷款 1580 笔，累计金额 15 亿元。2010 年担保 3.8 亿元，2011 年担保 2.7 亿元，为全市 2716 户下岗失业人员担保创业小额贷款 1.4 亿元，使一大批下岗失业人员重新得到了就业。十三年来中心 1318 笔担保业务中共发生代偿 8 笔，代偿金额 226 万元（含利息）。代偿损失率为累计担保总额的 0.47%。

总结十四年的担保经验，我们在实践中切身感受到担保贷款的社会效益是不可估量的，它是中小企业发展的助推器，通过担保贷款取得了以下成效：

一、一大批成长期无抵押物或抵押物不符合银行贷款条件的中小企业解决了融资难，贷款难，极大的降低了企业的“死亡率”提高了企业的“存活率”。中小企业的生存期超过 10 年。

二、地方政府培育了税源，增加了地方财政收入。

三、通过担保贷款，支持了中小企业的发展，为地方政府解决就业压力，为社会安定、稳定做出了重要贡献。

四、提升了一大批民营中小企业的信用等级使之成为了行业的骨干和银行的优良客户。

五、通过担保贷款支持，使一批有市场前景的中小企业快速成长为有规模、有效益的行业龙头企业和当地的纳税就业大户。

六、通过会员间互助融资担保，解决了中小企业紧急筹资的难题，发挥了担保平台融资救急的绿色通道作用。

七、培养了一批在国际市场上有竞争力、有创汇能力的企业。如：通过担保贷款的全力扶持，保山小粒咖啡产业已成为保山稳定的创汇产业。2009 年 -2010 年为咖啡产业担保 3870 万元，出口创汇 2938 万美元；2010 年 -2011 年为咖啡产业担保 4100 万元，出口创汇 4200 万美元。

八、为林权改革服务，以林业作抵押，为中小企业担保贷款 2.85 亿元。

云南保山中小企业信用担保中心

保山担保中心理事长贺云华探望慰问滇西抗战老兵

保山市隆阳区工业园区信用担保中心

理事长　罗汪福

省工信委领导调研中心会员企业

保山市隆阳区工业园区信用担保中心成立于 2007 年 8 月 6 日，属民办非企业性质，隶属保山工业园区管理委员会，注册资本金 10000 万元，本中心设有资信评估部、财务部、风险管理部、贷款业务部等部门。

本中心自正式开展业务以来，始终坚持安全、规范、创新的工作方针，诚信的服务理念，在与银行的合作下为园区企业提供了良好的融资担保与反担保服务，积极扶持了园区企业的发展。本中心目前先后为 23 户园区企业提供担保贷款 31 笔，担保贷款总额共计 16397 万元，责任余额为 13312 万元。

本中心与其他的担保机构有所不同，本中心开展业务的对象主要是保山工业园区入园企业，因此对各企业及担保对象都具有较深入的了解。首先，工业园区管理委员会对入园项目进行认真的审查，即国家和政策主导和支持的项目、有发展前景的项目才准许入园落地；其次，本中心对企业提出的贷款申请也展开严格的审核，对企业的经营情况、财务情况、抵押物情况等风险控制也落实到位；因此，自本中心担保业务开展以来，从未发生过代偿行为，担保贷款企业也在本中心的帮助和监督下认真履行与银行的合同行为，在银行都具有比较好的信用等级。2010 年 7 月，本中心还获得了 A 级的信用评级。

保定市中小企业信用担保中心

业务咨询电话：0312-7925155

传真：0312-3225525

市担保中心邮箱：bddbzx163.com

保定市中小企业信用担保中心是经市政府批准、财政出资、于2004年3月在工商管理局注册的国有独资企业，注册资本7000万元，办公地点位于保定市向阳南大街525号。

市担保中心按照担保业务操作规程和资本金规模设置三部一室的内部管理机构，即担保业务部、风险管理部、财务部和综合办公室四个部门，现有员工15人，全部由大专以上学历的经济管理、财务会计、法律专业人员组成，其中中职以上8人，是一支与担保业务相适应的专业员工组合。

一、经营宗旨和范围

坚持为中小企业服务的方向，践行“帮融、解难、助长”的宗旨，以诚信为本、不以盈利为目的，为符合国家产业政策、有发展前景的成长型中小企业开展融资担保服务。

经营范围：贷款担保、票据承兑担保、贸易融资担保、项目融资担保、信用证担保、投标担保、预付款担保、工程履约担保、尾付款如约偿付担保等履约担保业务、与担保业务有关的融资咨询、财务顾问等中介服务。

二、合作银行情况

目前已建立起合作关系的金融机构有：建设银行保定分行、中国银行保定分行、农村信用联社保定办事处、保定市商业银行、华夏银行保定分行。

即将建立合作关系的有：中信银行保定分行、河北银行保定分行、浦发银行保定分行。

三、业务经营情况

市担保中心成立7年来，坚持政策性担保的经营方向，先后为90余家中小企业提供贷款担保120余笔，累计担保额3.5亿元。截至目前在保企业20家，在保责任余额7430万元，为缓解全市中小企业融资难发挥了一定的作用。据不完全统计，受保企业实现新增营业收入2亿元，实现利税1.3亿元。因担保业绩突出，2008年，市担保中心被河北省中小企业局评为“河北省十佳信用担保机构”；2009年被列为河北省担保体系建设试点单位。

四、担保业务程序

企业申请（或银行推荐）→中心受理→企业提供相关资料→实地考察→中心研究初审→会议评审→中心领导审批→向金融机构出具担保意向→签订合同→发放贷款→保后跟踪→解保或追偿。

中心急企业之所急，项目一经立项将高效运作，一般在7-10个工作日，便能为其实施担保，坚持担保收费最低，减轻企业负担。

传递信用·创造价值

Transfer Credit·Create Value

——深得中小企业信赖的护航者

通汇融资担保有限公司

诗仙李白曾有诗曰：三杯吐然诺，五岳倒为轻。李白以五岳为轻来夸张侠客然诺之重，说的是“诚信”分量比大山还重。我国古代儒家文化有一个最基本理念：诚信是天地之道与为人之本，相信人存在着潜在美德和道德的力量，并能以此架构人际交往中的相互信任的桥梁。在如今这个缺失信任感的社会，通汇融资担保一直本着“传递信用、创造价值”的经营理念，将“一诺千金”的理念落实在公司运营的点点滴滴并最终传递给客户，为客户带来利益的同时传播“诚信为本，仁义为先”的商业理念。

通汇融资担保凭借卓越的风险控制能力、丰富的市场资源以及创新的担保模式，自2006年创办至今融资担保业务量逐年提升，至今已为广东省内超过600多家中小企业提供优质的融资担保服务；融资担保金额已累计超过人民币30亿元，且与政策性银行——国家开发银行广东省分行，国有股份制银行——中国建设银行广东省分行、中国工商银行广东省分行，市级区域农信社——湛江市农村信用合作社、茂名市农村信用合作社，以及省内融资担保行业的领航者——广东省融资再担保有限公司等成为友好合作伙伴，共同为广东省内中小企业搭建优质的融资平台。

通汇融资担保主营业务，包含为企业及个人提供贷款担保、票据承兑担保、贸易融资担保、项目融资担保、信用证担保等融资性担保；兼营诉讼保全担保、履约担保业务，与担保业务有关的融资咨询、财务顾问等中介服务，以自有资金进行投资。在此基础上，通汇融资担保联合成品油批发商及银行三方合作，专门为满足民营加油站采购资金需求而设计一款增信融资产品，在加油站油品采购环节引入信用担保，加油站可凭通汇融资担保的保函获得银行贷款，缓解资金压力，降低赊销成本，并促进批发商和加油站两端的油品销售额。通汇融资担保会在各级政府主管部门的监管及指导下，在各合作银行的授信支持及信贷质量严格要求下，在企业客户的信任及良好互惠合作下，加强服务意识，增强专业产品的开发，在风险防范作为首要控制的基础上持续创新，一如既往地为中小企业提供优质、高效、创新的融资增信担保服务。

公司地址：广州市天河区天河北路233号中信广场52楼5204-5206室

公司电话：4008-808-838　020-38772778

公司传真：020-38773536

公司网址：http://www.tonghui-group.com

江西省中小企业服务中心

江西省中小企业服务中心，前身是1986年成立的江西省中小企业培训中心，为省编委批准的省局直属正处级财政全额拨款公益性管理类事业单位。其主要职责是：在主管局领导下，承担江西省中小企业服务平台网络建设任务，指导、统筹、协调全省窗口服务平台建设，搭建江西省中小企业综合公共服务平台，有效聚集服务资源，培育服务品牌项目，为全省中小企业提供以公益性为主的各类服务。内设机构有体系指导科、教育培训科、综合服务科、技术服务科，

作为省级中小企业核心服务机构，江西省中小企业服务中心在主管局的领导下，经过数年的努力探索，工作内容由单一培训工作向中小企业综合服务平台建设方面转变，突出公益性与公共性，逐渐强化了政策传导、业务引领、资源枢纽的功能。本着政府扶持中介，中介服务企业的宗旨，构建了综合性的省级中小企业公共服务平台，开展了网络信息、技术服务、教育培训、企业咨询、创业辅导等方面的服务。同时帮助指导全省建立公共服务平台13个，引导和扶持了部分社会中介机构为中小企业提供专业服务，提升了服务能力。

江西省中小企业公共服务平台建设和公益性服务工作受到了企业的欢迎，也得到省、部领导的肯定和表扬，充分体现了政府搭台、机构唱戏、整合资源、协同服务的工作思路，并被列为首批国家中小企业公共服务示范平台。2011年7月，在省局统一部署领导下，由中心牵头通过竞争性一体申报，再次被工信部财政部列入中小企业服务平台网络建设试点省份。

柳州市中小企业服务中心

柳州市中小企业服务中心成立于 2004 年 4 月，是柳州市工业和信息化委员会直属中小企业公益服务机构。主要职责是推进中小企业服务体系建设。中心通过建设和完善融资指导、创业辅导与政务代理、技术创新、人力资源和公共信息五大服务平台，实施“中小企业跨越发展助推工程”和开展“培育中小企业专项服务”，构建“企业之家”、“政府助手”和“机构核心”，努力打造一流的中小企业服务品牌。2010 年中心申请国家中小企业公共服务示范平台，获工信部首批认定国家中小企业公共服务(融资、创业)示范平台。

2010 年中心在柳州市工信委的领导下，紧紧围绕贯彻落实柳州市政府“创新调整，产业升级，三年四千亿，工业再翻番”战略目标，以促进中小企业快速发展，做优做强为目的，大力推进中小企业社会化服务体系建设，夯实服务平台，创新服务方式，拓展服务领域，提升服务质量。全年为 150 多家中小企业提供了融资指导服务，帮助 110 家企业获得银行贷款共计 11.4 亿元；为 66 家企业提供项目申报辅导服务，帮助 43 家企业编制了技术创新、挖潜改造和国家创新基金项目计划书，其中绝大部分企业项目获得政府专项资金支持；举办了各类中小企业培训 71 期，培训人员达到 6200 人次；为 180 余家企业提供了新办和专项政务代理服务；2010 年柳州中小企业信息网共发布各类信息 18100 多条。多层次、多功能、全方位的服务进一步提升了中心“企业之家”的服务形象，各项服务工作获得中小企业的广泛好评。2010 年 10 月第四届中国中小企业节，中心被中国中小企业协会评为“中国中小企业创新服务先进机构”。

典型服务案例

某制药企业是我们中心重点服务的一家中小企业，该企业有员工 278 人，专业技术人员 112 人。企业前身是一个县级制药厂，2002 年 3 月，由五位河南籍民营企业投资者，以承担债权债务的形式，对企业进行改制。到 2006 年公司产销一直在 4000 ～ 5000 万元之间徘徊。2007 年中心组织对该企业发展状况进行调研并建立了服务关系。服务切入从企业高管培训开始，邀请企业经理人参加了 2007 年“柳州市中小企业提升管理”高层管理人员培训班。通过培训开阔了企业高管的思路，激发了二次创业的热情。抓住这个有利时机，我们及时推荐专业的管理咨询机构进驻企业，帮助企业制定发展战略，推行法人治理、股份制改造和全员绩效考核，引进高端技术人才，实施技术改造。中心也围绕企业需求及时提供项目辅导、融资指导、人才培训等全方位的后续跟踪服务。通过一系列的举措，迎来了企业的快速发展。2008 年企业投资 1500 万元扩建车间和两条生产线。为了使公司的骨干员工一起分享企业的发展成果，由原五位股东作为发起人，发动骨干员工入股，企业注册资金由 600 万元增加到 813 万元。2009 年企业的生产经营实现产销双过亿，利税 2000 万元。

吉林省促进中小企业发展服务中心

中心简介：

吉林省促进中小企业发展服务中心是2009年3月，在吉林省省直机构改革中，为加强全省中小企业服务体系建设，完善和强化省级综合服务平台智能，经省编委批准设立的副厅级建制的中小企业公益性综合服务机构，隶属于吉林省工业和信息化厅，承担着贯彻落实中小企业法律法规和方针政策，整合、带动、指导社会服务机构为中小企业提供优质服务，推进中小企业服务体系建设的重要职责。中心是全省中小企业各种服务资源的集聚平台、中小企业要素服务的供给者和中小企业转型升级的助推器，长期致力于为中小企业和民营经济提供信息咨询、人员培训、技术支持、创业辅导、市场开拓、管理咨询、融资担保、法律维权、电子商务、事务代理等十大服务。中心现有事业编制60人，内设6个县处级部门，即综合部、融资服务部、创业服务部、技术服务部、市场服务部、管理咨询与维权部；拥有注册会计师、经济师、工程师等多专业技术人才。中心是吉林省中小企业服务联盟理事长单位、吉林省政府批准成立的吉林省中小企业融资服务平台和吉林省信用担保协会会长单位，并于2011年3月被工信部认定为首批“国家中小企业公共服务示范平台”。

“十二五”开局之年，为贯彻落实国家工业和信息化部、财政部《关于印发2011年中小企业服务体系发展专项资金项目申报指南的通知》（工信厅联企业〔2011〕82号）文件精神，中心被吉林省工业和信息化厅指定为吉林省中小企业公共服务平台网络总承建单位，全面负责省级中小企业公共服务平台建设和全省27家窗口服务平台建设的指导、运营和管理工作，努力打造以吉林省促进中小企业发展服务中心为龙头，以市、县窗口服务平台为支撑，以产业集群窗口服务平台为基础的覆盖全省的服务设施完备、服务功能完善、服务信息畅通、供需对接便捷、服务管理运营规范的中小企业公共服务平台网络，实现全省中小企业服务资源配置、服务机构运行、服务业务实施、服务标准规范的一体化，有效放大服务资源，全面提升服务能力和水平。

业务品牌介绍：

信息咨询服务。通过加强“中国中小企业吉林信息网（吉林省中小企业服务联盟网）”建设，逐步整合和完善全省各级中小网的网络资源，建立涵盖政务信息发布、中小企业运营监测、企业产品信息宣传等板块的网络信息服务平台。

人员培训服务。通过组织实施“中小企业高级经营管理者培训”、“中小企业高技能人才培训”、“万名创业者、万名小老板”培训、“国家银河培训工程”、企业标杆班培训等品牌培训项目，构建人才培训平台。

技术支持服务。汇集高等院校、科研院所的技术实力、人才优势和科技成果，以中小企业技术难题网上寻解系统为载体，以各类专家信息资源库为依托，建立产、学、研、用项目对接的技术需求服务平台。

创业辅导服务。通过服务联盟整合会计师事务所、律师事务所、税务师事务所等社会化中介服务机构，委托市县中小企业服务中心开展专业化服务项目，搭建创业辅导服务平台。

市场开拓服务。以全省中小企业专、精、特、新产品信息库为基础，以境内外各类产品博览会、洽谈会、展销会为依托，搭建全省中小企业市场开拓服务平台。

管理咨询服务。通过整合管理咨询服务机构，重点开展管理咨询试点、管理咨询诊断和中小企业健康体检活动，着力提升全省成长型中小企业的经营和管理水平。

融资担保服务。通过与银行、担保机构紧密合作，构建融资服务平台。开展“万民创业小额担保贷款”、“千户成长工程融资支持”、“百户重点企业融资支持”品牌融资担保服务。

法律维权服务。组建吉林省中小企业法律专家顾问团，对未聘法律顾问的企业重点开展法律维权服务；开通法律咨询服务热线，切实维护中小企业合法权益。

电子商务服务。依托敦煌网等各类电子商务平台，推动中小企业信息化建设，帮助中小企业网上开拓市场，完善供应链，有效满足客户的各种需求。

事务代理服务。通过整合专业化服务机构，为新创办中小企业代办开业、变更、年检；代办验资手续、审计、评估、财务咨询；代办记账、申报纳税和提供企业投资查询等服务。

吉林省促进中小企业发展服务中心党委书记、主任**王洪博**

王洪博主任在2010年度吉林省中小企业服务联盟年会上讲话

王洪博主任向省直相关合作部门赠送锦旗

传世广告　真诚永远

第六篇 政策法规

一、相关法律、法规、部门规章及规范性文件

关于开展科技专家参与科技型中小企业贷款项目评审工作的通知

国科发财［2010］44号

各省、自治区、直辖市、计划单列市科技厅（委、局），新疆生产建设兵团科技局，深圳市科工贸信委，各银监局，各银行，各有关科技专家：

为贯彻落实《国务院关于发挥科技支撑作用，促进经济平稳较快发展的意见》（国发［2009］9号）和中央经济工作会议精神，进一步推动银行支持科技型中小企业发展，加快培育战略性新兴产业，提高银行贷款的科学性，根据银监会、科技部《关于进一步加大对科技型中小企业信贷支持的指导意见》（银监发［2009］37号）和《关于选聘科技专家参与科技型中小企业项目评审工作的指导意见》（银监发［2009］64号）要求，科技部、银监会决定启动科技专家参与科技型中小企业贷款项目评审工作。现将有关事项通知如下：

一、科技部从国家科技计划专家库中选择出部分符合要求的科技专家，经商银监会后，由中国银行业协会建立科技专家库。地方科技部门可参照有关条件，结合本地产业发展的需求，提出补充科技专家名单，经商银监局后联合报科技部；科技部会同银监会审核后，将审核通过的科技专家名单告知中国银行业协会、有关地方科技部门和银监局；中国银行业协会负责将通过审核的科技专家补充加入科技专家库，并告知协会会员单位；地方科技部门通知有关科技专家。

二、银行业金融机构在进行科技型中小企业贷款项目审查或其他涉及科学技术的项目审查时，需要科技专家提供咨询服务的，可从科技专家库中选择。

三、在进行贷款项目咨询时，银行应与科技专家约定咨询内容、咨询费用、反馈时间和要求等事项。咨询可以通过电话、邮件、实地考察等多种方式进行。

四、科技专家要高度重视向银行提供咨询服务工作，发挥自身专业知识、信息网络和熟悉科技产业政策等优势，对银行提出的咨询服务需求，及时做出科学、合理、公正、客观的回复意见，并保守咨询工作秘密。

五、科技部、银监会委托中国银行业协会具体负责实施科技专家为银行业金融机构提供咨询服务工作，收集整理各方面的意见和建议。中国银行业协会负责编制的科技专家手册将发至协会会员单位，供开展工作之用。

六、考虑到该项工作涉及面广、内容复杂、创新性强，科技部、银监会决定该项工作从本通知发布之日起，先期试行一年。各地科技部门、银监局、银行业协会要加强联系与合作，注意总结经验。银行业金融机构及科技专家有何意见和建议可随时向科技部、银监会和中国银行业协会反映。

联系人及方式：

科技部

沈文京 010-58881686 shenwj@most.cn

贾建平 010-58881691 jia8509@126.com

银监会

周振宇 010-66279572 zhouzhenyu@cbrc.gov.cn

中国银行业协会

吕　欢 010-66553358-8008 lvhuan@china-cba.net

成天乐 010-66553358-8101 chengtianle@china-cba.net

科学技术部　中国银监会

二〇一〇年二月二日

工业和信息化部关于做好中小企业金融服务合作工作的通知

各省、自治区、直辖市及计划单列市、新疆生产建设兵团经贸委（经委）、经济和信息化委（厅、局）、工业和信息化委（厅、局）、中小企业厅（局、办）：

为贯彻落实《国务院关于进一步促进中小企业发展的若干意见》（国发［2009］36号）精神，进一步加大对中小企业信贷支持，切实缓解中小企业融资难，2009年12月1日，工业和信息化部与中国工商银行、中国农业银行、中国银行、中国建设银行四大银行在人民大会堂签署了《中小企业金融服务合作备忘录》（以下简称备忘录）。备忘录的实施将有利于充分发挥政府部门和金融机构各自优势，促进政策措施和金融资源结合，发挥四大银行缓解中小企业贷款难的示范和带头作用，带动其他金融机构加大对中小企业信贷支持，对缓解广大中小企业融资难和提振经营信心将起到积极作用。

为进一步促进各级中小企业管理部门和四大银行及其系统的务实合作，使备忘录落到实处，现将有关要求通知如下：

一、中小企业管理部门要积极与四大银行分行开展多种形式的合作，结合各自实际，建立中小企业客户推介机制和目标企业库，在调研掌握和分析

梳理中小企业客户需求基础上与四大银行分行开展多种形式的推介活动，并做好推介活动的指导、统计和评价工作。

二、各级中小企业管理部门要加大对中小企业融资支持力度，积极引导各类中小企业信用担保机构加强与四大银行分行的合作关系，建立和完善“风险共担，利益共享”的银行担保合作，不断提高中小企业担保贷款的比重。

三、各级中小企业管理部门要致力于改善当地中小企业金融生态环境，积极推进中小企业信用制度建设，开展针对中小企业的信用信息征集和评价活动。有条件的地方要出台中小企业金融服务的相关扶持政策，推动建立政府引导下的中小企业金融服务长效机制。

四、各级中小企业管理部门要积极与四大银行分行建立培训合作机制，适时开展国家宏观经济政策及产业发展政策以及四大银行信贷业务产品、流程及风险偏好等宣传介绍和培训活动，使中小企业能及时、全面准确地了解国家相关政策法规和金融机构的相关信贷支持举措。

五、各级中小企业管理部门要与四大银行分行建立沟通协调机制，深入开展有针对性地调研活动，发现、培育和掌握各类典型，探讨解决中小企业贷款中出现的共性和倾向性问题。有条件的地方要与四大银行分行制定落实备忘录的实施细则或工作方案。

各级中小企业管理部门要及时向工业和信息化部（中小企业司）报送落实备忘录的具体措施和好的经验做法。遇到重大问题请及时报送。

二〇一〇年二月二十七日

关于促进中小企业公共服务平台建设的指导意见

工信部联企业［2010］175号

各省、自治区、直辖市、计划单列市及新疆生产建设兵团工业和信息化（经济和信息化、经贸、经济、中小企业）、发展改革、科技、财政、人力资源社会保障（人事、劳动保障）、环境保护、质量技术监督局（委、厅、办），有关行业协会：

为贯彻落实《国务院关于进一步促进中小企业发展的若干意见》（国发［2009］36号）和国家重点产业调整振兴规划，推动中小企业调整结构，转变发展方式，现就促进中小企业公共服务平台（以下简称服务平台）建设，提出以下指导意见。

一、统一思想，明确目标，积极推动服务平台建设

（一）服务平台的含义和作用。服务平台一般是指按照开放性和资源共享性原则，为区域和行业中小企业提供信息查询、技术创新、质量检测、法规标准、管理咨询、创业辅导、市场开拓、人员培训、设备共享等服务的法人实体。服务平台在解决中小企业共性需求，畅通信息渠道，改善经营管理，提高发展质量，增强市场竞争力，实现创新发展等方面发挥着重要支撑作用。加快服务平台建设，是落实国务院促进中小企业发展政策和国家重点产业调整振兴规划的重要举措，对改善中小企业发展环境，促进社会资源优化配置和专业化分工协作，推动共性关键技术的转移与应用，逐步形成社会化、市场化、专业化的公共服务体系和长效机制具有重要现实意义。

（二）指导思想。服务平台建设要深入贯彻落实科学发展观，按照促进中小企业转变发展方式，加快结构调整的总体要求，通过统筹规划、集聚资源、营造环境、加强服务，建立和完善满足中小企业发展需求的支撑体系和良好的外部环境，促进中小企业提升创新能力和核心竞争力，实现又好又快发展。

（三）建设原则。服务平台建设要按照“政府引导、市场化运作，面向产业、服务企业，资源共享、注重实效”的原则，坚持政府引导与社会广泛参与相结合，坚持非营利服务与市场化服务相结合，坚持促进产业升级与服务中小企业发展相结合，坚持社会服务资源开放共享与统筹规划、重点推动相结合。

（四）建设目标。充分发挥现有服务平台的作用，用三年时间，在中小企业集聚的区域和行业建立、充实和完善一批服务平台，满足中小企业发展需求；重点培育一批运作规范、支撑力强、业绩突出、信誉良好、公信度高的示范平台。完善政策措施，培育服务品牌，使服务平台的布局更加合理，特色更加突出，功能趋于完善，服务质量及企业满意度稳步提升，对中小企业持续健康发展的支撑作用明显增强。

二、服务平台的基本条件和发展要求

（五）基本条件。服务平台一般应具有独立的法人资格；拥有独立的工作场所及与所提供服务相适应的条件和设施；大专及以上学历专业服务人员的比例不低于50%；具有较强的专业服务和组织社会资源能力；管理制度健全，经营行为规范，收费合理，服务内容、流程、标准、收费和时间能做到“五公开”；服务收入占营业额的比例不低于50%。

（六）加强能力建设。服务平台要加强业务培训和人才培养，提高服务人员的素质和水平。要不断增加专业服务人员的比例，建立激励机制，优化人才结构，增强服务能力。要适时更新仪器设备和设施，积极运用现代信息技术，降低成本，提高效率，扩大服务的覆盖面和受益面。要努力取得相应的专业资质认证，增强服务的可靠性和权威性。

（七）创新发展模式。服务平台要积极探索建

设方式和发展模式，通过与大学、科研院所、行业协会、专业性服务机构、企业等建立战略合作伙伴关系，集聚优质资源，提升服务水平。专业机构间要加强合作，建立协同服务机制。要通过开放实验室、专业化设备共享与租用等多种形式，满足中小企业发展需求，避免不必要的重复建设。

（八）培育服务品牌。服务平台要增强服务、市场和品牌意识，建立服务质量标准，完善质量保障制度，制定品牌发展目标和战略规划，树立品牌形象。健全信用制度，注重诚信经营，树立良好信誉，不断提高信用等级。培育企业文化，提高公信力和社会影响力，实现可持续发展。

三、服务平台的主要功能

（九）针对当前和今后一个时期中小企业发展需要，鼓励服务平台具备多种服务功能：

1. 信息查询：加强网络功能开发，畅通信息渠道，为企业提供法律法规、政策、技术、产品、标准、人才、市场等各类信息服务。

2. 技术创新：开展工业设计、技术咨询、知识产权战略实施、节能降耗、清洁生产和污染防治技术应用等服务，帮助企业研发新产品、新技术、新工艺，增强创新能力，形成具有自主知识产权的技术和产品。推动产学研联合，促进技术成果转化、适用技术推广和创新资源共享。

3. 质量管理：提供质量检验检测，原材料性能测试，推广先进质量管理方法和产品标准。指导企业建立质量管理体系，培养质量管理人员，提供大型加工仪器设备共享服务。帮助企业申请相关体系和产品认证，参与质量评奖活动。

4. 管理咨询：提供发展战略、财务管理、人力资源、市场营销等咨询诊断，帮助企业学习、掌握现代企业管理知识和技能，提高科学决策和经营管理能力。指导企业加强现场管理，提高清洁生产水平。

5. 创业辅导：为拟创业人员提供创业信息、商务计划书编制、创业培训，以及工商登记等政务代理和相关行政许可申报服务；为创办三年内的小企业提供管理咨询、项目诊断、市场营销、财务管理、筹资融资、财税申报、法律援助等辅导服务和创业场地。

6. 市场开拓：组织开展各类展览展销、贸易洽谈、产品推介、国内外经济技术交流与合作活动。帮助企业建立营销网络，应用电子商务，提高产品的市场占有率。

7. 人员培训：为企业经营者、专业技术人员和员工提供各类培训，提高企业人员的整体素质。

四、服务平台建设的保障措施

（十）编制建设规划。各地中小企业主管部门要根据本地区中小企业发展特点和实际需求，以及调结构、上水平、转变发展方式的总体要求，会同有关部门研究制定与区域产业及中小企业发展规划相衔接的服务平台建设规划，要合理布局，突出重点，明确目标和任务，完善相关政策措施。各有关行业协会要根据行业发展规划，在中小企业聚集区推动建立服务平台，集聚资源，为行业中小企业转型升级提供强有力的支撑服务。

（十一）加大政策扶持。发挥公共财政资金的引导作用，促进服务平台建设。各级促进中小企业发展专项资金和中央预算内技术改造专项投资要加大对服务平台建设和运营的支持，吸引和带动社会投资，加快推动服务平台建设。要研究制定示范服务平台评价标准，对信誉好、服务优、效果显著的示范服务平台，实行服务补助和奖励表彰等扶持措施，引导服务平台规范运营，不断增强服务功能，提高服务质量，实现可持续健康发展。

（十二）完善工作机制。各地要充分利用有关部门的现有工作基础，积极发挥各自资源优势，加强沟通、协调与合作，建立联合工作机制。要明确分工，加强配合，完善管理，形成合力，共同推动服务平台的建设和发展。

（十三）加强指导和宣传。各地中小企业主管部门及有关部门要加大指导和服务力度，及时调查了解服务平台建设运营情况，发现和协调解决出现的问题，总结经验，推广有效做法，培育示范和服务品牌。要发挥网络、报刊等媒体的作用，加大对优秀示范服务平台的宣传，帮助中小企业更好地利用服务平台实现又好又快发展。

工业和信息化部　国家发展和改革委员会
科学技术部　财政部
人力资源和社会保障部　环境保护部
国家质量监督检验检疫总局
二〇一〇年四月六日

关于进一步加强中小企业节能减排工作的指导意见

工信部办［2010］173 号

各省、自治区、直辖市及计划单列市、新疆生产建设兵团工业和信息化主管部门、中小企业主管部门：

为贯彻落实《中华人民共和国节约能源法》、国务院《关于加强节能工作的决定》（国发［2006］28 号）和《关于印发节能减排综合性工作方案的通知》（国发［2007］15 号），按照国务院《关于进一步促进中小企业发展的若干意见》（国发［2009］36 号，以下简称国发 36 号文件）要求，现就进一步加强中小企业节能减排工作提出如下意见：

一、充分认识中小企业节能减排的重要性和紧迫性

中小企业是国民经济的重要组成部分，对促进经济平稳增长、保障就业、推进技术创新所发挥的作用越来越大，成为推动生产力发展、建设和谐社会的重要力量。中小企业数量多、涉及行业广、社会影响大，提高中小企业节能减排和资源综合利用水平是贯彻落实科学发展观，走新型工业化道路，实现经济社会可持续发展的客观要求。当前，中小企业节能减排存在的主要问题：一是认识不到位，企业负责人关注生产经营多，对节能环保重视不够。企业发展方式粗放、结构不合理、装备水平落后等情况依然较为严重；二是企业数量多，而且较为分散，资源消耗量及污染排放相对较少，实施节能降耗措施及环境监管较为困难。各地中小企业管理部门对中小企业节能减排工作的重视程度也参差不齐，促进中小企业节能减排的政策措施还不完善；三是企业节能减排基础管理薄弱，普遍没有设置负责节能减排的专门机构和配备专业人员，节能减排基础数据缺失，情况不清；四是企业获取节能减排技术信息渠道不畅，节能减排的高投入与中小企业资金、技术实力弱的矛盾十分突出，中小企业节能环保普遍存在融资难、担保难等问题。这些都成为制约中小企业节能减排的主要障碍。

党中央、国务院高度重视中小企业发展。国发36号文件为改善中小企业经营环境，克服金融危机带来的不利影响，促进中小企业发展发挥了积极作用。但中小企业节能减排形势依然严峻，企业能源利用效率偏低，重点用能行业的中小企业能源利用效率比全国平均水平高出20%以上，节能减排潜力巨大。各地工业和信息化主管部门、中小企业主管部门要充分认识中小企业发展新阶段所面临的机遇和挑战，引导企业依靠质量求生存，依靠节能和管理求效益，依靠机制体制创新求发展，把节能减排作为促进中小企业转变发展方式的一项重要措施抓紧抓好，实现中小企业又好又快发展。

二、指导思想和工作目标

（一）指导思想。贯彻落实科学发展观，围绕创建资源节约型和环境友好型企业目标，以转变经济发展方式、调整产业结构为根本，进一步强化中小企业节能减排监督管理，积极推动中小企业节能减排技术进步，发挥市场配置资源的基础性作用，建立健全促进中小企业节能减排的政策激励和约束机制，形成以政府为主导，以中小企业为主体，专业服务机构为支撑、全社会共同参与的中小企业节能减排工作机制和良好氛围，促进中小企业健康持续发展。

（二）重点领域。以工业领域中小企业为重点，着力抓好能源资源消耗高、资源利用率低、污染减排压力大的中小企业节能减排工作。重点是：国家重点行业调整和振兴规划涉及的中小企业，重点工业园区（产业集聚区）内的中小企业，以及各地确定的节能减排重点中小企业。

（三）工作目标。争取用3～5年时间，培育和形成一批中小企业节能减排示范企业（产业基地、集聚区），推动重点节能减排技术在中小企业的广泛运用，加强中小企业节能减排管理人员培训和管理制度的完善；较大幅度提升中小企业能源资源利用水平和清洁生产水平，重点用能行业的中小企业单位能耗下降25%左右，使中小企业单位产品（工序）能耗、主要污染物排放、清洁生产等指标有显著提高。

三、突出重点，分类指导

（四）加强工业园区集中供能和污染集中治理。近几年发展循环经济的实践证明：集中供能和污染集中治理，是大幅度提高能效和减少排放的有效措施。在中小企业集中的工业园区（产业基地、集聚区）要积极探索和实行集中供热、供电、制冷等能源集中供应模式和工业污染集中治理模式，通过区域热电（冷）联产及工业废水、工业固体废弃物集中处理厂等公共设施共享，提高中小企业能源运输、分配和使用效率，较大幅度降低单个企业能耗和环保成本。凡是有条件的工业园区（产业基地、集聚区）都要采取合资、合作、专业化公司经营等多种形式，积极开展集中供能和污染集中治理试点。

（五）加大重点行业中小企业技术改造力度。突出抓好钢铁、有色、建材、石油石化、造纸、印染等重点行业企业节能减排工作，工业行业管理部门要发布重点行业节能减排技术设备（产品）导向目录，支持中小企业实施工业锅炉（窑炉）改造、余热余压利用、能量系统优化、资源综合利用、清洁生产等节能减排技术改造工程。要通过举办节能减排技术、产品交流会等方式，推动高效节能减排技术、工艺及产品、设备在中小企业中的广泛运用。

（六）推动中小企业加快淘汰落后工艺设备步伐。根据国家产业政策和《产业结构调整指导目录》，制定发布落后高耗能工业技术和设备产品淘汰目录，指导中小企业淘汰高耗能、高污染的落后技术、工艺和装备。要加强对中小企业淘汰落后产能工作的监管，加强中小企业工业固定资产投资项目环境影响评价和节能评估审查工作，遏制高耗能、高污染行业盲目扩张，防止落后产能由大企业向中小企业转移，从源头上实现污染物减排和节能增效。

（七）引导中小企业发展循环经济。鼓励中小企业按照“减量化、再利用、资源化”原则，走资源循环高效利用、能源梯级利用、变废为宝、化害为利的循环经济发展之路。鼓励中小企业进入生产性服务业，积极开展工业“三废”和废旧产品资源综合利用，提高大宗工业固体废弃物和电子废弃物的回收利用率和利用水平，不断提升废弃资源循环利用产业化水平。

（八）加强重点用能企业中的中小企业节能管理制度建设。年综合能耗1万吨标准煤以上的中小企业，及各省指定的年综合能耗5千吨标准煤以上不满1万吨标准煤重点用能企业中的中小企业，应依法设立能源管理岗位，聘用具有节能专业知识和中级以上技术职称且经过专业培训的能源管理负责人，并报省级工业和信息化主管部门备案。加强中小企业节能统计和计量管理，完善能源计量器具配备并定期进行校准、检定。督促列入重点用能企业的中小企业开展节能目标责任考核，定期报送企业能源利用状况报告。

四、促进节能服务产业发展，创新节能减排体制机制

（九）推行节能减排服务新机制。推动以服务中小企业节能减排为主的节能服务体系建设，完善产学研相结合的节能减排技术创新与成果转化体系，鼓励节能减排技术和装备研发及产业化。引导节能减排专业服务机构通过合同能源管理、节能设备租赁等方式积极参与中小企业节能减排项目建设，分享节能效益实现双赢。要调动中小企业节能自觉性和主动性，鼓励中小企业与政府主管部门签订节能自愿协议，指导中小企业通过实施节能技术改造、提高节能管理水平等实现预定节能目标。

（十）推动中小企业开展节能环保“达标”活动。各地工业和信息化主管部门要结合国家强制性能耗标准、行业节能环保标准及清洁生产标准的宣贯工作，组织企业开展节能环保“达标”活动。鼓励中小企业实施能源审计，通过制定并实施节能整改方案，达到国家标准规范要求；鼓励有条件的中小企业以行业龙头企业为“标杆”，参与行业能效水平对标活动，力争达到或接近行业能耗先进水平。引导中小企业开展自愿性清洁生产审核并自主实施清洁生产方案，对污染物排放浓度和排放总量超标、使用或产生有毒有害物质的中小企业实施强制性清洁生产审核。

五、发挥政策导向作用，加大政策支持力度

（十一）加大财政资金支持力度。发挥中小企业发展资金、淘汰落后产能资金、技术改造专项资金等现有各类财政资金的引导和带动作用，加大对中小企业节能降耗、清洁生产和资源综合利用技术研发、技术改造、服务平台建设和培训教育、节能诊断、清洁生产审核、资源综合利用等方面的资金支持。鼓励有条件的地区设立中小企业节能减排和资源综合利用专项资金。

（十二）建立完善中小企业节能减排融资机制。建立政府、银行、担保、企业参与的中小企业节能减排融资机制，引导金融机构探索多种形式的中小企业节能降耗、清洁生产和资源综合利用贷款方式。鼓励保险公司探索企业节能减排、资源综合利用创新产品研发、科技成果转化的保险保障机制。探索完善创业投资与节能减排和资源综合利用相结合的融资模式，引导各类创业投资机构加大对中小企业节能减排和资源综合利用的投资力度。

（十三）落实中小企业节能减排税收优惠政策。对中小企业生产符合国家鼓励的资源综合利用产品、使用列入环境保护和节能节水专用设备税收优惠目录的设备，以及实施列入节能减排税收优惠目录的项目等，按有关规定积极落实税收减免政策。积极争取中小企业生产的符合条件的节能环保产品列入政府采购目录。

六、加强组织领导，建立健全工作机制

（十四）加强组织领导。各地工业和信息化主管部门和中小企业主管部门要切实加强中小企业节能减排工作的组织管理和统筹协调，建立和完善中小企业节能减排工作机制，指导和推进中小企业节能减排工作。对中小企业节能减排工作取得突出成绩的单位和个人要予以表彰奖励。

（十五）推进中小企业节能减排信息平台建设。依托现有资源，建立中小企业节能减排信息平台，及时发布国家节能减排法律法规、方针政策、工作动态、技术信息及先进典型事例等，帮助中小企业方便、快捷地获取节能减排政策和技术信息。

（十六）开展节能减排宣传培训。利用报纸、电视、广播、互联网等媒体，开展广大中小企业职工喜闻乐见、形式多样的宣传教育活动，广泛宣传国家节能减排法律法规和方针政策，提高中小企业员工节能环保意识。各级中小企业管理部门开展中小企业节能减排培训，把节能减排培训纳入中小企业银河培训工程等现有中小企业培训体系，加强对各级中小企业管理人员及企业节能环保负责人的教育培训。将重点用能中小企业能源管理负责人培训纳入重点用能企业培训考核体系。

二〇一〇年四月十四日

关于进一步做好企业法人法定代表人任职限制规定执行工作的通知

工商企字［2010］82号

各省、自治区、直辖市工商行政管理局：

全国工商行政管理系统企业信用分类监管信息联网运行以来，各级工商行政管理部门依托联网信息，认真执行《公司法》等法律法规和规章有关企业法人法定代表人任职限制的规定，促进了市场交易安全，提升了企业依法诚信经营意识，提高了工

商行政管理部门执法权威。但是，一些地方工商行政管理部门仍然存在着对有关法律规定理解不准确、执行不严格、信息记录归集不完整、信息更新不及时等情况，影响了任职限制规定的有效实施。为全面准确执行《公司法》等法律规定，保障当事人合法权益，现通知如下：

一、准确理解、严格执行任职限制的规定

《公司法》、《公司登记管理条例》、《企业法人法定代表人登记管理规定》等有关企业法人法定代表人任职限制的规定，对于从源头上规范市场秩序，维护交易安全，促进市场主体有序退出，保障经济社会健康稳定发展，具有重要意义。各级工商行政管理部门要进一步组织深入学习相关规定，做到准确理解，严格执行，切实保障当事人合法权益，维护企业准入和退出秩序。

依照《公司法》等有关规定，企业法人法定代表人出现不得担任法定代表人情形时，在法定限制期内，应限制其在已任职的企业法人中继续担任法定代表人，并限制其任其他企业法人的法定代表人。要严格依法将身份限制范围控制在法定代表人，不得扩大至股东。

对任职限制期届满的，应通过设置自动解除程序，及时解除对法定代表人的任职限制，不得延长限制时间。实施任职限制所依据的吊销营业执照处罚决定或关闭决定被撤销的，由做出该吊销营业执照处罚决定或配合执行关闭决定的工商行政管理部门及时撤销任职限制措施。

二、加强任职限制信息的归集和管理

要加强对企业法人法定代表人任职限制信息的规范管理，确保任职限制信息数据记录及时、准确、完整。

企业法人因违法被吊销营业执照或被责令关闭的，做出吊销营业执照处罚决定或配合执行关闭决定的工商行政管理部门，应按照总局数据汇总要求，即时将企业法人及法定代表人的相关信息录入业务管理系统。

各省级工商行政管理局应每日将相关信息备份到总局数据中心省级局前置机备份库，确保全系统相关信息每日更新，及时形成全国范围的企业法人法定代表人任职限制信息。各省级工商行政管理局应每日下载相关信息，并更新至本地数据库，为严格执法提供准确、及时的数据保障。

三、完善任职限制信息来源，为全面执行规定夯实基础

各级工商行政管理部门要与有关政府部门、法院等方面积极沟通，逐步建立、完善有关信息互通共享机制，采集《公司法》等法律法规任职限制规定中涉及服刑期满、个人负较大债务到期未清偿等情形的信息，为全面执行《公司法》等有关法律法规规定创造条件。

四、深化任职限制管理促进企业依法诚信经营

企业法人法定代表人是代表企业法人行使职权的负责人，加强对企业法人法定代表人的管理是企业信用分类监管的重要组成部分。要探索通过健全工商行政管理部门的企业信用分类监管系统、政府信息互通机制，不断丰富完善企业经济户口中的企业信用信息、法定代表人信用信息。根据政府管理需要，将工商行政管理部门掌握的法定代表人相关信息通报有关部门，在更大范围的政府管理中发挥作用，延伸管理效果。探索建立企业法人法定代表人信用信息库，综合运用行政执法、行政指导等手段，进行法定代表人分类指导和管理，更好地促进企业依法诚信经营。

总局将对各地执行法律规定和信息归集管理情况进行督查。

国家工商行政管理总局
二〇一〇年四月十五日

关于印发《中小企业信用担保资金管理暂行办法》的通知

财企［2010］72号

各省、自治区、直辖市、计划单列市财政厅（局）、工业和信息化主管部门、中小企业主管部门，新疆生产建设兵团财务局、中小企业主管部门：

为规范和加强中小企业信用担保资金管理，提高资金使用效率，财政部、工业和信息化部研究制定了《中小企业信用担保资金管理暂行办法》。现印发给你们，请遵照执行。

附件：中小企业信用担保资金管理暂行办法

财政部　工业和信息化部
二〇一〇年四月三十日

附件：

中小企业信用担保资金管理暂行办法

第一章　总　则

第一条　为规范和加强中小企业信用担保资金

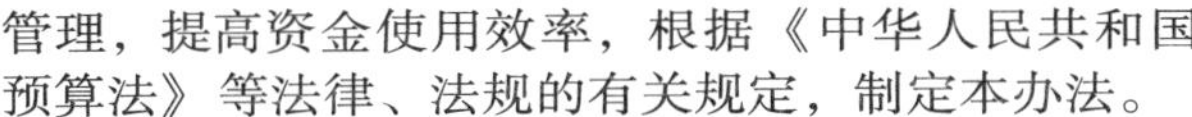

管理，提高资金使用效率，根据《中华人民共和国预算法》等法律、法规的有关规定，制定本办法。

第二条　中小企业信用担保资金（以下简称担保资金）是根据《中华人民共和国中小企业促进法》、《国务院关于进一步促进中小企业发展的若干意见》（国发［2009］36号），由中央财政预算安排，专门用于支持中小企业信用担保机构（以下简称担保机构）、中小企业信用再担保机构（以下简称再担保机构）增强业务能力，扩大中小企业担保业务，改善中小企业融资环境的资金。

第三条　担保资金的管理应当遵循公开透明、定向使用、科学管理、加强监督的原则，确保资金使用规范、安全和高效。

第四条　财政部负责担保资金的预算管理、项目资金分配和资金拨付，并对资金的使用情况进行监督检查。

工业和信息化部负责确定担保资金的年度支持方向和重点，会同财政部对申报的项目进行审核，并对项目实施情况进行监督检查。

第二章　支持方式及额度

第五条　担保资金采取以下几种支持方式：

（一）业务补助，鼓励担保机构和再担保机构为中小企业特别是小企业提供融资担保（再担保）服务。对符合条件的担保机构开展的中小企业融资担保业务，按照不超过年担保额的2%给予补助；对符合条件的再担保机构开展的中小企业融资再担保业务，按照不超过年再担保额的0.5%给予补助。

（二）保费补助，鼓励担保机构为中小企业提供低费率担保服务。在不提高其他费用标准的前提下，对担保机构开展的担保费率低于银行同期贷款基准利率50%的中小企业融资担保业务给予补助，补助比例不超过银行同期贷款基准利率50%与实际担保费率之差。

（三）资本金投入，鼓励担保机构扩大资本规模，提高信用水平，增强业务能力。特殊情况下，对符合条件的担保机构、再担保机构，按照不超过新增出资额的30%给予注资支持。

（四）其他。用于鼓励和引导担保机构、再担保机构开展中小企业信用担保（再担保）业务的其他支持方式。

第六条　符合条件的担保机构、再担保机构可以同时享受以上不限于一项支持方式的资助，但单个担保机构、再担保机构当年获得担保资金的资助额，除特殊情况外，一般不超过3000万元。

第三章　申请条件及要件

第七条　申请担保资金的担保机构必须同时具备下列条件：

（一）依据国家有关法律、法规设立和经营，具有独立企业法人资格。

（二）经营担保业务1年以上（含1年），无不良信用记录。

（三）担保业务符合国家有关法律、法规、业务管理规定及产业政策，当年新增中小企业担保业务额占新增担保业务总额的70%以上；新增单笔担保责任金额1500万元以下（含1500万元，下同）担保业务占新增担保业务总额的70%以上，或新增单笔担保责任金额1500万元以下担保业务额在3亿元以上。

（四）对单个企业提供的担保责任金额不超过担保机构净资产的10%。

（五）当年新增担保业务额达净资产的3倍以上，且代偿率低于3%。

（六）平均年担保费率不超过银行同期贷款基准利率的50%。

（七）内部管理制度健全，运作规范，按规定提取准备金。

（八）其他。

第八条　申请担保资金的再担保机构必须同时具备下列条件：

（一）依据国家有关法律、法规设立和经营，具有独立企业法人资格。

（二）以担保机构为主要服务对象，经营中小企业再担保业务1年以上（含1年）。

（三）再担保业务符合国家有关法律、法规、业务管理规定及产业政策，当年新增中小企业再担保业务额占新增再担保业务总额的70%以上；新增单笔再担保金额1500万元以下的再担保业务额占新增再担保业务总额的70%以上，或新增单笔再担保金额1500万元以下的再担保业务额在20亿元以上。

（四）当年新增再担保业务额达净资产的5倍以上。

（五）平均年再担保费率不超过银行同期贷款基准利率的15%。

（六）内部制度健全，管理规范。

（七）其他。

第九条　申请担保资金的担保机构、再担保机构应同时提供下列资料：

（一）法人执照副本及章程（复印件）。

（二）经注册会计师审计的年度会计报表。

（三）经注册会计师专项审计的担保业务情况（包括担保业务明细和风险准备金提取等）。

（四）担保业务收费凭证复印件。

（五）其他需提供的资料。

第四章　资金申请、审核及拨付

第十条　工业和信息化部、财政部每年按照本办法规定，联合下发申报通知，明确当年担保资金支持重点、资助比例、具体条件、申报组织等内容。

第十一条　各省、自治区、直辖市、计划单列市财政部门和同级中小企业管理部门（以下简称省级财政部门和省级中小企业管理部门）负责本地区项目资金的申请审核工作。

第十二条　省级中小企业管理部门会同同级财政部门在本地区范围内公开组织担保资金的申请工作。

第十三条 省级中小企业管理部门会同同级财政部门建立专家评审制度，依据本办法规定和当年申报通知的要求，对申请项目进行评审。

第十四条 省级财政部门会同同级中小企业管理部门依据专家评审意见确定申报的项目，并在规定时间内，将担保资金申请报告、专家评审意见底稿和其他相关资料上报财政部、工业和信息化部。

第十五条 工业和信息化部会同财政部对各地上报的申请报告及项目情况进行审核，并提出项目计划。

第十六条 财政部根据审核后的项目计划，确定项目资金支持方式，审定资金使用计划，将项目支出预算指标下达到省级财政部门，并根据预算管理规定及时拨付担保资金。

第十七条 担保机构、再担保机构收到担保资金后，应按照有关财务会计规章制度进行财务处理。

第五章　监督检查

第十八条 省级财政部门和同级中小企业管理部门对担保资金申报、审核及使用共同实施管理和监督。财政部驻各地财政监察专员办事处，对担保资金的拨付使用情况进行不定期监督检查。

第十九条 获得担保资金支持的担保机构、再担保机构应按有关财务规定妥善保存有关原始票据及凭证备查。对各级财政部门、财政部驻各地财政监察专员办事处和中小企业管理部门的专项检查，应积极配合并提供有关资料。

第二十条 获得担保资金支持的担保机构、再担保机构应于每年1月底前向省级中小企业管理部门和省级财政部门报送上一年度有关资产财务、担保资金使用、绩效等情况的材料，同时将以上材料的电子文档上报工业和信息化部、财政部。

第二十一条 省级中小企业管理部门和省级财政部门应建立担保资金使用跟踪问效和绩效评估机制，并于每年2月底前向工业和信息化部、财政部上报资金使用汇总报告及本地区中小企业信用担保机构发展报告。

第二十二条 担保资金必须专款专用，对违反规定使用、骗取担保资金的行为，一经查实，财政部将收回已安排的担保资金，并按照《财政违法行为处罚处分条例》（国务院令第427号）的相关规定进行处理。

第六章　附　则

第二十三条 省级财政部门和省级中小企业管理部门可根据本办法并结合实际，制定具体的实施办法。

第二十四条 本办法由财政部会同工业和信息化部负责解释。

第二十五条 本办法自印发之日起施行。

链接：

qys. mof. gov. cn/zhengwuxinxi/zhengcefabu/201005/t20100511_ 291323. html

关于印发全面推进小企业劳动合同制度实施专项行动计划的通知

人社部发［2010］30号

各省、自治区、直辖市人力资源社会保障厅（局）、总工会、企业联合会/企业家协会，新疆生产建设兵团劳动保障局、总工会、企业联合会/企业家协会：

现将《全面推进小企业劳动合同制度实施专项行动计划》印发给你们，请结合当地实际制定具体实施方案，认真贯彻落实。

各省、自治区、直辖市和新疆生产建设兵团的实施方案请于5月底前报送人力资源社会保障部劳动关系司备案。

人力资源和社会保障部　中华全国总工会
中国企业联合会　中国企业家协会
二〇一〇年四月三十日

全面推进小企业劳动合同制度实施专项行动计划

小企业是国民经济和社会发展的重要力量，是我国吸纳就业的重要渠道。在小企业全面实施劳动合同制度，对于构建和谐稳定的劳动关系，促进小企业又好又快发展，维护社会和谐稳定，具有十分重要的意义。劳动合同法施行以来，各类小企业贯彻实施劳动合同制度工作取得了较大进展，但是从总体上看，小企业劳动合同签订率低、劳动用工行为不规范的问题仍然比较突出，损害了劳动者的合法权益，影响了劳动关系和谐稳定。为进一步贯彻落实劳动合同法，推动小企业构建和谐稳定的劳动关系，营造有利于小企业发展的良好环境，国家协调劳动关系三方会议决定，在全国开展全面推进小企业劳动合同制度实施专项行动（以下简称专项行动）。

一、指导思想

以邓小平理论和“三个代表”重要思想为指导，深入贯彻落实科学发展观，认真贯彻党的十七大和十七届三中、四中全会精神，坚持维护劳动者合法权益与促进小企业又好又快发展相结合，着力提高小企业劳动合同签订率和履行质量，逐步提升劳动用工管理水平，整体部署、因企制宜、分类指导、加强服务，推动建立规范有序、公正合理、互利双赢、和谐稳定的社会主义新型劳动关系。

二、目标任务

从2010年至2012年，用三年时间基本实现小企业与劳动者普遍依法签订劳动合同。其中，2010年力争小企业劳动合同签订率达到65%以上，2011年力争小企业劳动合同签订率达到80%以上。小企业普遍依法规范工资支付和工时管理，按规定参加社会保险。

三、行动措施

（一）加强对小企业劳动用工的动态监管。依据原国家经贸委、原国家发展计划委员会、财政部、国家统计局2003年发布的《中小企业标准暂行规定》，组织力量对小企业劳动用工情况开展摸底调查，全面摸清辖区内小企业户数、职工人数以及劳动合同签订等底数。在此基础上，加强劳动用工备案制度建设，指导小企业建立职工名册，督促企业对招用职工和订立（续订）、解除或终止劳动合同情况及时办理劳动用工备案手续，按照信息准确、规范、统一的要求加快建立健全劳动用工信息数据库，实现对小企业劳动用工的动态管理。

（二）加强劳动合同法律法规宣传和培训。深入开展普法宣传教育，充分利用广播、电视、报刊、网络等各类新闻媒体，采取生动活泼、通俗易懂的形式，广泛宣传开展专项行动的主要内容和重要意义，宣传实施劳动合同制度对维护小企业和职工双方合法权益的重要性，重点宣传劳动合同法律法规和政策，增强小企业和广大职工的劳动合同法律意识，为推进劳动合同制度实施营造良好的舆论氛围。进一步创新宣传方式，在每年企业招用职工旺季集中开展宣传月活动，深入小企业集中的街道、工业园区、楼宇和就业服务机构等场所，通过走访企业、现场咨询、以案说法、发放宣传册、张贴宣传画等方式，增强宣传的针对性和实效性。加大劳动法律知识培训力度，研究制定小企业经营管理者培训工作计划，力争用三年时间对辖区内的小企业经营管理者轮训一遍，增强小企业依法用工的自觉性，提高劳动合同管理水平和能力。有计划地加强对基层工会干部和广大劳动者的劳动法律知识培训，在对劳动者的各类职业技能培训中安排相关内容，通过培训提高基层工会维护小企业职工合法权益的能力，增强劳动者依法维权和遵纪守法、诚信履约意识。

（三）加强对小企业实施劳动合同制度的指导和服务。结合每年春节后开展的农民工劳动合同签订“春暖行动”等活动，主动深入小企业特别是招用农民工比例大且劳动合同签订率低的企业，指导其与职工依法签订劳动合同，继续分类制定并推荐使用规范、简明、实用的劳动合同文本，引导企业根据生产经营实际与职工协商确定合同期限、劳动报酬、工作内容等必备条款，切实解决一些企业与职工签订劳动合同条款不完备、内容不合法、权利义务不对等的问题。编制印发小企业劳动用工操作指南，指导小企业加强劳动合同基础管理，规范劳动合同签订、续订、变更、履行、解除、终止等行为，实现劳动合同制度的有序运行。研究制定并推广适合小企业的劳动规章制度制定规程和体现不同行业特点的劳动规章制度示范文本，指导、帮助小企业制定完善劳动规章制度，建立健全招工登记、工资支付、保险缴费、考勤等书面记录，促进劳动用工管理制度化和规范化，切实提高劳动用工管理水平。

（四）加强对小企业的支持和帮扶。认真贯彻落实《国务院关于进一步促进中小企业发展的若干意见》（国发［2009］36号），主动了解掌握辖区内小企业的生产经营状况，配合有关部门采取切实有效措施，加大对小企业的支持力度，帮助其解决实际困难。研究制定有利于小企业参加社会保险的扶持措施，对小企业吸纳困难人员就业、签订劳动合同并缴纳社会保险费的，要积极帮助其按规定申领养老、医疗和失业保险补贴。对受金融危机影响较大的困难小企业，要及时帮助其申请享受在一定期限内缓缴社会保险费和社会保险补贴或岗位补贴、在岗培训补贴。引导小企业与职工就工资、工时、劳动定额开展协商，对符合实行综合计算工时和不定时工作制的小企业，要为其申请提供便利。

（五）加强劳动监察执法和劳动争议调处工作。将小企业实施劳动合同制度情况作为劳动保障监察执法的重要内容，加强日常巡查、书面审查、举报投诉专查和专项执法检查，督促小企业依法规范用工。在劳动保障监察执法中要落实执法维权与服务企业、支持企业发展相结合的各项举措，注重对小企业违法行为的预防和教育，把帮扶小企业体现在执法的全过程。对不依法与职工签订劳动合同、不按时足额支付工资、不按规定参加社会保险的，可发送监察建议书或责令其限期改正；拒不改正的，依法予以处罚。加大劳动争议调解仲裁力度，通过调解柔性化处理争议，发挥简易程序、终局裁决的作用，及时依法处理小企业与职工因订立、履行劳动合同发生的劳动争议，切实维护争议双方当事人的合法权益。

四、组织实施

各级人力资源社会保障部门、工会和企业联合会/企业家协会要充分认识开展专项行动的重要性，进一步增强责任感和紧迫感，切实加强领导，落实责任。要在当地党委、政府领导下，由人力资源社会保障部门牵头，成立三方专门领导小组和工作机构，建立人力资源社会保障部门内部劳动关系、劳动保障监察、劳动争议处理、农民工工作等单位和工会、企业组织分工明确、密切配合的工作机制，主动争取工商、税务、安全监管等行政管理部门和妇联、共青团等组织的配合支持，形成推进专项行动的合力。要统筹规划，结合本地实际制定专项行动具体实施方案，明确年度目标任务、工作措施和时间进度，并将工作任务完成情况列入目标责任考核内容。进一步改进完善劳动合同签订情况的调查统计工作，加强对工作进展情况的督促检查和考核，形成层层抓落实的目标责任制。要认真总结实践经验，注重选树和推广实施劳动合同制度的先进街道（乡镇）、工业园区和小企业，发挥典型示范带动作用，不断扩大工作效果。要深入基层加强调查研究，及时发现专项行动中出现的新情况，研究解决新问题，确保专项行动顺利实施。

各级人力资源社会保障部门要结合加强基层劳动就业社会保障公共服务平台和网络建设，加快在街道、乡镇服务平台和社区、行政村服务网络增加劳动关系工作职能，配备专兼职劳动关系协调员，同时指导有条件的小企业配备专职或兼职劳动合同管理员，为开展专项行动提供队伍支撑。

国家税务总局关于小型微利企业预缴2010年度企业所得税有关问题的通知

国税函［2010］185号

各省、自治区、直辖市和计划单列市国家税务局、地方税务局：

为落实《财政部　国家税务总局关于小型微利企业有关企业所得税政策的通知》（财税［2009］133号），确保享受优惠的小型微利企业所得税预缴工作顺利开展，现就2010年度小型微利企业所得税预缴问题通知如下：

一、上一纳税年度年应纳税所得额低于3万元（含3万元），同时符合《中华人民共和国企业所得税法实施条例》第九十二条规定的资产和从业人数标准，2010年纳税年度按实际利润额预缴所得税的小型微利企业（以下称符合条件的小型微利企业），在预缴申报时，将《国家税务总局关于印发〈中华人民共和国企业所得税月（季）度预缴纳税申报表〉等报表的通知》（国税函［2008］44号）附件1第4行“利润总额”与15%的乘积，暂填入第7行“减免所得税额”内。

二、符合条件的小型微利企业“从业人数”、“资产总额”的计算标准按照《国家税务总局关于小型微利企业所得税预缴问题的通知》（国税函［2008］251号）第二条规定执行。

三、符合条件的小型微利企业在2010年纳税年度预缴企业所得税时，须向主管税务机关提供上一纳税年度符合小型微利企业条件的相关证明材料。主管税务机关对企业提供的相关证明材料核实后，认定企业上一纳税年度不符合规定条件的，不得按本通知第一条规定填报纳税申报表。

四、2010年纳税年度终了后，主管税务机关应核实企业2010年纳税年度是否符合上述小型微利企业规定条件。不符合规定条件、已按本通知第一条规定计算减免所得税预缴的，在年度汇算清缴时要按照规定补缴。

国家税务总局
二〇一〇年五月六日

国务院关于鼓励和引导民间投资健康发展的若干意见

国发［2010］13号

各省、自治区、直辖市人民政府，国务院各部委、各直属机构：

改革开放以来，我国民间投资不断发展壮大，已经成为促进经济发展、调整产业结构、繁荣城乡市场、扩大社会就业的重要力量。在毫不动摇地巩固和发展公有制经济的同时，毫不动摇地鼓励、支持和引导非公有制经济发展，进一步鼓励和引导民间投资，有利于坚持和完善我国社会主义初级阶段基本经济制度，以现代产权制度为基础发展混合所有制经济，推动各种所有制经济平等竞争、共同发展；有利于完善社会主义市场经济体制，充分发挥市场配置资源的基础性作用，建立公平竞争的市场环境；有利于激发经济增长的内生动力，稳固可持续发展的基础，促进经济长期平稳较快发展；有利于扩大社会就业，增加居民收入，拉动国内消费，促进社会和谐稳定。为此，提出以下意见：

一、进一步拓宽民间投资的领域和范围

（一）深入贯彻落实《国务院关于鼓励支持和引导个体私营等非公有制经济发展的若干意见》（国发［2005］3号）等一系列政策措施，鼓励和引导民间资本进入法律法规未明确禁止准入的行业和领域。规范设置投资准入门槛，创造公平竞争、平等准入的市场环境。市场准入标准和优惠扶持政策要公开透明，对各类投资主体同等对待，不得单对民间资本设置附加条件。

（二）明确界定政府投资范围。政府投资主要用于关系国家安全、市场不能有效配置资源的经济和社会领域。对于可以实行市场化运作的基础设施、市政工程和其他公共服务领域，应鼓励和支持民间资本进入。

（三）进一步调整国有经济布局和结构。国有资本要把投资重点放在不断加强和巩固关系国民经济命脉的重要行业和关键领域，在一般竞争性领域，要为民间资本营造更广阔的市场空间。

（四）积极推进医疗、教育等社会事业领域改

革。将民办社会事业作为社会公共事业发展的重要补充，统筹规划，合理布局，加快培育形成政府投入为主、民间投资为辅的公共服务体系。

二、鼓励和引导民间资本进入基础产业和基础设施领域

（五）鼓励民间资本参与交通运输建设。鼓励民间资本以独资、控股、参股等方式投资建设公路、水运、港口码头、民用机场、通用航空设施等项目。抓紧研究制定铁路体制改革方案，引入市场竞争，推进投资主体多元化，鼓励民间资本参与铁路干线、铁路支线、铁路轮渡以及站场设施的建设，允许民间资本参股建设煤运通道、客运专线、城际轨道交通等项目。探索建立铁路产业投资基金，积极支持铁路企业加快股改上市，拓宽民间资本进入铁路建设领域的渠道和途径。

（六）鼓励民间资本参与水利工程建设。建立收费补偿机制，实行政府补贴，通过业主招标、承包租赁等方式，吸引民间资本投资建设农田水利、跨流域调水、水资源综合利用、水土保持等水利项目。

（七）鼓励民间资本参与电力建设。鼓励民间资本参与风能、太阳能、地热能、生物质能等新能源产业建设。支持民间资本以独资、控股或参股形式参与水电站、火电站建设，参股建设核电站。进一步放开电力市场，积极推进电价改革，加快推行竞价上网，推行项目业主招标，完善电力监管制度，为民营发电企业平等参与竞争创造良好环境。

（八）鼓励民间资本参与石油天然气建设。支持民间资本进入油气勘探开发领域，与国有石油企业合作开展油气勘探开发。支持民间资本参股建设原油、天然气、成品油的储运和管道输送设施及网络。

（九）鼓励民间资本参与电信建设。鼓励民间资本以参股方式进入基础电信运营市场。支持民间资本开展增值电信业务。加强对电信领域垄断和不正当竞争行为的监管，促进公平竞争，推动资源共享。

（十）鼓励民间资本参与土地整治和矿产资源勘探开发。积极引导民间资本通过招标投标形式参与土地整理、复垦等工程建设，鼓励和引导民间资本投资矿山地质环境恢复治理，坚持矿业权市场全面向民间资本开放。

三、鼓励和引导民间资本进入市政公用事业和政策性住房建设领域

（十一）鼓励民间资本参与市政公用事业建设。支持民间资本进入城市供水、供气、供热、污水和垃圾处理、公共交通、城市园林绿化等领域。鼓励民间资本积极参与市政公用企事业单位的改组改制，具备条件的市政公用事业项目可以采取市场化的经营方式，向民间资本转让产权或经营权。

（十二）进一步深化市政公用事业体制改革。积极引入市场竞争机制，大力推行市政公用事业的投资主体、运营主体招标制度，建立健全市政公用事业特许经营制度。改进和完善政府采购制度，建立规范的政府监管和财政补贴机制，加快推进市政公用产品价格和收费制度改革，为鼓励和引导民间资本进入市政公用事业领域创造良好的制度环境。

（十三）鼓励民间资本参与政策性住房建设。支持和引导民间资本投资建设经济适用住房、公共租赁住房等政策性住房，参与棚户区改造，享受相应的政策性住房建设政策。

四、鼓励和引导民间资本进入社会事业领域

（十四）鼓励民间资本参与发展医疗事业。支持民间资本兴办各类医院、社区卫生服务机构、疗养院、门诊部、诊所、卫生所（室）等医疗机构，参与公立医院转制改组。支持民营医疗机构承担公共卫生服务、基本医疗服务和医疗保险定点服务。切实落实非营利性医疗机构的税收政策。鼓励医疗人才资源向民营医疗机构合理流动，确保民营医疗机构在人才引进、职称评定、科研课题等方面与公立医院享受平等待遇。从医疗质量、医疗行为、收费标准等方面对各类医疗机构加强监管，促进民营医疗机构健康发展。

（十五）鼓励民间资本参与发展教育和社会培训事业。支持民间资本兴办高等学校、中小学校、幼儿园、职业教育等各类教育和社会培训机构。修改完善《中华人民共和国民办教育促进法实施条例》，落实对民办学校的人才鼓励政策和公共财政资助政策，加快制定和完善促进民办教育发展的金融、产权和社保等政策，研究建立民办学校的退出机制。

（十六）鼓励民间资本参与发展社会福利事业。通过用地保障、信贷支持和政府采购等多种形式，鼓励民间资本投资建设专业化的服务设施，兴办养（托）老服务和残疾人康复、托养服务等各类社会福利机构。

（十七）鼓励民间资本参与发展文化、旅游和体育产业。鼓励民间资本从事广告、印刷、演艺、娱乐、文化创意、文化会展、影视制作、网络文化、动漫游戏、出版物发行、文化产品数字制作与相关服务等活动，建设博物馆、图书馆、文化馆、电影院等文化设施。鼓励民间资本合理开发旅游资源，建设旅游设施，从事各种旅游休闲活动。鼓励民间资本投资生产体育用品，建设各类体育场馆及健身设施，从事体育健身、竞赛表演等活动。

五、鼓励和引导民间资本进入金融服务领域

（十八）允许民间资本兴办金融机构。在加强

有效监管、促进规范经营、防范金融风险的前提下，放宽对金融机构的股比限制。支持民间资本以入股方式参与商业银行的增资扩股，参与农村信用社、城市信用社的改制工作。鼓励民间资本发起或参与设立村镇银行、贷款公司、农村资金互助社等金融机构，放宽村镇银行或社区银行中法人银行最低出资比例的限制。落实中小企业贷款税前全额拨备损失准备金政策，简化中小金融机构呆账核销审核程序。适当放宽小额贷款公司单一投资者持股比例限制，对小额贷款公司的涉农业务实行与村镇银行同等的财政补贴政策。支持民间资本发起设立信用担保公司，完善信用担保公司的风险补偿机制和风险分担机制。鼓励民间资本发起设立金融中介服务机构，参与证券、保险等金融机构的改组改制。

六、鼓励和引导民间资本进入商贸流通领域

（十九）鼓励民间资本进入商品批发零售、现代物流领域。支持民营批发、零售企业发展，鼓励民间资本投资连锁经营、电子商务等新型流通业态。引导民间资本投资第三方物流服务领域，为民营物流企业承接传统制造业、商贸业的物流业务外包创造条件，支持中小型民营商贸流通企业协作发展共同配送。加快物流业管理体制改革，鼓励物流基础设施的资源整合和充分利用，促进物流企业网络化经营，搭建便捷高效的融资平台，创造公平、规范的市场竞争环境，推进物流服务的社会化和资源利用的市场化。

七、鼓励和引导民间资本进入国防科技工业领域

（二十）鼓励民间资本进入国防科技工业投资建设领域。引导和支持民营企业有序参与军工企业的改组改制，鼓励民营企业参与军民两用高技术开发和产业化，允许民营企业按有关规定参与承担军工生产和科研任务。

八、鼓励和引导民间资本重组联合和参与国有企业改革

（二十一）引导和鼓励民营企业利用产权市场组合民间资本，促进产权合理流动，开展跨地区、跨行业兼并重组。鼓励和支持民间资本在国内合理流动，实现产业有序梯度转移，参与西部大开发、东北地区等老工业基地振兴、中部地区崛起以及新农村建设和扶贫开发。支持有条件的民营企业通过联合重组等方式做大做强，发展成为特色突出、市场竞争力强的集团化公司。

（二十二）鼓励和引导民营企业通过参股、控股、资产收购等多种形式，参与国有企业的改制重组。合理降低国有控股企业中的国有资本比例。民营企业在参与国有企业改制重组过程中，要认真执行国家有关资产处置、债务处理和社会保障等方面的政策要求，依法妥善安置职工，保证企业职工的正当权益。

九、推动民营企业加强自主创新和转型升级

（二十三）贯彻落实鼓励企业增加研发投入的税收优惠政策，鼓励民营企业增加研发投入，提高自主创新能力，掌握拥有自主知识产权的核心技术。帮助民营企业建立工程技术研究中心、技术开发中心，增加技术储备，搞好技术人才培训。支持民营企业参与国家重大科技计划项目和技术攻关，不断提高企业技术水平和研发能力。

（二十四）加快实施促进科技成果转化的鼓励政策，积极发展技术市场，完善科技成果登记制度，方便民营企业转让和购买先进技术。加快分析测试、检验检测、创业孵化、科技评估、科技咨询等科技服务机构的建设和机制创新，为民营企业的自主创新提供服务平台。积极推动信息服务外包、知识产权、技术转移和成果转化等高技术服务领域的市场竞争，支持民营企业开展技术服务活动。

（二十五）鼓励民营企业加大新产品开发力度，实现产品更新换代。开发新产品发生的研究开发费用可按规定享受加计扣除优惠政策。鼓励民营企业实施品牌发展战略，争创名牌产品，提高产品质量和服务水平。通过加速固定资产折旧等方式鼓励民营企业进行技术改造，淘汰落后产能，加快技术升级。

（二十六）鼓励和引导民营企业发展战略性新兴产业。广泛应用信息技术等高新技术改造提升传统产业，大力发展循环经济、绿色经济，投资建设节能减排、节水降耗、生物医药、信息网络、新能源、新材料、环境保护、资源综合利用等具有发展潜力的新兴产业。

十、鼓励和引导民营企业积极参与国际竞争

（二十七）鼓励民营企业“走出去”，积极参与国际竞争。支持民营企业在研发、生产、营销等方面开展国际化经营，开发战略资源，建立国际销售网络。支持民营企业利用自有品牌、自主知识产权和自主营销，开拓国际市场，加快培育跨国企业和国际知名品牌。支持民营企业之间、民营企业与国有企业之间组成联合体，发挥各自优势，共同开展多种形式的境外投资。

（二十八）完善境外投资促进和保障体系。与有关国家建立鼓励和促进民间资本国际流动的政策磋商机制，开展多种形式的对话交流，发展长期稳定、互惠互利的合作关系。通过签订双边民间投资合作协定、利用多边协定体系等，为民营企业“走出去”争取有利的投资、贸易环境和更多优惠政策。

健全和完善境外投资鼓励政策，在资金支持、金融保险、外汇管理、质检通关等方面，民营企业与其他企业享受同等待遇。

十一、为民间投资创造良好环境

（二十九）清理和修改不利于民间投资发展的法规政策规定，切实保护民间投资的合法权益，培育和维护平等竞争的投资环境。在制定涉及民间投资的法律、法规和政策时，要听取有关商会和民营企业的意见和建议，充分反映民营企业的合理要求。

（三十）各级人民政府有关部门安排的政府性资金，包括财政预算内投资、专项建设资金、创业投资引导资金，以及国际金融组织贷款和外国政府贷款等，要明确规则、统一标准，对包括民间投资在内的各类投资主体同等对待。支持民营企业的产品和服务进入政府采购目录。

（三十一）各类金融机构要在防范风险的基础上，创新和灵活运用多种金融工具，加大对民间投资的融资支持，加强对民间投资的金融服务。各级人民政府及有关监管部门要不断完善民间投资的融资担保制度，健全创业投资机制，发展股权投资基金，继续支持民营企业通过股票、债券市场进行融资。

（三十二）全面清理整合涉及民间投资管理的行政审批事项，简化环节、缩短时限，进一步推动管理内容、标准和程序的公开化、规范化，提高行政服务效率。进一步清理和规范涉企收费，切实减轻民营企业负担。

十二、加强对民间投资的服务、指导和规范管理

（三十三）统计部门要加强对民间投资的统计工作，准确反映民间投资的进展和分布情况。投资主管部门、行业管理部门及行业协会要切实做好民间投资的监测和分析工作，及时把握民间投资动态，合理引导民间投资。要加强投资信息平台建设，及时向社会公开发布国家产业政策、发展建设规划、市场准入标准、国内外行业动态等信息，引导民间投资者正确判断形势，减少盲目投资。

（三十四）建立健全民间投资服务体系。充分发挥商会、行业协会等自律性组织的作用，积极培育和发展为民间投资提供法律、政策、咨询、财务、金融、技术、管理和市场信息等服务的中介组织。

（三十五）在放宽市场准入的同时，切实加强监管。各级人民政府有关部门要依照有关法律法规要求，切实督促民间投资主体履行投资建设手续，严格遵守国家产业政策和环保、用地、节能以及质量、安全等规定。要建立完善企业信用体系，指导民营企业建立规范的产权、财务、用工等制度，依法经营。民间投资主体要不断提高自身素质和能力，树立诚信意识和责任意识，积极创造条件满足市场准入要求，并主动承担相应的社会责任。

（三十六）营造有利于民间投资健康发展的良好舆论氛围。大力宣传党中央、国务院关于鼓励、支持和引导非公有制经济发展的方针、政策和措施。客观、公正宣传报道民间投资在促进经济发展、调整产业结构、繁荣城乡市场和扩大社会就业等方面的积极作用。积极宣传依法经营、诚实守信、认真履行社会责任、积极参与社会公益事业的民营企业家的先进事迹。

各地区、各部门要把鼓励和引导民间投资健康发展工作摆在更加重要的位置，进一步解放思想，转变观念，深化改革，创新求实，根据本意见要求，抓紧研究制定具体实施办法，尽快将有关政策措施落到实处，努力营造有利于民间投资健康发展的政策环境和舆论氛围，切实促进民间投资持续健康发展，促进投资合理增长、结构优化、效益提高和经济社会又好又快发展。

国务院

二〇一〇年五月七日

关于加强中小企业信用担保体系建设工作的意见

工信部企业［2010］225号

各省、自治区、直辖市及计划单列市、新疆生产建设兵团中小企业主管部门：

按照《国务院关于进一步促进中小企业发展的若干意见》（国发［2009］36号，以下简称国发36号文）关于完善中小企业信用担保体系建设要求，结合《国务院办公厅关于加强中小企业信用担保体系建设意见的通知》（国办发［2006］90号，以下简称国办发90号文）和银监会等七部门《融资性担保公司管理暂行办法》，为进一步推动中小企业信用担保机构健康发展，切实缓解中小企业融资难，促进中小企业又好又快发展，现就加强中小企业信用担保体系建设工作提出以下意见。

一、高度重视和切实加强中小企业信用担保体系建设

各级中小企业管理部门要深刻领会国发36号文精神，将中小企业信用担保体系建设作为本地区促进中小企业发展工作的一项重要任务，采取切实有效措施，支持和引导中小企业信用担保（再担保）机构为促进中小企业和地方经济发展发挥更大作用。

二、有序推进中小企业信用再担保工作

各级中小企业管理部门要按照国发36号文和国

办发 90 号文要求，采取中央财政、地方财政出资与社会资本联合组建等形式，重点推进省级中小企业信用再担保机构（再担保基金）设立与发展，积极完善多层次担保体系建设。各地可结合自身实际，探索完善再担保机构的基本模式、担保与再担保运作机制以及再担保机构可持续发展的政策。要按照政府出资与民间投资相结合、政策支持与市场化运作相结合、促进发展与防范风险相结合的原则，建立政府出资为主、规模较大、信用度较高、担保能力较强的中小企业信用再担保机构或再担保基金，为各类中小企业信用担保机构提供信用增级、风险分散、能力提升和行业整合等服务。不断完善并创新再担保的理念、产品和管理，提升信息化水平，扩大和提高本地区中小企业担保业务的规模与质量，更好地为中小企业发展服务。

三、充分发挥中小企业信用担保专项资金的导向作用

各地要积极争取在本级财政预算中安排中小企业信用担保体系建设专项资金，以资本金投入、业务补助、保费补贴、风险补偿、创新奖励等多种方式，提升中小企业信用担保（再担保）机构对中小企业的担保能力。要会同财政部门研究制定担保专项资金管理办法，对资金的管理、使用及申报程序、评价与监管等做出明确规定，切实发挥公共财政的扶持与导向功能，支持各类担保机构为中小企业提供更多担保服务。

四、继续落实好中小企业信用担保（再担保）机构税收优惠政策

各级中小企业管理部门要积极与税务部门协调配合，依照《工业和信息化部 国家税务总局关于中小企业信用担保机构免征营业税有关问题的通知》（工信部联企业［2009］114 号）有关中小企业信用担保机构担保收入免征三年营业税要求，做好担保机构营业税免征的初审、公示、推荐和监管等工作。在给予担保机构营业税减免的同时，要了解担保机构业务运营情况，实现动态监管，及时上报不符合免税条件的担保机构名单，以切实发挥税收政策的导向功能。要及时与财政、税务部门沟通协调，继续落实好中小企业信用担保机构各项准备金提取及代偿损失税前扣除政策。

五、为中小企业信用担保机构开展抵押物登记和出质登记提供优质服务

各级中小企业管理部门要按照国办发 90 号文要求，积极会同地方国土资源、住房城乡建设、金融、工商等部门，为中小企业信用担保机构开展抵押物和出质的登记、确权、转让等提供优质服务。有条件的地方要会同抵质押登记部门出台相关实施细则，为担保机构办理受保企业不动产、动产抵质押登记简化程序，降低费用，提供便利，营造良好的政务环境。

六、促进担保机构与金融机构的平等互利合作

各级中小企业管理部门要积极与人民银行、银监等部门协调配合，引导和促进担保机构与合作银行转变经营理念，创新合作方式，拓展合作领域。要按照市场化原则，依据双方风险防范与控制能力，合理确定担保放大倍数和收费区间，逐步建立合作银行与担保机构双方“风险共担”、“利益共享”、“信息共通”机制，携手防范和化解信贷与担保风险，共同促进合作银行与担保机构的可持续发展。

七、引导中小企业信用担保机构加大产品与服务创新

各级中小企业管理部门要鼓励和支持中小企业信用担保机构根据本地中小企业实际需求，积极开发创新担保产品和服务。除继续开展贷款担保业务外，还要积极开展履约担保等非融资性担保业务，探索实践中小企业集合债券、中小企业集合信托、中小企业短期融资券和中小企业票据等中小企业新型担保产品和服务。同时，要引导中小企业信用担保机构在明确服务对象、确定担保项目、设置反担保措施等方面降低条件和门槛，简化审批程序，扩大业务范围，努力提高信用担保的能力和规模。要针对中小企业特别是小企业融资特点，在风险可控前提下，逐步实现担保业务的标准化和程序化。

八、加强对中小企业信用担保机构的监督与管理

各级中小企业管理部门要研究制定本地区中小企业信用担保机构发展规划，以明晰市场定位与发展方向，推动建立功能完备、布局合理、运作规范、竞争适度、发展有序的中小企业信用担保体系。要按照七部门《融资性担保公司管理暂行办法》，加大对本地区中小企业信用担保公司的规范与管理力度，特别要配合相关部门，查处假借“担保”之名，实则抽逃资本金或非法经营金融业务等损害担保业声誉的非法行为，整合和净化中小企业担保市场，促进其有序健康发展。

各级中小企业管理部门要按照国发 36 号文和国办发 90 号文的要求，切实承担起推进中小企业信用担保体系建设的职责，按照国办发 90 号文要求，对

中小企业信用担保机构实行备案管理，以全面掌握中小企业信用担保机构经营状况，及时跟踪指导，督促辖区内中小企业信用担保机构加强内部管理，提高经营水平和风险防控能力，扩大对中小企业担保业务的覆盖面和服务能力。适时开展信息咨询、经验交流、业务培训、统计监测等，组织开展绩效考评、权益保护、行业自律及对外交流等工作，促进中小企业信用担保机构持续健康发展。

各地要抓紧制定本地区推进和完善中小企业信用担保体系建设的具体措施。对贯彻落实国发36号文有关中小企业信用担保体系建设方面的突出问题，要抓紧研究解决并及时上报。

二〇一〇年五月十二日

关于印发《中小企业国际市场开拓资金管理办法》的通知

财企［2010］87号

各省、自治区、直辖市、计划单列市财政厅（局）、商务主管部门，新疆生产建设兵团财务局、商务局：

为支持中小企业发展，落实中央加大力度支持中小企业开拓国际市场精神，进一步加强中小企业国际市场开拓资金的管理，提高资金使用效益，我们制定了《中小企业国际市场开拓资金管理办法》，现印发你们，请遵照执行。

财政部　商务部

二〇一〇年五月二十四日

附件：

中小企业国际市场开拓资金管理办法

第一章　总　则

第一条　为加强对中小企业国际市场开拓资金（以下简称市场开拓资金）的管理，支持中小企业开拓国际市场，制定本办法。

第二条　本办法所称市场开拓资金是指中央财政设立的用于支持中小企业开拓国际市场各项业务的专项资金。

第三条　市场开拓资金的管理遵循公开透明、突出重点、专款专用、注重实效的原则。

第四条　市场开拓资金由财政部门和商务部门共同管理。

商务部门负责市场开拓资金的业务管理，提出市场开拓资金的支持重点、年度预算及资金安排建议，会同财政部门组织项目的申报和评审。

财政部门负责市场开拓资金的预算管理，审核资金的支持重点和年度预算建议，确定资金安排方案，办理资金拨付，会同商务部门对市场开拓资金的使用情况进行监督检查。

第二章　支持对象

第五条　中小企业独立开拓国际市场的项目为企业项目；企、事业单位和社会团体（以下简称项目组织单位）组织中小企业开拓国际市场的项目为团体项目。

第六条　申请企业项目的中小企业应符合下列条件：

1. 在中华人民共和国关境内注册，依法取得进出口经营资格的或依法办理对外贸易经营者备案登记的企业法人，上年度海关统计进出口额在4500万美元以下；

2. 近三年在外经贸业务管理、财务管理、税收管理、外汇管理、海关管理等方面无违法、违规行为；

3. 具有从事国际市场开拓的专业人员，对开拓国际市场有明确的工作安排和市场开拓计划；

4. 未拖欠应缴还的财政性资金。

第七条　申请团体项目的项目组织单位应符合下列条件：

1. 具有组织全国、行业或地方企业赴境外参加或举办经济贸易展览会资格；

2. 通过管理部门审核具有组织中小企业培训资格；

3. 申请的团体项目应以支持中小企业开拓国际市场和提高中小企业国际竞争力为目的；

4. 未拖欠应缴还的财政性资金。

第八条　已批准支持的团体项目，参加该项目的中小企业不得以企业项目名义重复申请同一项目或内容的市场开拓资金支持。

第三章　支持内容

第九条　市场开拓资金主要支持内容包括：境外展览会；企业管理体系认证；各类产品认证；境外专利申请；国际市场宣传推介；电子商务；境外广告和商标注册；国际市场考察；境外投（议）标；企业培训；境外收购技术和品牌等。

第十条　市场开拓资金优先支持下列活动：

1. 面向拉美、非洲、中东、东欧、东南亚、中亚等新兴国际市场的拓展；

2. 取得质量管理体系认证、环境管理体系认证和产品认证等国际认证。

第四章　资金管理

第十一条　市场开拓资金由财政部会同商务部采取因素法等方式进行分配。地方财政、商务部门结合本地区实际情况，研究确定支持重点和支持额度。

第十二条 市场开拓资金对符合本办法第九条规定且支出大于1万元的项目予以支持，支持金额原则上不超过项目支持内容所需金额的50%。对中、西部地区和东北老工业基地的中小企业，以及符合本办法第十条第一项的支持比例可提高到70%。

第十三条 财政部将市场开拓资金拨付至省级财政部门。

第十四条 中央项目组织单位组织中小企业（3省市及以上）参加境外经济贸易展览会或进行培训，可按规定向商务部和财政部提出项目申请。商务部、财政部按规定审核后，由财政部按照国库管理要求拨付资金。

第十五条 企业项目及地方项目组织单位组织本地区中小企业参加境外经济贸易展览会或进行培训，按规定向地方商务和财政部门提出项目申请。地方商务、财政部门按规定审核后，由地方财政部门按照国库管理要求拨付资金。

第十六条 中小企业获得的项目资金，应按国家相关规定进行财务处理。

第十七条 根据市场开拓资金管理工作需要，可在市场开拓资金中列支相关管理性支出，用于聘请承办单位、项目的评审、论证、审计等，支出比例不超过资金总额的3%，并予严格控制，厉行节约。

第十八条 任何单位和个人不得以任何形式骗取、挪用和截留市场开拓资金，对违反规定的，按照《财政违法行为处罚处分条例》予以处理。

第五章 附 则

第十九条 中小企业或项目组织单位组织中小企业开拓香港、澳门、台湾地区市场参照本办法执行。

第二十条 省级财政部门和商务部门可根据本办法，结合工作实际制定本地区市场开拓资金的具体实施办法，报财政部和商务部备案。各地每年应对中小企业国际市场开拓资金的执行情况进行总结和效益评价分析，并于次年的3月底将总结报告联合上报财政部、商务部。各管理部门对中小企业和项目组织单位申报的书面材料，保存期限不少于3年。

第二十一条 本办法由财政部会同商务部解释。

第二十二条 本办法自发布之日起实施。财政部、原外经贸部《关于印发〈中小企业国际市场开拓资金管理（试行）办法〉的通知》（财企［2000］467号），原外经贸部、财政部《关于印发〈中小企业国际市场开拓资金管理办法实施细则（暂行）〉的通知》（外经贸计财发［2001］270号）同时废止。

关于印发《国家中小企业公共服务示范平台管理暂行办法》的通知

工信部企业［2010］240号

各省、自治区、直辖市、计划单列市和新疆生产建设兵团工业和信息化主管部门、中小企业主管部门：

为贯彻落实《国务院关于进一步促进中小企业发展的若干意见》（国发［2009］36号），推动公共服务平台建设，促进中小企业又好又快发展，现将《国家中小企业公共服务示范平台管理暂行办法》印发给你们，请遵照执行。

二〇一〇年五月二十四日

国家中小企业公共服务示范平台管理暂行办法

第一章 总 则

第一条 为贯彻落实《国务院关于进一步促进中小企业发展的若干意见》（国发［2009］36号），推动公共服务平台建设，促进中小企业又好又快发展，制定本办法。

第二条 国家中小企业公共服务示范平台（以下简称示范平台）是指经工业和信息化部认定，由法人单位建设和运营，为中小企业提供各类公共服务，业绩突出、公信度高、服务面广，具有示范带动作用的服务平台。

示范平台具有开放性和资源共享的特征，提供的公共服务主要包括：信息、技术、融资、质量、节能、环保、创业、培训、管理、商务、现代物流等。示范平台可以是具有多种服务功能的综合性平台，也可以是某一方面服务功能突出的专业平台。

第三条 工业和信息化部负责示范平台的认定和管理工作。各省（自治区、直辖市、计划单列市及新疆生产建设兵团）（以下简称省级）中小企业主管部门负责本地区示范平台的推荐工作，协助工业和信息化部对示范平台进行管理。

第四条 示范平台的认定遵循公开、公正、公平的原则。

第二章 示范平台的条件

第五条 示范平台应同时具备以下条件：

（一）依法设立、运营两年以上的独立法人单位，资产总额不低于300万元，财务收支状况良好，经营规范、具有良好的发展前景和可持续发展能力。

（二）主要服务于中小企业集聚的区域或行业。包括：产业集群、小企业创业基地、工业园区和国家新型工业化产业示范基地等。满足中小企业的公共服务需求，服务的行业对区域经济发展具有一定的影响力。

（三）服务功能完善，服务特色突出。从业人数不少于20人，其中大专及以上学历和中级及以上技术职称专业人员的比例不低于60%；有固定的经营服务场所和必要的服务设施、仪器设备等。

（四）年服务中小企业不少于100家；近两年服务企业数量稳定增长；用户满意度在80%以上；服务业绩突出，在专业服务领域或区域内有一定的声誉和品牌影响力。

（五）有完善的管理制度，健全的服务流程、收费标准和服务质量保证措施；有明确的发展规划、年度目标和品牌建设方案。

（六）主要负责人有较强的事业心、责任心，具有开拓创新精神、丰富的实践经验和较高的管理水平。

（七）获得省级及以上部门的相关认定或表彰。

（八）属于经济欠发达的老少边穷地区，服务业绩突出、示范带动作用明显的服务平台，上述（一）、（三）、（四）的条件可适度放宽。

第三章 工作程序

第六条 省级中小企业主管部门依据本办法第五条的规定，负责本地区示范平台的推荐工作。优先推荐省级表彰的平台，逐步过渡到推荐省级认定的平台。

第七条 省级中小企业主管部门对推荐的示范平台运营情况、服务业绩、示范性进行测评，填写《国家中小企业公共服务示范平台推荐表》（见附件1），并附被推荐示范平台的申请材料，上报工业和信息化部。

第八条 被推荐为示范平台的单位需提交下列材料：

（一）国家中小企业公共服务示范平台申请报告（见附件2）；

（二）法人证书或营业执照副本复印件；

（三）上一年度服务收支情况的专项审计报告；

（四）主要服务设施、软件或仪器设备清单；

（五）主要管理人员和专业技术人员名单及职称情况；

（六）签订服务协议的中小企业名单和服务中小企业成效的评价；

（七）发展规划或年度运营计划；

（八）质量管理体系认证（或年度监督审核）证书复印件；

（九）省级及以上部门颁发的从业资格、资质、认定证书（证明）复印件，授予的荣誉证书（证明）复印件；

（十）得到各级政府扶持的情况；

（十一）能够证明符合申报条件的其他材料；

（十二）对申报材料真实性的声明。

第九条 工业和信息化部按照相关评审程序对申报材料进行评审，评审结果在工业和信息化部门户网站及有关媒体公示15个工作日。

第十条 工业和信息化部对评审合格的示范平台授予“国家中小企业公共服务示范平台”称号。

第十一条 示范平台的评审工作于每年4月1日至30日的工作日集中办理。

第四章 示范平台管理

第十二条 示范平台名单在工业和信息化部门户网站及有关媒体公布，并适时更新。

第十三条 示范平台要不断提高服务能力和组织带动社会服务资源的能力，主动开展公益性服务，积极承担政府部门委托的各项任务，每年将工作总结报省级中小企业主管部门，及时发布服务信息，自觉接受社会监督。

第十四条 工业和信息化部对示范平台实行动态管理，每三年复核一次。复核与年度申报同时进行，由示范平台将三年工作总结、上一年度服务收支专项审计报告及《国家中小企业公共服务示范平台年度运营情况测评表》（见附件3）报省级中小企业主管部门。省级中小企业主管部门组织测评后，填写测评情况及意见，经工业和信息化部复核，对合格的示范平台予以确认；对不合格的发布公告予以撤销。

第十五条 工业和信息化部建立监督管理制度。每年或不定期组织专家对示范平台进行抽查，对已经授牌的示范平台，如发现弄虚作假，除撤销称号外，暂停所在省级中小企业主管部门下一年度的申报工作。

第十六条 工业和信息化部对示范平台予以重点扶持。

第十七条 示范平台评审工作接受审计、纪检部门和社会的监督检查。

第五章 附 则

第十八条 各省级中小企业主管部门可参照本办法，组织开展省级示范平台的认定工作，并对省级及以上示范平台给予相应的扶持。

第十九条 全国性行业协会可依据本办法第五条的规定，在协会已认定的公共服务平台中选择，直接向工业和信息化部推荐示范平台，并按本办法相关工作内容进行管理。

第二十条 本办法由工业和信息化部负责解释。

第二十一条 本办法自发布之日起施行。

附件：1. 国家中小企业公共服务示范平台推荐表

2. 国家中小企业公共服务示范平台申请报告

3. 国家中小企业公共服务示范平台年度运营情况测评表

附件：* 1. 国家中小企业公共服务示范平台推荐表.xls

＊2. 国家中小企业公共服务示范平台申请报告.xls

＊3. 国家中小企业公共服务示范平台年度运营情况测评表.xls

关于印发《地方特色产业中小企业发展资金管理暂行办法》的通知

财企［2010］103号

各省、自治区、直辖市、计划单列市财政厅（局），新疆生产建设兵团财务局：

为规范和加强地方特色产业中小企业发展资金管理，提高资金使用效率，财政部研究制定了《地方特色产业中小企业发展资金管理暂行办法》。现印发给你们，请遵照执行。

附件：地方特色产业中小企业发展资金管理暂行办法

财政部

二〇一〇年六月十日

附件：

地方特色产业中小企业发展资金管理暂行办法

第一章　总　则

第一条　为规范和加强地方特色产业中小企业发展资金管理，提高资金使用效率，根据《中华人民共和国预算法》等法律、法规的有关规定，制定本办法。

第二条　地方特色产业中小企业发展资金（以下简称特色产业资金）是根据《国务院关于进一步促进中小企业发展的若干意见》（国发［2009］36号），由中央财政预算安排，专门用于支持地方特色产业集群和特色产业聚集区内中小企业技术进步、节能减排、协作配套，促进产业结构调整和优化的资金。

第三条　本办法所称地方特色产业是指以地域和资源优势条件为基础，围绕特色产品的生产、销售、服务等而形成的市场化、规模化、集约化和链条化的生产经营群体。

第四条　中小企业的划分标准，按照国家现行有关规定执行。

第五条　特色产业资金的管理应当遵循公开透明、定向使用、科学管理、加强监督的原则，确保资金使用规范、安全和高效。

第二章　支持内容及方式

第六条　特色产业资金主要用于以下几个方面：

（一）促进中小企业技术创新和成果转化。重点支持地方特色产业集群和特色产业聚集区内中小企业开展的符合国家产业技术政策、创新水平较高、市场竞争力较强、预期经济和社会效益较好、知识产权清晰的技术创新和科技成果转化项目。

（二）鼓励中小企业节能减排。重点支持地方特色产业集群和特色产业聚集区内中小企业生产或应用节能减排产品的技术改造项目，集群和聚集区内废水、废气、废渣等废弃物综合治理利用项目的建设、改扩建和技术改造等。

（三）加强中小企业与骨干企业专业化协作。重点支持地方特色产业集群和特色产业聚集区内有较强协作配套关系的中小龙头骨干企业重点产品技术改造和改扩建项目，中小企业为建立和加强与龙头骨干企业协作配套关系、提高专业化生产水平而进行的技术改造和改扩建项目。

（四）支持中小企业产业升级和延伸。重点支持地方特色产业集群和特色产业聚集区内中小企业产业升级改造，新能源、新材料、节能环保、生物医药、信息网络及高端制造等战略性新兴产业中小企业项目建设和技术改造，集群和聚集区内主导性产业中小企业向附加值高的产业前端和后端延伸而进行的技术改造项目。

（五）改善中小企业服务环境。重点支持为地方特色产业集群和特色产业聚集区内中小企业提供研究开发、设计、知识产权保护、工程技术管理、商务信息交流等公共服务项目。

同一年度，每个项目单位只能选择以上一项内容申请支持。

第七条　特色产业资金的支持方式采用无偿资助、贷款贴息方式。同一年度，每个项目只能申请一种支持方式。

第八条　特色产业资金无偿资助的额度，每个项目一般不超过300万元。

特色产业资金贷款贴息的额度，根据项目贷款额及人民银行公布的同期贷款基准利率确定。每个项目的贴息期限一般不超过2年，年贴息率不超过同期贷款基准利率，贴息额度一般不超过300万元。

第三章　项目资金的申请

第九条　申请特色产业资金的企业或单位须同时具备下列条件：

（一）位于地方特色产业集群或特色产业聚集区内；

（二）具有独立的法人资格；

（三）财务管理制度健全；

（四）会计信息准确完整，纳税信用和银行信用良好；

（五）申报项目符合本办法规定的支持内容。

第十条　特色产业资金的申报材料一般应包括：

（一）资金申请文件；
（二）项目可行性报告；
（三）生产经营情况或业务开展情况；
（四）经注册会计师审计的会计报表；
（五）承担项目单位法人执照副本及章程（复印件）；
（六）其他需提供的资料。

第四章 项目审核及资金拨付

第十一条 各省、自治区、直辖市、计划单列市及新疆生产建设兵团财政部门（以下简称省级财政部门）负责组织本地区特色产业资金的项目申报、评审工作，并建立项目库。

项目评审费用在特色产业资金中列支，按照不超过下达各地特色产业资金额度的0.5%从严控制。

第十二条 省级财政部门根据本地区国民经济发展总体规划和特色产业发展规划等，研究提出下年度特色产业资金需求、扶持重点、扶持计划和组织实施方案，连同本年度特色产业资金预算执行情况，在每年12月底前上报财政部。

第十三条 财政部按照因素法，根据当年预算和各地有关经济发展指标等分配特色产业资金。

第十四条 省级财政部门根据财政部下达的预算指标和项目申报评审情况，公示结束后，提出本地区特色产业资金年度使用计划，并于当年4月底前上报财政部备案。具体包括：计划支持单位和项目名称、支持内容、归属产业、地区、产业集群（或聚集区）名称、计划支持方式及金额等。

第十五条 省级财政部门将本地区特色产业资金年度使用计划报财政部备案后，按照预算管理的有关规定，及时将特色产业资金拨付给项目单位。

第五章 监督管理

第十六条 财政部根据省级财政部门上报备案的本地区特色产业资金年度使用计划，对支持内容、支持方式及金额等进行审查。如发现问题，及时通知有关省级财政部门予以调整。

第十七条 财政部对特色产业资金管理和使用情况进行不定期抽查。地方财政部门应当加强对本地特色产业资金管理和使用情况的监督检查。

第十八条 省级财政部门应建立特色产业资金使用跟踪问效和绩效评估机制，并将特色产业资金实施效果、存在问题及政策建议等，于每年3月底前上报财政部。

第十九条 特色产业资金必须专款专用，对违反规定使用、骗取资金的行为，一经查实，财政部将收回已安排的特色产业资金，并按照《财政违法行为处罚处分条例》（国务院令第427号）的相关规定进行处理。

第六章 附 则

第二十条 省级财政部门根据本办法的有关要求，研究制定符合本地区实际的具体操作办法，并在本办法下发后2个月内报财政部备案。

第二十一条 本办法自印发之日起施行。

第二十二条 本办法由财政部负责解释。

中国人民银行 银监会 证监会 保监会关于进一步做好中小企业金融服务工作的若干意见

银发［2010］193号

中国人民银行上海总部，各分行、营业管理部、各省会（首府）城市中心支行、副省级城市中心支行；各省（自治区、直辖市）银监局、证监局、保监局；国家开发银行、各政策性银行、国有商业银行、股份制商业银行，中国邮政储蓄银行：

为深入贯彻落实《国务院关于进一步促进中小企业发展的若干意见》（国发［2009］36号），进一步改进和完善中小企业金融服务，拓宽融资渠道，着力缓解中小企业（尤其是小企业）的融资困难，支持和促进中小企业发展，现提出如下意见：

一、进一步推动中小企业信贷管理制度的改革创新

（一）深化认识、转变观念，切实提高对中小企业的金融服务水平。金融系统要深入学习贯彻《中华人民共和国中小企业促进法》、《国务院关于进一步促进中小企业发展的若干意见》、《国务院关于鼓励和引导民间投资健康发展的若干意见》（国发［2010］13号）等国家法律法规和政策的要求，进一步增强做好中小企业金融服务的责任感和大局意识，切实改变经营和服务理念。要把改进中小企业金融服务、扩大中小企业信贷投放作为各银行业金融机构开展信贷经营业务的重要战略，确保小企业信贷投放的增速要高于全部贷款增速，增量要高于上年。

（二）改造审批流程、提高审批效率，确保符合贷款条件的中小企业获得方便、快捷的信贷服务。各金融机构要对中小企业设立独立的审批和信贷准入标准，压缩中小企业贷款审批流程，切实提升贷款审批效率。鼓励有条件的银行为中小企业开办一站式金融服务。积极推广灵活高效的贷款审批模式。研究推动小企业贷款网络在线审批，建立审批信息网络共享平台。

（三）坚持有保有压、明确支持重点，积极推动符合国家产业政策要求的中小企业健康发展。优先满足中小企业符合国家重点产业调整和振兴规划要求的新技术、新工艺、新设备、新材料、新兴业

态项目资金需求，加大对具有自主知识产品、自主品牌和高附加值拳头产品中小企业的支持，提升中小企业自主创新能力和国际竞争力。严格控制过剩产能和“两高一资”行业贷款，鼓励对纳入环境保护、节能节水企业所得税优惠目录投资项目的支持，促进中小企业节能减排和清洁生产。鼓励金融机构支持东部地区先进中小企业通过收购、兼并、重组、联营等多种形式，加强与中西部地区中小企业的合作，有序实现产业转移。加快推动发展文化创意、服务外包以及其他就业吸纳能力强、市场需求大的服务业中小企业发展。

（四）实施小企业金融服务差异化监管。银监会派出机构要因地制宜制定科学、审慎的小金融机构市场准入细则，实行分类监管、差异化监管，不断提高监管技术和监管有效性。小企业金融服务专营机构要进一步落实小企业金融服务“四单”原则，既单列信贷计划、单独配置人力资源和财务资源、单独客户认定与信贷评审、单独会计核算，构建专业化的经营与考核体系。各金融机构要增强风险管理意识，针对小企业客户风险状况，制定风险管理业务规则，培养熟悉小企业业务的风险管理经理，逐步建立与小企业业务性质、规模和复杂程度相适应、完善、可靠的市场风险管理体系。认真贯彻落实对小企业授信工作的相关规定，制定小企业信贷人员尽职免责机制，切实做到尽职者免责，失职者问责。

（五）推动适合中小企业需求特点的金融产品和信贷模式创新。鼓励银行业金融机构在有效防范风险的基础上，推动动产、知识产权、股权、林权、保函、出口退税池等质押贷款业务，发展保理、福费廷、票据贴现、供应链融资等金融产品。探索开展依托行业协会、农村专业经济组织、社会中介等适合中小企业需求特点的信贷模式创新。加大电子银行业务宣传，引导和督促银行业金融机构提高电子商业汇票在中小企业客户中的使用率。鼓励金融机构依法合规开展同业合作，稳步发展贷款转让业务，合理调剂信贷资源，增加对中小企业的贷款支持。

二、建立健全中小企业金融服务的多层次金融组织体系

（六）提高大型银行对中小企业的服务意识和能力。国有商业银行和股份制商业银行要继续推进中小企业金融服务专营机构建设。大型银行在已建立中小企业金融服务专营机构基础上，要进一步向下延伸服务网点，切实做到单独统计和调控，完善评审机制，使专营机构充分发挥作用，实现中小企业尤其是小企业金融业务的针对性服务。中国邮政储蓄银行要加快改造机构网点，完善小额贷款功能，创新信贷产品，提升对微小企业、个体工商户等重点客户的金融服务。

（七）积极发挥中小商业银行支持中小企业发展的重要作用。中小商业银行要准确把握“立足地方、服务中小”的市场定位，把支持地方经济发展，支持中小企业、私人企业以及个体工商户作为工作重点，努力打造自身“服务中小企业”品牌。充分发挥中小商业银行的地缘优势，挖掘企业信用信息，为降低中小企业融资门槛创造良好环境。建立稳定的信贷员队伍，以适应中小企业特点为标准，探索提供延伸服务，较好满足中小企业的特殊金融服务需求。取消符合条件的中小商业银行分支机构准入数量限制，鼓励其优先到西部和东北地区等金融机构较少、金融服务相对薄弱地区设立分支机构。

（八）推动服务县域中小企业的新型农村金融机构和小额贷款公司稳步发展。鼓励各银行业金融机构到金融服务空白乡镇开设村镇银行和贷款公司。坚持小额贷款公司风险防范和规范发展并重，支持符合条件的小额贷款公司转为村镇银行。大中型商业银行在防范风险的前提下，为小额贷款公司提供批发资金业务，但小额贷款公司从银行业金融机构可获得融资资金的余额，不得超过资本净额的50%。

三、拓宽符合中小企业资金需求特点的多元化融资渠道

（九）完善中小企业股权融资机制，发挥资本市场支持中小企业融资发展的积极作用。鼓励风险投资和私募股权基金等设立创业投资企业，逐步建立以政府资金为引导、民间资本为主体的创业资本筹集机制和市场化的创业资本运作机制，完善创业投资退出机制，促进风险投资健康发展。加大中小企业上市前期辅导培育力度，支持自主创新和有发展前景的中小企业发行上市。积极发展中小板市场，加快发展创业板市场，努力扩大中小企业上市规模。建立和完善中小板和创业板上市公司再融资及并购制度，完善中小企业上市育成机制。积极推进证券公司代办股份转让系统非上市股份有限公司股份报价转让试点，适时将试点扩大到其他具备条件的国家级高新技术园区，完善监管和交易制度，改善科技型中小企业融资环境。

（十）逐步扩大中小企业债务融资工具发行规模。积极推进完善短期融资券、中小企业集合债券和集合票据的试点工作，适当简化审批手续，对中小企业发行债务融资工具实行绿色通道。对符合国家政策规定的中小企业发行直接债务融资工具的，鼓励中介机构适当降低收费，减轻中小企业的融资成本负担。培育银行间债券市场合格投资者，为中小企业直接融资市场创造条件。进一步完善风险控制、信用增进等相关配套机制，为优质中小企业在债务融资工具发行阶段提供信用增进服务。

（十一）大力发展融资租赁业务。扎实推进扩大商业银行设立金融租赁公司试点工作。支持金融租赁公司按照“商业持续”原则，开展中小企业融资租赁业务创新。完善融资租赁公示登记系统，加强融资租赁公示系统宣传，提高租赁物登记公信力和取回效率，为中小企业融资租赁业务创造良好的外部环境。加强对融资租赁业务的指导监督，促进

融资租赁行业规范化，管理统一化，合同统一化，在规避风险的同时保证融资租赁有序、规范发展。

四、大力发展中小企业信用增强体系

（十二）加强对融资性担保公司的日常监管。督促融资性担保公司依法合规审慎经营，严格控制风险集中度和关联方担保。指导融资性担保公司加强资本金管理和内控机制建设，不断提高风险管理水平。将担保机构经营情况纳入人民银行企业征信系统实施统一管理。推动地方政府建立各类小企业贷款风险补偿基金、融资担保基金、非营利性小企业再担保公司、贷款奖励基金，合理分担小企业贷款风险。贯彻落实担保行业各项法规，完善规章制度建设，尽快形成以出资人自我约束为监管基础，以地方政府部门为监管主体，全国统一规范运营的担保体系，提高融资性担保公司资金使用效率。

（十三）完善创新适合中小企业需求特点的保险产品。继续推动科技保险发展，为高新技术型中小企业提供创新创业风险保障。积极发展信用保险和短期抵押贷款保证保险等新型保险产品，鼓励保险机构积极开发为中小企业服务的保险产品。科学合理地厘定针对中小企业的保险费率，提高保险机构为中小企业提供保险服务的积极性。继续落实对中小商贸企业投保国内贸易信用险给予保费补助政策。

（十四）推进中小企业信用体系建设。加强中小企业信用宣传，增强中小企业信用意识。多渠道采集中小企业信息，扩大、丰富中小企业信用档案信息，结合企业和个人信用信息基础数据库，提高对中小企业的信用信息服务水平。推进中小企业信用制度建设，建立多层次的中小企业信用评估体系，发挥信用担保、信用评级和信用调查等信用中介的作用，增进中小企业信用。开展信用培植、延伸金融服务，提高中小企业融资机会。在有条件的地区开展中小企业信用体系试验区建设，探索建立中小企业征信系统。

（十五）建立健全信息沟通机制，创造良好生态环境。鼓励举办多种银企对接活动，为银行业金融机构和中小企业提供交流合作的机会。向中小企业提供融资辅导和咨询服务，帮助和支持中小企业健全企业制度，强化内部管理，提高生产经营信息的透明度，有效减少借贷双方信息不对称，增强中小企业市场融资能力。建立合作平台，发挥行业协会、民间商会、工商联等在银企对接中的桥梁作用，争取在信息搜集、客户筛选、风险防范等方面取得成效。

五、多举措支持中小企业“走出去”开拓国际市场

（十六）充分发挥中小企业出口信用保险的作用，加大优惠出口信贷对中小企业的支持力度，支持中小企业开拓国际市场。鼓励和支持中小企业在跨境贸易试点地区使用人民币进行计价结算。鼓励金融机构提高服务质量，帮助中小企业降低成本，拓展业务。

（十七）改进中小企业外汇管理，为中小企业提供便利。减少中资企业和外资企业在借用外债政策方面的差别，允许有借款能力和资金需求的各类中资企业对外借款以满足其境外资金需求。支持中小企业购汇对外投资。

六、加强部门协作和监测评估机制建设

（十八）各级金融管理部门要密切配合，加强协作，督促和指导政策的贯彻落实工作，在政策规划、机构建设、人员培训、宣传服务等方面加强合作交流，建立信息共享和工作协调机制，建立定期通报制度。要建立健全中小企业信贷政策导向效果评估制度，将中小企业贷款纳入信贷政策导向效果评估内容，对中小企业信贷业务设立单独的考核指标，定期公布考核结果并上报人民银行总行，督促金融机构提高对中小企业的信贷支持力度。要加强中小企业信贷统计监测与分析，督促各银行业金融机构认真贯彻落实大中小型企业贷款专项统计制度和国家中小企业划分标准，切实提高数据报送质量，进一步完善中小企业贷款统计制度。

请人民银行上海总部，各分行、营业管理部、省会（首府）城市中心支行会同所在省（区、市）银监局、证监局、保监局将本意见联合转发至辖区内金融机构，并协调做好本意见的贯彻实施工作。

中国人民银行　银监会
证监会　保监会
二〇一〇年六月二十一日

中小企业国际市场开拓资金管理办法

财企［2010］87号

第一章　总　则

第一条　为加强对中小企业开拓国际市场开拓资金（以下简称市场开拓资金）的管理，支持中小企业开拓国际市场，制定本办法。

第二条　本办法所称市场开拓资金是指中央财政设立的用于支持中小企业开拓国际市场各项业务的专项资金。

第三条　市场开拓资金的管理遵循公开透明、突出重点、专款专用、注重实效的原则。

第四条　市场开拓资金由财政部门和商务部门

共同管理。

商务部门负责市场开拓资金的业务管理，提出市场开拓资金的支持重点、年度预算及资金安排建议，会同财政部门组织项目的申报和评审。

财政部门负责市场开拓资金的预算管理，审核资金的支持重点和年度预算建议，确定资金安排方案，办理资金拨付，会同商务部门对市场开拓资金的使用情况进行监督检查。

第二章　支持对象

第五条　中小企业独立开拓国际市场的项目为企业项目；企、事业单位和社会团体（以下简称项目组织单位）组织中小企业开拓国际市场的项目为团体项目。

第六条　申请企业项目的中小企业应符合下列条件：

1. 在中华人民共和国关境内注册，依法取得进出口经营资格的或依法办理对外贸易经营者备案登记的企业法人，上年度海关统计进出口额在4500万美元以下；

2. 近三年在外经贸业务管理、财务管理、税收管理、外汇管理、海关管理等方面无违法、违规行为；

3. 具有从事国际市场开拓的专业人员，对开拓国际市场有明确的工作安排和市场开拓计划；

4. 未拖欠应缴还的财政性资金。

第七条　申请团体项目的项目组织单位应符合下列条件：

1. 具有组织全国、行业或地方企业赴境外参加或举办经济贸易展览会资格；

2. 通过管理部门审核具有组织中小企业培训资格；

3. 申请的团体项目应以支持中小企业开拓国际市场和提高中小企业国际竞争力为目的；

4. 未拖欠应缴还的财政性资金。

第八条　已批准支持的团体项目，参加该项目的中小企业不得以企业项目名义重复申请同一项目或内容的市场开拓资金支持。

第三章　支持内容

第九条　市场开拓资金主要支持内容包括：境外展览会；企业管理体系认证；各类产品认证；境外专利申请；国际市场宣传推介；电子商务；境外广告和商标注册；国际市场考察；境外投（议）标；企业培训；境外收购技术和品牌等。

第十条　市场开拓资金优先支持下列活动：

1. 面向拉美、非洲、中东、东欧、东南亚、中亚等新兴国际市场的拓展；

2. 取得质量管理体系认证、环境管理体系认证和产品认证等国际认证。

第四章　资金管理

第十一条　市场开拓资金由财政部会同商务部采取因素法等方式进行分配。地方财政、商务部门结合本地区实际情况，研究确定支持重点和支持额度。

第十二条　市场开拓资金对符合本办法第九条规定且支出不低于1万元的项目予以支持，支持金额原则上不超过项目支持内容所需金额的50%。对中、西部地区和东北老工业基地的中小企业，以及符合本办法第十条第一项的支持比例可提高到70%。

第十三条　财政部将市场开拓资金拨付至省级财政部门。

第十四条　中央项目组织单位组织3省（自治区、直辖市、计划单列市）及以上的中小企业参加境外经济贸易展览会或进行培训，可按规定向商务部和财政部提出项目申请。商务部、财政部按规定审核后，由财政部按照国库管理要求拨付资金。

第十五条　企业项目及地方项目组织单位组织本地区中小企业参加境外经济贸易展览会或进行培训，按规定向地方商务和财政部门提出项目申请。地方商务、财政部门按规定审核后，由地方财政部门按照国库管理要求拨付资金。

第十六条　中小企业获得的项目资金，应按国家相关规定进行财务处理。

第十七条　根据市场开拓资金管理工作需要，可在市场开拓资金中列支相关管理性支出，用于聘请承办单位、项目的评审、论证、审计等，支出比例不超过资金总额的3%，并予严格控制，厉行节约。

第十八条　任何单位和个人不得以任何形式骗取、挪用和截留市场开拓资金，对违反规定的，按照《财政违法行为处罚处分条例》（国务院令第427号）予以处理。

第五章　附　则

第十九条　中小企业或项目组织单位组织中小企业开拓香港、澳门、台湾地区市场参照本办法执行。

第二十条　省级财政部门和商务部门可根据本办法，结合工作实际制定本地区市场开拓资金的具体实施办法，报财政部和商务部备案。省级财政部门和商务部门每年应对中小企业国际市场开拓资金的执行情况进行总结和效益评价分析，并于次年的3月底将总结报告联合上报财政部、商务部。各级管理部门对中小企业和项目组织单位申报的书面材料，保存期限不少于3年。

第二十一条　本办法由财政部会同商务部解释。

第二十二条　本办法自发布之日起实施。财政部、原外经贸部《关于印发〈中小企业国际市场开拓资金管理（试行）办法〉的通知》（财企［2000］467号），原外经贸部、财政部《关于印发〈中小企业国际市场开拓资金管理办法实施细则（暂行）〉的通知》（外经贸计财发［2001］270号）同时废止。

国务院办公厅关于鼓励和引导民间投资健康发展重点工作分工的通知

国办函［2010］120 号

各省、自治区、直辖市人民政府，国务院有关部门：

为贯彻落实《国务院关于鼓励和引导民间投资健康发展的若干意见》（国发［2010］13 号，以下简称《意见》）提出的各项政策措施，需要进一步明确部门和地方的主要工作任务，研究提出具体实施办法。经国务院同意，现将有关事项通知如下：

一、工作分工

（一）鼓励和引导民间资本进入基础产业和基础设施领域

1. 鼓励民间资本以独资、控股、参股等方式投资建设公路、水运、港口码头、民用机场、通用航空设施等项目。（交通运输部、民航局、发展改革委、财政部负责。列在首位的为牵头部门或单位，有关部门和单位按职责分工负责，下同）

2. 抓紧研究制定铁路体制改革方案。（先由铁道部提出改革方案，发展改革委会同中央编办、铁道部、交通运输部、财政部提出意见报国务院）

3. 引入市场竞争，推进投资主体多元化，鼓励民间资本参与铁路干线、铁路支线、铁路轮渡以及站场设施的建设，允许民间资本参股建设煤运通道、客运专线、城际轨道交通等项目。（铁道部、发展改革委负责）

4. 探索建立铁路产业投资基金。（发展改革委、铁道部负责）

5. 积极支持铁路企业加快股改上市，拓宽民间资本进入铁路建设领域的渠道和途径。（铁道部、证监会、发展改革委负责）

6. 鼓励民间资本参与水利工程建设。建立收费补偿机制，实行政府补贴，通过业主招标、承包租赁等方式，吸引民间资本投资建设农田水利、跨流域调水、水资源综合利用、水土保持等水利项目。（水利部、发展改革委、财政部负责）

7. 鼓励民间资本参与电力建设。鼓励民间资本参与风能、太阳能、地热能、生物质能等新能源产业建设。支持民间资本以独资、控股或参股形式参与水电站、火电站建设，参股建设核电站。进一步放开电力市场，积极推进电价改革，加快推行竞价上网，推行项目业主招标，完善电力监管制度。（能源局、发展改革委、财政部、水利部、国土资源部、电监会、国资委负责）

8. 鼓励民间资本参与石油天然气建设。支持民间资本进入油气勘探开发领域，与国有石油企业合作开展油气勘探开发。支持民间资本参股建设原油、天然气、成品油的储运和管道输送设施及网络。（能源局、发展改革委、国土资源部、国资委负责）

9. 鼓励民间资本参与电信建设。鼓励民间资本以参股方式进入基础电信运营市场。支持民间资本开展增值电信业务。加强对电信领域垄断和不正当竞争行为的监管。（工业和信息化部、发展改革委、国资委、商务部负责）

10. 鼓励民间资本参与土地整治和矿产资源勘探开发。积极引导民间资本通过招标投标形式参与土地整理、复垦等工程建设，鼓励和引导民间资本投资矿山地质环境恢复治理，坚持矿业权市场全面向民间资本开放。（国土资源部、发展改革委负责）

（二）鼓励和引导民间资本进入市政公用事业和政策性住房建设领域

11. 鼓励民间资本参与市政公用事业建设。支持民间资本进入城市供水、供气、供热、污水和垃圾处理、公共交通、城市园林绿化等领域。鼓励民间资本积极参与市政公用企事业单位的改组改制，具备条件的市政公用事业项目可以采取市场化的经营方式，向民间资本转让产权或经营权。（住房城乡建设部、发展改革委负责）

12. 进一步深化市政公用事业体制改革。积极引入市场竞争机制，大力推行市政公用事业的投资主体、运营主体招标制度，建立健全市政公用事业特许经营制度。改进和完善政府采购制度，建立规范的政府监管和财政补贴机制，加快推进市政公用产品价格和收费制度改革。（住房城乡建设部、发展改革委、财政部负责）

13. 鼓励民间资本参与政策性住房建设。支持和引导民间资本投资建设经济适用住房、公共租赁住房等政策性住房，参与棚户区改造，享受相应的政策性住房建设政策。（住房城乡建设部、发展改革委负责）

（三）鼓励和引导民间资本进入社会事业领域

14. 鼓励民间资本参与发展医疗事业。支持民间资本兴办各类医院、社区卫生服务机构、疗养院、门诊部、诊所、卫生所（室）等医疗机构，参与公立医院转制改组。支持民营医疗机构承担公共卫生服务、基本医疗服务和医疗保险定点服务。切实落实非营利性医疗机构的税收政策。鼓励医疗人才资源向民营医疗机构合理流动，确保民营医疗机构在人才引进、职称评定、科研课题等方面与公立医院享受平等待遇。从医疗质量、医疗行为、收费标准等方面对各类医疗机构加强监管。（发展改革委、卫生部、民政部、财政部、人力资源社会保障部、科技部、税务总局、保监会负责）

15. 鼓励民间资本参与发展教育和社会培训事业。支持民间资本兴办高等学校、中小学校、幼儿园、职业教育等各类教育和社会培训机构。修改完善《中华人民共和国民办教育促进法实施条例》，落实对民办学校的人才鼓励政策和公共财政资助政策，加快制定和完善促进民办教育发展的金融、产权和社保等政策，研究建立民办学校的退出机制。（教育部、发展改革委、财政部、人力资源社会保障

部、民政部、银监会、法制办负责）

16. 鼓励民间资本参与发展社会福利事业。通过用地保障、信贷支持和政府采购等多种形式，鼓励民间资本投资建设专业化的服务设施，兴办养（托）老服务和残疾人康复、托养服务等各类社会福利机构。（民政部、发展改革委、中国残联、财政部、国土资源部、银监会负责）

17. 鼓励民间资本从事广告、印刷、演艺、娱乐、文化创意、文化会展、影视制作、网络文化、动漫游戏、出版物发行、文化产品数字制作与相关服务等活动，建设博物馆、图书馆、文化馆、电影院等文化设施。（文化部、广电总局、新闻出版总署、发展改革委、财政部负责）

18. 鼓励民间资本合理开发旅游资源，建设旅游设施，从事各种旅游休闲活动。（旅游局、发展改革委负责）

19. 鼓励民间资本投资生产体育用品，建设各类体育场馆及健身设施，从事体育健身、竞赛表演等活动。（体育总局、发展改革委、财政部负责）

（四）鼓励和引导民间资本进入金融服务领域

20. 允许民间资本兴办金融机构。在加强有效监管、促进规范经营、防范金融风险的前提下，放宽对金融机构的股比限制。支持民间资本以入股方式参与商业银行的增资扩股，参与农村信用社、城市信用社的改制工作。鼓励民间资本发起或参与设立村镇银行、贷款公司、农村资金互助社等金融机构，放宽村镇银行或社区银行中法人银行最低出资比例的限制。落实中小企业贷款税前全额拨备损失准备金政策，简化中小金融机构呆账核销审核程序。适当放宽小额贷款公司单一投资者持股比例限制，对小额贷款公司的涉农业务实行与村镇银行同等的财政补贴政策。支持民间资本发起设立信用担保公司，完善信用担保公司的风险补偿机制和风险分担机制。鼓励民间资本发起设立金融中介服务机构，参与证券、保险等金融机构的改组改制。（银监会、人民银行、发展改革委、财政部、税务总局、工业和信息化部、证监会、保监会负责）

（五）鼓励和引导民间资本进入商贸流通领域

21. 鼓励民间资本进入商品批发零售、现代物流领域。支持民营批发、零售企业发展，鼓励民间资本投资连锁经营、电子商务等新型流通业态。引导民间资本投资第三方物流服务领域，为民营物流企业承接传统制造业、商贸业的物流业务外包创造条件，支持中小型民营商贸流通企业协作发展共同配送。加快物流业管理体制改革，鼓励物流基础设施的资源整合和充分利用，促进物流企业网络化经营，搭建便捷高效的融资平台。（商务部、发展改革委、银监会负责）

（六）鼓励和引导民间资本进入国防科技工业领域

22. 鼓励民间资本进入国防科技工业投资建设领域。引导和支持民营企业有序参与军工企业的改组改制，鼓励民营企业参与军民两用高技术开发和产业化，允许民营企业按有关规定参与承担军工生产和科研任务。（国防科工局、工业和信息化部、财政部、国资委、总装备部负责）

（七）鼓励和引导民间资本重组联合和参与国有企业改革

23. 引导和鼓励民营企业利用产权市场组合民间资本，促进产权合理流动，开展跨地区、跨行业兼并重组。鼓励和支持民间资本在国内合理流动，实现产业有序梯度转移，参与西部大开发、东北地区等老工业基地振兴、中部地区崛起以及新农村建设和扶贫开发。支持有条件的民营企业通过联合重组等方式做大做强，发展成为特色突出、市场竞争力强的集团化公司。（各省、自治区、直辖市人民政府负责）

24. 鼓励和引导民营企业通过参股、控股、资产收购等多种形式，参与国有企业的改制重组。合理降低国有控股企业中的国有资本比例。民营企业在参与国有企业改制重组过程中，要认真执行国家有关资产处置、债务处理和社会保障等方面的政策要求，依法妥善安置职工，保证企业职工的正当权益。（国资委、人力资源社会保障部、银监会负责）

（八）推动民营企业加强自主创新和转型升级

25. 落实鼓励企业增加研发投入的税收优惠政策，鼓励民营企业增加研发投入，提高自主创新能力，掌握拥有自主知识产权的核心技术。（财政部、发展改革委、科技部、税务总局、知识产权局负责）

26. 帮助民营企业建立工程技术研究中心、技术开发中心，增加技术储备，搞好技术人才培训。（发展改革委、科技部负责）

27. 支持民营企业参与国家重大科技计划项目和技术攻关。（科技部负责）

28. 加快实施促进科技成果转化的鼓励政策，积极发展技术市场，完善科技成果登记制度，方便民营企业转让和购买先进技术。加快分析测试、检验检测、创业孵化、科技评估、科技咨询等科技服务机构的建设和机制创新，为民营企业的自主创新提供服务平台。积极推动信息服务外包、知识产权、技术转移和成果转化等高技术服务领域的市场竞争，支持民营企业开展技术服务活动。（科技部、工业和信息化部、商务部、知识产权局负责）

29. 鼓励民营企业加大新产品开发力度，实现产品更新换代。开发新产品发生的研究开发费用可按规定享受加计扣除优惠政策。鼓励民营企业实施品牌发展战略，争创名牌产品。通过加速固定资产折旧等方式鼓励民营企业进行技术改造，淘汰落后产能，加快技术升级。（科技部、工业和信息化部、财政部、工商总局、质检总局负责）

30. 鼓励和引导民营企业发展战略性新兴产业。广泛应用信息技术等高新技术改造提升传统产业，大力发展循环经济、绿色经济，投资建设节能减排、节水降耗、生物医药、信息网络、新能源、新材料、环境保护、资源综合利用等具有发展潜力的新兴产业。（发展改革委、财政部、工业和信息化部、科技部、环境保护部、水利部、卫生部、商务部、能源局负责）

（九）鼓励和引导民营企业积极参与国际竞争

31. 鼓励民营企业“走出去”，积极参与国际竞争。支持民营企业在研发、生产、营销等方面开展国际化经营，开发战略资源，建立国际销售网络。支持民营企业利用自有品牌、自主知识产权和自主营销，开拓国际市场，加快培育跨国企业和国际知名品牌。支持民营企业之间、民营企业与国有企业之间组成联合体，发挥各自优势，共同开展多种形式的境外投资。（发展改革委、商务部、工业和信息化部、外交部、工商总局负责）

32. 完善境外投资促进和保障体系。与有关国家建立鼓励和促进民间资本国际流动的政策磋商机制，开展多种形式的对话交流，发展长期稳定、互惠互利的合作关系。通过签订双边民间投资合作协定、利用多边协定体系等，为民营企业“走出去”争取有利的投资、贸易环境和更多优惠政策。健全和完善境外投资鼓励政策，在资金支持、金融保险、外汇管理、质检通关等方面，民营企业与其他企业享受同等待遇。（发展改革委、商务部、外交部、财政部、人民银行、海关总署、质检总局、外汇局、银监会、保监会负责）

（十）为民间投资创造良好环境

33. 清理和修改不利于民间投资发展的法规政策规定，切实保护民间投资的合法权益，培育和维护平等竞争的投资环境。在制定涉及民间投资的法律、法规和政策时，要听取有关商会和民营企业的意见和建议，充分反映民营企业的合理要求。（法制办负责）

34. 各级人民政府有关部门安排的政府性资金，包括财政预算内投资、专项建设资金、创业投资引导资金，以及国际金融组织贷款和外国政府贷款等，要明确规则、统一标准，对包括民间投资在内的各类投资主体同等对待。（发展改革委、财政部、交通运输部、铁道部、水利部、工业和信息化部、科技部、民航局、国防科工局和各省、自治区、直辖市人民政府负责）

35. 各类金融机构要在防范风险的基础上，创新和灵活运用多种金融工具，加大对民间投资的融资支持，加强对民间投资的金融服务。各级人民政府及有关监管部门要不断完善民间投资的融资担保制度，健全创业投资机制，发展股权投资基金，继续支持民营企业通过股票、债券市场进行融资。（银监会、人民银行、证监会、发展改革委和各省、自治区、直辖市人民政府负责）

36. 全面清理整合涉及民间投资管理的行政审批事项，简化环节、缩短时限，进一步推动管理内容、标准和程序的公开化、规范化。（监察部负责）

37. 进一步清理和规范涉企收费，切实减轻民营企业负担。（发展改革委、财政部、工业和信息化部负责）

（十一）加强对民间投资的服务、指导和规范管理

38. 统计部门要加强对民间投资的统计工作，准确反映民间投资的进展和分布情况。（统计局负责）

39. 投资主管部门、行业管理部门及行业协会要切实做好民间投资的监测和分析工作，及时把握民间投资动态，合理引导民间投资。要加强投资信息平台建设，及时向社会公开发布国家产业政策、发展建设规划、市场准入标准、国内外行业动态等信息，引导民间投资者正确判断形势，减少盲目投资。（发展改革委、统计局、工业和信息化部、交通运输部、铁道部、水利部、农业部、商务部、文化部、卫生部、住房城乡建设部、能源局负责）

40. 建立健全民间投资服务体系。充分发挥商会、行业协会等自律性组织的作用，积极培育和发展为民间投资提供法律、政策、咨询、财务、金融、技术、管理和市场信息等服务的中介组织。（发展改革委等有关部门和各省、自治区、直辖市人民政府负责）

二、工作要求

（一）明确责任，加强领导

各地区、各有关部门要认真贯彻落实《意见》精神，按照上述任务分工，对涉及本地区、本部门的工作进一步分解细化，制定具体措施，认真抓好落实。

（二）密切配合，团结协作

对贯彻落实中涉及多个部门的工作，部门间要密切协作，牵头部门要加强协调，其他相关部门应当积极支持和配合。各地区在贯彻落实工作中要做好与有关部门的衔接沟通工作。

（三）督促检查，跟踪落实

发展改革委要认真做好统筹协调工作，及时跟踪各项工作的具体落实，并按年度将工作完成情况汇总报国务院。国务院办公厅将对政策措施的落实情况适时开展督促检查。

国务院办公厅
二〇一〇年七月二十二日

财政部　工业和信息化部　银监会　国家知识产权局　国家工商行政管理总局　国家版权局关于加强知识产权质押融资与评估管理支持中小企业发展的通知

财企［2010］199号

各省、自治区、直辖市、计划单列市财政厅（局）、中小企业管理部门、银监局、知识产权局、工商行政管理局、版权局：

为贯彻落实《国家知识产权战略纲要》（国发［2008］18号和《国务院关于进一步促进中小企业发展的若干意见》（国发［2009］36号），推进知识产权质押融资工作，拓展中小企业融资渠道，完善知识产权质押评估管理体系，支持中小企业创新发展，积极推动产业结构优化升级，加快经济发展方式转变，现就知识产权质押融资与评估管理有关问题通知如下：

一、建立促进知识产权质押融资的协同推进机制

知识产权质押融资是知识产权权利人将其合法拥有的且目前仍有效的专利权、注册商标权、著作权等知识产权出质，从银行等金融机构取得资金，并按期偿还资金本息的一种融资方式。各级财政、银监、知识产权、工商行政、版权、中小企业管理部门（以下统称各有关部门）要充分发挥稳各自的职能作用，加强协调配合和信息沟通，积极探索促进本地区知识产权质押融资工作的新模式、新方法，完善知识产权质押融资的扶持政策和管理机制，加强知识产权质押评估管理，支持中小企业开展知识产权质押融资，加快建立知识产权质押融资协同工作机制，有效推进知识产权质押融资工作。

二、创新知识产权质押融资的服务机制

各有关部门要指导和支持银行等金融机构探索和创新知识产权信贷模式，积极拓展知识产权质押融资业务，鼓励和支持商业银行结合自身特点和业务需要，选择符合国家产业政策和信贷政策、可以用货币估价并依法流转的知识产权作为质押物，有效满足中小企业的融资需求。

各有关部门要指导和支持商业银行等金融机构根据国家扶持中小企业发展的政策，充分利用知识产权的融资价值，开展多种模式的知识产权质押融资业务，扩大中小企业知识产权质押融资规模。要鼓励商业银行积极开展以拥有自主知识产权的中小企业为服务对象的信贷业务，对中小企业以自主知识产权质押的贷款项目予以优先支持。要充分利用国家财政现有中小企业信用担保资金政策，对担保机构开展的中小企业知识产权质押融资担保业务给予支持。

各有关部门要引导商业银行、融资性担保机构充分利用资产评估在知识产权质押中的作用，促进知识产权、资产评估法律及财政金融等方面的专业协作，协助贷款、担保等金融机构开展知识产权质押融资业务。要进一步加强知识产权、资产评估、金融等专业知识培训和业务交流，开展相关政策与理论研究，提升商业银行、融资性担保机构、资产评估机构等组织及有关从业人员的专业能力。

各有关部门要支持和指导中小企业运用相关政策开展知识产权质押融资，构建中小企业与商业银行等金融机构之间的信息交流平台，提高中小企业知识产权保护和运用水平。

三、建立完善知识产权质押融资风险管理机制

各地银监部门要指导和支持商业银行等金融机构建立健全知识产权质押融资管理体系，创新授信评级，严格授信额度管理，建立知识产权质押物价值动态评估机制，落实风险防控措施。

各有关部门要鼓励融资性担保机构为中小企业知识产权质押融资提供担保服务，引导企业开展同业担保业务，构建知识产权质押融资多层次风险分担机制。探索建立适合中小企业知识产权质押融资特点的风险补偿和尽职免责机制。支持和引导各类信用担保机构为知识产权交易提供担保服务，探索建立社会化知识产权权益担保机制。

四、完善知识产权质押融资评估管理体系

各有关部门要根据财政部和国家知识产权局、国家工商行政管理总局、国家版权局等部门有关加强知识产权资产评估管理的意见，完善知识产权质押评估管理制度，加强评估质量管理，防范知识产权评估风险。

各有关部门要鼓励商业银行、融资性担保机构、中小企业充分利用专业评估服务，由经财政部门批准设立的具有知识产权评估专业胜任能力的资产评估机构，对需要评估的质押知识产权进行评估。要指导商业银行、融资性担保机构、中小企业等评估业务委托方，针对知识产权质押融资的评估行为，充分关注评估报告披露事项，按照约定合理使用评估报告。

中国资产评估协会要加强相关评估业务的准则建设和自律监管，促进资产评估机构、注册资产评估师规范执业，加快推进知识产权评估理论研究和数据服务系统建设，为评估机构开展知识产权评估提供理论和数据支持。要在无形资产评估准则框架下，针对各类知识产权制定具体的资产评估指导意见，形成完整的知识产权评估准则体系。要加大知识产权评估相关业务的培训，进一步提高注册资产评估师专业胜任能力。要监督资产评估机构按照国家有关规定合理收取评估费用，制止资产评估机构低价恶性竞争或超标准收费行为。

五、建立有利于知识产权流转的管理机制

各级知识产权部门要建立动态的信息跟踪和沟通机制，及时做好知识产权质押登记，加强流程管理，强化质押后的知识产权保护，并为商业银行、融资性担保机构、质押评估委托方查询质押知识产

权法律状态、知识产权质押物经营状况等信息提供必要的支持，协助商业银行逐步建立知识产权质押融资信用体系。

各级中小企业管理部门要积极引导拥有自主知识产权的中小企业进行质押融资，提高其知识产权参与资产评估的积极性和有效性，建立适应知识产权交易的多元化、多渠道投融资机制，并将其纳入当地中小企业成长工程。

各有关部门要加快推进知识产权交易市场建设，充分依托各类产权交易市场，引导风险投资机构参与科技成果产业化投资，促进知识产权流转。要积极探索知识产权许可、拍卖、出资入股等多元化价值实现形式，支持商业银行、融资性担保机构质权的实现。

财政部　工业和信息化部
银监会　国家知识产权局
国家工商行政管理总局　国家版权局
二〇一〇年八月十二日

关于印发《中央财政关闭小企业补助资金管理办法》的通知

财企［2010］231号

各省、自治区、直辖市、计划单列市财政厅（局）、工业和信息化主管部门，新疆生产建设兵团财政局、工业和信息化主管部门：

为进一步加强关闭小企业专项补助资金的管理，认真做好关闭落后小企业工作，加快推进节能减排、淘汰落后产能，促进产业结构调整和优化升级，财政部、工业和信息化部修改制定了《中央财政关闭小企业补助资金管理办法》（以下简称《管理办法》），现印发给你们，请结合实际认真遵照执行。

同时将申请2010年度关闭小企业补助资金及编制2011年关闭小企业计划工作等有关事项明确如下：

一、根据今年的实际工作情况，2010年度全国关闭小企业计划不另行编制和下达。各省级财政、工业和信息化主管部门应按照《管理办法》有关规定，于2010年10月15日前联合报送2010年度中央财政关闭小企业补助资金的申请。

二、各省级财政、工业和信息化主管部门应于今年10月31日前，补报2011年度关闭小企业计划。

三、今明两年补助资金支持的重点是：围绕促进节能减排、淘汰落后生产能力和安全隐患治理，重点关闭小冶炼、小化工、小建材以及小造纸、小制革、小印染、小酿造等能耗高、污染严重、安全隐患突出的小企业。

联系人：

财政部企业司 张爱辉，电话：68552838；

工业和信息化部产业政策司 何映昆，电话：68205187。

附件：中央财政关闭小企业补助资金管理办法

财政部　工业和信息化部
二〇一〇年九月十七日

附件：

中央财政关闭小企业补助资金管理办法

第一章　总　则

第一条　为了充分发挥中央财政关闭小企业补助资金作用，促进产业结构调整和优化升级，节约资源和能源，提高财政资金使用效益，根据国家有关法律法规和产业政策，特制定本办法。

第二条　本办法所称关闭小企业是指地方政府根据国家有关法律法规和产业政策，对存在产能过剩、资源能源浪费、环境污染、安全隐患突出、布局不合理等问题的各类小企业实施的行政性关闭。

第三条　关闭小企业补助资金的补助范围和重点每年由工业和信息化部会同财政部根据国家宏观经济调控目标及产业政策确定并适时予以调整。

第四条　省级（含计划单列市）工业和信息化主管部门会同同级财政部门每年向工业和信息化部、财政部上报本地区关闭小企业年度计划。中央财政对计划内当年实施关闭的小企业，采取以奖代补的形式给予适当的补助（奖励）资金。

第二章　资金使用和分配

第五条　关闭小企业补助资金主要用于关闭企业职工安置等支出。根据关闭小企业工作的实际进度，补助资金结余可以转结下年使用。

第六条　关闭小企业补助资金按照“突出重点、公开透明、确保实效”的原则，综合考虑实际关闭的小企业安置职工人数、地域差异等因素进行分配。

补助标准：符合条件的关闭小企业补助金额＝本企业在岗职工人数（人）×所在地级市上一年度企业在岗职工平均工资总额（元/年）×补助系数。补助系数根据中央财政年度预算安排、关闭小企业涉及的职工人数等因素综合确定。对于国家级贫困县（市），补助系数适当提高。

第七条　关闭小企业补助资金由中央财政拨付给省级财政部门。省级财政部门会同工业和信息化主管部门制定具体的资金使用方案并组织实施，及时下达资金到有关企业。

第三章 关闭计划及审核

第八条 工业和信息化部根据国家推进节能减排，淘汰落后，抑制部分行业产能过剩，促进产业结构调整和优化升级的要求，每年初确定下一年度的关闭小企业工作任务。

第九条 各省工业和信息化主管部门按照工业和信息化部确定的年度工作任务和重点，会同同级财政部门，结合当地实际，确定本地区关闭小企业工作目标，并落实到具体企业，编制本地关闭小企业年度计划。

第十条 各省工业和信息化主管部门会同财政部门于每年4月30日前，联合向工业和信息化部、财政部报送下一个年度关闭小企业计划报告，并附以下材料：

（一）地方小企业关闭计划申报表（附表1）；

（二）小企业项目合法的审批（核准、备案）、注册手续；

（三）企业的工商营业执照、税务登记复印件；

（四）其他证明材料。

第十一条 工业和信息化部、财政部对各地上报的年度关闭小企业计划组织审核。经审核符合中央财政补助条件的关闭小企业名单，由两部委于6月底前联合批复下达省级工业和信息化主管部门、财政部门。

第十二条 各省工业和信息化主管部门会同财政部门认真组织实施审核通过的年度关闭小企业计划。

第四章 资金申请和审核

第十三条 各省级财政部门会同工业和信息化主管部门应于每年9月30日前分批向财政部、工业和信息化部报送本年度关闭小企业补助资金申请文件。资金申请文件应详细说明关闭工作实施过程、成效、存在的问题、工作建议等。财政部、工业和信息化部对各地上报的资金申请文件分批进行审核，工业和信息化部负责审核关闭小企业的实施情况及提出资金补助建议，财政部对符合条件的小企业按补助标准下达关闭小企业补助资金。

第十四条 各省申请年度关闭小企业补助资金的申请报告，需附报以下材料：

（一）关闭小企业基本情况表和汇总表（附表2、附表3）；

（二）关闭小企业已签订劳动合同职工的花名册（附表4）；

（三）地方工业和信息化部门等出具的小企业实施关闭文件及其他证明材料；

（四）企业原生产经营有关证照（工商营业执照、税务登记证、生产许可证等）已被注销的证明材料；

（五）企业关闭上一年度财务会计报告；

（六）企业所在地级市上一年度企业在岗职工平均工资证明材料；

（七）国家级贫困县（市）文件；

（八）其他需要说明的材料。

第五章 监督管理

第十五条 各地工业和信息化主管部门对上报的关闭小企业年度计划和实施效果的真实性负责；各地财政部门要加强资金的管理，确保财政资金使用的规范、安全和有效。

第十六条 工业和信息化部、财政部及财政部驻各地财政监察专员办事处应根据确定的关闭小企业工作目标对各地关闭小企业计划完成情况及补助资金使用情况进行检查。发现弄虚作假、未按要求完成关闭任务、虚报冒领、截留挪用财政资金或其他违规行为的，要追回资金，并依法依规处理。

第六章 附 则

第十七条 本办法自发布之日起执行，原《财政部关于印发〈中央财政关闭小企业专项补助资金管理办法〉的通知》（财企［2006］339号）同时废止。

第十八条 本办法由财政部、工业和信息化部负责解释。

财政部 国家税务总局 商务部 科技部 国家发展改革委关于技术先进型服务企业有关企业所得税政策问题的通知

财税［2010］65号

北京、天津、大连、黑龙江、上海、江苏、浙江、安徽、厦门、江西、山东、湖北、湖南、广东、深圳、重庆、四川、陕西（直辖市、计划单列市）财政厅（局）、国家税务局、地方税务局、商务主管部门、科技厅（委、局）、发展改革委：

根据国务院有关文件精神，现就技术先进型服务企业有关企业所得税政策问题通知如下：

一、自2010年7月1日起至2013年12月31日止，在北京、天津、上海、重庆、大连、深圳、广州、武汉、哈尔滨、成都、南京、西安、济南、杭州、合肥、南昌、长沙、大庆、苏州、无锡、厦门等21个中国服务外包示范城市（以下简称示范城市）实行以下企业所得税优惠政策：

1. 对经认定的技术先进型服务企业，减按15%的税率征收企业所得税。

2. 经认定的技术先进型服务企业发生的职工教育经费支出，不超过工资薪金总额8%的部分，准予在计算应纳税所得额时扣除；超过部分，准予在以后纳税年度结转扣除。

二、享受本通知第一条规定的企业所得税优惠政策的技术先进型服务企业必须同时符合以下条件：

1. 从事《技术先进型服务业务认定范围（试行）》（详见附件）中的一种或多种技术先进型服务业务，采用先进技术或具备较强的研发能力；

2. 企业的注册地及生产经营地在示范城市（含所辖区、县、县级市等全部行政区划）内；

3. 企业具有法人资格，近两年在进出口业务管理、财务管理、税收管理、外汇管理、海关管理等方面无违法行为；

4. 具有大专以上学历的员工占企业职工总数的50%以上；

5. 从事《技术先进型服务业务认定范围（试行）》中的技术先进型服务业务取得的收入占企业当年总收入的50%以上；

6. 从事离岸服务外包业务取得的收入不低于企业当年总收入的50%。

从事离岸服务外包业务取得的收入，是指企业根据境外单位与其签订的委托合同，由本企业或其直接转包的企业为境外单位提供《技术先进型服务业务认定范围（试行）》中所规定的信息技术外包服务（ITO）、技术性业务流程外包服务（BPO）和技术性知识流程外包服务（KPO），而从上述境外单位取得的收入。

三、技术先进型服务企业的认定管理。

1. 示范城市人民政府科技部门会同本级商务、财政、税务和发展改革部门根据本通知规定制定具体管理办法，并报科技部、商务部、财政部、国家税务总局和国家发展改革委及所在省（直辖市、计划单列市）科技、商务、财政、税务和发展改革部门备案。

示范城市所在省（直辖市、计划单列市）科技部门会同本级商务、财政、税务和发展改革部门负责指导所辖示范城市的技术先进型服务企业认定管理工作。

2. 符合条件的技术先进型服务企业应向所在示范城市人民政府科技部门提出申请，由示范城市人民政府科技部门会同本级商务、财政、税务和发展改革部门联合评审并发文认定。认定企业名单应及时报科技部、商务部、财政部、国家税务总局和国家发展改革委及所在省（直辖市、计划单列市）科技、商务、财政、税务和发展改革部门备案。

3. 经认定的技术先进型服务企业，持相关认定文件向当地主管税务机关办理享受本通知第一条规定的企业所得税优惠政策事宜。享受企业所得税优惠的技术先进型服务企业条件发生变化的，应当自发生变化之日起15日内向主管税务机关报告；不再符合享受税收优惠条件的，应当依法履行纳税义务。主管税务机关在执行税收优惠政策过程中，发现企业不具备技术先进型服务企业资格的，应暂停企业享受税收优惠，并提请认定机构复核。

4. 示范城市人民政府科技、商务、财政、税务和发展改革部门及所在省（直辖市、计划单列市）科技、商务、财政、税务和发展改革部门对经认定并享受税收优惠政策的技术先进型服务企业应做好跟踪管理，对变更经营范围、合并、分立、转业、迁移的企业，如不符合认定条件的，应及时取消其享受税收优惠政策的资格。

四、示范城市人民政府财政、税务、商务、科技和发展改革部门要认真贯彻落实本通知的各项规定，切实搞好沟通与协作。在政策实施过程中发现的问题，要及时逐级反映上报财政部、国家税务总局、商务部、科技部和国家发展改革委。

五、《财政部 国家税务总局 商务部 科技部 国家发展改革委关于技术先进型服务企业有关税收政策问题的通知》（财税［2009］63号）自2010年7月1日起废止。

附件：技术先进型服务业务认定范围（试行）

财政部 国家税务总局 商务部
科技部 国家发展改革委
二〇一〇年十一月五日

附件：

技术先进型服务业务认定范围（试行）

一、信息技术外包服务（ITO）

（一）软件研发及外包

类 别	适用范围
软件研发及开发服务	用于金融、政府、教育、制造业、零售、服务、能源、物流、交通、媒体、电信、公共事业和医疗卫生等部门和企业，为用户的运营/生产/供应链/客户关系/人力资源和财务管理、计算机辅助设计/工程等业务进行软件开发，包括定制软件开发，嵌入式软件、套装软件开发，系统软件开发、软件测试等。
软件技术服务	软件咨询、维护、培训、测试等技术性服务。

（二）信息技术研发服务外包

类 别	适用范围
集成电路和电子电路设计	集成电路和电子电路产品设计以及相关技术支持服务等。
测试平台	为软件、集成电路和电子电路的开发运用提供测试平台。

（三）信息系统运营维护外包

类 别	适用范围
信息系统运营和维护服务	客户内部信息系统集成、网络管理、桌面管理与维护服务；信息工程、地理信息系统、远程维护等信息系统应用服务。
基础信息技术服务	基础信息技术管理平台整合、IT基础设施管理、数据中心、托管中心、安全服务、通讯服务等基础信息技术服务。

二、技术性业务流程外包服务（BPO）

类　别	适用范围
企业业务流程设计服务	为客户企业提供内部管理、业务运作等流程设计服务。
企业内部管理服务	为客户企业提供后台管理、人力资源管理、财务、审计与税务管理、金融支付服务、医疗数据及其他内部管理业务的数据分析、数据挖掘、数据管理、数据使用的服务；承接客户专业数据处理、分析和整合服务。
企业运营服务	为客户企业提供技术研发服务、为企业经营、销售、产品售后服务提供的应用客户分析、数据库管理等服务。主要包括金融服务业务、政务与教育业务、制造业务和生命科学、零售和批发与运输业务、卫生保健业务、通信与公共事业业务、呼叫中心、电子商务平台等。
企业供应链管理服务	为客户企业提供采购、物流的整体方案设计及数据库服务。

三、技术性知识流程外包服务（KPO）

适用范围
知识产权研究、医药和生物技术研发和测试、产品技术研发、工业设计、分析学和数据挖掘、动漫及网游设计研发、教育课件研发、工程设计等领域。

关于印发《科技型中小企业创业投资引导基金股权投资收入收缴暂行办法》的通知

财企［2010］361 号

各省、自治区、直辖市、计划单列市财政厅（局）、科技厅（委、局）：

为规范科技型中小企业创业投资引导基金股权投资收入的收缴工作，我们制定了《科技型中小企业创业投资引导基金股权投资收入收缴暂行办法》，现印发给你们，请遵照执行。执行中有何问题，请及时向我们反映。

附件：科技型中小企业创业投资引导基金股权投资收入收缴暂行办法

财政部　科技部

二〇一〇年十二月九日

附件：

科技型中小企业创业投资引导基金股权投资收入收缴暂行办法

第一条　为规范科技型中小企业创业投资引导基金（以下简称引导基金）股权投资收入的收缴工作，根据《中华人民共和国预算法》、《财政部　科技部关于印发〈科技型中小企业创业投资引导基金管理暂行办法〉的通知》（财企［2007］128 号）及有关财政管理制度，制定本办法。

第二条　本办法适用于引导基金通过阶段参股方式投资于创业投资企业，以及通过跟进投资方式投资于科技型中小企业所产生的各项收入的收缴管理工作。

第三条　引导基金股权投资收入包括：引导基金股权退出应收回的原始投资及应取得的收益；引导基金通过跟进投资方式投资，在持有股权期间应取得的收益；被投资企业清算时，引导基金应取得的剩余财产清偿收入。

第四条　引导基金股权投资收入上缴中央国库，纳入中央一般预算管理，列《政府收支分类科目》103 类“非税收入”06 款“国有资本经营收入”下一般预算收入相关科目。其中：

（一）引导基金股权退出应收回的原始投资及应取得的收益，列“产权转让收入”下“其他产权转让收入”（预算科目编码：103060399）。

（二）引导基金通过跟进投资方式投资，在持有股权期间应取得的收益，列“股利、股息收入”下“其他股利、股息收入”（预算科目编码：103060299）。

（三）被投资企业清算时，引导基金应取得的剩余财产清偿收入，列“其他国有资本经营收入”（预算科目编码：1030699）。

第五条　财政部是引导基金股权投资收入收缴管理职能部门，对引导基金股权投资收入收缴情况进行监督检查。

第六条　科技部负责对所属执收单位及引导基金股权投资收入收缴工作实施管理和监督。

第七条　科技部科技型中小企业技术创新基金管理中心（以下简称创新基金管理中心）作为执收单位，负责引导基金股权投资收入的收缴管理工作。

第八条　导基金股权投资收入上缴金额分别依据以下内容确定：

（一）引导基金股权退出应收回的原始投资，按照财政部、科技部有关引导基金立项、拨款文件及引导基金投资企业收到中央财政引导基金拨款收入凭证等确定。

（二）引导基金股权退出应取得的收益，按照引导基金投资企业收到中央财政引导基金拨款收入凭证及引导基金股权转让协议等确定。

（三）引导基金通过跟进投资方式投资，在持有股权期间应取得的收益，按照引导基金投资企业经会计师事务所审计的会计报表、股东会利润分配决议等确定。

（四）引导基金取得的剩余财产清偿收入，根据有关法律程序确定。

第九条 引导基金股权投资收入按以下程序上缴：

（一）创新基金管理中心在监督检查引导基金项目实施情况的基础上，与引导基金投资企业、引导基金股权受让方（或受托管理单位）等商议股权投资退出、收益分配及清算等事宜，并对引导基金投资企业项目实施情况专项审计报告、受让引导基金股权申请以及确认收入所依据的相关资料等进行审核。

（二）创新基金管理中心根据商议及审核结果，提出引导基金股权退出及收入收缴实施方案报科技部、财政部审定。

（三）创新基金管理中心根据科技部、财政部审定意见，办理股权转让、收入收缴等手续，向有关缴款单位发送缴款通知。收取时，使用《非税收入一般缴款书》，并加强对引导基金股权投资收入上缴的监督管理，确保收入按照有关规定及时、足额上缴。

（四）引导基金有关缴款单位在收到缴款通知后的30个工作日内，直接将应缴的引导基金股权投资收入，缴入财政部为创新基金管理中心开设的中央财政汇缴专户。

第十条 创新基金管理中心定期向科技部和财政部报告引导基金股权投资收入上缴情况，财政部、科技部不定期组织开展对引导基金股权投资收入上缴情况进行检查。

第十一条 任何单位、个人不得隐瞒、滞留、截留、挤占、挪用引导基金股权投资收入，一经查实，除收回有关资金外，将按照《财政违法行为处罚处分条例》（国务院令第427号）的相关规定进行处理。

第十二条 本办法由财政部会同科技部负责解释。

第十三条 本办法自印发之日起施行。

二、地方性法规、规章及规范性文件

北京市人民政府关于印发北京市商务服务业振兴发展规划的通知

京政发［2010］16号

区、县人民政府，市政府各委、办、局，各市属机构：

现将《北京市商务服务业振兴发展规划》印发给你们，请结合实际，认真贯彻落实。

二〇一〇年五月三十一日

北京市商务服务业振兴发展规划

为贯彻落实《中共北京市委、北京市人民政府关于进一步促进服务业发展的意见》（京发［2007］25号）等文件精神，推动本市商务服务业的振兴发展，特制定本规划。本规划与本市“十二五”期间国际商贸中心发展规划相衔接，侧重于近2年的目标与任务。

一、发展现状

商务服务业是主要服务于商贸、商务等经济活动的产业群，是生产性服务业的重要组成部分，也是营造城市良好发展环境的支撑条件之一。商务服务业兼具知识密集型、资金密集型和劳动密集型特征，其中多数行业以提供专业知识服务或专业技能服务为主，属于低耗、高效的绿色产业，符合首都服务业的发展方向。

（一）商务服务业已成为首都经济的支柱产业

近年来，本市商务服务业迅速发展，战略地位日渐凸显，成为全市服务业发展的重要增长点。2004年至2008年，本市商务服务业增加值年均增长21.7%，高于第三产业增加值年均增速7.8个百分点；限额以上企业单位数年均增长15.2%，主营业务收入年均增长31.1%。2008年，本市商务服务业实现增加值748.7亿元，占全市地区生产总值的6.7%；限额以上企业实现主营业务收入2884亿元，纳税合计137.8亿元；在全市城镇单位从业人员中，商务服务业占10.9%，达62.3万人，居各行业之首。

（二）综合实力达到全国领先水平

一是行业发展国际化程度全国领先。全球50大咨询公司中，已有35家进入北京；世界十大会计师事务所中，已有6家进入北京，其中德勤、安永、普华永道、毕马威等排名前4位的会计师事务所都已进入北京。二是企业实力与市场竞争力全国领先。在本市商务服务业中，法律服务、咨询与调查服务、知识产权服务等行业的实力均处于国内领先地位。在全国百强管理咨询公司中，北京有57家；在全国30强律师事务所中，北京有22家；在全国综合排名前20位的会计师事务所中，北京有14家；北京市职业律师占全国的11.9%；北京知识产权代理机构约占全国的四分之一，代理专利申请量占全国的28%，其中代理境外向我国申请的专利量占全国的71%。

（三）总部经济优势日益明显

企业管理服务是商务服务业的重要组成部分，属总部经济型行业，主要包括企业总部、投资性公司、资产管理公司等。2008年，在全市商务服务业法人单位中，企业管理服务行业以13.6%的法人单位数，20.7%的从业人员，占有95.7%的资产，实现45.4%的业务收入，缴纳50.3%的税金。

尽管本市商务服务业得到长足发展，但与发达国家同类城市相比，与新世纪、新阶段首都经济社会发展的新要求相比，仍存在明显差距：一是商务服务需求的社会化、市场化程度偏低，大量潜在需求有待进一步释放；二是内资企业绝大多数为中小企业，专业服务水平不高，高端服务能力不强，国内外市场开拓能力较弱；三是企业发展的集聚效应、品牌效应低；四是缺乏统筹促进产业整体发展的机制，政府发挥规划引导作用的手段不足。2009年以来，受国际金融危机影响，本市商务服务业企业的业务收入和经营效益出现大幅下滑，发展面临较大困难。

二、指导思想、工作原则和发展目标

（一）指导思想

深入贯彻落实科学发展观，按照建设“人文北京、科技北京、绿色北京”的要求，依托首都优势，加强统筹协调，实行分类指导，带动重点突破，推动商务服务业实现振兴发展。

（二）工作原则

1. 以规划为先导，带动发展格局优化。针对商务服务业的发展现状及当前面临的突出问题，统筹规划，确定优先发展的领域，通过重点突破带动行业内部结构调整，促进商务服务业快速、健康发展。

2. 以支持龙头企业为着力点，带动高端发展。

重点支持具有明显竞争优势的行业龙头企业，带动专业服务水平和高端服务能力的提升。积极培育自主品牌，扩大品牌知名度，提升市场竞争力。

3. 以商务楼宇为载体，带动集聚发展。依托商务楼宇资源，积极打造商务服务业集聚区、商务服务主题楼宇，形成有利于商务服务企业发展的配套环境。借助楼宇品牌，增强集聚效应，方便企业与客户对接，促进商务服务业企业发展。

4. 以继续扩大对外开放为发展推动力，带动产业升级。继续引进国际知名商务服务业企业，优化本市商务服务业产业结构。通过国际知名企业的高端服务示范效应，带动全市商务服务业产业升级。

5. 以强有力的组织协调为保障，带动发展环境优化。强化部门协调，建立健全产业发展统筹促进体系，整合多方资源，大力优化发展环境，为商务服务业振兴发展创造有利条件。

（三）发展目标

1. 商务服务业保持快速、健康发展，支柱产业地位进一步强化。2010 年至 2011 年，商务服务业增加值年均增长 20% 左右，2011 年达 1000 亿元；限额以上商务服务业企业法人单位主营业务收入年均增长 20% 左右，2011 年超过 4000 亿元。2012 年至 2015 年，商务服务业增加值年均增长 15% 左右，2015 年超过 1700 亿元；限额以上商务服务业企业法人单位主营业务收入年均增长 15% 左右，2015 年超过 7000 亿元。

2. 行业发展的国际化程度继续提升，国内领先优势进一步增强。到 2011 年，全市新引进国际知名商务服务业企业 20 家左右；在国内同行业居于领先地位的本市企业新增 20 家。

3. 商务服务业企业的楼宇集聚效应更加明显。到 2011 年，形成商务服务业主题楼宇 30 个左右。

4. 初步建立比较完善的商务服务业发展促进体系。

三、主要任务

通过实施 4 项工程，进一步增强商务服务业对首都经济社会发展的战略支撑作用，打造具有更强市场竞争力和广泛国际影响力的商务服务业中心城市。

（一）市场需求释放工程

加强引导，采取有力措施，加快政府、企业业务外包，推进商务服务业分工的社会化、市场化进程，着力扩大商务服务业市场的有效需求。

1. 积极引导本市有关单位和中央在京单位外包商务服务业务。促进政府部门、公共机构转变工作方式，加大对商务服务的采购力度，重点向咨询与调查、旅行社、会议及展览服务、办公服务、公益活动策划服务等行业的市场释放需求。

2. 引导、鼓励在京生产、流通企业外包商务服务业务。搭建商务服务业务对接平台，组织本市咨询与调查、广告业和知识产权服务等商务服务业企业与生产、流通企业开展业务对接活动，充分挖掘潜在市场需求。对于向外发包商务服务业务的先进企业给予表彰奖励。

（二）企业扶持壮大工程

1. 积极吸引国际知名商务服务业企业进入北京。参照本市鼓励跨国公司在京设立地区总部等政策，大力引进企业管理服务等行业的总部型企业，支持知识密集型境外商务服务业企业在京设立分支机构。

2. 提高本市商务服务业企业市场竞争力。实施品牌建设工程，对商务服务业内资龙头企业自有品牌建设给予支持，打造本市内资商务服务业百强企业。创办北京商务服务业发展论坛，扩大本市商务服务业的知名度和市场影响力。依托国内外大型展会平台，展示、推介本市商务服务业企业，为企业发展创造商机。引导企业开拓外部市场，通过服务京津冀、环渤海等区域，树立区域龙头地位，进而辐射全国。对外部市场营业收入业绩突出的企业，给予政策扶持，进一步提高企业外部市场占有率。

3. 大力扶持商务服务业中小企业发展。落实本市关于促进生产性服务业发展的政策措施，为中小企业创业发展营造良好环境。推动组建本市商务服务业中小企业联盟，整合资源，形成发展合力。

（三）商务楼宇提升工程

引导商务服务业企业提高综合集聚、专业集聚程度，提升行业配套水平、专业服务能力和客户便利程度。

1. 打造本市商务服务业主题示范楼宇。开展主题示范楼宇认定工作。市、区县联动，研究制定扶持措施，发挥主题示范楼宇的集聚带动作用，重点促进知识密集型商务服务业企业发展。

2. 增强商务服务业企业的楼宇集聚效应。鼓励楼宇经营管理主体单位升级改造楼宇内部及周边配套设施、提升管理服务水平；以贷款贴息等方式，重点支持总部经济特征明显、高端业务集中、行业集聚度高的商务楼宇形成集聚效应；对新建市级地标性商务服务业主题楼宇，按照相关规定纳入重大项目绿色审批通道，在土地规划、年度土地供应、土地使用审批等环节和投资贷款贴息补助方面给予政策支持。

3. 支持商务服务业中小企业在商务楼宇集聚发展。对入驻经认定为主题示范楼宇的中小企业，市财政安排部分资金按一定比例给予租金补贴。

（四）促进体系建设工程

面向政府部门、行业协会和企业，搭建商务服务业公共服务平台，为商务服务业振兴发展发挥保障、支持作用。

1. 完善商务服务业发展政策。研究相应政策，促进公共机构对商务服务增加采购，重点加大政府部门对商务服务的采购力度；研究制定鼓励生产、流通企业释放商务服务需求的优惠政策，促进商务服务业加快发展；集成促进高新技术产业、文化创意产业发展的现有优惠政策，将知识密集型商务服务业纳入支持范围。

2. 加强商务服务业发展的整体推进力度。搭建促进商务服务业发展的服务平台，建立健全商务服务业市场运行和行业发展监测体系，为相关政府部门、行业协会、企业提供全方位服务。

四、保障措施

（一）建立统筹协调机制

1．建立本市商务服务业振兴发展协调机制，负责对本规划实施过程中的重大问题进行研究决策，加强对商务服务业振兴发展的宏观指导。

2．由市商务委承担协调机制的日常工作，并会同有关部门，具体落实分类指导，组织实施商务服务业振兴发展规划。

（二）统一规划，分行业实施

1．在统筹协调的基础上，加强部门联动，整体推进与分行业实施相结合，形成横纵结合的规划推进机制。

2．分解振兴发展任务，落实部门责任，由各相关部门对相应行业的规划实施承担主要责任。

3．发挥行业协会在服务企业、诚信自律、标准制定、人才培训等方面的作用，健全社会化、专业化促进网络。

（三）加大资金投入力度

集成政策资源，发挥政府投入的引导作用，带动更多社会资金投向商务服务业。

中共天津市委　天津市人民政府关于加快科技型中小企业发展的若干意见

津党发［2010］9号

为深入贯彻落实科学发展观，加快转变经济发展方式，调整优化经济结构，建设创新型城市，推动我市科技型中小企业实现突破性发展，现提出以下意见。

一、充分认识加快科技型中小企业发展的重大意义

（一）加快科技型中小企业发展是一项重大战略举措。中小企业是促进我市经济社会持续、稳定、健康发展的重要力量。科技型中小企业是自主创新的主体，代表了中小企业发展方向。加快科技型中小企业发展，是转变经济发展方式、调整优化经济结构的重要要求，是建设创新型城市的迫切需要，是培育和发展战略性新兴产业的重要载体，是促进民营经济大发展的重要举措，是增加财政收入、扩大社会就业、提高居民收入的重要途径。多年来，市委、市政府高度重视科技型中小企业发展，制定了一系列政策措施，科技型中小企业发展不断加快，创新能力不断增强，形成了一批具有自主知识产权的关键技术和核心技术，培育了一批技术含量高、竞争实力强的新产品，打造了一批销售收入过亿元的知名企业，为科技型中小企业实现突破性发展奠定了良好的基础。“十二五”时期，要把加快科技型中小企业发展作为一项重大战略举措，集中全市各方面力量，扶持一大批技术水平高、发展潜力大、市场前景好的科技型中小企业脱颖而出，成长为科技“小巨人”企业。

二、加快科技型中小企业发展的总体要求和主要目标

（二）科技型中小企业发展的总体要求是：坚持以邓小平理论和“三个代表”重要思想为指导，深入贯彻落实科学发展观，全面落实市第九次党代会和市委九届七次全会精神，以转变经济发展方式和结构调整为主线，以构筑高端产业高地和自主创新高地为目标，以增强自主研发能力为核心，以体制机制创新为动力，整合各类科技资源，加大政策扶持力度，营造浓厚发展氛围，推动科技型中小企业向滨海新区各功能区和各区县工业园区聚集，形成高新技术产业和战略性新兴产业集群，显著提升综合实力和竞争力，实现突破性发展。

（三）“十二五”期间科技型中小企业发展的主要目标是：

——规模明显扩大。全市科技型中小企业达到3万家，占中小企业的比重提高到15%。科技型中小企业销售收入达到1万亿元以上。

——实力明显增强。培育年销售收入1亿元以上的科技“小巨人”企业1500家，其中年销售收入3亿元以上的达到500家，10亿元以上的达到100家。

——结构明显优化。聚集形成创新药物、半导体照明、绿色电池、智能无线传感网络等20个高新技术企业集群，企业总数达到16500家，占科技型中小企业的55%。

三、加快科技型中小企业发展的重点任务

（四）激励和推动全社会创业，显著扩大初创期科技型中小企业的群体规模。鼓励各类人才创新创业，完善孵化体系，运用“天使资金”，促进全社会创新创业活力极大迸发。加快用科技成果和新技术对现有中小企业进行嫁接改造转型，增加企业发展的科技含量；鼓励国有企业的干部、职工、技术人员“下海”领办科技型中小企业；鼓励高等院校师生带技术、带成果、带项目走向社会创办科技型中小企业；鼓励吸引外地人才来津创办科技型中小

企业；积极主动地与国内大院、大所、大学、国企合作组建科技型中小企业。

（五）加大扶持力度，促进有条件的科技型中小企业迅速成长。重点支持具有一定规模、成长性良好的科技型中小企业加快发展。支持企业技术创新，加大企业技术改造投入，提高企业融资能力，增加对企业资金扶持力度，增强各类园区对企业的聚集和服务功能，为成长期科技型中小企业快速发展提供有力支撑。

（六）实施政策“聚焦”，推动有条件的科技型中小企业做大做强。重点支持拥有自主知识产权和核心技术、进入壮大期的科技型中小企业做大做强。通过加大财政资金扶持力度、扩大投融资规模、强化政府服务等措施，加快重大科技成果产业化，促使企业依靠核心技术获得竞争优势，依靠知名品牌占领市场，实现规模化发展，成为行业的龙头企业。通过新建、联合等多种形式，建设企业技术中心、工程技术研究中心、企业实验室等研发机构，提高企业持续创新发展能力。

四、加大投入和政策扶持力度

（七）抓好既有扶持政策的配套落实。国家和本市已颁布实施的所有扶持中小企业和民营经济发展的优惠政策，均适用于科技型中小企业。政府各相关职能部门要围绕为科技型中小企业服务，抓好政策的落实。

（八）加大资金扶持力度。“十二五”期间，全市共筹集财政资金 200 亿元，用于支持科技型中小企业发展。其中市级 80 亿元，滨海新区和各功能区、其他区县 120 亿元。各区县（不含滨海新区）和功能区的资金主要用于支持初创期企业发展，作为扶持科技型中小企业的“天使资金”，以无偿资助形式为主；市级和滨海新区政府的资金主要用于支持成长期和壮大期企业发展，采取资助、贴息等多种方式，资金以周转使用形式为主。

（九）加大金融支持力度。创新金融产品和服务，鼓励商业银行设立科技型中小企业信贷专营机构或部门，推广以债权融资并吸引股权投资的结构性融资方式，创新专利权等抵质押担保融资手段，发展集合信托等集合性债权融资；拓宽直接融资渠道，积极引导创业风险投资基金、私募股权投资基金投资科技型中小企业，支持企业在天津股权交易所挂牌融资，在国内外资本市场上市融资；设立天津科技发展融资服务控股公司，发挥政府资金的引导作用，吸引商业银行贷款，通过股权投入等方式，支持科技型中小企业发展。

（十）加强创新创业载体建设。明确工作责任，落实各区县、各功能区建设创新创业载体任务。依托示范工业园区和科技园区，促进产学研合作，建立完善科技企业孵化器和加速器体系，支持建设生产力促进中心和技术创新战略联盟，为科技型中小企业创新创业提供良好条件和全方位优质服务。

（十一）建设公共服务信息平台。构建科技型中小企业服务网络平台，在技术开发、科技政策、投融资、市场开拓、企业诊断等方面提供便捷的网络服务，发挥网上企业认定、科技资源整合、统计监测等功能，增强工作透明度，避免政策漏洞，为科技型中小企业提供全方位信息服务。

（十二）优化企业发展环境。实行企业工商注册特殊政策，海外留学人员、高校师生、科技人员等创办科技型中小企业享受注册资本“零首付”优惠政策；帮助科技型中小企业开展多种形式的经营者和管理人员在职培训，组织境外考察学习，成立科技企业家协会。支持科技型中小企业实施知识产权战略，参与制定国家标准和行业标准，加强品牌建设。组织各类重点实验室、科技条件平台等向科技型中小企业开放，促进科学仪器和设施共享共用，增强技术平台服务能力；支持科技中介机构发展，为科技型中小企业提供创新政策、成果转化、科技信息等“打包式”服务。加大政府采购支持力度，优先采购科技型中小企业的产品，扩大企业市场空间。

五、加强对科技型中小企业发展工作的组织领导

（十三）加强组织领导。成立市科技型中小企业发展工作领导小组，由市政府主要领导同志任组长，分管领导同志任副组长，市委组织部、市委宣传部、市科委、市发展改革委、市经济和信息化委、市商务委、市金融办、市财政局、市中小企业局、市人力社保局、市工商局、市知识产权局、市文化广播影视局、滨海新区政府的主要负责人为成员。领导小组下设办公室，办公室设在市科委，由市科委主要负责人担任办公室主任，市中小企业局主要负责人担任办公室副主任。建立全市科技型中小企业发展联席会议制度，由市政府分管领导同志负责组织，会议成员由上述领导小组成员和各区县、功能区以及相关单位负责人组成，定期召开会议，研究协调解决科技型中小企业发展工作中的重要问题。各区县、各功能区也要相应成立领导小组，并设立工作机构，明确责任，落实到人，加强对本地区科技型中小企业发展的组织领导和推动实施。

（十四）编制发展规划。组织编制《天津市科技小巨人成长计划（2011～2015 年科技型中小企业发展规划方案）》。市科技型中小企业发展工作领导小组办公室负责组织制定科技型中小企业认定管理办法和综合配套政策。市和各区县、各功能区都要组建科技型中小企业认定专家委员会，负责企业资格认定和享受优惠政策的评估工作。

（十五）建立协调高效工作机制。各级党委和政府要把发展科技型中小企业作为一项重大战略任务，摆在突出位置，集中力量抓紧抓好。各相关职能部门要加强协作，密切配合，主动靠前，提供优质服务，为科技型中小企业发展营造良好环境。市科技型中小企业发展工作领导小组办公室要组织专门力量，加强对各区县、功能区工作进展情况的指

导、服务、督促、检查。要建立严格的工作考核制度，将科技型中小企业发展情况纳入对各级领导班子的考核范围。

（十六）明确领导干部工作责任。各级领导干部要积极为建设创新型城市做贡献，在支持科技型中小企业发展中起示范带头作用。各区县、功能区处级以上领导干部，今后两年内每人要通过多种途径、多种方式，帮助新发展一家科技型中小企业。组织部门要制定具体办法，将此项工作列为干部选拔、任用、考核的重要内容。

（十七）形成浓厚社会氛围。要加强宣传教育和舆论引导，把培育创业精神作为建设新时期天津精神的灵魂，在全社会大力弘扬劳动为本、创业立身的优良文化，大张旗鼓宣传自主创业典型，形成想创业、敢创业、会创业的社会风气，推动我市科技型中小企业在“十二五”时期实现突破性发展。

（二〇一〇年九月二日）

河北省人民政府关于加快工业聚集区发展的若干意见

冀政［2010］90号

各设区市人民政府，各县（市、区）人民政府，省政府各部门：

为推进产业结构调整和布局优化，实现产业集约、集聚发展，促进工业化、城镇化良性互动，加快新型工业化进程，转变经济发展方式，提出如下意见：

一、科学定位，合理设立

（一）内涵与特征

工业聚集区（以下称聚集区）是以若干工业行业为主体，行业之间关联配套，上下游之间有机链接，产业结构合理，吸纳就业充分，聚集效应明显，产业和城市融合发展的经济功能区；是招商引资、产业升级的承接平台，推进工业化、城镇化进程的重要抓手，调整经济结构、转变发展方式的有效载体，其主要特征是：空间集聚，布局集中。空间集聚是聚集区的基本表现形式。通过同类或相关联企业、项目的集中布局、聚集发展，为循环经济发展、污染集中治理、社会服务共享创造前提条件，降低生产成本，提高整体竞争力。

产业关联，协同发展。产业之间、企业之间关联度高是聚集区与传统工业园区的根本区别。通过协力配套或产业链延伸，增强集群协同效应，形成特色主导产业集群或专业园区。土地集约，资源节约。促进要素资源集约节约、加快发展方式转变是聚集区的本质要求。按照“集约、节约、循环、生态”的发展理念，提高投资强度，促进资源高效利用，为建设资源节约型、环境友好型发展模式提供示范。

产城融合，设施共享。推动产城一体、实现企业生产生活服务社会化是聚集区的基本功能。通过产业集聚促进人口集中，依托城市服务功能集聚产业和人气，实现基础设施共建共享，构筑产业发展与城市发展互促双赢的格局。

（二）标准与条件

申请设立省级工业聚集区（以下称省级聚集区），应具备以下条件：

1. 有完整的发展规划。编制完成总体规划、产业发展规划及控制性详规，空间布局合理，发展重点明确，符合国家产业政策和区域生产力布局要求。设区市周边聚集区规划面积一般在10至20平方公里，县域聚集区一般在5至10平方公里。

2. 有完善的基础设施。路、电、水、气、讯、污水处理等基础设施基本配套，消防、安全、环保达标。

3. 有较强的产业基础。区内年主营业务收入超亿元的企业10家以上，一批投资5000万元以上的项目在区内建成投产。设区市周边的聚集区年主营业务收入100亿元以上，县域聚集区50亿元以上。

4. 有较高的投资强度。设区市周边的聚集区工业项目投资强度不低于国家级开发区标准，县域聚集区不低于省级开发区标准。

5. 有良好的发展前景。骨干核心企业带动作用强，有一批投资亿元以上、市场竞争力强、发展潜力大的在建或储备项目。

6. 有相应的管理机构。已成立聚集区管委会，有一支素质较高的管理队伍。

二、统筹规划，搞好衔接

（一）优化空间布局

根据城镇发展和产业聚集需要，按照“发挥优势、合理布局、分类指导、适度超前”的原则，每个设区市城区周边可重点规划3至4个聚集区；具备条件的，经省政府批准，可谋划建设城市新区。每个县可在县城周边规划设立1个聚集区。

（二）注重规划衔接

要按照“园区向城镇集中，企业向园区集中，人口向城镇聚集”的发展思路，高起点、高水平地编制聚集区总体规划和产业发展规划，并搞好与土地利用总体规划、城市总体规划的衔接。聚集区原则上依托中心城市和县城选址建设，并符合城市规划确定的功能分区。确需突破城市规划确定的建设用地范围的，应在城区周边适当位置选址建设。

（三）严格审批程序

申请设立省级聚集区由省发展改革委、省财政厅、省国土资源厅、省住房和城乡建设厅、省工业和信息化厅、省环境保护厅等有关部门按照本意见规定的标准和条件进行综合审查，省政府以审批发展规划的方式批准设立。按照成熟一个批准一个的原则，逐步增加数量。已确定的32个省级产业聚集区，按照本意见规定重新审核，符合条件的，享受省级聚集区的相关政策。

聚集区规划按照隶属关系由所在地县级以上政府负责组织编制。聚集区产业发展规划经所在地设区市政府会同省发展改革及相关业务主管部门联审通过后，报省政府审批。聚集区总体规划经所在地设区市政府组织审查并经省有关部门联审通过后，由所在地设区市政府批复，报省政府备案。控制性详细规划由当地设区市政府审批。经批准的总体规划、产业发展规划及控制性详细规划不得擅自修改；确需修改的，报省政府确认或备案。省有关部门要加强对规划的集中联审，确保空间布局及用地范围与城市总体规划和土地利用总体规划相衔接。

（四）突出发展重点

围绕贯彻落实省委、省政府《关于加快构建现代产业体系的指导意见》，努力建设一批以电子信息、生物医药、新能源、新材料等为重点的战略性新兴产业聚集区；一批以装备制造、钢铁深加工、石化等为重点的先进制造业聚集区；一批以纺织服装、轻工食品、新型建材为重点的传统优势产业聚集区。各聚集区要按照国家产业政策，结合本地实际，制定项目（企业）准入标准，明确行业准入条件，严格控制“两高一资”项目建设。

三、政策扶持，加快发展

（一）优先配置土地资源

省年度建设用地计划指标优先支持省级聚集区项目建设，设区中心城市的省级聚集区每年可安排2000亩，县域省级聚集区每年安排1000亩，集中用于区内重点项目建设。省政府切块下达各设区市的建设用地指标要相应配套安排。省级聚集区内的项目，符合省重点项目条件的，优先列入省重点建设计划。

实行城乡建设用地增减挂钩，周转指标优先用于聚集区项目建设。在符合国家政策规定和保证规范运作前提下，提高指标周转速度，增加指标流量。按照聚集区规划确定的村庄整合方案和用地布局，有步骤地推进聚集区内村庄整合。对聚集区的失地农民可根据城市居民经济适用房、廉租住房等保障性住房政策进行安置，并切实解决就业和社会保障问题。

（二）给予财税政策支持

以省政府批准规划前一年省级聚集区企业上缴增值税、营业税和企业所得税省级留成部分为基数，对省级聚集区实行“核定基数、超收全返、一定三年”的办法。省“三税”留成比核定基数超收部分，三年内全额返还聚集区，重点用于区内基础设施建设。对入区项目，除国家规定的收费外，免收各种行政事业性费用，政策实施期限暂定至2013年。

省级各类发展性专项资金，优先支持省级聚集区内项目建设。在省产业发展专项资金中，设区中心城市周边的省级聚集区每年可安排2000万元，县域省级聚集区每年安排1000万元，用于区内重点项目建设贷款贴息。

省级聚集区所在地设区市政府也要按不低于省级的额度相应配套。

（三）允许异地投资税收分享

对于政府主导的规模以上异地投资企业直接缴纳的主要税种（增值税、营业税、企业所得税省级以下留成部分）收入，自项目投产之日起，投资（招商引资）主体所在地政府与项目入驻地政府可以按双方协商一致的税种、比例和期限共同分享。税收分享利益补偿，可由相关方政府通过资金划转、直接汇款清算的方式予以解决，也可由相关方政府向省财政申请，在年度结算时代为办理。对县（市、区）辖区内各乡镇之间异地建设的招商引资项目，由县（市、区）政府负责制定具体税收分享政策。

（四）支持大用户直购电试点

省级聚集区内实行同网同价。聚集区内符合国家产业政策的大工业企业生产用电，支持其实行大用户直购电试点，以降低企业生产成本。

（五）实施差别政策引导

自2010年起，“退城进郊、退乡进城”企业和其他新建项目选址不在聚集区内的，原则上不予审批（核准、备案），不提供土地、资金、电力等要素供应，引导分散设立企业向聚集区集中。

（六）搭建投融资平台

鼓励聚集区建立投融资平台，多渠道筹集建设资金，进行土地前期开发，投资基础设施和公共服务体系建设。各设区市、县要安排相应专项资金，向聚集区投融资公司注入资本金。鼓励将聚集区基础设施存量资产以及财政历年投入所形成的实物资产，包括土地、道路、标准厂房等可用于抵押的资产，通过划转、授权注入投融资公司，扩大投融资公司资本注入来源。

（七）拓宽企业融资渠道

鼓励金融机构加大对省级聚集区重点项目和基础设施建设的支持力度，扩大对省级聚集区投融资公司和重点企业的授信额度。采取政府扶持、企业股份制合作方式成立聚集区中小企业担保公司，提高企业信贷担保能力。充分发挥省中小企业担保公司的作用，为省级聚集区担保机构提供再担保增信支持。鼓励发起设立股权投资基金和创业投资基金；支持符合条件的省级聚集区发行企业债券、中期票据。省级聚集区内的龙头、骨干企业可优先纳入省重点上市后备企业培育范围，积极争取国家各类专项资金、政府间和国际组织的援助资金。

（八）支持创新能力建设

对省级聚集区内企业因技术进步等原因，固定资产需加速折旧的，可以缩短折旧年限。全面落实增值税转型政策，企业购进的符合抵扣政策的固定资产纳入增值税抵扣范围，支持企业扩大投资。切实落实企业研发投入税前抵扣政策，产业聚集区内企业开发新技术、新产品、新工艺发生的研究开发费用，未形成无形资产计入当前损益的，在现行规定据实扣除的基础上，按照研发费用的50%加计扣除；形成无形资产的，按照无形资产成本的150%摊销。鼓励省级聚集区设立研发机构。对新设立的国家级和省级研发中心，在科研项目立项、科技经费资助等方面给予优先支持。支持省级聚集区加快创新型企业和高新技术企业培育，推进京津冀科技合作。鼓励建设各种形式的产业孵化基地、科技创业中心和质量检测中心，提高服务能力，促进成果转化。支持聚集区建立创新联盟，建立开放性公共创新平台。

（九）简化环境评价程序

按照"先规划环评、后项目审批"的原则，创新省级聚集区环评管理机制。聚集区发展规划必须进行规划环评，依据环境功能分区明确区域产业布局和项目准入条件。对已完成规划环评的聚集区，简化区内建设项目环评内容，重点加强施工期现场监管和"三同时"验收。对聚集区内的建设项目，简化审批程序、缩短审批时间。除有色金属冶炼、矿山开发、钢铁加工、电石、铁合金、焦炭、垃圾焚烧及发电、制浆、投资5000万元以上的化工，以及涉及重金属污染等可能对环境造成重大影响的建设项目外，对其他行业的项目，进一步委托和下放审批权限，由所在地环保部门进行环评审批。

（十）支持沿海地区加快发展

秦皇岛、唐山、沧州三市区域内的省级聚集区除享受以上政策支持外，设区市管理的聚集区给予聚集区管委会设区市级项目审批管理权限；县（市）管理的聚集区给予聚集区管委会县级项目审批管理权限；发展较好的优先批准为省级改革试验区，允许先行先试；在生产力布局、土地、资金等要素安排上给予适度倾斜。

四、强化支撑，创新机制

（一）完善配套支撑条件

加快建立以聚集区投资开发公司为主体，市场化运作、多元化投入的基础设施投资建设机制。聚集区土地出让收入市、县分成部分，除确保足额支付征地和拆迁补偿费、补助被征地农民社保支出及法定支出外，优先用于区内基础设施建设。引导财政资金、国有优质资产向聚集区投资开发公司配置，增强投融资能力。按照"谁投资、谁受益"的原则，支持外资、民资和社会资本采取BOT（基于基础设施特许权的"建设—经营—移交"投资模式）、BT（投资非经营性基础设施项目的"建设—移交"投资模式）、PPP（公共部门与私人企业合作模式）等方式，投资建设聚集区基础设施。省级聚集区优先安排通达高速公路建设项目。

（二）加大招商引资力度

鼓励各市、县在本行政区域内实行统一招商；积极探索由单个项目引进为企业集团引进，单个企业招商为产业链上下游组团招商模式。各市、县政府要建立重大招商项目激励机制，对成功引进重大内外资项目的单位和个人，根据引进项目资金到位情况，按比例给予奖励。

（三）鼓励人才培育、引进

建立完善以专业培训、专家指导、选派挂职、人才引进相结合的聚集区人才培育引进机制，建设创新型人才队伍。将聚集区内各类人才培养纳入继续教育和职业培训计划。省、市级财政要支持开展面向聚集区高层次管理人才的培训，支持企业培训中心、就业训练中心和职业技术学院等发挥自身优势，培育高水平技术工人。加快开通聚集区引进人才"绿色通道"和建立"一站式"服务机制，对聚集区引进的高层次人才，由各设区市、县在创业启动资金、工作场所、住宅公寓、风险投资和商业担保等方面给予专项支持。鼓励采取组织专家组巡回服务指导、选调优秀后备干部和专业人才挂职等方式，提高聚集区人才素质和管理水平。

（四）建立高效管理体制

省级聚集区可参照省机构编制委员会《关于印发〈关于加强开发区（园区）机构编制管理的意见〉的通知》（冀机编［2010］1号）确定的开发区（园区）机构编制管理模式，按照精简、统一、效能和"小机构、大服务"的原则，在当地党委和政府的统一领导下，探索建立灵活高效的管理体制和运行机制。其管理体制、机构规格和人员编制的设置，由相关设区市编委根据管辖地党委政府层级、聚集区规模、管辖面积、主要经济指标等合理确定后报省编委办，省编委办会同领导小组办公室审查后，报省编委会审批。

（五）完善社会化服务

加快引进和培育金融、信息、技术、工程咨询等服务机构，构建配套完善的社会化服务体系。采取市场化运作模式，积极开展第三方服务，实现企业原材料和零配件供应、物流、职工培训、职工公寓、食堂等生产生活服务的社会。

五、加强领导，动态管理

（一）建立开发建设推进机制

省、市、县三级分别设立推进聚集区发展领导机构，形成各级各部门分工负责、协调配合、各司其职、合力推动的工作机制。河北省推进聚集区建设领导小组由省长陈全国任组长，常务副省长付志方、副省长孙瑞彬任副组长，省发展改革委等省有关部门主要负责同志为成员。领导小组办公室设在省发展改革委，承担日常工作，协调落实领导小组议定事项。领导小组各成员单位要按照职能分工，制定具体落实措施，细化工作方案。各设区市、县（市）政府也要建立由主要领导牵头，有关职能部门负责同志参加的领导机构，制定落实扶持政策，协调解决实际问题，细化部门责任分工，协调联动，加快推进聚集区规划建设。

（二）严格入区企业注册审核

各聚集区管理机构要加强对入区企业的资格审查，严格注册管理，防止生产、经营地在区外的企业通过假注册方式进入聚集区和不符合准入条件的企业通过改名、包装、拼合等手段混入聚集区骗取各项优惠政策。违规进入聚集区的，要按规定严肃处理，并追回骗取的各项优惠政策所得。

（三）实行综合考核、动态管理

省统计部门要建立省级聚集区统计体系，按季度形成统计报告报领导小组。领导小组办公室要会同省直有关部门建立统一的省级聚集区考核体系，按照考核办法进行年度考核评价。对排名居前的聚集区给予表彰，对年度考核不合格的聚集区，取消享受的支持政策，以切实引导和推进聚集区又好又快发展。

吉林省中小企业成长计划（2010～2012年）

吉政发［2010］3号

中小企业在我省国民经济中占有重要地位，企业数量占99.5%，经济总量占47%，上缴税金占全口径财政收入的比重接近1/3，就业人数占全省职工和城镇个体劳动者总数的70%以上，中小企业是全省经济社会发展的重要支撑，推动中小企业加快发展是实现富民强省的重大举措。为全面落实《国务院关于进一步促进中小企业发展的若干意见》（国发［2009］36号），推动全省中小企业跨越式发展，省政府决定，从2010年开始，在全省组织实施中小企业成长计划，为期三年。

一、必要性和紧迫性

自省委、省政府实施民营经济三年腾飞计划以来，我省中小企业得到了快速发展。截至2009年底，全省民营经济主营业务收入突破1万亿元，上缴税金达到319亿元，从业人人员443万人，企业户数达到10万户，个体工商户达到108.7万户，三年腾飞计划指标全部完成。

虽然我省中小企业暨民营经济发展态势良好，但基础还较为薄弱。由于起步晚、底子薄、资本积累时间短，同发达省份和全国平均水平比，还有较大差距。突出问题是总量小、质量不高、配套性差，企业人才素质低；同时，思想观念滞后，体制机制存在障碍、要素服务较为薄弱、创业氛围不浓等问题还未完全解决。我省中小企业对地区生产总值的贡献和对就业的贡献均低于全国10个百分点，对税收的贡献低于全国15个百分点。尤其在国际金融危机冲击考验下，我省中小企业自身也暴露出产品层次低、市场开拓能力弱、自主创新能力差、企业管理水平低等诸多问题。我省规模以上民营工业新产品产值率仅为5.8%，低于全国4个百分点；民营科技企业5200户，仅占全省企业户数的5.4%。

当前，我省正处在全力加速发展阶段，中小企业是推动全省经济发展的重要组成部分，把中小企业这块短板做大做强，是加快全省经济发展的重要战略。加快中小企业发展，有利于做大总量，加快结构调整，推动产业升级；有利于繁荣城乡经济，吸纳社会就业，增加财政收入；有利于实现百姓富裕，保持社会稳定；有利于引导中小企业做强，为培育大量“小巨人”企业和新生大企业打下基础。在未来几年，迫切需要举全省之力推动中小企业做大做强，适应全省经济和社会发展需要。

二、指导思想、目标和任务

坚持以科学发展观为指导，以做大总量、做优结构、做强龙头、提升层次为目标，抓住企业生成、成长、集聚和配套等关键环节，坚持市场导向和政府推动相结合，进一步强化地位，创造环境，加大服务，推进我省中小企业快速发展。

从2010年起，经过三年努力，到2012年，全省中小企业暨民营经济主营业务收入实现1.6万亿元，三年增长60%；增加值在地区生产总值中所占比重达到55%，提高8个百分点；上缴税金占全口径财政收入的比重达到38%，提高5个百分点；从业人员占全省职工和城镇个体劳动者总数的比重达到75%，增长5个百分点；中小企业户数达到12万户，规模以上企业户数达到1万户，年度主营业务收入超亿元企业达到2000户，科技型民营企业发展到6000户，个体工商业户达到130万户。

突出抓好企业生成。大力推进全民创业，继续在全社会营造百姓创家业、能人创企业、干部干事业的浓厚创业氛围，全面落实推进创业的各项政策措施，切实帮助初期创业者解决创业技能和创业“本钱”，提高创业成功率。推进孵化基地建设，完善孵化功能，省级孵化基地达到100个，孵化总规模达到5000户。力争全省每年生成小企业1万户。

重点抓好企业成长。省、市（州）、县（市、区）实行三级联动，打造企业成长梯队。省里重点培育1000户年销售收入超亿元成长型企业，制定各种支持计划，扶优扶强，为成长为大集团打下基础。各市（州）重点扶持超千万元企业成长为亿元企业，培育成为区域支柱和龙头企业；县（市、区）重点培育规模以下企业逐步成长为规模企业，使其成长为有特色的小巨人企业。力争全省每年规模以上中小企业户数增加1000户。

培育壮大产业集群。依托现有特色园区，推行差异化战略，形成产业互动，提高中小企业与大企业配套发展能力。围绕全省支柱产业、特色产业打造上下游产业链；积极引导和鼓励中小企业涉入新兴产业，衍生、延长产业链条，推动产业链经济发展。三年力争打造50个产业集群，2/3的支柱特色产业形成产业链条，重点行业本地配套率达到40%以上。

提升企业发展质量。引导广大中小企业转型成长，走“专精特新”发展之路，努力推动中小企业由粗放型、资源型、环境污染和低附加值向科技型、创新型、循环型方向转变，提高产品科技含量和附加值。加快中小企业工业化与信息化融合，提高对两种资源、两个市场的统筹利用能力，推进企业技术进步和管理创新，增强产品研发、市场营销、内部管理及资金融通能力，提升企业综合竞争力。增强知识产权保护和品牌发展意识，培育一批具有自主知识产权和专有技术的企业品牌、服务品牌和产品品牌，增强可持续发展能力。全省每年挖掘和申报地理标志保护品种2~3个，三年总数力争达到35个；每年培育70~80个吉林省名牌产品，三年力争达到250个。

三、主要措施

（一）大力推动全民创业

继续抓好全民创业各项政策落实，省政府每年对各项政策落实情况专门检查、通报；加快孵化基地建设，扩大孵化基地规模。各级政府要积极推动企业孵化基地、创业基地、大学生创业园、专业孵化器建设。创新管理体制、机制，推行政府引导、多元投资、市场运作、专业团队管理模式，继续实行财政税收扶持政策，引导孵化基地发挥最大效能。搭建公共服务平台，为创业者提供项目开发、技术指导、产品检验、融资、信息、人才、事务代理等全方位服务，帮助初创期小企业降低创业成本，提高创业成功率；开展创业咨询服务，建立省、市、县三级创业咨询服务平台，设立创业咨询服务热线，为创业者提供快捷高效的咨询服务。积极开展代理服务，各级中小企业服务中心要帮助企业办理各类涉政、涉法、涉事事务。整合社会服务资源，各级政府要通过购买服务项目方式，引导社会中介机构为中小企业提供便捷优质服务。省政府每年从中小企业发展专项资金中安排一定额度，支持公共服务体系建设。围绕创业者需求，开展“订单式”培训，提高创业者技能和管理能力。继续实施国家银河培训工程和“万名创业者、万名小老板”培训工程，在中小企业发展专项资金中安排“双万”培训补贴专项。依托省促进中小企业发展服务中心，加大初创企业小额贷款支持力度，建立小额贷款风险补偿金，力争每年为创业者提供小额贷款10~20亿元。

（二）推动产业配套和集群发展

加强大、中、小企业间产业协作配套，成立行业配套协作中心，组织企业开展配套协作项目对接，鼓励大型企业通过专业分工、服务外包、订单生产等方式，加强协作配套，建立长效稳定的配套机制。加快汽车、石化、钢铁、农产品加工等配套型中小企业发展，围绕大企业的产品结构调整，及时进行技术改造，更新产品，保障质量，提高产品本地配套率。同时，鼓励中小企业进入现代物流、信息服务、工业设计等新兴生产型服务领域，拓展延伸产业链条，增强产业集群竞争能力。促进生产服务要素有效集聚，大力扶持集群内为主导产业服务的科技研发、标准检验、融资担保、技术支持、产品展示等公共服务平台建设，政府财政每年要对公共服务平台给予适当支持，逐步完善功能，发挥服务效能。加大品牌推介和培育力度，鼓励产业集群申请注册集体商标、打造集体品牌和区域品牌，扩大集群知名度，使集群内企业同享收益。

（三）推动中小企业做大做强

加快企业规模扩张，推动有条件的企业实施兼并重组，以资本、技术、产品为纽带，实现低成本扩张，打造主业突出、核心竞争力强的大公司、大集团。加大固定资产投入，推进中小企业技术改造，加大财政对技改项目的扶持力度，不断提升装备水平和产品质量，逐步优化产业结构，增强发展后劲。推进企业技术进步，积极鼓励组建中小企业技术联盟，鼓励大专院校、科研院所分离科研成果，开放科研基础设施，与企业共享技术、信息、市场等资源，加快新技术推广和科研成果产业化步伐。发挥政府专项资金作用，通过购买服务和补贴等方式，建立中小企业技术需求市场和公共技术服务平台为企业服务。完善中小企业法人治理结构，促进企业实现管理创新。提高中小企业信息化发展水平，联合知名信息化服务商，开展成长型企业健康成长普查行动，为企业发展提供信息化解决方案。鼓励启明公司等信息技术企业开发和搭建行业应用平台，为广大中小企业信息化提供软硬件工具、项目外包、工业设计等社会化服务，深入推进中小企业电子商务，提升企业综合竞争能力。

（四）努力破解融资难题

完善以省中小企业发展服务中心为龙头的融资担保服务体系，形成政府、银行、担保机构、再担保机构和企业“五位一体”的中小企业融资服务平台，加强银企保对接，确保每年新增中小企业贷款额度高于上年。继续实施“百户重点企业”、“千户成长企业”融资支持项目和“万民创业小额担保贷款项目”。各级政府要建立担保机构资本金持续注入机制，风险补偿机制和奖励补助机制，筹资用于注入本级担保机构，扩大资本金规模，增强担保能力；省财政在每年安排的中小企业贷款风险补偿资金中，列支一部分，用于对担保机构的风险补偿；每年在金融发展专项资金中，列支一部分，用于对担保机构实施业绩奖励。加强对担保机构的监督管理，通过专项审计、资信评级、备案管理等方式，规范行业发展。扩大担保机构覆盖面，三年内力争担保机构达到县域和百个重点镇全覆盖。

拓展直接融资渠道。通过吉林省创业投资引导基金和风险投资基金，吸纳域内外资本，引进先进管理模式，培育科技含量高、市场潜力大的初创企业及高成长性企业进行股权融资，推动企业向成熟期发展。完善中小企业上市培育体系，建立上市储备资源库，开展多层次的上市融资培训服务，完善扶持上市政策体系，推进中小企业上市。加快区域资本市场建设步伐，探索建立吉林省股权交易所和高技术企业三板交易平台。鼓励企业通过发行集合债券、短期融资债券及信托投资等方式实现直接融资。

（五）加强综合服务机构建设

健全省、市、县三级中小企业综合服务机构，实现市（州）、县（市、区）全覆盖。重点加强融资担保、企业人才培养、代理服务等公共服务平台建设。同时继续坚持“政府扶持中介、中介服务企业”，积极发挥中介机构的专业服务功能，逐步完善各类服务机构的咨询信息、技术服务、创业咨询、市场开拓等服务设施和服务网络。依托中国中小企业吉林信息网和吉林省中小企业数据中心，大力宣传国家和我省相关政策信息，及时发布最新科技成果、产权交易和合作项目、市场需求、产品推介、人才供求等状况，并实现网上业务咨询和受理，提升综合服务能力。

（六）加快培养企业人才

实施千户成长企业经营管理团队培训工程，通过举办清华大学高级管理研修班、行业标杆企业考察班，围绕企业发展战略、经营管理、市场营销、自主创新等开展培训，系统提升我省中小企业经营管理者素质和能力，每年培训2000人，三年培训6000人。实施万名紧缺高级技能人才培训工程，未来三年，省中小企业专项列支2000万元，围绕企业紧缺技能人才需求，同大专院校、实训基地合作，加大培养力度。加快职业经理人队伍建设，完善建设吉林省职业经理人人才市场和信息网络，制定职业经理人引进与培育政策，形成企业人才引进和交流的平台。继续完善机关事业单位干部到中小企业任职政策，打开通道，释放机关人才，为企业注入人力资本。积极鼓励企业自身加强人才培养，对培训需求较大的企业，政府可提供相应教育资源或给予专项补助。

（七）加大市场开拓服务

每年定期开展吉林产品走全国活动，组织广大中小企业到目标市场开展各类展洽活动。利用好中博会、东博会、APEC会等各种市场平台，带领中小企业“走出去”，加强与外埠的商贸往来。积极鼓励各类商会、协会等服务机构为中小企业提供展览展销、进出口代理、招商引资等服务。建立以阿里巴巴和启明电子信息为主的电子商务服务平台，吸纳更多中小企业加入“阿里巴巴吉林省分站”，获取低成本市场开拓服务。同时，鼓励支持中小企业提高自身市场开拓能力。提升和改造商贸流通业，推广连锁经营、特许经营等现代经营方式和新型业态，创新经营服务方式，扩大产品市场占有率。

（八）加大法律维权服务力度

建立以各级软环境办公室为主，法律事务机构为辅的维权服务平台，开通服务热线，接待受理或协助受理侵犯中小企业合法权益事件。各级政府督查室、工信部门及软环境办公室，每年要定期开展相关法律法规特别是金融、财税政策的贯彻落实情况的监督检查，清理和整顿收费项目，严肃查处乱收费、乱罚款及乱摊派行为，及时查处破坏软环境问题。充分发挥新闻舆论和社会监督作用，彻底减轻企业社会负担，合力维护中小企业的合法权益。同时，加强对中小企业劳动关系处理、工资支付、劳动保护、社会保险的检查，依法维护劳动者的合法权益。

（九）进一步优化发展环境

完善政策法规保障体系。全面贯彻落实《中华人民共和国中小企业促进法》、《国务院关于进一步促进中小企业发展的若干意见》（国发［2009］36号），研究制定《吉林省促进中小企业发展条例》和《吉林省促进中小企业发展若干政策》。加大各级财政扶持力度，逐步增加省级中小企业发展专项资金，坚持对创业企业、成长型企业、担保机构、服务体系以及金融部门给予扶持或奖励，并进一步扩大资金扶持覆盖面和扶持力度，发挥财政专项资金公共效益。各市（州）和县（市）财政都要逐步设立中小企业发展专项资金，主要用于担保机构的资本注入和服务机构建设，有条件的地区还可通过无偿资助或贷款贴息方式对成长型企业的技术创新、结构调整、节能减排、开拓市场、扩大就业等给予资金支持。同时，要全面落实有关税收优惠扶持政策，让企业轻装上阵，加快发展。

（十）加强组织领导

省政府将成立中小企业发展领导小组，制定中小企业发展政策、规划及重大措施，组织实施中小企业成长计划。同时，把中小企业三年成长目标任务分解到市（州）、省直有关部门，纳入领导班子年度政绩考核体系。对中小企业成长计划完成情况实行定期通报和公示制度，开展年度竞赛考核评比活动，对落实得力，发展较好的市（州）、县（市、区）、省直相关部门给予年度表彰奖励。各市（州）政府要按照省里分解落实的指标任务，进一步分解至县（市），形成层层有任务，层层抓落实的格局。有关部门要结合工作职能，按照任务分工，积极完成工作项目。

各级政府、各有关部门要进一步提高认识，统一思想，结合实际，把全面落实成长计划作为一项重要任务来抓，要以促进发展、服务发展为己任，尽最大努力为企业提供服务，放开手脚、放胆发展，加快形成促进中小企业成长的工作合力。各地、各部门要制定和完善促进发展的具体措施，并认真贯彻落实，确保中小企业成长计划目标任务的实现。

黑龙江省人民政府办公厅关于印发黑龙江省非公有制经济发展考核奖励办法等4个文件的通知

黑政办发［2010］2号

各市（地）、县（市）人民政府（行署），省政府各直属单位：

《黑龙江省非公有制经济发展考核奖励办法》、《黑龙江省工业企业助保金贷款风险补偿管理试行办法》、《黑龙江省中小企业公共服务平台认定和扶持办法》、《黑龙江省非公有制经济（中小企业）统计监测办法》已经省政府第三十六次常务会议讨论通过，现印发给你们，请认真贯彻执行。

二〇一〇年一月六日

黑龙江省非公有制经济发展考核奖励办法

一、基本原则

坚持非公有制经济平稳较快发展与推进结构优化升级相结合，坚持改善非公有制经济发展环境与引导企业加强管理相结合，坚持突出重点工作与合理量化指标相结合，确保考核奖励工作的科学性、真实性和严肃性。

二、考核对象

各市（地）人民政府（行署）。

三、考核指标

设置与分值主要考核各市（地）非公有制经济主要经济指标和专项工作指标完成情况。非公有制经济主要经济指标完成情况由省统计局提供（其中非公有制经济税收收入指标由各市地税务部门提供）。非公有制经济专项工作指标完成情况以专项工作检查情况为准。

（一）主要经济指标（135分）

1．非公有制经济增加值（45分）。主要包括非公有制经济增加值增长速度、净增量及占本地区生产总值（GDP）比重变化情况等3项指标，每项指标的基础分值为5分。完成基数指标得基础分，超额完成基数指标的按比例加分，没达到基数指标的按比例扣减分。

（1）增加值增长速度。以上年度非公有制经济增加值同比增幅为基数，本年度同比增幅每提高0.1个百分点加0.1分，10分封顶；每下降0.1个百分点减0.1分，扣减分不超过5分。

（2）增加值净增量。以上年度非公有制经济增加值为基数，本年度增加值每超出基数3亿元加0.5分，10分封顶；每低于基数2亿元减0.5分，扣减分不超过5分。

（3）增加值占地区生产总值（GDP）的比重。以上年度非公有制经济增加值占地区生产总值的比重为基数，本年度占比每提高0.1个百分点加0.1分，10分封顶；每下降0.1个百分点减0.1分，扣减分不超过5分。

2．非公有制工业增加值（30分）。主要包括非公有制工业增加值增长速度和净增量2项指标，每项基础分值为5分。完成基数指标得基础分，超额完成基数指标的按比例加分，没达到基数指标的按比例扣减分。

（1）工业增加值增长速度。以上年度非公有制工业增加值同比增幅为基数，本年度同比增幅每提高0.1个百分点加0.1分，10分封顶；每下降0.1个百分点减0.1分，扣减分不超过5分。

（2）工业增加值净增量。以上年度非公有制工业增加值为基数，本年度工业增加值每超出基数3亿元加0.3分，10分封顶；每低于基数1亿元减0.3分，扣减分不超过5分。

3．非公有制经济完成税收收入（30分）。主要包括非公有制经济完成税收增长速度和净增量2项指标，每项基础分值为5分。完成基数指标得基础分，超额完成基数指标的按比例加分，没达到基数指标的不得分。

（1）税收增长速度。以上年度本地区非公有制经济完成税收同比增幅为基数，本年度同比增幅每提高0.1个百分点加0.1分，10分封顶；低于基数的不计分。

（2）税收净增量。以上年度非公有制经济完成税收为基数，本年度净增税收超1亿元（含1亿元）的加0.1分，10分封顶；低于基数的不计分。

4．城镇民间固定资产投资额（30分）。主要包括城镇民间固定资产投资总额增长速度和净增量2项指标。

（1）按当年各市（地）城镇民间固定资产投资总额与上年同比增速排名，第一名计15分，按排名位次依次递减0.5分计分。

（2）按各市（地）当年城镇民间固定资产投资总额比上年净增量排名，第一名计15分，按排名位次依次递减0.5分计分。

（二）专项工作指标（95分）

各项指标不设基础分值，第1项至第5项15分封顶，第6项至第7项10分封顶。

1．规模企业发展情况。以上年度规模以上工业企业户数为基数，本年度新增1户加0.3分。

2．成长型企业培育情况。以上年度成长型中小企业户数为基数，本年度新增1户加0.5分。成长型中小企业由省工业和信息化委员会、统计局联合评价认定。

3．亿元企业培育情况。主要考核规模以上工业企业中新增销售收入1亿元以上（含1亿元）企业户数指标，以上年度已有亿元企业户数为基数，本年度新增1户加1.5分。

4．创业基地建设情况。以上年度各级中小企业创业孵化基地数量为基数，本年度新增1个经认定的省级中小企业创业孵化基地加2分；新增1个经认定的市级及以下创业孵化基地加1分。

5．公共服务平台建设情况。以上年度省级中小企业公共服务平台数量为基数，本年度新增1个经认定的省级中小企业公共服务平台加2分。

6．企业品牌建设情况。本年度获得1项中国名牌产品称号的加3分；获得1项中国地理标志称号的加3分；获得1项中国驰名商标称号的加2分；

获得1项省级名牌产品称号的加1分；获得1项省著名商标称号的加0.5分。企业同一种产品既获得国家名牌产品或驰名商标称号，又获得省级名牌产品或省著名商标称号的，按最高项加分，不重复计分。

7. 发展专项资金情况。凡设立中小企业发展专项资金的加5分。在原有规模基础上，每年新增100万元或所辖县（市、区）有设立专项资金的加1分。

四、组织领导与考核奖励

全省发展非公有制经济考核奖励工作在省政府统一领导下，由省工业和信息化委员会牵头会同省直有关部门组织实施。每年11月末或12月初组织对各市（地）非公有制经济发展情况进行考核，根据综合得分情况评选出全省发展非公有制经济先进市（地）3个至5个，以省政府名义进行表彰和通报。

黑龙江省工业企业助保金贷款风险补偿管理试行办法

第一章 总 则

第一条 为进一步加强和规范全省工业企业助保金及助保金贷款政府风险补偿金的使用管理，健全完善助保金贷款机制和助保金贷款风险补偿机制，吸引和扩大银行业金融机构对工业企业的信贷资金投入，重点扶持有市场、有发展潜力但抵押不足的工业企业，使一大批成长性好的企业迅速做大做强，特制定本办法。

第二条 本办法所称工业企业助保金（以下简称助保金）由企业用自有资金自愿缴纳，具有保证性质；所称助保金贷款政府风险补偿金（以下简称风险补偿金）是指由省、市（地）、县（市）政府（行署）出资的风险补偿金；企业缴纳助保金在贷款前存入合作银行或担保机构专户，企业贷款需要代偿时，助保金、风险补偿金和银行业金融机构分别承担风险。助保金和风险补偿金属工业企业向银行业金融机构申请贷款的增信手段，不构成对贷款的担保。

第三条 省、市、县三级政府和进驻本省的银行业金融机构共同承担此项工作。鼓励、支持担保和再担保机构利用现有服务平台，为工业企业助保金贷款风险补偿提供服务。

第四条 各市（地）、县（市）成立助保金管理委员会（以下简称管委会），为助保金贷款和风险补偿金的专门管理机构，管委会下设办公室。

第二章 助保金的管理与使用

第五条 助保金额度和缴纳形式由各市（地）、县（市）政府（行署）与合作的银行业金融机构和担保机构协商确定。助保金实行专款专用。管委会设立助保金台账，每季度对账一次。

第六条 逾期贷款实施助保金代偿。银行业金融机构和政府偿还后，管委会委托银行业金融机构执行债务追偿程序。

第三章 风险补偿金的管理与使用

第七条 风险补偿金实行总量控制、分账核算、匹配使用、逐年核定、宽进严出，各市（地）、县（市）政府（行署）建立企业助保贷款风险补偿金，省政府根据年度预算安排资金规模，按各市（地）、县（市）政府（行署）出资额的50%安排匹配资金。银行业金融机构按不超过风险补偿金10倍的比例放大贷款；有条件承担风险的担保机构借助现有服务平台，按不超过风险补偿金10倍的比例放大贷款，政策性担保机构保费收取在1%至1.6%区间，商业性担保机构保费上浮不超过2%，出现风险时由担保机构承担。省、市（地）、县（市）政府（行署）风险补偿金可作为担保机构的备付金使用。

第八条 风险补偿金在各市（地）、县（市）筹集资金的总规模之内承担有限责任，单笔贷款按比例承担风险补偿责任。

第九条 风险补偿金按比例代偿，由省工业和信息化委员会、省财政厅严格审查确定代偿比例。贷款需要代偿时，不良贷款率在6%以内（不含6%），主要用企业缴纳的助保金进行代偿。不良贷款率在6%至10%的部分，由风险补偿金和银行业金融机构按比例代偿，银行业金融机构代偿比例为80%，风险补偿金代偿比例为20%。政府代偿的20%分别由省、市（地）、县（市）政府（行署）按比例承担，省匹配风险补偿金承担20%，各市（地）、县（市）风险补偿金承担80%。不良贷款率超过10%（含10%）的市（地）、县（市），停止使用省、市（地）、县（市）风险补偿金，并不再发放此项贷款。风险补偿金产生的利息按出资方分别记账使用。

第十条 风险补偿金代偿的范围为银行业金融机构向工业企业发放的流动资金贷款，票据融资及银行业金融机构发放的其他贷款不属于风险补偿金补偿范围。

第四章 贷款范围及条件

第十一条 助保金贷款的范围为成长性好的工业企业流动资金贷款，贷款可按用款计划分次提款，按月或按季还款。单户企业贷款额度最高为3000万元，贷款期限最长为3年。担保机构单笔担保额应不超过其自身注册资本金的10%。

第十二条 贷款企业应提供相当于贷款金额

50%以上（含50%）的抵押、质押担保。

第十三条 申请助保金贷款的工业企业需符合下列条件：

（一）在黑龙江省行政区域内依法注册的具有独立法人资格的工业企业，注册资金100万元以上（含100万元）。

（二）有固定经营场所。有健全的组织机构、经营管理制度和财务管理制度，保证按要求向财政部门报送企业财务信息。

（三）依法经营。产品有市场、有发展潜力，经济效益好，在就业、税收等方面贡献较大。

（四）持有中国人民银行核发的贷款证、卡。具体准入条件由各市（地）、县（市）管委会和银行业金融机构共同制定。

第十四条 银行业金融机构对贷款企业上浮利率不能超过中国人民银行公布基准利率的20%。

第五章 贷款及补偿程序

第十五条 助保金贷款采取政府引导、市场化运作原则，由各市（地）、县（市）管委会按照工业企业的贷款需求，与银行业金融机构协商，推荐企业贷款项目。具体贷款项目申报和管理程序由各市（地）、县（市）管委会制定，并报省工业和信息化委员会、省财政厅备案。如有异议在10日内答复，不答复视为同意。

第十六条 银行业金融机构对各市（地）、县（市）管委会推荐的项目，按照贷款准入条件进行审查，独立决策提出贷款意向，并要求符合贷款条件的工业企业按本办法规定缴纳助保金后，对其发放贷款。

第十七条 银行业金融机构将借款合同及相关资料报送各市（地）、县（市）管委会，并经各市（地）、县（市）管委会审核同意后，将该笔贷款纳入助保金和风险补偿金补偿范围。

第十八条 对逾期3个月以上的贷款，由贷款的工业企业提出书面申请，经各市（地）、县（市）管委会同意后，可向银行业金融机构申请贷款展期。

第十九条 对企业逾期6个月的贷款，须由企业和银行业金融机构向各市（地）、县（市）管委会提出助保金补偿申请，经各市（地）、县（市）管委会审核，并报经省工业和信息化委员会同意后，由各市（地）、县（市）管委会将代偿的助保金拨付给银行业金融机构。

第二十条 对助保金代偿不足部分，企业和银行业金融机构可向各市（地）、县（市）管委会提出风险补偿金补偿申请，经各市（地）、县（市）管委会审核，并报经省财政厅、省工业和信息化委员会同意后，按代偿比例规定，由各市（地）、县（市）管委会将风险补偿金拨付给银行业金融机构。

第二十一条 在实施助保金或风险补偿金代偿后，由银行业金融机构会同各市（地）、县（市）管委会执行企业债务追偿程序。追索回的资金或企业恢复还款收回资金，按银行业金融机构和政府代偿比例偿还银行和风险补偿金。偿还后仍有结余的部分，归还到助保金账户上。

第六章 职责分工

第二十二条 省财政厅会同省工业和信息化委员会负责风险补偿金管理。

第二十三条 省工业和信息化委员会会同省财政厅负责助保金管理，负责组建并指导各市（地）、县（市）管委会，协调各市（地）、县（市）管委会与银行业金融机构签订合作协议及工作对接，组织开展业务培训和绩效考评工作。

第二十四条 各市（地）、县（市）管委会为助保金贷款专门管理机构，成员单位由各市（地）、县（市）经委（经济局、中小企业主管部门）、财政局、有关工业企业代表组成。管委会办公室设在市（地）、县（市）经委（中小企业主管部门）。

第二十五条 各市（地）、县（市）管委会设主任1名，副主任、委员若干名，由管委会全体委员选举产生；管委会主任、副主任组成管委会主任办公会议。

第二十六条 银行业金融机构负责制定助保金贷款的借款人基本条件和业务准入标准，对工业企业进行贷前调查、信贷审批和贷后管理。

第七章 监督管理

第二十七条 各市（地）经委（中小企业主管部门）和财政局应在每年的1月份分别向省工业和信息化委员会、省财政厅申报风险补偿金的匹配数额，省工业和信息化委员会、省财政厅按照各市（地）、县（市）风险补偿金出资情况、工作业绩和申报数额及风险控制程度下达指标。

第二十八条 各市（地）经委（中小企业主管部门）、财政局和市（地）、县（市）管委会及银行业金融机构应在每年的12月初对本地区风险补偿金的申报和使用情况进行自查，同时向省工业和信息化委员会、省财政厅上报风险补偿金执行情况。省工业和信息化委员会、省财政厅将对各市（地）、县（市）风险补偿金的执行情况进行检查、验收。各市（地）、县（市）政府（行署）需与银行业金融机构、担保机构、再担保机构签订合作框架协议，明确合作内容、方式及权利义务，并分别报省工业和信息化委员会、省财政厅备案。

第二十九条 贷款企业按照各市（地）、县（市）管委会和银行业金融机构的要求，及时提供有关资料，并接受监督检查。

第三十条 建立助保金和风险补偿金使用情况发布机制，各市（地）、县（市）管委会每月定期向有关部门通报助保金和风险补偿金使用情况。

第三十一条 各市（地）、县（市）管委会要加强对助保金和风险补偿金使用的监督，明确责任部门和分工，建立严格的管理办法和绩效评价制度，对整体使用进行绩效评价。各市（地）、县（市）在使用助保金和风险补偿金时不得弄虚作假，不得套取、挪用和挤占。对贷款放大比例低、代偿率较

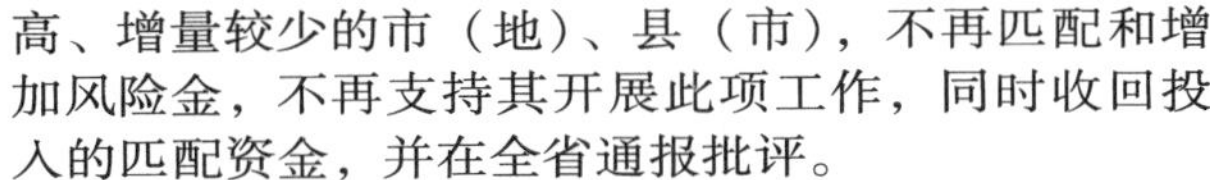

高、增量较少的市（地）、县（市），不再匹配和增加风险金，不再支持其开展此项工作，同时收回投入的匹配资金，并在全省通报批评。

第三十二条 银行业金融机构、担保机构、再担保机构开展助保金和风险补偿金业务，于每年12月中旬向省工业和信息化委员会、省财政厅提出书面申请，经省工业和信息化委员会、省财政厅审核同意后，与各市（地）、县（市）办理相关手续，签订合作协议。

第三十三条 贷款企业如有违反财经纪律、提供虚假信息、骗取助保金的行为，由有关部门责令其改正。构成犯罪的，依法移交司法机关处理。对贷款企业恶意逃避债务导致助保金、风险补偿金和银行贷款损失的，除追究法律责任外，取消该企业加入助保金的资格，记入人民银行诚信系统，保证助保金和风险补偿金安全运行。

第三十四条 各市（地）、县（市）管委会、银行业金融机构对风险补偿金的申报和使用情况进行检查。发现属于以下情况之一的，3年内不再接受该企业的贷款项目申请，并按照《财政违法行为处罚处分条例》（国务院令第427号）有关规定予以处理。

（一）以虚报、冒领等手段骗取风险补偿金的；

（二）有截留、挪用风险补偿金行为的；

（三）其他违反资金管理办法的行为。

第八章 附 则

第三十五条 本办法由省工业和信息化委员会会同省财政厅负责解释，各市（地）、县（市）按本办法制定具体实施细则。

黑龙江省中小企业公共服务平台认定和扶持办法

第一条 为贯彻落实《国务院关于进一步促进中小企业发展的若干意见》（国发［2009］36号）、国家重点产业振兴规划和《黑龙江省人民政府关于促进非公有制经济（中小企业）加快发展的实施意见》（黑政发［2010］1号）精神，按照“政府扶持中介、中介服务企业”的原则，引导、规范和创新中小企业公共服务平台（以下简称公共服务平台）建设工作，推动全省中小企业结构调整和产业优化升级，促进中小企业持续快速健康发展，特制定本办法。

第二条 本办法所称公共服务平台是指依托产业集群、工业园区或中小企业集聚区建立，满足中小企业共性需求，由为中小企业提供信息、产品设计、研发试验、检验检测、技术推广、技术咨询、专利辅导、人才培训、创业辅导、市场开拓等服务的一个或几个独立法人实体组成，具有开放性、资源共享性的服务组合。

第三条 公共服务平台的建设主体可以是独立的企业、事业或社团法人。坚持多元化投资和市场化运营原则，鼓励社会各类经济实体投资创办公共服务平台。支持大学、科研机构发挥科研优势建立公共服务平台，鼓励民间投资参与公共服务平台建设，支持科技人员领办、中小企业联合投资共建公共服务平台，支持产业集群龙头骨干企业建立公共服务平台。

第四条 公共服务平台要建立开放式运行模式。注重产学研联合，充分利用国内外先进科技成果和社会科技资源，不断提高公共服务能力和服务水平。按照公益服务与有偿服务相结合的原则，为中小企业提供准公益或低标准收费服务，实现共同发展。

第五条 省工业和信息化委员会负责公共服务平台认定工作，并组织专家开展论证、审核和日常管理等项工作。

第六条 公共服务平台的认定工作，按照“政府引导、依托产业、资源共享、市场运作、注重实效”的原则进行。

第七条 凡在黑龙江省行政区域内以满足产业集群、工业园区或中小企业集聚区中小企业共性需求为主，且服务内容符合本办法第二条规定的机构，均可申请认定。

第八条 申请认定公共服务平台应符合以下条件：

（一）年服务中小企业的数量不少于30家。

（二）有独立的工作场所和与所开展服务相匹配的设施、仪器设备和专业服务人员，具有组织技术服务资源的能力，中级职称以上的专业技术人员比例不低于50%。

（三）具有健全高效的组织机构和管理制度，公共服务平台在重大问题决策、研究开发课题选择、项目过程管理等方面有一套行之有效的规章制度。

（四）具备多种公共服务功能，具有较完善的研发试验、检验检测、技术咨询、专利辅导、人才培训、创业辅导、交易、检索与查询等服务条件，有较强的研究开发能力和与之相适应的研究开发投入；

（五）具有明确的服务方向、发展规划和中长期发展目标，并积极组织实施。公共服务平台规划要与区域重点产业发展规划、中小企业发展规划相衔接，目标明确、重点突出。

（六）服务收入占营业额的比例不低于50%，基本实现收支平衡，具有比较完备的运营机制，有可持续发展能力。

第九条 申请单位须向所在市（地）、县（市）中小企业主管部门提出申请，并提交相关申报材料；各市（地）、县（市）中小企业主管部门对申报材料提出初审意见后报省工业和信息化委员会。申请单位应提交如下材料：

（一）公共服务平台认定申请。

（二）公共服务平台的基本情况（经营范围、人员、组织机构、经营场地面积、设施与设备、主要服务企业的类型、服务企业名单等）。

（三）公共服务平台法人与科研机构、大专院校及科技研发企业的合作协议。

（四）法定代表人证件复印件，营业执照副本复印件，土地房屋使用证（租赁合同）复印件，中级以上专业技术人员证书复印件。

（五）资金、设备投入证明。

（六）申请单位上年度工作总结，财务审计报告。

（七）其他需要申报的材料。

第十条 公共服务平台每年认定一次。对已认定的公共服务平台，由省工业和信息化委员会每2年组织考核一次。对达不到标准的，取消其认定资格。

第十一条 已认定的公共服务平台，每年应向省工业和信息化委员会报送年度公共服务平台建设情况，并对公共服务平台的工作业绩做出详细说明。

第十二条 加大对公共服务平台的扶持力度。国家及省在投资核准、融资服务、财税政策、土地使用、资源配置、对外贸易、经济技术合作等方面的优惠政策适用于公共服务平台建设，实行同等待遇。

（一）通过认定的公共服务平台入选省级公共服务平台扶持项目库，对服务业绩突出的公共服务平台项目，省级中小企业发展专项资金予以支持，优先申报国家公共服务平台资金项目。

（二）引导公共服务平台加大研发投入，国家和省鼓励自主创新的有关优惠政策适用于公共服务平台。对开展共性关键技术研究取得成果、开发新产品获得专利、获得省级优秀新产品奖及中小企业科技成果应用奖的公共服务平台，经验收合格后，给予补贴支持。

（三）在一个纳税年度内，符合条件的公共服务平台技术转让所得不超过500万元的部分，免征企业所得税；超过500万元的部分，减半征收企业所得税。依据现行税法规定，对符合其他优惠条件的公共服务平台，依法享受相关减免税政策。

（四）对有融资需求的公共服务平台，视同成长型中小企业，享受国家和省相关政策支持。

（五）加大组建政、学、研、产一体的公益性公共服务平台力度；鼓励大学科技园、科技企业孵化器等科技型中小企业服务机构建立公共服务平台，支持申报国家和省科技型中小企业创新基金。适当培育商业性公共服务平台，探索建立股权投资机制。

（六）鼓励公共服务平台间建立联盟机制，整合社会服务资源联动共建，在满足中小企业共性需求上，实现人才、设备和技术共享。

（七）对公共服务平台涉及项目用地的，按土地利用总体规划要求纳入土地利用年度计划，并在下达年度土地利用计划时给予用地指标倾斜。对获得省级认定的公共服务平台发展用地，在项目立项审批、用地规划、用地指标上给予重点保证。凡符合国家《划拨用地目录》要求的，可采取划拨方式供地；对不符合划拨用地条件的，工业用地不得低于工业用地最低限价，商业用地招拍挂底价不低于评估确认的宗地价格，也可根据企业要求采取租赁方式供地。

（八）对公共服务平台涉及的用水、用电等生产要素优先供应，并参照享受省内重点企业生产要素减免优惠政策。

（九）建立健全人才激励机制，在专利认定、成果转让、试验试制、产业化应用等方面给予扶持。

（十）对人才培训工作业绩突出的公共服务平台，可认定为省级中小企业培训基地，并给予培训费补助，优先安排国家银河培训工程等培训任务。信息化业绩突出的，优先给予信息化资金支持。

（十一）建立公共服务平台评价制度，制定表彰、服务补助等奖励措施。对信誉好、服务优、效果突出的公共服务平台，给予表彰奖励。

黑龙江省非公有制经济（中小企业）统计监测办法

一、统计监测目的

利用经济运行监测的方法，科学、准确、及时地监测和分析我省非公有制经济（中小企业）的运行情况，为各级党委、政府决策提供科学依据，有效满足各方面对非公有制经济（中小企业）生产经营信息的需求，为广大非公有制企业、中小企业的生产经营提供决策参考。

二、统计监测原则

一是注重实际原则。根据非公有制经济（中小企业）发展情况和统计工作实际，开展全省统计监测工作。二是注重点面结合原则。既考虑对非公有制经济（中小企业）统计调查，又对重点企业进行监控。三是注重互补原则。采取统计部门统计与工业和信息化等部门提供基础情况相结合机制，明确发布主体，严格执行统计数据发布制度。四是注重可行性原则。利用现行统计制度中可以量化的统计数据，尽可能少设置新的指标。

三、统计监测范围

非公有制经济。根据国家统计局《关于统计上划分经济成分的规定》（国统字［1998］204号）精神，非公有制经济统计监测范围为：私营企业，个体经营户，非国有和非国有控股及非集体经济的各类企业、公司，港澳台商投资企业和外商投资企业。中小企业。凡是符合原国家经济贸易委员会、国家发展计划委员会、财政部、国家统计局《中小企业标准暂行规定》的所有企业（不包括个体经营户和农林牧渔业企业）都列为统计监测范围。行业统计范围暂定为：工业、建筑业、批发零售业、交通运输业、住宿餐饮业、其他服务业。金融、保险、证券、电信、邮政行业不纳入统计范围。重点企业。按照工业和信息化部对重点企业生产经营运行监测要求，我省确定一批规模以上中小工业企业为重点监测企业。在向工业和信息化部上报统计监测数据的同时，也作为我省重点监测企业。重点企业名单原则上每年调整一次。

四、统计监测内容

统计监测指标主要按照属性指标和数量指标进行分类，数量指标计算方法执行现行统计制度规定的方法。非公有制经济。统计监测内容是：组织机构代码、单位名称、单位地址、行业类别、登记注册类型等属性指标，以及分产业单位数、从业人员数、增加值及进出口额、城镇民间固定资产投资、利润、税收等数量指标。按第一产业、第二产业、第三产业分产业统计的同时，按规模以上工业、有资质等级建筑业、限上批发零售贸易和餐饮业、星级住宿业；规模以下工业、无资质等级建筑业、限下批发零售贸易和餐饮业、星级以下住宿业等相关行业和部门收集资料补充进行分类统计。中小企业。统计监测内容是：组织机构代码、单位名称、单位地址、行业类别、登记注册类型等属性指标，以及分产业单位数、从业人员数、劳动者报酬、营业收入、利润、税金、固定资产投资、增加值、进出口额及产品交货值等数量指标。按第一产业、第二产业、第三产业分产业统计的同时，按规模以上工业、有资质等级建筑业、限上批发零售贸易和餐饮业、星级住宿业；规模以下工业、无资质等级建筑业、限下批发零售贸易和餐饮业、星级以下住宿业等相关行业和部门收集资料补充进行分类统计。重点企业。统计监测内容是：生产、销售、资产、人员等经济效益指标，分析变化率及行业分布。

五、统计监测方式

非公有制经济（中小企业）统计是政府统计的一部分。由省统计局会同省工业和信息化委员会制定非公有制经济（中小企业）统计报表制度。采取以政府统计为主、部门统计协助为辅的方式，在现有政府统计和部门统计（或会计）资料的基础上，缺口部分采用抽样调查的方法单独组织统计调查。非公有制经济（中小企业）统计抽样调查（单独组织调查）以省为总体，由省统计局社会经济调查总队组织实施。为增强本区域数据代表性，各市（地）、县（市、区）要落实本级专项经费，相应扩大调查样本。

省统计局负责组织各级统计局开展统计调查工作，并会同省工业和信息化委员会协调有关部门共同参与此项工作。具体分工是：

工商部门：按现行国家工商统计制度，负责向同级统计部门提供非公有制经济（中小企业）管理登记基本情况表。

国（地）税部门：按现行国家税务统计制度，负责向同级统计部门提供非公有制经济（中小企业）各种税收收入统计表。

商务、海关部门：负责向同级统计部门提供非公有制经济（中小企业）进出口情况统计表。

交通运输部门：负责向同级统计部门提供道路、水上客货运输行业非公有制经济（中小企业）运输总量基本情况表。

民政部门：负责向同级统计部门提供民办非企业单位和社会团体基本情况统计资料。

农垦总局：负责向省统计局提供本系统非公有制经济（中小企业）统计调查资料。

各有关部门向同级统计部门提供统计调查资料的具体时间和详细内容，分别按《全省非公有制经济统计报表制度》、《全省中小企业统计报表制度》规定执行。

六、统计频率与时间

非公有制经济（中小企业）统计频率暂定为年报和季报。省级年报统计时间为次年 3 月 25 日，季报为季后 25 日。根据需要，在年报和季报汇总之前，应提供非公有制经济（中小企业）主要指标总量预计数。

重点企业统计按工业和信息化部规定时间报送。

七、发布载体

建立全省非公有制经济（中小企业）数据发布制度。非公有制经济（中小企业）统计结果，由省工业和信息化委员会会同省统计局等相关部门评估论证后统一对外发布。建立全省非公有制经济（中小企业）统计发布载体。发布频率为年度数据一年发布一次，季度数据每季度发布一次。

八、组织实施

省统计局负责补充完善非公有制经济（中小企业）统计报表制度，并负责组织实施调查统计、数据汇总工作。省工业和信息化委员会会同省统计局联合向政府和相关部门提供非公有制经济（中小企业）统计数据。

非公有制经济（中小企业）统计工作从 2010 年起试算，2011 年试行，2012 年正式实施。

九、统计标准按照全国统一的统计分类和编码标准执行

十、本办法由省统计局、省工业和信息化委员会负责解释

上海市人民政府贯彻国务院关于进一步促进中小企业发展若干意见的实施意见

沪府发［2010］11号

各区、县人民政府，市政府各委、办、局：

中小企业是国民经济和社会发展的重要力量，是上海率先转变经济发展方式、实现科学发展的重要基础。进一步促进中小企业发展，是中央的重要决策。必须充分发挥市场机制和政府扶持的作用，更加关注民营、无主管部门中小企业的发展，更加关注科技型、创新型、成长型中小企业的培育，更加关注初创、小型微利企业的生存，更加关注中小企业在新兴领域、新型业态中的成长，更好地促进本市中小企业健康、持续和创新发展。为此，现结合实际，就贯彻《国务院关于进一步促进中小企业发展的若干意见》（国发［2009］36号）提出如下实施意见：

一、进一步营造有利于中小企业发展的良好环境

（一）营造公平的中小企业发展环境

推动本市促进中小企业发展的立法工作。（市政府法制办、市经济信息化委）

营造有利于中小企业发展的公开、公平、公正的政策环境。发挥市场配置资源的功能，支持中小企业公平享受各项企业扶持政策，公平获取各类社会资源，公平参与各类重大项目。（市发展改革委、市经济信息化委、市科委、市商务委）

进一步减轻中小企业社会负担，规范执收行为，继续清理整顿涉及中小企业的收费，严格执行收费项目公示制度。全面实行中小企业缴费登记卡制度，完善价格违法投诉举报制度，市、区县政府设立中小企业负担举报电话。（市物价局、市监察局、各区县政府）

支持中小企业参与国企开放性、市场化重组。聚焦装备、汽车、电子信息、医药、纺织、化工等产业领域，按照公平原则，围绕做强做大企业和发展产业的目标，支持中小企业以参股或控股方式，进行跨区域、跨所有制的市场重组。（市国资委、市经济信息化委）

（二）加大财税扶持力度

完善中小企业财政扶持政策，加大对中小企业发展的资金支持力度。中小企业发展专项资金主要用于支持中小企业技术改造、鼓励中小企业发展与创新、提高中小企业经营管理水平、改善中小企业融资环境、扶持中小企业服务体系和服务平台建设等。其中用于小企业的专项资金比例不低于三分之一。（市经济信息化委、市财政局）

现有支持企业发展的相关专项资金要适当向中小企业倾斜，原则上不低于三分之一。发挥财政资金的引导作用，带动社会资金推动中小企业发展。各区县要加大对中小企业的支持力度，相应设立中小企业发展专项资金。（市经济信息化委、市发展改革委、市科委、市商务委、市财政局、各区县政府）

落实国家税收优惠政策。2010年1月1日至12月31日，对年应纳税所得额低于3万元（含3万元）的小型微利企业，其所得减按50%计入应纳税所得额，按20%的税率缴纳企业所得税。对于中小企业投资国家鼓励类项目，除《国内投资项目不予免税的进口商品目录》所列商品外，所需的进口自用设备以及按合同随设备进口的技术及配套件、备件，免征进口关税。中小企业缴纳城镇土地使用税确有困难的，可按有关规定向市地税局提出减免税申请。中小企业因有特殊困难不能按期纳税的，可依法申请在3个月内延期缴纳。严格执行税收征收管理法律法规，不得违规向中小企业提前征税或者摊派税款。（市地税局、市财政局）

（三）优化小企业创业环境

继续落实《上海市人民政府关于进一步做好本市促进创业带动就业工作的若干意见》（沪府发［2009］1号），进一步优化政府服务，简化注册程序，扩大出资方式，提供创业场地便利；增加创业扶持的资金投入，加大小额贷款担保、大学生科技创业基金等融资支持的力度；支持发展各类创业园区，充分发挥创业孵化作用；普及开展创业意识教育，加强创业培训与能力提升；大力培育创业主体，拓展创业空间，完善创业服务，弘扬创业精神，营造有利于创业的社会氛围。完善鼓励科技创业的相关政策，加强科技企业孵化器建设，支持科研人员、高校毕业生等创办企业，强化科技创业。支持初创企业的发展。（市人力资源社会保障局、市工商局、市科委、市财政局、市教委）

二、支持中小企业参与“四个中心”建设

（四）鼓励中小企业参与上海国际金融中心建设

鼓励民间资本投资银行、证券、保险、基金、信托、金融租赁、消费金融等金融行业；大力发展私募股权投资基金、风险投资、担保、典当、小额贷款公司等融资性服务机构；鼓励中小企业开展为金融业服务的会计审计、法律服务、资产评估、信用评级、投资咨询、金融咨询、金融外包服务等业务。（市金融办）

（五）鼓励中小企业参与上海国际航运中心建设

鼓励中小企业参与航运产业发展，开展游轮（艇）经济、货物运输、船舶租赁、拖船作业等业务；参与现代航运服务业发展，开展航运融资、海损理算、航运交易、航运咨询、公证公估、航运保险经纪等业务；参与航运辅助服务业发展，开展码头服务、仓储服务、船舶代理、货运代理、报关服

务、内陆运输服务、船舶供应服务、船员劳务中介等业务。(市建设交通委、市金融办、市口岸办)

(六)鼓励中小企业参与上海国际贸易中心建设

鼓励中小企业参与商品货物流通相关产业发展，开展商品流通、批发、交易、口岸贸易等业务；参与商业购物相关产业发展，开展连锁经营、商务楼宇、商业零售等业务；参与贸易服务相关产业发展，开展商检、报关、理赔、会计、物流、会展服务、旅游经济、电子商务、采购中心及展贸平台建设等业务。(市商务委、市经济信息化委)

对符合条件、具有鉴证职能、从事代理业务的中介服务机构，其取得的全部收入可按规定在扣除支付给协作方的相关费用后计征营业税。对专业从事广告代理、货运代理、保险代理、报关代理的中介服务机构，其取得的收入可按规定在扣除支付给有关单位的费用后计征营业税。对举办或承办会展业务的中介服务机构，其直接向参展商收取的全部价款和价外费用可按规定在扣除支付给第三方的有关费用后计征营业税。降低对广告发布业务征收文化教育事业建设费的费率，合理确定征收范围。(市地税局、市财政局)

(七)支持中小企业发展高新技术产业

发挥科技型中小企业创新能力强、运营机制灵活的优势，鼓励其发展高新技术产业，聚焦重点项目，形成产业化基地；加强专业对接，鼓励中小企业在新能源、民用航空制造业、先进重大装备、生物医药、电子信息制造业、新能源汽车、海洋工程装备、新材料、软件和信息服务业等领域加快发展。(市经济信息化委、市科委)

(八)支持中小企业发展新兴产业

重点发展节能环保、现代农业、高端制造等列入国家和上海新兴产业目录的产业。支持创新型中小企业发展信息化与工业化融合催生的新型业态。重点发展下一代互联网技术、宽带移动无线技术、电子商务、网络信息服务、网络游戏、数字出版等互联网产业；重点发展智能变电站、新能源接入系统等电力电子、电力储能系统、智能电表及家域网、高温超导、特高压输变电设备、IC和IT通信及软件等智能电网产业；重点发展芯片、传感器、识读设备、中间件、传输网络、应用服务等物联网产业；聚焦发展制造业专业服务、融资租赁、节能服务等生产性服务业；聚焦发展嵌入式软件、工业软件等软件业和电信、广电等信息服务业；聚焦发展工业设计、时尚设计、软件动漫设计等时尚创意产业；聚焦发展世博科技在世博会后相关产业的应用。经认定的符合条件的动漫企业自主开发、生产动漫产品，可申请享受国家鼓励软件产业发展的有关增值税和所得税优惠政策；动漫企业自主开发、生产动漫产品，涉及营业税应税劳务的，可按规定范围暂减按3%的税率征收营业税。(市经济信息化委、市发展改革委、市农委、市地税局、市财政局)

(九)支持中小企业提高创新能力

支持中小企业技术中心建设。加强中小企业知识产权保护，培育中小企业成为知识产权示范企业。依托研发公共服务平台等载体，支持中小企业技术创新，促进各类研发资源向中小企业开放。帮助中小企业提高创新能力，支持中小企业承接科研成果项目，推动科技创新与技术标准研发的良性互动，促进中小企业科技成果的转化和产业化。大力推进中小企业技术改造、节能减排和清洁生产。对纳入环境保护、节能节水企业所得税优惠目录的投资项目，按规定给予企业所得税优惠。加强中小企业标准体系建设，鼓励企业采用国际标准和国外先进标准，培育标准化示范企业，鼓励并资助中小企业承担制定国际、国家和行业标准的项目。(市经济信息化委、市科委、市质量技监局、市教委、市知识产权局、市地税局)

(十)鼓励中小企业向“专精特新”方向发展

继续推进中小企业百千万成长工程，支持中小企业为支柱产业专业化配套。到2012年，科技小巨人企业达到200家左右；细分行业领先，具有“专精特新”特点的成长型中小企业达到1000家左右；中小型高新技术企业达到2500家左右。对经认定为国家重点扶持的高新技术企业的中小型企业，减按15%的税率征收企业所得税。(市科委、市经济信息化委、市地税局、市财政局)

三、切实缓解中小企业融资困难

(十一)拓宽中小企业直接融资渠道

深化中小企业改制上市培育工程，健全市、区县中小企业改制上市培育工作机制，协调解决中小企业改制上市过程中遇到的问题，落实有关税收优惠政策，鼓励区县对中小企业改制上市相关费用给予资助。按国家统一部署，加快多层次资本市场建设，培育和规范发展产权交易市场，探索建立非上市公司股权转让市场，推动张江高科技园区企业进入代办股份转让系统。到2012年，重点推进200家中小企业改制，力争在各类资本市场上市的中小企业达到100家左右。(市经济信息化委、市科委、市金融办、市地税局)

大力发展创业投资、私募股权投资等各类投资机构，鼓励向本市高新技术企业及科技成果转化项目投资。发挥市创业投资风险救助专项资金的作用，通过政府支持，鼓励创业投资机构自愿提取风险准备金，用于化解创业投资风险。引导社会资金聚焦于本市高新技术产业化和现代服务业领域的中小企业，加大对中早期创业型、创新型和成长型企业的投资力度。(市发展改革委、市科委、市金融办、市财政局、市地税局)

推进中小企业发行集合债券和集合票据，开展中小企业信托融资试点，并对相关费用给予资助。(市经济信息化委、市发展改革委、市财政局)

(十二)改善中小企业间接融资服务

鼓励各银行按银监会要求，尽快建立小企业金融服务专营机构，完善中小企业授信业务制度，提高贷款审批效率，创新金融产品和服务方式，推进小企业信贷网络服务平台建设，鼓励开展中小企业并购贷款业务，逐步推广股权质押融资、知识产权质押融资、保单质押融资、供应链融资和贸易融资等方式，逐步提高小企业中长期贷款及信用贷款的规模和比例。建立小企业贷款风险补偿资金，对金融机构发放小企业贷款按增量给予适度补助，对小企业不良贷款损失给予适度风险补偿。（市金融办、市财政局、市经济信息化委）

深化小额贷款公司和村镇银行试点工作，鼓励向初创期企业提供融资服务，对符合条件的，给予利息补贴。（市金融办、市人力资源社会保障局、市财政局）

鼓励保险机构开展中小企业贷款保证保险等业务。鼓励融资租赁、典当等融资方式在中小企业融资中发挥积极作用。（市金融办、市商务委、市经济信息化委）

（十三）完善中小企业融资担保体系

鼓励各区县财政出资，与开发区、产业基地和企业联合组建区域性中小企业融资担保基金和担保机构。鼓励中小企业自愿建立互保联保融资机制，规范发展商业性融资担保机构，扩大全市融资担保业务的受益面。（各区县政府、市金融办、市经济信息化委）

增强政策性担保机构资本实力，完善政策性担保机构担保资金补充机制。综合运用资本注入、再担保风险分担、风险补偿和奖励补助等多种方式，提高各类担保机构对中小企业的融资担保能力。落实好对符合条件的中小企业信用担保机构免征营业税、准备金提取和代偿损失税前扣除的政策。（市金融办、市经济信息化委、市财政局、市地税局）

为中小企业和担保机构开展抵押物和出质的登记、确权、转让等提供优质服务。（市规划国土资源局、市住房保障房屋管理局、市金融办、市工商局）

充分发挥信用产品在中小企业融资中的作用。加快中小企业信用服务平台试点，建立适合中小企业特点的信用征集、比对、评价和共享机制，不断完善中小企业信用信息数据库建设。（市经济信息化委、市地税局、市工商局、市质量技监局、市人力资源社会保障局、市金融办）

四、支持中小企业开拓市场

（十四）支持中小企业拓展境内外市场

支持中小企业参加境内外展会、开展各类体系产品认证和能力评定认可，鼓励运用电子商务开展经营活动，充分发挥中小企业国际市场开拓资金、中小外贸企业融资担保专项资金和出口信用保险的作用，提高中小企业市场开拓能力，增加市场交易机会。（市商务委、市经济信息化委、市财政局、市质量技监局）

加大对中小企业自主创新产品支持力度，完善本市重大技术装备首台（套）支持办法，鼓励中小企业申报市重大技术装备首台（套）业绩突破项目认定，支持中小企业首次订购或使用经认定的首台（套）业绩突破项目。（市经济信息化委、市发展改革委、市财政局、市建设交通委、市科委）

搭建合作交流平台，组织中小企业双向对接，鼓励中小企业加强与境内外企业的联合与协作。（市政府合作交流办、市经济信息化委）

（十五）支持中小企业创建自主品牌

加大对中小企业品牌的培育力度，增强中小企业品牌意识，鼓励中小企业争创国际知名品牌、国家驰名商标和名牌产品、市著名商标和名牌产品。（市质量技监局、市工商局、市商务委、市经济信息化委、市财政局）

（十六）加大政府采购支持中小企业力度

落实《上海市政府采购促进中小企业发展的暂行办法》（沪财库［2009］51号），加大政府采购扶持中小企业力度，提高中小企业在政府采购项目的中标比例。（市财政局、市经济信息化委）

五、推动中小企业提高经营管理水平

（十七）加强对中小企业经营管理者的培训

开展综合素质提升培训，提高中小企业经营管理者的管理水平、创新能力和社会责任意识，推动企业建立健全法人治理结构。（市经济信息化委）

（十八）引导中小企业诚信经营

加强中小企业诚信体系建设，支持企业诚实守信经营，提高运营透明度，履行社会责任，逐步提升企业信用等级。（市经济信息化委、市工商局、市地税局、市人力资源社会保障局、市质量技监局）

（十九）加快推进中小企业管理信息化

支持中小企业信息化建设。实施中小企业信息化应用推广工程，支持中小企业信息化公共平台建设，鼓励引导中小企业应用第三方电子信息平台开展产供销管理和交易活动，培育中小企业信息化应用示范企业。引导中小企业利用信息技术提高企业综合竞争力。（市经济信息化委）

（二十）引导中小企业提高质量管理水平

在“上海市质量金奖”中，专设“中小企业”组别，鼓励中小企业追求卓越，不断提高质量管理水平，增强核心竞争力。加强对中小企业应用先进质量管理方法的培训，提高企业经营质量。（市质量技监局）

六、完善中小企业工作和服务体系

（二十一）加强对中小企业工作的指导、协调，推动政策落地

成立由分管市领导牵头、相关委办局负责人参加的上海市促进中小企业发展工作领导小组，加强对本市中小企业工作的统筹规划、组织领导和政策协调。领导小组办公室设在市经济信息化委，由市促进中小企业发展协调办公室负责具体落实领导小组的部署，加强与市政府各职能部门的联系和业务对接，加强对全市促进中小企业发展工作的指导、协调和服务。（市经济信息化委）

市政府有关职能部门要在各自职责范围内，加强对中小企业的指导和服务，制定、宣传、解读和落实有关政策措施。

各区县要建立相应的组织机构和工作机制。

（二十二）建立全覆盖的中小企业服务体系

建立市、区县中小企业服务机构。市中小企业服务机构归口市经济信息化委，区县中小企业服务机构归口区县经委（经济信息化委），提供“一站式”服务，重点开展政策咨询、信息发布、情况反馈、政策建议、权益保障等服务工作。（市经济信息化委、各区县政府）

进一步发挥各类社会中介组织和公共服务平台对中小企业发展的支持作用，支持中介组织壮大发展，多方联动，提高对中小企业的服务效率。（市经济信息化委、市商务委、市科委、市工商局、市发展改革委、市质量技监局、市社团管理局）

（二十三）建立中小企业统计监测制度

建立健全中小企业的分类统计、运行监测和分析发布制度。对规模及限额以上中小企业，开展经营运行情况跟踪监测。（市统计局）

各区县政府、市有关部门要结合实际，尽快制定实施本意见的细则或措施，并切实抓好落实。

上海市人民政府

二〇一〇年四月三日

江苏省政府关于进一步促进中小企业发展的实施意见

苏政发［2010］90号

各市、县人民政府，省各委、办、厅、局，省各直属单位：

为贯彻落实国务院《关于进一步促进中小企业发展的若干意见》（国发［2009］36号）精神，采取更加积极有效的政策措施，现就进一步促进我省中小企业平稳健康发展提出以下实施意见：

一、进一步健全中小企业服务体系

（一）加快推进中小企业服务体系建设。建立健全市、县（市）中小企业服务中心，着力培育骨干服务机构。制定中小企业服务中心星级认定办法，促进中小企业服务中心增强服务意识，拓展服务领域，提升服务能力，提高服务绩效。通过资格认定、业务委托、业绩奖励等方式，引导和带动专业服务机构加快发展。建立和完善财政补助机制，支持服务机构开展信息、培训、技术、创业、质量检验、企业管理等服务。到2012年，全省基本建立以公益性服务机构为主导、商业性服务机构为支撑的省、市、县三级中小企业服务机构体系。支持有条件的县（市）中小企业服务中心建设延伸到乡镇（街道）。

（二）加快中小企业公共服务平台建设。建立和完善省、市、县三级中小企业信息网站，为中小企业搭建政策解读、技术推广、人才交流、业务培训和市场营销等重点信息服务平台。支持各类投资主体面向重点产业集群和优势产业，建设一批产品设计、研发、检验检测、技术推广、信息咨询、人才培训等公共服务平台。

（三）帮助中小企业开拓市场。大力发展行业性电子商务平台，引导和推动中小企业开展电子商务活动。采取财政补助、降低展费标准等方式，支持中小企业参加各类展览展销活动，支持举办一批依托重点产业集群的专业性品牌展会，支持建立各类中小企业产品技术展示中心。出台贸易便利化措施，提高通关效率，加快出口退税进度。发挥各级、各部门驻海外机构的作用，积极提供国外市场信息，为中小企业开展各类国际合作交流活动提供服务和帮助。鼓励支持有条件的中小企业到境外开展并购等投资业务，收购技术和品牌，带动产品和服务出口。

二、多渠道缓解中小企业融资困难

（四）建立和完善中小企业金融服务体系。省内国有商业银行和股份制银行一级分行以及城市商业银行法人机构都要建立小企业金融服务专营机构，并在中小企业发达、金融需求旺盛的地区增设机构网点。鼓励民间资本参与发起设立村镇银行、小额贷款公司；支持民间资本以投资入股的方式，参与农村信用社改制为农村商业（合作）银行，支持、规范发展小额贷款公司，鼓励有条件的小额贷款公司转为村镇银行。

（五）加强和改善对中小企业的金融支持。完善中小企业授信制度，对中小企业金融服务实施差异化监管，逐步提高中小企业中长期贷款的规模和比重。完善信贷人员尽职免责机制，提高贷款审批效率，创新金融产品和服务方式。扩大贷款抵押物范围，积极推广动产、应收账款、仓单、股权、政府采购中标合同和知识产权质押等方式，缓解中小企业贷款抵质押不足的矛盾。要将中小企业贷款执行情况纳入各金融机构执行信贷政策的评估内容，对小企业贷款单独管理、单独考核。各商业银行和小额贷款公司等金融机构对中小企业的贷款余额增长率，应达到各项贷款的平均增长水平。鼓励建立小企业贷款风险补偿基金，对金融机构发放小企业贷款按增量给予适度补助，对小企业不良贷款损失给予适度风险补偿。省级财政对各银行类金融机构年度新增小企业贷款给予5‰的风险补偿。各级财政、税务部门要积极支持银行类金融机构及小额贷款公司，认真执行财政部有关中小企业贷款呆账核销政策规定，对符合呆账核销条件的中小企业贷款及时予以核销。

（六）拓宽中小企业融资渠道。支持中小企业上市融资，全力推动中小企业完成股份制改造并加快上市进程，实现中小企业多渠道成功上市。有条件的市、县（市）对上市成功的中小企业给予一定奖励。涉及资产所有权和土地使用权过户发生的费用，根据有关规定给予减免。大力发展创业投资、股权投资和融资租赁企业。鼓励有条件的地区设立创业投资引导基金或产业发展基金，引导社会资金设立主要支持中小企业的创业投资企业。鼓励和帮助中小企业通过发行企业债券、中期票据、短期融资券、集合债券、股权融资、项目融资及信托产品等形式直接融资，开展中小企业集合债券发行试点工作。培育和规范发展产权交易市场，为中小企业产权、股权交易和创投资金退出提供服务。

（七）完善中小企业信用担保体系。设立政府出资、企业联合组建的多层次中小企业信用担保机构，并逐步扩充资本金。鼓励支持民间资本和境外资本投资设立中小企业信用担保机构。制定并不断完善全省融资性担保机构监督管理办法和中小企业担保机构信用评级办法，促进担保机构规范、有序发展。完善对中小企业信用担保的激励和风险补偿办法，对按低于国家规定标准收取担保费以及按规定提取风险准备金的担保机构给予适当补助，对增加资本金的担保机构给予奖励。以省再担保公司为龙头，建立市、县担保公司共同参与的全省再担保网络体系，加强银保合作，完善再担保机制，逐步扩大中小企业再担保规模。鼓励支持有条件的市、县（市）建立相应资金，为中小企业按时还贷、续贷提供资金支持。落实对符合条件的中小企业信用担保机构免征营业税、准备金提取和代偿损失税前扣除的政策。国土资源、住房城乡建设、金融、工商等部门要为中小企业和担保机构开展抵押物及出质的登记、确权、转让等提供优质服务。

三、促进中小企业自主创新和转型升级

（八）支持中小企业增强自主研发能力和推进高新技术产业化。支持中小企业加大研发投入，开发先进适用的技术、工艺和设备，研制新产品。鼓励中小企业建立和实施标准体系，积极采用国际标准和国外先进标准，提高产品质量。实施中小企业知识产权战略，支持中小企业创立企业品牌，维护商标信誉，通过科技创新与开发形成自主知识产权。对中小企业国内外发明专利申请费，省级专利资助资金按规定予以补助。

（九）支持中小企业加快产业优化升级。扶持中小企业大力发展新能源、新材料、生物技术和新医药、节能环保、软件及服务外包、物联网等六大新兴产业。制定和实施人才引进计划，引导高端技术人才向六大新兴产业集聚。引导支持中小企业运用高新技术和先进适用技术改造提升传统产业。鼓励支持中小企业发展科技研发、工业设计、技术咨询、信息服务、现代物流等生产性服务业。支持中小企业在软件开发、服务外包、网络动漫、广告创意、电子商务等新兴领域拓展业务。充分发挥市场机制作用，综合运用法律、金融、环保、土地、产业政策等手段，依法淘汰中小企业领域的落后技术、工艺、设备和产品，防止落后产能异地转移。

（十）支持中小企业做大做强。在新兴产业、支柱产业和优势传统产业中，培育一批拥有自主知识产权、有一定规模、市场前景好的高成长型中小企业，集中财政、金融、科技、土地等资源，支持其做大做强。市、县（市）要根据区域产业特色，对“专精特新”中小企业和行业骨干中小企业予以重点扶持。

（十一）支持中小企业加快技术改造。按照省重点产业调整和振兴规划要求，支持中小企业采用新技术、新工艺、新设备、新材料进行技术改造，支持重点节能减排技术和高效节能环保产品、设备在中小企业推广应用。

（十二）构建中小企业技术创新支撑体系。加快培育中小企业公共技术服务示范平台、中小企业技术创新中心、中小企业技术创新基地，引导和服务中小企业技术创新。加强产学研联合，支持建设省中小企业国内技术转移平台、国际技术转移平台和科技成果对接平台，促进科技成果向中小企业转化。支持设立中小企业海外技术合作中心，帮助中小企业跨国配置科技资源。省级中小企业技术创新中心享受省级企业技术中心的优惠政策，省级中小企业公共技术服务示范平台和中小企业技术创新基地的技术服务收入免征营业税及附加。

（十三）引导中小企业集聚发展。按照布局合理、功能完善、特色鲜明、用地集约、生态环保的原则，培育一批省级中小企业产业集聚示范区。支持重点特色产业基地和产业集群实施品牌战略，提高特色产业比重，壮大龙头骨干企业，延长产业链，提高专业化协作水平，形成一批特色鲜明、竞争力强的产业基地和产业集群。鼓励中小企业与大型企业开展多种形式的经济技术合作，建立稳定的供应、生产、销售等协作关系。

四、提高中小企业经营管理水平

（十四）引导和支持中小企业加强管理。按照科学、规范、精细、效能的要求，指导帮助中小企业加强内部管理。支持中小企业建立现代企业制度，完善法人治理结构，推进管理创新。引导中小企业提高产品质量水平，建立健全质量管理体系。支持中小企业取得质量管理体系认证、环境管理体系认证和产品认证等国际标准认证。督促中小企业苦练内功、降本增效，严格遵守安全、环保、质量、卫生、劳动保障等法律法规，诚实守信经营，履行社会责任。

（十五）加强对中小企业各类人员的培训。加大财政资金对中小企业培训工作的支持力度，促进行业协会（商会）、中小企业培训机构开展政策法规、企业管理、市场营销、专业技能、客户服务等各类培训。用3年时间，对规模以上中小企业的主要经营管理人员实施轮训。

（十六）加快推进中小企业信息化。引导中小企业利用信息技术提高研发、管理、制造和服务水平，提高市场营销和售后服务能力。鼓励信息技术企业开发和搭建行业应用平台，为中小企业信息化提供软硬件工具、项目外包、工业设计等社会化服务。各级财政的技术进步专项资金应安排一定比例支持中小企业信息化建设。

五、营造有利于中小企业发展的良好环境

（十七）加大财政资金扶持力度。逐步增加省级中小科技型发展引导专项资金的规模。重点支持中小企业发展新兴产业、开展技术创新，改善集聚发展、规模发展和转型升级的公共服务环境。省级财政用于扶持企业发展的其他资金，应逐步提高扶持中小企业发展的比例。各市、县（市）人民政府应相应建立扶持中小企业发展专项资金，并逐步增加资金规模。

（十八）认真落实各项税收优惠政策。

1. 对年应纳税所得额不超过 30 万元的符合条件的小型微利企业，减按 20% 的税率缴纳企业所得税；从 2010 年 1 月 1 日至 2010 年 12 月 31 日，对年应纳税所得额低于 3 万元的符合条件的小型微利企业，其所得减按 50% 后计入应纳税所得额，按 20% 的税率缴纳企业所得税。

2. 符合条件的创业投资企业采取股权投资方式，投资于未上市的中小高新技术企业 2 年以上的，可按其投资额的 70%，在股权持有满 2 年的当年抵扣该企业投资企业的应纳税所得额；当年不足抵扣的，可在以后纳税年度结转抵扣。

3. 中小企业缴纳城镇土地使用税确有困难的，可按规定向主管地税机关提出减免申请。

4. 中小企业的固定资产由于技术进步原因需加速折旧的，可按规定缩短折旧年限或者采取加速折旧的方法。税务机关应及时指导企业办理事前备案手续。

5. 中小企业投资国家鼓励类项目，除《国内投资项目不予免税的进口商品目录》所列商品外，所需进口的自用设备以及按合同随设备进口的技术及配套件、备件，免征进口关税。

6. 全面落实高新技术企业、软件企业和资源综合利用等的税收优惠政策，对中小企业从事符合条件的环保、节能节水项目的所得，按规定给予企业所得税优惠。对企业购置用于环保、节能节水、安全生产等专用设备的，该专用设备投资额的 10% 可从企业当年的应纳税额中抵免；当年不足抵免的，可在以后 5 个纳税年度结转抵免。

7. 中小企业因有特殊困难不能按期纳税的，可依法申请在 3 个月内延期缴纳。

（十九）统筹解决中小企业用地需求。要按照产业结构调整和淘汰落后产能的要求，通过改造利用闲置场地、建设多层标准厂房等方式，采取切实有效措施盘活存量土地。各级人民政府在制定和实施土地利用总体规划和年度土地供应计划时，要统筹考虑中小企业投资项目用地需求，对特色产业基地、产业集群（集聚区、工业园区）、小企业创业基地以及高成长中小企业投资项目的多层标准厂房建设要优先供地。对符合条件并纳入省重点培育高成长中小企业的高新技术产业、现代服务业、新兴产业和高端制造业等重大项目优先供地。

（二十）构建和谐劳动关系。采取切实有效措施，加大对劳动密集型中小企业的支持力度，稳定和增加就业岗位。对中小企业吸纳符合条件的就业困难人员就业、签订劳动合同并缴纳社会保险费的，按规定在相应期限内给予基本养老保险、基本医疗保险、失业保险等社会保险补贴。重点推进工资集体协商制度，中小企业可与职工就工资、工时、劳动定额进行协商，签订工资集体合同。简化审批程序，对符合条件的，可向县级以上人力资源社会保障部门申请实行综合计算工时和不定时工作制。

（二十一）加大政府采购支持中小企业的力度。制定政府采购扶持中小企业发展的具体办法，提高采购中小企业货物、工程和服务的比例。重点支持中小企业开发的自主创新产品。进一步提高政府采购信息发布透明度，完善政府公共服务外包制度，为中小企业创造更多参与机会。推动中小企业政府采购信用担保融资工作。

六、强化对中小企业工作的组织领导

（二十二）加强组织领导。成立省人民政府促进中小企业发展联席会议制度，加强对中小企业工作的统筹规划、组织领导和政策协调。联席会议办公室设在省经济和信息化委（省中小企业局）。各地可根据工作需要，建立相应的组织机构和工作机制。

（二十三）加强对中小企业工作的指导。各级人民政府要把中小企业发展纳入国民经济和社会发展总体规划。各级中小企业行政管理部门要切实履行《江苏省中小企业促进条例》赋予的工作职责，加强综合协调和指导服务，督促发展中小企业各项政策措施的落实。政府其他有关部门要在各自职责范围内对中小企业进行指导和服务，落实有关政策。建立全省中小企业工作激励机制，对促进中小企业发展成效显著的市、县（市），省人民政府给予表彰。

（二十四）建立中小企业统计监测制度。省统计局会同省中小企业局建立和完善对中小企业的分类统计、监测、分析及发布制度，加强对规模以下企业的统计分析工作。省有关部门要及时向社会公开发布发展规划、产业政策、行业动态等信息，逐步建立中小企业市场监测、风险防范和预警机制。

（二十五）营造有利于中小企业发展的良好环境。清理不利于中小企业发展的政策文件和规章制度，优化中小企业发展环境。深化行政审批制度改革，全面清理并进一步减少、合并行政审批事项，实现审批内容、标准和程序的公开化、规范化。严格执行省人民政府关于取消部分行政事业收费项目

的文件规定，切实减轻中小企业负担。各级人民政府应设立举报电话，及时受理和处理中小企业反映的问题。

二〇一〇年八月三日

中共江苏省委　江苏省人民政府关于加快民营经济转型升级的意见

苏发［2010］17号

民营经济是推动我省经济社会发展的重要力量，是我省加快转变经济发展方式的生力军。为贯彻落实中央鼓励支持引导民营经济发展的方针政策和加快转变经济发展方式的要求，促进我省民营经济加快转型升级，实现又好又快发展，特提出以下意见。

一、指导思想、总体要求和主要目标

（一）指导思想。深入贯彻落实科学发展观，进一步解放思想、提高认识，毫不动摇地鼓励、支持和引导民营经济发展，坚定不移地转变民营经济发展方式。深化改革，鼓励和支持民间资本进入更多的领域；推动创新，着力提升民营经济自主创新水平；积极调整，全面优化民营经济结构；强化服务，创造有利于民营经济发展的良好环境；加强指导，促进民营经济依法规范经营，切实履行社会责任。

（二）总体要求。以创新为基本动力，转变发展方式，提升产业层次，强化竞争能力，拓展发展空间，努力实现“五个转变”和“五个发展”。“五个转变”即由粗放分散发展向集约集聚发展转变；由投资驱动为主向创新驱动转变；由产业低端向高附加值环节转变；由传统运营机制向现代企业制度转变；由量的扩张带动向质的提升带动转变。“五个发展”即在继续保持、巩固、发展传统制造业和服务业优势的同时，将新兴产业、先进制造业、现代服务业及“专精优特”作为主攻方向，实现创新发展、集约发展、规模发展、外向发展、可持续发展。

（三）主要目标。到“十二五”末，民营经济增幅保持高于全省经济增长水平；吸纳就业人员占新增就业人员75%；上缴税收占全省税收总额的比重力争年均提高0.5个百分点；民营经济新兴产业销售收入占全省新兴产业销售收入60%以上；民营科技企业总数达到35000家，民营科技企业产值对全省高新技术产业产值贡献份额达到45%，民营企业专利授权数达到7万件；超百亿元产业集聚区力争达到110个。民营企业综合竞争力和可持续发展能力全面增强，在创新驱动、优化结构、外向开拓、做强做精等方面走在全国前列，真正成为支撑我省经济内生增长的主要动力。

二、大力推进民营经济转型升级

（四）鼓励民营经济加快发展新兴产业。把促进民营经济进入新兴产业领域纳入“十二五”经济社会发展的总体布局，细化、实化、深化发展目标、重点项目和关键措施，推动民营企业加快进入新兴产业领域。高起点规划建设一批民营经济新兴产业集聚区，形成若干特色产业集群，着力构建一批产业链长、资源循环利用率高、基础设施配套好、集成创新能力强的新兴产业基地。支持民营企业加强新兴产业核心技术攻关，承担国家和省重大科技专项及重点科技计划项目。加强技术公共服务、技术成果交易、融资服务和社会化人才服务四大平台建设，促进人才、技术、资金等发展要素向新兴产业领域的优势民营企业集聚。

（五）促进民营经济创新发展。支持民营企业持续加大科技投入，在原始创新、集成创新和引进消化吸收再创新方面实现新的突破。落实企业研究开发费用税前加计扣除政策，支持民营企业建设技术研究所、院士工作站、工程技术（研究）中心等研发机构，加快新产品开发进程，增强持续创新能力和国际竞争能力。鼓励民营企业建立和实施标准体系及实质性参与国际标准化活动，积极采用国际标准和国内先进标准，提高产品质量。引导民营企业实施知识产权战略，推进知识产权的创造、运用、保护和产业化。每年认定一批民营高新技术企业，示范带动民营企业向创新型企业转型升级。支持民营企业与高校、科研院所构建产业技术创新战略联盟，联合建立研发机构，共同承担重大科技项目，以产学研紧密结合提升企业创新能力。依托高等院校、科研单位、大中型企业技术研发机构、行业协会、产业园区及其他专业服务机构，加快建立一批公共技术服务机构，为民营企业提供技术研发信息发布、成果转让、质量检测、人才引进、联合攻关等服务。认定和重点支持一批主要面向民营企业的省级创新产业示范基地、科技创业园和技术创新服务示范平台。

（六）着力提升传统制造领域民营企业的整体水平。多层次、多形式推进信息化带动工业化，以信息化手段促进制造业企业设计数字化、设备自控化、管理网络化和商务电子化，加快建设一批“两化融合”先行园区和示范企业。支持主导产业、传统产业领域优势骨干民营企业围绕技术装备升级、品牌质量提升、促进节能减排、提高规模效益等实施重大技术改造项目，实现产业产品改造提升。支持民营企业引进当前国内紧缺技术和关键零部件，通过消化吸收再创新突破技术瓶颈，提升产业关键环节的技术水平。采取有效措施鼓励民营企业发展现代物流、科技研发、工业设计、技术咨询、信息服务等生产性服务业，为传统制造业转型升级提供支撑。建设承接载体，鼓励苏南传统优势产业加快向苏北转移，在转移中提升技术、装备和产业层次。

（七）推动民营企业做强做精。以强化规模优势、品牌优势、竞争优势为重点，推动并支持一批核心竞争力强、主导产品优势突出的民营企业跨地区、跨行业、跨所有制兼并重组，积极进行上下游产业链整合，实现优势互补，成为行业排头兵。力争到“十二五”末，全省销售（营业）收入超过百亿元的民营企业达到60家以上，有更多民营企业进入全国和世界500强。鼓励民营中小企业向“专精特优新”方向发展，提高进入大企业特别是跨国公司产业链的能力，提高在国内外细分市场的竞争能力。发挥民营企业培育自主品牌的主体作用，不断提升其品牌内涵和价值，形成一批知名品牌群体。按照布局合理、特色鲜明、集约用地、生态环保的要求，鼓励和引导民营企业向集聚化、集群化方向发展。加快淘汰不符合国家产业政策和标准的落后技术、工艺、设备和产品，大力发展循环经济，实施清洁生产。

（八）提升民营企业国际竞争力。引导民营企业参与国际竞争，增强统筹利用两个市场、两种资源发展壮大的能力。支持民营企业多渠道参加境内外知名展会，建立自主国际营销网络，发展自主品牌和自主知识产权产品出口，提高出口产品科技含量和附加值，提高民营企业出口额占全省出口总额的比重。完善出口信用保险保障机制，加大对民营出口企业的信贷支持。鼓励民营企业与外资企业开展战略性合作，提高技术水平和管理水平。支持民营企业开展国际化经营，在人才、研发、生产、营销等方面，以控股、参股、合作或代理等多种方式，吸纳和整合全球资源，大幅度提高国际竞争力。支持鼓励民营企业设立生产加工基地、资源开发基地及研发营销网络，积极参与境外经贸合作区、产业集聚区建设，提高跨国经营水平和能力。引导民营企业扩大服务业的国际合作。支持服务体系建设，在信息咨询、法律、融资服务等方面更好地为民营企业在境外开展投资经营活动提供指导和服务。

三、拓宽民间资本投资领域

（九）完善公平竞争的体制机制。全面贯彻落实《国务院关于鼓励和引导民间投资健康发展的若干意见》（国发［2010］13号），进一步降低准入门槛，减少行业限制。抓紧制定出台我省民间投资指导目录，编制民间投资项目计划，排出重点领域和项目，明确时间进程和目标要求。

（十）放宽民间投资领域限制。除国家明令禁止的外，所有领域一律对民间资本开放，支持民间资本加快进入传统垄断行业和领域。市场准入标准和优惠扶持政策要对所有经济主体公开透明，不得单对民间资本设置附加条件。放宽行业准入，落实支持民间资本进入交通、水利、电力、石油、天然气、电信、土地整治和矿产资源勘探开发等基础产业和基础设施领域的政策；减少准入限制，落实支持民间资本进入金融、市政公用事业、国防科工等领域的政策；加强政策支持，落实支持民间资本拓宽医疗、教育、社会福利、文化、旅游、体育等社会事业及商贸流通、政策性住房等投资领域的政策。

四、进一步加大政策支持力度

（十一）加强对民营企业的人才支持。把民营企业人才工作纳入全省人才工作的总体规划，统筹安排，分类指导，加快培养和造就一支适应发展需要的企业家队伍、专业技术人才队伍和高技能人才队伍。针对一批民营企业进入代际替换的现实情况，加强对民营企业接班人和职业经理人的培养，建立我省民营企业家后备队伍培训的长效机制。实施“百千万”人才培育计划，即每年培训百名高成长民营企业和拟上市民营企业的董事长、总经理；培训千名民营企业经营者，着重培训民营科技型中小企业和新生代民营企业家；培训万名民营企业中高级经营管理人员。探索建立职业经理人信息查询、测评与推荐制度，加快企业经营管理人才职业化、市场化进程。实施民营企业人才国际化战略，通过境外培训、重点引进、就地利用等方式聚集、使用、储备一批有国际视野和跨国经营经验的高端人才。各地各级要采取有效形式，依托产业园区，建立服务范围广、政策资源多、管理制度好的人才引进平台，为民营企业解决人才引进难、使用难和流动难的问题。完善民营企业人才引进、培养、使用等机制，确保民营企业人才在政治待遇和权益保护等方面与其他各类人才享有同等待遇。

（十二）提高财政、税收支持的效能。充分发挥财政资金对民营经济发展的引导作用、培育作用，各级财政要加大扶持力度，优化扶持方向，突出扶持重点，切实支持民营企业提升整体竞争能力。各类财政专项资金在支持范围上要打破所有制界限，对民营企业一视同仁。重点支持民营企业技术成果转化、技术改造、制定标准、创建品牌，以及面向民营企业的各种专业化服务平台与载体建设，优先支持在国内外上市的民营企业做强做精。有条件的县（市、区）可积极利用现有的投融资平台，探索建立信贷应急周转基金制度，为结构调整中的中小企业按时还贷提供接力资金支持。研究提出运用政府采购制度支持民营企业发展的具体办法，并抓好落实，确保在同等条件下民营企业的产品和服务能够进入政府采购目录。抓好税费优惠政策的落实工作，加强信息发布和培训辅导，使民营企业能够及时、充分享受到国家的各种税费优惠政策。制定合理的财政税收增长计划，涵养税源，提高民营企业持续发展的能力。民营企业兼并重组中发生的涉税事项符合税收规定的，可进行特殊性税务处理。

（十三）拓宽民营企业融资渠道。加强和改善对民营企业的金融服务。各类金融机构要不断创新产品，扩大对民营企业贷款的规模和比重，提供适合民营企业特点的金融服务。大力推广“阳光信贷”、“信贷工厂”、“贷款券”等符合民营企业特点的信贷模式以及商业承兑汇票、融资租赁、动产、股权、知识产权、应收账款抵（质）押等符合民营企业特点的融资方式。积极发展短期融资券、中期票据、中小企业集合票据等直接债务融资工具。大力发展适合民营经济发展特点的中小金融机构，支持民间资本参与商业银行和农村合作金融机构的增资扩股。完善融资担保体系，鼓励各级政府、企业法人、民间资本等建立多层次的融资担保机构。扩大农村小额贷款公司的试点范围，鼓励民间资本兴办农村小额贷款公司，支持各地开展组建农民资金互助组织试点。支持和鼓励小额贷款公司转为村镇银行。引导建立以民营企业为主要对象的各类产业投资基金、创业投资基金等，充分发挥对民营企业创业创新、转型升级的助推作用。启动新一轮民营企业上市工程，推进民营企业充分利用境内外各类资本市场直接融资，推荐符合国家产业政策以及我省产业发展方向、具有较强竞争力和创新能力、运作规范的民营企业上市融资，建立和完善包括民营企业在内的企业上市培育体系，对重点拟上市民营企业建立备案制度，力争“十二五”期间新增50家民营企业在境内外上市，200家企业进入上市培育程序。探索建立多层次的资本市场体系，推动地方产权交易市场的发展，对尚不具备上市条件的民营企业，鼓励其通过地方产权市场做大做强。

（十四）统筹解决民营企业用地需求。各级政府在制定和实施土地利用总体规划和年度土地供应计划时，要统筹考虑民营企业投资项目用地需求，加大对重点民营企业发展用地的保障力度。要按照产业结构调整和淘汰落后产能的要求，鼓励民营企业通过盘活存量土地、改造利用闲置场地等方式，建设、使用多层标准厂房。对民营企业参与城市基础设施、公益性科技和非营利性教育、文化、卫生等社会公益事业项目需要使用的土地，符合国家划拨用地目录的，可按划拨方式供地。

五、提升对民营经济的服务水平

（十五）为民营企业提供规范高效的政府服务。进一步深化行政管理体制的改革创新，简化审批程序，改革行政审批办法，在民营企业设立和项目立项过程中，实行“宽进严管”制度。加强执法队伍建设，严格规范执法行为，根据有关法律法规细化量化执法幅度，并向社会公示，接受社会监督。民营企业依法进行的生产经营活动，任何单位和个人不得干预。依法保护企业主的名誉、人身和财产等各项合法权益。民营企业合法权益受到侵害时提出的行政复议、投诉等，政府部门必须及时受理，公平对待，限时答复。

（十六）切实减轻民营企业的社会负担。全面清理和规范强制性准入的中介服务收费、垄断性经营服务收费、越权设立的行政事业性收费。除依法设立的收费项目外，任何部门和单位无权向民营企业收取任何费用，无权以任何理由强行要求企业提供各种赞助费或接受有偿服务。涉及民营企业的收费和处罚项目，必须在政府网站等媒体上公布。任何部门不得下达或变相下达收费指标。政府部门不得以任何方式要求企业到指定中介服务机构办理相关事宜。企业有权拒绝和举报无证收费和不合法收费行为。各级价格、财政部门要加强对各类收费的监督检查。各级纪检监察机关、价格部门要依法严肃查处乱收费、乱罚款及各种摊派行为。

（十七）进一步完善社会化服务体系。加快建立健全政府组织、指导和监督，社会共同参与，多主体、多层次、多方位的社会化服务体系。通过资格认定、能力评价、业务委托、业绩奖励等方式，引导社会服务机构为民营企业提供创业辅导、技术支持、融资担保、信息支撑、人才培训、管理咨询、市场开拓、法律援助等方面的服务。

（十八）引导民营企业建立现代企业制度。鼓励、引导、支持有条件的民营企业加快公司制改造步伐，实现投资主体多元化，完善法人治理结构，向科学化、现代化管理方向发展。引导有条件的民营企业在创业传承的基础上，推进所有权和经营权分离。注重加强以质量、品牌、安全、财务、营销等为重点的企业内部管理制度建设。进一步增强民营企业信用意识，健全企业信用制度，形成企业信用自律机制。

（十九）引导民营企业构建和谐劳动关系。引导和促进民营企业建立健全党团组织，依法建立工会组织。根据民营企业量大面广、用工灵活、员工流动性大等特点，积极探索建立符合民营企业特点的民主管理制度和用工管理制度。指导督促民营企业增强民主管理意识、劳动法制意识和社会责任意识，规范用工行为，改善劳动条件，保护职工合法权益，重视人文关怀，关心照顾困难职工、残疾职工。以工资协商为重点，深入推进集体协商和集体合同制度，建立健全民营企业职工工资正常增长和支付保障机制，依法维护企业和职工合法权益，调动广大职工的积极性和主动性。引导民营企业认真承担社会责任，积极参与社会公益事业。

（二十）建立健全与民营经济发展相适应的行业组织。现有行业组织要充分发挥对民营企业的引导、服务作用，反映民营企业的合理要求，保护其合法权益，应对贸易纠纷，促进其自律经营。加大对优秀行业协会、商会组织的支持力度，对在行业中有影响力和凝聚力，并对行业发展做出贡献的行业协会、商会组织加强政策扶持。加快建立与国际接轨的商会组织架构，鼓励支持民营企业发起成立行业协会、商会。促进行业组织加强自身建设，提高行业组织的公信力、影响力。加快制定政府购买行业组织服务的具体办法，强化行业协会、商会组织的科技平台建设、行业标准制定和行业自律功能。

六、加强对民营经济工作的组织领导

（二十一）加强组织领导。各级党委、政府要切实把推动民营经济科学发展摆上重要议事日程，切实加强组织领导。政府各有关部门要加强协调，密切配合，形成合力，为民营经济提供有效服务。

加强和完善民营经济统计工作，及时、准确、全面反映民营经济发展情况。将推动民营经济转型升级作为各地和有关部门工作考核指标体系的重要组成部分，省民营经济综合管理部门要加强考核督查。建立民营经济工作激励机制，省委、省政府定期对优秀民营企业和企业家进行表彰。发挥好各级工商联和私营（民营）个体经济协会在管理民营经济中的助手作用。

（二十二）营造良好氛围。大力宣传党中央、国务院和省委、省政府关于鼓励、支持、引导民营经济发展的方针政策和措施，大力宣传民营经济在全省经济社会发展中的重要地位和作用，大力宣传表彰依法经营、诚实守信、认真履行社会责任、积极参与社会公益事业的民营企业家的先进事迹，形成有利于民营经济科学发展的良好社会舆论氛围。

各地、各有关部门要根据本意见，尽快制定贯彻落实的具体办法。

二〇一〇年十月二十二日

安徽省人民政府关于进一步促进非公有制经济和中小企业加快发展的实施意见

皖政［2010］93 号

各市、县人民政府，省政府各部门、各直属机构：

为深入贯彻落实《国务院关于进一步促进中小企业发展的若干意见》（国发［2009］36 号）精神，进一步推动全省非公有制经济和中小企业转变发展方式，加快结构调整，实现科学发展，结合我省实际，提出如下实施意见：

一、进一步增强加快非公有制经济和中小企业发展的紧迫感和责任感

（一）非公有制经济和中小企业发展面临的紧迫性。近年来，我省非公有制经济和中小企业有了长足发展，总量增长较快，质量和效益明显提高。非公有制企业绝大多数是中小企业。2009 年，全省非公有制经济实现增加值 5661.9 亿元，占全省 GDP 的比重达 56.3%；实现地方税收收入和国税收入分别占全省的 74.1%和 54%；2009 年末，全省非公有制企业已达 18.95 万户，提供的就业岗位占全省城镇就业岗位的 75%。非公有制经济和中小企业已成为全省经济发展的关键支撑，安排社会就业的主要载体，实现自主创新的重要力量。但是，当前我省非公有制经济和中小企业发展仍然面临严峻挑战。从内部看，长期积淀的结构层次需要进一步提高，创新能力需要进一步提升，管理水平需要进一步增强，转型压力进一步增大。从外部看，融资难、负担重、发展环境仍需优化的矛盾较多，企业数量和经济总量与发达省份相比仍然偏少。全省上下要进一步深化认识，把促进非公有制经济和中小企业加快发展作为当前及未来较长一段时期内的重大战略任务，采取有效措施，切实加力推进。

（二）非公有制经济和中小企业面临难得的发展机遇。近年来，我省工业化和城镇化发展不断加快，内需拉动作用明显增强，居民消费结构迅速升级，劳动力素质明显改善，企业竞争的内生动力和活力不断增强。“十二五”是我省全面建设小康社会的攻坚期，工业化、城镇化的加速期，也是经济社会发展的转型期，我们必须牢牢抓住并用好大有可为的重要战略机遇期，推动科学发展、全面转型、加速崛起、兴皖富民，促进经济社会又好又快发展。当前，我省正在加快皖江城市带承接产业转移示范区、合芜蚌自主创新综合试验区和国家技术创新工程试点省建设，促进皖北地区加快发展，为我省非公有制经济和中小企业加快发展、实现新的跨越提供了更广阔的产业空间和市场空间。

（三）进一步明确非公有制经济和中小企业发展的总体要求。深入贯彻落实科学发展观，坚持工业化、城镇化双轮驱动，着力推进转型发展、开放发展、创新发展、和谐发展，围绕结构调整、技术进步、节能减排、素质提升，以非公有制经济和中小企业创业创新工程为抓手，抢抓机遇，破解难题，加快发展，力争到“十二五”末，非公有制经济实现增加值占全省生产总值的 65%，非公有制企业数量比“十一五”末翻一番，提供的城镇就业岗位达到全省城镇就业岗位的 80 %以上。

二、大力实施非公有制经济和中小企业创业创新工程

（四）鼓励支持全民创业。深入落实《安徽省人民政府关于进一步加快个体私营等非公有制经济发展推进全民创业的意见》（皖政［2007］1 号）、《中共安徽省委安徽省人民政府关于进一步推动个体私营等非公有制经济又好又快发展的意见》（皖发［2008］19 号）等文件中鼓励全民创业的政策措施，进一步降低创业门槛、放宽准入领域、加强创业指导，鼓励全民竞相创业。以支持农民工返乡创业、大学生等各类人员自主创业等为重点，通过政策扶持，提高创业成功率，形成政府重视、部门支持、社会参与的良好创业氛围，掀起新一轮全民创业的高潮。（责任单位：省人力资源社会保障厅、省教育厅、省经济和信息化委、省工商局、省工商联）

（五）支持小企业创业基地建设。各级政府每年安排一定数量的用地指标，用于小企业创业基地和农民工返乡创业园建设。鼓励各类投资主体利用现有存量土地、闲置场地和厂房改造建立小企业创业基地。对经认定的小企业创业基地，缴纳房产税和城镇土地使用税确有困难的，可按税收管理权限报批，给予减征或免征房产税和城镇土地使用税，并从省统筹基建专项资金中给予一定建设经费补助。

（责任单位：省经济和信息化委、省发展改革委、省人力资源社会保障厅、省国土资源厅、省地税局）

（六）培育“专、精、特、新”企业和成长性小企业。选择一大批生产专业化、管理精细化、产品特色化、技术高新化的“专、精、特、新”企业和成长性小企业，进行重点培育。鼓励和支持劳动密集型中小企业稳定和增加就业岗位。省中小企业发展专项资金在贷款担保、人才培训、市场开拓、技术创新、管理咨询、信用培育等方面予以重点扶持。经认定为高新技术企业的非公有制企业和中小企业，减按15%的税率征收企业所得税。（责任单位：省经济和信息化委、省地税局、省国税局）

（七）扶持产业集群专业镇发展。鼓励、支持发展一村一品、一镇一业。省重点培育100个产业集群专业镇，支持、引导和推进产业集群专业镇制定发展规划、延伸产业链条、完善产业配套和公共服务平台建设。鼓励和支持金融服务机构在产业集群专业镇设点或分支机构。（责任单位：省经济和信息化委、省住房城乡建设厅、省商务厅、省政府金融办、安徽银监局）

（八）支持非公有制经济和中小企业提升技术创新能力。企业开发新技术、新产品、新工艺发生的费用，可以在计算应纳税所得额时加计扣除。经国家或省认定的高新技术产品和新产品，自认定之日起所缴增值税新增部分的省、市留成部分，3年内全额奖励企业。国家技术创新工程试点省专项资金重点用于创新型企业和创新型园区的奖励、产业关键技术研发、公共服务平台建设、高端人才引进、重大项目配套、科技贷款风险补偿和专利资助等。鼓励非公有制经济和中小企业建立研发机构，参与承担重大科技项目攻关、产学研合作项目以及重点实验室、工程（技术）研究中心和企业技术中心建设，加快建立一批生产力促进中心、科技企业孵化器和公共技术服务平台，为非公有制企业和中小企业提供技术研发、产品设计、新技术推广和技术培训等服务。鼓励有条件的企业充分发挥技术优势，积极主导和参与地方标准、行业标准、国家标准乃至国际标准修订工作。（责任单位：省科技厅、省发展改革委、省经济和信息化委、省财政厅、省质监局、省地税局、省国税局）

（九）支持非公有制经济和中小企业发展自主品牌。建立品牌培育和保护机制，制定品牌推进工作规划，编制创品牌产品梯队目录。重点支持我省的“中华老字号”、“皖”牌老字号、省自主创新品牌示范企业以及传统工艺美术品种、技艺等传统优势非公有制企业和中小企业申请商标注册；鼓励挖掘、保护、改造民间特色传统工艺，提升特色产业。扶持一批经营有特色、产品质量好、市场占有率高的非公有制企业和中小企业实施名牌战略，创建名牌产品。（责任单位：省工商局、省经济和信息化委、省商务厅、省质监局）

（十）进一步拓宽民间资本投资领域和范围。鼓励支持民间资本以参股、重组等方式进入电信、能源、石化、电力等垄断行业，进一步推动、鼓励民间资本投资服务业和教育、医疗、文化、保障性住房建设等领域。（责任单位：省发展改革委、省住房城乡建设厅、省工商局、省江北产业集中区管委会、省江南产业集中区管委会）

三、切实缓解非公有制经济和中小企业融资困难

（十一）加大信贷支持力度。金融机构要进一步完善金融支持政策，创新金融产品和服务方式。将金融机构发放小企业贷款的总量、增速列入政府对金融机构的考核范围，并适当增加考核权重。单列小企业信贷指标，完善授信业务制度，保证小企业信贷投放增速高于全部贷款增速。对符合条件的县级分支机构，可以适当扩大小企业贷款审批权限，提高贷款审批效率。加大小企业不良贷款核销和减免工作的力度，提高小企业不良贷款核销的总量和效率。（责任单位：省政府金融办、省财政厅、人行合肥中心支行、安徽银监局）

（十二）落实支持中小企业发展的金融政策。支持小企业采取动产、应收账款、承包合同、仓单、股权和知识产权质押等方式进行融资，支持金融机构、小额贷款公司发放小额信用贷款。对金融机构、小额贷款公司新增的小企业无担保或无抵押类贷款的，按0.5‰给予奖励，并按其当年新增贷款月均余额的5‰给予贷款风险补偿，所需资金从市、县非公有制经济和中小企业贷款风险补偿资金中列支。建立小企业贷款风险补偿基金。支持、规范发展小额贷款公司，选择有条件的小额贷款公司转为村镇银行。（责任单位：省财政厅、省政府金融办、人行合肥中心支行、安徽银监局）

（十三）支持中小企业从资本市场融资。建立非公有制企业和中小企业上市资源库，每年选择部分成长型非公有制企业和中小企业进行重点培育辅导；对拟上市的企业，将其因上市而补缴的企业所得税地方留成部分全额奖励给企业；对成功上市的企业，由省及当地财政分别给予上市费用10%的补贴；对成功实施债券融资的企业，由省及当地财政分别给予发行费用10%的补贴。（责任单位：省政府金融办、省科技厅、省财政厅、安徽证监局）

（十四）促进中小企业担保业发展。落实对符合条件的中小企业信用担保机构免征营业税、准备金提取和代偿损失税前扣除政策。中小企业信用担保机构按照规定比例提取的担保赔偿准备金和未到期责任准备金，允许在企业所得税税前扣除。担保机构实际发生的代偿损失，应依次冲减已在税前扣除的担保赔偿准备、在税后利润中提取的一般风险准备，不足冲减部分可按照规定在企业所得税税前扣除。省、市、县继续加大对中小企业信用担保机构的支持力度。（责任单位：省政府金融办、省财政厅、省地税局、省国税局）

（十五）加快信用体系建设。积极探索建立适合非公有制企业和中小企业特点的信用评级、信用信息征集和发布机制，引导非公有制企业和中小企业强化信用意识，改善信用形象，提高信用等级。

鼓励和支持有资质的征信机构和社会信用评价机构开展非公有制企业和中小企业信用评级服务，建立信用信息档案，提供信用信息查询。（责任单位：省发展改革委、省工商局、人行合肥中心支行、安徽银监局）

四、加大对非公有制经济和中小企业财税支持力度

（十六）扩大中小企业（非公有制经济）专项资金规模。在省财政收入增长的基础上，逐步扩大省财政预算扶持中小企业发展的专项资金规模，重点支持非公有制经济和中小企业技术创新、结构调整、节能减排、开拓市场、扩大就业以及改善对非公有制经济和中小企业的公共服务。市、县也要设立专项资金，加大对非公有制经济和中小企业的支持力度。（责任单位：省财政厅、省经济和信息化委）

（十七）落实好税收扶持政策。工业增值税小规模纳税人认定标准降为年应征增值税销售额50万元（含50万元），商业增值税小规模纳税人认定标准降为年应征增值税销售额80万元（含80万元），增值税小规模纳税人征收率降为3%。自2010年1月1日至2010年12月31日，对年应纳税所得额低于3万元（含3万元）的小型微利企业，其所得减按50%计入应纳税所得额，按20%的税率缴纳企业所得税。中小企业缴纳城镇土地使用税确有困难的，可以按有关规定予以减免。中小企业因有特殊困难不能按期纳税的，可申请延期缴纳税款，但最长不得超过三个月。（责任单位：省财政厅、省地税局、省国税局）

五、推进非公有制经济和中小企业结构调整与发展方式转变

（十八）支持开展技术改造。省技术改造专项资金重点支持采用新技术、新工艺、新设备、新材料的非公有制经济和中小企业进行技术改造。企业技术改造项目竣工验收合格的，从项目投产之日起，国家项目3年内、省重点项目2年内新增效益所得税的省、市留成部分，全部返还企业用于技术改造。（责任单位：省经济和信息化委、省财政厅、省地税局、省国税局）

（十九）加大节能减排推进力度。加大对非公有制企业和中小企业节能降耗、清洁生产、资源综合利用、服务平台建设、节能诊断等方面的资金支持。对中小企业生产符合国家鼓励的资源综合利用产品、使用列入环境保护和节能节水专用设备税收优惠目录的设备，以及实施列入节能减排税收优惠目录的项目等，按有关规定积极落实税收减免政策；对淘汰落后成效明显的企业，优先支持申报中央财政奖励资金，从省差别电价收入中给予补助。（责任单位：省经济和信息化委、省财政厅、省地税局、省国税局）

（二十）提高产业协作配套能力。对与大企业签订配套合同、专业化程度较高的非公有制企业和中小企业，提供贷款担保和贴息支持；对本土配套率达到40%或本土配套率年增速达到10%以上的大企业，给予表彰奖励，所需资金从省中小企业发展专项资金中列支。（责任单位：省国资委、省经济和信息化委）

（二十一）推进企业联合兼并重组。鼓励非公有制企业和中小企业联合、兼并、重组、控股和相互参股，使其做大做强。对企业兼并重组涉及的资产评估增值、债务重组收益、土地房屋权属转移等给予税收优惠，具体按财政部、国家税务总局《关于企业兼并重组业务企业所得税处理若干问题的通知》（财税［2009］59号）、《关于企业改制管理费用若干契税政策的通知》（财税［2008］175号）执行。（责任单位：省经济和信息化委、省财政厅、省国土资源厅、省商务厅、省地税局）

（二十二）支持企业进入园区发展。对进入经济开发区、工业园区等工业集中区发展的非公有制企业和中小企业，原使用土地可以进行置换，在自愿和履行监管程序的原则下，实行对等置换，并变更土地使用权证；对其新建厂房投资，当地政府可以予以补贴。省中小企业发展专项资金、技术改造专项资金、产业技术研究与开发专项资金等，优先支持进入经国家和省认定的各类园区、产业集群专业镇发展的非公有制企业和中小企业。（责任单位：省经济和信息化委、省科技厅、省财政厅、省国土资源厅）

六、鼓励非公有制企业和中小企业提升管理水平和开拓国内外市场

（二十三）完善现代企业管理制度。帮助非公有制企业和中小企业按照有关法律法规建立规范的个人独资、合伙制和公司制企业，引导个体私营企业由封闭性股权结构向开放式股权结构转变，完善企业法人治理结构，建立现代企业制度。引导和支持非公有制企业和中小企业苦练内功、降本增效，诚实守信经营，履行社会责任。（责任单位：省经济和信息化委、省工商局）

（二十四）加强对企业经营者和员工培训。将非公有制企业、中小企业经营者和员工培训纳入当地人才培训整体规划，逐步建立政府引导、社会支持和企业自主相结合的培训机制。实施非公有制企业和中小企业银河培训工程，开展“名师大讲堂”和“赛飞培训”活动，充分发挥大专院校、职业学校、各类培训机构的作用，重点开展法律法规、产业政策、经营管理、职业技能和技术应用等方面的培训。在3年内对规模以上非公有制企业和中小企业的经营管理者实施全面轮训。大力推行国家职业资格证书制度，鼓励在岗职工参加职业技能鉴定。（责任单位：省经济和信息化委、省人力资源社会保

障厅、省教育厅、省工商联）

（二十五）推进信息化建设。实施国家中小企业信息化推进工程，引导中小企业利用信息技术提高研发、管理、制造和服务水平，提高市场营销和售后服务能力。鼓励信息技术企业开发和搭建行业应用平台，为中小企业信息化提供软硬件工具、项目外包、工业设计等社会化服务。省信息化建设专项资金要支持非公有制企业和中小企业信息化建设，支持电子商务服务提供商开展面向非公有制企业和中小企业的培训和应用指导。（责任单位：省经济和信息化委、省科技厅）

（二十六）支持开拓国内外市场。采取财政补助等方式支持中小企业参加有关展览展销活动。支持符合条件的非公有制企业和中小企业参与家电、农机、汽车、摩托车下乡和家电、汽车以旧换新等业务。对销售渠道稳定、市场占有率高的非公有制企业和中小企业，省中小企业发展专项资金给予重点支持。（责任单位：省商务厅、省经济和信息化委、省财政厅）

鼓励支持有条件的非公有制企业和中小企业到境外开展并购等投资业务，带动产品和服务出口。对从事境外投资、技术合作与交流、工程承包、劳务合作、境外展览展销和自营进出口业务等活动的，给予中小企业国际市场开拓资金等补助。（责任单位：省商务厅、省住房城乡建设厅）

七、加强和改善对非公有制经济和中小企业的服务

（二十七）加快推进服务机构建设。逐步实现每个市、县设立 1 家以上中小企业综合服务机构。通过资格认定、业务委托、激励等方式，发挥工商联以及行业协会（商会）和综合服务机构的作用，引导和带动专业服务机构的发展。从省中小企业发展专项资金中安排部分资金，支持非公有制经济和中小企业社会化服务体系建设。（责任单位：省经济和信息化委、省财政厅、省工商联）

（二十八）加快公共服务平台建设。将非公有制企业和中小企业公共服务平台，纳入省九大重点产业公共服务平台建设规划，给予倾斜。鼓励高等院校、科研院所、企业技术中心向非公有制经济和中小企业开放科技资源，开展共性关键技术研究，对服务非公有制经济和中小企业发展做出突出贡献的单位给予表彰和奖励。（责任单位：省经济和信息化委、省科技厅、省质监局）

（二十九）优化政府对非公有制经济和中小企业服务。逐步完善、落实非公有制经济和中小企业项目审批权限下放政策。简化项目审批备案手续，全面清理并进一步减少、合并涉及非公有制经济和中小企业的行政审批事项，商务、工商、税务、质检、环保等部门要简化审批程序，公开审批内容和标准，推行“首问负责制”和“限时办结制”。（责任单位：省政务服务中心、省监察厅）

做好非公有制企业和中小企业建设工程、设计、施工等资质认定的服务工作，授予符合条件的企业相应资质，帮助企业提升资质等级。（责任单位：省住房城乡建设厅、省国土资源厅、省质监局）

（三十）加大政府采购支持力度。出台支持中小企业参与政府采购招标投标管理办法，对国家和省自主创新产品、新产品实行首购和订购。以价格为主的招标项目评标，在满足采购需求的条件下，优先采购非公有制企业和中小企业生产的国家和省自主创新产品、新产品；以综合评标为主的招标项目，要增加非公有制企业和中小企业生产的国家和省自主创新产品、新产品评分比重并合理设置分值比重。（责任单位：省财政厅、省科技厅、省经济和信息化委、省招标局）

（三十一）切实减轻企业负担。对承接产业转移示范区、经济开发区、工业园区、产业集群专业镇，市、县可结合本地实际，减免属于本级收入的行政事业性收费。对各类政府定价和政府指导价的经营性收费，按照不高于收费标准下限的一半征收。严格执行税收征收管理法律法规，不得违规向非公有制企业和中小企业提前征税或者摊派税款。各级负责企业减负的部门要切实履行职责，加大对非公有制经济和中小企业负担的监督检查，严肃查处乱收费、乱罚款及各种摊派行为。注重发挥各类监督工具的作用，加大对增加企业负担违法违规行为曝光的力度，切实减轻非公有制经济和中小企业负担。（责任单位：省监察厅、省经济和信息化委、省财政厅、省地税局、省工商局、省物价局）

八、完善协调保障机制

（三十二）加强组织领导。成立省促进中小企业发展工作领导小组，与省发展非公有制经济推进全民创业领导小组合署办公，加强对中小企业发展工作的统筹规划、组织领导和政策协调，领导小组办公室设在省经济和信息化委。各市、县（市、区）要根据工作需要，建立相应的组织机构和工作机制。（责任单位：省经济和信息化委，各市、县人民政府）

（三十三）完善统计监测。统计部门要建立和完善对非公有制经济和中小企业的统计报表制度，实施分类统计、监测、分析和发布制度，加强对规模以下企业的统计分析工作。有关部门及时向社会公布发展规划、产业政策、行业动态等信息，逐步建立非公有制经济和中小企业市场监测、风险防范和预警机制。（责任单位：省统计局、省经济和信息化委）

（三十四）建立考核制度。省发展非公有制经济推进全民创业领导小组办公室和省促进中小企业发展工作领导小组办公室要定期对各市、县（市、区）和省有关部门贯彻落实相关政策的情况进行督导、检查和通报；对促进、支持非公有制经济和中小企业发展工作情况进行年度考核，对政策落实好、非公有制经济和中小企业发展运行好的市、县（市、区）和省有关部门每年进行一次表彰和奖励，所需

经费从省中小企业发展专项资金中列支。（责任单位：领导小组办公室、省财政厅、省统计局）

（三十五）强化督促检查。各有关部门要加强对非公有制经济和中小企业相关法律、法规和政策特别是金融、财税政策贯彻落实情况的监督检查，发现问题及时整改。对已经落实的政策要进一步巩固，正在落实的政策要进一步推进，未落实的政策要加快落实，并根据发展需要及时制定新的政策措施。注重发挥新闻舆论和社会监督的作用，营造更加良好的发展环境。（责任单位：省经济和信息化委、省监察厅、省工商联）

各地、各有关部门要根据本实施意见，结合实际，制定具体办法，并切实抓好落实。

二〇一〇年十一月十六日

福建省人民政府办公厅关于扩大小额贷款公司试点的通知

闽政办［2010］221 号

各市、县（区）人民政府，省人民政府各部门、各直属机构，各大企业，各高等院校：

为贯彻落实省委八届九次全会精神，做好生产要素保障，进一步规范和引导民间融资，改善农村地区金融服务，拓宽中小企业融资渠道，为福建跨越发展提供资金支持。根据《中国银行业监督管理委员会中国人民银行关于小额贷款公司试点的指导意见》（银监发［2008］23 号）和《中国人民银行中国银行业监督管理委员会关于村镇银行贷款公司农村资金互助社小额贷款公司有关政策的通知》（银发［2008］137 号）要求，在前一阶段试点工作的基础上，经省人民政府同意，决定进一步扩大我省小额贷款公司试点范围，现将有关事项通知如下：

一、试点的指导思想和基本原则

（一）指导思想。以深入贯彻落实科学发展观、推动福建跨越发展和加快海西建设的战略部署为指导，以服务“三农”和中小企业发展为宗旨，积极稳妥开展小额贷款公司试点工作，进一步规范和引导民间融资，改善农村地区和中小企业金融服务，为福建跨越发展提供资金支持。

（二）基本原则。根据法律法规和有关政策，按照试点先行、稳步推进的原则，在原先试点的基础上，有条件的县（市、区）可组建 1 家小额贷款公司，取得经验后，逐步扩大小额贷款公司试点范围。按照严格监管、规范运作的原则，制定试点小额贷款公司准入标准和操作程序，参照金融企业管理制度对其进行规范管理。按照明确职责、防范风险的原则，建立分工明确、各负其责、多方联动、协调一致的监管机制。按照“小额、分散”的贷款原则，确保试点小额贷款公司严格经营范围，坚持小额贷款的经营取向，切实为“三农”和中小企业服务。

二、明确职责，加强试点工作的组织领导

在省政府领导下，各级政府要按照分级管理、属地管辖的原则，明确分工，尤其要重点落实好主管部门和其他监管部门、相关职能部门的职责，有序有效地推动试点工作。省里成立省小额贷款公司试点工作联席会议制度（以下简称省联席会议），由省政府分管金融工作的领导为召集人，省政府办公厅、省经贸委、省公安厅、省财政厅、省地税局、省工商局、省国税局、人民银行福州中心支行、福建银监局、省法制办等部门组成，省联席会议下设办公室，挂靠省经贸委，承担省联席会议日常工作，落实省联席会议的有关决定，办公室主任由省经贸委分管领导兼任。省联席会议的主要职能：一是统筹指导小额贷款公司试点工作；二是研究制定相关管理、配套政策和措施；三是协调解决小额贷款公司试点过程中遇到的重大问题；四是指导和督促各级政府及相关部门做好小额贷款公司监管和风险处置工作；五是对小额贷款进行监督检查。

（一）省直各相关部门主要职责：

省经贸委：作为全省小额贷款公司的主管部门，负责小额贷款公司设立、变更、终止和业务范围的审查批准；牵头负责小额贷款公司监督管理和风险防范，并指导、督促各设区市政府做好小额贷款公司的属地监管和风险处置工作；建立小额贷款公司动态信息监测和统计分析系统，对小额贷款公司治理、内部控制、经营情况等方面进行评价。

中国人民银行福州中心支行：对小额贷款公司的利率、资金流向进行跟踪监测；并将小额贷款公司纳入人民银行信贷征信系统；办理小额贷款公司贷款卡等相关工作。对小额贷款公司业务进行指导，协助主管部门对小额贷款公司业务进行现场及非现场检查。

福建银监局：组织有关部门对小额贷款公司涉嫌非法或变相吸收公众存款及非法集资行为进行认定，并配合、协调有关地方政府进行查处。对小额贷款公司业务进行指导，协助主管部门对小额贷款公司业务进行现场及非现场检查。

省工商局：负责指导依法办理小额贷款公司的名称预先核准、设立、变更、注销登记和年检等相关工作。

省财政厅：依法履行财务管理职责，加强小额贷款公司财务风险监管；参与研究制定对小额贷款公司的扶持政策。

省公安厅：指导、配合做好小额贷款公司的风险处置工作，严厉打击金融违法犯罪活动。

税务部门：负责做好对小额贷款公司的纳税服务工作，落实相关国家税收优惠政策，并加强调查

研究，积极向上级有关部门争取有利于促进小额贷款公司发展的税收政策。

省联席会议成员单位要认真履行职责，加强对小额贷款公司的管理。各相关部门根据各自职责配合省经贸委开展小额贷款公司监督管理工作。省联席会议办公室要定期或不定期向成员单位通过试点工作情况，实现信息共享。

各试点县（市、区）和所在设区市政府应参照省联席会议形式，建立相应的联席会议制度，明确职责分工，联席会议办公室挂靠同级经贸主管部门。

（二）各设区市政府负责本地区小额贷款公司的政策宣传和协调指导工作，根据省政府的统一部署，负责本辖区小额贷款公司试点的组织实施工作，统筹安排小额贷款公司的布局，确定试点区域，承担小额贷款公司监督管理和风险处置责任。

（三）试点县（市、区）人民政府：负责小额贷款公司试点的具体实施工作，确定试点对象，做好小额贷款公司申报材料初审工作，承担小额贷款公司日常监督管理和风险处置责任，并组织公安、银监、人行等职能部门跟踪监管资金流向，严厉打击非法集资、非法吸收公众存款、高利贷等金融违法活动。

三、试点工作安排

试点工作自本通知印发之日启动，按照《福建省试点小额贷款公司暂行管理办法》（见附件）实施。具体安排为：2010 年 8 月起，试点县（市、区）政府和设区市政府做好小额贷款公司的筹建组织、预审推荐、初审等工作，报省经贸委。

附件：福建省试点小额贷款公司暂行管理办法

二○一○年八月九日

附件：

福建省试点小额贷款公司暂行管理办法

第一章　总　则

第一条　为加强对小额贷款公司的监督管理，规范其组织和行为，维护社会经济秩序，根据《中华人民共和国公司法》、《中国银行业监督管理委员会中国人民银行关于小额贷款公司试点的指导意见》（银监发［2008］23 号）和《中国人民银行中国银行业监督管理委员会关于村镇银行贷款公司农村资金互助社小额贷款公司有关政策的通知》（银发［2008］137 号）精神，结合福建省实际，制定本暂行管理办法。

第二条　本办法所称小额贷款公司，是指在本省行政区域内依法设立的不吸收公众存款，主要为中小企业和“三农”发展提供贷款服务的经营小额贷款业务的有限责任公司或股份有限公司。

小额贷款公司应执行国家金融方针和政策，在法律、法规规定的范围内开展业务，自主经营，自负盈亏，自我约束，自担风险，其合法的经营活动受法律保护，不受任何单位和个人的干涉。

第三条　小额贷款公司是企业法人，有独立的法人财产，享有法人财产权，以全部财产对其债务承担民事责任。小额贷款公司股东依法享有资产收益、参与重大决策和选择管理者等权利，以其认缴的出资额或认购的股份为限对公司承担责任。

第四条　成立省小额贷款公司试点工作联席会议制度（简称省联席会议），主要职能是：一是统筹指导小额贷款公司试点工作；二是研究制定相关管理、配套政策和措施；三是协调解决小额贷款公司试点过程中遇到的重大问题；四是指导和督促各级政府及相关部门做好小额贷款公司监管风险处置工作；五是对小额贷款进行监督检查。

省经贸委作为全省小额贷款公司的主管部门，牵头负责全省小额贷款公司试点工作的组织、协调、规范、推进和风险防范工作。未省经贸委经批准，各地不得擅自设立小额贷款公司。

第二章　小额贷款公司的设立

第五条　小额贷款公司的名称由行政区划、字号、行业、组织形式依次组成，其中行政区划指县级行政区划的名称或地名，组织形式为有限责任公司或股份有限公司。

小额贷款公司名称中的行业表述应当标明“小额贷款”字样。

第六条　设立小额贷款公司应具备下列条件：

（一）有符合《中华人民共和国公司法》规定的章程。

（二）有符合规定条件的出资人。有限责任公司应由 9～50 名股东出资设立；股份有限公司应有 9～200 名发起人，其中须有半数以上的发起人在中国境内有自有固定住所。

（三）注册资本来源应真实合法，全部为实收货币资本，由出资人在公司设立时一次性足额缴纳。严禁虚假注资和抽逃资本金。组织形式为有限责任公司的，其注册资本不得低于 5000 万元；组织形式为股份有限公司的，其注册资本不得低于 1 亿元。初次设立时，小额贷款公司注册资本上限为 3 亿元。

（四）有符合任职条件的董事和高级管理人员。拟任董事中应有 20% 及以上的人员从事金融领域工作 3 年以上。高级管理人员不少于 2 名，具有履职所需的金融知识、经济专业水平、从业经验及专业技能，具备本科以上学历，从事金融领域工作 3 年以上，或从事相关经济管理工作 5 年以上；或大专以上学历，从事金融领域工作 8 年以上。

（五）出资设立小额贷款公司的自然人、企业法人和其他社会组织，拟任小额贷款公司董事、监事和高级管理人员的自然人，应无犯罪记录和不良信用记录。

（六）有完善的法人治理结构和内控管理机制，建立健全透明规范的贷款管理制度和操作流程。

（七）在试点县（市、区）有与业务经营相适应的营业场所、安全防范措施和其他必要设施。

（八）法律法规规定的其他审慎性条件。

第七条 小额贷款公司主发起人（或最大股东）应当是管理规范、信用优良、实力雄厚的当地骨干企业（注册地在福建省内且在试点市、县、区有法人机构或分支机构），申请前一个会计年度净资产不低于5000万元、资产负债率低于50%、申请前连续3个会计年度赢利且三年净利润累计总额在1500万元以上、出资额不高于净资产的50%（按合并会计报表口径计算）。

主发起人（或最大股东）及其关联方合计持股比例不超过公司注册资本总额的25%（不含本数），其他单一股东及其关联方持股比例不超过10%，且出资额不得低于50万元。入股股东实行实名制，严禁股东集合他人资金入股。

第八条 小额贷款公司可经营下列业务：

（一）办理各项小额贷款。

（二）银行业机构委托贷款。

（三）其他经省经贸委批准的业务。

小额贷款公司不得进行任何形式的非法集资、吸收或变相吸收公众存款。小额贷款公司不得经营此管理办法列明的经营范围以外的业务。

第九条 试点期间小额贷款公司暂不允许跨县（市、区）域经营和设立分公司。

第十条 小额贷款公司设立须经筹建和开业两个阶段。

第十一条 申请设立小额贷款公司，应由主发起人（或最大股东）组成小额贷款公司筹备组，向所在地县级经贸主管部门提交下列申请材料：

（一）设立小额贷款公司申请书，其内容包括：拟设立小额贷款公司的名称、拟设地、注册资本、股权结构、业务范围及设立目的等基本信息，主发起人企业经营发展情况介绍，拟任董事、高级管理人员和聘任其他从业人员计划。

（二）出资人承诺书（原件）：公司股东应承诺自觉遵守国家、省、市、县（区）有关小额贷款公司的相关规定，遵守公司章程，参与管理并承担风险，不从事非法经营活动，保证入股资金来源合法，不得以借贷资金入股，不得以他人委托资金入股，不进行非法集资。

（三）公司设立方案：内容包括小额贷款公司的设立步骤、时间安排，注册资本、股东名册及其出资额、出资比例。

（四）可行性研究报告，报告内容包括：拟设地经济金融发展情况、小额贷款需求分析和拟设公司的市场前景分析，包括市场定位、设立后所能提供的服务等；未来3年财务预测，经过预测的拟设公司开业后3年的资产负债规模、盈利水平、资本收益率、资产收益率等；业务拓展计划；风险控制能力等。

（五）出资人协议书：股东之间关于出资设立小额贷款公司的协议；各股东之间的关联关系。

（六）股东基本情况，主要内容是：小额贷款公司股东名册，内容包括法人股东的名称、法定代表人姓名、注册地址、经股东（代表）大会通过的同意投资设立小额贷款公司的决定、出资额、股份比例，法人代码证复印件、经过工商年检的营业执照复印件、贷款卡复印件、经营情况、诚信状况、未偿还金融机构贷款本息情况、纳税记录、关联企业名单等事项；自然人股东的姓名、简历、住所、身份证复印件、出资额、股份比例，入股资金来源和个人财产性收入的相关证明材料；拥有自有固定住所的出资人的证明材料。

（七）出资人除自然人以外经审计的上一年度财务会计报告或自然人银行信用证明。

申请材料应注明：申请人联系人、联系电话、传真电话、电子邮件、通讯地址。

第十二条 试点所在地县（市、区）经贸主管部门对小额贷款公司筹备组的申请材料进行预审，经县（市、区）人民政府同意后向设区市经贸主管部门提出申请设立小额贷款公司试点方案。设区市经贸主管部门对县（市、区）经贸主管部门提出的试点申请方案进行初审，提出初审意见形成小额贷款公司试点设立方案，经同级人民政府同意后转报省经贸委。申报方案内容包括：

（一）实施小额贷款公司试点工作承诺书。设区市和县（市、区）人民政府应向上一级人民政府提交试点工作承诺书。内容包括遵守国家有关法律法规和金融政策的相关规定，建立小额贷款公司试点相关制度和工作机制，按照属地管辖原则承诺承担小额贷款公司风险处置责任、负责对小额贷款公司经营情况进行日常监管和定期检查、负责处置小额贷款公司违规和违法经营产生的不稳定因素、制定风险性突发事件处置预案。

（二）小额贷款公司风险性突发事件处置预案。拟开展小额贷款公司试点的设区市人民政府和县（市、区）人民政府应制定小额贷款公司风险性突发事件处置预案，对小额贷款公司设立和经营过程中可能出现的非法吸收公众存款或变相非法吸收公众存款等违法违规经营行为，以及在公司出现经营风险后，出现群众集聚上访而导致发生群体性等突发事件建立风险处置机制，明确处置突发事件组织机构、职责分工、处置程序等，保障经济社会稳定发展。

（三）试点工作方案。内容主要包括试点工作的组织领导，负责小额贷款公司申报初审、日常监管、服务测评、风险处置的具体部门；对拟申请设立的小额贷款公司的初审意见，尤其是对主发起人（或最大股东）的初审意见以及其他股东基本情况的初审意见；试点步骤与工作安排；其他需要说明的问题。

（四）小额贷款公司申请试点的材料。

第十三条 省经贸委自收到试点申报方案的完整材料后，经准入审核专家组论证，在30个工作日内做出批复。符合筹建条件的小额贷款公司凭省经贸委出具的筹建批复文件到工商行政管理部门申请名称预先核准。小额贷款公司的筹建期为省经贸委批准筹建之日起45个工作日，45个工作日内未完成筹建的即取消筹建资格。

第十四条 筹建期达到开业条件的，由小额贷款公司筹备组向试点所在地县（市、区）经贸主管部门提出开业申请。试点所在地县（市、区）经贸主管部门进行初审，设区市经贸主管部门负责复审，省经贸委审批。设区市经贸主管部门负责审核小额贷款公司注册资本金来源的真实性和合理性。开业申请材料主要包括以下内容：

（一）开业申请书。内容包括小额贷款公司的名称、组织形式、注册资本、注册地、业务范围等。

（二）法定验资机构出具的验资报告。

（三）筹建工作报告。内容包括筹建过程、筹建工作落实情况以及是否符合开业要求等。

（四）选举董事、监事的决议及拟任董事长、董事、高级管理人员的简历和从业证明、无犯罪记录证明、个人信用记录等相关材料。

（五）营业场所所有权或使用权的证明材料。

（六）公司章程草案及管理制度，包括业务管理制度、财务管理制度、风险监控制度、信息披露制度。

（七）工商行政管理部门出具的《企业名称预先核准通知书》。

（八）省经贸委规定的其他材料。

第十五条 申请人应自批复同意开业之日起45日内，凭省经贸委的开业批复依法向工商行政管理部门办理登记手续并领取营业执照，并在取得营业执照后的5个工作日内向中国人民银行分支机构、中国银行业监督管理委员会派出机构和当地公安机关报送相关资料。逾期未办理的，申请人应当报省经贸委确认原开业批复文件的效力或者另行报批。

第三章 小额贷款公司的合规经营

第十六条 小额贷款公司的主要资金来源为股东缴纳的资本金、捐赠资金，以及来自不超过两个银行业金融机构的融入资金。小额贷款公司从银行业金融机构获得融入资金的余额，不得超过资本净额的50%。融入资金的利率、期限由小额贷款公司与相关银行业金融机构自主协商确定，利率以同期“上海银行间同业拆放利率”为基准加点确定。禁止小额贷款公司向内部或外部集资以及非法吸收公众存款。

第十七条 小额贷款公司应将省经贸委核发的列明经营业务范围的批复文件正本置于小额贷款公司营业场所的醒目位置。

第十八条 小额贷款公司应按照《公司法》要求建立健全公司治理结构，明确股东、董事、监事和经理之间的权责关系，制定稳健有效的议事规则、决策程序和内审制度，提高公司治理的有效性。

第十九条 小额贷款公司应建立完善的信贷管理制度，明确贷前调查、贷时审查和贷后检查业务流程和操作规范，切实加强贷款管理。

第二十条 小额贷款公司应建立规范的财会管理制度。严格按照《会计法》以及财政部有关金融企业财务制度建立健全企业财务会计制度，真实记录和全面反映其业务活动和财务活动。并按规定及时向当地财政部门报送季度报告、年度财务决算和财务分析报告，年度财务决算报告必须经具有相应资格的会计师事务所审计。

小额贷款公司应建立规范的统计制度，按时向中国人民银行当地分支机构和当地银行业监督管理委员会派出机构报送资产负债表和其他相关统计信息资料。

小额贷款公司应申请加入中国人民银行信贷征信系统，按时合规向信贷系统提供借款人、贷款金额、贷款担保和贷款偿还等业务信息。不得向无贷款卡或持无效贷款卡的企业办理信贷业务。

第二十一条 小额贷款公司应按有关规定，建立审慎规范的资产分类制度和拨备制度，准确划分资产质量，充分计提呆账准备，确保资产损失准备充足率始终保持在100%以上，全面覆盖风险。

第二十二条 小额贷款公司发放贷款，应坚持“小额、分散”的原则。鼓励小额贷款公司面向微小型企业、农户、个体工商户提供信贷服务，着力扩大客户数量和服务覆盖面。小额贷款公司贷款余额的70%应用于单户贷款余额100万元以下的小额贷款，同一借款人的贷款余额不得超过小额贷款公司资本净额5%。

第二十三条 小额贷款公司不得向本公司股东、董事和高级管理人员以及其关联方提供贷款。

第二十四条 小额贷款公司按照市场化原则进行经营，贷款利率上限放开，但不得超过司法部门规定的上限，下限为同期贷款基准利率的0.9倍，具体浮动幅度按照市场原则自主确定。

第二十五条 主发起人（或最大股东）持有的股份（股权）自小额贷款公司成立之日起3年内不得转让，其他股东2年内不得转让。小额贷款公司董事、高级管理人员持有的股份（股权），在任职期间内不得转让。严禁股东以其持有的小额贷款公司的股份对外质押或提供担保。

第二十六条 对于规范经营、运行良好且需要补充资本的小额贷款公司，一年后可增资扩股。

第二十七条 小额贷款公司股东股份转让比例超过公司全部股份的5%的，应报所在县（市、区）人民政府同意后上报省经贸委审批。

第四章 小额贷款公司的变更和终止

第二十八条 试点期间小额贷款公司变更事项暂仅包括：变更名称、变更法定代表人和高级管理人员、变更股东或调整股权结构、变更注册资本、变更住所、修改公司章程。

以上变更事项，由省经贸委负责受理、审查并决定。工商行政管理机关凭省经贸委核发的批准文件办理小额贷款公司相关变更登记或备案手续。

第二十九条 小额贷款公司申请变更法定代表人和高级管理人员的，拟任法定代表人和高级管理人员必须符合本办法的相关要求。

第三十条 小额贷款公司申请变更注册资本，应当具备以下条件：

（一）变更注册资本后仍然符合本办法对该类公司最低注册资本的要求。

（二）变更注册资本涉及变更股东或调整股权

结构的，应同时符合《公司法》及相关法律法规关于变更股东或调整股权结构的条件。

（三）法律法规规定的其他条件。

第三十一条 小额贷款公司变更营业场所仅限于同一县（市、区）行政区域范围的迁址，不得进行异地迁址。应当具备以下条件：

（一）能够合法使用拟迁入的新住所。

（二）拟迁入的新住所应具有符合规定的安全防范设施。

（三）法律法规规定的其他条件。

第三十二条 小额贷款公司修改公司章程应符合《公司法》、《中国银行业监督管理委员会中国人民银行关于小额贷款公司试点的指导意见》及其他相关法律、法规的规定。

第三十三条 小额贷款公司因变更名称、股东或股权结构、注册资本、住所等事项而引起修改公司章程的，可以在申请上述变更事项中一并提出修改公司章程的申请，省经贸委可一并做出同意或不同意的决定。

第三十四条 获准变更的事项，小额贷款公司应自批准之日起 3 个月内完成有关法定变更手续，并向省经贸委、中国银行业监督管理委员会派出机构和中国人民银行分支机构报告。

第三十五条 试点期间小额贷款公司解散，依照《公司法》进行清算和注销。小额贷款公司有以下情形之一的，应当解散：

（一）公司章程规定的营业期限届满或者公司章程规定的其他解散事由出现。

（二）股东会或股东大会决议解散。

（三）因公司合并或者分立需要解散。

（四）因严重违规，被省经贸部门吊销小额贷款试点许可。

（五）依法被吊销营业执照、责令关闭或者被撤销。

（六）人民法院依法宣布公司解散。

第三十六条 小额贷款公司被依法宣告破产的，依照《破产法》的有关规定实施破产清算。

第五章　监督管理和风险防范

第三十七条 小额贷款公司应接受社会监督，经营过程中若有非法集资、非法吸收公众存款或变相吸收公众存款、高利贷等严重违法违规行为，由试点县（市、区）人民政府组织有关部门和执法单位及时依法严厉查处，追究公司主要负责人及直接责任人的法律责任，并取消其小额贷款试点许可。

第三十八条 小额贷款公司应向注册地中国人民银行分支机构申领贷款卡。向小额贷款公司提供融资的银行业金融机构，应将融资信息及时录入中国人民银行征信系统，并报送所在地中国人民银行分支机构和中国银行业监督管理委员会派出机构，同时应跟踪监督小额贷款公司融资的使用情况。

第三十九条 省经贸委牵头会同福建银监局、人行福州中心支行建立非现场监管和现场检查相结合的监督检查制度，定期或不定期地对小额贷款公司实施检查。根据监管需要，省经贸委可委托具有相应业务资格的中介机构，对小额贷款公司进行独立专项审计或稽核，审计结果可作为是否取消试点许可的依据。

第四十条 小额贷款公司应建立信息披露制度，按要求向公司股东、相关部门、向其提供融资的银行业金融机构、有关捐赠机构披露经营情况报告等，对重大事项信息，必要时应向社会披露。

第四十一条 小额贷款公司在经营过程中，若出现下列情形之一，由所在地经贸主管部门责令改正；情节特别严重的，由省经贸部门撤销小额贷款试点许可，并提请相关部门依法对其进行处罚、责令停业整顿或吊销营业执照；构成犯罪的，依法追究刑事责任：

（一）未经核准擅自更换法定代表人和任命主要管理人员的。

（二）擅自设立分支机构的。

（三）未经核准变更、终止的。

（四）超出核准的经营范围，擅自从事须经法律、行政法规或者国务院批准的项目而未取得批准的经营活动的。

（五）违反利率政策的。

（六）拒绝或阻碍有关部门非现场监管或者现场检查的。

（七）不按照规定提供报表、报告等文件、资料的，提供虚假的或隐瞒重要事实的报表、报告等文件、资料的。

（八）未按照规定进行信息披露的。

（九）法律、法规授权工商、人行、银监等部门处理的其他情形。

第四十二条 建立社会监督机制，充分利用和发挥社会监督力量，加强对小额贷款公司经营行为的约束、监督，畅通投诉举报渠道，提高监督实效。

第六章　附　则

第四十三条 本暂行办法未规定的事项，按照《公司法》和有关小额贷款公司的规定执行。

第四十四条 本暂行办法自印发之日起施行。

江西省人民政府办公厅转发省中小企业局关于支持民营小企业创业基地建设的若干意见的通知

赣府厅发［2010］60 号

各市、县（区）人民政府，省政府各部门：

省中小企业局《关于支持民营小企业创业基地建设的若干意见》已经省政府同意，现转发给你们，请结合当地实际，认真贯彻执行。

二〇一〇年九月三日

关于支持民营小企业创业基地建设的若干意见

省中小企业局

民营小企业创业基地是小企业创立和成长的重要载体。加快建设一批布局合理、功能完善、吸引力强、孵化成功率高的民营小企业创业基地，既是推进全民创业、促进非公有制经济发展的现实需要，也是壮大县域经济、实现“科学发展、进位赶超、绿色崛起”的内在要求。为贯彻落实《国务院关于鼓励和引导民间投资健康发展的若干意见》（国发［2010］13号）、《江西省人民政府关于进一步促进中小企业发展的实施意见》（赣府发［2010］10号）等文件精神，支持民营小企业创业基地建设，提出如下意见。

一、加强引导

（一）鼓励建设高起点高标准的民营小企业创业基地。民营小企业创业基地是由具有独立法人资格的实体创立和经营，能够为众多创业项目和初创企业提供研发、生产、经营场地、公共设施与配套服务，具备孵化与培育企业功能的创业场所。各地要按照“创办小企业、开发新岗位、以创业促就业”的要求，把民营小企业创业基地的建设规划与地方整体经济布局和城镇建设总体规划统筹考虑、科学安排，引导建设一批起点较高、布局合理、环境优良、设施配套、功能齐全、管理规范和服务高效的示范型民营小企业创业基地。

（二）鼓励改造利用各类闲置场地创办民营小企业创业基地。重点支持利用国有、集体企业改制后留下的旧厂房、旧场地或其它企事业单位闲置和废弃的厂房、场地等，加以改造建设成为民营小企业创业基地。鼓励各地结合工业园区建设，集约用地，盘活现有存量，建造多层标准厂房，增加单位面积投资容量。

（三）鼓励建设科技创新型和产业集群型民营小企业创业基地。积极引导高新技术和创新型小企业向民营小企业创业基地集聚，鼓励建设专业化、特色化和围绕区域内大企业、企业集团系列配套协作生产的民营小企业创业基地。通过民营小企业创业基地的发展整合产业优势，延伸产业链，促进产业集聚。

二、完善服务

（四）规范民营小企业创业基地管理。各级中小企业主管部门要负责民营小企业创业基地的指导、协调和管理。民营小企业创业基地本身要设立专门管理机构，配备专职工作人员，完善相关工作制度，加强内部管理和外部联系工作。

（五）健全民营小企业创业基地服务体系。要整合社会资源，引导和鼓励社会各类服务机构为民营小企业创业基地内企业提供政务代理、融资担保、信息及管理咨询和政策、法律、财务等专业服务。

（六）加强民营小企业创业基地的培训服务。各级政府要鼓励创办以开展创业培训（实训）为内容的各类创业培训机构，支持面向民营小企业创业基地开展各类创业培训（实训）和技能培训。经各级人力资源和社会保障部门及中小企业主管部门认定的创业培训机构享受创业培训（实训）基地同等待遇。对在民营小企业创业基地实现创业就业的人员，可按规定到当地人力资源和社会保障部门认定的创业培训（实训）机构参加培训（实训）。

三、政策措施

（七）加大财政政策扶持力度。省级财政要在扩大中小企业发展专项资金规模基础上，从中统筹安排部分资金用于支持民营小企业创业基地的基础配套设施建设、创业环境改造、创业辅导培训、厂房场地租金等补助和对优秀民营小企业创业基地的奖励。市县政府也应在扩大中小企业发展专项资金规模基础上加大资金支持力度，同时引导民间资本投资建设民营小企业创业基地。

（八）加大税收政策扶持力度。各地要认真执行促进中小企业发展的各项税收优惠政策。对符合条件的小型微利企业，依法减按20%的税率征收企业所得税。对年应纳税所得额低于3万元（含3万元）的小型微利企业，其所得减按50%计入应纳税所得额，按20%的税率缴纳企业所得税。小企业因有特殊困难不能按期纳税的，可依法申请在3个月内延期缴纳，缓缴期内免收滞纳金。该优惠政策的适用期限按《国务院关于进一步促进中小企业发展的若干意见》（国发［2009］36号）的规定执行。

（九）加大金融信贷支持力度。凡在民营小企业创业基地内的创业者，在初创期间因自筹资金不足，均可向创业项目所在地的小额贷款担保中心申请小额担保贷款，个人贷款最高额度为5万元，各类创业人员合伙经营的最高额度为20万元，创办企业且当年新招用符合小额担保贷款申请条件的人员达企业职工总数30%（超过100人的企业达15%）以上并与其签订1年以上劳动合同的，贷款最高额度为200万元。上述人员按规定享受财政贴息扶持。鼓励各金融机构开发小额融资新产品，面向民营小企业创业基地扩大融资业务；支持融资担保公司创新担保模式，积极面向民营小企业创业基地开展担保业务；扩大小额贷款公司试点面，对于规模较大的民营小企业创业基地内的实体企业，按规定经批准可以发起设立小额贷款公司。

（十）加大土地政策扶持力度。各级政府在制定、实施土地利用总体规划和年度计划时，要依据国家有关规定，统筹考虑民营小企业创业基地建设项目用地需求，切实帮助民营小企业创业基地解决建设用地问题。

（十一）落实各项收费优惠政策。对民营小企业创业基地内的初创企业，从创办之日起，1年内免交厂房租金、减半缴纳水电费。其减免费用由当地政府给予补贴。

四、组织领导

（十二）加强管理。市、县（区）中小企业主管部门要加强对所属民营小企业创业基地的管理和服务。各级各有关部门要统一思想、加强配合、形成合力，要在各自的职能范围内做好服务工作，杜绝“三乱”行为，维护企业生产、生活秩序，并通过联合检查等多种方式加强对民营小企业创业基地的督促指导。

（十三）完善考核。省制定民营小企业创业基地考核奖励办法，加强对省级民营小企业创业基地的动态管理，每两年组织一次综合考核。对考核优秀的省级民营小企业创业基地给予表彰奖励。对考核不合格的省级民营小企业创业基地，限期整改；经整改仍不合格的，予以摘牌。各市、县（区）也应制定相应的考核奖励办法。

山东省人民政府关于促进全省民营经济加快发展的意见

各市人民政府，各县（市、区）人民政府，省政府各部门、各直属机构，各大企业，各高等院校：

为更好地促进全省民营经济发展，根据《国务院关于进一步促进中小企业发展的若干意见》（国发［2009］36号）、《国务院关于鼓励和引导民间投资健康发展的若干意见》（国发［2010］13号）精神，现就促进全省民营经济加快发展提出以下意见，请认真贯彻执行。

一、促进民营经济加快发展的指导思想和目标任务

1. 充分认识加快民营经济发展的重要意义。民营经济是社会主义市场经济的重要组成部分。经过多年的努力，我省民营经济发展取得了长足进步，对于繁荣城乡经济、增加财政收入、扩大社会就业、改善人民生活起到了重要而不可替代的作用。但是，我省的民营经济发展与浙江、广东、江苏等发达省份相比仍有不少差距，存在着结构不合理、创新能力弱、规模效益小、管理相对差等问题，在一定程度上影响了全省经济社会的可持续发展。各级、各部门一定要高度重视，进一步解放思想，更新观念，把促进民营经济发展放在更加突出的位置，着力在完善政策、强化服务、优化环境上下工夫，逐步消除影响民营经济发展的体制机制性障碍，使民营经济在激发经济发展内生动力、促进我省经济发展方式转变、优化经济结构、建设经济文化强省、实现富民强省新跨越等方面发挥更大的作用。

2. 促进全省民营经济发展的指导思想和目标任务。以科学发展观为统领，全面落实各项促进民营经济发展的政策措施，紧紧围绕增加发展总量、提高发展质量、促进发展方式加快转变，加大政策扶持，强化服务措施，规范经营行为，不断壮大民营经济发展规模，提高民营经济发展质量和效益，努力形成民营经济与其他所有制经济平等竞争、相互促进、共同发展的新格局。今后5年，非公有制经济实现增加值占生产总值的比重每年提高2个百分点以上，民营经济吸纳就业占整个社会新增就业总数的比重达到95%。

二、放宽民营经济发展限制

3. 放宽民营资本投资领域。除国家明令禁止的外，凡允许国有资本和外资进入的领域，一律对民营资本开放。支持民营资本进入电力、电信、铁路、民航、公路运输、银行、证券、保险、水利、石油、矿产、国防科技以及医疗、供水、供气、供热、污水和垃圾处理、公共交通、城市园林绿化、社会福利事业等公共服务领域，投资教育、科研、卫生、文化、体育等社会事业；鼓励民营资本参与国有、集体企业的改组、改制。

4. 放宽民营业户名称、经营范围和出资限制。放宽使用行业或经营特点用语限制，允许经营范围中含有生产、加工内容的企业在名称中使用“实业”字样；允许经营范围中含有投资内容的企业在名称中使用“发展”字样；允许进出口企业在名称中直接使用“国际贸易”、“国际技术贸易”、“对外贸易”、“进出口”等行业用语。允许民营企业使用法律、法规和政策未禁止、尚未纳入《国民经济行业分类》的行业用语作为企业名称中的行业和经营范围表述用语，如“创业投资”、“生物质能”、“电子商务”、“服务外包”等。允许民营企业以“××研究院”、“××研究所”等作为其名称的行业表述用语，以公司为组织形式申请企业名称。分期出资设立的公司，全体股东首期出资合计达到20%即可办理注册登记。申请办理个人独资企业、合伙企业、农民专业合作社登记的，一律不受出资金额限制。

5. 鼓励民营企业参股地方金融机构和金融组织。支持符合条件的民营企业以入股方式参与城市商业银行的增资扩股，参股农村合作银行、农村商业银行、农村信用社和保险公司；引导符合条件的民营企业参与设立村镇银行、农村资金互助社等新

型农村金融机构。

6. 鼓励民营资本投资服务业。鼓励民营资本投资服务业重点城区、重点园区、重点企业、重点项目，大力发展金融保险、现代物流、批零餐饮、信息服务、商务服务、家庭服务、房地产、文化旅游、社区服务、农村服务。到2015年，全省服务业在国民经济中的比重达到45%以上，服务业实现税收占地方税收比重达到60%以上，服务业从业人员比重达到40%以上。

7. 鼓励民营资本进入商贸流通领域。支持民营业户进入商品批发零售、现代物流领域，积极发展电子商务，参与物流基础设施建设。重点支持符合物流企业标准、具备一定的企业规模条件、从事物流信息网络服务和提供供应链一体化服务的民营物流企业发展，支持与重点制造企业配套的民营企业和按照规划建设的民营物流园区发展，加快推进与制造业联动发展。鼓励民营物流企业通过整合、兼并、联盟等方式组建物流企业服务联盟，支持民营物流企业由传统运输型向第三方物流企业转型。

8. 鼓励民营资本依法进入国防科技工业。指导有条件的民营企业开展保密资格认证、质量体系认证、科研生产认证。鼓励和引导取得武器装备科研生产许可的民营企业承担武器装备分系统和配套产品研制生产任务，通过产学研结合等方式参与国防科技创新活动。鼓励民营企业研究开发科技含量高、市场前景好的军民结合型高新技术产品，鼓励参与航空航天、核电设备、船舶、卫星应用等军民结合产业。

9. 鼓励民营资本参与教育公益事业。各级政府要把民办教育事业纳入国民经济和社会发展规划，鼓励支持民营企业采取独资、股份、合作等多种形式办学。鼓励发展民办高、中等职业教育和各类职业技术培训。县级以上政府可设立专项资金，由财政部门负责管理，教育行政部门报同级财政部门批准后使用，用于奖励为民办教育事业做出贡献的民营企业和个人。认真落实好民办学校税收优惠政策及出资人获得合理回报等有关规定，依法落实民办学校和公办学校同等待遇税收优惠政策。

10. 支持民营资本参与药品生产经营。鼓励和支持民营业户参与新药研制和开发；鼓励制药企业引进外资、民资进行gmp（《药品生产质量规范》）改造。对开办药品批发企业的民营企业，实行国民待遇，取消一切不符合规定的限制性政策，符合开办条件，即可与其他经济成分享受同等待遇。对民营企业开办药品零售企业放开，规范药品零售经营的发展。鼓励民营企业发展药品连锁经营和现代物流；支持民营药品经营企业通过联合、兼并、重组等措施发展壮大。鼓励民营企业到农村创办中药材种植基地，与药厂建立“公司（工厂）+农户”或“公司+农民专业合作社+农户”一体化的中药材种植模式。

11. 交通运输业全方位向民营经济开放。鼓励民营企业投资收费公路、港口、场站物流等交通基础设施项目，规范投资和建设程序。交通运输业的招商引资项目，不限资金性质、投资规模和投资方式，只要满足法定程序和要求，民营资本与其他资本享有同等待遇。

12. 鼓励民营企业参与土地整治和矿产资源勘探开发。引导民营企业通过招投标形式参与土地整理、复垦等工程建设；鼓励民营企业投资矿山地质环境恢复治理，坚持矿业权市场全面向民营企业开放。符合《矿产资源补偿费征收管理规定》（国务院第150号令）规定的，可以减缴或免缴矿产资源补偿费。民营企业一次性缴纳采矿权价款有困难的，可申请分期缴纳，分期缴纳最长期限为10年。

三、鼓励民营企业科技创新和品牌创建

13. 加快完善民营企业自主创新的配套政策。加大对宏观调控、产业发展、行业准入等有关政策规定的贯彻落实力度，在编制工业发展规划、工业结构调整规划、制定投资导向计划时，把民营企业作为支持的重点。在企业技术中心认定、技术创新资金、工业设计奖励项目安排上向民营企业倾斜。鼓励民营企业利用重大装备首台（套）政策，大力发展装备制造业。鼓励民营软件和信息服务业企业进行软件企业、计算机信息系统集成资质、信息服务业企业认定，并享受国家及省有关优惠政策。

14. 鼓励民营企业加强技术创新。引导民营企业积极参与组织实施重大科技计划项目和关键领域联合攻关，大力扶持民营企业工程技术研究中心建设。鼓励民营企业加大研发投入，提高研发投入占销售收入的比例，增强自主创新能力，建设创新型企业。积极推进民营业户采用新技术、新工艺、新设备、新材料，加快民营企业的技术改造；支持民营业户节能减排和清洁生产，促进节能减排技术、高效节能环保产品及设备的推广和普及。统筹规划，合理布局，推动民营企业开展产学研合作，构建产品、产业技术创新战略联盟。

15. 加大对民营企业专项资金支持。充分发挥省级科技型中小企业创新发展专项扶持资金作用，组织我省具有自主研发水平、产品科技含量高，且有一定经济效益和社会效益的中小民营企业申报国家级科技型中小企业技术创新基金，鼓励和督促各市建立市级科技型中小企业创新发展专项扶持资金，加大对申报项目的审查和督查力度，引导和推动全省以民营经济为主体的科技型中小企业快速发展。

16. 大力实施品牌战略。引导民营业户树立商标意识，积极注册商标和争创省著名商标、中国驰名商标，争取全省民营业户每年新注册2万件商标、新增加200件省著名商标、15件行政认定的中国驰名商标，争取到2015年全省民营业户商标注册总量达到31万件、省著名商标3000件、行政认定的中国驰名商标210件。引导民营业户通过广告、公司网站等形式，宣传其产品、服务、品牌和科技成果。鼓励民营企业在境外注册商标和申报知识产权。继续推动产品名牌、企业品牌向区域品牌转变，培育产业聚集度高、产业链完善的民营企业聚集区域，积极争创山东省优质产品生产基地，引导特色产业

集群组成企业联盟，订制联盟标准。加强名牌产品培育工作，强化民营企业质量、标准化和计量等基础管理工作，鼓励民营企业积极参与国家标准、地方标准制修订工作，争取到2015年培育100家民营企业为重点名牌产品企业。

四、加大对民营经济的财政、金融和土地支持

17. 支持民营企业参与政府采购。进一步健全完善政府采购扶持民营企业特别是中小型民营企业发展的规章制度，清理限制中小型民营企业参与政府采购的不利条件和规定，支持民营企业产品和服务进入政府采购目录。

18. 加大对民营经济发展的信贷支持。引导金融机构加强对民营业户的信贷服务，创新金融产品和服务方式，逐步提高民营经济贷款的规模和比重；建立科学合理、灵活高效、符合民营业户特点的授信管理制度，重点支持符合产业政策和环保政策、发展前景好、信用良好的民营业户；综合运用承兑汇票、信用证、保函等金融工具，缓解民营业户资金紧张局面。在完善联户联保贷款模式的基础上，继续探索“公司+农户+合作社”、“信贷+保险”等贷款运作模式。金融机构要积极开发适应民办学校发展的信贷服务，通过收费权抵押、信誉贷款等方式，为民办学校贷款提供服务。加大省级“走出去”专项资金对民营企业的倾斜，积极争取国家开发银行、中国进出口银行等金融机构的信贷支持。督促各金融机构贯彻落实适度宽松的货币信贷政策，进一步加大对民营经济的信贷投入，将信贷资金向产业链完备、集约化程度高的产业集群倾斜，积极扶持培植中小型民营企业重点产业集群发展。

19. 强化对民营业户的担保服务。运用风险补偿、奖励补助或资本注入等方式，提高担保机构对民营业户的担保能力。鼓励担保机构对有产品、有信用、有发展前景的民营业户适当降低担保收费标准。引导银行业金融机构在法律允许的框架内探索符合民营经济特点的担保抵押方式，拓宽动产担保范围，并积极探索开展融资性担保、工程担保、财产保全担保、经济合同履约担保、融资租赁担保、信托计划担保以及应收账款质押、股权质押、林权和海域使用权质押、知识产权质押等担保贷款方式。依法规范养殖水域滩涂使用权的出租、转让和抵押行为，引导民营经济以股份合作制、承包制、协作制、反租倒包等形式开展养殖水域规模化流转。

20. 推动和促进民营企业进入资本市场融资。对有发展前景、基本符合上市条件的民营企业及时纳入省重点后备资源库，积极推进民营企业上市；引导具有自主创新能力、成长性较好的民营企业到中小板或创业板上市。加快发展股权投资基金、信托投资基金等各类投资基金，发挥好创业投资引导资金的作用，增大对民营经济的投资支持。支持民营企业探索开展信托融资、租赁融资、典当融资、资产证券化、债权转股权以及运用短期融资券、中小企业集合票据和集合债券融资等新型融资模式。以大型企业为中心，选择资质良好的上下游企业作为融资对象，大力开展供应链融资。

21. 完善对民营业户的金融服务体系。推动城市商业银行加快在县域设立分支机构，支持农村信用社完善网点布局；邮政储蓄银行要将小额贷款业务作为长期核心战略性业务，重视民营企业客户群体发展，加快推进小企业贷款试点工作；引导股份制银行在民营经济相对活跃、金融需求旺盛的地区增设机构网点，推动国有商业银行增设为民营业户服务的特色支行、特色柜台。积极稳妥地开展小额贷款公司试点，逐步扩大试点范围，原则上所有县（市、区）都可开展小额贷款公司试点，经济发达县域或人口大县可适当增加试点数量，允许符合一定条件的经济开发区、高新技术产业开发区、保税港区开展小额贷款公司试点。各银行要进一步深化与工商联、个体私营企业协会的合作，借助其平台推广银行特色产品和服务。

22. 加大对民营业户财政支持。各级政府要建立贷款风险补偿和奖励机制，发挥财政资金导向作用，对放贷银行和融资担保机构给予适当补偿和奖励补助，引导各类放贷机构加大对民营业户的贷款投放。推动各地建立贷款担保准备资金，作为信用担保的补充，为结构调整中的民营业户按时还贷续贷提供接力资金支持。民营企业参与国家鼓励的境外投资、资源开发和工程承包项目与国有企业同样享受贷款贴息、前期费用补贴等财政资金扶持政策。

23. 强化对民营企业的土地支持。加大对民营企业的用地保障力度，各级政府在制定和实施土地利用总体规划和年度计划时，要统筹考虑中小企业投资项目用地需求，合理安排用地指标。鼓励在各类产业园区投资兴建多层标准工业厂房，为中小企业发展提供场地和空间。对民营企业参与开发城市基础设施、公益性科技和非营利性教育、文化、卫生等社会公益事业的，其项目用地符合《划拨土地目录》的，可以采取划拨方式供应；对属于依法应当有偿使用的土地，可以适当缩短出让年限或采取租赁方式供应。

五、落实税收优惠政策

24. 减免创业税收费用。军转干部、退役士兵、随军家属从事个体经营（限制行业除外），自领取税务登记证之日起3年内免征营业税和个人所得税；高校毕业生从事个体经营或创办经营实体的，免征税务登记类管理费；持《再就业优惠证》、符合规定条件的下岗失业人员从事个体经营（限制行业除外），按每户每年8000元为限额依次扣减其当年实际应缴纳的营业税、城市维护建设税、教育附加和个人所得税。

25. 鼓励民营高新技术企业发展。对认定的民营高新技术企业，减按15%的税率征收企业所得税。对民营企业开发新技术、新产品、新工艺发生的研发费用，未形成无形资产计入当期损益的，在依照规定据

实扣除的基础上，按照研发费用的50%加计扣除；形成无形资产的，按照无形资产成本的150%摊销。对民营企业从事技术转让、技术开发和与之相关的技术咨询、技术服务取得的收入，免征营业税；对民营企业技术转让所得不超过500万元的部分，免征企业所得税；超过500万元的部分，减半征收企业所得税。对民营企业固定资产由于技术进步需要更新换代的，可以采取缩短折旧年限或采取加速折旧的方法，加速折旧准予在所得税前扣除。对创业投资企业采取股权投资方式投资于未上市的中小高新技术企业2年以上的，按其投资额的70%在股权持有满2年的当年抵扣该创业投资企业的应纳税所得额；当年不足抵扣的，可以在以后的纳税年度抵扣。对符合条件的国家大学科技园、科技企业孵化器，自2008年1月1日至2010年12月31日，其自用以及无偿或通过出租等方式提供给民营孵化企业使用的房产、土地，免征房产税和城镇土地使用税；对其向孵化企业出租场地、房屋以及提供孵化服务的收入，免征营业税。

26. 鼓励民营企业节能环保和安全生产。民营企业购置并实际使用符合国家规定的环境保护、节能节水、安全生产等专用设备的，该专用设备投资额的10%可从企业当年应纳税额中抵免；当年不足抵免的，可以在以后5个纳税年度结转抵免。民营企业从事符合国家规定条件的环境保护、节能节水项目的所得，自项目取得第一笔生产经营收入所属纳税年度起，第一年至第三年免征企业所得税，第四年至第六年减半征收企业所得税。民营企业以《资源综合利用企业所得税优惠目录》规定的资源作为主要原材料，生产国家非限制和禁止并符合国家和行业相关标准的产品取得的收入，减按90%计入收入总额。

27. 扶持担保机构支持民营企业发展。符合信用担保条件，且其80%以上业务用于支持民营企业发展的非营利性担保机构，经省有关部门和税务机关认定，其实现的担保业务收入，自担保机构主管税务机关办理免税手续之日起3年内免征营业税。

28. 减免民营企业投资公共基础设施及农业项目税收。对民营企业从事《公共基础设施项目企业所得税优惠目录》规定的公路、城市公共交通、电力、水利等项目投资经营的所得，自项目取得第一笔生产经营收入所属纳税年度起，第一年至第三年免征企业所得税，第四年到第六年减半征收企业所得税。对民营企业从事农林牧渔业项目的所得，按规定免征企业所得税；对从事花卉、茶及饮料作物的种植及养殖的所得，按规定减半征收企业所得税。

29. 扶持经营困难的民营企业发展。民营企业缴纳城镇土地使用税确有困难的，可按规定向主管地税机关提出减免税申请，逐级上报省级地税机关审核批准。民营企业因有特殊困难、不能按期纳税的，经省级税务机关批准，可依法申请在3个月内延期缴纳。

六、优化结构，提高民营经济市场竞争力

30. 大力发展产业园区和各类市场。发挥本地区位、资源和基础优势，大力发展专业村、专业镇、专业园区，突出抓好省级规划的170个过50亿元和100个过100亿元的重点产业集群、140个重点特色产业镇建设，吸引企业向园区集中。坚持政府引导、社会投资、市场化运作的建设方式，积极发展各类商业市场，进一步优化市场结构，完善市场功能，提高市场档次，规范市场秩序，并积极探索新型交易方式，逐步形成产供销相衔接、信息化和集约化相匹配、门类齐全的批发市场体系。

31. 优化市场主体结构和区域结构。加快培育和发展带动力强、辐射面广的民营骨干企业，形成一批跨地区、跨行业、跨所有制，具有核心竞争力的大型民营企业集团。大力实施科技创新、中小企业成长、特色产业提升和小企业培育四项计划，帮助中小企业做强做大。鼓励民营企业围绕山东半岛蓝色经济区、黄河三角洲高效生态经济区、半岛高端产业聚集区、鲁南临港产业带、省会经济圈等的建设发挥作用。

32. 鼓励民营企业积极参与国际竞争。在对外投资核准、对外承包工程和对外劳务合作等经营资格核准方面，对民营企业与其他所有制企业实行同等待遇。允许符合条件的民营企业开展对外承包工程、对外劳务合作业务，鼓励和支持有条件的民营企业在境外建厂和参与境外资源合作开发，重点鼓励和支持有比较优势的民营企业以对外投资和工程带动设备出口和劳务输出。建立公共服务平台，完善境外投资信息服务，及时全面准确发布境外重大经济社会信息，吸纳安排民营企业随团参加重要出访活动，为企业“走出去”提供服务。

33. 加强民营业户的管理。指导民营企业进一步完善内部管理制度，健全公司治理结构，建立现代企业制度。引导民营企业制定战略规划，明确发展目标。鼓励民营企业通过相互参股、职工持股、并购、引进外资等多种形式，建立多元和开放的产权结构。加强企业信用体系和社会责任体系建设，建立和完善信用评价机制、信用信息征集制度、信用档案数据库和信用查询系统。鼓励民营业户争创“诚信示范企业”、“守合同重信用”企业、“山东最佳企业公民”“文明诚信民营企业”“文明诚信个体工商户”和“消费者满意单位”。强化安全生产管理，落实安全生产责任，及时排查和消除事故隐患，杜绝重大生产事故。对管理优秀的民营企业和所创造的管理创新成果，纳入“山东省企业管理奖”进行表彰奖励。提高民营企业质量管理和标准化工作意识，指导其建立健全企业质量控制和标准体系，积极扶持民营企业完善计量检测体系和节能标准体系。鼓励符合条件的民营企业申报省长质量奖，引导企业树立卓越的质量观念，推广科学、先进和适用的质量管理方法。

七、加强培训，引导更多人才进入民营经济领域创业

34. 鼓励高校毕业生到民营经济领域就业。进

一步清理影响高校毕业生就业的制度性障碍和限制，为到民营经济领域就业的毕业生落户、人事代理、社会保险、权益保障提供方便。凡聘用高校毕业生的民营企业，必须与毕业生签订劳动合同、兑现劳动报酬、缴纳社会保险。对应届高校毕业生到民营业户就业或自主创业的，其就业单位不具备落户条件的，可将户口落到县级以上政府人力资源社会保障部门所属的人才服务中心集体户。

35. 大力开展创业培训。以高校毕业生、登记失业人员、残疾人、复员退伍军人、农村转移劳动力、返乡农民工、城市困难家庭等七类群体为重点服务对象，积极开展创业理念、创业知识和创业技能的培训，提供创业就业政策、法规和信息咨询服务，畅通“绿色通道”。认真落实个体工商户“试营业”制度，试营业登记不收取任何费用，不纳入验照管理，轻微违规不进行罚款处罚。积极引导农民创办或参与农民专业合作社。对高校毕业生等七类人员从事个体经营的，自首次工商注册登记之日起3年内，免收登记类和证照类等有关行政事业性收费。

36. 吸引优秀人才进入民营经济发展。重点围绕用好用活人才、提高人才效能，指导民营企业健全完善人才工作管理体制机制，从人才培养开发、评价发现、选拔任用、流动配置、激励保障等方面形成更加科学、更具活力的一整套机制，以吸引更多优秀人才到民营企业发展。鼓励民营企业专业技术人员申报评审专业技术职务资格，充分调动民营企业专业技术人员工作的积极性。对民营企业中具备相关基本条件，为提升企业创新能力和研发水平做出突出贡献的专业技术人员，同等条件下，优先选拔推荐为享受国务院特殊津贴专家、省有突出贡献的中青年专家等高层次专家；对经营状况好、产品技术含量高、科技研发能力强的民营高新技术企业，优先推荐设立博士后科研工作站。以股权配给、职称评定、成果奖励、知识产权保护、政府津贴等政策措施为手段，重点培育一批科技领军人物、技术骨干和创新团队。充分发挥现有人才政策及专项资金的作用，吸引一批能承担重大科技攻关任务的国内外知名的高层次创新人才。

37. 提高民营经济从业人员素质。将培训工作纳入到人才发展和教育发展规划中，在基层社区开展创业培训。在民营业主中重点加强对产业升级、现代企业管理、应对国际市场竞争、国际商务惯例和外语水平等内容的培训。强化科技人才的引进、培养，充分整合科技资源，发挥科技人才作用，提高自主创新能力。坚持人才自主培养开发和引进海外人才相结合，引导民营企业大力引进海外优秀人才和急需人才。按照“人才、项目、基地”一体化原则，以企业为主体，采取科技计划项目资助、股权激励与平台支撑相结合等措施，着力推动高层次人才向民营企业聚集。鼓励和扶持民办职业培训学校实施以职业技能为主的职业资格和职业技能培训。民办职业培训学校应积极参与用人单位职工上岗、在岗、转岗和技能提升培训，政府及相关机构在招投标时对民办职业培训学校和其他公办学校同等对待。根据民营企业发展对高层次经营管理人才的需求，适时组织开展选派民营企业管理人员攻读MBA（工商管理硕士）工作和选派财务会计、物流、国际贸易、人力资源管理、涉外法律法规等相关专业人员的出国进修工作。

38. 强化对民营经济就业人员的社会保障工作。民营企业从业人员按规定参加养老保险和失业保险。符合法定就业年龄的民营经济从业人员、自由职业者，可纳入城镇职工基本医疗保险覆盖范围。从业人员参加城镇职工基本医疗保险登记缴费，可以委托人力资源社会保障部门认定的职业介绍机构或人才服务中心办理，也可由当地医疗保险经办机构直接办理。适应参保人员流动加快的特点，进一步完善参保人员异地就医医疗费用结算办法。积极推进民营业户参加所在统筹地区工伤保险，分散、化解用人单位事故风险。加强工伤预防宣传，增强用人单位和职工的安全意识，降低工伤事故和职业病发生率。

八、加强组织领导，优化发展环境

39. 强化组织领导。各级政府要把促进民营经济发展工作摆到重要位置，切实加强领导。省政府有关部门要按照职责分工，研究制定具体的实施细则，切实把政策落实到位。要大力宣传党和国家鼓励、支持和引导民营经济发展的方针政策和法律法规，宣传民营经济在富民兴鲁和经济文化强省建设中的地位和作用，及时总结和表彰奖励先进典型，努力营造有利于民营经济发展的良好社会氛围。要及时对民营经济发展开展调查研究，分析情况，科学决策。要根据国发［2009］36号、国发［2010］13号文件和本意见的精神，认真做好对限制民营经济发展的规章和政策性规定的清理工作；各地要在“十二五”规划中制定民营经济发展规划，严格落实责任，强化考核和督导，确保各项政策措施落实到位。

40. 提高服务水平。要牢固树立服务意识，进一步清理和规范涉及民营经济的行政审批事项，简化审批手续，公布各项行政审批、核准、备案事项和办事指南，推行联合审批、一站式服务、限时办结、承诺服务、企业联络员、走访企业等制度，不断健全服务民营经济发展的长效机制。加强政务工作信息化建设，积极推广网上申报、网上审批、网上办公、网上监管、网上咨询等信息化手段，切实提升行政效率。要利用各种方式，及时发布各级各部门出台的涉及民营业户的优惠政策，使政策真正惠及相关民营业户。要健全完善法律、会计、税务、金融、管理、人才招聘等中介机构，为民营业户提供高质量的服务。要规范政府行为，严格依法行政，坚决纠正损害民营业户合法权益的各种不正之风。各级政府要建立民营经济领域重大事件和突发事件应急反应机制，在法律、法规范围内和不违背市场规律的前提下，采取措施扶持、挽救困难企业，维护社会稳定。

41. 严格收费管理，减轻民营企业负担。积极清理规范涉及民营业户的行政事业性收费和政府性

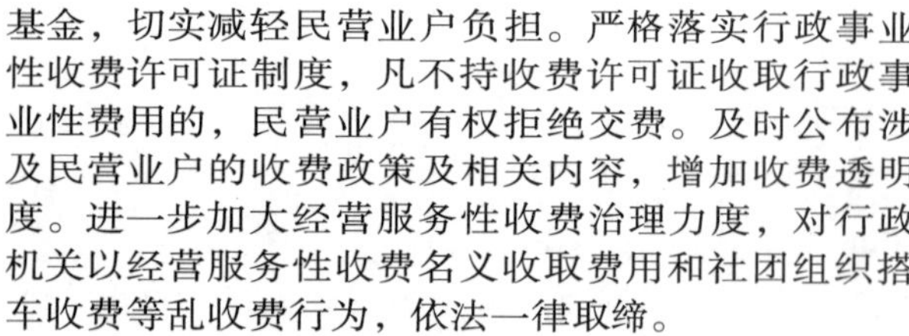

基金，切实减轻民营业户负担。严格落实行政事业性收费许可证制度，凡不持收费许可证收取行政事业性费用的，民营业户有权拒绝交费。及时公布涉及民营业户的收费政策及相关内容，增加收费透明度。进一步加大经营服务性收费治理力度，对行政机关以经营服务性收费名义收取费用和社团组织搭车收费等乱收费行为，依法一律取缔。

42. 规范民营业户经营行为。各级政府要根据民营业户生产经营特点，完善相关制度，依法履行对民营经济监督管理职能。引导和督促民营业户诚实守信，依法经营，坚决制止各种不正当竞争和侵犯消费者权益的行为。要引导和督促民营业户严格执行法律法规和有关技术标准、规范，自觉遵守产品质量、节能减排、环境保护、劳动保障、价格管理、安全生产等有关规定。要严格执行“属地管理”、“谁审批、谁发证（照）、谁负责”的原则，落实好查处取缔无证无照经营工作；无须办理许可证或其他批准文件即可办理营业执照而未申办营业执照擅自从事经营活动的无照经营行为，由工商部门负责查处；凡是需要办理许可证或其他批准文件才能申办营业执照而未办理擅自从事经营活动的无证无照经营行为，由相关行政许可审批部门负责查处。完善劳动争议处理制度，做好劳动仲裁工作，及时化解劳动纠纷。

43. 认真做好民营业主的思想政治工作。要注意研究和把握新时期民营业主思想政治工作的特点和规律，提高参政议政水平，建立健全民营业主相应的表达机制、参与机制和表彰机制，引导民营业主正确表达自己及本阶层人士的利益诉求。

44. 充分发挥工商联、各类行业协会和商会作用。支持民营企业在自愿的前提下，以产品、产业为纽带，组织行业自律性协会和商会。在制定涉及民间投资的政策时，要及时听取有关商会和民营业户的意见和建议，充分反映民营业户的合理要求。充分发挥现有协会、商会、中介机构的作用，在法律允许的范围内，通过授权、委托等方式，授予行业协会或商会制定行业规范与标准、参与行业规划、维护行业权益和公平竞争等职能。

45. 保护民营业主的合法权益。要保持政策的连续性和稳定性，除依法律法规进行变更或终止外，不能擅自变更或终止。民营业户的合法收入除向国家缴纳规定的税费外，其财产属私人所有，任何单位和个人不得平调或侵占。民营业户依法进行的生产经营活动，任何单位和个人不得干预。依法保护民营业主的名誉、人身和财产以及企业字号、专利权、商标权、商业秘密等各项合法权益。要建立健全维护民营业户合法权益的法律服务和法律援助体系，民营业户合法权益受到侵害时提出的行政复议等，政府部门必须及时受理，公平对待，限时答复。

山东省人民政府

二〇一〇年八月五日

河南省人民政府办公厅关于印发河南省2010年企业服务行动计划的通知

豫政办［2010］20号

各省辖市人民政府，省人民政府各部门：

《河南省2010年企业服务行动计划》已经省政府同意，现印发给你们，请认真组织实施。

河南省人民政府办公厅

二〇一〇年二月二十六日

河南省2010年企业服务行动计划

2009年开展的企业服务年活动，对我省应对国际金融危机冲击、解决企业生产经营难题、促进全省经济企稳回升发挥了重要作用。2010年，为进一步巩固企业服务年活动成果，建立服务企业长效机制，特制定企业服务行动计划。

一、总体要求

以科学发展观为指导，全面贯彻落实省委八届十次全会和省委经济工作会议精神，牢固树立“保企业就是保增长、保民生、保稳定”的意识，把服务企业、推动发展作为想问题、作决策、干事情的出发点和落脚点，切实做到急企业之所急、想企业之所想、解企业之所难，努力形成省、市、县三级齐抓共管、常抓不懈的工作格局，推动企业进一步提高竞争力和发展活力，为实现两大跨越、中原崛起提供有力支撑。

二、工作思路

按照“坚持三保、突出转型、强化态势”的要求，围绕“保增长、调结构、拓市场、扩开放、促发展、提效能”，突出产业转型升级、企业战略重组和培育壮大市场主体，重点完善10项工作长效机制，不断提高服务企业水平和质量，确保我省经济平稳较快增长。

三、工作目标

通过实施2010年企业服务行动计划，促进各项政策措施有效落实，重点项目建设顺利推进，“转型升级双千工程”有新进展，企业自主创新能力和市场竞争力有新提高，企业规模和实力有新提升，中小企业和民营经济有新发展，“两转两提”有新成效。2010 年，全省完成城镇工业投资 8000 亿元以上；工业增加值增长 11% 以上，其中规模以上工业增长 13% 以上；资产超千亿元企业达到 3 家。

四、工作措施

（一）以促转型为重点，健全完善政策导向机制。一是加强产业政策引导。发挥各级行业管理部门作用，落实我省十大产业调整振兴规划，制定年度行动计划，实施“转型升级双千工程”。依靠科技进步和技术创新，大力实施有色、钢铁、装备制造等传统产业技术改造工程，推动产业转型升级。积极培育发展新兴产业，加快电动汽车、光伏、新型电池、绿色照明、生物医药等优势产业发展，重点实施电动汽车产业发展行动计划。实施信息化提速工程，加快推进“两化”（信息化和工业化）融合。以产业集聚区为平台，以优势产业为依托，用好产业转移专项资金，大力承接产业转移。积极创建国家、省级新型工业化示范基地，提升产业集聚区产业发展水平。严把准入关，淘汰落后产能，推进企业节能减排。二是发挥政策激励作用。认真落实中央及我省关于扶持和鼓励企业发展的各项政策措施，并根据情况变化及时进行调整；继续贯彻执行 2009 年省直各部门围绕企业服务年推出的土地、财税、金融等方面的政策措施。进一步改善财政投资结构，理顺财政投资资金管理体制，集中扶持高成长性项目，推动产业、产品结构调整。出台支持企业技术改造的专项政策，加大对工业技术改造项目的资金支持力度。三是加大企业战略合作和重组政策支持力度。继续深化与央企和行业优势企业的战略合作。加快培育壮大百户转型升级企业。尽快出台要素优先配置、降低成本等推动企业兼并重组的相关政策，以资产、产业、技术和资源重组整合为主，重点推进省内煤炭化工、铝工业、钢铁、装备制造、食品工业等 12 个优势板块重组，加快培育一批大型企业集团。四是实施质量兴企工程。严格执行相关法律、法规和强制性标准，强力推进质量管理责任体系建设，确保我省产品质量安全。鼓励企业采用先进质量管理方法和技术标准，支持企业加快技术进步，提高产品档次和质量。实施标准化战略，围绕制造业和现代服务业的提升与发展，以促进自主创新、节能降耗、环境保护和食品安全为重点，建立健全重点工业产品达标备案制度，构建全省科学、统一、规范的标准体系。围绕培育壮大特色主导产业，制定河南名牌产品培育发展规划，对列入规划的产品和企业给予重点培育和支持。启动省长质量奖争创、评选工作，引导、激励广大企业抓好质量品牌建设，不断提升产品质量。

（二）以保生产为重点，健全完善要素保障机制。一是加强经济运行监测分析。建立省、市、县三级联动体系和信息交流制度，完善运行监测网络平台，强化预测预警工作，及时提出即期调节政策措施。二是搞好生产要素协调保障。全省生产原煤稳定在 2 亿吨；引导煤炭产、运、需各方建立重点客户战略合作关系，签订中长期煤炭购销合同。协调铁路部门增加陕煤、晋煤入豫量。加强电网薄弱环节建设，提高电网调配输送能力。建立和完善成品油、天然气供需协调调度保障机制。对省内企业煤、电、油、运、气需求做到应保尽保、应供尽供。引导重点工业企业抓好应急储备工作。三是切实保障工业企业和项目合理用地。进一步完善土地计划指标管理制度，保障重点项目建设用地需求。多渠道、多途径解决用地指标不足问题，确保企业建设用地。充分利用国家下达我省的城乡建设用地增减挂钩周转指标，优先保障产业集聚区项目用地需求。

（三）以扩内需为重点，健全完善市场开拓机制。一是扩大省内市场。创新产销对接方式，定期组织开展省内产品对接活动，建立产供销对接长效机制。制定河南自主创新产品目录，政府采购优先使用目录内产品，尤其要加大对我省电动汽车、生物医药、新材料、电子信息等新兴产业领域的政府采购力度，推动“河南装备，装备河南”。二是拓展省外市场。进一步办好第六届中国河南国际投洽会、河南—东盟投洽会、河南—上海经济技术合作项目洽谈会等大型商贸活动；组团参加第十四届中国国际投洽会、上海世博会等国内外交易博览会，提高我省产品市场占有率和影响力。三是开拓农村市场。突出抓好万村千乡市场工程和家电下乡、汽车摩托车下乡等工作。鼓励支持符合条件的中小企业参与家电、农机、汽车摩托车下乡和家电以旧换新。四是促进出口增长。扩大出口信用保险覆盖率，支持动力电池、生物医药、大型成套设备等出口融资。支持经济外向度较高的省辖市进行口岸建设和“大通关”建设，降低企业产品出口成本。

（四）以解瓶颈为重点，建立健全融资服务机制。一是搭建银企合作平台。引导金融机构把握政策，加大信贷支持力度。定期组织召开银企洽谈活动，确保重点企业、重大项目和产业集聚区建设的资金需求。二是加快推动中小企业信用担保体系建设。积极发展壮大各类信用担保机构，推动省辖市组建资产超 5 亿元的担保集团；发挥省中小企业担保集团再担保增信作用；探索建立信用担保机构风险补偿机制。适当降低门槛，加快小额贷款公司设立步伐，2010 年新增 100 家小额贷款公司，注册资本超 30 亿元。三是积极拓宽融资渠道。搞好区域性中小企业产权交易市场试点工作，搭建中部六省中小企业产权、股权、债权交易平台，力争 2010 年 6 月挂牌运营。继续组织发行集合债券，探索发行中小企业集合中期票据、集合短期融资券和发放集合贷款的途径；大力推动企业上市工作，加快企业直接融资步伐。

（五）以壮大市场主体为重点，建立健全中小企业转型成长机制。一是着力扶优扶强。筛选一批自主创新能力强、市场前景好的中小企业，实行动态管理、重点扶持，推动企业转型升级。每年对中小企业按营业收入、入库税收和技术投入三项指标分别进行排名。认真贯彻《国务院关于进一步促进中小企业发展的若干意见》（国发［2009］36 号），围绕培育特色集群、健全担保体系、推动集合融资等工做出台我省贯彻实施意见。二是发挥产业集聚区平台作用。积极引导企业向产业集聚区集中，发挥“项目集中布局、产业集群发展、资源集约利用、功能集合构建”优势，为中小企业提供配套设施完备、商务成本较低的发展空间，走“专、精、特、新”道路。三是加强中小企业创业辅导。加强对全省创业基地建设的指导，尽快出台建设标准，发挥创业基地的孵化、辅导作用，争取到2010年底，省、市、县三级创业辅导网络初步形成。四是实施中小企业诚信工程。继续开展“河南省诚信民营企业”评选活动，推出一批“讲信义、重信誉、守信用”的中小企业。

（六）以稳就业为重点，健全完善困难企业帮扶机制。一是减轻企业负担。把“五缓四减三补贴两协商”等稳岗政策执行时限延长至2010年底，缓征养老、医疗、失业、工伤、生育五项社会保险费，力争为5000家困难企业减轻负担5亿元；降低医疗、失业、工伤、生育4项社会保险费率和缴费基数，力争为4万家参保单位减轻负担5亿元；运用失业保险基金，对积极稳定就业岗位的困难企业给予社会保险补贴、岗位补贴和培训补贴1亿元以上，通过以上措施力争帮助困难企业稳定就业岗位70万个。二是开展针对性的帮扶活动。帮助生产经营困难企业制定实施稳定就业计划，为恢复生产企业提供招聘员工服务，为开工不足企业提供在职职工培训服务，为吸纳困难人员就业的企业提供岗位补贴。三是加强就业失业监控。完善就业失业监测制度，及时掌握各地各类企业就业失业变化情况，规范企业裁员行为。

（七）以提效能为重点，健全规范行政审批机制。一是进一步取消和调整行政审批事项。凡市场机制能够有效调节、行业组织和中介机构能够自我管理的，坚决予以取消和调整；凡能够采用事后监管方式解决问题的，不再采用事前审批方式；凡能够下放的审批权限坚决下放。进一步规范保留的行政审批项目，简化审批环节，优化流程，提高效率。二是加强和规范行政服务中心建设。重点围绕建立健全行政服务中心（大厅）运行、管理、监督机制，强化服务功能，拓展服务领域，提高服务水平。真正实现职能部门“一个窗口对外、一个机构履职、一枚印章审批”的目标。不断完善和推行联审联批、绿色通道、全程代办、特事特办等服务措施，深入开展“争创优质服务窗口”活动，切实为企业和群众提供优质高效服务。三是全面推进行政效能电子监察系统建设。2010年底前建成覆盖省、市、县三级的行政效能电子监察系统，实现对行政审批、行政征收、行政处罚、行政检查等施政情况的实时监控、预警纠错和绩效考评，促进各级政府依法、高效、规范行政。

（八）以治乱减负为重点，健全完善环境优化机制。一是组织开展中央和我省政策措施落实监督检查，发现问题及时整改，严肃查处违纪违法案件。继续清理规范各类收费项目，建立和推行涉企收费“一费制”。坚决治理乱收费、乱摊派行为。二是实行涉企检查登记制度，认真落实优化经济发展环境“十不准”规定，各级行政执法机关不得以任何形式干扰企业正常生产经营活动，严格清理和控制各种检查、评比和达标活动。完善企业发展环境监测点制度，在首批选择企业监测点的基础上，2010年再选择一批，充分发挥其在优化经济发展环境中的“信息直通车”作用。三是综合治理重大在建项目建设环境和企业周边治安环境，积极构筑企、警、地共建的治安环境长效机制。深入开展市场环境专项整治，组织开展钢材、水泥、农资等产品专项打假行动。四是认真做好行政处罚裁量标准的实施和后续监管工作。

（九）以畅通渠道为重点，健全完善政企沟通机制。一是完善省、市、县三级服务企业制度。省企业服务活动联席会议各成员单位要各司其职、加强配合，形成部门联动工作机制。各省辖市、县（市、区）要继续保留、完善相应机构。省政府选定200户企业为2010年度省重点服务企业，各省辖市和县（市、区）政府结合本地实际，调整确定重点服务企业。所选企业应符合国家产业政策、省十大产业调整振兴规划确定的发展方向、发展前景好、吸纳就业多、带动作用强并且具有一定规模优势。省政府重点服务企业同时也是所在省辖市、县（市、区）政府重点服务企业。各省辖市要将本市重点服务企业名单报省企业服务活动联席会议办公室，县（市、区）重点服务企业名单报所在省辖市相应机构。对三级重点服务企业实行动态管理、重点扶持、年底考核，建立淘汰退出机制。二是建立企业服务直通车制度。省、省辖市、县（市、区）建立健全企业服务中心，设立免费服务热线电话，直接受理企业反映的问题，协调、督促政府相关部门在5个工作日内对企业所反映问题做出明确答复。三是建立定期现场办公制度。省、市、县（市、区）各职能部门定期组织到重点服务企业和产业集聚区现场办公，帮助解决实际困难和问题。四是完善协会服务企业制度。帮助指导协会及时了解经济政策和产业政策，充分发挥其桥梁和纽带作用。

（十）以推动落实为重点，建立健全协调督查机制。一是强化督促检查。省企业服务活动办公室组成5个巡视组，定期对18个省辖市和省重点服务企业进行巡视指导检查、了解情况；办公室设立涉企问题投诉电话，建立企业服务网络平台，健全企业问题账制度、问题催办督办制度。二是严格考核奖惩。监察部门要把省、市、县三级重点服务情况纳入政风行风评议的重要内容，年底进行考核，对服务优良、工作突出的单位和个人给予通报表彰，对工作落实不到位和行政不作为、乱作为的单位和个人给予通报批评。因工作失误造成严重后果的单位和个人，按有关规定严肃追究责任。

湖北省人民政府关于进一步加快全省中小企业社会化服务体系建设的意见

鄂政发［2010］29号

各市、州、县人民政府，省政府各部门：

中小企业是我省国民经济和社会发展的重要力量，在促进城乡就业、维护社会稳定、增加财政收入、扩大出口创汇等方面发挥着越来越重要的作用。进一步加快全省中小企业发展，对于推进“工业兴省”战略的实施，加快湖北“两圈一带”的建设，构建促进中部地区崛起的重要战略支点，都具有重要的意义。但由于种种原因，全省中小企业总体发展水平较低，在资金、技术、信息、人才、管理等方面还存在诸多薄弱环节，特别是面向中小企业的社会化服务体系建设滞后，服务机构少、服务范围窄、服务水平低、服务市场不规范等问题，影响和制约了全省中小企业持续健康发展。当前，全省中小企业面临着前所未有的严峻挑战和难得的发展机遇。加快中小企业社会化服务体系建设，既是各级政府转变职能、牢固树立“产业第一，企业家老大”的理念、提高服务企业的能力和水平的有效途径，也是整合优化社会服务资源、降低中小企业生产经营成本、促进中小企业持续健康发展的现实需要。现就进一步加快全省中小企业社会化服务体系建设提出如下意见：

一、中小企业社会化服务体系建设的指导思想和工作目标

（一）指导思想。深入贯彻落实科学发展观，以服务中小企业为宗旨，以营造良好发展环境和提高服务能力为目标，坚持社会化、专业化、市场化的方向，发挥政策引导和市场机制的双重作用，整合和优化社会服务资源，增强服务功能、扩大服务领域、培育服务市场、提高服务水平，加快建设适应全省中小企业发展需要的社会化服务体系，为中小企业的创立和发展提供良好的外部环境，促进全省中小企业又好又快发展。

（二）工作目标。通过3～5年的努力，在全省建立起以政府公共服务为引导、公益性服务为基础、商业性服务为支撑，体系完备、功能健全、服务规范、运转高效，省、市、县三级贯通的中小企业社会化服务体系；形成创业辅导、融资担保、人才培训、技术创新、信用评价、信息咨询、法律维权、协会商会等八大服务平台；在全省培育一批受中小企业欢迎的服务示范单位，打造一批有特色的品牌服务产品，培养一支高水平的专业化服务队伍，为中小企业提供全方位、多层次、高质量的服务。

二、中小企业社会化服务体系建设的主要内容

（一）建立创业辅导服务平台。依托经济技术开发区、工业园区、科技园区、产业集群地等载体，充分利用和整合现有社会资源，加快中小企业创业基地和各类科技企业孵化器建设，为创业者提供良好的创业园地。鼓励民间资本参与中小企业创业基地和各类科技企业孵化器建设，按照“谁投资、谁受益”的原则，通过市场化运作，拓宽投资渠道。开展中小企业创业基地认定工作，推动创业基地规范化建设。依托各级公共就业服务机构和创业服务机构，建立健全创业服务组织，为进入基地的创业者提供策划咨询、方案设计、项目评估、融资担保、事务代办、跟踪扶持等服务，提高中小企业抚育孵化能力。充分发挥各类职业技术学校、社会培训机构的作用，聘请专家学者、企业家、创业成功人士等担任创业指导师，开展创业培训和咨询指导。组织实施“科技型中小企业成长路线图计划”，采取企业规划设计、政策辅导、项目牵引、专家帮扶、投资跟进、平台支撑等方式支持科技型中小企业发展。到2012年，各地都要建立起具有一定规模的中小企业创业基地，全省重点建设50个省级中小企业创业示范基地。

（二）建立融资担保服务平台。按照政府引导、社会参与、市场化运作的原则，积极发展政府出资或政府参股的政策性担保机构，省、市（州）、县（市、区）分级建立中小企业担保资本金补充机制；鼓励、支持和引导社会资本、民间资本和非公有制企业进入担保业，整合和优化现有担保资源，采取多种形式提高担保机构的担保能力，建立和完善全省中小企业信用担保体系。到2012年，湖北中企投资担保有限公司的注册资本金达到20亿元以上，各市（州）至少设立1个注册资本金1亿元以上的中小企业信用担保机构，各县（市、区）至少设立1个注册资本金5000万元以上的中小企业信用担保机构。引导、支持担保机构改进服务方式，简化贷款担保手续，积极拓展担保业务，适应中小企业对融资担保的需求。加强和改进对担保机构的监管，督促和引导担保机构完善内部风险管理制度，规范操作行为，切实防范担保风险。加快建立和完善信用担保风险补偿制度，探索建立中小企业贷款担保风险补偿基金，对担保机构形成的代偿损失，给予适当的补偿。加强中小企业信用担保协会的建设，充分发挥行业协会的桥梁纽带作用，加强担保行业自律与行业规范。积极开展银行、担保机构、企业对接活动，促进银行、担保机构、企业之间的合作。鼓励和支持银行业金融机构设立小企业金融服务专营机构，提高中小企业金融服务水平，加大对中小企业的信贷支持力度，努力做到全省中小企业贷款增长速度不低于全省银行业金融机构全部贷款增长速度。支持和规范发展银行业金融机构、小额贷款公司和村镇银行，优化企业融资环境。加强风险投资体系建设，引进和发展战略投资者和各类风险投资基金、私募基金、创业投资基金等风险投资机构，不断加大对科技型中小企业的投资。建立中小企业上市后备企业资源库，为进库企业提供上市咨询辅导和推介服务。充分利用中小企业板、创业板和股份代办转让试点，支持符合条件的中小企业上市融资。通过发行集合贷款信托、集合债券和股权融资、项目融资、融资租赁、商业承兑汇票等形式，支持、帮助中小企业直接融资，加大金融创新支持中小企业发展的力度。建立中小企业融资激励机制，对扶

持中小企业效果突出的金融机构和担保机构等给予奖励。

（三）建立人才培训服务平台。整合现有培训资源，依托高等院校、科研院所、各类职业技术学校和社会培训机构，建立中小企业人才培训基地，加大对培训基地的扶持力度，不断壮大培训基地的实力。到2012年，各地都要建立中小企业人才培训基地，全省有3～5个培训基地的综合实力进入全国前列。依托中小企业人才培训基地，拓展与国内外著名高校和知名培训机构的合作，采取专题培训、专家讲座、网上教育、远程互动教育等方式，开展法律法规、产业政策、经营管理、职业技能和技术应用等方面的培训，提高企业经营管理者和员工的综合素质。每年从全省重点中小企业中选派100名有发展潜力的经营管理人才，到高校、发达地区或国内外知名企业学习锻炼，推进以企业家为核心的企业高素质人才队伍建设。研究制定中小企业人才培训机构扶持政策，对承担政府委托培训项目的培训机构给予一定的补贴。

（四）建立技术创新服务平台。引导和支持中小企业加大企业技术中心等研发机构的建设力度，不断增加科研投入，提高自主创新能力。整合社会资源，大力发展科技中介服务机构，为中小企业提供技术支持。全省重点扶持100个中小企业科技服务中介组织。在全省重点成长型产业集群和中小企业集中的区域，加快中小企业公共技术服务平台和技术检测支撑平台建设，为中小企业提供共性技术研发、产品检验检测、质量标准认证、技术信息咨询等服务。全省重点建设50个中小企业公共技术服务平台。定期举办中国·湖北产学研合作项目洽谈会，搭建产学研对接平台，建立中小企业与高等院校、科研院所技术交流与合作机制，促进科技成果转化。加快中小企业产业集群创新体系建设，支持建立若干特色产业产学研联盟。鼓励高等院校、科研院所、大企业向中小企业开放技术实验室和测试中心，满足中小企业对共性技术的需求。

（五）建立信用评价服务平台。由人民银行武汉分行牵头，省直有关部门和金融机构参加，组建湖北省中小企业信用评价委员会。依托湖北省中小企业信用评价委员会，充分发挥社会服务机构的作用，开展中小企业信用等级评定工作，推广使用信用评级结果，建立和完善信用信息征集、信用披露、信用评价和失信惩诫机制，推进全省中小企业信用评价体系建设。以人民银行武汉分行"企业信用信息基础数据库"、"中小企业信用档案库"和省工商局"湖北省企业信用信息管理系统"为基础，相关部门协调配合，建立和完善开放型的湖北省中小企业信用信息数据库，为金融机构、担保机构和中小企业等提供信用信息咨询服务。支持符合条件的小额贷款公司利用中小企业信用信息数据库查询数据，开展业务。到2012年，各地都要建立和健全中小企业信用评价体系；全省中型企业进库率达到80%以上，小型企业进库率达到70%以上。认定一批诚信示范中小企业，引导中小企业提升诚信意识。指导中小企业建立和完善信用管理制度，提高信用管理水平。继续开展中小企业信用担保机构信用等级评定工作。

（六）建立信息咨询服务平台。引入市场机制，依托社会服务机构，整合现有的中小企业信息服务网络，建立中小企业湖北信息网。以中小企业湖北信息网为核心，加快推进全省中小企业信息网建设。到2010年，各地都要建立中小企业信息网；到2012年，实现国家、省、市、县四级联网。完善和提升网站服务功能，为中小企业提供政策咨询、融资担保、信息发布、技术评估、网上交易、事务代办等服务，构建覆盖全省、资源共享的区域性大型中小企业信息服务平台。开展企业信息化培训，推广企业信息管理系统，支持和引导中小企业发展电子商务，促进信息技术在中小企业的应用。建立健全中小企业统计制度，及时掌握企业生产经营情况，采取有效措施，改善企业生产经营环境。

（七）建立法律维权服务平台。依托各级司法行政部门，建立全省统一的中小企业法律服务热线和网上法律咨询服务平台，建立中小企业投诉救助工作机制，维护中小企业和企业家的合法权益。组织法律服务机构、行业协会开展面向中小企业的法律、法规和政策咨询服务，为中小企业提供法律帮助。以湖北省企业法律顾问协会为平台，帮助中小企业建立健全法人治理结构和法律顾问制度，引导中小企业诚信守法，加强行业自律，增强依法治企能力。

（八）建立协会商会服务平台。支持中小企业在自愿的前提下，以产品、产业等为纽带，组建行业协会和行业商会。按照市场化的原则，加快推进行业协会和商会的改革，促其形成依法设立、政府指导、民主管理、自我发展的机制。充分发挥各行业协会和商会的作用，通过授权、委托等方式，赋予其制定行业规范和标准、加强行业自律、参与制定行业规划、维护行业权益和公平竞争等职能，推动行业健康发展。引导行业协会和商会转变观念，牢固树立为企业、为行业服务的意识，不断提高服务质量和水平，注重行业发展情况汇集并提出工作建议，使行业协会和商会真正成为政府与企业之间沟通的桥梁和纽带。鼓励、支持各行业协会和商会整合相关服务资源，为中小企业提供政策信息、企业策划、市场推广、对外合作等服务，组织中小企业开展各类招商引资和展览展销活动，促进中小企业商业合作与市场开拓。

三、加快中小企业社会化服务体系建设的措施

（一）加大组织协调力度。各级政府、各有关部门要制定中小企业社会化服务体系建设规划，完善政策措施，找准工作重点和突破口，扎实推进中小企业社会化服务体系建设。省建立中小企业社会化服务体系部门联席会议制度，由省经济和信息化委员会牵头，省发展改革委、省教育厅、省科技厅、省监察厅、省民政厅、省司法厅、省财政厅、省人

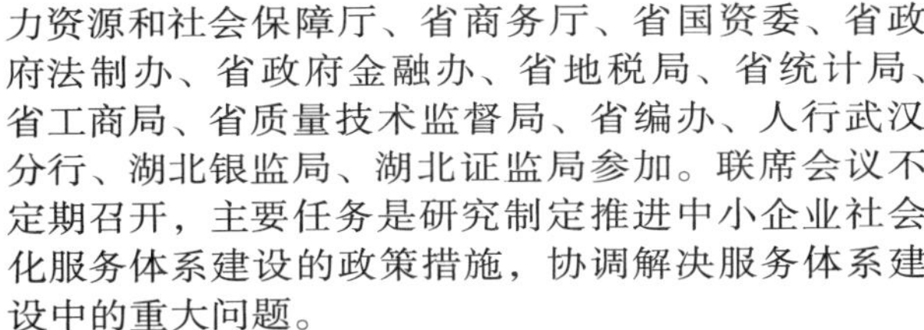

力资源和社会保障厅、省商务厅、省国资委、省政府法制办、省政府金融办、省地税局、省统计局、省工商局、省质量技术监督局、省编办、人行武汉分行、湖北银监局、湖北证监局参加。联席会议不定期召开，主要任务是研究制定推进中小企业社会化服务体系建设的政策措施，协调解决服务体系建设中的重大问题。

（二）加强综合服务机构建设。加强各级中小企业服务中心、创业辅导中心等综合服务机构建设，逐步建立以各级中小企业（创业）服务中心为核心，以各类社会服务机构为主体的中小企业社会化服务网络，为中小企业的创立发展、技术创新提供优质服务。建立中小企业综合服务机构联系、协调各类社会服务机构的机制，支持中小企业综合服务机构通过市场化方式，聚集各类社会服务资源为中小企业提供优质服务。鼓励、支持中小企业服务机构通过合资合作、建立服务联盟等方式，走规模化、品牌化发展道路。

（三）加大财政资金支持力度。省级中小企业发展专项资金，三分之一以上用于支持中小企业社会化服务体系建设，逐步扩大中小企业发展专项资金规模，加大支持中小企业社会化服务体系建设的力度。省经济和信息化委员会及有关部门要积极争取国家对我省中小企业社会化服务体系建设的资金支持。省级财政安排的科技资金，对中小企业社会化服务体系建设给予适当支持。省人力资源和社会保障厅要加大对中小企业人才培训工作的资金支持力度。各地应在本级中小企业发展专项资金中安排一定比例的经费，专项用于支持中小企业社会化服务体系建设。

（四）加大政策扶持力度。认真落实国家、省促进创业的各项优惠政策，研究制定全省创业辅导体系发展规划和扶持政策。继续实施国家、省关于加快推进中小企业信用担保体系建设的各项政策，研究制定进一步推进信用担保体系建设、缓解中小企业融资难的政策措施。研究制定对中小企业服务机构的扶持政策，按照“政府扶持中介、中介服务企业”的原则，通过政府购买服务的方式，对承担政府委托中小企业服务项目的服务机构，给予一定的补贴。

（五）加强对服务市场的规范引导。各地要加强对服务市场的指导、监督和管理，强化对服务机构的诚信和质量意识教育，针对服务市场建立有效的风险防范机制和日常监督管理制度，鼓励服务性机构建立行业协会，加强行业管理和自律，规范服务市场秩序，引导服务市场健康发展。开放中小企业服务市场，引入竞争机制，保证各类服务机构享有公平参与中小企业服务的权利。建立健全中小企业服务机构资质认定制度、服务质量评估制度，规范服务机构的行为。组织开展中小企业服务示范单位评选活动，对管理规范、服务效果突出、社会贡献大的服务机构给予表彰奖励，并通过媒体向社会广泛宣传，带动社会服务机构积极为中小企业提供服务。

二〇一〇年四月二十九日

湖南省人民政府办公厅关于加强信用信息工作促进中小企业健康发展的意见

湘政办发［2010］19号

各市州、县市区人民政府，省政府各厅委、各直属机构：

为加强信用信息工作，促进中小企业健康发展，根据《国务院关于进一步促进中小企业发展的若干意见》（国发［2009］36号）等文件精神，经省人民政府同意，现提出如下意见：

一、做好中小企业信用信息基础工作

1. 加强中小企业信用信息数据库建设，完善中小企业信用报告。各级各有关部门要按照要求，利用湖南省信用信息数据交换平台，及时、准确、完全地向中小企业信用信息数据库提供信息数据。中小企业信用信息主要包括企业注册登记、组织机构代码、年审年检、商标认定、产品质量认证、品牌评定、财务报表、拖欠税款、偷税漏税、偿债履约、产权登记、股权登记、用水、用电、用气、从业资质认定、行政处罚、违规担保、经济犯罪、拖欠工资和社会保险费、企业证券交易违规记录、企业慈善捐款承诺履约情况等信息。中小企业信用报告应由中小企业信用信息数据库产生，反映企业在信贷、社会保障、环境保护、司法裁判等方面的信息，并应随着中小企业信用信息数据库的完善逐步扩展信息内容。

2. 规范中小企业信用评级服务，完善中小企业评级报告。中小企业评级报告是评级机构依据中小企业信用报告和实地调查信息，对企业履约能力和医院所作的综合评价。信用信息监督管理部门要建立完善的评级机构管理制度，强化对评级机构及其高管人员、职业分析师的管理；要指导评级机构依法、合规、有序开展评级业务，切实提高省内评级业的公信力；要强化评级机构从业人员的保密意识，有效保护企业商业秘密；要依托违约率检验系统，加大对评级机构的信息披露力度，引导评级机构规范、健康发展，确保评估报告全面、合理地反映企业的信用状况。

二、将中小企业信用报告和评级报告作为政策扶持的重要依据

3. 将中小企业信用报告和评级报告作为政策扶持的重要依据。各级财政、金融、经济和信息化、商务、科学技术等部门在审核各项资金扶持的申报主体资格时，应把企业的信用报告和评级报告作为

重要依据。扶持资金具体包括湖南省中小企业发展专项资金、信息产业发展专项资金、科技型中小企业创新基金、企业技术改造专项资金、农业综合开发中央财政贴息资金、林业贷款中央财政贴息资金、湖南省承接产业转移引导资金、湖南省对外经济技术合作资金、湖南省扶持企业上市专项引导资金等。对信用状况良好的中小企业要优先给与资金扶持；对信用状况不良的企业，不纳入资金扶持范围。

4. 落实税收优惠政策时要参考中小企业的信用报告。各级财政、税务等部门在落实有关扶持中小企业发展、节能减排、招商引资、科技创新等税收优惠政策时，应参考中小企业的信用报告，优先支持信用状况良好的中小企业发展。对信用状况不良的企业，以及无信用报告和评级报告的企业，暂缓提供优惠政策。

5. 把中小企业信用报告作为企业资质管理的重要参考。各级工商、质监、环保、卫生、建设、食品药品监督、安全生产监管等部门在开展公路建设、房地产开发、工程监理、环境保护、食品生产、药品生产等企业资质管理工作中，应将企业信用报告作为重要参考。

6. 在政府采购和招投标工作中应参考企业评级报告。各级各部门在办理政府采购和招投标事务过程中，应参考企业评级报告。对于信用状况严重不良的企业，原则上不纳入政府采购合作范围、不得参与招投标工作。对于进入候选名单的企业，同等条件件下优先选取信用状况较好的企业。

7. 在中小企业发展项目审查中参考企业信用报告和评级报告。各级发展改革部门在审查中小企业发展项目时，应参考企业信用报告和评级报告，优先安排信用状况良好的中小企业与项目建设。

8. 把中小企业信用状况作为企业评优评先的重要依据。各级各有关部门在开展诚信建设示范单位、诚信文明经营户、诚信纳税户、非公有制经济发展先进单位和个人、知名品牌等评比活动中，应要求参与的中小企业提供信用报告，对信用状况不良的中小企业或企业主、高管人员，原则上不得评优评先。

9. 优先扶持信用状况良好的中小企业上市。各级各部门要优先将符合上市条件的、信用状况良好的中小企业年转入后备上市资源库，组织上市辅导培训。优先为信用状况良好的拟上市中小企业解决改制上市过程遇到的困难和问题，提供政策扶持。

三、对信用状况良好的中小企业加大信贷支持

10. 金融机构要加大对信用状况良好的中小企业的信贷支持力度。对于符合政府扶持和税收优惠标准、有资质、有政府采购和招投标资格、参与项目建设、或在政府评优评先活动中获奖的中小企业，金融机构应加大信贷支持力度，积极向上级争取中小企业信贷额度，增加对该类企业的信贷投放总量和比例，适当给予贷款利率优惠；对于信用状况、财务状况和发展前景良好的优质中小企业，可发放信用贷款。金融管理部门对金融机构支持中小企业的情况要加强督促和指导，确保各项扶持中小企业的政策措施在金融部门得到落实。

11. 担保机构要积极向信用状况良好的中小企业提供担保扶持。对于信用状况良好、有发展前景但自身担保财产不足的中小企业，担保机构要积极提供第三方贷款担保服务，并适当降低担保费率；对信用级别高、信用状况良好的中小企业，可提供信用担保。

四、把中小企业信用信息服务工作纳入政府绩效评估和对金融机构的考核范围

12. 加强对中小企业信用信息数据归集工作的考核。由省社会信用体系建设领导小组办公室牵头，根据有关规定，在每年对各归集单位的信用信息归集报送工作进行考核，重点突出对中小企业信用信息数据归集报送工作的考核，并将考核结果报省绩效评估委员会，纳入省直有关部门绩效评估。对为中小企业信用信息服务工作做出突出贡献的集体和个人，按照行政奖励的有关规定，给予奖励。

13. 把各级政府积极推动使用中小企业信用报告和评级报告工作情况纳入政府的绩效评估指标体系，作为评估各地经济发展环境的重要内容，由省绩效评估委员会办公室统一考评。

14. 对金融机构和担保机构使用中小企业信用报告和评级报告的情况进行考评。依据《湖南省人民政府关于进一步支持中小企业融资的意见》（湘政发［2009］10号），将金融机构使用中小企业信用报告和评级报告发放贷款的情况纳入考评指标，对于中小企业贷款新增金额达到一定标准的金融机构，给予专项奖励。对担保机构使用中小企业信用报告和评级报告提供担保的情况，由省政府金融工作办公室统一考核，并视情况予以奖励。

省社会信用体系建设领导小组要加强对中小企业信用信息服务工作的统筹协调，推动、督促各项政策措施的落实。

二〇一〇年五月二十五日

广西壮族自治区人民政府办公厅关于印发广西千家中小企业成长工程推进方案的通知

桂政办发［2010］228号

各市、县人民政府，自治区农垦局，自治区人民政府各组成部门、各直属机构：

《广西千家中小企业成长工程推进方案》已经自治区人民政府同意，现印发给你们，请认真组织实施。

二〇一〇年十二月十六日

广西千家中小企业成长工程推进方案

为贯彻落实国务院《关于进一步促进中小企业发展的若干意见》（国发［2009］36号）和中共广西壮族自治区委员会、广西壮族自治区人民政府《关于做大做强做优我区工业的决定》（桂发［2009］35号）精神，从2010年起，用3年时间实施“千家中小企业成长工程”，扶持一批中小企业抓好项目建设，把市场做大、把企业做强、把产品做优。为此，特制定本方案。

一、组织实施千家中小企业成长工程的意义

近年来，我区中小企业不断发展壮大，已成为全区经济和社会发展的重要力量。2009年，我区中小企业完成增加值4687亿元，占全区企业增加值的75%，占广西国内生产总值的61%；从业人员占全部企业的80%，占全区城镇就业年平均人数的50%以上；完成税收占全区70%以上。实施千家中小企业成长工程，选择一批成长潜力大、发展前景好的中小企业，支持其加快发展，是全面提升我区中小企业整体竞争力，加快转变经济发展方式，实现产业结构优化升级，走广西特色新型工业化道路的迫切需要，对确保我区中小企业平稳较快发展具有重要的现实意义。

二、总体思路和工作目标

（一）总体思路

以落实科学发展观为指导，全面贯彻落实《国务院关于进一步促进中小企业发展的若干意见》精神，加快转变经济发展方式，以实施千家中小企业成长工程为重要载体，提高经济增长质量和效益，推动经济结构调整，推进改革和自主创新、增强经济增长活力和动力，形成有利于中小企业快速发展、有利于重点骨干企业发展壮大的良好环境和长效机制，做专、做精、做强、做优千家中小企业。

（二）基本原则

——政策引导。贯彻落实国家、自治区支持中小企业发展的政策文件，推动制定符合我区实际的中小企业地方法规或规章，从政策上保障中小企业的发展。

——重点扶持。重点扶持符合国家产业政策、自主创新能力强、产品竞争能力强、发展潜力大的中小企业。

——分类指导。按照产业、区域的不同特性，持续、动态、有针对性地对企业进行分类指导，对企业开展科学评价，带动产业、区域的发展。

（三）工作目标

通过优化政策环境、加大财政扶持、用好用足国家税收优惠政策等，力争用三年左右的时间，把一批中小企业做专、做精、做强、做优，成为竞争能力强、带动能力强的企业。

1. 2011年

全区中小企业销售收入年均增长20%以上；技术改造投入900亿元左右；年新产品产值率达到15%以上，重点培育和发展一批“专、精、特、新”产品和技术，培育30个知名品牌；新增就业岗位10万个以上；每年有1000户具有成长潜力的微型企业（年主营业务销售收入500万元以下）成长为中小型企业，有100户具有成长潜力的中小型企业成长为大中型企业。

2. 2012年

全区中小企业销售收入年均增长25%以上；技术改造投入1000亿元左右；年新产品产值率达到20%以上，围绕十八个重点产业培育和发展一批竞争能力强、带动能力大的小巨人型企业，培育40个知名品牌；新增就业岗位15万个以上；有1200户具有成长潜力的微型企业（年主营业务销售收入500万元以下）成长为中小型企业，有200户以上具有成长潜力的中小型企业成长为大中型企业。

3. 2013年

全区中小企业销售收入年均增长30%以上；技术改造投入每年达1200亿元左右；年新产品产值率达到22%以上，重点培育和发展 批产业集中度高、互补能力强的中小企业聚集群，培育50个知名品牌；年新增就业岗位20万个以上；有1500户具有成长潜力的微型企业（年主营业务销售收入500万元以下）成长为中小型企业，有300户以上具有成长潜力的中小型企业成长为大中型企业。

全区中小企业完成增加值占全区企业增加值的80%，占广西国内生产总值的63%；从业人员占全部企业的85%，占全区城镇就业年平均人数的60%以上；完成税收占全区70%以上。

三、推进措施

（一）优化中小企业政策环境。认真贯彻国务院《关于进一步促进中小企业发展的若干意见》，结合我区实际制定实施意见，在全区范围内清理、修改和废止各种不合理、不利于中小企业发展的规章制度；进一步放宽和规范中小企业市场准入，鼓励、支持和引导中小企业参与国有企业改革。

（二）加大财政资金扶持力度。各级财政不断加大对中小企业发展的扶持投入力度，重点支持千家中小企业成长工程企业（以下简称千家中小企业）结构调整、节能减排、扩大就业，以及改善对中小企业的公共服务；自治区科技型中小企业技术创新资金，对符合条件的千家中小企业加快科技成果转化给予优先扶持，推动高新技术产业化发展。自治区各职能部门重点推荐千家中小企业申报国家中小企业专项资金、科技部科技型中小企业技术创新基金、商务部中小企业国际市场开拓资金和出口信用保险扶持发展资金等国家专项资金。

（三）及时落实企业税收优惠政策。认真贯彻执行国家和自治区促进中小企业发展的各项税收优惠政策，及时办理减税、免税或退税手续，不断优化纳税服务的质量和水平，为促进我区中小企业的发展创造良好的税收环境。

（四）着力化解企业融资难题。建立健全中小企业信用担保机构评级制度，做好千家中小企业信用的评定工作，优先向金融部门推荐千家中小企业；在广西中小企业网政、银、企融资服务平台上，建立千家中小企业信用档案和融资需求项目库；建立有效信息沟通渠道，加强广西中小企业网企业信息库与人民银行南宁中心支行沟通；筛选具备条件的企业参加中小企业集合债和集合票据申报发行，协调有关部门对企业的发债成本给予适当补助；对有上市和发债意向的千家中小企业，组织保荐机构、律师、会计和评估等社会中介机构，为其提供上市辅导和相关服务；积极有效地发挥融资担保机构作用，积极有序地向融资担保机构推荐需要担保支持的企业。按照国家法规，对中小企业担保机构实行税收减免和财政补助等扶持措施；加强与风险投资公司、租赁公司沟通与合作，帮助企业通过多种方式拓展融资渠道。

（五）支持企业开展技术创新。鼓励高等院校、科研院所与千家中小企业开展“产学研”合作，引导企业建立健全企业技术研发机构，加快技术成果转化和新产品开发，增强企业自主创新能力以及消化、吸收、运用新技术、新成果的能力；鼓励企业积极参与国家标准和行业标准的制（修）订；推进千家中小企业共享广西中小企业创新科技服务网、科研仪器共用网等科技服务平台资源；鼓励支持千家中小企业积极申请和实施专利，做好知识产权的创造、运用、保护和管理工作；支持千家中小企业争创国家级、自治区级名牌产品和国家驰名商标、自治区级著名商标，提高产品竞争力和市场占有率。

（六）鼓励企业开拓国内外市场。鼓励千家中小企业“走出去”和“引进来”，积极利用国际、国内两个市场、两种资源，拓展国内外合作交流渠道；积极引导千家中小企业通过自营出口或代理出口业务，大力开拓国际市场；积极组织千家中小企业参加中国—东盟博览会、中国国际中小企业博览会、APEC中小企业技术交流暨展览会等国内外各种博览会、展销会、商贸洽谈活动；组织千家中小企业开展进出口业务和国际贸易实务等专业知识培训，增强应对技术性贸易壁垒的能力，提高开拓国际市场的能力；加强千家中小企业对外交流与合作的信息服务，组织指导协调企业在境外的投资活动。

（七）加快推进中小企业服务体系建设。坚持社会化、专业化、市场化的原则，以“政府支持中介、中介服务企业”的方式，建立和完善我区中小企业社会化服务体系；支持各市建立科技企业孵化器，为中小企业的发展提供专项服务；围绕质量检测、法规标准、创业辅导、人员培训、设备共享、信息服务、市场开拓、国际合作等领域开展服务工作；编制广西中小企业服务机构名录和中小企业名录，架起服务供给与需求信息桥梁，改善服务信息环境；开展“千家中小企业成长管理机制调研辅导”活动，确定一批对国际标准熟悉、管理咨询辅导经验丰富、专业领域广泛的咨询专家，深入千家中小企业开展调查研究，帮助企业解决发展过程中的经营困难和问题，建立企业中长期发展规划，推进企业达到国际管理体系标准；大力提升企业生产过程质量管理能力水平，建立注册质量工程师信息公示平台，鼓励企业聘用国家注册质量工程师从事质量管理工作；通过集中式、远程式等多种方式的专场辅导会或培训班，开展千家中小企业经营管理培训工作，每年选送一百家企业中层以上管理人员到北大、清华、中央党校等接受培训；开展网上免费专场人才招聘活动，帮助千家中小企业引进各类紧缺和急需人才，做好企业员工多层次的职业技能培训工作。

（八）加强企业信息化建设。引导千家中小企业开展信息化工作，利用广西制造业信息化公共技术平台等信息服务提高研发、管理、制造水平，提高市场营销和售后服务能力，逐步实现生产经营的信息化和现代化；丰富和完善广西中小企业信息网络平台，开展中小企业上网工程活动，与千家中小企业实现网络链接，对还未建立企业网站的企业予以免费建站支持；支持千家中小企业开展电子商务，优先安排网络资源，为千家中小企业在广西中小企业电子商务平台提供产品展示、信息发布服务，帮助开展网络营销活动和宣传活动。

（九）建立成长型中小企业培育机制。把千家中小企业纳入国家中小企业预警监测系统，及时把握千家中小企业运行状况和发展趋势，做好统计分析，为企业科学决策提供依据；对千家中小企业实行动态评价管理，每年测评一次，实施优胜劣汰，并筛选增补新的成长型中小企业纳入；建立成长型中小企业信息库，及时掌握企业的发展动态和人才、技术、资金等生产要素需求状况，做好跟踪服务；为充分发挥政策引导的激励效应，“千家中小企业成长工程”支持同一企业一般不超过三年。

（十）积极宣传千家中小企业发展成果。充分利用自治区、各市、县主流电视媒体、平面媒体、网络媒体等，做好千家中小企业的宣传工作，营造“千家中小企业”的品牌效应；对经营业绩突出、为社会做出较大贡献的企业进行专题集中报道宣传。

四、组织实施

（一）加强组织领导。千家中小企业成长工程由自治区促进中小企业发展工作领导小组组织实施，各级各部门要统一认识，明确职责，协调配合，明确分工，加强领导，确保工程顺利推进。自治区工业和信息化委员会负责具体工作的协调。

（二）年度安排。

1. 2011年

启动阶段，主要工作：

——确定首批千家中小企业名单，编制广西中小企业服务机构名录和千家中小企业名录。

——对千家中小企业重点项目建设，给予相应财政扶持资金支持，并集中举办一批千家中小企业项目开、竣工仪式。

——举办广西首批中小企业集合债和集合票据培训班，并力争发行第一批集合债。

——把千家中小企业纳入国家中小企业预警监测系统，及时把握千家中小企业运行状况和发展趋势，及时对企业给予针对性辅导。

——选送首批一百家企业中层以上管理人员到北大、清华、中央党校接受培训。

2. 2012 年

实施阶段，主要工作：

——抓好千家中小企业重点项目建设工作，协调解决项目存在问题，对有困难的企业给予指导和相应支持。

——开展千家中小企业成长管理机制调研辅导活动，对千家中小企业进行实地辅导，落实千家中小企业享受各项政策扶持。

——为千家中小企业做好信用评级工作，建立信用档案和融资项目需求库。

——对有上市意向的企业，组织上市辅导培训班，开展上市辅导工作，力争发行 30 亿元中小企业集合债券。

——开展网上中小企业免费专场人才招聘活动，推动千家中小企业上网工程，帮助企业免费建立企业网站。

——选送第二批一百家企业中层以上管理人员到北大、清华、中央党校接受培训。

3. 2013 年

总结阶段，主要工作：

——对给予财政支持的千家中小企业重点项目已经竣工的，做好项目验收工作；对新开工项目符合条件的，继续给予政策支持。

——继续做好预警监测工作，进一步落实千家中小企业享受各项政策扶持。

——选送第三批一百家企业中层以上管理人员到北大、清华、中央党校接受培训。

——召开千家中小企业表彰和交流大会，经评审入选的千家中小企业，由自治区人民政府授予牌匾，并对在推进工作中做出突出贡献的单位进行表彰。

另附：

广西成长型中小企业评价办法

为了科学、准确地评价广西的成长型中小企业，做好“千家中小企业成长工程”的实施工作，结合我区企业实际，经研究制本评价办法。

一、评价对象

本办法的评价对象主要是指在我区范围内依法设立的，符合《中小企业标准暂行规定》（国经贸中小企［2003］143 号）划分的，一定时期（3 年以上，含 3 年）内，具有持续挖掘未利资源能力，不同程度地表现出整体扩张态势，成长潜能大、未来发展预期良好的生产和经营性的中、小、微（年主营业务销售收入 500 万元以下）型企业。

二、评价原则

1. 连续性原则。对成长型中小企业在一个时间跨度（本评价办法以 3 年为时间跨度）内的指标具有可连续的观察性。

2. 持续成长原则。企业发展状况指标、获利水平指标、经济效率指标、技术改造指标、偿债能力指标、创新能力指标连续 3 年增长，企业有较大的发展潜力。

3. 量化分析和综合分析相结合的原则。以量化分析指标为主，兼顾综合考核。即在多项经济指标测分的基础上，对其进行管理能力、人才资源状况、科技进步情况等相关综合分析指标进行测评分析，综合计分。

4. 平衡性原则。在定量定性考核测分的前提下，对区域、行业分布情况，适当平衡确定成长型中小企业。

5. 通用性原则。评价指标体系在中小企业中普遍适用，同时在理论和实践变化中有相对的稳定性。

三、被评价企业的选择条件

在自治区各级工商行政管理机关核准登记，符合《中小企业标准暂行规定》（国经贸中小企［2003］143 号）规定中小型标准的企业；组织机构完整，产权、债权明晰，信用记录良好的企业；符合国家产业政策，依法经营，环保达标，无重大安全事故，依法足额缴纳税及职工保险，承担社会责任的企业。

四、评价指标体系

企业评价按照十七个指标进行计分（详见企业评价指标计分标准表）。

五、评价组织工作

（一）评价工作承担单位

在自治区促进中小企业发展工作领导小组的指导下，由各市工信委（经委）、中小企业局具体承担本市成长型企业的初次评价工作。自治区工信委会同有关部门组织专家共同开展汇总评价及审定工作。

（二）评价工作程序

1. 申报和推荐。企业根据本评价办法，各市工信委（经委）、中小企业局受理企业申报，开展初步审核工作，提出审核推荐意见，向自治区工信委推荐。

2. 审核。由自治区工信委组织专家，按本办法要求，评选出1000家中小企业。

（三）评价工作安排

成长型中小企业评价是一项长期性的工作，实行动态管理，每年开展一次评价工作，对已成长为大企业的企业，以及不符合要求的企业实施末位淘汰，并筛选增补新的成长型中小企业。

（四）其他

1. 成长型中小企业评价不向企业收取任何费用。

2. 本评价办法由自治区工业和信息化委员会负责解释。

3. 本评价办法自发布之日起试行。

海南省2010年进一步鼓励和支持中小企业发展的政策措施

为贯彻落实《国务院关于进一步促进中小企业发展的若干意见》（国发［2009］36号），结合我省实际，制定本政策措施。

一、安排中小企业发展专项资金4500万元，缓解中小企业融资困难。按当年实际发生信用担保贷款额对中小企业给予1%贴息、对担保机构给予1%风险补偿、对与担保机构进行合作的银行金融机构和省级担保机构给予合计不超过1%奖励。

二、从省工业发展资金中安排5000万元，对为中小企业担保贷款金额达到注册资本两倍以上且注册资本不低于5000万元的担保机构给予资本金注入或借款支持。

三、鼓励社会资本投资设立担保服务公司，推动成立2家注册资本金1亿元以上的民营或股份制担保机构，支持其申请开展典当业务，提高对中小企业的融资担保能力。推动设立中外合资融资租赁公司，支持重大项目建设，发挥融资租赁、典当等融资方式在中小企业融资中的作用。

四、安排2000万元海南省金融发展专项资金，用于奖励在完善地方金融组织体系和支持农村金融业发展，在我省信贷投放中做出突出贡献的金融机构及其高管人员，奖励在海南设立总部或地区总部的金融机构及其高管人员，奖励做出突出贡献的金融管理部门领导班子。

五、完善中小企业融资服务体系。在海口市、三亚市、琼海市开展小额贷款公司试点工作，争取设立5家以上小额贷款公司，2010年第四季度在全省推开。引进有实力的金融机构来海南设立分支机构。组建若干家村镇银行。鼓励银行机构设立和完善中小企业专营部门，优化业务流程与考核机制。

六、推动中小企业直接融资，加大对后备上市企业的支持力度，争取2家中小企业上市融资。帮助符合条件的企业联合发行债券，多渠道筹措发展资金。

七、落实《海南省股权质押贷款及出质登记指导意见》，协调金融机构支持中小企业采取股权、动产、仓单和知识产权等方式进行抵押融资。

八、实施减免税优惠。对年应纳税所得额低于3万元（含3万元）的小型微利企业，其所得减按50%计入应纳税所得额，按20%的税率缴纳企业所得税。中小企业投资国家鼓励类项目，除《国内投资项目不予免税的进口商品目录》所列商品外，所需的进口自用设备以及按照合同随设备进口的技术及配套件、备件，免征进口关税。中小企业因有特殊困难不能按期纳税的，可依法申请在3个月内延期缴纳。

九、安排3000万元中小企业技术改造和产业升级专项资金，配套国家专项资金，支持中小企业进行技术改造和产业升级。

十、安排500万元科技型中小企业技术创新资金，支持中小企业技术创新。

十一、安排800万元节能专项资金，支持中小企业进行节能改造和资源综合利用。对中小企业节能改造、节能新技术推广和资源综合利用给予适当补助。

十二、安排2000万元海南省外贸发展专项资金，用于支持我省外贸事业发展和中小企业开拓国外市场。

十三、安排5000万元支持农产品加工和流通体系建设。其中，2000万元对农产品种植养殖备案基地建设、大型肉联企业、农产品加工重点项目和龙头企业、大型农产品流通企业和大型农产品批发市场给予扶持；3000万元用于支持特色农产品的加工和改造升级，扩大其产业规模，带动区域产业发展。

十四、安排1000万元中小企业成长性奖励资金，对年度上缴税收3年环比增长排在行业前10位的中小企业管理团队和在资本市场新批准融资、再融资的企业管理团队给予奖励。

十五、安排200万元再就业专项资金，用于对困难中小企业提供社会保险补贴、岗位补贴、在岗和转岗补贴，支持困难企业开展培训，稳定职工队伍。对与持有《再就业优惠证》的困难人员签订2年以上期限劳动合同并缴纳社会保险的企业给予奖励。

十六、安排2000万元电子信息产业发展专项资金，支持企业进入海南生态软件园和三亚创意产业园发展软件开发、外包服务、动漫游戏、文化创意等新兴产业。

十七、安排专项资金对中小企业和非公有制企业开发、培育名牌产品给予扶持，鼓励企业创建名牌产品。

十八、增加政府购买社会中介服务。采取资格认定、业务委托、奖励等方式支持专业服务机构和行业协会向中小企业提供培训、创业辅导、管理咨询、检验检测和信息等服务。

重庆市人民政府关于大力发展微型企业的若干意见

渝府发［2010］66号

各区县（自治县）人民政府，市政府各部门，有关单位：

为贯彻党的十七大精神，充分发挥微型企业在转变经济发展方式、优化产业结构、促进就业再就业等方面的积极作用，现就促进我市微型企业发展提出如下意见：

一、大力发展微型企业的重要性和紧迫性

微型企业是一种企业雇员人数少、产权和经营权高度集中、产品服务种类单一、经营规模微小的企业组织，具有创业成本低、就业弹性空间大、成果见效快等特点。

大力发展微型企业是扩大就业、改善民生、激发民间活力、促进社会和谐稳定的重要举措。大力发展微型企业不仅可以培育壮大经济社会发展新动力，培养大批有所作为的企业家，也可以营造“重商”氛围，激发全民创业，在加快统筹城乡发展中产生巨大的推动作用。结合我市大城市带大农村的特殊市情、城乡二元结构突出的特点以及三峡库区产业空虚和企业改革带来的下岗失业问题，大力扶持发展微型企业十分迫切、意义深远。

全市各级人民政府和市政府有关部门、有关单位必须充分认识鼓励创业、促进微型企业发展的重要性和紧迫性，努力营造鼓励创业的良好氛围，坚持不懈地探索适应微型企业发展的体制机制和扶持微型企业发展的政策措施，精心安排、稳步实施，确保微型企业创业投资促进计划顺利推行、卓有成效。

二、大力发展微型企业的指导思想、基本原则和总体目标

（一）指导思想

坚持以科学发展观为统领，按照“以创业促就业”的方针，通过激发创业热情，促进各种生产要素优化组合，使更多的失业人员和贫困人口有机会就业和参与发展，着力缓解社会就业压力，增加市场主体总量，优化产业结构，推进城乡统筹。

（二）基本原则

扶持微型企业发展坚持“政府主导、部门联动，统一规划、分步实施，就业为先、定向扶持，加强监管、防范风险”的原则。

——政府主导、部门联动。全市各级人民政府在促进微型企业发展中要发挥主导作用，切实担负起规划制定、政策统筹、资金筹措、服务协调、监督管理等方面的职责；工商、财政、税务、人力社保、金融、经济信息、农业、商业、国资、科技、文化、教育、移民、民政、监察、残联等部门和单位要主动介入、积极配合、分工协作，形成统筹安排、各负其责、齐抓共管的良好格局。同时，要依托工商行政管理机关的职能优势、体制优势、信息优势和监管网络体系优势，稳步推进发展微型企业的各项工作。

——统一规划、分步实施。立足我市市情以及创业就业扶持政策执行的现状，统一制定微型企业发展规划，确定各阶段的目标任务，明确扶持微型企业发展的政策措施和工作措施，有条不紊地推进微型企业发展；坚持以点带面、先行先试，逐步积累经验，找准问题，完善体制机制和配套措施。

——就业为先、定向扶持。促进微型企业发展的首要目标是“以创业促就业”。通过“创业申请、资格审查、基地培训、结业考核、组织评审、孵化扶持、成熟放飞”的全过程服务，大力促进就业。

——加强监管、防范风险。扶持资金必须用于有创业意愿、具备一定生产经营条件和经营能力的特定人群创业，必须做到专款专用、定人定项，必须经过严格的程序、严密的审查，确保扶持资金发挥最大效能。工商、财政、税务、金融、监察等部门要加强信息沟通，共同防范风险，依法严厉查处套取、抽逃、转移资金和资产的行为，保障资金安全。

（三）总体目标

2010年，在主城区和部分区县（自治县）先行试点。取得经验后，自2011年起在全市范围内推行。预计每年新增微型企业2万户，新增就业10万人以上；计划五年扶持微型企业10万户，吸纳就业50万人以上。同时，孵化一批具有稳定成长前景的中小企业乃至大型企业，培育一批具有创业经验和较强经营能力的企业家队伍。

三、大力发展微型企业的扶持范围

（一）微型企业的规模及组织形式

雇员（含投资者）20人以下、创业者投资金额10万元以下的企业为微型企业。组织形式可采取个人独资企业、合伙企业、有限责任公司等多种形式。创业者兴办公司，其注册资本金依法可分期缴付。

（二）扶持对象

微型企业创业扶持对象应同时具备下列条件：

1. 属于国家政策聚集帮扶的“九类人群”，即高等院校（本科、硕士、博士）毕业生、下岗失业人员、返乡农民工、“农转非”人员、三峡库区移民、残疾人、城乡退役士兵、文化创意人员、信息技术人员等；

2. 具有创业能力，即应当具备年龄、行为能力条件，并经创业培训，具备一定的经营管理能力；

3. 与他人创办合伙企业或有限责任公司，且在合伙企业或公司中的份额或投资比例不低于50%。

扶持对象申请创业，应向户籍地乡镇人民政府（街道办事处）提交申请。乡镇人民政府（街道办事处）对申请人是否符合“九类人群”条件进行审查后，出具推荐书；当地工商部门收到申请书及推荐书后，对申请人是否具备创业能力以及是否有在办企业进行审查，对具备条件的人员纳入创业培训计划；申请人参加创业培训且结业后，向工商部门递交创业投资计划书或项目可行性论证报告，并由工商部门组织评审；通过评审并完成企业注册后，创业者方可享受扶持政策。

（三）扶持产业

在微型企业创业扶持中，重点扶持第三产业的创业投资项目，尤其要大力发展服务型、文化创意、软件开发及外包服务。各区县（自治县）可根据本地实际情况，向适合微型企业特点、需要大力发展的产业适度倾斜。

四、大力发展微型企业的政策措施

（一）基本运作模式

从我市实际出发，借鉴国内外的成功经验，发展微型企业采取“1+3”模式，即“投资者出一点、财政补一点、税收返一点、金融机构贷一点”，促进微型企业蓬勃发展。

（二）财政扶持政策

根据我市经济发展增长状况，结合扶持对象创业需求，市财政每年要编列微型企业扶持资金预算，用于创办微型企业资本金补助、设立担保基金和扶持对象的创业培训及孵化，做到专项列支、逐年递增、足额拨付；各区县（自治县）财政也要投入专项配套资金，加大微型企业创业扶持力度。

资本金补助资金的发放和管理要遵循同步配套、定向支用、全程监管的原则。所谓同步配套，即投资者应先行或与扶持资金同步投入企业，以反映其真实的创业意愿，防止套取财政资金、骗取信贷资金。所谓定向支用，即资本金补助资金要按照已审定的投资计划书中明确的用途进行支付，主要用作房租费、机器设备购置费、加盟费等，不得交由投资者自由支配。其中，用于补助的比例应控制在注册资本金额的50%以内。所谓全程监管，即工商部门与相关部门积极配合，依法对投资人实施资格审定，并对资金用途、开业状况、关闭注销、雇工情况等实行全过程监管，严厉查处套取、抽逃、转移资金和资产的行为。

（三）税收扶持政策

微型企业除享受国家和我市对中小企业及特定行业、区域、环节的税收优惠政策外，企业所得税享受西部大开发优惠政策，其实际缴付的所有税收中地方留存部分，以获得的资本金补助金额等额为限，实行先征后返。

（四）融资担保扶持政策

微型企业以投资人自有财产、亲友财产或通过社会担保公司提供担保取得小额担保贷款的，按小额担保贷款的相关规定享受财政贴息。同时，对发展前景好、扩张能力强、符合国家及我市产业导向的微型企业提供免费担保。要在全市范围内选定积极参与扶持计划、愿意提供低利率贷款的承贷金融机构，将担保基金分别存入其中，承贷金融机构按照担保基金与贷款余额1∶3至1∶5的比例向微型企业发放小额担保贷款，并与财政资金同步发放到企业。

（五）行政规费减免政策

微型企业办理证照、年检、年审等手续，3年内免收行政性收费。

五、加强对微型企业发展扶持工作的监督管理

（一）严格审核发放扶持资金

要坚持公平、公正、公开原则，制定严格的扶持资金审查发放规则，组建扶持资金发放评审委员会，严格审查投资者资格条件、投资计划书的可行性等，评审结果面向社会公开。申请人或其他组织、个人对是否给予扶持的决定有异议的，可向市微型企业发展工作领导小组申诉。

（二）定期公开扶持工作情况

市工商局要定期公布财政扶持资金的使用情况和受助创业者、企业的基本情况，接受公民、组织对公布信息的查询，并在每年的第一季度公布上一年度微型企业创业投资扶持计划推进报告。

（三）严肃查处违规违纪行为

微型企业创业扶持工作涉及多项资金的安全，必须加强风险防范。要严格执行回避制度，工商、财政、金融部门相关人员及评审委员应自行回避。要保持高压态势，坚决查处投资者套取、抽逃、转移扶持资金以及工作人员以权谋私等违规违纪行为。

六、加强对微型企业发展的组织领导

（一）加强统筹协调

市政府成立由童小平副市长任组长，谢小军副市长任副组长，有关副秘书长及市工商、财政、税务、人力社保、金融、经济信息、农业、商业、国资、科技、文化、教育、移民、民政、监察、残联等部门和单位负责人为成员的市微型企业发展工作领导小组，负责协调微型企业发展所涉及的各方面矛盾、问题，审议涉及微型企业扶持工作的规则、制度，监督全市各地各部门落实市政府发展微型企业的各项政策措施。领导小组下设办公室，具体负责日常工作。领导小组办公室设在市工商局，办公室主任由市工商局局长兼任。各区县（自治县）人民政府要明确专人、专门机构统筹协调此项工作。

全市各级人民政府及其职能部门要有组织、有计划、有步骤地开展工作，在明确分工、各负其责的基础上，密切配合、齐抓共管，确保微型企业创业扶持工作卓有成效。其中，由市工商部门牵头，会同市经济信息、科技、商业等部门编制微型企业发展规划及创业投资促进计划，指导全市微型企业创业扶持工作，开展创业培训及微型企业孵化工作，监督微型企业创业扶持资金的使用，对微型企业发展进行全过程监管。市工商局要以工商干校为依托开展好创业培训工作，依托基层工商网络开展微型企业扶持工作，提高微型企业“出生率”及“存活率”；财政部门负责专项资金的筹措、拨付、监管；人力社保部门要与工商部门协同进行小额担保贷款申请的审查；税务部门负责税费的征收和优惠政策的执行；金融管理部门负责指导、监督信贷资金的落实；监察部门负责对扶持工作进行全面监督；经济信息、农业、商业、国资、科技、文化、教育、移民、民政、残联等部门和单位主动协调工商部门做好促进微型企业发展的相关工作。

（二）强化宣传引导

要坚持正确的舆论导向，运用各种宣传手段，切实加大微型企业发展相关政策的宣传力度，激发和引导扶持对象的创业热情，为推动微型企业发展营造良好舆论氛围。

（三）优化创业服务

有关职能部门要及时向微型企业及其投资者提供法律、法规、政策等各类信息咨询服务，建立完善技术、信用、融资、市场等各类信息的服务平台。在办理有关手续时，可采取集中式办公等方式提高工作效率。要切实维护微型企业的经营自主权，任何单位和个人不得以任何名义干扰企业的正常生产经营活动，不得摊派或强令企业回馈和捐赠，不得违反规定加重企业负担。

全市各级人民政府和有关部门、单位要切实抓好本意见的贯彻落实，市政府有关部门要根据各自职责，尽快制定配套的实施办法。市政府将对各区县（自治县）人民政府和市政府有关部门落实本意见情况进行督查，具体由市微型企业发展工作领导小组和市政府督查室组织实施。

二〇一〇年六月二十一日

四川省人民政府关于进一步支持中小企业加快发展的意见

川府函［2010］162号

各市（州）、县（市、区）人民政府，省政府各部门、各直属机构：

中小企业是国民经济和社会发展的重要力量，促进中小企业健康发展，既是关系我省民生就业和社会稳定的一项长期重大战略任务，也是当前保增长、扩内需、调结构、促发展、惠民生的紧迫任务。为落实《国务院关于进一步促进中小企业发展的若干意见》（国发［2009］36号）、《国务院关于鼓励和引导民间投资健康发展的若干意见》（国发［2010］13号）和《四川省人民政府关于加快中小企业发展的决定》（川府发［2009］11号）以及省委省政府重大决策部署，推进我省中小企业又好又快发展，特制定本意见。

一、加大财税支持力度

（一）财政支持。整合现有资金，建立四川省中小企业发展基金、小企业贷款风险补偿基金、创业投资引导基金、中小企业信用担保基金，发挥财政资金的引导作用，带动社会资金支持中小企业发展。逐步扩大省中小企业发展专项资金规模，重点支持中小企业技术创新、技术改造、结构调整、市场开拓、人才培训、节能减排、扩大就业以及改善对中小企业的公共服务。省以下各级政府要结合本级财力水平和实际情况，优化资金结构，加大对中小企业的支持力度。现有支持企业发展的其他专项资金对中小企业的支持原则上不低于50%。

（二）税收优惠。切实落实国家支持中小企业发展的各项税收优惠政策，按规定对年应纳税所得额低于3万元（含3万元）的小型微利企业，其所得减按50%计入应纳税所得额，按20%的税率缴纳企业所得税。中小企业投资国家鼓励类项目，除《国内投资项目不予免税的进口商品目录》所列商品外，所需的进口自用设备以及按照合同随设备进口的技术及配套件、备件，免征进口关税。中小企业从事技术转让、技术开发业务和与之相关的技术咨询、技术服务取得的收入，依法免征营业税。中小企业缴纳房产税、城镇土地使用税确有困难的，可按现行税收管理体制报税务机关批准，享受困难减免。中小企业因有特殊困难不能按期纳税的，经省级税务部门批准，可在3个月内延期缴纳。

（三）政府采购支持。省级有关部门要尽快制定政府采购支持中小企业的实施办法和政府公共服务外包细则，明确政府采购中小企业货物、工程和服务的比例及优惠措施。建立并公布符合政府采购资质条件的中小企业供应商备选库，进一步完善政府采购信息发布制度，建立政府采购支持中小企业的事后评价、质量审查及责任追究制度。

二、切实缓解融资难题

（四）改进金融服务。金融监管部门要在2010年制定中小企业金融服务差异化监管政策，引导督促银行机构建立完善信贷业务考核激励机制和信贷人员尽职免责机制。各级金融管理部门要积极沟通和协调政府有关部门，进一步完善中小企业贷款快速核销、税前拨备等优惠措施。各银行业金融机构要加强中小企业金融服务专营机构建设，改善授信业务制度，简化信贷审批环节，创新金融产品和服务方式，采取动产、应收账款、仓单、股权、知识产权等抵质押方式，提高小企业中长期贷款及信用贷款的规模，确保中小企业信贷投放增速快于平均贷款增速、增量不低于上年。建立完善省级小企业贷款风险补偿资金和激励机制，按不超过银行当年新增小企业贷款总额的0.5%给予风险补偿。建立融资项目对接长效机制和信息共享平台，以四川中小企业融资超市为龙头，拓展和延伸全省融资担保公共服务平台。

（五）拓宽融资渠道。鼓励各市（州）、县（市、区）政府设立创业投资引导基金，引导社会资金设立主要支持中小企业的创业投资企业，重点支持起步期的科技型、成长型、劳动密集型小企业。培育和规范发展产权交易市场，积极发展股权投资基金。发挥融资租赁、典当、信托等融资方式在中小企业融资中的作用。强化中小企业上市培育工作，指导中小企业规范改制和上市，培育和支持一批高成长性中小企业在中小板、创业板、海外上市直接融资，对辅导期验收合格的企业给予50万元奖励，对首发上市成功的企业给予200万元奖励。鼓励符合条件的中小企业通过发行集合债券、短期融资券、中期集合票据等方式拓展直接融资渠道。鼓励支持民间资本进入金融业，投资小额贷款公司和村镇银行，参与农村信用社和城市商业银行改制发展。完善小额贷款公司资本金补充机制。适当放宽小额贷款公司注册资本等条件，对老少边穷地区注册资本金可放宽至3000万元，到2012年实现全省80%以上的县覆盖。所在地方政府可制定支持小额贷款公司发展的激励政策。

（六）完善担保体系。各级财政要加大支持力度和拓展民间投资进入渠道，综合运用资本注入、风险补偿和奖励补助等多种方式，提高信用担保机构担保能力。设立财政出资和企业联合组建的多层次中小企业融资担保基金和担保机构。完善对中小企业信用担保机构的风险补偿和资本金补充机制，鼓励担保机构扩大资本金规模，提高信用水平，增强业务能力。对备案担保机构为中小企业提供的担保额，给予不超过增量2%的风险补偿，最高不超过200万元；对备案担保机构为中小企业开展担保且担保费率低于银行同期贷款基准利率50%的融资业务给予补助，补助比例不超过银行同期贷款基准利率50%与实际担保费率之差，最高不超过100万元。组建再担保机构，完善担保体系，扩大担保能力，分散担保风险。落实好对符合条件的中小企业信用担保机构免征营业税、准备金提取和代偿损失税前扣除的政策。国土资源、住房城乡建设、金融、工商等部门原则上在5个工作日内完成为中小企业和担保机构开具抵押物和出质的登记、确权、转让等服务。

（七）推进信用建设。加快推进中小企业信用制度建设，建立和完善中小企业信用信息征集机制和评价体系，提高中小企业的融资信用等级。完善个人和企业征信系统，为中小企业融资提供方便快速的查询服务。构建守信受益、失信惩戒的信用约束机制，增强中小企业信用意识。实施千户诚信中小企业培植计划，组织开展信用宣传、信用培育、信用征集、信用激励、信用评级工作，支持中小企业积极参加第三方信用评级。

三、大力推进社会创业

（八）扶持自主创业。增加创业扶持资金投入，扩大创业补贴范围。充分发挥民间资本在社会创业方面的积极作用，投资创办各类企业和服务机构。大力拓展就业渠道，支持失业下岗人员、高校毕业生、农业富余人员、转业退役军人等创办小企业，以创业促就业。重点支持科技人员自主创办科技创新型、现代服务型小企业。失业人员在领取失业保险期间自主创业的，可按规定一次性领取应享受的失业保险金。自主创业并招聘其他失业人员的，按有关规定享受创业补贴。高校毕业生自主创业，自筹资金不足的，可申请不超过5万元小额担保贷款，合伙创业的担保贷款规模可适当扩大，并由地方政府给予财政贴息支持。

（九）放宽创业条件。创业人员申办个体工商户和创办小微企业，免收管理类、登记类、证照类等行政事业性收费，除法律法规规定的前置项目外，不设经营范围和经营期限。无固定经营地点，可以不办理工商登记。个体工商户转成私营企业的，可继续使用原字号，允许将经资产评估后的净资产作为实收资本；转成个人独资企业的，如生产、经营规模小，达不到《个体工商户建账管理暂行办法》规定设置账簿标准，可实行税收定期定额征收办法。对取得营业执照的新办企业，没有达到认定一般纳税人的金额条件的，也可向主管税务机关申请一般纳税人资格认定，对达不到查账征收条件的纳税人，可核定征收企业所得税。允许创业者按照法律法规规定的条件、程序和合同约定，将家庭住房、租借房、临时商业用房等作为创业经营场所。

（十）搭建创业载体。将创业基地纳入我省产业园区发展政策及资金支持范围，鼓励民间资本参与产业园区建设。支持各类产业园区开辟创业孵化园或小企业创业基地，2年内重点培育200个省级小企业创业基地和孵化园、打造10个省级创业示范基地。支持各类投资主体在创业基地和孵化园建设多层标准厂房，其新建和改建项目可纳入产业园区专项资金补助范围。广泛开展创业辅导，完善创业服务体系，建立健全省、市、县三级中小企业创业辅导服务网络，支持建立创业培训、信息服务、技术研发、产品测试、质量检测、物流服务、管理咨询等服务平台。

四、加快中小企业转型升级

（十一）推进产业升级。支持中小企业围绕我省打造“一枢纽三中心四基地”、实施“7＋3”产业规划和八大产业调整和振兴行动计划，参与重大项目的配套建设。支持中小企业发展电子信息、新能源、节能环保、新材料、生物制药等战略性新兴产业。支持中小企业参建成绵乐广遂电子信息、成德资自宜泸装备制造、成德绵南资汽车、攀西钒钛稀土、成乐眉雅绵硅产业、川南沿江重化工、川东北天然气化工、成遂南达纺织服装鞋业等八大特色产业带和“中国白酒金三角”等农产品精深加工传统优势产业。支持中小企业参与灾后重建产业发展和改善民生工程项目。支持中小企业参与大飞机、电子军工、核产业等军民结合产业项目的协作配套。加快发展生产性服务业，支持中小企业在科技研发、工业设计、技术咨询、设备租赁、信息服务、现代物流等生产性服务业领域发展，在软件开发、服务外包、网络动漫、广告创意、电子商务、市场托管等新兴领域拓展。

（十二）引导集聚发展。制定我省产业集群发展规划，3年内支持培育50个省级重点产业集群、50个省级特色产业集镇，围绕实施“1525”工程打造10个省级示范产业园区。加大资金支持力度，支持产业集群环境建设，推进基础设施配套和产业链协作配套，加快产业集群和产业园区公共服务平台建设。支持龙头骨干企业扩散工艺技术和加工环节，延长产业链条，推动中小企业参与专业化分工，提高专业化协作水平。立足地方比较优势和主导产业，支持省内优势中小企业跨区域、跨所有制开展收购、兼并、重组和联营，发展企业集团，开展集约化经营。支持中小企业加强与东部先进中小企业合作，积极承接产业、资本、技术、人才转移。

（十三）加强配套协作。建立中小企业与大企业大集团配套发展长效协调机制，省级财政加大支持中小企业与大企业大集团配套协作的力度。选择机械、汽车、食品饮料等重点行业，搭建政府支持、协会主导的大中小企业配套协作信息交流平台，及时发布配套协作供求信息，组织开展大中小企业配套协作对接活动。支持中小企业加速技术革新和产品升级，走“专、精、特、新”之路，突出主业，围绕大企业发展专业化配套。鼓励大企业集团通过专业分工、服务外包、订单生产等方式与中小企业合作，向中小企业提供技术、人才、设备、资金支持，及时支付货款和服务费用。

（十四）支持技术创新。加大技术创新项目财政专项资金支持力度，引导风投资金、创业投资等社会资金支持科技型中小企业，鼓励和支持中小企业加大研发投入，开发先进适用技术、工艺和设备，研制适销对路新产品。企业为开发新技术、新产品、新工艺发生的研究开发费用，未形成无形资产计入当期损益的，在按照据实扣除的基础上，按照研究开发费用的50%加计扣除；形成无形资产的，按照无形资产成本的150%摊销。支持中小企业申报国家自主创新产品的认定，对成功申报国家高新技术产业发展项目并获得国家资金支持的，在安排省级相关专项资金时给予倾斜支持。实施知识产权推进工程，支持中小企业开发自有知识产权，推进“产学研”联合，建立中小企业专利技术公共服务平台和技术交易平台，支持企业和社会力量建立面向中小企业的专业技术中心、生产力促进中心，经认定为国家级、省级的，分别给予一次性补助。

（十五）支持技术改造。省级预算内技术改造专项资金中，要安排中小企业技术改造项目资金，市（州）、县（市、区）政府也要安排中小企业技术改造专项资金，重点支持中小企业采用先进适用新技术、新工艺、新装备进行技术改造。中小企业固定资产因技术进步加速折旧的，可按规定缩短折旧年限或采取加速折旧的方法。鼓励挖掘、保护、改造民间特色传统产品和传统工艺，建立民间特色传统产品和传统工艺省级重点目录，对进入目录的重点改造项目给予资金支持。

（十六）支持创建品牌。在2011年，制定我省中小企业品牌发展战略规划，组织开展中小企业品牌创建活动，支持中小企业争创国际知名品牌、国家驰名商标和中国名牌产品、省著名商标和四川名牌产品。对首次获得国家驰名商标、中国名牌产品和国家级质量奖的，由省政府给予奖励。对首次获得四川省著名商标、四川名牌产品的，由当地政府给予奖励。支持中华老字号等传统优势中小企业申请商标注册、地理标志注册商标、地理标志保护产品专用标志。

（十七）推进节能减排。建立中小企业节能减排、清洁生产、循环利用激励机制。积极开展中小企业低碳经济试点，按照发展循环经济的要求，鼓励中小企业内部和企业间循环利用资源，推广重点节能减排技术和高效节能环保产品、设备在中小企业的应用。利用市场调节并综合运用财政、金融、税收、环保、土地、产业政策等手段，依法淘汰落后技术、工艺、设备和产品，禁止落后产能异地转移。严控过剩产能和“两高一资”行业发展。对纳入资源综合利用、环境保护、节能节水企业税收优惠目录的，按规定给予所得税优惠。

五、支持中小企业提升内在竞争力

（十八）引导和支持中小企业加强管理。支持培育中小企业管理咨询机构，开展管理咨询活动。引导中小企业完善治理结构，健全财务、质量、计量、标准化、节能、安全、用工、风险管理制度，提高经营管理水平。引导中小企业加强营销队伍建设，加强市场分析预测，增强质量、品牌和营销意识，重视和改善售后服务。积极改造提升商贸流通业，推广连锁经营、特许经营等现代经营方式和新型业态，鼓励中小企业采用电子商务，降低市场开拓成本。督促中小企业严格遵守安全、环保、质量、卫生、劳动与社会保障等法律法规，诚实守信经营，履行社会责任。

（十九）大力开展中小企业各类人员培训。制定中小企业人才培训规划，建立中小企业培训长效机制，建立专业技术人才库。在中小企业发展专项资金中安排中小企业培训经费，用于政府购买培训服务、扶持培训机构，鼓励企业自主培训。全面整合公益性培训资源，规范社会性培训机构，充分发挥中高职院校、行业协会（商会）的作用。选择5~10家有条件的高职学院设立中小企业人才培训中心，从2010年起开展培训。组织实施中小企业银河培训工程，加大财政支持力度，组织开展企业家、经营管理人员、专业技术人员培训。在3年内对3万家中小企业经营管理者实施全面培训。指导和帮助小微企业开展专业职称评定和技师评定。

（二十）加快推进中小企业信息化。进一步健全中小企业企业信息发布与共享服务平台，完善四川中小企业信息网，实现国家—省—市—县—企业五级联网。深入实施100万中小企业信息化推进工程，开展重点企业和小企业创业基地信息化试点，引导中小企业利用信息技术提高研发、管理、制造和服务水平，提高市场营销和售后服务能力。鼓励支持信息技术企业开发和搭建行业应用平台，为中小企业信息化提供软硬件工具、项目外包、工业设计等社会化服务。

六、营造良好发展环境

（二十一）切实改善政府公共服务。认真落实扶持中小企业和民营企业发展的各项法律法规和政策，全面清理不利于中小企业发展政策规定。全面清理、精简行政审批事项，规范、简化、公开审批标准、内容、程序。全面推行并联、集中审批。清理涉企年检、年度复核、年度审验事项，除法律法规和规章有规定的外，一律取消。按照《国务院关于鼓励和引导民间投资健康发展的若干意见》（国发［2010］13号）要求，进一步放宽市场准入，支持中小企业公平享受各项企业扶持政策，公平获取各类社会资源，公平参与各类重大项目，加强土地、电力、天然气、煤炭、运输等要素的综合协调，保障中小企业总体发展需要。地方政府在制定和实施土地利用总体规划和年度计划时，要统筹考虑中小企业总体用地需求，合理安排用地指标。

（二十二）切实减轻中小企业负担。全面清理整顿涉及中小企业的收费，重点清理行政许可和强制准入的中介服务收费项目、具有垄断性的经营服务收费，能免则免，能减则减，能缓则缓，降低经营服务收费标准。凡未按规定权限和程序批准的行政事业性收费和政府性基金项目，一律取消。严格执行收费项目公示制度和企业缴费登记卡制度，物价、财政部门印制收费目录和缴费登记卡，凡与本级行政审批关联的行政事业性收费一律集中收取。严禁地方和部门越权设立行政事业性收费项目，不得擅自将行政事业性收费转为经营服务性收费。健全各级政府中小企业负担监督制度和收费监察登记审查制度。除安全生产、食品安全、环境保护等重要事项外，对企业行政处罚应以行政教育为主。有关部门要建立涉企检查台账制度，依法对企业进行的常规性检查，要制定年度计划并报同级企业减负办备案。

（二十三）支持中小企业开拓市场。支持建立各类中小企业产品技术展示中心，支持中小企业参加国内外展览、展销和市场推广活动，重点支持参加“西博会”、“广交会”、“中博会”“中国—东盟博览会”等重大活动，支持开展四川与重庆、长三角、泛珠三角、环渤海经济区以及与港澳台等区域间中小企业合作。筛选、支持符合条件的中小企业参与家电、农机、汽车摩托车下乡和家电、汽车“以旧换新”等业务。进一步落实出口退税等支持政策。充分发挥中小企业国际市场开拓资金和出口信用保险的作用，加大优惠出口信贷对中小企业的支持力度，支持中小企业开展国际认证工作，对符合有关支持方向的，在国家中小企业国际市场开拓资金补助标准基础上，省中小企业专项发展资金加大支持力度。鼓励中小企业建立海外销售渠道，鼓励支持有条件的中小企业到境外开展并购等投资业务，收购技术和品牌，带动产品和服务出口。鼓励电信、网络运营企业以及新闻媒体发布市场信息，帮助中小企业宣传产品，开拓市场。支持餐饮、旅游、休闲、家政、物业、社区服务等行业拓展服务领域，创新服务方式，促进扩大消费。

（二十四）健全中小企业服务体系。鼓励支持民间资本参与公共服务平台建设。在中小企业发展专项资金中设立中小企业服务体系建设资金项目，用于支持信息服务、人才培训、技术交流、技术创新、产品开发、检验检测、咨询服务、创业辅导、市场开拓、法律维权等服务平台建设，支持培育各级中小企业综合服务机构，在重点行业、关键领域、产业园区建设一批“技术型、生产型、社会型”公共服务平台。到2012年，在全省重点培育200个中小企业公共服务平台，根据其为中小企业服务开展情况给予不超过100万元的资金补助。支持以IT产业为主导的高新技术产业园区建立软件产品开发、测试、验证等公共服务平台。积极为中小企业提供软件企业认定和软件产品登记服务，加强第三方软件测评机构和信息安全测评机构建设。发挥工商联、行业协会（商会）和综合服务机构的作用，带动专业服务机构发展。

（二十五）加强中小企业权益保护。切实落实现有扶持中小企业发展的法律法规和政策措施，清理废止不利于中小企业发展的规章制度和政策，加强中小企业重大问题调研，及时制定新的政策措施，完善政策支持体系。搭建省级中小企业政策法律服务平台，设立中小企业维权和负担举报电话，畅通企业诉求渠道。加强社会治安综合治理和整顿规范市场秩序，维护企业生存发展环境和正常的市场经济秩序。建立中小企业发展环境评价机制，加强政策执行效果评价，行政效能监察部门每年组织企业、媒体等对政府部门进行综合评价，并向社会公布评价结果。加强新闻舆论宣传，正确引导舆论导向，营造良好社会氛围。

（二十六）支持构建和谐劳动关系。中小企业吸纳就业困难人员、签订劳动合同并缴纳社会保险费的，可按规定由就业专项资金对企业为就业困难人员实际缴纳的基本养老保险、基本医疗保险和失业保险给予补贴，社会保险补贴期限，除距法定退休年龄不足5年的就业困难人员可延长至退休外，其余人员最长不超过3年。对中小企业吸纳失业人员，符合现行税收法律法规及政策条件的，依法享受定额依次减扣营业税、城市维护建设税、教育费附加、企业所得税优惠政策。对确属无力参加城镇职工基本医疗保险的，经所属县级人民政府批准和企业职工代表大会同意，本人可自愿参加城镇居民基本医疗保险，享受统筹地区城镇居民基本医疗保险规定的政府补助。中小企业可与职工就工资、工时、劳动定额等依法平等协商，签订集体合同、工资集体协议。在中小企业集中的区域和行业，应积极推行区域性、行业性集体合同。符合条件的中小企业，可向县级以上人力资源和社会保障部门申请实行综合计算工时和不定时工作制。

七、强化协调保障机制

（二十七）加强组织领导。把发展中小企业作为促进就业和经济社会发展全局的重大战略，纳入国民经济和社会发展总体规划及年度计划。成立省政府促进中小企业发展工作领导小组，负责全省中小企业工作的组织领导、统筹规划、政策协调和重大问题的解决。领导小组办公室设在省经济和信息化委（省中小企业局）。各地要进一步完善中小企业工作体制，建立相应组织机构和工作机制。

（二十八）加强统计监测。统计部门要在2011年建立健全中小企业统计体系，不断完善分类统计、运行分析、监测预警、统计发布等制度，加强对规模以下企业统计分析工作。“小巨人”企业、成长型中小企业、小企业创业基地、产业集群要纳入各级政府统计监测范围。有关部门要健全信息发布制度，及时发布发展规划、产业政策、行业动态等信息，逐步完善中小企业市场监测、风险防范和预警机制。

（二十九）加强督促考核。各市（州）、县（市、区）和省级部门要结合本地区、本部门实际，在2010年底前制定本意见的具体可操作的配套政策和实施细则，并切实抓好落实。省政府每年度适时组织专项督查和考核，重点加强对金融、财税政策贯彻落实情况的监督检查。

本意见自发布之日起30日以后施行，有效期为5年。

中共贵州省委　贵州省人民政府关于进一步加快全省民营经济发展的意见

为进一步加快全省民营经济发展，根据《国务院关于进一步促进中小企业发展的若干意见》（国发［2009］36号）、《国务院关于鼓励和引导民间投资健康发展的若干意见》（国发［2010］13号）精神，提出以下意见。

二〇一一年三月二十八日

一、促进民营经济加快发展的指导思想和目标任务

1. 充分认识加快民营经济发展的重要意义。民营经济是共产党执政和社会主义国家的社会基础，是推动我国社会主义市场经济改革、促进生产力发展的重要动力，是推动我省经济社会发展的重要力量，是我省加快转变经济发展方式的生力军。经过多年的努力，我省民营经济发展环境不断改善，民营经济呈现良好发展态势，已经成为全省经济发展新的增长点、新的支撑点、新的带动点，在扩大就业、缩小城乡差距和区域差距、致富城乡居民、增加财政收入、促进社会发展等方面发挥了积极作用，为繁荣地方经济、构建和谐社会做出了重要贡献。各级、各部门一定要从经济社会发展全局和战略的高度出发，充分认识加快民营经济发展的重大意义，着力扩大开放、强化服务、优化环境、完善市场机制，逐步消除影响民营经济发展的体制机制障碍，使民营经济在激发经济发展内生动力、促进经济发展方式转变、优化经济结构、实现富民强省等方面发挥更大的作用。

2. 指导思想。坚持以邓小平理论和“三个代表”重要思想为指导，紧紧围绕科学发展这个主题和加快转变经济发展方式这条主线，紧紧围绕加速发展、加快转型、推动跨越的主基调及工业强省和城镇化带动战略，把进一步加快民营经济发展摆在更加突出的战略位置，解放思想，更新观念，牢固树立机遇意识、忧患意识、责任意识，思想上放心放胆，政策上放宽放活，工作中放手放开，大力营造有利于民营经济发展的开放环境、政策环境、法治环境和社会环境，切实维护民营企业及其职工的合法权益，引导民营企业依法经营，诚实守信，转型升级，提高素质，推动民营经济在较短时期内实现跨越式发展，为我省与全国同步建成全面小康社会做出更大贡献。

3. 目标任务。制定实施民营经济发展三年倍增计划，到2013年底，全省民营经济增加值达到3200亿元以上，民间投资达到4000亿元，民营经济注册资本达到4000亿元，新增就业30万人以上。到2015年底，全省民间投资占全社会固定资产投资比重达到55%左右，民营经济注册资本达到5000亿元。

二、放宽民营经济发展限制

4. 实行公平的行业准入政策。坚持平等准入、公平竞争原则，市场准入标准和优惠扶持政策对所有经济主体公开透明，同等对待各类投资主体，严

禁在国家法律、法规、规范、标准之外提高行业准入、市场准入门槛。

5. 全面拓宽准入领域。除国家法律法规明确禁止的领域外，一律对民营经济开放。支持民营经济进入传统垄断行业和领域，落实支持民营经济进入矿产资源、能源、制造业、交通运输、水利、建筑、信息产业、土地整治等基础产业和基础设施领域的政策，落实支持民营经济进入金融、市政公用事业、国防科工等领域的政策，落实支持民营经济进入科学研究、教育、卫生、文化、旅游、体育、社会福利等社会事业及商贸流通、政策性住房建设等投资领域的政策。

6. 放宽工商登记条件。允许个人独资企业、合伙企业、有投资能力的城镇社区居民委员会、农村村民委员会作为投资主体，投资设立公司制企业，未成年人可作为投资人投资设立公司制企业或成为股东，其出资人或股东的权利由法定代理人代为行使。

省、市（州、地）、县（市、区、特区）行政区划连用的企业名称，由最低一级工商行政管理机关核准。申请连锁经营的企业，连锁总部在名称预先核准时，可先行申请使用“连锁”字样，其“总部”和“门店”可同时办理工商登记手续。企业注册资本在500万元以上，且在经营范围中有生产、加工等项目的，可以申请在名称中使用“实业”字样；放宽个体工商户名称登记条件，允许个体工商户名称在行政区划后缀其经营所在地的乡（镇）、街道或者行政村、社区、市场名称。在符合个体工商户名称规范要求的情况下，经营者的姓名、阿拉伯数字可以作为个体工商户名称中的字号使用；放宽个体工商户再投资登记条件，在名称不重复的情况下，允许同一个体工商户申请人在同一登记机关管辖区域内申请多个个体工商户登记。

放宽民营企业注册资本条件，对出资期限到期但无违法记录的公司，经申请允许延长出资期限1年；放宽民营企业经营范围和经营方式，除法律法规禁止的外，允许企业自主选择经营范围和经营方式。积极支持民营企业根据市场变化调整经营范围。

放宽民营企业经营场所登记条件。未取得产权证的经营场所，可提交房管部门、居委会或村委会、开发区管委会等出具的使用证明或房屋购买合同；征用或租赁土地作为经营场所的企业，提交土地使用证明文件或县以上土地管理部门出具的批准文件。将住宅改变为经营性用房的，提交住所使用证明、《住所（经营场所）登记表》和住所（经营场所）所在地居民委员会或业主委员会出具的有利害关系的业主同意将住宅改变为经营性用房的证明文件后，可进行设立（开业）或住所（经营场所）变更登记。

放宽民营企业集团登记条件，对达到集团登记条件的，母公司可以申请使用带有“集团”字样名称，也可申请地域名称用在字号后面的企业名称。母公司注册资本在1000万元人民币以上并至少拥有3家子公司，或母公司和子公司的注册资本总和在2000万元人民币以上的，可申请企业集团登记。

允许省内自然人与国外（境外）投资者共同出资组建外商投资合伙企业。经审批机关批准，允许省内自然人与国外（境外）投资者共同出资组建外商投资公司制企业。

推行试营业制。对申请从事个体经营的符合法律法规规定条件的各类人员，除国家明确限制的特殊行业和需要前置审批的经营范围外，备案后允许试营业6个月，在试营业期内可不办理工商注册登记；6个月后如需继续经营再申请登记。

7. 全面清除准入障碍。全面清理整顿现行与民营经济市场准入等有关的规定，加快清理审核全省行政许可项目和非行政许可项目，坚决取消不符合规定的各类行政审批事项和前置审批条件，下放、归并一批行政许可和非行政许可审批项目，取消各类针对民营企业的准入限制和壁垒。

8. 发展壮大民营工业。实施工业强省战略，全力促进民营工业发展壮大。大力支持和鼓励民营经济投资建设火电、水电及新能源，参与煤炭资源整合和大型煤矿建设，投资开发磷、铝、锰、钡、钒等矿产资源，参与大型煤化工、磷化工、铝工业、钛工业等基地建设，发展资源深加工，延长产业链，提高附加值，改造提升传统能矿产业水平。对民间经济主体参与的矿产资源整合项目，按变更登记方式办理采矿权登记，减免交易服务费。民营煤矿企业申请安全生产许可证要件审查程序与现场核实程序合并进行。对非煤矿矿山安全设施设计和竣工验收审查、规模较小的危险化学品生产项目安全设施设计审查、危险化学品经营许可证审查和现场核实、煤矿企业之外的特种作业资格证、煤矿救护队之外的矿山救护队资质认定、四级安全培训机构资格认定等，下放市（州、地）安全生产监督管理部门负责。

大力支持民营企业投资发展辣椒、蔬菜、茶叶、马铃薯、肉类、禽蛋等特色农业和农产品加工，发展民族制药，扶持一批民营医药企业做强做大。

支持和鼓励民营企业发展高新技术产业，参与制定有关技术规范和标准；投资新产品开发、新技术推广、产学研结合、重大技术装备、高新技术成果转化、循环经济、节能减排项目。积极帮助民营企业争取军工订单。鼓励民间资本投资建设国家级开发区、省级开发区、产业园区、循环经济基地以及综合保税区和出口加工区。

民营经济工业项目需审批、备案和核准的，除国家规定外，不设任何限制性条件。放宽工业领域投资项目招标资质等准入条件，同等条件优先选择省内民营工业企业及产品。将民营经济纳入经济运行调度范围，在煤、电、油、运调度和协调保障中同等对待。

9. 推进民营经济信息化。实施民营企业信息化工程，将信息技术应用到工业研发设计、加工制造、原料采购、库存管理、市场营销等各环节，改造提升传统产业。推动民营经济产业工业化和信息化融合、三网融合试点，大力发展信息服务业，建设商贸、金融、物流、产品检测、旅游、科技等公共信息服务平台，发展电子商务、网络动漫、软件服务和电子娱乐等新兴产业。对民营企业生产、销售无线电发射设备给予免费检测，简化民营企业申请设置无线电台（站）的程序。

10. 鼓励民营经济参与基础设施建设。建筑、交通、市政建设等领域全面向民营经济开放。对民间资本投资的基本建设投资项目，除国家规定必须由省级办理的手续外，一律下放市（州、地）或县（市、区、特区）办理。建立健全市政公用事业招标制度、特许经营制度，推进市政公用产品价格和收费制度改革，支持和鼓励民间资本进入市政公用基础设施建设、运营和管理。二级、三级、四级资质房地产企业承担建设规模分别扩大到25万平方米、20万平方米、15万平方米。住房城乡建设领域民营企业的资质核准时限缩短为15个工作日。取消全省范围内房地产开发企业、房地产中介机构、物业服务企业、城市房屋拆迁单位、建设工程勘察单位、建设工程设计企业、设计施工一体化企业、城市园林绿化企业、城乡规划编制单位、工程建设项目招标代理机构、建筑业企业、工程监理企业及工程造价咨询企业等13类建设工程企业的资质年检。民营企业参与建设保障性住房同等享受各级政府规定的资金补助和优惠政策。民营企业住房城乡建设领域新技术推广证书和建筑节能技术与产品证明有效期延长至三年。

支持和鼓励民间资本通过建设—移交（BT）、建设—运营—移交（BOT）、收购—运营—移交（TOT）等多种方式参与快速铁路、重点原材料铁路货运通道建设；以独资、控股、参股等方式投资高速公路、国家公路运输枢纽、干线机场和支线机场、水运航道。

11. 鼓励民营经济参与“三农”建设和扶贫开发。按照“谁投资、谁受益”的原则，采取与土地使用权挂钩、延长经营权等办法，鼓励民间资本参与石漠化治理、利用宜林宜草荒山和荒地造林种草。民营经济同等享受各级政府规定的石漠化治理、荒山荒地造林等资金补助和优惠政策。民营企业贷款用于扶贫项目的，财政扶贫资金按3%的贴息率给予支持；贫困农民贷款发展个体、私营经济，财政扶贫资金按5%的贴息率给予支持；民营企业以“招工+培训+就业”方式招用贫困农民，省级扶贫部门按每人500元标准给予补贴。鼓励民间资本投资种养殖产业。符合屠宰加工要求、生产畜产品外销的民营屠宰加工企业办理屠宰加工许可证不受《贵州省生猪屠宰管理办法》的屠宰企业指标限制。凡法律法规未作明令禁止的，林业全面向民间资本开放。民营林业企业按照省利用发展规划和技术规范建设的基地林，优先纳入商品林补助范围。人工商品林采伐和木材经营加工审批一律下放到县级林业部门。通过业主招标和承包租赁等方式，吸引民间资本投资建设骨干水源工程和病险水库除险加固、中小河流治理、大中型灌区、节水改造工程、烟水配套工程、中小水利工程等项目，以及小水电代燃料、水电农村电气化县等民生工程，参与水土保持工程的建设和经营，参与地质灾害治理和矿山地质环境恢复治理。鼓励和支持民营资本投资建设县城超市、配送中心和乡（镇）、村综合服务站及连锁农家店等流通网络。

12. 鼓励民营经济大力发展服务业。鼓励民营经济以独资、控股、参股、特许经营等方式开发旅游资源，投资建设旅游基础设施、专业旅游城市、旅游城镇和旅游商品集散地，开办旅行社等旅游服务机构，开发特色旅游商品。省级风景名胜区内特许经营权下放市（州、地）风景名胜区管理部门核准，办理时限缩短为3个月。鼓励民间资本参与城市商业银行、村镇银行和金融租赁公司的设立和增资扩股。支持民间资本参股地方政府融资平台建设。鼓励和支持民间资本发起设立或参股农村资金互助社等新型金融机构。发展创业投资、股权投资和融资租赁企业，重点支持起步期的科技型、成长型、劳动密集型民营企业。对民间资本投资设立新的保险专业代理、保险专业销售、保险公估、保险经纪公司，在法定时限内提前5个工作日完成行政审批流程。支持和鼓励民间投资参与现代物流枢纽、物资集散货运中心和商贸流通中心建设，投资连锁经营、电子商务、第三方物流。支持民营商贸流通企业协作发展共同配送。

13. 鼓励民营经济参与教育事业发展。积极鼓励民营企业兴办教育事业，建立健全政府主导、行业指导、民营企业参与的民间投资办学机制，创新政府、行业及社会各方分担职业教育基础能力建设机制，推进我省校企合作制度化。省教育厅负责牵头清理并纠正对民办教育的各类歧视性政策，保障民办学校办学自主权。完善支持民办教育发展的政策措施，探索公共财政资助民办教育的具体政策，支持民办学校创新体制机制和育人模式，办好一批高水平民办学校。落实民间资本兴办各类教育和社会培训机构在办学用地、政策性贴息、资金奖补、教师保障、税收优惠等方面的扶持政策，民办培训机构在师资培养、技能鉴定、就业信息服务、政府购买培训成果等方面与国有职业培训机构同等待遇。民办学校教师在资格认定、职称评定、业务培训、教学活动、表彰奖励、申请科研项目和课题等方面享有与公办学校教师同等权利，符合条件的可享受同类公办教师退休待遇。

14. 鼓励民营经济参与卫生事业发展。制定实施民间资本兴办医疗机构的政策措施，各地在制定区域卫生规划、医疗机构设置规划和其他医疗卫生资源配置规划时，要为民营医疗机构留出合理空间，全省范围内调整和新增医疗卫生资源，优先考虑由民间资本兴办医疗机构，改善民间资本兴办医疗机构的执业环境。民营医疗机构凡执行政府规定的医疗服务和药品价格政策，符合医保定点相关规定的，应按程序纳入城镇基本医疗保险、新型农村合作医疗、医疗救助、工伤保险、生育保险等社会保障的定点，通过签订服务协议进行管理，并执行与公立医疗机构相同的报销政策。支持和鼓励民间资本在县（市、区、特区）兴办一级、二级、三级综合医院、专科医院及门诊部。各级卫生行政部门对民间资本兴办医疗机构的，可先出具同意申请人开展设置医疗机构前期工作的文件，待筹办工作结束后，再办理《设置医疗机构批准书》。

15. 鼓励民营经济参与文化事业发展。支持和鼓励民间资本通过独资、合资、合作、联营、参股、特许经营等多种形式，进入国家未禁止的文化产业领域，支持民间演艺团体发展，发展一批影响大、有特色的文化演艺、影视制作、文化创意、民族文化品牌。参与国有文化单位转企改制的民营企业享受转企改制企业的税收优惠政策。

16. 鼓励民营经济参与体育事业等其他社会事业发展。支持民营经济投资生产体育用品，建设和经营各类体育场馆及健身设施，兴办各类体育俱乐部，从事体育健身、训练、竞赛表演等活动。支持和鼓励民营经济投资建设、经营专业化的各类社会服务设施。对符合条件的福利性、非盈利性民办养老服务机构免征营业税和企业所得税，使用土地和自用房产免征土地使用税、房产税。对民间资本投资殡葬设施建设给予用地保障、税收支持。

17. 鼓励民营经济联合重组和参与国有企事业单位改革。支持和鼓励民营企业利用产权市场组合各类资本，开展跨地区、跨行业兼并重组。鼓励民间资本在省内流动，实现产业有序转移。支持民营企业通过联合重组等方式发展成为特色突出、市场竞争力强的集团化公司。进一步调整优化国有经济投资结构和布局，国有资本要把投资重点放在不断加强和巩固关系国计民生的重要行业和关键领域，在市场竞争充分、市场化程度较高的行业和领域，国有资本逐步有序退出，为民间资本发展提供空间。国有资产管理部门要制定民营资本参股国有企业的具体操作办法，推进国有企业股权多元化。支持和鼓励民营企业通过参股、控股、资产收购等多种形式，参与国有企事业单位的改制重组。积极推动国有大中型企业通过增资扩股、国有股权转让等方式引进民间资本。

三、鼓励民营企业科技创新和品牌创建

18. 不断提高创新能力。充分发挥企业推动技术创新的主体作用，重点培育一批具有创新能力的民营龙头企业，支持具有技术优势、产业优势和人才优势的民营中小企业做强做大，鼓励民营企业向“专精特新”方向发展。支持民营企业持续加大科技投入，在原始创新、集成创新和引进消化吸收再创新方面取得突破。支持和鼓励民营企业建立工程技术研究中心、工程研究中心、工程实验室、企业技术中心，增加技术储备，加强技术人才培训，提高自主创新能力，掌握拥有自主知识产权的核心技术；参与国家重大科技计划项目和技术攻关，同等条件下，逐年增加民营企业在科技计划中的比例，不断提高企业技术水平和研发能力；承接科研成果转化项目，按政策对民营企业产学研合作项目予以补助。支持和鼓励民营企业加大新产品开发力度，实现产品升级换代，增强持续创新能力和市场竞争能力。

每年认定、扶持一批民营高新技术企业，发挥示范作用，带动民营企业向创新型企业转型升级。优先给予科技型中小企业技术创新基金支持，加快科技成果转化和产业化。省知识产权专项资金重点扶持民营企业科技创新成果申请专利保护，推进知识产权服务体系建设，推动专利技术的转化与实施。继续实施“百名教授、博士进企业”活动，提高进入民营企业服务的教授、博士比例。

对经认定为国内、省内首台（套）装备的民营生产企业和研发人员给予奖励；对引进国内外先进科技成果并实现产业化的项目，经省级科技、知识产权、经济和信息化、财政等部门认定，省级相关资金给予无偿资助或贷款贴息。经国家或省认定的高新技术产品和新产品，自认定之日 3 年内，其新增增值税省、市（州、地）留成部分，省、市财政分别通过转移支付企业所在县（市、区、特区）财政，由当地财政全额奖励企业。

19. 大力实施知识产权和品牌带动。引导民营企业增强知识产权创造能力，推进知识产权的运用、保护、管理和产业化。实施品牌带动，提高民营企业品牌意识，加强集群商标和自主品牌建设，创建一批具有自主知识产权和自主品牌的产品。培育技术交易市场和中介服务机构，支持民营企业知识产权通过转让、质押等形式转化运用；强化行政执法、司法保护和维权机制，切实加强民营企业知识产权保护。把创建自主品牌和开拓市场、管理创新、规模发展统一起来，扩大品牌影响力，提高产品质量和信誉度，扩大规模效应，增强市场竞争力。支持民营企业积极注册商标，争创省著名商标和中国驰名商标，通过各类方式宣传其产品、服务、品牌和科技成果。鼓励民营企业在境外注册商标和申报知识产权。支持民营企业申报贵州中华老字号，支持民营企业重点围绕黔酒、黔茶、黔药、黔菜和贵州旅游商品申请一批地理标志产品保护，积极打造我省农特产品的区域品牌。鼓励和支持民营企业积极将自主知识产权转化上升为地方标准、行业标准、国家标准、国际标准。制定民营企业名牌培育帮扶计划，加强民营企业名牌产品培育工作，大力发展和壮大民营经济品牌产品集群。

四、加大财税、金融和土地支持

20. 加大财政扶持力度。省级财政逐年增加省级工业和信息化发展专项资金，其中单列省中小企业发展专项资金用于发展民营经济。今年省级工业和信息化发展专项资金 60% 以上要用于民营经济发展，在此基础上，省级财政连续三年递增 20%。其他支持企业发展的专项资金用于支持民营企业发展的比例原则上不低于三分之一。继续扩大财政性资金的贷款贴息范围和增量，支持民营企业技术改造、技术创新、标准制定、品牌创建及民营企业社会化服务体系建设。支持民营企业参与政府采购，同等条件下本省民营企业的产品和服务优先进入政府采购目录、优先从本省民营企业采购，预算金额在 200 万元以下的政府采购项目应优先从本省民营企业采

购，力争较大幅度提高本省民营企业在政府采购合同中所占比例，提高本省民营企业产品和服务在重大工程项目招投标中的中标金额比重，有关部门、单位要定期公布我省参与政府采购的民营企业名单和产品、服务目录。民营企业一次性缴纳采矿权价款有困难的，可申请分期缴纳，分期缴纳最长期限为10年；符合《矿产资源补偿费征收管理规定》（国务院第150号令）的，可以申请减缴或免缴矿产资源补偿费。

21. 落实税收优惠政策。按国家规定可由省调整的税收优惠政策，对民营企业按照最优惠的规定执行。对从事鼓励类产业的民营企业减按15%的税率征收企业所得税。符合条件的民营企业技术服务所得按规定享受税收免征或减征政策。民营企业从事《公共基础设施项目企业所得税优惠目录》规定的港口、码头、机场、铁路、公路、城市公共交通、电力、水利等公共基础设施项目投资经营所得，以及符合条件的环境保护、节能节水项目所得，依法享受企业所得税"三免三减半"优惠。民营企业投资鼓励类产业项目，在投资总额内进口的自用设备，在政策规定范围内免征关税。加快制定我省民族自治地区企业所得税税收优惠政策，开展服务业营业税改革试点工作。企业所得税减免政策原则上实行备案管理。除法律法规和国家税务总局明文规定必须由省级税务机关审批的涉税项目外，其余涉税项目审批权限一律下放各市（州、地）。搭建网络纳税平台，建立推广国税、地税联合办税服务厅，共建纳税服务热线，加强宣传和咨询辅导，帮助民营企业及时、充分享受国家各种税费优惠政策。对年新增销售收入3000万元以上的民营企业，由各县（市、区、特区）人民政府按当年新增所得20%以上的比例给予企业扶持；对经税务主管部门确认、纳税后提出申请的小型微利民营企业，由当地政府给予一定额度补贴。

22. 加大投融资支持力度。鼓励有条件的地区设立创业投资基金或产业发展基金，支持民营经济主体创业发展。积极推动民营企业发行集合债券、集合中期票据、集合信托计划、集合短期融资券等。培育和规范发展产权交易市场，为民营企业产权、股权交易和创投资金退出提供服务。支持和鼓励民间资本发起或参股设立证券公司，参与证券公司的改组改制。鼓励民营企业上市，将拟上市民营企业纳入政策支持和资金扶持范围，优先办理上市或再融资手续。对上市辅导期验收合格的民营企业奖励50万元，对拟上市民营企业申报材料经中国证监会受理后奖励60万～100万元，对在中小板或创业板上市的民营企业奖励100万元，对在主板上市的民营企业奖励150万元，所需资金由省级工业和信息化发展专项资金安排。鼓励和支持高新技术产业园区非上市股份有限公司参与新三板市场挂牌交易。

23. 改善金融服务。实施"引银入黔"工程，积极引进中外金融机构。完善民营企业授信制度，支持对民营企业金融服务实施差异化监管，提高对于民营中小企业不良贷款比例的容忍度，完善信贷人员尽职免责机制，明确尽职要求和免责范围，提高贷款审批效率，提高对民营企业的贷款增长速度和比重，提高民营企业中长期贷款的规模和比重。支持金融机构创新金融产品和服务方式，推广动产、应收账款、仓单、股权、生产性生物资产、政府采购中标合同和知识产权等抵质押贷款方式，扩大贷款担保物范围。国土资源、住房和城乡建设、工商、金融等单位要为民营企业、担保机构、小额贷款公司开展抵押物和出质的登记、确权、转让等提供优质服务，缩短土地使用权、房屋、机器、设备、林木和林地使用权及其他标的物的抵押登记时间；抵押物确需评估的，登记部门不得指定评估机构；登记部门在办理企业贷款抵押物登记时，不得额外收取费用；评估机构收取的企业贷款抵押物评估费不得高于现有规定收费标准的50%。支持金融机构对民营企业贷款单独管理、单独考核。对金融机构新增民营中小企业贷款给予适当奖励。

24. 建立完善中小企业信用担保体系。各级政府要安排资金，采取资本注入、风险补偿和奖励补助等方式提高担保机构担保能力。对信用担保机构按其每年为民营企业担保的一年期及以上新增贷款金额的5‰给予奖励，省和当地中小企业发展资金各承担奖励费用的50%。发展商业性和企业互助性担保机构，发挥政策性担保机构的作用，支持省、市（州、地）担保机构向县（市、区、特区）延伸。支持和鼓励县（市、区、特区）、乡（镇）设立担保机构，省、市（州、地）设立政府出资的再担保机构，为县（市、区、特区）、乡（镇）担保机构提供再担保业务，增强其担保能力。鼓励担保机构对有产品、有信用、有发展前景的民营经济单位适当降低担保收费标准，积极探索开展融资性担保、工程担保、财产保全担保、经济合同履约担保、融资租赁担保、信托计划担保以及应收账款质押、股权质押、林权使用权质押、知识产权质押等担保贷款方式。各级政府可制定支持信用担保机构发展的激励政策。

25. 大力支持小额贷款公司发展。小额贷款公司注册资本最大单一股东持股比例放宽到30%。放宽小额贷款公司经营范围，允许有条件的公司在省内跨地区经营。到2012年小额贷款公司覆盖全省80%以上的县（市、区、特区），业务向乡（镇）延伸。小额贷款公司的营业税、企业所得税参照财政部、国家税务总局《关于农村金融有关税收政策的通知》（财税［2010］4号），由地税部门负责征收。小额贷款公司的小额贷款余额之和占全部贷款余额的比重不低于70%（小额贷款额度标准由各市、州、地小额贷款公司主管部门确定，报省小额贷款公司主管部门备案），"三农"贷款余额之和占全部贷款余额的比重不低于70%，贷款期限在3个月以上的经营性贷款余额之和占全部贷款余额的比重不低于70%的，企业所得税减按12.5%税率征收。对小额贷款公司办理工商登记、土地房产抵押及动产和其他权利抵质押等相关事务，参照银行业金融机构执行。小额贷款公司接入人民银行征信系统。各级政府可制定支持小额贷款公司发展的激励政策。

26. 推进信用体系建设。省社会信用体系建设联席会议要统筹协调全省社会信用体系建设工作，加强企业信用体系和社会责任体系建设，建立和完善信用评价机制、信用信息征集制度、信用档案数据库和信用查询系统。建立部门联动的信用信息共享平台，为社会提供优质信用服务。推进民营企业和担保机构的信用评级，构建信贷市场信用评级工作机制。加快推进民营企业信用体系实验区建设。建立守信激励、失信惩戒的信用奖惩机制，实施千户诚信民营企业培植计划，促进民营企业加强自身信用建设和管理，提高信用意识和水平。各市（州、地）每年评选诚信守法民营企业，给予奖励，并向社会公布。鼓励民营经济单位争创“诚信示范企业”、“守合同重信用企业”、“贵州最佳企业公民”、“文明诚信民营企业”、“文明诚信个体工商户”和“消费者满意单位”。

27. 保障用地需求。各级政府要在土地利用总体规划和年度土地利用计划要统筹安排民营经济投资项目用地，按照民营经济占全省生产总值中的比重年均提高2个百分点的发展目标，同比例增加民营经济在产业园区的项目用地指标，保障重点民营企业发展用地需要。各市（州、地）要优先安排县（市、区、特区）小企业创业基地建设用地，原则上各县（市、区、特区）每年不少于50亩。鼓励民营企业利用存量土地、闲置场地建设多层标准厂房。积极解决民营企业用地历史遗留问题，对符合土地利用总体规划和国家产业政策，租用农村集体建设用地实际建厂10年以上的民营企业依法办理集体建设用地手续。对民营企业投资符合国家产业政策、用地节约集约的工业项目和以农、林、牧、渔业产品初加工为主的工业项目，在确定土地使用权出让底价时，可按不低于所在地土地等别对应《全国工业用地出让最低价标准》的50%执行；对使用土地利用总体规划确定的城镇建设用地范围外的国有未利用土地，且土地前期开发由土地使用者自行完成的民营企业工业项目，在确定土地出让价时可按不低于所在地土地等别对应《全国工业用地出让最低价标准》的10%执行。对工业用地符合规划、不改变土地用途、利用自有土地进行建设、提高土地利用率和增加容积率的，不再增收土地价款。对符合国家产业政策和我省产业结构调整方向，企业投资强度（不含土地价款）达到150万元/亩以上，或吸纳就业人数达到200人及以上的民营企业生产性新建或技改工业项目，按照省、市（州、地）、县级所得土地出让金30%的金额，按规定通过其他渠道奖励或补助企业；投资强度（不含土地价款）达到80万元/亩以上，或吸纳就业人数达到100人及以上的民营企业生产性新建或技改工业项目，按照省、市（州、地）、县级所得土地出让金20%的金额，按规定通过其他渠道奖励或补助企业，具体办法由省财政厅、省经济和信息化委制定。简化民营经济用地土地征收和农用地转用的行政审批要件和程序，对民营经济单独选址建设项目用地申报要件减至21项，批次用地申报要件减至15项。优化民营经济所涉工业用地的申报方式，可将多个项目打捆并参照批次用地方式报批。国土资源部门负责的建设用地审查及国有土地使用权出让、转让、租赁审查和登记，各项要件和手续齐备的，在10个工作日内完成。

28. 引导集聚发展。支持民营企业为各类重大项目配套，尽快进入重点产业发展的产业链条。支持民营企业参与省内外大企业、大集团产品配套，对与大企业签订配套合同、专业化程度较高的民营企业，给予贴息支持，担保机构要积极提供贷款担保；对本土配套率达到40%或本土配套率年增速达到10%以上的大企业予以奖励，所需资金从省级工业和信息化发展专项资金中列支。鼓励为我省重点项目进行专业化、协作化配套的民营企业向产业园区集中。加强产业集群环境建设，培育一批民营企业产业园区及创业孵化“园中园”。发展一批以特色产业为依托的商品批发市场。鼓励民营企业投资建设民营经济产业园区，达到省级民营经济产业园区标准的，从省级工业和信息化发展专项资金中安排1000万元给予奖励，民营经济产业园区的具体标准由省经济和信息化委制定。工业发展、环境保护、服务业发展等专项资金要对民营经济产业集聚区污染集中治理、资源综合利用、现代物流、产品检验检测与研发等基础设施建设项目给予重点支持。

五、鼓励和引导各类人才进入民营经济领域创业

29. 加强人才支持。将民营经济人才队伍建设作为全省人才工作的一项重要内容，加快培养适应发展需要的企业家队伍、企业经营管理人才队伍、专业技术人才队伍和高技能人才队伍。组织民营企业家、经营管理者参加高层管理人员工商管理硕士（EMBA）、工商管理硕士（MBA）、职业经理人等培训。加强民营企业与职业学校“订单式”培训合作，建立民营企业员工岗前培训和在职提升培训体系。对民营企业年新增就业并签订一年以上劳动合同的，每培训一人，由人力资源和社会保障部门从职业技能培训资金中根据工种给予500～1000元的培训补贴。中小企业星光培训工程重点为民营企业免费培训各类人员。实施“百千万”人才培育计划，每年培训100名成长性好的民营企业和拟上市民营企业的董事长、总经理，1000名民营企业经营者和中高级经营管理人员，10000名民营企业骨干技术工人。民营企业引进高层次人才享受与国有企业同样的政策和待遇，按照国有企业技术人才职称评审办法和方式评定民营企业技术和研发人员的职称，增加职称评定专家库中民营企业的专家比例。采取先落户、再就业方式，解决民营企业员工城镇户籍。对民营企业为提升创新能力和研发水平做出突出贡献的专业技术人员，同等条件下优先选拔推荐为享受国务院特殊津贴专家、省有突出贡献的中青年专家等高层次专家；对经营状况好、产品技术含量高、科技研发能力强的民营高新技术企业，优先推荐设立博士后科研工作站。以股权配给、职称

评定、科技成果和知识产权奖励、政府津贴等政策措施为激励，重点培育一批民营企业科技领军人。

30. 改善创业环境。实施全民创业计划，加强创业指导，鼓励全民创业，以创业带动就业。优化政府服务，为创业人员简化注册程序，扩大出资方式，提供创业场地，收费项目能免则免，收费标准有上下限幅度的一律按下限收取，实行创业服务绿色通道。从2011年5月1日起，对注册登记及变更注册登记的民营企业、个体工商户，免收登记类、证照类行政事业性收费。支持民营企业创业园区建设，兴建小企业创业基地；实施农民创业促进工程，建设一批农民创业基地和创业园区；加强科技企业孵化器建设，支持科研人员、高校毕业生等创办企业。鼓励有条件的县（市、区、特区）兴建一批大学生和留学人员创业园，作为大学生、留学人员创业的载体。返乡农民工、下岗失业人员、复转军人、大中专毕业生等在小企业创业基地内自主创业，创业期间可向创业项目所在地的政策性小额贷款担保中心申请小额担保贷款，个人贷款最高额度为5万元；各类创业人员合伙经营贷款最高额度为20万元；创办企业且当年新招用符合小额担保贷款申请条件的人员达企业职工总数30%（超过100人的企业达15%）以上并与其签订1年以上劳动合同的，贷款最高额度为200万元。在小企业创业基地创业的，从创办之日起，3年内免缴物管费、卫生费，1年内减半缴纳房租、水电费，减免费用由当地政府补贴。省、市（州、地）各类支持创业的专项资金要用于微型、小型企业创业补贴和奖励，支持创业企业的发展。实施“万户小老板创业行动计划”，重点培育一批民营小企业尽快进入规模企业行列。

六、扩大对内对外开放

31. 加大招商引资力度。进一步扩大开放，加大招商引资力度，以开放促发展，借助外力发展壮大民营经济。抢抓东部产业加快转移、我省交通等基础设施不断完善的机遇，充分发挥我省资源优势，积极承接东部沿海地区资源精深加工、农产品加工等产业，发挥各级政府、工商联、民间商会、行业协会、驻外机构及民营企业家的作用，以中国民营企业500强为重点对象，积极引进省外优强民营企业到贵州投资。搭建招商引资平台，在省内外举行各类招商引资活动，争取引进更多的省外优强民营企业到我省发展。创新招商引资方式，把招商引资作为各级、各部门的重要工作，建立招商引资重大项目库，每年列出领导干部带头招商引资的项目清单，分解工作任务，明确工作责任，并加强对各级领导的考核。在扩大招商引资的同时，引导本省民营企业扩大开放，加强与省外优强企业合作。同等对待省内外民营企业和国有企业，省内外民营企业都享受同等政策，给予同等扶持，促进民营企业与国有企业公平竞争、省外企业与省内企业公平竞争。

32. 支持民营经济拓展境内外市场。采取财政补助、降低展费标准等方式，支持民营企业参加各类展览展销活动，支持举办一批专业性品牌展会。发挥中小企业国际市场开拓资金和出口信用保险的作用，提高民营企业市场开拓能力。驻省外、海外机构要为民营企业提供国内外市场信息，为民营企业开展合作交流活动提供服务和帮助。鼓励支持有条件的民营企业到境外开展并购等业务，吸引技术、资金和品牌，带动产品和服务出口。引导和推动民营企业开展电子商务活动，鼓励电信、网络运营企业以及新闻媒体发布市场信息，帮助民营企业宣传产品，开拓市场。支持餐饮、旅游、休闲、家政、物业、社区服务等行业拓展服务领域，创新服务方式，扩大服务规模，促进扩大消费。

七、提升对民营经济的服务水平

33. 提供规范高效的政府服务。依法在政府网站公开申办事项的前置条件、办理流程、审批环节，推行网上申办、网上受理、网上办结。进一步规范和简化项目审批、核准、备案程序，切实提高办事效率，缩短办事时限；省委、省政府要求缩短办理时间的审批事项，要按要求时限完成；加强政务公开，一次告知项目各类手续办理程序、时限、所需申报资料，公开项目办理进展情况，法律规定时限内未对申报资料进行批复的视为许可该行政事项；认真履行职责，强化公共服务职能，积极为民营企业争取国家政策和资金支持。各有关部门要通过各种方式全面公布本行业的中介服务机构，由民营企业自主择优选择，不得为民营企业指定中介机构、提供有偿代理和咨询服务。任何单位和个人不得干预民营企业正常生产经营活动，不得违反国家规定组织民营企业参加评选、达标等评比活动。建立挂牌保护制度，职工人数在500人以上、200人至500人、50人至200人的民营企业，分别列为省、市（州、地）、县（市、区、特区）挂牌保护企业。民营经济主管服务部门要对挂牌保护的民营企业加强指导。对民营企业慎用查封、扣压、冻结等手段，对企业经营者慎用限制人身自由等司法手段。对挂牌保护的民营企业法定代表人需采取强制措施或对民营企业、法定代表人的财产进行查封、扣压、冻结等刑事侦查手段的，按挂牌层级分别报省、市（州、地）、县（市、区、特区）委政法委协调同意后执行，并尽可能避免扩大影响，维持企业正常生产和职工稳定。设立民营企业投诉热线和投诉调查、处理机制，民营企业合法权益受到侵害时提出的行政复议、投诉等，有关部门要明确受理单位或投诉中心，有关单位必须依法及时受理、处理，公平对待，限时答复。在按照国家有关规定取消31项涉企行政事业性收费的基础上，继续清理我省涉企行政事业性收费项目，凡能取消的坚决取消；每年度公布贵州省行政事业性收费项目目录，并对涉及民营企业的收费项目加以标注；收费标准有上下限幅度的，一律按下限标准执行，使用省级以上财政部门统一印发的财政票据。依法严肃查处乱收费、乱罚款、乱摊派行为，切实减轻民营企业负担。由省纪委（省监察厅）牵头，会同省委组织部、省经济和信息化委建立通报、警示和问责制，对发展民营经济思想认识不足、政策措施不力、工作不作为、领导不到位的地方、部门负责人进行问责。从今年起，省、市（州、地）、县（市、区、特区）都要查处3件以上制约民营经济发展的典型案件，追究相关负责人和责任人的责任，并向社会公布。

34. 完善社会化服务体系。各级各部门要完善工作机制，加强对民营经济的协调服务。建立健全县级以上民营企业服务中心，制定民营企业服务中心星级认定和奖励补助办法。培育骨干服务机构，制定民营企业公共服务示范平台认定办法，在重点行业、关键领域、产业园区建设一批省级及国家级公共服务示范平台。研究制定政府购买服务的具体办法，引导各类服务机构为民营经济提供信息服务、人才培训、技术支持、技术创新、产品开发、检验检测、咨询服务、创业辅导、市场开拓、法律服务等业务。鼓励信息技术企业开发和建设行业应用平台。到2015年，全省基本建立以公益性综合服务机构为主导、商业性专业服务机构为支撑的省、市、县三级民营经济服务体系。

35. 建立健全与民营经济发展相适应的行业组织。要充分发挥行业组织对民营企业的引导、服务作用，反映民营企业的合理诉求，保护其合法权益，应对贸易纠纷，促进民营企业依法、自律经营。加大对优秀行业协会、商会组织的支持，加强对行业发展做出贡献的行业协会、商会组织的政策扶持。制定促进民间商会组织发展的具体办法，加快建立与国际接轨的商会组织架构，鼓励支持民营企业发起成立行业协会、商会。促进行业组织加强自身建设，提高行业组织的公信力、影响力。

八、加强对民营经济工作的组织领导

36. 加强组织领导。各级党委、政府要把加快民营经济发展列入重要议事日程，切实加强组织领导。将省经济和信息化委中小企业办公室（非公有制经济办公室）更名为省民营经济发展局，加挂省中小企业管理局牌子，履行全省民营经济、中小企业发展工作管理、协调和服务职责。全省民营经济、中小企业发展工作联席会议要充分发挥综合协调作用，各有关部门要加强协调，密切配合，形成合力，为民营经济提供优质服务。继续完善贵州省民营经济统计监测制度，加强对规模以下民营企业的统计分析工作。把加快民营经济发展作为各地和有关部门工作考核指标体系的重要组成部分，省纪委、省委督查室、省政府督查室、全省民营经济、中小企业发展工作联席会议办公室要对民营经济发展环境、民营企业反映强烈的问题进行专项督查，督查结果作为年度考核评价和干部任用的重要依据。

37. 营造民营经济人士健康成长环境。加强对民营经济人士的保护，依法保护民营经济人士的名誉、人身和财产等合法权益。引导民营经济人士积极参加社会公益事业。省委、省政府每3年召开一次全省加快民营经济发展暨表彰大会，表彰在民营经济发展中涌现的先进典型。积极推荐表现突出的民营经济人士成为各级党代表、人大代表、政协委员、工商联执委候选人，参加劳动模范、优秀中国特色社会主义事业建设者等各类先进的评选。加大对优秀民营经济人士的宣传力度，营造爱护民营企业家、尊重民营企业家的社会氛围。积极发挥新闻舆论的监督作用，对侵犯民营企业合法权益和干扰民营经济合法经营活动的典型案例予以曝光。

38. 规范民营企业经营行为。各级政府要依法对民营经济进行监督管理，支持民营企业建立现代企业制度，督促民营企业严格遵守安全生产、环境保护、节能减排、产品质量、卫生管理、价格管理、劳动保障等法律法规和有关技术标准规范，诚实守信经营，依法经营，履行社会责任。加强劳动合同管理，规范用工行为，坚持和完善以职工代表大会为基本形式的民主管理制度，建立健全平等协商集体合同制度和职工工资协商制度，改善劳动条件，提供学习培训机会，保护职工合法权益，重视人文关怀，关心照顾困难职工、残疾职工，构建和谐劳动关系。引导民营企业建立健全党、团组织，依法建立工会组织。完善劳动争议处理制度，做好劳动仲裁工作，及时化解劳动纠纷。

各市（州、地）政府（行署）和省直各有关部门要按照本意见和职责分工，结合实际，尽快制定具体配套政策和实施办法，并于4月底前完成与本意见不一致的文件、规定的清理工作，及时向社会公布。由省委督查室和省政府督查室对本意见确定事项进行分解、督办，确保各项政策措施落实到位。

陕西省人民政府关于进一步促进中小企业发展的实施意见

陕政发［2010］43号

各市、县、区人民政府，省人民政府各工作部门、各直属机构：

为贯彻落实《国务院关于进一步促进中小企业发展的若干意见》（国发［2009］36号）和《国务院关于鼓励和引导民间资本健康发展的若干意见》（国发［2010］13号），结合我省实际，现就进一步促进我省中小企业发展提出如下实施意见。

一、放宽市场准入。按照“非禁即入”原则，凡法律法规未禁止的所有行业和领域，一律对中小企业和民间资本开放，任何单位都不得设置附加条件。鼓励个人或者法人依法以工业产权、非专利技术等无形资产创办中小企业。投资者申办公司的，首期出资可以用实物、知识产权、土地使用权等可以用货币估价并可以依据转让的非货币财产作价出资。注册资本分期到位的有限公司和股份有限公司，经全体股东同意、公司申请，出资期限可延长一年。

二、扩大民间投资。鼓励和支持民间资本进入

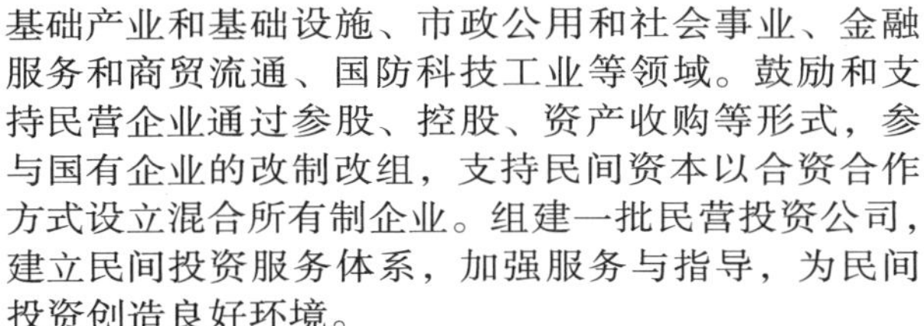

基础产业和基础设施、市政公用和社会事业、金融服务和商贸流通、国防科技工业等领域。鼓励和支持民营企业通过参股、控股、资产收购等形式，参与国有企业的改制改组，支持民间资本以合资合作方式设立混合所有制企业。组建一批民营投资公司，建立民间投资服务体系，加强服务与指导，为民间投资创造良好环境。

三、继续鼓励全民创业。建立健全政府引导、社会参与的创业服务体系，整合社会资源，开通创业信息服务网，加大市、县创业基地的建设力度，进一步改善创业环境。贯彻落实创业培训补贴、社会保险补贴、大学生在城镇落户和创业服务等鼓励创业政策，突出抓好小额担保贷款工作，大力扶持高校毕业生、失业人员、返乡农民工、复转军人和留学归国人员等各类人员自主创业。积极引导创办科技型、资源综合利用型、环保节能型、农产品加工型和劳动密集型中小企业，支持发展家庭工业和生产性服务业。

四、加大财政扶持力度。进一步加大财政支持力度，逐年扩大中小企业发展专项资金规模。整合财政相关专项资金，完善扶持机制和使用方式，主要用于促进中小企业创业辅导、信用担保、优化结构、技术改造、技术创新、协作配套、集群发展和人才培训等方面。通过贴息、担保等形式，发挥财政资金的引导和撬动作用。尚未设立中小企业发展专项资金的市、县，要尽快做出安排，制定政府采购扶持中小企业的具体办法，提高采购中小企业货物、工程和服务的比例。

五、落实税收优惠政策。各级税务部门要坚决落实国家和省政府已明确的扶持中小企业发展的各项税收优惠政策。对符合条件的小型微利企业，减按20%的税率征收企业所得税；中小企业缴纳城镇土地使用税确有困难的，可依法申请减免税；中小企业因有特殊困难不能按期纳税的，可依法在三个月内延期缴纳。

六、全力扩大信贷支持。全面落实国家已出台的金融支持政策，在总量和增量计划上，单列中小企业信贷指标，并逐步提高中小企业中长期贷款的规模和比重。加快设立中小企业信贷专营服务机构，对中小企业不良贷款、信贷综合成本、责任认定进行单独考核。提高中小企业贷款呆账核销效率，建立完善信贷人员尽职免责机制。完善财产抵押制度和贷款抵押物认定办法，采取动产、应收账款、股权和知识产权质押等方式，缓解中小企业贷款抵质押不足的矛盾。

七、加快发展中小企业金融服务机构。支持民间资本参与或发起设立中小企业银行、村镇银行、贷款公司等新型金融机构。地方金融机构应着力加大对中小企业和小项目的支持力度。继续推进中小企业依法开展私募股权融资、项目融资、发行债券以及法律、法规未禁止的其他方式直接融资。大力发展创业投资和融资租赁企业。建立中小企业上市工作协调机制和扶持奖励政策，及时解决中小企业上市遇到的困难和问题。

八、继续推进中小企业信用担保体系建设。各级中小企业管理部门，要切实承担起推进中小企业信用担保体系建设的职责。继续落实好对符合条件的中小企业信用担保机构免征营业税、准备金提取和代偿损失税前扣除政策。加大财政支持力度，综合运用资本金补充、业务补助、保费补贴、风险补偿、创新奖励等多种方式，提升中小企业信用担保（再担保）机构对中小企业的担保能力。国土资源、城乡建设、金融、工商等部门要为中小企业和担保机构开展抵押物和出质的登记、确权、转让等提供优质服务。

九、强化项目带动发展。省级有关部门要根据国家产业政策和全省的发展规划，针对中小企业的特点，在研究和安排项目上予以倾斜，支持中小企业发展。中小企业管理部门要大力加强项目的策划、筛选和储备工作，积极争取有关方面的指导和支持，以项目为支撑，以项目促发展。

十、加快推进县域工业集中区建设。市、县政府要把县域工业集中区基础设施建设纳入当地产业发展规划，并与小城镇发展规划相衔接，优先安排集中区道路、供水、供电、供气、供热等建设项目。对列入集中区规划的项目，简化环评审批程序。各级政府要加大对县域工业集中区的政策、资金支持力度，完善功能，促进中小企业园区化、集群化、规模化发展。

十一、积极发展配套型中小企业。抓紧制定中小企业与大企业协作配套指导意见，搭建中小企业与大企业交流合作平台，扶持一批与大企业分工协作的关联企业。鼓励和支持大企业通过专业分工、服务外包、订单生产和引资设厂等方式，优先与省内中小企业开展配套协作，提高协作配套水平和省内配套率。要围绕落实已经出台的产业振兴和集群发展规划，推动中小企业集群发展。

十二、加快中小企业产业升级。支持中小企业加大研发投入，开发先进适用的技术、工艺和设备，研制适销对路的新产品。中小企业利用新技术、新工艺、新装备、新材料进行升级改造的项目，不论国企民企都要纳入省、市政府技术改造专项投资和省、市产业发展引导资金、重大科技创新专项资金支持范围。中小企业的固定资产由于技术进步原因需加速折旧的，可按规定缩短折旧年限或者采取加速折旧的方法。

十三、支持中小企业开拓市场。抓紧建立省中小企业产品技术展示中心，鼓励电信、网络运营企业以及新闻媒体积极发布市场信息，帮助中小企业宣传产品，开拓市场。支持市场营销平台建设；支持中小企业在境外开办企业、设立机构；参加全国性、区域性和国际性等重点展会给予补助。加大对企业出口信用保险补贴力度，机电产品、高新技术产品和农产品按实际缴纳保险费金额的一定比例给予适当资助。

十四、推进中小企业服务体系建设。制定全省中小企业服务体系建设指导意见和专项规划，积极发展各级中小企业综合服务中心。按照“政府扶持中介、中介服务企业”的思路，分流适合中介机构承担的服务职能，并加大政府对社会中介服务机构的支持力度。公益性服务机构为中小企业提供服务的，可以按照规定减免有关行政事业性收费；市场性中介服务机构为中小企业提供优惠服务的，可以按照规定享受政府补贴或者资助。

十五、建立发展环境评议制度和维权投诉中心。开展非公有制经济发展环境评议工作。在省、市、县（市、区）建立中小企业维权投诉中心，协助行政监察机关监督各项政策公布执行情况和规范各部门及其人员的行政执法行为。各级政府部门接到中小企业的投诉、举报后，应及时做出处理。

十六、加强组织领导和协调服务。充分发挥省促进非公有制经济发展联席会议作用，加强对中小企业发展的统筹规划、组织领导和政策协调。各有关部门要各司其职，密切配合，完善考核，将中小企业的发展数量和增加值占 GDP 比重列入各市（区）年度考核目标。各级政府，尤其是县以下政府及部门负有发展中小企业和非公经济的重要职责，要进一步理顺中小企业管理体制，明确管理职责，切实加强指导和服务。

十七、建立统计监测和预警制度。省中小企业促进局和省统计局对中小企业的统计分类标准、统计报表制度的实施情况进行规范、监督和管理，加强中小企业的调查统计、监测、分析和数据发布工作。各相关部门要及时向社会公开发布发展规划、产业政策、行业动态等信息，建立和完善中小企业市场监测、风险防范机制。

省级有关部门要结合各自职责，抓紧制定完善配套扶持政策措施；各设区市要结合本地实际，尽快制定具体落实方案，并认真组织实施，确保取得实效。

二〇一〇年十一月三日

甘肃省人民政府令

第 77 号

《甘肃省融资性担保机构审批管理办法》已经 2010 年 11 月 26 日省人民政府第 67 次常务会议讨论通过，现予公布，自 2011 年 1 月 1 日起施行。

代省长　刘伟平

二〇一〇年十二月二日

甘肃省融资性担保机构审批管理办法

第一条　为加强对融资性担保机构的监督管理，规范融资性担保机构设立、变更及退出，促进融资性担保行业健康发展，根据《中华人民共和国担保法》、《融资性担保公司管理暂行办法》及国家相关法律法规的规定，结合本省实际，制定本办法。

第二条　本办法所称融资性担保是指担保人与银行业金融机构等债权人约定，当被担保人不履行对债权人负有的融资性债务时，由担保人依法承担合同约定的担保责任的行为。

本办法所称融资性担保机构（以下简称担保机构）是指由企业法人、自然人、其他社会组织或政府出资依法设立，经营融资性担保业务的担保机构。

第三条　省工业和信息化行政管理部门是全省担保机构的监管部门（以下简称省担保机构监管部门），负责全省担保机构的设立、变更、退出工作。

第四条　担保机构设立与变更，按照属地原则由所在市州担保机构监管部门对申请材料进行汇总后，上报省担保机构监管部门审批并颁发经营许可证。

第五条　设立担保机构应具备以下条件：

（一）有符合法律法规规定的章程；

（二）有具备持续出资能力的股东或出资人；

（三）有符合本办法规定的最低限额注册资本，注册资本为实缴货币资本；

（四）有符合任职资格的法定代表人、董事、监事、高级管理人员和合格的从业人员；

（五）有健全的组织机构及内部管理和风险控制制度；

（六）有固定的营业场所。

第六条　设立担保机构必须具备最低限额的注册资本：在全省范围内开展担保业务的注册资本不得低于 1 亿元；在市州范围内开展担保业务的注册资本不得低于 5000 万元；在县区范围内开展担保业务的注册资本不得低于 2000 万元。

第七条　担保机构的法定代表人、董事、监事及高级管理人员应无不良信用记录，且具备 3 年以上担保或金融工作经历，或从事相关行业工作 5 年以上。其中，公司制担保机构的总经理、副总经理应当具备 5 年以上担保或金融工作经历，或从事相关行业工作 8 年以上。

担保机构主要业务人员应熟悉信用担保业务，二分之一以上人员具备 2 年以上担保或金融工作经历，或者从事相关行业工作 3 年以上。国家相关管理部门对担保机构人员管理有规定的从其规定。

第八条　担保机构设立分支机构的，除符合本办法第五条、第七条要求外，还需连续经营两年以上，注册资本不得低于 1 亿元。

第九条　申请设立担保机构，应提交以下资料：

（一）申请书（应当载明拟设立担保机构的名称、住所、注册资本和业务范围等事项）；

（二）可行性研究报告（应含设立的必要性、市场分析、资金筹措、经营发展战略和规划、部门设置及主要内部管理制度、经济及社会效益分析等事项）；

（三）章程；

（四）公司制担保机构的企业名称预先核准通知书；

（五）营业场所证明材料；

（六）法定验资机构出具的验资证明；

（七）股东或出资人名册及其出资额、股份；

（八）人民银行出具的持有注册资本百分之五

以上股东的信用报告（法人股东还需出具上年度财务审计报告）；

（九）拟任法定代表人、董事、监事、高级管理人员的资格证明、身份证复印件、人民银行出具的信用报告；

（十）拟设立担保机构的风险控制制度。

第十条 担保机构拟申请设立分支机构的，除提交本办法第九条所列资料外，还应报送：法人授权书及法人营业执照副本复印件；担保机构近2年财务审计报告、经营情况及风险管理相关文件；拟设分支机构高级管理人员的资格证明。

第十一条 设立担保机构须持省担保机构监管部门的经营许可证及其他相关文件，依照有关法律法规办理注册登记手续。

未经省担保机构监管部门批准的担保机构，登记管理部门不得为其办理登记注册手续。任何单位和个人未经省担保机构监管部门批准不得经营融资性担保业务，不得在名称中使用融资性担保字样。法律、行政法规另有规定的除外。

第十二条 担保机构有下列变更情形之一的，应当经所在市州担保机构监管部门对申请材料汇总后上报省担保机构监管部门批准：

（一）变更名称；

（二）变更注册资本；

（三）分立或合并；

（四）变更总部或分支机构注册地；

（五）变更法定代表人、董事、监事和高级管理人员；

（六）变更持有资本总额或者股份总额百分之五以上的出资人或股东；

（七）修改章程；

（八）调整业务范围；

（九）变更组织形式。

担保机构变更事项涉及注册登记事宜的，按规定向注册登记部门申请变更登记。

第十三条 担保机构申请变更，应提交以下资料：

（一）申请变更报告；

（二）营业执照副本复印件；

（三）上年度经营情况；

（四）上年度审计报告；

（五）具备决策权限的部门或人员对变更事项所做出的变更决议、决定及相关证明性文件资料；

（六）公司制担保机构的章程及章程修正案；

（七）监管部门规定的其他材料。

第十四条 经批准的担保机构应自收到省担保机构监管部门批准文件之日起3个月内完成注册登记及变更登记手续，逾期未完成的，原批准文件自动失效。

第十五条 有下列情形之一者，担保机构终止：

（一）担保机构因分立、合并或出现公司章程规定的解散事由需要解散的；

（二）担保机构因违法经营被撤销的；

（三）担保机构资不抵债，不能清偿到期债务，依法实施破产的；

（四）法律法规规定的其他情形。

第十六条 担保机构终止，应向所在市州担保机构监管部门提出申请，市州担保机构监管部门对申请材料进行汇总后上报省担保机构监管部门，经省担保机构监管部门批准后到注册登记等机关办理注销等手续。申请时须提交以下材料：

（一）解散决定、撤销决定或破产申请报告；

（二）股东会议决议或出资人决定；

（三）清算组织及其负责人；

（四）清算方案；

（五）债权债务安排方案；

（六）资产分配方案；

（七）监管部门要求提交的其他材料。

第十七条 担保机构终止，应依法成立清算组，按照法定程序进行清算。监管部门及其他相关部门监督其债务清偿计划和其他清算事项的执行。担保责任解除前，担保机构出资人不得分配机构财产或从机构取得任何利益。

第十八条 担保机构申请设立、变更及终止，所在市州担保机构监管部门应当自受理申请之日起10日内，完成对申请材料的汇总上报工作。省担保机构监管部门在收到市州担保机构监管部门申请报告20日内做出批准或者不予批准的书面决定。

规定期限内不能做出决定的，经监管部门负责人批准，可延长10日，并应当将延长期限的理由告知申请人。法律、法规另行规定的，依照其规定。

第十九条 担保机构违反本办法规定，有下列行为之一的，由省担保机构监管部门予以处罚：

（一）未经省担保机构监管部门批准擅自设立的担保机构，依法予以取缔，处以2万元至3万元罚款；

（二）弄虚作假，骗取设立的担保机构，经发现并予以核实后，收回经营许可证，并处以2万元至3万元罚款；

（三）违反本办法第十二条规定，担保机构有变更情形未经批准擅自变更的，责令其限期补办有关手续，并视情节处以1万元至2万元罚款；

（四）违反本办法第六条规定，担保机构不具备相应注册资本，擅自超越地域范围经营的，处以1万元至2万元罚款。

第二十条 各级担保机构监管部门工作人员违反规定审批担保机构的设立、变更、终止以及业务范围的，依法给予行政处分；构成犯罪的，依法追究刑事责任。

第二十一条 本办法自2011年1月1日起施行。

青海省人民政府办公厅转发省经委等部门关于支持玉树地震灾区个体私营企业尽快恢复生产经营措施的通知

青政办［2010］85号

关于支持玉树地震灾区个体私营企业尽快恢复生产经营的措施

根据省玉树抗震救灾指挥部《关于灾后恢复重建期间有关省级政策措施制定的通知》精神，省经委、省工商局、省地税局就支持玉树地震灾区个体私营企业尽快恢复生产经营提出如下措施：

一、大力支持灾区中小企业恢复重建

（一）开展制定《玉树灾区企业灾后重建产业布局和产业调整规划》工作。

（二）在2009年省级财政安排的中小企业发展专项资金中单列玉树灾区中小企业恢复生产建设项目资金。

（三）工业企业投资补助和贷款贴息等对玉树企业予以倾斜。

（四）对玉树中小企业灾后恢复生产和重建贷款资金需要中小企业信用担保机构担保的，中小企业担保机构免收担保费，担保机构为玉树中小企业贷款担保发生的担保费由中小企业发展专项资金给予补助。

（五）积极协调工业和信息化部在安排中小企业发展专项资金时，专门安排用于玉树灾区中小企业的恢复和重建资金。

二、全力恢复灾区市场交易，确保市场供应

（一）鼓励有条件的经营者尽快恢复生产经营。允许个体工商户采取搭篷经营、流动经营、送货上门等多种灵活的方式开展经营。对在地震中《食品卫生许可证》、《食品流通许可证》遗失或损毁的食品经营者，只要有许可档案的，属地工商局在支持其尽快恢复经营的同时，及时补发或核发《食品卫生许可证》、《食品流通许可证》。如果因条件所限一时难以补发或核发的，可以在属地工商机关先行备案，先经营、后补发。同时，对灾区市场的一般性违规行为主要采取教育、引导的方法，不予处罚。

（二）免除跨地区经营限制。只要持有工商部门核发的营业执照复印件和当地工商部门开具的证明即可允许赴灾区开展经营。

（三）积极开展“牵手助农”活动。发挥经纪人信息沟通和产销衔接作用，通过组织开展省内其他地区农牧经纪人赴玉树搭建购销平台和经纪人大户牵手玉树种养殖经营户开展订单农牧业等“牵手助农”活动，帮助玉树地区尽快恢复生产，向省内外推销农牧产品，促进灾区农牧民增收，开展生产自救。并帮助灾区经营者快速办理动产抵押登记，加大融资力度，及时盘活资金。

（四）加强市场监测和统计。组织专人对灾区救灾物资集聚地、捐赠食品接受点、灾民安置点和灾区重点区域经营户的商品种类、数量、价格的动态及趋势进行监测和统计，定期上报市场供应情况及价格动态。

三、放宽市场准入条件，提供优质快捷服务，促进个私企业发展

（一）降低企业重建成本。灾后重建期间，对在灾区新申请设立登记的从事生产经营活动的企业或个体工商户，免收登记费、证照工本费等行政事业性收费以及公告费；对灾区原有企业或个体工商户，申请变更、注销登记、年检以及补（换）营业执照的，免收登记费、证照工本费、年检费等行政事业性收费以及公告费；重建期间，一律免收私营企业协会会员费及个体劳动者协会会费。

（二）放宽住所（经营场所）限制。灾后重建期间，新入驻灾区的企业或个体工商户在无法提交产权证明的情况下，持市场主办单位、开发小区管委会、居委会、村委会出具的同意在该场所从事经营活动的相关证明，并经登记机关实地核实后，办理登记注册。

（三）放宽注册资本到位期限。对因受地震灾害影响，未能在验资报告有效期内申请设立登记的，经原出具验资报告的法定验资机构核实投资人没有撤资的，验资报告可以延长90日使用；对分期缴付注册资本的公司，注册资本超出法定的2年期限仍无法到位的，股东认缴注册资本到位期限可以延长6个月。

（四）放宽经营范围核定方式。灾后重建期间，对新入驻的企业，法律法规规定需办理前置审批（涉及安全许可的除外）而暂时因特殊原因未取得批准文件或许可证的，经营范围可核定为“××项目筹建”。

（五）放宽《食品流通许可证》的核准条件。在灾区市场恢复阶段，不论经营者所选择的经营场所是固定的、还是临时的，只要征得当地政府有关

部门同意并许可，且本人有能力从事食品经营的，大力支持其开展经营活动，食品流通许可的相关条件、标准、特别是人员、场地、设施、布局等要求均可视当地条件放宽。

（六）积极帮助企业或个体工商户补（换）营业执照。对因受地震影响丢失或损毁营业执照的企业或个体工商户，经申请，由登记机关复查登记档案后，补（换）发营业执照，不再提交营业执照遗失公告。

（七）认真做好受灾企业变更登记。灾后重建期间，对无法提交法定代表人、负责人、营业期限、经营范围（不涉及前置许可事项）变更登记及其他高级管理人员备案所需规范性文件的，可由申请人承诺限期补交，先予办理登记，事后加强监管。

（八）支持灾区开发建设。对承担灾后重建任务的工程建筑施工、房地产开发类企业，凭企业法人营业执照和建筑施工、房地产开发资质到当地登记机关备案后直接开展工程施工和房地产开发，可不在项目所在地办理项目公司或分公司。

（九）满足灾区市场物资供应。对到灾区销售食品、药品、农资、建材的连锁经营企业，凭连锁经营企业的营业执照和前置许可文件或许可证书以及当地主管部门的批准文件，到当地登记机关备案后，直接从事经营活动，加强事后监管。对灾区流动摊贩（不涉及前置许可的）免于登记注册。

（十）放宽企业年检条件。对受地震影响不能按时参加2009年度年检的企业和个体工商户，年检期限可延长到2010年9月30日；对年检过程中不能及时提交审批机关的批准文件、证件的，凭审批机关出具的函件、证明等文件办理企业年检，次年年检时补交相关批准文件、证件；对因地震灾害致使账务损毁、遗失不能提交资产负债表、损益表或审计报告的企业，当年可免于提交资产负债表、损益表或审计报告；对年检或验照材料齐全，内容完整，符合规定的，当场办理年检或验照。

（十一）实施商标培育和保护。开展灾区商标资源普查，对知名度较高的商标，积极向地方政府汇报，及时加以注册；指导灾区企业在恢复生产过程中，加快商标培育，对具有一定知名度的地理名称、旅游景点名称等商标开展防御性注册，防止商标被抢注；指导灾区培育地方特色鲜明的农畜土特产品和地理标志证明商标，在注册过程中，免费给予设计、查询，协调商标代理机构减免代理费，并争取国家商标局在注册程序上给予倾斜。加大对灾区市场商标专用权的保护工作，防止假冒商标商品在灾区市场流通。

（十二）支持农牧民兴办农牧民专业合作社。在坚持零收费办理农牧民专业合作社证照的同时，允许农牧民以土地承包经营权、草原承包经营权的收益权等评估作价并经全体成员确认后出资设立农牧民专业合作社，促进灾区农牧民恢复生产。

（十三）拓宽灾区企业融资渠道。积极支持公司股东以其持有的有限责任公司或非上市股份有限公司的股权，作为获得银行贷款的担保标的，利用股权质押贷款融资。对申请股权质押登记的，只要申请材料齐全，符合法定形式，当场准予登记。积极支持投资人以其持有的权属清楚、权能完整、依法可以转让的公司股权经法定评估机构评估后，在灾区投资设立公司或为公司增加注册资本，拓宽股权利用渠道，促进灾区企业发展。

（十四）提供绿色通道服务。对重点项目实行特事特办、急事急办，事前介入、事中指导、事后跟踪，确保重点项目顺利实施；对灾后恢复重建项目实行现场指导服务，落实优惠政策，限时办结，促进企业尽快恢复生产经营；对农牧民专业合作社实行全程指导办照，指定专人负责制作相关文件，填写相关表格，帮助尽快成立农牧民专业合作社，满足肉食品、农副产品的市场供应。

四、税收优惠政策

（一）延期申报。纳税人、扣缴义务人因地震灾害不能按期办理纳税申报或者报送代扣代缴、代收代缴税款报告表的，可按税收征管法第二十七条和税收征管法实施细则第三十七条的规定，向税务机关申请延期申报，税务机关可依法审批至2010年12月31日。

（二）延期缴纳税款。纳税人、扣缴义务人因地震灾害不能按期缴纳应纳税款，申请延期缴纳的，省税务机关可以在一次最长不超过三个月的期限内予以核准。核准延期缴纳税款的期限届满，纳税人、扣缴义务人因灾情仍需延期缴纳该笔税款的，省税务机关可依法按次审批至2010年12月31日。延期期间，纳税人的应纳税款不加收滞纳金。

（三）欠税核销。对于地震灾害中纳税人实际已消亡的，可以视同符合《欠缴税金核算管理暂行办法》（国税发［2000］193号）第八条规定的条件，由税务机关根据县以上人民政府出具的证明，一次性办理死欠核销。

（四）税务登记证件工本费。根据《国家税务总局财政部关于地震灾区补发税务登记证问题的通知》（国税发［2008］67号）规定，纳税人因地震而损毁、丢失税务登记证的，主管税务机关应根据纳税人的申请，及时予以补发。对纳税人申请补发的税务登记证，一律免收税务登记证工本费。灾区国税、地税机关应积极采取联合办理税务登记等形式，降低征纳成本，提高办税效率，切实减轻纳税人办税负担。

省经委　省工商局　省地税局
二〇一〇年五月

宁夏回族自治区人民政府关于采取优惠政策措施启动实施中小企业“百家成长千家培育”发展工程的意见

宁政发［2010］181号

各市、县（区）人民政府，自治区政府各部门、直属机构：

中小企业是国民经济的重要组成部分，也是地区经济活力的体现。对我区经济来说，中小企业在稳定经济、吸纳就业、出口创汇和提供社会服务等方面发挥着重要作用，是我区经济社会发展中最具活力、最有发展潜质的部分。但同时我区中小企业也面临着发展资金不足，融资难、贷款难、担保难等突出问题。为了认真贯彻落实《宁夏回族自治区促进中小企业发展条例》，充分发挥政府部门和金融机构各自优势，加强和改善中小企业融资服务，有效降低中小企业融资成本，切实缓解中小企业融资难问题，促进中小企业健康发展，自治区人民政府按照“抓大扶小、抓大促小”的发展思路，启动实施中小企业“百家成长千家培育”发展工程，现提出如下政策意见。

一、实施中小企业成长计划

启动自治区中小企业“百家成长千家培育”发展工程，开展成长型中小企业评价工作，动态评价认定一批成长型中小企业和重点培育企业，建立“百家成长千家培育”中小企业信息库。与金融机构建立中小企业“百家成长千家培育”融资共促机制，将业绩优、成长性好、特色产业优势明显的中小企业推荐给银行业金融机构和贷款担保机构，切实解决金融机构、担保机构和中小企业融资信息不对称的问题。

二、建立完善信用担保体系

整合各级财政安排的中小企业融资担保资金，壮大我区政策性担保机构实力，支持组建互助性担保机构，鼓励商业性担保机构为中小企业服务，完善再担保、共同担保等风险分散、转移机制，充分发挥行业协会、基层商会的助手和桥梁纽带作用。搭建合作平台，着力解决担保机构与银行业金融机构合作中存在的困难和问题，引导和推动“银保合作”。建立担保行业资信评级制度，开展担保机构资信评级工作，加强行业监管，完善担保机构内部管理，防范担保行业风险。

三、建立中小企业贷款逆向贴息政策机制

鼓励银行业金融机构为中小企业提供低利率贷款业务，对我区银行业金融机构向进入自治区项目培育信息库并得到推荐的中小企业按银行同期基准利率发放的贷款，由自治区财政给予贷款银行2%（年利率）的利息补助，其中对于“贷大于存”的银行业金融机构，利用拆借资金增加的贷款利率补助标准提高0.5个百分点。贴息时间原则上与贷款时间一致，最长不超过2年。

进一步优化微小型企业创业环境，对创业园区采取打包方式为园区实力较弱的微小型企业创业发展取得的贷款，比照上述标准给予贷款银行相应的利息补助。

为突显科技进步和创新对加快转变经济发展方式的重要支撑作用，对于向科技型中小企业发放的贷款，利率补助标准提高0.5个百分点。

为促进新型民营金融机构健康发展，充分发挥其金融“毛细血管”作用，对于银行业金融机构给区内运营好的小额贷款公司提供的批发贷款，给予批发银行0.1%（年利率）的利息补助。

四、实行农村金融机构定向费用补贴政策

经自治区及以上金融监管部门批准设立的村镇银行、小额贷款公司、农村资金互助社等3类新型农村金融机构，凡达到监管要求并实现上年末贷款余额同比增长的，其中小额贷款公司贷款利率不得超过银行类金融机构同期同类贷款基准利率的2倍，由自治区财政按照贷款增长额的2%给予补贴，以增强机构经营发展和风险拨备能力。农村金融机构不重复享受补贴政策。

五、鼓励区（境）外金融机构在宁设立分支机构

凡在我区设立分支机构开展业务的，对其购置的办公用房在正式开业后，由自治区财政给予房屋买价10%的一次性补助，最高不超过100万元。

六、开展小企业贷款风险补偿

建立鼓励银行放贷的激励机制，实行小企业贷款风险补偿政策。由自治区和市、县按照1∶1的比例配套设立小企业贷款风险基金，引导和鼓励银行业金融机构加大对小企业的信贷支持力度，对银行业金融机构增加小企业贷款的，按照贷款增加额给予一定比例资金补助，促进小企业创业发展。

七、构建多层次的投融资服务体系

拓宽中小企业直接融资的渠道，在全区范围内选择一批符合产业政策、业绩优良、成长性好的中小企业，建立全区中小企业直接融资项目库，通过资金支持、培训辅导、信息服务等扶持措施，加大直接融资后备资源培育力度，为中小企业上市创造良好的外部环境。对于进入项目库的企业经过辅导培育成功实现直接融资的，按照各家银行支持企业贡献度大小，由自治区财政给予50万元～100万元的一次性奖励。

八、整合现有支持企业发展专项资金

提高专项资金的聚合度，努力营造良好的融资环境。在坚持整体性原则的前提下，充分尊重不同行业、不同地区企业发展的差别，区别对待、因地制宜。在财政政策、专项资金的运用上，根据区域经济发展的客观要求，从目前支持个别具体企业、具体项目向搭建面向众多企业受益的普惠性政策制度上转变，充分发挥政策资金的乘数效应和导向作用，引导社会力量支持中小企业发展。自治区每年安排的支持企业发展专项资金要切出一定额度专门用于对银行业金融机构为中小企业贷款的贴息补助。

九、建立促进金融机构服务中小企业协调机制

自治区各企业主管部门要高度重视中小企业发展工作，充分发挥各自职能作用，促进政策措施和金融资源的有机结合。自治区中小企业“百家成长千家培育”发展工程由自治区经济和信息化委牵头，制定具体的实施方案，经自治区政府批转执行，自治区财政厅、发展改革委、商务厅、科技厅、农牧厅、轻纺工业局、金融服务办等相关部门要积极配合并按照各自的职能抓好落实。

二〇一〇年十二月六日

新疆维吾尔自治区人民政府关于促进中小企业发展的实施意见

新政发［2010］92 号

伊犁哈萨克自治州，各州、市人民政府，各行政公署，自治区人民政府各部门、各直属机构：

中小企业是自治区国民经济和社会发展的重要组成部分，是推进新疆新型工业化、农牧业现代化、新型城镇化的重要力量。促进中小企业发展，有利于繁荣经济、活跃市场、促进就业、防范风险，是推动新疆跨越式发展和长治久安的一项重大战略任务。为深入贯彻中央新疆工作座谈会和自治区党委七届九次全委（扩大）会议精神，落实《国务院关于进一步促进中小企业发展的若干意见》（国发［2009］36 号）政策措施，将自治区中小企业发展提升到战略高度加以推进，加快实施中小企业成长工程，帮助中小企业解决发展中存在的困难和问题，结合我区实际，制定本实施意见。

一、优化发展环境

（一）放宽市场准入。全面贯彻落实《国务院关于鼓励和引导民间投资健康发展的若干意见》（国发［2010］13 号），按照“非禁即入”的原则，凡法律法规未禁入的所有行业和领域，一律对非公有制经济和中小企业开放。申办有限责任公司的，股东非货币财产出资比例可以达到注册资本的 70%。

（二）实行对中小企业的政府采购扶持政策。在技术、服务等指标满足采购需求的前提下，政府采购应当优先选择区内中小企业的产品。鼓励符合资质条件的中小企业依法组成联合体参与政府采购投标。金融机构和专业担保机构应当优先为获得政府采购合同的中小企业提供信贷支持。

（三）降低鼓励类商业水电收费价格。按照《国务院办公厅关于搞活流通扩大消费的意见》（国办发［2008］134 号），2010 年底前执行对鼓励类商业用水实行与工业用水同价政策，研究制定新疆商业与非普工业电价并轨方案。

（四）鼓励中小企业吸纳新疆籍劳动者就业。符合条件的企业享受《自治区党委、自治区人民政府关于促进就业工作的意见》（新党发［2009］11 号）中的相关政策。对中小企业新吸纳就业困难人员就业的，按企业为其实际缴纳的基本养老保险、基本医疗保险、失业保险费之和给予不超过 3 年的社会保险补贴。对当前经营有困难的中小企业，将阶段性缓缴社会保险费或降低费率政策执行期延长至 2015 年底，并按规定给予一定期限的社会保险补贴或岗位补贴、在岗培训补贴等。

（五）减轻中小企业负担。严格执行收费项目公示制度，2010 年底前建立中小企业缴费登记卡制度，并对保留的涉企行政事业性收费进行全面清理。确需收费的要降低收费标准，允许经营困难、暂无缴纳能力的企业缓交或免交。严禁将行政机关职责内工作转移到社会团体或中介机构进行收费以及变无偿服务为有偿服务。严厉打击和坚决依法处理巧立名目、吃拿卡要、强买强卖、以权谋私等违法乱纪行为。自治区及各地、州、市设立减轻中小企业负担举报电话，完善违法投诉举报和违纪查处制度。

二、强化财税支持

（六）加大财政资金支持力度。2010 年自治区中小企业发展专项资金增加到 1 亿元，以后逐年按 20% 递增。各级财政在 2010 年前建立本级中小企业发展专项资金，并逐年增加。自治区中小企业发展专项资金对南疆三地州的中小企业给予倾斜。自治区其他支持企业发展的各类专项资金应当向中小企业倾斜。

（七）支持中小企业信用担保机构发展。通过政府引导、市场化运作，投资组建自治区中小企业信用担保集团公司，壮大规模，增强担保机构实力。

各地州（市）都要设立并增加中小企业信用担保机构资本金，通过增资扩股，力争2011年各地州（市）中小企业信用担保资本金不低于1亿元。鼓励援疆省市出资增加县级政策性担保机构资本金。鼓励各地成立商业性或企业互助性等各类担保机构。中小企业专项资金对中小企业信用担保机构给予适当的风险补偿。

（八）加快中小企业信用体系建设。充分利用人民银行征信系统，逐步建立和完善以信用征集、评价、查询、发布为主要内容的中小企业信用管理制度。中小企业管理部门要在2010年底前完成企业信息共享平台建设，不断完善中小企业信用信息数据库。人民银行乌鲁木齐中心支行、新疆银监局、工商局、质量技术监督局、税务等部门要在2010年底前与企业信息共享平台联网，实现企业信用信息共享。

（九）加大税收扶持力度。一是2010年至2020年，对在新疆困难地区、国家级园区新办的鼓励类中小企业，给予自取得第一笔生产经营收入所属纳税年度起企业所得税“两免三减半”优惠。对在受援地区新办的鼓励类中小企业，享受自治区企业所得税地方分享部分“两免三减半”优惠。对南疆三地州新办的鼓励类中小企业，再享受企业所得税地方分享部分五年减半征收的优惠政策。二是中小企业投资国家鼓励类项目，除《国内投资项目不予免税的进口商品目录》所列商品外，所需的进口自用设备以及按照合同随设备进口的技术及配套件、备件，免征进口关税。三是实行大学生就业优惠政策，对自主创业或在小企业就业的新疆籍大、中专毕业生，比照执行下岗失业人员再就业优惠政策。四是小额贷款公司、融资性担保公司、再担保公司、股权托管中心及中小型创业投资公司、股权投资公司、股权投资管理公司享受自取得第一笔生产经营收入所属纳税年度起企业所得税“两免三减半”优惠政策。

三、缓解融资困难

（十）完善中小企业信贷服务机制。各金融机构应当完善小企业信贷考核体系，制定小企业不良贷款控制指标，按照国家及自治区有关政策规定对小企业的贷款损失及时核销。要完善激励机制，对中小企业贷款发放较好且能有效控制风险的客户经理，要给予相应奖励，并建立完善尽职免责机制，充分调动基层银信机构的积极性。自治区安排专项资金，对金融机构中小企业贷款平均余额同比增长超过15%的部分，按照1%的比例给予奖励。银监部门要根据中小企业的特点和实际，合理设定中小企业贷款的风险监管标准，对中小企业不良贷款实行单独考核。

（十一）拓展中小企业融资渠道。各级政府要积极培育上市资源，着力推进企业上市融资。落实中国证券监督管理委员会支持新疆企业上市的各项优惠政策，培育一批成长型、科技型中小企业在创业板、中小企业板上市融资。对符合条件的上市后备企业申请上市有关费用，自治区企业上市政策引导专项资金予以适当补贴。积极开展企业股权质押贷款和动产抵押贷款。大力创新企业信贷品种，探索和推广应收账款、知识产权、采矿权证、仓单质押贷款以及供应链融资。积极发展信托融资、租赁融资和以信托、租赁为基础的理财产品，创新企业贸易融资手段，特别是扩大信用证项下贸易融资。

（十二）大力发展面向中小企业的金融机构和金融服务。2011年底实现新疆乡镇基础金融服务全覆盖，同时开展存、取、汇、转、贷等基本金融服务。鼓励引进区外银行在我区设立分支机构。通过矿产资源等有效资产的注入，做大做强地方金融机构投资平台，加大对地方金融机构的增资扩股力度，增强资本实力，提高地方金融机构支持中小企业的服务能力。在乌鲁木齐市商业银行基础上组建新疆商业银行，在全疆设立分支机构，加强县域和中小企业金融服务。积极发展村镇银行、小额贷款公司。

四、拓宽服务渠道

（十三）加快推进中小企业服务平台建设。采取政府扶持、社会资助、企业投入为主的方式，加强博士后科研工作（流动）站、重点实验室、工程技术研究中心等技术服务平台建设，为中小企业提供产品检测、政策信息咨询、技术研发、人才培训等公共服务。2011年各地州（市）、县（市）都要建立中小企业服务机构，自治区中小企业发展专项资金对新设立的中小企业服务机构给予适当补助。

（十四）推进小企业创业基地建设。鼓励国家级园区创建小企业创业基地。国土资源部门在安排年度用地计划时，对创业基地应当给予适当倾斜。对经认定的各类小企业创业基地新建或改建项目，以及成功孵化规模以上企业，自治区中小企业专项资金对基地给予适当补助。鼓励专业技术人员创办科技型创新企业。依法保护知识产权。鼓励创业，宽容失败，努力营造全民创业的良好氛围。

（十五）统筹解决中小企业的用地需求。国土资源部门在制定和实施土地利用年度计划时，要将中小企业发展和结构调整用地需求纳入其中，增加对科技含量高、劳动密集型中小企业的用地供应，同时安排一定数量建设用地，依法以租赁方式供中小企业使用。各级国土资源部门要为中小企业发展做好土地查询、登记、发证等服务，及时为中小企业办理抵押、变更、转让等手续。

（十六）支持中小企业开拓市场，与大企业配套发展。充分发挥中小企业国际市场开拓资金、自治区外经贸区域协调发展促进资金的作用，支持中小企业参加境内外展会、开展各类体系产品认证和能力评定认可。加快建立自治区大宗农产品收储制度。自治区财政为中小企业开拓市场提供摊位费等参展费用补贴。各级政府应当建立中小企业与大企业配套发展的协调机制，定期举办合作项目洽谈会，建立起稳定的产、供、销、服务外包及技术开发等协作关系。大企业不得拖欠和预收中小企业贷款和服务费用。

五、促进结构调整

（十七）大力发展生产性服务业。鼓励支持中小企业在科技研发、工业设计、技术咨询、信息服务、现代物流等生产性服务业领域发展。积极促进中小企业在软件开发、服务外包、网络动漫、广告创意、电子商务等新兴领域拓展，扩大就业渠道，培育新的经济增长点。

（十八）支持中小企业产学研结合和科技创新。自治区财政增加2000万元资金，专项用于中小企业新产品新技术开发、科技创新和产学研结合。自治区有关技术创新资金要择优支持中小企业与高等院校、科研院所合作，推动产学研成果转化与应用。鼓励和引导中小企业积极参与自治区新兴战略性产业发展。

六、提升管理水平

（十九）推进中小企业信息化。大力推进中小企业信息化试点和示范。各级政府应当采取措施，加强中小企业在产品设计、原材料采购、电子商务和质量管理等环节的信息化建设，对每年列入国家和自治区的重点项目给予适当补助。引导和支持建立中小企业信息化服务与应用平台，鼓励信息技术企业提供软件服务、信息化解决方案、培训与应用指导等社会化服务。逐年增加自治区电子信息发展专项资金，并对为中小企业提供信息化服务的机构给予一定的项目补助、贴息支持。

（二十）引导和支持中小企业加强管理。加强基础管理，强化营销和风险管理，完善法人治理结构。支持和鼓励管理咨询机构为中小企业提供基础管理、开拓市场、风险控制等咨询服务，提高中小企业经营管理水平。自治区中小企业发展专项资金对为中小企业提供管理咨询服务的机构给予一定的补助。每年选择一批基础管理科学规范的中小企业进行重点支持培育，以点带面，作为示范企业在全疆中小企业推广。自治区每两年表彰一次优秀企业家。加强中小企业品牌建设，自治区对获得中国名牌产品、中国驰名商标的中小企业给予奖励。

（二十一）鼓励职业院校招收新疆籍学生，开展对中小企业各类人员培训。自治区职业院校要扩大新疆籍学生招收比例，鼓励职业院校招收新疆籍学生，在兑现国家政策的基础上，自治区财政按每人每年300元的标准再对学校给予补贴。鼓励各类职业院校及培训机构定向为南疆三地州中小企业免费培训技术工人，所需费用由自治区财政承担。鼓励中小企业在岗职工参加技能提升培训，对符合条件的人员，按自治区有关职业培训补贴办法给予补贴。继续大力实施专业技术人才知识更新工程（国家“653”工程）和中小企业银河培训工程，有针对性地培养企业少数民族中高级管理和技术人才。

（二十二）引导中小企业集聚发展。重点培育发展一批规划科学、主业突出、特色明显、规模大、链条长、竞争力强的中小企业产业集群，提升产业配套能力。到2013年底，全区争取培育年销售收入超500亿元的园区2个，年销售收入100亿～500亿元的园区6个，年销售收入50亿～100亿元的园区15个，年销售收入10亿～50亿元的园区20个。鼓励中小企业入园与大企业协同发展。

七、加强组织领导

（二十三）加强和改进对中小企业工作的领导。充分发挥自治区促进中小企业发展工作领导小组的作用，加强对自治区中小企业工作的统筹规划、组织领导和政策协调。2010年底前各地州（市）、县都要成立相应的领导机构。各级政府及职能部门要切实转变工作作风，提高服务意识，为中小企业排忧解难，提供优质高效服务，依法保障中小企业合法权益。

（二十四）理顺中小企业管理体制。自治区经济和信息化委员会企业处加挂自治区中小企业局牌子（规格不变），统筹协调自治区各部门为中小企业服务的相关工作。

（二十五）建立中小企业运行监测制度，加强跟踪服务。统计部门要建立和完善对中小企业的分类统计、运行监测和分析发布制度，定期开展对规模以下小企业的抽样调查工作。自治区各级中小企业主管部门要针对中小企业经济运行中的困难，及时做好跟踪服务工作。

（二十六）加强舆论宣传，营造良好环境。报刊、广播、电视、互联网等新闻媒体要把握正确的舆论导向，客观报道当前中小企业的发展情况、存在问题和发展机遇。广泛宣传国家和自治区扶持中小企业平稳较快发展的各项政策措施，广泛宣传中小企业克服困难取得成就的典型经验，营造良好的社会氛围。

（二十七）各级各有关部门要进一步明确职责，根据本意见要求，2010年底前要制定具体实施细则，使各项政策措施落实到位。自治区人民政府将对各地的贯彻落实情况不定期组织专项督查。

新疆维吾尔自治区人民政府
二〇一〇年八月二十日

关于印发厦门市融资性担保机构监督管理暂行办法的通知

厦经企［2010］397号

各有关单位：

现将《厦门市融资性担保机构监督管理暂行办

法》印发给你们，请遵照执行。

市经发局　市工商局
人民银行厦门市中心支行
银监会厦门监管局
2010 年 4 月 8 日

厦门市融资性担保机构监督管理暂行办法

第一章　总　则

第一条　为加强本市融资性担保行业监督管理，规范担保机构经营行为，根据《融资性担保公司管理暂行办法》（7 部委令 2010 年第 3 号）、《厦门市人民政府办公厅关于明确融资性担保业务监管职责的通知》（厦府办［2010］176 号）和《福建省经济贸易委员会关于融资性担保公司设立（确认）和变更审批有关事项的通知》（闽经贸中小［2010］284 号）等有关规定，结合本市实际，制定本暂行办法。

第二条　本暂行办法所称融资性担保业务是指担保人与银行业金融机构等债权人约定，当被担保人（自然人、法人）在银行业金融机构等债权人处进行贷款、票据、贸易、项目、信用证等融资时，因被担保人不履行对债权人负有的融资性债务，应由担保人依法承担合同约定的担保责任的行为。

第三条　本市行政区域内依法设立，经营融资性担保业务的有限责任公司、股份有限公司和有关分支机构的相关担保活动，适用本暂行办法。

第四条　厦门市融资担保机构监管委员会（以下简称监管会）负责研究制定促进融资性担保业务发展的政策措施，拟订融资性担保业务监督管理制度，协调相关部门共同解决融资性担保业务监管中的重大问题。

监管会由市经发局、市工商局、厦门银监局和人民银行厦门中心支行等成员单位组成。监管会办公室设在市经发局，承担监管委员会日常工作。

第五条　市经发局具体负责受理融资性担保机构的设立与变更申请等工作。

市工商局依法做好融资性担保机构的设立、变更和注销的登记管理。

人民银行厦门市中心支行牵头组织对本市融资性担保机构信用评级工作，并将信用评级结果纳入人民银行企业信用信息基础数据库，作为金融机构信贷审核的参考依据。

厦门银监局按照银监会派出机构的职责和授权，做好全市融资性担保业务的相关工作。

第六条　厦门市担保典当行业协会受市经发局委托，具体承担融资性担保统计和其数据汇总分析工作，组织开展从业人员业务培训和对外交流等工作。

第二章　设立、变更与终止

第七条　市经发局原则上每季集中受理一次融资性担保机构设立、变更等申请。监管会 20 个工作日内完成初审，并及时将初审意见和申请材料上报审核。经省经贸委批复同意后，融资性担保机构持批复文件到市工商局办理注册登记手续，领取营业执照，方可营业。

第八条　设立融资性担保机构，应当具备下列条件：

（一）有符合法律法规规定的章程。

（二）注册资本不得低于人民币 1 亿元，注册资本为实缴货币资本。

（三）有具备持续出资能力的股东。主发起人应为企业法人，设立 3 年以上经营业绩良好，第三方资信等级 A 以上，最近两个会计年度连续盈利，且近 3 年累计净利润不低于 1000 万元，持股比例不低于 30%。企业法人股东有充足的货币资金，原则上资产负债率不高于 70%，净流动资产大于出资额，净资产大于累计对外投资额（含本次）的 2 倍，且法律法规未禁止其向融资性担保机构投资。

（四）机构主要负责人应具备 5 年以上良好的经济、金融从业记录，精通融资担保业务，熟悉经济金融的法律法规，有良好的合规经营意识和个人品行。机构董事、监事、高级管理人员符合任职资格，且有 5 名以上熟悉担保业务的专业人员。

（五）有健全的组织结构、内部控制和风险管理制度。

（六）有与业务经营相适应的营业场所。

（七）监管部门规定的其他审慎性条件。

设立外商投资的融资担保机构，应符合国家有关外资企业设立规定。

第九条　设立融资性担保机构，应向市经发局提交下列材料：

（一）申请书。应当载明拟设立的融资性担保机构的名称、住所、注册资本和业务范围等事项。

（二）可行性研究报告。内容至少包括本地经济、融资和担保需求分析，拟开展担保业务和经济、社会效益分析，经营发展战略和规划。机构董事会、监事会、经理层情况及组织机构设置情况，以及筹建方案。

（三）章程草案。应写入合规经营、风险防范和应急措施等相关内容。

（四）股东名册及其出资额、股权结构。

（五）法定验资机构出具的验资证明，持有注册资本 5% 以上股东的企业（个人）银行信用信息基础数据库信用报告（控股法人股东为第三方资信评级报告），以及持有注册资本 5% 以上法人股东上年度财务审计报告（控股法人股东为近两年）。

（六）拟任董事、监事、高级管理人员的资格证明（包括拟任法定代表人、法人股东法定代表人、自然人股东、监事、内设部门经理以上高级管理人员的简历、学历证明、职称等专业技术资格证书和身份证复印件）。

（七）机构内部管理制度、风险控制制度，应包括严格规范的业务操作规程、健全财务会计制度和审慎经营原则的担保评估制度、决策程序、事后追偿和处置制度，风险分类管理、预警机制和突发事件应急机制。

（八）出资人承诺书。

（九）营业场所证明材料（如房屋产权证、租赁合同等复印件）。

（十）工商行政管理部门出具的《企业名称预先核准通知书》，公司名称中原则上应使用“融资担保”字样。

（十一）监管部门要求的其他材料。

以上材料需一式三份。

第十条　未经批准，任何担保机构不得从事融资担保业务，不得在机构名称中冠以“融资担保”和“融资性担保”等字样。

第十一条　融资性担保机构设立审批时，法人代表和主要股东应当签订融资性担保机构出资人承诺书。承诺机构资金来源合法，股东未以借贷资金入股，未以他人委托资金入股，不吸收公众存款，不从事违法违规贷款业务等。

第十二条　融资性担保机构在本市设立分支机构的，应在取得融资担保许可后，连续经营两年以上；注册资本不得低于人民币3亿元（为实缴货币资本），其中每个分支机构应拨付不少于5000万元的营运保证金，各分支机构营运保证金总额不得超过融资性担保机构注册资本的50%；设立首席合规官、首席风险官和2名以上的独立董事。

申报时除提交本办法第九条所要求的材料外，还应出具原注册地省级监管部门同意批复，近两年财务审计报告、经营情况、法人授权书及法人营业执照等相关文件，及机构独立董事、首席合规官、首席风险官和拟设分支机构高级管理人员的资格证明材料。

第十三条　融资性担保机构（含分支机构）变更名称、组织形式、注册资本、住所（经营场所）、法定代表人（负责人）、董事、监事、高级管理人员及持有5%以上股权的股东（含变更前或变更后），调整业务范围、修改章程、合并或分立应先报经监管部门批复同意后，再向市工商局申请变更登记备案。

第十四条　融资性担保机构因分立、合并或出现机构章程规定的解散事由需要解散的，应当经监管部门审查批复同意后，向市工商局申请注销登记。

融资性担保机构解散、撤销或破产的，应成立清算组，依法清算。监管部门监督其清算过程。担保责任解除前，机构股东不得分配公司财产或从机构取得任何利益。

第三章　经营范围和规则

第十五条　融资性担保机构经批准可经营以下部分业务或全部业务：

（一）贷款担保；

（二）票据承兑担保；

（三）贸易融资担保；

（四）项目融资担保；

（五）信用证担保；

（六）其他融资性担保业务。

第十六条　融资性担保机构经批准可兼营以下部分业务或全部业务：

（一）诉讼保全担保。

（二）投标担保、预付款担保、工程履约担保、尾付款如约偿付担保等履约担保业务。

（三）与担保业务有关的融资咨询、财务顾问等中介服务。

（四）以自有资金进行投资。

（五）监管部门规定的其他业务。

第十七条　融资性担保机构经批准可以为其他融资性担保机构的担保责任提供再担保和办理债券发行担保业务，但应当同时符合以下条件：

（一）近两年无违法违规不良记录。

（二）监管部门规定的其他审慎性条件。

从事再担保业务的融资性担保机构除需满足前款规定的条件外，注册资本应当不低于人民币2亿元，并经许可连续从事融资性担保业务两年以上。

第十八条　融资性担保机构不得从事吸收存款、发放贷款、受托发放贷款、受托投资等业务，不得进行任何形式的非法集资。

第十九条　融资性担保机构应当以安全性、流动性、收益性为经营原则，建立市场化运作的可持续审慎经营模式。收取的担保费，可根据担保项目的风险程度，由融资性担保机构与被担保人自主协商确定，但不得违反国家有关规定。

第二十条　融资性担保机构对单个被担保人提供的融资性担保责任余额不得超过净资产的10%，对单个被担保人及其关联方提供的融资性担保责任余额不得超过净资产的15%，对单个被担保人债券发行提供的担保责任余额不得超过净资产的30%。

第二十一条　融资性担保机构的融资性担保责任余额不得超过其净资产的10倍。

第二十二条　融资性担保机构以自有资金进行投资，限于国债、金融债券及大型企业债务融资工具等信用等级较高的固定收益类金融产品，以及不存在利益冲突且总额不高于净资产20%的其他投资。

第二十三条　融资性担保机构不得为其母公司或子公司提供融资性担保。

第二十四条　融资性担保机构应当按照当年担保费收入的50%提取未到期责任准备金，并按不低于当年年末担保责任余额1%的比例提取担保赔偿准备金。担保赔偿准备金累计达到当年担保责任余额10%的，实行差额提取。

监管部门可以根据融资性担保机构责任风险状况和审慎监管的需要，提出调高担保赔偿准备金比例的要求。

融资性担保机构应当对担保责任实行风险分类管理，准确计量担保责任风险。

第二十五条　融资性担保机构发生代偿损失应及时追偿，一年后净资产仍低于注册资本的90%时，各股东应当及时按比例补足或者申请减少注册资本，但减少后的注册资本不得违反本细则注册资本最低限额的规定。

第二十六条 融资性担保机构与债权人应当按照协商一致的原则建立业务关系，并在合同中明确约定承担担保责任的方式。

第二十七条 融资性担保机构办理融资性担保业务，应当与被担保人约定在担保期间可持续获得相关信息并有权对相关情况进行核实。

第二十八条 融资性担保机构与债权人应当建立担保期间被担保人相关信息的交换机制，加强对被担保人的信用辅导和监督，共同维护双方的合法权益。

第二十九条 融资性担保机构应当按照监管部门的规定，将公司治理情况、财务会计报告、风险管理状况、资本金构成及运用情况、担保业务总体情况等信息告知相关债权人。

第四章 监督管理

第三十条 融资性担保机构成立一年后须参加信用评级，有关信息纳入征信管理体系，并作为监管部门年审、政策扶持、金融机构与担保机构合作的依据。同时，征信管理部门应为融资性担保公司查询相关信息提供服务。

第三十一条 融资性担保机构应落实担保统计数据报送制度，向监管部门提交的经营报告、财务会计报告、合法合规报告等文件和资料，应当真实、准确、完整。

融资性担保机构应于每月 10 日前报送上月业务统计报表；按季度报送资本金投向和银行账户对账单；每年 7 月 15 日前报送半年工作总结、业务统计报表；每年 4 月 30 日前报送经会计师事务所审计的上年度审计报告、上年度经营情况报告、合法合规报告及监管部门要求的其他材料。

第三十二条 监管部门根据监管需要，有权要求融资性担保机构提供专项资料，或约见其董事、监事、高级管理人员进行监管谈话，要求就有关情况进行说明或进行必要的整改。

监管部门认为必要时，可以向债权人通报所监管有关融资性担保机构的违规或风险情况。

第三十三条 监管部门根据监管需要，可对融资性担保机构进行现场检查，融资性担保机构应当予以配合，提供有关文件、资料。

现场检查时，检查人员不得少于 2 人，并向融资性担保机构出示检查通知书和相关证件。

第三十四条 融资性担保机构发生担保诈骗，担保代偿或投资损失金额可能达到其净资产 5% 以上的，以及董事、监事、高级管理人员涉及严重违法、违规等重大事件时，应当立即采取应急措施并向监管部门报告。

第三十五条 融资性担保机构应当及时向监管部门报告股东大会或股东会、董事会等会议的重要决议。

第三十六条 市经发局应建立本市融资性担保机构业绩评价制度，从担保机构的业绩、风险管理、代偿损失等方面进行绩效考核，作为享受政策扶持的依据。

第三十七条 融资性担保机构有下列情形的，监管会可视情况限期要求整改；在规定限期内仍未达到要求的，取消一切扶持政策，并依法向社会公告。

（一）半年以上未开展融资性担保业务，或不以融资性担保为主业的；

（二）以自有资金进行超范围投资的，或营运期间抽逃注册资本的；

（三）未经核准擅自变更的；

（四）从事吸收存款、发放贷款、受托发放贷款和受托投资活动的；

（五）未按规定配备或聘请经济、金融、法律、技术等方面具有相关资格的专业人才的；

（六）超限额对外提供担保，未按规定提取各项准备金的；

（七）拒不履行到期担保代偿责任的；

（八）拒绝或者阻碍非现场监管或者现场检查的；

（九）不按照规定提供报表、报告等文件、资料，提供虚假或隐瞒重要事实的报表、报告等文件、资料的；

（十）未按规定进行信息披露的；

（十一）其他违反国家有关法律法规及相关政策性的。

情节严重或拒不整改的，将提请省经贸委依法取消其融资性担保业务经营资格；违反相关法律法规规定的，由有权部门依法予以处罚。

第三十八条 融资性担保机构经过整顿，且符合下列条件的，在报经监管部门同意后，可恢复正常营业：

（一）已恢复担保能力；

（二）违法违规行为得到纠正。

第三十九条 从事非法集资、诈骗企业钱财等危害金融稳定，或恶意逃废债务和转嫁风险，违法违规经营情节严重，涉嫌构成犯罪的，依法移送司法机关处理。

第四十条 擅自经营融资性担保业务的，由监管部门依法予以取缔并处罚；擅自在名称中使用“融资担保”字样的，由监管部门责令改正，依法予以处罚。

第四十一条 本暂行办法由监管会负责解释。

第四十二条 本暂行办法自发布之日起实施，有效期 2 年。

青岛市人民政府办公厅关于加快推进中小企业公共服务平台建设的通知

青政办发［2010］36 号

各区、市人民政府，市政府各部门，市直各单位：

为进一步创新服务中小企业的体制机制，增强服务企业的针对性、及时性和有效性，推动中小企业加快转方式、调结构步伐，实现平稳较快发展，根据工信部等七部委《关于促进中小企业公共服务平台建设的指导意见》（工信部联企业［2010］175号）和市政府《关于进一步鼓励小企业创业创新发展的意见》（青政发［2010］5号）要求，现就加快推进我市中小企业公共服务平台建设有关事宜通知如下。

一、公共服务平台的建设原则

按照整体部署、分步实施、完善提高的原则，加快推进市、区（市）、街道（镇、园区）三级公共服务平台建设，切实做到机构、经费、人员、场地“四落实”，名称、标识、网络域名、热线号码、工作流程“五统一”，服务内容、流程、标准、收费、时间“五公开”，实现信息、资源、技术、服务、品牌“五共享”。

遵循政府引导、市场化运作、服务企业、资源共享、注重实效的原则，广泛吸引各类社会组织机构参与，积极推动社会专业化服务平台建设。

二、公共服务平台建设的目标任务

2010年，市级公共服务平台初具规模，区（市）、街道（镇、园区）公共服务平台建设开始启动，重点培育专业化示范平台15家；2011年，市级公共服务平台达到全国一流水平，区（市）公共服务平台完成全面建设，重点街道（镇、园区）建立公共服务平台的比例达到60%，培育专业化示范平台20家；2012年，市级公共服务平台国际化功能进一步增强，区（市）公共服务平台示范带动能力显著提高，重点街道（镇、园区）公共服务平台覆盖面达到100%，培育专业化示范平台30家。

三、公共服务平台建设的工作重点

（一）提升完善市级公共服务平台功能。支持青岛市中小企业发展服务中心，加强中小企业信息网和中小企业服务热线（55585558）建设，增强“一线一网”服务效能，拓展服务领域，逐步建立服务品牌化、手段多样化、管理科学化的中小企业综合服务平台，为广大中小企业提供方便快捷的普惠性服务。加强基础设施建设，增加运营面积，服务场所达到4000平方米以上；建立信息化管理体系，增加电脑硬件、系统软件、网络设备等配套设施。创新服务模式，建立和完善信息发布、人才培训、创业辅导、管理咨询、技术支持、融资担保、市场开拓、法律援助八个功能服务区和国际中小企业技术交流中心，吸纳具备条件的银行、担保、小额贷款、券商、信用评级、财税代理、法律顾问、管理咨询、培训、节能服务、电子商务等专业服务机构入驻，为中小企业提供一站式服务。健全服务机制，设立中小企业公共服务平台管理系统（服务专区），对三级服务平台建设和日常服务进行调度推进。强化服务效能，对服务满意度、服务质量和服务能力定期进行测评，提高服务效率。市级中小企业公共服务平台年服务中小企业2万家以上，服务对象满意率达到90%以上。

（二）加快建立区（市）级公共服务平台。支持区（市）设立中小企业服务机构。未设立中小企业服务机构的，要依托各区（市）中小企业主管部门单独或联合重点行业协会等机构，建立区域性中小企业综合服务平台。区（市）中小企业服务平台要设有专门服务场所，运营面积在300平方米以上，配备完善的服务设施和专业服务人员。建立针对“一线一网”企业反映情况的办理、反馈和评价制度，能够对市级平台下达的任务和街道（镇、园区）级平台上报的情况做出迅速反映，并及时办理和反馈，帮助企业切实解决问题。区（市）中小企业服务平台年服务中小企业5000家以上，服务对象满意率90%以上。

（三）逐步建立街道（镇、园区）公共服务平台。基层服务平台要根据各自产业发展特点，参照区（市）服务平台运作模式，依托综合服务机构、专业服务机构，建立具有区域特色的综合性与专业化相结合的公共服务平台。要设立专门工作场所和服务机构，配备服务设施和专业（兼职）服务人员，健全服务制度和机制，加强与区（市）服务平台及专业化平台的联动。服务场所面积达到100平方米以上，年服务中小企业100家以上，服务对象满意率达到90%以上。

（四）建立健全专业化公共服务平台。支持各类服务机构、科研院所、大企业、特色产业园区等，立足自身优势，围绕产业需求，建立面向中小企业的创业基地和技术、信息、咨询、培训、融资等专业化公共服务平台。各类专业化公共服务平台具有独立法人资格和为中小企业服务的相应专业资格，配备专业人员，拥有专业技术手段和先进的仪器设备，办公场所面积达到200平方米以上。要建立健全规章制度，公开服务内容、工作流程、收费标准，并建立与市、区（市）或街道（镇、园区）公共服务平台的对接机制。市级专业化服务平台年服务中小企业100家以上，服务对象满意率90%以上。

四、公共服务平台建设的保障措施

（一）提高认识，加强领导。各级各部门要把公共服务平台建设作为支持中小企业发展的重要举措，列入议事日程，制定目标，强化措施，确保取得实效。市经济信息、发展改革、科技、财政、人力资源社会保障、环保、质监、工商等部门要在各自职责范围内，研究制定支持中小企业公共服务平台建设的政策措施，加强规划指导，注重资源整合，密切沟通协调，形成工作合力。对“一线一网”受理的侵害企业权益等投诉意见，各涉企部门要认真办理，及时反馈，让企业满意。

（二）科学规划，稳步推进。各区（市）政府要根据本区域中小企业发展特点和实际需求，以及转方式、调结构、促发展工作部署，研究制定与本区域产业及中小企业发展规划相衔接的综合性和专业化服务平台建设规划，有重点地分期分批组织实施，早日建成一批区域性中小企业公共服务平台、专业化服务平台和创业基地。

（三）加强引导，重点扶持。按照“政策扶持平台，平台服务企业”的原则，积极争取国家专项资金对中小企业公共服务平台、专业化服务平台和创业基地建设的支持。市中小企业发展专项资金要加大对市、区（市）公共服务平台的支持力度，对区（市）公共服务平台建设给予适当补助。各区（市）也要多渠道筹集资金，设立公共服务平台建设专项资金，支持服务平台完善基础设施，增强服务能力，提高服务效能。

（四）健全机制，规范管理。建立市、区（市）、街道（镇、园区）三级公共服务平台和各专业化服务平台的联动机制，形成运转高效、服务规范、管理科学的中小企业公共服务体系；建立公共服务体系建设评价指标和工作督查考核机制，每年对各区（市）中小企业公共服务体系建设情况进行评价，将创业基地面积和服务平台建设列入评价体系；制定中小企业公共服务平台认定办法，鼓励建设和发展服务效果好、社会贡献大、企业满意度高的公共服务平台。加强对各级各类公共服务平台的规范管理，宣传服务企业的先进典型，引导公共服务平台诚信守法经营、健康持续发展。

市经济信息化委要会同有关部门，根据本通知精神制定公共服务平台建设的评价和认定办法，并组织实施。

青岛市人民政府办公厅
二〇一〇年十月二十九日

第七篇

调研与实践

关于制定《北京市中小企业促进条例》的立项论证报告

2010年，在市十三届人大三次会议上，114位代表和顺义区代表团提出了7件关于制定《北京市中小企业促进条例》（以下简称《条例》）的法规案，大会主席团决定交市政府研究，由市人大常委会进行立项论证。2010年6月至11月，结合市人大对我市落实《中华人民共和国中小企业法》情况的执法检查，围绕制定《条例》的必要性、可行性，立法需要解决的主要问题及主要制度设计等方面内容进行了深入调研，组织召开多次座谈会，广泛听取各方面意见。11月12日召开立项论证座谈会，听取了部分委员代表、中小企业专家、法律专家、区县中小企业工作主管部门以及工商联、私营个体经济协会、中小企业协会、中小企业服务中心等相关单位的意见、建议。在充分调查研究反复论证的基础上，形成了立项论证报告。

一、立法背景

2003年1月1日，《中华人民共和国中小企业促进法》（以下简称《中小企业促进法》）正式实施。为了深入贯彻《中小企业促进法》，我市陆续出台了一系列相关政策措施。根据第二次经济普查数据，全市共有中小企业25.2万户，占全市企业总量的99.7%；创造利润3722亿元、上缴税收1366亿元，分别占全市企业总量的68%、62%；吸纳就业人员509.8万人，占全市企业职工总数的72.6%。我市中小企业快速发展，已经成为首都经济的重要组成部分，在确保首都经济稳定发展、扩大社会就业、优化经济结构、推动技术创新、保障改善民生等方面具有不可替代的地位和作用。

北京作为首都，作为特大型都市，其城市性质功能定位以及独特的资源禀赋，决定了我市中小企业发展的特点，面临发展成本高，产业用地难，产业布局、市场准入等多方面的问题。随着经济全球化趋势日益加快，尤其是2008年国际金融危机的冲击，我市中小企业面临着更为激烈的竞争和更为艰苦的生存环境，利润空间进一步压缩。这些都客观上影响了我市中小企业的发展，不利于增强我市经济发展的后劲和活力。

二、立法的必要性

（一）转变经济发展方式，保障和改善民生，推进“人文北京、科技北京、绿色北京”建设的需要

党的十七届五中全会提出了加快转变经济发展方式，保障和改善民生的基本要求。中小企业是科技创新的重要群体，也是科技成果转化的重要载体。促进中小企业发展对于转变经济发展方式，进一步优化首都经济结构，具有重要作用。同时，对于扩大就业，贯彻国家各项民生政策，维护首都社会稳定，也具有十分重要的意义。因此，有必要通过制定地方性法规，立足首都的城市性质和功能定位，重点扶持文化创意、科技创新、节能环保等领域中小企业发展，着力推进中小企业结构调整，优化首都发展环境，扩大社会就业，推进“人文北京、科技北京、绿色北京”建设。

（二）贯彻落实《中小企业促进法》和国家相关政策的需要

《中小企业促进法》已经实施7年，近年来随着经济社会的发展，有些情况已经发生了变化；同时，作为适用于全国范围的法律，有些规定相对原则。例如，第十条规定：“中央财政预算应当设立中小企业科目，安排扶持中小企业发展专项资金。”第十二条规定：“国家设立中小企业发展基金。”这些规定主要针对国家层面的相关部门提出，对地方没有明确要求，为地方立法留下了空间。《中小企业促进法》第四十四条规定：“省、自治区、直辖市可以根据本地区中小企业的情况，制定有关的实施办法。”2009年9月，国务院《关于进一步促进中小企业发展的若干意见》也要求，完善中小企业政策法律体系，营造有利于中小企业发展的良好环境。因此，为了贯彻《中小企业促进法》以及国务院有关文件要求，有必要结合我市中小企业发展的实际，对《中小企业促进法》进行细化，突出首都特色，补充相关条款，及时制定出台本市促进中小企业的地方性法规。

（三）解决我市中小企业发展面临突出问题的需要

当前，我市中小企业发展还存在一些突出问题。一是政府公共服务缺乏统筹协调，领导体制不健全，职责分工不明确，财政支持资金种类多、资金分散、使用效率不高，尚未形成推动中小企业发展合力；二是我市中小企业社会化服务体系的建立还处于初步探索阶段，市与区县中小企业服务中心亟待健全规范，各种社会服务机构缺乏统一的协调、指导和监管，现有服务平台之间缺乏有机的链接机制，不能满足中小企业快速成长的需要；三是受2008年国际金融危机冲击及其后续影响，我市中小企业融资难问题进一步凸显，由于相应政策支持不够，一些科技创新能力强、成长性良好的企业难以获得贷款，成为制约中小企业，特别是小企业发展的瓶颈；四是中小企业的合法权益保护力度不够，部分行业在政府采购、招投标等活动中给予中小企业不平等待遇的现象时有发生，企业负担重、市场竞争不公平等问题依然存在；五是受规模、资金、人才、扶持政策等因素影响，我市中小企业创新能力尚未得到充分发挥，在国际、国内市场上竞争力不够强。这些问题需要通过制定《条例》，建立相关制度，改善发展环境，进一步促进中小企业发展。

三、立法的可行性

（一）在促进中小企业发展方面，有一些行之有效的政策措施

先后出台了《北京市“十一五”时期中小企业发展促进规划》、《支持中小企业发展专项资金管理暂行办法》等多项政策措施。在全国率先设立中小企业创业投资引导基金，成立了全国第一家省级中小企业信用再担保公司，设立二十余家小额贷款公司，设立了中小企业发展专项资金，支持区县建立中小企业服务中心，成立中小企业协会，推出集合债券、集合票据、集合信托等创新金融产品，支持创业板上市，缓解中小企业融资难问题。这些政策措施整合后可以形成法律制度，上升到地方性法规当中。

（二）对制定促进中小企业发展的地方性法规，各方面认识比较一致

2010 年，郭金龙市长在市政府工作报告中明确提出“落实国家相关政策措施，推动制定中小企业发展促进条例”的工作任务，并列入市政府折子工程。除了市人大代表高度关注我市中小企业立法工作，提出了 7 件法规案之外，在市政协十一届三次会议上，部分政协委员也提出提案，呼吁我市加快制定促进中小企业发展的地方性法规。这些为我市中小企业立法奠定了良好的社会基础。

（三）立法调研工作有一定基础

2009 年以来，市经济信息化委等政府相关部门认真学习 22 个省市中小企业的地方立法经验，借鉴国外立法的先进做法，数易其稿，起草形成了《北京市中小企业促进条例》草案稿（10 章 62 条），为地方立法打下了一定的工作基础。

四、立法的基本思路和主要内容

（一）基本思路和原则

以科学发展观为指导，立足于首都城市性质和功能定位，借鉴国内外立法经验，突出北京特色，为中小企业发展创造良好的法制环境，推动首都经济和社会全面协调可持续发展。立法工作遵循以下原则：细化《中小企业促进法》的规定，增强法规操作性；结合北京实际，提升现有政策，突出立法的针对性；兼顾当前和长远，注重制度创新，提高立法的前瞻性。

（二）主要内容

1．建立促进中小企业发展协调机制

目前，北京市经济信息化委是中小企业发展的主管部门，工商、商务、科技等其他 20 余个部门均有推动中小企业发展的职责，但具体职责分工不明确，尚未形成推动中小企业发展合力。拟在《条例》中明确：一是建立本市促进中小企业发展协调机制，统一领导协调全市中小企业工作，定期召开会议，研究解决中小企业发展的重大问题，协调各部门涉及中小企业的政策措施；二是中小企业主管部门负责全市中小企业的综合协调、指导和服务工作；三是建立对中小企业的分类统计、监测和发布制度，开展对中小企业的统计分析工作。

2．根据本市实际，分类推进中小企业发展

按照建设中国特色世界城市的长远目标，明确中小企业发展的方向和目标任务，突出重点，优化结构，将中小企业作为转变经济发展方式的重要载体。拟在《条例》中明确：一是建立分类指导机制，定期发布产业指导目录，按照分类指导、突出重点、统筹兼顾的原则，有针对性地支持和引导本市中小企业的发展；二是鼓励高新技术中小企业发展，支持加大研发投入和建立研发机构，整合利用现有科技资源，采取开放实验室等多种形式，实现资源共享。加大创新产品的知识产权保护力度；三是支持老字号、文化创意等具有北京特色、有良好市场前景和发展潜力的中小企业发展；四是加强对小企业和初创型企业的支持，制定专项扶持政策；五是对于不符合本市产业发展方向的落后产能中小企业，要有计划退出和转移。

3．加强对中小企业的财政支持

按照“统用不统钱，统法不统权”的原则，细化财政支持相关政策，进一步统筹财政资金，提高资金使用效益。一是设立市和区县两级中小企业发展专项资金；二是明确专项资金使用范围，重点用于建设中小企业公共服务体系、服务平台以及支持中小企业技术创新、结构调整、节能减排、开拓市场、扩大就业等；三是设立市中小企业发展基金，重点用于中小企业信用担保体系建设，用于对中个企业的创业扶持和融资支持等；四是建立中小企业财政资金使用绩效评价机制。

4．加强中小企业社会化服务

按照“政府为主导，市和区县中小企业服务中心、行业协会和企业联盟为支撑，社会力量广泛参与”的思路，推进多层次、多渠道的社会化服务体系建设。一是进一步明确市和区县中小企业服务中心的职责和功能定位，突出公益性质，提高其服务能力和水平；二是支持中小企业行业协会、商会等社会服务机构的发展，鼓励中介机构、高等院校、科研院所为中小企业提供专业化服务；三是政府及有关部门可以采取购买服务的方式委托行业协会、商会、社会服务机构等社会组织为中小企业提供公共服务。

5．细化金融服务，拓宽中小企业融资渠道

针对目前信用体系不健全，适合中小企业的区域性及小规模金融机构偏少，集体土地证、知识产权等质押受到限制、金融机构内部风险管控制度制约等因素影响，中小企业融资难的问题，拟在《条例》中明确：一是健全中小企业信用体系，加强政府部门和社会服务机构信用信息共享，建立中小企业信用信息记录、征集、评价、披露机制，培育信用服务机构发展，支持信用融资；二是支持民间资本进入金融服务领域，参与发起设立村镇银行、社区银行、小额贷款公司等金融机构；三是鼓励金融机构开发中小企业金融信贷产品，增加信贷投入比例，创新金融服务，完善授信制度。鼓励金融机构和信用担保机构以及其他金融机构为中小企业提供信用贷款、无形资产产权质押贷款等各类金融服务；四是鼓励中小企业担保、再担保机构的发展，不断扩大资金规模；鼓励中小企业以及行业协会和商会等社会组织，发起成立互助性担保组织，为成员企业提供融资担保。

6. 建立中小企业产业用地机制

一是加强土地利用规划和中小企业发展规划的衔接；二是将中小企业用地纳入全市土地利用年度计划和土地供应计划；三是结合本市实际，鼓励各类投资主体利用现有存量土地、闲置楼宇和旧工业厂房等改造建立小企业创业基地。

7. 明确中小企业人才支持措施

为了使中小企业有针对性地吸引和留住人才，拟在《条例》中明确：一是市和区县人民政府根据中小企业需求，制定和调整相关人才政策；二是政府有关部门应当根据本市产业发展要求，制定本市中小企业紧缺人才和高级管理人员培训计划并组织实施；三是中小企业引进的高层次专业人才，按照国家和本市有关规定享受相应优惠政策；四是支持中小企业与高等院校、科研院所、职业学校、各类培训中介机构建立定向、订单式人才培养计划。

8. 加强中小企业权益保护

针对部分行业中小企业在政府采购、招投标等活动中遇到的不公平待遇问题，以及企业注册前置审批项目过多，资格认定环节复杂等问题，立法拟从以下方面加强对中小企业合法权益的保护：一是市和区县人民政府及其有关部门出台有关政策措施涉及企业利益时，应当召开听证会或者以其他形式，听取有关中小企业以及行业协会、商会等社会组织的意见。二是在政府采购、招投标等活动中给予中小企业公平待遇；依法保护中小企业参与市场公平竞争的权利，不得附加任何不平等的交易条件。三是深化行政审批制度改革，加强部门协调，简化程序、缩短时限、提高效率，为中小企业提供便捷服务。四是明确政府相关部门职责，对不作为或者滥用职权侵害中小企业权益的行为追究相应责任。

五、重点说明的问题

（一）关于该项地方性法规的名称

在全国其他省市已经颁布的中小企业地方性法规中，名称主要有两种，一种是实施办法，如天津等9个省市；另一种是条例，如江苏等13个省市。由于《中小企业促进法》立法较早，随着经济社会的发展，中小企业的发展环境和条件发生变化，本市立法拟规范的内容已超出上位法规定，因此，我们认为名称为《北京市中小企业促进条例》较为合适。

（二）《条例》与《北京市促进私营个体经济发展条例》的关系

《北京市促进私营个体经济发展条例》（以下简称《私个条例》）是我市2001年针对当时个体工商户、私营企业与其他企业地位不平等、合法权益得不到保护等问题所进行的立法，与《条例》的不同点主要体现在以下方面：

1. 立法依据不同

《私个条例》没有直接的上位法，主要以《宪法修正案》及相关政策法规为依据。《条例》以《中小企业促进法》和国务院36号文为依据。

2. 调整对象不同

《私个条例》调整对象为私营企业和个体工商户；《条例》所调整的企业类型除私营企业外，尚有国有独资、国有控股、国有参股企业，外商独资企业、外资企业等多种所有制形式的企业类型。《条例》与《私个条例》在调整对象上的交叉点是中小型私营企业，此类企业约为16.08万户，虽然在数量上占我市中小企业总数的63.8%，但是其资产总量仅占全市中小企业的4.4%，税收占15.5%，从业人员占32.6%。

3. 规范内容不同

《私个条例》立足于创造一个公平的社会环境，保障私营个体经济市场主体的平等地位，着重强调市场准入、权益保护。《条例》更侧重于扶持创业发展、推进技术创新、营造成长环境、加强社会服务，重在促进中小企业发展。

六、立法的预期效果

《条例》的制定实施，将建立健全我市促进中小企业发展的体制机制和制度措施，缓解制约中小企业发展的突出问题，进一步优化中小企业发展环境，促进中小企业健康发展，更好地发挥中小企业在科技创新、扩大就业、繁荣首都经济、社会和文化方面的重要作用。

（北京市经济和信息化委员会　中小企业处）

加快天津市民营经济发展的对策研究

民营经济是社会主义市场经济的重要组成部分，民营经济的发展对于改善民生、促进社会稳定具有重要作用。为进一步促进我市民营经济在“十二五”时期加快发展，市工商联、市中小企业局、天津商业大学组成联合课题组，结合本市实际进行了专题调研。

一、发展现状

近年来，在市委、市政府的领导和支持下，我市民营经济稳步发展，经济总量显著提高，在促进经济发展、提高人民生活水平、服务社会等方面发挥了重要的作用。

1.经济总量稳步提升

截至2010年底，全市民营企业有15.59万户，同比增长10.26%；注册资本（金）6691.45亿元，同比增长52.87%。民营经济总量占全市GDP的40%，企业户数和注册资本（金）分别占我市内资企业总数的82%和40%。2010年全市新增私营企业集团39户，私营企业集团总数达262户，注册资本亿元以上的民营企业达770余户。

2.行业结构日趋合理

经过多年发展，民营企业已经进入产业链高端和高技术含量产业，投资遍及新能源、生物医药、文化创意、船舶物流、金融投资以及先进制造业等领域。以民营企业为主体的内资企业在三次产业结构中的比例更为合理。2010年底全市内资企业户数在三次产业中的比例为0.71%、29.82%、69.47%，与上年相比，第一、第二产业比重有所减少，第三产业比重有所增加。

3.科技水平有所提高

民营企业规模不断扩大，自主创新能力明显增强。在我市认定并公示的高新技术企业中，民营企业占到一半以上。全市科技型中小企业中，有97%是民营企业。截至2011年3月底，通过认定的科技型中小企业累计达到1.3万家，销售收入超过4000亿元，利税总额近350亿元，新增就业3万人。民营企业申请专利数占全市企业申请数的63.7%，已成为企业申请专利的主力军。2010年全市有24家科技型中小企业获得专利权质押贷款1.76亿元，与上年相比企业数增加了2.6倍，贷款总额增加了3倍。

4.融资渠道更加多元

目前，全市民营企业的融资途径主要有金融机构贷款和向亲戚朋友借款，即外源性融资。金融机构贷款包括企业从银行、信用社、担保公司和小额贷款公司借入款项。调查显示，民营企业总借款中的56.5%是向金融机构贷款获得的。其中，向银行借款占的比重最大，为62%，已经成为企业资金的主要来源。向信用社借款占25.1%，通过担保公司贷款占12.6%。向亲朋好友借款占被调查企业的13%。不同的民营企业对向金融机构借款的难易程度看法不同，有17.3%的企业认为非常难，39%的企业认为比较难，认为一般的企业占34.3%，认为比较容易的占8.7%，认为非常容易的仅占0.7%。

5.社会贡献与日俱增

整体实力的增强使民营经济的社会贡献与日俱增。2010年，全市民营企业纳税额约占全市税收的50%。其中地税达310.10亿元，同比增长29.58%。在全市城镇就业人员中，民营企业占75%。全市民营企业踊跃投身光彩事业，在抗震救灾、援台援藏、建设老区、扶贫开发等活动中，捐款捐物达4亿多元。

二、存在的问题

近年来，虽然我市民营经济得到了稳步发展，但仍存在一些问题和不足，主要表现在以下几个方面：

1.总体实力不强，产业集中度不高

近年来，我市民营经济虽然发展迅速，但与民营经济发达省份相比差距仍较大，即使与同为直辖市的北京、上海相比也稍显落后。据粗略统计，目前北京、上海的民营企业数分别是天津的3倍和5倍。同时，我市民营企业在产业布局上也存在着集中度不高的现象，缺乏具有一定规模和实力的产业集群。目前，全市各区县正在打造环保产业、电器产业、生物医药产业、感光材料产业、航天航空产业等特色产业，但与北京的IT产业集群、青岛的家电产业集群、上海的集成电路产业集群相比，我市民营产业集群还有一定距离，尚未形成规模化的高新技术产业集群。

2.科技创新能力仍需进一步增强

现阶段，我市民营企业精深加工较少，产业链条相对较短，名优特新和高科技、高附加值产品相对不足；电子信息、生物医药等新兴产业、技术密集型产业成长缓慢。同时，民营企业技术装备水平及生产工艺落后，创新能力较弱。科技型民营企业的自主创新能力还略显不足，导致竞争能力较弱。与发达国家研发费用一般占销售总额3%、高科技产品占销售总额8%的投入强度相比还有一定差距，企业的研发能力弱，产业升级后劲不足，企业具有自主知识产权的高新技术产品不多。

3.融资难尚待有效解决

民营企业融资难已成为发展的瓶颈。一是信贷服务不能满足民营企业发展要求。在当前宏观经济形势下，企业普遍资金短缺，信贷需求大，现有信贷力度不能满足企业需求。据人民银行天津市分行统计，去年上半年，累计发放中资中型企业贷款388亿元，占总贷款额的28%；发放小型企业的贷款316亿元，占22%，比上年同期虽有一定幅度的提高，但比重依然偏小。二是贷款抵押形式比较单一。在企业整体实力、品牌影响力有限的情况下，主要还是采取实物抵押方式。目前，我市还缺乏对非实物抵押，包括专利、知识产权等进行价值确认的标准依据和相应机构。三是我市担保公司实力普遍较弱。目前全市百余家贷款担保公司中，仅十余家实力较强，运营情况较好。其中注册资本过亿元的只有两三家，担保公司担保能力普遍有限。这就使得大部分担保公司难以给企业提供有力的贷款担保。四是小额贷款融资机构发展不够。目前能够对民间资金进行整合的小额贷款机构建设虽初见成效，但与企业实际需求相比还有差距，发展还不够充分。

4.资源整合力度不够

调研显示，60%被调查的民营企业存活时间在5年以上，但是这些企业做大做强的速度却不尽如人意。能够实施企业资源规划、供应链管理和战略联盟的企业所占比重不高。企业技术研发与创新的主要形式也是以自主研发居多，很少去整合外部科研院所、高等院校的研发实力为本企业发展服务。民营企业在行业准入方面仍然存在一些“玻璃门”现象，即虽然并未明文规定禁止民营企业进入，却通过种种不合理的政策或非政策手段，将民营经济拒之门外。

5.社会化服务体系尚需进一步完善

在调研中，有近90%的企业认为，为民营企业提供技术推广、成果转化、人才培养、智力引进、市场开拓等方面支持的相关机构不够健全，部分服务职能缺位，难以适应民营企业快速发展的需要。在信用体系建设方面，目前我市在促进信用信息公开和保护方面的政策法规还不够完善，政府部门以及金融机构、中介机构掌握的信用信息还不能够及时、全面，更不会无差别地进行公开。此外，科技中介服务和技术平台建设还不能适应企业快速发展的需要。高层次的专业型企业孵化器、生产力促进中心、工程技术中心等服务平台需要加快建设步伐。部分现有的服务机构和平台也亟待进一步发挥出职能作用。这种状况与建设具有一定规模的专业化和特色化的科技中介服务和技术平台的目标还有较大差距。

三、对策建议

1.确定发展目标，纳入绩效考核

深化对发展民营经济重大意义的认识，把促进民营经济发展摆在更加重要的位置。将民营经济的发展纳入全市经济社会发展规划，明确发展目标，分解工作任务，制定考核办法，建立奖惩机制，加大落实力度；建立专门领导小组，加强对民营企业发展的组织领导和推动实施，注重政策的整合力度；建立健全民营企业经济运行监测体系，制定完善的统计监测制度，为全面掌握经济运行情况和准确反映运行态势提供决策依据。在贯彻落实各项政策和对相关行政管理部门的绩效考核中，应将推动民营企业发展的业绩加入进来，制定科学的量化考核指标，提高相关职能部门服务民营企业发展的积极性。

2.探索特殊规律，转变发展方式

促进民营企业发展、增强民营经济活力，必须抓住新产业出现的契机，在产业升级和转型中形成龙头企业，形成集聚效应，用产业链带动一大批新企业的成长。因此，要转变民营经济发展方式、优化民营经济结构，就必须加快科技型民营企业的发展，培育和发展战略性新兴产业。同时，应集中全市多方面力量，努力培育更多的科技型民营企业迅速成长，大力扶持一批科技水平高、发展潜力大、市场前景好的科技型民营企业脱颖而出，成长为顶天立地的科技“小巨人”企业。面对愈加激烈的市场竞争，大力推进技术改造和创新、增强自主创新能力是民营企业发展当务之急。政府应通过技改贴息、自主创新激励等政策，推进民营企业进行大规模的技术改造，引导和支持民营企业用高新技术、先进适用技术改造和提升传统产业。

3.突破体制约束，创新融资渠道

政府应对民营企业融资担保公司进行扶持，通过设立全资担保公司或入股其他担保公司使其直接成为民营企业的担保人，并建立起一系列与信用担保相配套的制度。如风险补偿机制、担保和再担保基金制度、民营企业信用评价制度等。在充分认证的前提下，尝试转变银行传统经营体制，通过有限度地提高授信额度，重点支持小额信贷公司为民营企业服务，充分激发民间投资热情。尝试建立地方特色的新型直接融资市场，在运行机制上力求更加灵活、高效，增加民营企业直接融资渠道。

4. 不断集思广益，增强服务体系建设

一是完善的科技中介与咨询服务。根据全市民营企业技术创新需求，构建完善的社会科技服务中介体系。应采取“先登记，后完善；先发展，后规范”等具体鼓励措施，鼓励科技咨询企业兼并重组，并给予减免税收的优惠政策。要加大对科技咨询业的宣传力度，提高全社会对科技咨询业的认识，并对从业人员进行培训，提高其自身素质。重点建立天津市科技情报服务中心。吸引境外著名中介机构来我市设立分支机构，为民营企业提供技术上的专业服务。二是高效的行业、协会等自律性服务。大力发展高效的行业协会和商会等非政府组织，加强行业自律，发挥各类商会、行会、协会等民间组织的积极性，让它们在信息交流、生产协作、人才培训等方面为民营经济的发展提供社会支撑，以推进现代市场体系的建设。各级工商联组织在促进民营经济发展中具有不可替代的作用，要积极改善工商联的工作条件，使其更好地发挥桥梁、纽带和助手作用。民营企业要发展，要争取行业地位，要防控风险，行业协会的作用不可忽视。因此，应努力扩大现有行业协会的覆盖面，做好规划，尽快成立一批新的行业协会。目前许多发展很成熟的领域还没有行业组织，应加大推动力度，尽快把具备条件的行业协会建立起来。三是先进的创业、发展指导服务。建立更多的不同类型、不同规模、不同服务方向及职能的民营企业创业服务中心。在业务上，不仅要培育、创设新的企业，也要具备为企业提供形象设计和股份制改造策划等服务功能，指导企业学会运用现代信息，研究相关政策文件。服务中心应提供具体的企业辅导、培训、政策宣讲和咨询等服务，将各项政策信息和服务内容通过网络交流平台及时通报给相关企业，协助企业申请相关计划资助，并向银行、风险投资机构和其他融资渠道推荐企业，以推进民营企业的后续发展。

5.加大政策执行力度，提高政府服务意识

相关部门要提高对民营企业服务的意识，改变具体工作中存在的重管治和处罚，轻服务和扶持的现象。建议在全市范围的行政机构中推行“限时办理制，追究行政责任，并自动同意民营企业的有关申请事项”。由市政府统一设立投诉电话，接受民营企业随时投诉，如经核实投诉属实，则实行针对性问责制，进而从根本上提高对民营企业的服务意识。民营企业的发展牵扯到方方面面，需要各部门的协调配合，政府还需以强化部门配合为重点，进一步优化服务环境。各级政府部门应树立管理就是服务的观念，本着“先活后管、先予后取”的原则，全面提高服务质量、服务水平和服务效率。

（市工商联、市中小企业局、天津商业大学联合课题组）

推进中小企业产业转型是实现山西转型发展的战略选择

中小企业发展问题是一个世界性的大课题，也是一个国家或地区经济社会持续健康发展必须解决好的一个全局性问题。对山西这样一个产业结构以能源原材料工业为主、经济社会发展水平比较落后的中部省份来说，在煤炭资源整合、煤矿兼并重组取得重大阶段性成果之后，加快中小企业产业转型，就成为全省继续应对后金融危机时代各种挑战、加快经济发展方式转变、保持经济社会平稳较快发展的重中之重。

一、中小企业的健康快速发展是山西转变经济发展方式的内在要求

从国际上看，无论是在美国、日本、欧洲等发达经济体的长期发展历程中，还是在韩国、新加坡、台湾地区等新兴经济体的快速崛起中，中小企业都扮演了极其重要的角色。即使是在当今大生产、大经营、大公司的时代背景下，中小企业仍然是这些国家和地区经济发展的重要力量。从国内来看，无论是在改革开放大潮中率先发展起来的东南沿海地区，还是在西部大开发和中部崛起大战略中快速成长起来的河南、内蒙古等省区，中小企业都是经济发展的重要增长极。

改革开放以来，特别是进入21世纪以来，山西省中小企业不断发展壮大。截至2009年底，全省工商登记企业21万户（不含77万个体工商户），其中中小企业户数占到99%。中小企业创造的最终产品和服务价值相当于全省地区生产总值的30%左右，缴税额为全省税收总额的55%左右，提供了57%以上的城镇就业岗位，吸纳了绝大多数的农村转移劳动力。这充分说明，中小企业已成为全省经济社会发展的重要力量，在繁荣经济、增加就业、推动创新、改善民生等方面，发挥着越来越重要的作用。

国际金融危机爆发后，我省中小企业也受到严重冲击，亏损、停产和半停产企业增多，经济效益大幅下降。但是随着中央和省里宏观经济政策调整和应对金融危机一揽子计划的实施，我省中小企业生产经营总体上呈现出企稳回升态势。2009年，全省中小企业完成总产值7533亿元，实现利润635.2亿元，上缴税金446.5亿元，同比分别下降1.2%、5.1%和14.4%，降幅均小于同期全省规模以上工业企业的平均水平。中小企业的回升向好，为保持我省经济平稳较快发展做出了重要贡献。可以说，没有中小企业的复苏，就不会有全省经济的企稳回升。

从国内外的发展经验和我省的实际情况，我们不难看出，在今后相当长的发展时期，中小企业作为我省经济发展的主要依靠力量之一、赶超经济发达地区的重要增长点、统筹城乡就业的主渠道，在深入推动全省经济社会“转型发展、安全发展、和谐发展”，加快经济发展方式转变的新的进程中，将是极其重要的一个环节。没有中小企业的产业转型，保增长、保就业、保稳定就很难实现，全省经济发展方式的转变和“三个发展”的战略目标也将很难真正落到实处。

二、产业转型是破解山西中小企业发展困境的根本出路

尽管近年来我省中小企业取得了长足发展，为全省经济社会发展做出了突出贡献，但是我们应当看到，我省中小企业从整体上看，无论是经营管理水平，还是发展的规模与质量，在全国都处于相对落后的位置。实事求是地讲，我省中小企业的发展形势一点也不容乐观。

总体上讲，当前我省中小企业发展面临着“双重困境”。一方面，面临着全国中小企业发展中存在的一系列共性问题，比如原材料价格不断上升、人民币持续升值以及劳动合同法实施带来的劳动力成本上升等宏观困境，融资难、担保难、部分扶持政策落实难和企业负担重等政策困局，经营管理模式落后、技术创新能力薄弱等生存难题。另一方面，还面临诸多带有“山西特色”的困难和问题，突出表现在以下三个方面：

一是产业结构刚性畸重。在全省中小企业中，以煤、焦、铁等能源原材料工业为主的传统企业占有相当大的比重。这些企业基本上是通过填补大企业留下的市场空隙来生存，规模不经济，经营管理粗放，缺乏起码的竞争力和抗风险能力，极易受到市场波动的冲击。在经济过热、能源原材料需求趋紧时，尚能生存一时。一旦市场形势发生大的变化，它们的生产经营就会受到严重冲击，多数企业甚至能以为继。所以，伴随着我国经济每一轮比较大的周期性调整，在我省煤、焦、铁等传统产业领域，都会有成批的中小企业关停破产，不仅造成极大的资源浪费，也给经济发展和社会稳定带来了巨大的影响。从一定意义上讲，这也是造成在每一轮经济周期性调整中，我省经济的振幅总大于其他地区的重要原因之一。

二是区域结构严重趋同。由于受资源禀赋及产业结构的双重制约，多年来，我省绝大多数市、县经济的发展，基本上走的是一条以能源原材料为主、高度依赖能源资源的路子，区域产业结构严重趋同。不同地区同时建设了一大批相同行业、同等规模，甚至连生产设备都大致相同的中小企业，生存在大企业留下的市场缝隙中，导致低端产品严重同质化，低端市场长期恶性竞争，严重扰乱了正常的市场秩序，不仅加剧了中小企业的生存危机，影响行业内大企业的健康发展，损害行业整体利益，而且给全省经济社会造成巨大损失，也给我省整体形象带来一定的负面影响。

三是制度创新远远滞后。虽然经过几轮国有企

业改革，目前我省中小企业中，国有企业的比重已经很低，集体企业、私营企业和“三资”企业已经成为中小企业的主体。但是，我省大多数集体企业的产权改革严重滞后，一定程度上阻碍了生产要素的自由流动和资源的合理配置，限制了企业规模的壮大和竞争力的提高。而私营企业大多还实行家族式管理，即企业以家庭或家族为经营单位，企业主要职务由家族成员担任，经营决策集中于企业主。这种管理模式已经远远不能适应企业规模扩大后的经营管理的需要，限制了规模较大企业的生存和发展。制度和体制上的落后已经成为我省中小企业整体发展水平落后的一个重要表现。

如果我们把中小企业面临的全国性的生存困境，看成是成长中的烦恼的话，那么带有“山西特色”的突出问题则是中小企业发展过程中的致命缺陷。因此，我们既要按照国家的统一部署，从外部入手，为中小企业创造良好的生长环境；更要注重从内部入手，加快推动中小企业产业转型，帮助企业解决先天性缺陷，强身健体，培育核心竞争优势，增强发展的后劲和可持续性。

三、必须把中小企业产业转型作为山西转变经济发展方式的重要突破口来抓紧抓好

中央经济工作会议和十一届全国人大三次会议，发出了一个强烈的信号，就是在经济企稳向好之后，今年乃至今后一段较长的发展时期，全国经济工作的重点将是“在促进发展方式转变上下功夫”。这就意味着我国经济工作的政策思路已经开始由“保增长”向“促转变”进行调整。今年，国家将进一步加大十个行业调整和振兴钢要的实施力度，加快钢铁、水泥、煤化工等产能过剩行业落后生产能力的关停淘汰步伐。我省中小企业多数处于产能过剩行业，其中属于关停淘汰落实产能范围的也不在少数。如果不主动进行产业转型，将无法生存，那里还谈得上发展。因此，山西中小企业要生存发展，除了产业转型，别无他途。

这次国际金融危机虽然表面上看是由美国次贷危机引起的，但实际上是西方国家经济运行中诸多不平衡、不协调、不可持续因素长期累积下的一次总爆发。发达国家过度消费的发展模式难以为继，“以资源换增长”的粗放发展模式同样无法持续。当前，山西正处于“负重赶超”的关键阶段，只有转变经济发展方式这一条路，才是山西制胜未来的根本出路。山西的大企业、大集团基本上都集中在能源原材料等传统产业领域。促进产业内部结构的优化升级和产业集中度、集约度的提高，是这些大企业、大集团转型发展的核心任务。而要从根本上推进我省的产业结构乃至经济结构的调整，则必须大力发展新兴产业。这就需要首先从“船小好调头”的中小企业入手。因此，中小企业产业转型无疑将是山西转变经济发展方式的重要突破口。

推进中小企业转型发展，必须从全省经济社会发展的全局出发，坚持观念创新、政策创新、制度创新，在“加快”上下功夫，在“转型”上动真格，在“发展”上见实效。

观念创新是中小企业产业转型的必要前提。有什么样的发展观念，就有什么样的发展道路和经济增长方式。资源型地区要实现战略转型，首先要解决思想观念问题。转变发展观念，从政府层面讲，既要摒弃片面追求 GDP 增长而不考虑资源投入和环境成本、只重视物质财富积累而忽视人的全面发展、只考虑当代人需要而不顾及后代人利益的发展观念；又要转变多年来对中小企业的管理理念，从改革管理体制入手，以完善政策法规体系、落实支持政策、加大帮扶力度、创优市场环境为重点，为中小企业转型发展进一步营造良好环境。从企业层面讲，经营者既要彻底摆脱资源依赖思想的束缚，又要摒弃“小富即安，满足现状”、“单打独斗，坐山大王”、“只顾眼前，不图长远”等落后经营思想，顺应改革发展的大趋势，通过科学转型谋求更大发展。

政策创新是中小企业产业转型的有力保障。对于量多面广、竞争实力不强的中小企业来说，良好的发展环境特别是政策环境是推进转型发展的重要保障。近年来，国家先后出台了《中小企业促进法》、《关于进一步促进中小企业发展的若干意见》等法律法规和重要政策，我省也相应出台了 系列配套措施。全省中小企业生产经营也出现了不少积极变化。但是从整体看，政策效果并没有预期的那么明显，全省中小企业发展形势依然严峻。这就要求我们在谋划加快中小企业转型发展时，对政策取向进行必要的调整。比如：在产业政策引导方面，限制进入领域的篱笆要扎严、扎密，鼓励发展的领域要尽可能降低准入门槛；税费政策要坚持“少取多予”的基本原则，制定长期稳定的减、免、缓等优惠政策；财政政策要改变单纯支持单个企业、单个项目、撒胡椒面等做法，立足于发挥好公共财政的作用，集中财力打造好中小企业产业转型的公共服务平台。

谈到支持政策，人们都会想到如何解决中小企业融资难的问题。融资难一直是困扰中小企业发展一道难题，在国际金融危机阴影下，更是大多数中小企业绕不过去的“槛”。在 2009 年国务院出台的《进一步促进中小企业发展的若干意见》的二十九条措施中，“切实缓解中小企业融资困难”部分就从金融政策、金融服务、融资渠道、担保体系、信息服务五个方面制定了内容详实、操作性很强的政策措施。但是，实施起来效果仍然不太理想。不容否认，融资难在一定程度上加剧了中小企业生存困境。但是，我们必须清醒地认识到，虽然从表面现象上看，造成目前中小企业融资困局的主要原因在于银行贷款门槛太高、担保体系不完善等金融层面，但是从根本上讲，问题还是出在中小企业本身。目前，国家的货币政策与产业政策紧密相关。我省大多数中小企业从事的都是国家产业政策不支持、不鼓励的领域，自然难以得到货币政策的支持。因此，完善中小企业金融服务体系，是眼下各级政府在解决中

小企业融资难问题中必须抓紧做好的一项十分迫切的重要任务。但是从长远来看，推进中小企业的产业转型、产品升级才是治本之策。试想，我省中小企业实现了产业转型和产品升级，生产工艺和技术装备实现了跨越，企业有了较好的经济效益，中小企业信贷业务就能带来很高的收益，纵使业务开展过程中存在风险，商业银行也会蜂拥而上。当然中小企业融资难，还与我国中小企业融资渠道极度缺乏和不成熟有关。譬如金融租赁、财务公司、票据公司、私募股权投资公司、风险投资公司等非银行金融机构仍处于起步或探索阶段，直接融资渠道更是由于门槛过高，使大多数中小企业望而却步。在90%以上的融资需求基本靠银行满足的情况下，信贷就成了企业融资的主要正规渠道。无法从银行顺利获得信贷，也就基本意味着企业融资无门。因此，解决中小企业融资难的问题，不能停留在短期救急、头痛医头的思维之中。各级党委、政府除了通过完善金融政策，提高金融服务，加大信贷支持，拓宽融资渠道，采取直接融资、创业投资、融资租赁、集合债券等多种方式，有效缓解企业资金困难问题外，更要把主要精力放在引导、鼓励、支持中小企业加快产业转型、产品升级上来。

制度创新是中小企业产业转型的重要环节。制度创新包括内部制度创新和外部制度创新两个层面。内部制度创新就是要积极推进中小企业进行产权制度改革。不论是国有企业、集体企业，还是私营企业，特别是前几年进行股份合作制改组的国有中小企业，都要抓紧进行规范的股份制改造，进一步理顺产权关系，建立起产权清晰、权责明确、运行规范、管理科学的现代企业制度。我们一定要清醒地认识到，坚实的制度基础是中小企业加强和改善企业管理、增强市场竞争力、拓宽融资渠道、走向资本市场进行直接融资的重要保证。外部制度创新就是各级政府要为中小企业发展营造良好的发展环境，包括完备的法律法规、完善的扶持政策、公平的市场环境和高效的服务体系等。

在“加快”上下功夫，就是各级党委、政府和广大企业都要以“等不起”的危机感、“慢不得”的紧迫感、“坐不住”的责任感，把全省中小企业转型发展扎扎实实抓紧、抓实、抓好、抓出成效。事实已经证明，国际金融危机是传统发展之“危”，也是科学发展之“机”。从这次国际金融危机给我省经济带来的冲击中，我们不仅要看到为数不少的中小企业遇到了前所未有的困难，更要看到这次经济大调整为全省中小企业的发展带来了千载难逢的历史机遇。能不能抓住这次历史性的发展机遇，加长发展“短板”，拓展发展新路，不仅将直接决定多数中小企业的生存发展，对今后一个时期我省经济发展方式的转变也将产生深远的影响。因此，不论是政府部门，还是广大中小企业，都要进一步强化产业转型的紧迫感和责任感，增强动力、激发活力，抓好重点、统筹推进，努力推动我省中小企业的蓬勃发展，为促进山西经济社会持续健康发展，为建设和谐新山西做出新的贡献。

在“转型”上动真格，就是要引导中小企业抓住国际金融危机带来的市场调整机会，从“战略撤退、主动转型、技术进步、低碳发展”四个方面做好产业转型这篇大文章。“战略撤退”就是要引导广大中小企业，除少数为能源原材料领域大企业、大集团进行必要的行业配套外，大多数都要果断地从煤、焦、铁等“老行当”中撤退出来。在新的产业发展方向的选择上，一定要从长计议，彻底摒弃资源依赖的思维定势，坚决不能再走多数中小企业走过的老路——项目建成之日就是落后产能形成之时；有的项目甚至还未建成就成了关停淘汰的对象；不停地建设、不停地改造，却始终比产业政策调整步伐慢半拍。“主动转型”就是引导中小企业变被动改造为主动转型。特别是煤焦领域的中小企业，在煤炭资源整合完成后，要利用先前的资本积累，高起点进入特色食品、新材料、环保、节能和文化旅游等新兴产业领域。中小企业新上项目，都要坚持技术领先、装备先进的原则，大规模引进高级人才、先进技术、一流装备，高起点进入，高标准建设，做优做精做专，实现跨越式发展。同时，要积极引导中小企业适应时代发展大势，加快进入生产性服务业领域，鼓励支持他们在科技研发、工业设计、技术咨询、信息服务、现代物流等生产性服务业领域发展，在软件开发、服务外包、网络动漫、广告创意、电子商务等新兴领域拓展，为我省经济发展培育新的经济增长点。“技术进步”就是要支持中小企业采用新技术、新工艺、新设备、新材料进行技术改造，支持中小企业加大研发投入，开发先进适用的技术、工艺和设备，研制适销对路的新产品，提高产品质量。“低碳发展”就是要强化低碳理念，坚持走低碳经济的发展路子。我省是国家重要的能源重化工基地，整体上属于高碳产业结构。虽然近年来我省在探索高碳产业低碳发展的有效途径方面取得了一些积极进展，但这种刚性结构尤其是能源原材料领域的大企业调整起来难度相当大。产业转型后的中小企业就成了我省发展低碳经济重要载体。因此，要在积极做好重点节能减排技术和高效节能环保产品、设备在中小企业的推广应用的同时，鼓励中小企业抓住国家支持发展低碳经济这一有利时机，与科研院所联合起来，在低碳技术、清洁能源技术、精深加工技术及相关设备的研发和应用推广上，早着手、早介入，占得先机。

在“发展”上见实效，就是全省上下要协同配合，形成合力，动真格、出实招，开拓进取，扎实推进，力争通过三年到五年甚至更长一段时间的不懈努力，使我省中小企业不断做大经济总量、优化产业结构、扩大就业容量、提高发展质量，为全省经济社会的可持续发展不断做出新的贡献。

山西转变经济发展方式的重要一环是中小企业，跨越赶超的生力军是中小企业，兴晋富民的重要力量是中小企业，建设和谐新山西的希望在中小企业。中小企业兴，则山西兴；中小企业强，则山西强。

（山西省经济和信息化委员会副主任　山西省中小企业局局长　王克建）

关于加快黑龙江省非公有制经济发展的调研报告

为了贯彻落实好胡锦涛总书记在我省视察期间的重要指示精神，按照省委、省政府的部署要求，我们对我省非公有制经济发展问题进行了调研。现报告如下：

一、加快非公有制经济发展，是实现我省社会经济又好又快发展的重大战略选择

改革开放以来，特别是党的十六大以来，非公有制经济取得了历史性的大发展，已经成为促进我国社会生产力发展的重要力量和社会主义市场经济的重要组成部分。特别是在沿海发达地区，非公有制经济已经成为经济增长的主要动力、社会就业的主要渠道、地方税收的重要来源和共同富裕的基本力量。近年来，我省非公有制经济发展迅速，日益呈现出质量、速度、效益、结构发展态势，在繁荣城乡经济、增加财政收入、扩大社会就业、改善人民生活、优化经济结构、促进经济增长、保持社会稳定等方面发挥着越来越重要的作用，已经成为推动全省经济社会发展的重要力量。近年来实践证明，发展非公有制经济具有重大战略意义，是推动我省社会经济实现又好又快发展的必然选择、重大举措和客观要求。

（一）发展非公有制经济是加快我省经济发展、实现富民强省的客观需要

改革开放以来的实践证明，在市场经济条件下，非公有制经济的发展规模和水平直接影响和决定着一个地方、一个省份、一个区域的经济发展速度和发展能力。发达地区所以能够迅速崛起，主要得益于非公有制经济的发展壮大。我省经济与发达省份的差距主要体现在非公有制经济上。近年来，非公有制经济日益成为我省最具活力的增长力量，是推动全省经济发展的重要“引擎”。到2008年末，全省非公有制经济实现增加值3481.3亿元，同比上年增长22.5%，占全省地区生产总值比重提高到41.9%；非公有制经济实现税收426亿元，同比上年增长37.9%，占全省税收总量的38.4%。非公有制经济快速健康发展，有力促进了我省老工业基地振兴，拉动了全省社会经济又好又快发展和加快了富民强省进程。

（二）发展非公有制经济是推进经济结构战略性调整、增强经济活力的必然选择

我省作为传统的老工业基地，长期积累的体制性、机制性和结构性矛盾突出，经济发展缺乏活力，可持续发展能力不强。对我省来说，实施经济结构的战略性调整，不仅要重视产业结构、产品结构、城乡结构，更要高度重视所有制结构调整，大力发展非公有制经济，努力改变非公有制经济规模小、比重低、发展慢的局面。近年来，随着老工业基地振兴战略的实施，一大批非公有制企业通过兼并、联合、参股、嫁接、租赁合作等多种形式，积极参与国有企业改革，实现低成本扩张。近三年多来，我省非公有制企业通过参与国企改制，盘活国有资产35亿元，安置国企职工近4万人。非公有制经济的发展对于国有企业转换经营机制，优化所有制结构，增强经济活力，提高市场社会化程度发挥着越来越重要的作用。

（三）发展非公有制经济是拓宽就业领域、扩大社会就业的根本出路

非公有制经济多数是劳动密集型产业，就业弹性高，就业容量大，就业门槛低，具有大企业无法比拟的优势，是扩大就业的“蓄水池”和促进社会和谐的“稳压器”。到2008年末，全省非公有制经济从业人员596.8万人，其中，非公有制企业257.9万人，个体工商户338.9万人。全省每年新增就业岗位的70%以上来自非公有制经济。随着国有企业改革的深入，国有企业吸纳就业的空间逐步缩小，非公有制经济必然成为扩大就业、吸纳国有企业下岗职工再就业的主要渠道。特别是未来一个时期，将是我省劳动力数量增长的高峰期，农村剩余劳动力转移的加速期，就业形势不容乐观。今后，必须大力发展非公有制经济，创办中小企业，以创业促就业，从根本上缓解就业压力，解决就业难题。

（四）发展非公有制经济是实施“走出去”战略、促进对外开放的重要途径

非公有制企业产权明晰、机制灵活、运转高效和开放度高，来源于市场，贴近于市场，发展于市场，是天然的开放型经济。近年来，我省非公有制经济在矿产资源开发、石油冶金、林木采伐、农业种植加工、工业制造、餐饮服务和进出口贸易等方面大显身手，已成为名副其实的发展外向型经济的主体。2008年，全省非公有制企业实现进出口额185.8亿美元，同比上年增长34.5%，占全省进出口总额的81.1%，成为最具潜力的外贸增长点。

二、推动非公有制经济实现新突破，必须科学认识发展现状、总体趋势和面临问题

（一）我省非公有制经济发展现状

改革开放30年以来，特别是近年来，省委、省政府在实施振兴龙江老工业基地战略中，把发展非公有制经济放在更加重要位置，放宽市场准入、加大政策扶持力度，改善发展环境、搭建各类服务平台，破解制约难题、培育发展市场主体，毫不动摇地鼓励支持和引导非公有制经济发展。我省非公有制经济从无到有、从小到大、从弱到强、从低到高、从内到外、从聚到散，发生了历史性变化，取得了巨大成绩，呈现出良好的发展态势。目前，已成为我省国民经济的重要组成部分和促进生产力发展的

重要力量。

1. 从弱到强，经济总量不断增加，已成为拉动我省国民经济增长的重要力量

2008 年全省非公有制经济单位达 185 万户，实现增加值 3481.3 亿元，同比上年增长 22.5%，占全省地区生产总值比重提高到 41.9%；全省非公有制经济投资总额 2148.2 亿元，同比上年增长 30%，占全省全社会固定资产投资总额的 58.5%；非公有制经济实现税收 426 亿元，同比上年增长 37.9%，占全省税收总量的 38.4%。今年 1～9 月份，非公有制经济实现增加值 2270.2 亿元，同比增长 15.1%，占全省地区生产总值的 45.8%。有 3 个市非公经济增加值已占全市地区生产总值的 50% 以上，一些市县（区）非公有制经济贡献的财政收入已超过总收入的一半以上。非公有制经济在一些地区已经成为“立市经济”、“强市经济”、“富市经济”。

2. 从小到大，就业规模迅速提升，已成为安置社会就业的主渠道

今年 1～9 月，全省非公有制经济从业人员达 607.9 万人。下岗失业人员、农村富余劳动力和大中专毕业生大都在乡镇企业、中小企业就业，每年提供了 70% 新增就业岗位，已成为安置社会就业的重要渠道。

3. 从内到外，对外贸易步伐加快，已成为发展外向型经济的新增长点

我省非公有制企业、中小企业大都属于内源式经济，经营半径局限于区域市场，参与国际市场竞争能力较弱。经过 30 多年发展，我省非公有制企业、中小企业逐步打破了国有经济在对外贸易中处于垄断局面，成为发展对外贸易的主力军，特别是在对俄边贸中占据主导地位。2008 年，全省非公有制企业实现进出口额 185.8 亿美元，同比上年增长 34.5%，占全省进出口总额的 81.1%。目前我省非公有制经济对外贸易开始由单一商品输出向智力、技术、劳务等多层次多领域发展，由域外加工向本地加工、国外办厂、原料和产品两头在外方向发展，外向型经济蓬勃发展，深层次、宽领域、全方位的对外贸易格局开始形成。

4. 从低到高，创新能力明显增强，已成为推进我省科技创新的主体

近年来，非公有制企业的研究开发投入不断增加，新产品、新技术层出不穷，成为技术创新的重要力量。目前，全省 50% 的发明专利、60% 以上的新产品开发，都是由非公有制企业、中小企业完成的；已有 170 户企业设立了研发机构，近千户企业实施了国际质量管理体系标准，300 余户企业通过了国际质量管理体系认证。

5. 从散到聚，空间布局日益集中，已经成为打造特色产业集群的支撑力量

我省非公有制经济日益呈现出集聚化发展态势，“块状经济”、“园区经济”和“链条经济”发展迅速。目前，已初步形成了以制药业比较集中的呼兰利民开发区、以机电加工为主的宾西开发区、以石化吃配为主的大庆龙凤万宝园区、让胡路化工园区、平房汽车工业园区等产业集群 85 个，集群内企业 9296 户，从业人员 39.7 万人，可实现销售收入 1044 亿元，完成增加值 339.8 亿元，实现利润 74.3 亿元，上缴税金 93.5 亿元。特色产业集群的发展，对优化企业布局、节约资源、推进节能减排、产生企业聚集效应等多方面产生了明显的效果，促进了各地特色经济的形成和区域经济发展。

（二）非公有制经济发展趋势

通过调研，我们发现，伴随着国家和省关于鼓励支持和引导非公有制经济发展政策深入贯彻和落实，我省非公有制经济将进入新的转型期，迈向新的发展阶段，呈现出新的发展趋势。尽管自去年以来国际金融危机对我省非公有制经济发展有所影响和冲击，但其总体发展趋势不会改变。

一是从行业分布上看，准入领域趋向多元化。我省非公有制经济开始由体制外自我发展到体制内政府扶持发展，其准入壁垒和非国民待遇将逐步消除，市场准入趋向平等化，在行业分布上以农产品加工、机械制造、建筑采掘、运输物流、商业贸易等领域为主，向重化工、高科技产业、现代服务业、基础设施、社会公用事业等领域发展。

二是从产业布局上看，企业发展趋向集群化。目前，我省非公有制企业的集聚度不高，多以小规模、分散化经营为主，企业之间产业关联度不高，分工协作较弱。非公有制经济发展在产业布局上逐步向以专业化、规模化、社会化、特色化为特征的产业集群发展，真正形成“小商品、大市场”、“小企业、大生存”和“小买卖、大发展”的产业发展模式。

三是从增长方式上看，发展道路趋向集约化。我省非公有制企业大都处于初创期和成长期，主要是基于高消耗、低技术含量、低效益的粗放增长方式。我省非公有制经济发展将面临环境资源因素制约和贸易摩擦的形势，必将转变增长模式，提高科技含量，提升核心竞争力，走“专精特新”发展道路，向集约型增长方式转变。

四是从规模结构上看，整体素质趋向实力化。我省非公有制经济在规模结构上将以劳动密集型、中小型企业为主，同时涌现出一大批资本密集型、技术密集型的大企业、大集团；以个人、家族管理模式的企业为主，同时涌现出一大批公司治理现代化的企业；以投资主体一元化、多元化的企业，同时涌现出股权结构混合化的混合经济。

五是从经营半径上看，活动空间趋向国际化。经营活动国际化是企业今后发展的一个必然趋势。随着我省对俄、日、韩经贸科技合作战略升级和多层次、宽领域、全方位对外贸易格局构建，我省非公有制经济必将进一步拓展企业发展空间，缓解国内资源、技术和市场的约束，从区域市场走向国内市场，从国内市场走向国际市场，融入经济全球化大潮，成为我省对外贸易的主体。

（三）非公有制经济发展面临的主要问题

虽然我省非公有制经济取得了长足发展，但与发达省份相比，无论是从发展速度、发展水平，还是从发展规模、发展层次上看，还存在很大差距，存在的突出问题不容忽视。例如我省非公有制经济

总量规模仅是江苏的1/5、辽宁的1/2，发展速度比吉林、内蒙古低，非公有制规模以上工业企业数量仅是辽宁的1/5、吉林的1/2。这些问题存在固然有区位、历史、体制等方面的原因，但主要的还是观念、环境、政策、工作等方面存在的差距所致，根本的是体制性和机制性矛盾的影响和制约。

一是环境不够宽松，制约着非公有制经济发展。在人文环境方面，观念和认识滞后，创业与发展的氛围不浓。一些干部对发展中小企业、非公有制经济的必要性和重要性的认识还不到位，思想还不够解放，缺乏发展的危机感、紧迫感和责任感。广大群众投资创业的积极性还没有调动起来，创业意识不强，畏难情绪较大；一些创业者缺乏大的理想和追求，小富既安，甚至还存在着“红眼病”现象。在政务环境方面，政府机关服务意识差，办事效率低，多头审批、多头管理、职能交叉的现象依然普遍存在，乱收费、乱摊派、乱罚款现象尚未完全杜绝，有些项目名义上由审批制改成了备案制，但需要报送的材料和缴纳的费用比审批制时还多。非公企业在合同执行、债务纠纷等方面经常遭遇有法不依、执法不严的问题。在政策环境方面，尽管近几年我省出台了一系列鼓励支持和引导非公有制经济发展的优惠政策，但与发达省份相比，政策的“含金量”还不高，还不够用、不好使、不配套。如我省设立的省级中小企业发展专项资金，目前仅6000万元的规模，与吉林省相比，仅是吉林的50%左右。在体制环境方面，在非公有制经济政策落实过程中“中梗阻”、“末梢炎”和“玻璃门”现象还存在，部门之间还没有形成合力，发展非公经济社会氛围还没有从根本上形成。

二是社会服务缺位，中小企业社会化服务体系不健全。一些地方的政府服务职能尚未发生根本性的转变，对企业的服务意识差，缺少为非公有制企业提供无偿或低偿服务的公益性服务机构，各级政府在这方面的投入比较少，尤其是直接面向企业的市、县一级更为薄弱，难以满足企业发展的需要。为非公有制经济、中小企业服务的中介机构、社团组织、行业协会发育不充分，在有些市、地甚至刚刚起步，还不能为其发展提供多层次、宽领域、全方位的创业辅导、人才培训、技术支持、市场开拓、信息服务和管理咨询等社会化服务。

三是融资渠道狭窄，非公有制经济发展后劲不足。从各级财政看，《中小企业促进法》关于“地方人民政府应当根据实际情况为中小企业提供财政支持”及国发［2005］3号文件和黑发［2005］20号文件关于“在本级财政预算中设立中小企业发展专项资金”的各项扶持措施都没有得到很好落实。从金融部门看，由于金融体制机制不灵活，信用担保体系发育不健全，一些企业资信低、管理不规范，造成中小企业、非公有制企业普遍贷款难。如大庆市中小企业、非公有制企业贷款额仅占全市贷款余额的10%。从直接融资看，发行债券和上市的要求高，绝大多数非公有制企业达不到条件。由于无法及时有效筹集资金，一些有市场、有效益、发展前景好的企业错过了良好的发展机遇，难以做大做强。

四是生产要素欠缺，制约非公有制经济发展因素增多。一是企业人才缺乏。尤其是缺乏高素质的科技人才、经营管理人才和熟练技术工人。二是科技创新能力较弱。多数中小企业的设备和技术不够先进，没有建立起研发机构，新工艺、新材料、新技术应用程度较低，从政府、社会得到的服务有限。三是铁路运输难题突出。伊春、鸡西、七台河、双鸭山、大兴安岭等地企业普遍反映，“计划报不上、车皮请不下、产品运不出”，铁路运输难成为制约发展的瓶颈因素。四是信用意识淡薄。企业信用意识不强，信用管理基础薄弱，信用制度缺乏，信用管理水平较低，有些企业不愿意率先在全省进行信用等级评价，公开企业相关信息。

三、加快非公有制经济发展，必须进一步明确总体思路对策

当前，我省非公有制经济发展具备天时、地利、人和的条件，面临着难得历史机遇。面对着新形势新任务新问题，我们要切实理顺发展思路，明确主攻方向，落实扶持政策，优化发展环境，切实鼓励好、引导好、扶持好非公有制经济的发展。

（一）总体思路

加快非公有制经济发展，紧紧围绕我省“八大经济区”和“十大工程”，放宽市场准入，鼓励非公有制经济进入垄断行业、公用事业和基础设施领域，拓展发展空间，尽快提升非公有制经济规模；通过建立创业激励、服务和保障机制，培育和催生一大批个体工商户、中小企业和民营骨干企业，壮大企业总量；加强基础设施建设，完善企业集聚区功能，促进大中小企业配套体系建设，扶持一批成长型企业做精、做专、做大、做强，形成特色产业集群；增强企业自主创新能力，推动信息化与工业化的结合，运用现代信息技术改造传统产业，积极发展现代新兴产业，促进非公有制经济结构的优化升级；不断完善政策和服务支撑体系，改善发展环境，促进非公有制经济平稳较快发展。

（二）规划目标

一是经济总量保持较快增长。到2013年，全省非公有制经济实现增加值占全省生产总值比重达到50%；实缴税金占全省税收总量的比重达到45%以上，投资总额占全省社会固定资产投资总额的比重达到65%以上。

二是企业群体不断壮大。到2013年，全省新办个体工商户30万户，新办私营企业6万户；实现就业700万人；销售收入超亿元非公有制企业达到700户以上，其中10亿以上达到53户以上。

三是结构优化升级有重大进展。到2013年，非公有制规模以上工业增加值占全省规模以上工业增加值的比重从16.3%提高到23%，新型服务业有较快发展；重点培育销售收入10亿元以上的产业集群30个；培育国家品牌30个，省级品牌300个。

（三）发展重点

1. 积极发展优势产业

一是充分发挥我省生态优势和资源优势，重点

发展农产品加工业。二是发挥我省林木资源和进口俄罗斯木材资源的优势，重点发展林木加工业。三是围绕大企业、大集团，重点发展配套工业。四是依托我省丰富的石油化工原料资源优势，向下游产品延伸和发展，发展精细化工；充分利用大庆乙烯工程副产品有机化工基本原料，开发下游产品；实现资源优势向产业优势、经济优势转化，重点发展石化吃配型工业。

2. 大力发展现代服务业

积极发展建立在信息技术和产业升级基础上的现代服务业，通过技术创新、法制保障、人才支撑、品牌引领、产业集聚和政策扶持，加快发展从现代物流、金融服务业、商贸服务业、旅游产业、文化创意产业、信息科技服务业、中介服务业、社区服务业为重点的现代服务产业。积极推进传统服务业向现代服务业提升，建设现代服务集聚区，培育现代服务业龙头企业，打造现代服务业品牌。

3. 积极发展新兴产业

按照全省发展新兴战略性产业布局，从培育新兴产业入手，引导社会剩余资金，向新兴产业领域投资，形成新一轮的增长。促进新兴产业发展，推动增长方式转型。鼓励非公有制企业发展新能源、新材料、节能环保、生态农业、生产服务型等新兴产业。围绕新兴产业发展，论证筛选一批带动力强的非公有制企业项目，采取有力措施予以积极扶持。

（三）主要措施

一是培育各类个体工商户，促进个体私营经济发展。以开展全民创业活动为契机，认真贯彻落实国家和省出台的一系列促进个体私营经济发展的政策法规，支持引导返乡高校毕业生、农民工、复员退伍军人、下岗失业人员、残疾人等自主创业，培育发展各类个体工商户，使其成为发展个体工商业主体。实行平等准入、公平待遇的原则，允许个体工商户从事批发零售、住宿餐饮、制造、交通运输、仓储、邮政业、农林牧渔、文化、建筑、采矿以及居民服务等法律、行政法规未规定禁止其进入的行业。降低个体工商户准入门槛，减少注册登记前置条件，放宽经营场所和注册资本金限制，积极为各类创办主体申请登记注册个体工商户，提供免费的开业指导以及相关政策、法规和信息咨询服务。建立健全服务机制，搭建人才培训、融资担保、信息交流、技术创新、管理咨询等服务平台，为各类创办者提供优质快捷服务。

二是建设创业孵化基地，催生一大批小企业。统筹规划，合理布局，围绕产业发展重点，由政府出资或法人出资，利用城乡各类园区、规模较大的闲置房屋、楼宇、专业化市场等适合中小企业聚集创业的场所，辟建具有滚动孵化功能和产业拉动作用的中小企业创业孵化基地。继续发挥现有的科技孵化器、创业中心的作用，鼓励发展科技孵化型、工业加工型、市场牵动型、商贸物流型等创业孵化基地。积极引导有实力的企业建设创业孵化基地，通过政府扶持和公益性服务，吸引初创企业进入基地孵化培育。到2013年，建设省级中小企业创业孵化基地50个。鼓励各类机构结合创业群体特点制定培训计划，针对不同创业群体开展创业培训和辅导，鼓励和支持社区学校、农民学校、职业学校、高等院校等开展创业教育，提高创业者职业技能，提高创业成功率。

三是实施科技创新，积极支持非公科技型企业发展。制定鼓励、扶持政策，把非公有制科技型企业的认定、审批、管理、统计等纳入正常的工作渠道。鼓励科研单位、大专院校、大中型企业、社会团体和其他各类全民所有制单位，兴办非公有制科技型企业。支持各类科技人员包括各级政府部门中一部分有专业技术知识人员投身创办非公有制科技型企业。允许科技人员以其非职务技术成果入股。鼓励支持非公有制科技型企业与科研单位、大专院校、国有大中型企业在产业和技术积极合作，搭建产学研平台，加速科技成果转化，形成共同的利益结合体。积极开展对非公有制科技型企业家的培训工作，依法保护其合法权益。推动非公有制科技型企业积极开拓国际市场，参与国际竞争。

四是积极实行聚焦战略，扶持重点民营骨干企业。一是建立档案数据库，明确扶持重点。选择一批发展前景好、带动作用强、吸纳就业多的骨干企业，支持其进一步壮大实力。对年营业收入亿元以上、5000万以上、1000万元以上非公有制骨干企业，由省、市、县分别建立数据库，实行动态管理，制定具体扶持措施，搞好跟踪服务，加快龙头企业的培育和发展。二是组织重点帮扶，协调解决发展难题。完善领导和部门联系帮扶骨干民营企业制度，及时协调解决企业生产经营中的遇到的人才、市场、土地、技术、信息、资金等难题。三是加大财政支持，进一步拓展投融资渠道。各类专项资金，优先支持重点民营骨干企业重大投资项目补助贴息、经营者奖励、支持企业上市、科技研发等。制定上缴税收、规模扩张、名牌创优等奖励政策。鼓励符合条件的重点民营骨干企业到境内外上市，对在境内外首次发行股票上市的，按照相关规定给予奖励和补贴。四是提高政治待遇，维护企业合法权益。积极推荐民营骨干企业领导作为各级人大代表、政协委员和劳动模范。采取多种形式，加大对骨干企业的宣传力度，营造有利于其发展的良好氛围。选择部分民营骨干企业作为省行政执法监督联系单位，及时受理、查处、转办监督联系单位反映的行政机关执法中存在的违法问题，切实保护企业的合法权益。

五是延伸搭建各类服务平台，健全和完善社会化服务体系。针对我省非公有制经济发展现状和需求，延伸和搭建融资担保、人才培训、信息服务、市场开拓、科技支持、管理咨询等各类服务平台，不断健全和完善中小企业社会化服务体系，为非公有制经济发展提供优质高效的服务。

1. 搭建融资服务平台，促进企业多元化融资

要加快建立以财政扶持资金为引导，银行信贷资金为主体，担保体系和信用环境为保障，各种股权和债权融资、集合发债、私募基金等融资方式充分发育，多元化、多层次的中小企业融资支持平台。一是建立“政银企”合作机制。鼓励和引导金融机

构创新金融产品，积极开展股权质押、票据质押等形式贷款，调整信贷结构，增加贷款规模。帮助和支持符合条件的中小企业，开展中小企业商业承兑汇票贴现和“中小企业集合债”发行相关工作，研究和引进租赁融资机构，推进小额贷款公司的发展。二是建立健全中小企业信用担保体系。积极制定扶持我省担保业发展的相关政策，加强对担保行业的指导和监管，建立担保机构资本金扩充、风险补偿、审批备案、信用评级和绩效考核等机制。综合运用参股、委托运作等方式鼓励民间资本进入担保领域，建立商业性和互助性中小企业信用担保机构。三是建立中小企业上市后备资源数据库。鼓励引导具备条件的中小企业上市融资，对成功上市的要给予奖励或补贴。四是加强信用体系建设。继续开展中小企业信用等级评价工作，将信用等级作为中小企业享受金融支持和财政支持的主要参考依据，建立适合中小企业特点的信用信息征集、评级、发布制度以及失信惩戒机制，促进企业信用建设。

2. 搭建人才培训服务平台，提升企业整体素质

有效利用国内外优质培训资源，采用社会化培训和企业自主培训相结合的方式，逐步形成合理分工、有效衔接的培训网络。依托优质培训机构，加快建立人才培训基地，以认证、奖励、购买服务等方式，引领培训市场的规范化，提高企业对培训工作的认可度。借助清华大学等著名大学教育平台，开展对企业家和企业高层管理人员培训，继续举办非公有制经济“龙江巡回大讲堂”，把著名学者专家请进龙江；结合国家银河培训工程计划，组织开展职业经理和专业技术人员培训。依托中国中小企业黑龙江网，为中小企业扩大利用人力资源的范围提供服务支撑。推动企业与院校建立长期稳定的人才交流机制，通过企业与院校定单培养、设立大学生就业实习基地、网上招聘、专场招聘会等方式吸纳大中专毕业生等各类人才到企业短期工作、长期就业。

3. 搭建市场开拓服务平台，扩大对外经济技术交流与合作

在稳步拓展国内市场的同时，引导中小企业积极开拓国际市场。推动建立有利于中小企业发展的政府采购机制，有关部门通过公布采购信息、指导竞标等方式，为中小企业获取政府采购合同提供便利，不断提高政府采购中小企业产品和服务的比例。引导推动企业开展网上交易和电子商务业务，为中小企业利用现代信息技术开拓市场提供有效的载体。支持中小企业开拓国内外市场，有效借助现有的“中国国际中小企业博览会”等平台，鼓励与国外政府和国际组织合作搭建新的国际合作平台。鼓励支持中小企业积极参与国内外展览展销活动，引导和鼓励商业性营销机构为中小企业提供个性化的市场营销服务，帮助中小企业建立有效的营销策略，实施合理的营销方案。

4. 搭建信息化服务平台，推进中小企业信息化建设

进一步完善中小企业黑龙江网及市、县分网站建设，依托中小企业黑龙江网，建设各类专业网站和中小企业网站群。整合社会资源，积极拓展公共信息服务领域，在中小企业黑龙江网开辟服务导航栏目，组织、推介一批具有良好服务业绩，服务质量、服务信誉优良的各类社会中介机构、行业协会纳入服务导航，公开服务信息，为中小企业所需服务提供便利，促进服务供需对接。加快技术交易平台、人才交流平台、远程培训等重点信息服务项目的建设，引导中小企业开展网上交易和电子商务。发挥全省中小企业信息化服务联盟等信息服务机构作用，依托信息化服务机构，建立中小企业信息化辅导站，开展信息化培训和信息化示范企业推广活动。

四、强化组织领导，优化非公经济发展环境

（一）建立非公经济发展推进机制

促进非公经济健康发展是一项长期的战略任务，各地要从全局和战略高度出发，高度重视，强化组织领导，建立推进机制，加强政策宣传，抓好政策落实，认真做好促进非公经济发展的各项工作。无论各级政府机构怎样改革，但扶持、指导非公经济和中小企业发展的职能只能强化，不能削弱，切实加强市（地）、县组织机构建设。

（二）完善非公经济统计分析监测制度

统计部门要建立和完善对非公经济的分类统计、监测、分析和发布制度，加强对规模以下企业的统计分析工作，逐步建立非公经济市场监测、风险防范和预警机制。

（三）建立保护中小企业合法权益机制

加快我省中小企业促进法立法工作，尽快出台我省中小企业促进条例。深入开展政策法规法律的贯彻落实情况监督检查，建立政策落实评估机制，及时提出修改完善意见。保护中小企业、非公有资本投资主体的合法经营及投资者财产权、知识产权、自主经营权和人身权等合法权益。在市（地）、县（市、区）组织开展非公有制企业评议政府职能部门活动，促进政府部门职能转变。

（四）建立重点企业“直通车”服务制度

在全省择优选取100家高增长、有自主品牌、市场竞争力强、自主创新能力强的企业，建立省级领导和省直有关职能部门重点企业联系制度，实行“一对一”帮扶，切实解决企业发展中的问题，并通报包扶情况。设立重点企业直通车服务窗口，为其提供业务申请、咨询、指导、监督及投诉受理等服务，省纪检委和监察厅负责查处违纪案件和企业投诉。重点企业的各项申报手续原则上由省级有关职能部门直接受理，对能在基层受理的事项，省级有关职能部门应督促基层单位在规定的时限内办理完毕。

（五）建立中小企业考核奖励机制

将中小企业发展年度目标完成情况纳入对各级政府和有关部门年度考核的重要内容，制定考核奖励办法和工作考评机制，定期召开全省中小企业发展工作会议，表彰先进市（地）、纳税大户和优秀企

业家，推动中小企业各项工作任务的全面落实，实现中小企业跨越式发展。

（黑龙江省工业和信息化委员会）

大力发展非公有经济，支持社会主义新农村建设

改革开放以来，福建省（下称我省）非公经济虽有长足的发展，但与兄弟省市，还有一定差距。建设社会主义新农村，是我国现代化进程中的重大历史任务，也是我省新时期解决“三农”问题的重大举措。我省的非公经济主要诞生于乡（镇）村，发展于乡（镇）村，植根于乡（镇）村，职工来源于农民，非公经济与“三农”息息相关。改革开放以来，非公经济迅猛发展，在我省国民经济中占据“五分天下有其三”的地位，成为我省国民经济的支柱，财政收入的主要来源，经济发展的重要增长点，劳动力就业的主渠道。据2010年底统计，遍布全省的各乡（镇）村、占据各行业的大大小小的非公经济企业有25万多个（不包括个体工商户），从业人员599万人，实现总产值1.59万亿元，出口交货值1900亿元，增加值4050亿元，利润总额882亿元，上缴税金444亿元，发放劳动报酬1040亿元。非公经济是农村各种文化组织和意识形态的交汇点，大力发展非公经济，对于促进我省经济发展，维护社会稳定，提高农村精神文明建设水平，提早实现小康社会目标，支持社会主义新农村建设，可以提供可靠的思想保证、精神动力和一定的物质基础。

一、我省非公经济对繁荣农村的主要情况

从产业特点看，目前，全省非公经济已形成服装纺织、鞋帽箱包、食品罐头、电子机械、冶金矿产、化工塑料、建筑建材、工艺美术、日用制品、“三产”服务等69个主要行业。目前第一产业总产值占非公经济总产值约2%，第二产业约占68%，第三产业约占30%，较大的行业有服装及其他纤维制品业，占全省非公经济总产值约19%；食品加工及制造、饮料制造，占全省非公经济总产值约12%。

从非公经济企业的规模和经济实力看，全省有78家非公经济企业被农业部确认为大中型企业，其中有9家经国家划型，审定为大型工业企业。至今，全省已拥有非公经济企业集团230多家，其中全国性集团14家，股份公司40家，新湖集团和恒安集团股票分别在国内和香港上市。全省有外向型非公经济企业近万家，从业人员近120万人，经济外向度达17%，境外办企业100多家，初步形成以轻工、服装、食品、工艺、纺织等为主导的出口产品体系；全省非公经济规模工业企业约7千家，从业人员年平均数134万人，年产值占全省非公经济总产值的32%。

非公经济的发展，为我省农业生产发展和农村基础设施建设提供了重要的经济来源。是农村奔小康的重要途径。不但是农民增加收入的重要来源，现在我省农民纯收入净增部分50%来自非公经济，而且在支农建农及为兴办农村公益事业方面提供了大量的经费来源。根据福建省乡镇企业财务统计资料不完全的统计，改革开放以来全省非公经济企业提取支农建农资金计近60多亿元，年均2亿多元，显著改善了我省农业生产条件，增加了农业技术装备。有些地方以加工企业为龙头，带动种养业的规模经营和集约经营，形成种养加一体化、产加销一条龙，在种植、养殖、加工、贮藏、运销等各个环节采用国内外的现代设备和先进技术，生产效率和效益大幅度提高。有些大型出口加工企业，其设备和技术已达到国内外先进水平，增强了在国内外市场的竞争能力。有力地促进了农村文化教育、医疗卫生等公共福利事业和水利、交通通信等基础设施的发展。在非公经济发达的沿海地区，农民不仅物质生活富足，居住条件改善，精神生活日益丰富，呈现欣欣向荣、健康向上的社会主义新农村的可喜景象。

非公经济的发展，繁荣了农村经济，使农村经济多轮驱动、多业并举，一、二、三产业全面发展，大大解放和发展了农村社会生产力。增强了综合省力。现在，我省非公经济企业每年为国家提供约440亿元税收，每年实现利润约880亿元，为国家赚回了大批外汇，满足社会需求做出了积极贡献。非公经济的发展还推进了城镇化，改变了农民的生产生活方式，提高了农民的整体素质，促进了精神文明建设和社会的稳定。非公经济打破了长期存在的二元经济格局，在工农之间、城乡之间、工业与消费市场之间、科技和经济之间架起了一座座桥梁，为我省的国民经济的良性循环做出了应有的贡献。

二、我省非公经济的发展历程和政府所采取的政策、措施

（一）发展历程

第一阶段：起步探索阶段（1978～1987年）。改革开放初，晋江陈埭镇群众立足于侨乡“闲房、闲资、闲散劳动力”“三闲”特点，联户集资兴办乡镇企业，大力发展商品经济，创造了著名的“晋江模式”。1984年，陈埭镇成为我省第一个亿元镇，被项南同志誉为“乡镇企业一枝花”。1979年初，长乐金锋镇华阳村农民首先办起蚊帐厂，掀起了长乐群众办厂的积极性，长乐乡镇企业如雨后春笋般拔地而起，形成了以家庭作坊式规模、家庭式体制、家务式管理的“三家制”模式，被费孝通先生精辟的概括为“草根工业”。这一阶段是我省个体经济的恢复与私营经济的萌芽阶段，主要表现为沿海地区乡镇企业的蓬勃兴起。

第二阶段：调整发展阶段（1988～1992年）。随着国家1987年《城乡个体工商户管理暂行条例》、

1988年《中华人民共和国私营企业暂行条例》的颁布、1988年全国七届人大一次会议通过的宪法修正案与党的十三大，肯定了私营经济的合法性和私营企业在国民经济中的地位，我省民营企业进入稳步发展阶段。但随即个私企业遇上了比较严峻的经济形势，特别是1988年下半年我国国民经济进入了"治理经济环境，整顿经济秩序"时期，个私经济一时成为制假贩假的典型，使个私经济进入整体调整时期。我省一些私营企业纷纷戴上"红帽子"或"洋帽子"，在曲折中前进，省委、省政府及时下发了《关于推进乡镇企业改革、发展和提高的决定》，使非公经济仍然保持了较快的发展势头。这一阶段是非公经济起步和个体经济调整阶段。这一时期我省的非公经济企业以追求产量、实行粗放式经营和家族式生产管理模式为主要特征。

第三阶段：快速成长阶段（1993～2000年）。小平同志南巡讲话后，我省民营企业赢得了新的发展契机。特别是随着社会主义市场经济体制改革目标的确立，党的十五大明确将包括民营经济在内的非公有制经济确定为"社会主义市场经济的重要组成部分"，省委、省政府下发了《关于全面提升民营经济发展水平的若干意见》，我省民营企业进入快速扩张期，在国民经济中的地位不断上升。1993～2000年，我省私营企业由12005户迅速增长到48547户，翻了两番；注册资金由32.05亿元增长到594.2亿元，这一阶段是我省民营企业快速发展阶段，主要表现为非公经济量的积累。这一时期非公经济发展的主要特征表现为企业成长速度快、追求规模效应，部分完善原始积累的企业开始摆脱家族式管理的模式，质量和品牌意识逐渐增强，经营开始出现多元化趋势。

第四阶段：转型提高阶段（2001至今）。党的十六大之后，进一步确立了民营企业的社会地位，认为个体户、私营企业主、民营科技企业的创业人员和技术人员等都是中国特色社会主义事业建设者，为我省民营企业带来了更为宽松的发展环境；随着社会主义市场经济体系的逐步完善，市场在配置资源中日渐发挥基础性作用，企业作为市场主体的作用日益突现，为我省民营企业带来了更加成熟的发展条件；随着我国加入世贸组织，国有经济战略性调整步伐的加快，为我省民营企业带来了更为广阔的发展空间。2001年省人大常委会颁布了《福建省个体工商户和私营企业权益保护条例》，2002年省政府又出台了《关于进一步促进和引导民间投资的若干意见》，为我省民营企业发展创造了黄金时期。这一阶段是我省民营企业发展的新阶段，民营经济逐步由量的积累向质的提升转变。我省民营企业进入了制度创新、管理创新、技术创新和提高企业核心竞争力的发展新阶段。

（二）政府的对非公经济的主要做法

近年来，我省在开展减少行政审批，转变政府职能方面做了大量工作。鼓励民营企业发展的政策措施得到了较好的落实，政府部门提供高效、务实、负责任的服务成为民营企业的迫切需要。政府为非公经济提供帮助的主要有以下几个方面：一是放宽民间资本投资准入领域。当前，我省已制定实施"外商投资产业指导目录"，对外商投资的政策制定的较为具体和详细。民间资本的市场准入、产业指导目录等。二是加大整顿市场经济秩序，营造良好的"诚信"环境。打击地方保护主义，打击假冒伪劣，保护民营企业的合法权益。三是信息引导。民营企业需要政府提供一些工业、贸易等行业详细的统计资料、行业发展的前瞻性研究及国家产业政策，使私营企业知道自己在行业发展中的位置，以避免投资的盲目性。四是产权甄别。由于历史原因，我省一些民营企业造成产权不明晰，影响了企业家投资发展的积极性，迫切需要政府干预，我们及时进行了大部分的产权甄别。五是清理土地，以务实的方法解决了一些民营企业由于历史原因造成的土地产权、地价管理不够规范、搭车乱收费等问题。五是专业市场建设。市场于企业如同水与船，市场兴、企业兴。对我省原来一些颇具影响力的专业市场予以规划扶持，做大做强。六是抓好非公经济的农产品加工业，农产品加工业已成为促进农业增效、农民增收、农村繁荣新的经济增长点，为进一步发展我省农产品加工业在提高农业综合生产能力，加快农业增长方式转变。我省农产品加工业的工作：以非公经济企业结构调整为起点，推动各设区市、县乡有关部门编制农产品加工业发展规划，搞好行业和区域规划，编印投资指南；抓好项目开发建设，完善重点农产品加工企业示范项目数据库，要求各地对本地区具有辐射与聚集能力的大型农产品加工企业的情况做到心中有数，积极采取有效的政策、措施，重点予以扶持；依托闽港澳中小企业合作平台，加强我省厦漳果蔬、食用菌农产品加工、泉州休闲食品加工、三明、南平竹木加工等农产品加工业产业集群同台湾、港澳农产品加工企业和行业的合作，提升我省农产品加工业水平。七是抓好非公经济服务体系建设工作，由于种种原因，非公经济创业难、担保难、贷款难、创新能力弱、信息渠道不畅等矛盾和问题日益突出，直接影响着我省非公经济的生存和发展。因此加快非公经济服务体系建设是形势发展的客观要求，省经贸委下发了《关于中小企业社会化服务体系建设工作要点的通知》要求各地进一步推动多主体、多层次、全方位的乡镇企业、中小企业相结合的社会化服务体系建设。

这些年，我省在开展机关效能建设，减少行政审批，转变政府职能方面做了大量的工作，各级政府致力于为非公经济打造"良好的市场、公平的政策、负责任的政府服务"的投资环境。

三、在贯彻落实国务院关于建设新农村方面的设想

为了认真贯彻落实中央农村工作会议精神和《国务院关于鼓励支持和引导个体私营等非公经济发展的若干意见》，我省结合海峡西岸经济区建设进程，省委、省政府制定了《关于认真做好农业和农村工作推进社会主义新农村的意见》。为进一步推进我省非公经济的新一轮创业，确保全省非公经济持

续、快速、健康发展，使非公经济在社会主义初级阶段仍肩负推进我省工业化、城镇化、农业现代化的历史使命，在实现我省国民经济和社会发展“十二五”规划的进程中，创造出新的业绩，来支持全省的农业和农村工作及在推进社会主义新农村建设中做出新贡献。我们对非公经济的发展制定了目标并拟采取一些对策措施。

发展目标：（1）在注重经济效益的前提下，继续保持持续、稳定的发展速度，非公经济的增加值“十二五”期间按年均12%递增，农村剩余劳动力按每年20万人安排。（2）在提高非公经济整体素质的基础上，争取多培育一些大中型企业，形成非公经济的规模优势。（3）把发展农产品加工业作为非公经济结构调整的重点。（4）在非公经济企业中大力提高产品质量和档次，开发“名、特、优”新产品，“十二五”期间，计划培育一批名牌产品。

拟采取的对策措施：

（一）抓住机遇，不断培育新的经济增长点

一是进一步扩大开放，与国际经济接轨以及我省加速建设海峡西岸繁荣经济区带来的商机，强化招商引资、外引内联，力争在非公经济领域新上一批大项目。二是抓住国家扩大内需，加大基础设施投资力度的有利时机，采取积极措施，鼓励一批有实力的非公经济企业投标承揽建设大的工程项目，发展一批新型建筑机械和建材产品，参与国家重点项目的建设。三是以国家加大小城镇建设步伐，加快非公企业的房地产业、建筑业、装饰业、物业的发展步伐，引导这些行业由中心城市向小城镇、农村集镇扩散，与乡镇企业工业小区和小城镇建设融合起来，使这些行业迅速成长为新的支柱产业。四是抓住国家实施西部大开发战略的有利时机，引导私有企业到西部进行开发资源，开拓市场，拓宽发展的领域和空间。

（二）加大深化改革力度，进一步创新企业经营体制和机制

大力支持个体、私营经济的发展，把发展股份合作制等混合型经济作为新增长点，做到在政治上鼓励，方向上引导，政策上扶持，法律上保护，管理上加强。加大乡村集体企业改制力度，将产权量化到法人和职工，优化产权结构，实行政企分开，完善企业用人机制、分配机制、创新机制、投资风险约束机制，增强企业活力。推动家庭式、家族式企业向现代企业制度转变，建设一批规范化的有限责任公司和上市公司，推动企业走上科学化、社会化管理的轨道。对小型或亏损企业继续积极推行兼并、联合、租赁、转让、出售或风险抵押承包等形式，放开搞活，盘活资产存量。

（三）大力推进科技进步，全面提高企业的整体素质

科技是第一生产力，依靠科技是提高企业整体素质的根本。为了增强我省私营企业的市场竞争力，必须把发展的着眼点和立足点转移到依靠科技进步和提高劳动者素质的轨道上来。推进科技进步，在指导思想上要坚持“领先、适用”原则，突出重点。进一步优化投资结构，重点抓好主导产业、骨干企业和名牌拳头产品企业的技术改造，组织企业引进国际上适用的先进设备、技术、工艺和关键的仪器，积极采用新技术、新工艺、新材料和先进的质量保证手段，提高产品的科技含量。建立全省私营企业投资项目、技改项目库，省、设区市、县（市、区）、乡分级管理，定期分析市场、产业、投资动态，定期发布投资指南。

（四）调整产业产品结构，努力实现资源的优化配置

以市场需求为导向，以提高经济效益为中心，以现有支柱产业为基础，根据国家产业政策，合理地调整产业产品结构。“十二五”期间，紧紧盯住国际市场现有空隙和发展空间的产业和产品，充分发挥我省非公经济领域门类多、范围广的特点，实行多业并举，发展优势产业和产品，促进三大产业协调健康发展。一要抓好产业结构调整的规划与指导，明确产业结构调整的方向与重点。第一产业要通过引进优良品种、先进的种养技术、科学的管理，着重培育高品质、高附加值、外向型特色化的农产品。第二产业要以“高、大、外、新”为发展重点，推动服装、纺织、鞋帽、食品、饮料、机械、建材等传统产业、工艺和技术升级，不断开发新产品；发挥非公经济支农哺农的优势，大力发展农产品加工业和储藏、保鲜、运输业，培育一批农业产业化龙头企业，推动农产品深加工和系列开发，努力培育生物工程、环保设备、新型汽车、新型工程机械、医疗器械、药品、新型建材、通信设备、电子等新兴产业和高新技术产品，努力提高第二产业的技术含量。第三产业要以中心城市、小城镇为重点努力提高商业、饮食、交通运输、宾馆酒店的经营水平与服务品质，发展连锁、配送业务，健全售后服务体系；充分利用福建丰富的山海自然资源和人文资源，开发建设观光农业、观光工业、森林旅游、海洋旅游、城市旅游等具有鲜明特色的旅游业；大力发展科技、信息、咨询等新兴服务行业。二是强化产品结构的调整，争创名牌，提高闽货的市场占有率。实施名牌带动战略，鼓励我省饮誉国内的名牌产品触角向外，如七匹狼西服、柒牌服装、富贵鸟皮鞋、惠尔康饮料、银鹭牌八宝粥、安尔乐卫生巾、紫山罐头等进军国际市场，同时引导这些名牌产品到内陆地区进行定牌制作，扩大生产规模，进行系列开发，提高品牌效应和市场占有率。着力发展特色产品。三是努力调整布局结构，促进资源合理配置。沿着高等级公路两侧、中心城市和重点集镇开发工业小区，引导企业集中连片发展，合理布局，协调发展。

（五）广辟资金渠道，增强企业的融资能力

资金紧缺一直是制约非公经济发展的突出问题，拓宽资金渠道，增强对非公经济的投入是“十二五”时期的重要任务。为此，一要进一步提高私营企业筹融资能力，引导企业重视自身的积累，建立和完善自身积累和风险约束机制，将税后利润主要用于扩大再生产。鼓励企业以合资、合作、合伙等形式直接融资，广泛吸纳群众和社会闲散资金。二是支持具备条件的企业包装上市，争取上创业板。三是将融资的渠道向境外延伸，引导企业利用世行、亚行的贷款。四是积极推动非公经济系统建立融资担保机构。

（福建省经济贸易委员会中小企业处 林金龙）

垂直整合 错位发展 促进河南省工业产业集聚和转型升级

进入21世纪以来，我省以科学发展观为指导，努力推动工业经济平稳较快发展，2009年全部工业增加值9858.4亿元，居全国第五位，已发展成为新兴工业大省。但金融危机以来，我省产业层次低、自主创新能力弱、资源环境约束等问题加剧，后危机时期发展和制约的“两难”矛盾更加突出，保增长的难度加大，转方式的压力增大。加快发展方式转变，促进工业转型升级，是一项刻不容缓、事关全局的战略任务。为促进工业经济又好又快发展，根据区域产业集聚及演化理论，应尽快适应国际国内环境的变化，由平行分布、同质放大向垂直整合、错位发展转变，着力打造产业集聚区核心竞争力，促进我省工业发展方式转变和转型升级。所谓垂直整合，就是坚持大项目带动，通过构建完善产业链，加快主导产业零部件和原材料的本地配套，推动同一生产链中上下游企业之间的分工协作和中间品交易市场，促进产业集聚、产品创新和规模经济，实现区域交易成本最小化和效益最大化。所谓错位发展，就是扬长避短，根据资源禀赋和比较优势，瞄准某些产业和领域，打造主导产业和特色经济，通过产业链完善、配套合作、良性互动，培育特色鲜明、优势明显的产业集群。错位发展可以避免竞争中的“撞车”和“挤独木桥”现象，减少无谓消耗，合理配置资源。区域经济发展实践证明，现代工业的竞争就是产业集聚集约程度的竞争，大项目的引进和培育、产业链延伸和完善、产业基地建设三者互为因果、相互关联，也是垂直整合、错位发展的目的。垂直整合、错位发展的水平越高、能力越强，企业数量越多，产业链越完善，产业集聚程度也就越高，产业集聚区发展的活力和动力也越大，从而有利于推动我省经济发展方式转变，实现跨越式发展。

一、实施垂直整合、错位发展面临的优势和条件

（一）承接产业转移的历史性机遇

后危机时代，由于东部沿海劳动力、能源原材料成本的增加，以劳动密集型产业为主的加工贸易，由东部沿海向中西部转移趋势骤然提速。一方面为中西部省份发挥比较优势，承接产业转移提供了契机；另一方面也对如何承接提出了要求。加工贸易转移至中西部后，为降低交通运输成本和促进加工贸易升级，按照垂直整合的理念，加快国内产业链构建，实现由“两头在外”向“一头在内、一头在外”的转变，即最大限度地实现原材料、零部件在本地生产。根据不同产业特点，在当地规划发展若干配套园区和原材料基地，形成“龙头＋配套园区＋原料基地”的产业发展格局，在为企业降低成本的同时，追求本地效益最大化，这就是垂直整合的基本模式。垂直整合理论认为，谁先把整机、零部件整合在一个地方，谁就能抢占发展先机。

（二）加快产业集聚区发展的客观要求

从2008年开始，我省开始规划了180个产业集聚区，找到了一条河南跨越发展的捷径。但从实际看，有部分集聚区项目引进很难，而考核力度又很大，存在低水平竞争、低层次发展等现象，违背了产业集聚区发展的初衷。一是主导产业不明晰。主导产业特色不突出，一般加工项目多，小项目多，低端产品多，自主创新能力低，竞争优势不强。还有一批规模不大、技术不新的造纸厂、橡胶厂、化工厂等项目入驻，造成了新的污染。二是产业关联度小。很多还属于传统点式发展方式，以铺摊子、讲求规模和数量为主，横向不能成链，纵向不能耦合，形不成资源共享和产品互换互用，同质化严重，配套发展水平差，存在恶性竞争现象。三是区域协调能力低。囿于行政区域的限制，产业集聚区间不能互动发展，区域间、产业间协调发展能力差，难以构建有效的产业分工与协作体系。按照垂直整合、错位发展的理念，在全省范围内配置资源，突出产业链式发展和配套能力建设，加快产业分工和特色主导产业培育，提升产业集聚水平，已成为我省产业集聚区发展的当务之急。

（三）我省经济社会发展的现实基础

作为新兴工业大省，我省已具备了加快发展的基础和条件。如果运用得当、措施得力，就会实现新的跨越。一是劳动力和区位优势。在加工贸易的产业转移中，劳动力是首要考虑的因素，我省劳动力资源丰富，有其他省份不可比拟的优势。同时，由于出口压力的增加和国家拉动内需政策的影响，一部分台资及沿海企业转移内地，大都有开辟内销市场的考虑。我省地处中原、连南贯北的区位，对做内销市场的企业很有吸引力。最近落户郑州的四家LED台商项目，主要就有做内销市场的因素。二是工业产业基础。我省是能源原材料工业大省，能源比较丰富，原材料生产充足，能有效满足加工贸易的需求。同时，多年以来形成的煤电铝、化工等优势产业，按照垂直整合、错位发展的原则，促进产业集聚，拉长产业链条，就会迅速实现附加值的提升，实现加工贸易和重化工业的协调联动发展。三是工业发展氛围。经过近年来的发展，河南建设工业强省的意识已经深入人心，企业和企业家成长的环境基本具备，集聚集约发展的理念已经形成，为加快我省工业转型升级营造了良好氛围。

二、实施垂直整合、错位发展的主要任务

以科学发展观为统领，按照“四个重在”的要求，以产业集聚区建设为平台，实施垂直整合、错

位发展，加快大项目引进和培育，加快产业链条完善，加快产业基地构建，大力发展生产性服务业，促进产业互动、分工协作和资源共享，推动我省工业集聚发展和转型升级。

（一）培育大项目和大企业，打造特色主导产业

大项目、大企业是垂直整合的前提。大项目引进、大企业培育在于发挥其示范带动作用，在于通过产业链整合，打造特色主导产业，产生综合效益。目前，中西部省份为吸引大项目，都是主要领导亲自抓、全程抓，政策优惠有力，竞争压力巨大。面对机遇和挑战，必须集全省之力，瞄准世界500强、国内500强企业，拿出真金白银的优惠政策，立足于我省比较优势，全力吸引大项目，并做好项目跟踪服务，使其尽快投产、尽快发挥效益。我们已经制定了电子信息、纺织服装、汽车及装备制造等3个产业提升近期行动计划，就是坚持引进大项目和培育本土企业并重，以大项目、大企业为核心，着力将其做大做强，发挥龙头带动作用。如即将落户的一批加工贸易大项目，现有的郑州百万辆汽车基地、中原电气谷项目等。在引进加工贸易大项目的同时，还要十分注重引进铝精深加工、精细化工等大项目，拉长我省重化工业产业链条，提升产品层次。

（二）承接产业转移，完善产业链条

承接产业转移必须特别注重板块承接、产业链完善和产业配套。我们已梳理形成了汽车及装备制造10条产业链、食品6条产业链、纺织5条产业链、电子信息3条产业链，找出薄弱环节，明确了配套重点和承接目标。我们将积极利用省部战略合作的平台，发挥熟悉企业的优势，以形式多样的专题对接为重点，以拉长产业链条、提高附加值、打造产业集群为目的，大力承接战略支撑产业的短板链条，着力承接战略新兴产业的核心技术，加快配套能力建设。在承接产业转移的基础上，对加工贸易的产业转移，如汽车及装备制造、电子信息、服装纺织等，推动其在有效区域半径内按配套门类集中布局，打造“企业＋园区＋基地”垂直整合的开放运作模式。对重化工项目的产业转移，推动其在重化工产业集聚区集中落地，以“园中园”的方式，打造垂直整合的封闭运作模式。

（三）创建示范基地，突出错位发展

找准比较优势、选准主导产业、推动集聚发展，是创建新型工业化产业示范基地的目的。创建示范基地分国家和省两级，单个产业集聚区销售收入分别高于200亿元、100亿元，主导产业销售收入占全部销售收入的65%以上。我们要求，国家级的示范基地主导产业必须在全国范围内有特色有影响，省级示范基地主导产业必须在全省有示范有带动。按照这一原则，全省已评出25个省级示范基地、2个国家级示范基地进行重点培育。通过制定和实施示范基地产业发展计划，增强产业集聚区技术创新、品牌创新能力，形成龙头带动、分工协作、配套发展的格局，带动产品升级、功能升级和价值链升级。同时，积极推动近30个示范基地的互动，按照我省战略支撑产业组建由若干集聚区参加的联盟或组织，推动产业集聚区之间的合理分工和错位发展。

（四）加强项目监测服务，提升产业层次

项目建设是产业集聚区发展的基础，也是我省转变发展方式的关键。对全省工业项目特别是产业集聚区项目，我们坚持扶持优势项目和限制落后项目并重。一方面建立了集聚区重点建设项目监测制度，将总投资5000万元以上的传统工业项目和总投资2000万元以上的高技术工业项目纳入监测范围，实行月报告、季通报，督促项目单位提高建设质量，加快工程进度。开辟集聚区重大项目建设绿色通道，建立完善工业项目审批、核准、备案办法。简化项目审批程序，限时办结项目投资的有关手续。另一方面制定并发布了招商引资和承接产业转移过程中禁止引进的产业（项目）名录，加强督促和检查，严格限制“两高一资”项目入驻，严禁引进能耗高、污染重的低水平项目。同时，采取有效措施，推动沿海企业在整体搬迁转移过程中更新技术、更新设备，实现产品更新换代。

（五）发展生产性服务业，增强服务功能

生产性服务业承担着知识生产与提供公共服务的功能，是产业集聚区不可或缺的一部分。随着科技创新步伐的加快和全球化浪潮的推进，生产性服务业参与国际竞争范围和重要性正在持续增加。对于我省而言，要参加国际竞争和产业分工，一是大力发展物流业。运用亚欧大陆桥的铁路优势和日益增强的民航优势，加快国际通关大通道建设，争取尽快设立综合保税区，努力建成方便快捷的国际通关体系。二是大力发展金融业。重点建立信用评价机制，改善金融生态环境。目前我们正在积极推进中小企业产权交易市场全国试点工作，构建辐射中部地区的中小企业产权、股权和债权交易平台，为活跃金融市场做出积极贡献。三是做好产业集聚区标准厂房、基础设施、公共服务平台等生产性服务业建设，加强职业技术教育和培训，整合企业利益、企业文化和企业内部激励机制等内部动力和市场需求、市场竞争、科技创新、政府支持等外部动力，不断创新服务模式，推动生产性服务业发展。

三、几点建议

（一）调结构首先要调思路

思路决定出路，思路一变天地宽，必须跳出工业看工业，跳出河南看河南。针对国际贸易和区域发展新形势，后危机时代工业经济发展的新趋势，必须不断用全球思维、世界眼光来审视我省工业发展格局。从区域经济上讲，加快我省工业由平行布局、同质放大到垂直整合、错位发展的转变；从产业经济上讲，坚持改造提升传统优势产业和培育发展战略性新兴产业“双轮驱动”。通过理清思路，研究出台具体措施，找准突破口，强力推进各项工作，才能在新一轮竞争中不落伍、不掉队，进而争取主动、抢占先机。

（二）谋发展首先要谋创新

坚持高水平谋划，以改革创新推动跨越发展。按照“引进大项目，完善产业链，做大产业基地”

的思路，实施垂直整合，以大手笔、大战略，加快大项目、大企业的引进和培育，完善产业链，建设配套园区和产业基地，实现规模经济；实施错位发展，在区域范围内配置资源和优化布局，打造各具特色、关联耦合的产业集群，建设特色主导产业明显、发展有序、错落有致的产业集聚区。

（三）把源头首先要把准入

从源头上严把项目准入关，首先要敢于壮士断腕，关键在“断”；更要坚持标本兼治，重在治“本”。所谓“断”，就是坚决淘汰落后，对淘汰企业实施关停并转，严防死灰复燃。所谓“本”，主要是在项目审批、备案时，严把准入关，不能再出现现有工业的简单放大，不能再盲目铺摊子、上规模，必须走集聚集约、自主创新发展之路。

（四）转方式首先要转方法

转方法包括领导方法和工作方法，就是要认真落实“三具两基一抓手”和“两转两提”。转变领导方法就是变管理为服务，全方位为企业服务，形成服务企业、服务发展的工作合力。产业集聚区上档升位要演大合唱，一个部门、几个部门不能包打天下，需要齐心协力打总体战、攻坚战。工作方法就是认真、较真，办实事，抓落实。细节决定成败，结果来自过程。要力争精细化、做到专业化，不能一般化。通过转方法，加快建立大工业的工作保障机制，为建设工业强省做出应有的贡献。

（河南省工业和信息化厅厅长　杨盛道）

2010年四川中小企业融资担保工作经验总结

2010年，全省中小企业融资工作认真围绕中央经济工作会、《国务院关于进一步促进中小企业发展的若干意见》和《四川省人民政府关于进一步支持中小企业加快发展的意见》精神，在打造融资环境、创新融资模式、推进中小企业信用担保体系建设、拓宽融资渠道等方面实现稳步推进，中小企业融资难得到一定程度的缓解。中小企业信用担保体系建设在面临政策调整、银行信贷收紧等情况下，顶住压力，克服困难，为工业经济实现“开门红”和推进全省中小企业加快发展做出了积极贡献。

一、深入推进金融创新，构建银政新型合作关系

（一）与八大银行签订《中小企业金融服务合作备忘录》

举行中小企业金融服务合作签约仪式，分别与工商银行省分行、农业银行省分行、建设银行省分行、交通银行省分行、招商银行成都分行、浦发银行成都分行、中信银行成都分行和恒丰银行成都分行等8家金融机构正式签署《中小企业金融服务合作备忘录》，将在中小企业金融服务、客户推介、融资平台建设、信息化合作、培训合作、调研与政策交流等方面将银政合作推进到一个新的阶段。2010年11月4日，省经济和信息化委又与建设银行四川省分行签署《中小企业金融服务合作协议》，进一步加强双方在推动中小企业融资领域的合作。

（二）与中国银行四川省分行合力推广“中小企业信贷工厂”模式

2010年5月13日下午，在四川省人民政府与中国银行股份有限公司金融合作暨产品服务创新对接会及签约仪式上，在奇葆书记、巨峰省长、小祥副省长及中国银行肖钢董事长的共同见证下，省经济和信息化委和中国银行四川省分行共同签署了《中小企业信贷工厂战略合作协议》，“信贷工厂”模式推广工作正式启动。6月4日，正式下发了《关于在全省推广中小企业“信贷工厂”有关工作的指导意见》，明确推广工作的思路和目标，细化了工作重点，提出了工作要求。6月21日下午，召开中小企业“信贷工厂”模式推广会，会议推介了“信贷工厂”基本模式和操作流程，交流了成都市试点工作做法和经验，再次对推广工作进行安排部署。目前该模式已经在资阳、绵阳、内江、宜宾等地推开。

（三）探索建立小企业贷款补偿和奖励机制

按照国务院36号文件的要求，省经济和信息化委与省财政厅、四川银监局等相关部门进行沟通协调，探索在我省中小企业发展专项资金中建立小企业贷款补偿和奖励机制，对金融机构开展的小企业贷款业务给予风险补偿和奖励，帮助小企业通过银行信贷支持实现做大做强。

（四）积极参与四川省重点优势产业银企对接会

召开全省重点优势产业银企对接会，组织融资超市和7家省市级中小企业信用担保机构参会并开展融资项目对接，帮助抵质押资产不足或无抵质押资产的基层中小企业解决资金问题。会议现场落实银行贷款589项，贷款金额664.97亿元，取得了积极成效。

二、继续推进中小企业信用担保体系建设

（一）为融资性担保机构的发展争取良好的环境

认真贯彻落实国家七部委《融资性担保公司管理暂行办法》，我们用发展与规范并举、在监管中强化服务的思路为融资性担保机构营造良好的外部环境，多次对我省贯彻3号令的实施意见提出建设性建议，努力规避由于政策的急速调整而可能引发的系统风险，争取融资性担保机构继续实现加快发展。

（二）出台指导文件，加大指导力度

2010年1月29日下发了《关于加大中小企业担保服务　推动实现工业经济首季“开门红”的通知》，指导和鼓励中小企业信用担保机构进一步加大对中小企业的融资担保支持，为实现工业经济“开门红”做出贡献。为贯彻落实《工业和信息化部关

于加强中小企业信用担保体系建设工作的意见》精神，我们于6月28日下发了《关于加强我省中小企业信用担保体系建设工作的指导意见》，要求各级中小企业主管部门进一步抓好信用担保体系工作，加强规范中小企业信用担保机构运作和担保风险防范，营造担保环境。

（三）继续严格执行和完善中小企业信用担保机构备案管理、担保月报、信用评级和风险预警等“四项制度”

按照《四川省中小企业信用担保机构备案管理暂行办法》的要求，继续严格执行备案管理制度，规范担保行为。不断完善全省中小企业信用担保机构月报统计制度，切实做到按月收集担保经营数据，动态掌握全省担保行业情况。继续推动中小企业信用担保机构信用评级工作，将担保信用评级作为规范担保行为和绩效考核的重要手段。加强对备案担保机构的风险指导，完善预警制度，及时有效预防担保风险的发生。

（四）继续加大对中小企业信用担保机构的风险补偿力度

一是做好首季“开门红”中小企业信用担保专项资金项目的组织申报、材料审查和专家评审工作，共有42家中小企业信用担保机构获得风险补偿1000万元。二是认真开展2010年国家中小企业发展专项资金担保补助项目的组织申报、项目初审、统一包装上报等工作，争取国家对四川的重点支持。三是做好省级中小企业发展专项资金中小企业信用担保补助项目的审查工作。

（五）继续落实中小企业信用担保机构税收优惠政策

按照工信部和国家税务总局要求，会同省地税局做好中小企业信用担保机构免征营业税的申报组织工作，今年初向国家申报我省符合免税条件的担保机构14家，7月又上报6家。同时，按照《关于担保机构申请享受百分之十五所得税率优惠政策的通知》的规定，继续做好对符合条件的中小企业信用担保机构享受15%所得税优惠政策的确认工作，鼓励担保机构不断加大服务中小企业的积极性。

（六）继续举办担保机构从业人员资格培训

为进一步提升中小企业担保机构从业人员的素质，防范担保风险，指导省担保协会于11月12日~14日举办担保从业人员资格培训班，目前已有500余人报名参加，还将组织资格考试，向合格者颁发《担保从业人员资格证书》。通过培训，将促进担保从业人员对担保专业知识的理解和把握，提升担保从业人员素质和防范、规避和化解风险的能力，对于促进提升行业水平、规范担保行为、整合担保资源具有重要作用。

（七）指导行业组织充分发挥行业自律作用，防范风险

指导四川省中小企业信用与担保协会于4月22日成功召开2010年度会员大会，100余家会员单位近300人参会。在会上，协会对2009年度工作情况和2010年度工作计划作了专题报告，对下一步提出了规范经营，规避风险，深化改革，创新发展，行业自律，继续以缓解中小企业融资难大局为重，推进全省中小企业信用担保工作再上新台阶的工作要求。

（八）帮助藏区中小企业信用担保机构争取国家资金

梁治辉副主任亲自到工信部争取支持，我处先后2次向省政府提出申请，同时积极协调省财政厅向财政部争取支持，帮助藏区增强担保实力，助力当地中小企业发展。

三、持续打造融资服务平台，扩大影响力

（一）向省政府专题汇报四川中小企业融资超市运作情况

按照焦主任视察时提出的工作要求，形成《关于四川中小企业融资超市运行情况的报告》，将融资超市运行情况及下一步工作安排上报省政府，得到分管省领导的高度评价。

（二）组织多场融资辅导和对接活动

积极指导四川中小企业融资超市发挥省级平台作用，整合资源为全省中小企业提供融资咨询、辅导和对接服务。今年以来，融资超市先后开展了多场融资项目辅导和对接活动，来自宜宾、绵阳、遂宁、内江、雅安、乐至等地的130余家基层企业与融资超市入驻机构进行交流合作，融资超市的影响正在逐步扩大。

（三）接待兄弟省市赴融资超市的调研考察

四川中小企业融资超市的组建和运作得到了工信部中小企业司的高度重视和肯定。今年来，融资超市先后接待了甘肃、云南、海南、西安、黑龙江等省市的调研考察组。

四、加大融资方式的探索创新，拓宽融资渠道

（一）考察学习浙江“金融仓储”模式

省人大财经委、省经济和信息化委和四川银监局组成联合调查组前往浙江学习考察中小企业动产抵质押融资的“金融仓储”模式，形成专题报告上报省政府，对我省借鉴该模式发展金融仓储提出了意见建议，为下一步的借鉴推广工作打下了基础。

（二）探索对民间资金进行引导和整合

赴遂宁实地跟踪调研四川省福彩地融资理财信息咨询服务有限公司开展的民间融资居间服务的情况，引导民间融资健康发展，引导民间资金转化为民间资本，引导民间资金在合法、合规、合理的基础上更好地服务于中小企业的发展。

（三）积极研究动产质押监管、知识产权质押等融资模式

参加了6月2日省信用联社在广汉召开的信贷支持中小企业金融创新现场会，了解农信社在开展

动产质押监管模式试点工作上的经验和做法，研究如何继续完善动产质押监管模式。与省知识产权局衔接，了解全省知识产权质押融资工作情况，准备先在成都、绵阳试点后再进行推广。

（四）继续引导中小企业尝试运用更多的融资工具

依托四川中小企业融资超市聚集的投融资机构资源，在市州、工业园区组织的项目对接会和其他大型对接活动上，重点对信托、融资租赁、产权交易、股权融资等进行辅导和推介，引导企业更多地了解、使用多样化的融资工具。

五、继续推动中小企业信用体系建设

全面启动“千户诚信中小企业培植计划”。与人民银行成都分行、四川银监局合作，全面启动“千户诚信中小企业培植计划”，去年的先期试点工作向全省铺开。5 月 25 日，与人民银行成都分行、四川银监局在遂宁召开了中小企业信用体系建设现场会，总结了去年试点工作的成效和经验，对下一步培植计划的顺利开展做出了工作部署。

六、加大对融资工作的宣传

在《金融投资报》开辟专栏进行集中宣传。在今年 1 月至 4 月的每周三集中对全省中小企业融资担保工作中的典型情况进行报道，截至目前已撰写和编辑相关文章 80 余篇。

做好网络信息发布。依托“中小企业四川网”、“西部融资担保网”、“四川中小企业融资超市”等网络平台，搭建了宣传中小企业融资工作的窗口。

抓好工作信息报送等工作。及时将全省中小企业融资担保工作开展情况、市州工作动态、中小企业信用担保体系建设情况等编写成四川经济信息，保证政务信息的通畅。

（四川省中小企业局）

中小企业非公经济是重要支撑

中小企业、非公经济作为社会就业的主要承载者，作为发展经济的主要活力来源，作为统筹协调发展的主要联结者，在工业强省战略中的地位和作用至关重要。贵州省中小企业、非公经济发展现状显示，“十一五”期间，规模以上中小工业企业创造了六成多的工业总产值，规模以上非公经济工业占规模以上工业企业户数、工业总产值、利润总额、就业人数的比重分别提高了 25.39 个、8.73 个、14.37 个、12.96 个个百分点，分别达到 90.11%、44.55%、40.33%、47.61%。贵州省进入西部地区百强县的盘县、遵义县、仁怀市、兴义市、清镇市、都匀市、金沙县等都具有非公经济占比高、中小企业多的特点。以上说明贵州省中小企业、非公经济对工业经济的贡献日益凸显，是创业、创新的主体，是加速工业发展，加快转型、推动跨越的重要力量，是加快城镇化的新兴力量。

发展中小企业、非公经济，就是要以扩大总量、加快速度、增加就业、提高产业集聚度为主线，继续实施“中小企业成长工程”和非公经济发展“六大计划”，重点实施好工业发展大会提出的“八大行动计划”和“十大产业振兴规划”，培育一批中小企业、非公经济产业园区和产业集群，推动非公经济成为竞争性行业的主力军，成为创业带动就业的先锋。具体来说，我认为应从以下几方面着手。

一是要走好“群众路线”。创造良好的创业环境，放宽民间投资门槛，减少审批事项，在工业园区内建设一批创业园或基地，构建创业服务体系，努力提高创业人口在全省的比重，让贵州省成为创业的乐园。

二要围绕大企业大项目做文章。鼓励、支持中小企业、非公经济围绕大企业、大项目做好专业化、协作化配套，在拓展产业幅、延长产业链上下功夫，提升大企业的龙头带动力、提高中小企业的自主创新能力、提升地方配套增值率，从而提升中小企业、非公有制经济效益和竞争力。

三要变“小舢板”为“大舰队”。大力发展产业集群式的工业园区，鼓励同行业的中小企业、非公有制企业进入园区集聚发展，支持关联企业进入园区配套生产，引导物流、工业设计、检验检测、技术创新、融资服务、人才培养等现代服务业进驻园区，形成相互关联、相互协作、科学发展的新格局。

2011 年是“十二五”开局之年，全省中小企业、非公经济工作将紧紧抓住机遇，进一步加大对中小企业、非公经济的扶持力度，破除发展障碍，完善服务体系。重点开展“中小企业政策服务年”活动，抓好项目库建设，实施“百户优强中小企业扶持计划”、“万户小老板工程”。滚动培育 100 户优强中小企业，扶持小老板 2000 户，实现融资性担保机构、小额贷款公司资本金倍增，建成认定 10 户以上省级示范平台，免费培训 10000 人次。推进旅游商品产业，促进创业带动就业。力争实现中小企业、非公经济占 GDP 比重有显著提高，为我省经济社会发展做出贡献。

［贵州省经信委副主任、中小企业（非公有制经济）办公室主任 龙超亚］

陕西中小企业发展情况的调查与思考

2010 年 5 月，省委决定我到省中小企业局工作后，为了全面掌握我省中小企业发展状况，为制定“十二五”发展规划提供科学依据，我即组织专门力量，集中时间，对我省中小企业“十一五”发展现状和未来发展思路进行了深入细致的调查研究，形成了这份调查报告，以期对我省中小企业又好又快发展起到应有的指导作用。

Ⅰ．陕西中小企业“十一五”成长成就及经验

一、中小企业成长情况

改革开放以来，在市场机制和政府扶持的共同作用下，陕西中小企业快速成长，成为推动陕西经济又好又快发展的生力军。近几年来，各级党委和政府高度重视，相继出台相应的扶持政策，改善中小企业成长所需的金融支持、社会服务和政策法规环境，陕西中小企业数量迅速增加，综合实力不断提升，发展迈上一个新的台阶。

（一）经济总量

2009 年，全省中小企业发展到 135.36 万户，从业人员 667.44 万人；其中法人企业单位 12.44 万户，个体经营户 122.92 万户。2007 年至 2009 年平均每年新增小企业和个体经营户 2.9 万户。2009 年，全省中小企业实现增加值 3547.98 亿元，营业收入 9630.17 亿元，利润总额 699.91 亿元，实缴税金 378.72 亿元，比 2008 年分别增长 18.7%、18.2%、16% 和 21%；完成固定资产投资 1914.52 亿元，比 2008 年增长 42.5%。2009 年，全省中小企业资产总额达 6578.99 亿元，其中固定资产原值 3907.69 亿元；资产总额比 2008 年增长 21%，比 2007 增长 47%。

（二）地区分布

2009 年，全省中小企业的个数和营业收入中，关中占 64.23% 和 75.48%，陕南占 22.39% 和 10.94%，陕北占 13.38% 和 13.58%，陕南、陕北比重逐年提高。

“十一五”以来，关中地区中小企业中的装备制造、高新技术产业、农产品加工、纺织服装、科技型农业、房地产开发、餐饮娱乐等产业发展较快。陕南地区生物医药、有色金属采选、林特产品加工等特色产业快速发展。陕北地区呈现后来居上之势，在交通运输、建筑与房地产开发、农产品加工、能源化工等产业涌现出了一大批规模企业，成为推动全省中小企业快速发展的重要增长点。

（三）产业结构

1．三次产业结构

2009 年，全省中小企业数一、二、三次产业的分布为 2.47%、18.74% 和 78.79%；中小企业增加值一、二、三次产业的分布为 1.16%、66.05% 和 32.79%。第三产业的企业数占企业总数的比重较 2008 年增加了 3.53 个百分点，第二产业企业数占企业总数的比重较 2008 年减少了 3.11 个百分点，但其增加值所占比重仍然保持在 66.05%。

2．行业结构

2009 年，全省中小企业个数和营业收入中，农业企业占 2.47% 和 1.33%，工业占 15.27% 和 60.24%，建筑业占 3.47% 和 6.56%，交通运输仓储业占 19.12% 和 4.88%，批发零售业占 36.84% 和 13.39%，住宿及餐饮业占 12.13% 和 4.95%，居民服务、其他服务业和娱乐业占 7.90% 和 2.73%，其他占 2.80% 和 5.91%。

与 2008 年相比，2009 年全省中小企业营业收入比重增加的行业主要是工业、建筑业、交通运输、住宿和餐饮业、居民服务和社会娱乐业等，比重基本不变的是农业、批发零售业，其他行业比重有所下降；企业单位数比重增加的行业只有批发零售业，比重基本不变的是农业和交通运输业，其他行业比重有所下降。

3．工业结构

2009 年，陕西中小企业的工业营业收入较高的 12 个行业依次为通用设备制造业、煤炭开采和洗选业、农副食品加工业、非金属矿物制品业、黑色金属冶炼及压延加工业、有色金属冶炼及压延加工业、工艺品及其他制造业、化学原料与化学制品制造业、专用设备制造业、金属制品业、建材业、交通运输设备制造业。上述 12 个行业营业收入占全省中小企业工业营业收入的 67.87%。企业单位数较多的行业依次为农副食品加工业、工艺品及其他制造业、食品制造业、非金属矿物制品业、家具制造业、服装、鞋、帽制造业、金属制品业、木材加工及竹、藤、棕、草制品业，这些行业的企业数占陕西中小企业工业企业总数的 77.19%。

（四）规模结构

2009 年，全省年营业收入 500 万元以上的中小企业、非公有制企业 5017 个，比 2008 年增加 832 个；5000 万元以上的企业 1738 个，比 2008 年增加 840 个；1 亿元以上的企业 687 个，比 2008 年增加 290 个；5 亿元以上的企业 58 个，10 亿元以上的企业 23 个。这些企业对全省中小企业的快速发展起到了骨干带动和支撑作用。

（五）所有制结构

陕西省第二次经济普查数据表明①，2008 年末，全省企业法人单位 91632 个，比 2004 年末增加 28111 个，增长 44.3%。其中，国有企业 4915 个，减少 1275 个，下降 20.6%；集体企业 6456 个，减少 5101 个，下降 44.1%；股份合作企业 657 个，减少 699 个，下降 51.5%；联营企业、有限责任公司和股份有限公司共 14622 个，增加 2828 个，增长 24.0%；私营企业 62289 个，增加 34241 个，增长 1.2 倍；其他内资企业 1832 个，减少 2039 个，下降 52.7%；港、澳、台商投资企业 299 个，增加 44 个，增长 17.3%；外商投资企业 562 个，增加 112 个，增长 24.9%。私营企业，港、澳、台商投资企业和外商投资企业三类企业所占比重达到 68.9%。与第一次经济普查结果相比，全省非公有制企业和混合所有制企业的比重明显上升。

① 陕西省统计局：陕西省第二次经济普查主要数据公报（第一号），2010 年 1 月 5 日。

二、陕西中小企业社会贡献

（一）对经济总量的贡献

中小企业增加值占全省 GDP 的比重 2007 年、2008 年和 2009 年分别为 38.50%、41.05% 和 43.30%，年均提高 1.5 个百分点以上。全省中小企业增加值增速 2007 年、2008 年和 2009 年分别为 16.5%、17.0% 和 18.2%，分别高于全省 GDP 增速 0.5 个、0.2 个和 4.6 个百分点。在国际金融危机严重冲击、能源化工、有色金属业低速增长或负增长的困难形势下，全省中小企业、非公有制企业迎难而上，勇挑重担，各项主要指标平稳较快增长，完成情况明显好于预期，为我省经济保增长、促就业、保稳定做出了重要贡献。

（二）对就业增收的贡献

近三年来，通过中小企业的发展，全省每年约有 10 多万农业人口向中小企业转移，全省中小企业从业人员 2007 年 617.99 万人，2008 年 633.99 万人，2009 年达到 667.44 万人，占全省二、三产业从业人数的 70%。三年来，中小企业年均新增就业超过 21 万人，占全省新增就业的 60% 以上。

全省中小企业支付劳动者报酬稳步增长。2007 年、2008 年和 2009 年分别为 410.65 亿元、478 亿元和 605.77 亿元；中小企业从业人员工资水平不断提高。2007 年、2008 年和 2009 年人均年工资分别为 6644 元、7540 元和 9079 元。

（三）对优化产业结构的贡献

"十一五"期间，陕西中小企业的快速发展对优化产业结构做出了较大的贡献。从事第三产业的中小企业蓬勃发展，其企业数在企业总数中的占比由 2007 年的 73.87% 提高到 2009 年的 78.79%，增加了 4.92 个百分点，为活跃市场、吸纳就业、增加城乡居民收入、优化经济结构做出了重要贡献。从事第二产业的企业数占企业总数的比重较 2007 年减少了 3.80 个百分点，但其增加值所占比重却上升了 4.42 个百分点，表明第二产业的实力不断增强；工业主体地位更加凸显，结构不断优化。在工业行业中，装备制造业、石油加工、炼焦加工业、煤炭开采和洗选业、苹果汁加工业、饮料制造业等具有陕西特色的工业，以及农副食品加工业、工艺品制造业等关系民生的工业，特别是交通运输设备制造业、通信设备制造业等新型工业都在快速发展，而塑料制品业、造纸及纸制品业等环境污染较大的工业正在缩减，工业结构调整进程加快，趋于优化。

（四）对县区经济发展的贡献

全省县域工业增加值占 GDP 的比重，2007 年是 46.6%、2008 年是 56.4%，2009 年超过 58.0%。2008 年，全省县域经济发展排名前 30 位的县（市）中，中小企业发展迅速的占 70%；发展排名前 8 名的城区，中小企业发展迅速的城区占 60% 以上。

2009 年，全省有 25 个县、区中小企业营业收入超过 100 亿元，比 2008 年增加 6 个。有 271 个乡（镇、街道办事）的中小企业营业收入超过 5 亿元，203 个村的中小企业营业收入超过 1 亿元，分别比 2008 年增加 60 个和 38 个。

2009 年，全省中小企业增加值占县域 GDP 的比重超过 50% 的县、区达到 25 个，超过 40% 的县、区达到 50 个，分别比 2008 年增加 10 个和 6 个；一半以上县、区中小企业实缴税金占县域财政收入的比重超过 35%。许多县、区取消农业税后，中小企业税金已成为县域税收的主要来源。

三、中小企业成长的特点

（一）增长速度快，推动陕西经济总量在全国排位不断提升

陕西中小企业增加值增速连续三年高于全省 GDP 增速，各市、区中小企业增加值增速高于各市、区 GDP 增速。2007 年、2008 年和 2009 年陕西中小企业增加值增速分别高于全国中小企业平均增速 2.23 个百分点、5.38 个百分点和 8 个百分点。

全国第一次经济普查查后，陕西 2004 年 GDP 在全国的位次由第 22 位提升到第 19 位，前进 3 位，在西部 12 省（市、区）中排位从第 4 位上升到第 3 位。主要原因是全省第三产业发展迅速，占 GDP 增量的 61.1%，而第三产业增量的主体是中小企业和非公有制经济。全国第二次经济普查后，陕西在全国经济总量排名由第 19 位提升至第 17 位，又前进了 2 位。全省 2008 年经济总量比初步核算数增加 463.26 亿元，其中第三产业增量占生产总值增量的比重达 95.89%，基本上是来自中小企业、非公有制经济中的交通运输、批发零售、餐饮住宿、社会服务、文化旅游、房地产等服务业的发展贡献。

（二）县域工业园区建设进程加快，产业聚集效应显著增强

2007 年以来，我省县域工业园区企业营业收入以年均 25% 以上的速度发展，已经成为全省扩大招商引资、加快产业聚集、转化先进技术和推进城镇化建设的主要载体。2008 年，全省县域工业园区发展到 187 个，年营业收入 10 亿元以上的县域工业园区达到 30 户。全省各类园区有中小企业 10 万户，从业人员 103.9 万人，园区企业营业收入占全省中小企业营业收入的 35%。2009 年，县域工业园区建设加速推进，中小企业聚集发展速度进一步加快，全省各类园区中小企业营业收入占全省中小企业营业收入的 43%，同比增长 28%，发挥了"领头羊"作用。

（三）企业项目投资规模扩张明显，技术创新能力不断增强，发展后劲大

2009 年，全省中小企业、非公有制企业完成固定资产投资 1914.52 亿元，比上年增长 42.50%。其中：第一产业完成投资 266.47 亿元，占 2%；第二产业完成投资 870.27 亿元，占 45.45%；第三产业完成投资 777.78 亿元，占 40.64%。技扩改投资 1006.14 亿元，占全部固定资产投资的 52.55%，比重较上年提高了 0.25 个百分点。工业完成投资 768.58 亿元，占 40.14%，农产品加工业完成投资 86.50 亿元，占工业投资的 11.25%。新开工投资 50

万元以上项目6103个，建成投产项目4793个，其中建成投产投资1亿元以上项目65个，5000万～1亿元的项目140个，1000万～5000万元的项目491个。

2009年全省中小企业技术创新和研发机构达到2648个。全省中小企业先后创出中国名牌产品6个、中国驰名商标2个、陕西省名牌产品205个、国家免检产品58个、全国创名牌重点企业43个。全省按照新标准认定的高新技术企业有386家，其中中小企业和非公有制企业占90%以上。全省科技型中小企业发展到1.4万个。

四、促进陕西中小企业成长的经验

陕西中小企业成长近三年之所以有突破、有提高，基本经验有五条：

（一）加强领导，理顺体制，完善政策，是加快中小企业（非公有制经济）发展的根本保证

自2003年1月《中小企业促进法》颁布实施以来，陕西省委、省政府高度重视促进中小企业发展工作，相继出台了一系列政策措施，把发展中小企业和发展非公有制经济相结合，理顺中小企业和非公有制经济的管理体制，充分发挥政策的宏观引导作用，实施推进公平准入、鼓励全民创业、推进科技和管理创新、培育骨干企业、发展产业集群、加快县域工业园区建设、加大财税扶持力度、改进和完善金融服务等政策措施，有效地推动了全省中小企业和非公有制经济的发展。

（二）推进全民创业，催生小企业，加快非公有制经济发展，不断培植市场经济主体，是加快中小企业数量扩张的主要途径

近年来陕西把发展中小企业和全民创业、催生个体私营企业相结合，把发展中小企业和发展非公有制经济相结合，把发展中小企业和发展县域经济相结合，坚持催生小企业和扶持现有企业升级转型并举，发展规模以上企业和发展规模以下企业并举，推进产业升级、结构优化和发展公共服务平台并举，从注重支持单个企业发展向注重支持产业集群、工业园区发展转变，立足当地优势资源，着眼于产业配套和产业链条延伸，加快工业园区建设，鼓励发展个体私营企业和家庭工业，多措并举，有效地促进了中小企业和非公有制企业的发展。

1. 以加快推进县域工业园区发展为抓手，营造中小企业和非公有制企业发展的平台

2008年11月下发了《陕西省人民政府关于加快推进县域工业园区发展的指导意见》，2009年3月陕西省人民政府颁布了《陕西省加快县域工业化发展纲要（2009～2012年）》，提出了发展目标和重点发展领域。2009年重点建设的74个县域工业园区建设速度明显加快，入园企业不断增加，成为招商引资的重要载体和县域经济的主要增长点。31个县创建“发展中小企业、壮大县域经济示范县”初见成效。

2. 激发创业激情，鼓励发展个体私营企业和家庭工业

通过推广府谷、高陵、岐山、勉县等县催生小企业的经验和女大学生燕君芳的“本香创业模式”，扶持建设53个创业基地和小企业“孵化器”，催生创办了一大批个体私营企业和家庭工业。通过中小企业创业基地传授创业技能，提供创业指导，缩短了中小企业成长的孕育期，提高创业成功率，促使中小企业快速走向成熟。

（三）坚持科技创新，优化经济结构，转变发展方式，是不断提升中小企业发展层次和水平的基本路子

1. 全面实施“百千万中小企业发展工程”，对优化经济结构、转变发展方式、不断提升中小企业发展层次和水平发挥了积极的作用

从2009年开始，全面实施“百千万中小企业发展工程”，计划在三年之内，每年筛选100户规模以上企业，实行政策倾斜，在用地上优先保证、资金上重点扶持，立足当地优势，培育一批具有地方特色的产业化龙头企业。重点支持1000户高成长企业的技术改造，推进产学研结合，合作建立技术中心和研发机构，实施核心技术项目或技改项目，形成一批符合国家产业政策、基础好、有发展潜力、有辐射带动作用的骨干企业。开展万名创业者、小老板培训活动，扶持发展10000个小企业和个体经营户，提升陕西中小企业的规模和素质。“百千万中小企业发展工程”的实施对调结构、转方式、促进中小企业发展层次和水平的提升已发挥了积极的作用。

2. 引导中小企业加大技术创新投入，走依靠科学技术推动企业发展的路子

目前，全省3335户规模以上工业企业，多数联合大专院校、科研单位建立了研发机构，211户年营业收入上亿元企业都有了自己优势品牌。许多中小企业通过技术研究机构的支持，解决了发展中的技术瓶颈问题，增强了自主创新和技术改造能力。2008年，全省重点推广了363项新技术，开发了277个新产品，成效显著。

（四）大胆创新，稳妥推进，积极引导和帮助企业有效解决融资、人才等瓶颈制约性因素，是保持中小企业平稳较快发展的关键

1. 不断改善融资环境

近年来，通过与省开发行、省建行、省农信社等金融机构签订贷款合作协议，扩大向全省中小企业、民营企业新增授信额度，加大金融机构对中小企业贷款支持，在一定程度上缓解了融资难、担保难问题。2009年省中小企业局与省银监局、人行西安分行共同搭建陕西中小企业融资信息服务平台——融资超市，推出质押监管融资服务链的新型贷款模式，帮助企业改善质押条件。培育储备上市后备企业45户，有3户企业提出上市申请，其中西安宝德自动化股份有限公司成功在创业板上市。完善信用担保体系建设，中小企业通过贴息、补助等方式，撬动金融机构增加信贷资金，获得金融支持。

2. 加快人才培训体系建设

依托大中专院校、培训中心等教育培训机构，建立了省、市、县培训基地和职业经理人培训制度，开展面向中小企业的专业知识、专业技能培训等，为中小企业培训了大量的经营管理和高级技术人才。

目前已在64个县（区）建立了中小企业远程创业培训基地，初步形成创业培训体系。近两年接受创业培训的超过25万人次。

（五）完善服务体系，优化发展环境，营造发展氛围，是加快中小企业发展的重要支撑

近年来，在打造融资平台和培训平台的同时，积极推进中小企业信息网络体系建设，实现全省信息网的联网运行，加快实施全省中小企业信息化工程，逐步形成全省中小企业电子商务平台，改善了中小企业的发展环境。

注重抓好招商引资和项目建设工作，协助中小企业主动承接发达地区的产业转移，围绕能源、化工、装备制造、生物医药、果汁乳品等优势产业，主动招商、促成一批项目。在第十三届“西洽会”和第六届中国国际中小企业博览会上，来自浙江、福建、深圳等地的企业与我省中小企业签约项目总额达580多亿元。

这些有益探索和实践经验，是改革开放和现代化建设30年来陕西中小企业和非公有制发展所取得的重要成果和精神财富，必须牢牢把握和坚定不移地坚持下去。

Ⅱ. 陕西中小企业成长存在的问题、制约因素与机遇分析

总体来看，陕西中小企业和非公有制经济近年来取得了一定的发展，成为壮大县域经济和推动全省经济持续较快发展的重要力量。但与先进省市相比，陕西中小企业和非公有制经济发展仍有较大差距，还存在不少问题。“十二五”期间，加快陕西中小企业发展既面临着前所未有的大好机遇，也面临着不少困难、制约因素和挑战。

一、问题分析

（一）规模小、龙头少，总体实力偏弱

2008年，陕西中小企业县均规模以上工业企业数、县均法人企业数、法人企业年均营业收入、县均中小企业增加值占GDP比重均低于全国平均水平，其中县均规模以上工业企业数、县均中小企业营业收入分别仅为全国平均水平的32.95%和27.86%。县均规模以上工业企业29个，仅是浙江省的5.6%，江苏省的7.0%，河南省的31.1%，重庆市的32.6%，四川省的60.4%。县均规模以上农产品加工企业6.7个，仅是全国平均水平的21.9%，江苏省的4.4%。缺少规模大、效益好、闻名全国的产业化龙头企业。

（二）产品科技含量少，产业层次低

全省中小企业特别是县域中小企业中，产业结构及产品结构层次较低，拥有自主知识产权的产品极少。大部分企业技术构成低，加工手段落后，产品科技含量不高，花色品种单一，更新换代慢，驰名商标和名牌产品少，竞争力不强。高新技术企业占全国的比重仅2.45%，是江苏的28.2%，浙江的27.7%。不少工业企业增长支撑面比较单薄，发展过于依赖能源、矿产等资源型产业。初级产品多，深加工不够，产业链短。同类产品多，特色产品少，在全国有影响的产品更少。2007年，陕西取得的中国名牌产品数仅占全国3.15%，远远地落后于江、浙等省份。

（三）人才缺乏，经营管理粗放

人才缺乏是陕西中小企业的一大软肋。2008年，陕西中小企业（法人企业）大专以上人员占从业人员总数的比重仅7.6%，具有专业技术资格以上人员占从业人员比重仅6.80%，两项指标均低于全国平均水平（11.96%和12.67%）。目前全省中小企业中具有各类专业技术职称的人员不足17万人，占不到从业人员总数的7%，远低于全国平均水平（16%）。尤其是缺乏高层次的技术人才和经营管理人才，企业的自主创新能力不强。目前全省非公有制经济组织中具有高级专业技术职称的人才不足5万人。人才瓶颈对中小企业和非公有制经济发展的制约作用日益显现，成为制约中小企业和非公有制经济结构调整和产业升级的障碍。

经营管理粗放在中小企业，特别是私营企业表现相当突出。陕西私营企业的总资产贡献率、流动资产周转次数、成本费用利润率、产品销售率等指标均低于全国平均水平，反映了陕西私营企业的经营管理水平普遍较低。

（四）产业聚集度低

目前，陕西已形成龙头企业带动型、技术扩散型、资源加工型和市场聚合型的产业集群，为工业经济增长发挥了重要作用。2008年，全省20个产业集群完成工业总产值6500多亿元，实现工业增加值近2700亿元，占到全省工业总量的90%以上。但与全国发达省市相比，陕西产业集群依然处于起步阶段。[①]中小企业产业集群近年来虽有较快发展，但与发达地区相比，产业聚集度低，未能形成有核心竞争能力的产业链，对县域经济的支撑作用依然有限。多数县工业基础差，传统“二元结构”的特征仍然存在。2008年，陕西县域工业增加值占县域生产总值的54.1%，明显低于全国平均水平；县均生产总值32.4亿元，不到全国县域平均值的55%，有58个县人均生产总值不到1万元。[②]县域工业集中区187个，占全国县域园区总数的2.37%，县域工业集中区平均营业收入6.85亿元，仅为全国平均水平的54.84%。

二、制约因素分析

（一）融资难问题依然突出

贷款环境仍显“外松内紧”，小企业融资十分困难。据对113户中小企业的调查，急需贷款24亿元，通过不同贷款方式获得实际贷款1.8亿元，仅

① 《陕西省人民政府关于加快产业集群发展的指导意见》。

② 《陕西省加快县域工业化发展纲要（2009～2012年）》。

占7.5%。存在的困难和问题，一是担保机构规模小，实力弱，现有的担保机构资本金过亿元的仅有3家，最少的只有200万元；二是中小企业与银行、担保公司合作机制不健全，融资渠道不畅，金融机构对担保的认同度低，担保贷款手续繁琐，审批时间过长；三是担保风险防范与补偿机制尚未形成，政府出资设立的担保机构缺乏后续的补偿机制。

中小企业贷款难的症结是信用担保难。1998年以来，商业银行普遍推行了抵押担保制度，但对广大中小企业而言，落实起来非常困难。中小企业多数分散在县域、扎根在农村，可用于抵押的设备等资产对银行来说不具备价值，抵押担保贷款制度难以实行。另外，现阶段的个人和企业信用体系也不完善，中小企业相对于大企业来说财务信息不透明、可信度不高，还有少数企业一遇到经营困难，会以逃废债务的方式将风险直接转嫁给银行。虽然这种情况不多，但影响了银行对中小企业的贷款信心。

（二）服务体系不健全

一是技术支持和科技服务平台的作用尚未得到有效发挥。陕西是科教大省，但长期以来产学研结合的问题并没有真正得到解决，科教资源优势带动中小企业、非公有制经济发展的巨大潜力还没有得到有效的发挥。为了解决这一难题，陕西省政府按照“依托高校、企业参与、背靠政府、市场引导、自主运作”的原则，从2006年以来相继成立了陕西工业技术研究院、西北工业技术研究院、陕西电子工业研究院、陕西农产品加工技术研究院、陕西能源化工技术研究院。这些研究院组织实施了一批处于产业链关键环节、具有国际先进水平的重要项目。相当一部分规模以上中小工业企业联合大专院校、科研机构共同建立了多种形式的企业技术和新产品研发机构。但是，相对陕西巨大的科技潜能而言，技术支持和科技服务平台的作用依然没有得到有效地发挥。2008年全省专利超过6000件，但专用技术利用率仅4%。科技成果转化难、科技和管理人才引进难的问题仍然存在，以应用为导向的自主创新战略在中小企业得不到有效的实施，中小企业技术研发体系的建设得不到有效的技术服务和智力支持，大专院校、科研院所、社会团体和企业等方面的科技资源、智力资源尚未得到有效的整合，技术瓶颈仍然制约着陕西中小企业、非公有制企业的技术改造、技术创新和管理创新，制约着陕西中小企业、非公有制企业发展方式转变和产业结构调整升级。

二是培训平台的运作还不够规范。虽然全省在64个县（区）建立了中小企业远程创业培训基地，并且开展了各种形式的大规模专业培训。但是，培训平台的运作还不够规范化和制度化，培训工作的针对性还不够强，培训方式还有待改进，受训者参训的积极性还有待提高，企业培训经费、政府支持企业培训的力度还需进一步加大。

三是中小企业信息平台建设滞后。中小企业发展所需要的专业的信息平台建设目前仍然处于起步阶段，信息网络建设尚处于起步阶段，电子商务尚未得到全面推广。中小企业经营业绩评价指标体系尚未完全建立起来，中小企业专门的统计数据系统有待开发。

（三）成长模式模糊，管理粗放

“秦晋大贾”、“山陕商人”，是中国历史上最早形成的商人集团，明清时期曾垄断中国东西部贸易达500年之久。然而，由于历史原因，近代的“秦商”与浙商、徽商相比，已从人们的视线中渐渐淡去。从总体上看，当代陕西人思想观念不如东部沿海地区人们那样开放进取，求稳思安的心态直接影响着中小企业的产生和成长。

陕西中小企业许多是从家庭企业发展而来，不少企业还是因袭传统的生产方式和管理方式，家族式经营的特点明显。股权社会化、责任社会化程度低，集约化经营程度低，国际化程度更低。2008年末，陕西内资企业中，股份有限公司的比重为2.1%，股份合作企业的比重为0.7%，有限责任公司的比重也只有13.5%。[①] 全省中小企业、非公有制企业进出口总值仅43.09亿美元，远落后于东南沿海地区。

虽然近年来，陕西民营企业涌现出一批如东岭、金花、开米、迈克、东盛等企业的优秀企业家，但从总体上看，中小企业家的整体素质有待提高。大多数中小企业战略管理意识模糊，只注重生产技术层面的管理，战略发展目标和产业定位不够明确，面对有限的资源，往往难以形成有创意的经营理念。相当多的经营者和管理者不具备现代企业管理所需的发现市场机会的能力、开发商业计划的能力、针对市场机会提供优质产品和服务的能力、现代化的融资、理财、新产品开发、生产运营及人力资源管理的能力，直接影响着中小企业的健康成长。陕西中小企业发展要在“十二五”实现突破，需要一批富有创新精神、具备现代企业管理理念和能力、雄心勃勃、奋发有为的企业家。

中小企业资源紧缺也是制约陕西中小企业发展的重要因素之一。在有形资源方面，资金短缺、设备陈旧是主要问题。企业资本技术密度低，大多处于小规模运转状态，相当一部分乡镇中小企业拥有的是城市企业淘汰下来的设备。就无形资源来看，无论是技术资源还是关系资源、信誉资源，都是目前陕西中小企业发展的短缺资源。

同时，在“十二五”期间，陕西中小企业和非公有制企业成长还将面临一些客观存在的困难和挑战，如市场竞争的加剧，资源环境的趋紧，对职工待遇的关注等。

三、机遇分析

在明确认识陕西中小企业成长存在的问题和制约因素的同时，应该看到在“十二五”期间，陕西中小企业成长也面临着前所未有的发展机遇和有利条件。

---

① 陕西省统计局：陕西省第二次经济普查主要数据公报（第一号），2010年1月5日。

（一）中央和省委、省政府对发展中小企业和非公有制经济高度重视

2007年以来，省委、省政府把加快中小企业、非公有制经济发展作为全省经济结构调整和经济发展的着力点，出台了《陕西省实施〈中华人民共和国中小企业促进法〉办法》、《中共陕西省委陕西省人民政府关于加快发展非公有制经济的指导意见》和《陕西省人民政府关于加快推进县域工业园区发展的指导意见》等法规及政策指导性文件，制定并实施了《陕西省中小企业发展规划（2008～2012年）》和《陕西省加快县域工业化发展纲要（2009～2012年）》，引导和扶持中小企业和非公有经济快速发展。尤其是2009年9月国务院下发《关于进一步促进中小企业发展的若干意见》（国发［2009］36号）以来，我国支持和促进中小企业发展的政策法律体系更加完善，进一步营造了有利于中小企业发展的良好政策法律和社会环境，有利于解决现阶段制约中小企业、非公有制经济发展的突出问题，必将促进中小企业、非公有制经济在“十二五”期间实现突破性发展。

（二）国家深入推进西部大开发战略

当前，西部大开发已经由“打基础”转入“求突破”的新阶段，特别是国家批准的《关中—天水经济区发展规划》，标志着以西安为中心的关中—天水经济区建设，跃升为国家发展战略的重要组成部分。在把关中—天水经济区打造成全国内陆型经济开发开放战略高地、统筹科技资源改革示范基地、全国先进制造业重要基地、全国现代农业高技术产业基地、彰显华夏文明的历史文化基地的战略进程中，在构筑航空高技术、装备制造业、文化产业、旅游产业、现代服务业等特色产业基地以及建设布局合理、设施先进、畅通便捷、城乡共享的基础设施网络的过程中，必定会给陕西中小企业提供更大的发展空间、更多的市场机会和更加有利的发展环境。

（三）陕西城镇化与工业化进程的加快推进

陕西城镇化进程提速。加快西咸一体化，建设千万人口的西安（咸阳）国际大都市；扩大宝鸡、渭南和铜川的城市规模，加快杨凌次核心城市的建设，形成关中城市群体系；支持榆林顺应产业扩张趋势，同步推进城市建设；支持延安拉大城市骨架，搞好新区建设；支持汉中、安康、商洛搞好市政设施建设，提升承载功能，向现代化生态城市迈进，这是陕西未来十年城市化发展的战略任务。加快推进全省83个县城、107个重点镇的建设，实现城镇化水平新跃升，这是陕西未来三到五年城镇化发展的战略任务。

陕西工业化进程加快。未来若干年陕西加快推进工业化的战略任务是①：围绕建设国家大型煤炭示范基地，发展壮大能源化工产业；以建设关中全国先进制造业基地为契机，重点发展航空航天、数控机床、输配电设备、冶金煤炭重型设备、石油机械、汽车及零部件、电子通信设备等优势行业；以电子信息、生物产业、新材料等领域为重点，不断扩大高新技术产业规模；围绕产业调整和振兴规划，以重点园区为载体，实施工业强省十大工程和军民结合“双百工程”，发展大企业大集团；加快集群化发展步伐，推进航空、输变电等21个产业集群成长壮大；大力发展新能源、环保装备等新型产业，大力推进工业化和信息化融合；进一步加快县域工业化进程，加快发展百个县域工业集中区。

随着城镇化和工业化进程的加快推进，以及基础设施和生态环境的不断改善，必将产生巨大的投资需求和消费需求，为中小企业的发展提供强大牵引力和大量的商机，也将在政策支持、基础设施建设等方面为中小企业发展提供极为有利的条件。

（四）陕西具有领先性的科教资源优势

陕西科教实力雄厚，拥有60多所高等院校，1000多个科研机构，其中近100个国家级和省级重点科研院所，100多万科技人才，科教综合实力居全国前列。随着西部大开发的深入推进，以企业为主体、以市场为导向、以大专院校、科研院所为支撑、产学研相结合的具有较强自主创新能力和核心竞争力的创新体系的逐步形成，势必促进科教优势向经济优势的加速转化、创新要素向企业加快集聚，科教优势所释放出来的巨大能量将为陕西中小企业发展注入旺盛的活力。

（五）居民消费结构升级和人们对文化和旅游需求的不断增长

陕西是闻名全国的文化和旅游资源大省，有着得天独厚的历史文化遗迹、辉煌灿烂的革命文化、特色鲜明的民俗文化和一定实力的现代文化。随着人民生活水平不断提高、居民消费结构不断升级和生活方式的转变，人们对文化和休闲旅游的需求将不断增长。“自驾游”、“农家乐”、农业观光、美容健身、休闲娱乐、网络动漫和游戏等文化和旅游需求的增长，必将拉动陕西文化产业和旅游产业快速发展，从而为中小企业带来良好的发展机遇。

（六）陕西中小企业已经形成的比较雄厚的基础

经过多年的发展，陕西中小企业、非公有制经济已经形成比较庞大的产业体系，并积累了不少实践经验，培育出一批具有极大发展潜力和较大市场占有率的特色产业，涌现了一大批杰出民营企业家和优秀企业，形成了一支素质不断提高的中小企业、非公有制企业大军。这为中小企业、非公有制经济又好又快发展打下了良好的基础。

以上分析表明，“十二五”期间，陕西中小企业、非公有制经济发展的机遇与挑战并存、困难与希望同在，但机遇和有利条件远大于挑战和困难。“十二五”期间，将是陕西中小企业、非公有制经济转变发展方式、优化产业结构、做强做大、实现跨越式发展的重要的战略机遇期和攻坚期。只要明确发展思路与目标，坚定信心，抢抓机遇，乘势而上，就一定能够开创出陕西中小企业、非公有制经济又好又快发展的新局面，实现跨越式发展的宏伟目标。

---

① 袁纯清：《陕西省2010年政府工作报告》。

Ⅲ．“十二五”中小企业转型成长的总体思路与目标

一、总体思路

以邓小平理论和“三个代表”重要思想为指导，全面贯彻落实科学发展观，以增强自主创新能力、推进科技进步为动力，以建立完善服务体系为支撑，以发展为大工业配套、高新技术、农产品加工、现代服务业和文化、旅游产业为重点，加快催生小企业，调整产业结构，转变发展方式，培育、壮大一批龙头骨干企业，发展一大批各具特色的中小企业，实现全省中小企业总量扩张和质量提高双突破，使中小企业真正成为全省工业化的主要推动力和县域经济的主要支撑，为推动科学发展、富裕三秦百姓、建设西部强省做出新的贡献。

二、指导原则

（一）坚持提升总量和提高质量并重的原则

既坚持鼓励全民创业，加大催生小企业力度，做大中小企业总量，又坚持着力培育骨干龙头企业快速成长，扩大企业规模效应和集约效应，走科技支撑、特色发展的路子，不断提升企业核心竞争力。

（二）坚持园区化承载和集群化发展的原则

坚持优势资源和规模企业向工业园区集中，形成产业专业协作、成龙配套、基础设施和信息资源共享、服务便利的集群优势，扩大产业规模效应和集聚效应，促进产业结构优化升级。

（三）坚持发挥比较优势、加快推进结构优化的原则

按照资源、区位、发展基础及经济社会诸要素组合的不同特点，发挥各地优势，加快区域特色产业发展，加快推进产业结构、地区结构、规模结构和所有制结构的优化和升级。

（四）坚持加强科技支撑、转变发展方式的原则

积极推进技术创新和技术改造，下大气力培养和引进创新性人才，不断提升企业自主创新能力；搭建技术支持和公共服务平台，大力培育和发展各类科技中介服务机构，促进产学研结合，加快科技成果转化；转变发展方式，不断提升企业经营管理水平，走内涵式发展道路。

（五）坚持可持续发展原则

大力发展清洁生产，积极推进资源节约、环境友好、低碳经济、循环经济发展模式。整合资源要素，不断提高土地、能源、水等重要资源利用效率。

三、成长目标

——综合经济实力实现新跨越。全省中小企业增加值年均增速保持在18%左右，“十二五”末总量占全省生产总值的比重达50%；全省非公有制经济增加值总量占全省生产总值的比重提高到55%左右。全省中小企业（含个体经营户）个数达到145万个，年均新增2万个；从业人员达到740万人，年均新增就业岗位15万个。

——园区化、集群化发展有新突破。建成100个规模相当、设施完备、功能明确、特色明显的县域工业集中区，培育一批具备现代企业制度、拥有知名品牌、管理科学、具有竞争力的龙头企业，打造一批以中小企业为主的实力强、效益好、带动面广的产业集群。同时支持中小企业广泛进入各类国家和省级开发区、产业基地，以多种方法融入大企业主导的产业集群。

——创新能力有新提升。中小企业技术创新投入不断加大，建立一批企业研发中心或与大专院校、科研院所联合建立的产学研机构，拥有一批自主知识产权，培育一批具有竞争力的知名品牌，一大批产品的质量水平、技术含量和附加值显著提高，促进一些关键行业和领域实现由陕西制造向陕西创造的转变，全省中小企业的市场竞争力明显提升。

——节能减排取得新进展。万元工业增加值能耗和主要污染物化学需氧量削减数达到全省要求指标。形成一批循环经济示范企业，资源综合利用和循环利用水平大幅度提高。

——服务体系建设达到新水平。建成公益性服务和商业性服务相结合，能满足中小企业发展需求，功能健全、服务完善、分工合理、体系完备的社会化服务体系。

Ⅳ．中小企业“十二五”转型成长重点及推进措施

一、重点

基于陕西地方资源优势、产业结构特征、中小企业的现状和特点，“十二五”期间，陕西中小企业的发展以为大工业配套、农产品加工、高新技术、文化、旅游和现代服务业等产业为重点领域，培育、壮大一批龙头骨干企业，催生和发展一大批各具特色的中小企业。

（一）加快发展为大工业配套的中小企业

按照省委、省政府确定的做大做强装备制造业、高技术、能源化工等支柱产业的战略构想，围绕大型骨干企业和主导产品，培育和发展一批专业化水平高、配套能力强、产品特色明显的中小企业，延

长产业链，做大产业集群。在装备制造领域，以飞机制造、汽车制造、输变电设备、电子通讯设备、机床工具、工程机械、专用设备等为重点，通过市场化外包服务和社会化分工协作，加快发展一批“专精特新”的零部件及其他协作、配套生产企业。在能源化工、冶金、建材领域，结合资源节约与综合利用、污染防治、生态修复和发展循环经济，着力发展一批为大企业提供产前、产中、产后配套服务的中小型企业，着力延伸产业链下游加工领域，发展适宜于中小企业的各类化工、冶金、建材等产品。

（二）加快发展农产品深加工龙头企业

农产品加工业是与“三农”关联度最高带动最大，并对县域经济发展贡献最直接的朝阳产业。要以农产品加工业为桥梁，把农业生产与城镇商业结合起来，走“农业＋工业＋商业”的新型农产品加工业发展之路，实现农业产业化与工业化的良性互动，形成产业化提升农业、工业化富裕农民、城镇化带动农村的发展格局。要通过壮大龙头企业、做大产业规模、培育优势品牌等措施，依托陕西农业生物资源优势，大力发展粮、油、果、畜、菜、茶、药材加工企业，推进农业产业化经营。通过加大技术引进和新产品开发力度，提升果汁、乳品、淀粉、方便面、饲料、茶叶、中药材等优势特色农产品加工企业的深加工水平。鼓励发展农技推广、包装储运、贸易营销、农资配送、信息咨询等农业产业化配套服务企业，形成以“服务”促“生产”、以“配套”促“加工”的涉农中小企业蓬勃发展的新局面。

（三）加快发展新兴产业和科技型中小企业

依托陕西科技、教育、人才优势，发挥全省高新技术产业开发区、经济技术开发区和大学科技园区的孵化和辐射功能，推动科研成果在县域转化落地。按照核心是技术创新、关键在扩大应用的要求，大力发展新能源、新材料、高新技术产业以及为其配套的中小企业。围绕大型环保节能装备、资源综合利用、新型洁净产品三大领域，大力发展环保产业。积极发展物联网、生物医药、清洁技术，服务外包等新兴产业，加快培育新的经济增长点。

（四）加快发展文化和旅游企业

发挥陕西历史源远流长、文化积淀深厚、旅游资源丰富的优势，大力发展文化和旅游企业。围绕秦风唐韵等历史文化，促进具有陕西风格的动漫企业的快速发展；依托陕西科技资源优势，大力发展陕西网络游戏企业；支持开发文化旅游工艺品，鼓励和支持农民通过手工技艺增收致富；积极发展广告、展览等创意企业；在西安、宝鸡等城市积极发展集演艺、休闲、旅游、餐饮、购物、健身等为一体的综合性文化娱乐企业；围绕历史人文旅游、秦岭、黄河等自然生态旅游、红色旅游和休闲度假旅游，加快发展观光农业企业、休闲农业企业，大力发展农家乐休闲旅游，打造一批特色农家乐旅游区和规模观光农业企业。

（五）加快发展现代服务业企业

重点培育发展新兴服务业，加快发展生产性服务业，全面提升传统服务业。积极促进中小企业在软件开发、服务外包、电子商务等新兴领域拓展，扩大就业渠道，培育新的经济增长点。鼓励支持中小企业在科技研发、工业设计、技术咨询、信息服务、现代物流等生产性服务业领域发展。促进生产服务业向制造业渗透，直接作用于制造业的生产流程，延伸产业链条，催生产业集群，降低生产成本，提高生产效率。围绕县域园区扩张，加快发展园区配套服务业，提升园区整体功能。围绕城镇居民生活消费，大力发展特色餐饮业，把陕西餐饮业打造成全国餐饮行业名牌。围绕社区公共需求，重点发展社区文化、卫生、教育、体育、居民生活、环境安全等行业。围绕西安国际港务区、咸阳空港产业园、宝鸡陈仓、商洛等重点物流园区项目建设，以大中城市和传统市场、新型市场为依托，大力发展现代物流业，建设区域物流、运输市场中心，发展微小运输企业、个体运输户集群。在为生产生活提供基本服务的运输、商业、餐饮、住宿、健身等领域，大力发展个体私营企业。积极适应社会主义新农村建设的需要，大力发展农村第三产业，突出“公共服务”，加强农村社会化服务体系建设，全面提高农业生产服务、农业信息服务、中介服务和农村文化教育科技医疗等方面的服务水平。

二、措施

（一）实施“四大工程”，实现中小企业在总量增长、结构调整、产业升级上的突破

1. 继续实施“百千万中小企业发展工程”

继续实施用地上优先保证、资金上重点扶持、政策上倾斜扶持等措施，力争使2009年～2012年所选定培育的300户规模以上企业成长成为具有地方特色的产业化龙头企业；通过支持技术改造、推进产学研结合、合作建立技术中心和研发机构、实施核心技术项目或技改项目等措施，使重点支持1000户高成长企业成长成为符合国家产业政策、基础好、有发展潜力、有辐射带动作用的骨干企业；通过开展万名创业者、小老板培训活动，扶持发展10000个小企业和个体经营户，力争每年有500家小企业发展为中型企业，1000家以上个体经营户或微小企业发展为规模企业，提升陕西中小企业的规模和素质。

制定成长型中小企业认定标准。重点支持培育100户科技创新示范企业、100户循环经济示范企业。同时重点支持30户营业收入10亿元以上的非公有制企业（集团）发展成为在创新、品牌和产业延伸等方面具有明显带动作用的行业龙头企业。

2. 实施中小企业创新工程

制定中小企业自主创新工作指导意见，鼓励中小企业引进、学习、消化、再创新工作。把消化吸收和科技创新、技术成果转化纳入全省中小企业发展和各级政府经济和科技发展规划。建设省级中小企业自主创新、技术成果转化、技术交易、信息交流服务平台。重点建设10个中小企业科技园区、100个省级中小企业创新研发中心、培育100个“专精特新”产品、支持100个自主创新项目、100个技术攻关项目、创建100个科技创新示范企业、建设100个节能减排和循环经济示范企业。组织20个大专院校与1000户企业签订合作协议，扎实有效地开展“产学研”相结合的技术创新活动。

3. 实施区域产业配套工程

制定中小企业与大企业配套发展指导意见及工作方案；组织大型企业与配套企业交流、拓展配套项目，延长产业链，推动和加速我省大型企业（集团）与中小企业合作，提高省内配套率。组织有资金实力的企业和龙头企业直接对接配套项目合作。鼓励大企业对小企业提供技术、设备、人才的支持。鼓励小企业主动与大企业在产品配套、技术开发、市场营销、管理咨询等方面的合作，建立稳定的供应、生产、销售等协作关系。建立全省配套协作信息服务平台，定期向企业发布配套采购、供应信息。建立大企业在产品配套协作方面支持小企业的考核体系，制定相应的激励政策，对在大企业与中小企业配套协作中配套率达到60%的大企业给予奖励。到“十二五”末，力争使我省大企业的省内配套率从不到30%提高到50%以上，促使龙头企业迅速做大做强，带动一大批配套型中小企业快速发展。

4. 实施中小企业“两化”融合工程

成立陕西中小企业信息化推进中心，与国家中小企业竞争力网联合，在陕西试点并全面推进。在现有县域工业园区基础上，重点支持建设10个中小企业“两化”融合示范区，培育500户深度应用信息技术成效显著的规模企业，使其成为信息技术与企业创新有机结合的试验区。实施万户小企业入网计划，与中国移动、金蝶、住友等信息化产品大企业和知名企业联合，开展信息技术培训推广活动。建设辐射各县区的全省中小企业综合信息服务网、全省中小企业信息技术产品与创新支持服务平台、全省中小企业名录库网上查询系统等三大信息化应用网络。为广大小企业提供先进适用的信息技术产品与服务，增强市场竞争力，全面提升我省中小企业“两化”融合水平。

（二）依托各类园区、名牌产品和骨干企业，加快培育产业集群，加快推进县域工业化

支持培育一批中小企业发展重点县（市、区），带动和提升全省县域工业化水平。将园区基础设施建设纳入小城镇规划，促进中小企业聚集发展，提高辐射带动力，提升园区产业水平。全省县域园区企业营业收入年均增长保持在25%左右，成为推动县域经济快速发展的“主发动机”。尽快出台《陕西省县域工业发展目标责任考核办法》，进一步夯实责任，明确目标。依托各类开发区、产业园区、资源聚集区、名牌产品和骨干企业，加快培育功能互补、协作有序的产业集群，促进生产要素有机结合。

围绕全省规划发展的航空、航天、汽车、输变电、工程机械、机床、食品、通讯元器件、医药、果品等21个产业集群，重点扶持和发展一批成长型中小工业企业。

围绕特色资源开发，发展中小企业，培育和形成特色产业集群。陕北地区要按照能源化工基地发展规划，兴办一批配套服务型中小企业，并利用特产杂粮、大枣、羊、薯类等发展农产品加工产业群；关中地区要大力开发丰富的农产品资源和旅游资源，发展乳制品、果品、粮油加工、旅游和现代物流等产业集群；陕南地区要以发展有色金属、食品加工、医药化工为主，聚集中小企业，构建产业集群。

大力开展招商引资。从调整中小企业产业结构和转化特色优势资源的需要出发，加强与山东、江苏、浙江、广东等发达地区和周边省份的交流与合作，引进项目、资金、技术和人才，有选择地承接东部地区和发达国家的产业转移。要加强项目储备、包装、宣传和推介，组织参与国内外招商活动，积极利用外国政府和世行、亚行、国际金融机构等国际合作组织的优惠贷款，扩大中小企业利用外资规模。

（三）鼓励全民创业，催生小企业，不断壮大市场主体规模

建立小企业创业服务中心。集中有限资源，采取省、市、县和大企业协作，市场化运营，在全省所有县区建立小企业创业服务中心。对进入创业服中心的小企业给予政策支持。继续建立中小企业创业基地，进一步完善创业培训机制，提高创业成功率。成立陕西创业促进会，凝聚有社会责任感的企业家组成创业导师团队，为创业者提供导师辅导和启动资金、项目技术、工商网络支持。出台鼓励全民创业指导意见和具体政策，以大学毕业生和返乡农民工为重点，鼓励各类人员自主创业。

（四）培养和引进一批企业家、高级管理人才和技术人才，不断提高中小企业经营管理水平

建立有效的人才引进机制及激励机制，创造有利于人才成长的环境和条件，整合社会资源，培养和引进一批企业家、高级管理人才和技术人才，促进企业健康成长。

引导中小企业加强基础管理，强化营销和风险管理，完善治理结构，推进机制体制创新，提高经营管理水平。引导企业采取多种方式，加强新技术、新工艺、新产品的引进、消化、吸收和再创新，依靠科技进步，建设科技创新型、资源节约型企业。鼓励支持企业建立行之有效的营销方式和营销网络，通过争创“驰名商标”、“名牌产品”等，提升企业影响力，打造一批技术含量高、市场份额高、产品知名度高的名牌产品。引导企业建立健全安全、劳动、财务、质量等各项管理制度，节约成本，向管理要效益，走投入少、产出多、资源消耗低、环境污染少、经济效益好的新型工业化道路。督促中小企业苦练内功、降本增效，严格遵守安全、环保、质量、卫生、劳动保障等法律法规，诚实守信经营，履行社会责任。同时，要支持培育中小企业管理咨询机构，开展管理咨询服务，为企业成长提供智力支持。

建设“陕西民营企业家网”，定期推出一批优秀企业和企业家，同时利用其他媒体，广泛宣传他们的艰苦创业、共同致富、服务社会、依法纳税、诚信经营的先进事迹。在全社会形成爱护企业、尊重企业家、守法经营、贡献社会的良好风气。

每年组织3000名成长型中小企业厂长、经理和企业家在省、市党校进行培训。学习科学发展观以及最新经济政策、企业发展战略、金融流通、国际贸易等知识，提高他们的综合素质和发展能力。

引导中小企业“以人为本”，把改进经营管理、建设企业文化，作为解决发展难题和提高竞争力的重要措施。在全省树立100个各具特色的企业文化建设先进典型，每年召开一次中小企业文化建设现场会，组织中小企业厂长、经理学习、交流先进企业文化，开展企业文化创建活动，促进企业健康发展。

（五）积极推进企业制度改革和管理创新，增强企业发展后劲，促进一批中小企业成长成为大企业

积极推行股份制和混合所有制改造，促进家族式作坊式企业向开放多元的产权结构和现代企业法人治理结构转变，形成有效的约束、激励、自我发展的体制和机制，逐步改变企业产权单一、管理落后而造成的效益低下问题。鼓励非公有制企业通过并购和控股、参股等多种形式，参与国有、集体企业改组、改制、改造。营造公平、宽松的政策环境，支持非公有制企业和混合所有制企业的发展。加大中小企业改制上市培育力度，按照“改制一批、辅导一批、推荐一批”的思路，选定一批后备企业，积极培育，加快企业上市步伐。通过推进体制机制创新和管理制度创新，促进一批中小企业不断提高自身素质和竞争实力，逐步成长成为大企业。

（六）加强和改善金融服务，切实缓解中小企业融资困难

建立省及部分市级融资服务平台，发挥资源共享增级使用，开展“五方联动”模式，发挥社会担保体系作用，共同创新融资方式。与银行等金融机构签订金融支持计划，在全省贷款增量中增加投放中小企业比例，积极推进银企合作，以保证总量供给。同时依托工业园区、产业集群、创业基地搭建多方联动的融资平台。推动各大银行成立专门服务小企业的机构，推出服务小企业的系列产品。充分发挥融资超市作用，与人行联网，加大协调的力度，全面发挥作用。积极发挥融资租赁、典当、信托等融资方式在中小企业融资中的作用。加大与金融机构紧密合作，促成企业集合债券、信托基金、长期融资券和信贷资产债券等直接融资方法面向中小企业。全力激活和引导民间资本，积极发展各类以服务小企业为主的中小企业银行、村镇银行、社区银行等中小企业金融机构。开辟绿色通道，积极培育和扩展中小企业上市融资。加快推进中小企业产权交易市场的建设，开展产权、股权、债权等融资。

V．“十二五”陕西中小企业成长的保障体系建设

一、政策体系建设

《国务院关于进一步促进中小企业发展的若干意见》进一步完善了我国支持和促进中小企业发展的政策法律体系。这些支持和促进中小企业发展的政策主要有：①财税政策，主要包括中央财政为重点支持中小企业技术创新、结构调整、节能减排、开拓市场、扩大就业、技术改造、中小企业发展以及改善对中小企业的公共服务而设立的各项预算资金，对小型微利企业、高新技术企业实行的优惠税率政策，对纳入环境保护、节能节水企业所得税优惠目录的投资项目实行的企业所得税优惠政策，支持中小企业开拓国际市场的出口退税政策，减轻中小企业社会负担的政策，对符合条件的中小企业信用担保机构免征营业税、准备金提取和代偿损失税前扣除的政策等；②金融政策，主要包括支持小企业发展的金融政策，为加强和改善对中小企业的金融服务在国有银行和股份制银行建立小企业金融服务专营机构、支持民间资本以投资入股方式参与城乡信用社改制为商业（合作）银行的增资扩股、发展小额贷款公司的政策，为拓宽中小企业融资渠道实行的创业投资和融资租赁政策等；③其他促进中小企业发展的政策，主要包括保护中小企业权益的政策，支持劳动密集型中小企业发展、构建和谐劳动关系的政策，以及在扩大市场准入、推进科技创新、加快结构调整、促进充分就业、完善社会服务等方面促进中小企业发展的一系列政策。

“十二五”期间，为了促进陕西中小企业快速发展，一是要全面贯彻落实国家一系列促进中小企业发展的政策，营造有利于中小企业发展的良好环境；二是要根据陕西的实际，进一步健全和完善促进中小企业发展的政策体系，重点应使扩大市场准入、推进科技创新、加快结构调整、促进全民创业和充分就业、完善社会服务等方面促进中小企业发展的政策更具操作性。

（一）进一步落实政策和完善政策体系

尽快出台陕西省贯彻落实《国务院关于进一步促进中小企业发展的若干意见》的实施细则；完善鼓励全民创业和中小企业引进人才的优惠政策；制定成长型中小企业评价认定标准、中小企业自主创新工作指导意见和中小企业与大企业配套发展指导意见等，进一步落实政策和完善政策体系。

（二）加大财政支持

在现有省级中小企业专项资金2亿元的基础上，力争省级财政每年新增财力5%增加中小企业发展专项资金，2015年达到10亿元，市、县各级财政都要设立中小企业发展专项资金。2010年起，每年从省中小企业发展专项资金中列支1亿元，到2012年累计达到3亿元，建立支持县域工业贷款公司。加大财政对竞争前技术和共性技术研发、引进技术消化吸收再创新、初创型科技中小企业的引导性投入。

二、服务体系建设

针对中小企业的社会化服务，包括信息服务、创业辅导、教育培训、融资担保、技术创新、管理咨询、维权保护等方面的内容。就服务性质和提供

服务的主体而言，包括公共性服务、公益性服务和商业性服务三个层次。中小企业的社会化服务体系建设是一项涉及面广、政策性强的社会系统工程。“十二五”期间，陕西中小企业社会化服务体系的建设主要应做好如下两方面的工作。

（一）规范公共性服务，加快建设公益性和商业性相结合的中小企业社会化服务体系

1. 规范公共性服务

公共性服务是由各级政府以及中小企业主管部门提供的政策支持和咨询等公共服务，按照不同地区的发展水平和特点，分类组织制定中小企业发展政策和规划，为中小企业提供工商、财税、融资、劳动用工、社会保障、准入限制等方面的政策咨询，促进服务设施和信息服务网络的建设。

针对陕西的实际，在规范公共性服务方面应做好的工作，一是加强组织领导。成立陕西省促进中小企业发展工作领导小组，加强对中小企业发展的统筹规划、组织领导和政策协调。领导小组办公室设在省中小企业促进局。二是规范各级政府对中小企业的服务。深化行政审批制度改革，全面清理并进一步减少、合并行政审批事项，实现审批内容、标准和程序的公开化、规范化。投资、工商、税务、质检、环保等部门要简化程序、缩短时限、提高效率，为中小企业设立、生产经营等提供便捷服务。在制定和实施土地利用总体规划和年度计划时，要统筹考虑中小企业投资项目用地需求，合理安排用地指标。三是加强统计监测，强化运行协调。改进和完善中小企业统计制度，建立完善中小企业预警监测机制，及时反映企业运行中的趋势性、群体性、前瞻性和突发性情况和问题，提高决策的针对性、预见性和有效性。加强对中小企业统计队伍的培训，提高统计工作效率。四是发挥政府在各类园区建设中的指导和协调作用。各类园区特别是县域工业园区建设，是陕西发展中小企业的载体和抓手。政府要做好各类园区生态环境保护、提高土地利用率、推进招商引资、加大园区投入等工作，在健全各类园区运营管理机制、做好园区规划、确定园区定位等方面，积极发挥指导和协调作用。

2. 加快建设公益性和商业性相结合的中小企业社会化服务体系

公益性服务主要是由各级中小企业主管部门设立的公益性服务机构，会同相关行业协会、专业技术协会、学会、联合会等服务机构，根据政府既定的工作目标、扶持重点，所提供的中小企业需要而通过市场又无法满足的服务项目或公共产品。商业性服务主要是由各类会计、审计、税务、律师、土地事务，评估、咨询和担保、典当、租赁、代理等专业性中介服务机构，科研院所、大专院校以及其他经济实体，结合中小企业服务需求，在工商行政管理部门或民政部门核准登记的业务范围内提供的各类商业性服务。

就公益性服务而言，一是要设立陕西省中小企业服务中心，并将其建设成为服务中小企业的核心服务机构。二是组建中小企业服务行业协会，使之成为行业自律组织，为服务体系建立和规范运作提供制度保障。三是通过资格认定、业务委托、奖励等方式，发挥工商联以及行业协会、商会等机构的作用。各级各类中小企业公益性服务机构，应为广大中小企业和中介服务机构搭建通道，为供求双方联系、联络提供相应的便利，为中小企业提供帮助。

就商业性服务而言，扶持一批中介服务示范单位，引导更多的中介机构为广大中小企业服务。由省中小企业局牵头，省工商局等有关部门参加，对中介服务机构现状进行一次调查摸底，掌握相关情况。对管理规范、服务效果突出、企业认同度高、社会评价好的中介服务组织，确认为中介服务示范单位，给予必要的扶持，使其成为中小企业的专业服务机构，以引导更多的中介机构为广大中小企业服务。

（二）着力打造五个公共服务平台

“十二五”期间，根据陕西的实际，应以中小企业发展中急需的创业培训、信息服务、技术创新、管理咨询和维权保护等为重点内容，着力建设好上述五个公共服务平台。并且按照“市场化运作，企业化经营，法人化治理”的原则，鼓励具备条件的服务机构牵头建设公共服务平台。

1. 创业培训服务平台

整合培训资源，着力建设好省、市、县中小企业培训基地。加强对企业管理、市场营销、法律、法规等内容的培训，帮助企业借鉴、吸收国内外先进的管理经验，建立符合企业自身发展要求的现代管理制度，切实提升企业的经营管理水平。推动中小企业远程创业培训基地的规范化和制度化建设，改进培训方式，提高培训的针对性，调动参训人员的积极性，积极帮助解决企业初创阶段的困难，提高创业成功率。

2. 公共信息服务平台

以“中国中小企业网陕西网”为龙头，采用先进的网络信息技术打造全省企业信息网络服务平台，为中小企业提供广泛的公共服务。指导和帮助抓好各市（区）分网站的建设，实现国家、省、市（区）三级联网，并逐步与各省市中小企业网实现信息共享。依托网络平台为中小企业开展政策法规、人力资源、市场供求、投资融资、企业管理、电子商务、技术创新、产权交易、法律维权等服务。建立网上企业库、项目库、人才库、产品库、技术专利库等各类信息库。

3. 技术创新服务平台

制定和实施中小企业科技创新计划，支持建立各类科技创新服务中心，逐步完善科技创新服务网络。支持和鼓励中小企业和高等院校、科研院所等有关机构开展多种形式的经济技术合作。鼓励企业增加技术创新投入，开发先进适用的技术、工艺和设备，研制适销对路的新产品，提高产品质量，用高新技术和先进适用技术改造提升传统产业和生产工艺，走自主创新和引进吸收相结合之路，努力掌握核心技术和自主知识产权。引导和支持中小企业创建自主品牌。积极组织科技服务机构为中小企业开展技术咨询、技术指导、技术诊断、技术鉴定活动。

4. 管理咨询服务平台

鼓励和支持各类管理咨询机构向创业者提供项

目筹划、创业园地、技术应用、人员培训以及工商行政管理、税务征管、财务会计、劳动就业、社会保障、知识产权、融资投资等方面的咨询和代理服务。引导和支持高等院校、科研机构以及管理咨询机构为中小企业提供企业管理、市场营销、新产品开发、会计、理财、人力资源开发与管理、管理信息系统等方面的管理咨询活动，不断提升中小企业的经营管理水平。

5. 维护权益服务平台

鼓励法律中介机构、行业协会等中介组织为中小企业提供法律援助，设立法律服务热线，提供法律、法规、政策咨询等服务。支持中小企业建立法律顾问制度，增强依法治企能力。依法督促中小企业及其职工参加养老、失业、医疗、工伤、生育社会保险，按时足额缴纳费用，维护职工的社会保障权益。

总之，要通过建立健全政府政策指导和社会化服务体系，营造有利于中小企业成长的良好环境，促进陕西中小企业加快成长和转型升级，在“十二五”期间获得量的扩张和质的提升，接近或赶上全国中小企业在国民经济发展中所占的平均比重，从而全面促进陕西经济又好又快发展。

（陕西省中小企业促进局局长　丁义安）

围绕转型升级推动青海省非公有制经济跨越发展调研报告

为推动青海全省非公有制经济转型升级步伐，根据省委副书记、省长骆惠宁同志的指示精神，省工商联会同省委统战部三处、省社会主义学院工作处、省经委中小企业局、省工商局个私处组成联合调研组，在全省范围内开展了“围绕转型升级推动全省非公有制经济跨越发展”的百家民营企业调研。此次调研采取实地走访和发放调查问卷相结合的方式，重点走访企业100家，召开座谈会17次，参会企业158户，发放《调查问卷》500份，收回有效问卷434份。现将调研情况报告如下：

一、青海全省非公有制经济发展情况

（一）基本情况

“十一五”时期，在省委、省政府的坚强领导下，全省上下认真贯彻落实“非公经济36条”和非公有制经济发展大会精神，非公有制经济发展环境进一步优化，步伐进一步加快，规模进一步壮大、实力进一步增强、质量进一步提高，非公有制经济组织广泛涉足矿产资源开发、农牧业生产、基础设施和生态环境建设、社会事业、旅游业、服务业等领域，成为了推动全省经济发展的一支重要力量。同时，在繁荣城乡经济、增加财政收入、扩大社会就业、改善人民生活、优化经济结构、推动经济发展、促进社会稳定等方面发挥了重要的作用，有力地促进了全省经济社会的持续快速健康发展。截至2010年底，全省非公有制经济在国民经济总量中的比重达到31.5%，比“十五”末提高了7个百分点。全省私营企业1.48万户、注册资金397.82亿元，分别比2006年增长32.27%和94.36%；个体工商户12.12万户、注册资金33.68亿元，分别比2006年增长－0.37%和38.54%；非公有制经济组织中从业人员64.04万人，占到全省城镇就业人员总数的50%以上。民间投资402.34亿元，较2006年增长2.8倍；民间投资占到全省固定资产投资的37.64%，较2006年提高4个百分点。私营企业进出口额47902万美元，较2006年增长6.94倍。

（二）转型升级方面的探索和实践

从这次调研情况看，我省非公有制企业对转变发展方式的重要性已有了一定的认识，并进行了有益的探索和实践，取得了一定的成效。

1. 调整产业结构，优化产品结构

部分非公有制企业通过投资、并购、兼并重组等方式，优化了产业结构，壮大企业规模和实力，并实现了从商业到工业、从工业初级加工到精深加工、从工商业到金融业的转变；部分企业集团采取适度多元化战略，从一般性竞争领域进入原来国有资本占垄断优势的领域，特别是在光伏产业、有色金属、盐湖资源、农畜产品的精深加工方面取得了较好成效，在现代物流、金融、咨询、文化等现代服务业中的比例和影响力也迅速增加；一些有远见的非公有制企业在循环经济、新能源、信息技术等新型战略产业做了大胆的探索和有益的尝试。产业结构调整和产品结构调整成为我省非公有制企业转变发展方式的重要实践途径。

2. 狠抓产品质量，推动品牌创新

积极实施品牌战略，全省累计注册商标4303件，其中民营经济拥有注册商标占80%。全省12件中国驰名商标中，专用权属于民营企业的11件；全省40个著名商标中民营企业拥有一半以上。如宁食集团把完善企业品牌的“诚信体系、价值理念、社会责任”作为快速提升企业核心竞争力的重要内容，狠抓商品质量，被评为“百城万店创品牌”活动先进企业。众多非公有制企业牢固树立产品质量观，把质量作为主要考核目标，开展现场质量检查评定工作，建立产品质量奖惩机制，增强了员工的责任感，提高了产品质量。

3. 加大研发力度，推动技术创新

众多非公有制企业把技术创新作为培育核心竞争能力的重要途径，通过新技术、新产品研发，提升了市场竞争能力，赢得了更广阔的市场。有的企业依靠技术上的重大突破，实现了一定程度上的技术垄断，在市场竞争中占据上风。如，物通集团加大新产品开发力度，成功研制出低铝低钙、高纯度低钛合金等一批新产品；小西牛生物乳业有限公司开发出符合本地口味的“青海老酸奶”系列新产品。此次被调查的434家企业中，19%的企业有专门的研发部门，26.9%的企业表示核心技术来源于自主研发。同时，非公有制企业高度重视知识产权保护和专利技术的申请，对调整优化产业结构、加快转变经济发展方式的起到了支撑作用。

4. 提高管理水平，参与循环经济

认真实行精细化管理，树立资源循环利用的理念，积极开展节能降耗工作，努力减少非生产性可控费用支出，在公司内部全面推进项目管理、全面预算管理，不断提高企业经营管理水平，向管理要效益，增强了企业的竞争力。一些企业完成了质量管理体系、环境管理体系、职业健康安全体系等认证工作。加强信息化建设力度，运用现代信息技术提升了发展质量和技术创新能力。青海庆华集团内部精细化管理收到了良好的效果；物通集团20万吨高纯硅铁烟气余热发电项目的实施，为大力发展循环经济树立了样板。

（三）我省非公有制经济在西部地区所处的位置

纵向看，“十一五”期间全省非公有制经济有了长足的发展；但横向比，不论是数量和规模，还是发展速度和技术水平，还存在一定的差距。2010年，甘肃省非公有制经济实现产值1565.39亿元，占全省生产总值的38%；我省非公有制经济占全省生产总值的31.5%。按人均计，2010年陕西人均非公有制经济产值约为13285元，甘肃约为6120元，青海约为7499元。2010年，我省非公有制企业和个体工商户户数、注册资金均排在西北五省区末位，非公有制企业和个体工商户户数、注册资金的增幅也位列西北五省区末位。全国工商联发布的《2009年中国民营企业500家调研报告》显示，2009年中国民营企业500家入围门槛为营业收入36.6亿元，西北五省（区）民营企业入围仅有5家，占总数的1%，我省尚未实现零的突破。

二、影响非公有制企业转型升级的主要问题

1. 管理结构尚不完善

从调研情况看，目前我省一些非公有制企业仍然没有建立起现代企业管理制度，近一半的企业尚未建立规范的治理结构，相当一部分企业依然因循初创时期的产权结构与经营决策方式，没有突破家族式的管理模式，单纯依赖创业者个人的作用，依然存在拍脑袋决策、凭经验管理的模式，用人机制上不能做到唯才是举，组织结构上不能解决适度分权与集权的管理配置问题，决策程序上不讲究科学与民主。同时，非公有制企业中党、群、团组织建设仍然相对滞后。

2. 人力资源匮乏

人才问题成为我省非公有制企业转变发展方式、涉足新领域、跨入新阶段的瓶颈。非公有制企业中比较严重地存在出资人学历偏低、高级管理人员和技术人员缺乏、员工培训率不高、培训的质量和层次较低、从业人员流动性强等问题。很多企业没有长远的人才战略，未建立人才培养、管理、竞聘、使用、储备的长效机制，使用人才方面存在现用现聘、急用急聘的短见行为。与此同时，产学研不能有效结合，非公有制企业没有综合利用高校、科研院所的人力资源，被调查企业中只有10%的企业表示与科研单位、院校有非常密切的合作，与有关院校和科研机构联合开发技术项目的企业只占13.4%。

3. 创新动力不足

非公有制企业在技术创新上“有动力、缺实力”，技术创新投入不足，真正自主研发的东西少。被调查企业中技术密集型企业只占15%。非公有制企业技术创新服务体系不健全，对科技型中小企业的扶持力度不够，企业引进消化吸收再创新的能力不强，是企业转型升级的一大障碍。同时，自主创新能力方面的投入不够，大多数企业资金主要用于扩大再生产和维持正常生产资金需要，没有更多的资金用于技术研发和企业的转型升级方面。

4. 融资依然困难

由于我省经济发展以投资拉动和资源开发为主的特点十分明显，国有及国有控股企业在工业企业中占主导地位，因而银行贷款投向大公司、大集团和垄断行业的比重较大。对非公有制企业的金融服务中介力量薄弱，服务跟不上。同时，因一些非公有制企业的经营观念和管理模式相对落后，企业的信息不透明，管理不规范，财产抵押实力不足，没有完整的、令人信服的信用记录，缺乏信用基础，加大了银行投资风险，缩小了非公企业的融资范围。调查问卷显示，中小企业融资更加困难，资金缺口大且急需融资的，89%是销售额在3000万元以下的企业。50%的被调查企业认为影响转型升级的第一外部因素是融资。

5. 发展环境有待进一步优化

近年来，各地、各部门认真贯彻“非公经济36条”、“中小企业29条”和“民间投资36条”的精神，采取加大财税金融支持、放宽市场准入、维护合法权益、加强政策指导等措施，有力地推动了非公有制经济健康发展。但仍有不尽人意之处。一是一些地方和部门对优惠政策的宣传力度不够，造成企业对这些优惠政策因不了解而未能真正享受，被调查的企业有24%表示对政策不了解。二是在政策的执行中仍存在一些问题，突出表现在国家有关文件明确表示一些行业非公有制企业可以进入，但相关部门制定具体措施时，以资本实力、企业规模和从业资历等各种理由抬高行业准入门槛。41%的被调查企业认为政策文件公开，但条件苛刻、程序繁琐。三是一些地区和部门缺乏服务意识，以收费代管理、以罚款代管理，多头管理、多头收费等现象依然存在；四是一些地区和部门重视招商引资，却轻视对引进企业和项目的后续服务，没有完全兑现招商引资时做出的承诺，影响了非公有制企业投资兴业的积极性。

6. 工商联和商会的作用发挥不充分

全省各级工商联工作发展不平衡，工作方法单一，服务企业的能力和主动性不够，加之缺乏与政府部门的联系和协调机制，工商联的职能作用发挥不充分。行业协会、商会发展仍处于初级阶段，行政色彩浓厚，政会不分，难以代表企业的利益，在政府与企业之间的桥梁作用、推动企业合作方面的

作用，行业自律方面的作用、整合资源及招商引资方面的作用不明显。被调查的企业认为当前行业协会、商会等组织的作用没有得到很好的发挥。

三、推动非公有制经济转型升级的对策建议

（一）进一步解放思想，为非公有制企业科学发展营造良好的社会环境

1. 进一步转变思想观念

为非公有制经济科学发展营造良好的社会环境，需要各级党委、政府及其工作人员进一步解放思想、转变观念，充分认识非公有制经济在繁荣城乡经济、增加财政收入、扩大社会就业、改善人民生活、优化经济结构、推动经济发展、促进社会稳定等方面发挥的重要作用，进一步冲破在非公有制经济发展上依然存在的认识障碍，营造关心、鼓励、支持非公有制经济发展的良好氛围，将非公有制经济的战略地位真正提高到与国有经济同等重要的地位上来，推动非公有制经济转型升级、加快发展的步伐。要大力宣传非公有制经济组织在经济社会发展中的重要作用，政府每年组织召开一次非公有制经济发展大会，总结成绩，统一思想，理清思路，明确目标，完善措施，并表彰奖励100家优秀的非公有制企业，营造全社会重视非公有制经济发展的氛围。

2. 进一步优化政策环境

各级党委和政府应把推动非公有制企业转型升级和加快发展列入重要议事日程，建立非公有制经济发展协调联席会议制度，征询和听取企业的意见建议，协调解决发展中的有关重大问题。建立、健全非公有制经济发展督办、督查机制，每年对“非公经济36条”等政策落实情况进行督查，促进优惠政策的落实。进一步优化招商引资环境，每年对招商引资的项目进行“回头看”，一看各级政府向企业承诺的优惠政策、扶持措施是否真正落到实处；二看招商的项目资金是否到位，项目是否得以实施。进一步清理政府的审批事项，取消可由企业自主决定、市场自行调节和社会中介组织办理的审批事项；进一步清理行政事业性收费项目，逐步减少行政事业性收费的额度，甚至取消一批收费项目，减轻企业的负担；加大对非公有制经济优惠政策措施的宣传力度，增强政策措施的时效性和透明度。

3. 切实加强对转变发展方式的引导和服务

政府部门要加强对投资结构研究，认真制定产业政策并加以正确引导，减少重复建设，以投资结构的优化推动产品结构、产业结构和经济结构的优化。改革和完善政府支持企业技术创新的投资体制，加大对中小企业技术创新服务机构、科技性中小企业的扶持力度。大力推进自主品牌建设，培育品牌企业和品牌产品，对获得中国驰名商标、省级著名商标和国家、省级名牌的企业，优先列入技术改造、技术创新和新产品开发项目计划，并给予表彰或奖励。加大对省内优势行业的保护与扶持力度，比如通过整合藏药资源，打造青海藏药品牌，使藏药材等优势资源得到科学、合理的开发和利用。

4. 引导企业树立现代企业经营理念

引导非公有制企业突破家庭式管理的制约，以崭新的理念，尽快实行现代企业管理制度，通过现代企业制度吸引高质量人才，把企业变成利益共同体，让每一位员工有发展的机会，每一位员工对企业有认同感、归属感。非公有制企业的弱点是产权封闭、势单力薄，要引导企业看到这个不足，并加快机制创新步伐，通过资产重组、资源整合、联合组建股份公司、企业改制上市等方式，使非公有制企业从单个资本转向社会资本，从而实现质的飞跃。

（二）做强大企业与培育小企业并举，推动非公有制企业总量增加

就目前我省非公有制经济发展现状而言，要推动其持续快速健康发展，既要培育一批有基础、有潜力、有优势的大企业集团，更重要的是要培育、扶持小企业和微型企业的发展，切实增加非公有制企业数量，使非公有制经济在“十二五”期间成为推动青海经济发展的大马力“发动机”，从而做到“大企业做强、小企业做精”，实现“大企业强省、小企业富民”的目标。

1. 继续加快企业转型升级的步伐

制定并落实财税扶持政策，加大自主创新扶持力度，加快高新技术企业认定，让更多的优秀非公有制企业享受到因科技创新带来的财政补贴、信贷支持和税收优惠等政策，鼓励企业利用技术改造项目资金和中小企业发展项目扶持资金；鼓励非公有制企业发展循环经济，对低碳型、环保型企业给予减免税收、资金补贴等优惠政策；设立单独的非公有制企业科技创新基金、创业引导基金和风险投资基金，鼓励更多的企业加大技术创新，重点支持龙头企业开展技术研发、基地建设等。

2. 加大对小企业和微型企业的扶持力度

制定扶持小企业和微型企业发展的政策措施，对创办符合产业政策的小企业和微型企业提供资金、税收、技术、人才培训等方面的支持。如按照其注册资金的一定比例，给予税费减免、小额贷款、财政资金配套等。政府相关部门要围绕小企业和微型企业创业、转型开展项目研究，引导企业发展符合产业政策的项目；在土地使用、基础设施建设等方面给予小企业和微型企业扶持，为其提供生产经营场地；加强服务，帮助小企业和微型企业解决生产经营中的实际困难和问题。

3. 大力推进全民创业

进一步在全社会倡导崇尚创业、自主创业、全民创业的氛围，弘扬自力更生、艰苦创业、追求财富的时代精神，引导广大群众转变观念，增强信心，从实际出发，寻找创业机会，通过自主创业增加财富，在全社会形成政府创环境、百姓创家业、能人创企业、干部创事业的局面。要认真落实以创业带动就业的政策措施，每年按一定比例追加各地已有的创业发展专项资金，建立更多的初次创业基地或创业孵化基地，引导和激励返乡农民、大学生、自谋职业的城镇退伍士兵创办企业或从事个体经营。

4. 强化企业间协同配合的能力

针对小企业和微型企业技术力量薄弱、发展资

金不够、市场开拓困难等特点，引导小企业和微型企业围绕大企业大集团和优势产业延伸配套服务，积极为大中型企业提供初级产品加工、零配件产品制造供应等，通过专业化协作提升小企业和微型企业自我发展的能力。

5. 以城镇化建设带动非公有制经济发展

加快城镇化建设步伐，改善小城镇的生产生活环境，使之成为宜于创业、适于生存的地方，引导农牧民有序进城创业，充分发挥小城镇在吸纳农牧民就业方面的重要作用，促进农牧民就地就近向非农产业转移。大力发展县域经济和农村二、三产业，培育农牧区服务业新的增长点，开发农牧区家庭手工业、旅游业等新型产业，以此推动非公有制经济的发展。

（三）加大金融创新力度，为非公有制企业转型升级提供资金支持

解决非公有制企业，特别是中小企业融资难的问题，必须要加大机制创新力度，形成公平、高效的中小企业金融服务体系。

1. 大力发展与中小企业门当户对的小金融机构

要进一步放开市场准入管制，在试点和总结经验的基础上，大力发展与中小企业门当户对的地方银行、金融超市、村镇银行、贷款公司等小金融机构。这些小金融机构本身规模小，经营的业务范围和地域范围小，因而更愿意为当地的小企业和微型企业提供服务。各级政府根据具体情况设立中小企业发展专项基金，创新资金扶持方式，采取贴息、补助、注资等方式加大对中小企业贷款、担保和服务支持力度，引导银行和社会资金支持中小企业发展。加大引进金融机构落户青海的步伐，形成多元化投资格局，引入竞争机制，拓宽融资渠道。大力发展金融服务业，支持建立企业投融资交易服务平台，为企业提供金融信贷、融资租赁、股权合作、投资理财等一揽子投融资服务。同时，要引导金融机构创新金融产品，推出联保联贷、统贷统还、个人信用担保等金融产品，提高信贷比。

2. 积极发展中小企业信用担保机构

积极发展中小企业担保机构，包括由企业集资联合建立商业性的担保公司，政府拨款设立的非营利性担保公司，专业协会之类的民间组织集资成立互助担保基金，企业集资联合建立的互助担保基金等，最终建立起“政府为主、社会为辅、多元募集、滚动发展”的融资担保体制。政府要加强对金融中介服务机构的扶持力度，提供必要的财政资金补贴，从而降低贷款成本，提高工作效率。进一步加强监管，帮助中小企业信用担保机构逐步完善法人治理结构，提高市场化运作和规范管理水平。

3. 强化信用体系建设

建立适合非公有制经济特点的信用征集体系、信用评价体系以及失信惩戒机制、企业信用档案和信用数据库，实现金融机构、非公有制企业以及政府各部门之间的信用信息共享和交流机制。积极开展非公有制企业信用等级评估，将金融机构内部评级与外部评级有机结合起来。鼓励金融机构和信用担保机构利用信用评级结果，重点支持信用等级较高的非公有制企业。此外，各级政府应进一步加大对非公有制企业上市的扶持力度，适当增加上市企业数量，调动企业上市积极性，让企业获得资本市场的资金支持。

（四）实施人才强企战略，多途径为非公有制企业转型升级提供智力支持

积极实施人才强企战略，把培养、输送专业人才作为提升非公有制企业技术水平、增强转型升级能力的重要服务内容，强化对非公有制经济人才的培养、使用。

1. 切实加强对非公有制经济从业人员的培训

将非公有制经济组织人才培训纳入全省人才培训规划，逐步建立企业为主、政府补助、个人适当承担的非公有制经济组织人才教育培训投入体系，依托省内外教学基地，整合现有培训资源，设立全省非公有制经济组织人才培训基地。政府每年拿出一定数量的培训资金，用于非公有制企业科研人员、经营管理人员、技术人员和职工的培训，把非公有制经济组织从业人员的培养作为加快经济发展方式转变的一项重要战略举措。建立企业与高校之间人才需求信息平台，引导高校根据非公有制企业的需要设置专业，并积极开展定向培训，使高校的教学与企业的需求挂钩，培养出企业需要的各类人才。

2. 激励大学生到非公有制企业就业

一要出台相应的激励措施，鼓励大学生到非公有制企业就业，可参照选聘大学生担任村官的做法，帮助选聘合适的人选到非公有制企业工作，并给予一定的优惠待遇。如，对在非公有制企业中工作满规定年限或在技术创新等方面成绩突出的，享受大学生村官、西部志愿者考录国家公务员的同等待遇。二要探索建立从非公有制企业中高层管理人员、技术人员中选拔行政、事业单位领导干部的机制，对于非公有制企业中优秀的中高层管理人员和技术人员，像国有企业工作人员一样，及时纳入后备干部人选进行培养，并通过一定程序选拔到合适的领导岗位工作，为他们提供平等竞争的机会，使他们既感受到党和政府对人才的尊重，又能看到自身的发展前景，从而激发在非公有制企业就业的积极性。三要激励非公有制企业积极吸纳大学生就业，对每年能安排10名以上大学生长期就业的中小企业，给予减免税收等优惠政策。

3. 建立人才向非公有制企业流动的激励机制

组织人事部门要有计划地鼓励、动员和组织科研单位和高校的科技人员到非公有制企业挂职、服务，科技人员派出期间的职务、工资、福利和岗位保留不变，成绩突出的可优先晋升职务、职称；探索建立灵活的用人机制，支持国有企事业单位的中高级技术人员在非公有制企业兼任技术指导，鼓励高校、科研机构、国有企业的退休技术人员采用灵活多样的形式为中小企业提供技术咨询、技术指导和技术诊断服务。针对非公有制企业人才流动频繁，跳槽现象严重，企业培养人才积极性极低的问题，建立非公有制企业人才科学、合理流动的机制，规范从业人员的行为，提高企业培养人才的积极性。

（五）建立公共技术服务平台，积极建立新型产学研联盟

提升非公有制企业的发展质量和技术创新能力，

仅靠非公有制企业自身的努力仍然不够，必须要通过建立为非公有制企业服务的公共技术服务平台，建立新型产学研联盟，整合资源，推动非公有制企业转型升级的步伐。

1. 积极建立新型产学研联盟

采取政府引导、市场化运作、开放服务的方式，在非公有制企业比较集中和具有产业集聚优势的地区，进一步探索建立产学研利益协调机制，重点建立一批公共技术支持平台，为非公有制企业技术创新提供设计、信息、研发、试验、检测、新技术推广、技术培训等全方位服务，并提供场地、仪器设备、技术人才等支持，帮助非公有制企业提高技术水平。通过人才的培养和集聚，鼓励有条件的地区、工业园区建立区域性非公有制科技企业孵化器，支持高校和非公有制企业集团创办企业孵化中心，逐步形成功能互补、信息共享的多层次科技孵化网络。积极推动高校、科研院所把实验室建在企业，支持非公有制企业开展重点学科建设，鼓励企业把技术研发中心设在高校与科研院所，开展长期战略合作，建立新型产学研联盟。

2. 促进各类技术服务机构的发展

建立健全以满足技术创新需求为目标、以推动技术进步为主要任务、以技术创新服务机构为主体，各类社会服务机构广泛参与、协同配合的非公有制企业技术创新支持服务体系。对已经认定的国家级和省市级技术研究开发机构、国家工程中心、国家重点实验室给予资助。结合各地区产业发展情况，以市场为导向，充分整合社会科技资源，在产业集聚区加紧建立相应的公共技术服务平台，按照“统筹规划、整合集成、突出特色、共建共享”的原则，集中力量加快建设各级公共技术服务平台，实现特色资源的优化配置和高效利用，促进中小企业加速自主创新步伐。

（六）充分发挥工商联和各类商会在推动非公有制企业转型升级方面的作用

1. 充分发挥工商联组织的作用

支持各级工商联组织按照中央 16 号文件的精神，充分发挥“五大职能作用”，引导、推动非公有制企业加快转型升级的步伐。一是针对部分企业转变发展方式的自觉性和主动性不强、转变发展方式的内部动力不足的问题，主动配合政府加强宣传，创造良好的舆论氛围和社会环境。二是及时了解和掌握政府的产业政策、发展规划等，并向企业发布相关信息，定期举办非公有制经济发展形势分析会，从宏观上给予指导和帮助。三是通过举办各种培训班、组织考察学习等形式，加强对非公有制经济人士的培养，努力造就一支敢于开拓、善于经营、精于管理、勇担责任的现代企业家队伍。四是建立并逐步完善银企商合作机制，搭建多点、多层、多领域的银企合作平台，促进中小金融服务机构作用的发挥。五是充分发挥参政议政优势，加大非公有制企业转变经济发展方式调研工作力度，及时、准确反映企业的困难和利益诉求，帮助解决实际困难。

2. 充分发挥异地商会的作用

异地商会会员都是从发达地区来青创业发展的企业家，他们和家乡的发展模式、投资渠道、企业领导人等有着天然的互通关系，在我省招商引资和经贸交流合作中发挥着重要的桥梁、纽带作用，是我省非公有制经济发展不可忽视的重大资源。一要充分发挥异地商会在政策咨询、信息沟通方面的重要作用，鼓励支持各异地商会与其原籍省（市、区）的商会、企业之间建立合作联谊机制，促进区域间非公有制企业的交流与合作。二要鼓励异地商会和经济技术开发区、工业园区建立合作机制，发挥异地商会在园区引资、引智方面桥梁作用。三要充分发挥异地商会在青海承接产业转移方面的桥梁作用，通过他们牵线搭桥，与需要产业转移的企业进行对接，引进符合产业发展政策和产业发展规划、适合在青发展的企业，推动我省非公有制经济转型升级的步伐。四要鼓励支持异地商会整合资源，通过强强联合、行业整合、抱团发展，以实现优势资源共享、生产要素整合，大企业带动小企业的优势互补。五要推进异地商会不断加强行业自律和服务诚信建设，形成重合同、守信用，诚信经营的行业风尚，进一步发挥异地商会在引导产业升级、促进行业自律方面的作用。

总之，加快转变经济发展方式是推动科学发展的必由之路，是实践科学发展观的落脚点。今年是实施“十二五”规划的开局之年，为促进非公有制经济持续快速健康发展，各级政府要进一步解放思想、转变观念，切实加强政策宣传和落实，畅通信息渠道，引导非公有制企业充分掌握和运用好各项优惠政策，为非公有制企业排忧解难；积极搭建服务平台，提高服务水平，打造服务型政府，引导和帮助非公有制经济尽早转型升级。

（青海省工商联合会　青海省经济委员会）

宁夏中小企业实施名牌战略的现状和对策

企业名牌战略是以创名牌、保名牌为核心，带动整个企业向持续、稳定、健康方向发展的战略。企业要增强竞争力，实现可持续发展，必须大力实施名牌战略。2003 年，宁夏实施名牌战略以来，自治区政府颁布实施了《宁夏回族自治区名牌产品推进办法》，批转下发了《关于进一步加快实施名牌战略意见》，鼓励支持企业积极争创名牌，极大的调动了区内企业，尤其是广大中小企业的积极性，截至目前，宁夏 80% 的中国名牌产品和 93.9% 的宁夏名牌产品都是由中小企业创造的。

一、宁夏中小企业实施名牌战略的意义

如今随着市场经济的发展，竞争越来越激烈，必须加大提高企业科技创新的能力。对于一个名牌产品来说，质量是首位的，就是要通过对名牌的推动，去促进企业的技术开发、技术改造、技术创新

和技术进步，提高产品的质量和市场竞争力，从总体上提高我区工业经济的市场竞争力。目前，中小企业已成为我区市场经济主体中最具活力、最具增长潜力的部分，大力发展中小企业，有利于保持经济快速增长，中小企业作为经济新的增长点和解决就业的重要力量，在国民经济中起着举足轻重的作用。2009 年，宁夏中小工业企业完成工业总产值以及实现销售收入、利润、就业等指标分别占全区规模以上工业的 98.4%、61.3%、53.6%、61.8%。另外，名牌战略有利于中小企业加强和提高产品质量，树立良好的企业形象，提高员工的凝聚力，还有利于企业提高自身的价值，从而吸引更多的外部资源。因此，中小企业大力实施名牌战略，对推动宁夏经济体制改革和发展都将起到十分重要的作用。

二、宁夏中小企业名牌建设现状和存在的问题

据了解，截至目前，全区共评选出 213 个宁夏名牌产品，5 个中国名牌产品。自治区政府共奖励宁夏名牌产品企业 205 家，奖励资金 1025 万元，奖励中国名牌产品企业 5 家，奖励资金 300 万元。其中，185 家中小企业的 200 个产品获“宁夏名牌产品”称号，宁夏圣雪绒股份有限公司的“圣雪绒”羊绒衫、宁夏新华百货夏进乳业集团股份有限公司的“夏进”液体奶、宁夏塞北雪面粉有限公司的“塞北雪”挂面和宁夏红枸杞产业集团有限公司的“香山”露酒等 4 家中小企业产品获“中国名牌产品”称号，分别占全区宁夏名牌产品和中国名牌产品总量的 93.9% 和 80%。2009 年，名牌中小企业工业总产值、工业增加值以及实现利税等指标分别占全区名牌产品企业经济指标的 92.4%、26.6% 和 28.2%。这些中小企业已成为宁夏实施名牌战略的主力军，为加快宁夏经济结构调整，带动区域品牌建设和产业发展起到了明显的作用。宁夏中小企业名牌建设工作主要有以下特点：

（一）名牌管理制度规范

2003 年，宁夏启动实施名牌发展战略，成立了由自治区政府副主席担任主任，自治区发改委、财政厅、经信委等部门和五市政府共同组成的名牌战略推进委员会，定期评选名牌产品，每年召开宁夏名牌表彰大会。宁夏还设立了名牌产品信息网站，宣传宁夏名牌产品发展政策和有关文件精神，按时发布名牌产品申报信息，及时公布名牌产品评选结果，增强工作的透明度，品牌的公众知晓度，调动企业申报名牌的积极性，扩大名牌评价的群众参与度。

（二）政策支持力度不断加强

为推进宁夏名牌战略的实施，自治区相继颁布了《宁夏回族自治区名牌产品推进办法》、《宁夏名牌产品评价程序》和《关于进一步加快实施名牌战略意见》，结合宁夏实际，制定了《自治区 2007～2010 年名牌产品培育和发展规划》。2010 年 9 月 1 日，又颁布实施了《宁夏回族自治区促进中小企业发展条例》，条例中明确规定“鼓励和扶持中小企业争创名牌。对获得中国名牌产品、宁夏名牌产品的企业，自治区人民政府应当给予奖励”。用政策鼓励中小企业争创名牌，推动全区名牌战略发展步伐。

（三）资金投入比例逐渐加大

在奖励名牌产品企业方面，2007～2009 年我区共奖励宁夏名牌产品企业 1025 万元，奖励中国名牌产品企业 300 万元。在鼓励中小企业发展方面，2004～2010 年我区通过积极争取，获得国家中小企业发展专项资金从 320 万元增加到 5660 万元，累计获得 13225 万元。另据不完全统计，2010 年，宁夏就有 22 个“宁夏名牌产品”项目获国家和自治区近 4000 万元的中小企业发展专项资金、资源节约重大示范项目资金、国家十大重点节能工程、循环经济和资源节约重大示范项目等各类专项资金支持。

（四）技术创新和科技成果转化力度不断增强

截至 2009 年底，宁夏中小企业技术中心所在企业科技活动经费支出总额、具有高级技术职称的科研人员数和专利申请数分别占全区技术中心企业的 48%、44% 和 61%。2009 年度自治区重点技术创新和新产品试产项目中，中小企业承担的项目有 270 个，比重达到 97%。超纯度石灰氮、双氰胺、盐酸四环素、等技术已经达到国际先进水平。我区还积极鼓励支持宁夏伊品生物工程股份有限公司 2 万吨赖氨酸技改、宁夏青龙塑料管道有限公司埋地给水用大口径、高工压 PVC－U 管材项目、宁夏大荣实业集团有限公司年产 5000 吨电子级双氰胺等项目技术成果转化。对自主创新能力强，拥有自主知识产权，并获得国家发明专利的企业，积极争取国家重大成果转化专项等资金的支持。

当然，宁夏中小企业实施名牌战略过程中还存在一些亟待解决的问题。一是名牌数量少。全国有 3700 多个中国名牌，宁夏只有 5 个。宁夏中小企业实施名牌战略工作与其他省区相比还有较大差距。二是经营者认识不足。许多中小企业只看重短期利益，缺乏长远的眼光，没有一种发展自主品牌的意识，提高品牌效应没有纳入企业发展战略中。三是企业自主创新能力不足。技术人才短缺和缺乏资金支撑是制约我区中小企业自主创新的主要因素。由于缺乏经营品牌的知识和经验，有些品牌创造出来，却无法在市场打响。四是名牌扶持政策不到位。本地名牌的培育需要一系列行之有效的政策来引导和保护，而我区尚未有较完整、具体的，在执行效果上能解决类似筹划本地名牌产品参展并发放适当补贴、获得低息贷款、鼓励人才引进等问题的政策。五是名牌培育还没有纳入宁夏“十二五”经济发展规划中，没有真正认识到名牌对经济的回报作用。

三、宁夏中小企业实施名牌战略的对策建议

（一）加强政策引导，营造有利环境

一是各级政府应高度重视，将名牌战略纳入“十二五”经济发展规划中，要把实施名牌战略作为当地经济发展规划的重要组成部分，适时引导社会资源向

名牌产品和优势企业转移，促进经济结构调整和产业优化升级。二是应在银行贷款、税收、出口等方面给企业提供优惠政策，对获得名牌产品的企业，给予适当的鼓励，鼓励企业争创名牌，大力扶持名牌产品的发展。三是完善知识产权保护体系，规范注册商标专用权，严打商标侵权违法行为，开展打假行动，为名牌产品营造健康、宽松、和谐的经济发展环境。四要实行齐抓共管，既要鼓励和支持工商、质监等部门履行商标、名牌监管职能，发挥业务主导作用，又要充分调动相关行政执法部门和司法部门的积极性，做到各有关部门密切配合，形成合力，维护企业的合法权益，保障企业的健康发展，逐步形成各部门齐抓共管创品牌的新工作格局。

（二）完善奖惩制度，建立长效机制

一是制定和完善责任考评办法和考核细则，把实施名牌发展战略的责任落实到各市、县政府和有关部门。二是加大对实施名牌发展战略工作的投入。对实施名牌战略好的企业给予相应的奖励，总结经验加大宣传，对轻视管理，效益下降或造成质量事故的企业要进行严肃处理。三是强化人才保障，加快人才队伍建设，着力抓好培育现有人才、引进中高级人才和留住人才，让源源不断的人才为实施名牌发展战略发挥积极的作用。

（三）提高品牌意识，增强创新能力

中小企业要实施名牌战略就要全体员工树立名牌意识，从生产、销售到产品开发各个环节树立名牌意识，这样才能从企业产品，服务等各方面都符合名牌战略的要求。同时，创新是企业能够持续发展的动力，也是企业名牌战略得以实施的保证。企业要根据自身特点与资源不断增加对科技投入，不断提高企业的科技开发能力。一方面进行技术推广，研发新产品，另一方面进行市场地拓展，开发新市场。

（四）抢抓西部大开发机遇，做大做强中小企业

国家在实施西部大开发战略过程中，从财税、土地、人才、资金等各个方面给予西部地区政策倾斜，为西部中小企业的快速发展提供了强有力的环境支持。要抢抓机遇，尽快制定《宁夏促进中小企业发展条例》的相关配套政策和措施，鼓励增加投入，加强对中小企业的产业、产品结构的调整，选择、扶持一批规模大、项目好、产品科技含量高、市场前景好、有一定品牌影响、讲信誉的重点企业进行培育，推动中小企业做大做强，为宁夏经济发展贡献力量。

（宁夏经济和信息化委员会）

宁波市个体私营（民营）企业存在问题与对策

2010年中国经济经历了金融危机之后，政府在面临挤压房地产泡沫的严峻考验和人民币升值的巨大压力下，经济仍延续了良好的复苏势头。展望2011年，宏观经济形势依然严峻。

一、值得关注个体私营经济存在问题

（一）用工荒问题依然突出

虽然经济形势好转，但熟练工人用工需求增加、劳动力结构变化，以及劳动密集型产业持续低水平发展、企业技术升级改造缓慢、长期低成本掠夺劳动力资源、忽视劳动者权益保护等一系列深层次问题仍然存在，用工荒问题依然突出。“用工荒”也一直成为未来几年影响企业生产的重要因素。

（二）企业融资仍很困难

融资渠道仍然不够通畅，严重制约一些企业的进一步发展。融资担保公司、小额贷款公司的成立，虽然缓解了部分中小企业贷款难问题，但依然无法满足中小企业日益发展所需资金，制约民营企业发展的瓶颈尚未完全消除。

（三）投资准入仍受到抑制，行业分布过于集中

目前，绝大部分投资领域已对私营企业开放，但是，还是有相当一部分高回报的行业，民营企业根本挤不进去。特别是当出现利益冲突时，民营企业往往处于弱势地位。全市私营经济仍主要集中在制造业和批发零售业。由于这些行业大多趋于饱和，竞争激烈，在一定程度上抑制了民营经济的进一步发展；而且，不少民营企业仍从事附加值低、能耗高的行业，专业化、协作化水平不高，科技含量和管理水平都比较低，企业产业结构、产品结构的矛盾较为突出，企业发展能力不强。

总的来看，在经济形势好转，市场重新扩大的前提下，目前企业存在的主要问题可以概括为“缺人、缺钱”。当然，企业的人文关怀和结构升级仍是以前、现在乃至今后需要继续关注的问题。

二、进一步发展个体私营（民营）经济的对策与建议

（一）推进金融业体制和服务创新，拓宽企业融资渠道

随着我市经济的不断发展，要求金融行业以增强区域经济实力为目标，大力加强体制创新和服务创新，以保障区域经济发展的融资需求。除了银行业要进一步加大对地方经济发展的支持力度外，还要充分发挥保险业的作用，以化解风险、促进和谐发展。要结合产业特点，逐步推进以政策性农业保险为基础，开展新型农村合作医疗保险、环境污染责任险等涉及社会民生的保险业务，实现政保合作，以服务社会民生。此外，要大力发展小额贷款公司，建立政策性担保补偿制度，设立企业转贷互助基金，拓宽农信社的农户贷款空间，以多种方式、多种多渠道缓解融资难题。

（二）引导和鼓励个体私营经济开展自主创新，走可持续发展道路

创新是企业生存发展之本。宁波是一个高度外

向型的城市，宁波的企业绝大多数有对外贸易业务，开拓国际市场是宁波企业发展的重要内容。但是，宁波企业在国际市场上的竞争同样是以成本优势为主，产品技术含量相对较低。因此，技术性贸易壁垒成为宁波企业乃至我国中小企业走向国际市场的主要障碍。只有通过自主创新、研发新产品，突破欧美技术壁垒，提升产品质量和性能，才能更好地打开国际市场。在新科技革命不断推进、科技发展突飞猛进的今天，依靠技术创新赢得竞争优势已成为各类企业的必然选择。宁波的私营企业不能停留于来料加工、贴牌加工等一系列低附加值的生产经营模式，要引导和鼓励他们走持续发展的道路，培育自己的核心竞争力，方能真正实现宁波企业的腾飞。

（三）切实加强劳动密集型企业人才的储备，缓解用工荒

临近岁末，很多企业的用工岗位频频亮起急缺的红灯，新一轮的用工荒在我市的一些劳动密集型企业蔓延，企业都不同程度存在用工缺口。为留住员工，纺织服装、机械、食品等行业今年平均加薪20%，但缺工比例仍达到30%。这并非偶然，一是由于通胀背景下节节攀升的物价，抵消了员工们到手的那点薪水；二是国内产业结构的调整，内地就业比较优势已初显；三是后金融危机时期，由于城市化步伐的加快，土地正成为一种稀缺资源，城市近郊农村具有广阔的发展空间。这不仅仅在沿海地区，在内地二线、三线城市郊区，农村土地价值上涨，增值空间加大的趋势也很明显，都促使不少农民工更愿意返乡谋求发展。这样单靠涨工资已经不能从根本上解决劳动密集型企业的缺工现象。因此，促进产业升级换代，发展高端制造业，压缩普通制造业，才是应对当前用工荒的有效途径。

（四）放宽民营企业投资准入，扩展民营经济发展空间

民营经济是社会主义市场经济的重要组成部分，应大力发挥民营经济的积极作用，进而推动国民经济健康、快速发展。要进一步落实发展民营经济投资的有关政策，包括“非公36条”和“进一步鼓励和引导民间投资健康发展”等一系列政策措施；要进一步拓宽投资领域和范围，推动民营经济的自主创新和转型升级；要鼓励和引导民营企业参与国有企业的改制和重组；要建立健全民间投资的服务体系，加强指导，主动服务，为民间投资创造良好的发展环境。

（宁波市经济和信息化委员会　董其岳）

厦门市管理咨询业行业研究报告

一、厦门管理咨询业的发展现状

厦门的管理咨询行业是随着台湾咨询公司的到来而逐步发展起来。20世纪90年代初，随着台资企业大批在厦门登陆设厂，一部分台湾管理咨询公司（以厦门国信管理顾问公司、厦门福友管理顾问公司为代表）跟进服务，他们带来了先进的理念和工具，并且在厦门从事管理咨询业务过程中，培训了大批的管理咨询人才，为管理咨询在厦门落地生根打下了深厚人才基础。

到目前为止，厦门的管理咨询产业化运作历史最长不过五六年时间，大多数操作行为处于自发和探索的阶段，还没有形成规范严谨的产业运作规程。在此背景下，管理咨询业在厦门起步，虽发展迅速，但同时也出现了“小、滥、散”的现象。

庞大的本土市场呼唤一批本土卓越的管理咨询公司的诞生。只有熟悉国情、本土企业特点的管理咨询公司才可能与客户进行深入的交互，才能“因病施医，对症下药”。到90年代末，一部分本土成长起来的管理咨询公司，如“新格品牌机构”、“博格管理”、“希尔顾问”、“仝博咨询”等企业，开始在市场中脱颖而出。

但总体来看，厦门管理咨询行业内的公司规模还比较小，公司资产规模50万元以下的超过半数，且真正从事管理咨询服务业务的公司数量并不多，至2010年9月在厦门全市6142家中小企业服务机构范围内，公司经营范围涉及管理咨询的公司约有2179家，其中约有60%的公司并没有开展相关业务，只有30%，也就是大约650余家的企业真正从事管理咨询服务，其业务又主要可分为两大类，一是主要从事管理咨询服务；二是主要从事企业内训及运营培训。

此外，厦门管理咨询行业尚属年轻的新兴产业，还处于发育和成长期，与国内外知名的管理咨询公司相比还存在着较大的差距，无论从理念和方法上，无论从规范和服务上，还不能和国外咨询机构相比，且尚未形成自己的主流趋势与强大的行业力量。但是我们通过对本土咨询业历史的回顾，可以看到随着本土咨询业市场需求的不断扩大，本土咨询业的演进和发展是不可逆转的潮流。本土咨询业在响应市场需求方面已经做出了相当显著的成绩，这也预示着本土咨询业未来具有巨大的发展潜力和成长空间。

二、厦门管理咨询行业市场分析

根据对近三年厦门当地的经济数据、市场情况、管理咨询行业发展的分析，可以看出，厦门当地的各种类型的企业、机构对管理咨询服务具有相当大的现实需求，对于企业决策支持、生产运营流程再造、人力资源培训与管理、品牌营销管理等等咨询服务，都已形成了不断增长的市场需求，而且，这一需求也开始吸引国内外的管理咨询公司进入这一地区市场，如北大纵横、奥美等企业开始抢占高端市场并向下逐步延伸，这对于厦门本土管理咨询公司既是机会也是挑战，它不仅加强了在当地管理咨询行业的知识外溢和知识共享，提高本地管理咨询公司的能力，同时也扩大了市场、形成对人才吸引和集聚。

但同时我们也看到，厦门管理咨询行业还存在发展结构还不够合理等突出特性，究其原因，我们认为存在的主要问题是：一是多数咨询公司规模尚较小；二是没有成形的咨询体系，市场项目订单较小；三是专业咨询顾问缺乏；四是管理咨询市场发育不成熟。

（一）咨询公司经营情况

行业内尚有约有60%多的咨询公司年销售收入不足200万元，多数咨询公司还处在盈亏平衡点上下。总之，年营业额在200万元以上的咨询公司是厦门管理咨询市场中的最具成长潜力的骨干力量，平均能占到整个市场份额的35%左右，是厦门管理咨询行业中创新与发展的生力军。

（二）咨询服务的企业订单情况

目前正在出现多样化的增长势头。厦门管理咨询公司由于咨询市场竞争的加剧和自身能力的不断提升，以往多服务于大中型国有企业的单一局面正在逐步改变，许多咨询公司客户分布已涵盖大中小各类型的企业，且中小企业订单数比例不断上升，但从总体上说仍然存在中小企业服务订单较少，且订单金额较小的情况。

自2007年以来，厦门管理咨询公司服务中小企业项目订单平均单笔项目金额变化较小，单笔金额平均值增长较慢，2007年为13.55万元/单，到2009年也仅为20.03万元/单，反映出厦门管理咨询公司服务内容体系比较单一，盈利能力水平进步较小。2010年，厦门管理咨询公司服务中小企业项目订单平均单笔项目金额均有较大增长，平均比上一年增长78%，这是一个可喜的变化。体现了厦门管理咨询行业在体系建设和业务能力上有了长足的进步，在重点客户（大中型国有企业）订单保持增长的基础上，中小企业服务订单和项目金额的不断增多，对管理咨询公司提升发展和核心竞争力建设方面将获得大步进展。

（三）咨询业务范围

管理咨询所涉及的战略咨询、人力资源管理咨询、流程管理咨询、生产管理咨询、品牌管理等许多环节，目前厦门本土的管理咨询企业均有涉足，尤其以人力资源管理咨询、涉及制造业的生产管理咨询、流程管理咨询具有相当的优势；从服务的行业来看，目前厦门本土的管理咨询企业面向的主要行业有：银行3.5%、邮电14%、烟草10.5%、电力6.2%、粮食4.8%、航空11%、贸易零售6%、制造业43%等。

（四）从业人员

咨询管理是一种高度智力化的服务，不仅要求从业人员具有极高的素质，而且要求其具有丰富的企业经营管理经验以及咨询经验，而这样的人才在我国极其缺少。在厦门管理咨询公司的咨询师中，目前，通过认证考试的管理咨询师所占比例已达到43%左右，这是一个较高的数据，表明厦门管理咨询行业的从业管理咨询师具有比较扎实的管理知识和分析能力，这与厦门聚集了闽南地区多所知名高校学府如厦大、集大、华大有较大的关联关系。“人才高地效应”使得本地管理咨询公司能够招到适于管理咨询从业的师资人才和工商管理专业（MBA）的毕业生，这也是专业从业人员素质和比例提高的基础和优势。

目前，厦门管理咨询公司的咨询师中，也还存在着本科及专科的比例偏高，研究生以上偏少的情况，中级以上职称者比例仅占咨询师的22%左右，厦门管理咨询公司的高级咨询师数量小、高学历者偏少，是厦门管理咨询行业发展急需解决的“人才瓶颈”问题。

三、厦门管理咨询行业竞争力分析

（一）优势分析

1. 源自本土了解国情和企业情况

2. 市场响应快，并具有成本优势

3. 已涌现出一批在国内同行中有一定影响的本土品牌和行业龙头企业，如新格品牌机构、博格管理咨询、印集团、仝博管理咨询等

（二）劣势分析

1. 缺乏本土化系统理论体系指导，不容易准确定位核心业务

管理咨询的消费者可分为最终消费者和中间消费者。前者主要包括：传统加工型企业、服务性行业、政府机构等，他们寻求咨询的目的是为了解决问题，一般要求咨询公司提供具体的解决方案和分析报告；后者主要包括：同业的咨询公司，他们寻求咨询的目的主要是为了协助其为最终消费者更好地服务，弥补其在某些专业咨询业务方面的不足，或是这些咨询公司掌握了具有核心竞争优势的业务，而将其他不关键的业务外包给其他咨询公司，再或是这些咨询公司只是纯粹的中介。同业的咨询公司在需要其他咨询公司对其自身的管理等问题进行咨询服务的时候也成为最终消费者。调查显示，目前厦门企业对管理咨询服务的满意率仅为65%，咨询服务的质量和层次不高是企业不满意的最大原因。受厦门市场需求结构特性的影响，厦门管理咨询公司的产品化能力和业务能力还存在一定的的局限性，研发创新和专业程度也有欠缺，不易把握大型、综合性的咨询项目，且研究能力、人员结构偏弱。不少公司已习惯为项目而找项目，以低报价获取订单，形成无序的恶意价格竞争，既损害了自身体系的形成和发展，也不利于核心知识的积累和创新。

2. 管理机制不健全导致咨询业市场发育不健全、不规范

由于目前咨询行业准入门槛很低，且没有形成行业管理机制和标准体系，进入咨询市场的壁垒非常少，咨询机构只要符合《中华人民共和国民法通则》和《中华人民共和国企业法人登记条例》规定的条件，在工商部门登记就能挂牌营业。这类机构的开业费用很低，注册资金只需10万元；且运营成本也较低，主要是咨询师的薪酬。较低的行业门槛导致管理咨询公司可以随意成立，形成管理咨询公司数量众多，各机构人员数量稀少，咨询服务质量良莠不齐且加剧恶意价格竞争的普遍现象。

3. 缺乏成熟、规范的运作模式和管理体系

厦门咨询业尚缺乏规范化和案例的流程和模式，很多咨询师做项目非常封闭，不交流，不总结，能蒙就蒙，得过且过；而国外咨询公司进行项目，规范化体现在方方面面，尤其是业务流程和内部操作的规范化。不仅每个咨询项目都有一套流程，每个工作小组乃至每一次工作会议有一套流程，有相对规范的咨询组织结构，严格的管理制度，形成了一套严密的操作规则和管理程序，而且在组织内部建立了一套科学严格的流程，包括业务管理、资金管理、绩效管理的流程等。

4. 不成熟的机构从业人员

厦门管理咨询公司人员机构相比过于单一，有的公司甚至是清一色的MBA，而管理、技术、信息等专业人才缺乏；而国内咨询业发展得较好的“前三强”城市（北京、上海和广州）的知名公司则是既重视专才，也重视通才；既有科技人员，又有经济管理人员，相辅相成，互相配合，形成多元化的人才结构，此外许多知名公司还大量聘用各领域的专家，解决在咨询中遇到的特殊问题。目前，厦门管理咨询人员还存在知识面较窄，知识老化严重，缺乏现代咨询意识，缺乏竞争观念、系统观念和强烈的责任感等问题。

（三）挑战与威胁分析

1. 本土企业不善于利用“外脑”和外部管理资源

在管理咨询行业中，具有国际通用的概念和工具有很多，厦台两地管理咨询行业又具有极强的互动性和互补性，台湾的咨询企业由于发展的历史较久，经验丰富，在很多领域都有较强的竞争力，完全可以在双方的交流互动中，引进、提高、吸收，增强两岸合作，增强厦门管理咨询企业的实力。在厦门的台资管理咨询公司咨询的强项在于生产管理、精益生产咨询方面，由于历史原因，主要向台企服务，咨询人员也多依靠台湾地区的咨询师顾问师，运营成本较高，且由于和在厦门的台资企业有紧密的地缘关系，形成路径依赖，主要跟随台资企业在大陆扩张的步伐在国内市场渗透，与本地中小企业的互动不多、与本地咨询公司合作也不多，未能形成良好的竞争促进和知识共享关系。因此，善于学习利用“外脑”和外部管理资源是关系到本土管理咨询公司能否更快更好地发展的重要因素。

2. 本土咨询公司重眼前、轻长远的意识，对企业的发展没有长期的战略规划

在厦门，管理咨询有着广阔的发展前景及市场潜力，但市场潜力并不等于真正现实的市场。由于多方面的原因，咨询管理业在厦门发展步履艰难。咨询市场的潜力还未完全开发，咨询机构的专业化程度、知识结构及技术手段还比较幼稚，不适应市场发展对管理咨询的要求。其次就是管理咨询公司的产品化不够，管理咨询公司存在发展战略“短视”，虽说厦门企业整体经营管理水平不高，管理资源匮乏，应该是管理咨询公司大展宏图的最好时机，但是由于目前企业对咨询的认识不足和很多企业还没有进行过企业咨询，所以客观上为管理咨询业的发展带来了阻力。但是随着社会分工的规范化和大家对咨询的认识的深化和发展，管理咨询业会逐步扩大，这就要求我们的管理咨询企业不能只“重眼前、轻长远”，一定要有自己长期的、稳健的战略规划。我们的管理咨询公司什么时候能做到产品导向，而不是为找项目而找项目，那就是成熟了，但这个需要真的能力，有真的研究能力的人，是把自己最好的研究成果放到市场上，把最有价值的创造力放到这个最有活力的行业，那个时候，不仅咨询公司站起来了，这个行业也就站起来了。

3. 本土咨询市场的竞争将更加激烈

20世纪90年代初期，厦门管理咨询业处于初级阶段，这一时期，进入厦门本土的国内咨询机构最典型的就是“点子公司”、“策划公司”。90年代中期，我国市场经济的日趋完善，我国的咨询业也进入了蓬勃发展阶段，随着厦门本土咨询市场的空间和潜力日益显现，2009年，厦门管理咨询市场规模达到了2.21亿元，国内咨询机构入驻厦门本土的近30家，此间，外国咨询机构已开始成规模地进入福建咨询市场，厦门已成为福建省内管理咨询公司竞争的主要地区。面对国内外咨询机构的挑战和竞争，本土咨询行业还处于发育和成长期，表现出对新形势的不适应，暴露出自身存在的问题，出现了潮起潮落的现象。客观上说，国内外管理咨询公司开始进入本土市场和本土管理咨询业的同时起步，这种“同步发展”将致使本土咨询市场竞争会更加激烈。

四、厦门管理咨询行业发展对策与建议

针对厦门管理咨询行业的竞争力现状和未来发展，我们提出以下行业发展的对策与建议：

（一）健全行业市场规范，建立专业的管理机构

一个行业的健康发展离不开行业市场规范的健全。面对管理咨询行业的快速发展，加强对管理咨询市场的规范和行业管理，将成为一项迫切的任务。在借鉴发达地区行业管理经验的同时，应尽快着手完善和制定本土管理咨询行业准入、咨询规范、从业人员的管理和认定办法、收费标准、咨询服务质量标准、企业和政府采购管理咨询服务的形式和范围等一整套系统、完善的法律法规。同时，还应尽早发挥管理咨询行业协会的作用，使行业协会既能成为管理咨询公司与客户之间提供合作的桥梁，又便于进行行业规范监督、优化管理咨询市场。光靠管理咨询机构的内部自我监督和管理体系，无法有力地保证这个行业的整体水平和有序运行，因此，只有充分发挥行业协会组织管理作用，制定规范的行业市场管理规则，才能真正将“散兵游勇式”的管理咨询机构联合起来并加以规范管理，促进整个行业水平的提升和整体规模效益的提高。

（二）加强对咨询人员的培养与考核

咨询业是高智能产业，高智能的人才是咨询业发展的关键。西方发达国家对咨询机构的从业人员要求十分严格，从业人员必须有学士学位，并且需要参加资格考试，通过考试后获得资格证书，并登记注册。政府有关部门在登记注册和发放资格证书

时，严格限制其咨询业务领域，以杜绝跨领域咨询的现象。如美国兰德公司中，专家占了公司全体员工的88%：管理技术人员占28%，物理学家占12%，数学家占14%，计划统计专家占9%，经济学家占15%，社会学家占6%，运筹学家占4%。而国内管理咨询公司中的人才资源参差不齐，其中不乏大学教授、专家、学者等人才，但也包括一些素质低下的闲散人员。由于市场才起步，对从业人员的要求要宽松得多，多数管理咨询公司到目前为止仍然缺乏出色的富有经验的咨询型人才。有些咨询公司中，许多员工直接从大学毕业而来，工作2年已经算得上“老员工”，4年即可能提升为部门主管。经营培训和管理咨询层面的人才缺口就更为突出，很难找到既有很好的经济管理学科训练又精通咨询市场的人，相当多的从业者既不懂咨询，也不懂管理，更缺乏经验。为此，管理咨询机构应着重加强专业管理咨询人才的培训，把提高人才素质、构建“人才高地”作为企业的核心竞争力，着重培养具有战略思维能力的综合性人才和熟练掌握咨询程序、规范、技巧的技术性人才，要重点培养具体领域的专家。此外，要加强管理咨询从业人员的资格认证，建立专门的资格审定机构、监督机构和考核机构，实行咨询人员资格的统一考试制度。

（三）专注核心业务，努力做大做强

目前，厦门管理咨询公司的整体实力还比较弱，在全国范围内没有具有绝对领先优势的龙头企业。不少咨询公司的管理咨询仍停留在咨询服务和管理行业的“简单嫁接”，没有真正成为管理战略管理、营销的智力支持，而更像“咨询报告编辑商”、“咨询数据提供商”。从现在的反馈看，不少使用过管理咨询服务的企业对咨询效果感到并不满意。很多管理咨询公司缺乏核心竞争力，提供的服务与实际尚有脱节。有些小公司由于缺乏客观的调研和数据库支持，在人力、制度、流程上并不规范，难以形成自己的核心竞争力，面对大咨询公司的竞争，难以与客户保持长期的合作。为此，厦门本土管理咨询公司必须专注核心业务的发展，努力做大做强。本土的管理咨询服务公司也可以考虑跟国内外相关机构、企业合作，或者大胆引入社会资本、海外资本，提升自身的服务水平和综合实力，为做大做强打下坚实的基础。

（四）优化整合咨询业，培育市场是基础

从理论上讲，管理咨询市场前景乐观、潜力巨大，然而现实情况中，管理咨询机构的日子并不好过，面临着诸多的困难。其中，最突出的问题是管理咨询市场的不成熟。与管理咨询公司原先设想相比，当前有咨询意识的企业并不多。管理咨询业如果要作为一个产业来发展，就必须实行优化整合，大力培育市场基础，在一定程度上要以经济效益最大化作为追求目标。

当前形势下，管理咨询企业的扩张与兼并是一种大势所趋，特别是对于厦门诸多的中小型咨询公司，联合是发展壮大的必然选择，只有不断扩大自身的实力，提升在咨询市场上的影响力，才能在与国际化的管理咨询公司的竞争中生存下来。未来，管理咨询公司的数量将会逐渐减少，少数几家优秀的咨询公司以其本地化的优势在市场上占据重要地位。从目前来看，厦门管理咨询行业的行业集中度非常低，应积极鼓励中小管理咨询公司在优势互补的情况下进行合并重组，再培育出5～6家有规模的管理咨询公司，形成8～10家有较大规模的本地管理咨询公司与外地或国外管理咨询公司共同竞争的格局，这样既有利于提高厦门管理咨询行业的知识管理水平和对外竞争力，形成在厦门当地管理咨询行业的知识外溢，也有利于树立厦门在全国管理咨询市场的实力地位。

（五）根据本土企业现状进行创新思想和创新模式

吸纳、融合，是管理咨询行业持续创新生机勃发的重要因素，不断创新则是管理咨询公司最可宝贵的持续发展的核心动力。一个没有创见性的管理咨询公司是不值得信赖的，作为管理咨询公司，它自身的高瞻远瞩的战略规划和切实可行的发展路径同样十分重要。厦门的管理咨询业市场需要一批有性格、有愿景的咨询公司。在创业期，他们就不是亦步亦趋；在稳步发展、立志先做强再做大的阶段，他们依然能在浮躁和狂热之中，保持专注沉静，专注所服务行业的发展，专注于客户的持续经营，专注于自身核心竞争力的培养。

做大做强，是厦门管理咨询业未来发展的必然方向，对于厦门广大咨询企业来说现在最需要的就是要有“专注”的态度。相信，有了这样的态度就一定能实现对厦门管理咨询业的美好期待。

（厦门市经济发展局企业处）

加快构建三级平台 提高中小企业公共服务水平

青岛市现有中小企业12万户。如何通过提供相对完善的公共服务、激发广大企业创业创新活力、培养塑造更多的专精特新小企业群体，成为当前中小企业工作“转方式、调结构”的重中之重。近年来，我们在工信部中小司的大力支持和帮助下，以贯彻落实国务院《关于进一步促进中小企业发展的若干意见》为主线，以重心下移、普惠服务为方向，以三级平台建设为支撑，全面深化中小企业服务体系建设工作，现将有关情况汇报如下：

一、完善政策机制，创新公共服务的内容

针对小企业普遍存在的创业难、融资难、治费难和政务环境差等“三难一差”问题，我们从完善政策体系、畅通政务服务、拓展专业服务三方面入手，着力为小企业发展创造良好环境。

（一）完善政策引导机制

围绕改善中小企业发展环境、创新“小微”企

业公共服务体系，2008 年以来我们先后以市委、市政府名义制定出台了《关于进一步改善中小企业发展环境的若干意见》、《关于进一步鼓励小企业创业创新发展的意见》两个“20 条”，明确了设立专项资金、建设三级平台、实施普惠服务等基本原则和要求，又相继以“双 20 条”为框架，出台了《关于加快我市现代中介服务业发展的意见》、《关于加快中小企业公共服务平台的意见》等配套文件，市政府 14 个相关部门和 10 个区市相继出台了 31 个配套细则，为中小企业创业发展提供了全方位政策保障。

（二）畅通政务公共服务

在政策执行过程中，为改变政府部门和中小企业联系不通畅、信息不对称的问题，我们以“一线一网”为总牵，努力创新小企业政务服务机制。去年以来，我们选定“55585558”（谐音“我我我发”），作为中小企业服务热线特服号码，公共受理小企业咨询、投诉、求助。在加大热线人力物力投入同时，完善后台与 25 个涉企业部门和区市的分办、督办、检查、评估流程，月均接线 120 个，被誉为小企业服务的“连心桥”。为进一步放大政务服务效应，今年 4 月份，我们又依托中小企业信息网建立中小企业政策信息短信群发平台，首期 7000 多户中小企业可以第一时间收到中小企业政策信息，深受企业欢迎。10 月份，我们通过民办官助的形式，组建了“青岛市小企业协会”，协会不向会员收取任何费用，会长副会长均由各行业小企业负责人担任，日常办公和会议场所也由政府无偿提供，协会通过定期组织政企对话、业内交流，成为小企业反映诉求的又一条新渠道。

（三）拓展专业服务领域

为提高中小企业公共服务的针对性，遵循“专业的人做专业的事”和“政府扶持中介、中介服务企业”的思路，2008 年以来我们积极引导社会化服务机构开展公共技术服务。重点扶持了崂山区软件公共技术服务平台、城阳区惜福镇机械产业基地公共服务平台、即墨纺织服装材料检测公共服务平台、市南区软件园软件人才实训公共技术服务平台等 8 处公共服务平台。今年又联合市财政局制定了《关于建设中小企业社会化服务示范体系的意见》，争取专项资金 1200 万元，通过政府购买服务、为小企业发放“公共服务优惠卡”的方式，公开招标择优选取 14 家在青知名中介机构，连续三年为 2000 户左右小企业提供急需的品牌注册、专利代理、法律会计、管理咨询、人力资源和信息化建设等方面的低费或免费服务，逐步在全市建立起较为完善的小企业社会化服务体系。

二、搭建三级平台，筑好公共服务的阵地

为真正把一系列利好政策真正落实到千家万户小企业，我们以平台为阵地，千方百计加大公共服务平台建设投入，努力将现有政策、专业机构集成于公共服务平台，通过平台的孵化和放大效应，使众多小企业享受到普惠性服务。

（一）高起点建设市级示范平台

今年以来，在落实“双 20 条”过程中，按照市政府主要领导提出的建设青岛“小企业之家”的思路，我们在对原有“一线、一网、一中心”扩容升级的基础上，倾力打造高起点、综合性公共服务平台，经过 9 个多月的努力，市级公共服务平台如期启用。市级平台总建筑面积达到 4500 平方米，分为政务、专业、综合三个服务区；设计承载信息服务、融资担保、电子商务、创业指导、人力资源、法律服务、技术支持、政务服务、合作交流九大功能；吸引融资、电子商务、创业指导、人力资源、法律、技术和政务等九大类 40 家机构入驻。随着该中心的建成和功能的不断完善，将成为联系政府、中介机构和中小企业的桥梁和纽带，并逐步成为中小企业反映诉求、获取帮助的第一门户和专业窗口。

（二）同步启动二、三级平台建设

小企业的成长足迹遍布城乡各个角落，按照公共服务要网格化、广覆盖的思路，我们积极推进以区市、乡镇为重点的二、三级平台建设。按照全市《关于加快中小企业公共服务平台的意见》，今年专门从市级中小企业发展专项资金中拿出 380 万元，用于二、三级平台的“四落实”（机构、经费、人员、场地）、“五统一”（名称、标识、网络域名、热线号码、工作流程）、“五公开”（服务内容、流程、标准、收费、时间）和“五共享”（信息、资源、技术、服务、品牌）。目前，已健全三级公共服务平台建设评价指标体系和考核督察机制；全市中小企业公共服务中心标识征集工作已经结束，统一标识已开始正式启用；城阳、胶州等区市的公共服务中心建设方案正在紧张论证报批中；为区市平台所配备的基础设备已进入政府采购程序。

（三）多渠道建设小企业创业基地

为解决初创期小企业创业困难，扶持小企业成功创业，推动产业集聚发展，在中小司的指导和支持下，我们坚持增量发展和存量盘活并举，一方面，持续推动“200 成小企业工程”，一大批高成长性小企业破茧而出。今年开始实施的小企业“专精特新”“111”行动计划，将在三年内重点培育 100 户“专精特新”标杆小企业，推广 1000 项新技术，做大 1000 种新产品，打造一批行业隐形冠军和小巨人。另一方面，分门别类地引导各区市政府和企业，以闲置厂房、楼宇、创业园和工业园为载体，建造独具特色、多种形式的小企业创业平台。目前，已建成特色街 12 条，创业园区 15 个，特色产业基地 10 个，高校毕业生创业孵化基地 1 个，孵化小企业 2000 余家，创业平台内小企业创业成功率达 95% 以上。

三、突出工作重点，办好公共服务的实事

从各种调研和信息反馈看，除外部政策环境、服务环境因素外，资金、人才和市场是长期制约小企业发展的主要瓶颈。对此，我们近几年咬定青山不放松，突出强化了融资服务、人才培育、市场开

拓三大工作体系建设。

（一）破解小企业融资难题

2009年来，我们以破解小额贷款难、担保难、抵押难、直接融资渠道不畅、融资成本高、信息不对称“六大瓶颈”为突破口，以公共服务平台下设的青岛中小企业融资促进中心为运作主体，广泛联系在青各银行、担保、投融资机构，探索推出了“三个平台，六条路径”的融资服务新举措，撬动各类融资190亿元，占全市企业贷款余额的12%。截至今年8月末，网上融资对接平台共为1100多家企业提供了融资服务，直接帮助企业融资贷款1.3亿多元，较好地缓解了中小企业融资困难；信用信息平台数据库已录入700多家企业的信用信息，完成企业信用评级195家，融资机构与中小企业信用信息不对称问题实现突破；统借统还平台与国开行合作的第一担保组团已发放贷款近1亿元，与华夏银行合作的第二担保组团已基本完成，担保团已发展到11家担保机构。与此同时，探索建立的金融机构小额贷款风险补偿机制、担保业务奖补机制、过桥扶持资金等“六条融资路径”，有效激发了金融机构开展小企业贷款和担保业务的积极性。今年1～7月份，全市小企业贷款余额694亿元，新增贷款186亿元；委托市担保中心累计为112家小企业解决过桥资金26.5亿元，较大程度地缓解了企业还贷压力，确保了小企业资金畅通。

（二）建立多层次人才培养体系，提高小企业人才素质

持续推进企业家、中高层管理者和创业者三个层次的培训。与清华大学合作开展的企业家EMBA课程培训已连续举办五年，累计培训企业家350人；委托中介机构开展的每年两期MBA课程培训已连续开展六年，累计培训中高层管理者2000余人；市财政专项资金免费开展的创业者培训连续开展两年，累计培训创业者4000余人。与此同时，先后开设了“民营经济大讲堂”、“千家小企业创业培育计划”和“银河培训”三大系列培训，其中，“民营经济大讲堂”已成为全市中小企业培训的品牌；“千家小企业创业培育计划”已形成长效机制；得益于中小司支持的国家“银河培训”受到小企业的广泛好评。

（三）建立常态化的市场开拓服务体系，促进小企业持续发展

为帮助小企业开拓市场，每年组织开展“开拓市场暖春行动”，今年5月份组织举办的集名优产品交易、时装展览展示、中日韩技术对接和浙商投资贸易洽谈等“四位一体”的综合性会展活动取得丰硕成果，各活动板块投资贸易额达累加达到250多亿元，实现了“中小企业得订单、广大市民得实惠、政府工作得人心”的办会宗旨。仅名优产品交易一个板块，免费组织350多家中小企业参展，1098个展位客流持续爆满，累计接待专业观众和普通市民23.5万人次，协议订单达到27.7亿元。为帮助中小企业利用电子商务开拓市场，今年7月份与阿里巴巴共同搭建了中小企业“青岛电子商务专区”，截至到8月底，已有566家小企业加入出口通、诚信通，“青岛电子商务专区”日均浏览量超过19万次。

中小企业服务体系建设是一项长期系统工程，亟待政府、企业、机构多方努力，我市工作距离先进省市还有很大差距，大量工作有待深入研究和探讨。一直以来，青岛市的工作得到工信部中小司的大力支持，也得到兄弟省市无私指导和帮助，在此表示衷心感谢！我们将借这次全国中小企业服务体系建设交流座谈会的机遇，在部中小司和省中小办的指导下，努力向兄弟省市学习，进一步细化政策，完善平台，优化服务，努力促进青岛中小企业健康持续发展。

（青岛市经济和信息化委员会　中小企业发展局）

关于加快新疆生产建设兵团中小企业发展的调研报告

“十一五”规划收官的2010年，特别是中央新疆工作座谈会议召开后，随着新一轮全国对口援疆工作的深入，积极推进兵团实现跨越式发展和长治久安，已经成为兵团中小企业的中心任务。随着贯彻落实《中小企业促进法》和国务院《关于进一步促进中小企业发展的若干意见》，推进中小企业服务体系建设，加大中小企业技术改造和技术创新力度，兵团中小企业发展环境得到了进一步改善和优化，为巩固兵团经济企稳回升向好的基础，加快经济结构调整和发展方式转变，实现兵团经济总体平稳较快发展的既定目标，做出了新成绩。

一、中小企业已成为推动兵团实现跨越式发展的重要力量

（一）兵团中小企业发展现状及其作用

经过50多年的发展，兵团中小企业从无到有，从小到大，逐步形成了电力、煤炭、机械、建材、轻工、纺织、食品、化工、医药、矿业等25个大类的工业体系。到2009年底，兵团中小企业数量已达到4892个，其中：一产企业179个，二产企业3191个，三产企业1522个。其中工业企业1368个，其中规模以上工业企业299家（主要包括国有企业38家，有限公司154家，股份公司17家，私营企业74家），大中型企业64家。目前，全兵团有上市公司13家，工业中小企业从业人数13万人，占兵团就业人数的12.6%。

1. 中小企业快速发展已成为兵团推进跨越式发展的重要基础

西部大开发十年间，兵团中小企业保持了年均17.7%的增长速度，尤其是“十一五”以来连续保持了22.5%的高速增长。2009年完成工业增加值148亿元，是2005年的2.3倍，实现利润23.85亿元，是2005年近10倍，“十一五”以来，按照兵团党委“构建两大基地、壮大六大支柱产业”的发展思路，实施了氯碱化工和煤化工两大产业链工程，

兵团中小企业逐步壮大并实现了历史性跨越。预计“十一五”末完成工业增加值184亿元，比“十五”末增加2.3倍，年均增速22.5%。2009年规模以上工业企业实现利润23.85亿元，比“十五”末增长7.8倍，工业经济效益综合指数161.5，比“十五”末提高63.3个点。“十一五”以来，工业固定资产投资逐年大幅增加。2009年完成工业固定资产投资146.9亿元，同比增长40.9%，比“十五”末提高2.8倍。2009年工业固定资产投资占到全社会固定资产投资比重的46%，实现了兵团提出的“十一五”期间工业投资要达到全社会固定资产投资40%的目标。

2. 中小企业结构优化升级已成为兵团推进跨越式发展的重要力量

以中小企业为主体的优势农产品加工和优势矿产资源转换两大基地建设取得积极进展，产业结构得到优化。三次产业结构由“十五”末的39.4：25.2：35.4调整为2009年的33：34：33（其中工业占到24.3%，比“十五”末提高7.2个百分点），二产比重30年来首次稳定超过一产。重化工产业快速发展，轻重工业比重由“十五”末的53：47调整到2009年的51：49。中小企业通过改制上市，强身健体组建了一批大企业集团，设立股份公司24家，其中上市公司13家，企业集团9家。天业集团、青松建化、中基公司、伊力特、天富电力、冠农股份、新农开发已经成为行业龙头企业。名牌战略取得实效，到2009年，兵团共获得国家和自治区级名牌产品、驰名商标69个。

3. 中小企业特色主导产业已成为兵团推进跨越式发展的主力军

以中小企业为基础和主体，食品饮料、纺织服装、矿产开发、新型建材、氯碱化工、农牧机械等产业实现了历史性跨越。石河子市、阿拉尔市棉纺织基地初步形成，2009年棉纺锭规模达到230万锭，占全疆纺纱能力约50%以上，2010年将达到350万锭；番茄酱产能达到110万吨，占全疆的60%，2010年预计达到130万吨；水泥产能达到1250万吨，占全疆的40%以上，2010年将达到1500万吨；聚氯乙烯产能2009年达到70万吨，占全疆的60%以上，2010年将达到120万吨；已建成全国最大的节水器材生产基地，服务面积达3000万亩；煤炭产能达到930万吨，2010年将突破1000万吨；电力装机容量达到212万千瓦；焦炭产能达到130万吨。鸿基焦化公司焦炉煤气制尿素项目建成投产、锦疆化工公司煤制尿素项目建设进展顺利。

（二）当前中小企业发展面临的主要困难和问题

一是产业转型升级水平不高，工艺技术装备改进缓慢。

二是自主创新能力弱，产业核心竞争力不强。

三是中小企业服务体系还不完善。

四是企业管理人才、创新人才和科技人才缺乏。

五是中小企业贷款难，融资难的问题仍然十分突出。

二、促进中小企业发展的政策措施得到有力贯彻

1. 结合实际制定出台一系列促进中小企业发展的政策措施

近年来，兵团在深入学习认真贯彻落实《中小企业促进法》、《国务院关于鼓励支持和引导个体私营等非公有制经济发展的若干意见》和《国务院关于进一步促进中小企业发展的若干意见》（国发［2009］36号）等相关法律法规的同时，还研究提出了一批相关配套政策和办法。出台了《关于加快推进新型工业化的决定》、《关于加快工业支柱产业发展的意见》、《关于进一步扩大对外开放的意见》；出台了《关于采用高新技术和先进适用技术改造提升兵团重点传统工业的指导意见》、《加快煤化工产业发展的指导意见》、《农用装备制造业发展的指导意见》、《关于充分利用未利用土地加快推进兵团工业化发展的意见》。尤其是在学习实践科学发展观活动中，出台了《关于进一步加快兵团新型工业化发展的实施意见》。为营造中小企业发展良好的外部环境，提供政策保障，兵团还出台了《兵团关于加快非公有制经济发展的实施意见》（新兵党发［2008］10号）、《关于兵团招商引资优惠条件》、《兵团中小企业发展专项资金管理暂行办法》等政策文件。出台了《2007年到2010年兵团中小企业创业基地建设规划》和《2007～2010年中小企业公共服务平台建设项目工作方案》等政策文件，有力地促进了中小企业加快发展。

2. 转变发展方式，着力加大中小企业技术改造和结构调整力度

近年来，在国家工信部的大力支持下，围绕国家产业振兴规划，重点推进了棉纺、食品、建材等传统产业技术改造，重点支持了一批中小企业结构调整、节能减排、增加就业、改善中小企业融资环境、提高企业素质活动的项目。从2004年起兵团开始得到中小企业发展专项资金支持，到2009年底，兵团共有78个项目得到了国家无偿资助或贷款贴息补助，资助资金7300万元。其中：中小企业发展专项资金项目31个，补助资金2345万元；信用担保补助项目4个，补助资金490万元；中小企业服务体系专项补助资金项目16个，补助资金384万元；组织上报国家工信部2009年工业中小企业技术改造切块资金项目27个，争取国家切块资金4085万元。

3. 改善发展环境，着力推进中小企业服务体系建设

按照国家中小企业成长工程的要求，从满足中小企业发展的需求出发，坚持社会化、专业化、市场化以及突出服务性的原则和“政府扶持中介，中介服务企业”的思路，着力构建以中小企业服务中心为骨干、协会和中介机构为支撑的社会化服务体系，各项工作稳步推进。一是积极培育管理咨询、技术支持、人才培训、市场开拓、国际合作、信息咨询等专业化服务机构体系建设；二是积极引导各

类服务机构开展业务交流和能力建设，服务质量和从业人员素质得到了提高，创新服务能力得到了增强；三是开展了《兵团中小企业服务体系建设课题研究》工作，重点围绕中小企业成长工程，提出了《加强兵团中小企业和非公有制经济工作建立健全兵团中小企业服务体系的建议》，制定了2007年到2010年兵团中小企业公共服务平台建设规划，进一步改善了兵团中小企业和非公经济发展的环境。目前兵团阿拉尔市、五家渠市已建立了中小企业服务中心，石河子市、图木舒克市正在运作过程中；国家支持的兵团农产品质量检测公共服务平台、新型农机公共服务平台、化工新技术公共服务平台三个项目已开展服务工作。

4. 拓宽融资渠道，着力开展中小企业融资和信用担保体系建设

近年来，兵团认真贯彻落实《工业和信息化部关于中小企业信用担保体系建设有关工作的通知》精神，研究提出了《关于建立兵团中小企业信用担保体系的意见》，并在国家的指导下，逐步开始试点工作，在一定程度上解决了部分中小企业和民营企业贷款担保难的问题，对促进中小企业的发展起到了积极作用。部分师根据中小企业经济快速发展的需要，相继成立了中小企业担保公司。为增强其贷款担保能力，逐年加大对中小企业贷款担保机构资本金的注入，并确保其按照公开、公平、透明和股东优先的原则规范运作，使担保机构不断发展、完善。到2009年底，兵团共有信用担保公司7家，其中有2家注册资本1亿元以上，3家注册资本在1000万元至5000万元之间，从业人员共计53人。累计担保企业户数1788户，担保总额298863万元。

5. 加快技术进步，大力实施中小企业技术创新工程

为充分发挥市场对中小企业发展的引导作用，按照《兵团关于采用高新技术和先进适用技术改造提升兵团重点传统工业的指导意见》，确定重点推进棉纺、食品、建材等传统产业技术改造，兵团每年安排专项资金给予贴息支持。鼓励中小企业采用高新技术和先进适用技术，支持有条件的中小企业进入高新技术领域。兵团水泥工业新建项目全部采用新型干法工艺和纯低温余热发电技术，普遍利用了工业废渣，成本明显降低。纺织、食品等行业广泛采用国内外先进技术装备，提高了产品质量，增加了花色品种和市场应变能力。工业节能减排工作积极推进，加大了电力、化工、建材等重点行业和55家年综合能耗在5000吨标准煤以上重点用能企业节能减排技术改造力度。进一步加大关闭淘汰落后生产能力的力度，关闭小煤矿5处，淘汰落后水泥产能32万吨。对制糖企业酒精生产系统实施改造，解决了生产废水环境污染问题。

6. 以创业促就业，积极推进中小企业创业工程

兵团充分利用国家扶持中小企业发展的政策措施，优化创业环境，鼓励和扶持更多劳动者成为创业者。一是专门制定了2007年到2010年《兵团中小企业创业基地建设规划》，实施优势资源转换战略，“抓大”与“扶小”齐头并进，鼓励中小企业快速发展。二是加强创业基地建设，按照国家“创办小企业，开发新岗位”的目标，利用国家专项资金在“四市两区”重点推动兵团中小企业创业工程。三是积极利用闲置厂房和设备，建立为创业者提供全方位支持与服务的创业辅导基地，增加就业岗位。据不完全统计，2003年以来各中小企业发展专项资金项目实施后，共新增就业近5000人。

三、加快中小企业发展是“十二五”兵团实现跨越式发展的重大战略任务

“十二五”时期将是兵团中小企业贯彻落实中央新疆工作座谈会精神和对口援疆各项政策措施，加快发展的重大机遇期，也是兵团中小企业实现转变发展方式、调整经济结构、实现优化提升做大做强的关键时期。加快中小企业发展必须紧紧围绕转变发展方式这条主线，坚持科学发展，以推进服务体系建设，营造发展环境为重点；以落实政策支持，推进技术改造、技术创新为途径；以优化升级，做大做强，提高中小企业的整体素质和竞争力为目标，努力为促进兵团经济跨越式发展做出新贡献。

（一）转变发展方式，努力推动中小企业结构调整和产业优化升级

一是落实中央支持新疆发展的各项政策，在国家大力支持下，扩大中央财政中小企业发展专项资金规模，重点支持产业集群龙头企业、骨干企业、具有自主知识产权和自主品牌的中小企业技术创新、技术改造、产业升级。二是按照国家产业政策，建立健全中小企业市场退出机制，加快淘汰能耗高、污染重、档次低的落后生产能力，依法关停一批不具备安全生产条件、环保不达标的企业。三是加大对符合国家产业政策，产品有市场、经营困难的中小企业的政策扶持力度，帮助企业早日走出困境。

（二）加强能力建设，努力完善中小企业技术创新体系

一是认真贯彻落实国家中长期科技发展规划纲要和各项配套政策，按照12部委《关于支持中小企业技术创新的若干政策》要求，加快建立以企业为主体、市场为导向、产学研相结合的中小企业技术创新体系。二是加强“产学研”联合，加速科技成果产业化，支持中小企业积极采用先进技术、先进生产工艺和设备，提高产品质量，降低资源消耗，节约能源，提高经济效益。三是发挥现有国家级、自治区级、兵团级企业技术中心、工程研究中心的资源和优势，加快战略性新兴产业的培育和重大问题的研究，增强中小企业技术创新和产业化发展能力。

（三）实施“走出去”战略，努力开拓中小企业国内外市场

一是积极组织参加各类中小企业博览会、展览会或洽谈会，搭建平台，切实推动中小企业的对外合作交流。二是加强区域中小企业合作，鼓励兵团中小企业与东中西部及自治区的企业开展经济技术

合作。三是鼓励有能力的中小企业多渠道、多形式地将引进资金、技术和智力紧密结合，不断提高企业的市场利用水平。

（四）推动园区建设，努力搭建产业转移和集聚平台

一是贯彻落实国家《关于产业集群发展的指导意见》，鼓励和支持产业集群发展，引导中小企业走产业集聚发展的路子，支持中小企业与大企业协作配套，向“专、精、特、新”方向发展。二是按照《兵团工业园区十二五发展规划》，加快实施“一师一园”，引导中小企业和东部沿海转移产业向园区集中。三是加强支持园区公共服务设施建设，推进实施品牌战略，为产业集聚和龙头企业发展搭建平台。

（五）拓宽融资渠道，努力缓解中小企业经营困难

一是积极协调金融部门，加大对中小企业贷款支持力度，完善对中小企业信贷考核机制，争取国有商业银行加大对中小企业的贷款规模，切实保证全年中小企业贷款增幅不低于全年贷款增幅平均水平。二是积极探索建立中小企业贷款贴息和风险补偿机制，继续落实对中小企业信用担保机构实行营业税减免有关政策。三是贯彻中小企业信用服务体系建设指导意见，推进建立以信用记录征集、调查、评级为主要内容的中小企业信用制度，提升中小企业融资能力。

（六）强化职业培训，努力提高中小企业管理水平

一是继续实施中小企业银河培训工程，做到精心组织、深入实施、注重效果，支持建立多层次多形式的中小企业培训体系，加快人才队伍建设。二是开展中小企业信用担保体系、服务体系、孵化基地等专门培训，面向创业者，开展创业思想、创业精神、创业基础知识、创业政策实践活动，促进初创企业健康成长。三是开展企业管理咨询工作，引导企业采用国内外先进的管理理念、方法和手段，加强内部管理，提升企业效益，推动中小企业经营管理水平再上新台阶。

（七）鼓励创办小企业，努力扩大中小企业就业岗位

一是要认真贯彻落实《国务院关于做好促进就业工作的通知》和国务院办公厅《关于促进以创业带动就业工作指导意见》，扎实推动创业带动就业工作。二是发挥中小企业吸纳社会就业主渠道的作用，促进中小企业发展，稳定和扩大就业岗位。三是继续争取国家对兵团创业基地的支持，扶持小企业创业基地建设，加大对创业基地建设的政策引导和规范管理，提高基地孵化小企业的能力。

（新疆生产建设兵团发展改革委中小企业处　帅英）

第八篇 附录

工业和信息化部中小企业司

根据《国务院办公厅关于印发工业和信息化部主要职责内设机构和人员编制规定的通知》，中小企业司主要职责是：承担中小企业发展的宏观指导，会同有关方面拟订促进中小企业发展和非国有经济发展的相关政策和措施；促进对外交流合作；推动建立完善服务体系；协调解决有关重大问题。

（一）具体职责

1. 负责中小企业和非国有经济的宏观指导、综合协调和服务；拟订并组织实施促进中小企业、非国有经济发展的政策措施。

2. 拟订中小企业发展规划，监测分析中小企业发展动态，发布相关信息；协调解决发展中的重大问题。

3. 引导中小企业转变发展方式，推动结构调整优化；协调建立完善市场准入及退出机制；制定并实施创业扶持政策措施；提出产业集群发展战略规划及政策措施；参与指导和协调中小企业节能减排。

4. 提出中小企业专项资金年度预算建议；拟订和组织实施中小企业专项资金年度计划和固定资产投资计划；推动建立中小企业发展基金。

5. 指导中小企业和非公有制经济改革发展，推动管理创新；维护中小企业和职工合法权益。

6. 提出中小企业技术创新政策措施，建立和完善中小企业技术创新支持体系；指导中小企业公共技术平台建设；指导推进中小企业信息化。

7. 提出改善中小企业融资环境的政策建议；承担中小企业在境内外上市融资审核等相关工作；推进中小企业信用制度建设，引导和规范中小企业担保行业发展；指导中小企业产权及相关要素市场建设。

8. 拟订促进中小企业服务体系发展的政策措施，指导中小企业服务体系建设，规范中小企业服务市场；指导中小企业开拓市场；协调落实中小企业获得政府采购份额的有关工作。

9. 指导和推动中小企业对外经济技术合作；推动建立与外国政府和国际组织间的中小企业合作交流机制。

10. 承办部领导交办的其他事项。

（二）内设处室

中小企业司设6个处室。

1. 综合处

拟订促进中小企业人力资源开发的政策措施，指导建立中小企业培训体系；指导中小企业信息网等信息服务体系建设；负责司内文秘、行政事务和综合协调工作。

2. 政策规划处

提出促进中小企业发展及服务体系建设的法规政策及相关标准的建议，监督检查有关中小企业法律法规的贯彻实施情况；提出中小企业发展战略和中长期规划、中小企业发展专项资金年度预算建议；推动建立中小企业发展基金，确定基金使用方向。

3. 非国有经济处

拟订促进非国有经济改革发展的政策措施，提出中小企业结构优化、产业转移政策；监测分析各类中小企业发展动态；推动市场环境建设；指导工业园区建设，组织建立产业集群示范和公共服务平台，推动产业优化升级；参与指导中小企业节能减排；组织开展管理咨询，指导企业加强管理。

4. 融资担保服务处

提出中小企业融资的政策建议；负责监督和管理中小企业信用担保行业，推动中小企业信用担保体系和信用制度建设，完善信用征集与评价体系；推动中小企业集合发债和投资公司发展；承担中小企业境内外上市融资审核等相关工作；指导产权交易市场建设。

5. 创新服务处

提出促进创业、创新等中小企业服务体系建设相关政策措施并组织实施；负责推动中小企业社会化服务体系建设；建立和完善创业辅导体系；指导创业基地、公共服务平台建设；推动中小企业信息化建设；促进新技术、新产品开发应用、专业化生产及为大企业配套；协调中小企业获得政府采购份额的有关工作。

6. 交流合作处

提出中小企业对外交流合作、市场开拓等政策措施；推动建立和落实政府间合作协议和项目；推动中小企业扩大出口和引进外资、技术和智力等合作；协调区域间中小企业的交流合作。

（三）联系方式

综合处
68205326　68205307
68205306　66017331（传真）
政策规划处
68205308　68205309
68205310　68205311
非国有经济处
68205312　68205313
68205314
融资担保服务处
68205315　68205316
68205317　68205318

创新服务处
68205319　68205320
68205321　68205322
交流合作处
68205323　68205324
68205325

电子邮件：dsme@ miit. gov. cn，
dsme@ sme. gov. cn
通信地址：北京市西长安街 13 号 3 号楼
邮政编码：100804

工业和信息化部中小企业发展促进中心

工业和信息化部中小企业发展促进中心是工业和信息化部专门从事中小企业服务的直属事业单位，是国家层面综合性中小企业服务机构，对外称“中国中小企业发展促进中心”（以下简称“中心”）。

一、成立背景

1978年我国实行改革开放政策以来，中小企业迅猛发展，成为国民经济和社会发展的生力军，逐步成为对外贸易和吸引外资的重要主体，受到世界各国的重视。

为加强对中小企业对外合作工作的宏观指导，1985年8月21日国务院领导批示成立中小企业对外合作协调（指导）小组。协调小组于1986年3月30日正式成立，由时任国家经委党组副书记、副主任的朱鎔基同志担任组长，成员包括原国家经委、原对外经济贸易部及上海市有关单位的领导同志。协调小组设立中小企业对外合作协调办公室，对外名称为“中国中小企业对外合作协调中心”。中心的主要任务是协调各地区及各主管部门有关中小企业的对外合作业务，为国内外中小企业合作开辟渠道，调查研究国外中小企业的基本情况，向国内外中小企业提供服务。

2010年1月，为顺应发展变化的形势和中心实际工作情况，经工信部审核并报中编办批准，中心正式更名为“中国中小企业发展促进中心”。

二、主要工作

中心成立以来，为推动我国中小企业对外合作交流，帮助中小企业提高竞争能力，多次召开全国工作会，布置工作，交流经验，组织经贸活动，举办各类国际会议和大型国内外展览，开展培训咨询，取得了丰硕成果。

（一）建立并扩大对外合作渠道

截至2010年底，中心共组织国际交流近400批，13000多人次。中心已与俄罗斯、美国、法国、德国、意大利、澳大利亚、西班牙、日本、韩国、土耳其、越南、马来西亚、智利等十几个国家和地区的有关机构建立了合作关系，有较密切的业务往来。中心与国外相关机构签订合作协议21份，推动了中小企业的交流。在2001年APEC中小企业部长会议和工商论坛会议（由原国家经贸委负责主办）期间，创立了“APEC中小企业服务联盟”，联盟秘书处设在中心，为进一步加强APEC区域中小企业合作创造了有利条件。

（二）举办大型经贸交流活动

截至2010年底，主办或承办大型经贸活动30次，利用外资协议金额106亿美元，实际利用额94亿美元。如1992年、1994年在天津和北京举办了国际中小企业新产品新技术展览暨合作洽谈会（中国境内首次举办中小企业展览会）；此后多年先后在常州、苏州、广西等举办中小企业博览会（交易会）；1998年、2004年、2006年、2008年、2010年在烟台、青岛和福州举办了五届APEC中小企业技术交流暨展览会；1999年、2005年承办了在莫斯科举行的“中国中小企业产品展览会”和“中国中小企业纺织品、服装展览会”。中心还承担了“亚欧会议中小企业部长级会议”的筹办工作，承办了“第四届中德高技术对话论坛”、“第一届中日节能环保综合论坛”等多个国际会议。

（三）加强对中小企业人员的培训

从1991年开始，中心举办了多种形式的中小企业厂长、经理培训班和研讨会。截止到2010年底，组织了近340期各种培训班、培训中小企业经营管理者53350余名，其中引智培训50多期，培训人员4000多人；援外培训近70期，来自100多个发展中国家的2230多位经贸管理官员和中小企业代表来华研修和考察；利用政府扶持资金免费培训3万余名中小企业经营管理者和专业技术人员。中心组织的中德政府间合作项目、援外培训项目和面向全国举办的“中国中小企业竞争力讲堂”、“中国中小企业大讲堂”曾先后受到商务部、发改委、国资委、财政部等部门及领导的表扬，受到了中小企业经营管理者的欢迎。

（四）做好信息和咨询服务

为了帮助中小企业获取信息，中心创办了《中国中小企业》杂志，编辑出版了《中国中小企业年鉴》、《中国行业企业百强》、《中国中小企业走出去服务指南》、《中国中小企业推荐目录》等。在中小企业司的支持下，中心承担了“国家中小企业信息化公共服务平台”的建设工作，利用现代网络工具为中小企业提供信息、咨询和技术等服务。中心还成立了专家咨询委员会，整合社会资源，为中小企业战略制订、融资服务、品牌培育、园区建设等提供咨询服务。由中心指导建设的天津中小企业发展园、国家新能源产业和中小企业科技创新与成果转化（连云港）示范园区等已成为中小企业集聚和区域经济振兴的重要载体。

（五）承担研究工作

受国家发改委、财政部、工信部、国资委等委托，承担了“利用外资设立民营企业担保基金”（三期）、“中小企业实施走出去战略研究”、“中小企业对外投资合作风险防范研究”、“推动中小企业信息化建设的政策研究”、“节能减排技术在中小企业推广应用的政策研究”、“欧洲行业组织在促进中小企业节能降耗中的作用”、“中国中小企业经济发展指数”、“东北非公有制经济发展调研”、“帮助中小企业获得政府采购对策研究”和“中国中小企业管理运营发展报告”等十多个课题的研究工作。通过调研，中心形成了一支涉及中小企业发展多方面的社会化专家队伍，积累了经验，促进了服务水平提高。

三、发展目标

中心是在国务院领导直接关怀下成立的一个专司中小企业服务工作的事业单位。经过20多年的发展，形成了一支经验丰富、熟悉政策、了解规则、精于谋划、善于协调、踏实做事的干部队伍。面对新的机遇和挑战，中心将坚持以邓小平理论、三个代表重要思想为指导，深入贯彻科学发展观，适应新型工业化发展要求，坚持眼前与长远结合，国际与国内结合，服务政府与面向市场结合，业务发展与职工福祉结合，坚持以需求为导向，以服务为核心，以能力为基础，以制度创新为前提，以资源整合为手段做好各项工作。努力成为政府认可、企业满意、国内领先、国际知名的国家层面综合性中小企业服务机构。

主要业务范围：

（一）宣传落实国家有关促进中小企业发展的法律法规、政策措施，承担政府委托的相关工作。

（二）开展国内外中小企业法律法规、政策措施及发展状况的调查研究，承担相关课题研究任务。

（三）组织实施或受政府委托具体执行中外中小企业交流合作项目。

（四）受政府委托，承担有关中小企业服务体系建设事项。

（五）组织实施或受政府委托开展国内外中小企业商务洽谈及产品展览活动。

（六）开展管理及技术人员培训、信息、咨询、技术创新及融资服务。

（七）负责《中国中小企业》杂志、《中国中小企业年鉴》编辑、出版、发行。

（八）承办工业和信息化部交办的其他事项。

各地中小企业主管部门

北京市经济和信息化委员会中小企业处

一、主要职责

指导和促进本市中小企业发展；会同有关部门拟订促进中小企业发展和非公有制经济发展的相关政策和措施，指导城镇集体企业改革，协调解决有关重大问题；推动建立完善中小企业服务体系；推动中小企业信息化建设；会同有关部门负责北京市中小企业创业投资引导基金使用的决策、监督和管理；指导中小企业开展国内外合作与交流。

二、领导班子成员

陈志峰　市经济信息化委副局级领导

荆甫智　处　长

三、联系方式

办公地点：北京市朝阳区工体北路6号403室

邮政编码：100027

电　　话：010－85235035

传　　真：010－85235632

网　　址：www.bjsme.gov.cn

天津市中小企业发展促进局

一、主要职责

天津市中小企业发展促进局为负责全市中小企业和非国有经济发展统筹规划、综合协调、组织推动、指导服务工作的市政府派出机构，规格为正局级。主要职责：

（一）贯彻落实国家和我市有关发展中小企业、民营经济的法律法规和方针政策，起草或拟定我市有关促进中小企业、民营经济发展的地方性法规和规章，研究提出扶持中小企业发展的政策；负责对全市中小企业的综合协调、指导和服务。

（二）制定全市中小企业、民营经济发展战略，负责编制全市中小企业中长期规划和产业布局规划并组织实施；负责制定中小企业的经济发展目标和固定资产投资指导性计划；负责中小企业、民营经济的统计和经济运行分析，负责统计报表制度的制定和统计资料的收集、审核、汇总工作，协调解决经济运行中的重大问题。

（三）引导中小企业进行产业、产品和组织结构调整；组织中小企业开展科技创新、技术改造、市场开拓、对外经济交流与合作和招商引资工作；协助有关部门做好中小企业的安全生产、节能减排和环境保护工作，负责组织有关部门对鼓励型小企业的认定工作。

（四）负责中小企业发展专项资金、技术改造、区县示范工业园区和科技创新等发展专项资金的年度预算和使用管理。

（五）负责区县重大建设项目的协调服务和推动，建立区县大项目库，指导区县做好项目的论证、筛选、立项等工作，加强在建项目宏观调控管理，完善监督考核机制，提高投资效益。

（六）引导中小企业集聚发展，指导和扶持区县示范工业园区、乡镇工业区、都市工业园以及小企业创业基地的发展；指导中小企业服务体系建设，改善中小企业创业环境，联系、指导和规范为中小企业提供服务的各类中介组织的工作。

（七）负责编制中小企业科技、质量以及教育培训发展规划和年度指导性计划，协调有关部门做好名牌产品、驰名商标和著名商标的推荐和评审工作。

负责全市中小企业、民营经济的融资服务工作，指导中小企业担保机构建设，建立中小企业信用评价体系。

（八）负责全市民营经济的综合调研与协调服务工作。组织有关部门督察有关促进民营经济发展的政策落实情况。

（九）指导中小企业、民营经济的信息化建设工作，推动电子政务、电子商务加快发展。

（十）承办市政府交办的其他事项。

二、处室设置

天津市中小企业发展促进局设办公室、调研处、工业发展处、服务业发展处、经济合作处、综合服务处、科技创新服务处和人事处8个内设机构。

三、领导班子成员名单（6人）

局长、党组书记：尉永久

副局长、党组副书记：蒋颖

副局长：薄云（党组成员）

副局长：任鹏

副巡视员：王云齐

副巡视员：司志强

四、对外联络方式及网址

地址：天津市河东区十一经路88号

邮编：300171

电话：022－24305108

传真：022－24305108

网址：www.smetj.gov.cn

河北省中小企业局

一、主要职责

（一）负责对全省中小企业和民营经济的宏观指导、综合协调；会同有关部门拟定全省发展中小企业、民营经济的地方性法规、规章草案和扶持政策并组织实施；负责中小企业行政执法。

（二）拟订中小企业、民营经济的发展规划并组织实施；监测、分析中小企业、民营经济发展动态，发布相关信息；协调解决发展中的重大问题。

（三）指导和推进中小企业转变发展方式，推动结构优化；拟订中小企业产业集群发展规划及政策措施，并组织实施；提出鼓励中小企业技术创新措施，指导中小企业强化质量管理，实施品牌战略；参与指导、协调中小企业节能减排。

（四）提出中小企业融资的政策措施，组织多种形式的企业融资；组织推进中小企业信用担保体系建设；实施对融资性担保机构的监督管理，落实相关支持政策；负责推进中小企业信用制度建设。

（五）拟定推进全民创业的政策措施草案并组织实施，负责企业创业辅导的规划、建设和管理，负责创业辅导基地的规划、建设及机构和辅导队伍建设；推动建立中小企业创业风险投资引导资金，确定资金使用方向。

（六）负责中小企业人才培训体系建设。

（七）指导中小企业对外开放、经济技术交流与合作。

（八）推动建立完善中小企业服务体系，引导各类中介组织为中小企业提供服务。

（九）拟定和组织实施中小企业发展专项资金年度计划和固定资产投资计划，提出省级中小企业发展专项资金年度预算建议，实施对中小企业发展专项资金使用的监督检查；指导市、县（市、区）中小企业专项资金的设立和使用。

（十）承办省政府及省工业和信息化厅交办的其他事项。

二、处室设置

（一）办公室

负责机关文电、综合文字、信访、保卫、机要、保密、信息、宣传、督查督办、政务公开、后勤和固定资产管理；负责拟订中小企业、民营经济发展的地方性法规、规章草案和政策措施；负责省民营经济领导小组办公室的日常工作。

（二）规划统计财务处

负责拟定中长期发展规划和年度指导性计划；监测、分析发展动态和运行态势，定期提出统计分析报告和发布相关信息；负责省级年度中小企业发展专项资金、固定资产投资计划和部门经费预决算编制及资金监管；组织申报国家专项资金项目；指导市、县（市、区）专项资金的设立和使用；负责机关财务工作；推动信息化建设。

（三）融资担保处

提出中小企业融资的政策措施；推动银保、银企合作，组织多种形式的企业融资，实施信贷补偿；组织推进中小企业信用担保体系建设；实施对融资性担保机构监督管理和政策支持；组织信用征集、信用评价和信用信息发布，推动中小企业信用制度建设；参与中小企业境内外上市融资的培训等相关工作。

（四）产业指导处

负责指导和推进中小企业转变发展方式，推动结构调整优化；支持产业集群公共技术服务平台建设，促进专业化生产及为大企业配套；指导中小企业强化质量管理，实施品牌战略；参与指导、协调中小企业节能减排；负责烟花爆竹企业的新建、扩建、改建的审批。

（五）创新服务处

负责提出推进中小企业技术创新的政策措施草案并组织实施；负责中小企业创业辅导基地建设和管理；推动建立中小企业创业风险投资引导资金，确定资金使用方向；指导中小企业科技创新，促进新技术、新产品的开发应用；负责省鼓励创业工作领导小组办公室的日常工作。

（六）市场开发处

拟定鼓励中小企业开拓国内外市场的政策措施，并组织实施；指导中小企业对外开放、经济技术交流以及区域间、企业间的协作、配套与联合；负责机关外事工作。

（七）人事人才处

负责机关和直属事业单位的机构编制和人事管理；完善人才培训服务体系，指导中小企业人才引进、使用和培养；拟订促进中小企业人才开发的政策措施建议，组织开展职业技能鉴定和民营经济从业人员专业技术职务资格评审。

三、领导班子成员

河北省中小企业局局长　孙际林
河北省中小企业局副局长　王雅君
河北省中小企业局副局长　贾胜忠
河北省中小企业局副局长　毛庆军

山西省中小企业局

山西省负责指导、管理、服务中小企业的政府职能部门是省中小企业局。2003 年政府机构改革中，中共山西省委、山西省人民政府下发了《关于印发山西省人民政府机构改革方案的通知》（晋发［2003］27 号），根据文件精神，山西省乡镇企业管理局（民营经济发展局）改组为山西省中小企业局（保留山西省乡镇企业管理局的牌子），为正厅级建制，是省人民政府指导、管理、服务中小企业、乡镇企业和非国有经济的直属机构。2004 年 4 月，山西省中小企业局正式挂牌。

2009 年政府机构改革，根据《中共山西省委、山西省人民政府关于印发〈山西省人民政府机构改革方案〉的通知》（晋发［2009］13 号），设立山西省中小企业局，副厅级建制，由山西省经济和信息化委员会管理。

2009 年 9 月，山西省人民政府办公厅印发了《关于印发山西省中小企业局主要职责内设机构和人员编制规定的通知》（晋政办发［2009］147 号），方案规定：

（一）职责调整

1. 取消国务院及省人民政府已公布取消的行政审批事项。

2. 将省中小企业局承担的农产品加工及质量监督管理职责划入省农业厅。

（二）主要职责

1. 贯彻执行国家和省有关中小企业和非公有制

经济（以下统称为中小企业）的法律法规和方针政策；指导、服务中小企业；研究提出扶持全省中小企业发展的政策，组织或参与起草有关中小企业的地方性法规和规章，并组织实施。

2. 贯彻执行国家及省的产业政策，研究拟定全省中小企业的发展战略和发展规划，指导和推进中小企业产业结构的调整，指导全省中小企业发展园区建设。

3. 监测、分析、预测全省中小企业运行态势，编制并组织实施中小企业近期发展调控目标和措施，协调解决中小企业发展中的重大问题。

4. 指导全省各类中小企业的改革、改组、改造，推进现代企业制度的建立；指导中小企业融资上市工作；促进建立和发展中小企业产权及相关要素市场，指导中小企业的股份制改造。

5. 对全省各种经济成分的中小企业实行宏观指导、协调和服务，规范企业行为；研究提出中小企业技术进步的政策，指导中小企业技术改造和新技术、新设备、新产品开发等工作；建立完善中小企业技术创新支撑体系，指导中小企业创新基地建设，推动中小企业信息化工作；参与指导、管理民营科技企业，向有关部门推荐、申报符合资格认定条件的民营科技企业和科技型中小企业创新基金项目。

6. 研究提出改善中小企业融资环境的政策措施，协调解决中小企业融资的有关重大问题；提出政府扶持中小企业资金的筹集、管理、使用建议，负责省级中小企业发展基金和省级财政对中小企业扶持资金的管理使用，并向有关部门推荐、申报其他相关资金项目。

7. 指导全省中小企业经营管理人员和职工的教育培训及人才、智力引进工作；指导全省中小企业外事、外经、外贸工作；组织中小企业开展国内外经济技术交流与合作；指导中小企业外资引进、利用工作。

8. 指导中小企业服务体系建设，建立和完善创业辅导体系，改善创业环境；协调落实中小企业获得政府采购份额的有关工作。

9. 配合有关部门做好中小企业环保节能、环境监测、安全生产、劳动用工、职业卫生、质量管理、社会保障等工作。

10. 对非公有制经济发展进行规划、指导、监督、协调和服务。保护非公有制经济的合法权益，鼓励、支持和引导非公有制经济的发展。

11. 提出促进县域经济发展的具体政策和措施，指导各县（市）确定符合本地实际的经济发展思路，研究县域经济发展中遇到的问题，推动县域经济发展。

12. 配合有关部门做好全省中小企业党建、工会等工作和精神文明建设工作；指导本系统各类协会、学会和社团工作。

13. 承担省人民政府及省经济和信息化委员会交办的其他事项。

（三）内设机构

根据上述职责，省中小企业局设 8 个内设机构和离退休人员工作处。

1. 办公室（省推动非公有制经济办公室）

综合协调机关日常工作；负责机关文电、会务、信息、宣传、督查、档案、机要、信访、提案、保密、保卫、财务、行政、后勤等工作。提出促进非公有制经济发展的政策措施和改革方案，对全省非公有制经济发展提出近期规划和远景目标，并在实施中进行指导和督促。协调工商、金融等部门支持非公有制经济诚信守法经营。

2. 人事处（机关党委）

负责机关和直属单位的人事工作和机构编制工作；承担本系统出国人员的政审工作；配合有关部门做好全省中小企业党建、工会等工作和精神文明建设工作；负责机关和直属单位的党群工作。

3. 政策法规处

起草有关中小企业的地方性法规、规章草案；承办规范性文件的合法性审核工作；监督检查有关法律法规的执行情况；研究提出扶持中小企业改革与发展的综合性政策建议；承办行政复议、行政应诉、行政赔偿及其他法律事务；指导各类中小企业改革，引导中小企业建立现代企业制度；促进建立和发展中小企业产权及相关要素市场，指导中小企业的股份制改造和上市工作；指导中小企业服务体系建设；指导本系统各类协会、学会和社团工作。

4. 发展规划处

研究提出中小企业发展战略、中长期规划和年度目标；负责省级中小企业发展基金和省级财政对中小企业扶持资金的管理使用；负责本系统基建项目管理；指导中小企业的外事、外经、外贸工作；组织中小企业开展国际经济合作与交流，参与组织中小企业国际市场开拓资金项目的申报工作。

5. 管理指导处

贯彻执行国家和省的产业政策，研究提出中小企业的产业发展方向、重点和有关政策，指导中小企业的产业结构和布局结构调整，指导全省中小企业发展园区建设；指导地区间、企业间的协作联合，协助有关部门开展招商引资；组织产品展销等活动；负责中小企业类型划分和认证工作；指导中小企业诚信建设工作；配合有关部门做好中小企业环保节能、安全生产、劳动用工等工作。

6. 经济监测处

监测、分析、预测全省中小企业运行态势，组织对中小企业经济运行中出现的重大问题进行调查研究，并提出对策和建议；会同有关部门研究制定中小企业统计制度并组织实施；负责中小企业统计数据、报表的汇总、分析工作；负责中小企业经济信息的收集、整理、分析和发布工作；研究提出中小企业创业辅导服务体系建设的政策措施，建立和完善创业辅导体系，配合有关部门做好再就业工作；根据城镇化进程提出县域经济发展的具体政策和措施，指导县域经济走新型工业化道路，推动发展特色经济和民营经济；承担县域经济发展的监测和统计工作。

7. 科教质量处

指导全省中小企业人才开发、引进以及教育培训、职称评审、技术进步、产品开发等工作；建立完善中小企业技术创新支撑体系，指导中小企业创新基地建设，参与中小企业新技术、新产品鉴定的有关工作和重大科技成果的推广应用；组织开展国际、国内技术交流与合作，推进中小企业的产学研联合工作；参与指导、管理民营科技企业，负责民营科技企业的申报工作和科技型中小企业创新基金项目的申报；配合做好中小企业质量管理工作。

8. 融资财务处

研究提出改善中小企业融资环境的政策措施，协调解决中小企业融资的有关重大问题；指导中小企业直接融资工作，引导、推动民间资金和风险投资机构投资中小企业；负责推进中小企业信用制度建设，会同有关部门建立和完善信用征集及评价体系；指导中小企业信用担保体系建设工作，引导和规范信用与担保行业发展，制定并实施中小企业信用担保支持计划；协调落实中小企业获得政府采购份额的有关工作；负责局直属单位的财务管理工作。

离退休人员工作处负责机关离退休人员管理服务工作，指导直属单位离退休人员管理服务工作。

纪检监察机构按晋办发［2005］17号文件执行（行政编制3名已划转省纪委统一管理）。

（四）人员编制

省中小企业局机关行政编制为45名（含离退休人员工作处编制4名）。其中：局长1名，副局长3名；正副处级领导职数19名（含机关党委专职副书记1名、离退休人员工作处领导职数2名）。

（五）其他事项

1. 省中小企业局不再保留省乡镇企业管理局的牌子。

2. 所属事业单位的设置、职责和编制事项另行规定。

（六）领导班子

王克建 局党组书记、局长
赵志杰 局党组成员、副局长
王怀荣 副局长
闫龙江 局党组成员、纪检组长
武晨阳 局党组成员、副局长

（七）对外联系方式及网址

联系电话：0351－5607078（7109）
传真电话：0351－5607109
网　　址：www.sxsme.com.cn

内蒙古自治区中小企业局

2010年6月21日，内蒙古自治区人民政府办公厅印发《关于自治区中小企业局主要职责内设机构和人员编制规定的通知》（内政办发［2010］60号），自治区中小企业局正式成立，在自治区经济和信息化委员会的领导下，负责组织推动全区中小企业及非公经济的管理工作。

一、主要职责

（一）贯彻落实国家和自治区制定的产业政策，组织起草中小企业及非公经济发展的地方性法规草案和规章；研究提出自治区扶持中小企业及非公经济发展政策的建议。

（二）拟订自治区中小企业及非公经济部长期发展规划及调控目标，强化中小企业及非公经济产业结构和布局结构调整；指导中小企业及非公经济建立现代企业制度。

（三）负责统计监测分析全区中小及非公经济运行态势，审核监督国家和自治区扶持中小企业专项资金和中小企业技术进步贴息资金的使用。

（四）会同有关部门做好全区中小企业的融资担保工作及中小企业信用担保项目资金的申请审核、监督管理工作。

（五）拟订自治区中小企业服务体系建设的相关政策措施，指导中小企业公共服务平台建设。推动中小企业及非公经济信息化建设和新技术、新产品开发应用；承担与有关部门配合做好中小企业的融资担保工作及中小企业信用担保项目资金的申请审核、监督管理工作。

二、内设机构及领导班子

内3个处室。综合处、发展规划处、服务体系指导处。

人员编制23名，其中：局长1名（副厅级），副局长2名（正处级）、处长3名、副处长4名。

领导班子成员名单：局长张金亮、副局长刘宝森、马强。

三、联系方式

电话：0471－4825120
传真：0471－4824953
网址：nmgjxw.gov.cn
邮编：010098
地址：内蒙古自治区呼和浩特市敕勒川大街1号党政综合楼
电子邮箱：nmgzxj@126.com

辽宁省中小企业厅

根据《中共中央办公厅　国务院办公厅关于印发〈辽宁省人民政府机构改革方案〉的通知》（厅字〔2009〕24号），设立辽宁省中小企业厅，挂省乡镇企业局牌子，正厅级建制，为省政府组成部门。

一、职责调整

（一）取消已由省政府公布取消的行政审批事项。

（二）新增指导全省中小企业融资，促进中小企业信用担保体系建设职能。

（三）强化省中小企业厅对全省中小企业创办、经营的指导和服务，构建中小企业政策支持体系和社会化服务体系的职能。

二、主要职责

（一）贯彻落实国家发展中小企业、乡镇企业、民营经济和城镇集体经济的法律、法规和政策；拟订促进全省中小企业、乡镇企业、民营经济和城镇集体经济发展的地方性法规、规章和政策。

（二）制定并组织实施全省中小企业、乡镇企业、民营经济和城镇集体经济发展的中长期规划；

组织全省中小企业、乡镇企业、民营经济和城镇集体经济运行监测和分析工作，协调解决中小企业、乡镇企业、民营经济和城镇集体经济发展中的重大问题。

（三）会同有关部门拟订中小企业发展专项资金年度预算建议，依照相关文件负责中小企业发展专项资金项目的实施和管理。

（四）指导全省中小企业、乡镇企业、民营经济和城镇集体经济的企业制度改革和管理创新；推动中小企业、乡镇企业、民营经济和城镇集体经济的产业结构、产品结构调整；指导和推进中小企业产业集群的建设发展。

（五）组织实施全省中小企业创办的扶持工作；拟订创业扶持政策，推进创业辅导孵化基地建设，协调落实创办中小企业所需要的场地和设施，落实创业辅导、孵化和信息、咨询服务工作。

（六）指导和推动中小企业、乡镇企业、民营经济和城镇集体经济的科技创新，协调落实中小企业技术创新项目的各项支持政策，构建中小企业技术创新服务体系。

（七）推进中小企业、乡镇企业、民营经济和城镇集体经济融资担保工作，组织开展融资服务；指导中小企业信用担保机构开展融资担保业务，构建中小企业融资担保体系，配合有关部门协调中小企业上市、发债、租赁等多渠道融资工作。

（八）协调和推动中小企业、乡镇企业、民营经济和城镇集体经济的区域性合作和对外经贸、合资合作，帮助中小企业开拓市场。

（九）推进中小企业社会化服务体系建设；支持创业辅导、技术支持、融资担保、信息服务、市场开拓等中小企业服务机构发展。

（十）承办省政府交办的其他事项。

三、内设机构

根据上述职责，省中小企业厅设8个内设机构：

（一）办公室（离退休干部处）

负责协调厅机关日常工作；负责综合、文秘、信息、督察、保密、会务、档案、财务、信访、后勤和保卫工作；负责厅机关和直属事业单位人事、劳资工作；负责机关离退休干部的管理和服务工作。

（二）政策法规处

贯彻落实国家和省有关中小企业、乡镇企业、民营经济和城镇集体经济的法律法规和方针政策；构建全省中小企业、乡镇企业、民营经济和城镇集体经济政策支持体系；组织和参与起草有关促进全省中小企业、乡镇企业、民营经济和城镇集体经济发展的地方性法规、规章和政策措施。

（三）发展规划处

拟订全省中小企业、乡镇企业、民营经济和城镇集体经济中长期发展规划；负责中小企业发展专项资金的年度支持方向、支持重点以及项目的组织申报工作，会同有关部门对项目进行审定，并对项目实施进行监督检查；编制中小企业社会化服务体系建设规划；指导全省小企业创办工作；推进创业辅导基地建设，构建中小企业创业辅导（孵化）体系；组织引导创业辅导机构为创业者提供创业服务。

（四）经济运行处

承担中小企业、乡镇企业、民营经济和城镇集体经济运行状况的监测工作；拟订经济运行分析报告，协调解决经济运行中存在的主要问题；指导和推进中小企业信息化建设和信息服务体系建设；协调中小企业信息服务机构为中小企业提供信息服务。

（五）科技创新处

指导全省中小企业、乡镇企业、民营经济和城镇集体经济的科技进步工作；构建中小企业技术创新服务体系；指导全省中小企业、乡镇企业、民营经济和城镇集体经济质量管理、品牌创建、知识产权保护工作；指导协调中小企业、乡镇企业、民营经济和城镇集体经济人才队伍建设及人才、智力引进工作。

（六）产业指导处

指导中小企业、乡镇企业、民营经济和城镇集体经济的产业结构调整工作；推动中小企业、乡镇企业、民营经济和城镇集体经济的区域经济合作；促进中小企业与大型企业的协作配套；编制和组织实施中小企业产业集群发展规划；配合有关部门做好中小企业、乡镇企业、民营经济和城镇集体经济安全生产、环境保护、职业卫生工作。

（七）国际合作处

指导全省中小企业、乡镇企业、民营经济和城镇集体经济的对外开放工作；推动中小企业、乡镇企业、民营经济和城镇集体经济与国外企业的合资合作；构建经贸合作服务体系，帮助中小企业开拓国际市场；指导中小企业、乡镇企业、民营经济和城镇集体经济的产品出口工作。

（八）融资担保处

指导全省中小企业、乡镇企业、民营经济和城镇集体经济的融资工作；研究提出促进中小企业、乡镇企业、民营经济和城镇集体经济发展的金融扶持政策建议；会同有关部门管理使用中小企业信用担保机构贷款风险补偿资金；指导全省中小企业信用担保机构业务工作，构建中小企业信用担保体系；协调金融机构与信用担保机构的合作；配合有关部门协调中小企业上市、发债、租赁等多渠道融资工作。

机关党委 负责厅机关及直属单位的党群工作。

吉林省工业和信息化厅（中小企业局）

一、主要职责

负责中小企业发展的宏观指导，会同有关部门拟订促进中小企业发展和非国有经济发展的相关政策和措施，协调解决有关重大问题。

二、处室设置

中小企业处。

负责中小企业的宏观指导，会同有关方面拟订促进中小企业发展和非国有经济发展的相关政策和措施；推动建立完善服务体系；协调解决有关重大问题。

融资服务处。

提出改善工业企业和中小企业融资环境的政策措施，协调解决工业和中小企业融资的有关重大问题；负责提出企业发行债券的初审意见，引导和推动民间资金和风险投资机构投资中小企业；促进中小企业信用担保体系建设。

创业服务处。

负责指导全民创业工作；指导中小企业广泛吸纳社会人员就业工作；指导中小企业加强经营管理；负责服务体系建设，整合社会资源为中小企业、非国有经济发展服务。

三、领导班子成员名单

厅长：常明

副厅长：周永泽、张义、张伟民、马军、分管中小企业副厅长白绪贵

黑龙江省工业和信息化委员会

（一）主要职责

负责中小企业发展的宏观指导，会同有关部门拟订促进中小企业发展和非国有经济发展的相关政策措施，协调解决有关重大问题；指导和推动全省中小企业创业、融资、担保、创新、培训、配套服务体系建设。承担省发展非公有制经济工作领导小组的日常工作。

（二）处室设置及其职责

黑龙江省工业和信息化委员会是中小企业的管理部门，其内设机构中有中小企业局、对外合作处、创业处、融资服务处、培训与交流处等五个处室具体负责全省中小企业管理工作。

1. 中小企业局。研究提出扶持乡镇企业发展的政策措施，指导乡镇企业布局及结构调整；协调解决中小企业、乡镇企业和非公有制经济发展中的重大问题；规划指导中小企业产业集群、园区和公共服务平台工作，负责中小企业、非有公制经济统计、分析及成长性企业认定工作；会同财政部门组织国家中小企业专项资金申报、评审工作。承担省发展非公有制经济领导小组的日常工作。

2. 对外合作处。组织开展工业、信息化的对外合作与交流，推动经济技术协作；参与拟定工业、信息化企业利用外资的有关政策及工业利用外资的重点领域、重点项目规划，并组织实施；负责外商投资工业和信息化项目以及工业、信息化企业境外投资项目有关管理工作；协调解决外商投资工业企业运行过程中的有关问题；指导企业市场营销，组织协调工业企业参加重要产品展销活动。

3. 创业处。负责组织开展创业服务工作，指导创业（孵化）基地建设；建立和完善创业辅导体系；制定并组织实施支持创业、创新相关政策；争取相关资金支持企业创业工作，培育微小企业向规模企业发展。

4. 融资服务处。提出改善各类企业融资环境的政策措施，协调解决企业融资的有关重大问题；推动中小企业集合发债和投资公司发展，引导民间资本和风险投资机构投资各类企业；负责中小企业信用担保行业发展的指导、综合组织和协调服务工作，参与中小企业信用担保机构的培训、信用评级、备案工作；组织开展企业上市融资的相关工作；指导中小企业产权交易市场建设。

5. 培训与交流处。负责全省工业和信息化系统管理干部、企业中层以上管理者和专业技术人员的教育培训，组织落实国家和省有关中长期培训规划和年度培训计划；负责企业经营管理人员职业资格管理及人员素质的调查研究；指导企业职业技能培训，负责开展人才合作与交流，指导企业开展校企对接和引进国外智力工作；指导培训基地建设工作；负责本委所属院校的管理工作。

（三）黑龙江省工业和信息委员会领导班子成员名单

贲起利	党组书记、副主任
孙　珅	主任、党组副书记
庞光明	副主任、党组成员
杜东晏	副主任、党组成员
赵　磊	副主任、党组成员
高玉学	副主任、党组成员
陈　杰	副主任、党组成员
郭　禄	副主任、党组成员
方安儒	副主任、党组成员
刘爱丽	副主任、党组成员
赵　梅	纪检组长、党组成员
原　诚	副巡视员
林　克	副巡视员

（四）对外联系方式及网址

黑龙江省工业和信息化委员会门户网站

www. hljiic. gov. cn/public/AA/index. jsp

上海市促进中小企业发展协调办公室

隶属上海市经济和信息化委员会，是上海市人民政府批准设立的专司全市中小企业发展事务的行政机构。

一、主要职责

根据2011年6月1日施行的《上海市促进中小企业发展条例》规定，市人民政府负责促进中小企业发展工作的主管部门应当履行下列职责：

（一）组织拟订本市促进中小企业发展规划和有关政策措施；

（二）综合协调、督促本市有关部门落实国家和本市促进中小企业发展的各项政策措施；

（三）发布相关政策信息，指导、促进中小企业发展，协调处理中小企业发展中遇到的困难和问题；

（四）推动建立和完善中小企业服务体系，扶持中小企业服务机构发展；

（五）会同市有关部门负责市中小企业发展专项资金的使用管理；

（六）市人民政府赋予的其他职责。

二、部门设置

行政秘书部

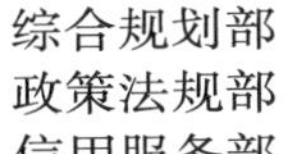

综合规划部
政策法规部
信用服务部
企业服务部

三、领导班子成员名单

市经济和信息化委主任：王坚

市经济和信息化委副主任：傅新华

市中小企业办主任：徐惠明

市中小企业办副主任：张立民、宋晓辉、葛东波

四、对外联系方式及网址

上海市促进中小企业发展协调办公室
地址：上海市徐汇区大木桥路108号7楼
邮编：200032
电话：(8621) 64036622
传真：(8621) 64220924
网址：www. ssme. gov. cn

江苏省经济和信息化委员会（中小企业局、乡镇企业局）

根据《中共中央办公厅国务院办公厅关于印发〈江苏省人民政府机构改革方案〉的通知》（厅字〔2009〕21号）和《中共江苏省委江苏省人民政府关于印发〈江苏省人民政府机构改革实施意见〉的通知》（苏委〔2009〕252号），设立省经济和信息化委员会，为省政府组成部门，挂省中小企业局、省乡镇企业局牌子。

一、涉及中小企业工作的主要职责

制定贯彻国家产业政策的实施意见，推进产业结构调整和优化升级。研究提出产业发展方向和重点行业发展的政策措施。提出优化产业结构、所有制结构和企业组织结构的政策建议。负责信息产业园区、乡镇工业和中小企业集中区规划建设的指导与服务。参与各类工业园区的业务指导工作。联系和指导有关行业协会及其他社会中介组织的工作。

负责中小企业（含民营经济、乡镇企业，下同）发展的综合指导与协调。拟订发展中小企业的地方性法规、规章和政策措施并组织实施。拟订全省中小企业发展专项规划并组织实施。监测分析中小企业运行态势，协调解决中小企业发展的重大问题。指导创业基地建设，推进中小企业自主创新，促进产业结构和产品结构调整。指导中小企业开展国内外经济技术交流与合作，推进中小企业与大企业协作配套发展。指导和推进中小企业服务体系与融资担保体系建设。促进金融机构建立与中小企业的融资渠道，承担或参与中小企业发展基金、担保基金的建立和管理方面的有关工作。负责融资性担保机构的监管。

二、主要领导及分管领导

陈震宁　省经济和信息化委员会党组书记、主任

张乐夫　省经济和信息化委员会党组成员，省中小企业局副局长、省乡镇企业局副局长

郗同福　省经济和信息化委员会党组成员，省中小企业局副局长、省乡镇企业局副局长

陆元刚　省经济和信息化委员会党组成员，省中小企业局副局长、省乡镇企业局副局长

三、涉及中小企业工作的主要处室

中小企业综合协调处（省民营经济投诉中心）：负责全局业务综合协调工作；落实国家和省有关中小企业法规、方针、政策；拟订促进和扶持中小企业发展的地方性法规及政策；承担中小企业系统的行政复议工作；组织中小企业发展与改革中重大问题的调查研究，提出中长期发展战略和规划；承担中小企业发展扶持资金的预算、管理与监督工作；承担民营经济投诉工作。

中小企业改革发展处（融资担保处）：指导中小企业改革和制度创新，提高经营管理水平，组织企业家队伍培训工作；推进中小企业服务体系建设；研究提出中小企业融资、担保的政策措施；承担全省融资性担保机构的设立与变更审批、关闭和日常监管；开展中小企业创业辅导，指导创业基地建设。

中小企业科技创新处：承担中小企业经济信息的统计、汇总、分析与发布工作，监测中小企业发展态势；指导中小企业信息化建设，推动中小企业应用信息技术化；指导中小企业科技进步、技术创新工作；指导中小企业的财务、会计和内部审计工作。

中小企业产业与合作处（省中小企业国际合作协调中心）：指导中小企业调整产业、产品和布局结构；指导乡镇工业和中小企业集中区规划建设，推动产业集聚；指导中小企业与大企业配套发展；推进中小企业开展国内外经济技术交流与合作；配合有关部门组织和指导中小企业劳动、卫生、环保及节能等方面的工作。

四、对外联系方式

单位地址：南京市北京西路16号苏兴大厦
邮政编码：210008
联系电话：025－86635039
传真电话：025－83328173
电子邮箱：jsmyjj@ sina. com
网　　址：www. jste. gov. cn

浙江省中小企业局

2009年4月，根据浙江省政府机构改革方案，组建浙江省经济和信息化委员会，同时挂浙江省中小企业局牌子。浙江省中小企业局在浙江省经信委党组的统一领导下，相对独立开展工作。目前，局机关内共有五个行政处室。

（一）中小企业综合管理处（0571－85156579）

承担中小企业业务综合协调工作；负责有关中小企业工作的情况综合等综合性事务管理；承担中小企业公共信息指导服务；配合落实中小企业获得政府采购份额的有关工作。

（二）中小企业发展规划指导处（0571－85153469）

组织开展对中小企业改革和发展重大问题的调

查研究；提出并组织实施中小企业中长期发展规划和年度计划，建立中小企业培育信息库；承担中小企业（乡镇企业）相关统计和发展动态监测分析；开展中小企业法律咨询和维权服务。

（三）中小企业创业创新促进处（0571－85158580）

指导中小企业科技创新和国家扶持中小企业技术改造的相关工作；指导中小企业管理创新和制度创新；指导农民创业和发展农产品加工业；指导和服务农村家庭工业提高发展；推进中小企业社会化公共服务体系建设。

（四）中小企业融资担保处（0571－85157685）

指导和推进支持中小企业发展的投融资服务体系建设，指导协调和落实国家和省有关扶持中小企业融资担保的相关政策措施，改善中小企业投融资环境；审批全省融资性担保机构设立与变更，指导、监管担保业的发展；推进中小企业信用制度和信用体系建设，完善信用征集与评价体系；指导中小企业开展产权交易，促进中小企业产权流转；承担省融资性担保业务指导监管联席会议办公室的日常工作。

（五）中小企业协作交流处（0571－85154640）

指导和组织中小企业开展国际合作与交流；指导中小企业与大企业开展协作配套和专业化生产；组织中小企业参加国际、国内大型展会及市场拓展活动；组织中小企业开展地区间经济合作与交流；承担中小企业协作交流的对外联络工作。

局门户网站网址：www. zjsme. gov. cn

安徽省经济和信息化委员会
暨中小企业局

一、安徽省经济和信息化委员会主要职责

（一）贯彻执行国家有关经济、信息化和无线电管理的方针政策和法律法规，拟订相关地方性法规规章草案；拟订并组织实施经济和信息化的发展规划，推进产业结构战略性调整和优化升级，推进信息化与工业化融合。

（二）制定并组织实施工业、信息化相关行业的规划、计划和产业政策，提出优化产业布局、结构的政策建议；拟订行业技术规范与行业标准并组织实施，指导行业质量管理和安全生产管理工作。

（三）监测、分析经济运行态势，调节经济日常运行；制定和实施近期经济运行调控目标和政策措施，提出解决经济运行中重大问题的意见和建议；收集、整理、分析和发布经济信息；承担工业、信息化相关行业应急管理、产业安全和国防动员有关工作。

（四）负责提出工业、信息化技术改造投资规模和方向的建议，提出行业投资布局建议；按照规定权限，审批、核准国家和省规划内及年度计划规模内工业和信息化固定资产投资项目，并对重点项目进行监管和督查。

（五）拟订并组织实施高技术产业中涉及生物医药、新材料等的规划、政策和标准；组织推动企业技术创新；指导企业技术进步、技术引进和重大技术装备研制，推进高新技术与传统工业改造结合；推动产学研联合。

（六）拟订并组织实施工业、信息化相关产业的能源节约、资源综合利用、清洁生产促进政策；参与拟订能源节约和资源综合利用、清洁生产促进规划；组织协调示范项目和新产品、新技术、新设备、新材料的推广应用；指导和协调工业环境保护和节能环保产业的发展；负责墙体材料革新和建筑材料节能管理、散装水泥推广等工作。

（七）承担煤炭和非煤矿山安全生产监督管理责任，负责煤炭工业生产管理和非煤矿山行业管理工作；负责煤炭固定资产投资规划和年度计划规模内有关技术改造投资年度计划编制工作，衔接平衡煤炭重点企业发展规划和生产建设计划；编制和实施年度煤炭计划，协调煤炭生产和安全管理中的重大问题；指导检查非煤矿山标准化建设和安全生产管理工作。

（八）拟订并组织实施煤电运等要素保障的政策措施，协调重要物资的紧急调度和综合运输；承担电力工业管理与运行监测工作，监督指导电力调度，指导电力生产安全管理，协调电力生产的重大问题；负责全省盐业行政管理和省级医药储备管理。

（九）负责中小企业和非公有制经济发展的宏观指导，拟订促进中小企业和非公有制经济创业创新的政策措施，协调解决有关重大问题。

（十）统筹推进全省信息化工作，组织拟订相关政策措施并协调信息化建设中的重大问题，促进通信网、广播电视网和计算机网融合发展，指导协调电子政务发展，推动跨行业、跨部门的互联互通和重要信息资源的开发利用、共享。

（十一）承担信息安全管理的责任，指导和监督政府部门、重点行业的重要信息安全系统与基础信息网络的安全保障工作，协调全省信息安全保障体系建设，指导信息安全防范工作；协调处理网络与信息安全重大事件。

（十二）负责无线电频率资源管理，依法监督管理无线电台（站）；负责无线电监测、检测和干扰查处，维护空中电波秩序；协调军地无线电管理相关事宜，协调处理无线电干扰事宜，依法组织实施无线电管制。

（十三）承办省政府交办的其他事项。

二、省经济和信息化委员会内设机构

办公室、综合处、规划处、节能处、运输处、煤炭办、原材料处、软件处、信息安全处、人教处、产业处、科技处、民企合作处、安全生产处、装备处、电子信息处、信息资源处、项目督查办、运行局、技改处、中小企业局、电力处、非煤办、消费品处、信推处、无线电处、财务处、监察室、离退休局、机关党委。

省经信委主要负责人：

主任、党组副书记：赵炳云

党组书记、副主任：贺凌

委办公室电话：0551－2871726、2871011

作为委内设机构安徽省经济和信息化委员会中小企业局，由原省经委中小企业局和创业指导处合并组建。其主要职能：会同有关方面拟订促进中小企业发展、全民创业和非公有制经济发展的政策措施；拟订改善中小企业融资环境的政策建议，协调解决有关重大问题；指导中小企业和非公有制经济创业、创新，推动建立完善中小企业社会化服务体系；承担省发展非公有制经济推进全民创业领导小组办公室的日常工作。

分管副主任：吴韦人

副　局　长（正处级）：郝建胜

副　局　长：贾玉柱

副　局　长：叶翠云

副　局　长：陈　平

联系电话：0551－2871826、2871703

福建省经济贸易委员会

一、主要职责

（一）贯彻执行国家新型工业化发展战略和政策；贯彻执行国家工商领域法律法规和产业政策；起草并组织实施我省有关工业、内贸方面的地方性法规、政府规章；拟订并组织实施全省工业、内贸方面的规划、计划、导向目录等政策措施，推动产业结构调整和优化布局；牵头拟订并组织实施现代物流产业发展战略和规划；参与拟订我省国民经济和社会发展战略、中长期规划和年度计划。

（二）负责监测分析工业、内贸运行态势，并发布相关信息；拟订并组织实施工业、内贸运行调控目标、政策和措施；协调解决经济运行中的有关问题；建立并组织实施重点行业、重点企业、重点产品运行调度机制和经济运行应急调度机制；拟订并组织实施全省重点支农产品、重要工业品、重要生产原材料等的调控方案；牵头协调各种交通运输方式；建立工业企业服务机制。

（三）负责组织实施我省产业结构调整和优化升级；负责提出工商领域固定资产投资方向；按规定负责管理工商领域企业投资项目；拟订并组织实施工商领域企业投资项目利用政府资金和政策和使用管理办法；指导、协调我省工业企业与央属企业合作；指导、协调闽台产业对接有关工作；拟订产业集群建设发展意见和政策措施，按规定统筹、规划、指导、协调全省工业产业园区建设。

（四）负责能源行业管理；负责监测分析能源运行情况并发布能源信息；衔接能源生产和供需平衡，协调解决能源运行中的重大问题；培育和监管能源市场；提出能源价格调整建议；负责煤炭等能源产品的应急保障工作；负责全省电网运行与调度管理；依法负责全省发电企业并网运行条件审查。

（五）负责节能监督管理工作；组织协调、监督管理循环经济发展工作；组织协调清洁生产促进工作；指导资源综合开发和合理利用。

（六）负责原材料工业、装备工业、消费品工业、国防科技工业（不含军工电子产品）及民爆器材等行业管理工作；拟订并组织实施行业技术规范和标准；指导行业质量和品牌工作；协调解决行业运行发展中的重大问题；按规定负责盐业行政管理；依法归口负责农药、民爆等工业产品生产、经营许可证的发放和管理；依法管理稀土资源综合开发和合理利用。

（七）负责研究流通体制改革并提出建议；负责推动流通产业结构调整和连锁经营、物流配送、电子商务等现代流通方式的发展；负责培育发展城乡市场；承担有关商贸服务业和典当业、融资租赁业的行业管理；负责建立健全生活必需品市场应急管理机制；负责组织实施主要消费品、应急商品市场调控和重要生产资料流通管理；负责全省城市副食品生产基地建设和生猪储备管理工作；负责畜禽屠宰、酒类流通、成品油流通的监督管理；负责牵头协调全省整顿和规范市场经济秩序和社会作信用体系建设工作，推动商务领域信用建设。负责食品安全综合协调工作和省食品安全委员会的日常工作。

（八）负责指导和服务中小企业；牵头拟订促进中小企业发展的政策措施；负责建立和完善中小企业服务体系和融资担保体系；负责指导、推动创业投资业发展；引导和支持企业提升经营管理水平；指导推动企业信用体系建设；负责指导和服务全省乡镇企业的有关工作；依法指导企业法律顾问工作。

（九）负责拟订并组织实施企业技术创新的政策措施；指导引进重大技术装备的消化创新；承担指导协调企业技术创新公共服务平台建设有关工作；指导和推动产学研联合，组织实施重大产业示范工程；会同有关部门统筹、规划、协调工业化和信息化的融合工作。

（十）组织开展省际、区际间的区域性横向经济技术协作活动；指导协调省际、省内、区域、企业的经济技术协作；联系外省政府驻闽办事机构；承担省政府有关对口支援工作。

（十一）负责组织协调有关部门做好支前工作，承担省国防动员委员会支前办公室的具体工作。

（十二）承办省委、省政府交办的其他事项。

二、处室设置

25个内设机构：

（1）办公室

（2）综合处

（3）政策法规处（省减轻企业负担办公室）

（4）计划财务处

（5）投资和规划处

（6）产业协调处

（7）技术进步处

（8）企业处

（9）中小企业处

（10）能源处

（11）环境和资源综合利用处

（12）商贸管理和市场体系建设处

（13）市场运行调节处（省副食品基地办公室）

（14）市场秩序处

（15）装备工业处（省国防科技工业办公室）

（16）原材料工业处（省履行禁止化学武器公约

事务办公室、省稀土办公室）

（17）消费品工业处

（18）经济技术协作处（省政府对口支援办公室）

（19）支前工作处

（20）食品安全工作处

（21）人事处

（22）机关党委

（23）离退休干部工作处

（24）经济运行局

（25）监察室

三、领导班子成员名单

周联清　福建省经济贸易委员会党组书记、主任
　　　　省政府国有资产监督管理委员会党委书记、主任

卢增荣　福建省经贸委党组副书记、副主任
　　　　福建省信息化局局长、党组书记

陈炎生　中共福建省经贸委党组副书记
　　　　福建省经贸委副主任
　　　　福建省安全生产监督管理局局长（正厅级）

钟安平　中共福建省经贸委党组副书记
　　　　福建省经贸委副主任、省支前办主任

林宝金　福建省经贸委党组成员、副主任
　　　　福建省国资委党委副书记、副主任（正厅级）

胡渡南　中共福建省经贸委党组成员
　　　　福建省经贸委副主任

李　清　中共福建省经贸委党组成员
　　　　纪检组长

曹建平　中共福建省经贸委党组成员
　　　　福建省经贸委副主任

马鉴康　中共福建省经贸委党组成员
　　　　福建省经贸委副主任

郑李亭　中共福建省经贸委党组成员
　　　　福建省经贸委副主任

吴秉成　福建省经贸委党组成员、福建省经贸委副主任

王　华　副巡视员

四、对外联系方式及网址

办公地点：福建省政府大院8号楼二、三、四层

通讯地址：福州市华林路76号

邮　　编：350003

传真/电话：0591－87857032/87833668/87832776

网　　址：www. fjetc. gov. cn

江西省中小企业局

根据《中共江西省委　江西省人民政府关于印发〈江西省人民政府机构改革实施方案〉的通知》（赣发〔2009〕5号），保留江西省中小企业局，为省工业和信息化委员会管理的副厅级行政机构。

一、主要职责

（一）在全省经济社会发展总体规划的框架内，制定全省中小企业和非公有制经济发展规划，指导全省中小企业发展，会同有关部门拟订促进中小企业和非公有制经济发展的相关政策和措施，监测分析全省中小企业和非公有制经济运行态势，进行预测预警和信息引导，协调解决运行发展中的有关问题并提出政策建议，负责中小企业成长工程和国家扶持中小企业发展专项资金项目的组织实施，承担省促进非公有制经济发展领导小组办公室的工作。

（二）在全省经济社会发展总体规划的框架内，拟订并组织实施工业园区发展规划，提出促进工业园区发展的法规、规章和政策建议，负责组织、指导特色产业园区、生态工业园区及数字化园区建设，负责对全省工业园区的分类管理、经济运行分析，承担省工业园区工作领导小组办公室的工作。

（三）负责指导和推动中小企业信用担保体系建设。负责对中小企业信用担保机构设立的前期审核、日常业务监管工作。提出改善中小企业、非公有制企业融资环境的政策措施建议，促进建立和拓宽企业融资渠道，协调解决企业融资有关问题，承担省中小企业信用担保指导协调小组办公室的工作。

（四）承办省人民政府交办的其他事项；承办省工业和信息化委员会交办的其他事项。

二、内设机构

根据上述职责，省中小企业局内设6个职能处室（正处级）。

（一）办公室

负责文电、会务、机要、档案等机关日常运转工作；承担信息、安全、保密、信访、政务公开、机关财务管理等工作。

（二）工业园区处

拟订全省工业园区发展规划；监测分析工业园区运行态势；提出促进工业园区发展法规、政策及措施的初步建议；具体承担工业园区的组织、协调和服务以及省工业园区工作领导小组办公室的日常工作。

（三）非公有制经济处

监测分析全省非公有制经济发展态势；提出促进非公有制经济发展的政策措施建议；指导非公有制企业加强管理；承担小企业创业基地建设和省促进非公有制经济发展领导小组办公室的日常工作。

（四）信用担保处

负责对中小企业信用担保机构设立的前期审核、日常业务监管工作，协调解决中小企业融资问题和处置风险，提出改善中小企业融资环境的政策措施建议；承担省中小企业信用担保指导协调小组办公室的日常工作。

（五）企业发展指导处

负责全省中小企业的综合协调、指导服务和经济运行分析，提出发展规划和政策措施建议；承担中小企业成长工程的具体实施、服务体系建设工作。

（六）人事处

负责机关及直属单位的人事管理、机构编制及机关离退休人员管理；指导中小企业教育培训及队伍建设等工作。

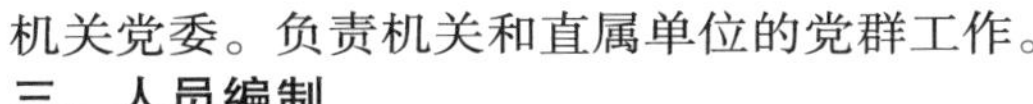

机关党委。负责机关和直属单位的党群工作。

三、人员编制

省中小企业局机关行政编制34名。其中，领导职数：局长1名、副局长3名；正处级7名、副处级5名。

处级纪检员（监察员）1名。

四、领导班子成员名单

党组书记、局长：吴治云

党组成员、副巡视员：李文美

党组成员、副局长：李增学

党组成员、副局长：万俊明

党组成员、副局长：涂赞洁

五、对外联系方式及网址

办公地点：南昌市省府大院北二路92号

邮政编码：330046

办公电话：0791－6212771

网　　址：www. jxsme. gov. cn

山东省中小企业办公室

一、机构概况

根据《中共山东省委、山东省人民政府关于山东省人民政府机构改革实施意见》（鲁发［2000］9号），在省经济贸易委员会内设立山东省中小企业办公室，同时挂山东省乡镇企业办公室牌子，负责全省乡镇企业、个体私营企业的规划、指导、协调、服务工作。

二、主要职责

（一）贯彻国家有关发展中小企业的方针、政策和法律法规，研究提出全省中小企业的发展战略、规划和政策法规，会同有关部门监督实施。

（二）根据国家的产业政策，指导中小企业合理布局和产业、产品结构调整，提高产品质量和经营管理水平。

（三）指导中小企业体制改革，对全省中小企业发展中的重大问题提出政策建议。

（四）指导全省个体私营经济的发展，研究拟定有关发展规划、鼓励政策和管理办法。

（五）指导中小企业的财务会计、内部审计、质量、安全、环境 保护、资产管理和资产评估等工作；组织指导中小企业对外经济技术交流与合作，协调和指导中小企业利用外资和出口创汇工作。

（六）负责全省中小企业统计工作；研究掌握中小企业的生产动态，汇集、分析和发布有关经济技术信息，提供信息咨询服务。

（七）组织指导中小企业的科技进步和技术创新，负责乡镇企业技术改造项目审核申报工作；指导中小企业的职工教育培训工作。

（八）组织指导直属企事业单位的改革，推动直属事业单位逐步走向社会、进入市场；组织实施机关人员分流工作。

（九）承办省经济贸易委员会交办的其他事项。

三、领导班子成员名单

分党组书记、主任：尹静雯（女）

分党组成员、副主任：乔　平

分党组成员、副主任：曲荣先

四、对外联络方式：0531－83182697

河南省工业和信息化厅
中小企业服务局

一、主要职责

根据《河南省人民政府办公厅关于印发河南省工业和信息化厅主要职责内设机构和人员编制规定的通知》（豫政办〔2009〕115号）规定，省工业和信息化厅中小企业服务局负责中小企业发展的宏观指导，会同有关方面拟定促进中小企业发展和非国有经济发展的相关政策和措施；推动完善中小企业创业辅导、信用担保和小额贷款等社会化服务体系建设；提出中小企业发展专项资金安排建议；协调解决有关重大事项。

（一）贯彻落实国家发展中小企业、非国有经济的法律、法规和政策；拟订并组织实施促进全省中小企业、非国有经济发展的地方性法规、规章和政策，监督检查执行情况，维护企业合法权益，优化企业发展环境。

（二）负责中小企业、非国有经济的宏观指导、综合协调和服务；协调解决发展中的重大问题。

（三）引导中小企业转变发展方式，推动中小企业、非国有经济产业和产品的结构调整；提出产业集群发展战略及政策措施。

（四）提出中小企业发展专项资金、中小企业事业费年度预算和安排建议，并负责监督落实；拟订和组织实施中小企业专项资金年度计划和固定资产投资计划；负责中小企业专项资金项目的推荐、申报和审定工作；推动建立中小企业发展基金。

（五）指导中小企业改革，促进制度和管理创新；促进中小企业加强经营管理，提高经营者素质。

（六）指导中小企业开展科技进步、新产品开发，提出中小企业技术创新政策措施，建立健全中小企业技术创新支持体系；组织实施中小企业技术改造；指导中小企业公共技术平台建设。

（七）拟订改善中小企业、非国有经济融资环境的政策措施，协调中小企业、非国有经济享受政府贴息贷款政策的落实；引导和推动民间资本、风险投资机构和金融机构投资中小企业、非国有经济；推进中小企业、非国有经济信用制度建设，推动和规范中小企业信用担保行业和小额贷款公司发展；指导中小企业产权及相关要素市场建设。

（八）指导中小企业、非国有经济服务体系建设；建立和完善创业辅导体系，改善创业环境，组织实施中小企业的教育培训工作；联系和引导各类社会中介机构为中小企业、非国有经济提供服务，规范中小企业服务市。

（九）指导和推动中小企业、非公有制经济的区域性合作、专业化协作，推动建立与国外政府和国际组织间的中小企业合作交流机制。

（十）指导中小企业开拓市场；协调落实中小

企业获得政府采购份额的有关工作；维护中小企业和职工的合法权益。

（十一）承办省工业和信息化厅领导交办的其他事项。

二、内设机构

根据上述职责，中小企业服务局设2个职能处：

（一）发展指导处

1. 负责中小企业、非国有经济的宏观指导、综合协调和服务，协调解决发展中的重大问题。

2. 拟订全省中小企业、非国有经济发展及服务体系建设的法规、政策和措施，并监督检查执行情况；优化企业发展环境，维护企业合法权益。

3. 提出中小企业发展专项资金、中小企业事业费年度预算和安排建议，并负责监督落实；拟订和组织实施中小企业专项资金年度计划和固定资产投资计划；负责中小企业专项资金项目的推荐、申报和审定工作；推动建立中小企业发展基金。

4. 指导中小企业、非国有经济产业和产品的结构调整；提出产业集群发展战略及政策措施，推动产业集群示范和公共服务平台，推动产业优化升级。

5. 指导中小企业改革，促进制度、管理创新；促进中小企业加强经营管理，提高经营者素质。

6. 建立和完善创业辅导体系，改善创业环境，组织实施中小企业的教育培训工作。

7. 指导中小企业开拓市场，规范中小企业服务市场；协调落实中小企业获得政府采购份额的有关工作；维护中小企业和职工的合法权益。

8. 指导中小企业、非国有经济开展科技进步、新产品开发；组织实施中小企业技术改造，指导中小企业公共技术平台建设。

9. 提出中小企业技术创新政策措施，建立和完善中小企业、非国有经济技术创新体系，并指导各类技术服务机构为其提供技术服务。

10. 建立和完善中小企业、非国有经济的咨询、培训、网络信息等服务体系。

11. 协调中小企业、非国有经济享受国家专项中政府贴息贷款政策的落实。

（二）融资担保处

1. 提出改善中小企业、非国有经济融资环境的政策措施，优化融资环境。

2. 推进全省中小企业信用担保体系建设，鼓励和支持信用担保机构为中小企业提供融资担保服务；负责中小企业专项资金担保机构补助项目、免税项目的审核、推荐工作；负责担保机构的市场准入与退出审定工作。

3. 推动小额贷款公司发展，引导小额贷款公司规范运作；负责小额贷款公司的市场准入与退出审定工作。

4. 引导和推动民间资金、风险投资机构和其他金融机构投资中小企业、非国有经济，指导、推动中小企业融资工作。

5. 引导和推进中小企业在资本市场融资工作，做好中小企业改制上市工作。

6. 推进中小企业和非国有经济信用制度建设，建立信用信息征集与评价体系，实现中小企业、非国有经济信用信息查询、交流和共享的社会化。

7. 促进建立和发展中小企业产权及相关要素市场建设。

8. 指导和推动中小企业、非国有经济的区域性合作、专业化协作，推动建立与国外政府和国际组织间的中小企业合作交流机制。

9. 协调中小企业非国有经济融资担保中享受政府贴息贷款政策的落实。

三、人员编制及领导班子成员名单

中小企业服务局行政编制14名。实际到位12名，其中：副局长各2名；发展指导处5名，融资担保处7名。

胡宽广　副厅长、党组成员　分管产业政策处、中小企业服务局、软件服务处

王永连　原任局长　负责中小企业服务局工作

沈　超　现任局长　负责中小企业服务局工作

程　瑜　原任副局长　兼任发展指导处处长

鞠　亚　现任副局长　兼任发展指导处处长

张树岭　副局长　兼任融资担保处处长

四、对外联系方式及网址

发展指导处：

联系电话：0371－65507621 65507615

传　　真：0371－65507615

融资担保处：

联系电话：0371－65507631（传真）

通信地址：郑州市花园路北段信息大厦河南省工业和信息化厅中小企业服务局

邮政编码：450008

网　　址：www.iitha.gov.cn/zxqy_ fzzd.asp 或 www.smehen.gov.cn

湖北省经济和信息化委员会

一、主要职责

（一）贯彻落实国家和省关于新型工业化和信息化的方针、政策和法规，拟订相关地方性法规、政府规章；提出新型工业化发展战略和政策建议，协调解决新型工业化进程中的重大问题，推进信息化和工业化融合。

（二）拟订并组织实施工业行业规划、计划和产业政策，提出优化产业布局、结构的政策建议，拟订行业技术规范和标准并组织实施，指导行业质量管理工作，负责企业负担监督工作。

（三）监测分析工业经济运行态势，进行预测预警和信息引导，协调解决行业运行发展中的有关问题并提出政策建议；组织重要物资的紧急调度和参与紧急运输协调工作，协调日常经济运行中的突出和重大问题；负责工业应急管理、产业安全和国防动员有关工作。

（四）负责提出工业和信息化固定资产投资规模和方向的意见，按省政府规定权限审核、批准省政府规划内和年度计划内固定资产投资项目。

（五）承担振兴装备制造业组织协调的责任；依托国家和省重点工程建设协调有关重大专项的实

施，推进重大技术装备国产化，指导引进重大技术装备的消化创新。

（六）主管电力行政工作；负责编制全省年度电力电量平衡计划并组织实施；履行《电力法》授予的电力监督检查权和行政执法权。

（七）提出企业技术进步政策的建议，组织推动企业技术改造、技术创新；推进产学研结合，促进相关科研成果产业化，推动软件服务业和新兴产业发展。

（八）组织拟订县域经济发展规划和政策，指导县域培育发展特色产业和产业集群；监测分析县域经济发展动态，协调解决县域经济发展中的重大问题；负责县域经济目标考核工作。

（九）负责中小企业发展的宏观指导，会同有关部门拟订促进中小企业发展和非公有制经济发展的相关政策和措施，推进中小企业服务体系建设，协调解决有关重大问题；负责编制中小企业发展资金使用计划和中小企业统计工作。

（十）拟订并组织实施工业能源节约和资源综合利用、清洁生产促进政策，参与拟订能源节约和资源综合利用、清洁生产促进规划，组织协调相关重大示范工程和新产品、新技术、新设备、新材料的推广应用。

（十一）负责机械、汽车、石化、信息、轻工、纺织、冶金、建材、磷化、盐业、食品、医药、煤炭、包装等工业行业管理和医药储备管理，指导相关行业加强安全生产管理；承担省履行《禁止化学武器公约》工作领导小组的日常工作。

（十二）统筹推进信息化工作，拟订信息化发展战略、政策；负责信息化建设的统一规划、组织协调和监督管理；指导和促进信息技术在国民经济和社会各领域的推广应用；负责规划和组织电子政务建设，协调电子商务发展，协调推动跨地区、跨行业、跨部门的互联互通和重要资源的开发利用、共享；承担省信息化领导小组、省电子政务工作领导小组的日常工作。

（十三）负责协调维护信息安全和网络与信息安全保障体系建设；指导监督政府部门、重点行业的重要信息系统与基础信息网络的安全保障工作；协调处理网络与信息安全的重大事件；承担省网络与信息安全协调小组的日常工作。

（十四）拟订并组织实施信息资源开发利用和信息基础设施建设中长期规划和年度计划，参与制定相关的支持政策；协调推进通信、广播电视和计算机网络融合发展，跟踪推进信息基础设施重大项目建设；协调通信市场涉及社会公共利益的重大事宜。

（十五）负责无线电和电子电器产品维修行业管理工作。

（十六）为大企业提供“直通车”服务，承担省大企业“直通车”服务领导小组的日常工作。

（十七）承办上级交办的其他事项。

二、处室设置

（一）办公室（财务处）
（二）政策法规处（企业负担监督办公室）
（三）规划和技术改造处
（四）产业政策处
（五）科学技术处
（六）经济运行处
（七）中小企业发展处
（八）融资担保服务处
（九）节能与综合利用处
（十）县域经济处
（十一）运输协调
（十二）电力处
（十三）煤炭管理处
（十四）机械汽车产业处
（十五）重化产业处
（十六）轻工纺织产业处
（十七）医药产业处
（十八）电子信息产业处
（十九）软件和信息服务业处
（二十）信息化推进处
（二十一）电子政务处
（二十二）信息安全协调和基础设施管理处
（二十三）对外经济合作处
（二十四）人事处
（二十五）机关党委
（二十六）监察室
（二十七）离退休干部工作办公室

三、对外联系方式

地址：湖北省武汉市武昌水果湖省委大院
邮编：430071
电话：027—87233838
网址：www. hbeitc. gov. cn

湖南省经济和信息化委员会中小企业局

一、主要职责

承担中小企业的综合管理、指导、协调和服务工作；研究提出促进全省中小企业和非公有制经济发展的政策措施；拟订中小企业发展战略、中长期发展规划和年度计划并组织实施；监测与分析中小企业、非公有制经济的运行；拟订鼓励创业政策、措施并抓好落实，指导创业基地建设，推动创业工作；指导县域工业经济发展；指导中小企业工业园区建设；负责中小企业社会化服务体系建设；做好中小企业融资和融资担保的服务于协调工作；拟订政府重点扶持中小企业的项目及资金投入方向，会同有关部门管理中小企业发展专项资金；指导中小企业法律援助工作，维护中小企业合法权益；指导全省非公有制经济的发展；承担非公有制经济工作领导小组办公室和中小企业发展工作领导小组办公室的日常工作。

二、中小企业局下设处室

发展促进处
服务指导处
融资服务处

三、中小企业局领导名单

委党组成员、中小企业局局长　黄东红

中小企业局副局长　黄朱向

中小企业局副局长　谢应钦

四、对外联系方式及网址

电话：0731－82212067

网址：www.hnjxw.gov.cn

广东省中小企业局

根据广东省人民政府办公厅于2009年9月11日印发的《广东省经济和信息化委员会（广东省国防科学技术工业办公室）主要职责内设机构和人员编制规定的通知》（粤府办〔2010〕101号文），在广东省经济和信息化委员会内设副厅级机构——广东省中小企业局。

（一）广东省中小企业局职责

贯彻实施国家有关中小企业的政策、法规，协调相关部门对中小企业进行指导和服务；提出促进中小企业发展的政策措施，协调解决有关重大问题；指导中小企业改革与创新，推进中小企业服务体系建设和担保体系建设；指导创业基地建设；指导中小企业与大企业协作配套发展；指导中小企业提高自主创新能力，促进产学研结合、产业结构和产品结构优化调整；推动中小企业信用担保行业发展。

（二）广东省中小企业局内设处室

广东省中小企业局现内设三个处室，分别是改革发展处、服务与指导处、技术进步处。

（三）领导班子成员名单

局长：广东省经济和信息化委员会党组成员、省中小企业局局长张文献

副局长：官维平、蔡锦洲

改革发展处处长：何佐贤

服务与指导处处长：陈慧君

技术进步处处长：朱晓东

（四）对外联系方式

改革发展处　电话：83133334；传真：83133308

服务与指导处　电话：83135852；传真：83135859

技术进步处　电话：83135986；传真：83135851

网址：

1. 广东省经济和信息化委员会

www.gdei.gov.cn

2. 广东省中小企业信息网

www.gdsme.com.cn

广西壮族自治区工业和信息化委员会（中小企业局）

2010年广西壮族自治区中小企业的行政管理部门为广西壮族自治区工业和信息化委员会，加挂中小企业局牌子。委内设办公室、政策法规处、综合处、规划处、科技处、投资处、经济运行处、中小企业发展处、节能与循环经济处、能源处、原材料工业处、装备工业处、轻纺工业处、食品医药工业处、自治区国防科学技术工业办公室、工业园区处、电子信息和软件处、信息化推进处、信息安全协调处、人事处、教育培训处等职能处室。其中，中小企业发展处具体负责对全区中小企业、民营企业发展实行宏观指导和管理。

广西壮族自治区工业和信息化委员会地址：广西南宁市民乐路1号自治区政府大院内

联系电话：0771－2803041（委办公室），传真：0771－2800166，邮编530012。

中小企业发展处联系电话兼传真：0771－5864157；Email：xqjgx@163.com；

地址：南宁市星湖路43号南湖大厦，邮编：530022

海南省工业和信息化厅中小企业处（中小企业局）

经省政府批准，2006年7月，省级中小企业行政管理职能明确归口于海南省工业经济与信息产业局，2009年7月，海南省中小企业局（正处级）正式挂牌成立，职能隶属海南省工业和信息化厅，核定编制5人。

一、主要职责

承担全省中小企业发展的宏观指导，会同有关方面拟订并组织实施促进中小企业和非国有经济发展的相关政策措施；指导和推动全省中小企业的对外交流合作；推动建立完善服务体系；协调解决全省中小企业和非国有经济发展中出现的有关重大问题。

二、成员名单

海南省中小企业管理机构为海南省工业和信息化厅，业务处室为中小企业处。联系方式为：

网址：www.iitb.hainan.gov.cn

领导：丁尚清　厅长

符传智　副巡视员

中小企业处人员、分工和联系方式：

序号	姓名	性别	职务	承办业务工作	电话
1	陈雄涛	男	处长	主持全面工作	0898－65306160
2	蔡胤彦	女	副处长	分管中小企业专项资金、中小企业融资担保等工作	0898－65357884
3	符亚宁	男	调研员	主办中小企业专项资金业务、重点项目跟踪等工作	0898－65357230
4	吴才武	男	副调研员	主办中小企业培训、信息平台管理等工作	0898－65362210
5	鄯晋晓	女	副主任科员	主办法规文秘、外协展览、信息联络、综合等工作	0898－65357230

重庆市中小企业发展指导局

一、机构名称

重庆市中小企业发展指导局，简称重庆市中小企业局。另挂：重庆市乡镇企业局、重庆市非公有制经济发展领导小组办公室两块牌子。实行三块牌子一套班子的管理体制。

二、主要职责

贯彻执行有关中小企业、乡镇企业发展的法律、法规、规章和方针政策；起草相关地方性法规、规章和政策并组织实施；负责拟订全市中小企业、乡镇企业的发展战略、规划和年度指导性计划并组织实施；承担全市中小企业、乡镇企业统计分析、预测监测的责任，提出近期调控目标、政策和措施；协调解决运行中的重大问题；指导中小企业、乡镇企业建立现代企业制度以及投资方向、产业和产品结构的调整；负责推进全市都市工业园（楼宇）建设；负责小企业创业基地建设；指导中小企业的特色产业集群建设；负责国家和市对中小企业专项扶持资金项目的管理，协调有关专项资金的组织和安排；指导中小企业、乡镇企业的科技创新、人才建设和信息化建设；指导和规范中小企业社会化服务体系建设，组织、协调行业协会和社会化服务机构向中小企业、乡镇企业提供服务；负责全市农产品加工业的发展并承担相应责任；负责三峡库区淹没工矿企业的关闭、破产和迁建及结构调整工作；承担重庆市三峡库区淹没工矿企业结构调整办公室工作；指导中小企业开展国内外经济技术合作交流及市场开拓工作，指导协调区县（自治县）开展中小企业招商引资工作；负责指导全市中小企业、乡镇企业的融资工作，参与信用担保体系建设；负责中小企业、民营企业的维权投诉工作，依法维护其合法权益；负责协调减轻中小企业、乡镇企业负担工作并承担相应责任；承担重庆市非公有制经济发展领导小组办公室的日常工作；承办市政府交办的其他事项。

三、领导班成员名单及人员编制

局党组书记局长马发骧，局党组成员副局长谢卫东、马其昌，局党组成员、副局长王任林，局党组成员、局长助理朱建，纪检组组长冉生泽，副巡视员廖静、刘大文。

机关行政编制为64名。其中：局长1名、副局长4名，处级领导职数20名（含机关党委专职副书记1名、离退休人员工作处领导职数1名）。纪检组长和机关党委书记按市委有关规定配备。机关后勤服务人员事业编制为6名。

四、内设机构名称及负责人名单

（一）办公室。主任：刘春平；副主任：黄长宝、刘群生、付宗伦。

（二）经济运行处。处长：林朝。

（三）产业发展处（三峡库区淹没工矿企业结构调整办公室）。处长：冯庄；副处长：彭光荣、陶世坤。

（四）对外经济合作处。处长：郭平。

（五）政策法规处（重庆市人民政府民营经济维权投诉中心）。处长：廖冰；副处长：张云波。

（六）融资服务处（发展基金管理办公室）。处长：代修超。

（七）科技处。处长：将纪群；副处长：刘洪林。

（八）人事教育处（引进智力工作办公室）。处长：魏学林。

（九）机关党委。专职副书记：王晓龙。

（十）离退休人员工作处。处长：向旭。

（十一）监查室。副主任：彭东志。

五、对外联系方式及网址

联系电话：023－67638766

联 系 人：刘春平

单位地址：重庆市江北区红黄路九号

邮　　编：400020

网　　址：www. cqsme. com

四川省经济和信息化委员会（中小企业局）

根据《中共四川省委 四川省人民政府关于印发〈四川省人民政府机构改革方案〉和〈关于四川省人民政府机构改革方案的实施意见〉的通知》（川委发〔2009〕24号）和《四川省人民政府办公厅关于印发〈四川省经济和信息化委员会 主要职责内设机构和人员编制规定〉的通知》（川办发〔2010〕68号），设立四川省经济和信息化委员会（简称省经济和信息化委），为省政府组成部门，同时挂四川省中小企业局牌子。按照职能调整，将原省乡镇企业局（中小企业局）的职责，整合划入省经济和信息化委。省经济和信息化委涉及中小企业政府职能部门设置的具体情况如下：

一、主要职责

负责全省中小企业发展的指导推进工作，综合协调有关部门拟订促进中小企业发展的政策措施，负责推进中小企业服务体系建设。

二、处室设置及职能

企业处：统筹大中小企业协调配套发展；负责大企业大集团的培育；指导国家、省确定的重点非公有制企业发展；负责中小企业发展规划和综合协调工作；指导企业实施改组改造和兼并重组，指导企业建立现代企业制度和加强管理工作。

创业促进与服务体系处（小企业处）：拟订鼓励小企业发展的政策措施并组织实施；推进小企业创业平台建设，开展小企业创业基地建设和中小企业发展基地县建设工作；指导开展小企业创业辅导培训；组织推进中小企业服务体系建设，规范中小企业服务市场；指导和促进创业投资发展；承担省中小企业联席会议办公室的具体工作。

财金协调与融资担保处：推进中小企业信用担保体系建设，负责中小企业信用担保机构备案工作，指导中小企业信用担保行业自律组织建设。

三、领导班子成员

局长：王海林（省经信委党组书记、主任）

分管领导：张国斌（省经信委党组成员、副主任）

四、对外联系方式

联系电话：028－86264044、86265849

传真电话：028－86267882

电子邮箱：qyc@ scjm. gov. cn

网　　址：www. scjm. gov. cn

贵州省民营经济发展局（中小企业局）

一、内设机构

（一）中小企业发展处

研究和制定全省中小企业发展战略规划，促进中小企业技术进步和新兴产业发展；对全省中小企业改制工作进行指导、监督，规范企业行为规则，协调解决改革改制中出现的问题；推动和促进中小企业加强企业管理，提高管理水平；探索中小企业投融资、市场准入、营销网络建设、现代物流服务的有效途径；协调金融机构建立中小企业融资渠道，促进建立扶持中小企业的发展资金、担保基金、管理、使用国家和省财政用于中小企业发展的各项资金；负责中小企业对外招商引资的组织及协调工作。

（二）非公有制经济处

研究制定非公有制经济发展中的政策措施，协调、督促和检查非公有制经济政策的贯彻落实，为非公有制经济发展创造公平环境，协调非公有制经济发展中的重大问题；指导非公有制企业的发展，指导非公有制企业加强企业管理，提高经营管理者素质，促进非公有制企业依法经营，维护其合法权益；负责非公有制经济投诉中心工作；负责联系为中小企业提供服务的各类中介组织，建立健全中小企业服务体系，建立完善中小企业创业辅导体系，组织指导中小企业培训工作。

二、联系方式

中小企业发展处：0851－6864071

非公有制经济处：0851－6864035

网址：www. smegz. gov. cn

云南省中小企业局

2004年原云南省经济贸易委员会按照省政府批准的机构改革方案实施机构改革后，成立了云南省经委员会并加挂省中小企业局、省乡镇企业局、省非公有制经济领导小组办公室牌子，2005年，16个州、市相继进行机构改革，均按省里的模式成立经委并加挂中小企业局、乡镇企业局、非公有制经济领导小组办公室牌子。2009年，云南省经委员会进行机构改革，与原省政府信息产业办、省煤炭工业局和省国防科公办合并成立云南省工业和信息化委员会，并加挂省中小企业局、云南省无线电管理办公室牌子。

云南省中小企业局暨省非公办主要工作职能：一是贯彻落实国家有关中小企业（非公经济）的法律法规和方针政策，组织草拟有关中小企业（非公经济）发展的地方性法规、规章，研究提出扶持中小企业（非公经济）发展的政策；二是负责对全省中小企业（非公经济）发展工作的宏观指导、综合协调和服务；三是制定全省中小企业（非公经济）的中长期发展规划并组织实施，指导和推进中小企业（非公经济）组织结构、产业结构和产品结构的调整；四是监测、分析中小企业（非公经济）运行态势，拟定并落实中小企业（非公经济）发展预期调控目标和措施；五是研究提出改善中小企业、非公有制经济融资环境的政策措施，促进建立和拓宽中小企业、非公有制经济融资渠道；六是保障中小企业和非公有制经济在市场准入、市场竞争中的合法权益；七是研究提出中小企业、非公有制经济专项资金年度预算建议并组织实施；八是推动和建立中小企业发展社会化中介服务体系，研究提出中小企业服务体系和信用担保体系建设的政策措施；九是促进中小企业、非公有制经济创业辅导、管理咨询、市场开拓和信息化建设等服务机构建设；十是协调落实中小企业获得政府采购市场份额的有关工作；十一是维护非公有制经济发展合法权益和组织、协调、监督、检查全省企业的减负治乱工作；十二是承办省加快发展非公有制经济工作领导小组和维护非公有制经济合法权益委员会交办的各项工作。

2003年4月，云南省委、省政府召开了全省加快发展非公有制经济工作会议之后，从省级到16个州、市将原个私经济领导小组调整为加快发展非公有制经济工作领导小组，调整充实了办公室工作人员，部分改善了工作条件，并在领导小组和办公室分别加挂维护非公经济合法权益委员会和非公经济投诉中心的牌子。各级非公办按照组织领导到位、政策落实到位、工作措施到位的要求，建立健全了工作职责、目标考核办法、重点企业发展项目现场办公制度、非公经济发展督查和定期汇报等一系列规章制度。已逐步形成党委统一领导、政府组织协调、部门抓好落实的工作格局。

主要领导

云南省工信委主任、云南省中小企业局局长、省非公办主任：刘绍忠

云南省工信委副主任：宋嘉林

云南省工信委巡视员、省非公办常务副主任：许坚

云南省中小企业局局长助理：刘健

陕西省中小企业促进局（乡镇企业局）

根据《中共中央办公厅 国务院办公厅关于印发〈陕西省人民政府机构改革方案〉的通知》（厅字〔2008〕23号），设立省中小企业促进局（省乡镇企业局），为省政府直属机构。

一、职责调整

（一）强化促进全省县域工业化的工作职责。

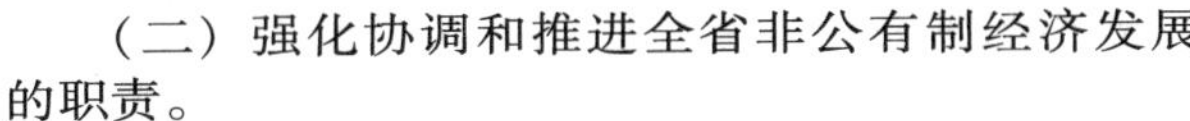

（二）强化协调和推进全省非公有制经济发展的职责。

二、主要职责

（一）贯彻执行国家发展中小企业、乡镇企业和非公有制经济的法律、法规和方针政策。实施产业引导、政策扶持，培植经济主体。

（二）负责拟订并组织实施全省中小企业、非公有制经济规划和县域工业化、县域工业园区发展规划。

（三）承担全省非公有制经济、民营企业的发展工作，协调解决发展中的有关问题；指导非公有制经济建立现代企业制度，推进生产要素市场化建设。

（四）负责中小企业的信息化建设；负责企业经济运行的监测、统计和分析；建立小企业的预警机制；为企业和社会提供相关的信息服务。

（五）负责全省中小企业服务体系建设，推进创业辅导、信息咨询、科技创新、信用担保、法律援助等专业服务体系建设；联系、指导相关的中介机构和社会团体。

（六）指导中小企业和非公有制经济的自主创新和技术创新，组织开展企业家培训和人才交流，促进职业经理人队伍建设；协调企业与科研教学机构的合作，加快科技项目的产业化，增强企业自主创新能力。

（七）指导中小企业的直接融资和间接融资工作；负责中小企业信用担保业的发展和融资担保机制的建立。

（八）负责中小企业和非公有制经济招商引资与合作交流；指导企业开展对外经济技术合作，发展外向型经济。

（九）促进创业、催生小企业；依法维护中小企业和非公有制企业的合法权益。

（十）负责全省乡镇企业改革与发展的协调和服务工作。

（十一）承办省政府交办的其他事项。

三、内设机构

根据上述职责，省中小企业促进局（省乡镇企业局）设9个内设机构：

（一）办公室

负责局机关的综合协调、制度建设、机要保密、文秘档案、信访接待、安全保卫等工作；负责机关和直属单位的财务、资产管理等行政事务工作；负责重要工作的督办；承办有关会议组织工作。

（二）政策法规处

负责起草有关中小企业和非公有制经济的地方性法规、政府规章草案和综合性、政策性重要文件；监督检查相关法律、法规、规章和政策的贯彻落实情况；调查研究企业发展问题，提出政策建议和措施；承担行政复议和行政应诉工作；组织开展法制教育，提供政策法规咨询服务；负责对外宣传和新闻发布工作。

（三）人事处

负责局机关及直属单位的机构编制、人事管理工作；承担局党组管理的领导班子考核和领导干部选拔任用等具体工作；承担中小企业、非公有制企业人才培训、专业技术职称的评审和职业经理人队伍建设工作。

（四）发展规划处

研究拟订中小企业、非公有制经济中长期发展规划和年度计划；扶持、发展龙头企业，带动和推进产业结构调整；负责中小企业、乡镇企业和非公有制经济专项资金的安排、监督管理，负责有关固定资产投资和基本建设项目的协调和促进工作。

（五）企业经济运行处

负责中小企业、乡镇企业和非公有制经济的统计与信息化工作；动态监测并分析研究企业经济运行情况，负责小企业预警机制的建立和完善；指导统计、信息服务体系的建设，拟订统计制度并监督检查其执行情况；负责中小企业、乡镇企业和非公有制经济运行情况的汇总、分析和发布。

（六）县域工业处

负责拟订全省县域工业园区发展规划并组织实施；指导产业集群的发展和工业园区的建设；建立完善工业园区的协调管理机制，承担省县域工业园区建设领导小组办公室的日常工作；指导企业开展国内外经济技术交流与合作；推介招商引资项目。

（七）非公经济发展处

拟订全省非公有制经济的发展战略和发展规划；提出全省发展非公有制经济目标责任考核工作的意见和措施；承担有关先进评选、表彰的组织工作；指导企业的改革、改制、改组工作；建立企业维权工作机制，依法维护企业和企业家的合法权益；承担省促进非公有制经济发展联席会议办公室的日常工作。

（八）创业与技术创新处

负责创业与企业科技创新服务体系的建设；指导企业的技术创新工作；组织企业品牌建设，增强企业产品的竞争力；指导服务创业与催生小企业工作；负责农产品加工业发展，促进农业产业化经营；指导乡镇企业的改革与发展。

（九）融资服务处

改善中小企业和非公有制企业的融资环境，组织指导中小企业直接融资和间接融资，建立企业与金融机构、担保机构的信贷合作机制；负责中小企业信用担保服务体系建设；推动和引导民间资本和风险投资机构与企业合作。

机关党委负责机关和所属单位的党群工作。

离退休人员服务管理处负责机关离退休人员服务管理工作，指导所属单位离退休人员服务管理工作。

纪检组、监察室按有关规定设置。

四、人员编制

省中小企业促进局（省乡镇企业局）机关行政编制50名。其中：局长1名、副局长3名，总经济师1名（副厅级），处级领导职数22名（含机关党委专职副书记1名）。

西藏自治区工业和信息化厅中小企业处

主要职责：负责中小企业和非公有制经济发展的投融资服务体系建设；拟定中小企业和非公有制经济发展的政策、措施；指导协调中小企业和非公有制经济和发展与改革；提出中小企业结构调整、产业优化升级的指导意见；指导中小企业产业集群和工业园区建设；会同财政部门负责中小企业发展和非公有制经济专项资金项目的有关工作。

甘肃省工业和信息化委员会（中小企业局）

一、主要职责

（一）贯彻执行工业和信息化有关法律、法规、规章和方针、政策，拟订工业和信息化工作的地方性法规、规章草案和政策，并会同有关方面组织实施。

（二）拟订工业和信息化的发展战略、规划和年度计划并组织实施；研究工业和信息化布局规划、结构调整的政策措施并组织实施；拟订产业政策和标准并组织实施；推进工业和信息化体制改革和管理机制创新，提高行业综合素质和核心竞争力。

（三）组织实施城乡工业布局调整、三线调迁、老工业区改造和产业升级，推动创意产业发展；负责制定工业集聚区和循环经济产业园发展规划，推进工业项目向园区集中。

（四）监测分析工业、信息产业运行态势，统计并发布相关信息，进行预测预警和信息引导；负责煤、电、油、气、运等重要生产要素协调平衡，解决工业运行中有关问题并提出政策建议；负责工业、信息产业应急管理、产业安全和国防动员等有关工作；负责盐业行政和医药等物资储备管理。

（五）指导工业和信息化业的安全生产，负责民爆器材行业及生产、流通安全的监督管理，监督管理甘肃境内石油天然气管道设施保护。

（六）负责提出工业和信息产业固定资产投资规模和方向（含利用外资和境外投资）、国家对口部门和本省用于工业和信息产业财政性建设资金安排意见，按国家和省政府规定权限审核、核准工业和信息产业固定资产投资项目；负责工业和信息产业的对外合作与交流。

（七）拟订高技术产业中涉及生物医药、新材料、航空航天、信息产业等领域的规划、政策和标准并组织实施，推动软件业、信息服务业和新兴产业的发展；负责推动企业技术创新和技术进步，协调并组织实施有关国家、全省工业和信息产业科技重大专项；负责管理企业技术中心建设，推进产学研结合及科研成果产业化；指导工业行业的质量管理。

（八）承担振兴装备制造业组织协调任务，组织拟订重大技术装备发展和自主创新规划、政策，依托国家和省级重点工程建设实施有关重大专项，推进重大技术装备国产化，指导引进重大技术装备的消化创新。

（九）负责工业、通信业节能减排工作综合协调，拟订工业、通信业发展循环经济、全社会能源节约、资源综合利用的规划和政策措施并组织实施，推进清洁生产，负责全省新型墙体材料改革工作。

（十）负责中小企业发展的宏观指导，拟订促进中小企业和非公有制经济发展的相关政策措施，协调解决有关重大问题；指导和推动全省中小企业社会化服务体系建设和生产性服务业发展；承担省非公有制经济协调联系会议的日常工作。

（十一）负责全省国防科技工业行业管理；拟订地方性促进国防科技工业发展的配套政策；承担武器装备科研生产重大事项的组织协调，负责武器装备科研生产条件保障和军品市场监督管理。

（十二）指导协调工业信息资源开发利用；协调组织实施国家和地方工业信息技术标准；指导电子信息产业质量管理；推动软件业、信息服务业和新兴产业的发展，推进工业化和信息化融合。

（十三）协调电信市场涉及社会公共利益的重大事宜；参与全省信息基础设施发展的规划和协调跨行业、跨部门面向社会服务网络的互联互通，促进电信、广播电视和计算机网络融合。

（十四）会同有关部门组织信息安全保障体系的建立，加强对信息网络安全技术、设备和产品的监督管理；参与处理网络与信息安全重大事件；负责国防信息动员工作，保障重要通信。

（十五）统一配置和管理全省无线电频谱资源，依法监督管理无线电台（站）；协调处理军地间无线电管理相关事宜；负责无线电监测、检测、干扰查处，协调处理电磁干扰事宜，维护空中电波秩序，依法组织实施无线电管制。

（十六）负责指导和联系行业协会的工作。

（十七）承办省委、省政府、工业和信息化部交办的其他事项。

二、处室设置

甘肃省工业和信息化委员会（甘肃省国防科技工业局、甘肃省中小企业局）内设26个内设机构：

（一）办公室。

（二）政策法规与产业投资处。

（三）规划发展处。

（四）经济运行处。

（五）交通与物流处。

（六）电力处。

（七）安全生产与管道设施保护处。

（八）技术创新处。

（九）原材料产业处。

（十）装备产业处。

（十一）消费品产业处。

（十二）核产业处。

（十三）环境资源处。

（十四）循环经济发展处。

（十五）中小企业处。

（十六）融资服务处。

（十七）信用担保体系建设处。

（十八）军民结合推进处。

（十九）军工科技质量与监管处。

（二十）信息化推进处。

（二十一）电子信息与软件服务业处。

（二十二）信息安全与军工保密处（省信息动员办公室）。

（二十三）无线电管理处（省无线电管理委员会办公室）。

（二十四）财务审计处。

（二十五）组织人事处。

（二十六）培训处。

三、领导班子成员名单

党组书记、主任　李　平

党组副书记、副主任　朱维繁

党组成员、副主任　胡宗杰

党组成员、副主任　马苏平

党组成员、副主任　姜义德

党组成员、副主任　张富奎

党组成员、副主任　温隆家

党组成员、副主任　高东生

党组成员、纪检组长　周继尧

副巡视员　孟宪敦

副巡视员　陈作芳（女）

副巡视员　魏西川

四、对外联系方式及网址

联系电话：0931—4609275

网址：www. gsec. gov. cn

青海省经济委员会中小企业发展局

一、主要职责

中小企业发展局前身为中小企业处，成立于2000年5月，从成立到2003年底，主要围绕省属国有企业结构调整和指导、促进全省中小企业改革与发展等职能开展各项工作。随着政府职能转变和机构改革的需要，2004年4月，将原省乡镇企业局相关职能划入中小企业处，成立了中小企业指导局，编制由5人扩大为8人，2008年省编办同意更名为中小企业发展局，并挂非公有制经济服务局牌子，主要职能为：组织实施全省非公有制经济、中小企业、乡镇企业经济发展战略和中长期发展规划；起草扶持非公有制经济及中小企业、乡镇企业的法规规章和政策；提出中小企业结构调整、产业升级的指导意见，指导推动中小企业跨地区、跨行业的交流与合作；推动完善服务体系，参与中小企业发展资金的使用管理，负责乡镇企业统计工作。

二、领导班子

局　长：陶兴德 0971－6138763

副局长：吴可安 0971－6132830

副局长：马新洲 0971－6151750

三、联系方式

办公室：0971－6150716（传真）

邮　箱：6151750@ 163. com

网　址：www. smeqh. gov. cn

宁夏回族自治区经济和信息化委员会中小企业处

经自治区编办同意，自治区经济和信息化委员会是全区中小企业工作的负责部门。其中内设中小企业处。

一、主要职责

研究提出宁夏工业领域中小企业的发展规划，指导中小企业的改革与发展；推进现代企业制度的建立；参与指导中小企业融资工作；提出宁夏中小企业的扶持政策；组织中小企业对外合作；促进和健全中小企业服务体系；组织中小企业对外合作，协调解决非国有企业在生产经营中的有关问题。

二、成员名单

自治区经济和信息化委员会主任：王永耀

自治区经济和信息化委员会副主任：王玉明（分管中小企业工作）

中小企业处：

处　长：郭聿维

副处长：刘艳娟

主任科员：张学斌

副主任科员：马　莉

三、对外联系方式

电话：0951－6038459、6038921

传真：0951－6038459

地址：宁夏银川市解放西街361号区政府6楼602室

E－mail：nxzxqy@ 126. com

新疆维吾尔自治区经信委企业处（中小企业局）

新疆维吾尔自治区中小企业政府职能部门设在新疆维吾尔自治区经济和信息化委员会，具体业务处室设在新疆自治区经信委企业处（新疆维吾尔自治区中小企业局）。

一、主要职责

负责对自治区各类经济成分企业的宏观指导和服务；组织推进自治区大企业大集团战略的实施；拟订促进自治区重点企业、中小企业和非国有经济发展的政策措施；监测分析各类企业发展态势，发布相关信息；引导企业转变发展方式，推动结构调整优化和管理创新；拟订促进自治区中小企业服务体系发展的政策措施，指导中小企业服务体系建设；负责推进自治区中小企业信用制度和担保体系建设，引导和规范中小企业担保行业发展；负责自治区中小企业专项资金的使用和管理；负责推进自治区企业信息化建设工作；负责促进中小企业对外交流合作，协调解决中小企业和非国有经济发展中的重大问题。

二、领导班子成员

王永明 自治区政协副主席、经信委党组书记、主任

任光华 自治区经信委党组副书记、副主任（厅长级）

苏国平 自治区经信委党组副书记、副主任（厅长级）

朱 立 自治区经信委党组成员、副主任（厅长级）

周 超 自治区经信委党组成员、轻工行办主任（厅长级）

阿不力米提·马木提 自治区经信委党组成员、副主任

茹克娅·乃斯尔丁 自治区经信委党组成员、副主任

贺建军 自治区经信委党组成员、纪检组长

王晓宁 自治区经信委党组成员、副主任、石化行办党组书记、主任

曹继耀 自治区经信委党组成员、副主任

贺晓江 自治区经信委党组成员、秘书长

曹建华 自治区经信委党组成员、副主任

马 荣 自治区经信委党组成员、副主任

三、对外联系方式及网址

通讯地址：新疆乌鲁木齐市友好南路179号

邮 编：830000

网 址：www. xjetc. gov. cn

大连市经济和信息化委员会（中小企业局）

一、主要职责

（一）贯彻国家新型工业化发展战略和政策，协调解决新型工业化进程中的有关问题；拟订工业和信息化的发展规划并组织实施；推进产业结构调整和优化升级，推进信息化和工业化融合。

（二）制定并组织实施工业、信息产业的行业规划、计划和产业政策，提出优化产业布局、结构的政策建议，起草相关法规和规章草案；拟订行业技术规范和标准并组织实施；负责工业行业管理。

（三）分析工业经济发展趋势，提出调节政策建议和调控目标；负责日常工业经济的调控；监测分析工业运行态势，发布相关信息，进行预测预警和信息引导；协调解决工业运行发展中的有关问题并提出政策建议；负责工业应急管理、产业安全工作。

（四）承担工业和信息化固定资产投资管理相关工作，提出市级财政性建设资金安排的意见，依照有关规定，管理项目建设和资金使用。

（五）拟订高技术产业中涉及工业和信息产业的规划、政策和标准并组织实施；指导行业技术创新和技术进步；指导企业新产品开发和新技术推广工作；组织实施科技重大项目，推进相关科研成果产业化，推动软件业、信息服务业和工业设计产业等新兴产业发展。

（六）承担振兴装备制造业组织协调的责任；拟订重大技术装备发展和自主创新规划、政策，协调重大专项的实施；推进重大技术装备国产化，指导引进重大技术装备的消化和再创新。

（七）拟订工业和信息化的能源节约和资源综合利用、清洁生产促进政策、规划并组织实施，组织相关重大示范工程和新产品、新技术、新设备、新材料的推广应用；负责组织企业节能监察和合理用能评估、审查工作。

（八）开展工业和信息化的对外合作与交流，依照有关规定，实施工业企业合资合作项目和境外投资项目管理，推进企业开展招商引资、技术引进、国际化经营和开拓国际市场。

（九）依照有关规定，组织制定和实施委（局）属企业改革方案，协调解决改革中重大问题和遗留问题；负责对企业实行宏观管理和指导，规范企业行为；宏观指导企业法律顾问工作；参与指导企业融资工作。

（十）依法行使全市电力、煤炭行业行政管理、行政执法和监督工作；负责经济运行资源保障工作，优化资源配置。

（十一）依法行使全市盐业行政管理，负责全市食盐专营、食盐生产企业管理和行政稽查；负责黄金行业管理工作。

（十二）负责制定全市中小企业、民营经济发展规划；拟订促进其发展的法规、政策和措施，协调解决发展中的重大问题；指导全市集体企业、乡镇企业改革与发展。

（十三）推进全市信息化工作，贯彻国家相关政策并协调信息化建设中的重大问题；指导、协调、促进电信、广播电视和计算机网络融合；指导协调电子政务发展，推动跨行业、跨部门的信息化工程项目建设和重要信息资源的开发利用、共享。

（十四）负责信息安全工作，协调推进信息安全和信息安全保障体系建设；指导监督政府部门、重点行业的重要信息系统与基础信息网络（除公共电信网）的安全保障工作。

（十五）依照有关法规，管理无线电频率资源，依法监督管理无线电台（站）；依法组织实施无线电管制，协调无线电干扰事宜，维护空中电波秩序；协调处理军地间无线电管理相关事宜。

（十六）贯彻执行国家有关国防科技工业的方针、政策；负责军工单位与地方之间的服务协调工作；拟订地方性有关发展国防科技工业的配套政策与法规；协调推进军民结合的武器装备科研生产体系建设。

（十七）承办市委、市政府交办的其他事项。

二、内设机构

根据上述职责，大连市经济和信息化委员会（中小企业局）设置26个职能处室。

（一）办公室

（二）综合法规处

（三）财务处

（四）投资与规划处

（五）产业政策处（大连市行业协会办公室）

（六）经济运行处

（七）科学技术处

（八）资源节约和综合利用处
（九）中小企业处
（十）企业发展协调指导处
（十一）工业园区项目协调处
（十二）国际合作处
（十三）电力煤炭处
（十四）机械装备处
（十五）交通运输装备处
（十六）军工处
（十七）原材料工业处（大连市履行禁止化学武器公约工作领导小组办公室、大连市黄金管理办公室）
（十八）消费品工业处（大连市盐业管理办公室）
（十九）电子信息产品管理处
（二十）半导体产业处
（二十一）软件与信息服务管理处
（二十二）信息化推进处
（二十三）信息安全与网络业务协调处
（二十四）无线电台站管理处
（二十五）无线电监督检查处
（二十六）党委办公室（人事处、机关党委）

宁波市经济和信息化委员会中小企业处

分管领导：宁波市经济和信息化委员会副主任杨甘霖

处室设置：宁波市经济和信息化委员会中小企业处

处长：庄世勇

一、主要职责

负责国家中小企业发展专项资金项目工作、市场拓展工作。组织企业参加中小企业博览会、APEC中小企业展览会。指导中小企业制度创新和管理创新工作。做好中小企业信用担保建设工作、中小企业融资环境改善工作、中小企业创业辅导工作。负责中小企业公共技术服务平台和小企业创业基地建设工作、高级工商管理 EMBA 班相关工作。做好中小企业信用担保机构、中小企业统计、监测和分析工作。

对外联系方式及网址：宁波中小在线网

网址：nbsme. gov. cn/xwtjxx/753134435. htm

二、宁波中小在线网介绍

宁波中小在线网是宁波市中小企业公共服务咨询平台。这个简称“8718”的公共服务咨询平台，是以现代通信技术和互联网技术为基础，以强大的集成数据库为支撑，整合政府资源和社会资源，为广大中小企业提供实时互动、方便快捷、优质廉价的远程咨询服务平台；是展示政府形象、沟通政企联系、了解企业需求、提高服务效率和实现公共服务模式的创新型实事工程。

（一）整合信息资源，构建政企互动平台

“8718”是在宁波市人民政府大力支持下，由宁波市经济和信息化委员会主办，由宁波市经济和信息化委员会信息中心和宁波中小在线网承办的公益性咨询服务平台。在设计和建设过程中，得到了国家发展和改革委员会中小企业司的业务指导和市政府各直属部门的支持和协助。目前，已经有41家市级政府管理部门加入“8718”的咨询热线并确定了信息联络员；与50多个经信委系统的行业协会建立了业务联系并建立了信息中心；与中国中小企业信息网在各省市的40多个分站建立了业务联盟；与20多个社会中介机构开展业务合作。这使得“8718”在较短时间内建立起一个具有20000多条数据的知识库、政务资源交互库和会员企业信息库，为构建动态的、无障碍的、方便快捷的政企交互平台打下了坚实基础。

（二）七大服务体系，服务企业多种需求

“8718”针对企业不同发展时期的特点和需求，建立了法律法规、反倾销预警、信息化推进、人才培训和中介、融资和担保、科技创新、品牌创建等七大服务体系，协助企业克服困难、共度时艰、同谋发展。七大服务体系的服务内容，主要包括三个方面：一是企业经常需要的政策性、知识性、指导性服务内容，如法律法规服务体系，从中央到地方，对各行各业的各类规章、法律都可以快速查询。二是企业应对竞争、加快发展需要的深层次服务内容，如反倾销预警服务，对服装、注塑机、文具、打火机等重点行业，定期提供预警报告等。三是企业面临的经营性服务内容，如人才培训和中介服务、科技成果推介服务等。随着时间推移，服务体系也将逐步扩大。

（三）五种咨询模式，方便各类人员咨询

“8718”针对企业用户特点，以网络咨询为主，多种咨询模式并举，方便各类人员的咨询需要。一是电话咨询，设置了87188718咨询热线，有30多条中继线和10多位话务员，提供7＊18小时服务。二是网上自助咨询，设置了 www. 87188718. com 门户网站，以搜索方式自主查询相关内容；三是移动短信咨询，设置了短信咨询平台，无论使用中国联通手机还是中国移动手机，拨通106575257487188718，都可以方便咨询；四是网上互动查询，以QQ对话模式，在网上与呼叫中心值班员互动咨询；五是预约咨询，针对复杂问题，可以预约有关专家或官员当面咨询。

（四）不断扩大影响，受到企业广泛关注

“8718”得到宁波日报、宁波晚报、东南商报、宁波电视台、宁波人民广播电台等新闻媒体的积极推动，影响力逐步提升，已累计受理各类咨询8600余次，其中有效回复7800余次。按咨询内容分类，排在前三位的分别是行政政策、法律法规咨询，科技创新咨询和金融服务咨询。按用户地域分类，宁波大市范围（11个县、市、区）内占98%以上，其中老四区（江东区、江北区、海曙区、鄞州区）居更多；外地用户占比不足2%，涉及浙江、上海、江苏、山东的11个城市。按回复处理途径分类，绝大多数依靠有关职能部门的支持回复，占78%以上；其次是通过自身数据库查询回复，占19%多；其他则通过调用外地合作单位数据库回复。通过对以上数据的分析，我们可以得出以下结论：一是“8718”受到了中小企业的广泛关注，初步显示出她强大的生命力；二是“8718”需要得到各级政府部门支持才能充分发挥她应有作用；三是“8718”的影响力将超越宁波市本身，这对于提升宁波“文明城市”的整体形象有着潜在的积极意义。

厦门市经济发展局

厦门市经济发展局是厦门市政府下设一级局，内设办公室、综合法规处、企业处、行业规划处、能源处、运行处、投资处等12个处室，主要职责为：

1. 监测、分析全市工业经济运行态势，调节工业经济日常运行；编制并组织实施近期工业经济运行调控目标、政策和措施，组织解决工业经济运行中的重大问题并向市政府提出意见和建议。

2. 贯彻执行国家产业政策，监督、检查执行情况；组织制定全市工业结构调整目标和政策措施，提出重点行业、重点企业、重点产品的调整方案，组织实施工业发展战略；指导协调工业行业协会以及区工业行业管理部门的业务工作；联系工业领域社会中介组织并指导其改革与调整；落实我市工业企业加入WTO后的应对措施，提高我市工业经济的竞争力；配合国家反倾销调查，负责组织本地产业损害的调查和认定。

3. 组织拟定地方工业的综合性经济法规和政策并组织实施与监督检查；收集、整理、分析和发布经济信息。

4. 制定并组织实施行业的发展规划、行业法规和经济技术政策，拟定行业规章并组织实施和监督检查；办理履行《禁止化学武器公约》的有关事务；负责全市医药储备管理；负责办理国家产业政策限制的生产性项目立项及市场准入；对工业实施全行业管理；参与研究监管企业国有和集体资产的政策、法规和措施。

5. 研究和规划工业行业投资布局，定期公布项目投资引导目录，指导企业投资方向；进行项目的登记备案和监督，对限制类项目进行审批；提出工业企业利用国外贷款的投向；会同有关部门拟定利用外资政策，指导企业开展国际化经营。

6. 贯彻执行国家制定的内外贸政策和进出口政策，制订并实施促进全市工业企业扩大出口的有关政策措施；指导工业企业开展对外经济技术合作与交流；负责转报企业境外投资项目申请；协调解决工业企业进出口过程中的重大问题；负责本市重要工业品进出口工作的管理，组织指导地产工业品出口，推动生产企业自营进出口工作及市场开拓。

7. 贯彻执行国家机电产品进出口方针、政策，研究制定扶持我市机电产品出口的政策措施；负责机电产品进出口工作管理；组织机电产品出口生产体系建设；负责机电产品招标工作的实施和管理。

8. 宏观管理国有、集体、三资、乡镇、民营、混合型等各种经济成份的工业企业，指导其结构调整、产业升级、建立现代企业制度；指导企业加强管理，组织推进企业管理信息化建设；组织实施大集团战略和建立中小企业服务体系；组织管理企业法律顾问工作；拟定国有企业改革的有关法规、政策和体制改革方案，研究提出企业股份制改造有关意见，指导企业股份制改革，推荐、考核并指导工业企业上市、发行债券和利用国际银行贷款等直接融资工作；牵头组织、培育中小企业信用、担保体系；指导企业管理人员的培训，负责工业企业智力引进工作。

9. 制定对内招商引资计划，组织协调全市对内招商引资工作；拟定工贸结合的政策，指导和组织工业企业开拓国内外市场；指导全市广告业发展工作；负责市场分析调研，提出维护市场经济秩序的法规、政策，协调全市整顿和规范市场经济秩序工作。

10. 指导工商领域国有资产投资方向，推进高新技术产业发展，用高新技术和先进适用技术改造传统产业；指导企业技术创新及重大装备国产化、技术引进和国内外技术交流与合作；负责管理技术进步专项资金；负责企业技术进步的奖励，新产品、新技术鉴定、验收管理和技改项目竣工验收管理；组织实施产学研工程和名牌战略。

11. 研究、制订全市经济技术联合和协作的有关政策措施并组织实施，组织省、市间的横向经济技术联合活动，指导、协调我市有关经济部门和各区及企业的国内经济技术协作工作；负责国家部、委、办、局及外省市在我市设立的办事机构和内联企业的联络、服务工作；承担厦门市人民政府对口支援办公室的日常工作；协调闽西南五市、闽粤赣三省十三市区域合作办公室工作。

12. 贯彻并组织实施电力体制改革，参与电价政策制定工作；负责能源资源的调控和配置，指导资源节约和综合利用工作，组织协调工业环境保护和环保产业发展；负责汽车更新的监督管理工作。

13. 指导全市安全生产，协调处理重大安全事故；负责管理厦门市安全生产监督管理局。

14. 依法对典当业等特种行业实施专营管理。

15. 负责厦门市工业企业投诉服务中心工作，协调解决本市工业企业在从事生产、经营过程中遇到自身难以解决的困难和问题，或合法权益受到侵害，需要帮助解决的事项。

16. 承办市政府交办的其他事项。

办公地点：厦门市湖滨北路61号市府东楼7、8、9楼
邮　　编：361022
联系电话：0592－5054285
网　　址：www.xmjfw.gov.cn

厦门市民营经济工作领导小组办公室

厦门市民营经济工作领导小组办公室（以下称民营办），是全市民营经济工作领导小组的办事机

构，依托市经发局办公。民营办设主任1名，由市经发局局长担任；设常务副主任1名，由市经发局分管局长担任；设副主任若干名，由市委办公厅、市政府办公厅、政法委、计划发展委、财政局、工商局、总商会等部门领导担任；成员由领导小组各成员单位和相关职能单位指派的1名处级干部组成；民营办的日常工作由市中小企业管理办公室承担。工作职责：

1. 认真贯彻厦门市民营经济工作领导小组的议定事项，向领导小组报告工作；

2. 宣传贯彻有关民营经济的政策法规，督查各相关职能部门执行民营经济政策法规的情况，宏观指导和管理民营企业，培育、建立和完善民营企业的社会化服务体系，建立、完善市领导和民营企业的联系和沟通渠道，研究、提出解决影响民营企业经营和民营经济发展的重大问题的意见、建议和政策措施；

3. 协调各相关职能部门共同消除对民营经济的不平等待遇，规范并监督实施各部门扶持民营经济发展的配套实施细则和办事程序，推动有利于民营经济发展的法治环境、政务环境、舆论环境的形成；

4. 贯彻执行国家和我市产业政策，以产业政策为导向，及时收集、整理、分析和发布经济信息，定期公布项目投资目录，引导民营经济健康有序发展；

5. 承办领导小组全体成员会议和专题会议的相关工作；

6. 承办领导小组交办的其他事项。

办公地点：厦门市湖滨北路61号市府东楼九层903室

联系电话：0592－5054290，5052399

邮　　编：361022

厦门市中小企业管理办公室

根据厦委发［2003］14号文精神和市政府常务会研究意见，为整合政府管理中小企业职能，顺应了中小企业提出的有关政府工作部门协调管理中小企业工作，在市经济发展局增挂“厦门市中小企业管理办公室”（简称中小办）。中小办作为全市负责中小（民营）企业管理工作的机构，根据《中小企业促进法》的有关精神，综合考虑全市贯彻实施《中小企业促进法》的工作进展情况，进一步调动和依托经发局企业处“宏观协调和管理各经济成分企业”的职能，以及直接与工信部中小企业司对口争取国家扶持中小企业发展专项资金等优惠政策对全市中小（民营）企业的扶持。

办公地点：厦门市湖滨北路61号市府东楼九层903室

联系电话：0592—5052399

邮　　编：361022

青岛市经济和信息化委员会
中小企业发展局

一、主要职能

拟订促进中小企业发展的政策措施并组织实施；监测分析中小企业发展态势，发布相关信息；提出中小企业发展专项资金年度预算建议，并参与组织实施；推动建立中小企业发展基金；组织实施中小企业成长工程，培育农产品加工龙头企业；负责全市中小企业的统计；组织完善中小企业发展的服务体系建设；建立中小企业公共服务平台，为中小企业创业、发展提供政策咨询和信息服务；指导中小企业创新发展，鼓励其参与大企业配套合作；推进中小企业特色产业基地建设和转型升级；推进中小企业信息化建设；参与组织中小企业开展国内外经济技术交流合作。

二、处室设置

1. 规划发展处

2. 创业服务处

三、领导班子成员

王　勇　局长

张　琳　副局长

杨振荣　副局长

四、对外联系方式

地　　址：青岛市市南区闽江路7号

邮　　编：266071

联系电话：0532－85912658

传　　真：0532－85912659

网　　址：www.qdeic.gov.cn/index.aspx

深圳市中小企业服务中心

1. 主要职责

（1）贯彻落实国家和省、市有关发展中小企业的法律法规和方针政策，配合相关部门拟订发展中小企业的地方性法规、规章与政策。

（2）掌握中小企业运行态势，为相关部门制定调控目标和措施提出意见建议；承担有关信息收集与发布等工作。

（3）促进中小企业发展和建立现代企业制度；根据产业发展政策及投资导向目录，引导中小企业调整产业结构和产品结构，推进技术创新；推动中小企业与大型企业开展协作配套。

（4）协助主管部门与财政部门管理市民营及中小企业发展专项资金和专项基金；负责组织中小企业申报国家扶持中小企业发展的各类专项资金及专项基金。

（5）协调联系行业协会、相关部门及其他机构，推进为中小企业提供融资担保、市场开拓、人才培训、创业创新、科技孵化、信息化应用、技术支持、品牌培育、经营管理以及信息咨询等多方面、多层次的服务体系建设。

（6）协助促进完善中小企业投融资市场，牵头引导和推动中小企业改制上市。

（7）扶持中小企业拓展国内外市场；鼓励和扶持中小企业加强技术进步、信息化应用、人才培育和经营管理等工作。

（8）负责中小企业投诉受理工作，维护中小企业合法权益。

（9）承办主管部门等交办的其他事项。

2．内设机构

综合部、上市与融资服务部、监测与市场服务部、创新与创业服务部。

3．领导班子成员名单

顾宏伟、杨宇清、冯德崇、李光文。

4．对外联系方式及网址

地址：深圳市福田区新洲路3009号七楼

联系电话：82107468

传真：82975804

网址：www. szsmb. gov. cn

新疆生产建设兵团发展改革委中小企业处

一、主要职责

研究兵团中小企业、非国有经济发展的有关问题，促进多种所有制企业公平竞争，共同发展；研究提出扶持兵团中小企业发展的政策和具体措施，指导和促进兵团中小企业的对外合作，健全完善兵团中小企业服务体系，协调兵团中小企业和非国有经济发展中的问题。

二、联系方式

传真：0991－2899154

地址：新疆乌鲁木齐市光明路196号

邮编：830002

各地中小企业服务机构汇总

北京市中小企业服务中心

中心于2000年12月成立，是北京市经济和信息化委员会直属机构，由北京市财政预算拨款，为北京地区中小企业、民营企业提供政策指导、改制重组、融资担保、创业投资、高管培训、国际合作、专家咨询、企业信息化等全方位服务。

中心设有六部一室：政策指导部、融资担保部、创业投资引导基金管理部、会展培训部、国际合作部、信息开发部和办公室。中心致力于为北京地区中小企业提供政府服务、专业化服务、社会化服务，在三大服务体系建设中务实创新，促进中小企业、民营企业的快速成长。

主任、法人代表：张一平
联系电话：8610－64058636　8610－64054059
专家热线：8610－84018989
传　　真：8610－64065056
E－mail：Bjsme2005@sina.com
网　　址：www.BeijingSME.org
地　　址：中国北京市东城区东四十条凯龙大厦三层
邮　　编：100700

北京国融工发投资咨询有限公司

北京国融工发投资咨询有限公司（以下简称“公司”）成立于1994年，注册资本1000万元，法定代表人及董事长石幼文，总经理王建军。该公司是一家国有控股企业，控股股东为北京工业发展投资管理有限公司，占股比例为94%。

公司拥有一支包括注册咨询工程师、中关村科技园区信用评级分析师、注册会计师、注册造价工程师、注册资产评估师、注册房地产估价师、注册土地估价师及高级工程师、高级经济师，各领域专家在内共计62人的专业人才队伍。

公司经营范围：投资咨询；企业资信等级评估、企业财务资信评估、企业固定资产资信评估及其他资信评估、企业固定资产投资、贷款的可行性评估、金融业务咨询、房地产价格评估；编制建筑（含房地产开发）、轻工、机械、商业、旅游、建议书、可研。

公司拥有国家发展改革委批准的甲级综合工程咨询资格，专业涉及机械、轻工、建筑（房地产开发）、商物粮、综合经济、公路、化工、医药、电子、市政公用工程（环境卫生）、节能。可为企事业单位编制项目建议书、项目可行性研究报告、项目申请报告、资金申请报告和评估咨询。公司拥有人民银行批准的企业信用评级资格，可为各企事业单位进行信用评级。

公司受北京市经济和信息化委员会、北京市财政局委托承建和运营北京市中小企业投融资服务平台，为中小企业提供银行融资、风险融资、上市融资等投融资服务。

该公司本着“客观、公正、科学、高效”的工作理念，在科学发展观指导下力争打造出拥有一流的团队和一流的服务的投资咨询公司，为广大客户提供更加快捷和有效的服务。

联系电话：010－85235002/85235007/85235076
网　　址：www.bjgyrz.com
　　　　　www.bjsidic.com
地　　址：北京市朝阳区工体北路6号
邮　　编：100027

天津市中小企业协会

本协会是本市中小企业、企业经营者及为中小企业服务的机构自愿组成的联合性、非营利性的社会团体。设有会员服务部、人力资源服、联络交流部、信息服务部、咨询服务部等五个职能部门，主要为会员企业提供全方位服务。

地址：天津市河东区十一经路88号
电话：022－24305128
传真：022－24303412
邮编：300171
E－mail：tjzxqyxh@tjzxqyxh.com

天津市中小企业生产力促进中心

天津市中小企业生产力促进中心前身为天津市乡镇企业生产力促进中心，于1998年4月经天津市人民政府批准设立，2011年4月更名为天津市中小企业生产力促进中心，是天津市中小企业发展促进局直属事业单位。设有综合部、运营部、招商部、服务部等四个部门，主要为中小企业提供科技创新、信息服务、金融服务、诚信服务、创业服务、市场拓展服务、法律服务等优质服务。

地址：天津市河东区十一经路88号
电话：022－24213944
传真：022－24213944
邮编：300171
Email：smepcentre 2011 @126.com

天津市中小企业人才交流服务中心

天津市中小企业人才交流服务中心前身为天津市乡镇企业人才交流服务中心，于1998年4月经天津市人民政府批准设立，于2011年4月更名为天津市中小企业人才交流服务中心，是天津市中小企业发展促进局直属事业单位。设有综合部、培训部、招商部、服务部等四个部门，主要为中小企业提供储存、发布中小企业人才信息、组织中小企业人才招聘、培训、素质测评，提供中小企业人才咨询、人事代理等优质服务。

地址：天津市河东区十一经路88号
电话：022－24213944
传真：022－24213944
邮编：300171
Email：smehrcentre 2011 @126. com

河北省中小企业信用担保服务中心

河北省中小企业信用担保服务中心，是省政府投融资体系（四公司一中心）建设的重要组成部分，是省政府出资设立的专门为中小企业融资服务的政策性担保机构，现注册资本2多元人民币。

省担保中心业务范围：对省内中小企业融资提供担保，对市、县担保机构进行再担保，为中小企业财务管理、投融资、资信评估提供咨询服务。

省担保中心担保对象：符合国家和省产业政策，有产品、有市场、有效益、有发展前景的省内中小企业，重点为成长型中小企业融资提供担保。

省担保中心人员构成和内部机构：中心现有员工40名，绝大多数具备大学本科以上学历；其中高级职称人员5名；注册会计师10名，注册资产评估师2名，职业律师1名。中心内设六个部门，分别为担保部、风险部、合规部、市场信息部、综合部、财务部。

省担保中心在邯郸、保定、衡水、沧州、廊坊、秦皇岛设有办事处，专门受理中小企业融资担保业务和投融资咨询服务。

目前，省担保中心与国家开发银行、农业银行、中国银行、建设银行、交通银行、民生银行、光大银行、华夏银行、河北省信用联社、河北银行、韩国产业银行等均有业务合作。

河北省中小企业服务中心（中小企业管理与科技杂志社）

一、服务中心基本情况

河北省中小企业服务中心（中小企业管理与科技杂志社）隶属于河北省中小企业局，正处级自收自支事业单位。编制35人，实有人员14人。在岗的13人中，研究生文化程度1人，本科文化程度2人，大专文化程度5人，高中以下文化程度2人。

根据河北省机构编制委员会批准，原河北省乡镇企业发展中心改编为河北省中小企业服务中心，批建日期为2003年9月，其主要职责和职能任务是：为中小企业提供创业辅导、法律咨询和对内、对外合作服务；承担企业宣传、形象策划、广告制作等服务；提供产权交易服务，教育培训和相关职业技能鉴定等服务。

二、主要职能

1. 创业辅导：帮助中小企业评估自身实力，慎选从事行业，制定发展规划，提升管理水平，逐步做强做久。

2. 教育培训：组织实施中小企业行政管理人员培训工作；组织实施中小企业职工特殊岗位、继续教育、职业技能和涉外培训工作。

3. 管理咨询：和有关企业管理专家和咨询机构开展合作，通过公开课、上门咨询等途径，帮助企业诊断问题，提出对策，使企业不断提升综合竞争力。

4. 法律咨询：维护中小企业的合法权益，加强合法经营、依法纳税和减轻企业负担等内容的宣传。

5. 对内、对外合作服务：承办中小企业对内、对外经济技术交流与合作的有关事务。

6. 企业宣传、形象策划：帮助中小企业扩大国内市场，开拓国际市场。受中小企业委托，承担企业宣传、形象策划、广告制作等服务。

7. 产权交易：推进中小企业产权制度改革。接受企业委托，策划改制思路，提供资产重组咨询和改制方案，进行产权交易的联系。

8. 劳动技能鉴定：帮助广大务工人员提高自身素质，加强劳动技能，获得从业资格，增加就业机会。

9. 中小企业管理与科技杂志。负责《中小企业管理与科技杂志》的编辑出版工作。

三、主要业绩

河北省中小企业服务中心在省局领导和支持下，自觉履行职责职能，准确定位工作，主动发挥全省中小企业龙头服务机构的作用，有效地开展面向全省中小企业综合性、专业性、常态化的服务工作，为引导和牵动全省中小企业服务活动发挥了积极作用。近几年来，先后协助省局评聘了和协调管理200名创业辅导师，110余名创业辅导员，使之有序进入为中小企业服务常态之中；连续6年协助省局实施国家银河工程培训工作，累计培训人员约6000余人次，被国家认定为国家银河培训工作指定培训机构。为了发挥作用，活跃服务工作，由河北省中小企业服务中心牵头，协调吸纳了省会一大批专业水平高、实战能力强、服务意识好、社会名气大的专业服务机构和知名专家学者，以签约入会形式搭起了河北省中小企业公共服务平台，面向全省中小企业特别是各地创业辅导基地内的企业开展了综合服务。服务内容包括政策宣传、技术创新、质量管理、管理咨询、创业辅导、法律服务、人员培训。自平台成立以来，坚持每年召开一次座谈会，每年总结讲评一次工作，每年筛选补充一次平台成员，每年研究一次服务方向和工作重点，进而保证了公共服务平台松而不散、忙而不乱，大家都在服务平台的统一协调和大力支持下，坚持用以公益性和市场化运作相结合的理念，用分散作业和团体作业相结合的形式，用接待上门服务和跟进服务相结合的办法，真诚热心地为中小企业提供了大量服务活动，解决了一批企业在生产经营中遇到的难题，受到了企业的好评。于此同时，我们还依托原劳动和社会保障部批建的职业技能鉴定的资质，持续为中小企业高技能人才培养和职业技能鉴定服务，实施职业技能等级鉴定30000余人次。

河北省中小企业服务中心成立以来，为中小企业服务工作活跃扎实，成绩显著。多次受到上级领导机关、各级中小企业、主管部门和广大中小企业的表扬称赞，连续7年获得省财政专项资金的支持奖励。

河北省中小企业信息中心

河北省中小企业信息中心是隶属于河北省中小企业局的处级事业单位，主要职能是：为中小企业的发展提供技术、项目、物资、设备、资金、人才等信息；建立“河北省中小企业数据库”，调查分析中小企业现状，建立中小企业信息服务平台，推动企业信息化和“企业上网工程”，为企业提供全方位的信息增值服务；为中小企业提供信息管理与应用的解决方案，提供电子商务、资源整合的窗口。2010年中心围绕信息服务工作开展了卓有成效的工作。

一、收集与分析中小企业生产运行信息为中小企业发展提供参考依据

1. 抓基础建设一支高素质的信息工作队伍。举办了全省中小企业生产经营运行监测培训会议。对全省各设区市、县局负责中小企业统计监测企业统计的人员进行了培训。对运行监测分析方法及要点，中小企业生产经营运行监测系统平台和网上报送程序提出了加强督促，狠抓中小企业统计监测工作不放松。

2. 发挥信息网络强势作用，为统计监测提供强有力保证。始终把信息网络化建设作为强化全省民营经济、中小企业、乡镇企业统计工作的着眼点，省局千方百计多方面争取资金，不断加大投入力度，逐年改善全省民营经济、中小企业、乡镇企业信息统计工作手段。我们为了更加全面的服务全省中小企业，还先后完成了“网上统计直报系统”、“中小企业民营经济数据库系统”、“中小企业信用档案系统”等项目的开发建设工作。2010年，又将“网上直报系统”与“中小企业民营经济数据库系统”进行整合，为我省民营经济统计工作提供了更先进、高效、便捷、可靠的报送、统计、分析平台。通过归纳分析“中小企业民营经济数据库系统”提供的数据，撰写了一批有价值的动态分析材料和经济运行报告，为各级党委政府指导民营经济、中小企业发展提供了宏观决策依据。

3. 为重点行业的监测与统计分析提高信息保障。2010年进行了对全省重点行业企业动态监测，对百强民营企业和百家成长型企业的运行情况监测等工作。为各级政府指导民营经济、中小企业发展提供宏观决策依据，促进民营经济、中小企业又好又快地发展。

二、中国中小企业河北网信息服务工作

1. 加强信息网络建设，为企业发展提供信息服务。2010年经过努力使“中国中小企业河北网”发展成为集政务信息、商务功能于一体的河北中小企业门户网站，设有政务信息、政策法规、招商引资、项目发布、供求信息、产品展示、人才信息、融资担保、产业集群、教育培训等180多个栏目，日更新信息两百条以上，累计为企业有针对性的提供信息63000多条；依托网站开展的人才招聘、网上招商、网上法律服务等活动，为企业在政策、人才、项目等方面提供了互动的平台。网站累计发布产品供求信息万余条，有效的带动了企业的发展。网站为国家部委网站传递信息6200余条，在省政府门户网“中国河北”网上发布信息1700余条，日浏览量已达11万人次，在全国中小企业系统网站排名位居前列。多次受到中国中小企业信息网总站的表彰和奖励；连续五年被省政府办公厅评为信息服务先进单位。

2. 扩大全省各地中小企业网站通讯员队伍。为了扩大网站的信息量，加大信息发布力度，优化信息内容，提高信息质量，我们进一步加强通讯员队伍建设力度。目前，信息员队伍已扩大到各设区市局，扩权县局和重点企业，全省各地60余名信息员每天为我网源源不断地传递第一线第一手信息。在注重通讯员队伍建设的同时，我们还注重对信息员队伍的培训工作。每年至少举办一到两期信息员培训班，使信息员提高对中小企业信息化的认识，掌握信息采编技巧。通过培训，中国中小企业河北网上发布的信息无论是数量还是质量都有了很大提高，为企业在政策、人才、项目等方面提供了许多有价值的信息。对促进中小企业发展起到了积极作用。

3. 提供新服务，为中小企业排忧解难。我们在省政府的门户网站“中国河北”上设有专门的互动交流栏目，接收网友及中小企业的各类提问，并协调我局的各个处室和相关单位对每个提问及时做出答复，有效地解决了中小企业在生产和运营过的各类难题达40多件，受到了企业和省政府的好评。

三、信息咨询服务工作

1. 加大信息咨询平台建设。先后建立了“民企在线”网站、中小企业融资担保咨询服务信息平台和新技术推广服务平台。“民企在线”不仅为中小企业提供了一个免费的商务网站和展示企业风采的平台，同时也为企业提供了大量的人才、技术、科技项目信息，增强了企业上下、企业与客户、企业与专家之间的互动和交流，对普及和提高我省中小企业电子商务建设的水平有着深远的带动意义。河北省中小企业融资服务信息平台，针对一些融资担保机构进行功能、服务流程等活动为企业与银行、融资担保机构牵线搭桥。它的建成促进了政府、银行、担保和企业对接合作，缓解了中小企业资金短缺问题。河北省新技术推广平台，发布新技术、新产品信息，并对企业技术改造过程中出现的问题及时与相关机构联系进行技术指导和服务，并对企业反映的企业技术方面的咨询和问题，都与之及时沟通，在第一时间反馈给企业。

2. 积极组织协调，提供务实的信息咨询服务。联合河北省经济信息中心，河北经贸大学、省科学院组成了中小企业信息化战略咨询小组、为企业信息化战略进行咨询。根据企业分类、生产、贸易、管理流程等特点，建立了企业信息化建设案例库、数据库，诊断、评估、分析企业现状，结合行业案例和最新信息技术发展趋势，全面系统地指导中小企业信息化的进程。全年进行企业信息化咨询60多例，解决电子商务、企业信息化，计算机辅助设计、等企业咨询问题40余件。

3. 加大力度，促进中小企业信息化发展。为加快我省中小企业信息化发展步伐，我们征集了中小企业对信息化的需求，开展了与信息化开发商的合作。集中技术资源和人力资源，聚集业界优秀的应用软件、硬件和服务提供商，整合推出企业使用的信息化应用解决方案，推广到中小企业。根据企业的行业应用和综合信息通信整体服务需求，为企业量身定做，提供差异化、一站式服务。为企业降低了管理和经营成本，提高了管理的信息化和科学化手段。有效的促进了中小企业信息化的进程。

4. 不断改进和发展信息咨询工作。为了更好地做好此项工作，充分利用信息咨询平台，丰富信息内容、增强信息时效性、提高信息准确性和针对性，不断拓展信息咨询服务的辐射面和服务范围；建立了信息咨询服务热线，为客户提供及时有效的服务；我们以市场调查报告或利用数据库的形式，向企业提供有针对性的市场信息，使企业了解自己行业的市场动向，客户的反映与要求，产品或服务的发展趋势等信息。

河北省新技术推广站（河北省中小企业模具技术中心）

一、基本情况

河北省新技术推广站（河北省中小企业模具技术中心）于1991年3月经省编委批准成立，为处级事业单位，自收自支，定编20人。2003年11月转隶省中小企业局管理。2001年3月和2004年8月分别增挂了“河北省企业技术创新服务中心”和“河北省中小企业模具技术中心”。

河北省新技术推广站主要职责：为中小企业提供各类技术项目信息服务；帮助中小企业研究开发新技术、新产品，负责对成熟技术的推广应用；组织新技术交流与培训；开展技术咨询服务，承担技术创新项目的可行性论证和新技术推广优秀项目的评审组织工作；参与新技术推广计划的制订并组织实施，对国家重点推广的新技术，建立示范并组织推广工作；提供模具技术服务。

现在编人员10名，均为大专以上学历，其中高工6名（正高工3名，副高工3名），研究生1。站长1名，副站长1名。

二、岗位设置情况

单位的职能主要是以专业技术提供社会公益服务。

编制20人，其中管理岗位3人，占编制数的15%；专业技术岗位15人，占编制数的75%；工勤技能岗位2人，占编制数的10%。

站管理（领导）岗位3名，下设：办公室（辖财务室、人事管理室），技术创新和推广科，综合技术服务科，技术信息和咨询科。

三、各岗位职能

1. 站管理岗位设置和主要职能任务

站长：主要负责推广站的思想和各项服务业务及站的全面建设，负责副站长的职能（任务）分工，协调工作关系，指导各科、室的工作，保证推广站的各项业务工作始终坚持积极为全省中小企业服务的宗旨。

副站长：协助站长搞好站的全面工作，积极完成分管的工作任务，指导和督促分管科、室完成工作任务。

督促指导各科室的技术创新和技术咨询等技术性工作。

2. 各科、室岗位设置和主要职能任务

结合我单位实际，下设的各科、室管理层（科级）采取“双肩挑”的办法，由专业技术人员担任。

办公室：下辖财务室和人事管理室，定编4人。设主任1名，财务室会计1名、出纳1名，工作人员1名。

编高级1名，中级1名，初级1名，工勤1名。

主要负责：站的财务和人事管理，后勤保障和综合性文字材料汇总以及接待等工作。

技术创新和推广科：定编4人。设科长1名，工作人员3名。

编高级1名，中级2名，初级1名。

主要负责：技术档案管理，技术创新与开发，新技术、新产品、新材料的推广应用，技术鉴定和创新产品鉴定，技术成果转让与培训，技术交流与合作以及技术咨询等工作。

综合技术服务科：定编6人。设科长1名，工作人员5名。

编高级1名，中级2名，初级2名，工勤1名。

主要负责：站的综合技术服务工作，根据企业需求不断开拓技术新领域，掌握新型实用技术，联合社会技术力量，为企业提供全方位的技术服务。

技术信息科：定编3人。设科长1名，工作人员2名。

编高级1名，中级1名，初级1名。

主要负责：“技术创新信息网”的建设和管理，各类技术信息的采集、整理、宣传、发布，电子商务和网上技术咨询等工作。

内蒙古自治区中小企业协会

内蒙古自治区中小企业协会于2003年成立，在内蒙古中小企业局的领导下，积极组织和整合各类社会资源为全区中小企业服务，依托所属经济实体内蒙古慧博投资咨询有限公司开展各类技术咨询、技术服务、项目评估、人员培训等服务工作。2011年被国家工信部评为国家示范性公共服务平台。

内蒙古自治区中小企业协会及所属经济实体内部建有局域网，实现了宽带接入，为开展工作创造了良好的条件。2007年10月为规范管理、加强流程控制、提高办公效率，引进e-office协同办公系统，解决了项目流程自动化、文档管理自动化、内部的信息发布、内部通信、综合管理（人事、资产、会议、车辆、考勤）、与业务的集成（客户、销售、财务）、分布式办公等核心需求。该办公系统采用B/S结构，适用于Intranet/Internet应用，客户端只需浏览器便可连接办公系统，可实现无地域限制。因此很好的解决了工作人员之间的沟通及合作。为规范流程控制、档案管理奠定了基础。

协会先后组织、参与、协助举办了“国家银河培训工程内蒙古自治区中小企业管理人员培训班”、“内蒙古工业重点项目管理培训班”、“内蒙古安全评价人员培训班”、“变压器节能培训班”等数十期培训班，培训人员近八千人次。历年组织全区中小企业参加数次各类中小企业博览会、技术交流会。

协会及所属经济实体内蒙古慧博投资咨询有限公司配合自治区经信委完成了对全区重点项目立项审查、技术可行性评审、项目投资咨询、企业管理咨询、信息咨询、项目可行性研究、环保评估、节能评估、安全评价等工作，受到政府和企业的好评。

联系人：张晓丽
电　话：0471－4910042
邮　箱：nmgzxj@sohu.com
地　址：内蒙古自治区呼和浩特市金桥开发区金和小区7号楼

内蒙古中小在线信息服务有限公司

内蒙古中小在线信息服务有限公司已经纳入内蒙古自治区中小企业社会化服务体系，在自治区中小企业局的指导下，热心为中小企业服务，管理规范，服务效果突出，社会贡献大的专业服务机构，积极参加中小企业管理部门组织的为中小企业服务活动，受到广大中小企业良好评价的。公司目前有30余人，90%以上的员工具有本科学历，平均年龄不到30岁，整个公司研发人员中，1名研究生，11名本科生。

公司具有一定规模和资金，以及相应的服务场地、设施，有参与实施我区中小企业社会化服务体系和服务平台的建设能力、组织能力。依法经营六年以来，运行机制良好，取得较好的经济效益和社会效益，并有良好发展前景的。

公司按照现代企业制度设立，依照有限责任公司有关规定分别设立了公司管理层和经营层，制定了健全严格的财务管理制度的。

公司秉承“科技领先，服务至上”的经营理念，拥有广泛的在线服务网络和技术资源，专业化的管理和技术服务队伍，严格的后勤保障，为客户提供优质、高效的企业级应用服务和技术支持。并拥有一批专业的科技、管理及工程人才，能根据客户的各种需求设计最佳的系统解决方案。我们的主要业务包括互联网的各类商业网络平台搭建、行业龙头电子商务解决方案、网络系统集成、用户网络营销推广，网络信息咨询服务，软件开发，为广大用户提供终端—系统—平台—安全—营销—推广—融入互联网—拓展—收益的全套互联网解决方案和技术支持。具体产品有商贸通等国内较强竞争力的产品，公司将以“服务中小企业”为宗旨，不断将国际国内先进的技术和经验融合到产品与服务中，努力将先进技术本地化，并为用户寻找、拓展互联网市场空间的机会和有效方式与途径。针对用户的行业特征与独特特性，我们为用户进行专业调研与研发，量身搭建互联网平台与电子商务解决方案，帮助用户在互联网这一广阔领域开拓新的市场，创造新的效益。为内蒙古中小企业提供高水准的电子商务产品和企业信息化服务。

公司承办了中国中小企业内蒙古网的维护和建设（www.smenmg.gov.cn），网站设有20个标准一级栏目，每天自主发布100多条信息，拥有涵盖全区30多个行业的中小企业会员和金融、法律、咨询等专业服务机构会员。随着网络的开发和建设，内蒙古中小企业信息网将形成覆盖全国、以总站为依托，以内蒙古分网为龙头，以盟市网站为基础，以专业机构协作为支持，目标一致、上下互通、纵横交错的内蒙古公益性信息与专业服务综合平台。

在内蒙古IT行业，中国中小企业内蒙古网的知名度、市场份额、用户忠诚度和品牌美誉度均处于领先位置，占据了行业大部分网络媒体市场份额。长久以来内蒙古中小在线信息服务有限责任公司以其对技术与产品品质的不懈追求而享誉业内，作为内蒙古互联网信息发展的先行者，内蒙古中小在线信息服务有限责任公司以客户感受为关注重心，谋求对客户整体服务能力的最强，而不单纯是企业规模的扩张。

内蒙古中小在线信息服务有限责任公司将致力于内蒙古各行业信息化，加强科技创新力度，我们坚信，我们能为用户建立极具生命力的产品与服务。选择我们，就是选择了信任，选择了坚实，选择了成功。公司以“创新、专业、专注、联盟”为企业方针，本着“专业化的服务，与客户共赢”的原则，一步一个脚印，与广大用户携手共进，为中小企业健康发展提供服务！

电　话：0471－5164966　手　机：15647108064
联系人：贺国庆
地　址：呼和浩特市新华东街财富大厦16层C座

通辽市工业经济技术服务管理中心

通辽市工业经济技术服务管理中心（通辽市节能监察中心、通辽市工程咨询中心、通辽市综合工业研究所、通辽市中小企业服务中心）前身为通辽市农牧业机械化研究所，成立于1968年，属国家事业单位，隶属于通辽市经济与信息委员会。是集应用开发研究、中小企业培训服务、工程咨询、技术服务为主的专业服务机构，现有职工71人，农牧林机械、工程咨询、工业自动化、轻化工、热工、电子、精细化工、经济、财会等专业工程技术人员44人，其中高级22人，中级17人。多年来，一直从事中小企业服务、节能技术服务、工程咨询服务、机械研究、设计、制造以及推广工作；近十年来，单位的主要业务多以工业技术服务和中小企业服务为主，2004年为更好的开展工作，同时增挂通辽市综合工业研究所、通辽市节能监察中心、通辽市工程咨询中心牌子。通辽市工业经济技术服务管理中心宗旨和业务范围：是为通辽市工业经济发展服务，负责工业经济、工业技术、节能监察、节能监测、节能技术服务、中小企业服务、清洁生产、工业经济信息网络建设、机械设计、自动化设计、培训，编制发展规划、项目建议书、项目可行性研究报告、项目申请报告、项目资金申请报告、项目评估咨询。中心具有工程咨询甲级资质，能源审计、节能评估、清洁生产自治区级资质。

1．通辽市工业经济技术服务管理中心开展工作情况

（1）已成功举办了2005至2009年五期中小企业经营管理人员培训班，共为内蒙东部地区培训中小企业经营管理人员1050人。举办两期内蒙古能源管理师培训班和一期内蒙古清洁生产审核师培训班，每年举办下岗职工技能培训班四期，已使700多人从新上岗，为通辽地区和内蒙东部地区的经济发展和社会稳定做出了积极的贡献。

（2）中心承办了通辽市中小企业网（www.nmtlsme.com）、内蒙东部地区节能网（www.nmdb.jnw.com），是通辽市和内蒙东部地区中小企业信息中心和节能信息中心，点击达10万多人次，共发布中小企业和节能技术信息30000条，政策、招聘、发展动态等1500条。

（3）几年来中心开展创业辅导服务326项，清洁生产审核10项；工程项目可行性论证258项，节能审核及服务48项，自动化技术服务8项，为通辽及周边地区节约了大量的建设和发展资金。

通辽市工业经济技术服务管理中心，2007、2008、2009年连续三年在中国企业创新成果（案例）评选中，被评为“促进中小企业创新发展成果显著中介机构”。

2．中心能力建设情况

为不断加强中心服务能力，2007年开工建设中心综合楼，2008年底交付使用。现有办公面积2600平方米、300平方米多功能培训厅、200平方米煤质及电工热工化验室。投资30万元更换办公人员办公设备。投入250多万元，增加了节能技术服务所需的电工和热工检测仪器、仪表。中心还多次选派人员参加全国及自治区组织的节能、工程咨询、中小企业服务、清洁生产等培训，共有180多人次参加培训，共有23人次获得国家、自治区从业资格，大大提高了中心的对外服务能力。

3．中心管理制度健全，经营行为规范，服务收费合理，几年来为通辽市及周边地区做了大量卓有成绩的工作，已成为通辽市工业经济乃至社会经济发展的重要力量，为了发展，中心制定了中长期发展规划，并与东北电力大学建立了长期的合作关系。计划到2011年建立轻化工分析检测室，预计投资120万元。中心力争通过用3到5年的时间，打造一个具有较强专业技术力量、较强质量服务能力的中小企业服务机构。

乌兰察布九千九策划咨询有限责任公司

乌兰察布九千九策划咨询有限责任公司创建于2003年7月，注册资本300万元，总资产为302.4万元，现有员工16人，其中：研究生1人，大学本科5人，大专及中级职称以上人员8人，固定营业场地共280平方米，有各类专业设备106台（套），是一家大学生自主创业创办的面向全市中小企业从事企业管理咨询服务、品牌策划咨询服务、互联网信息服务、管理软件开发、平面传媒信息发布、视觉设计的公共服务型企业。

我公司创建初期，就提出了全心全意为中小企业服务，打造为乌兰察布中小企业服务第一品牌的发展目标，确立了“九年三步走”的发展战略。经过八年的积淀发展和规范服务，各项管理制度健全，形成了一支拥有相当服务意识的专业团队，在经济欠发达的乌兰察布市形成以九千九策划咨询为主体、企业管理与品牌策划咨询服务为引擎，网络信息平台乌兰察布信息网与平面传媒《精彩乌兰察布》期刊为两翼，视觉设计、管理软件开发、科技110信息平台、知识产权代理服务为轮子的“一体两翼四轮子驱动”发展模式，创出了服务产业集群、工业园区以及中小企业的“四张名片”：乌兰察布创意产业的第一品牌，乌兰察布第一大型门户网站，乌兰察布第一精美期刊，乌兰察布视觉设计第一家。与此同时，我公司成为全市乃至自治区多个行业协会的理事或领导成员单位，服务收入从2007年的1.5万元，猛增到2010年的72.43万元，比2009年的27万元增长45.43万元，同比增长1.68倍。

——近年来，我公司为全市产业集群、工业园区以及中小企业提供的企业管理咨询服务、品牌策划咨询服务，遍及十一个旗县市区的工业经济、商贸旅游、农牧业产业化、科学技术等领域的二百八十多家企业和重点大户，其中，为察哈尔工业园区建设的互联网信息平台；化德服装园区龙头企业新产品、新技术引进；兴永碳素国外上市与融资；科技110服务平台等提供的策划与咨询服务，成为本土

特色产业发展的经典案例，被人们称为“本土具实战力的策划机构”。

——我公司创办的全市中小企业信息平台——乌兰察布信息网（www.wlcb.cn）【蒙ICP备05002029】是全市创办最早、发布信息最多、覆盖领域最广的大型门户网站。近年来，该网站经过多次扩容改版升级，八大功能频道，十一个旗县市区频道，有近一千二百家中小企业、商户，通过该网站提供的黄页、网页、网站和发布的信息，享受到了互联网带来的便捷与实惠。

——我公司主办的《精彩乌兰察布》【（蒙）印字第00091号】DM期刊，以“城市的形象，城市的品牌”定位，全部采用铜版纸彩色印刷，成为全市中小企业展示形象与产品的首选平台，也是全市唯一的高档精美期刊，赢得了“乌兰察布第一期刊”的美誉。目前，该刊已出版发行三年，主要投放全市星级宾馆，旅游休闲场所，大型会议及高端消费人群，成为乌兰察布市对外交流与合作的重要传媒。

——伴随《精彩乌兰察布》期刊的日趋成熟，我公司全方位的视觉设计迅速成长，并成为本土最具实力的平面设计专家，先后为上百中小企业重点商户做了品牌设计推广，内容涵盖标志设计、VI设计、品牌传播各层面的画册设计、海报设计、包装设计、网页设计等，一批年青的设计师在VI设计、画册设计、包装设计上有所建树。

——《乌兰察布信息网》品牌效应的带动下，我公司网站建设、管理软件开发也走在全市信息化工作的前列，先后为本土49家中小企业建设开发自己的网站，为乌兰水泥等一批大中型企业提供了管理软件服务。同时，还与乌兰察布市科技局合作，创办了面向全市农牧业四大主导产业服务的科技110信息平台，为农牧业产业化提供信息技术支持服务。

——从增强全市中小企业无形资产保护意识入手，我公司与国内多家知名机构合作，为本土46家中小企业办理了商标注册、质量认证、专利等知识产权申报工作。

——2010年，我公司从全市房地产市场迅猛发展的实际出发，创办服务本土家装市场的专业期刊——九千九DM《家装必读》，成为全市第一本专业期刊，现已出版发行5期，拥有建材及家装材料经销商户会员550多个，其中132个家装材料的知名品牌代理商，成为该刊长年客户，“有《家装必读》装房子不用愁”成为乌兰察布市“重联”、“温州”、“神舟”三大建材市场，近千户经销商向客户介绍家装材料的口头语。

内蒙古工大华远化学工程有限责任公司

内蒙古工大华远化学工程有限责任公司始建于2003年11月11日，为内蒙古工业大学校办企业，公司注册资金407.5万元。有固定的办公场所，位于大学东路巨海商厦写字楼10层，总面积2000平方米。

公司专业从事安全评价、能源审计、节能规划、节能评估、工程咨询、压力容器设计、压力管道设计等工程咨询技术服务工作。公司实力雄厚，拥有一批高素质的专业人才队伍。并以历史悠久、学科设置精良的内蒙古工业大学作为强大技术支撑。公司的宗旨是为企业提供全方位的优质工程技术服务。

2011年3月，经呼和浩特市经信委审核，公司被评为呼和浩特市中小企业公共服务示范平台，并上报内蒙古自治区经信委，申请成为自治区中小企业公共服务示范平台。

公司专业技术资质：

1. 2004年9月16日，取得了国家质量监督检验检疫总局颁发的第一类、第二类压力容器设计许可证书和GB1、GB2级、GC2级压力管道设计许可证书。

2. 2005年12月31日，取得了国家安全评价机构乙级资质证书，证书编号：APJ－（蒙）－013－2005。

3. 2007年7月2日取得了能源审计报告和节能规划编制资质。内经资环字［2007］208号文件。

4. 2010年7月1日，由我公司参股组建的内蒙古安平科技咨询有限责任公司获得由内蒙古自治区安全生产监督管理局颁发的安全评价乙级资质证书，证书编号：APJ－（蒙）－306。目前甲级机构的申报工作正在进行，等待国家安监局的审核、批准。

公司经过多年的积累和发展，建立了一支政治素质高、业务能力强、专业技术过硬的团队。现有员工78人，其中专职技术人员大多是从事石油化工、化学工程、工艺设计、设备、机械制造与设计、电气自动化、公用工程、建筑工程、安全工程等岗位的骨干技术管理人员，平均年龄：37岁。懂工艺、懂设备、工程设计经验较为丰富、专业素质较高、现场处理各种复杂问题能力较强。

公司全部设计、咨询、评价等技术人员在上岗前都经过了严格的培训，考查、考核合格后，由公司总经理任命上岗。工作中认真贯彻国家及行业颁发的法律、法规、标准、规范、技术要求和各种制度。团队成员在日常工作中凭借较强的责任心和自觉性，根据技术责任制度的规定，运用专业知识，均能较好地完成各项任务；通过技术研讨会，广泛吸纳新技术、新工艺、新成果，并不断地总结经验，应用于日常设计、工程咨询、评价和和教学工作之中。通过学、帮、带，设计与咨询工作的综合水平有了很大的提高。此外，公司大量还聘请各种兼职的技术专家。建立专家资源库，根据项目的实际需要聘请专家担任技术指导，以便更好的完成项目。

公司自组建以来一直在不断地充实自身的技术实力，加大人才培养力度，通过内、外部培训提高公司自身的技术水平。为了确保技术服务质量，公司不断完善组织机构及相关规章制度，并于2010年通过了GB/T19001－2008/ISO9001：2008质量管理体系认证，证书编号：01610Q21813R0S。

截至2011年，我公司共完成各类技术服务项目1000余项，报告通过率到达100%。在行业内取得了较为突出的成绩。为自治区中小企业的健康发展提供了有力的保障，与托电工业园区、蒙西工业园区、准格尔经济开发区等多个工业集中区域建立了长久的合作机制。

多年来我公司所开展的工程技术服务工作紧密的围绕中小企业技术咨询、创新、改革。协助企业完成项目的申报、审批、建设等工作，为中小企业的良好发展做出了贡献。

2011 年 5 月，为了更好的推动中小企业服务体系的建设工作，呼和浩特市经信委与内蒙古工大华远化学工程有限责任公司签订了《呼和浩特市中小企业公共服务合作备忘录》。由呼和浩特市经信委牵头组织，内蒙古工大华远化学工程有限责任公司负责具体承建，建设呼和浩特市中小企业“窗口”服务平台。通过服务平台的建立，进一步完善我市中小企业服务体系，建立一个资源统筹，协调组织的服务机构，良好的运行我市中小企业服务工作，并力争成为我区中小企业的服务平台或承接一部分“自治区服务平台”的建设工作。利用雄厚的技术资源服务于社会，内蒙古工大华远化学工程有限责任公司将坚持不懈地为各大企事业单位提供更加优质的服务，为自治区的经济发展做出更大的贡献。

精准而翔实的工作，是我们共同的心愿。

吉林省促进中小企业发展服务中心

吉林省促进中小企业发展服务中心是 2009 年 3 月 10 日经省编委批准设立的副厅级建制全额拨款事业单位，是政府政策扶持的公益性的大型综合服务机构，隶属于吉林省工业和信息化厅。现有事业编制 60 人。内设 6 个县处级部门，即综合部、融资服务部、创业服务部、技术服务部、市场服务部、管理咨询与维权部。中心集聚一批法律、经济、管理、计算机、英语、会计等专业人才，拥有一支高素质、专业化的服务团队。为广大中小企业提供创业、融资、人才、技术、信息、市场、咨询和维权等综合服务。中心的主要职责是：

一、协助主管部门贯彻落实国家和省有关促进中小企业发展的法律法规和方针政策；

二、负责开展创业服务，即整合社会资源，提供创业咨询、创业培训、创业指导、创业孵化和创业代理等服务；

三、负责开展融资服务，即整合社会资源，提供融资咨询、融资策划、贷款担保、银企保对接、上市咨询与培育、多渠道融资与完善投融资市场、信用征集与评价等服务；

四、负责开展人才服务，即整合社会资源，提供人才开发、创业者和企业经营管理者培训、人才培育、人力资源配送等服务；

五、负责开展技术服务，即整合社会资源，构建中小企业公共技术服务平台，提供技术设计、研发、试验、检测、咨询、培训、产学研合作、科技创新、技术改造、科技成果转化与应用等服务；

六、负责开展信息服务，即负责中国中小企业吉林信息网建设，提供政策、市场等各类信息的采集、分析、加工、传播和企业信息技术支持等服务；

七、负责开展市场服务，即提供展览展销、贸易洽谈、产需衔接、国内外经济技术交流与合作等市场开拓服务；

八、负责开展管理咨询服务，即整合社会资源，提供管理咨询、管理诊断、管理创新等服务；

九、负责开展维权服务，即整合社会法律资源，提供法律咨询、法律顾问、法律维权、法律援助等服务；

十、承担全省中小企业服务联盟秘书处工作；负责对全省市、县两级中小企业服务中心的业务指导。

中心系全国中小企业服务联盟执委会副主任单位，组建伊始即坚持以服务企业、促进发展为宗旨，坚持高起点起步、高标准要求、高效率工作、高质量服务，努力打造全国一流的公益性的综合服务机构。

对外联络：综合部　联系人：张东武

电话：0431 －81151161、138431113

传真：0431 －81151159/81151161

邮箱：cjfwzx@ 126. com

地址：长春市朝阳区建设街 2838 号，130021

网址：www. smejl. gov. cn

黑龙江省中小企业服务中心

一、中心情况简介

黑龙江省中小企业服务中心（加挂黑龙江企业技术创新中心牌子）隶属于黑龙江省工业和信息化委员会，是财政全额预算拨款公益性事业单位，按处级事业单位管理，核定编制 15 名。办公地点分别在黑龙江省政府第二办公区和哈尔滨市宣化街 412 号，使用面积 820 平方米，其中，办公用房 9 间（180m²），会议室 1 间（60m²），服务大厅 580（m²）。现有工作人员 18 人，其中：正处级和副处级各 1 名，正科级干部 9 名，副科级干部 1 名，一般干部 3 名，聘用人员 3 人。具有正高级职称 3 人，副高级职称 2 人，中级职称 8 人，初级职称 2 人。在读博士 1 人，研究生学历 3 人，本科 6 人，大专 5 人。

二、主要承担的工作

（1）在全省范围内推广应用和实施国家级重大新技术，指导企业开展重大的新技术推广，接受政府和有关部门的委托整合社会资源为企业技术创新提供支持。

（2）利用我中心“黑龙江省技术创新网”，加强产、学、研之间的联合，促进科研成果向生产力转化，为企业提供政策法规，科技成果，技术需求，企业管理，市场营销，行业发展等信息服务。

（3）建立了“黑龙江省企业资源库”和“黑龙江省科技人才资源库”。以省内外高校、科研院所、大中型企业技术研发中心的专家、教授和科技人员为依托，成立了专家咨询委员会，为企业解决各种难题。

（4）为中小企业提供各种有效服务，如开展工业设计、技术研发、知识产权保护、信息化应用、

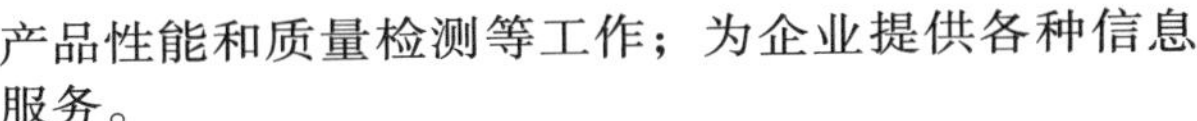

产品性能和质量检测等工作；为企业提供各种信息服务。

（5）组织承办全省车用乙醇汽油推广使用工作。主要负责乙醇汽油宣传工作；组织技术培训和咨询服务；统计分析乙醇汽油的使用情况；协助工商等行政执法部门对市场运行进行监管；协调乙醇汽油在销售和使用过程中出现的相关问题。

（6）受省工信委委托开展全省优秀新产品评审工作，每两年组织一期评审工作，目前，已完成4期评审工作。

（7）开展全省企业技术工程中心的评审认定工作，协助委科技处对全省企业技术工程中心进行管理。

三、联系方式和网址

联系人：何泓

电　话：0451－82513376

传　真：0451－82513238

E－mail：hf82513376@163. com

网　址：www. hljeis. com. cn

黑龙江省中小企业技术创新服务中心

一、单位基本情况

黑龙江省中小企业技术创新服务中心（原黑龙江省乡镇企业技术开发中心）是1984年由原国家科委和黑龙江省编委批准成立的，为中小企业提供公益性服务的财政全额拨款的事业单位。按处级事业单位管理，核定编制15名，实有在编14人。下设3个部门：综合部、网络信息部、培训鉴定部。其中，高级技术人员4人，中级技术人员5人，初级技术人员和工勤人员5人。办公地点在黑龙江省工信委第四办公区大楼二楼，办公室7间，办公场所300多平方米。

二、单位目前承担的主要工作

（1）网站信息服务工作。以中国中小企业黑龙江网（www. smehlj. gov. cn）为龙头，市（地）、县（区）分网为支撑，骨干企业网站为网点，面向全省中小企业、非公有制企业以及中小企业服务机构为重点服务对象的政府公益型信息网络平台。

（2）中小企业生产运行监测平台工作。2009年11月，按照国家工信部中小企业司关于建立中小企业生产运行监测平台的部署、受省工信委委托，黑龙江省中小企业技术创新服务中心承担全省中小企业生产运行监测数据收集、平台管理和数据录入工作。

（3）全国农产品（大豆）加工预警工作。2008年，经农业部乡镇企业局批准，中心成为全国农产品（大豆）加工预警项目承建单位。为农业部农产品加工所按时提供准确的大豆加工企业预警信息，为农产品加工企业提供及时的市场走势及价格浮动等信息。

（4）技术推广和咨询服务。一是开发技术交流服务系统，为技术项目供求双方搭建平台。开发建设中小企业新技术新项目数据库，建立技术成果网上交易平台。二是积极开展科技成果推广服务，利用宣传资源优势，采取网络发布、开办和参加展会、搭建展厅等各种方式为企业提供科技成果推广服务，促进产学研对接。三是整合资源，积极开展技术咨询服务。联合大专院校、科研院所，组建专家组，根据企业实际需求为企业提供各种项目技术咨询服务。

（5）职业技能培训鉴定工作。2004年经农业部乡镇企业局批准建立黑龙江省中小企业职业技能鉴定站，中心为原国家劳动部核准的22个农业工种五个等级进行职业技能鉴定。

三、联系方式

电　话：0451－53630946 0451－53637478－19

传　真：0451－53630946

E－mail：53637478@163. com

网　址：www. smehlj. gov. cn

上海市中小企业发展服务中心

2010年11月，经上海市编制委员会批准，撤并原有的上海市小企业（生产力促进）服务中心和上海市小企业（贸易发展）服务中心，组建成立上海市中小企业发展服务中心。中心为市财政全额拨款的非盈利性事业单位，是本市专司中小企业发展的综合性服务机构。

地址：上海市徐汇区大木桥路108号5－6楼

邮编：200032

电话：（8621）64220825，64220836

网址：www. ssme. gov. cn

江苏省中小企业发展中心

江苏省中小企业发展中心是江苏省经济和信息化委员会、省中小企业局、省乡镇企业局下属的全民事业单位。为全省中小企业发展服务。负责调研提出我省中小企业服务体系建设发展规划，为我省中小企业提供政策指导、创业导向、金融支持、对外交流、法律咨询、信息沟通及培训等服务。中心下设综合发展部、咨询培训部、对外合作协调部和研究室。

联系电话：025 — 83737871

地　　址：南京市广州路199号天诚大厦9楼

邮　　编：210009

江苏省中小企业协会

江苏省中小企业协会是经江苏省民政厅核准成立，并注册登记的、具有独立法人资格的社团组织。协会接受业务主管部门江苏省经济与信息化委员会（江苏省中小企业局）和江苏省民政厅的业务指导与监督管理。协会的业务范围：贯彻《中华人民共和国中小企业促进法》、《国务院关于鼓励支持和引导个体私营等非公有制经济发展的若干意见》和《江苏省中小企业促进条例》，宣传国家和省扶持中小企业发展的政策措施，促进中小企业健康发展。引导中小企业遵纪守法，诚信经营，发展经济，提升职业道德，加强自律管理，承担社会义务；组织会员交流和总结发展经验，开展中小企业发展的理论研究和学术交流活动，提高会员综合素质和经营管理水平；为会员提供各种信息、培训、咨询、论坛、考察、市场开拓和经贸洽谈等多种服务；发挥纽带、桥梁作用，促进会员企业与政府部门之间、会员与高校和科研单位之间、会员与其他企事业之间，以及会员之间的沟通联系与广泛合作；维护会员企业和企业家的合法权益，反映中小企业建议、呼声和诉求。

地址：南京市西康路1－8号河海大厦2楼

邮编：210024

电话：025－83205664

福建省中小企业服务中心

福建中小企业服务中心于2004年经省编委批复成立，为财政核拨的我委直属事业单位，正处级，人员编制8人。主要职责：承担中小企业（乡镇企业）科技推广、示范、项目论证、技术交流、信息技术服务和统计等工作。

联系方式：0591—8018089、88016089

传　　真：88016036

江西省中小企业服务中心

江西省中小企业服务中心，前身是1986年成立的江西省中小企业培训中心，为省编委批准的省局直属正处级财政全额拨款公益性管理类事业单位。其主要职责是：承担江西省中小企业服务平台网络建设任务，指导、统筹、协调全省窗口服务平台建设，作为省级中小企业核心服务机构，努力搭建全省中小企业综合公共服务平台，有效聚集服务资源，培育服务品牌项目，为全省中小企业提供以公益性为主的各类服务。内设机构有体系指导科、教育培训科、综合服务科、技术服务科。

联系地址：南昌市北京东路242号

联系电话：0791－8333525

河南省漯河市开发区轻工食品工业园创业服务中心

一、平台简介

漯河市开发区轻工食品工业园创业服务中心位于漯河市区东南部，北邻双汇食品城，规划面积10.8平方公里，建成区面积2.03平方公里，以企业技术服务及招商引资为主要业务开展工作。自2003年成立以来，在市委、市政府的正确领导下，在市直有关部门特别是市中小企业服务局的大力支持下，按照开发区党工委、管委会的战略部署，以科学发展观统揽工作全局，投资多元化、布局集中化、运作市场化、产品基地化、服务规范化为基本原则，强力推进招商引资和项目建设工作，狠抓基础建设、资本运作和企业培育，致力打造“国内知名、省内一流”的民营企业聚集区。五年来，建成投入使用燕山路、经一路、经二路等7条道路，全长8.5公里，道路平均控制宽度40米，并全部实现了“六通一平”。现已有荷兰索维恩、台湾康师傅、花花牛、豫港食品、倍佳贝尔、世林鑫源汽配等157家国内外知名企业进驻，总投资56亿元，累计完成固定资产投资42.3亿元，已初步形成了一个以食品为主，机械、化工为辅特色鲜明、省内知名、市内一流、规模可观、全市民营企业发展的最密集的工业园区。

二、组织机构

轻工食品工业园创业服务中心系开发区管委会下属的自收自支法人事业单位，按照“小机构，大服务”的理念，下设企业服务科、招商科、城管服务科、综合部，现有员工35人，大专以上学历35人，占总人数的100%，有与所开展中小企业（技术）服务的工作场地及相应得仪器设备和人才团队。

目前，轻工食品工业园创业服务中心已形成了较为完善的中介服务体系，引进各类中介服务机构，建立完善创业服务网络，努力为中小企业提供市场策划、手续代办、财务代理、专利代理及政策、管理、法律咨询等全方位的服务，帮助小企业提高投资和经营的决策成功率，降低企业投资和经营风险。

三、技术服务整体情况

2010年轻工食品工业园创业服务中心共为136家中小企业提供了技术服务，其中为53家企业提供了代理报税、代理财务、代理年审、融资指导、法律咨询、管理咨询、代理招工等7项综合服务，为82家企业提供代理注册登记、寻找场地、创业信息咨询、创业文本起草等4项创业指导。

根据公益性服务机构建设原则，轻工食品工业园创业服务中心中小企业公共技术服务以提高中小企业的综合能力，有效提高中小企业的创业成活率、经营管理能力、技术创新能力、市场竞争力为方向，向中小企业提供创业服务。

四、规范技术服务、创建服务品牌

轻工食品工业园创业服务中心成立于2003年，2007年8月被河南省中小企业局命名为省级小企业创业基地。从成立之初，轻工食品工业园建管委就注重完善服务体系、增强服务功能，为小企业从无到有、从小到大提供了良好的技术服务平台。一是为推动中小企业技术服务工作，本着因地制宜、统筹布局的方针，以政府引导，吸引社会多元投资的方式，先后建立科创工业园、倍加贝尔科技工业园、豫港工业园、尚达工业园、世林汽配工业园等5个中小企业园区，建成标房面积5万平方米；二是建立健全人才培训服务体系，轻工食品工业园创办漯河市卫星远程培训中心，举办各种创业培训、企业经理培训和员工素质等多方位培训活动。与市人才市场、市再就业中心等人才服务机构长期合作，及时为企业培养输送各类优秀人才，满足企业用人需要。2010年来，组各类企业技术培训活动30多次，接受培训人员1500多人，协助企业引进各类人才100多名，其中，中高级人才20多名；三是完善中介服务体系，建立完善中小企业技术服务网络，努力为中小企业提供市场策划、手续代办、财务代理、专利代理及政策、管理、法律咨询等全方位的服务，帮助中小企业提高投资和经营的决策成功率，降低企业投资和经营风险；四是建立健全技术支撑服务体系，为提高中小企业技术创新能力和科技实力，轻工食品工业园分别与国内10多家大专院校、科研院所建立了不同层次的技术协作关系，通过开展技术合作、联合研发、管理咨询、技术诊断等活动，加快企业实现借力发展；五是构建投融资服务体系，定期组织银企座谈会、对接会，为金融部门和企业牵线搭桥，疏通银行融资的渠道，筛选发展前景好、管理规范的企业向各类风险投资基金推荐。2010年以来，轻工食品工业园创业服务中心通过各种途径为企业争取上级扶持资金300多万元，争取银行贷款8400多万元，吸纳社会资金1900多万元，在一定程度上缓解了部分小企业生产经营的资金难题。

联系电话：0395－2665556　13903951658

河南省濮阳市双发机械检测有限公司

一、企业基本情况状况

公司现有专职员工21人，其中，高级职称2人，中级以上职称7人，大专及大专以上学历的18人。公司2008年5月获得了河南省《资质认定计量认证证书》，同年11月获得濮阳市质量技术监督局颁发的压力类检定《计量标准考核证书》，2009年5月获得濮阳市质量技术监督局长度类检定《计量标准考核证书》。目前具备对井口装置、油（套）管、抽油机、通用钢材、线材、钢丝绳等16类石油机械产品、配件及原材料的64项检测项目、16个化学成分、200多个参数的检测能力和资格。2010年9月公司通过了ISO9001质量管理体系认证。

公司占地面积2000平方米，拥有理化实验室1个，力学实验室两个，计量室1个，现有检测设备和检测仪器90余台（套），截至目前已陆续投入检测设备和相关基础设施1000万元。公司以完善的检验检测设备和高素质的人才，面向濮阳周边100多家石油机械制造企业生产的抽油杆、井口装置及阀门等系列产品开展外观检查、几何尺寸、化学分析、机械性能及常规金属材料的化学分析和机械性能试验，为濮阳市中小机械加工企业提供强有力的技术支撑，得到了被服务企业的一致好评。

自2007年运行以来，检测公司实现总收入680万元，其中技术服务收入120万元，实现盈利249万元。

二、项目的建设背景

濮阳市是中原油田总部所在地，随着中原油田的勘探开发，在濮阳周边地区涌现出一大批为油田配套服务的中小石油机械制造加工企业，形成了机械制造加工产业集群。经过几年的发展，机械制造业已成为濮阳市八大支柱产业之一，被河南省中小企业服务局命名为河南省重点产业集群。濮阳市机械加工制造企业均为中小型企业，从事石油机械产品加工制造企业有100余家，均以生产石油机械产品及钻采配件为主，产品涵盖了油田勘探开发生产所需的抽油机、钻机、特种车辆、抽油杆、井口装置、抽油机配件，钻井配件、井口配件、高、中、低压阀门、油管接箍、抽油管接箍、方卡子、钳牙、密封垫环、光杆密封器、高压螺栓等产品，规格种类达2000多个；由于这些产品的安全性要求较高，所以对产品材料的要求很严格，需要检测的项目有机械性能、化学分析、金相分析、磁粉探伤、超声波探伤、疲劳实验、抗粘扣实验、静水压实验等，检测项目合格后才能投入生产。

目前，大部分的中小机械制造加工企业由于受资金和技术力量方面的限制，无力购买昂贵的检测设备和聘用高级技术人才，造成企业本身检测手段不全，检测设备比较落后，产品开发的力度不够，严重影响了产品质量和企业的发展后劲。大部分企业为了检测原材料（产品），不得不将材料、产品送往北京、西安等地检测，不少企业因等待材料（产品）检测结果耽误工期，致使产品交货期延误，直接影响了企业的经济效益和声誉，增加企业的生产成本。据统计濮阳市机械制造加工企业仅在外地的检测费每年多达1000多万元。

为改变这种状况，濮阳市急需建设一个为中小机械制造加工企业提供材料、产品检测和技术服务的公共服务平台，濮阳市双发机械检测有限公司应运而生，作为石油机械产品公共服务平台，帮助众多中小石油机械制造企业提供检测服务，提高石油机械产品的质量，降低企业管理成本。通过公共平台的建设，每年可为濮阳市机械制造企业节省费用300多万元，公司通过为集群内企业提供技术服务，2009年服务营业收入达45万元，可实现收支平衡，公共服务平台具有可持续发展能力。

三、项目建设内容

出口石油机械产品公共检测中心建设内容如下：实验室改造，购置检测设备、仪器50台（套），购买相关设计开发软件及项目开发。

四、项目总投资及资金来源

项目总投资237万元。其中：实验室改造建设工程，投资42万元；检测仪器设备及软件50台（套），投资180万元。全部自筹解决。

五、达到的目标和效果

通过公共服务平台的建设，目前已经具备对井口装置、油（套）管、抽油机、通用钢材、线材、钢丝绳等16类石油机械产品、配件及原材料的64项检测项目、16个化学成分、200多个参数检测能力和资格。2008年11月获得由濮阳市质量技术监督局颁发的压力类检定《计量标准考核证书》，2009年5月获得由濮阳市质量技术监督局颁发的长度类检定《计量标准考核证书》。2010年9月通过了ISO9001质量体系认证，2011年8月《资质认定计量认证证书》通过复审。

公共技术服务平台运行以来，取得了良好的社会及经济效益。累计为濮阳市几十家中小石油机械产品加工制造企业提供产品检验检测服务，其中濮阳市东方龙机械制造有限公司、濮阳市信宇石油化工机械有限公司等企业与我们签订了委托检测协议。在服务中小石油机械加工企业的同时，也与中原油田签订了长期产品检测合同，检测产品涉及到抽油杆、钢丝绳、普材、阀门、石油专用管、普通管材等，被中原油田指定为定点检测单位。目前公共技术服务平台可以承揽其70%的检测项目，每年不仅为中原油田节约检测费用60多万元，大大缩短检测周期，为采油一线的生产赢得了时间。我们的业务逐渐扩大到濮阳周边地区的机械加工企业，检测业务范围已覆盖周边100多公里。有效地保障了公共技术服务平台的可持续发展。

经过濮阳市技术监督局考察，公司的硬件和软件设施完全符合设立省级产品质量监督检验站的条件，2009年6月已经向河南省技术监督局推荐为省级产品技术监督检验站。为了提高检测能力和扩大检测范围，目前，公司申请了国家实验室认证。

六、基本信息

名称（Name）：濮阳市双发机械检测有限公司
地址（Address）：濮阳市黄河路西段
邮编（Post code）：457001
联系电话（Tel）：0393－4710602
监督电话（Tel）：0393－4711601
传真（Fax）：0393－4710604
网址：http：www. pysf. net

中国中小企业河南网

中国中小企业河南网（www. smehen. gov. cn）是根据国家发展和改革委员会发改办企业［2004］1465号文件的要求于2004年9月成立，其前身为1999年成立的河南省乡镇企业网，网站隶属于工业和信息化部中小企业司政府门户网站体系。中国中小企业河南网始终坚持政府公益性网站的办网原则，目前已建立市县分站168家，面向40余万家河南中小企业及广大网友提供免费的信息资讯、企业信息自助发布及企业咨询等服务项目，并承担了中小企业统计、企业服务年建设等电子政务工作。网站的建设和维护工作由河南中小在线信息服务有限公司负责。

一、中国中小企业河南网为企业提供的服务

中国中小企业河南网主要为广大企业提供信息资讯、企业自助发布平台、企业问题在线咨询及企业形象在线展示等服务，这些服务均免费为企业提供。

1．信息服务

目前，网站共有一级栏目95个，二级栏目153个。开通了工作动态、市县经济、企业亮点和大家谈四个共享栏目，开设了企业服务（开办设立、年检年审、企业纳税、工商管理等）、管理及技术咨询、法律维权服务、政策法规频道等栏目以及机械、轻工、化工等九大行业资讯栏目，还建立了中小企业统计系统、中小企业生产运行监测平台、专项资金申报、自助信息发布等十余个公共服务平台。同时，建立了企业基础数据库，收录的企业基础信息达9万余家，注册的企业会员数已突破16万家。网站日信息发布量达3000余条，上万家中小企业访问，日均点击率提高到20万次以上，在省政府网站浏览量排名中始终位居前五位，ALEXA国际排名稳居全国省级中小企业网站前列，已成为河南省最具代表性的电子政务和企业信息化服务平台集群之一。

2．企业自助发布平台

针对企业在发展过程中可能遇到的问题，网站开设了产品供求、人才招聘、科技成果、招商引资及劳务供求等五个企业自助发布平台。企业注册成功后，随时可以在线发布企业需求，享受便捷的电子商务服务，受到了企业的广泛欢迎。

3．在线咨询服务

为了解决广大中小企业在经营生产过程中人才、技术、管理、法律等困扰企业的“瓶颈”，根据企业的需求，建立了河南省中小企业在线咨询专家队伍，邀请各行业的专家及律师事务所进行在线答疑，为企业与科研技术人才搭建了沟通的桥梁。开通以来，在线咨询回复及时率达93%，需要进行现场解答的我们均委托相关专家予以解决。同时还开设了专家人才库，聘请涉及11个行业的127名专家学者长期为中小企业提供管理、技术等方面的咨询服务。

4．企业展示

中国中小企业河南网开设了“双百”企业展示、企业名片及企业库等企业展示栏目，建立了省市县三级共建企业数据库的工作模式，目前收录全省各类企业9万余家。

此外，中国中小企业河南网还经常推出一些针对企业的专题栏目，如：《中小企业36条》、《三网融合》、《中小企业网上招聘》等栏目。

二、取得的业绩及荣誉

通过相关服务业务的开展，为全省近40万家中小企业和社会公众提供免费的信息服务，使其获得人才、培训、技术、管理和资金等方面的服务；利用网络技术对5000多家企业进行在线培训，累计培训人数达10万多人次；通过“百万中小企业信息化推进工程”培训4500多家企业，12000余人次，累计培训系统内信息联络员1500余人次；通过自助发布平台为企业引进新技术、新工艺1500多项，推动了中小企业各种信息化应用。

此外，2004～2011年中小企业河南网积极参与工信部和教育部联合举办的“全国中小企业网上百日招聘大中专毕业生”活动，累计共有11831家企业通过中国中小企业河南网发布招聘信息，提供各类岗位111097个，连续8年获得该活动全国第一。

2005、2007和2008年度在河南省政府48个部门网站综合评估中分别获得第一、第二和第六名；

2005～2009年，连续五年获得工信部中小企业司和中小企业信息网颁发的“突出贡献奖”；

2009年、2010年还荣获“优秀新闻原创奖”、

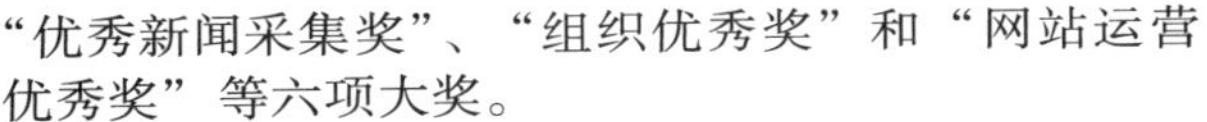

“优秀新闻采集奖”、“组织优秀奖”和“网站运营优秀奖”等六项大奖。

三、下一步工作打算

1. 建设企业网上办事大厅

根据《河南省2011年企业服务工作实施意见》(豫政办〔2011〕16号)文件要求，借鉴兄弟省市的先进经验，充分整合、利用现有资源，依托中国中小企业河南网建设《河南省企业服务网》，联合河南省发展改革委、河南省工业和信息化厅、河南省科技厅等23家成员单位，及市、县（区）服务网管理工作领导小组及办公室，开通企业网上办事大厅。建立省市县三级政府之间、各有关部门之间共同帮助企业释疑解难的联动机制、政府与企业之间沟通的互动机制，上下配合，互动联动，形成合力，推动服务企业长效机制建设。并收集企业数据，为政府决策提供依据。

2. 建立完善企业服务平台功能

下一步我们将继续完善企业自助发布平台，开发新的功能，如人才服务平台完善招聘服务的同时要增加培训服务功能，使之更加科学合理，更加贴合企业需要。建立由政府部门、银行和担保公司共同参与管理的融资信用担保平台，并与相关机构合作建立中小企业信用数据库，为中小企业融资等提供保障。建立面向广大中小企业及国内外商家、各类科研院所等搭建科技创新服务平台。开辟网上博览会，将其建设成为中国国际中小企业博览会的延伸，为更多无法参展的企业提供宣传展示服务。

四、网站文化建设

中国中小企业河南网自成立以来便提出了“连万家企业、聚一流人才，传科技信息、促经济发展”的口号，一直秉承“企业需要什么，我们就服务什么”的办网宗旨。网站始终坚持与时俱进，开拓创新的理念办网，为中小企业壮大、经济发展、社会和谐而不断努力。

中国中小企业河南网联系方式

名 称：中国中小企业河南网

地 址：河南省郑州市红专路98号

邮 编：450008

电 话：0371－65749597

邮 箱：info@smehen.gov.cn

河南省中小企业技术服务中心

河南省中小企业技术服务中心是在河南省乡镇企业造纸产品质量监督检验站（即农业部纸及纸制品质量监督检验测试中心）的基础上组建的事业单位，隶属河南省工业和信息化厅（厅直属二级机构），中心主要承担培训服务（中小企业人才培训、造纸技术培训等），技术咨询、产品检验和职业技能鉴定等服务工作。

河南省乡镇企业造纸产品质量监督检验站（农业部级及纸制品质量监督检验测试中心）前身是河南省乡镇企业造纸质量检测站。1987经河南省计划经济委员会（87）计经字第003号、河南省标准局豫标质字（1987）046号、河南省编制委员会豫编（1987）157号文批准建立的检测单位。具有独立法人和第三方地位的法定检测机构，是不以盈利为目的的公益性机构。为造纸企业提供产品质量检测、规范市场秩序、维护生产者和消费者的合法权益服务，主要开展造纸产品监督抽查及综合分析、质量对比分析、造纸用户委托检验、新产品鉴定、仲裁检验、各类豫造纸有关的课题鉴定等主要内容。同时为我省造纸企业提供技术指导、产品开发、质量服务、相关技术培训、提高产业水平的重要任务。

2011年4月，河南省机构编制委员会办公室批准，河南省乡镇企业造纸产品质量监督检验站加挂河南省中小企业技术服务中心牌子（豫编办〔2011〕58号）。进一步明确了中心的职能，主要承担中小企业职业技能鉴定、技术咨询和培训服务工作。

联 系 人：王卫民

电　　话：0371—65721132

手机号码：13838330135

传　　真：0371—65750525

通信地址：河南省郑州市红专路98号

邮　　编：450008

E－mail：9053671@163.com

湖北省中小企业服务中心

湖北省中小企业服务中心成立于2003年，是湖北省经信委直属单位，是面向全省中小企业开展信息咨询、创业辅导、融资担保、人才培训、技术创新、企业诊断、市场开拓及信息化建设等服务的综合性服务机构。中心现有固定资产4000万元，服务场地2000平方米，工作人员17人，大专以上学历16人，其中，硕士3名，本科生13名。

近两年来，省中小企业服务中心在省经信委领导下，围绕服务中小企业，重点抓了如下几个方面工作。一是成功创建了银企保合作互动平台。2010年在中国中小企业湖北网中，搭建了一个银行、企业和担保机构的互动平台——湖北省中小企业银企保互动平台，目前该平台主要栏目设置分为政务服务、金融服务、企业服务、项目推介、银企保互动、会员服务等6大模块和一个融资担保管理系统。二是创建了全省中小企业电子商务平台。以中国中小企业湖北网为依托建设了一个为全省中小企业开展电子商务的平台—湖北企业电子商务网，该网包含资讯、商机、企业、产品、展会、网店、视频等诸多栏目，企业及个人均可通过该网站开展基本的电子商务活动。三是全省中小企业生产经营运行监测统计工作。按照工信部中小企业司的部署，受我委委托，我中心承担了全省400家中小企业的生产经营运行监测具体工作。四是创建湖北省中小企业公共服务平台。2011年初启动了湖北省中小企业公共服务平台建设，目前已完成人员培训互动系统、创业辅导互动系统、管理咨询互动系统、节能减排互动系统、协作配套互动系统、市场开拓互动系统、融资担保互动系统及事物代理互动系统等八大撮合系统，正在开发在线呼叫服务子系统及全省中小企业公共服务平台网络运营管理系统，充实企业库、项目库、专家库、政策法规库和服务资源库五大支撑数据库。

联系人：叶　斌　　18963990135

电　话：027 - 87814811；

传　真：027 - 87814811；

电　邮：ybdxy@163. com；

网　址：www. smehub. gov. cn

湖北省中小企业培训中心

本中心具备普通中专学历教育资格和能力；具有开展职业技能培训、创业培训资质和能力；具备开展职业技能等级培训与鉴定的资质和能力。本中心有规范完善的培训教学管理制度，有较为完善的培训教学计划和大纲，有一支适应培训专业设置要求，既能上讲台，又能动手操作的双师型教师队伍。已开展银河培训、农民工培训、创业培训、煤矿安全生产培训等培训；已对车工、钳工、电工电子、纺织服装、食品加工、建筑装饰等工种进行培训鉴定，办理国家资格技能等级证书等。开设有18个常设培训教学专业；有专职教师58人，兼职教师43人；建有数控加工、模具、汽车修理、食品检测、电工电子、计算机等实验室和实训车间，并与生产企业合作建立了多个实训、就业基地。

电话：027—62682965；

传真：027—87838707；

电邮：peixun_ zxqy@126. com

湖北省宜昌市中小企业服务中心

宜昌市中小企业服务中心，是根据中共湖北省委鄂发［2005］15号文件精神和宜昌市政府工作报告的要求，以及乡镇企业、中小企业、民营企业发展变化情况，2005年宜昌市编制委员会下达更名文件成立的（原名是92年成立的宜昌市乡镇企业经济信息服务中心）。服务中心设立地点在宜昌市东山大道146号。注册资本88.95万元，现有职工5人，均为大专以上文凭。成立以来，宜昌市中小企业服务中心深入贯彻《中华人民共和国中小企业促进法》，遵照宜昌市委、市政府提出的走新型工业化道路，加快中小企业、民营经济发展的要求，在人员培训、信息服务、信用担保、人才开发等方面为创业者及中小企业发展提供支持和服务。开展服务工作以来，得到了省经委的好评，2006年被评为湖北省中小企业服务示范机构，列为2006年、2007年重点扶持对象。

联系人：杨　杰　　13972521

湖北省化学工业研究设计院

湖北省化学工业研究设计院建于1978年，主要从事化工应用技术开发、化工工程咨询、设计、化工信息、规划及查新检索、化工产品检测、标准制定、人员培训为一体的综合性科研单位。现有工作人员120人，其中大专以上学历100人。湖北省化工中小企业技术创新服务中心，挂靠本院。该中心的功能主要是创建一个全方位化工专业服务平台，为全省化工企业尤其是中小企业提供专业技术、管理等全方位服务，内容涵盖企业从市场调研、立项、研发、咨询、中试、生产、检测、人员培训等生产相关的全过程。包括技术咨询、技术转移、技术验证、成果查新、设计、产品检测、标准制定等。本院建有网络服务平台（网址：www. hbhgjs. com），内容包括：1. 技术转移；2. 创业孵化；3. 化工设计；4. 质量检测；5. 信息管理；6. 技术创新等六个方面。我院拥有科研、生产用仪器、设备80多台套；研发、设计等办公面积11000平方米；拥有大量化学化工有关的数据库和馆藏资料。

电话：027 - 87439315

传真：027 - 87439315

电邮：lh62670031@126. com

网址：www. hbhyychem. com

湖北省武汉市经济技术市场发展中心

武汉市经济技术市场发展中心（武汉市中小企业服务中心）成立于1990年11月14日，注册资本125. 1万元。现有员工30人，其中大专以上学历及中级以上职称人员20人。中心长期承担武汉市经济和信息化委员会赋予的产学研协调和中小企业技术推广工作。自成立以来，先后组织2300多家中小企业与高校、科研院所进行项目洽谈和对接，并成功促成项目合作与技术转让项目60个，累计金额4亿多元。除长期联系高校、科研院所并与之形成良好合作关系外，每年还为中小企业提供培训、咨询、展会、项目对接、创业辅导、融资等综合服务3000多家次，积累了一批较为稳定的企业客户资源。

中心自2006年着手开展综合节能优化技术服务工作以来，通过与高校和专业节能机构合作推广和研发的形式，平台所融合并可向中小企业提供服务的技术已包括了智能中央空调节电器等34项国家专利、智能可视化优化技术等5项国际领先技术、零过度零响应动态低压无功补偿、锅炉余热回收利用等30多种国内先进技术。平台专家中既有华中科技大学、武汉大学、武汉理工大学等国家重点院校的教授、博士，也有长期从事现场工程实施的资深技术人员。平台目前已具备系统分析优化、锅炉节能、电机节能、制冷设备节能、照明节能、余热回收利

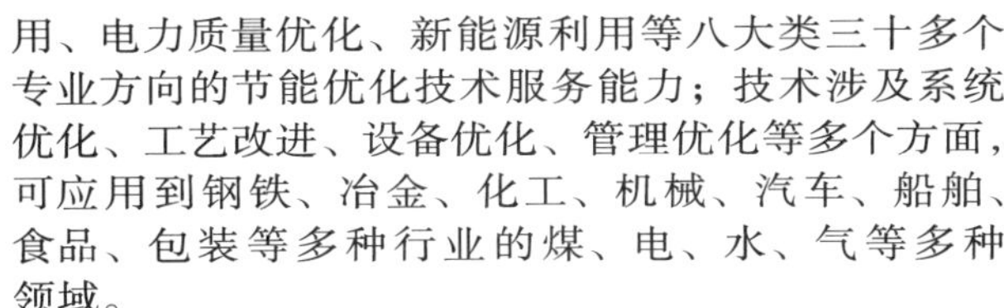

用、电力质量优化、新能源利用等八大类三十多个专业方向的节能优化技术服务能力；技术涉及系统优化、工艺改进、设备优化、管理优化等多个方面，可应用到钢铁、冶金、化工、机械、汽车、船舶、食品、包装等多种行业的煤、电、水、气等多种领域。

电话：027－85316833

电邮：xiongcj@126.com

网址：www.smgwh.gov.cn

湖北省武汉光谷联合产权交易所

武汉光谷联合产权交易所（下称“光谷联交所”）的前身是湖北省产权交易中心，成立于1998年。2006年，省政府决定优化整合全省各类产权交易机构，以省产权交易中心为基础，由省、市共同出资搭建的全省科技产权交易平台，注册资本3000万元。光谷联交所现有经营面积2500平方米，其中，拥有近1000平米的交易大厅、科技成果展示大厅、多功能会议厅以及专业的网络机房。目前，光谷联交所拥有在职职工67人，其中，博士1人、硕士7人，大专及以上专业人员数量为61人，专业涉及化工、制药、机械工程、计算机、法律、财务和工商管理等多个专业领域；拥有较完备的服务企业自主创新的基础设施和较好的办公场所以及多年的科技服务工作经验和较强的专业素养和服务能力。

光谷联交所始终致力于促进技术与市场的互动、知识与产业的结合、资本与企业的融合，努力将技术与资本、市场联成一体。经过近几年的快速发展，现已搭建起以自身为龙头、以17个市（州）分支机构为节点，覆盖全省、辐射中部的科技产权交易网络；培养和造就了一批高素质的科技产权交易专业人才和一支业务熟练的技术经纪人队伍；建立并实行了一套成熟的、规范运作的制度；积累和开展了一系列服务企业自主创新的资质和业务。目前，光谷联交所是科技部首批国家技术转移示范机构、中国创新驿站、科技部创新基金服务机构、省、市技术合同登记点、高新技术企业认定服务机构。开展了包括科技成果展示与信息发布、技术交易，技术培训、技术咨询、技术合同认定登记、创新基金申报辅导、高新技术企业认定服务、股权质押贷款等一系列直接和间接服务中小企业自主创新的服务。

电话：027－67885688

传真：027－67885689

电邮：webmaster@ovupre.com

网址：www.ovupre.com

湖南省中小企业服务中心

成立于2004年12月30日，为湖南省经济委员会直属事业单位。中心业务职能：向政府有关部门反映中小企业情况，配合政府有关部门落实中小企业扶持政策，依法维护中小企业合法权益；为中小企业的创立、生存和发展提供信息指导、投融资指导、人才培养、技术支持、创业辅导、市场开拓、咨询、培训等方面的信息与服务；受湖南省经济委员会委托，联系行业和社会服务组织为中小企业提供服务。

目前中心办有《湘企网》，为中小企业提供信息咨询服务；组织成立了湖南省中小企业管理咨询服务联盟，为中小企业提供管理咨询服务；控股湖南省中小企业信用担保有限责任公司，为中小企业提供投融资服务。

法人代表：王曙

联 系 人：张青

联系电话：0731－84136696

地　　址：长沙市芙蓉中路1段163号新时代广场27楼

邮政编码：410008

单位网址：www.xqw.gov.cn

湖南省企业技术创新服务中心

成立于2002年，现有编制15人，是湖南省经委的直属二级事业单位，是为推进湖南省中小企业技术创新的服务机构。

中心主要工作：推进湖南省中小企业技术创新，新技术推广，加速提高湖南省中小企业的竞争能力，促进湖南省中小企业产业结构调整和升级，帮助中小企业提高市场预测和快速反应能力，提高管理水平，为中小企业技术创新、信息化建设，有效的组织和利用各种社会资源，创造良好的技术支撑环境；为中小企业的发展，提供科技成果、政策法规、行业发展趋势、人力资源、技术培训等多种服务工作。

中心推广应用了“CAD”、“PDM”、“数控技术”、“变频调速”、“电机无功补偿”、“振动焊接”等技术。组织开展各种技术培训和技术咨询活动，开展技术合作交流，推动市场前景好、技术含量高、经济社会效益显著的技术向我省中小企业转移和扩散。是中国技术创新湖南信息网的建设和承办单位。

法人代表：王曙

地　　址：长沙市芙蓉中路533号

邮政编码：410015

联 系 人：喻小明

联系电话：0731－84441197

单位网址：www.hncti.com.cn

湖南省中小企业信用与担保协会

湖南省中小企业信用与担保协会成立于2005年12月，经省民政厅批准，省经济委员会主管，由湖南省境近百家机构和从事与信用担保业务相关的单位及从事信用担保工作的有关人士自愿结成的群众性非营利性社会组织，是依法注册登记的行业社会团体法人。协会现由蒋志方同志任会长，张宇同志任秘书长，现有会员单位近100家。

本协会的主要业务范围：引导本会会员自觉遵守党和国家的方针、政策、法规、恪守职业道德、履行社会责任；制定、组织实施信用担保行业行规、行约，建立健全行业自律机制；反映会员的要求和意愿，维护会员的合法权益；开展中小企业信用与担保理论研究和学术探讨，促进信用与担保资源的开发、利用和共享；促进会员之间，会员与有关事业、企业等单位的协作，组织会员与境内外同行业的合作与交流；为本会会员单位提供政策法规、科技创新、国际合作等信息、咨询和培训服务；联合有关信用评级机构，开展对担保机构和中小企业的信用评级工作，提供信用升级服务；接受政府有关部门委托，开展有关活动。

法人代表：蒋志方

地　　址：长沙市五一大道351号省政府机关二院机关印刷厂5楼506室

邮政编码：410008

联 系 人：陈　浩

联系电话：0731－88641798

单位网址：www.hnrzdb.com

长沙市中小企业服务中心

中心倾力推动长沙市中小企业成长工程，通过整合中介机构开发适合中小企业成长需求的系列服务产品，为长沙4万多家中小企业提供高效的投资融资、技术创新、创业辅导、市场开拓、信息服务、管理咨询、人才培训、法律服务、成长性评估、产业集群升级服务等涵盖中小企业整个生命链的系统服务。

法人代表：左军

联系地址：长沙市芙蓉中路一段593号国际金融大厦18楼1808室

联 系 人：欧腾

联系电话：0731－85339278

网　　址：www.smecs.org.cn

湖南省湘潭市中小企业服务中心

中心主要职责：向政府有关部门反映中小企业情况，配合政府有关部门落实中小企业扶持政策；维护中小企业合法权益；为中小企业的创立、生存和发展提供社会服务；受政府有关部门委托或委托区域、行业和个社会服务组织为中小企业提供服务。打造8个平台：投资融资服务平台；创业辅导服务平台；技术支持服务平台；人才培训服务平台；管理咨询服务平台；信息咨询服务平台；市场开拓服务平台；法律咨询服务平台。

法人代表：邓晓星

地　　址：湘潭市人民大厦0218室

邮政编码：411104

联 系 人：邓晓星

电　　话：0732－58570263

单位网址：www.xt.smehn.gov.cn

湖南省衡阳市中小企业服务中心

为全市中小企业提供信息、管理、人才培训、技术咨询等方面服务。

法人代表：吴小艳

地　　址：衡阳市政府大楼630

邮政编码：421001

联 系 人：吴小艳

联系电话：0734－8858941

湖南省岳阳市中小企业服务中心

主要职责是贯彻执行《中小企业促进法》等法律法规，为中小企业提供创业辅导，融资渠道、科技成果、技术需求、信息化、人才培训、人力资源、市场营销等方面服务。

法人代表：曹聪贻

地　　址：岳阳市巴陵中路337号工业经济委员会院内

邮政编码：414000

联 系 人：项先立

联系电话：0730－8721333

单位网址：www.yysme.gov.cn

湖南省常德市中小企业服务中心

为全市中小企业提供协调服务，维护中小企业合法权益；组织开展中小企业经理人、管理人员和专业技术人员的教育培训工作；组织中小企业参加有关区域的产品展销、招商引资等活动；受政府有关部门委托，联系或委托区域、各行业协会和其他社会服务组织为中小企业提供服务。

法人代表：黄少渊

地　　址：常德市朗州路市政府2号办公楼3楼

邮政编码：415000

联 系 人：黄少渊

联系电话：0736－7256610

单位网址：www.cdjw.gov.cn

湖南省郴州市中小企业服务中心

主要职责是向政府有关部门反映中小企业情况，配合政府有关部门落实中小企业扶持政策；维护中小企业合法权益；整合社会服务资源为中小企业的创立、生存和发展提供公共服务；受政府有关部门委托，联系或委托区域、行业和各社会服务组织为中小企业提供服务。

法人代表：袁继南

地　　址：郴州市五岭大道9号

邮政编码：423000

联 系 人：李春平

联系电话：0735－2368708

广西中小企业联合会

广西中小企业联合会经广西壮族自治区工业和信息化委员会审核，自治区民政厅批准，于2009年2月25日正式成立。（地址：南宁市民族大道泰安大厦）。

广西中小企业联合会是由广西中小企业自愿组成的非营利行业性企业社团，会员以工业企业为主，兼顾其他行业企业。本会宗旨：合作共赢，做强做大。具体表现为：坚持以邓小平理论和“三个代表”重要思想为指导，全面贯彻落实科学发展观，全心全意为会员企业服务，以实现整合资源，共谋发展，推动广西中小企业持续健康发展为目的，遵照国家法律、法规，参照国际规则，维护会员企业合法权益，进行行业自律和管理，加强企业诚信体系建设，促进广西中小企业的持续蓬勃发展，提升广西中小企业市场竞争能力、自主创新能力和自我发展能力，提高会员企业经营管理水平，针对会员企业提出的建议和要求而开展各项活动，并在政府等单位与会员企业之间发挥桥梁和纽带作用，为会员企业开拓国内外市场和加强国际交流与合作提供有效服务。

本会以围绕推动广西中小企业持续健康、快速发展为总体目标，开展以下业务：

1. 协助政府宣传贯彻《中华人民共和国中小企业促进法》、《国务院关于鼓励支持和引导个体私营等非公有制经济发展的若干意见》和自治区政府关于促进中小企业发展等相关法律、法规和政策；

2. 研究和探讨广西中小企业发展方向、目标、体制、政策、管理等理论和实际问题，调查了解并反映中小企业的建议和要求，为政府决策和制定政策提供建议和依据；

3. 为广西中小企业提供创业辅导、企业诊断与管理咨询、投资融资、技术支持、企业信息化、人员培养与人才引进、对外合作、展览展销和法律咨询等服务；

4. 维护广西中小企业和中小企业家的合法权益；

5. 促进广西中小企业与政府、金融、工商、税务等有关部门的交流沟通，帮助广西中小企业融资贷款、招商引资、增资扩股、寻求担保和申请政府专项扶持资金，帮助中小企业拓展市场，协调解决会员企业相关问题，促进企业相互间的交流与合作；

6. 组织推广广西优秀中小企业发展经验，开展评选、表彰、宣传优秀中小企业活动，促进广西中小企业品牌建设与自主创新工作；

7. 通过中小企业诚信体系与信用体系建设，引导广西中小企业守法诚信，遵守国家法律法规，提升职业道德，加强行业自律，积极承担社会责任；

8. 编辑、出版、发行会刊和年鉴等出版物；

9. 在政府委托和指导下，开展广西中小企业资质与资格认证，开展中小企业管理升级、中小企业信息化建设等业务；

10. 承办政府主管部门及有关部门委托的其他工作。

广西民营企业商会

广西民营企业商会成立于2005年月3月12日，经原广西壮族自治区经委审核，自治区民政厅批准登记，为法人社团。

广西民营企业商会是广西中小企业组成的行业性社会团体，目前有单位会员200多个。广西民营企业商会的宗旨是高举邓小平理论伟大旗帜，坚持四项基本原则，在党和政府的领导下，全心全意为会员服务。团结全区中小企业干部和职工，为发展广西中小企业，振兴广西工业而奋斗。广西民营企业商会的工作业务范围是：教育会员自觉执行党的方针、政策，讲究职业道德，遵纪守法；向政府反映会员的要求和意愿，维护会员的合法权益；组织开展学术交流活动；搞好中小企业人才培训；承办自治区经委委托的任务。

根据广西壮族自治区人民政府办公厅《关于印发行业协会和中介组织与行政职能部门脱钩工作方案的通知》（桂政办发［2007］52号）文件精神，2007年10月底，广西民营企业商会与行政职能部门原广西壮族自治区经济委员会脱钩，发展成为“自主办会、自主管理、自我发展”的社会组织。

广西壮族自治区乡镇企业培训中心

广西壮族自治区乡镇企业培训中心，于1986年经自治区人民政府批准，由自治区编委确定编制，定为正处级事业单位。其宗旨和业务范围：为广西乡镇企业服务，培训乡镇企业、中小企业管理和技术人才及相关服务。系自治区工信委直属单位。

自治区乡镇企业培训中心现有干部、职工19人，在职15人，退休4人。有专职教师4人。其中具有研究生学历1人，大学本科4人，大专10人，中专2人。获得高级职称1人，中级职称6人，高级技工1人。干部职工所属的专业有管理、检验、地矿采矿工程、机械制茶、食品工程、政治经济学、电子声像、工业自动化、电子商务及计算机应用等，具有较丰富的教学经验和管理能力。

自治区乡镇企业培训中心的培训基地——南湖饭店，于1988年建成并投入使用。大楼含地下室共14层，建筑面积6918平方米。3、4、5层和地下室是原自治区乡镇企业管理局、广西区乡镇企业建材产品检验站办公和检验场地。有9层楼用于教育培训。有3间教室（含电教室一间）、2间会议室、有大小餐厅、包厢及40多间客房，共计面积约5000多平方米，可同时接纳120人以上的培训班或会议。

2003年3月、2004年11月，培训中心获得国家安全生产二级培训机构资质、国家劳动和社会保障部颁发的《国家职业技能鉴定许可证》。培训中心充分利用这一资质和许可证，大力开展安全生产和职业技能培训和鉴定工作。

广西壮族自治区乡镇企业培训中心地址：广西南宁市星湖路43号，邮编：530022，联系电话：0771－5854739。

广西壮族自治区乡镇企业建材产品质量监督检验站

广西壮族自治区乡镇企业建材产品质量监督检验站是根据广西壮族自治区编制委员会桂编［1987］71号文批准成立的事业单位。是法定的省级建材产品质量监督检验机构。行政关系隶属于广西壮族自治区工业和信息化委员会，检验业务工作受广西壮族自治区质量技术监督局指导。依据广西壮族自治区质量技术监督局1993年桂监字（1993）第121号文，本站曾经以广西壮族自治区建材产品质量监督检验二站的名义开展检验业务工作。

该站经过广西壮族自治区质量技术监督局计量认证和审查认可授权，计量认证证书号：（2002）量认（桂）字（R0162）号、审查认可授权证书号：桂质监认字（17）号。根据《农业部产品质量监督检验测试中心基本条件》，该站经中华人民共和国农业部审查合格，被授权承担筹建农业部建材产品质量监督检验测试中心（南宁），授权证书号：（2003）农（质监认）字第172号。2003年6月19日，农业部建材产品质量监督检验测试中心（南宁）经中国国家认证认可监督管理委员会考核合格，获计量认证合格证书，证书号：（2003）量认（国）字（V2237）号。也就是说，广西乡镇企业建材产品质量监督检验站也以农业部建材产品质量监督检验测试中心（南宁）的名义开展业务工作。

2007年8月10日，原广西壮族自治区经济委员会对广西壮族自治区建材产品质量监督检验站和广西乡镇企业建材产品质量监督检验站在业务上合并，并调整了领导班子成员。

质检站办公和检验场所：

广西南宁市星湖路南二里6号，广西南宁市星湖路43号

邮政编码：530022

电　　话：0771－5314042（站长室）0771－5332188（业务室）0771－5841316（办公室）

传　　真：0771－5332188

电子邮箱：gxjczjz@163.com

该站共有人员35人。其中技术人员32人，高级工2人。技术人员中高级工程师5人，工程师15人，经济师1人，会计师2人，馆员1人，政工师1人，助理工程师6人，助理经济师1人。

业务范围：

该站承检产品包括：硅酸盐水泥、普通硅酸盐水泥、矿渣硅酸盐水泥、火山灰硅质酸盐水泥、粉煤灰硅酸盐水泥、白色硅酸盐水泥、烧结普通砖、烧结多孔砖、普通混凝土小型空心砌块、轻集料混凝土小型空心砌块等。

广西中小企业信用担保有限公司

广西中小企业信用担保有限公司成立于2002年11月13日，是经广西壮族自治区人民政府批准设立的国有全资担保公司。

广西壮族自治区人民政府授权广西金融投资集团有限公司履行出资人职责，公司为广西金融投资集团有限公司下属子公司，目前注册资本15亿元，公司主要任务是支持广西各类中小企业和高新技术企业发展，解决符合担保条件的中小企业、高新技术企业融资难问题。公司实行企业化管理，按照市场化原则运行。

经营理念：信誉、创新、灵活、服务

公司宗旨：发挥担保的金融乘数作用，破解广西中小企业融资难题。

服务对象：符合国家产业政策和自治区有关规定的各类中小企业，成长性强、有较强市场竞争力的科技型、知识型、特色型的企业，符合有关条件的事业单位、其他组织和自然人。

公司担保面涉及轻工、化工、冶金、建材、医药、机械、电子、农业和商业等10多个行业，担保业务已覆盖全区14个地级市，曾大力支持过南宁市工业园、北海市工业园和桂林市工业园的发展，它已成为广西中小企业和高新技术企业融资的重要渠道。

广西中小企业信用担保公司地址：广西南宁市金浦路22号名都大厦5楼，邮编：530022，本部咨询电话：0771－5805897、3199681、3196805，本部传真：0771－5805849、4963358、4963470；E－mail：gxtrzdb@126.com。

广西中小企业网

中小企业网是《中华人民共和国中小企业促进法》颁布以后，国家建立的专门为中小企业提供信息服务的网络平台。中小企业网全国联网，国家有中国中小企业信息网（www.sme.gov.cn），各省、自治区有各自的中小企业网，部分市县也有中小企业网，目前中小企业网已经形成一个庞大的服务中小企业的信息服务体系。

广西中小企业网（www.smegx.gov.vn）是广西壮族自治区工业和信息化委员会服务中小企业的门户网站，2008年2月28日正式开通运营，开通至今，得到中小企业管理部门以及广大中小企业的好评。

主管单位：国家工业和信息化部中小企业司
广西壮族自治区工业和信息化委员会
广西壮族自治区中小企业局
承办单位：广西中小在线信息服务有限公司

广西中小企业信息网自开通成立以来，一直围绕全区中小企业开展信息服务工作，2010 年主要做的工作：

1. 西网网站改版，打造广西中小企业在线服务平台

2010 年，广西中小企业网不断充实网站内容，提高网站信息服务质量，对广西中小企业网的首页和部分栏目进行了适当的调整，改版后的首页在第一屏增加了服务中心版块，便于中小企业更直接方便的获取服务。另外，还开通了在线咨询功能，企业可以通过点击在线咨询窗口，随时与我们客服人员联系，咨询中小企业政策法规、ISO9000 等认证项目、企业管理项目、商标注册项目、免费建网站活动、信息化建设、民营系列中高级职称评定等各方面问题。我网积极跟踪报道广西工信委、中小企业局和中小企业服务体系举办的各项大型活动，每次活动都能迅速推出网上专题。先后主要推出专题的有：中小企业集合票据知识专题、第七届中博会专题、千家中小企业成长工程项目开竣工现场会专题等。截至 12 月 23 日，共发布中小企业信息资讯 23507 条，其中，2010 年新增 7890 条。Alexe 国内排名 84，427 位，网站访问比例 99. 7%，页面浏览比例 99. 3%，排名变化呈上升趋势。

2. 定期编写《广西中小企业简讯》，报道及时送到企业家手中

为进一步深化广西中小企业网网络信息平台作用，加强中小企业信息服务工作，实现网上和网下信息服务相结合，2009 年 4 月开始，《广西中小企业简讯》（创刊号）面世，这是一份主要面向全区中小企业和民营经济的“指导性、政策性、服务性、实用性”的高品位内部出版物。每月一期，免费赠送给全区中小企业交流。另外，《简讯》还配套制作了电子版，方便企业在网上查找及阅读。到 2011 年 11 月份，《广西中小企业简讯》已经出了 16 期，分别在广西工信委组织的各种中小企业活动中与中小企业互动，在第七届中博会上，广西代表团报道专题，还将参会企业简介做了汇编，赠送给国内外中小企业。全区广大企业和社会各界的都给予《简讯》很好的评价。

3. 新活动方式，深入开展“免费为 1000 家中小企业建网站活动”

2010 年，我网信息化服务中心把免费建站活动做了重新规划，在原来的基础上提出五项标准服务内容，即一是免费建站，所有的企业网站均标配“企业简介、产品展示、人才招聘、会员系统”等页面模块，不收取任何材料费；二是赠送二级域名及 10M 网站空间；三是免费为企业在广西中小企业网宣传平台展示，把企业网址提交百度免费收录，提交广西中小企业网址之家收录；四是帮助企业开展电子商务，提交企业产品信息至广西中小企业电子商务平台——广西商网（www. gxsell. com）；五是域名空间优惠注册服务：支付 295 元/年，为企业注册一级域名和开通 220M 空间。免费建站活动名额 1000 个，额满即止。企业网站建好以后，将由企业自己管理，会一直对企业免费开放。活动还将帮助企业把网站网址提交了百度免费搜索引擎，帮助企业提高百度被搜索到的几率。

4. 好中小企业生产经营运行监测分析工作

按照全国中小企业生产经营运行监测分析工作的部署，我网积极深入试点预警中小企业做好统计、监测分析工作，随时掌握企业在生产经营中存在的各种困难和问题，定期报送中小企业生产经营运行监测相关情况，并与日常统计工作结合，加强对中小企业运行监测预紧分析，及时发现、报告倾向性、苗头性问题，以及采取措施解决处理情况。

广西中小企业网主要应用（服务）平台：

· 广西中小企业网 www. smegx. gov. cn
· 防城港港口区中小企业网 www. smegk. gov. cn
· 桂林中小企业网 www. smegl. com. cn
· 广西中小企业网网络营销中心 net. smegx. com
· 广西中小企业网网址大全 abc. smegx. com
· 广西商网 www. gxsell. com.

海南省中小企业服务中心

一、简介

海南省中小企业服务中心（以下简称中心）是海南省政府为改善对中小企业的服务，带动社会服务资源共同构建的服务中小企业的公共服务平台，是海南省中小企业公共服务体系的核心机构，在海南省中小企业管理部门指导下，带领全省各类服务机构，为全省中小企业提供各类服务的综合服务中心。其性质为非企业的、非营利的、公益性的社团组织。中心实行理事会领导下的法人负责制。

二、中心基本架构

（一）中心理事会

中心理事会是中心的决策机构，负责中心法人任免、人事任免、项目管理、任务调配等重大事务的决策。

（二）内部机构设置

1. 综合服务部

负责综合协调、文秘、行政财务等综合事务；为中小企业提供专业人才培训，就业培训；完成省中小企业管理部门组织的各类博览会、展览会、研讨会等会议事务。

2. 发展规划部

负责中心及全省中小企业公共服务项目的管理和协调工作，统筹全省的专业服务机构，指导相关中小企业专业服务机构为各行业中小企业提供专业服务；协助省中小企业管理部门负责国家和省的相关资金项目组织申报工作；为中小企业提供创业指导。

3. 信息服务部

为全省中小企业提供法规、政策、信息服务，推进中小企业信息化，为中小企业提供法律咨询服务。承接中国中小企业信息网海南省业务。

4．融资服务部

帮助中小企业规范财务管理，指导中小企业融资和资本运作。

5．信用与担保服务部

为中小企业提供担保、小额贷款等各项融资服务，创新中小企业担保产品，指导企业开展信用建设。

三、基本职能

“中心”通过视频网络、平面媒体和网下具体服务三位一体的形式，提供各类涉及中小企业的政策和信息咨询服务；事务代理与创业辅导服务；人员培训与人才培育服务；质量检测、技术支持与信息化服务；管理诊断咨询服务；投融资、信用担保和信用服务；法律咨询服务；市场开拓服务等。具体包括：

（一）为全省中小企业提供法规、政策、信息服务；

（二）帮助中小企业申报各类资助项目；

（三）为中小企业提供融资服务，帮助企业解决融资难题，指导中小企业的资本运作；

（四）帮助中小企业进行规范的财务管理，指导中小企业申请免税、合理避税；

（五）为企业提供信息服务，指导企业信息化工作；

（六）为中小企业提供专业人才培训，创业培训；

（七）为中小企业提供创业服务；

（八）为中小企业提供专业质检服务；

（九）统筹全省的专业服务机构，指导相关中小企业专业服务机构为各行业中小企业提供专业服务；

（十）完成省中小企业管理部门委托的各类博览会、展览会、研讨会等会议事务。

联络地址：海口市国兴大道9号628室

电话：0898－65239272，传真：0898－65239272

网址：www. smehi. gov. cn

重庆市中小企业发展服务中心

重庆市中小企业发展服务中心（以下简称“中心”）是经重庆市编委批准成立的具有独立法人的经济实体。隶属于重庆市中小企业局，主要从事全市中小企业信息化建设与中介服务。中心成立多年以来在重庆市中小企业局和各级政府的支持下，坚持政企分开，自主经营、自负盈亏、自我发展。充分发挥联络、组织、协调三大功能，承担重庆市中小企业局及其它部门委托的为企业服务的事项。同时，根据企业的实际需要，按市场化运作的方式，为企业提供服务。

接受重庆市中小企业局和其他政府部门委托，履行以下职责：

1．技术服务。开展技术市场信息查询、信息发布、信息定制和网上在线专家技术咨询技术交流。建立企业与专家之间的沟通对接机制，组织专家服务团与企业技术难题诊断咨询活动。开展技术推广。培育面向中小企业的“技术孵化器”。

2．构建中小企业信息服务网络化体系。全力推进小企业信息服务网络工程建设，拓展服务功能，更好地为中小企业排忧解难。以建设“重庆中小企业网”为重点，实现全市各级中小企业管理部门互连，和国家中小企业管理部门政务系统互连，实现政务信息交流与共享。帮助企业建立网站，进而推动中小企业信息化，推动各区县建立分网站42个和个专业网站。建立中小企业信息化推进工作联盟，联盟成员可以由政府机构、IT供应商、软件开发单位、网络接入服务商和新闻媒体组成，共同以最低的价格和最优的服务为中小企业量身制作信息化解决方案。

3．融资咨询服务。为中小企业筹资的提供政策建议。为中小企业，特别是高科技型中小企业引进和开辟直接融资渠道，为中小企业技术创新，提供竞争创造条件。运用电子计算机网络，建立信用和信息记录档案体系，将中小企业的经营业绩、发展态势、实践成约、遵守诺言评价的原始信息记录在档，由有关部门设立系列信用评价标准条例，在此基础上，对中小企业开展信用度评价。

4．法律服务。整合律师事务所等各种法律资源，为企业维权提供服务，反映企业呼声，提供法律咨询。

5．市场服务。积极组织企业积极参加各种展会等经贸活动，为企业扩大外向度，充分利用国际国内两种资源、两个市场拓展发展空间提供服务。举办各种招商引资洽谈会。

6．创业服务。一是充分利用各种社会资源，组织创业辅导和创业培训；二是引导一批中介机构共同对创业者创办企业进行全程服务；三是组织协调把企业把闲置的厂房和设施改造成为创业辅导基地，为下岗职工再就业和农村富余劳动力转移拓宽新的就业领域

7．培训服务。采取多层次、多形式的培训方式，加快各类专业人才、经营管理人员培训，提高企业整体素质。

8．当好行政部门的助手，做好协调服务。协调与科研院所、大专院校等知识型，技术型部门的关系；协调与国内外各类企业之间的关系，例如技术交流，技术转让，内联外引项目和考察访问等；协调与市中小企业有关的民间团体，行业协会，中介服务机构关系；协调现有服务资源，提高服务效率。

搞好服务平台建设，为企业做好以下服务：

1．开展市中小企业发展专项资金、国家工信部服务体系建设资金、国家中小企业发展专项资金、机电产品技改贴息、乡镇企业发展专项资金、都市工业（楼宇）专项资金企业申报前期的考察、推荐和申报资料整理工作。

2．组织企业参加国内外投资贸易洽谈会及经济技术交流与合作。

3．组织开展专题培训；

4．负责组织中小企业参加各种展会；

5．开展有关政策法规、市场分析的专题调研；

6．建立中小企业项目储备库、科技成果库、人

才库、统计信息库和政策法规库；

7. 负责重庆市中小企业网的建设与维护；

8. 参与企业融资担保前期咨询服务工作；

9. 开展统计、人才、项目申报等内容的软件开发；

10. 其他委托服务。

联系地址：重庆市江北区红黄路9号帝豪丽都302室

联系电话：67515758

网址：www. smecq. gov. cn

四川省中小企业服务机构设置情况表（省级中小企业公共服务示范平台）

序号	单位名称	单位简介	联系方式	网址
1	四川省机械研究设计院	四川省机械研究设计院是四川省经信委直属单位，是四川省机械行业唯一的综合科研单位，经过近50余年的发展，现已成为集科研、工程设计、行业服务于一体的综合实力较强的科技型企业。其中机械密封、特种泵阀、电气控制、工程设计、燃气工程设计技术水平处于全国同行业前列，科研成果达400多项，年产值达4亿元，利税4000多万元，在全省省级科研单位、全国地方机械行业科研单位中名列前茅。目前，院在职职工550人，直接从事高新技术产品研究开发的科技人员占职工总人数的75%以上，享受政府津贴的专家25人，教授级高级工程师35人，组成了一支具有较强技术实力的科技人才队伍。院总体占地面积120亩，建筑面积约为6. 1万 m^2	028 -85925000	www. ccjys. com
2	四川省丝绸科学研究院	四川省丝绸科学研究院创建于1978年，前身为四川省丝绸工业研究所，2001年由事业型科研单位转制为国有科技型企业。是我国中西部地区唯一的省级茧丝绸综合性科研院所。注册资金1800万元。主要从事蚕桑、丝绸、纺织、印染、新型纤维、化工助剂、纺织机械等专业的基础研究、产品开发、成果推广应用、行业中介服务、国内外贸易等业务。是中国丝绸协会副会长、四川省丝绸协会会长、四川省纺织工程学会副理事长、丝绸分会理事长单位。现有职工106人，科技人员69人，其中享受国务院特殊津贴专家2人，四川省学术和技术带头人1人，教授级高工6人，副高级专业技术人员22人	028 -87681127	www. scsilk. com
3	四川省纺织科学研究院	四川省纺织科学研究院（原四川省纺织工业研究所）成立于1978年，按原主管单位的要求四川省纺织科学研究院、四川省纺织科技情报中心站（全额）与四川省纺织产品质量监督检验测试中心合并；形成目前的纺研院、情报站与检测中心都是独立法人，内部实行人、财、物合并，统一管理，即一套人马三块牌子。是国家首批“中小企业公共服务示范平台”、四川省“小巨人企业”、四川省高新技术企业和四川省建设创新型企业。四川省纺织科学研究院是四川省唯一的多学科综合性纺织研究开发机构，现拥有总资产5000多万元，生产、办公建筑面积6955. 8平方米。馆藏纺织类科技图书12000多册、期刊100余种。配备各类科研仪器、中试设备约200台（套），染整、纺织化工、针织、苎麻纺织、化学纤维等专业的新技术、新产品开发成果达到国内领先或国内先进水平。纺研院共有职工100余人，退休人员60多人。有3位享受国务院政府特殊津贴和省政府特殊津贴专家，5位教授级高工。3位教授级高工是国内、省内知名度较高的专家。四川省纺织科学研究院先后承担了国家科委、经信委、计委、原纺织部及省科委、经委、计委等各类科研项目90多项，在染整、纺织化工、针织、特种化纤、苎麻纺织、电子技术、特种动物毛纺织和无纺布等专业内，先后承担了国家、部、省、厅下达的85项科技开发项目，并自主开发新产品，取得了科研成果90个，其中获省、部级科技进步奖和国家级、省级新产品共16个：国家级新产品5个，国家科技进步二等奖1个，国家发明专利奖1个，省科技进步一等奖1个、省科技进步二等奖8个、三等奖18个、省级新产品二等奖10个，星火科技成果二等奖1个。其中，获部省级科技进步奖、星火计划奖和新产品奖共20余项，均达到国内领先水平，部分科研成果已达到国际先进水平；多项科研成果已转化为生产力，并荣获国家专利技术12（发明8）项、专利产品博览会金奖2项，为全省几十家企业进行了技术服务、成果转让和横向经济合作	028 -87789462	www. zgxntex. com

续表

序号	单位名称	单位简介	联系方式	网址
4	四川省食品发酵工业研究设计院	四川省食品发酵工业研究设计院始建于1942年，是我国食品发酵行业知名科研院所，“中国食品工业20大科研与教育机构”之一。本院主要从事食品、发酵、酶制剂、酿酒等领域的研究开发和工程设计。科技专业技术人员276人，其中享受政府津贴专家和教授级高级工程师18人，高级工程师56人，国家发改委注册咨询工程师6人，工程师89人。下设5个专业研究所、4个技术中心、3个科技型独资企业。科研、开发、设计、生产等条件先进配套，食品加工及发酵工程中试手段完备。本院具备国家发改委甲级工程咨询资质（工咨甲1031628002）和建设工程设计专业乙级资质（证书编号：A251004078），四川省清洁生产审核咨询服务机构	028－82762175	www. scaffi. com
5	四川省建材工业科学研究院	四川省建材工业科学研究院始建于1964年，拥有各类专业技术人员200余人，办公和试验用房8500平方米，建材试验基地20000平方米。我院下设建材新技术研究中心、节能建材工程技术研究中心、能源技术服务中心、建材设计公司、工程监理公司、装饰工程公司、新型建材厂和建材科技产业公司。主要业务涵盖：新型墙体材料、节能建材、化学建材和绿色建材新技术的研究和开发，建材科技成果的推广和应用，建材科技信息交流和建材技术培训，建材工业建设项目设计监理咨询，节能减排技术服务、企业能源审计及企业能源规划咨询服务	028－83337211	www. scjcy. com
6	四川省中小企业服务中心（四川省中小企业发展中心）	该中心是省级综合性服务机构，承担着为全省中小企业创新发展的服务工作。在岗职工16人，外聘顾问2人，全部具有大专及以上学历，省金融学会特聘专家1人。中心大量卓有成效的工作得到了原国家发改委中小企业司的认可，2005年把中心列为“国家中小企业重点服务机构”。在原国家发改委中小司和省经委的支持下，创建了“企业信用服务网”；建立了“企业信用评价体系”和“企业信用信息数据库”；开发了“企业财务管理等级评定系统”和“企业综合信用评价系统”；并创办了《诚信为赢》内刊；组织开展“国家中小企业银河培训工程”培训47期；并开展了各类中小企业法律援助活动。2011年被认定为国家首批“中小企业公共服务示范平台”	028－86262920	www. data. gov. cn
7	四川省企业联合会（四川省企业家协会）	四川省企业联合会成立于1981年。前身为四川省企业管理协会四川省企业家协会成立于1985年，两会合署办公，两块牌子，一套班子、非营利性社团法人机构。是四川省由企业及企业经营管理者、企业组织、理论研究领域的专家学者及新闻二作者联合组成的最大的社会经济组织之一。两会办事机构为秘书处、设秘书长1名、副秘书长若干名，内设8部2室、9个非法人资格的二级专业委员会，实行会员制组织结构和管理，有市、州、县（区）等区域性企联组织118个，全省性行业及集团企业协会组织49个，全省企业（团体）会员1668个，个人会员2158个，联系会员企业19886个	028－85185371	www. scec－scea. org
8	四川省电子产品监督检验所	四川省电子产品监督检验所成立于1975年，经四川省机构编制委员会办公室核准、登记，并颁发事业单位法人证书，是独立的法人机构。上级主管部门是四川经济和信息化委员会，经费是由四川省财政拨给。1997年2月四川省机构编制委员会批准增挂中国赛宝（四川）实验室牌子，是中国电子产品最大的检验集团——中国赛宝实验室的成员单位之一。1997年6月由四川省质量技术监督局授权增挂四川省电子产品质量监督检验站牌子，质量监督检验业务接受省技术监督局的领导，2006年3月四川省机构编制委员会同意增挂四川省信息系统工程测评中心牌子。现有检测人员45人，其中高级工程师15人，工程师22人，助理工程师7人	028－84853009	www. cepreisc. org
9	四川中小企业信息服务有限责任公司	四川中小企业信息服务有限责任公司于2004年年底成立，是四川省首批中小企业重点服务机构和中国中小企业网联盟常务理事单位。公司自成立以来，在工信部中小企业司和省中小企业局的指导下，坚持把对中小企业和非公经济的信息服务、推进中小企业信息化建设、搭建中小企业信息服务平台、有效组织各类中介机构为中小企业开展相关服务等作为公司主要工作来抓，始终以中国中小企业四川网为基础工作平台，以“省中小企业信息化联盟”为组织依托，以“中小企业信息化推进工程”为工作抓手，以“四位一体”即一个主体网站集群、一项推进工程、一个刊物、一条热线的方式推进中小企业信息服务和信息化建设。四川中小企业信息服务有限责任公司经过多年的发展，现有34名正式员工，90%具有大学本科以上学历	028－83228790	www. scsme. gov. cn

续表

序号	单位名称	单位简介	联系方式	网址
10	德阳产学研园区投资管理公司	德阳产学研园区投资管理公司背靠四川工程职业技术学院（全国首批国家示范性高职学院）在教学、科研和影响力方面的优势，拥有固定资产8000余万元，加工中心类设备12台、数控车类设备39台、电加工类设备9台，以及镗床、大型卧车等60余台普通机械加工设备和一大批焊接设备。现有职工130余人，其中高级技术职称8人、中级职称46人，中级技工、高级技工、技师及高级技师50余人。该单位设备配套齐全、技术力量雄厚，以“德阳市机械制造业技术研究中心”为技术创新、研发主体团队，并以两院院士、西南交通大学沈志云教授为代表的一批专家、教授作为技术后盾。主要为德阳市中小企业提供技术支持和生产协作服务，长期与东方汽轮机厂、东方电机厂、中国二重集团公司保持良好机械零件生产加工协作关系。2009年通过ISO9001：2008质量管理体系认证	0838－2654796	gongsi. scetc. net
11	成都敏捷制造技术有限公司	成都敏捷制造工程有限公司成立于1999年，是科技部认定的高新技术企业。公司长期以机械（模具）制造业为对象，以3R模具工艺基准定位系统技术和新型模具制造设备、技术推广应用为基础，以模具CAD/CAM软件、RP快速成型技术、测量系统集成研发应用为重点，促进模具制造技术在成都地区的普及和应用。目前已有企业注册用户1500余家，为制造业产业链的形成和发展提供一个资源信息技术共享平台	028－87078119	www. camagile. com
12	成都电焊机研究所	成焊所1965年从上海电器科学研究所内迁至成都后成立，是国内电焊机行业唯一的国家级研究所和行业技术归口所，除专业从事各类焊接设备的设计、研发和服务工作，同时还承担着我国电焊机行业标准编制与修订、质量检测、技术情报信息交流和管理等行业管理职能，并负责组织电焊机行业多个学会协会的工作、收集整理和分析焊接信息、编辑出版《电焊机》杂志及各类信息资料、组织举办焊接行业展览会、开展国际国内交流与合作等行业性工作。建所至今累计完成重大科研成果200多项，部分填补了国内空白，其中53项获部、省等级奖励，4项获国家专利，拥有国家级新产品16项，部省级新产品14项	028－83279942	www. cewmri. com
13	成都九正科技实业有限公司	成都九正科技实业有限公司，自2000年开始，建立和运营着面向企业间交易（B2B）的建材类专业电子商务平台——九正建材网（中国建材第一网），历经10年的发展，九正建材网（中国建材第一网）已成长为国内建材领域最具规模和影响的建材行业专业平台，公司现拥有260余人，其中从事电子商务服务和技术开发类员工约200余人，占比约为80%，截至2010年底，中国建材第一网服务企业和商家会员近50万家。网站产品数量超过100万，日页面浏览数为30万次以上，每天数据更新量上万条，每天求购信息近千条，每天商机（留言）上万条，做为建材类第三方电子商务平台，年交易额超40亿元，综合量化指标位居全国建材家居类行业网站前列	028－83357161	www. jc001. cn
14	成都天府软件有限公司	成都天府软件园有限公司（原天府软件园管理中心）成立于2009年2月，是成都高新投资集团有限公司的全资子公司。以国家软件基地（成都）公共技术支撑平台为依托，为创业人员和企业提供全面周到的软硬件服务。以支持地区产业发展为宗旨，同政府紧密合作，吸引国内外优秀企业入园，提供人员派遣、BOT、项目对接、行业信息收集分析等专业化外包解决方案，帮助客户实现可持续发展，为全球ITO/BPO产业在中国拓展业务提供服务	028－85335259	www. tianfusoftwar-epark. com
15	成都数字媒体产业化基地有限公司	成都数字媒体产业化基地有限公司是成都政府批准出资组建的具体负责国家数媒基地建设、为产业企业提供公共技术服务的专业化服务机构。成都数字媒体产业化基地有限公司目前有专业技术人员25名，占企业总人数的80%，其中，具有高级职称的5人，中级职称的20人，均具有丰富的理论知识和长期的实践经验，有较强的科研开发能力和创新能力，是一支锐意创新、极具实力的研发队伍。按照政府引导、市场运作的原则，建立面向以数字游戏、动画动漫企业为重点的数字媒体技术产业化服务体系，提供低成本公共服务，引导产业向专业化分工方向发展，形成完备的产业链形态。基地公司服务的数字媒体相关中小企业达80余家，大部分企业现已入驻成都高新区高新孵化园、天府软件园以及数字娱乐软件园等	028－85196022	www. cddmb. cn

续表

序号	单位名称	单位简介	联系方式	网址
16	成都高新区技术创新服务中心	创新中心成立于1996年11月，注册资本300万元，是成都高新区管委会下设的公益性科技事业服务机构，专门为科技型中小企业提供服务，促进成果转化，提高企业成活率，培育具有自主知识产权和核心竞争力的企业和企业家。工作人员31人，大专以上学历人员比例占90%，创新中心由起步区孵化园、西区孵化园、高新孵化园三个孵化基地组成，孵化场地6.5万平方米；在孵企业150家，累计毕业企业316家，累积为企业获取资金支持5.56亿元；培育了国腾、飞博创、颠峰、爱斯特、登巅微电子等一批拥有自主知识产权、具有核心竞争优势的成功高新技术企业，培育了一批懂技术、懂管理、善经营的优秀企业家	028－85336029	www. cdibi. org. cn
17	成都三方电气有限公司	成都三方电气有限公司于2002年12月正式注册成立，是国家高新技术企业、国家认可实验室（独立第三方实验室）、成都市中小企业公共服务平台，公司位于成都市龙潭工业区，占地面积28.5亩。主要从事产品电磁兼容性（EMC）测试；电焊机、电磁线及电动机等电工产品的检测及检测技术研究；电工产品的专用检测设备制造和仪器仪表校准。公司技术力量雄厚，现有员工38人，其中高、中级技术人员19人，大专以上学历人员29人。公司发扬“求实、进取、高效、诚信、竞争”的企业精神，坚持“质量第一、用户至上”的经营方针，提倡民主与法制，加强科技化管理，充分调动全体员工的工作积极性，不断增强市场竞争力和企业凝聚力。公司具有完备的设施设备基础，2010年6月经过中国合格评定国家认可委员会（CNAS）的监督和扩项评审，已具备电工电子产品测试能力44项，计量校准能力50项。2011年被认定为国家首批“中小企业公共服务示范平台”	028－84216680	www. cdsfe. com
18	成都西部鞋都公司	四川西部鞋都产业运营有限公司与中国女鞋之都产业运营中心是“两块牌子、一班人马”，是对四川鞋业产业进行市场化运营的专业机构。运营公司是四川鞋业产业中小企业公共服务示范平台建设的项目承担单位，本公司成立于2005年12月，是全国首家成立的鞋业产业专业系统服务商。自成立以来，公司始终坚持以“服务政府、服务鞋企、服务产业”为宗旨，全力做好我省鞋业产业的“脑中心”、“服务器”和“孵化器”	028－85012266	无
19	泸州市工业技工学校	泸州市中小企业服务中心（泸州市工业技工学校）是市属全额拨款事业单位，前身系1958年创立的泸州市工业学校，1979年成立泸州市工业技工学校，是泸州地区唯一一所培养第二产业所需中、高级技术工人为主的省属重点技工学校。学校占地面积4636平方米，建筑面积12000平方米，现有在职教师39名，其中高级讲师7名，讲师16名，初级3名，已经获得大专或取得中级职称教师32名。学校有完备的文化理论教学设施、图书馆；有车工、数控车工、钳工、电工实习车间；有一流的微机室和电子电工成套实验设备，多功能家电综合实验设备；有特种作业（井下电钳、通风、爆破、瓦检、绞车、监测监控、安检等）实验室	0830－3158498	www. lzgyjx. cn
20	泸州酒业集中发展区有限公司	泸州酒业集中发展区有限公司于2006年初成立，注册资本为2.3亿元人民币，是泸州老窖集团有限责任公司全资子公司，是对泸州酒业集中发展区实行公司化运作的独立法人。发展区公司充分发挥其在品牌、质量、管理、技术等方面的突出优势，在泸州全力打造一个以白酒生产加工为枢纽、连接上下游产业的“中国白酒专业加工配套产业集群”，即泸州酒业集中发展区。作为泸州酒业集中发展区综合管理与服务的业主，发展区公司负责全面打造和推广泸州酒业集中发展区，总规划用地7500亩，投资额逾70亿元，按照供应链管理模式构建基础酒储存区、灌装生产区、包装材料供应区、仓储物流区、白酒酿造区五大主题园区，年产值和服务性收入150亿元以上	0830－3652160	www. ljfzq. com
21	四川中物技术有限责任公司	2009年，中物院将原环保工程研究中心与技术转移中心整合成立四川中物科技集团有限公司（简称中物科技集团），中物技术注册资金已扩大到5000万元，总资产规模达到了1.2亿余元，职工30余人。主要业务涉及创新服务和创业服务两大部分。截至目前，中物技术转化院内技术成果200余项，实现中国工程物理研究院与被服务企业有效对接1200余次，并于2008年，被科技部授予“首批国家技术转移示范机构”；在科技孵化领域，中物技术现有孵化场地近20000 m^2，在孵企业70余家，在孵项目20余项，累计毕业企业16家、孵化军转民项目30余项，形成了技术孵化——项目孵化——企业孵化——产业孵化的创新孵化价值链，并于2009年，被科技部认定为“国家高新技术创业服务中心”。因为在技术服务领域的突出表现，公司还先后获得高新技术企业、火炬计划实施二十周年先进服务机构等资质和称号	0816－2545123	www. caep－tech. com

续表

序号	单位名称	单位简介	联系方式	网址
22	遂宁市创新工业园企业及招商投资服务中心	遂宁市创新工业园管理委员会企业及招商投资服务中心自2008年成立以来，一直致力于中小企业的信息、办证、培训、融资、市场开拓、咨询等服务，中心属于事业性质单位，现有资产总额400万元，服务场地达540平方米，现有工作人员19人，其中设正副主任各一名，研究生1人，大学本科4人，专科10人，中专5人。中心自成立以来，实行项目秘书制和一站式办结制，为园区200多家企业开展了各类服务，企业发展后劲倍增，自主创新能力不断增强，受到了企业的好评	0825－2627016	www.sncxgyy.gov.cn
23	南充市丝绸（进出口）有限公司	公司为茧丝绸、贸工农一体化的集团公司，其综合实力和发展潜力名列四川省丝绸行业前茅，是著名的丝绸之城——南充市丝绸行业的贸易龙头企业。公司集聚了一大批高素质管理、技术人才，建成了一支诚信待人、好学上进、勤奋自勉的优秀团队，通过几十年如一日的不懈努力，铸造了蜚声海内外的著名品牌——“南充丝绸”，使南充发展成为全国四大蚕茧、丝绸生产出口基地之一	0817－2806446	www.ncsilk.com
24	达州市高级技工学校	达州市高级技工学校创建于1979年，隶属于达州市人力资源和社会保障局，是川东唯一的一所高级技工学校。学校现有教职工107人，占地面积27013.5m^2，建筑面积10729m^2。曾先后获省级表彰10多次，市级表彰25次，特别是近几年来学校投入资金近千万元，先后建设了综合家电、制冷（热）、汽车电器、焊工、钳工、饭店服务、通讯、家电、电子、机械原理、电力拖动与自动化等30个实习（训）室；一个集数控车床、数控铣床、普通车床、普通铣床、钻床、磨床、冲压床、数控编程实训室等为一体的机械类实训中心；一个拥有近三十辆各型教练车的驾校。校内实习（训）设备可同时满足近2000名学员操作训练	0818－2387519	www.scdzjx.com
25	巴中市巴州区中小企业服务中心	巴中市巴州区中小企业服务中心是于2008年4月在原巴中市巴州区乡镇企业培训中心基础上，以巴山职业技术学校为依托组建的服务机构，中心现有办公场地800余平方米，办公及培训设施齐备，拥有实验室、多媒体教室、图书资料室、远程教育网等教学资源。现有职工15人，中级专业技术职称10人。自组建以来，为全区300多家中小企业提供了创业辅导、技术培训、市场开拓、信息服务等各种需求的服务	0827－2632491	无
26	四川雅安工业园区管理委员会	该机构成立于2008年，集办证服务、孵化、信息、质监、安全、环保、物流、节能减排等功能于一体，占地面积约10000万平方米，从业人数38人，其中大专以上32人，中级及以上技术职称3人。主要为园区内中小企业提供各类适应性短期培训、就业和信息服务、办证办照服务等。截至目前，已开展各类服务超过6000户（人/次）	0835－8607930	www.yagyyq.com

贵州省中小企业服务中心

贵州省中小企业服务中心是为中小企业提供各类服务的社会性、综合性的中介服务机构，指导单位是贵州省中小企业局。贵州省中小企业服务中心是政府与中小企业之间的桥梁与纽带，是配合政府落实中小企业扶持政策的有利助手，同时也是中小企业服务体系的重要组成部分。贵州省中小企业服务中心下设综合部、市场部、培训部、信息部四个服务部门，紧紧抓住服务中小企业这个宗旨，不断提高服务质量、积极为企业排忧解难，为中小企业在资金、人才、市场、信息、技术、管理等方面提供各类相关的服务项目。贵州省中小企业服务中心将紧紧围绕国家发改委中小企业司的宏观政策，积极配合贵州省经信委为贵州中小企业所做的各项工作，不断地拓展服务内容，推出更多的服务项目。为中小企业服务、助力中小企业发展是贵州省中小企业服务中心的经营理念。

服务中心网站：service.smegz.gov.cn

服务中心负责人：刘川　联系人：景蓉蓉

联系电话：0851－5807491

贵州省遵义市生产力促进中心

遵义市生产力促进中心是由遵义市政府举办的级市综合型科技服务机构，定位为公益型、非盈利性科技服务机构，主要开展为中小企业提供创业辅导、信息技术咨询、技术支撑、人才引进、孵化培育、交流培训等服务。中心位于遵义市上海路，资产1259.18万元，有办公及信息网络设备189台（套）。中心设办公室、信息中心、企业创新与融资服务部、对外交流与培训服务部和企业策划服务部5个部门。投资建有遵义科技风险投资有限公司和遵义博信科技咨询服务有限公司两个分支机构。建有遵义科技资源信息平台、遵义市中小企业公共服务平台以及遵义钛产业科技服务平台和贵州竹木技术公共服务平台两个专业子平台。中心现有在编员工16人，具有大专以上学历15人，其中高中级职称人员8人。2007年12月通过质量管理体系认证，2008年5月被科技部认定为国家级示范生产力促进中心，2009年获首届中国产学研合作促进奖。

中心主任：何强

地址：贵州省遵义市上海路凤凰花苑B栋1楼

邮政编码：563002

电话：0852－8928000　传真：0852－8928000

网址：www. zyppc. org

贵州省黔西南州中小企业服务中心

黔西南州中小企业服务中心成立于2007年11月，注册地位于兴义市遵义路预师炮团608室，法人代表：贺世刚。性质是从事非营利性社会服务活动的社会组织，业务主管单位是黔西南州工业和信息化委员会。

黔西南州中小企业服务中心主要全州中小企业、非公有制企业开展教育培训、信息咨询、市场开拓、法律政策、会计统计、创业辅导、代理代办、资料编撰、就业、技术、企业策划咨询、信用等公共服务。服务中心不断完善服务理念和方式，积极维护中小企业的合法权益，为黔西南州中小企业生产经营的规范做了大量的工作。

联系地址：贵州省兴义市遵义路预备师炮团内608室

联系电话：0859－3222271

电子邮箱：zzxqyj@163. com

邮　　编：562400

贵州匠心多彩文化产业有限公司

贵州匠心多彩文化产业有限公司从事于咨询策划与培训、品牌建立、创意研发、信息交流、宣传推广等专业性服务公司，是一个致力于服务全省旅游商品创业者、中小企业的全面价值服务提供商。目前，贵州匠心多彩文化产业有限公司建设的贵州旅游商品产业综合服务平台由“贵州省旅游商品创意研发与配套加工服务平台”、“贵州旅游商品营销采购中心”和“贵州旅游商品两赛一会体验中心”组成，成为首批国家中小企业公共服务示范平台。平台已研发与改良产品包装100套，服务能工巧匠人、中小企业（含作坊）761家，共展示旅游商品产品近49000件，实现省内接待人数61100多人次。

服务热线：400 6555 717

联系电话、传真：0851－5404348

地址：贵阳市中华南路50号、钻石广场B栋16层

体验馆地址：贵阳龙洞堡机场旁210国道甘庄

负责人：漆云庆

联系人：罗龙 联系电话：15180862166

E－mail：rolon94185@163. com

甘肃省轻工研究院

甘肃省轻工研究院始建于1959年（原甘肃省轻工业科学研究所），是以农副产品深加工新产品、新工艺、新技术的科研开发和为行业服务为主应用开发研究单位。建院50年来一直面向我省农产品加工中小企业的需求开展科研、技术服务、技术咨询、检验检测人才培训等服务工作。是甘肃省重点科研院所。近年来，该院根据本单位的实际情况和我省农产品加工中小企业发展的需要，坚持走面向市场、面向众多的中小企业技术需求，努力加强基础设施建设、加大设备仪器更新的力度、加快人才培养、科研实力明显增强，创新和创业能力明显增强，为我省农产品的深加工提供了多项优质、全方位的科技创新服务，取得了一定的成效。2007年被甘肃省中小企业局批准为中小企业服务平台，也是甘肃省中小企业专家顾问团团长单位。由于我们为全省的中小企业发展做出了突出贡献。

该院有在职职工86人，其中正高级工程师1人，高级工程师18人，中级职称20，初级职称15人；大中专以上学历的技术人员的比例在60%以上。注册咨询工程师10人，国家清洁生产审核师5人，省级学科带头人1人，入选省级科技专家、工程咨询专家委员会成员6人，入选甘肃省领军人才2人。具有国家轻工（化工、医药）等甲级工程咨询资质，主导工艺乙级设计资质，清洁生产审核资质；省技术监督授权轻工产品检验站设在院内。现有食品研究室、发酵研究室、天然产物提取分离中心、化验室、工艺设计室等研究室，拥有10000m^2的办公实验楼及中试、生产车间。固定资产1000多万元，有先进的超临界CO_2萃取设备、分子蒸馏设备、真空冻干设备、多功能发酵罐、亚临界萃取设备、生化培养箱、原子吸收、气相色谱等科研仪器设备、检测仪器和中试设备300多台套。针对我省不同地区的农副产品资源状况，开发了大量的具有地方特色的产品，先后取得了省级以上的科技成果300多项，近年重点进行了啤酒花深加工技术的研究、啤酒麦芽生产新技术的研究、油橄榄深加工技术的研究，当归等中药材和天然产物的提取得研究等多项成果在全省中小企业推广应用。

该院一直致力于开发全省农业特色资源和优势资源的新产品、新技术，对我省农副产品资源及加工状况十分熟悉。近年来进行了技术开发和产业化咨询、工程设计工作，在技术上支持了几百家企业，为他们开发新产品、推广新技术，带动了企业技术进步，培育了一大批如西部农业、西域阳光、祁连生物、玉门拓璞公司、聚馨麦芽、广源制麦、武威

全圣、临泽柠檬酸、庆阳润慷、平凉新世纪、武威皇台、张掖丝路春、陇南祥宇、陇南世博林、凉州熏醋等一批具有带动作用的龙头企业和骨干企业，为当地的农业产业调整，增加就业做出了一定的贡献，目前服务的企业有150家以上。通过我们各种形式的服务。该院是甘肃省转制科研院所，除了按科技体制改革政策保留了部分科技补贴经费外，我院收入的60%以上来自于为中小企业的服务。

地　　址：甘肃省兰州市金昌南路101号
邮政编码：730000
电　　话：0931－8126518
传　　真：0931－8124557
单位网址：Yzhao6827@ sohu. com

甘肃省建材科研设计院

甘肃省建材科研设计院是省级重点科研院所，也是西北地区建材行业综合性最为完善的技术研发机构及测试中心。现持有建材工程咨询甲级、工程设计甲级、工程检测甲级、工程施工图审查甲级、工程监理甲级等11个专业资质证书。拥有4个研究设计所、4个控股科技公司、1个新型墙材中试基地，甘肃省建材产品质量监督检验站设在本院，并通过国家实验室认证和ISO9001质量体系认证。

现有在岗职工约126人，其中正高级职称4人，副高级职称23人，中级职称49人，硕士6人。拥有甘肃省领军人才2人，各类执业资格注册人员50人，省建设科技专家委员会委员、省工程咨询专家委员会委员、省工商领域固定资产投资项目评标专家等16人。是甘肃、青海、宁夏、新疆、西藏、内蒙等西部省区建材行业高层次专业技术人员最为集中的研究测试机构。

建院三十年来，共完成建材行业科研、设计、咨询、监理等项目数百项，获省科技进步奖、省优秀工程设计奖50余项。在新型建材领域独立开发新产品60多项，获国家重点推广、国家科技创新基金支持项目10项。现持有17项国家专利，其中发明专利5项，实用新型专利12项。

主要业务范围涉及建材行业的产品研究开发与试验检测、建材产品质量监督检验、建设工程材料试验、建材工程设计、工程咨询、项目代建、工程监理、技术及产业化推广、生产与配套设备研制、技能培训等多个方面。

2009年该院被认定为省级中小企业公共技术服务平台后，积极按照平台建设的建设思路、原则和目标要求，为各企业开展各种技术服务。已经为中小企业提供了大量的咨询报告、企业发展规划、产品技术报告、产品检测报告、设计文件等技术服务，研发并推广了一系列的新产品新技术，为行业培养了专业技术人员，为企业更好地发展做出了积极的努力，也取得了较好的业绩。主要有：

1. 完成建材行业新产品项目研发10项，技术推广项目5项，获得授权专利2项。

2. 完成191种1500多项的建材产品质量检验及检测。

3. 完成了建材产品生产许可证、产品认证等政府及行业授权的监督检验任务。

4. 完成建材行业工程咨询及设计项目78项、为企业争取到项目补助资金5000余万元。

5. 完成了全省建材中小企业的工程监理项目12项。

6. 完成建材行业技术人员培训等300人次。

7. 参与了多项建材行业节能减排和资源综合利用项目的评审论证。

8. 为甘肃省200多家中小企业提供了产品检测、信息服务、技术咨询、技术推广、人员培训、研发设计。

9. 参与了甘肃省大型科学仪器协作共用平台的建设工作，积极配合、提供了建材领域仪器设备资源的共建、协作和共享工作。

通过以上工作，进一步提升了我省中小企业的创新能力和自我持续发展的能力，保证了企业的产品质量，为中小企业争取到了后续发展的项目和补助资金，增强了竞争能力；同时也提供了行业间的技术交流和学习平台，提高了企业的整体技术水平。

地　　址：兰州市城关区段家滩路1372号
邮政编码：730020
电　　话：0931－4686188
传　　真：0931－4680740
单位网址：www. gsjcy. com. cn

甘肃省科学院生物工程研究所

2009年，该院上联科研院所、大专院校，下联各类中小企业开展了形式多样的平台服务，全年共为包括企业、科研院所在内的各类单位提供微生物菌种资源120余份（次），提供成果技术服务40余家（次），派出科研人员30余人次，累计服务数量超过100家，取得了较好的平台服务效益和社会效益。具体服务效果如下所述：（1）为甘肃省环境科学设计研究院、昆明能微生物制品公司、甘肃奇正藏药股份公司等40余家企业提供过菌种资源分离、筛选、鉴定和复壮技术服务。（2）积极开展平台科技人员派出服务，加强与企业间的项目合作，使得平台的过程工程服务范围更广，层次更深，在企业服务过程中共申请发明专利2项，共开展过程工程技术开发类项目16项，其中获得国家科技部科技人员服务专项行动资助2项，完成了兰州帝王生物肥料有限公司微生态马铃薯蛋白饲料项目的菌剂制备和应用项目；开展了提高麦芽生产过程中发芽率及其发酵工艺优化项目；进行微生物菌剂处理废水的中试项目等研究项目。（3）工程咨询及工艺设计项目，2009年共为甘肃昆仑、甘肃圣大方舟、银川三利、山西源源源等在内的20余家企业提供了工艺设计、项目设计、企业技术中心建设等工程咨询技术服务。（4）平台项目组人才队伍建设进一步加强，年内共为甘肃临泽雪晶生化公司培训微生物菌种筛选技术人员6人次，为甘肃昆仑生化有限公司培训技术人员10人次，同时平台课题组新增博士研究生1名，硕士研究生2名，晋升研究员1名。

地　　址：兰州市定西南路197号
邮政编码：730000
电　　话：0931－8613554
传　　真：0931－8613554
单位网址：www. gsmsc. cn

甘肃省天水现代人才培训中心

天水现代人才培训基地成立于2004年6月，具有独立的法人资格。是一个以市场需求为导向，以企业管理、市场营销为主的民营性质的综合性教育培训机构。主要承担教育培训，信息咨询和策划等工作。培训基地注册资金30万元，有专、兼职教师21人，能满足企业人力资源管理师、企业信息管理师、营销师、秘书、物业管理师、项目管理师、理财规划师、物流师、公关员等九个国家职业资格全国统一鉴定科目的培训需求。

培训基地下设4个处室：

招生处：负责基地整个的招生工作，包括职业资格认证、公开课、大学生创业、就业课的招生工作等。

培训处：负责国家职业资格考试培训，大学生创业、就业培训，下岗工人二次创业、就业培训，农民工的技能培训，复转军人创业培训，刑满释放人员创业、就业培训，服务行业职业技能培训等。

咨询策划处：负责企业调研，为企业咨询策划做好前期调研、诊断，与国内知名咨询机构进行合作沟通，为企业提供先进科学的咨询报告及改进实施方案。

财务处：负责基地所有来往账务核算、报表申报、收费等工作。

培训基地经营业绩：

1. 自2005年被甘肃省劳动和社会保障厅批准为国家职业资格全国统一鉴定机构以来，已成功举办了9次鉴定考试，先后有700多人取得了国家职业资格证书，其中300多人取得了国家二级资格证书，学员来自各个行业，遍及全市两区五县。

2. 培训基地拥有全国著名的专家团队，先后组织各种大型公开课30场次，累计为我市及周边地区的数百家中小企业的近万余人次提供教育培训，内容涉及生产、营销、质量、企业文化、团队建设、财务管理等方面。承担了政府无力承担的企业高层培训，为天水的社会发展及经济建设做出了积极贡献。

3. 2007年6月在第三届中国企业教育百强评选活动中，被评为全国“先进单位百强”荣誉称号；2008年12月被甘肃省中小企业局认定为“甘肃省中小企业教育培训基地”；2009年4月被第8届中国培训论坛授予“中国培训企业优秀表现奖”称号。

地　　址：天水市岷山路60号
邮政编码：741000
电　　话：0938－3665444
传　　真：0938－8381910
单位网址：ts1910@126. com

青海省中小企业技术创新服务中心

青海省中小企业技术创新服务中心是2006年根据国家《关于培育中小企业社会化服务体系若干问题的建议》及青海省《关于鼓励支持和引导个体私营等非公有制经济发展的若干政策和措施》文件精神，经省经济委员会（2005）409号文件批准，结合西宁市企业技术创新服务中心（2001年经西宁市经济委员会批准成立）多年的服务经验的基础上，为拓展服务内容及区域，以股份合作制形式而登记注册的由政府指导、完全市场化运作的中小企业综合服务机构。中心拥有工程咨询丙级资质，设有外部专家顾问委员会，有50余名省内外科研、院校、企业的专家加入了平台服务。中心与北京中咨海外咨询有限公司、青海省农科院、青海省化工研究院、青海省科技情报所、清华大学继续教育学院建立了合作伙伴关系。

中心现有专业服务团队22人，其中：副研2人、高工2人、工程师5人、助理工程师及技术员7人、注册咨询工程师4人、会计师1人，大专及以上人员比例为95%。中心中心营业面积360平方米，各类办公设施齐全：包括PC、独立服务器、培训服务及信息服务所需的各类硬件设备及配套软件等。

中心以全省各行各业、各种经济成分的中小企业为服务对象，以“全面贯彻《中华人民共和国中小企业促进法》，依靠科技进步，立足西宁，面向全省，想企业所想，急企业所急，服务企业之所需”为服务宗旨，广泛开展政策指导、企业管理咨询、创业指导、企业诊断、信息服务、工程项目咨询、技术开发与新技术推广、企业培训、以及市场分析和为企业代办国际贸易等多种服务。以“自主经营、自负盈亏、自我约束、自我发展”的灵活经营机制，不断学习和借鉴兄弟省市创办技术服务中心的成功经验，有效的丰富了构建服务体系的内涵。本着充分利用各大专院校、科研院所丰富的科技资源，为本省各种经济成份中小企业的创立和发展提供多层次、多渠道、多功能、全方位服务为目的，为加快我省中小企业的快速发展做出了努力。

中心主要开展的中小企业服务工作如下：

一、在项目咨询及工业设计服务方面

1. 中心于2002年获得国家“工程项目咨询丙级”资质。近年来，中心在项目咨询方面先后为中小企业完成了咨询服务及工业设计近300项。

2. 为企业申报资金编写资金申请报告。

3. 受政府有关部门的委托，先后编写了《青海省石膏资源开发调研报告》、《西宁市工业发展及产业布局规划》、《西宁地区发展铝加工调研报告》、《青海省中小企业公共服务平台及创业服务平台建议项目工作方案》、《海晏县红河湾生态工业经济集中发展区总体规划》、《湟源县大华工业园区中小企业创业园基地建设项目》、《海北州海晏工业园区总体规划》、《青海省中小企业及非公经济“十二五”发展规划》、《青海宝玉石产业"十二五"发产规划》、《培育壮大特色优势产业、加快新型工业化进程研究报告》、《西宁节能降耗问题研究》、《湟源县大华工业园区产业布局》等多个政府规划的咨询及编制工作。

这些工作的完成，为我省中小企业的技术改造和技术创新工作的开展，技术进步项目的实施以及政府部门进行发展规划战略的制定等方面发挥了重要的作用。

二、在中小企业培训方面

中心承担了"青海省中小企业培训基地建设项目"，目前已建成了一个150平米的集中培训教室和一个80平米的多媒体培训教室，并购置了相应的培训器材，可以长期面向省内中小企业开展包括技术培训在内的企业中小型培训服务，单次培训人数可达到150人。

1. 承办"国家中小企业银河培训工程"。中心主要以中小企业集聚区域的西宁市东川工业园、生物产业园、甘河滩工业园、海西州盐化企业、昆仑经济开发区，海北州及海东地区为重点，中心连续7年承办了政府培训项目以外，积极开展了包括技术培训在内的各种培训工作，同时还引入社会资金开展各项中小企业培训和免费内训等工作。七年来，已累计培训了2100多家，近6500人（次）的中小企业管理和技术人员。良好的培训工作为我省中小企业的快速、健康发展发挥了积极有效的推动作用，产生了良好的社会影响和企业效益。

2. 充分引进社会资金，承办"全国百万中小企业信息化培训"等多项免费培训。2007年以来，中心先后与国家项目管理中心、中国移动青海公司、IBM、中国电信青海公司、中国网通、青海邮政公司、金碟软件西宁分公司、中国电子商务中心青海代表处等机构合作，广泛开展了多项企业电子商务及信息化免费培训、"全省电子商务产品应用及网站维护与管理"培训、"中小企业走进奥运——中国网通宽带商务百城巡展"活动、"邮政服务中小企业工作推进会"、"百万中小企业信息化体验计划"落地专项活动暨全省中小企业信息化巡回培训等工作，培训人数达2021人。

3. 积极开展企业内训工作。为全面提高中小企业整体素质做出了努力，为进一步全面提升中小企业管理水平和整体素质发挥更大作用。

4. 开展企业外出培训、参加会展等服务。切实帮助企业走出去、引进来，开拓国内外市场，为省内中小企业与国际国内中小企业交流与合作提供了重要平台。

三、在中小企业技术服务方面

完善各项管理制度，采取灵活、互动、多样的管理办法，进一步提高了中心的整体素质，逐步实现了技术服务的创新。中心的技术服务开始于2004年，并于2007承担建设了"西宁市中小企业公共技术服务平台"项目，利用中心专家库的强大优势，热情接待企业及其他部门的技术咨询和技术指导，为中小企业解决生产中的技术问题，并进行企业所需的技术引进和推广工作。低了企业经营成本，提升了企业的产量和产品质量，而且也为我省中小企业"以管理抓效益、以技术促发展"做出了自己的一份努力，产生了良好的经济效益和社会效益，受到了政府有关部门和中小企业的好评。

四、在信息服务方面

2002年12月，为了更有效地为中小企业提供科技信息服务，以信息化带动工业化发展，中心结合西宁市"十五"企业技术创新工程的主要目标，在政府的大力支持下，开通了"中国技术创新网西宁信息网信息平台"。2006年3月，由中心承担并组织实施的经青海省发展和改革委员会、青海省经济委员会批准立项、国家发展和改革委员会发改办企业（2004）1465号文件批准的《中国中小企业青海网建设项目》顺利完成并正式由徐福顺副省长点击开通。该网站作为青海省中小企业提供一个信息服务的综合信息平台，每年免费为企业做宣传并发布技术信息近万条，积极配合总站及政府有关部门开展了"中博会"、"青洽会"、"青海省中小企业建国60周年成果展"、"环湖赛"、"国际藏毯博览会"及"中国国际清真食品博览会"等相关活动的连接、文件发布和相关报导。充分依托互连网强大而高科技的信息服务载体，为中小企业提供了丰富、畅通、快捷的信息服务：中心以"中国中小企业青海网"和"中国技术创新西宁信息网"这两个信息平台优势为基础，先后开发了青海省中小企业发展专项资金申报系统、企业网上产品展示系统、中小企业金融服务平台、中小企业网址导航、企业邮件系统、青海中小企业办事指南、青海中小企业网络展示系统、青海省重点中小企业生产运行监测系统，并购置应用了中小企业人才招聘系统、农产品加工预警系统等。在对广大中小企业提供信息服务以外，实现了培训、信用、招商、融资、创业、项目申报、技术创新、科技推广与转让及人才招聘等服务的信息化。

五、中心近年来所获得的荣誉

西宁市企业技术创新服务中心在运营中，发挥民营企业的灵活管理机制，力求工作中服务有所获、创新有所得，所开展的各项工作得到了政府与本省中小企业的充分肯定。中心先后被有关部门认定为"西宁市民营科技型企业"、"青海省科技型企业"、"全国促进中小企业创新发展成绩显著中介机构"、中国技术市场协会"第二届中国技术市场协会金桥奖"；2008—2009年，中国中小企业青海网连续被总站授于"新闻工作进步奖"；中心编制的项目可研多次获"全国优秀工程咨询成果三等奖"、"青海省优秀工程咨询成果一、二、三等奖"等荣誉称号；2010年获得了中国中小企业协会和中国企业创新成果案例审定委员会分发的"中国中小企业创新服务先进单位"荣誉称号；2011年3月，中心被工信部认定为全国首批99家"国家中小企业公共服务示范平台"之一。

地址：青海省西宁市胜利路53号
电话：0971－6164238
网址：www. smeqh. gov. cn
E－mail：webmaster@ ctixin. com

宁夏中小企业服务中心

宁夏回族自治区中小企业服务中心是自治区经信委直属具有独立法人资格的全额拨款事业单位，2010年5月被自治区经信委认定为自治区第一批中小企业公共服务平台（宁经信中小发［2010］278号），2010年7月经自治区编办正式批复成立自治区中小企业服务中心（宁编办发［2010］114号），实行“两个机构、一套人马”合署办公的运行方式。

中心始终以服务自治区中小企业为已任，面向全区中小企业长期开展人才培训、政策宣贯和管理咨询等服务，近年来，积极拓展提供信息咨询、法律服务、技术支持、节能监察监测技术服务、投资融资、创业服务、展览展示等服务功能，是我区集中方便解决中小企业共性需求、反映诉求、获取信息、学习交流、提升素质、享受公益性或非盈利性服务的主要渠道和场所。在各级领导的关心支持下，通过不懈的努力，目前初步搭建起了我区中小企业综合服务平台，该平台是我区工业领域、中小企业服务体系中具有广泛影响和突出代表性的中小企业服务机构。

中心专业服务中小企业的业务资质主要有：1997年1月，被原国家经贸委确定为承担企业领导人员工商管理培训中心；2001年11月，被原国家经贸委审定为工商管理培训资格院校；2002年2月，被自治区人事厅确定为自治区公务员、专业技术人员继续教育培训基地；2003年12月，被自治区人事厅批准为自治区经济管理干部培训教育基地；2004年，被自治区党委组织部确定为承担我区企业经营管理人员培训的定点院校；2005年10月，自治区安监局授予安全生产培训资格；2006年1月，被国家安监局化学品登记中心认定为自治区危险化学品登记办公室；2007年11月，被自治区安监局认定为自治区危险化学品从业单位安全标准化考核机构；2008年8月，发起成立了由自治区经信委作为业务主管单位的“宁夏企业和企业家联合会”；2010年，自治区安监局授予职业健康安全培训资格；2011年，国家工信部确定为首批国家中小企业公共服务示范平台。

结合宁夏中小企业公共服务体系实际情况，自治区经信委择优选择宁夏中小企业服务中心作为省级服务平台，联合国家中小企业信息网宁夏分网共同建设宁夏中小企业服务平台网络，并签订了相关委托协议。

地址：宁夏银川市西夏区学院西路296号
邮编：750021
电话：（0951）7888905
传真：（0951）7888912
电子信箱：njgpzhx @126. com

大连市中小企业服务中心

1. 服务中心宗旨是：创建服务平台，发展中小企业。基本职能为：落实政府扶持中小企业和民营经济健康快速发展，营造政府支持中介、中介服务企业的良好发展环境。

2. 服务中心共设立5个部门，分别为培训部、信息部、协调部、投诉部及综合部。

3. 职能：为全市中小、民营企业在创业辅导、人才培训、网络信息、信用评级、管理咨询、产权交易、融资担保、法律服务、市场开拓、技术创新等方面提供十大平台服务。

厦门市中小企业服务中心

厦门市中小企业服务中心是经厦门市编委批准设立，隶属于厦门市经济发展局，在市民营办、中小办的指导下，致力于为中小企业发展提供各类服务的全民事业单位。中心以社会性、公益性、服务性为基本准则，以为中小企业提供公平、公正、公开的规范化服务为宗旨，推进中小企业技术进步，转换经营机制，提高企业经济效益。

主要任务

1. 参与制定中小企业服务体系建设发展规划，提出政策性建议；

2. 联系、引导各类社会中介机构为中小企业提供服务；

3. 加强与政府的联系，反映情况、提供信息，促进政府与企业的交流；

4. 为中小企业提供融资担保信息咨询、培训、市场开拓、技术创新、信用评价等服务。

内设机构

融资部

宣传国家有关产业、金融政策，帮助企业建立银企信贷关系，解决企业在生产经营中的资金需求；组织银企、银保合作与交流活动，建立企业、银行、担保公司、政府部门之间的合作平台；为中小企业提供融资政策咨询、上市咨询与辅导服务。

技术部

技术创新的政策、技术、资金、人才等信息的咨询服务；企业创业指导、企业诊断、企业管理等方面的咨询服务；企业项目策划，组织中小企业申请创业基金、技术创新及技术改造等国家及地方的政府扶持基金；与相关机构的协作，促进中小企业技术创新、成果转化、产品开发；组织中小企业参加各种展览定货会；政务代理服务等。

培训部

宣传落实有关企业扶持政策，反映企业呼声，维护企业合法权益；组织中小企业对外交流、出国培训和商务考察，提供中小企业创业指导；建设中介机构服务体系；组织中小企业经营者、管理人员、

专业技术人员的各类培训。

信息部

依托厦门中小在线（www. xmsme. gov. cn）网站，开展面向全市中小企业的政务信息、服务交流以及电子商务等方面的服务；为中小企业管理、服务部门的职能延伸提供网络平台基础；联合信息化相关机构，共同推进我市中小企业的信息化进程。

展览部

组织我市企业参与每年一届的APEC中小企业技术交流暨展览会、中国国际中小企业博览会、全国中小企业创新与发展成果展览会等全国性展览会和福建省网上投资贸易洽谈会、第三届中国（福建）消费品全球采购大会、中国福建商品交易会、中国国际投资贸易洽谈会和中国（厦门）品牌产品国际采购交易会等地方性展会，为我市中小企业拓展国内外市场、实施“走出去”战略创造良好的条件。

地址：湖滨南路86号之—3楼

电话：0592－2237226

传真：0592－2219236

邮编：361004

厦门中小在线信息服务有限公司

厦门市中小企业公共信息服务平台由厦门中小在线信息服务有限公司具体承担建设与运营，公司是由厦门市中小企业服务中心与北京中小在线信息服务有限公司共同出资，依据《公司法》于2004年9月21日注册成立的企业法人单位。

公司以厦门中小在线（即中国中小企业厦门网）www. xmsme. gov. cn的建设运营为载体，借助网络平台为全市范围内的中小企业提供创业辅导、企业诊断、信息咨询、市场营销、投资融资、产权交易、技术支持、人才引进、人员培训、对外合作、展览展销和法律咨询等方面服务；引导各类社会中介机构、协调各区企业服务中心共同为中小企业提供服务；联合大专院校、科研机构等技术研究力量，开展各类技术攻关、开发、咨询、转让和项目评估等服务，推进产学研联合，促进技术创新及科技成果产业化；向全市中小企业提供包括网站建设、电子邮箱、分类信息、电子商务、网络教学等增值服务。

联系方式：

地　　址：厦门市湖滨南路86号之一5楼

邮政编码：361004

服务咨询：0592－2233959

技术咨询：0592－2233373

传　　真：0592－2223712

电子邮箱：info@ xmsme. gov. cn

青岛市中小企业发展服务中心

青岛市中小企业发展服务中心（以下简称中心）是经青岛市政府批准成立的市级公共服务机构，隶属青岛市经济和信息化委员会的事业法人单位。中心拥有一支由注册咨询工程师、高级工程师、高级经济师、高级会计师、高级咨询师、高级培训师、注册质量审核员等组成的高素质专业队伍，专业工作经验丰富。

中心通过社会优质资源，为全市中小企业提供以下主要服务：为企业的技术改造和创新活动提供咨询服务；为企业提供项目工程咨询服务；为中小企业创业和发展提供管理、技术、融资、人力资源、信息化、安全生产以及政策信息、财税策划等方面的咨询和服务；受政府委托开展审核、评价、鉴定验收、推广等工作。

中心通过多年的建设，服务水平不断地提高，服务能力不断加强，服务功能不断地完善，得到了政府、企业和社会的认可，赢得了良好的荣誉，已形成了较强的社会影响力。中心先后获得和被认定为：青岛市文明单位标兵、国家工程咨询单位资质、国家信息系统工程监理资质、青岛市AAA级科技咨询业信誉单位、青岛市安全质量标准化三级复评机构、山东省中小企业信息化辅导站、青岛市民营及中小企业工业设计公共技术试验基地、青岛市民营及中小企业教育培训基地。

联系人：曲魁选

电　话：55583211

网　址：www. smeqd. gov. cn

青岛中小企业工业设计服务中心

青岛中小企业工业设计服务中心（缩写为“QIDA”），将以中小企业为中心，发挥青岛工业设计中心整合资源的优势，提高对中小企业的综合服务能力，整体提升中小企业设计创新水平。发挥工业设计服务中心的资源和设计、技术优势，积极努力的为企业提供服务。

一、工业设计服务中心

根据青岛中小企业对工业设计的需求，建设有综合功能的工业设计服务中心，功能设置有：产品设计、概念设计、功能设计、产品策划、展览展示设计、平面设计、企业形象设计、广告设计等综合设计体系，主要为中小企业提供工业设计的指导、咨询、设计、制作等有效的服务。

二、工业设计培训中心

利用工业设计中心专家资源，为中小企业提供初、中级工业设计师培训；对企业管理人员进行专业培训，提升他们对工业设计的认识；对高层设计管理和高层设计师进行培训。加强企业对工业设计的认识和应用，培养企业设计创新人才水平，发挥设计人才为企业创新。

三、工业设计咨询信息中心

重点建立专家人才库，与国内外工业设计专家、著名设计机构建立紧密关系，为中小企业提供工业设计的咨询服务。为中小企业提供设计资源、信息共享、加强综合信息服务功能。

联系人：王海宁
电　话：55583221
传　真：55583221
网　址：www. qida. org

青岛市小企业协会

青岛市小企业协会是由小企业和从事小企业理论研究并有较高学术水平的专家学者及关心与支持小企业发展的各界知名人士以及相关中介服务组织等自愿组成的社会团体。其性质是非营利性、公益性的的社会组织。是小企业与政府部门联系的纽带，是小企业权益的维护者。主要为小企业提供以下服务：协助政府宣传贯彻与小企业相关的政策和法律法规；借助青岛市中小企业公共服务平台，为小企业提供创业辅导、管理咨询、投资融资、技术支持、企业信息化、人员培训、人才引进、对外合作、专业培训、展览展销和法律咨询、国内外交流与合作等服务；以“一线一网和青岛市电子商务平台”为依托，建立信息平台，收集和发布小企业所需要的各种信息，为小企业开发新产品、开拓市场、引进智力与技术、参与政府采购与国家采购提供服务；制定行业自律标准，并监督执行，规范小企业竞争行为，维护小企业和企业家的合法权益；发挥政府和企业之间的桥梁作用，组织、收集和反映会员的发展需求，争取政府部门的指导和政策扶持；研究和探讨小企业的发展方向和发展模式等理论和实际问题，为政府决策和政策制定提供建议和依据；组织推广先进经验，开展评选、表彰、宣传优秀小企业与企业家活动，促进小企业品牌建设和自主创新、产业结构调整工作；承办政府主管部门及有关部门委托的各项工作。

联系人：张琳
电　话：55583238
邮　箱：qdxiaoqiyexiehui@163. com
网　址：www. smeqd. gov. cn

青岛市担保中心

青岛市担保中心成立于1999年，是经青岛市人民政府批准，为企业贷款提供信用担保等服务的专业机构，隶属于青岛华通国有资本运营集团。目前，中心注册资本3.2亿元，业务范围涵盖政府重点建设项目贷款的担保；个体私营企业、中小企业、高新技术等企业贷款的担保；投资咨询；财务顾问等领域，是目前我市规模最大的专业担保机构，也是唯一国有独资担保机构。

联系人：周萍
电　话：55583260
网　址：www. qdhuatong. com

山东银联担保有限公司

山东银联担保有限公司于2002年2月25日由山东省工商局批准成立，现注册资本2.3亿元，主要开展中小企业融资担保业务及其它非融资担保业务，目前全面开办了企业流动资金贷款、信用证质押打包贷款、应收账款质押贷款、存货质押贷款、工程履约、诉讼保全等10多个担保业务品种。公司现拥有员工400多名，服务范围覆盖山东省17个地市和北京、天津，是国内规模最大的担保公司之一。

联系人：李江蔚
电　话：55583357
网　址：www. yinlian. cc

富登投资信用担保有限公司青岛分公司

Branch

富登金融控股有限公司是新加坡淡马锡控股有限公司（Temasek Holdings）的全资子公司，富登投资信用担保有限公司是其独资设立的全资子公司，注册资本金九千万美元，已在全国开设20家分公司，是迄今为止国内资金最雄厚、规模最大、专业技术最领先的外资中小企业信用担保公司，也是富登金控继投资中国银行、建设银行后，第一个在国内运营的实体平台。

富登投资信用担保有限公司青岛分公司成立于2009年11月，由总经理负责运营管理，员工人数二十余人，具留学背景的专业人士超过40%。富登担保首创“信贷工厂”业务管理流程，批量处理中小企业担保贷款的申请、审批、放贷及风险控制。

联系人：王娇琳
电　话：55583330
网　址：www. fullertonguarantee. com

青岛青房置业担保集团有限公司

青岛青房置业担保集团有限公司成立于2004年，注册资本人民币1.5亿元，经营范围为对企业和个人向金融机构贷款提供担保，受托对企业和个人资产进行运营管理，自有资金对外投资及运营，房地产开发。

联系人：于聪聪
电　话：55552119
网　址：www. qf－db. com

青岛华商汇通投资担保有限公司

青岛华商汇通投资担保有限公司是为解决中小企业融资难，扶持中小企业健康发展而设立的，由国有资本参股的专业化投资担保机构，注册资本1亿元人民币。公司业务品种包括融资担保、委托贷款、保函业务、投资业务、发债担保、票据担保、诉讼保全担保、委托评审、融资顾问咨询、财务代理等，从不同角度与层面满足中小企业融资需求。

联系人：程利华

电　话：85660800

网　址：www. cnhsht. com

山东中科智担保有限公司

山东中科智担保公司成立于2008年5月，注册资本金2.1亿港币，是隶属于中科智集团下属的第18家全资子公司。中科智担保集团是一家立足中国市场，专业为中小企业及个人提供商业担保及增值服务的大型担保集团公司，目前是我国第一大民营担保公司。中科智担保代偿率约为0.43%，远低于国内同业6%的平均代偿率，其净资产回报率长期保持在15%～20%的水平。山东中科智公司已落户青岛开发区，在政府的大力支持下，青岛开发区中科智大厦目前也正在积极筹建当中。

联系人：郑小龙

电　话：55583328

网　址：www. cogcn. com

青岛银禧投资担保有限公司

青岛超新担保有限公司是二〇〇九年五月成立的专业从事融资担保的公司，公司注册资本1亿元人民币，严格按照现代企业制度要求组建，并完全按照市场化原则运营。公司实行董事会领导下的总经理负责制，内部组织机构完善，聘请多名银行行长、信贷经理、经济学博士、国外风险投资公司高管等，组建了一支高素质、专业化、务实进取的团队。

热　线：68955858/87962885/87865885

联系人：纪玉彦

电　话：55583388

青岛市科技风险投资有限公司

青岛市科技风险投资有限公司成立于2000年8月17日，注册资本为1亿元。2003年被国家科技部授予“国家优秀创业投资机构”、2009年荣获国家科技部“科技投资业务创新奖”，是青岛市唯一一家经国家科技部认定并在国家发改委备案的国有创业投资企业。公司拥有一支集丰富的投资经验和企业管理经验为一体的专业团队，将凭借丰富的资本运作经验，为创业企业提供投融资支持及全方位的增值服务，帮助创业企业做大做强获得成功；帮助投资者实现收益最大化。

联系人：王建福

电　话：55583339

网　址：www. qdstvc. com

青岛中大永晨投资管理有限公司

中大永晨投资管理有限公司于2003年7月成立，2010年5月取得ISO 9001：2008质量管理体系认证证书，标志着中大永晨专业化服务水平获得了国际质量管理组织的认可。公司是专业从事银行外包服务、金融资产管理、风险控制、信用管理、信贷融资、创业投资领域的综合服务运营商。专注于为国内中小企业提供资产重组与并购、引入风投基金、创投基金、创业辅导及多渠道融资服务；为金融行业提供管理咨询、团队建设、客服培训、服务外包、商业营销、渠道建设；为资本市场提供资产管理、资本融通、风险投资、股权投资、衍生服务、风险控制等专业服务领域。

联系人：孙勇刚

电　话：55583222

德高集团（香港）国际控股有限公司

德高集团（香港）国际控股有限公司（下称“德高国际”）是德高企业投资银行机构，是德高企业开展投资银行业务的主力平台。德高国际建立了符合行业最佳规范的国际化投资银行架构，依托纽约、伦敦、香港、新加坡、北京、上海、广州、重庆等全球或区域性金融中心建立了同时覆盖国际国内资本市场的销售网络，与遍及全球的业务网络互相融合，协同运作。德高国际拥有一支具备国际视野及富于本土市场经验的专业团队，竭诚为海内外客户提供包括企业融资、收购兼并、财务顾问、股票证券、定息收益、衍生产品、私人财富管理、私人银行、资产管理、直接投资、杠杆及结构融资等在内的全方位投资银行服务。德高国际首次在青岛设立小微企业融资创业服务平台，将竭诚为青岛市的中小企业及广大的客户提供优质的服务。

联系人：杨帆

电　话：85805026

网　址：www. ddttz. com

青岛中投资产管理有限公司

青岛中投资产管理有限公司主要从事股权投融

资、资本项目运营与管理、企业上市策划与运作、大宗商品连续交易的专业投融资服务机构。公司作为渤海商品交易所青岛授权服务机构，已取得渤海商品交易所综合类会员资格（会员号：158）及天津股权交易所保荐机构和做市商资格，为中小企业进行商品交易办理开户、入市、交易、咨询培训等方面的业务，使投资者足不出户即可交易原油、煤炭、钢板、有色金属、农产品。对企业客户提供套期保值、实物交割等多方位的咨询服务。

服务热线：0532－80672599

联 系 人：田广通

电　　话：5583396

网　　址：www. qdztzc. com

青岛银行

青岛银行是岛城唯一的法人银行，近年来，通过增资扩股、更名、引进境内外战略投资者、跨区域发展等战略举措，青岛银行已发展成为一家治理结构完善、财务状况良好、可持续发展能力较强的股份制商业银行，下辖45家分支机构，在岗员工1200余人，注册资本19.85亿元，主要股东为海尔集团、意大利联合圣保罗银行（ISP）、青岛国信实业有限公司、洛希尔金融集团控股公司（RCH）等。青岛银行累计发放中小企业贷款近1000余亿元，支持本地中小企业发展。2008年开始，为促进青年就业和响应国家支持“三农”的政策，青岛银行开办了青年创业贷款和养殖户小额担保贷款。2009年，青岛银行蝉联青岛市银行业纳税总额排名榜首，并荣登全省纳税总额百强榜。2010年3月，青岛银行被团中央授予“青年就业创业见习基地”称号。2010年5月，成功中标“社会保障卡（简称“市民卡”）”的发行工作。

联系人：宋婷

电　话：55583377

网　址：www. qdccb. com

招商银行小企业信贷中心
青岛分中心

招商银行小企业信贷中心是全国唯一一家按照“错位经营”原则进行客户定位，与传统银行模式划清业务边界，重点开展银监会标准的小企业信贷业务的金融专营机构。青岛分中心作为山东省的区域总部，致力于以小企业和个体工商户为业务单元，通过创新融资产品、突破传统银行信贷模式，为全省小企业的发展提供全方位、多元化的信贷支撑，解决小企业“融资难”问题，引导小企业信贷业务向“专、新、特、精”方向发展，真正实现“小产品—大市场，小企业—大发展”。

联系人：于静

电　话：55583377

网　址：www. cmbchina. com

青岛中诚典当有限责任公司

青岛中诚典当有限责任公司成立于2005年12月5日，注册资金5000万元，是经国家商务部批准依法成立的综合性典当企业。现有三家经营机构，是青岛市典当行业会长单位，全国典当专业委员会理事单位。中诚典当行在经营传统黄铂金饰品、机动车、房产典当业务的基础上，开展了土地、在建工程、批量物资、机械设备、应收账款、仓单、公司股权、商标权、专利权、奢侈品、艺术品等新型抵（质）押典当业务，拓宽了中小企业及个人的融资渠道，满足了不同阶层的融资需求。

公司最新推出两大特色融资业务“银典通”和“新企典”。“银典通”业务满足了希望超低利率客户的融资需求。“新企典”与新起点谐音，旨在为创业和开拓中的小企业注入资金活力，通过盘活技术、物资、财产权利等准优质资源，实现稳定的增长和助跑加速企业的腾飞。

联系人：李媛

电　话：55583267

邮　箱：qingdaopawn@ 163. com

网　站：www. qingdaopawn. com

青岛企业股权登记托管中心

青岛企业股权登记托管中心是经青岛市人民政府批准设立的专业化股权登记托管机构，隶属于青岛产权交易所。根据政府有关规定和授权，具体承办全市非上市公司制企业股权登记托管和企业国有产权登记业务。

依托公开化的市场操作功能，建立适应转方式、调结构要求，满足中小企业直接融资需求的机制健全、功能完善、协调高效的股权投融资平台体系，架设连通直接融资与间接融资的桥梁，体现“为资本找项目，为项目找资本”的原则；通过发挥平台的资源配置功能与资本引导效应，打造具有推进“环湾保护、拥湾发展”战略实施，促进中小企业又好又快发展的我市中小企业直接融资品牌。

联系人：刘欣

电　话：55583367

网　址：www. qdcq. net

青岛雷迅在线科技有限公司

青岛雷迅在线是岛城资深的互联网技术应用解决方案服务商，自成立十年以来，已为超万家的企业单位成功开展互联网深度应用服务，拓展网上商机。雷迅在线一直致力于为广大中小企业提供互联网本地化服务，秉承“客户价值第一”的核心理

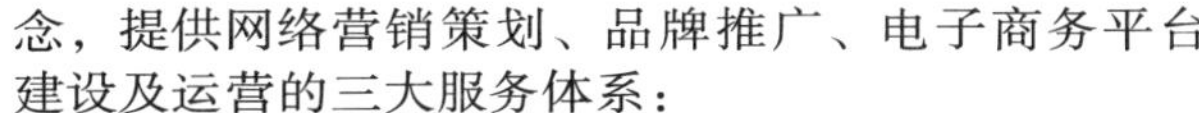

念，提供网络营销策划、品牌推广、电子商务平台建设及运营的三大服务体系：

服务热线：0532－85925590、85933315、85933319

电子商务服务垂询：400－898－0532

联 系 人：张宇峰

电　　话：55583376

网　　址：www. leixun. net

山东益通有限责任会计师事务所 青岛海宁资产评估有限公司

山东益通有限责任会计师事务所、青岛海宁资产评估有限公司是以会计师事务、资产评估业务、企业登记代理、代理记账、企业管理咨询为主要依托形成的专门为青岛市中小企业服务的综合性机构。主要为中小企业办理：公司注册（变更）、企业年检，代理财务记账、企业代码证，代办税务登记、代办银行开户，审计（鉴证）、验资、资产评估，代办企业劳动事务，会计人员培训，企业管理策划及咨询等“一条龙”服务。

总机构地址：市南区香港中路77号香岛大厦3楼东侧

总机构电话（传真）：85936705 85936707

总 经 理：周景邦

网站地址：www. ytcpa. cn

E－mail：yitongcpa@126. com

青岛振青会计师事务所有限公司

青岛振青会计师事务所有限公司从事注册会计师各项法定业务及相关业务，执业年限15年以上，在北京、上海、宁波和山东地区等设立了12家分所，并成为马施云国际成员所（Moore Stephens International Limited）。2004年以来连续进入财政部中国注册会计师协会公布的全国百强事务所之列，2010年全国排名第五十名。事务所业务客户涉及工业、金融业、商业、旅游业、交通业、建筑业等各个行业，所涉及的业务有审计、验资、会计和财务顾问、财务预算和预测、企业股份化改制、股权转让、企业设立、兼并或清算，经济责任审计，收购或分立、联营、组建集团，中外合资，租赁、融资、抵押贷款、法律诉讼、工程造价等目的的评估和审计业务，至今已完成内外资项目三万余项。

联系人：李并莲

电　话：55583298

网　址：www. chinazhenqing. com

青岛民安人力资源管理有限公司

民安人力资源管理有限公司是经青岛市人力资源和社会保障局批准设立，在青岛市工商行政管理局登记注册的法人机构。作为专业人力资源服务机构，致力于为用人单位提供高端人才引进、劳务派遣、毕业生接收落户、人才交流招聘、培训管理咨询等方面的综合性服务。同时，在提升中小企业人力资本管理方面，公司本着专业、专注、专心的经营理念为企业培训标准化实用型人才；打造行业内专业、创新、优秀管理精英团队，以卓越绩效创造客户价值最大化，力争成为中小企业最佳长期合作伙伴；创建行业最具知名度和竞争力的管理品牌，每年服务于100家成长型中小企业。

总公司地址：青岛市市南区福州南路8号中天恒大厦901室（社会保险大厦）

联系电话：0532－80661077、80661088

公司邮箱：marlzy@163. com

联 系 人：周梦园

电　　话：80661077

青岛论兵堂营销策划有限公司

青岛论兵堂智业是一家专注于企业营销战略咨询与实施的公司。成功为第一坊花生油、汇生园休闲食品（老炒匠）、中国电信青岛分公司、海信日立中央空调、彩艺化工、易邦生物、地之元生物科技、海洋丽姿、惠百家不动产、海底世界、喜燕花生油、淳金花生油、长寿花玉米油……企业开疆拓土注入了强劲的活力。目前，公司主要服务范围为：市场调研、营销战略、品牌定位、品牌塑造、品牌推广、营销培训、CI导入、VI设计、终端门头及物料展示等系统，涵盖了企业品牌推广的整体运营。

服务热线：0532－85016797

联 系 人：吴珍玉

电　　话：85016797

网　　址：www. lunbingtang. com

山东琴岛律师事务所

山东琴岛律师事务所——首批全国优秀律师事务所，1980年在青岛首家成立，现为大型综合性律师事务所，总部设于青岛，在济南设有分支机构，执业律师近百人，全国十佳律师、省市优秀律师、十佳律师20余名。是国内律师八方联盟成员，在北京、上海、天津、重庆、沈阳、吉林、包头、太原、郑州、南京、深圳等地均有联盟合作伙伴，香港著名律师担任本所香港法律事务顾问。业务范围广泛，包括金融保险、国际贸易与投资、房地产与建筑、证券融资、公司与劳动法、海事海商、知识产权、反倾销、刑事民事、高新科技、法律顾问等法律服务各专业领域，可用中、英、韩、日等多种语言提供法律服务。

联系人：王莉

电　话：55583301

网　址：www. qindaolaw. com

青岛中一监测有限公司

公司创建于2005年7月，是中国合格评定国家认可委员会认可单位（CNAS），山东省卫生厅职业卫生技术服务机构资质认证单位，中国室内环境监测工作委员会青岛地区唯一理事单位、唯一指定实验室，并于2005年至2008年连续四年荣获全国室内环境保护工作先进集体称号，2007年度青岛市消费者最信赖品牌，是青岛地区真正从事室内环境检测的专业机构。公司下设环境质量检测中心、职业与公共卫生检测中心、室内环境检测中心、食品安全质量检测中心、消防安全检测中心等五大检测中心，检测范围包括环境空气质量检测、工业污染源检测、环境影响评价检测、水质检测、土壤检测、公共卫生（诊所、餐饮、旅馆等）检测、职业病危害因素检测与评价、室内空气质量检测、装饰装修材料有害物检测、放射性检测、噪声检测、各种食品的理化指标、微生物指标、食品添加剂、重金属检测、建筑电气防火检测、建筑消防设施安装质量检测等。

联系人：王有艳
电　话：87780000
网　址：www.zym8008.com

北京一格知识产权代理事务所青岛分所

北京一格知识产权代理事务所青岛分所是由中国国家知识产权局及中国国家工商管理局指定的知识产权机构之一，机构代码为11316，可以提供包括专利、商标、版权的申请与保护，文件的补正，专利加快，侵权诉讼以及专利权的无效宣告，文件的检索与翻译，技术转让和许可贸易，不正当竞争，商业许可以及知识产权侵权诉讼等一系列的知识产权的服务。公司拥有一支强大的以电子、机械工程、计算机、电子通信、半导体光学、物理，制药、生态学、化工及基因科学为技术背景的代理人队伍，他们中间即有从国外留学的资深专利代理人，又有原是国家知识产权局相关审查部门高级审查员的专业人士，还有的取得了博士学位，我公司现有多名专业工作人员，在业务流程及年金管理方面也有着完善的管理方式。

地址：山东省青岛市辽源路257号6号楼207、208室
联系人：赵永海
电　话：55583300
网　址：www.igreat.net

深圳市商业联合会

一、简介

深圳市商业联合会（以下简称深商联）是深圳市商业服务业领域各类企业、事业单位和个人自愿参加的综合性商会。深商联通过直接服务和间接服务的形式，积极推进国内外商贸信息、技术和经验的交流，促进深圳商贸企业资源和社会资源的有效配置，积极主动地为企业牵线搭桥、排忧解难，为会员提供各种资讯、培训、宣传、投融资、展会、人才推介等服务，致力打造为国内外具有较高社会知名度、公信度的有较强的组织能力、创新能力和资源配置能力，致力于推动会员企业成长，让会员及社会满意的现代商会。

深商联是代表深圳商贸流通领域行业的主导力量，目前拥有国内外行业协会团体会员近30家，各类会员近1000家，是深圳市商贸流通领域的权威自律和自治机构，是深圳市商贸流通企业对外交流与合作的重要桥梁。

二、对外联络方式

电话：0755－83643486
传真：0755－83643450
网址：www.sz－gcc.cn

深圳市中小企业发展促进会

一、简介

深圳市中小企业发展促进会（以下简称促进会）是1999年5月经深圳市人民政府批准，在市民政局注册登记的具有法人资格的社会团体，属于综合性协会。2009年7月被民政局授予“深圳5A级社会组织”称号，2010年1月被国家民政部评为全国先进社会组织。促进会共有会员3000家，遍及IT、电子、通信、医药、化工、建材、印刷、服装、钟表、食品、工艺礼品、咨询、贸易、拍卖、租赁等70个行业，副会长和常务理事单位均是该行业的龙头企业，在业界起着推动行业发展的先进表率作用。促进会是全市乃至全国第一家通过ISO 9001质量体系认证的协会，拥有一支专业素质高、忠诚敬业的精英队伍，内设秘书处、行政人事部、会员服务部、国际事务部、信息编辑部等部门，另下属两个机构：深圳市中小企业决策管理研究院、深圳中小企业投融资联盟。促进会自成立以来，本着“为中小企业献全面服务”的理念，努力发挥政府和企业间的桥梁和纽带作用，在政策咨询、市场开拓、融资服务、信息传递、企业培训以及管理水平提升等方面提供专业化、综合性的系列配套服务，为深圳市中小企业的发展做出了很大的成绩，赢得了社会各界的尊重和信任。

二、对外联络方式

电话：0755－82821654、82821669
82821653、82821670
传真：0755－83288453
网址：www.szsme.com

2010 年中小企业工作大事记

1 月大事记

1 月 9 日，工业和信息化部部长李毅中在中小企业司《关于 2009 年工作总结和 2010 年工作思路及重点的报告》上批示：中小企业地位重要，受金融危机冲击严重。企业司工作面广、量大、困难多。去年工作成效显著，尤其通过调研协调，代拟并出台了国务院文件，受到社会和企业欢迎，应予表扬。望总结经验和不足，以贯彻落实国发 36 号文为中心，做实做细，同时要组织、发动、协调相关司局、相关部委，共同做好促进中小企业发展的各项工作。工业和信息化部党组成员、总工程师朱宏任 2009 年 12 月 31 日批示：36 号文是中小企业应对金融危机的重要支撑，中小企业司全司上下，在部党组的领导下，为文件的出台作了大量基础性工作，文件本身也是一年辛苦努力的集中体现。同志们为中小企业尽心竭力，成绩有目共睹。望再接再厉，攀登新高峰。报告呈毅中部长阅示。

1 月 9 日，工业和信息化部部长李毅中在中小企业司《关于全国中小企业工作座谈会情况的报告》上批示：请按 36 号文件确定的 16 项重点工作商有关部门抓紧制定并实施工作方案，落实相关政策。工业和信息化部党组成员、总工程师朱宏任 2009 年 12 月 31 日批示：毅中部长：根据您的指示和部工作会议要求，中小企业司布置了落实 36 号文的一系列工作，现将全国座谈会情况呈上，请您阅示。

1 月 11～12 日，工业和信息化部部长李毅中主持召开第 1 次党组（扩大）会议，听取各司局 2010 年工作思路和主要工作安排汇报，工业和信息化部副部长、党组副书记苗圩，工业和信息化部副部长、党组成员娄勤俭、杨学山，工业和信息化部党组成员、人事教育司司长陈小筑，工业和信息化部党组成员、办公厅主任刘利华，工业和信息化部党组成员、总工程师朱宏任和工业和信息化部总工程师苏金生同志出席会议。工业和信息化部中小企业司司长王黎明参加并汇报。

1 月 11 日，工业和信息化部中小企业司召开 2010 年各处工作汇报会，工业和信息化部中小企业司司长王黎明，副司长郑昕、王建翔参加。

1 月 12 日，工业和信息化部党组成员、总工程师朱宏任参加国务院就业工作部际联系会议。国务院副总理张德江出席会议并讲话。

1 月 12 日，工业和信息化部中小企业司召开年度述职会议，工业和信息化部党组成员、总工程师朱宏任出席会议，工业和信息化部人事教育司副司长焦桂芳、直属机关党委副书记王建荣、驻部纪检组监察局副局长王中桂及中小企业司司长王黎明，副司长郑昕、王建翔参加。

1 月 14 日，工业和信息化部部长李毅中在国办秘书局《吴邦国同志在〈关于内蒙古自治区鄂尔多斯市中小企业发展情况的调研报告〉上批示》上批示：宏任同志阅批。黎明同志阅研。此文反映的问题，其他地区也存在。国发 36 号文已提出了解决办法，关键还是落实难。请研究加大督促检查、协调配合，促进省市政府和相关部门尽快制定细则、方案，实施兑现。可考虑经调研摸清后向德江副总理报告，召开领导小组会。1 月 19 日，工业和信息化部党组成员、总工程师朱宏任批示：请黎明同志将 36 号文件分工各部门报送情况尽快汇总上报。为避免又陷入大量个案的窘境，要研究落实细则、方案，开展督促检查，分层次召开领导小组会，一定抓紧。

1 月 22 日，工业和信息化部部长李毅中在中小企业司《关于中小企业信息化推进工作交流总结会暨信息发布会有关情况的报告》上批示：加强中小企业信息化工作，为他们搭建平台搞好服务，是国发 36 号文件的工作之一，中小企业司与信息化司合作推进有了好的开局，望继续努力。工业和信息化部副部长杨学山 1 月 13 日圈阅。1 月 11 日，工业和信息化部党组成员、总工程师朱宏任批示：中小企业信息化推进工作是两化融合的重要方面，也是中小企业提升水平的必然途径。望中小企业司与信息化推进司密切合作，扎实推进这项工作。呈报毅中部长、学山副部长阅。

1 月 23 日，由北京大学民营经济研究院主办的“北京大学民营经济新年论坛”在北京大学召开。工业和信息化部中小企业司司长王黎明参加并演讲。

1 月 25 日下午，工业和信息化部中小企业司司长王黎明一行到厦门市中小企业服务中心、厦门中小在线调研。

1 月 28 日，工业和信息化部部长李毅中在国办秘书局《尤权同志 1 月 22 日在银监会〈关于中小企业划分标准问题的报告〉上批示》上批示：宏任同志批阅，黎明同志阅研。中小企业划分标准修订进行的怎样了？请务必抓紧，要有时间表。要充分听取吸收相关部门意见。1 月 29 日，工业和信息化部党组成员、总工程师朱宏任批示：黎明同志处。请中小企业司就划型进展情况，特别是与统计局拟建立工作小组、倒排日程的情况尽快形成报告（另件已批）。另就我工作进展情况与银监会通报沟通，以形成部门间合力。

1 月 31 日，工业和信息化部部长李毅中在中小企业司《关于“促进中小企业与军工企业交流合作座谈会”有关情况的报告》上批示：抓好试点，取得经验，推进中小企业与军工企业的合作。工业和信息化部党组成员、总工程师朱宏任 1 月 12 日批示：中小企业与军工企业合作是学习先进技术、提升管理水平、形成协作配套关系的重要途径，也是体现军民融合的新领域。请中小企业司与军民结合司加强合作，不断提升工作水平。呈报毅中部长，求发副部长阅。

2 月大事记

2 月 4 ~6 日，工业和信息化部中小企业司副司长王建翔带队赴安徽就督促落实党中央、国务院应对金融危机实施的减轻企业负担、支持企业发展，保持经济增长的政策措施，贯彻落实《国务院关于进一步促进中小企业发展的若干意见》（国发［2009］36 号）文件要求，切实减轻企业负担开展工作检查，并赴芜湖市、马鞍山市实地调研情况。

2 月 9 日，工业和信息化部召开“第六届 APEC 中小企业技术交流暨展览会”筹备工作电视电话会议。会议由工业和信息化部中小企业司王黎明司长主持。工业和信息化部部党组成员、总工程师朱宏任做了“搭建展示平台，增进合作交流，促进中小企业市场开拓和持续发展”的重要讲话。工业和信息化部中小企业司副司长郑昕参加。

2 月 27 日，工业和信息化部印发了《关于做好中小企业金融服务合作工作的通知》（工信部企业［2010］86 号）。

3 月大事记

3 月 1 日，2010 年中小企业信息化工作分工座谈会在北京召开，工业和信息化部中小企业司副司长郑昕参加并主持会议。

3 月 1 日，由工业和信息化部、教育部联合主办的 2010 年全国中小企业网上百日招聘高校毕业生活动正式启动。

3 月 4 ~5 日，第六届 APEC 中小企业技术交流暨展览会第一次联络员工作会议在福州召开。工业和信息化部中小企业司副司长、组委会副秘书长郑昕参加并作了动员讲话。

3 月 5 日，工业和信息化部印发《关于做好中小企业金融服务合作工作的通知》（工信部企业［2010］86 号）。

3 月 11 日，我司报送的“电子商务为我国中小企业发展注入活力”被国务院办公厅采纳（第 47 期，总第 309 期）。

3 月 12 日，全国中小企业划型标准修订工作组会议在北京召开，工作组组长、工业和信息化部党组成员、总工程师朱宏任，国家统计局党组成员、副局长李强出席会议并讲话。工业和信息化部中小企业司司长王黎明主持会议。

3 月 12 日，十一届全国人大三次会议新闻中心在北京举行主题为“工业结构升级和中小企业发展”的集体采访。工业和信息化部部长李毅中出席集体采访并回答问题。工业和信息化部中小企业司司长王黎明参加。

3 月 20 日，工业和信息化部部长李毅中在中小企业司《关于贯彻落实国发 36 号文件有关情况的报告》上批示：工作局面已展开，请继续抓紧抓实。特别几项重点工作要尽快推进。阶段情况报德江同志。3 月 19 日，工业和信息化部党组成员、总工程师朱宏任批示：毅中部长：请 17 个部门就今年落实 36 号文拟开展工作的安排和进度进行了汇总。现呈报您审阅。

3 月 21 日，工业和信息化部部长李毅中在中小企业司《关于促进中小企业融资工作的总体方案的请示》上批示：思路正确，内容也较全面。解决这一难题需要金融机构抓落实。我们要积极支持、配合。注意还是肯定成绩，调动银行积极性。3 月 18 日，工业和信息化部党组成员、总工程师朱宏任批示：毅中部长：中小企业司将推动解决“融资难”问题进一步做了分解细化，形成我部的工作方案，呈您审示。

3 月 23 日上午，工业和信息化部中小企业司副司长郑昕陪同工业和信息化部党组成员、总工程师朱宏任出席中日中小企业发展论坛开幕式。下午，陪同工业和信息化部副部长苗圩会见日本商工会议所会头冈村正为。

3 月 25 日，工业和信息化部中小企业司司长王黎明陪同工业和信息化部副部长苗圩会见欧盟企业和工业总司总司长佐利克。

3 月 26 日，工业和信息化部中小企业司王建翔副司长一行赴北京市中小企业服务中心，就促进中小企业加强管理进行了调研。

3 月 26 日，工业和信息化部组织召开落实国发 36 号文件及全国人大常委会审议意见工作协调会。发展改革委、财政部、科技部、监察部、商务部、银监会等 17 个部门相关司局负责同志参加了会议。工业和信息化部党组成员、总工程师朱宏任主持会议，工业和信息化部中小企业司司长王黎明、副司长郑昕、王建翔参加会议。

3 月 27 日 ~31 日，工业和信息化部中小企业司司长王黎明一行赴江苏省、安徽省调研贯彻国发 36 号文件和中小企业发展情况，并实地考察了江苏省镇江市、安徽省马鞍山、芜湖、铜陵三市部分中小企业生产经营情况。

3 月 29 日，工业和信息化部促进中小企业加强管理工作座谈会在宁波举行。工业和信息化部中小企业司副司长王建翔参加会议并讲持。

3 月 30 日，工业和信息化部中小企业司巡视员狄娜陪同工业和信息化部副部长苗圩会见法国前总理、参议员拉法兰。

3 月 31 日，第七届中国国际中小企业博览会暨中澳中小企业博览会和亚欧中小企业合作交流馆情况通报会在北京召开。亚欧会议成员及各驻华使馆的大使、商务参赞、有关官员，各国驻华商会、贸易投资促进机构、驻华企业等 60 多人参会。中博会组委会秘书处副主任、工业和信息化部中小企业司副司长郑昕主持会议。

4 月大事记

4 月 1 日，工业和信息化部部长李毅中在中小企业司《关于进一步深化中瑞中小企业合作若干问题的请示》上批示：宏任、黎明同志：此次随近平同志出访，与瑞典政府签署了中小企业协议，关键是落实做几件实事。对方副首相也有要求，并拟于5月上海世博会期间会谈。请即研究细化。工业和信息化部副部长苗圩同志3月22日圈阅。3月18日，工业和信息化部党组成员、总工程师朱宏任批示：呈报苗圩副部长审核后，呈报毅中部长审批。

4月3日，工业和信息化部部长李毅中在国办秘书局《张德江同志3月24日在“关于成立中国职业经理人协会有关情况的报告”上批示》上批示：请宏任同志阅批。可请产业政策司（商运行局、政法司）阅研提出意见，告。4月8日，工业和信息化部党组成员、总工程师朱宏任批示：请立新同志商国斌、雪青、黎明同志研提意见，注意从政策规定、主管单位责任、相应工作等方面考虑。

4月6日，工业和信息化部、发展改革委、科技部、财政部、人力资源社会保障部、环保部、质检总局等7部委联合发布了《关于促进中小企业公共服务平台建设的指导意见》（工信部联企业［2010］175号）。

4月9日，工业和信息化部、陕西省人民政府在西安举办“东西部中小企业合作项目推介会”。工业和信息化部党组成员、总工程师朱宏任、陕西省副省长姚引良出席推介会并致辞。工业和信息化部中小企业司司长王黎明、副司长（挂职）陈海及山西、内蒙古、辽宁、江苏、浙江、安徽、江西、河南、广东、重庆、陕西、甘肃等12个省（市）的中小企业主管部门领导参加推介话。

4月9日，工业和信息化部中小企业司在西安举行部分省市中小企业工作座谈会。工业和信息化部党组成员、总工程师朱宏任出席会议。工业和信息化部中小企业司司长王黎明、副司长（挂职）陈海及山西、内蒙古、辽宁、江苏、浙江、安徽、江西、河南、广东、重庆、陕西、甘肃等12个省（市）的中小企业主管部门领导参加会议。会议由王黎明司长主会。

4月11日，《工业和信息化部贯彻落实〈国务院关于进一步促进中小企业发展的若干意见〉工作进展情况的报告》上报国务院副总理张德江。报告全面总结了各部门贯彻落实工作已经取得的进展，以及下一步工作重点。

4月12日，工业和信息化部中小企业司司长王黎明一行，对湖北省武汉市中小企业综合服务超市建设进度情况进行了考察。

4月12日，工业和信息化部中小企业司副司长郑昕陪同工业和信息化部副部长苗圩会见法国经济、工业和就业部外贸国务秘书安娜·玛丽·伊德拉克女士。

4月13日，湖北省政府在武汉召开全省中小企业成长工程工作会议。湖北省副省长段轮一出席会议，工业和信息化部中小企业司司长王黎明参加会议并讲话。

4月13日，工业和信息化部中小企业司副司长郑昕陪同工业和信息化部副部长娄勤俭参加中美商贸联委会工业和信息产业工作组产业和竞争力对话会。

4月14日，第七届中国国际中小企业博览会暨中澳中小企业博览会组委会第一次全体会议在北京召开。中博会组委会副主任、工业和信息化部总工程师朱宏任出席会议。工业和信息化部中小企业司司长王黎明及国家发展改革委、财政部、商务部、国家工商总局、国家质检总局和中国银监会的相关负责同志参加会议。会议由中博会组委会副秘书长、工业和信息化部中小企业司司长王黎明主持。

4月14日，第七届中国国际中小企业博览会暨中澳中小企业博览会新闻发布会在北京召开。中博会组委会副主任、工业和信息化部总工程师朱宏任，澳大利亚驻华使馆代表、澳大利亚驻华大使商务处魏威，工业和信息化部中小企业司司长王黎明出席会议。会议由广东省政府副秘书长、中博会组委会秘书长林英主持。

4月14日，第七届中国国际中小企业博览会暨中澳中小企业博览会全国动员会在北京召开。中博会组委会副主任、工业和信息化部总工程师朱宏任，中博会组委会秘书长、广东省政府副秘书长林英出席会议。中博会组委会副秘书长、工业和信息化部中小企业司司长王黎明，中博会组委会副秘书长、广东省经济和信息化委员会主任杨建初，工业和信息化部中小企业司副司长郑昕等参加会议。来自各省、自治区、直辖市及计划单列市、新疆生产建设兵团经济信息委（经贸委）、工业信息委（厅）、中小企业厅（局、办）、有关单位分管领导及相关人员100余人参加会议。会议由王黎明司长主持。

4月18日，厦门市举办中小企业服务博览会暨海峡两岸中小企业合作论坛，工业和信息化部中小企业司副司长郑昕参加并致辞。

4月21日，工业和信息化部在京召开关于加强中小企业人才队伍建设政策研究课题专家座谈会，邀请人力资源社会保障部、商务部、国务院发展研究中心、全国工商联、北京大学、清华大学、中国人民大学、北京航空航天大学、中国社会科学院、中国中小企业协会等20名教育培训专家，讨论《关于进一步做好中小企业培训工作的指导意见（征求意见稿）》。工业和信息化部中小企业司司长王黎明，副司长王建翔及工业和信息化部人事教育司、工业和信息化部人才交流中心相关人员参加会议。

4月22日，工业和信息化部部长李毅中主持召开了第8次部长办公会议，讨论并同意出台《国家中小企业公共服务示范平台管理暂行办法》。工业和信息化部中小企业司司长王黎明、副司长郑昕参加会议，并分别作了汇报。

4月23日，浙江省举行中小企业创业辅导中心与小企业创业基地对接服务签约仪式。工业和信息化部中小企业司副司长王建翔参加并讲话。

4月30日，财政部、工业和信息化部联合印发了《关于印发〈中小企业信用担保资金管理暂行办法〉的通知》（财企［2010］72号）。

5月大事记

5月8日，工业和信息化部中小企业司副司长郑昕应邀参加了武汉中小企业服务超市开业典礼，并与武汉市中小企业服务中心负责同志进行了交流。

5月8～9日，工业和信息化部中小企业司在湖北省武汉市召开中小企业服务体系建设研讨会，吉林等13个省（市）参加会议，并对《关于进一步加快中小企业服务体系建设的指导意见（讨论稿）》提出了修改意见。工业和信息化部中小企业司副司长郑昕参加会议并讲话。

5月10～22日，由工业和信息化部中小企业司举办的第一届全国赛飞创业辅导师培训班在安徽池州市举办，工业和信息化部中小企业司副司长郑昕参加开班仪式并讲话。

5月11～13日，工业和信息化部中小企业司在湖南长沙举办全国中小企业培训管理体系能力建设暨管理咨询培训班。来自37个省市中小企业管理部门的90余人参加了培训。湖南省经济和信心化委员会主任谢超英、工业和信息化部中小企业司副司长王建翔参加开班仪式并讲话。

5月12日，工业和信息化部中小企业司副司长王建翔视察了中国中小企业云南网，对网站的下步工作做了重要的指示，并对网站的发展提出了新的希望和更高的要求。

5月12日，工业和信息化部印发了《关于加强中小企业信用担保体系建设工作的意见》（工信部企业［2010］225号）。

5月17日，工业和信息化部办公厅、财政部办公厅联合印发了《关于做好2010年中小企业发展专项资金项目申请工作的通知》（工信厅联企业［2010］93号）。

5月18日，工业和信息化部中小企业司副司长郑昕陪同工业和信息化部副部长苗圩会见德国经济和技术部国务秘书布格巴赫尔。

5月18日，工业和信息化部办公厅印发了《关于组织开展中小企业服务体系项目申报工作的通知》（工信厅企业函［2010］340号）。

5月18～19日，工业和信息化部中小企业司在北京举办“10+3提升产业集群国际竞争力和产业机构调整研讨会”，工业和信息化部中小企业司副司长郑昕参加会议并致辞。

5月18～21日，工业和信息化部党组成员、总工程师朱宏任、工业和信息化部中小企业司司长王黎明一行，对江苏省中小企业服务体系建设情况开展了专题调研。在无锡市和苏州市分别召开了服务体系建设座谈会，17家服务机构参加座谈；深入常州、无锡、苏州、太仓的8家服务机构进行调研；工业和信息化部党组成员、总工程师朱宏任出席江苏省工业经济和中小企业服务体系建设工作会议并讲话。

5月20日，“2010中国国际中小企业交易会”在苏州开幕，工业和信息化部党组成员、总工程师朱宏任出席开幕式，工业和信息化部中小企业司司长王黎明参加。

5月21日，工业和信息化部中小企业司司长王黎明陪同工业和信息化部部长李毅中会见瑞典王国副首相兼企业和能源大臣莫德·奥洛夫松和挪威贸工大臣吉斯克。

5月24日，工业和信息化部印发了《关于印发〈国家中小企业公共服务示范平台管理暂行办法〉的通知》（工信部企业［2010］240号）。

5月25日，工业和信息化部召开中央财政中小企业专项资金项目申报工作电视电话会议，会议由工业和信息化部中小企业司司长王黎明主持。各省、自治区、直辖市、计划单列市，新疆生产建设兵团中小企业管理部门主要负责人、负责专项资金项目组织申报的处长及工作人员参加会议。工业和信息化部党组成员、总工程师朱宏任出席会议。工业和信息化部中小企业司巡视员狄娜及产业政策司、财务司、消费品工业司、节能与综合利用司、运行局、中小企业促进中心相关负责同志参加会议。

5月26～27日，第六届APEC中小企业技术交流暨展览会第二次联络员会议在福州市召开。工业和信息化部中小企业司副司长郑昕、工业和信息化部中小企业发展促进中心主任袁普、副主任秦志辉、福建省经贸委副主任郑李亭、福州市人民政府副市长陈为民，以及各省区市中小企业政府管理机构代表近50人参加会议。

5月31日，第六届APEC中小企业技术交流暨展览会新闻发布会在北京举行。工业和信息化部中小企业司副司长郑昕、福州市人民政府常务副市长杨益民出席发布会并讲话。

6月大事记

6月1日，工业和信息化部中小企业司在山东济南召开全国中小企业信息化工作座谈会。工业和信息化部中小企业司副司长郑昕参加会议并讲话。会上印发了工业和信息化部党组成员、总工程师朱宏任的讲话。

6月3日，工业和信息化部向财政部报送了《关于报送2010年中小企业服务体系项目计划的函》（工信部企业［2010］262号），计划共安排项目119个，资金2.5亿元。

6月6～12日，为落实中央新疆工作座谈会精神，工业和信息化部中小企业司司长王黎明及产业政策司、消费品司有关同志对新疆维吾尔自治区乌鲁木齐市、兵团农六师五家渠市、昌吉州、喀什、克州等地中小企业发展情况及存在的困难进行调研。

6月11日，工业和信息化部党组成员、总工程师朱宏任与天津市中小企业发展促进局尉永久局长一行在京座谈。中小企业司副司长郑昕，巡视员狄娜参加了座谈。

6月11～14日，工业和信息化部中小企业司在北京展览馆宾馆召开“中小企业发展专项资金项目评审会”，40位专家对各地上报的2307个项目进行评审，司评审小组进行复审。工业和信息化部中小企业司巡视员狄娜主持项目评审工作。

6月12日，工业和信息化部党组成员、总工程师朱宏任一行赴清华大学调研座谈。工业和信息化部中小企业司副司长王建翔、清华大学副校长程建平、清华大学教育培训处处长邓丽曼、继续教育学院副院长阎桂芝、经济管理学院副院长夏东林等相关人员参加了座谈。

6 月 14 日，工业和信息化部部长李毅中在中小企业司《关于呈送广东省中小企业局“中博会”有关情况的请示》上批示：包括对瑞典要关注。我部与瑞典签署了中小企业合作备忘录。要兑现。6 月 9 日，工业和信息化部党组成员、总工程师朱宏任批示：呈报毅中部长阅。

6 月 19 日，由北京大学民营经济研究院和全国工商联宣教部联合主办的“第六届中国民营经济企业投资与发展论坛”在北京大学隆重召开，工业和信息化部中小企业司司长王黎明参加并演讲。

6 月 19 ~20 日，工业和信息化部中小企业司副司长郑昕陪同国务院研究室工贸司副司长张军立一行，赴江苏对中小企业公共技术服务平台建设运营情况进行调研。

6 月 22 日，按照国务院办公厅要求，在研究有关部门意见的基础上，工业和信息化部向国务院报送了《工业和信息化部关于落实十一届全国人大常委会对国务院促进中小企业发展情况报送审议意见的报告》（工信部企业［2010］293 号）。

6 月 22 日，工业和信息化部部长李毅中在国办秘书局《温家宝同志 6 月 15 日在中华全国工商联合会“关于对国务院关于鼓励支持和引导个体私营等非公有制经济发展的若干意见第四次调查问卷情况的报告”上批示》上批示：请黎明同志阅研办。结合去年发布的《国务院关于进一步促进中小企业发展的若干意见》，检查近年来存在的问题，协调相关部委制定、落实有关细则，并进行梳理，提出针对性措施报。6 月 21 日，工业和信息化部副部长苗圩批示：先送宏任同志并中小企业司阅研，待李部长返京后报请李部长阅示。我们只能从中小企业发展角度上切入，研究贯彻落实去年国务院促进中小企业发展的若干意见，涉及所有制问题就超出我部职责。6 月 21 日，工业和信息化部党组成员、总工程师朱宏任批示：请黎明同志阅研，就已出台政策和未落实的方面及工作安排考虑，先形成材料，报请领导示。

6 月 24 日，工业和信息化部办公厅向各地中小企业管理部门印发了《关于 2010 年中小企业服务体系发展专项资金项目安排的通知》（工信厅企业［2010］120 号）。

6 月 25 日，工业和信息化部中小企业司召开司务会，讨论“十二五”中小企业成长研究课题成果。

6 月 27 日，工业和信息化部办公厅向财政部办公厅报送了《关于报送 2010 年中小企业发展专项资金项目计划的函》（工信厅企业［2010］123 号），计划共安排项目 2056 个，资金 25.2 亿元。

6 月 28 日，联合国工业发展组织前总干事、全球中小企业联盟全球主席卡洛斯·马格里诺斯（Carlos Magarinos）先生一行，与中小企业司王黎明司长进行了会谈，双方就中美中小企业合作、中国中小企业的国际化等议题，进行了深入的交流和探讨。

6 月 29 日，工业和信息化部部长李毅中在中小企业司《关于 2010 年中小企业发展专项资金项目申报及评审情况的报告》上批示：请子学、莫玮、占甫同志阅。如何加强监管，提高资金使用效果？请黎明同志商有关同志提出办法。6 月 13 日，工业和信息化部党组成员、总工程师朱宏任批示：呈报毅中部长审示。请中小企业司严格遵照规定开展工作，做到过程依法依规、科学透明，结果公开、公正、公平，使中央对中小企业支持得以充分体现，发挥作用。

6 月 30 日 ~7 月 3 日，工业和信息化部主办的第六届 APEC 中小企业技术交流暨展览会在福州举行，工业和信息化部党组成员、总工程师朱宏任出席开幕式并在主论坛上做主旨发言。工业和信息化部中小企业司司长王黎明、副司长郑昕参加。

7 月大事记

7 月 1 日，第六届 APEC 中小企业技术交流暨展览会在福州海峡国际会展中心隆重开幕。全国人大常委会副委员长、民盟中央主席蒋树声，工信部党组成员、总工程师朱宏任，商务部部长助理仇鸿，福建省领导袁荣祥、郑道溪、李川、苏增添，APEC 秘书处执行主任穆罕默德·诺尔，辽宁省副省长刘国强、山西省副省长陈川平，外交部、科技部等国家有关部委司局领导，以及 APEC 成员体代表出席开幕式。工业和信息化部中小企业司司长王黎明，副司长郑昕参加开幕式。

7 月 6 日，国家知识产权局专利管理司与工业和信息化部中小企业司组织评审会，对各地申报的首批中小企业知识产权战略推进工程实施单位进行审核。工业和信息化部中小企业司副司长郑昕参加会议并讲话。

7 月 7 日，《小企业创业基地评价指标体系研究》课题专家评审会在北京召开。工业和信息化部中小企业司副司长郑昕主持会议并讲话。

7 月 12 日，工业和信息化部中小企业司副司长郑昕接待来访的全国工商联副秘书长兼经济部部长欧阳晓明、副部长罗力一行，就中小企业服务体系有关情况进行座谈。

7 月 15 日，中国中小企业发展指数发布仪式暨新闻发布会在北京举行。中国中小企业协会会长李子彬、工业和信息化部中小企业司副司长王建翔参加发布会。

7 月 15 日，工业和信息化部办公厅印发《关于国务院促进中小企业发展工作领导小组办公室组成人员的通知》（工信厅企业［2010］139 号）。由工业和信息化部中小企业司司长王黎明主任，财政部企业司司长贾谌任副主任，发展改革委、科技部、人力资源社会保障部、农业部、商务部等 17 个部委相关司局负责同志担任成员。

7 月 16 日，全国部分省市中小企业信用再担保工作研讨会在长春举行。中小企业司司长王黎明、巡视员狄娜参加会议。北京、吉林（东北）、上海、江苏、安徽、福建、山东、河南、广东、湖南、湖北、云南、陕西、宁夏、深圳等 15 个省市中小企业管理部门和中小企业信用再担保机构主要负责人共

60多名代表参加。

7月20日，国务院促进中小企业发展工作领导小组办公室在京召开第二次会议。领导小组成员、工业和信息化部党组成员、总工程师朱宏任出席会议并讲话。会议由国务院促进中小企业发展工作领导小组办公室主任、工业和信息化部中小企业司司长王黎明同志主持，工业和信息化部中小企业司副司长王建翔及发展改革委、科技部、财政部等16个办公室成员单位的代表以及中央编办、审计署、法制办等部门的同志参加了会议并发表了意见。

7月21日，工业和信息化部印发《关于下达2010年中小企业发展专项资金项目计划的通知》（工信部企业［2010］353号）。

7月22日，工业和信息化部在上海召开全国工业和信息化主管部门负责同志座谈会。工业和信息化部部长李毅中，工业和信息化部副部长奚国华、苗圩、娄勤俭，部党组成员、中央纪委驻部纪检组组长郭炎炎，部党组成员、国家烟草专卖局局长姜成康，部党组成员、办公厅主任刘利华，部党组成员、总工程师朱宏任，部总工程师苏金生及上海市政府副秘书长肖贵玉出席会议，奚国华主持了全体大会。工业和信息化部中小企业司司长王黎明、各司局及各省区市工业和信息化主管部门负责人150多人参加了会议。

7月22日，工业和信息化部中小企业司在上海举行部分中小企业媒体见面会。工业和信息化部中小企业司司长王黎明参加会议，现场解答媒体关于“非公经济36条”和“新36条”相关提问，并接受中央电视台、新华社、中国经济报、中国工业报记者采访。

7月26日，工业和信息化部办公厅印发《关于印发〈国家中小企业公共服务平台评审暂行办法〉的通知》（工信厅企业［2010］150号）。

8月大事记

8月2日，工业和信息化部党组成员、总工程师朱宏任在中小企业司《陪同黄孟复主席调研浙江中小企业工作报告》上批示：中小企业发展环境和职工工资正常增长机制是当前经济运行出现的突出问题，也关系到深层次体制机制问题。黄孟复副委员长的调研深入，分开座谈会的形式、效果都很好，请继续配合形成调查报告（定稿后请要一份阅研）。报告第二部分只有基本情况没有具体情况，为不足；第三部分有自己的思考，这是亮点。减轻税费以形成中小企业工资正常增长机制的想法很好，关键是如何实施联动而避免成为控制、压低成本的新手段。望继续关注研究，为下一步政策制定形成储备。

8月4日，工业和信息化部部长李毅中在中小企业司《关于报送新疆中小企业发展情况及政策建议的报告》上批示：制定差异化政策，落实具体措施内容。工业和信息化部副部长奚国华8月3日批示：赞成所提建议。支持新疆发展中小企业意义重大，它能解决广大维汉群众的就业问题，对维护稳定具有积极的作用。要按中央新疆工作座谈会的精神给予更多的支持、指导。工业和信息化部党组成员、总工程师朱宏任7月13日批示：呈报毅中部长、国华副部长审示。

8月6日，工业和信息化部中小企业司召开部内相关司局中小企业划型标准修订工作座谈会，就相关行业方面的标准征求了有关司局的意见。运行监测协调局、政策法规司、规划司、产业政策司、装备工业司、消费品工业司、电子信息司、软件服务业司、通信发展司、电信管理局、信息化推进司等十一个司局的同志参加了会议。会议由工业和信息化部中小企业司副司长王建翔主持。

8月6日，工业和信息化部中小企业司副司长郑昕参加用友畅捷通中小企业信息化全程服务快车启动仪式并讲话。

8月9～10日，“第七届中国国际中小企业博会暨中澳中小企业博览会”第二次全国联络员会议在青海省西宁市召开。中博会组委会秘书处副主任、工业和信息化部中小企业司副司长郑昕参加会议并讲话。

8月11～13日，工业和信息化部中小企业司在青海省西宁市召开全国中小企业生产经营运行监测工作座谈会，来自各省市（区）和计划单列市、新疆建设兵团的中小企业管理部门及相关服务机构的120多位代表参加了会议。座谈会上，代表们介绍了本地区开展生产经营运行监测工作的做法和经验，广东、云南、山西、辽宁、青海和宁波等地同志做了典型发言，并就如何进一步做好中小企业生产经营运行监测有关工作进行了讨论。工业和信息化部中小企业司副司长王建翔出席座谈会并讲话。

8月11日，中国中小企业信息网座谈会在青海召开。来自总网和全国各省区市分网的负责人参加会议。工业和信息化部中小企业司副司长王建翔参加并讲话。

8月12～13日，工业和信息化部中小企业司王建翔副司长一行赴西藏就中小企业和非公有制企业发展情况、支持西藏发展等进行了调研，实地考察了拉萨市经济开发区、西藏远征集团、西藏萨博实业有限公司，并与西藏自治区工信厅的有关领导、企业家和服务机构负责人进行座谈。

8月16～17日，辽宁省中小企业公共技术服务平台建设推进工作现场经验交流会在沈阳市召开。工业和信息化部中小企业司副司长郑昕参加会议并讲话，会后前往沈阳市中小企业服务大厦、沈阳IC装备公共技术服务平台调研。

8月17日，工业和信息化部部长李毅中在中小企业司《中小企业划型标准修订工作进展情况的报告》上批示：作了许多工作，望加快进度，三季度末可否出台？不要拖到四季度。8月13日，工业和信息化部党组成员、总工程师朱宏任批示：呈报毅中部长审阅。请中小企业司在方案初步确定的情况下，尽快与统计局和工作组成员单位沟通，加快工作进程，同时注意征求社会意见，及早出台。

8月17日，在工业和信息化部中小企业司挂职任副司长的广东省茂名市副市长、国家一级美术师陈海同志，在挂职结束即将返回广东之际，再次义

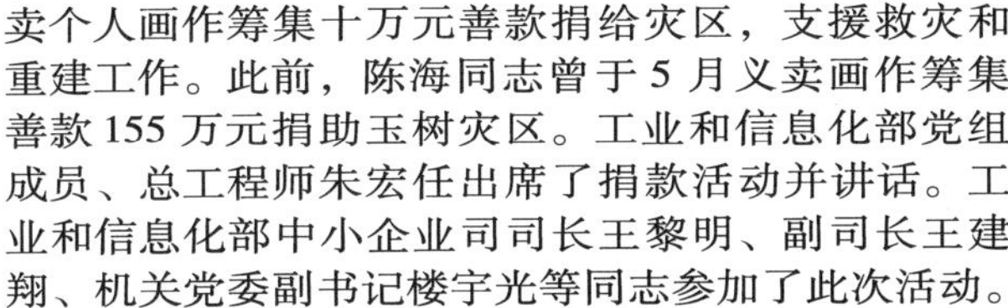

卖个人画作筹集十万元善款捐给灾区，支援救灾和重建工作。此前，陈海同志曾于5月义卖画作筹集善款155万元捐助玉树灾区。工业和信息化部党组成员、总工程师朱宏任出席了捐款活动并讲话。工业和信息化部中小企业司司长王黎明、副司长王建翔、机关党委副书记楼宇光等同志参加了此次活动。

8月20日，工业和信息化部中小企业司副司长郑昕接待中国建筑材料科学研究总院相关领导，介绍公共服务平台建设情况。

8月23～25日，由清华大学台湾研究所、台湾中华两岸企业发展协进会主办的首届“两岸中小企业发展论坛”在河北省邯郸市磁县举行。工业和信息化部中小企业司副司长郑昕应邀出席了此次论坛，并做大会发言。

8月26日，工业和信息化部中小企业司副司长郑昕参加北京金和软件公司“高林计划”实施和北京首站培训的启动仪式并讲话。

8月26日，国家知识产权局、工业和信息化部联合印发了《关于确定“中小企业知识产权战略推进工程首批实施单位”的通知》（国知发管字［2010］106号），确定了北京等32个城市作为中小企业知识产权战略推进工程首批实施单位。

8月，工业和信息化部中小企业司将《关于贯彻落实〈国务院关于进一步促进中小企业发展的若干意见〉有关情况的报告》上报国务院。

9月大事记

9月6～13日，工业和信息化部中小企业司司长王黎明陪同工业和信息化部部长李毅中到新疆调研。

9月6日，以国家工信部中小企业司王建翔副司长为组长、由住房城乡建设部、国家税务总局、中科院、中国企业联合会维权工委等派员组成的企业减负督查组到达贵州督查减负工作。9月7日，在贵州饭店参加了贵州省开展减轻企业负担专项治理工作情况汇报座谈会。

9月10～11日，工业和信息化部中小企业司王建翔副司长带队赴广西，对广西减轻企业负担工作情况进行督查。分别在南宁和高新区召开座谈会，与政府相关部门及企业家进行了座谈。

9月12日，工业和信息化部副部长杨学山在中小企业司《关于做好中国中小企业信息网“十二五”建设规划的请示》上批示：同意将中国中小企业信息网列入部“十二五”电子政务规划。9月12日，工业和信息化部党组成员、总工程师朱宏任批示：呈报学山副部长审示。

9月14日，工业和信息化部党组成员、总工程师朱宏任在广州市东方宾馆会见澳大利亚大使芮捷锐一行，双方进行了友好会谈。工业和信息化部中小企业司司长王黎明、副司长郑昕参加会谈。

9月15～16日，第七届中博会中澳中小企业高峰论坛在广州东方宾馆举行。工业和信息化部党组成员、总工程师朱宏任出席活动并致辞。工业和信息化部中小企业司司长王黎明、副司长郑昕参加。

9月15～18日，第七届中国国际中小企业博览会暨中澳中小企业博览会在广州举行。工业和信息化部党组成员、总工程师朱宏任，澳大利亚大使芮捷锐出席会议并致辞。工业和信息化部中小企业司司长王黎明、副司长郑昕参加。

9月15日，主题为“融合、创新、以信息化推动中小企业健康成长”的第七届中博会中小企业信息化高峰论坛在广州市亚洲国际大酒店举行。工业和信息化部中小企业司副司长郑昕出席会议并致辞。

9月16日，第七届中博会股权融资论坛暨项目对接会在广州中国大酒店举办。工业和信息化部中小企业司司长王黎明出席论坛并发表主旨演讲。

9月16日，亚欧中小企业发展研讨会在广州举行。工业和信息化部中小企业司副司长郑昕主持研讨会。欧盟委员会企业与工业总司司长Joanne（Giovanna）Drake等嘉宾出席会议并发言。

9月17日，第七届中博会各省（市、自治区）投资环境和项目推介暨军转民专题推介会在广州广东大厦召开，工业和信息化部中小企业司副司长郑昕参加会议并讲话。

9月17日，省市中小企业管理部门座谈会在广州召开，工业和信息化部中小企业司司长王黎明参加会议并讲话，会议由工业和信息化部中小企业司副司长郑昕主持。全国37个省市的中小企业管理部门负责人参加。

9月18日，工业和信息化部与清华大学联合举办的“中小企业高级工商管理研究生课程进修班第四期”结业典礼在清华大学经济管理学院举行。工业和信息化部中小企业司王建翔副司长参加结业典礼并讲话。

9月26日，以“生态、创新、人才、规范”为主题的第十一届全国中小企业信用担保机构负责人联席会议在广州召开。工业和信息化部中小企业司巡视员狄娜参加会议并讲话。

9月26日，由中国民主建国会中央委员会、工业和信息化部、陕西省人民政府共同主办的“2010中国（陕西）非公有制经济发展论坛”在西安隆重开幕。全国人大常委会副委员长、民建中央主席陈昌智出席并作主旨演讲。工业和信息化部党组成员、总工程师朱宏任出席开幕式并作题为《积极转变发展方式，促进非公有制经济平稳较快发展》的演讲。工业和信息化部中小企业司副司长郑昕参加。

9月27日～10月4日，亚太经合组织第31次中小企业工作组和第17次中小企业部长会议在日本岐阜市召开。工业和信息化部党组成员、总工程师朱宏任出席会议。工业和信息化部中小企业司司长王黎明参加。

10月大事记

10月8日，工业和信息化部党组成员、总工程师朱宏任，工业和信息化部人事教育司副司长史晓光及相关人员到中小企业司，宣布工业和信息化部中小企业司司长王黎明转任工业和信息化部消费品工业司司长，工业和信息化部中小企业司工作由副司长郑昕主持，工业和信息化部产业政策司副司长许科敏转任工业和信息化部中小企业司副司长。

10 月 9 日，工业和信息化部中小企业司在浙江杭州召开成长型中小企业投融资洽谈会。工业和信息化部中小企业司副司长郑昕参加会议并讲话。

10 月 9 日，工业和信息化部部长李毅中在国办秘书局《贾庆林、李克强同志在中央收文（中收阅字［2010］553 号）“中央统战部转呈全国工商联〈改善中小企业发展环境 推动形成职工工资正常增长机制〉”一文上批示》上批示：请雪青同志参阅，郑昕同志参阅。宏任同志 9 月 25 日批示：请中小企业司、运行局研处。黄孟复副主席的调研活动我们参加了一部分。调研报告反映的问题和所提建议要在落实 36 号文过程中加以关注，推动解决。其中减轻中小企业税费负担问题，要作为减负工作中的重点。

10 月 12 日，工业和信息化部部长李毅中会见德国经济和技术部部长布吕德勒一行。工业和信息化部中小企业司副司长郑昕参加。

10 月 14 日，2009 年度国家中小企业公共服务示范平台项目专家评审会在北京召开。工业和信息化部中小企业司副司长许科敏参加会议并讲话。

10 月 22 日，由“ENI”经济和信息化理事会主办、目前唯一以倡导经济和信息技术融合为主题的“2010 中国经济和信息化年会（ENI2010）”在广西玉林举行。工业和信息化部中小企业司副司长王建翔参加会议并讲话。

10 月 22～24 日，第七届中小企业商机博览会（中国·玉林）（简称“玉博会”）在玉林国际会展中心举行。来自 21 个国家和地区以及国内 23 个省、市、自治区的 1300 多名中外客商和嘉宾参加了开幕式。工业和信息化部中小企业司副司长王建翔参加并参观了展会。

10 月 24 日，工业和信息化部在西藏林芝召开全国工业和信息化系统援藏工作座谈会，深入贯彻中央第五次西藏工作座谈会议精神，落实《中共中央、国务院关于推进西藏跨越式发展和长治久安的意见》及《国务院关于支持西藏经济社会发展若干政策和重大项目意见》所提出的战略部署和具体任务，总结援藏工作进展情况，进一步部署和推进全国工业和信息化系统援藏工作。工业和信息化部部长李毅中出席会议，工业和信息化部中小企业司副司长郑昕陪同参加。

10 月 26 日，工业和信息化部、西藏自治区人民政府在拉萨签署了《关于共同推进西藏工业和信息化发展的合作协议》，工业和信息化部向西藏自治区捐赠卫星电视接收设备仪式。工业和信息化部部长李毅中，西藏自治区主席白玛赤林出席签字仪式，工业和信息化部中小企业司副司长郑昕参加。

10 月 27～29 日，国务院副总理张德江前往广州、佛山、东莞、深圳等地就中小企业发展问题进行调研，了解促进中小企业发展政策落实情况和中小企业生产经营情况。中共中央政治局委员、广东省委书记汪洋，国务院办公厅副秘书长肖亚庆及工业和信息化部副部长苗圩、工业和信息化部中小企业司副司长王建翔一同参加调研。

10 月 30 日，“第四届中国中小企业节”在大连开幕，全国政协副主席李金华、全国人大原副委员长、中国中小企业协会名誉会长顾秀莲、大连市委书记夏德仁和中国中小企业协会会长李子彬等出席开幕式。工业和信息化部党组成员、总工程师朱宏任出席并致辞，工业和信息化部中小企业司副司长郑昕参加。

11 月大事记

11 月 5 日，欧盟中小企业中心启动仪式在北京召开。工业和信息化部党组成员、总工程师朱宏任，工业和信息化部中小企业司副司长郑昕，欧盟委员会负责工业和企业事务的副主席安东尼奥·塔亚尼、欧盟驻中国、蒙古国代表团大使赛日·安博、中英贸易协会执行理事布莱恩·欧乐等相关人士出席了本次启动仪式。朱宏任总工程师在启动仪式前，就中欧中小企业合作事宜与塔亚尼副主席进行了亲切会谈。

11 月 8 日，由国家知识产权局与重庆市人民政府共同主办，重庆市科委、市知识产权局承办的“知识产权投融资服务与企业创新发展论坛”在重庆市举行。工业和信息化部中小企业司副司长许科敏参加论坛并讲话。

11 月 8 日，工业和信息化部副部长苗圩在德国柏林与德国经济和技术部国务秘书布尔格巴赫尔共同主持召开了第二次中德最后盘那个小企业政策磋商会议。工业和信息化部中小企业司副司长王建翔参加。

11 月 8～9 日，工业和信息化部中小企业司王建翔副司长率团赴德国波茨坦参加“中德中小企业经营管理者培训合作项目第三次指导委员会”会议，与德国联邦经济技术部文德凌副司长共同主持会议并讲话。

11 月 10 日，青岛市中小企业公共服务中心的启用仪式隆重举行。工业和信息化部党组成员、总工程师朱宏任出席活动并致辞，工业和信息化部中小企业司副司长许科敏参加。

11 月 10～11 日，工业和信息化部中小企业司在山东省青岛市召开全国中小企业服务体系建设座谈会。工业和信息化部党组成员、总工程师朱宏任出席会议并讲话，工业和信息化部中小企业司副司长郑昕、许科敏参加。各省、自治区、直辖市、计划单列市、新疆生产建设兵团及相关部委 150 余人参加了会议。

11 月 11～16 日，工业和信息化部中小企业司王建翔副司长率团赴法国巴黎参加“第一次中法中小企业工作组”会议，并与法方的工业、服务业和竞争力总署办公室主任 Schars 女士共同主持。

11 月 12 日，国家区域性（河南）中小企业产权交易市场试点在郑州正式启动。工业和信息化部部长李毅中、河南省省长郭庚茂出席启动仪式。工业和信息化部党组成员、总工程师朱宏任出席并致辞。工业和信息化部中小企业司副司长郑昕以及来自北京、福建等省市政府及工业主管部门 2500 余人参加。

11月18日，工业和信息化部部长李毅中在国办秘书局《张德江同志11月12日在国务院促进中小企业发展领导小组办公室〈内部资料〉（第12~15期）上批示》上批示：宏任同志阅批，郑昕同志阅办。即请郑昕同志组织相关司局、协会等，遵照的德江副总理要求认真研究中小企业当前的生产经营环境，提出针对性措施及“十二五”政策性建议，落实去年国务院36号文件及今年关于支持民间资本投入的文件精神的具体工作安排，向办公会汇报后报德江同志，召开领导小组会，并为明年初中小企业工作会议做准备。办公会安排在11月底。办公厅督办。工业和信息化部党组成员、总工程师朱宏任11月19日批示：转郑昕同志。即会同有关司局、单位并组织全司抓紧研究落实，注意德江副总理批示中涉及的方面和毅中部长强调的重点，汇报要明确说明，及时优质做好这项工作。

11月18日，工业和信息化部部长李毅中在中小企业司《关于经济日报“转变发展方式，进一步促进中小企业发展调研行”系列报道情况的报告》上批示：继续与经济日报等主流媒体配合做好扶持中小企业发展的舆论宣传，同时及时发现问题，完善改进政策措施。工业和信息化部党组成员、办公厅主任刘利华11月10日圈阅。工业和信息化部党组成员、总工程师朱宏任11月8日批示：呈请利华主任审核后，呈报毅中部长审示。中小企业司和办公厅的这项工作有成效，有影响，望继续相互配合，把营造良好的舆论氛围作为促进中小企业发展的重要举措。

11月19日，工业和信息化部中小企业司召开“贯彻落实《党员领导干部廉洁从政若干准则》，加强领导干部作风建设”专题民主生活会。工业和信息化部党组成员、总工程师朱宏任、机关党委直属机关团委书记董大健、驻部监察局副局长孟庆旸出席会议并讲话，人事教育司司长衣雪青参加会议并讲话。王黎明、郑昕、王建翔同志参加会议，许科敏、狄娜同志请假，司党支部委员列席会议。

11月22日，工业和信息化部部长李毅中在中小企业司《关于区域性（河南）中小企业产权交易市场试点有关工作的请示》上批示：纠正、改进、完善。一是平稳停盘，协助省做稳定工作，摸清情况妥善处置；二是纠正不规范的规则、方案，组织严格审核，保证开盘后符合产权交易市场要求；三是与证监会沟通，及时向国办汇报。广州等处暂停。工业和信息化部党组成员、办公厅主任刘利华11月22日圈阅。工业和信息化部党组成员、总工程师朱宏任11月22日批示：请利华主任审核后，呈报毅中部长批示。

11月22日，工业和信息化部党组成员、总工程师朱宏任主持召开专题会议，研究国家区域性（河南）中小企业产权交易市场有关工作。工业和信息化部中小企业司副司长郑昕参加。

11月22日，2010年中小企业与军工企业交流合作座谈会暨项目推介会在重庆召开。部分地区中小企业主管部门和军工集团公司、军工企事业单位代表70余人参加会议。

11月23日，工业和信息化部中小企业司在浙江省杭州市召开全国中小企业新型融资方式工作座谈会，来自各省、自治区、直辖市、计划单列市中小企业管理部门及金融机构、担保机构等单位170余人参加了会议。工业和信息化部中小企业司副司长王建翔参加会议并讲话。

11月25日，工业和信息化部党组成员、总工程师朱宏任出席区域性（河南）中小企业产权交易市场试点工作实施方案专家评审论证会，工业和信息化部中小企业司副司长郑昕参加。

11月26日，工业和信息化部中小企业司副司长郑昕、许科敏、王建翔带领全司干部参加机关公文展示活动，认真学习公文学做有关知识。

11月27日，工业和信息化部中小企业司在北京市召开中小企业管理信息化服务系统工作座谈会。工业和信息化部中小企业司副司长郑昕参加会议并讲话。

11月28~29日，第五届中国中小企业家年会在北京人民大会堂隆重召开。全国人大常委会副委员长陈昌智、全国政协副主席厉无畏、十届全国人大常委会副委员长顾秀莲、十届全国政协副主席张怀西和国务院有关部委领导黄晴宜、朱丽兰、侯云春、董树奎、黄毅、陈耕、肖建章、任玉岭、工业和信息化部中小企业司副司长王建翔以及全国优秀企业家代表，银行、投资担保机构、律师、会计师、管理咨询、教育、著名新闻媒体的代表等近800人参加开幕式。

11月30日，工业和信息化部部长李毅中主持召开第28次部长办公会，听取工业和信息化部中小企业司《关于当前中小企业发展情况和对策建议》的汇报。工业和信息化部中小企业司副司长郑昕、许科敏、王建翔参加会议。

11月30日~12月2日，工业和信息化部中小企业司副司长郑昕带领证监会等部委相关人员前往河南省郑州市，对区域性（河南）中小企业产权交易市场试点情况进行了督查调研。

12月大事记

12月3日，国务院促进中小企业发展工作领导小组（以下简称领导小组）办公室第三次会议在北京召开。领导小组成员、工业和信息化部党组成员、总工程师朱宏任出席并主持会议。领导小组办公室主任、工业和信息化部消费品工业司司长王黎明，工业和信息化部中小企业司副司长郑昕、许科敏、王建翔和国家发展改革委、财政部、科技部、农业部、统计局、海关总署、工商总局、税务总局等17个领导小组办公室成员单位及相关部委参加会议。会议听取了各成员单位2010年贯彻落实国发36号文件工作情况和2011年工作要点，研究安排了领导小组第一次会议部门分工，并对近期工作进行了部署。

12月6日，工业和信息化部中小企业司组织召开2010年中小企业信息化发展指南前期研究和中小企业信息化服务市场调查和发展报告专家评审会，两个研究课题通过了专家评审。工业和信息化部中小企业司副司长郑昕参加会议。

12月9～11日，工业和信息化部中小企业司副司长郑昕前往河南省郑州市，再次对区域性（河南）中小企业产权交易市场试点工作相关情况进行督查调研。

12月14日，在瑞典新任驻华大使罗睿德的陪同下，以瑞典企业、能源与交通部秘书处主管（相当于国际司副司长）蒂姆·布鲁克为团长的瑞典官方代表团访问了工业和信息化部。中小企业司副司长王建翔会见了瑞典代表团一行8人，双方就落实中小企业合作备忘录、在未来共同主办中博会等事宜进行了商讨。

12月25日，工业和信息化部在北京召开2011年全国工业和信息化工作会议。工业和信息化部部长李毅中在会上作了“加快工业转型升级 推进两化深度融合 走中国特色新型工业化道路迈出新步伐”的工作报告。工业和信息化部党组书记、副部长苗圩主持会议。会议主要任务是全面贯彻落实党的十七届五中全会和中央经济工作会议精神，回顾总结2010年工作和“十一五”成绩，分析明确“十二五”面临的环境和任务，部署安排2011年的工作，以加快转变发展方式为主线，以调整产业结构为主攻方向，统一思想，明确任务，狠抓落实，努力开拓工业和信息化工作新局面。工业和信息化部中小企业司副司长郑昕、许科敏、王建翔参加会议。

12月28～30日，由中华人民共和国工业和信息化部、越南社会主义共和国计划投资部共同主办的“中越中小企业经贸交流与合作研讨会”在北京召开，来自中越两国中小企业政府管理部门、服务机构、研究机构和中小企业的150余位代表出席了会议。工业和信息化部党组成员、总工程师朱宏任出席会议并致辞。越南计划投资部企业发展局副局长阮花刚介绍了越南在经济社会发展和中小企业领域的做法及成功经验。工业和信息化部中小企业司副司长郑昕就中国中小企业发展状况和相关政策措施发表了主旨演讲。会议由工业和信息化部中小企业司副司长王建翔主持。12月28日下午，越南计划投资部企业发展局副局长阮花刚一行六人在工业和信息化部中小企业司副司长王建翔、北京市经信委和中小企业发展促进中心有关同志的陪同下进行了参观考察。12月29日，越南计划投资部企业发展局副局长阮花刚一行前往广州市进行商务考察活动。

工业和信息化部中小企业发展促进中心 2010年工作大事记

1. 1月14日，中编办批复中心正式更名为“中国中小企业发展促进中心”

2. 开展课题研究，为部门和地方决策提供智力支持

2010年，中心接受国家发改委、财政部、工信部、国资委委托课题7项，地方政府委托课题1项，分别是：《中小企业节能减排指导意见》、《中外中小企业政策比较研究》、《提升中小企业管理水平的政策体系研究》、《中小企业安全生产培训政策研究》、《中小企业对外合作与市场开拓研究》、《中小企业融资政策研究》、《以信息化推动中小企业转型升级》、《宁波市节能减排基地建设战略研究》。其中以《中小企业节能减排指导意见》为基础的工信部文件《关于进一步加强中小企业节能减排工作的指导意见》文件已于今年4月14日正式发布。《宁波市节能减排基地建设战略研究》课题已成为宁波市制订“十二五”期间节能环保产业发展规划的重要参考依据。

3. 举办各类展会，为中小企业市场开拓服务

2010年，中心共举办各类展会13个。其中国际展会11个，国内展会2个，境内展9个，境外展4个。主要有：①“第六届APEC中小企业交流暨展览会”。该展会于6月30日至7月3日在福州举办，克服了时间紧、任务重、协调困难等诸多困难，圆满完成了既定的各项工作任务，取得了较好的实效。②第七届中小企业（玉林）商机博览会和中小企业论坛。③第五届2010中国（苏州）国际中小企业交易会。④实施亚洲区域合作专项资金项目：“10+3提升产业集群国际竞争力和产业结构调整研讨会”。⑤配合部产业政策司、国际合作司举办“金融危机背景下的中日韩三国产业合作研讨会”。除此之外，中心（协会）还参与了一些展会活动，派人参加国际会议，与意大利、韩国有关机构签订合作协议等。通过上述活动，为中小企业获取信息，发现商机，找到伙伴搭建了平台，有力促进了中小企业市场开拓，为帮助中小企业克服金融危机影响做出了贡献。

4. 推动信息化建设，努力提高中小企业管理水平

①整合资源，创新模式，积极推动中小企业信息化公共服务平台建设。

②继续推动“管理下企业工程”，先后在深圳、潮州、广州、中山、东莞等地区组织开展。

③积极落实“中小企业管理提升计划”工作，在全国10个城市进行培训推介，近2000余家中小企业家参加。

④创新中小企业投融资公共服务平台建设，合作建立了中小企业金融资本公共服务平台和投融资电子商务服务平台。

5. 做好编辑出版工作，为中小企业提供信息服务

①编辑出版《中国中小企业年鉴》。2010年实现了“三个突破”：一是争取实现司里对年鉴经费支持的突破；二是争取全国31个省（自治区、直辖市）、5个计划单列市和新疆生产建设兵团全部按期完成组稿，实现“大团圆”的突破；三是克服中小企业统计数据滞后等困难，实现首次年内出版的突破。

②编辑出版《中小企业杂志》。

③编辑《中国中小企业金融服务指南》（第二册）、《中国投资与名牌产品采购指南》和《中国工业和信息化科技成就与发展》等。

6. 积极开展培训，为中小企业发展提供人才支持

①实施中德中小企业经营管理者培训项目，分两批选送40名学员进行培训。完成年度报告和三年成果总结报告，得到中德指导委员会高度评价。

②完成涉外人力资源开发培训，承办双边和多边援外研修班6期，组织多个发展中国家230多位经贸管理官员和中小企业代表来华研修和考察。

③开展各类适应性短期培训。继续举办“中国中小企业大讲堂”和“中国中小企业健康成长计划”等系列活动。共计培训中小企业经营管理者3000余人。

④实施“中小企业经理人证书考试”项目。与全国考委合作开设高等教育自学考试“中小企业经营管理专业（专科、独立本科段）”，将中小企业经理人证书考试项目与高等教育自学考试学历衔接。

7. 提供咨询服务，推动中小企业园区建设

①与连云港市人民政府共同建设“国家新能源产业和中小企业科技创新与成果转化（连云港）示范园区”。

②天津中小企业发展园建设已全面竣工，进入招商工作阶段。

③继续筹建北京国门商务区中小企业国际交流中心。

④扬州智能电器产业园筹备工作正在稳步推进。

⑤成立上海服装品牌创意产业和成果孵化示范基地。

⑥与辽宁装备投资管理公司、台州中舟船舶物资公司、莱茵达控股集团等继续进行合作探索。

8. 协会建设

一是协会申请开设了预算账户。二是增设“企业品牌管理研究中心”。三是完成中小企业服务体系专项资金的申报工作。

各地中小企业工作大事记

北京市

1月13日，市经济信息化委组织召开了我市促进中小企业发展情况座谈会。东城、海淀、朝阳、昌平、大兴、石景山、顺义、通州、房山等9个区县主管中小企业的区长及部门领导汇报了本区中小企业发展现状及下一步工作思路打算，同时对我市促进中小企业发展情况提出了许多建设性的意见和建议。市经济信息化委姜贵平副主任、汪进军同志参加了座谈。

1月14日下午，市经济信息化委朱炎主任组织召开了本市中小企业融资工作座谈会，市金融工作局、中国人民银行营业管理部、北京银行、工商银行北京分行等七家银行参加座谈。会议主要围绕2009年北京市中小企业融资状况和2010年鼓励支持中小企业融资政策措施等方面进行了深入交流。

5月5日，本市召开了中小企业促进法执法检查组第一次全体会议，市人大常委会副主任吴世雄同志出席会议并讲话。

会上，市人大常委会财经办程晓君副主任汇报了此次执法检查工作方案；市经济信息化委朱炎主任汇报了本市贯彻实施《中华人民共和国中小企业促进法》相关情况；市财政局、市人力社保局、市工商局、市金融工作局、市科委、市国土局补充汇报了贯彻中小企业促进法有关情况；与会代表就执法检查工作方案及贯彻中小企业促进法中存在的困难问题发表了意见和建议。

6月25日，市经济信息化委组织召开了中小企业集合信托工作专题会。中小企业处为18个区县负责中小企业融资工作的负责人介绍了针对中小企业的集合信托计划。下一步，市经济信息化委将结合各区县自身的实际情况，及时与再担保公司和本市投融资平台进行对接沟通，制定具体的实施方案和细则，加快推进本市中小企业集合信托工作。

7月3日，第六届APEC中小企业技术交流暨展览会在福州海峡国际会展中心闭幕。

在展会期间，北京展团共租用了30个标准展位，会上共签订合作意向28项，北京展团荣获了大会组委会授予的最佳组织奖和最佳设计奖，出色地完成了组展及参展任务。

7月15日上午，市政协组织召开了促进中小企业发展情况通报会暨联合调研组成立会。市经济信息化委领导陈志峰同志、市财政局于学强副局长分别做了促进本市中小企业发展情况的报告；委员们纷纷对本市中小企业在发展中遇到的各种问题，尤其在加快中小企业地方立法工作方面提出了许多建设性的意见和建议。

7月16日上午，市人大执法检查组到顺义区进行实地执法检查。检查组听取了顺义区经信委主任吴建国同志对如何落实中小企业促进法的情况汇报；听取了雅昌、威廉顺塑胶、欣北水泵厂、同晖珠宝等企业的汇报。市经济和信息化委领导陈志峰同志、顺义区林向阳副区长及区人大、区经信委的相关领导参加陪同。

7月20日上午，市人大执法检查组到北京市中小企业服务中心进行实地执法检查。会上，检查组听取了北京市中小企业服务中心、西城区中小企业服务中心、通州区中小企业服务中心、怀柔区中小企业服务中心等服务机构在贯彻实施中小企业促进法中所开展的工作，重点围绕服务机构在落实中小促进法中所遇到的问题提出了许多建设性的意见和建议。

7月27日，市人大财经委与市经济信息化委组织本市部分担保公司（再担保公司）、创投公司、银行金融机构、企业等多家单位召开座谈会，调研了解本市落实中小企业促进法及为中小企业提供金融支持方面所面临的融资难、贷款难等相关问题。会议由市人大常委会财经办公室副主任程晓军主持。

8月5日下午，市经济信息化委在北京会议中心组织召开了中小企业专题工作会，进一步征求各相关单位对《北京市贯彻落实国务院〈关于进一步促进中小企业发展的若干意见〉的实施意见》的意见。苟仲文副市长参会并讲话。

会上，市经济信息化委领导陈志峰同志汇报了北京市贯彻落实国务院〈关于进一步促进中小企业发展的若干意见〉的实施意见；参会的28个委、办、局分别就《实施意见》提出了意见建议。

8月10～11日，在市经济信息化委主管领导、引导基金监管办成员单位及律师事务所律师的共同见证下，引导基金第三批4家合作创业投资公司北京临空创业投资有限公司、北京首创乾元盛创业投资有限公司、北京浙商海鹰创业投资有限公司、北京天素绿色成长创业投资有限公司召开了第一次股东会、董事会，签署了《投资人协议》和《公司章程》等文件。

9月6日至10月30日，市经济信息化委、市财政局面向社会公开征集北京市中小企业创业投资引导基金第四批合作创业投资机构。共10家创业投资机构提交了合作申请。经形式审查，其中7家创投机构的申报材料基本符合相关规定。

9月7日，市经济信息化委会同市政府法制办、市人大财经委、法制办，组织召开市发展改革委、市财政局等10个委办局参加的《促进中小企业发展条例》立项论证会。按照会上提出的意见，完成立项报告的修改，并已上报市政府法制办。

9月17日，市经济信息化委姜贵平副主任会见以蓝斯登先生为名誉团长、美国联邦商务部国家商业发展总署东北部14个州亚裔商业名誉顾问委员会主席朱林骥博士为团长的代表团。双方就支持中小企业发展、缓解融资难问题进行了交流；并就中美中小企业融资合作、我市中小企业到美国上市融资等问题进行了探讨。

10月19～20日，市经济信息化委组织召开了北京市区（县）中小企业工作会。

会上，中小企业处就前一段的工作向各区（县）中小企业主管部门负责同志进行了通报和沟通，对下一阶段的重点工作进行了安排部署。各区（县）中小企业主管部门负责同志也分别介绍了本地中小企业工作进展情况，同时，各区县并就中小企业发展中遇到的一些问题进行了广泛交流。

11月5日，按照市人大财经委的通知要求，我委在原由的《促进中小企业发展条例》的立项论证报告的基础上，详尽阐述了《促进中小企业发展条例》与《中华人民共和国中小企业促进法》、国发36号文件及《北京市促进私营个体经济发展条例》、《中关村国家自主创新示范区条例》之间的关系。

11月12日，《北京市促进中小企业发展条例》的立项论证会在市人大举行，市经济信息化委领导陈志峰同志参加会议。会议由市人大财经办副主任程晓君同志主持。

陈志峰同志首先介绍了《北京市促进中小企业发展条例》的立项背景、立法的必要性和可行性，立法的基本思路和主要内容，并就几个重点问题进行了详细阐述。与会的专家和代表纷纷表达了对该项立法必要性和可行性的充分认同，并提出了建设性的意见和建议。

11月15日上午，市人大常委会组织市人大代表进行市十三届人大四次会议前的视察活动，36名市人大代表到昌平区视察北京东方广视科技股份有限公司、乐普（北京）医疗器械股份有限公司，深入了解中小企业发展情况。

陈志峰同志向市人大代表视察组汇报了我市中小企业发展现状、存在问题和今后工作措施，认真听取了市人大代表提出的意见和建议并回答了有关问题。

12月20日，引导基金合作创业投资公司北京启迪明德创业投资有限公司所投企业北京世纪瑞尔技术股份有限公司在深圳创业板上市，股票代码300150。该公司为主要从事铁路行业的安全监控技术与服务的IT技术企业。

天津市

2月25日　市委、市政府在东丽区召开农村居住社区、示范工业园区、农业产业园区建设现场推动会。市委书记张高丽出席并讲话，市委副书记、市长黄兴国作部署。市委常委、市委教育工委书记苟利军，市委常委、市委秘书长段春华，市政府秘书长李泉山出席。副市长李文喜主持。

3月3日　市中小企业局在东丽华明工业区，召开贯彻落实“天津市农村三区建设现场会”精神、加快示范工业园区建设现场推动会。副市长李文喜到会并讲话。

4月10日　市政府召开天津市区县示范工业园区和重大项目建设推动会。副市长李文喜出席会议并讲话，各区县汇报了一季度进展情况，市有关部门通报了相关情况，张国庆局长总结了一季度示范工业园区及重大项目工作并就做好二季度的工作进行了部署。

5月12日　根据津党任〔2010〕87号文件，尉永久同志任天津市中小企业发展促进局党组成员、书记，免去张国庆同志天津市中小企业发展促进局党组成员、书记（兼）职务。

5月24日　根据津政人〔2010〕5号文件，尉永久任天津市中小企业发展促进局局长，免去尉永久天津港保税区管理委员会副主任职务；免去张国庆天津市中小企业发展促进局局长（兼）职务。

6月1日　市政府在西青区召开区县示范工业园区现场推动会，市委副书记、市长黄兴国出席会议并讲话。黄兴国强调，各区县要深入贯彻落实市委、市政府关于农村“三区”建设的部署，加快推进示范工业园区建设，努力做到水平高、速度快、效益好。市委常委苟利军、市政府秘书长李泉山以及市有关区县和部门负责同志出席。副市长李文喜主持。

7月15日　市中小企业局在武清区召开天津市区县示范工业园区暨重大项目建设现场推动会上的讲话，利军常委到会讲话，文喜副市长主持。

8月1日至2日　市委副书记、市长黄兴国深入宝坻、武清区调研，察看区县示范工业园区建设情况，指导推动工作。市委常委苟利军、副市长李文喜、市政府秘书长李泉山陪同调研。

8月12日　市中小企业发展促进局在宝坻区召开了区县示范工业园区招商工作座谈会，专题研究园区招商工作，推动区县示范工业园区全面提升招商水平。

8月19日　全市区县示范工业园区现场推动会在宝坻召开，副市长李文喜出席会议并讲话，市政府副秘书长于忠诚主持会议。

9月2日　中共天津市委 天津市人民政府出台《关于加快科技型中小企业发展的若干意见》，推出了大力发展科技型中小企业的重大战略举措。

9月19日　市委、市政府召开加快科技型中小企业发展动员大会。市委书记张高丽出席并讲话，市委副书记、市长黄兴国作部署，市委副书记何立峰，市委常委、市委宣传部部长肖怀远，市委常委、市委组织部部长史莲喜，市委常委、副市长崔津渡，市委常委、市委秘书长段春华，市政府秘书长李泉山出席，市委常委、常务副市长杨栋梁主持会议。

9月19日　大干100天全面完成示范工业园区建设全年目标任务推动会在天津礼堂小剧场会议楼召开。副市长李文喜出席会议并讲话。

9月28日　市中小企业局与市金融办、市工商联联合在喜来登大酒店召开天津企业利用国际资本市场上市融资推介会，市委常委、副市长崔津渡同志出席会议并讲话，中国注册会计师协会秘书长陈毓圭先生、浩信国际全球总裁罗伯特．陶吉斯先生、市政府有关部门代表、境外主要交易所的官员和机构代表以及我市拟上市企业代表近150人参加了会议，五洲松德联合会计师事务所和HLB浩信国际对会议给予了大力支持。

11月2日　市中小企业局在保税区空港经济区召开区县示范工业园区工作推动会。市发改委、市规划局、市国土房管局、市外商投资服务中心、市合作交流办等部门负责同志，各有关区县和滨海新区汉沽、大港管委会等单位负责同志参加会议。

11月2日~12月3日　天津市政府组织市有关部门对31个区县示范工业园区起步区建设情况进行验收。

11月5日　市中小企业局在水晶宫大酒店召开纽约泛欧证券交易所中小企业上市推介会，金讯（天津）国际贸易有限公司为承办方。市委常委苟利军、市政协副主席何荣林会见了专程来津出席会议的法国国家财务审核信用集团总裁让・法布里斯・科希一行，双方就加强中小企业在境外上市融资合作深入交换了意见。市级老同志周绍熹、市有关部门负责同志以及来自全市各区县的60多家中小企业负责人参加。

11月17日　市中小企业局在天津大礼堂中剧场召开“科技型中小企业融资对接会”，副市长李文喜出席会议并讲话，19家金融机构向参会的300余家企业推介了特色金融产品，双方还就企业融资工作进行了对接。

11月23~24日　市中小企业局组织各区县和31个示范工业园区组成招商团，由市政府副秘书长于忠诚、市中小企业局局长尉永久带队，赴上海开展天津示范工业园区招商推介活动，分别举行“长三角”内外资招商推介会和台资恳谈会，160余名来自香港、台湾、上海、浙江、江苏、福建、贵州等地及海外的企业和机构负责人参加，活动取得了丰硕成果。

12月8日至11日　市中小企业发展促进局局长尉永久率部分处室同志先后赴山东济南、青岛、浙江杭州、义乌等地考察调研，市委研究室农村处和市委办公厅信息处同志参加活动。

山西省

1月15日，山西省长治市中小企业创业辅导服务中心揭牌。

1月中旬，吕梁孝义市金晖集团总投资2.95亿元开通铁路专用线。这是南同蒲线最大的战略装车基地、山西省最大的民营铁路专用线。

2月3日，山西省中小企业系统局长座谈会在太原召开。会议就机关作风建设、全系统队伍建设、2010年度工作等进行了认真研究。

3月1日，山西省中小企业局召开全局系统党风廉政建设干部大会。

3月11日，全国进出口企业质量诚信评比揭晓，山西杏花村国际贸易公司、永速新时速电机电器有限责任公司、经纬纺织机械股份有限公司榆次分公司、富士康精密电子有限公司鸿富晋精密工业太原公司、中煤平朔煤业有限公司、平定莹玉陶瓷有限公司等6家企业喜获全国质量诚信企业称号。

3月中旬，山西（朔州）诺成制药有限责任公司建设的非pvc软袋大输液和塑瓶大输液等医药科研产品项目，填补了山西省没有非pvc软袋大输液和塑瓶大输液的空白，打破国内现有输液产品结构单一、规格不全的格局，成为国内最大的非pvc软袋生产基地。

3月8~20日，为了掌握全省中小企业、民营经济最新发展情况，山西省中小企业局由局领导带队，兵分五路，采取座谈了解、检查督促、实地走访等形式，先后深入近60个县（市）、180多个企业，召开了近60个座谈会，对全省11个市的中小企业发展情况、服务体系建设情况、机构改革情况进行了考察调研。

3月25日，经山西省政府法制办审核同意，山西省中小企业局、省减负办、省纠风办联合下发了《关于实行中小企业缴费登记制度的通知》，今后行政部门对中小企业收费都必须在《中小企业缴费登记手册》上逐项登记，拒绝登记或未出具法定收费票据者，企业都有权拒缴。此外，全省还将建立健全中小企业负担监督管理体系，省中小企业局将建立中小企业治乱减负队伍。

3月31日，山西省中小企业暨民营经济工作会议在太原召开。会议对2009年全省中小企业工作、当前中小企业发展面临的形势进行了分析总结，对2010年工作进行了安排部署，对2009年度全省促进中小企业发展先进单位、服务中小企业先进单位、转型发展先进企业、促进就业先进企业、科技创新先进企业进行了通报表彰。

4月21日，在全国“2008~2009年度争创广告行业文明单位”活动总结暨表彰大会上，吕梁市华宇广告有限公司成为山西省唯一获此殊荣的地（市）级广告公司。这是山西省近年来唯一获得“中国二级广告企业”和“全国广告行业文明单位”双荣誉的综合性广告公司。

4月22日，吕梁市政府与汾酒集团签订战略合作协议，双方将共建杏花村酒业集中发展区，为民营资本投资发展搭建了新的平台。双方共同编制了《杏花村酒业集中发展发区战略规划》，确定将用3年时间投资50亿元，新建酒业集中发展区，安排3万人就业，带动酿酒高粱产区10万户农民致富，增加销售收入100亿元以上。

4月29日，在第五届中国诚信企业家大会暨2010“诚信中国北斗奖”诚信企业家表彰大会上，阳城县非公经济人士刘小直荣获“诚信中国北斗奖”，山西省仅此1人获奖。

4月份，汾阳市24家煤炭企业老板“抱团”组成了“汾阳市煤炭企业转型发展联合协会”。这是山西省首个煤老板以集体形象亮相转型的组织。

4月底，在由中国产业集群研究院、中国发展战略学研究会经济战略专业委员会主办的“2010中国产业发展大会”上，孝义市荣获“中国产业发展能力百强县市”称号，成为山西省唯一获得此项殊荣的县市。

5月6日，山西省中小企业局与人民银行太原中心支行召开山西省金融支持中小企业发展座谈会。山西省中小企业局与有关银行建立企业客户推介机制，提出全省中小企业融资重点项目向全省商业银行推荐。

5月10日，山西省大学生村干部就业与中小企业招聘人才双向选择座谈会在太原召开。

5月份，吕梁“柳林红枣”商标经国家工商总局商标局核准注册，获准“中国地理标志”使用权。

6月1日，晋中榆社县花茂养蜂专业合作社生产的“榆社洋槐蜜”通过农业部农产品质量安全中心审查和专家评审，获得国家农产品地理标志证书。

6月11日，晋城市举行“十百千万”创业工程启动仪式。从2010年起，用两到三年时间，在全市范围内建设10个创业基地，培养100名创业领军人物，1000名创业带头人和10000名创业者，最终实现增加10万个就业岗位的目标。

6月24日，中阳钢铁有限公司、文水海威钢铁有限公司举行钢铁企业联合重组签约仪式，成立吕梁钢铁集团。这将成为除太钢集团外的山西省第二大钢铁集团。

7月1日至3日，山西省组织155家成长性较好的企业、246种产品参加了第六届APEC中小企业技术交流暨展览会，共签订87个项目，总金额达到24.32亿元。

7月7日，山西省中小企业基金发展集团有限公司与兴业银行太原分行举行签约仪式，实施战略合作，探索扶持中小企业、民营经济的有效途径。

7月10日，首期总投资4亿元的晋城豪德光彩贸易广场奠基，该项目为香港豪德集团在全国投资兴建的第16个商贸物流园区，完工后预计市场年销售额可达30亿元至50亿元人民币。

7月13日，山西省中小企业系统局长会议召开，会议认真学习省委书记袁纯清同志近期在各市调研时对中小企业、民营经济工作的一系列重要指示精神及在晋城市民营企业家座谈会上的重要讲话精神，提出了“六抓六重”（抓运行、重分析；抓规划、重转型；抓项目、重招商；抓基地、重园区；抓服务、重环境；抓宣传、重形象）的工作举措。

7月23日，山西省基金发展集团有限公司与英国洛克利中国基金举行签字仪式，合资成立山西中盈洛克利创业投资有限公司。

7月13日，由国内大型农业开发企业将军红集团和榆次福大绿色食品有限公司共同投资兴办的将军红集团下属控股子公司的山西将军红农业开发有限公司正式竣工投产，成为山西省规模最大的速冻保鲜果蔬加工出口企业。

8月11日，吕梁文水县被确定为山西省申报的唯一国家服务业综合改革试点县。

8月15日，第十届全国县域经济基本竞争力与科学发展评价报告发布，全国县域经济基本竞争力百强县（市）名单揭晓，孝义市位列第70位，成为山西省唯一进入全国百强的县市。

8月23日至26日，第一届山西省中小企业（建材物理性能检验工）职业技能大赛在太原举行。

8月31日，长治市组织80余个项目与中科院国家技术转移中心联合举行中小企业转型项目发布会，12家企业与中科院国家技术转移中心、上海交通大学、西安交通大学等项目单位签订了13个项目合作协议。

9月15～18日，山西省组织92家企业、135种产品参加了第七届中国国际中小企业博览会暨中澳中小企业博览会，共签订26个项目，总金额达到35.06亿元。

9月18日，中国县域经济论坛平鲁城乡统筹发展高层研讨会在朔州平鲁区举行。

9月28日，在“2010年中国现代服务业大会”上，孝义市荣膺“中国现代服务业投资环境十佳县（市、区）”称号，成为全国获此殊荣的七个城市之一。

10月20～23日，山西省经济和信息化委员会副主任、省中小企业局局长王克建带工作组到陕西就陕西省中小企业、非公经济工业园区建设、统计报表管理系统、预警监测系统、发展环境测评体系等内容进行专题学习调研。

11月19日，山西省召开民营经济转型跨越发展大会，会议全面贯彻十七届五中全会精神和全省领导干部大会精神，部署加快民营经济发展的思路和措施，表彰了优秀民营企业和企业家。同期还举行了山西省民营经济转型发展成果展览和山西省民营经济转型跨越发展招商引资项目签约仪式，共有46个合作项目成功签约，其中外资项目7个，内资项目39个，总投资136.2亿元，拟引资119.2亿元。

11月12日，山西（运城）颐源阳光工贸集团股份有限公司在国家区域性（河南）中小企业产权交易市场正式挂牌上市，成为山西省唯一成功在全国中小企业产权交易市场挂牌上市的中小企业。

12月16～17日，山西省中小企业融资工作座谈会在太原召开，省中小企业局与工商银行、民生银行、浦发银行、晋商银行签订了战略合作框架协议。

11月30日，“2009年度山西最具社会责任中小企业”评价排序活动揭晓，63家中小企业入选“2009年度山西最具社会责任中小企业”。这是山西省在全国率先开展“最具社会责任中小企业评价排序活动”以来举行的第二届排序活动。

12月27日，晋城市富基新材料股份有限公司在天津股权交易所成功挂牌，这是晋城市第一家实现公司经营场外交易市场融资的民营企业，也是山西省第一家在天津股权交易所挂牌上市的高新技术企业。

内蒙古自治区

6月21日，内蒙古自治区人民政府办公厅印发《关于自治区中小企业局主要职责内设机构和人员编制规定的通知》（内政办发［2010］60号），自治区中小企业局正式成立，在自治区经济和信息化委员会的领导下，负责组织推动全区中小企业及非公经济的管理工作。中小企业局机关行政编制为23名，设3个内设机构：综合处、发展规划处、服务体系指导处。张树德、贺海东任自治区中小企业局副局长。

8月11日至12日，自治区中小企业局在通辽市召开了全区中博会预备会暨中小企业工作座谈会。自治区经信委白培珠副主任、中小企业局贺海东副局长及中小局全体干部和来自各盟市经信委（经委）分管中小企业工作的主任、中小局局长和企业科科长共50余人参加了会议，通辽市委常委、政府副市长张国秋，政协副主席刘广玉，政府秘书长陈凤玉出席会议。

8月16日至17日，自治区经信委白培珠副主任和中小企业局贺海东副局长赴包头、鄂尔多斯市就政府机构改革中小企业管理机构建设情况进行调研。督促各盟市认真贯彻落实自治区人民政府机构改革的精神，尽快组建本地区中小企业管理机构。

8月19日，我区52户中小企业获得国家中小企业发展专项补助资金4740万元。国家于2004年设立了中小企业发展专项资金，2006年自治区设立配套资金，截至2010年，我区164个企业、项目获国家中小企业发展专项资金13715万元；自治区下达本级中小企业发展专项资金9800万元扶持160个项目。

9月10日，自治区党委宣传部、自治区中小企业局在呼和浩特市召开中小企业宣传工作联系会议，研究部署进一步加强全区中小企业宣传工作。中央驻呼及自治区主要媒体参加了会议。

9月15日至18日，由国家工业和信息化部、国家发展和改革委员会、财政部、商务部、国家工商行政管理总局、国家质量监督检验检疫总局、中国银行业监督管理委员会、广东省人民政府和澳大利亚贸易委员会共同主办的第七届中国国际中小企业博览会暨中澳中小企业博览会在广州琶洲国际会议展览中心举办。自治区经信委副主任白培珠、自治区中小企业局副局长张树德、贺海东，自治区中小企业局、各盟市经信委以及23个企业代表共169人参加了中博会。23家参展企业共展出200余种具有产业优势和地区特色的产品。自治区经信委获得第七届中博会优秀组织奖，乌海芝、佟新民获得先进个人的表彰。

10月8日，自治区人民政府印发《关于张树德等同志的任职令》（内政任字［2010］29号），任命张树德同志为自治区经济和信息化委员会总工程师，张金亮同志为自治区经济和信息化委员会中小企业局局长。

同日，贺海东同志被任命为通辽市人民政府副市长。

10月18日，自治区经济和信息化委员会印发《关于包铁强同志任免职的通知》（内经信党组发［2010］17号），胡瑞芬任中小企业局综合处处长，包胜任发展规划处处长，石补根任服务体系指导处处长。

10月30日，由中国中小企业协会和辽宁省大连市人民政府共同主办的第四届中国中小企业节在大连市召开。会议发布“2010年创新成长之星和中国企业创新成果”名单。我区5个企业在第四届中国中小企业节上获奖：内蒙古蒙药股份有限公司、兴安盟罕山泉饮品有限责任公司荣获“中国中小企业创新100强”称号；科右中旗马头琴酒业有限公司、科右中旗中天振兴商贸有限公司荣获“中国中小企业优秀创新成果企业”称号；科右中旗中天商贸物流园区荣获“中国中小企业创新服务先进园区”称号；内蒙古蒙药股份有限公司的史保明同志荣获“中国中小企业创新先锋人物”称号。

11月2日，自治区经济和信息化委员会、自治区邮政公司战略合作签约暨直邮服务中小企业双千工程启动仪式在呼和浩特市香格里拉大酒店举行。自治区副主席赵双连、中国邮政集团公司邮务局副总经理李永明出席会议，自治区经信委主任牙萨宁、自治区邮政公司总经理王克俭在会上发表讲话。自治区中小企业局局长张金亮、自治区邮政公司副总经理凌志签署了《内蒙古自治区经济和信息化委员会、邮政总公司战略合作协议》。为实施“直邮服务中小企业双千工程”，自治区政府和自治区邮政公司将在5年内对全区1000户成长型中小企业累计提供1000万元专项扶持资金，为全区中小企业免费提供商函营销、直邮服务，提升我区中小企业核心竞争力。

11月12日，中国郑州2010产业转移系列对接活动在郑州市举行。由自治区中小企业局局长张金亮任团长、七个盟市及部分旗县经信委负责人组成的内蒙古自治区代表团共24人参加了此次对接活动。

11月23日，自治区中小企业局局长张金亮在江苏省南京市、浙江省杭州市、山东省青岛市、河南省郑州市等发达地区和我区部分盟市进行调研的基础上，撰写的《促进我区中小企业又好又快发展的几点思考》调研报告在自治区经信委《调查与研究》2010年第4期发表。

11月29日，该调研报告被自治区党委政策研究室《决策研究》2010年第33期全文刊载。

12月21日至23日，自治区党委组织部、自治区中小企业局在内蒙古党校举办全区中小企业工作领导干部培训班，全区各旗县（市、区）分管中小企业工作的副旗县（市、区）长及各盟市中小企业局局长或经信委（经委）分管中小企业工作的领导共计140多人参加了培训。自治区组织部、自治区经信委和中小企业局领导出席开班典礼，自治区经信委主任牙萨宁和中小企业局局长张金亮分别致词。培训班聘请国内和区内著名专家给学员授课。

黑龙江省

1月3日，齐齐哈尔市建华区与谷实集团新建粮食加工及微生态生物饲料项目举行签约仪式，项目总投资达2亿元，对拉动建华区区域经济、劳动力就地转移将起到积极的促进作用。

1月5日，哈市企业上市三年融资80多亿元。2007年至今，全市共有6家企业在香港联交所、美国纳斯达克市场、美国全美证券交易市场上市，有11家企业分别在美国OTCBB市场、粉单市场和英国AIM市场挂牌，融资总额达到81.9亿元，至此，哈市企业境外上市数量和融资额在东北地区处于绝对领先地位。

1月6日，七台河推动民营经济实现新跨越。

1月8日，《黑龙江省人民政府关于促进非公有制经济（中小企业）加快发展的实施意见》正式出台。意见紧紧围绕省委、省政府提出的建设“八大经济区”和实施“十大工程”总体部署，提出了一系列促进我省非公有制经济（中小企业）加快发展、加快经济结构调整和产业优化升级的创新举措。这些措施都是针对当前中小企业发展面临的突出问题制订的，政策“含金量”高，具有很强的操作性，在有些方面进行了探索和创新。

1月18，黑龙江首批成长型企业揭晓。黑龙江省工信委、省统计局联合上海浦东发展银行哈尔滨分行等5家金融机构，首次启动了黑龙江省成长型中小企业评价扶持工作。经过综合测评，确定了200户成长性好、市场潜力大的企业为成长型中小企业，其中包括黑龙江省蓝艺地毯集团有限公司，克山县金鼎亚麻纺织有限责任公司、黑龙江兰西朝阳亚麻纺织工业有限公司等3户纺织企业。这些企业今后在获得贷款和担保、国家和省级中小企业专项资金方面将得到支持和倾斜。

1月13日，黑龙江省中小企业“吃配”收入超161亿元。黑龙江省中小企业为大企业配套已粗具规模，全省中小企业配套份额占大企业配套总额的10%左右。至2009年底，全省共有配套中小企业1210户，从业人员达到5.1万人，配套中小企业实现销售收入超过161亿元。

1月15日，黑龙江省科技企业家座谈会举行，20位企业家齐聚一堂，参加了在哈尔滨举行的黑龙江省科技企业家座谈会。副省长王玉普出席并讲话。

1月15日，2010年黑龙江省科技工作会议中获悉，黑龙江省科技战线在今后三年内，重点实施技术创新八大行动计划，旨在提升黑龙江省自主创新能力，推动经济又好又快、更好更快发展。八大行动计划包括：产业技术创新行动计划、技术创新服务平台建设行动计划、科技成果转化行动计划、科技园区提档升级行动计划、产业技术创新战略联盟行动计划、创新型企业建设行动计划、民生科技工程行动计划、对外科技合作行动计划。

1月19日，木兰拓宽民营经济发展空间，涉入生产、服务领域16个产业木兰县把民营经济与农业产业化经营、新兴产业和现有产品上下延伸相结合，拓宽民营企业的发展空间，现有民营企业已拓展为集地毯、肥牛、柳编、酿造、木材、石材、建材、机械修造等16个产业。

1月28日，《黑龙江省人民政府关于促进非公有制经济（中小企业）加快发展的实施意见》及四个配套政策日前出台。《实施意见》既着眼于解决制约黑龙江省非公有制经济（中小企业）发展的体制性、机制性矛盾的问题，又着眼于增加企业总量和调整结构，同时注重发展新兴产业和不断完善政策支持体系。

1月30日，黑龙江讯纳信息技术股份有限公司挂牌。天津滨海国际股权交易所庆祝仪式暨天津滨海国际股权交易所哈尔滨推介会日前举行。该公司是黑龙江省第一个被通过审核批准，获得在天津滨海国际股权交易所正式挂牌取得融资资格的民营企业，为非上市公司中的民营企业开辟了“走出去”进行融资的新途径。

3月19日，肇东市政府与海南省中小企业投资协会签署合作协议，在肇东市设立海南工业园区，利用当地资源使海南工业产业链得到有效延伸。海南工业园区将在年内开始建设，园区占地800亩，将设立大型粮食储备和物流基地、药品分装基地等板块，依托肇东的区位优势，涉及粮食、农副产品深加工、反季节热带果蔬、纸箱生产、橡胶深加工和旅游纪念商品等领域，直接面向俄罗斯、中亚等市场。园区由海南中小企业投资协会统一招商和管理，海南省部分药企和粮食加工企业将率先在此建设药品分装基地和粮食深加工厂。

3月20日，哈尔滨朝阳滨辉实业发展集团有限公司成功获取了蒙古国乌兰巴托市大型国际家居建材广场建设的开发权，同时与蒙方合作开采蒙古国东戈壁省的铜金矿。

3月23日，2010年是齐齐哈尔市确定的创业年，日前该市对创业者再度放宽条件。

3月23日至26日，省委常委、省纪委书记李延芝到牡丹江市、七台河市，就深入贯彻落实省委省政府关于促进非公有制经济加快发展的新部署新要求，进一步优化非公有制经济发展环境进行调研。

4月7日，黑龙江省内68家稻米加工企业与北大荒米业集团14家分、子公司及32家制米厂作为理事会会员共同组建战略产业集团，这是北大荒米业集团落实省委省政府战略部署，集聚龙江稻米产业资源，启动现代稻米产业园区建设战略迈出的重要一步。

4月15日，黑龙江省纪委就优化非公有制经济发展环境，召开中省直有关部门领导座谈会，省委常委、省纪委书记李延芝出席会议并作讲话。

5月7日，黑龙江省中小企业高层管理人员法律经济知识专题培训班7日举办。来自黑龙江省重点骨干中小企业、民营企业的高层管理人员、各市（地）工信委及中小企业主管部门负责同志、中小企业协会秘书长等百余人参加了培训。

5月11日，哈尔滨高新技术产业开发区连续出台四项扶持政策，鼓励和支持各种创新主体进入哈尔滨科技创新城创新创业。哈高新区此次共出台了鼓励和支持创新创业、鼓励创业投资、鼓励和支持国际科技合作项目入驻哈尔滨科技创新城、鼓励和支持中国科学院项目入驻哈尔滨科技创新城等四个方面的扶持政策。

5月22日，《黑龙江省促进创业带动就业工作实施意见》出台以来，各地已经积极行动起来，富有针对性、可操作性和突破性的细化政策正在陆续出台。

5月22日，双鸭山市把第三产业作为提升全市经济实力的新的增长点，采取四大举措，加快发展步伐，推动产业升级。2010年和“十二五”期间，第三产业增加值年均增长力争30%左右，到2015年，第三产业占全市地区生产总值的比重达到35%，比2009年提高10个百分点；吸纳就业2万人以上；经济增长贡献率达到42%。

5月23日，黑龙江省工信委围绕全省重点工业企业和重点项目加大服务力度，努力缓解融资瓶颈。一季度，省中行、省工行、省农行、省建行、哈尔滨银行等9家银行业金融机构为工业类客户贷款余额219.67亿元，同比增长56.87亿元，其中大项目贷款余额99.48亿元。

5月27日，黑龙江省工商联九届四次执委会议暨非公有制经济人士思想政治工作经验交流会在哈尔滨召开。省政协副主席、省委统战部长王涛志出席会议并讲话，省政协副主席、省工商联主席洪袁舒作省工商联2009年工作报告。

6月11日，黑龙江省工信委与第一批助保金贷款风险补偿试点的4个地市、2010黑龙江中小企业集合票据发行指导单位深圳市中小企业信用担保中心有限公司等单位分别签订了融资业务合作协议，各银行业金融、担保机构也分别与企业签订了贷款担保协议，总签约额达6.44亿元。

6月13日，2010年哈洽会绿色食品参展将再创新高。届时，有14大类、1800个品种的绿色食品在哈洽会上展出。展会期间将签订各类项目50余个，金额有望超过30亿元。

6月14日，由省工商联、全国工商联经济部、中国民（私）营经济研究会主办的“全国知名民营企业哈大齐工业走廊行”开幕式在哈尔滨国际会议中心举行。全国政协副主席、全国工商联主席黄孟复出席开幕式并讲话。省政协主席王巨禄，副省长王玉普，省政协副主席、省委统战部部长王涛志出席会议。省政协副主席、省工商联主席洪袁舒主持会议。

开幕式后，与会知名民营企业家将开始“哈大齐工业走廊行”，赴哈尔滨汽轮机厂、哈尔滨市经济技术开发区、哈大齐工业走廊安达开发区、大庆市高新技术产业开发区等地与企业洽谈考察。

6月14日，在14日召开的首届黑龙江农业合作研讨和合作项目对接会上，黑龙江省新农村建设促进会与（美国）中美新农村发展促进会签订了“扶持黑龙江100个民营中小企业”活动计划，目前已有10余家企业签署合作意向。

6月25日，随着高效节能照明灯具项目等7大产业项目正式签约入驻哈尔滨科技创新城产业园，连同哈高新区自建项目——哈尔滨科技创新城“企业加速器”项目，科技创新城产业园目前共有8个项目入驻，总投资额16亿元，总建筑面积46万平方米，将于今年下半年开工建设。

7月11日，围绕全省“双一”目标，黑龙江省工信委和省财政厅联手，日前在黑龙江省推出工业企业助保金风险补偿办法，并选择4个试点城市，启动了工业企业助保金贷款风险补偿试点，建立起企业、政府、银行、担保机构利益共享、风险共担的贷款风险补偿机制。通过大胆尝试、创新政银企合作新模式，黑龙江省工业企业将获得加快发展的强劲动力。黑龙江省成长型中小企业数量占规模以上企业数量的30%，利税平均增幅在20%以上，具有高成长、高效益、高风险的特点。然而，成长型中小企业贷款依存度高，贷款占比高达62%。由于抵押不足等原因，贷款难、担保难一直困扰成长型中小企业做大做强。黑龙江省工信委和省财政厅充分发挥政府引导的作用，运用市场化原则，探索从体制机制上破解融资难题。

7月14日，上半年，共有8家外商来大庆投资，投资总额达到2449.573万美元。新增8家法人企业全部为第三产业，租赁业和商务服务业、进出口贸易、企业科技交流和推广服务业成为上半年外商的投资热点。

7月21日，黑龙江省非公有制经济组织深入开展创先争优活动指导工作动员会在哈尔滨召开。会议全面部署了黑龙江省非公有制经济组织创先争优活动。

8月2日，绥化市青年创业就业信息网开通。绥化市青年创业就业信息网主要功能是通过两个网络、提供两个服务、建设三级体系。

8月3日，东北再担保黑龙江分公司为中小企业担保再担保11亿。东北再担保公司黑龙江分公司充分建立与银行类金融机构全方位新型合作机制，为中小企业融资铺路。截至2010年7月底，公司共受理担保、再担保项目60多个，项目库储备项目2550个，新增担保再担保业务量4.6亿元，累计实现担保再担保业务量近11亿元，目前尚有待审批项目近17亿元。

8月9日，为解决哈市中小企业融资难，哈尔滨市工信委决定开展发行中小企业集合票据工作，目前发行前期工作已经启动，并确定高泰食品等9户反担保措施较好的企业为首批发行主体，预计9户企业可募集资金约3亿元。

8月12日，香坊民营企业成经济主力军。香坊区民营科技企业鸿盛建筑材料制造有限公司研制开发的模块、模板等系列产品，被国家建设部授予中国建设科技自主创新优势企业称号。与此同时，哈汽叶片公司、东建机械制造公司等一大批民营企业已成为支撑该域经济发展的支柱企业。

8月21日，由中国银行业协会、黑龙江银监局、哈尔滨银行主办的中国哈尔滨小企业金融服务高峰论坛在哈尔滨召开，中外金融领域专家及各金融单位代表百余人参加了论坛，共同探寻小企业金融服务可持续发展之路。本次论坛旨在为政府官员、专家学者、致力于国内外小额信贷事业的金融机构、行业组织搭建一个交流平台，以促进小额信贷领域经验及技术的融合。会上，金融专家与业内人士就解决小企业融资难、破解贫困农户贷款难题、开拓低端信贷市场等方面的问题进行了深入交流与探讨。

8月23日，林口民营企业助力县域经济快跑。近年来，林口县以项目建设为动力，以招商引资为

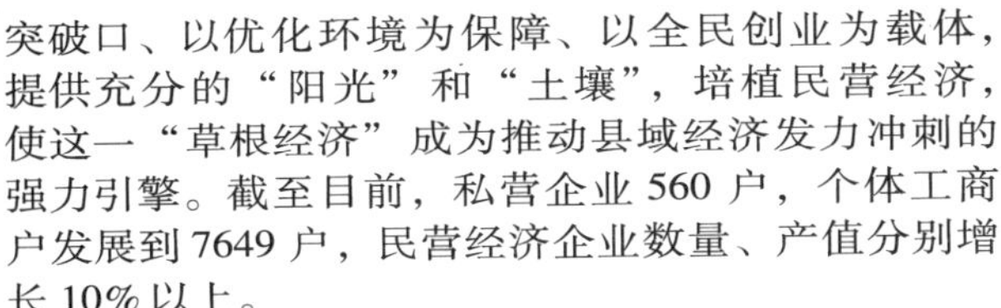

突破口、以优化环境为保障、以全民创业为载体，提供充分的“阳光”和“土壤”，培植民营经济，使这一“草根经济”成为推动县域经济发力冲刺的强力引擎。截至目前，私营企业560户，个体工商户发展到7649户，民营经济企业数量、产值分别增长10%以上。

民营经济是最具活力的增长力量，为了激发创业热情，林口县全力打造经济发展平台。2008年，开展了“全民创业年”活动，实施“千名创业者、千名小老板”培训工作，启动全民创业带动三年计划。目前，全县完成创业培训600人，创业孵化园区4个，创业累计达到4200余人，带动就业达10500余人。仅农民创业资产达500万元以上的企业就有6个，100万元到500万元26个，10万元到100万元1721个，创办各类规模以上龙头企业和经济实体274个，投入反哺资金1.7亿元。

9月6日，为助推哈市服务外包产业发展，哈尔滨市工信委所属的哈尔滨市企业信用担保中心在黑龙江省首开服务外包担保先河，通过创新反担保方式、简化担保程序等措施，探索出一条拓宽服务外包企业融资渠道的新路径，2010年以来，共为服务外包企业提供了15笔贷款担保，金额达3600万元。

9月8日，黑龙江省工信委在哈尔滨举办以“开辟企业多渠道融资，助推龙江工业腾飞”为主题的黑龙江工业企业（中小企业）融资担保论坛。论坛邀请国内金融和担保领域的知名专家，共同探讨我省投融资结构的转换、融资思路的创新、政银企合作方法等诸多问题，为破解黑龙江省工业企业（中小企业）融资难献计献策。

9月27日，为扶持中小企业加快发展，2010年哈市增加1000万元专项资金用于扶助中小企业项目建设，全年用于扶持中小企业的专项资金达到3000万元。

9月28日，黑龙江省鑫正投资担保集团有限公司揭牌仪式暨黑龙江省鑫正投资担保有限公司成立十周年庆典仪式28日在哈尔滨举行。黑龙江省委常委、常务副省长杜家毫，省人大常委会副主任符凤春，省政协副主席李继纯出席仪式并为公司成立揭牌。揭牌仪式上，鑫正投资担保集团有限公司与省内18家银行签署了战略合作协议。

10月13日，为使黑龙江省中小企业及时了解创新基金，了解中小企业相关政策，“黑龙江省科技型中小企业技术创新基金网”（网址：www.hljcxjj.com）于13日正式开通。该网站的开通对提升黑龙江省中小企业技术创新能力、建设创新型省份具有重要的战略意义。

10月18日，大庆市4个项目在科技部为科技型中小企业设立的创新基金第二批立项，获扶持资金310万元。加上7月份第一批立项项目，2010年大庆市共有14个项目获得该基金1000万元的扶持。

10月21日，哈市呼兰区以创业带动就业，全方位扶持创业，并建立了一系列创新创业基地，出台了全面扶持创业的优惠政策。呼兰区发挥自己的优势，以创业园区为载体，以创业孵化园为平台，发挥区位优势，突出重点，城乡统筹，以城镇带动农村，发挥了创业的辐射作用。

10月23日，第三次全省非公有制经济人士优秀中国特色社会主义事业建设者表彰人选公示。为了表彰先进，中共黑龙江省委统战部、省工信委、省人力资源和社会保障厅、省工商局和省工商联决定开展第三次全省非公有制经济人士优秀中国特色社会主义事业建设者评选表彰活动，拟表彰30名优秀中国特色社会主义事业建设者。

10月28日，针对多年来困扰黑龙江省中小企业的贷款难、担保难问题，黑龙江省工信委和省财政厅联手，在黑龙江省推出工业企业助保金风险补偿办法，并选择哈尔滨、齐齐哈尔、绥化和鹤岗4个城市，启动了工业企业助保金贷款风险补偿试点，建立起企业、政府、银行、担保机构利益共享、风险共担的贷款风险补偿机制。

10月30日，在哈尔滨市29日召开的工业企业助保金贷款推进会议上，哈市工信委、金融机构和企业间签订了合作协议，将分别以企业助保金贷款授信、拟发行中小企业集合票据、农机产业链合作等形式帮助中小企业融资，多个企业将获得规模为5.31亿元的资金支持。

11月8日，韩家园林业局坚持“生态立局、产业兴局、管理强局、惠民安局”的发展思路，在加强生态保护的前提下，加快推进林产工业、特色产业开发步伐，截至第三季度，非公有制经济增加值完成6069万元，完成计划的75.86%，使非公有制经济呈现良好发展势头。

11月10日，第三次黑龙江省非公有制经济人士优秀中国特色社会主义事业建设者表彰大会在哈尔滨召开。会前，省委书记吉炳轩、省长王宪魁与受表彰者合影留念。省领导杜宇新、杜家毫、申立国、王涛志、洪袁舒出席会议。省委统战部、省工业和信息化委员会、省人力资源和社会保障厅、省工商行政管理局、省工商业联合会五部门联合表彰并授予杨天夫等30名非公有制经济人士“优秀中国特色社会主义事业建设者”荣誉称号。

11月18日，鹤岗市被列为黑龙江省实施工业企业助保金贷款及风险补偿的4个试点城市之一。鹤岗市财政出资5000万元，省财政匹配资金1250万元，作为政府支持银行放贷的风险补偿资金。

11月19日，黑龙江省首批工业企业助保金贷款启动仪式在鹤岗举行，为鹤岗市中小型工业企业开辟了一个新的方便快捷的融资渠道。

11月20日，2010年以来，哈市通过优化担保结构、创新担保方式、深化与金融部门合作，使政府担保资金的使用率进一步提高。2010年1～10月份，哈尔滨市企业信用担保中心共完成担保额23.28亿元，同比增长57%，全市374户中小企业受益于这一政策及资金支持得以迅速发展。

11月24日，为促进黑龙江省非公有制经济、中小企业加快发展，黑龙江省工业和信息化委员会、省统计局联合金融机构和担保机构共同开展了2009年度成长型中小企业评价扶持工作。

11月25日，为了更好地贯彻落实《国务院关于进一步促进中小企业发展的若干意见》（国发

［2009］36号）和《黑龙江省人民政府关于促进非公有制经济（中小企业）加快发展的实施意见》（黑政发［2010］1号）精神，有重点地扶持一批成长型中小企业做大、做强，促进黑龙江省经济结构不断优化，经济实力不断增强，省工信委与省统计局共同推出了“中小企业成长计划”，利用5年时间，评价扶持1000户成长型中小企业。

11月26日，哈尔滨均信投资担保股份有限公司以中小企业特别是创业型、成长型中小企业为主要服务对象，多次深入地方与企业进行“一对一”和“一对多”的对接活动，以流动资金贷款担保为服务重点，支持了一部分成长型中小企业做大做强。

11月27日，2010年9～10月，辰能担保公司参加了由黑龙江省工信委中小企业局组织的黑龙江省400户成长型中小企业考察活动，辰能担保公司派出5组工作人员积极参与并提出相关建议。

12月2日，黑龙江省中小企业创业工作会议召开。会议决定2011年，黑龙江省将要全面推进落实万名创业小老板培育计划，构建工业经济动态企业源头培育机制。计划培育1万名创业小老板，实现增加值20亿元、就业8万人；新辟建省级创业基地16个；完成省级创业项目库建设，储存创业项目1000个。

12月2日，由黑龙江省工商联和省妇联共同举办的省首届女企业家发展论坛在哈尔滨国际会议中心召开。本次发展论坛以“创新、责任、发展”为主题。论坛中，来自黑龙江省水利工程、发电设备、环保科技等各个领域的9位女企业家展开讨论，从管理机制、营销策略、研发销售不同角度围绕企业技术创新加快转变经济发展方式，承担社会责任等话题发表了精彩演说。

12月3日，黑龙江省女企业家协会成立暨第一届会员大会在哈尔滨国际会议中心隆重召开。黑龙江省委副书记杜宇新、省人大常委会副主任申立国、副省长孙永波、省政协副主席洪袁舒出席会议。黑龙江省女企业家协会是由省工商联和省妇联共同成立的。本次大会通过了《黑龙江省女企业家协会章程》（草案），选举产生了由56名理事组成的省女企业家协会第一届理事会，哈尔滨工大集团红博商业总经理王丽梅当选为省女企业家协会首任会长。

12月7日，以“转型、环境、政策、跨越”为主题的黑龙江省非公有制经济发展论坛7日在哈尔滨举办。国务院参事室、国务院发展研究中心副主任侯云春，中国民营经济研究会会长保育钧，中国民营经济促进会副会长、北京华商管理学院院长袁青鹏作主旨演讲。省政协副主席洪袁舒出席论坛开幕式并致辞。

12月10日，肇东市通达建筑工程有限公司董事长兼总经理于世波等23名非公有制经济人士，近日被授予“绥化市第二届优秀中国特色社会主义事业建设者”荣誉称号。

12月25日，黑龙江省省各地高度重视抓基层打基础工作，落实责任、强化督查、加大工作力度，采取灵活多样的设置方式，大力推进非公有制企业党、工、团组织的组建工作，不断扩大党群组织和党的工作覆盖面，取得了较大进展。

12月27日，“十一五”期间，塔河县非公经济取得了长足发展，呈现出发展速度加快、资本积累增多、生产经营规模扩大、发展领域不断拓宽的新态势。

上海市

1月22日，市经济信息化委召开“上海中小企业专题座谈会”，听取中小企业对《上海市人民政府贯彻国务院关于进一步促进中小企业发展若干意见的实施意见（征求意见稿）》的修改建议。艾宝俊副市长出席会议。

2月21日，副市长艾宝俊主持召开了发改委、经信委、科委、财政局等10个委办局参加的市政府贯彻国务院关于进一步促进中小企业发展若干意见的《实施意见》征求意见座谈会。

2月25日，上海闵行中小企业集合票据在银行间市场成功发行，票据由闵行区内7家中小企业集合，发行规模5亿元，期限为3年期，债券票面利率4.45%。

3月15日，市长韩正主持市政府常务会议，审议并原则通过了《上海市人民政府贯彻国务院关于进一步促进中小企业发展若干意见的实施意见》。

4月3日，《上海市人民政府贯彻国务院关于进一步促进中小企业发展若干意见的实施意见》（沪府发［2010］11号）正式印发，提出了6个方面29条具体举措。

5月12日，市政府召开“全市促进中小企业发展工作会议”，贯彻落实国务院《若干意见》和《上海市人民政府贯彻国务院关于进一步促进中小企业发展若干意见的实施意见》（沪府发［2010］11号），18个区县、23个相关委办局、服务机构、行业协会及中小企业代表参会，艾宝俊副市长出席会议并讲话。

5月20～23日，市中小企业办组织本市中小企业参加了2010中国（苏州）国际中小企业交易会。

5月31日，市经济信息化委领导参加上海人民广播电台的“政风行风热线”节目。节目中介绍了本市中小企业相关情况，并与听众就中小企业发展等问题交流互动。

6月1日，市人大财经委、法工委、市府法制办、市经济信息化委召开立法工作启动会议。正式成立了立法草案起草工作小组。标志着本市中小企业立法工作进入实质性启动阶段。

6月12日，副市长屠光绍、艾宝俊召开了本市推进中小企业上市工作联席会议第一次全体会议。

6月24～28日，立法草案起草工作小组有关成员赴辽宁沈阳、天津调研中小企业立法相关事宜。

6月30日～7月3日，市中小企业办牵头组织本市40家中小企业参加了在福州海峡国际会展中心举办的“第六届APEC中小企业技术交流暨展览会”，上海展团获得了最佳组织奖和最佳设计奖。

7月6日，澳大利亚中国工商业委员会与世博会澳大利亚馆赞助商澳大利亚航空公司联合组织的澳大利亚中小企业贸易代表团一行访问市中小企业办。

7月10日，市中小企业办会同市税务局开展2010年度中小企业信用担保机构免征营业税申报、审核和推荐工作，共上报了8家担保机构。

7月22～23日，市经济信息化委配合工信部组织中央媒体赴沪报道“非公经济发展及世博会民企馆相关情况”，中央电视台、新华社等媒体联合采访报道了上海中小企业及非公经济工作情况。

8月12～18日，市经济信息化委副主任傅新华带队，由30多名企业家和专家组成的“上海中小企业投资合作暨援疆产业规划考察团”对新疆喀什直辖的四个县进行了考察。有5家企业与当地县政府达成了投资意向。

8月25日，市中小企业办举办“拟上市公司沙龙”活动，十余家已经或即将上报IPO申请材料的拟上市公司参加了活动。

9月9日，市中小企业办举办区县经委及中小企业代表参加的“中小企业集合票据实务操作培训”。

9月15～18日，本市组织了87家中小企业参加在广州国际展览中心举行的第七届中国国际中小企业博览会。

9月28日，市财政局、市经济信息化委联合发布了《上海市地方特色产业中小企业发展资金管理操作办法》。

9月29日，“上海市促进中小企业发展工作领导小组第一次会议”召开，23家成员单位、上海市促进中小企业发展专家委员会成员参会，领导小组组长、副市长艾宝俊出席会议并讲话。

10月7日，市经济信息化委与上海市创业投资行业协会、上海张江高新技术产业开发区管委会联合主办了“2010年上海创业投资和私募股权投资高层研讨会”。

10月25日，市人大财经委、市人大法工委、市政府法制办、市经济信息化委四方分管领导向市人大副主任杨定华专题汇报立法推进情况。

11月15日，市财政局、市经济信息化委联合印发了新修订的《上海市中小企业发展专项资金管理办法》。

11月18日，市经济信息化委完成2010年度中小企业信息化应用示范企业推荐评定工作，共有50家中小企业成为第一批“信息化应用示范企业”。

11月20日，市中小企业办完成《中小企业政策汇编》纸质版、电子版、网络版的编撰工作，共收集500多条涉及中小企业相关政策，汇编分为12大类别，便于中小企业查询。

11月22日，本市完成2010年度上海中小企业品牌推荐评定工作，共有328项产品被推荐为“品牌产品（服务）”，113家中小企业被推荐为“品牌企业”。

11月28日，上海举办“2010上海中小企业发展论坛”。论坛以“中小企业：促进产业提升和城市转型的生力军”为主题。论坛由市促进中小企业发展工作领导小组指导，市经济信息化委和市工商联共同主办，市中小企业办承办。市委常委、统战部部长杨晓渡、副市长艾宝俊出席论坛，并为整合组建的“上海市中小企业发展服务中心”揭牌。市中小企业办与招行、交行、浦发、民生等4家银行签署了200亿元授信总额的支持“专精特新”中小企业发展框架协议。市中小企业办与复旦大学签署了“上海市中小企业管理提升培训计划”实施合同。

12月9～10日，市经济信息化委副主任傅新华带队参加了第七届“长三角”中小企业发展论坛，本届论坛的主题为“融资服务与创新”。

12月13日，“上海杨浦区中小企业集合票据”获准注册，6家中小企业集合拟发行三年票据3.35亿元。

12月14～15日，市中小企业办、市高新技术成果转化中心联合举办“上海中小企业改制上市专题辅导会”，近200家企业参加。

12月15日，市经济信息化委主任王坚向市人大常委会就《上海市促进中小企业发展条例（草案）》作解读报告，市人大常委会主任刘云耕、副主任杨定华、周禹鹏出席会议。

12月17日，根据工信部等七部委《关于促进中小企业公共服务平台建设的指导意见》，市经济信息化委、市发改委、市科委、市财政局、市人保局、市环保局、市质量技监局联合出台了《关于促进本市中小企业公共服务平台建设的通知》。

12月22～23日，市人大常委会对《条例（草案）》进行第一次审议。

12月24日，“上海嘉定中小企业集合票据”成功发行，3家中小企业集合发行一年期票据1亿元，票面利率4.9%。

江苏省

1月29日下午，中信银行江苏小企业金融中心成立揭牌仪式在南京举行。副省长史和平，省政府副秘书长、省金融办主任汪泉，省中小企业局副局长郗同福，部分市中小企业局负责人和小企业代表参加了揭牌仪式。揭牌仪式上，省中小企业局与中信银行南京分行签订了战略合作协议。未来三年内，中信银行南京分行将向江苏中小企业新增信贷投放800亿元。本次活动还对中信银行南京分行辖内的10个小企业业务中心进行了授牌。

3月23日，由江苏省中小企业局和江苏省商务厅支持，常州市武进区人民政府、中国林产工业协会地板专业委员会、江苏省木材行业协会地板专业委员会主办，横林镇人民政府、常州市地板协会、横林国际地板城承办的第四届（中国·横林）国际地板博览会在上海新国际博览中心开幕。省经信委党组成员、省中小企业局副局长陆元刚参加博览会开幕剪彩仪式并讲话。

5月20日，由中国中小企业国际合作协会、江苏省经济和信息化委员会、江苏省中小企业局、苏州市人民政府共同主办的“2010中国（苏州）国际中小企业交易会”在苏州市隆重开幕。中国中小企业国际合作协会会长郑斯林、工业和信息化部总工程师朱宏任、江苏省政府副省长史和平等领导出席并为开幕式剪彩。开幕式由江苏省经济和信息化委员会主任陈震宁主持。本届“中交会”以“政府推进，区域联动，国际合作，对接世博”为特色，以协作共赢、融合发展为宗旨，努力将展会打造成为促进区域经济合作、推动产业结构升级、拓展国际国内市场的服务平台。展会设有国际标准展位1000个，500多家中小企业报名参展。

5月21日，省政府在苏州太仓召开全省工业经济与中小企业服务体系建设工作会议，会议分析了当前我省工业经济运行情况，总结我省近年来中小企业服务体系建设的做法和经验，部署下阶段工作任务。省政府副秘书长韩庆华主持会议，工信部党组成员、总工程师朱宏任，副省长史和平出席会议并作重要讲话。省经信委主任陈震宁作全省中小企业服务体系建设工作报告；省中小企业局副局长郗同福宣读了表彰中小企业服务体系建设先进单位和先进个人决定。

5月26日，省经济和信息化委员会、省中小企业局、国家统计局江苏调查总队、省统计局、省工商业联合会在南京联合召开了全省营业收入百强企业和百强民营企业新闻发布会。会议通报了2009年全省营业收入百强企业和百强民营企业情况，并对部分全省营业收入百强企业和百强民营企业进行了授牌。会议由省经济和信息化委党组副书记、副主任俞军主持，省中小企业局副局长郗同福发布了2009年全省营业收入百强民营企业（集团）排序情况，省经济和信息化委党组书记、主任陈震宁作重要讲话。

6月3日，由意大利马尔凯大区与我省共同举办的“江苏省－马尔凯大区友好合作交流会”在南京隆重召开。马尔凯大区政府和企业家代表150余人，我省来自经贸、科技、文化、教育、旅游、城建和物流等各行业政府机构及企业代表250余人参加了开幕式。江苏省副省长史和平出席开幕式并致辞。省经信委副主任李春江和省中小企业局副局长陆元刚出席了开幕式。活动期间，江苏省与意大利引进外资及企业发展署和马尔凯大区共同主办了“投资意大利：马尔凯大区的优势及机会”推介会及“2010江苏－马尔凯B2B经贸洽谈会”。来宁的41家马尔凯企业在一天半时间中与200多家江苏企业展开了600余次一对一洽谈。

9月16日，由江苏省经信委、江苏银监局、江苏省中小企业局联合主办的“2010江苏中小企业融资服务年会暨江苏省中小企业融资服务网开通一周年回顾与展望”活动在南京举行。年会由江苏省中小企业局副局长郗同福主持，省经信委党组副书记、副主任张坊、江苏银监局副局长黄世安等领导出席会议并作重要讲话。

10月23日，省委、省政府在南京召开全省民营经济工作会议。会议的主要任务是，以党的十七届五中全会精神为指导，总结交流我省民营经济发展经验，在新起点上推动民营经济又好又快发展，加快转型升级步伐，为推动科学发展、建设美好江苏作出新的贡献。省委书记梁保华，省委副书记、省长罗志军分别在会上讲话。省委副书记王国生作会议总结。会上，省委、省政府隆重表彰了一批江苏省优秀民营企业和20位江苏省杰出民营企业家。

10月29日，省经济和信息化委（省中小企业局）与中国制造网联合组织实施的江苏中小企业“百千万”电子商务应用促进计划启动仪式暨“江苏省中小企业电子商务应用专区”开通仪式在南京举行。促进计划从2010年到2012年，每年在全省各市、县（市）举办百场以上电子商务专项培训，扶持千家中小企业成为中国制造网高级会员并积极开展电子商务活动，力争引导万家中小企业加入应用电子商务的行列。此次活动得到了国家工信部、商务部、中国电子商务协会、省财政厅等部门和单位的重视和支持。省经济和信息化委党组书记陈震宁主任出席活动并讲话。省经济和信息化委党组成员、省中小企业局副局长郗同福主持了启动仪式。陈震宁主任、俞军副主任和中国制造网沈锦华总裁共同启动了江苏中小企业“百千万”电子商务应用促进计划。

11月26日，省中小企业局与渤海银行南京分行隆重举行“千亿投放携手江苏中小企业”银政企签约仪式。省中小企业局郗同福副局长与渤海银行南京分行王哲华行长签署战略合作协议。通过此次合作，渤海银行计划在“十二五”期间投放千亿资金到我省中小企业。签约仪式上，渤海银行还与省再担保公司等5家担保机构和南京索普等60家中小企业代表分别签署合作和授信协议。

12月2日，由江苏省经济和信息化委员会（省中小企业局）主办，江苏省中小企业发展中心和江苏泰豪投资有限公司承办的“2010江苏国际资本年暨中小企业融资上市对接会”在南京隆重召开。此次会议邀请100多家著名创业投资基金、私募股权基金及相关服务机构的合伙人和高层管理人员，并带来超过500亿元的直接融资机会，吸引了全省200多家具有较高科技含量、成长性良好、有融资上市需求的中小企业参会。

12月10日，由江苏省中小企业局、上海市农业委员会、上海市促进中小企业发展协调办公室和浙江省中小企业局共同主办的“第七届长三角中小企业合作与发展论坛”，在浙江省宁波市宁海县举办。省经信委党组成员、省中小企业局副局长陆元刚出席论坛并致辞。

浙江省

1．贯彻落实省政府促进中小企业加快创业创新的若干意见

开展“政策意见落实年”活动，成立了以金德水副省长为组长、23个部门组成的省政府促进中小企业发展工作领导小组，领导小组办公室设在省经信委（中小企业局）。省级各相关部门抓紧研究制定配套政策，先后制定了完善中小企业信用担保体系建设、规范融资性担保公司、金融业深化改革加快发展、开展“百千万”中小企业成长工程、加强企业上市、加快工业产品创新、减轻企业负担、为中小企业提供司法保障等方面的配套细化政策，进一步提高了“中小企业40条”政策的实效性和可操作性。

2. 中小企业“百千万”工程

为深入贯彻落实省政府《关于促进中小企业加快创业创新发展的若干意见》，推动我省中小企业加快创业创新、转型升级，从2010年开始，浙江省实施以“百家升级”、“千家成长”和“万家培育”为主要内容的“百千万”工程。在统筹兼顾发展各类中小企业的同时，把关注的重点放在年销售收入1000万元以下的小企业，把帮扶对象集中在年销售收入500万元以下的微小企业和初创型企业上。主要内容是认定1000家成长型中小企业，通过融资支持、创业辅导、管理培训等政策的重点支持，突出政策导向和示范效应，支持成长型中小企业发展，使之成为培育大企业大集团的成长源。通过一系列措施，力争每年有500家规模型小企业发展为中型企业、5000家微小企业发展为规模型企业、10000家初创型小企业实现成功创业。

3. 积极推进金融机构与中小企业合作

2010年，浙江省中小企业局与省移动公司、省农行共同启动实施中小企业“e融行动”，全省有575家中小企业获得授信78亿元。积极探索中小企业贷款保证保险，中国人保财险公司与舟山定海农村合作银行开展贷款合作，成功受理单户200万元以下的小额贷款24笔，承保金额1950万元。集装箱运输政策性贷款保证保险业务也已启动，中小企业贷款保证保险业务的应用领域进一步得到拓宽。

4. 加快探索中小企业融资创新

在全国率先开展了“股权出质”、“股权出资”和小额贷款公司试点三大金融创新。杭州、宁波、金华等地也相继推出发行信托债权基金、发行短期融券等一系列金融创新举措。通过成功试点，全省已经发行超过10亿元的小企业集合信托债权基金，平均每家企业融资在500万元以下，真正使一批小企业获得了资金支持。

5. 加强中小企业信用担保体系建设

2010年，浙江省通过信用评级、备案、规范型担保机构评价认定等一系列专项监管措施的制定和实施，加强对担保机构的运行监管服务，提高担保机构的运营质量，培育和提升担保机构的信用。浙江省中小企业局与人民银行杭州支行联合制定出台了《银行业金融机构与担保机构合作指导意见》，鼓励银行增加对担保机构的中小企业贷款担保业务授信；引导担保机构参与信用评级，树立担保行业规范运作的典型，不断提升担保行业在银行中的形象。浙江省中小企业局与浙江大学联合启动浙江省担保行业从业人员资格培训和考试，提升担保从业人员素质，已有5期超过400人顺利毕业，300人通过培训考试获得从业资格证书，占从业人数的63%。截至2010年底，全省已有中小企业信用担保机构402家，担保资金总额195亿元，已累计为15万家中小企业提供30万笔担保，担保总额达2138亿元。

6. 中小企业公共服务体系建设

建立中小企业技术创新服务体系。以行业和产业集聚区为依托，按照国家公共服务平台标准，完善我省技术中心管理办法，加强动态管理，增强技术中心为企业提供技术支持的能力和水平。全省已认定502家省级中小企业技术中心和2609家科技型中小企业。去年还启动了自主知识产权优势中小企业培育工作，首批确认了43家中小企业作为培育对象。

积极开展创业辅导工作。完善创业辅导形式，创新创业辅导内容，提升创业辅导质量，扩大创业辅导的覆盖面。2010年，全省共开展多种形式的创业辅导活动700余场，辅导企业2500余家，参加人数达3.1万人次。通过辅导，全省已有30家中小企业率先获得省级管理创新型企业称号。

推进小企业创业基地建设。指导和协助各地制定小企业创业基地扶持政策，鼓励通过改造厂房、仓库以及挖掘社会资源等多种形式建设小企业创业基地。目前，全省已有小企业创业基地入住企业9041家，安排从业人员34.82万人。数年来，小企业创业基地已成功培育1052家企业成长外迁，较好地发挥了小企业创业基地“孵化园”的作用。

加强中小企业行业协会建设。通过抓好22个中小企业行业协会的培育工作，更好地发挥行业协会自我管理、自我服务、自我约束、自我发展的功能，及时为企业提供指导性信息，帮助企业拓展国内外市场，拓宽融资渠道，开展科技创新。各行业协会注重加强行业从业人员素质提升，2010年有6000多家会员参加了协会组织的各类培训。

7. 浙江省中小企业人才网启动

2010年4月23日，由省中小企业局、浙江电信和杭州人力资源管理公司合作共建的“浙江省中小企业人才网”启动仪式在黄龙饭店举行。网络建设旨在：为中小企业招聘用人提供服务，为大中专毕业生就业牵线搭桥。省人民政府金德水副省长出席活动并讲话，浙江省中小企业局局长高鹰忠、中国电信股份有限公司浙江省分公司董事长张新建、省教育厅副厅长蒋胜祥、浙江大学党委副书记任少波、浙江省人力与社会保障厅副巡视员邵爱琴出席了启动仪式。各市中小企业局分管领导、各市电信公司分管负责人、在杭高校学生就业处负责人、170多家中小企业代表以及部分省级新闻媒体参加了启动仪式。启动仪式上省中小企业局高鹰忠局长、中国电信股份有限公司浙江省分公司张新建董事长和杭州民企人力资源管理有限公司张月英总经理分别代表三方在合作协议上签字。协议明确，省中小企业局负责平台的宣传推广；杭州人力资源管理公司负责人力资源相关服务的提供及日常运营管理；省电信公司主要负责平台运营所需的IDC、宽带、部分服务器、协同通信产品及产品定制服务支持。这是积极发挥政府部门组织协调优势、电信部门网络传输优势、相关企业技术服务优势，推进政企联手、部门联动为中小企业和高校毕业生服务的又一尝试。

8. 创业辅导中心与小企业创业基地开展服务对接

4月26日，全省28家中小企业创业辅导中心与55家小企业创业基地结成合作伙伴，签订了对接服务责任状。这是深入贯彻落实省委“两创”总战略和省政府4号文件精神的一个有力举措，也是积极推进“百家升级、千家成长、万家培育工程”的具体行动。创业辅导和创业基地是我省顺应民众创业和中小企业创业、创新发展打出的两张牌。前者是小企业成长的助推器，后者是促进小企业健康发展的加速器。这次对接服务活动是去年“双服务“的深化和延伸。共有数百名创业指导师、管理咨询师蹲到小企业创业基地，帮助免费服务。按规定，对接服务单位在每个创业基地必须完成20个工作日，举办创业辅导活动8场次以上，并为小企业创业基地出具一份既有前瞻性、又具可操作性的创新发展建议书，务求创业基地、辅导对象和上级主管部门“三满意”，计划在3年对全省所有小企业创业基地全部帮扶一遍。省政府金德水副省长、工信部中小司王建翔副司长出席对接服务签约仪式并讲话。有17个市县经贸委（局）被确认为推进小企业创业基地建设先进单位。

9. 为中小企业发展提供司法保障

4月27日，浙江省高级人民法院和省经信委（省中小企业局）联合主办的“中小企业发展与司法保障座谈会”在省高级人民法院举行。副省长金德水、省高级人民法院院长齐奇出席会议并发表重要讲话。座谈会的主要目的是深入贯彻落实《国务院关于进一步促进中小企业发展的若干意见》（即国务院“29条”）和《浙江省人民政府关于促进中小企业加快创业创新发展的若干意见》（即“省政府40条”），为我省中小企业发展提供司法保障，营造良好环境。金德水副省长在讲话中指出，要充分认识促进我省中小企业发展的重要性，省高级人民法院制定中小企业司法保障意见具有创新性，中小企业必须提高依法经营、诚信经营的自觉性，各级各部门贯彻省政府政策文件要体现服务性。齐奇院长要求浙江省各级法院要转变司法理念，对涉中小企业案件尽可能采取快捷司法程序，依法支持中小企业开拓国内外市场，通过案件审理等引导中小企业走向规范的公司制，加大中小企业（民营企业）财产保护力度，充分发挥司法判例的引领作用。省中小企业局局长高鹰忠表示，省中小企业局将积极配合省高级人民法院推进中小企业司法政策的落实，包括深入开展宣传，引导中小企业树立司法保护的新理念；开展研讨交流，总结和推广中小企业司法实践的经验；开展法律服务，促进中小企业加强法律风险防范；建立联动机制，不断推进我省中小企业司法创新。

10. 浙江省中小企业局与全球中小企业联盟签署合作备忘录

6月23日下午，浙江省中小企业局局长高鹰忠与全球中小企业联盟签署了合作备忘录，省委副书记、省长吕祖善出席活动，并会见了全球中小企业联盟主席卡洛斯·马格里诺斯一行。吕祖善指出，浙江有260万家中小企业，是我省经济发展的重要力量。中小企业能否健康发展，事关浙江经济发展和社会稳定。因此，不管是过去、现在还是将来，我们都高度关注中小企业发展。面对国际金融危机的冲击，如何实现结构调整、发展方式转变和自身素质提高，是广大中小企业也是政府面临的重要课题。全球中小企业联盟是全球中小企业合作与交流的重要组织者和推动者，我省希望能加强与联盟的合作，促成一批浙江中小企业加入“企业全球化绿卡计划”，培育一批体现浙江特色的中小企业成长案例，在人员培训、金融支撑、技术支持、营销网络建设等方面给予我省中小企业更多帮助和指导。卡洛斯对浙江近年来的发展成就特别是中小企业发展状况表示赞赏。他表示，在经济全球化和后金融危机时代，希望能有更多的浙江中小企业健康成长案例与世界分享。

11. 浙江省中小企业协会举行第一次会员大会

10月8日，浙浙江省中小企业协会第一届会员代表大会在杭州之江饭店隆重举行。来自全省中小企业各行各业的300多名会员代表汇聚一堂。中国中小企业协会会长李子彬，浙江省政协副主席黄旭明，浙江省经济和信息化委员会主任谢力群，浙江省中小企业局局长高鹰忠等领导应邀出席了会议。陕西省中小企业协会会长陈元杰到会祝贺，中国乡镇企业协会、天津市中小企业协会等单位发来了贺信。

会议选举产生了浙江省中小企业协会第一届理事会。选举产生了理事会会长、第一常务副会长、常务副会长、副会长、常务理事和秘书长。钱信浩同志担任会长，何荣飞同志担任第一常务副会长，蔡章生同志担任常务副会长兼秘书长。大会一致同意聘请浙江省人民政府咨询委员会主任、原省委常委、常务副省长、省人大常务副主任章猛进，浙江省政协副主席黄旭明，浙江省经济和信息化委员会主任谢力群，浙江省经济和信息化委员会副主任、浙江省中小企业局局长高鹰忠为名誉会长；一致同意聘请浙江省经济和信息化委员会副主任楼志鸣，横店集团创始人、横店共创共有共富共享工作委员会主席徐文荣，万事利集团公司董事局主席沈爱琴为协会顾问。到会领导向新当选的会长、常务副会长、副会长及聘请的名誉会长、顾问颁发了证书。

12. 首届中国浙江成长型中小企业投融资洽谈会开幕

10月9日，由浙江省中小企业局、中国浙江省委统战部、人民银行杭州支行、浙江省银监局、浙江日报报业集团等部门联合举办的首届中国浙江成长型中小企业投融资洽谈会在省人民大会堂隆重开幕。浙江省副省长金德水出席开幕式并宣布大会开幕。135家国内外知名投资机构、36家省内银行业金融机构、120多家咨询服务机构，以及全省1200多家成长型中小企业参会，参会人数达到2300多人。400多家企业和投融资机构进场对接，46家企业上台路演，现场达成66个投融资意向项目。

活动期间，发布了“浙江省100家最具投资价值中小企业“榜单。浙江省中小企业局与中国中小企业协会融资服务中心签署了“浙江中小企业百亿集合债”战略框架协议，召开了中国股权投资协会第一次筹备会，成立了着眼于为中小企业提供长期融资服务的“浙江省中小企业投融资战略服务联盟”和“全国工商联并购公会浙江俱乐部”。本次

"浙融会"取得了丰硕成果，被参会企业和投融资机构誉为是一次别开生面的中小企业融资"奥斯卡"盛会。

13. 浙江 美国中小企业合作周活动

10月26日至11月3日，浙江省组织仪器仪表、汽车零部件、纺织服装、IT等12个行业一批中小企业领军人物赴美国，举行浙江—美国中小企业合作周。在芝加哥、纽约、费城、华盛顿、旧金山等地，他们走访政府部门、金融机构、企业和高校，广泛与各界人士对接交流，寻求在贸易、投资、科技、金融、培训等方面的合作。

合作周期间，开展了5场大型洽谈对接活动，参会的170多家浙江中小企业和美国1000多家中小企业对接交流，达成合作意向140多项，涉及金额15多亿美元。浙江省中小企业局与美国纳斯达克证券交易所签署《合作备忘录》，计划每年推动10家左右成长性好的中小企业到纳斯达克上市，优先推荐节能环保、新能源等低碳经济和高新技术类项目。与美国富顿集团签约，合作建立"中美品牌与市场拓展合作基地"，设立浙江名牌产品美国展示销售窗口，向美国消费者提供更优质、更高端的品牌产品。同时实施"全球采购门当户对计划"，推动浙企与世界跨国公司、跨国采购商的"联姻"。与马里兰州政府及马里兰大学签约，合作建立"美国浙江科技园"，为美国和浙江的中小企业搭建科技合作平台。与宾夕法尼亚大学沃顿商学院签约，合作建立"浙江企业家（美国）培训基地"。浙江—美国中小企业合作周期间，美国商务部、全球中小企业联盟、美国中小企业署和纽约市政府等都派员与浙江中小企业代表进行了深入交流。美国各大媒体把浙江商务代表团的活动，称为中美两国经贸活动的一件大事，是一次难得的合作之旅、拓展之旅、经贸之旅。

14. 浙江省首个产业集群融资服务平台落户南浔

12月28日，浙江省首个产业集群融资服务平台示范——点南浔木地板产业集群融资服务平台启动仪式在南浔区举行，该平台将在2011至2013年三年期间为南浔木地板产业新增10亿元融资规模。该平台是由浙江省中小企业局与中国工商银行省分行共同发起的，由工行、中新力合、华融租赁、安邦保险、华睿投资、天堂硅谷等组建融资顾问团，按照平等互利、共同发展的原则，为产业集群内中小企业融资建立绿色通道，提供效率高、价格优、模式新、全方位、综合化的金融服务和产品。

福建省

9月9~11日，利用香港会展业的国际影响力，与香港贸发局合作，组织漳州钟表企业18家参加"第二十九届香港钟表展"，拓展国际市场，开展漳州钟表区域品牌宣传推介，提升了漳州钟表品牌的国际影响力。

10月10~16日，组织20家莆田电子企业参加香港秋季电子展，开展"莆田电子"区域品牌推介。

10月20~23日，按照省政府统一部署，组织我省部分中小企业参加在澳门举办的"第十五届国际投资贸易展览会"，并以"魅力海西，腾飞福建、商机无限"为主题设立福建馆，展示我省完善的基础设施、良好的投资环境和跨越发展的新风貌，集中推介我省出台的政策措施，投资贸易合作项目以及漳州钟表、福安电机、莆田电子等名优产品，拓展欧洲及葡语系国际市场。

11月30日12月4日，组织我省担保机构管理人员和经贸部门相关负责人38人赴港参加与香港贸发局联合举办的融资担保培训班，学习香港先进的金融管理经验，同时也为我省中小企业担保机构提供直接与香港金融机构沟通交流平台。

12月1~10日，组织设区市经贸部门干部和20家中小企业管理人员参加香港贸发局举办的香港中小企业国际博览会和创新科技及设计展，学习香港中小企业服务机构在帮助中小企业方面好的经验和做法，同时让我省中小企业了解如何利用香港平台开展国际合作。

山东省

1月11日，省委常委、副省长王军民主持召开座谈会，对加快推进小微企业实施税收优惠政策的实施，召集省国税局、地税局、中小办及济南市有关单位、部分企业代表座谈。

1月20日，山东省中小企业协会会长扩大会议在烟台海阳市召开。

1月27日 省中小企业办公室被省政府办公厅评为2009年度政务信息工作先进单位。

1月28日，省政府下发通知公布了"山东省促进中小企业发展领导小组"组成人员名单。领导小组办公室设在省中小企业办公室，省中小办主任刘新风任成员并兼任办公室主任。

2月22日，省中小办与省邮政公司确定采用直邮服务中小企业特别是利用直邮信函将"352"税收优惠政策尽快送达到每一个小微企业。

2月26日，山东省中小企业办公室下发了《关于组织编制2010年全省中小企业实施四项计划、推进结构调整重点项目的通知》。

3月12日，山东省中小企业办公室参与启动的"融资担保通"助全省中小企业成长活动仪式在济南举行。"融资担保通"，主要用于帮助中小企业快速取得生产经营周转资金。标志着我省再担保业务全面推开。省委常委、常务副省长王仁元出席启动仪式。

4月13日，山东省中小企业办公室组织召开的2010年全省中小企业重点项目推介会在济南举行，各大银行和金融机构与有关企业就重点投资项目进行了对接。省委常委、副省长王军民出席会议并讲话。

4月25日，省中小企业办在临沭县召开全省中小企业产业集群电子商务经验交流会。总结全省产业集群电子商务工作情况，推广临沭县复合肥产业集群电子商务经验，研究部署20个省级产业集群电子商务工作。

4月28日，省委常委、副省长王军民主持召开中小企业工作座谈会，专门听取部分县（市）中小企业经济运行和国务院36号、省政府127号文件的贯彻落实情况。

5月5日，山东—吉林两省经济合作交流会暨项目签约仪式在济南南郊宾馆举行。省中小企业办组织76家中小企业代表参加了经济合作交流会并对口洽谈。

5月29日，省委常委、副省长王军民同志在出席10万成长型中小企业管理者培训启动仪式前，听取了有关情况的汇报。

6月1日，工业和信息化部中小企业司在我省主持召开了全国中小企业信息化工作座谈会。

7月1日，中小企业办、省企业联合会、省中小企业协会联合举办了全省中小企业推进精细化管理培训班。

7月26日，山东省中小企业办公室在威海组织召开全省中小企业上半年经济运行分析会议，分析上半年的形势及下半年走势，研究如何巩固住中小企业经济运行回升向好的基础，保持住平稳发展的态势。

8月8日，全省促进民营经济发展大会在济南召开，表彰个体私营经济践行科学发展观示范企业和带头人，总结2002年以来民营经济发展情况，研究部署当前和今后一个时期民营经济发展工作。省中小企业办公室作大会发言。

8月30日，省委常委、副省长王军民主持召开省促进中小企业发展领导小组第一次工作会议，听取中小企业发展情况汇报，安排部署下一步工作。省中小办主任、省促进中小企业发展领导小组办公室主任刘新风就全省贯彻国务院、省政府进一步促进中小企业发展意见（国发36号、鲁政发127号）的情况和今后工作意见作了汇报。

9月9日，山东省中小企业办公室在莱芜组织召开全省中小企业节能减排现场推进会。会议表彰了节能减排先进单位，对节能减排工作进行了总结和部署，明确了工作任务和重点。

9月15日，第七届中国国际中小企业博览会暨中澳中小企业博览会在广州国际会议展览中心隆重开幕。山东省中小企业办公室组织参展参会代表600多人。博览会期间，山东中小企业充分利用“中博会”平台，推动企业间的产销衔接、合作交流，实现了共赢。

10月22日，省政协副主席、省担保协会名誉会长齐乃贵到担保公司视察指导中小企业信用担保工作。省中小企业办公室主任、省担保行业协会会长刘新风同志陪同。

10月23日，由山东省中小企业办公室和山东大学联合举办的第一期“山东省中小企业经理人高级研修班”开学典礼在山东大学举行。

11月7日，山东省中小企业办公室联合齐鲁晚报社在济南举办“山东特色产业镇创富论坛”，省委常委、副省长王军民、省人大副主任鲍志强、省政协副主席齐乃贵出席会议。会上，省领导为获得“山东省特色产业镇”、“山东省特色产业镇领军人物”和“山东省特色产业镇明星企业”称号的代表授牌。

11月10～11日，工业和信息化部在青岛市召开全国中小企业服务体系建设座谈会。

11月14日，山东省担保行业协会第二届会员大会在济南举行。会上选举产生第二届理事会。省委常委、副省长王军民出席并讲话，省人大常委会副主任时立军，省政协副主席齐乃贵出席会议。会议选举省中小企业办公室主任刘新风继续担任省担保行业协会会长。

12月1日，山东省中小企业办召开《山东省志·工业志·中小企业篇》编纂工作动员大会，同时举办了史志编纂培训班。

12月20日，由山东省中小企业办公室具体牵头组织，中国乐器协会、省财政厅、共青团山东省委、山东省中小企业办、山东艺术学院、昌乐县人民政府主办；山东大学艺术学院、山东艺术学院音乐学院、山东师范大学音乐学院、鄌郚镇人民政府具体参办的：弹起我心爱的电吉他——鄌郚电声乐器校园展示活动成功举办。省委常委、副省长王军民出席活动。

河南省

1月16日，中国中小企业河南网获得国家工业和信息化部中小企业司和中国中小企业网总站授予的全国中小企业信息网络体系“新闻采集奖”，并连续五年获得“突出贡献奖”。

1月27日，全省中小企业工作会议在郑州召开。会上，河南省工业和信息化厅中小企业服务局局长王永连，对2009年的中小企业工作从六个方面作了总结，肯定了取得的成绩，分析了存在的问题和困难，并对2010年的工作作了部署。

2月2日，河南省工商局、邮政储蓄银行河南省分行联合举行战略合作新闻发布会，宣布“百亿送贷行动”正式启动。该行动以全省204万户各类市场主体为服务惠及对象，以解决中小企业、个体工商户、特色农业养殖户“融资难”为切入点，通过送贷进企业、进市场、进乡村等形式，全年将投放各类贷款100亿元以上，至少使20万户中小企业、个体工商户和农户直接受益。

据2月17日新华网报道，河南省中小企业知识产权融资开始破冰。河南省知识产权局联合省科技厅、省发改委、省财政厅、省政府金融办、省工信厅、省银监会等6部门，于日前出台了《河南省关于开展中小企业知识产权融资工作的指导意见》，正式启动中小企业知识产权融资工作。

2月24日下午，河南省中小企业担保集团股份有限公司在中州宾馆分别与中国银行河南省分行、中国建设银行河南省分行、国家开发银行河南省分行、中信银行郑州分行签订业务合作协议。中国银行河南省分行、中国建设银行河南省分行、国家开发银行河南省分行、中信银行郑州分行4家银行共为省担保集团公司提供担保和再担保贷款综合授信180亿元。

4月6日下午，从河南省人力资源和社会保障厅传来消息，经河南省政府批准，省人力资源和社会保障厅与省财政厅联合出台文件，决定河南减负稳岗相关政策再延长1年。

5月18日，“信息助发展 同心鼎未来”河南省“百万中小企业信息化体验计划”启动仪式在河南郑州隆重举行。

6月18日，河南日报 报道，对苦于发展初期缺乏资金的我省科技型中小企业来说，科技型中小企业创新基金可谓是“雪中送炭”。中小企业申报的热情高涨使得该基金“热度”不断升温。记者日前在省科技厅采访时了解到，今年第一批122项基金项目于日前公告，我省获得资助金额达8205万元，比2009年全年总额还要多出380万元。

6月23日，由广发银行与河南省人民政府主、河南省工信厅与广发郑州分行承办的“河南省中小企业融资服务洽谈会”在郑东新区国际会展中心隆重开幕。在本次洽谈会上，广发银行与河南省工信厅签订了总金额为200亿元的合作协议，广发郑州分行也和安阳市、新乡市、平顶山市、焦作市、洛阳市、许昌市、南阳市等地工业与信息化局签订了合作协议。此外，广发还与河南省中小企业担保集团股份有限公司签订了10亿元的中小企业担保协议，与105家中小企业签订了10.1亿的合作协议。

7月28日，省工信厅与国家开发银行河南省分行正式开展战略合作，国开行将向我省部分优秀小额贷款公司提供贷款，并通过这些公司向外发放贷款，解决我省中小企业和“三农”资金困难。

支持小额贷款公司融资创出“河南模式”。7月28日下午，从省工信厅与国开行河南分行在郑州召开了战略合作暨小额贷款公司融资洽谈会上透出：全省已批准成立了124家小额贷款公司，注册资本37.08亿元，累计为3482家小企业和个体工商户发放3520笔贷款，共计26.5亿元。

我省参加第七届中国国际中小企业博览会暨中澳中小企业博览会成果丰硕 。10月9日来自省工信厅的消息称，由省工业和信息化厅牵头，省直有关厅局和省辖市中小企业主管部门共同组织我省300余家中小企业、700余人组团参加了第七届中博会，并取得丰硕成果。会展期间，共有10余家投资公司、金融机构及7000余家国内外客商到我省展位进行了经济技术合作、贸易和投资洽谈，我省300多家企业参与洽谈、项目对接、论坛融资活动，现场达成供货合同金额8.2亿元，比去年增长35%，达成合作投资意向17.4亿元，比去年增加16%。创我省参加中博会以来参展企业最多、规模最大、洽谈客商最多、收益最多、影响最广的历史新纪录。

新兴产业在河南中小企业崛起。10月15日省工信厅中小企业服务局获悉：我省着力打造融资服务体系，取得显著成效。截至9月底，河南中小企业已有融资服务机构4964家，总投资785.7亿元，从业人员65000多人。形成了以信用担保、小额贷款、产（股）权交易为主要内容的新兴产业——中小企业融资服务业。

11月份，全省中小企业统计分析工作会议在郑州召开。

国家区域性（河南）中小企业产权交易市场开盘交易。2010年11月12日，国家区域性（河南）中小企业产权交易市场开盘交易。首批进入市场挂牌交易企业共41家。

12月27日，由省工信厅主办的“中小企业助推中原经济区建设高峰论坛”在郑州举行。此次论坛以“战略突破瓶颈、策略缔造传奇”为主题，国务院参事陈全生、河南大学经济学院院长耿明斋分别就中小企业如何依托中原经济区建设这一战略新平台实现自身发展，政府部门和金融机构如何支持企业发展中需要解决的融资难题，以及推动中小企业的产业结构优化升级等重要方面作了主题演讲。

湖北省

4月24日，2010年国家中小企业银河培训工程湖南省中小企业提升核心竞争力培训班在岳阳市政协大礼堂正式开班。全省14个市、州的部分中小企业、民营企业经营管理人员，岳阳市工商联系统相关人员，岳阳市工业经委机关干部、市直企业共370人参加了培训。

5月11日，全国中小企业培训管理体系能力建设暨管理咨询培训班在长沙蓉园宾馆开班。培训班分为中小企业培训管理体系能力建设培训班和中小企业管理咨询培训班。来自全国各省、自治区、直辖市、计划单列市及新疆生产建设兵团中小企业管理部门承担中小企业银河培训工程管理工作和管理咨询工作处室的负责人以及部分中小企业管理咨询机构负责人参加了培训。

5月，湖南省人民政府办公厅印发了《湖南省人民政府办公厅关于印发湖南省经济和信息化委员会主要职责内设机构和人员编制规定的通知》，内设机构中新设中小企业局，对外称湖南省中小企业局，下设发展促进处、服务指导处、融资服务处。

6月~7月，省委宣传部、省经信委组织10多家主流媒体，开展“转变发展方式，谋划科学跨越——看中小企业如何转型升级”集中采访报道活动，宣传和推介转型升级方面的典型和经验。

8月10日，湖南省非公有制经济工作领导小组就2009年度市州非公有制经济发展工作考核情况发了通报。长沙市等4个市州获得一等奖，8个市州获得二等奖，2个市州获得三等奖。

8月20日，湖南省中小企业管理巡诊活动启动仪式在长沙经开区明城国际酒店举行，省人大常委会副主任陈叔红、省政府副省长陈肇雄、省政协副主席阳宝华出席。会上对部分中小企业核心服务机构进行了现场授牌。并启动了湖南省中小企业网上在线咨询平台和湖南省中小企业法律服务平台。

9月15~18日，第七届中国国际中小企业博览会暨中澳中小企业博览会在广州市国际会展中心琶洲展馆举行。湖南省代表团共400余人参会，108家中小企业参展，主要涉及玩具工艺、纺织服装、食品、医药、机械装备、电子信息等行业。

11月5日，“2010湖南省中小企业管理提升工程讲座”在长沙市举办，全省120余名中小企业高管人员参加了讲座。讲座上确定了61家企业为湖南省中小企业管理提升工程首批试点单位。

广东省

1. 出台促进民营经济发展的政策措施

2010年7月，广东省委省政府召开全省民营经济工作会议，出台《关于促进民营经济发展上水平的意见》，提出优化民营经济发展的3个环境（法制环境、投资环境和融资环境），提升民营经济发展的4个水平（产业发展水平、自主创新水平、经营管理水平和对民营企业的服务水平），加强民营经济发展的政策落实和对民营经济工作的组织领导等32条政策措施。还出台《贯彻国务院关于进一步促进中小企业发展若干意见的实施意见》。

2. 表彰民营经济工作先进地市及百强民营企业

2010年，广东省开展2009年度地级以上市人民政府民营经济工作考核，全省21个地级以上市全部达“良好”分数以上，其中佛山等10个地级以上市被评为优秀等次，广州等11个地级以上市被评为良好等次。对于考核分数达优秀等次的地市，省政府首次进行通报表彰。开展2008～2009年度广东省百强民营企业（制造业和服务业）评选，并由省政府通报表彰。新一届百强民营企业的营业收入3780亿元，较上届增长43%，利润247.5亿元，增长30.6%，纳税134.4亿元，增长47%。

3. 支持企业上市融资

2010年，广东省中小企业局与广东证监局签订《关于共同推进广东省民营企业上市梯度培育工程合作备忘录》，制定《关于开展广东省民营企业上市梯度培育工程的指导意见》。建立省中小企业上市后备资源数据库，参照创业板市场的准入条件筛选出符合条件的280家企业进入资源库。全省（含深圳市）进入持续辅导的企业110余家，已完成辅导验收向中国证监会提交申报材料的企业80多家，其中绝大多数为民营企业。发行上市企业79家，募集资金额798.6亿元，均居全国前列。截至2010年，广东省上市的民营企业超过300家。

4. 建立健全中小企业信用担保体系

2010年，广东省形成省、市、县3级中小企业信用担保网络，共有担保机构1200多家，其中纳入省中小企业局备案管理的310家。担保机构累计融资担保额3953.6亿元（含省再担保公司直保业务，未计再担保业务），累计担保企业21.1万户。其中，2010年担保总额1478.97亿元，当年新增融资担保额906.96亿元，新增受保企业15289户。受保企业通过担保融资增加销售额1938.12亿元，增加利税182.17亿元，增加就业78.51万人。

5. 中小企业转型升级加快

2010年，广东省认定中小企业公共（技术）服务示范平台49个，认定民营企业（中小企业）创新产业化示范基地100个。建成14个省级民营科技园。培育扶持一批创新型的科技中小企业。全年全省获得中国标准创新奖37项，由中小企业主导和参与的有23项。

6. 完善中小企业社会化服务体系

2010年，广东出台《关于开展中小企业服务推广日活动的指导意见》，举办7场中小企业服务推广日活动，2000多人参加对接服务活动。研究制定《广东省中小企业公共服务示范平台管理暂行办法》，认定18个省级公共服务示范平台。召开全省中小企业服务体系（深圳）现场会。组织广东37家中小企业（展位60个）参加第六届APEC（亚太经济合作组织）中小企业（福州）博览会。召开全省小企业创业基地建设经验交流会。出台《广东省小企业创业基地确认管理试行办法》，评定27家省级小企业创业基地。至年底，27家省小企业创业基地占地面积5255万平方米，入驻企业2594家，从业人员72476人。

7. 加快中小企业人才培训

2010年，广东制定中小企业人才培训工作方案，组织开展中小企业局长班、民营骨干企业高管研修班、部分市转型升级总裁培训班等培训项目。推动实施“企业家素质提升工程”，编制并印发2010年省中小企业人才培训指导性计划183个项目，培训人数9.2万人次。开展中小企业信息化普及之旅体验活动，举办170多场形式多样的普及应用和培训活动，中小企业参加人数超过8000人次。

海南省

1月16日，省政府出台《海南省2010年进一步鼓励和支持中小企业发展政策措施》，从财政扶持、税收支持、融资服务等三个版块加大对中小企业的扶持力度，总涉及经费2.6亿元。

1月21日，在海口宾馆召开全省中小企业生产经营运行监测培训。

5月26日，海南康芝药业股份有限公司在深圳创业板挂牌交易，募集资金15亿元。

6月13日，省政府批准《海南省2010年信用担保机构借款计划》，对符合条件的海口市担保投资有限公司和海南信联盛投资担保有限公司分别借款3800万元和1200万元，以壮大省级担保机构的担保实力。

6月28日，我厅随罗保铭省长赴天津参加环渤海经贸洽谈会，并与天津市中小企业局签订了两省市中小企业战略框架协议，进一步加强了两省市中小企业的交流和合作。

6月30日至7月3日，我省经贸代表团赴福州参加了由国家工信部主办的第六届APEC中小企业技术交流会暨展览会，并取得圆满成功，荣获组委会颁发的“最佳组织奖”和“最佳设计奖”。

7月6日，国家下达我省中小企业服务体系建设专项资金计划，海南信息岛技术服务中心、海南工经联2家单位获得专项资助240万元。

7月21日，国家正式下达2010年中小企业发展专项资金项目计划，海南省共有30个项目得到国家3940万元专项资金的补助。

9月15日至18日，组团参加工信部举办的第七届中国国际中小企业博览会暨中澳中小企业博览会。

12月，完成海南省中小企业公共服务平台、小企业创业基地及海南省中小企业信息网“十二五”规划的编制工作。

12月6日至7日，召开全省中小企业主管部门业务工作培训会议。

重庆市

1月10日，全市工业经济工作会在艾美酒店召开，各区县分管领导、经委、中小企业局、信息产业局的负责人、市属大型企业、中小企业、民营经济负责人参加会议，马发骧局长作专题报告，会上通报表彰了2009～2010年度全市中小企业发展综合考核的先进区县及民营企业50强。

1月15日，第九届西部农产品交易会在国际会展中心开幕，局长马发骧出席开幕式。

1月18日，2008～2009年度中小企业考核部门评审会在局机关召开，局相关领导参加会议。

1月26日，我局印发《重庆市中小企业局2010年工作要点》。

1月27日，我局印发《机关处级领导干部职位竞争上岗实施方案的通知》。

1月29日，中小企业系统区县局长会议在重庆市金质花苑酒店召开，会议总结了2009年全市“三类经济”工作，安排部署了2010年工作，全体局领导参加会议。

2月4日，局离退休老同志迎春座谈会在局机关小会议室召开，局长马发骧参加会议。

2月8日，局办公室、人教处、科技处等3个处室，付宗伦、陈谦、徐新意等11人获2009年度局机关先进处室和先进个人，并受表彰。

2月9日，重庆市2010年春节团拜会在南平国际会展中心举行，局长马发骧出席新春团拜会。

2月10日，全局机关春节团拜会在局大会议室召开，马发骧局长作重要讲话，会上通报表彰了局机关2009年度先进集体和先进个人。

2月21日，重庆市“两翼”农户万元增收工程工作会议在重庆逸安大酒店召开，局长马发骧出席会议。

2月25日，我局印发《关于下达2010年度非公有制经济、中小企业、乡镇企业发展指导性目标任务的通知》。

3月2日，庆祝三八妇女节座谈会在局机关小会议召开，局长马发骧出席座谈会并讲话。

3月4日，重庆市“四议两公开”培训班开班仪式在乡镇企业干部管理学校举行，副局长赵吉林出席开班仪式并讲话。

3月8日，中央纪委检查组在渝州宾馆召开关于重庆市推进惩治和预防腐败体系建设工作汇报会，局有关领导参加会议。

3月9日，光大银行、中信银行、中绩公司有关领导来我局商谈发行中小企业中期集合票据有关事宜，局相关领导出席洽谈会。

3月10日，市委组织部关于民主测评和考察市管领导后备干部大会在局大会议室召开，全局干部职工参加会议，并进行民主测评。

3月12日，中国重庆．山东周对接活动在重庆大世界酒店举行，局领导马发骧、马奇昌参加活动，并同潍坊市代表团开展对接活动。

3月16日，市担保协会二届二次会员大会在渝通宾馆隆重举行，会议对支持中小企业发展应对金融危机成绩突出的担保机构进行表彰，局长马发骧出席会议并讲话。

3月17日，市中小企业知识产权试点工作会在创世纪宾馆举行，局相关领导参加会议。

3月18日，花旗银行中国总部市场部总监许总一行来我局拜访，相关领导接待许总一行。

3月19日，“三创建”动员大会在局大会议召开，局机关全体干部职工参加会议，马发骧局长出席会议并做动员讲话。

同日，重庆市创建国家园林城市总结表彰暨创建国家生态园林城市动员大会在市委小礼堂召开，局相关领导参加会议。

3月23日，全市学习实践科学发展观总结大会在市委礼堂召开，局相关领导参加会议。

3月24日至25日，南京市中小企业考察团分别到江北区、永川区、万盛区考察投资环境，局领导马发骧、马奇昌陪同考察。

3月30日，在全市三类经济运行分析会在渝北犀牛宾馆召开，局长马发骧出席。

4月6日，全国学习实践科学发展观活动总结电视电话会议召开，局相关领导在市委办公厅参加会议。

4月7日，重庆市高交会南坪国际会展中心开幕，局相关领导参加开幕式。

4月8日，浙江宁波市政府代表团一行来渝考察，局领导谢卫东陪同考察。

4月9日，局长马发骧陪同出席“重庆·山东周”活动的潍坊市政府代表团到江津区考察调研。

4月8日至9日，副局长马奇昌率外经处到西安市参加部分省市中小企业工作座谈会和东西部中小企业合作推介会。

4月12日，局长马发骧在市委办公厅参加全市“三项治理”工作电视电话会议。

同日，局长马发骧在局机关主持召开局党组会议，传达全市“三项治理”工作电视电话会议精神，研究局机关贯彻意见。

4月14日，副局长马奇昌到北京参加第七届中博会全国动员会。

4月22日，农业部乡镇企业局卢副局长一行到铜梁、璧山等地考察调研休闲农业项目，局领导马发骧、朱建陪同考察。

4月23日，局长马发骧在局机关组织召开“三类经济”一季度经济运行分析会及主要新闻媒体记者通气会。

4月23日上午，农业部第三期农产品国际贸易经济及管理人员培训班开班仪式在渝州宾馆举行，局相关领导参加开班仪式。

4月27日，局长马发骧在市委陪同黄奇帆市长会见重庆市政府顾问、中国中小企业协会李子彬会长。

4月28日，局长马发骧陪同中国中小企业协会李子彬会长一行到北部新区考察中小企业，并召开中小企业调研座谈会。

4月29日，重庆市驻渝机构经贸合作签约仪式暨驻渝机构首届联席会议在君豪酒店召开，局相关领导参加会议。

4月27日，中国民营经济发展论坛暨全国知名民营企业重庆推介会在市委统战部举行，局相关领导参加会议。

5月6日，局长马发骧在市委办公厅参加中组部、中纪委贯彻“四项监督制度”电视电话会议。

5月7日，局长马发骧在局机关小会议组织局中心组学习，传达贯彻“四项监督制度”工作会议精神，并就相关工作进行安排部署。

5月6日至10日，副局长马奇昌同丰都县党政领导一行到南京、杭州等地开展招商引资工作。

5月12日至13日，局相关领导陪同中国时代投资控股集团董事局禹晋永主席一行到渝北、涪陵、江津等地考察投资项目。

5月15日，农业部和市政府联合主办的2010年中国农村经济论坛在金源大酒店隆重召开，论坛就当前农村经济热点问题进行探讨，市领导黄奇帆、马正其等出席论坛，局相关领导参加论坛。

5月18日，重庆中小企业局与浦发银行重庆分行合作签约仪式在金科大酒店举行，局长马发骧、副局长马奇昌参加签约仪式。此举将进一步深化双方合作，着力提升中小企业融资速度。

5月24日，局长马发骧在局机关主持召开机关处级以上干部会议，通报我局突发事件有关情况，并安排部署下步工作。

5月27日上午，市政府召开中小企业发展座谈会，局相关领导参加会议，并就中小企业工作进行汇报。

5月28日至29日，农业部乡镇企业局召开全国政务信息培训会议在重庆广场宾馆举行，欧阳副局长到会讲话，局相关领导参加会议。

6月1日至2日，中国电信重庆公司中小企业信息化巡展活动在重庆万州区举行，局领导参加巡展活动。

6月10日，机关老同志端午节慰问座谈会在局机关举行，局相关领导出席座谈会，局长马发骧代表全局祝贺离退休老同志过一个祥和的端午佳节。

6月11日至13日，局长马发骧、局长助理朱建率办公室等相关处室赴浙江温州，开展第八届国际园林博览会招展工作。

6月18日，重庆市两江新区成立暨动员大会在市委召开，局相关领导参加成立大会。

6月25日，全球中小企业国际计划中国西部启动仪式在金科大酒店举行，局相关领导到会祝贺。

6月29日至7月2日，第六届APEC中小企业技术交流暨展览会在福建福州市举行，相关局领导参加展会。

7月1日，局长马发骧在市政府参加由童小平副市长主持召开的关于发展微型企业的专题会议，并就我局贯彻落实国务院36号文件精神进行专题汇报。

6月30日至7月1日，全市“三类经济”半年分析会在石柱县召开，局领导王任林出席会议。

7月8日，国务院王岐山副总理一行来渝检查知道工作，局长马发骧随同市委、市政府领导陪同王岐山副总理参观考察江北港城工业园。

7月13至17日，局相关领导率产业处、办公室到合肥、沈阳等地学习中小企业综合服务平台建设经验。

7月19日上午，市委第六检查组来我局检查我局传达贯彻市委三届七次全会精神情况，全体局领导参加会议，马发骧局长进行工作汇报。

7月28日，曙光都市工业园与长安电器股份公司合作打造长安都市工业楼宇签约仪式在金源大酒店举行，局相关领导出席签约仪式。

同日，副局长王任林在市电台参加《阳光重庆》节目录制，并就缓解中小企业融资难等问题与听众进行交流沟通。

7月29日，局长马发骧在局机关出席局机关庆“八一”军转干部、退役军人座谈会。

8月9日，局长马发骧在市委办公厅参加全市推进“三项治理”工作电视电话会议。

9月10日，乡镇企业干校庆祝第26个教师节座谈会暨表彰大会在乡镇企业干部管理学校举行，局领导马发骧、谢卫东出席表彰大会。

同日，局领导廖静、王任林、朱建带领全局职工到市廉政教育基地参观学习。

10月15日，山西省中小企业局党政领导一行来渝参观考察，局领导王任林陪同参观考察。

10月20日，局长马发骧在局机关接待广西自治区政府驻渝办事处领导一行。

10月26日，局长马发骧在金源饭店出席园区基地推广ISO国家标准化体系认证活动启动仪式暨签约仪式。

11月4日，局长马发骧在局机关组织学习市政府第105号文件精神，并讨论“三创建”工作。

11月9日，重庆市中小企业局与万州区政府合作共建局区战略合作协议签字仪式在万州区举行，全体局领导出席签字仪式。

11月12日，副局长王任林在局机关接待中科智集团董事长一行，并就担保融资等问题交换了意见。

11月23日，局长马发骧在金源饭店参加工信部召开的促进中小企业与军工企业合作交流座谈会，并出席与重庆船舶工业公司战略合作签约仪式。

11月26日，局长马发骧在市中小企业发展研究会出席重庆市中小企业发展研究会成立周年座谈会。

12 月 2 日，市政府 2011 年经济工作务虚会在市政府办公厅召开，局相关领导参加会议。

12 月 7 日，局长马发骧陪同副市长马正其到市工商联调研，并汇报我市非公经济发展情况。

12 月 14 日，全国党的基层组织党务公开电视电话会议暨全市党务公开工作部署会议在召开，局相关领导在市委办公厅参加会议。

12 月 15 日，副局长马奇昌在局机关接待天津市中小企业局一行并就公共服务平台建设及都市工业发展情况交换了意见。

12 月 24 日，局长马发骧在局机关主持召开第一次非公企业工程系列高级职务评审会。

12 月 20 日至 23 日，副局长马奇昌在北京参加全国农业、乡镇企业与农产品加工业会议。

四川省

1 月 29 日，四川省经济和信息化委员会下发《关于加大中小企业担保服务 推动实现工业经济首季“开门红”的通知》，指导和鼓励中小企业信用担保机构进一步加大对中小企业的融资担保支持，为实现全省工业经济“开门红”作出贡献。

4 月 22 日，2010 年度四川省中小企业信用与担保协会会员大会在四川成都召开。

4 月 27 日，以“信息助发展、同心鼎未来”为主题的“四川省百万中小企业信息化体验计划”在四川成都正式启动。

5 月 25 日，四川省中小企业信用体系建设现场会在四川遂宁召开。

5 月 13 日，在四川省人民政府与中国银行股份有限公司金融合作暨产品服务创新对接会及签约仪式上，四川省经济和信息化委员会与中国银行四川省分行共同签署了《中小企业信贷工厂战略合作协议》，标志着我省“信贷工厂”模式推广工作正式启动。

5 月 19 日，按照国家工业和信息化部中小企业司的统一要求和部署，中小企业银河培训工程—四川省成长型中小企业高级管理人员培训班在四川成都正式开班。

5 月 21 日，由四川省经济和信息委员会、四川省中小企业局主办，四川省循环经济促进会承办的 2010 中国四川中小企业可持续发展论坛暨总裁峰会在四川成都举行。

6 月 2 日，四川省信用联社信贷支持中小企业金融创新现场会在四川广汉召开。

6 月 4 日，四川省经济和信息化委员会正式下发《关于在全省推广中小企业“信贷工厂”有关工作的指导意见》。

6 月 21 日上午，四川省经济和信息化委员会与工商银行省分行、农业银行省分行、建设银行省分行、交通银行省分行、招商银行成都分行、浦发银行成都分行、中信银行成都分行和恒丰银行成都分行等 8 家金融机构在四川成都正式签署《中小企业金融服务合作备忘录》，旨在中小企业金融服务、客户推介、融资平台建设、信息化合作、培训合作、调研与政策交流等方面将银政合作推进到一个新的阶段。

下午，四川省中小企业“信贷工厂”模式推广会在四川成都召开。

6 月 28 日，为贯彻落实《工业和信息化部关于加强中小企业信用担保体系建设工作的意见》精神，四川省经济和信息化委员会下发《关于加强我省中小企业信用担保体系建设工作的指导意见》，要求各级中小企业主管部门进一步抓好信用担保体系工作，加强规范中小企业信用担保机构运作和担保风险防范，营造担保环境。

6 月 30 日 ~7 月 3 日，四川省人民政府组团参加第六届 APEC 中小企业技术交流暨展览会，四川中小企业现场签订合同金额 642 万元，达成意向协议 6300 万元。

6 月，国家工业和信息化部联合教育部共同举办的第八届全国中小企业网上百日招聘高校毕业生活动落下帷幕，四川企业人才需求数居全国之首，招聘企业数和职位数仅次于北京和上海，位居全国第 3。

8 月 3 日，四川省经济和信息化委员会、省人力资源和社会保障厅和四川省中小企业服务中心联合资阳市经委、资阳市雁江区经济局在四川资阳开展中小企业法律服务巡讲活动。

8 月 6 日，为贯彻落实《国务院关于进一步促进中小企业发展的若干意见》（国发〔2009〕36 号）、《国务院关于鼓励和引导民间投资健康发展的若干意见》（国发〔2010〕13 号）和《四川省人民政府关于加快中小企业发展的决定》（川府发〔2009〕11 号）精神，推进全省中小企业又好又快发展，四川人民省政府正式印发《四川省人民政府关于进一步支持中小企业加快发展的意见》（川府函〔2010〕162 号）。

8 月 13 日，由四川省经济和信息化委员会、四川省中小企业局、绵阳市人民政府联合主办，绵阳市经委、绵阳市中小企业局、绵阳市信息产业局、中国中小企业四川网、中国中小企业绵阳网承办的“四川省中小企业信息化推进工程·绵阳工作会议暨“百万体验计划”绵阳站启动仪式在四川绵阳举行。

9 月 6 日 ~8 日，工业和信息化部中小企业司调研组莅临四川，对全省中小企业信息化工作进行专题调研并召开中小企业信息工作座谈会。

9 月 15 日 ~18 日，组团参加第七届中国国际中小企业博览会暨中澳中小企业博览会，全省参会参展中小企业 109 户，布置展位 117 个，现场签订合同金额 1.15 亿元，意向协议 6.42 亿元，总成交额达 7.57 亿元。

9 月 27 日，国家银河培训工程——四川省中小企业产品质量认证标准化与管理制度化培训班在四川成都举办。

10 月 28 日，“国家中小企业银河培训工程”中小企业财务与人力资源管理培训班暨龙泉驿区双送专项行动在四川成都正式启动，有近 300 名中小企业中高级管理人员参加此次培训。

11月4日，四川省经济和信息化委员会与中国建设银行四川省分行在四川成都签署《中小企业金融服务合作协议》，进一步加强双方在推动中小企业融资领域的合作。

11月19日，由四川省经济和信息化委员会主办、四川省中小企业发展中心、资阳市经济和信息化委员会承办的2010年成长型中小企业信息化对策与应用培训在四川资阳成功开班，约有150名来自资阳市的中小企业家参加此次培训。

11月22日，由四川省经济和信息化委员会主办，四川省中小企业发展中心承办的“国家中小企业银河培训工程”在四川江油召开，来自本地的140多位企业家参加了“成长型中小企业信息化对策与应用江油培训班”。

12月16日，由四川省经济和信息化委员会、省中小企业局、巴中市人民政府主办的四川省中小企业信息化推进工作巴中工作会议暨“百万体验计划”巴中站启动仪式在四川巴中举行。

贵州省

1月15日，召开全省经济和信息化工作会议。省政府与各市（州、地）人民政府（行署）分别签订了2010年度中小企业、非公有制经济发展目标责任书。省中小企业办公室主任龙超亚作《抓住机遇、趁势而上，大力推进中小企业非公有制经济又好又快发展》的报告，分析了形势，总结了2009年主要工作，安排部署2010年重点工作。

1月20日，省委书记石宗源与贵州省政协委员中非公经济代表人士座谈。

2月1日，召开2009“多彩贵州”旅游商品两赛一会总结暨表彰大会，对优秀集体和优秀个人进行表彰。

2月5日，贵州非公有制经济网改版升级。

2月9日，省经信委和交通银贵州省分行共同推动的首批中小企业集合票据正式发行。

3月1日，《贵州省中小企业促进条例》正式施行。

4月12日，贵州省经济和信息化委员会与中国移动贵州公司战略合作协议签约。

5月，省经信委与省统计局召开非公有制经济、中小企业统计工作研讨会，完善贵州省非公有制经济、中小企业统计监测制度，进一步扩大统计范围，统计季报新增9个地区工业和建筑业数据、39个工业行业的数据。年报将新增个体、私营经济的相关数据，新增9个地区主要行业（工业、建筑业、批发和零售业、住宿和餐饮业）非公有制经济、中小企业数据，新增工业39个行业的数据。

6月10日，正式下发《贵州省经济和信息化委员会关于推动非公有制经济又好又快发展的实施意见》。

6月28日，由贵州省经信委主办，贵州中鼎资信评估有限公司承办举行了我省第一次中小企业信用评级新闻发布会。此次信用评级活动由省中小企业发展专项资金予以支持，企业免费参与，共对100户优强中小企业进行信用评级，15户中小企业获得AA级及以上信用等级。

7月1日，组织45户中小企业参加第六届APEC中小企业技术交流暨展览会，与20多个APEC成员国1700多户企业同台亮相，达成意向协议1.6亿元，并获得第六届APEC中小企业技术交流暨展览会“优秀组织奖”和“最佳设计奖”。

7月23日，贵州省经济和信息化委员会与中国电信贵州公司战略合作协议。

9月15日，组织57户具有代表性的旅游商品、航空航天、电子、新材料、特色食品、中医药等企业参加“第七届中国中小企业博览会暨中澳中小企业博览会”，共设展位40个，并特设旅游商品展示专区，展示和宣传“多彩贵州”旅游商品两赛一会所取得的成果，达成意向协议3.4亿元，取得了良好成效。

10月12日，省经信委与省邮政公司签订战略合作协议，利用邮政系统的物流、资金流优势，运用电子商务及信息化手段助推中小企业的成长。

10月14日，省经信委和建行贵州省分行召开投资银行业务高峰会，省经信委和省建行签署了省中小企业集合票据协议和债务融资工具意向性合作协议，瓮福集团、黔桂发电公司等骨干企业及部分优质中小企业与建行及分支机构进行了投资业务集体签约。

11月19日，省经信委与中国电信贵州分公司签订战略合作协议，启动实施中小企业信息化建设千家“数字企业”活动。

全年国家中小企业银河培训工程3期和贵州省中小企业星光培训工程两大免费培训工程计划37期，参加培训人员共计8321人（次）。

成功举办2010年“茅台杯”多彩贵州旅游商品两赛一会。全省共有980余件（套）旅游商品设计作品、760余名能工巧匠进入市（州、地）分赛区决赛，其中291件（套）设计作品和255名能工巧匠进入全省总决赛，银绣石－黑玛瑙《鱼》佩饰等48件（套）作品荣获“贵州名创”奖，穆民辉等83名选手获得“贵州名匠”荣誉称号。旅游商品展销大会，共有近300户企业参展，其中省外参展企业32家，成交额达347万元。通过五年两赛一会的平台搭建，产业推进，出现了“仰阿莎”、“金凯利”、“太阳鼓”、“黔艺宝”、“黔粹行”、“金芦笙”等一批旅游商品品牌，形成了遵义红军街、都匀石板街、黎平翘街、花溪青岩古镇等旅游商品专业街。全省旅游商品产业直接从业人员达50余万人，间接从业人员近200万人。

11月1日，省经信委和省司法厅共同召开律师服务非公经济中小企业工作座谈会。

11月3日，省经信委中小企业办公室认真学习省委十届十次全会、工业发展大会和全委干部职工大会精神，安排布置下一步主要工作，围绕省委十届十次全会提出的“八大民生工程”、工业发展大会提出的“八大行动计划”和“贵州工业十大产业振兴规划”，大力实施“中小企业成长工程”、“非公经济六大计划”和万户小老板工程，加强协调，整合资源，进一步改善工作作风，提高工作效率，推动我省非公有制经济、中小企业又好又快发展。

12月3日，应香港贸发局邀请参加香港国际中小企业博览会。

12月17日，全省推动非公有制经济中小企业发展工作联席会议召集人孙国强副省长在贵阳主持召开联席会议。联席会议各成员单位和省委组织部、省委宣传部、省委统战部、省委督查室、省政府督查室等单位参加。会议总结了全省“十一五”时期非公有制经济、中小企业工作情况，通报了非公有制经济发展督查情况，并提出了“十二五”时期工作思路。

陕西省

1月，省中小企业促进局与陕西省海升、恒兴、通达三家苹果龙头生产企业签订了苹果加工预警服务项目工作协议书，这标志着陕西省苹果加工预警服务体系正式启动。

1月31日，“2009陕西年度经济人物”评选结果揭晓。民营企业家刘华国、吴一坚、王传福等3人入选“2009陕西年度经济人物”。

2月5日，陕西中小企业商务网打造“企业多维推介系统”对接年货会。

3月19日，陕西省省委书记赵乐际在民营企业调研时强调，转方式求创新提水平增效益促进非公有制经济加快发展。

3月29日，陕西省省长袁纯清在安塞县调研，对县域经济发展提出要求，他强调，要发挥园区承载作用，推动县域经济加快发展。

4月9日，由国务院台湾事务办公室和陕西省政府主办的海峡两岸中小企业投资合作项目推介会在西安召开，省委常委、省委秘书长魏民洲，中共中央台办、国务院台办主任助理龙明彪出席并致辞。在推介会上，台湾工商建设研究会理事长赖正镒，台湾理事长联合总会会长林文昌，省中小企业促进局有关领导分别致辞发言，陕台部分企业代表分别作了项目推介。

4月9日，国家工业和信息化部在西安召开了部分省市中小企业工作座谈会。中小企业司司长王黎明主持会议，工信部党组成员、总工程师朱宏任出席会议并作重要讲话。山西、内蒙古、辽宁、江苏、浙江、安徽、江西、河南、广东、重庆、陕西、甘肃省（区）中小企业厅（局）、经济信息委、工业信息委（厅、局）的有关负责同志参加了会议，与会代表就贯彻落实国发36号文件的进展情况和今后一个时期的工作设想及建议、一季度中小企业生产运行状况和存在主要困难问题分析、中小企业服务体系建设现状和下一步工作打算等进行了交流发言。

4月9日下午，由工业和信息化部、陕西省人民政府主办，省中小企业促进局、省政府台湾事务办公室协办的东西部中小企业合作项目推介会在西安召开。工信部党组成员、总工程师朱宏任，陕西省副省长姚引良参加会议并分别致辞。

4月10日，由中国国际中小企业博览会组委会秘书处主办、陕西省中小企业促进局承办的第七届中博会陕西省招展招商推介会在西安隆重举行。广东省经济和信息委副巡视员冯惠钊、中博会事务局局长杨阳分别介绍了历届中博会和即将举办的第七届中博会的相关情况，陕西省中小企业促进局副局长诸秀文作大会致辞。参加会议的还有陕西省部分市县中小企业主管部门的负责同志、近六十家中小企业代表、中博会组委会秘书处有关同志及新闻媒体记者。

6月25日，省委副书记、代省长赵正永主持召开省非公有制经济发展座谈会，他强调指出，要进一步优化发展环境，加大支持力度，全力以赴推动非公有制经济更好更快发展。副省长姚引良出席会议。

6月30日，由陕西省中小企业促进局主办的“陕西中小企业服务联盟签约仪式暨第二届陕西中小企业成长论坛”在西安隆重举行。副省长姚引良出席。省政府办公厅纪检组长刘曙阳、工信部中小企业司韦向群处长分别致辞，省中小企业促进局局长丁义安、中国中小企业信息网总经理唐卫清出席，并共同为服务联盟机构代表授牌。陕西中小企业网络培训服务平台同时开通。

7月8日，由中国中小企业协会、陕西省中小企业促进局、西北大学主办，陕西省中小企业协会、西北大学国际商学院、西北大学经济管理学院承办的企业家讲企业大讲堂公益活动在西北大学隆重举行。省局丁义安局长出席并致辞，中国中小企业协会会长李子彬、陕西商会副会长原中兴通讯总经理魏兴民分别演讲，活动由中国中小企业协会秘书长孙秀春主持。

8月5日，副省长姚引良召集省中小企业局等政府相关部门、银行金融机构、中小企业信用担保公司和有关专家在西安召开全省中小企业融资座谈会。会上他强调，要进一步加大政策支持，改进金融服务，努力缓解融资难题，推动中小企业加快发展。

9月15日，由副省长吴登昌为团长、省中小企业局局长丁义安为副团长的陕西代表团，参加了由国家工业和信息化部等七部门、广东省人民政府、澳大利亚贸易委员长会联合主办的第七届中国国际中小企业博览会暨中澳（澳大利亚）中小企业博览会。本届中博会陕西省代表团的共有400多人、200多户企业，211种产品在博览会上亮相。

9月26日，由中国民主建国会中央委员会、国家工业和信息化部、陕西省人民政府共同主办的2010中国（陕西）非公有制经济发展论坛，在陕西西安隆重开幕。全国人大常委会副委员长、民建中央主席陈昌智出席开幕式并作主旨演讲，省委书记、省人大常委会主任赵乐际致辞，省委副书记、代省长赵正永，工业和信息化部党组成员、总工程师朱宏任作演讲，副省长姚引良主持。

11月4日，《陕西省人民政府关于进一步促进中小企业发展的实施意见》正式颁布。

11月18日，由省中小企业促进局主办的“全省中小企业信用担保体系建设工作会议”在西安召开。

12月15日，今年前11个月陕西省中小企业营业收入达到11065.69亿元，同比增长27.39%；增加值4048.79亿元，同比增长22.3%。中小企业增加值占全省生产总值的比重前三季度达到45.8%，比上年底提高2.5个百分点。这标志着陕西省中小企业发展规模又跃上了一个新水平。

甘肃省

6月10日，建立了甘肃省中小企业项目库管理系统。

6月11日，甘肃省促进中小企业发展工作领导小组成立。领导小组办公室设在省工信委，具体负责领导小组的日常工作。

6月30日～7月3日，组团参加了在福州召开的第六届APEC中小企业技术交流暨展览会，我省以“陆上三峡，多姿甘肃”为主题，获得大会最高奖项——“最佳组织奖”和“最佳设计奖”。

8月26日，兰州市被国家知识产权局、工业和信息化部确定为中小企业知识产权战略推进工程实施城市。

9月27日，认定兰州交通大学科技园有限责任公司等23户省级中小企业公共服务平台。

12月21日，省工信委对2010年度在创新领域做出突出成绩的天水星火机床有限责任公司等30户创新型企业予以表彰。

青海省

1月19日，全省工业和信息化工作会议在西宁召开，会议总结了2009年工作，安排部署了2010年工业与信息化各项工作任务和目标。

5月，我委牵头与省工商局、省地税局等部门共同制定出台《关于支持玉树地震灾区个体私营企业尽快恢复生产经营的措施》，上报省政府后以青政办［2010］85号文批转各地执行。

5月23～27日，受农业部乡镇企业局委托，我委在西宁市承办了全国乡镇企业统计直报点培训班，参会人员120余人。

7月，我委牵头与省商务厅、省农牧厅、省旅游局等部门共同制定出台《关于玉树地震灾区产业恢复和发展扶持政策意见》，上报省政府后以青政办［2010］160号文批转各地执行。

8月5日～9月9日，会同中国移动通信集团青海有限公司承办了“百万中小企业信息化体验计划”青海省落地专项活动启动仪式暨2010年全省中小企业信息化巡回培训班。全省共有497个企业的691名企业负责人、信息化主管及信息化工作人员参加了培训。

8月9～10日，第七届中博会联络员会议在西宁召开，郑昕副司长，中博会组委会秘书处主任、广东省中小企业局张文献局长及青海省经济委员会主任张守成等领导出席会议。

8月10～13日，全国中小企业生产经营运行监测工作座谈会在西宁召开，全国37个省、自治区、直辖市及有关市中小企业工作负责同志参加会议，青海省经济委员会主任张守成出席会议，并致欢迎词。会上工信部中小司非国有经济处处长吴义国通报了中小企业运行监测工作进展情况。

9月，组织省内10余家具有地方特色的中小企业参加了第七届“中博会”，取得了预期的效果。

2010年，组织省内企业向国家工信部申报了64个项目，得到了国家的大力支持。共获得支持资金5863.76万元，比上年增长25.45%

宁夏回族自治区

1月15日，按照《工业和信息化部关于推荐2009年度中小企业公共（技术）服务示范平台的通知》要求，收集、整理了全区中小企业公共（技术）服务示范平台项目，组织专家对项目进行评审，最终4个项目通过评审上报国家，争取国家冠名和重点指导及支持。

2月，编印了《宁夏促进中小企业发展条例立法参考资料汇编》和《鼓励中小企业发展政策法规汇编》。

2月，起草了《自治区人民政府贯彻〈国务院关于进一步促进中小企业发展的若干意见〉的实施办法（征求意见稿）》，并在部分政府部门、事业单位及企业中广泛征求意见。

3月，采取企业上报和对部分项目进行实地抽查的方式，完成了对2003年以来获得国家中小企业发展专项资金支持的88个项目进行了监督检查。

3月，对《宁夏回族自治区促进中小企业发展条例（草案）》进行修改完善，会同自治区人大财经委赴海南、广东等地区就当地中小企业立法情况进行调研学习。

3月9日，和自治区政府法制办在银川共同举办《宁夏回族自治区促进中小企业发展条例（草案）》立法听证会。来自区政协经济委员会、自治区各有关部门、协会和中小企业的代表及法律专家共60人参与了此次听证会。听证会围绕条例（草案）内容，听取了各方意见和建议。

3月、7月，为全面了解掌握我区中小企业担保机构的运行情况，不断推进担保行业健康发展，分两次对2006～2010年获得国家和自治区资金支持的中小企业担保机构发展情况进行了调研。

3月31日，与宁夏邮政公司共同举办了服务中小企业“109工程”（宁夏邮政计划年服务中小企业109家）推介会。推介会上，与会领导为“宁夏邮政公司与宁夏企业家协会战略合作伙伴”揭牌，并为宁夏禾阳农业开发有限公司等12家中小企业发放贷款共计230万元。

4月，与自治区知识产权局共同组织申报银川市、石嘴山市、中卫市为“国家中小企业知识产权战略推进工程实施城市”。经由国家科技部和工信部审核批准，银川市为国家中小企业知识产权战略推进工程实施城市。

5月27日，根据国家工业和信息化部《关于组织开展中小企业服务体系项目申报工作的通知》要求，召开专家评审会，对各市上报的6个中小企业服务体系项目进行评审，并上报国家争取资金支持。最终有2个服务机构的项目获得250万元资金支持。

6月5～7日，按照工信部和财政部要求，组织召开评审会，对收集、整理、汇总的各市县上报的88个2010年中小企业发展专项资金项目，由专家进行评审，上报国家48个项目，最终获得国家5660万元资金支持。

根据工业和信息化部、教育部关于举办2010年全国中小企业网上百日招聘高校毕业生活动的要求，积极组织开展我区中小企业网上百日招聘高校毕业生活动。活动于3月1日启动，历时100天，6月8日圆满结束。期间，开设了为期两周的宁夏专场，充分介绍我区的就业优惠政策，经济环境、就业趋势并推荐知名企业。活动中，我区共有139家中小企业在网上发布或更新招聘信息，共发布职位数587个，需求人数6055人次。

6月21～23日，由自治区人民政府邀请，自治区经信委和自治区工商联共同组织的“全国知名民营企业家宁夏行活动”在银川市举行。来自全国的40位知名民营企业家和企业高管聚首银川，纵论加快民营经济发展，推动宁夏经济建设的美好印象。活动期间共签约6个合作项目，投资总额近150亿元。此项活动得到了自治区主要领导的充分肯定。

6月30日，根据《自治区人民政府关于做好高校毕业生就业工作的通知》由自治区经信委牵头，安排3000名毕业生到中小企业就业。通过制定工作目标、程序和五市任务分工方案，积极开展高校毕业生就业工作。最终全年落实就业人员3058名。

6月30日～7月3日，组织14户中小企业赴福建参加第六届APEC中小企业技术交流暨展览会。宁夏展团在此届展会上获得了“最佳展示奖”和“最佳组织奖”，参展企业签定意向性合作和采购协议约1200万元。

7月15日，根据工业和信息化部要求，收集、整理了我区2009年中小企业暨非公经济发展、中小企业服务体系建设及开展的主要工作和成果，完成了《中国中小企业年鉴（宁夏篇）》的组稿任务。

7月30日，《宁夏回族自治区促进中小企业发展条例》通过自治区人大常务委员会第十七次会议评审，定于9月1日正式在全区颁布实施，成为我区中小企业发展的里程碑。

8月25日，赴自治区工商联，就完成政协第115号、129号、138号、216号、416号、421号、434号和436号提案答复与提案人见面座谈，实地答复。

8月30日，自治区经信委组织专家，对《宁夏中小企业暨非公有制经济“十二五”发展规划》（讨论稿）进行专家评审。

9月1日，《宁夏回族自治区促进中小企业发展条例》正式实施。自治区经信委在全区范围内进行《宁夏回族自治区促进中小企业发展条例》的宣贯活动。一是在宁夏日报开设专版，发表了自治区党委常委、常务副主席齐同生的重要文章。自治区经信委王永耀主任就实施《条例》的问答。二是在五市同时举行现场宣传活动，发放《条例》及彩页，并在中小企业银河培训工程中宣讲。三是在中国中小企业信息网开通现场答疑频道，就《条例》相关内容进行答疑。

9月6日，与工行宁夏分行在银川共同召开了“中小企业融资产品推介会”。会上工行宁夏分行根据中小企业融资特点，因地制宜地推出了适合中小企业经营特点的5大类30余种完整的信贷产品体系。自治区副主席出席会议并讲话。

9月15～18日，组团参加在广州举行的“第七届中国国际中小企业博览会暨中澳中小企业博览会”。展会期间，我区11家参展的中小企业共接待新老客商500余家，签订意向协议2520万元。代表团还参加了中小企业座谈会、中澳中小企业高峰论坛、中小企业信息化高峰论坛等专题活动，为推动中小企业之间的交流合作与经贸往来作出积极贡献，圆满完成了自治区政府及中博会组委会交办的各项任务。

9月15～20日，会同国资委、金融办先后到河北、安徽、上海等地，对宁夏创业投资基金公司的设立、管理、运作及效果等情况进行了考察。

9月27日，按照工信部《关于推荐2009年度国家中小企业公共服务示范平台的通知》要求，组织、推荐我区6家中小企业服务机构申报2009年度国家中小企业公共服务示范平台。

9月，在全区范围内开展中小企业服务体系基本情况调查，对各地小企业创业基地、中小企业公共服务平台、中小企业服务机构基本情况进行了认真调研，形成了《宁夏小企业创业基地和中小企业公共服务平台建设方案（2011～2015年）》。建设方案对近年来中小企业服务体系发展情况，面临的主要困难和问题，未来5年重点建设目标、任务进行阐述，并提出对推动服务体系发展的建议措施。

10月11日，自治区政府在银川召开全区中小企业集合票据动员大会。会上，自治区副主席齐同生讲话并提出了工作要求。自治区政府与交通银行签订了发行宁夏中小企业集合票据承销协议。我区第一期中小企业集合票据发行规模初步定为10亿元。

11月，根据自治区人民政府第79次常务会议精神和《关于采取优惠政策措施启动实施中小企业“百家成长千家培育”发展工程的意见》，经研究拟定了《自治区“中小企业百家成长千家培育”发展工程（征求意见稿）》。

12月27日，召开自治区重点监测中小企业统计工作会，通报了2010年骨干中小工业企业运行情况，对59名中小企业统计工作先进个人进行了表彰奖励。会议将给国家工信部中小司网上直报重点中小企业户数增加到120户左右，并现场演示全国统一的中小企业生产经营运行监测平台等。

12 月 30 日，在全区工业和信息化工作会议上召开自治区 30 户骨干中小工业企业座谈会，通报了 2010 年 30 户骨干企业运行情况，分析 2011 年生产经营面临的形势、存在的问题及目标，研究部署 2011 年重点工作。

今年，根据委党组要求，完成了《关于技术创新支撑非公经济发展的情况报告》、《我区中小企业法规政策建设情况及下一步对策建议》和《我区中小企业实施名牌战略的现状和对策》等调研报告。

新疆维吾尔自治区

1 月，对 2009 年度 85 个自治区中小企业发展专项资金项目进行了全面的绩效评价，并将结果报自治区财政厅。

2 月 14 日，积极建议政府成立了以库热西·买合苏提副主席任组长的自治区促进中小企业发展工作领导小组，办公室设在自治区经信委。

6 月 30 日 ~7 月 3 日，组织我区 12 家企业参加了第六届亚欧经济共同体中小企业技术交流和产品展示会（APEC 会议），促进我区中小企业与国内外中小企业开展贸易洽谈，也加强了本地企业之间的联系和交流；组委会授予新疆参展团“最佳组织奖”和“最佳设计奖”。

6 月 ~7 月，从全区不同行业、不同类型的不同所有制企业中筛选出 100 户企业作为自治区机关干部进企业服务活动的对象。

8 月 20 日，在贯彻落实国务院 36 号文件精神的基础上，积极建议政府出台了自治区《关于促进中小企业发展的实施意见》新政发［2010］92 号。《意见》明确了二十七条促进中小企业发展的政策措施，是当前和今后较长时期指导全区中小企业发展的纲领性文件。

9 月 10 日，我区中小企业信用担保服务中心等 11 家中小企业信用担保机构获得国家批准免征营业税。

9 月 10 日，与财政厅联合出台了《新疆维吾尔自治区中小企业信用担保资金管理暂行办法》

9 月 15 ~18 日，组织了由新疆自治区党委常委、自治区副主席库热西·买合苏提任团长，自治区政协副主席、自治区人民政府党组成员、自治区经信委党组书记、主任王永明为副团长的新疆政府代表团，率领我区 76 家中小企业，携新疆数百种特色产品积极参展在广州琶洲国际会议展览中心举行的第七届中国国际中小企业博览会，展会期间达成意向协议 7 亿元，新疆代表团获得优秀组织奖。

9 月 30 日，经过认真评审，将新疆轻纺行业图形设计公共技术服务平台等 6 个平台向国家工信部组织申报了国家中小企业公共服务示范平台。

10 月，自治区中小企业发展专项资金额度增加至 1 亿元，加大了对中小企业的资金扶持力度。

12 月 28 日，自治区党委常委宋爱荣、自治区党委常委、副主席库热西·买合苏提为自治区中小企业局揭牌，自治区中小企业局正式成立。

12 月，完成《新疆中小企业融资状况调查分析》课题研究

厦门市

1 月 15 日，厦门市经济发展局组织召开中小企业政策宣传工作会议。

1 月 22 日，厦门市民营经济领导小组办公室全体成员会议在厦门宾馆隆重举行，讨论 2010 年民营经济和中小企业工作规划。

1 月 25 日，工业和信息化部中小企业司王黎明司长莅临厦门调研中小企业服务工作。

2 月 25 ~28 日，由厦门市中小企业服务中心联合厦门市创业者协会一起举办的企业教练培训在厦门合佳酒店隆重举行。

3 月 2 日，厦门市促进工业经济发展工作会议在市政府东楼 2 楼会议厅隆重召开，厦门市叶重耕副市长出席了会议并作了重要讲话。

3 月 10 日，由市经济发展局、厦门理工学院主办的创新创业人才与中小企业发展论坛在厦门理工学院隆重举行。

4 月 18 日，2010 厦门市中小企业服务博览会在厦门国际会议展览中心隆重开幕，来自厦门及周边 6000 多家企业代表近 10000 人参加了此次盛会。

6 月 2 日，由厦门市中小企业服务中心组织的“2010 年中小企业发展专项资金项目专家评审会”在厦门宏都大饭店召开。

7 月 16 日，厦门市经济发展局组织数十家成长型中小企业赴厦门岛外进行用地需求对接，以应对当前厦门市成长型中小企业主普遍反应的土地、厂房困难。

8 月 12 日，厦门乾照光电股份有限公成功登陆深交所创业板，股票一路飙升。

9 月 21 日，厦门市经济发展局组织召开“全市中小企业生产经营运行监测工作会议”，近 200 家成长型中小企业的 260 多名代表参加会议，市经发局企业处罗晓芹处长、朱智杰副处长、李明珠副调研员以及各区经贸局负责同志参会并致辞。

10 月 21 日，“从宏观经济看中小企业应变之道”专题讲座在同安工业集中区举行。

11 月，中国中小企业信息网服务联盟工作会议在厦门召开，厦门市经济发展局许青松副局长参加了会议并致辞。

12 月 1 ~5 日，厦门市中小企业协会组织由市中小企业服务中心李闽豫主任带领的我市部分中小企业代表以及银行、担保典当等服务机构负责人一行 25 人赴香港进行为期 5 天的考察学习活动。

12 月 14 日，由厦门市经济发展局、厦门市民营经济工作领导小组办公联合发起的“厦门中小企业网络商学院示范基地”正式启动，旨在充分发挥网络学习优势，满足企业多层次、个性化的培训需求，有效解决中小企业工学矛盾和降低培训成本问题，促进企业人才培养，提升企业管理水平。

12 月 20 日，我市企业兼并重组工作座谈会在厦

门宾馆举行。市有关部门领导，以及来自我市输配电产业、包装印刷产业与律师事务所的众多代表参加了会议。

12月24日，厦门市民营经济工作领导小组工作会议在厦门市行政服务中心召开，厦门市叶重耕副市长及民营经济领导小组成员单位各分管领导出席了会议。

青岛市

一、召开全市重点中小企业座谈会

2010年1月27日下午，市委、市政府在市级机关会议中心召开全市重点中小企业座谈会。市委副书记王文华出席会议并讲话，副市长吴经建主持会议，部分重点中小企业、市政府有关部门负责人参加会议。会议围绕转方式、调结构、促进科学发展这一主题，总结回顾了去年全市中小企业发展情况，交流了应对金融危机、加快发展的经验和做法，部署了今年的重点工作，努力通过政企合力，促进企业平稳较快发展。

二、颁布《青岛市人民政府关于进一步鼓励小企业创业创新发展的意见》

2010年3月30日，由我委起草的《青岛市人民政府关于进一步鼓励小企业创业创新发展的意见》（青政发〔2010〕5号）正式出台。4月20日青岛市政府召开专题新闻发布会，吴经建副市长到会并作重要讲话。明确了设立专项资金、创新体制机制、实施普惠服务等基本原则和要求。《意见》与2008年市委市政府《关于进一步改善中小企业发展环境的若干意见》（青发〔2008〕16号）合称中小企业“双二十条”，明确了设立专项资金、创新体制机制、实施普惠服务等基本原则和要求，形成了我市中小企业发展较为完善的政策体系，为中小企业发展提供全方位政策保障。

三、开展促进“小企业发展区市行”宣传活动

2010年4月开始，我委会同市委宣传部、市政府督查室，组织青岛日报、青岛人民广播电台、青岛电视台等9家新闻媒体，开展了“促进小企业发展区市行活动”，青岛日报、青岛人民广播电台、青岛电视台等8家新闻媒体，在重要版面开辟专栏。青岛日报连续三天在头版显著位置，刊登吴经建副市长的访谈，以鼓励创业、支持创新和建立公共服务体系为题，发表系列评论员文章。青岛电视台将区市行活动作为晚间青岛新闻的头条要闻，集中连续报道，产生了较好宣传报道效果。

四、组团参加第六届APEC中小企业技术交流暨展览会

2010年6月30日至7月3日第六届APEC中小企业技术交流暨展览会在福建省福州市海峡国际会展中心举行。我委组织青岛亨达玻璃科技有限公司、青岛鑫光正钢结构材料有限公司、青岛中瑞重工集团、创统科技发展公司等十几家企业参会推介展示企业形象及公司新产品，为进一步开拓国际国内两个市场奠定基础。会上我市展团现场成交55万元，达成有意合作客商100余户，签订意向合同金额6500万元。

五、组团参加第七届中国国际中小企业博览会

2010年9月15日至18日我委组织24家中小企业参加了在广州举办的第七届中国国际中小企业博览会暨中澳中小企业博览会。青岛中瑞重工集团、环太电子有限公司、润兴光电材料有限公司、赛威光硕辉电子科技公司、泰旭木业等企业在会上全面推介展示了企业形象及研发的新技术、新产品。据统计，本次展会我市企业先后与500余家国内外公司进行了贸易洽谈，会上达成有意合作客商100余户，签订意向合同金额8900万元。

六、制发《关于加快推进中小企业公共服务平台建设通知》

10月29日，市政府办公厅印发了《关于加快推进中小企业公共服务平台建设的通知》（青政办发〔2010〕36号），为推动以平台建设为重点的中小企业服务体系建设提供了政策保障。《通知》以平台建设为核心，提出了市、区（市）、街道（镇、园区）三级公共服务平台的建设原则、目标任务、工作重点和保障措施，进一步丰富完善了我市促进中小企业发展的政策体系。

七、青岛市中小企业公共服务中心建成并启用

11月10日，青岛市中小企业公共服务中心举行揭牌仪式，标志着市级中小企业公共服务平台正式建成并启用。“中心”定位于打造青岛“小企业之家”，建设国内一流、面向全市中小企业一站式、综合性的服务平台，是集中方便解决中小企业共性需求，中小企业反映诉求、获取信息、学习交流、提升素质，享受公益性或非盈利性服务的主要渠道和场所。工信部朱宏任总工程师、市政府胡绍军副市长等领导为“中心”启用揭牌，参加全国中小企业服务体系座谈会的各省市代表200多人参加了“中心”启用仪式。

八、全国中小企业服务体系座谈会在我市召开

2010年11月10日至11日，全国中小企业服务体系座谈会在我市花园大酒店召开。工业和信息化部党组成员、总工程师朱宏任出席会议。国务院有关部门代表，各省、自治区、直辖市、计划单列市中小企业主管部门及中小企业服务机构代表，国家和省、市部分新闻媒体代表共150多人参加会议。会上交流了服务体系建设情况，研究了新形势下加快推进服务体系建设的思路和重点任务。我委在大会做典型发言，青岛纺织服装材料检测中心有限公司、青岛市城阳区惜福镇机械行业协会的经验做法在会上进行了交流。与会代表参加了市中小企业公共服务中心启用仪式。

九、“区（市）周”活动在市中小企业公共服务中心启动

11月15日，市经济信息化委设计策划的“区（市）‘专精特新’小企业产品展示暨服务需求对接周”活动，在刚刚启用不久的青岛市中小企业公共服务中心隆重登场。“区（市）周”活动将持续4个多月，十二个区（市）分别制定了活动方案，主要活动内容包括：组织近几年得到政府重点扶持的

“专精特新”和成长性小企业进行新产品展示推介；与“中心”入驻机构进行面对面业务咨询；组织专题服务需求对接等。“区（市）周”开幕当天，市北区活动周首先亮相，分别围绕名牌企业新产品展示、政策咨询、企业用工大集、融资对接、品牌和著名商标培训等五大主题板块开展活动。

十、市委书记李群、市长夏耕先后视察青岛市中小企业公共服务中心

11 月 18 日，市委书记李群视察了青岛市中小企业公共服务中心。李群书记一行 30 人先后视察了大厅柜台、服务热线、信息化体验中心、市北区专精特新展、工业设计中心，对“中心”的建成和提供的服务给予充分肯定。

12 月 3 日下午，夏耕市长、胡绍军副市长等市领导视察了刚刚启用不久的青岛市中小企业公共服务中心。在听取汇报后，夏市长对“中心”的建设和运行情况给予充分肯定，对“中心”在为全市中小企业服务方面提出了殷切希望。夏耕市长在“中心”留言薄上欣然留言：“创建国内一流的小企业之家，打造政府公共服务的崭新品牌”。

十一、十家企业被农业部认定为全国农产品加工示范企业

2010 年 12 月，农业部认定我市青岛天祥食品有限公司、青岛福生食品有限公司、青岛即发集团控股有限公司、青岛渤海农业发展有限公司、青岛品品好粮油有限公司、青岛波尼亚食品有限公司、青岛春明调味品有限公司、青岛清光食品有限公司、青岛市蔬菜科技示范园有限公司、青岛安芙兰芳香制品有限公司等十家企业为全国农产品加工示范企业。认定莱西市蔬菜加工基地为全国农产品加工示范基地。

十二、青岛市小企业协会成立

2010 年 12 月 28 日青岛市小企业协会正式成立，国家工业和信息化部专门发来贺信，胡绍军副市长出席成立大会，并为小企业协会揭牌。来自全市各行各业的小微企业代表 150 多人参加了成立大会，按照协会章程，大会顺利选举产生了首届小企业协会会长、副会长、理事和秘书长。青岛市小企业协会是国内首家以小微企业为主要成员和联系对象的协会组织，由小企业、中介服务机构及关心与支持小企业发展的知名人士自愿组成的非营利性、公益性的社会组织，采取民办官助的形式，不收取会员任何费用，是小企业与中介服务机构合作共赢的桥梁，与政府部门之间沟通对话的纽带，小企业权益的维护者。

年度推荐企业

北京博萨汽车配件有限公司

北京博萨汽车配件有限公司，成立于2005年6月，主要经营汽车用冲压模具、冲压配件。

北京博萨汽车配件有限公司目前已经初步形成北京地区大型汽车配件冲压基地的格局，拥有大中小型冲压生产线6条，拥有80吨~2400吨各类压力机设备28台，规划与2012年底增加2条全自动化冲压生产线，增加630吨~2000吨多连杆压力机设备8台。与之配套的开卷校平线、点焊线等已经投入使用。同时，在模具制造方面，北京博萨汽车配件有限公司拥有6台进口数控龙门铣床组成的数控机组、2台进口三菱激光切割机组成的激光切割机组以及检测用三坐标测量仪等设备，为模具制造提供坚实的保障。公司模具设计中心由业内知名工程师带领，以具备多年汽车用冲压模具设计人员组成，经验丰富，设计合理到位。

自公司成立之初，第一时间通过了ISO 9000体系认证，确保公司管理的完整性和有效性。公司具备多年的配套协作管理经验，各部门分工协作，工作秩序有条不紊，管理顺畅，职能职责清晰，部门主要负责人专业性非常强，并且具备兼顾全局的能力，上下一致，齐心协力，给光临公司指导参观的各界人士留下了非常好的印象。

对于员工的聘用方面，公司通过综合管理科严格把关，悉心筛选，经过考评合格后择优录用各类岗位人员，使公司整体员工素质达到较高的水平。优秀的员工正式成为博萨员工后，福利待遇均在同行业同地区处于高端水平，并通过后勤管理部门向员工提供各项力所能及的帮助，从而员工归属感极强，人员流动较小。

截至2010年，北京博萨汽车配件有限公司年度实现产值3亿元人民币，实现利税1500余万元，公司拥有各类职工487人。

目前的博萨，正在迅速的成长，并向着更加宏伟的目标努力，像博世公司一样，成为全世界认可高端配套企业。

网址：www.beijingbosa.com

北京碧水源科技股份有限公司

北京碧水源科技股份有限公司创建于2001年，是由归国留学人员创办于中关村国家自主创新示范区的国家首批高新技术企业、国家第三批创新型试点企业、首批中关村国家自主创新示范区创新型企业、科技奥运先进集体，致力于解决水资源短缺和水环境污染双重难题。

历经多年不懈努力，碧水源研发出拥有完全自主知识产权的膜生物反应器（MBR）污水资源化技术，解决了膜生物反应器（MBR）三大国际技术难题：膜材料制造、膜设备制造和膜应用工艺，是世界上同时拥有上述三项技术自主知识产权的少数企业之一，拥有30多项专利技术，填补国内多项空白，荣获国家科学技术进步奖二等奖、教育部科学技术进步奖一等奖、首批国家自主创新产品、国家重点新产品等荣誉，成为我国膜生物反应器（MBR）技术大规模应用的奠基者、污水资源化技术的开拓者和领先者，比肩GE、西门子，处于国际领先水平。

碧水源在北京怀柔“中关村雁栖创新基地”建成亚洲最大的膜技术研发中心和生产基地，膜和膜组器年产能力分别达到200万m^2和100万吨/天。与清华大学合作建成国际一流水平的清华大学—碧水源环境膜研发中心，具有国际高水平的自主研发能力，承担着国家“863”项目、国家水专项、国家科技支撑计划、国家火炬计划、国家重点环境保护实用技术等国家重大项目课题，形成碧水源污水资源化事业的强力支撑。

截至2009年，碧水源已完成超千项污水资源化工程、百余项安全饮水和湿地工程，参与众多国家水环境重点治理工程，包括太湖流域治理、滇池流域治理、南水北调丹江口水源保护地治理、北京引温济潮跨流域调水工程、2008北京奥运龙行水系工程以及国家大剧院水处理工程等，建成的污水资源化工程每年为国家新增再生水3.2亿吨，位居世界前列，成为我国解决水资源短缺和水环境问题的骨干力量。同时，碧水源MBR技术及产品已打入国际市场，销往澳大利亚、东欧、菲律宾等国家和地区。

碧水源以科学发展观为指导，秉承“诚信为基、创新为力；追求完美、成就卓越”的经营理念，以“传承社会责任，演绎生态文明”为企业使命，切实践行“节能减排”发展战略，为减少水污染、改善和维护我国水环境、缓解水资源短缺贡献力量。

北京统一饮品有限公司

北京统一饮品有限公司，是由统一企业（中国）投资有限公司全资投资的一家独资企业，公司成立于2001年2月。经营范围：主要开发、生产、销售果汁饮料、咖啡饮料、茶饮料、综合饮料，方便面有：统一100、统一来一桶、统一小当家、统一小浣熊等知名品牌。经营区域涵盖北京市、天津市、河北省、山西省和内蒙古自治区。

公司成立以来，于2002年被评为北京市“重点企业”，2002 年 3 月通过 ISO 9001 认证，并获 2002 年、2003 年、2004 年、2005 年怀柔县人民政府“工业十大固定资产项目”奖杯；2004 年被北京市确认为“先进技术企业”；同年通过 QS 认证；2005 年 9 月通过 HACCP 认证及 ISO 9001：2000 认证等。

统一方便面作为统一企业旗下主要的成员，目前市场占有率居全国第前列，其中干脆面居全国首位。并先后获得：中国驰名商标、国家免检产品、2008 年北京奥运会官方赞助商、中国消费者最受欢迎商品等诸多荣誉。

2008 年全国新上市的统一老坛酸菜牛肉面，目前已经家喻户晓，而众多消费者的喜爱造就了统一方便面今天的辉煌。

统一企业自创立以来，一直主张赢利应该“取之社会、用之社会”的理念，应该“心存感恩，回馈社会”，回馈哺育公司成长的消费大众。每年组织多种社会活动，包括文化的、环保的、体育的、娱乐的，以各项实际行动、以爱心来关怀社会，善尽企业公民之责任。

北京统一饮品有限公司在经营中，秉承“三好一公道”的经营理念，即：品质好、信誉好、服务好，价格公道；以“诚实苦干、创新求进”的企业文化为契机，以“经营统一大家一起来”的工作作风，取得了很好的经济效益及社会效应。

北京东明兴业科技有限公司

北京东明兴业科技有限公司是以精密模具、治具、塑料制品的加工为主体，集设计、生产、科研于一体的高新技术企业。公司自 1995 年投产以来，在各级政府及各界友人的多方指导、大力支持和帮助下，生产技术水平迅速提高，生产规模得以成倍扩大。

公司主要业务包括：精密注塑及冲压模具设计与制造，精密冲压加工，精密注塑成型，真空镀膜；并具有印刷、烫金、激光雕刻、激光焊接、熔接、组装等高技术深加工能力。产品销往国内外诸多大型企业，深得客户的信赖。

为了保持公司核心技术的竞争优势和地位，公司设立了独立的企业技术中心，建立了完善的技术创新体系和创新机制、顺畅的人才资源和培养渠道，保证了公司创新的人才需求和机制的有效运行。

公司具有配套完整、国际先进的生产设备和加工能力，可以为手机、汽车、电器等生产厂商提供各类塑料配件产品的系列深加工。

模具制造车间拥有日本、瑞士、美国产的加工中心、线切割、电火花、数控铣等加工设备 40 余台，模具生产能力约为 600 套/年，模具零部件的加工精度可达到 ±0.002mm。

冲压车间拥有 25～200 吨自动冲床 20 台，冲压厚度为 0.2～6mm，可为客户提供各类多工位的精密冲压件。

成型注塑车间拥有洁净度为十万级的恒温恒湿无尘成型车间 1200 平方米，拥有锁模力为 20 吨～850 吨的注塑机共 130 余台，其中包括射速为每秒 800mm～2000mm 住友高速注塑机 13 台，日精立式注塑机 6 台及住友电动双色注塑机 2 台，FANUC、日精、住友、东芝电动注塑机 60 余台，可进行超精密塑料制品和高标准透明塑料制品的生产。

真空镀膜车间拥有日本、德国进口的蒸发、溅射真空镀膜等设备共计 11 台，可在复杂塑料件上实现屏蔽和装饰镀膜、NCVM 膜层，在金属件上镀制各类膜层。

印组车间现有万级印刷净室两个，拥有多台移印机、丝网印刷机，德国产激光雕刻机、烫金机、超声波焊接机、热熔接机及组装生产线，可进行塑件表面的烫金和塑件之间的焊接加工及产品的组装。

此外，公司拥有各类精密测量设备，主要有非接触式三维影像测量机、三坐标测量仪、投影仪、色差测量仪、射频网络分析仪、分光光度仪、多角光泽计、膜厚计、摩擦试验机、UV 能量计、尘埃离子计数器、薄片切片机等。

自创建伊始，公司致力于自主创新与技术研发，在努力提高全过程技术水平的基础上，重点在精密模具设计与开发、真空镀膜技术方面开发尖端技术，挑战世界先进水平。

在精密模具方面，重点发展手机外壳、按键和手机整机模具的制造，精密模具的制造精度、纳期和模具寿命都力争达到国际领先水平。

重点发展精密冲压模具，自主研发手机精密冲压滑盖组件精密模具的技术。

重点进行多腔模具（16 腔 \ 32 腔）、镶嵌模具、超薄模具、双色模具的研制。

在精密成型方面，以精密模具为龙头，后续精密成型产品以超薄电池壳、手机天线组件、手机外壳、电池配件、汽车内饰件、电器等产品为主，使精密注塑产品的精度有了很大的提高。

在精密冲压方面，提高精密冲压加工水平，确保了产品的品质要求。

在真空镀膜技术方面，开发气体反应蒸发镀膜工艺、气体反应溅射镀膜，直接实现金属蒸发的彩色镀膜，广泛应用于塑料产品的表面装饰，同时进行了金属镀膜工艺的开发。

在激光技术应用方面，重点进行塑料手机壳外表面的激光雕刻工艺技术的研究，薄壁不锈钢手机滑轨冲压件的激光焊接工艺技术，及该类焊接的在线无损检测技术。

经过多年持之以恒和坚持不懈的努力，公司取得了多项成果：

2005 年，“手机配件精密注塑模具”荣获国家重点新产品证书。

2005 年，“一种塑料手机壳内表面电磁屏蔽膜层的制备方法”荣获国家发明专利证书。

2007 年，“一种不导电的塑料表面金属膜层的制备方法”荣获国家发明专利证书。

2009 年，通过北京市第十二批企业技术中心认定。

2009 年，“一种薄壁塑料制品的注塑成型工艺”荣获国家发明专利证书。

2009 年，“一种薄壁注塑成型模具的排气结构”荣获国家发明专利证书。

2010 年，“超薄注塑模具”荣获上海第十三届国际模具技术与装备展览会“精模奖”一等奖。

2010 年，“超薄注塑模具”荣获 2010 年度中国机械工业科学技术奖三等奖。

2011 年，“滑盖板簧片高度在线检测装置及治具”、“手机下滑板与螺母激光焊接夹具”荣获国家实用新型专利证书。

公司在努力提高产品质量、强化科学管理的同时，不断扩大研究机构，2011 年起，公司精密模具研发与生产基地建设项目即将开工建设，预计项目建成后每年可研发、生产精密注塑模具 600 套。同时开展下游注塑产品生产，形成年产 2000 万套精密注塑件的生产能力。

公司全体员工本着“精诚团结、图强创新”的精神，以满足客户需求为己任，为把公司尽快建成为现代化的集团式企业而不懈努力。

北京欣天和怡机电设备安装工程有限公司

起源于 1994 年的北京欣天和怡机电设备安装工程有限公司早期代理国际一流品牌的舞台和建筑灯光产品而发展成为行业前沿企业，依托多年对灯光技术及应用的深刻理解，于 2007 年至 2011 年四年的时间完成了企业经营结构的转型，形成了今天突出“科技创新、技术领先”为旗帜的集研发、生产和销售与一体的制造型企业，以新理念、新技术、新材料所带来的节能减排、新型应用、更优效果而服务于社会。

一、公司阶段性成果

以四年的时间研发了全线灯光产品，形成了当今世界最为齐全的灯光产品结构，涵盖广播电视、舞台演艺、户外景观照明、室内灯光、道路与环境等专业应用，而且全线产品的技术表现性能均超出当今世界一流产品。所以，和怡自信的提出了“和怡灯具笑迎任何世界一流产品实物比对”的市场口号。

和怡下属子公司北京欣天采升新材料科技有限公司围绕当今最前沿的高分子材料科技为核心，创新研制了新型隔音/吸音材料、防腐材料、密封材料、防水材料，解决了不少过去难以解决的应用难题。

公司四年的成果获得了众多的社会认可和支持：

- 20 余项国家专利
- 国家高新技术企业证书
- ISO 9001 国际质量管理体系认证
- 全国高科技节能减排促进中心证书
- 北京市火炬计划项目承担单位
- 北京市科技创新奖
- 北京市自主创新产品称号
- 北京市顺义区科技奖
- 中国广播电视协会制作艺术（灯光）专业委员会鉴定行业创新产品称号

二、产品与服务——创造前所未有、实现前所不能

广播电视行业

作为转型最先启动的市场方向，和怡取得了诸多成绩，如——

- 研制世界第一只电视人物照明 LED 灯具，并成功完成 LED 电视新闻录制灯光的世界首次应用（2007 年江西电视台十七大转播）；
- 世界首例微型演播室的成功实施（2008 年秦皇岛电视台）；
- 世界首例灯光亮度随日光亮度变化而变化的全天候玻璃房景观演播室（2009 年昆明电视台）；
- 世界首只亮度和综合性能超越 2000W 传统聚光灯的 LED 聚光灯（90W）（2011 年）；
- 世界首只能够切光和成像的多光源 LED 成像灯（130W ）（2011 年）。

依托灯光的专业优势和新型声学材料的技术独创性，利用专业合作，和怡已经发展成为了一个电视演播室建设全面解决方案提供商，提供“演播室建筑、灯光、声学、暖通和控制”的全面设计、供货和安装服务。

舞台演艺行业——更优效果、更低造价

以四年的时间，和怡完成了全线舞台灯光产品的搭建。而和怡产品的研制均体现“造价低、效果优”的特性，以更高的能源有效利用率大幅提升灯具的亮度，从而以更少的灯具实现更优的舞台效果，同时实现了建设的经济性。和怡产品涵盖传统白炽光源、LED 光源、HID 光源、和荧光光源。依托产品优势，和怡响亮地提出了“以县级剧院的投资实现国家大剧院的舞台灯光效果”的口号。

其中，率先世界推出的在亮度和艺术性方面全面超出传统白炽灯具的 LED 灯具家族为实现舞台艺术的节能减排提供了可行途径。

其中，和怡 50 米开外为舞台提供灯光照明的白炽聚光灯形成了世界一流产品一倍以上的亮度，为舞台艺术提供了更优效的解决方案。

其中，和怡能够在 100 米开外为舞台提供照明的 HID 灯具为大场景制作提供了全新的解决方案。

民用建筑领域——节能应用、创新应用

和怡齐全的室内外照明灯光产品在实现节能减排的同时达成更优良的‘光环境’。所实现的众多项目轻易实现节能 60% 以上。

基于应用而研制的和怡灯具，在应用中实现了众多的前所不能——超远程投光、贴近照明、无外溢光照明等。

和怡依托专业灯光技术，在灯具的光学控制方面远远领先于世界一流建筑灯具厂商，在对技术要求高的“跨界应用”形成了世界绝无仅有的应用效果。

三、前行中的和怡

历经经营结构转变的和怡已经于 2011 年全面启动了新技术、新产品的市场推广进程，为用户提供“少花钱、多办事、办好事”的解决手段，以节能减排和低投入高产出回报社会。

天津恒银金融科技有限公司

恒银金融科技有限公司成立于2004年5月12日，注册资金16 050万元，是集金融自助设备研发、生产、销售、运营及维护服务为一体的科技创新型企业，主要产品有ATM、ATM现金循环机、金融、电信自助终端、ISO运营服务和ATM监控外包服务。

恒银金融现有职工380人，其中高级职称人员11人，中级职称30人，大专以上学历255人，占公司员工比例85%。恒银金融拥有一支由博士、硕士和研究员、高级工程师等资深专家组成的管理及研究团队。

恒银金融科技园占地面积100亩，建筑面积70000多平方米，承担了多个国家及省级科研项目，是“国家火炬计划”、国家发改委“电子信息产业振兴和技术改造项目”、天津市“重大工业项目”和“自主创新产业化重大项目”实施单位之一，拥有博士后科研工作站和独立的企业技术中心。恒银金融是中国银行卡检测中心公共支付平台组织在中国的特许制造商，是目前行业中唯一同时取得中国银行卡检测中心公共支付平台直连自助检测终端认证和国际银行卡EMV交易安全认证资质的企业。

天津经纬电材股份有限公司

天津经纬电材股份有限公司成立于1999年，2010年9月17日，公司首次公开发行人民币普通股2200万股在深圳证券交易所创业板挂牌交易。公司现有注册资本8700万元，主要从事电磁线产品的研发、生产及销售。公司产品包括膜包线、漆包线、换位导线等系列电磁线共50余个品种，产品基本涵盖了所有电磁线产品系列，广泛应用于电力、机电、电气设备、家用电器、电子、通讯和交通等领域，是国家重点支持的高新技术企业，产品覆盖全国，并远销多个国家和地区。

公司自主研发的核心产品——换位铝导线已成功应用于国家超/特高压输电网工程，是国内外唯一完全掌握该产品大规模生产技术、具备批量供货能力的企业，在细分行业内处于相对垄断地位，是我国电线电缆行业“以铝节铜”技术应用产业化的典范。公司现具有年产4500吨铝芯电磁线及6500吨铜芯电磁线的生产能力。

天津瑞普生物技术股份有限公司

瑞普生物，作为我国动物保健品行业的领军企业，中国A股市场上一家专注于兽药领域的上市公司，成立于1998年，十多年来，已从最初的单一企业成长为极具规模的动物保健产业集群，旗下拥有6个GMP生产基地、30条大型生产线，已成为中国集生物疫苗、药物原料、药物制剂、饲料添加剂四位一体的规模最大、产品种类最全的动物保健品生产基地之一，目前拥有家禽、家畜、宠物、水产等动物产品280多种，其中化学药物170种，生物制品50多种，饲料添加剂30多种，植物提取制剂30多种。“瑞普”商标先后被评选为“中国动物保健行业2006年最具影响力品牌”、“2009年度畜牧业影响力品牌”、“纪念改革开放30年全国畜牧业最具影响力品牌”。

瑞普已在全国30个省建立分销机构，在21个省的政府招标采购中中标，与743家规模化养殖企业建立了稳定的合作关系。一级经销客户达2200多家，覆盖国内500个重点养殖县。已陆续向埃及、约旦、巴基斯坦、菲律宾等多国进行产品注册和销售。

天津天地伟业数码科技有限公司

天津天地伟业数码科技有限公司，是2004年在天津滨海高新区注册的高新技术企业和软件企业。公司以音视频传输控制软硬件产品的研发销售为主营业务，是安防行业视频监控领域首个获得“中国驰名商标”的企业。

公司以“技术领先型”为企业定位，坚持高清化、智能化、行业化、集成化的发展方向，以一站式服务的品牌形象提供从前端到后台，从硬件到软件的全线自主研发的音视频传输控制产品，包括网络矩阵、硬盘录像机、网络视频、光通讯、智能球、网络摄像机、智能分析和网络存储等全系列产品及多项行业解决方案，产品应用在金融、交通、水利、电力、教学、公检法、监狱等多个行业。

目前公司在全国成立了31家办事处，产品远销美国、加拿大、新加坡等40多个国家和地区。面对未来，天地伟业公司将不断以高品质的产品和领先的技术，以“你我天地，共创伟业”的企业宗旨为用户提供坚实的发展平台。

天津卓朗科技发展有限公司

天津卓朗科技发展有限公司，创立于2009年7月，是区域内规模最大的制造业信息技术开发和行业解决方案服务商，业务遍及10多个国家和地区。今年上半年，公司进一步调整产业结构，优化产业布局，完善公司战略，在天津周边成立了2家合资和独资公司，分别负责数字矿山、机械制造。

公司目前各分支机构和控股子公司雇员已超过700人，卓朗科技非常注重对技术研发的投入。2010年初，在天津成立了制造业工业工程仿真创新研究中心、材料数值模拟与仿真天津市重点实验室，拥有集基础研究和应用研究为一体、均衡发展的研究体系，并全方位与学术界、客户、业务伙伴及政府机构开展了合作。目前中心有20多位教授级高级工程师同时进行核心七大品牌软件开发，并承担着卓朗“云计算”平台的重要建设工作，为客户提供顶级行业解决方案。在国内累计申请注册专利41项。

内蒙古清谷新禾有机食品集团有限责任公司

内蒙古清谷新禾有机食品集团有限责任公司是集有机、绿色农产品种植、产品研发、精深加工、内外贸易于一体的农牧产业化国家重点龙头企业，国家高新技术企业，国家扶贫龙头企业。公司成立于2000年，注册资本7100万元，总资产22513.8万元，其中：固定资产6568.3万元，净资产值13703.1万元，资产负债率31.26%，银行信用等级为AA级。经10的发展，目前公司拥有四个国内子公司，一个在韩国的控股公司；并在欧洲、北美、香港、北京、呼和浩特、大连、天津设有七个营销办事处。

多年来，“清谷新禾”人秉承“为耕者谋利，为食者造福”的经营理念，立足于科尔沁大草原得天独厚的地域优势和农产品资源，坚持基地化种植，产业化经营的发展战略，采取“公司+协会+基地+农户”的经营方式，形成了以公司为龙头开拓市场，产业协会为纽带，联合农牧民做基地的有机产业化运营模式，先后建设了经欧盟ECOCERT有机认证的有机种植基地52万亩，在中国有机食品行业中率先建立了农产品可追溯体系。以中国驰名商标“清谷新禾”为品牌的公司主导产品主要有有机粮油产品（有机大米、面粉、杂粮、荞麦系列食品、果仁、植物油）；有机畜禽饲料；植物提取物等年生产能力达10万吨。产品销往欧洲、北美、东南亚等30个国家；内贸产品主要销往东北、华北、华中、华南、内蒙古地区等15个一线城市及周边地区的大中城市。为打造具有民族特色的“清谷新禾”国际品牌奠定了坚实的基础。

在企业管理方面引进现代企业管理理念，先充会发挥企业团队的作用，重视人才，企业现有职工249人，大专以上学历185人，其中，工程技术人员83人，占企业总数的33%。实施先进管理，先后通过了ISO 9001：2008质量管理体系、ISO 22000：2005食品安全管理体系和ISO 14001：2004环境管理体系认证，使企业逐步向先进企业行列迈进。

立足脚下，面向未来。公司坚持以高新技术为核心竞争力，2007年组建了有机食品研发中心。采取自主研发和与专家合作相结合的方式进行研发，与国内多家科大学和科研院所进行合作，建立了产学研新产品开发体系，并有4项研发成果申请了国家专利，多项科技成果用于生产实践和新产品，实现了产品的优化升级，增加了产品的科技含量，有效地提升了产品的附加值和延伸了产品链条。

清谷新禾公司一贯坚持“无内贸不稳、无外贸不强”的经营方针，走内外贸一体化的新型发展路子，在积极开发国际市场的同时，加强内贸市场的开发。我们的发展思路是：以团队建设为核心，以新产品开发、技术创新、基础设施建设为重点，建立“基地建设体系、生产体系、质量标准体系和市场体系”，努力把清谷新禾企业打造成有机行业的排头兵。

内蒙古京新药业有限公司

内蒙古京新药业有限公司是上市公司京新药业（证券代码：002020）的全资子公司，地处内蒙古自治区巴彦淖尔市临河区，交通方便，地理环境优越，中草药资源丰富。公司的前身是具有三十多年悠久历史的国营中药制药企业——临河中药厂。公司长年生产丸、散、膏、粉、片、胶囊、口服液、冲剂等九个剂型115个品种，生产的“康复新液”“川贝清肺糖浆”、“养阴清肺糖浆”、“清肺抑火片”、“益母草膏”、“大山楂丸”等在区内外享有很高声誉。其中神奇新药“康复新液”为国家中药保护品种，既可外用也可内服，对烧伤、烫伤、创伤和内外溃疡、褥疮、痔漏、黄水疮等有特殊疗效。该药1988年获国家卫生部“百病克星”金奖，被广大患者誉为“神奇新药”。

现内蒙古京新药业占地70余亩，建有前处理、制剂两大基本生产车间和供水、供电、供汽等配套齐全的辅助生产设施。前处理车间建有全套的药材净处理、水提、醇提、逆流醇提设备，制剂车间建有丸制、颗粒剂、胶囊剂、片剂、散剂、糖浆剂、煎膏剂、合剂、口服液等九个剂型的现代化生产线，设备配置先进，自动化程度高，在中国北方的中成药制药企业中突出的显示出了起点高，规模大，剂型全的特色。共有员工90余人，本科以上学历占20%以上，其余都为大中专毕业生。

公司建有完善的质量管理体系，于2009年通过了GMP复认证，并且通过了胶囊剂GMP认证。公司近年来加大了科研投人，取得了蒙药参竹精胶囊的生产批准文号，《康复新液提取工艺的技术改进》获得自治区科技进步三等奖，公司研发中心被评为“自治区企业研究开发中心”。同时公司获得了“工人先锋号”、“三八先进集体”、“劳动关系和谐单位”等光荣称号。

康复新液是内蒙古京新药业有限公司的拳头产品，占有公司90%以上的销售额，公司有多年生产康复新液的经验，一直占据着康复新液市场比较稳固的份额。康复新液作为一种中成药，已应用临床多年，其药应用广泛，疗效显著，可通利血脉，养阴生肌。内服可用于瘀血阻滞，胃痛出血，胃、十二指肠溃疡的治疗；以及阴虚肺痨，肺结核的辅助治疗。外用可用于金疮、外伤、溃疡、瘘管、烧伤、烫伤、褥疮之创面。康复新液具有提高人体免疫力，加快人体创面愈合的速度，显著缩短创面修复时间、提高创面修复质量、消除炎症水肿等作用。是一种全新的改善创面微循环、提高人体免疫力、消除非特异性炎症的创面修复药。在临床上已广泛用于黏膜、皮肤及各种物理治疗和手术后创面的治疗，开发利用前景十分广阔。近三年来，康复新液的销售增长迅速，年度复合增长率为40.8%。公司将加大康复新液的研发力度，提高康复新液的质量水平，并不断拓展康复新液的临床应用研究，努力将康复新液培育成为销售单品种上亿元的中药明星产品。

总公司浙江京新药业股份有限公司始建于1974年，现已发展成为国家重点高新技术企业、中国制药百强企业、医药上市公司。公司总部设在浙江新昌，在浙江新昌、上虞、江西上饶广丰、内蒙古巴彦淖尔建有四大生产基地，在上海浦东张江高科技园区建有研发中心，在杭州建有营销中心。公司拥有博士后科研工作站和省级技术中心，并和多所国家药品科研机构及著名高校合作，拥有较强的科研技术力量。公司已全面通过国家GMP认证，ISO 14001认证。公司固体制剂生产线在2006年首次通过德国GMP认证后，2009年10月又通过了德国GMP复认证，这在已经通过德国GMP认证的中国制药企业中当属首家。

京新药业以“创优秀企业，树京新品牌”为核心经营理念，以“京新药，精心造”为品牌理念，京新人以“立世界潮头，做药业先锋”的勇气和决心，致力于发展医药事业，以卓越的产品奉献社会，努力为人类健康不断作出新贡献。

包头田力环发机电有限公司

包头田力环发机电有限公司位于包头市国家生态工业（铝业）示范园区，面临京藏高速，背靠京包铁路，环绕国家保护湿地—白音湖。厂区占地52亩，拥有固定资产1230余万元，高精细数控等离子切割机、数控钻铣床、数控剪板机、加工中心、德国申克动平衡试验机、旋压机、气体保护自动焊机等大中型设备50余台、专用工艺装备200余台套，建有产品检测中心及专家工作站，专家工作站包括研发楼、实验中心、工艺实验车间。

企业设有董事会，由控股股东董鸿存先生任董事长。实行董事会领导下的总经理负责制。公司高级管理层设有总经理、财务总监、经营总经理、生产总经理、总工程师各一人；下设经营部、制造部、技术中心、品管部、资财部、综合部计7个部门。

企业主要从事600MW及以下电站锅炉配套风机、冶金行业转炉煤气鼓风机，烧结鼓风机及水泥、化工、造纸、环保行业用通风机、高温风机及其他特殊用途风机的设计开发与生产销售，同时为客户提供个性化的高效节能系统一体化配套服务。

企业前身是包头市田力金属制品有限公司风机分公司。2005年7月转制，独立成立股份制民营企业。2006年12月，公司对领导层进行了改组，聘请了原内蒙古天福风机有限公司经营部长行健担任公司经营总经理。2007年企业高级管理层重新确定了以生产制造高效节能产品为目标的企业发展方向，同年计划投资5000万元，建设具备规模化生产能力的创新型节能型风机产品项目。并于2008年完成了土地购置及企业设计规划，2009年进行了一期工程建设，2010年4月项目一期工程竣工投入使用。2010年同期企业对原有工艺装备进行了技术改造，从基础设施上完成了企业规模化生产的工艺基础工作。

企业走技术创新与管理创新之路，先后与国家重点实验室西安交通大学流体工程研究中心、西安热工研究院国家电站风机研究所、兵器部52研究所、陕股集团等科研院所及企业建立了长期技术合作机制；并从国内著名企业：沈鼓集团、陕股集团、北重集团及中国通用工业协会风机分会聘请了数十名专家，与企业共同从事产品创新与制造技术创新。

企业技术中心拥有专职技术人员21人，兼职技术人员11人。专职技术人员中，从事流体力学研究的博士1人、风机高级设计工程师两人、风机设计工程师1人、机械工程师3人，高级焊接工程师2人，焊接工程师2人，教授级高级工程师1人；兼职人员全部具有高级以上技术职称，专业涉及流体机械研究、风机设计、焊接与热处理、金属材料、自动控制等专业。

生产员工80%以上具备技工学校培训经历；公司还从北重集团、北方奔驰公司、内蒙古第一、第二机械制造厂聘请了焊接高级技师、钳工高级技师，承担企业技术创新项目工艺试验实施及生产工艺培训指导。

2008年公司采用产学研联合方式，与西安交通大学联合进行节能产品开发。2009年8月，具有企业自主知识产权的《TLYF—08型高效节能通风机研制与应用》项目，通过内蒙古自治区科学技术成果鉴定，产品运行效率比原用同类产品提高5%以上，达到国内领先水平，具有明显的节能效果。产品投入市场后得到用户认可及欢迎，为企业打开市场，创立品牌赢得了先机。

2009年7月，公司与国家重点实验室—西安交通大学流体工程研究中心、西安热工研究院国家电站风机研究所合作开发60MW以上火电站用轴流引风机；2010年8月，公司与国家重点实验室西安交通大学流体工程研究中心及陕鼓集团合作，开始进行大型水泥生产线用新型高效节能型高温风机及冶金工业用烧结风机产品的研发及市场推广。2010年10月，与陕鼓集团通风机公司达成企业间技术合作协议，对高炉用煤气鼓风机的开发进行技术协作与市场合作，将陕鼓集团的先进技术及成功经营模式引入企业。

2010年11月，企业为加快产品研发速度，在陕西省西安市成立了研发中心，依托西安交通大学、西安热工研究院风机电站研究所、陕鼓集团等院所企业的技术优势及环境优势，聚集人才，增强企业的创新能力及后续人才培养。

在国家、自治区及包头市政府的大力支持与指导下，企业从建立之初的只有几十名员工的手工作坊式企业，成长为具有规模化生产能力的高技术企业。2007年起，企业销售额增长速度超过40%，总资产增长速度超过33%，利税也以超过30%的速度增长；企业每年用于技术创新及高新技术产品研发的费用超过7%，新产品产值占到总产值的40%。

企业总经理董鸿存得益于多年的企业基层工作

经历，对产品及市场有着深刻及清醒的认知，创立了“尊重·创新”的企业管理理念，即尊重员工、尊重客户、尊重产品、尊重社会、技术创新、管理创新；在风机行业首次提出“把风机产品当作精品制作”的新的产品观念，创建了“小企业大科技、大市场、大品牌”的创新型企业经营模式，即立足企业基础，扩大企业技术范畴，外聘各类专家，形成以企业为核心的松散型技术合作机制；与同行业企业、社会销售人士形成有机的市场结合，拓展企业产品市场，提高企业品牌效应。

企业立足尊重·创新的文化理念，以尊重员工、尊重客户、尊重产品、尊重社会、技术创新、管理创新为市场开拓点，引进了现代企业管理理念及制度，建立了符合企业长期发展的经营管理制度和质量管理体系，通过了 ISO 9001：2000 标准质量管理体系认证，形成了良好的企业经营管理模式。

面对日趋激烈的市场竞争，我们只有用优质的产品、优良的服务、优秀的人才，优先的机制，向更远的目标迈进。

内蒙古鸿茅实业股份有限公司

内蒙古鸿茅实业股份有限公司是一家以高新技术为依托，立足地方农畜产品资源优势和绿色生态环境优势，以“健康工业”（医药、保健品开发生产）为主导，“餐桌工业”（白酒、果酒、奶酒开发生产）为支柱，集科研、生产、销售为一体，产、学、研相结合的股份制企业，是自治区重点企业之一。下设内蒙古鸿茅药业有限责任公司等七个子公司，公司注册资本为4500 万元，占地 14 万平方米，现拥有总资产 1.6 亿元，公司现有员工 187 人，其中，大专以上学历 65 人，专业技术人员 43 人。主要生产和销售鸿茅药酒、保健酒、白酒、奶酒、果酒五大类 50 多个品种的产品。年生产能力为鸿茅药酒 1500 吨，其他保健酒、白酒 5000 吨。主导产品鸿茅药酒，始创 1739 年（清乾隆四年），是王吉天先生用祖传秘方酿制而成的，距今已有 272 年的历史。

鸿茅药酒内含 67 味中草药，其合理的配比，独特的八步酿酒法，成就了鸿茅药酒卓越的品质和功效，因此于 1992 年正式被国家药品监督管理局批准，获得了国药准字号，同年通过了非处方药（OTC）审批，并被评为国家中药保护品种。“鸿茅药酒”收载于《中华人民共和国卫生部药品标准〈中药成分制剂〉14 册》。其生产方法获国家发明专利，1998 年被列入国家二类中药保护品种，成为我国独家生产的中药酒剂品种。

鸿茅药酒自创制以来，历经十八世纪悬壶制方、十九世纪清廷珍贡、二十世纪创业扬名，谱写了一曲曲壮美的战歌。今天，随着我国改革开放和社会主义市场经济发展战略的全面落实和推进，鸿茅实业获得新生，特别是从 2007 年重组以来，在新一届领导的带领下，鸿茅人负重奋发，拼搏进取，以“诚信、和谐、务实、创新”为宗旨，加大基础设施建设和技术改造力度，先后投入技改资金 4000 多万元，购置了生产设备，添置了先进的检验、化验仪器，生产条件大为改观，产品生产实现了自动化，生产能力大大增加，产品质量稳步提高，营销网络建设逐步完善，产品销售逐步扩大。主导产品鸿茅药酒的产量和销售逐年提升，实现二次创业二次辉煌。产品红遍全国 31 个省市、自治区，300 多个大中城市，10 万家终端药店，销售网络遍布全国。从 2007 年到 2010 年上缴税金近 5000 万元，解决了当地一部分人的就业问题，成为凉城县的支柱企业之一，为地方经济社会发展作出了巨大贡献。根据中国中药协会调查显示：2007 年至 2010 年，鸿茅药酒年销售量、销售收入均居中药行业药酒市场排名前茅，2009 年、2010 年荣获中国药酒行业市场综合占有率第一名。

2009 年，鸿茅药酒制作技艺入选内蒙古自治区非物质文化遗产名录；2011 年 1 月“鸿茅实业”被国家商务部认定为“中华老字号”企业。2011 年 5 月“鸿茅”商标被国家工商总局认定为“中国驰名商标”；“鸿茅”品牌已经成为了凉城县、乌兰察布市、乃至内蒙古自治区的一张亮丽名片。

未来的鸿茅将以药酒为主导，围绕新品开发，提升企业创新和可持续发展能力，完善企业经营管理，建设健康、高效的多元化销售网络，不断满足消费者要求，赢得更多的市场份额，进一步提升鸿茅品牌的公信力、影响力和美誉度，传续鸿茅药酒这一中华医药神魂，力争在短期内使鸿茅成为中国药酒市场的领军企业。

呼伦贝尔塞北食品有限公司

呼伦贝尔塞北食品有限公司，2009 年 10 月 20 日成立，公司位于莫力达瓦工业园区内，注册资本 518 万元，占地面积 32668 平方米，建筑面积 4600 平方米，主厂房面积 1800 平方米，其中空气净化洁净厂房 600 平方米。公司主要产品为速溶豆粉、高蛋白豆粉和大豆全利用豆粉。生产线由 2000 升/小时大豆标准化制浆机组、2400 升/小时三效蒸发器、500 型喷雾干燥塔、10 万级空气净化车间及日处理 200 吨污水设施等组成，工艺装备达到国内领先水平，产品质量达到国家优质产品标准，是呼伦贝尔市最大的速溶豆粉加工企业，2010 年 9 月被批准为呼伦贝尔市农牧业产业化龙头企业。公司实行董事会领导下的总经理负责制，下设行政部、财务部、质检部、储运部、业务部、生产技术部六个部门，现有员工 47 人，其中大中专学历人员占 13%，技术人员占 8%。

公司始终把为消费者提供安全、优质、美味、健康食品视为企业最高价值追求，把产品质量视为企业的生命，高标准、严要求，狠抓质量管理，以“质量为生命，品牌促效益”的战略方针，制定企业发展目标，使产业链得到了延伸和完善，产业结构和资源配置得到了优化，实现了规模化、产业化、市场化经营。

在上级政府的正确领导和各部门的大力支持下，公司速溶豆粉生产线一期工程，于2010年6月投入生产，到2011年6月已生产速溶豆粉720吨，产品销售形势良好。目前全国涉足豆粉生产的企业约150家，生产能力约50万吨。但行业年增长率仍远低于全国饮料行业增长水平的20%。相对于牛奶市场过千亿的销售额，豆粉行业依然十分弱小，豆粉行业仍有良好的发展潜力。随着国务院颁布的大豆振兴计划和中国营养改善计划的实施，将蛋白质特别是大豆制品供给作为一项基本国策，这为大豆加工产业的发展创造了良好的机遇。由于市场蛋糕还未做大，市场参与竞争者少，豆粉行业未显出优势。塞北公司生产的速溶豆粉，以莫旗绿色优质大豆为原料，经去皮、灭酶、制浆、脱星、均质、配料、杀菌、喷雾干燥制成，保持了大豆的全部蛋白质、维生素、脂肪等营养成分，脱除的出豆皮和胚芽减少了产品中豆腥味和不溶解物质，提高了产品的口感和档次。豆粉不仅是居家日常生活的饮品，也是生产高档食品的理想原料。在冷饮和焙烤等食品中已被大量应用，豆粉的营养性、功能性、经济性、安全性等综合优势，已经被食品深加工厂家逐步认识。韩国和日本基本不种植大豆，却是豆制品的消费大国，原料大豆粉全部依赖进口，中国具有得天独厚的资源条件，非转基因大豆产量高、价格合理、运输成本低，因此，中国的大豆粉是韩国、日本豆制品行业的理想原料。豆粉消费量在近几年间保持着2.0%的年复合增长率。预计在2009至2012年期间，豆粉的消费将迅速增长，全球年复合增长率预计将达3.1%。该项目产品目标市场主要是立足东北四省、区，逐步辐射全国其他省市。目前，企业生产工艺设备运行稳定，车间生产操作工人技术日趋成熟，产品质量符合国家标准。公司先后申报了绿色食品、产业化龙头企业等项目，金融办积极为企业协调流动资金贷款，公司逐步进入了正常的生产经营轨道。公司技术人员通过工艺创新，自行研发了“大豆全利用豆粉”，并迅速投入生产，使原料大豆利用率提高到88%，消化了原料、人力成本上升的不利因素，有效的控制了生产成本，提高了产品的市场竞争能力。同时，富含大豆膳食纤维的新型豆粉，对于人的体健康保健，也具有很好的促进作用，2011年六月，塞北公司的大豆全利用豆粉，获得了莫旗科技进步二等奖。

经过一年来的生产实践，我们感到企业的产品方向是正确的，特别是在莫旗发展大豆深加工产业，具有得天独厚的资源优势。在稳定产品质量，降低生产成本的基础上，公司将努力提高生产量，积极寻求扩大生产的途径，通过项目支持、融资、增股等渠道，力争二期工程早日上马，实现企业产品规模效益，使“塞北豆粉”做强、做大。

大庆东华油气开发股份有限公司

大庆东华油气开发股份有限公司（简称大庆东华集团）是黑龙江省较大的股份制企业，创建于1984年10月。主要从事石油钻井工程服务、路桥工程施工、石油专用管具加工、糠醛化工生产、水泥建材制造、道路专营。

创业二十多年来，大庆东华集团坚持科学发展，紧紧依托石油钻井、油气开发产业优势，不断穷实产业发展要素，实施主体牵动多元并进战略，快速推进企业发展。固定资产达30亿元，年产值突破15亿多元，员工队伍壮大到3000多人，成为黑龙江省中小企业快速发展的典范。先后荣获大庆市重合同守信用企业、大庆市文明单位、黑龙江省文明单位、黑龙江省抗洪抢险先进集体标兵、黑龙江省中小企业纳税大户、东北三省优秀企业、全国百佳中小企业形象单位、全国中小企业管理先进单位等称号，荣列国家采掘业中小企业第8名，同时跻身中国中小企业500强行列，实现了经济效益与社会效益的双赢。2009年，被列为黑龙江省重点扶持的百家企业之一。增强主导产业实力，提升专业品牌价值。集团所属主导产业钻井公司的技术服务、自主创新、机械装备、运输保障能力不断增强，现有钻机总装配43部。重型运输车辆、重型吊车400多台辆，爬行机械、装载机械200多台，并拥有随钻测斜车六台和进口固井车30多台。可独立完成开发井、调整井、定向井、探资井、水平井、深层气井等油气水井的施工，具备固井、测井作业和搬迁能力，年钻井能力在1000口、进尺达200万米以上。

公司不仅在大庆油田站稳了市场，还挺进了辽河、吉林、长庆、海拉尔等油田区块，取得了较好的施工业绩。

大庆东华油气开发股份有限公司将认真遵循坚持科学发展增强竞争实力，推进管理创新构建品牌优势的经营理念，秉承“服务至上、甲方第一”的施工宗旨，不断提高施工质量和服务水平，努力强化队伍素质提升，着力打造中国石油钻探和矿藏开采行业的知名品牌企业。

黑龙江沃尔德电缆有限公司

黑龙江沃尔德电缆有限公司坐落在三江平原腹地、松花江畔的中国东极一佳木斯市。经过二十年的创业发展，现已形成110kV交联电缆、铜材加工、高分子电缆材料研发和特种、矿用电缆产品制造四大板块的产业链。公司的迅猛发展为推动佳木斯市民营企业经济的发展作出了突出贡献，对探索民营企业如何做强做大，走向市场，积累了宝贵的经验。为了扩展服务的范围，提高产品档次，提升企业核心竞争力，公司对基础硬件资源进行了全面的整合，建立了全新的沃尔德电缆制造园区。500kV超高压电缆立塔生产线的建设完成，可以进一步丰富沃尔德的产品线，满足日益发展的电力市场的需要。

沃尔德公司遵循人才制胜的基本原则，于2005年1月7日成立了电缆研究所，利用这个平台吸纳了大批具有不同专业特长和专业技能的人才，共谋沃尔德品牌市场建设的发展大计。近年来，公司采用科学精细化管理的模式屡出硕果。公司多次被授予“省名牌产品”、“省高新技术企业”等荣誉称号，公司从1998年起先后通过了ISO 9000质量管理体系认证、CCC安全认证及矿用产品安全认证，2005年通过了GB/T24001—2004环境体系认证、GB/T28001—2001职业健康安全管理体系认证，国家级计量体系认证。银行信誉等级为AAA，市级纳税信用为A级。沃尔德公司秉承“诚信、优质、创新、服务”的理念不断开拓市场，打造名牌，5大类（塑料绝缘电力电缆，塑力绝缘控制电缆，架空绝缘电缆，铝绞线及钢芯铝绞线）26个系列的2420个规格的产品沿着我们高效完善的销售网络由东北三省向全国辐射。沃尔德人把自己的产品作为联结世界的纽带用以传输光明，辉映世界。

哈尔滨丸洲电气股份有限公司

哈尔滨九洲电气股份有限公司成立于2000年，是以“高压、大功率”电力电子技术为核心技术，以“高效节能、新型能源”为产品发展方向，从事电力电子成套设备的研发、制造、销售和服务的高科技公司口2010年，九洲电气在创业板成功挂牌上市，成为黑龙江省首家登陆创业板的民营企业？也改写了黑龙江省近七年无一家企业国内上市的历史。

作为国内电力电子行业的龙头企业，九洲电气是中国高压电机调速产品的开拓者和领先者，也是中国兆瓦级风力发电变流器产品的奠基者，拥有一个国家认定企业技术中心和“企业博士后科研工作站”。曾先后获得中国民营科技百强企业、黑龙江省高新技术企业、国家火炬计划重点高新技术企业、黑龙江省创新型试点企业、中国电器工业最具竞争力企业等一系列荣誉和称号，并承担了多项国家级重点科技攻关和产业化项目，掌握多项电力电子核心技术，拥有多项专利技术。

如今，走向资本市场已成为九洲电气发展历史上又一座具有非凡意义的里程碑，把握良好机遇，九洲电气将紧密围绕节能和新型能源领域，着力发展“高电压、大功率”电力电子技术，尤其是做好高压变频器的规模化生产和兆瓦级风力发电变流器的产业化工作，全面提高公司整体竞争实力。采取“以技术领先”、“以客户为中心”、“品牌发展”和“全球化发展”的保增长措施，力争继续保持公司未来三年每年以30%以上的速支增长，保持住公司在电力电子行业的领先地位，使公司成为行业一流、世界知名的企业，成为在国际上具有一定竞争力和影响力的电力电子成套装备制造商，为我国的节能减排、新能源建设作出更大的贡献。

齐齐哈尔瑞盛食品制造有限公司

齐齐哈尔瑞盛食品制造有限公司创建于1992年，注册资本3000万元，总资产8400万元，固定资产4450万元。员工240人，占地6万m^2，总建筑面积2.2万m^2。公司拥有现代化厂房、国际一流设备，公司先后获得：“国家高新技术企业”、国家民委“全国民族用品定点生产企业”、农业部“农产品加工企业技术创新机构”等诸多殊荣。是中国北方较大型的绿色、有机食品加工基地。

瑞盛调味品享有盛誉；瑞盛谷物休闲食品为传统意义上的休闲食品增加入了健康元素；谷瑞金玉粒煨饭米在保证玉米营养的同时改变了玉米粒大、部分营养物质难于吸收等缺点；瑞盛大豆组织蛋白以黑龙江非转基因大豆为原料，是追求健康、低碳、环保的时代的最佳选择。大豆组织蛋白及玉米膨化产品被黑龙江省科技厅评为生物工程产品和高新技术产品。

公司以“企业+基地+农户”的产业链模式打造“瑞盛”绿色品牌。在确保产品原料健康的同时保证了农民的利益，瑞盛产品以其绿色健康的品质受到人们的欢迎，目前公司在省内有代理商238家，国内其他地区516家，并在北京、大连等大中城市设立了办事处和专营市场。产品远销俄罗斯、韩国、阿拉伯和香港、澳门等国家和地区，瑞盛人用行动诠释着自己“为耕者谋利，为食者健康”理念！

哈尔滨上洋包装制品有限公司

哈尔滨上洋包装制品有限公司是专业从事塑料复合软包装研发、生产、销售为一体的高新技术企业，公司成立于2000年5月，坐落在哈尔滨市南岗区哈西新区，生产厂房占地面积6000平方米。公司注册资金1500万元，2009年销售收入4000余万元，年利税535万元。

公司拥有国内先进的全电脑控制高速九色凹印机、全电脑控制高速八色凹印机、电脑控制高速干式复合机、高速电脑控制分切机、电脑控制质量检验机、多层共挤吹膜机组、电脑高速制袋机和国际先进的检验设备。

公司现有员工100余人，其中专业技术人员24人，公司的产品主要有乳品包装、速冻食品包装、小食品包装、药品包装、酒类包装袋、抽真空包装、蒸煮包装等各类软包装产品。在食品、医药、乳品、农药、卫生用品等包装领域占据了较大的市场份额。

公司2004年通过了“ISO 9000：2000”国际质量管理体系认证；2008年5月7日经国家食品药品监督管理局批准，公司取得了“国家食品药品监督管理局药品包装用材料和容器注册证（I类）”，证书号“国药包字2008［0074］”，成为我省唯一一家通过国家食品药品监督管理局GPM认证的包装企业；审批通过了“QS生产许可证”及“出口包装”资质；被黑龙江省科技厅认定为黑龙江省高新技术企业，批准成立“黑龙江省生物软包装材料工程技术中心”。

公司先后获得了“黑龙江省印刷名优企业”、科技部颁发的“民营科技贡献”奖、首批“黑龙江省诚信建设示范单位”、黑龙江省中小企业“专、精、特、新”产品生产企业、首批“哈尔滨市诚信建设示范单位”、哈尔滨市“文明单位”等荣誉称号。

上海市凌桥环保设备厂有限公司

上海市凌桥环保设备厂有限公司是致力于多种工业用过滤产品、开发、制造和服务的专业公司，成立于1984年，是“上海市高新技术企业”、“中国环保产业百强企业、骨干企业”和“中国氟塑料加工行业先进企业”，是国家“863”项目PEM课题主持单位。公司的“凌环”商标是上海市著名商标，“凌环”牌袋式除尘器是上海市名牌产品。公司在国内第一家研制成功“微孔薄膜覆合滤料”，开创了表面过滤新技术，排放近于零；近年在国内第一家研制成功“聚四氟乙烯长、短纤维”及“纯聚四氟乙烯滤料”，为垃圾焚烧、燃煤电厂等烟气除尘工程提供了耐高温耐酸碱腐蚀的新型滤料，填补了国内空白，替代了进口，并荣获国家和上海市重点新产品。

上海华晖幕墙制作工程有限公司

上海华晖幕墙制作工程有限公司成立于2002年，是由上海华旭幕墙制作有限公司和上海凌旺实业有限公司强强联合而成。

公司业务范围涵盖幕墙材料——烤瓷铝板、氟碳板、蜂窝板、仿木纹板、仿大理石板等的制作及安装等领域；室内外各类装饰工程的施工；铝合金及塑钢门窗的制作及安装；金属制品加工及安装等。从法国和日本引进的国际一流的自动化涂装生产线和数控设备，年生产烤瓷板60万平方米。自主研制的“lingwang（凌旺）”牌烤瓷板（2004年获国家发明专利），在国内享有崇高的声誉，分别在北京奥运会倒计时牌、人民大会堂上海厅改建、上海地铁三号四号九号等线、上海南站扩建工程、南京地铁一号线二号线、等项目中成功使用，获一致好评。

上海神工环保股份有限公司

上海神工环保股份有限公司是一家集环保技术研究，环保设备制造，环保工程设计、建设、投资、运营于一体的环保高新技术产业，在生活垃圾处理行业居领先和主导地位。

公司已经获得包括湿式连续单级厌氧发酵技术，有机废弃物资源化综合处理工艺技术，无氧热裂解气化处理技术在内的多项专利，成功地应用于国内外多个城市生活垃圾处理工厂。

神工是上海市唯一一家获得市政府特许经营权的公司。神工已经获得包括国家工程咨询甲级资质，环保设施运营资质，国家火炬计划项目证书，国家对外承包工程经营资格证书，高新技术企业认定等多项经营许可证书。

上海福莱特玻璃有限公司

上海福莱特玻璃有限公司是国内最早研发生产太阳能光伏发电组件配套用基板——太阳能超白压花玻璃系列产品的专业生产型科技企业，于2006年6月成立，专注研发具有自主知识产权的太阳能超白压花玻璃系列产品的生产研发和销售，使产品不断升级换代，引领市场潮流。相继开发了太阳能超白压花玻璃、阻断紫外线太阳能超白压花玻璃和减反射高透过率太阳能超白压花玻璃。进行了19项核心技术研发，申请了4项发明专利、其中1项获得授权。申请15项实用新型专利（其中11项已获授权），均已实施成果转化。产品质量稳定、达到国际先进、国内领先水平，完全可以代替进口。

上海新联纬讯科技发展有限公司

上海新联纬讯科技发展有限公司是上海市“高新技术企业”、上海市科技小巨人培育企业、上海市专利示范企业、上海市品牌企业，“新联纬讯（NEWLANWISE）”获得上海市著名商标称号。公司是中国建筑节能协会会员单位，主营业务为“建筑智能化”，包括智能化和节能系统设计、产品研发、系统集成，具有国家建筑智能化设计甲级资质，同时具备二级施工资质及施工安全证书。公司信用等级AAA，通过了ISO 9001—2008质量管理体系认证。公司研制的“客流眼”智能视频识别产品在2010年上海世博会发挥了积极的作用，被中共上海市委、上海市人民政府授予世博先进集体光荣称号。公司研制生产的EMS-2000节能管理系统、宽带无线网络系统产品和多媒体信息发布系统也在市场上享受声誉。

上海新联纬讯科技发展有限公司十分重视企业的文化建设，始终把社会责任放在第一位，被中华全国总工会授予“全国模范职工之家”称号。

江苏长虹汽车装备集团有限公司

江苏长虹汽车装备集团有限公司是从使汽车装备设计制造的专业公司，是国家高新技术企业。“长虹”商标是江苏省著名商标。企业现有各类生产、检测设备880台套，各类电子计算机系统308台套，拥有UFERP、PDM、CAD、CAPP、CAM、3DMAX、PM2、PDM等软件150多套。目前公司现有员工600名，大专以上学历人员198人，研发人员98人。2010年公司实现销售26601万元，实现利税5066.23万元，拥有总资产29657万元。

公司已与清华大学建立了博士后流动站、清华大学研究生试验基地，拥有高级职称的工程师有38人，其中拥有博士2名，硕士研究生12名。公司近几年共申报专利128件，其中申请发明专利15件，实用新型专利110件，外观专利3年，目前已授权专利48件。公司先后为一汽集团、二汽集团、上汽集团、吉利汽车、比亚迪汽车、浙江青年汽车等企业提供汽车成套装备，在国内汽车装备行业占有领先地位。

江苏高和机电制造有限公司

江苏高和机电制造有限公司是中国金属制品行业理事单位、江苏省高新技术企业、江苏民营科技企业。国内目前进行高速高强度拉丝机组生产的首家企业。公司注册资金1600万元，现有员工200多人，其中专业工程技术人员60余人，年产值1.5亿多元，利税2500万元。公司已通过了ISO 9001质量管理体系认证，TS16949质量体系认证、ISO 14001环境管理体系认证。银行资信等级AAA级。

公司先后开发并生产出金属制品的成套设备：系列翻转及直立喷淋式水箱拉丝机、组合式、直进式拉丝机、管式捻股机、股绳机、外绕机、收放线机组等设备。最新产品全套太阳能硅片切割丝生产设备填补了国内空白，达到世界领先水平。目前是国内唯一批量生产的厂家。公司与中钢集团郑州金属制品研究院、清华大学深圳研究院、东南大学、上海交大建立长期的产学研合作。

江苏紫光吉地达环境科技股份有限公司

江苏紫光吉地达环境科技股份有限公司是一家专业从事电力、建材、冶金、钢铁、化工等行业除尘、脱硫环保装备研发生产的省级民营科技企业，2009年新认定的国家高新技术企业，国家火炬计划盐城环保装备产业基地骨干企业，中国环保产业骨干企业，中国环保产品定点企业，中国环保工程最具竞争力50强重点推荐企业。公司主营业务为：环境污染防治专用设备、非标设备设计、制造，属于国家七大新兴产业之一——节能环保产业。公司现有职工387人，大专以上学历科技人员235人，研发人员112人。申报专利125项，授权专利42项。公司多次承担国家火炬计划、国家创新基金计划、省工业支撑计划项目，具有较强的自主研发能力。公司拥有的“双达”商标被认定为江苏省著名商标，公司生产的“脉冲喷吹类袋式除尘器”被评为江苏省名牌产品。

江苏东华纺织有限公司

江苏东华纺织有限公司是江苏省高新技术企业、农业产业化龙头企业、质量诚信企业、和谐纺织企业。公司现有在册员工1800余人，固定资产3.5亿元。2003年通过ISO 9001质量体系认证。拥有多条国内领先的纺纱生产线，配有JWF1204高产清钢联，JSFA388高效精梳机，德国特吕茨斯勒TD03－600单眼自调匀整并条机，DTM－139自动集体落纱长车，日本村田21C－S自动络筒机，SRFR30抽气式转杯纺纱机，TS－080倍捻机等。公司主要产品有32S－80S纯棉精梳纱、转杯纺OE7S－22S纱、彩棉纱、化纤纱、羊绒纱、各类纤维混纺纱。织宝牌纱线为国家免检产品、江苏省名牌产品。

2007年公司企业技术中心获得了省级技术中心称号，近年来，公司所硬性的调温纤维·羊绒·木棉混纺柔软型空调纱和翡翠·甲壳素·玉石纤维混纺凉爽型纱等8只产品获得国家专利，另有10只新产品通过了省级新产品的鉴定。公司有机棉产品还通过了瑞士生态市场研究所有机棉纺织品加工和销售的资质认证。

江苏日月照明电器有限公司

江苏日月照明电器有限公司是专业从事绿色照明产品开发、生产、销售为一体的科技创新型企业，是全国最大的螺旋节能灯生产基地，中国节能电光源制造基地（建湖）的领军企业。公司现为中国照明电器协会常务理事、全国电光源标准化技术委员会委员单位、国家科技创新、国家火炬、节能科技攻关项目承担单位。公司荣获2008年新认定的第一批国家高新技术企业、中国照明行业快速成长性企业，江苏省名牌产品、江苏省著名商标、省级重合同守信用企业、江苏省优秀民营企业、资信等级AAA级，质量管理体系在同行业率先通过了ISO 9001：2000版认证，环境管理体系通过了ISO 14001—2004版认证。2009年螺旋节能灯全国产销量第一。

公司与清华大学、复旦大学、东南大学等知名院校建立了长期产学研合作关系，拥有节能荧光灯和LED半导体照明方面的全套生产设备和检测仪器，具有年近2亿支节能荧光灯和100万套LED照明灯具的生产能力，拥有江苏省企业技术中心、江苏省LED模块化设计工程技术研究中心、建湖第一家江苏省博士后科研工作站，江苏省节能电光源工程中心，规模居全国同行业前五位。产品主要有：节能灯、LED半导体照明等产品。产品专供PHLIPS、OSRAM、GE等国际知名品牌及国内大型灯具出口企业。

福建春伦茶业集团有限公司

企业概况

福建春伦茶业集团有限公司原名称为“福州春伦茶业有限公司”，创办于1985年，是中国茶叶行业百强企业、福建省著名商标、省级重点龙头企业。公司位于闽江沿岸城门经济开发区，主要生产各种

"春伦"牌茉莉花茶、绿茶、铁观音、大红袍、红茶、白茶、茶饮料、保健茶以及高、中档礼品茶等。年生产能力180万公斤，年销售量在150万公斤以上。在福州地区设有600亩的生态旅游观光生态园、茉莉花茶科普示范基地和7000亩的茉莉花基地，在闽东、闽北高山地区建立了3万多亩的高山绿色有机茶园基地。

质量管理及品牌建设情况介绍

企业自创立以来，坚持以"走绿色道路、创生态文明"，为经营理念，致力于福州茉莉花茶的研究、开发、保护和传承，倾心打造民族品牌。长期与福建农林大学、国家杭州茶叶研究所等多家科研单位建立合作联系。企业从源头抓起，建立高山生态绿色茶园和茉莉花基地，采用科学管理和先进生产技术，每道工序采用数字化管理和无尘化生产，企业已通过QS、ISO 9001/14001/18001、HACCP、绿色食品、有机食品等多项认证，为公司生产优质产品和服务提供强有力的保证。

公司在2001年中国国际农业博览会上被七部委共同认定为"名牌产品"，是我国农产品的最高奖项；2002年在中国绿色食品博览会上荣获"畅销产品"奖；2003年"春伦"牌茉莉金针荣获厦门98国际茶文化节"五星级茶王"，二两的产品拍卖8.6万元；2008年10月，茉莉针王荣获由国家商务部举办的第五届中国国际茶业博览会金奖茶王；2008年10月28日，"春伦"牌茉莉花茶、铁观音、大红袍、绿茶、红茶、白茶成为福建省唯一获得全国政协礼堂专供及指定会议用茶；2009年"春伦"牌茶叶荣获第七届中国国际农产品交易会金奖，荣获中国绿色食品2009烟台博览会畅销产品奖，"茉莉眉芽""露芽"荣获第六届中国国际茶业博览会金奖、"福春红"荣获优质奖；"春伦"牌"茉莉针王"、"茉莉针螺""春伦贡茶""金丝耳环"分别荣获2009年、2010年福州茉莉花茶茶王赛茶王奖。在2010年10月，"春伦御茶"、"春伦贡茶"、"鼓山半岩茶"荣获由国家商务部举办的第七届中国国际茶业博览会金奖茶王。2010年11月被海峡茶业交流协会、福建省农学会授予为福建二十强茶企业及福建十大茶包装；2010年荣获2009海西经济年度最具影响力品牌，并被上海世博会福建馆授予为指定用茶及荣获金奖，还在2010年12月被农业部授予为茉莉花茶全国农产品加工示范基地，2011年被农业部授予"国家农产品加工技术研发茉莉花茶研发专业分中心"。

企业坚持"以诚信为本，以质量求生存，以信誉谋发展"。"春伦"牌系列产品现已进入沃尔玛、家乐福等超市，并出口美国、俄罗斯、东南亚、日本等国家，还销往西北、东南、西南、华东、北京、天津、上海、香港、澳门、台湾等全国各地。

科技创新活动及产品研发介绍

公司深知先进的生产设备是优质产品的前提，自成立之日起就非常重视先进生产设备的引进，公司建有6条自动化茉莉花茶生产线：配有环保炉烘干机、散热机、风选机、筛花机、平圆机及茶叶传动输送装置等各种设备100余台，一改传统花茶一窨一烘（窨制一次，烘干一次）的生产工艺，结合生物工程原理，采用连续窨花新工艺，先进设备和完善的工艺确保了产品质量稳定，使花茶的鲜灵芬香更透彻、余香更浓郁。

公司建立了专门的检测中心，引入专业检测设备，对生产的各环节及"农残"等依国家及行业标准进行检测，并长期委托国家杭州茶叶研究所，福建省茶叶质检站等研究中心对产品进行不定期抽查与检测，并与国家茶叶质量监督检验中心合作，进行产品跟踪检测，确保产品质量。在今年的各项检测和抽查中，公司产品全部合格，从未发生质量事故及消费者投诉。

公司确立了自主创新的科学发展观，成立了企业技术中心，以科研带动生产发展，通过培植、选育茶树新品种、适度嫩采，创新工艺、合作研发等方式，不断提升公司产品质量及经济附加值。公司与福建农林大学等多家科研单位开展广泛合作，成立了茶叶科技与经济研究所，开展了形式多样的自主研发活动，共同开发出茶树花酒、鱼腥草、山楂茶、绞股蓝等专利产品。2005年，企业荣获中国农业部评定的"农产品加工企业技术创新机构"殊荣，是福建省茶叶行业中唯一获得此称号的企业。

公司具有完善的研究、开发、试验条件，有较强的技术创新能力和较高的研究开发投入。研究开发能力与创新水平在同行业中处于领先水平。企业专职研究与试验发展人员36人，其中高级职称5人，中级职称10人，初级职称21人。近年来，企业科技活动经费支出额均达到总销售收入的5.3%，开展了茶叶精深加工的研究及相关产品的研发工作，如茉莉花茶饮料系列产品，山楂茶，鱼腥草袋泡茶，茶树花酒，茉莉花茶窨制技术改进；茶、炭、中草药复合颗粒枕头等，取得了丰硕成果，多项新产品已研发完成并投入市场，取得一致好评。

企业发展规划介绍

企业自1985年创立以来，在政府和政策及社会各界支持下，在公司领导正确带领和全体员工的共同努力下，持续高速发展，已由一个名不见经传的手工作坊发展成为现代化、多元化的茶叶产业化重点龙头企业。公司以"弘扬中国茶文化，振兴福建茉莉花茶产业"为己任，以科技为动力，全方位进行开发，大力实施名牌发展战略，加大市场的拓展力度，提高茶叶的市场占有率，走茶叶产业化道路。

企业茶叶发展将继续以市场为导向，以科技为依托，以效益为中心，以优化产品质量为重点，从国际国内大市场的角度出发，调整茶类结构，加强基础建设，搞好区划，建好基地，实施名牌战略，推进茶叶产业化可持续发展，围绕茶业增效、茶农增收、国家增税做扎实各项工作。计划到2012年茶园总种植面积达50000亩，茶叶总产量到3600吨以上，茶叶总产值达60000万元以上，在全国各大中城市新开100～200家连锁门面店，同时计划在未来的五年内，实现公司上市目标。

展望未来，春伦茶业将始终秉承以诚为本，以质取胜，以客为尊，茶行天下的经营理念，坚持抓管理，重质量。为了做大做强企业，继续提升企业的知名度，带动茶农的创收、增收，为带动农民增收致富和我省茉莉花茶产业的发展及社会主义新农村建设和我省“三农”建设添砖加瓦！

福建鑫冠投资有限公司

一、公司概况

福建鑫冠投资有限公司创建于2007年6月，系非公有制经济型企业，注册资本金为壹仟万元人民币。主要业务经营范围为；公路、桥梁、隧道、铁路、市政公用、土石方、园林、石材、建材、房地产、工业、矿产业、港口码头、水利水电能源的建设投资。

福建鑫冠投资有限公司性质为股份有限责任公司，法定代表人为张增光，公司由张增光、杨标、程平汉三位股东组成。

公司现有员工85人，其中大学本科以上学历有15人，大专学历有30人，中专学历有30人，高级职称有3人，其他人员7人。公司总部设在福州市鼓楼区古田路107号“中美大厦”8层，公司下设；工程部、人事行政部、经营部、财务部、战略拓展部、地产开发部、设备材料部、劳务公司管理部等。

公司宗旨；以人为本，质量第　，促经济发展，探索进取，勇于创新，立足本省，放眼世界。

公司方针；切实抓住地处海峡西岸的地域优势，促进经济发展，不断总结实践经验，注重人才培养，激励员工以企业为家，不断开拓进取，要有小企业办大事情的创业精神。

二、公司运行的成功经验

福建鑫冠投资有限公司自2007年6月创建至今短短的三年时间内，已投资江西九江市地产项目、罗源中房镇大圆下湖里1号花岗岩石矿开采、罗源增光胶合板厂、鑫冠劳务有限公司以及BT模式建设工程等多个项目，均已取得高效。例举一，江西九江地产开发投资项目，该项目于2008年投资六仟万元人民币（合资）开工建设12万平方米商品房（全部售馨）至今已收回全部投资成本，并取得较好的经济效益。例举二，罗源中房镇大圆下湖里1号花岗岩石矿开采投资项目，该项目于2010年投资壹仟万元人民币（合伙经营），每年开采规模为0.3万立方米，现已收回50%的投资成本并已取得良好的经济效益。例举三，湖南怀化市政道路建设BT投资项目，该项目为怀化旧城危房改造与城市道路拓宽建设项目公司以BT模式与怀化城建合作投资建设开发，先期已投入资金叁仟万元人民币，工程计划于2012年竣工。

福建鑫冠投资有限公司系非公有制私营小型企业，公司自2007年6月创办至今仅用短短的三年时间，就在多个项目成功投资一个亿人民币，并取得较佳效益回报，当前，公司总资产已突破亿元。其成功经验一方面归纳于公司经营方针、宗旨方向明确，注重质量产生效益，人才造就公司不断拓展。另一方面公司占据了海西的地理优势。公司自创建以来从不间断探索经营发展的新路径，树立以小企业向大企业发展的目标，立足本省，描住海西先行先试，跨越发展的有利机迁，争取多方位与各种投资模式。逐渐做大做强企业发展规模，完善企业机制，不断跨越新的起点。

福建福马食品集团有限公司

福建福马食品集团有限公司（以下简称公司），座落于人杰地灵的闽南侨乡——福建省晋江市，是一家以农产品精深加工为龙头的食品企业。

公司注册资本18000万元，拥有固定资产26500万元，占地面积28万平方米，固定员工2500多人。公司下设晋江分公司、成都分公司、长春分公司、在香港、菲律宾、马来西亚分别设置办事处。

公司主营产品：蛋糕类食品（福马牌派类食品、福马牌瑞士卷、爱尚非牌蛋糕）及休闲膨化、油炸食品。产品经销网络覆盖全国各省、自治区，直辖市，出口至港、澳、台，东南亚、加拿大、美国等地区和国家。

公司自2002年起从简单的产品经营发展到产品、产品品牌经营，农业产业化经营，资本运作等多元化战略经营。2000年公司通过ISO 9001—2000质量管理体系认证，2004年通过ISO 14001环境管理体系认证，2007年通过了ISO 2200食品安全管理体系（HACCP）认证，2007年公司是国内派类食品行业标准的主要起草单位，2007年获福建省质量技术监督局颁发的“2006年福建省质量管理先进企业”奖，2007年通过福建省企业计量检测体系合格认证，2010年通过国家级（AAAA）标准化良好行为认证复评，2011年通过OHSAS18001职业健康安全管理体系认证。

2003年“福马”牌蛋黄派、油炸休闲食品，2005年“福马”牌巧克力棒、2006年“咪咪”牌油炸小点心，2008年“福马”牌面包、小馒头，“爱尚非”牌蛋糕分别被省政府评为福建省名牌产品，“福马”牌派类食品于2004年荣获“中国名牌产品”称号、2007年9月蝉联此项殊荣，2001年“福马”商标被评为“福建省著名商标”，2006年被认定为“中国驰名商标”，2008年公司企业字号“福马”被省工商局认定为福建省企业知名字号，2008年公司企业技术中心被省经委等7个政府部门认定为省级企业技术中心，2008年被国家农业部等八大部委评定为农业产业化国家重点龙头企业、2010年测评通过，2009年被省政府评为福建省品牌农业企业金奖。

公司进入了跨越式发展时期，将努力打造出中国闲点家族食品第一品牌，成为中国蛋糕事业王国。

佶缔纳士机械有限公司

佶缔纳士机械有限公司隶属美国纽约证券交易所上市公司（GO！）一美国Gardner Denver（佶缔）

集团公司，前身是1996年4月成立的西门子真空泵压缩机有限公司，2002年改名为纳西姆工业（中国）有限公司，2006年10月又正式更名为佶缔纳士机械有限公司。公司现有职工290多人，注册资金16655万元人民币。吉缔纳士机械有限公司作为Gardner Denver集团工程产品部在亚太地区的唯一生产基地，生产着代表世界先进水平的液环真空泵及压缩机。目前世界上两大技术派别的平圆盘系列、锥体系列液 环真空泵/压缩机均在我公司生产，生产装备及规模属世界领先水平。

佶缔纳士机械有限公司的液环泵系统工程化设计研发中心，是佶缔集团全球三大研发中心之一，拥有50多名专家和技术研发人员，运用先进的选型和三维设计软件等现代化的设计手段，引领着世界液环泵技术的发展方向。该研发中心在技术上与德国、美 国总部的研发中心保持同步，实行信息共享与资源共享，与美国和德国研发中心共同研发的产品第一时间在佑缔纳士机械有限公司生产并出口到世界各地。

公司全面采用先进的茸理模式管理企业。2000年引入英国劳氏ISO 9001质量保证体系以及ISO 3834（EN729－2）欧洲焊接质量保证体系。2005年公司引入了“精益生产”理念，并获得了象征佶缔集团最高荣誉的“精益白犬奖章”。公司成立15年来，佶缔纳士人以自己的勤奋、努力和执着，使公司业绩年年创新高，2010年销售收入达4.66亿元，纳税8079多万元，创造了人均纳税20多万元的好成绩。

佶缔纳士机械有限公司的发展本着为社会、员工、投资者及合作伙伴负责的原则，多年来为中国的通用、电力、石化、造纸、环保、煤炭等行业提供了高技术含量的产品和优质的服务，得到了国内外广大客户的认可。在人员不增加的情况下，佶缔纳士依托技术升级、更新设备等手段大幅提高了公司的经营业绩。同时，生产低消耗、高产出、环保、节耗产品一直是我们的目标，成为全球工业真空领域的最佳供应商，为客户提供 全面合理的增值解决方案、系统、产品及服务是每一位有社会责任感的佶缔纳士员工不断追求的目标。

金晶集团——中国首个功能玻璃基地

1904年，中国第一片平板玻璃诞生在全品集团所在地——山东博山。金晶见证了民族玻璃工业的兴衰起伏，并继承了中国首家民族玻璃企业的光荣使命。改革开放以来，经过戮力开拓，现已发展成为以功能玻璃、纯碱、玻纤等产品开发、生产、加工为主业、拥有9个公司的大型企业集团，是国家级高新技术企业、中国新材料基地骨干企业。产业实体分布鲁中、鲁西南、鲁东、华北，产品出口各大洲80多个国家和地区。

“十一五”期间，金晶集团紧紧抓住发展机遇，在“转方式、调结构”方针指引下，贯彻“小调大，大调优，优调特”的工艺调整方针，将较小的一般浮法线改为产能大的优质产品线和特殊功能产品线。以“高端、高质、高 效”为宗旨，通过引进消化吸收再创新，自主研发出超厚、超大、超白玻璃、太阳能玻璃、减反射玻璃、三玻两腔LOW－E中空节能玻璃等，填补了国内或世界空白。在调整中，创造了一系列第一或唯一：中国的第一片超白浮法玻璃；世界首创25mm超厚超白浮法玻璃；世界首创3.3米×15米特大厚板玻璃；首创青藏高原列车特殊中空玻璃；中国玻璃首次进入奥运会场馆—鸟巢、水立方工程；世界第一高楼—阿联酋迪拜塔（哈利法塔）唯一选用了来自金晶的中国玻璃；拥有世界最大的压延玻璃生产基地；第一批获得“中国名牌产品”和“中国驰名商标”的浮法玻璃、中空玻璃。目前正在积极开发拥有自主知识产权的中国最先进的在线镀膜玻璃等产品；同时，不断提升离线镀膜生产线的工艺技术水平，提高产能和产品的节能性能。2009年6月27日，温家宝总理视察金晶时指出“不断创新，是金晶这个百年企业永葆青春的奥秘”。

金晶将在“纯真、卓越、全球化”核心理念的引领下，贯彻“智慧兴企、绿色兴球”的战略思想，秉持“诚、敬、信、黄、实、勤”的核心价值观和“全局思考、坦诚沟通、密切协作、完美执行”的行为准则，主动转型，开拓创新，努力实现引领中国低碳技术变革与创新，打造实业与服务协调发展，具有国际影响力的领军企业，为社会提供更先进的绿色材料、更经济的绿色建筑、更高效的绿色能源的使命。

中国金星啤酒集团有限公司

企业简介

金星啤酒集团是以河南金星啤酒厂为核心组建的集工、贸、科研一体化的全国大型啤酒集团，创建于1982年，年生产能力200万吨，居河南第一、全国第四。

企业在豫、黔、滇、川、陕、甘、鲁、晋、粤等10省投建18个啤酒生产基地，拥有麦芽、动力、玻璃、化工等10余个配套公司，金星独资建厂、自我复制、小步快跑的扩张模式，被称为中国啤酒行业第三种扩张模式。企业旗下金星、蓝马两大系列30多个产品畅销全国20多个省份，金星新一代啤酒成为全国品牌。企业和产品先后荣获全国食品行业重点企业、中国食品综合实力百强企业、博士后科研工作站、中国名牌产品、绿色食品、中国驰名商标等140多项国家级殊荣。

企业提出诚信为本，顾客至上的经营理念、“质量第一，争创世界品牌；持续改进，满足顾客需求”的质量方针、“责任、激情、创新、超越”的核心价值观、“以战教战，系统规范；品牌升级，渠道拓展”的营销理念和“标准规范、技术精湛、激励无限、品质领先”的生产理念，坚持经济效益与社会效益统筹兼顾、生产经营与精神文明建设齐头并进，树立了良好的企业品牌社会公众形象。企业投建集奇石馆、植物园、观光走廊于一体的工业旅游园并于2004年6月通过国家旅游总局验收，被授予全国工业旅游示范点，成为中西部啤酒行业唯一工业旅游园。

发展经验

25年的发展史，金星啤酒完全依靠自身的力量走了一条与众不同的成长之路，它在20年里打造了一个从2000吨到200万吨的神话，它已经连续5年产量排名在全国第四，它在全国生产（全国有11个省外生产企业或分公司，加上其他配套企业就更多了）和销售的区域，是一个经营中国二三线市场、全国销售的一个沉默的冠军。

金星之所以能够在激烈的市场竞争中迅速壮大，一个重要的原因是企业敢于站在技术领先的前沿，为消费者奉献符合需求的产品。金星首创行业小麦啤酒研发技术，金星国宴啤酒、金星新一代啤酒、金星纯生啤酒、金星果啤、金星无醇啤酒等一个个新品种相继问世，引领市场消费潮流。

10多年来，金星斥资数千万元，使科研所装备达到行业先进水平，在啤酒成分分析、新品开发等领域发挥积极作用，而金星啤酒生产工艺多个攻关课题的持续破解，为其优质、高产、稳产、低耗、高效增添了新动力。

目前，金星拥有一支年轻化、人数比例在河南省乃至全国名列前茅的酿酒师队伍，从省级评酒师到国家级评酒师再到国家级评酒委员会评委，这些“身怀绝技”的全能“选手”个个具备对原料、与酒接触材料、过程产品、成品的检控能力，他们对金星产品研发和质量管理工作做出了卓越的贡献。

金星的每一步发展都是紧紧围绕着啤酒展开。把啤酒做到最精最好，成为金星重要的企业理念。今天的金星，奉行的是一套严密的质量保障体系：实施产品质量“零缺陷”管理。全厂建立8道关口、25道防线和50多个质量控制点；实行集团、分厂、班组“三级管理，全线把关”的质量检测体系，保证了质量管理体系始终与国际同步。

金星啤酒奉行的是对产品全生命周期的质量控制，即对产品质量不仅仅停留在传统的合格层面，而是向上下游延伸。其中，向上追溯到对原料的生产环节监控，公司为此建立了自己的原料基地，对大麦、大米、酒花等制定了一系列标准，包括食品安全标准、供方管理资质要求等；向下则延伸到了物流环节，以保证啤酒的新鲜与品质。

眼下，金星遍布全国各地的子公司在质量控制体系中均实现了四统一，即检验方法统一、实验室仪器统一、标准化建设统一和质量管理部门组织结构、职能的统一。

金星对未来竞争充满必胜信心。金星的信心一方面来自与雪花、青岛在全国范围内常年直接竞争中积累的成熟经验，一方面来自企业综合管理能力和营销能力的持续提升，更为重要的是最近一段时间以来，金星密切关注对手，分析对手，研究对手的同时在做积极的防御和进攻策略，比如推新品、强品牌、促改制、固防线等。具体来说，第一，金星加大新品研发、推广力度，眼下在全国市场推广金星鲜啤，和金星全国品牌新一代啤酒合力增强整体市场营销能力；同时在河南市场大幅提升中高端产品销售比例。第二，金星通过在央视广告投放提升我们全国品牌形象。从5月中旬，金星最新电视广告陆续在央视2、3、6套高密度投放，着力全国品牌形象传播。第三，在营销策略上，金星全力推行小区域精细化运作模式，渠道下沉，营销能力提升迅速，加固河南这块我们的根据地市场的防线和壁垒。第四，加快改制、融资进度。预计最快今年底全部完成，3年内开通融资渠道，进入资本市场。第五，规模性地举办大型营销、品牌推广活动，与电视台合作“金星向前冲”户外挑战赛、打造精品夜市+世界杯激情狂欢夜、赞助大河啤酒节等，与河南消费者尤其是年轻消费者增强互动，传播金星“活力、年轻化”的品牌内涵。

打造最受中国消费者喜爱的强势啤酒品牌是金星的努力方向。金星在2006年以后开始调整思路，逐步停下“跑马圈地”的做法，进而把重点转向内部，在企业品牌塑造、品牌营销以及内部管理上多下工夫，在一个时期内，金星的营销能力和品牌知名度都有了很大提升。河南市场金星占到了40%的份额，在郑州接近70%，不但巩固了金星河南第一啤酒品牌的地位，并且河南市场也成为金星啤酒的全国样板市场。

河南省宋河酒业股份有限公司

企业简介

河南省宋河酒业股份有限公司是我国著名的大型酿酒骨干企业，工业园区占地面积80万平方米，建筑面积45万平方米，整体规模在全国同行业中雄居前三位。主要生产中国名酒“宋河粮液”、河南名牌“鹿邑大曲”及其系列产品。拥有现代化的酿酒生产设施以及严密的质量检测手段和完善的质量保证体系，并通过了ISO 9001：2000国际质量认证。主导产品“宋河粮液”，1979年被评为河南省名优产品，1984年获轻工部银杯奖，1988年在全国名酒评比中，荣获国家金质奖和“中国名酒”称号。2004年荣获“中国驰名商标”，2005年荣获“中国消费者十大满意品牌”及广东省首届国际酒饮博览会金奖。

发展经验

宋河酒有着深厚的历史渊源，始于春秋、盛于隋唐。公元前518年孔子问礼于老子，曾酒醉枣集，留下“惟酒无量，不及乱”的处世箴言。公元743年唐玄宗躬亲鹿邑，拜谒先祖，用“宋河酒”祭祀老子李耳，“宋河酒”从此名扬天下。改革开放后，宋河酒业发展迅速，现已成为一个庞大的现代化企业，成为河南省白酒第一品牌。作为中国十七大名酒之一的宋河酒，经历过辉煌、衰退、改制、再崛起。2002年4月，辅仁药业集团以承担债务，注入6000万元资金，收购85%股权的方式介入宋河酒业，通过一系列的改革和调整，宋河酒的市场份额急速扩大，在河南省内建立起根据地市场，并逐渐扩张，开始了迈向全国、打造全国性品牌的征程。

辅仁集团接手宋河酒业之后，确定了“立足酒业、规模扩张、做强做大”的发展方向，对宋河酒业的营销方针、质量定位、经营理念、管理制度、服务跟进、品牌构建等进行了全方位整改完善。辅仁集团首先将老宋河中一切可以和能够与新宋河共辱共荣的人才留了下来，并通过培训和清晰的岗位定位提升了能力。另一方面，通过辅仁药业集团部分人才的整合和对社会人才的不断吸纳，使宋河的营销团队在快速发展中又保持着团队的和谐、稳定。

辅仁集团还出巨资重点改造原建厂初期窖龄最长、优质酒率较高、极具文化价值与经济价值的原酒产出车间，引入了全自动灌装生产线，进行发酵车间技改，使宋河酒业固体发酵窖池扩充至近6000条，有120个生产班组，年产纯粮固态发酵蒸馏原酒4万余吨。并且成功把多粮工艺从四川引入河南，解决了传统宋河酒入口暴辣的问题。宋河酒业的原酒生产能力、原酒窖存能力均达到了历史最高水准。同时又引进最先进的分析仪器，特聘知名专家成立质量监督小组，在每道工序和岗位上都建立了严格、规范的操作规程与质量标准，建立了从外部环境、内部生产到最终产品的全方位、系统的控制和质量认证体系。

产品的质量是一个企业赖以生存和发展的根本。宋河酒业把抓好产品的质量作为核心工作，一切围绕质量转。当产品和质量发生矛盾的时候，产品要让位于质量；当成本和质量发生矛盾的时候，成本要让位于质量；当市场和质量发生矛盾的时候，营销要让位于质量；当价格和质量发生矛盾的时候，金钱要让位于质量。这就是我们宋河酒业的质量观。豫酒要复兴，首先是产品品质的复兴，而要想做到产品品质的复兴，就必须把质量意识提到战略的高度来抓，提到全局的角度来抓。作为豫酒的老大，宋河将在质量的保证上打造豫酒名片，让消费者买得放心，喝得舒心。

在市场战略布局上，宋河酒业集中一切资源和智源，专注于河南大本营。2002年宋河酒业将营销中心搬到了郑州。2004年，宋河粮液荣获“中国驰名商标”称号，并以4.36亿元左右的销售业绩一跃成为河南白酒品牌的排头兵，位居全国白酒百强生产企业第18位，比2003年的第39位提升了21位。

从2005年开始，白酒业“洗牌”的进程加快，在快速完成企业整合后，宋河提出力争在3～5年内将品牌打造成国内白酒界独具核心竞争力的强势品牌，市场销量及赢利能力等综合实力要进入全国十强，成为除茅台、五粮液、剑南春外中国白酒第二梯队的领军品牌。当年，宋河酒业的销售额达到5.74亿元，彻底奠定了“河南王”的宝座。同年，宋河也成为豫酒板块中第一个获准使用“国家纯粮固态发酵白酒认证标志”的企业。2007年5月，宋河酒业全面启动了万吨储酒罐工程，至此宋河酒业的生产厂区占地面积达到了80万平方米，建筑面积达到了45万平方米，整体规模在全国同行业中位居前三位。

为了加速企业的发展，宋河酒业与专业营销策划机构进行了渠道运作、产品研发、组织构建三位一体的合作，重建了营销架构，导入了直分销模式，并对企业进行了内部流程改造，初步完成了对企业营销组织系统调整升级，全面提高了企业对市场的控制与反应能力，营销组织更为专业化、效率大大提高，进一步巩固了核心市场的战略地位，提升了重点市场的市场占有率。

宋河粮液一直在探索和摸索适合自己的品牌传播之路。从最初的“东奔西走，要喝宋河好酒”和“男人喜欢一种酒，不需要理由”，到“分享宋河，共赢天下”，再到现如今的“中国性格，宋河粮液”。这么多年来宋河一直在苦苦寻找着适合自己品牌传播的诉求点，我认为，“中国性格，宋河粮液”的传播诉求点非常有利于把“宋河”这个品牌做大。

从广告传播的情感诉求上来说，“中国性格，宋河粮液”属于感性诉求，有助于激发消费者的购买热情。从语言文本上分析，“中国性格”既是清晰的，又是模糊的，既是是抽象的，又是具体的。随着中国在世界的崛起，中国在国际舞台上发挥着越来越大的作用，中国在很多场合开始“亮剑”，从汶川之难中的众志成城到北京奥运的华美乐章的精彩展现，无不在向广大受众展示“中国性格”，可以说，“中国性格”的诉求极大地激发了国人的民族自豪感，这有助于培养广大消费者对“宋河”品牌的忠诚度。

重塑豫酒文化是宋河的使命，宋河酒业五大行业专家潜心六年研发的新品宋河粮液，就是在寻求中国白酒与中国文化之间的内在契合。宋河酒业已对这次的新产品投入了空前的人力和物力，无论是酒质、口感、香型、回甘，还是瓶型、包装及细节设计，均大量采用中国文化的精髓，既能够回味酒中蕴涵的那份中国式哲学思维和价值观，更突出了中国文化中可以赏玩的艺术细节，融历史性、时尚性、艺术性为一体，追求内在与表象的一致，更达成虚实相承的综合意境。

新品宋河粮液拥有如此夯实的品牌根基和文化价值，背托文化东风，无疑会成为宋河酒业未来强大的核心产品，以强大的品牌自信实现中国豫酒的文化和品牌复兴。宋河现在已经具备了腾飞的基础，未来，宋河将以市场为导向，全面贯彻实施“以绩效为核心的人本管理”战略，坚持走名牌持续发展之路，积极发掘宋河文化内涵，注重品牌建设与优势扩张，不断深化营销理念创新、科技创新、管理创新，全面提升企业综合管理水平和市场运营质量，继续遵循可持续性发展产略，传承五千年美酒文化，创新经营，优化管理，不断增强企业综合竞争力，向国酒品牌的全球化道路迈进。

河南羚锐制药股份有限公司

企业简介

河南羚锐制药股份有限公司是全国橡胶膏剂药业中的首家上市企业，资产总额近10亿元，年创利税8000余万元，拥有橡胶膏剂、片剂、胶囊剂、注射剂等十余种剂型二百余种产品。其中包括通络祛痛膏（骨质增生一贴灵）、壮骨麝香止痛膏、胃疼宁片、培元通脑胶囊、参芪降糖胶囊、丹鹿通督片、活血消痛酊等独家拥有知识产权的产品及国家中药保护品种和国家医保药品。公司的所有产品剂型及其生产车间均通过国家 GMP 认证，质量标准实现了与国际接轨。

公司先后被评为"全国中药 50 强企业"、"全国中药系统先进集体"、"全国医药优秀企业"、"国家火炬计划重点高新技术企业"、"全国精神文明建设工作先进单位"、"河南省'十一五'重点扶持成长型高新技术企业"；公司党委被中组部命名表彰为"全国先进基层党组织"，"羚锐"商标被国家工商行政管理总局认定为"中国驰名商标"，成为国内橡胶膏剂药业中首件驰名商标。

发展经验

十多年来，乘借改革开放的春风，地处大别山革命老区的河南羚锐制药股份有限公司（以下简称羚锐制药）走特色发展道路，不断推进品牌建设，从一个科技扶贫企业发展成为拥有数千名员工、10 亿元资产、年创利税逾亿元，集医药科研、生产销售、保健品开发、金融投资等为一体的集团化医药企业、上市公司，探索走出了一条山区、贫困地区，尤其是革命老区兴办企业的新路了，"羚锐"亦成为国内外用贴膏剂市场的领先品牌。

羚锐制药从公司成立之日起就以"诚信立业，造福人类"为企业理念，以"振兴民族药业，发展老区经济"为已任，致力于打造河南省医药经济的龙头企业、中国医药的优秀企业和中国乃至世界透皮吸收剂型第一品牌，跻身国际医药生产企业的先进行列。

为了坚定走"科技兴企、质量创优"道路，全国人大代表、全国劳动模范、该公司董事长熊维政始终强调"产品质量是企业的金字招牌"。药品是关系到人们身体健康和生命安全的特殊商品，羚锐制药在质量管理过程中，始终贯彻"药品质量关系人的生命，产品质量关系企业的生命"这一理念。

在药品原材料采购上，该公司宁可多花一倍的钱，也要收购到上等的药材，从源头上把好质量关；在药品生产中，严格按照 GMP 规范进行生产，确保产品质量。从原料购进到产品出厂，该公司一直坚持履行"班组、车间、公司"三级质量审验手续，杜绝了不合格产品流入市场。羚锐制药始终重视产品质量的提高，积极组织力量先后对十几项产品标准进行了提高和升级。

随着社会的发展，市场竞争已由质量竞争进入品牌竞争时代，打造产业品牌已经成为增强企业核心竞争力、提高品牌竞争力的必然选择。在市场经济条件下，企业需要独立地面向市场，承受各方面的竞争压力。所以，企业只有参与制定具有自主知识产权的标准，通过掌握关键技术，发展拥有自主知识产权的核心技术和核心产品，才可以在行业领域占领技术制高点，在竞争中处于优势地位。羚锐制药把科技创新作为企业品牌战略的一个重要方面，自 1993 年始，公司每年提取科研专项资金，全力投入科技创新和科研开发工作，积极推进名牌战略的实施。

羚锐制药积极创造有利条件，吸纳了一大批国内著名专家和优秀人才加盟，带动了企业研发团队的快速成长。该公司大力推进技术创新，先后对传统膏药进行二次研发，推出了通络祛痛膏（骨质增生一贴灵）、壮骨麝香止痛膏、辣椒风湿膏、伤湿止痛膏、关节止痛膏、冰樟桉氟轻松贴膏等系列膏剂产品，促进中药现代化，使膏药生产技术达到了国内一流水平。

该公司还不断在内部和外部相互补充的资源中下工夫，采用外联与自创方式着手提升产品的质量标准和工艺研究来实现新的创新：2002 年，与华中科技大学激光加工国家工程研究中心等单位合作，将 CO_2 激光应用于橡胶膏剂生产工艺，研制出"膏剂在线激光切孔设备"，成功地将激光先进制造技术引入橡胶膏剂药品行业。2004 年，引进和采用日本先进贴膏剂生产技术，开发出了不沾毛系列贴膏剂产品；依靠科技创新，羚锐制药先后研发胃疼宁片、复方拳参片、参芪降糖胶囊等国家中药保护品种，并获得了通络祛痛膏（骨质增生一贴灵）和胃疼宁片等多个产品的专利权。

依托科技创新，推进名牌战略的实施，提升了羚锐产品市场占有率，培植了羚锐品牌优势、规模优势和市场优势，企业经济效益实现了跨越式增长。羚锐制药利用企业上市优势，整合资源，加快发展，在业内寻求品牌与效益良好的企业实施强强联合，向规模化、集约化方向发展，进一步提高资本运营能力。在企业经营战略中，公司立足于大别山的自然资源进行产品开发和产业结构调整，组建了河南羚锐保健品股份有限公司，以"公司 + 农户 + 基地"的产业化模式，开发了羚锐银杏保健茶、羚锐山茶油、羚锐蜂胶软胶囊、羚锐山茶油软胶囊、羚锐杜仲茶、羚锐润通茶等系列产品，催生了药材产业经济、生态经济，通过农、工、贸产业链条，使"羚锐"品牌叫响全国。

目前，羚锐制药已经在北京、上海、武汉、信阳等地控股、参股十余家企业，拥有多个科研、生产基地：羚锐新县生态工业园区的外用贴膏剂生产基地；羚锐信阳科技园的内服药生产基地；与中国中医科学院中药研究所、北京化工大学在北京联合建立的北京药物研究院，是公司的科研创新基地；新县的银杏、颠茄草等中药材 GAP 种植基地。其中，羚锐新县生态工业园膏药年生产能力达到 30 亿贴，初步建成了国内最大的外用膏剂药品生产基地。

羚锐制药在多个基地的建设中，十分重视药品生产技术的现代化、生产工艺的规程化和产品质量的规范化，先后设立了河南省药品研究所、省级企业技术中心、省级经皮给药制剂技术研究中心、国家级博士后科研工作站、国家级企业技术中心，将现代化科学技术运用到中药生产的各个环节，形成了产学研一体化的产业链条。形成了特色产业集群，在行业内建立健全了左右侧互补、上下游延伸的经营格局，进一步完善了自己的生产能力与产品系列，培植了企业规模优势、品牌优势和市场优势。

多年来，羚锐制药坚持自主创新，把科技创新放在企业发展战略高度上去认识，羚锐产品的市场占有率不断提高，企业品牌美誉度不断提升，企业经济效益也实现了跨越式增长，企业资产比1992年创立之初净增近300倍。该公司先后被评为“全国医药优秀企业”、“全国中药系统先进集体”、“全国精神文明建设工作先进单位”等，并被认定为“河南省‘十一五’重点扶持成长型高新技术企业”、“国家火炬计划重点高新技术企业”；公司党委被中组部表彰为“全国先进基层党组织”。

强劲的产品研发能力，不断提高的生产技术水平和质量品质，不断提高的企业核心竞争力，不断为“羚锐”品牌注入新的内涵，也为企业在市场国际化的进程中拓展了更广阔的发展空间。羚锐的迅速崛起给老区人民脱贫致富带来了难得的机遇，加快了老区工业化的进程，推动了城乡一体化发展，为建设新农村做出了积极贡献。

河南省诚实人食品有限公司

企业简介

河南诚实人食品有限公司成立于2000年，座落在古城商丘，公司主要生产经营挂面、方便面和面粉，现拥有5个分公司，十条生产线，员工1500余人。公司生产诚实人牌高中低档系列挂面50余种，诚实人牌系列方便面30余种，诚实人及德丰牌面粉20余种，产品销往全国各地，其中挂面出口到菲律宾、新加坡等东南亚国家。

多年来，诚实人食品公司秉承“诚实做人，良心做面”的理念，先后通过了ISO 9001—2000国际质量管理体系、HACPP食品安全质量保证体系，先后被评为国家级清真食品定点生产企业、中国进出口产品卫生注册企业、中国绿色食品、河南省农业产业化重点龙头企业、河南省质量管理先进企业、河南省百户高成长性中小企业、农发行系统AA⁺级企业、河南省重点扶贫企业，诚实人牌挂面被评为河南省名牌产品、河南省优质产品，公司“诚实人”和“德丰”商标被评为河南省著名商标，是商丘市唯一一家同时拥有两个省著名商标的企业。

发展经验

质量控制，从源头抓起。诚实人食品的主要原材料是小麦，为让诚实人食品真正成为安全食品、放心食品和绿色食品，必须从源头进行质量控制。公司自成立之初就制定了“以诚实服四方、以质量求发展、以管理求高效，以民主创一流”的企业宗旨。企业先后引入了ISO 9001—2000国际质量管理体系、HACPP食品安全质量保证体系，有力地保证了产品的质量。公司选择土质较好、无污染源的睢阳区坞墙、冯桥等几个乡镇，建立了共计20万亩的小麦生产基地，并与当地农民签订合同，走“公司+基地+农户”的道路。公司负责向农户提供优质小麦种子，统一施肥、管理、收割，采用无公害小麦管理办法，实现了小麦育种——管理——收割的全过程监管，保证了小麦质量、面粉质量，进而保证了挂面质量。

河南省诚实人食品有限公司重视人才培养和队伍稳定。公司高层全是大学毕业生，都具有很强团队意识和学习意识。自公司成立之日起，公司高层管理人员没有一人流失。领导班子的稳定，也使职工队伍相对稳定。公司的人才战略是“内练为主，外接为辅”。公司制订有严格人力计划和培训计划，一般管理人员从公司内部竞聘，使职工有进步的机会。薪酬上设有岗位工资和工龄工资，并与员工签订劳动合同，缴纳养老保险金，从制度和福利上保证了职工队伍的稳定。公司还提出了“熟练工就是人才”和“老员工就是功臣”的口号，创造出浓厚的爱岗敬业氛围。2009年4月公司通过与商丘职业技术学院相结合的方式，签订了后置订单培养协议，把学校搬到企业里，把人才基地放到校园里，组建了“诚实人大专班”，初步实现了优势互补，并建立自己的人才基地。

品牌是一个企业综合素质的体现。公司对品牌的建设上首先重视的是人的品质，“做产品先做人”的口号张贴在各个车间的显要位置上，增强公司员工对产品的认知度。以产品和人品的良好品质，树立诚实人在人们心中的品牌。公司于2006年起先后与河南电视台《梨园春》、《武林风》栏目、河南科技报、商丘电视台、商丘日报、商丘教育电视台等新闻媒体结成战略合作伙伴，开辟专版专栏，大大提升了公司的形象和影响力，促进了公司的整体发展。

从2009年开始，河南省诚实人食品有限公司导入了“卓越绩效管理模式”，将质量的内涵从产品质量、产品制造过程的质量、企业所有部门的工作质量，扩展到企业经营管理的质量，按照“卓越绩效管理模式”的要求，从“领导、战略、顾客和市场、资源、过程管理、测量分析改进、经营结果”七个方面，进行规范化、系统化、标准化管理，建立了一套具有诚实人特色的视野开阔的科学合理的管理体系。

在企业发展过程中，公司通过经营团队的持续努力，创建了具有自身特色的企业文化，确立了企业远大的发展方向和战略目标，营造了一个授权合理、参与主动、反应快速、学习和创新的经营氛围。诚实人的企业文化是公司的灵魂，是诚实人的行为准则。高层领导在经营发展过程中，结合公司的行业特点、发展历程、内外部环境，以解决三农，面向未来，建设综合性农产品深加工的国内一流企业为导向，不断提炼、总结，形成具有特色的企业文化。

在诚实人食品发展过程中，高层领导对市场需求、国家产业政策、企业资源和绩效等相关因素做了分析，根据自己所长、竞争所迫从而提出了发展挂面、扩大面粉厂、稳定方便面的发展目标。制定了诚实人“种千顷良田，储万吨口粮，建千吨工厂，聚万名员工，造百亿产值，创亿元利税”的10年发展规划，为诚实人食品的良好快速发展坚定了基础。

三门峡湖滨果汁饮品有限责任公司

企业简介

三门峡湖滨果汁饮品有限责任公司座落在风光秀丽的三门峡开发区内。公司成立于2002年11月，是生产、销售各类果汁、果（蔬）汁饮料、乳制品及纯净水的综合性企业，年生产果汁及果（蔬）汁饮料10万吨。公司注册资金2070万元，资产总额12000万元，是中国农业银行AAA级信誉企业。公司现有员工210名。

公司已通过ISO 9001：2000国际质量管理体系认证，获得国家食品生产许可证（QS认证）和出口食品生产企业卫生注册证。湖滨果汁及饮料系列产品先后荣获"河南省名牌产品"、"河南省免检产品"等荣誉称号，企业先后荣获"河南省林产品十大品牌"、"三门峡市工业经济结构调整重点企业"、"三门峡市农业龙头企业20强"、"三门峡市管理创新最佳企业"等一系列表彰。

发展经验

"质量责任重于泰山"，三门峡市湖滨果汁饮品有限责任公司（以下简称湖滨果汁）的每一位员工心中时刻牢记这一理念。从源头开始，他们把质量安全责任的细节落实到每一个环节中，把质量管理的细节努力做到了极致。长期坚守质量的同时不断追求创新，无论从品牌诉求还是品牌形象设计上，湖滨果汁都注入了新的思想，丰富和完善了湖滨果汁的形象和内涵，让湖滨果汁充满了新的活力。

卓越的质量成就卓越的品质。湖滨果汁取得的巨大成就正是在于它一流的质量。从工序到选料，从设备到工艺，湖滨的每一个领导和员工都坚守着"质量，从每一粒果实开始"的原则。自2001年以来，湖滨果汁就采用"公司+基地+农户"运作模式，在三门峡湖滨区的几个乡镇建设了自己的原料基地，其中，高酸苹果基地就有300公顷。目前，60公顷中华红蜜桃基地也正在建设中。

为确保原料的品质，湖滨果汁为农户统一采购树苗、化肥和农药，并依托当地林业部门现有的技术服务体系，对种植基地农户进行技术指导和服务，严格按照标准化种植模式进行种植。不仅为当地农民增加了收入，企业也能按照加工要求从基地得到优质果品。

在湖滨果汁饮品公司，从原辅料入厂到成品出厂，全过程都要进行控制，为了保证产品质量的稳定，该公司设定了原料验收、杀菌、灌装3个关键质量控制点。所有原辅料入厂都要进行检查验收，合格后方可办理入库。为了保证可追溯性，公司还建立了台账制度，将原材料的品名、数量、生产日期、保质期、生产厂家的名称等记录在案。

湖滨果汁生产线上的杀菌设备，是从丹麦进口的超高温瞬间杀菌系统（UHT），杀菌温度、时间和流量可随工艺要求设定和调整，同主机配套的还有相应关联的过滤器、预热器、真空脱气罐、高压均质机等系列设施，最大限度地保证了果汁的安全、卫生，保持了果汁原有丰富的营养成分、天然口味、香气和色泽。先进的设备、顶级的生产工艺。严格的质量控制程序，再加上配套的质量管理制度，实现了湖滨果汁"品质优良、服务优质、持续改进、满足顾客，为了100%的食品安全，再小心也不过分"的质量方针，确保了从原料进厂到产品出厂的每一个环节都万无一失。

2001年，该公司就通过了ISO 9001质量管理体系认证；2005年，再次通过ISO 9001：2000质量管理体系认证；同年，该公司通过了河南省进出口检验检疫局颁发的出口食品企业卫生注册证书。

卓越的品质是成就企业的关键，是塑造品牌的坚实基础，创新则是企业发展的巨大推动力。从2002年至今，湖滨果汁一直充当着餐饮果汁领跑者的角色，但长久的坚守并不妨碍湖滨果汁决策者和员工的改变和创新。

"湖滨果汁品质好"，这是多年来行业和消费者对湖滨的一句评价。良好的口碑传播，让湖滨一直稳稳的走在餐饮纯果汁的前列。但湖滨果汁为什么好，人们却解释不清。为此，湖滨果汁饮品公司以"原汁原味、湖滨果汁"为核心建立了全新的品牌诉求，传达湖滨果汁纯正、纯净、高浓度、高品质的特点。以"亚洲第一高山果园"主打"原生态"概念。其中"100%山林原生果汁概念"强调世界级水果优产的概念。从而提炼"原生无残留"、"生产无添加"、"运输无间歇"的"三无"诉求。

在品牌形象定位上，湖滨果汁品牌形象定位中高端，突出"科技、纯净、时代"三大主题。品牌形象的主基色调为蓝和黄，蓝色代表"科技、纯净、时代"三大主题；黄色，取意东方人的皮肤特征，代表东方饮食文化，代表"健康"的主题诉求。此外，蓝色是湖水的颜色，黄色代表金色晚霞，两种颜色结合为标识，为"湖滨"这个品牌描述了一个美丽的场景。此外，湖滨的标识为中英文对照，但大量使用英文，体现湖滨果汁全球化、时代感的特点。

在湖滨果汁的新战线上，产品结构调整是一项重要的内容。在传统的产品结构中，湖滨果汁的餐饮产品居多，流通产品属于补充地位。在新战略中，湖滨果汁在坚持以餐饮为核心的战略下，加大了对流通市场的开发，推出了一系列全新的流通型产品，丰富了湖滨果汁的产品结构。

湖滨果汁始终如一地坚守卓越的品质，优化产业结构、加快产业创新，不断的提升企业的核心竞争力，先后荣获了河南省林产品10大品牌、河南省高成长型民营企业、三门峡市管理创新最佳企业、河南省名牌产品、标准化良好行为企业等荣誉称号，在2007年、2009年全国农产品加工博览会上连续两届获得金奖。目前，湖滨果汁产品遍及全国200多个大中城市，还出口到日本、韩国、英国、澳大利亚、美国等地，在国际市场上享有很高的声誉。

中国长江航运集团电机厂

中国长江航运集团电机厂是一家正式员工300

多人的中小型企业，年产值从2000年的1700多万元发展到2010年过3亿元，10年增长18倍，年平均增长幅度达到35%以上。在电机制造这个竞争激烈的传统行业，长航电机厂是如何做到的呢？

2004年，经过充分调研，决定实施PDM（产品数据管理）。为实现这个目标，长航电机厂不惜更换CAD平台，以实现产品数据的集成。在此过程中，花费了两年多的时间在新的CAD平台对所有产品重新更新，并借此对产品结构进行了第一轮的标准化、系列化设计。到目前为止。全厂16大系列产品，800多个规格，4000多个品种的产品均实现了产品数据管理。PDM系统扩展到各职能部门和生产车间应用以后，除生产现场操作人员部分使用蓝图以外，各管理部门不再晒发蓝图，基本实现了“甩图纸”。全厂各部门均在此平台上通过强大的搜索功能快速获取所需要的信息，大幅提升了工作效率，从根本上改变了因设计变更可能带来的技术管理混乱的现象发生。

2006年，在充分调研的基础上，我们按照总体目标和需求重点分步实施ERP（企业资源规划），为生产计划、销售、技术开发、物资采购和财务管理等提供了更为便捷的平台。正是通过分步对信息化需求的实施和落实，生产经营连续几年站稳了年产值和年销售2亿元的平台。2010年，在全厂员工增加不多的情况下，生产经营冲过了3亿元大关。今年，我们正在向生产经营过4亿元的目标努力。

长航电机厂信息化建设实施以来，先后建立了PDM和ERP两大信息管理应用系统。如何使这两大平台实现无缝集成，是关系到企业信息化成败的关键。我们在2004年实施PDM之时，就已在同时考虑如何选择适合企业的ERP系统。通过三年对信息化示范企业的跟踪和学习，并对国内外ERP集成商和其系统的比较分析，于2006年选择了我们认为比较适宜的ERP系统。在实施过程中，我们通过多方协调沟通，明确各软件集成商的责任和义务，不断完善我方的需求内容，从而实现了这两大应用平台的无缝集成。PDM与ERP两大系统的有机结合，使全厂各部门的业务运行效率明显提升，出现了产品设计开发加快，生产制造周期缩短，财务结算便捷，信息反馈准确，领导决策迅速的良性局面。企业的存货周转次数由2006年的2.3次提高到2010年的3次；流动资产周转次数由2006年的1.5次提高到2010年的2.5次；库存占产值比由原66%降低到2010年的41.7%；管理费用占比由2006年的12%降低到2010年的8.5%。长航电机厂在中国中小型电机行业的综合排名也从2003年的第25位提高到2010年的第16位。

长航电机厂在PDM与ERP两大应用平台有机结合，为企业发挥巨大效益的基础上，又将近期的信息化目标确定为：加大对CAE和CAM的培训及应用，进一步完善CAD/CAPP/CAM/CAE与PDM系统集成，通过实施DNC系统并与条码技术相结合，实现生产计划在线反馈、设备状态在线采集、质量检测在线跟踪，努力实现MES（制造执行系统）的主要功能，进一步实现信息流、资金流和物流三流合一的精细化管理。

大禹电气科技股份有限公司

大禹电气科技股份有限公司系国家高新技术企业、国内最大的软起动产品生产厂家之一，主要研发、生产大中型电动机的软起动、调速节能、功率补偿、电真空器件等高新技术产品，主导产品蝉联两届“湖北名牌”，获全国知识产权工作试点单位、全省信息产业20强骨干企业，组建了省级企业技术中心、湖北省院士专家工作站、湖北省电动机软起动工程技术中心等技术创新平台，产品技术性能均居国内领先水平，部分达到国际先进水平，共获国家专利30余项。

公司信息化建设起步于2002年，每年投入上百万元进行企业信息化管理升级。到2010年，累计投入1000多万元，建成标准机房、数据处理中心等IT基础设施，并分步实施金蝶ERP企业资源管理系统，财务管理、供应链管理、客户关系管理（CRM）、办公自动化（OA）、视频监控等模块。目前，在企业信息化平台下，已基本实现采购外协、加工制造、仓储物流、集团财务、人力资源、协同办公信息化管理，并结合自身情况和行业发展特点实施了管理流程再造，促进了企业管理、产品质量、技术开发、服务水平、人力资源、成本控制能力的整体提升，“两化融合”已成为公司科学决策和高效运营的灵魂。

一是劳动生产率提高。通过企业信息化建设，减少8个岗位的50名操作人员，减员增效90万元/年，人均劳动生产率增长15.9%。

二是销售收入增长。在企业信息化平台的推动下，通过管理系统的优化，2010年，公司生产产品3100台套，年销售收入2.8亿元，利润3500万元，均较上年增长60%以上。

三是产品质量提升。通过计算机控制管理生产过程，降低产品失败成本，产品合格率上升1.65%。

四是原材料库存降低。通过ERP系统管理，可以降低库存，原来需要采购17天的原辅料，现在只需采购7天的库存，每月可减少流动资金158万元，节约仓库面积800平米，减少固定资产投资68万元。

五是客户关系管理优化。信息化管理使我公司的客户资源得到进一步优化，每月进货排名、每月回款额排名、信誉记录、客户需求等信息一目了然，公司据此决策制定销售策略，使当年货款回收率由原来的85%上升到92%，年减少利息支出86.4万元。

六是财务管理规范。通过信息化管理，原料、辅料、零配件等采购成本逐年降低，若进同一品种物件，价格高于上次采购价，ERP会拒绝报账，只有提供合理的解释，得到相关部门授权后，方能报账，有效把住进货关。

七是生产成本下降。采用计算机软件管理，合理调配资源，使得生产过程中极大的降低了原料损

耗，可降低2%的生产成本，产生经济效益180万元/年。

八是技术创新提速。信息技术能极大提高企业获取新技术、新工艺、新产品和新思想的能力。通过信息化平台，公司快速研发出了高压固态软起动器、变频等新产品并推向市场；同时计算机辅助设计、制造、工艺编制、集成制造系统等信息技术能帮助企业开发、设计、制造、营销及管理的高度集成化，增强企业生产的柔性、敏捷性和适应性，使企业具备大规模定制的制造能力，实施“个性化、多品种、小批量”的生产和服务。

武汉爱帝集团有限公司

武汉爱帝集团有限公司是针织织造、染整、成衣全能型民营企业，自1999年连续进入全国针织行业综合排序前10名，自2001年连续进入全国服装行业销售收入、利税“双百强”行列。企业品牌发展列入湖北省“十一五”发展规划。以“爱帝”品牌注册商标达到180余个，产品两次荣获“中国名牌”，生产规模、技术研发、品牌创新在湖北纺织服装行业均处于先进行列，在国际、国内市场建立了完善的销售体系和渠道网络，产品涵盖了针织内衣、运动、休闲、家居、童装等五大系列。

企业信息化建设始于2002年，经历了三个阶段，贯穿了企业科、工、贸一体化发展的进程，实现了研发、管理和营销三大平台建设，在不断的整合、集成、升级中，明确了信息化的总体架构、功能设计和需求分析，并为企业信息化的建设建立了总体发展目标规划并得到有效实施，促进了企业的不断升级，推动企业效益不断增长。近三年，企业主导品牌产品每年的销售收入增长达到亿元以上，2010年达到了8.2亿元，同时企业的利税也实现了同步增长。

1. 提高了企业产品的开发水平，企业的目标是做中国的爱帝，世界的爱帝，信息化技术应用缩短了产品开发周期，提高了产品研发水平，企业产品采标水平达到国际先进水平，新产品产值率始终保持在35%以上。

2. 信息化建设推进企业资源合理利用，产品制造过程降低了原材料成本和原材料、在制品和产成品的库存资金占用15%至30%，资金周转次数提高50%至100%，缩短生产周期提高生产效率5%至10%。

3. 推进企业按期交货，提高客户服务质量，合同履约率可保持在100%；推进企业降低成本，降低采购费，库存减少而降低成本7%至8%，增加利润5%至10%。推进了企业的销售增长。企业内贸销售每年的增长幅度达到20%以上，

4. 信息化带来了企业产品定位、品牌设计、市场配送等产业链环节上的优势条件，企业网络营销仅上线半年，以目前的销售水平估算，年销售收入可达到5000万元以上，一年后可达到亿元以上。

湖北中航精机科技股份有限公司

湖北中航精机科技股份有限公司是一家以研制、生产、销售汽车座椅精密调节装置、精冲制品、精密冲压模具的高新技术企业。2000年12月5日成立，2004年7月在深交所中小板块上市，现注册资本16707.6万元。2008年通过国家科技部、税务总局等四部委的高新技术企业认定。

随着公司的不断发展，生产规模不断扩大，技术研发投入也在持续增加，但是公司在研发、生产和经营的各个方面，尤其是在基础管理方面急需要规范和提高，如孤岛现象普遍存在，信息准确性差，传递速度很低，人力，物力，财力浪费现象严重，为此公司根据企业的具体情况，从2005年10月开始了信息化工程的推进。经过5年多的努力，在上级领导部门的支持下，公司的两化融合工作取得了初步成效。

1. “产学研”模式，促进工业研发设计数字化

公司每年在研项目达100多项，专批项目30～40项，使公司有能力对汽车市场不断推出新车型作出快速反映，增强了市场竞争能力。正是通过持续不断的新品研发和产品创新，公司才能在座椅调节机构领域的提高市场占有率和竞争力，并且开始向自动变速器领域开拓。

为了提高设计研发和分析能力，加强产品质量、降低产品设计成本和提高材料利用率，公司先后购置了Hyperworks、Abaqus和ANSYS等CAE分析软件，建立了CAE分析室，为了提高公司的CAE分析能力，从高校引进了专业人才，并与华中科技大学合作，借助于ANSYS分析软件这个平台，以中航精机精冲技术研究室为主导，和华中科技大学的教授与研究生们，完成了“中航精机精冲模具CAE分析系统”，通过与高校合作，建立“产学研”的体系，促进企业和高校人才的共同进步。该项目对公司的精冲模具设计有效优化，从而提高产品生产效率和减少材料的损耗。在公司的生产已体现出了成效，提高了产品合格率和材料的利用率，有效降低了生产成本。

除了与华中科技大学合作外，公司积极开展的“产学研”结合的模式，取得了丰硕的成果，建立以中航精机公司为主体，由公司出资与华中科技大学、上海交通大学、中国汽车研究所、中国航空救生研究所等有关大专院校、科研院所、国内外知名企业技术中心签约共同研究，完成后公司拥有全部的知识产权。

2. 项目管理和任务管理，保证工业研发过程信息化

因为生产研发的工作量越来越大，研发的管理工作也出现了瓶颈，如何更合理、更有效的应用公司的研发资源，如何通过标准和规范化的研发流程，来提高研发效率和研发的过程控制，是公司急待解决的问题。从2009年至2010年，公司成立了专项小组对此进行了讨论和规划，确定了在原有PDM系

统的基础上，扩展项目管理和任务管理功能，并项目管理为核心，对产品从立项到批生产的全部研发过程进行监控和管理，通过任务管理系统有效的获取研发人员的工作量和了解工作能力，所有研发过程中的资料数据化、电子化，实现数据共享、交互，建立所有技术文档的档案管理，文档结构清晰合理，查找便捷。项目在2011年上线使用后，各研发项目的进展变得更有条理，研发人员的工作效率也得到提高，特别是项目负责人对项目和管控得到了加强。

3. 通过ERP流程优化，推进企业管理精准化

公司的ERP系统在2010年升级到QAD 2009 Standard Edition，在客户订单、生产计划、MRP、生产制造、财务管理上进一步优化了公司的业务流程管理，增加了供应商绩效考核的功能，该软件是在国内外汽车制造业广泛应用的ERP软件，主要应用客户从主车厂到零部件加工厂，对汽车制造行业有非常好的应用基础，而汽车制造业是湖北省的支柱产业，该项目的实施将对我省各个汽车制造行业尤其是零部件制造行业的ERP应用起到示范作用。

4. 两化融合，提升经营业绩

两化融合也促进了中航精机公司经济效益的发展，近三年主要财务指标情况如下表：

在“十二五”期间，公司将进一步升级企业信息化系统，加快两化融合的步伐，计划投入一千万元，实现“以ERP企业资源规划系统为主线，以PDM产品数据管理系统为重点，以BI商业智能系统为展示，以精益供应链和精益生产SCM + MES系统为目标，建设公司特色的集成信息平台，把公司打造成为精益思想下的按需生产、精益制造、柔性企业。”

表1 财务指标情况

主要指标	2010年度		2009年度		2008年度	
	金额（万元）	同比增长（%）	金额（万元）	同比增长（%）	金额（万元）	同比增长（%）
总资产	70606.98	0.16	70493.53	12.97	58775.17	5.13
营业收入	53662.22	24.54	43088.83	20.94	35626.9	24.99
利润总额	4011.66	24.07	3233.33	34.81	2398.41	10.63

武汉市企业信息化推进中心

一、单位基本情况

武汉市企业信息化推进中心（以下简称“中心”）是武汉市经济和信息化委员会下属专司企业信息化推进工作的事业单位，是湖北省唯一一家以中小企业“两化”融合推进为主的专业服务机构，被湖北省经信委认定为湖北省中小企业信息化共性技术研发推广中心。

“中心”成立于2002年7月，现有各类服务人员26人，办公及服务面积达3200平方米。设有研发部、推广部、服务部等业务部门，主要为企业提供与“两化”融合相关的政策咨询、项目申报、方案优化、软件研发、技术培训、案例推介和绩效评估等全方位服务。

二、主要服务成绩

近年来，“中心”在认真总结以往工作经验的基础上，大胆开拓工作思路，不断创新服务模式，积极提升服务水平，主要做了以下几项工作：

1. 夯实服务“两化”融合的基础建设

“中心”抓住办公场所搬迁的有利时机，多方筹资新建了数据中心机房，添置了核心交换机、服务器群、防火墙、IPS、磁盘阵列等应用设备，通过50M和10M双路光纤接入互联网，为600多家企业提供了网站服务。

2. 改版升级武汉企业信息化服务平台

根据企业实际需求，对“武汉企业信息化服务平台”进行了全新改版升级，新增了企业会员、项目申报、在线咨询、行业应用、成功案例等服务栏目，进一步完善了在线服务功能。同时，升级了中小企业搜索引擎，扩容企业库1.7万家，对中小企业拓展网络市场营销渠道，赢得竞争优势，起到了很好的促进作用。

3. 积极开展专业化公共平台服务

为积极配合武汉汽车及零部件产业链建设，我们不断加大资金和技术投入，对“武汉工业物流信息化公共服务平台”进行改造升级，完善其为中小企业提供物流供应链现代化管理的共性技术服务功能，已实现信息发布、物流信息化管理、GPS导航等功能。“平台”全年不间断跟踪的技术服务企业（主要是汽车零部件企业）达252户，平台线上服务量突破2万次。

4. 不断创新“两化”融合服务模式

“中心”与武汉企业信息化服务联盟合作，明确了“按规模、分行业、统一规划、分布实施、引导与推进相结合”的基本原则。在具体工作中，确定了具有武汉特色的“三依托”服务模式，即依托专业企业服务机构，依托行业龙头企业，依托相关社团组织，在实际推进工作中收到较好成效。

5. 大力推动“两化”融合向行业纵深发展

经过前期调研和周密筹备，“中心”选定在医药行业先行开展“两化”融合行业推广工作。先后在武汉健民药业集团、武汉马应龙药业集团召开了医药行业信息化建设现场推广会，并以此为契机，组织了以九州通、健民、马应龙等企业牵头的医药行业信息化推进联盟。联盟涵盖了药品研发、制造、流通、销售等领域，将有利地促进全市医药行业“两化”融合工作的深入进行。

6. 承办高层次专家报告会

2010年12月，“中心”承办了武汉“两化”融合发展专家报告会，全市近200家企业的高管参加了报告会。用友软件股份有限公司副总裁马德富先生和中国工程院院士姜德生教授分别从企业和政府主管部门两个不同角度阐述了“两化”融合的丰富内涵，得到了与会者的一致好评。

湖南维格磁流体股份有限公司

湖南维格磁流体股份有限公司（原株洲维格磁流体有限公司）成立于1998年3月，是第一家专业从事磁流体以及相关产品的研发、生产和销售的中国企业，位于中国湖南株洲（国家）高新技术产业开发区。

公司磁流体研制水平处于国际领先地位，参与承担了国家863计划中唯一的磁流体课题，作为核心技术，我们拥有多个品种并可适合不同工作要求的磁流体产品。研制生产的磁流变液也已达到国际先进水平。

公司目前设计生产标准轴径从 $\phi4 \sim \phi200mm$ 的磁流体密封件，还可以根据用户的特殊要求进行专门设计。生产过程采用精密的加工设备和检测手段，确保产品技术含量高，做工精细，技术指标稳定。

株洲易力达机电有限公司

株洲易力达机电有限公司是中航工业南方集团、南方宇航控股，核心经营技术骨干参股的股份制企业，是EPS行业标准编写单位，被认定为国家“软件企业”，荣获株洲市“优秀企业”称号，入选“中国自主创新企业百强”，其EPS被列入国家火炬计划。

2001年公司研制出国内首台具有自主知识产权的EPS。2009年EPS产销突破10万台，2010年产销达到20多万台，占有国内90%以上的市场份额。具有国际先进水平的两条EPS总装生产线，年生产能力达100万套以上。

易力达拥有25项专利和软件著作权，专利技术涵盖EPS系统控制、传感器、产品结构以及安全保护等方面。2009年底，公司成立的国内首家EPS研究院，拥有国内三分之一的EPS专业研发团队。形成了“生产一代，研发一代，储备一代”的产品开发格局，在EPS系统控制技术、蜗轮蜗杆材料研究、非接触式传感器、无刷电机控制、主动回正、K线和CAN－BUS技术等方面处于国内领先水平。

凭着优异的性价比，易力达公司与中国一汽、中国长安、中国东风、北汽福田、昌河铃木、一汽海马、东南汽车、力帆汽车、哈飞汽车等多家汽车厂批量配套，与长城汽车、众泰汽车、北汽控股等建立了合作关系。2007年，易力达EPS首次批量出口美国。在蓬勃发展的新能源汽车领域，易力达EPS同样成为国内厂家的首选。

岳阳市长达无损检测有限公司

岳阳市长达无损检测有限公司坐落于历史文化名城——岳阳市中心，占地面积500多平方米。公司成立于2002年1月，是从事无损检测，具有独立法人资格的第三方检测机构，并对检测数据和检测报告负法律责任。

公司前身是岳阳市经济技术开发区无损检测服务中心。检测工作始于90年代，十多年来，随着石油、化工工业和建筑业的发展，检测能力不断提高，检测范围逐步扩大，已建成具有一定规模、技术力量雄厚、设备仪器先进的检测实体。

公司坚持“质量第一、客观公正、科学诚信、持续改进，向客户提供优质的服务”的质量方针，不断全方位强化质量管理，坚定不移地走质量效益型发展道路，逐步建立了适合公司实际、具有自己特色的质量体系，并于2002年5月，经过湖南省质量技术监督局批准为从事无损检测的许可单位；2002年9月，经湖南省质量技术监督局审核，获得了《计量（CMA）认证合格证书》；2002年9月取得了《湖南省建筑安装施工企业安全资格证书》；2007年10月取得了国家局颁发的《特种设备检验检测机构核准证》无损检测机构B级；2008年10月通过了ISO 9001：2000质量体系认证及GB/T 28001—2001职业健康安全管理体系认证。

目前拥有国内外先进的X射线机、γ射线机、超声波探伤仪、磁粉探伤机、便携式光谱仪等200多台套现代化先进的检测设备。能够承担金属及金属制品的射线、超声波、磁粉及渗透无损检测，金属材料的定性检验等。

湘潭平安电气有限公司

始建于1963年的湘潭平安电气有限公司是一家从事通风、除尘、安全与环境工程设备及其配套电动机、控制输送设备的技术、制造、销售与技术服务的专业厂家。

湘潭平安电气有限公司公司坐落于一代伟人毛泽东的故乡，湖南省湘潭市先锋工业园区。

湘潭平安电气有限公司现有总资产2.6亿元，员工500余人，“平安”牌系列产品分三大产业、六大类、十五个系列共一百七十余种规格，涉及矿用主通风机及其配套产品，局部通风机，智能局部通风系统、非煤矿山和隧道风机，地面及井下除尘器等。优秀的品质与良好的信誉使产品销售涉及全国所有国有煤矿、国有地方矿及各地方煤矿、金属矿山、隧道、地下工程等通风行业近600家客户，部分终端客户已持续使用我公司产品达15年之久，公司拥有自营进出口权，部分风机已远销越南、俄罗斯、马来西亚、尼泊尔、赞比亚等国家。

湘潭平安电气有限公司一直定位于做“矿山平安的守护者”，为天下矿井提供“安全、高效、节能、环保”的通风产品和解决方案，为所有矿工兄弟提供安全的保障和健康的环境，通过ISO 9001质量管理体系认证、ISO 14001环境管理体系认证、OHSAS 18001职业健康安全管理体系认证和GB/T 19580—2004卓越绩效评价准则体系，“中国煤炭工业机电设备定点生产企业”、

“全国煤炭机械工业优秀企业”、“国家重合同、守信用单位”、“湖南省重点高新技术企业”。

湘潭平安电气有限公司将继续秉承“感恩、协同、创新”的企业精神，朝着“做世界领先的矿井通风专家”的伟大愿景，遵循“忠信为本、平安是福”的核心价值观，担当着“按需供风、造福矿工”的神圣使命，为天下矿井提供“安全、高效、节能、环保”的通风产品和解决方案，为实现百年平安电气的伟大梦想而奋斗！

湖南凯斯机械股份有限公司

湖南凯斯机械股份有限公司总部坐落在安乡经济开发区，占地面积共12.7万平方米，厂房、办公用房建筑面积5.12万平方米；公司拥有三个子公司（其中一个在浙江宁波）、一个分公司、三个事业部与一个技术中心。公司现有员工800多人，其中，具有大专以上学历和中级职称以上员工100多人。公司每年投入2000万左右资金添置高精度数控设备，现有日本、中国台湾和国产的各类卧式、立式加工中心、数控铣床及其他配套设备800多台，基本实现了生产加工的数控化；公司有美国、德国产三坐标测量机3台、瑞士测高仪以及粗糙度检查仪等先进检测设备，使本公司检测手段接近国际水平。公司在国内同行业中率先实行了ERP信息化管理。公司为国内沿海、中国台湾、日本 、欧洲的先进企业提供机械零部件加工服务，工业缝纫机畅销二十多个国家和地区，并与多家全球性跨国公司建立了稳定的业务关系。

中信大锰矿业有限责任公司大新分公司

该公司是香港上市公司中信大锰的分支机构及核心生产基地，主要从事矿产采选、冶炼和深加工，主要产品有硫酸锰、电解金属锰、铁合金、电解二氧化锰、天然放电锰粉、化工锰粉、冶金锰精矿、碳酸锰粉等，是我国钢铁、轻工、化工行业的重要锰原料基地。目前公司在职员工3600多人。

近年来，该公司在中信大锰公司的正确领导下，在崇左市各级党委、政府的关心和支持下，坚持走可持续发展道路，坚持对锰资源的科学利用、合理开发和有效保护，不断加快深加工项目建设和科技自主创新，在全体员工的奋力拼搏下，公司取得了采剥总量、销售收入、企业利润、安全生产、科研技改、金属锰单板产量的重大突破，确保了职工收入的合理增长，企业实现了又好又快跨越式发展。

一、2010年主要产品、经济指标完成情况

2010年，该公司克服了后金融危机错综复杂、诸多困难的影响，全年采剥总量完成963.65万吨，其中剥离量完成860.84万吨，氧化锰采矿量18.81万吨，碳酸锰采矿量82.75万吨，原矿处理量完成95.3万吨，电解金属锰完成6.5万吨，硫酸锰完成1.995万吨，电解二氧化锰完成1.195万吨；实现工业总产值、主营业务收入15.5亿元，同比2009年的10.34亿元增长了55.7%，利税总额5.3亿元，同比2009年的2.26亿元增长了134.5%，其中缴纳税金1.42亿元，同比2009年的1.1亿元增加了29.1%，实现了工亡、重大设备、重大污染、重大火灾、重大交通事故“五个为零”的安全生产目标，为地方经济的发展做出了突出贡献。

二、不断加快深加工项目建设

按照崇左市委市政府提出“十一五”打造“一黑一白”两个“双百亿”的工业发展战略目标，该公司致力于技术改造和新产品开发，致力于将资源优势转化为经济优势，促进锰业技术创新和产业升级。2010年，该公司生产经营规模为电解金属锰6万吨、硫酸锰3万吨、电解二氧化锰2万吨，工业总产值完成13.5亿元，实现工业增加值7.5亿元。2011年该公司将加快推进年产80万吨碳酸锰地采项目的进度，同时加快推进北、中部矿段年产150万吨碳酸锰项目的建设，力争“十二五”期间该公司采矿量实现翻番。

三、灌输科技强企理念，开发新技术

技术创新是企业的基础和决定性因素。随着中信大锰公司2010年11月在香港主板的成功上市，全面提升企业的技术创新能力，增强企业核心竞争力，已成为企业进一步发展的关键。近年来，中信大锰公司投入大量人力、物力和财力，在技术创新取得了系列喜人的成绩。目前，中信大锰是电解金属锰、化工锰粉及天然放电锰粉等产品国家质量标准和行业准入的起草、修订、审定主要单位，是国际锰协电解产品分会委员会副主席单位。合作研发的“广义分选空间湿式永磁机选矿项目荣获全国冶金矿山科技进步一等奖。2008年承担两项科研课题被国家科技部列入国家“863”计划项目。2008年以来，自治区先后批准中信大锰作为“广西锰业工程技术研究中心”、“广西锰业产业化基地”、“广西锰业人才小高地”的独立建设单位。2009年，公司成功申报了“锰系新材料国家级重点实验室”、“国家级锰系新材料工程研究中心”。2010年该公司完成了15个科技项目申报课题，其中与中国环境科学研究院合作进行的碳酸锰酸浸渣二段酸浸洗涤压滤一体化技术试验，还为公司争取到国家节能减排示范项目资金900万元。继续进行的国家级“863”项目——高性能无汞碱性EMD的科研工作，已取得了钛锰电解新阳极的研制与成功应用的第一阶段成果，被列入崇左市重大科技成果。

四、加强安全、环保管理力度

安全是生产的前提，也是我们所有工作的基础。

对于我们矿山企业来说，安全生产，更是重中之重。2010 年，该公司认真贯彻落实中信大锰“365 工程”工作部署，日日讲安全，实现了“五个为零”的安全生产目标。

在加强安全管理方面：加强安全培训教育和宣传工作，建立起了以公司领导为组长的员工安全生产培训领导小组，由人力资源部和生产安全环保部负责职工日常安全培训工作，对在岗职工持续进行安全生产培训，同时对新工人上岗、在岗人员转换工种等的三级安全教育。公司每年 6 月份，都组织各单位，在生活区、厂区开展“安全生产月”活动，利用横幅、标语、广播、大锰电视台等宣传媒介，大力宣传安全生产的重要性，大大提高了员工的安全意识，确实推进了安全生产各项措施的落实，强化了安全生产。其次，加大隐患治理排查力度，严格落实整改措施。近年来该公司加大了对安全、环保、消防、道路交通、职业健康等方面隐患排查的力度，除日常的检查外，还坚持每季度组织一次全面的综合安全环保工作检查。对查出隐患的，及时的下发整改通知，并严格跟踪整改结果，对不按要求落实整改的，实施严格考核，有效减少了安全事故的发生。

在环保管理方面，由于近年来国家加大了涉锰企业的环境整治力度。为此，该公司根据自身情况及时进行部署，召开了电解锰环境整治系列专题座谈会议，成立公司领导小组，研究制定了《大新分公司电解锰环境整治方案》，认真开展了公司范围内的电解锰环境整治工作，及时调整资金，完善厂区环保设施。该公司环保工作迈向一个新台阶，赫然成为全国的一个新的环保示范单位，吸引了全国各地各级政府、企业纷纷前来参观、学习。

五、履行社会责任，支持新农村建设

该公司在稳定、快速发展的同时，勇担社会责任，确保劳动保障、环境保护、公共安全、法制建设等在企业内的贯彻落实，力塑健康发展新形象，公司及所属各生产单位的主要产品生产均通过了行业准入；积极开展五大国际标准体系验证，建立 ISO9001 质量管理体系并通过专业机构认证，创造了良好的生产条件，构建了和谐的劳动关系。目前，该公司生产全面进入行业标准化、节能环保型可持续发展轨道。在取得喜人业绩之时，公司积极支持地方新农村建设。仅 2008 ~ 2010 年，该公司就曾多次慷慨解囊，例如为发展当地教育事业，该公司于 2008 年 9 月捐助了 50 万元援建中信大锰教师安居工程；为促进当地文化事业发展，该公司连续在崇左市举办的第一届和第二届“崇左市边关文化旅游节”中每届捐助 40 万元人民币；2010 年 3 月，该公司积极响应大新县政府的号召，在大新县抗旱救灾仪式上捐款 10 万元；在获悉下雷新丰等几个村屯正在遭遇旱灾后，又实施了“爱心送水工程”，持续为几个村屯送水，为灾民送去了雪中之炭，赢得了广泛好评。3 年来，该公司累计捐助 400 多万元，极大地促进了当地交通、教育、文化、体育以及环保等事业的发展。

灵山县宇峰保健食品厂

灵山县宇峰保健食品厂是 1994 年创建的，企业创办之日起，即充分依托本地资源优势，走出了利用传统工艺，采取“公司 + 基地 + 农户”方式，加工生产凉粉为主要产品的特色企业新路子，建立了农业产业化发展模式。15 年来，在“创业成未来，智慧孕育财富，诚信缔造伟业”的经营理念下，宇峰人凭着坚毅踏实的精神，艰苦创业，诚信经营，不断创新经营理念，实施推进品牌战略，使该厂从建厂时仅有的 3 万元启动资金，发展到现在的资产总额 4500 多万元。目前，企业已成为全国最大的凉粉草加工基地，拥有从韩国进口的高科技生产设备，按 GMP 设计的罐装无菌生产线以及粉剂全自动包装生产线，硬件水平在国内处于领先水平，年加工凉粉草系列产品 10500 吨以上。

企业主要产品有“宇峰”牌黑凉粉、白凉粉、龟苓膏粉、即食龟苓膏、仙草胶、仙草露、仙草奶茶、烧仙草八大系列 50 多个品种，这些产品作为低热量的绿色天然又有一定保健功效的传统风味食品，为广大国内外消费者所熟悉和喜爱，产品远销新加坡、马来西亚、印尼、中国台湾、中国香港等多个东盟国家和地区。

宇峰企业长期以“质量第一、信誉第一、宇峰产品、质量取胜”作为企业的经营宗旨，推行现代企业的先进管理模式，宏扬以人为本的企业文化。因为坚持诚信经营，以质量求信誉，2001 ~ 2006 年，企业连续被广西消费者协会评为“诚信单位”，2005 年 6 月，企业荣获“广西守合同重信用企业”称号。企业产品多次被评为“广西优质产品”和“广西名牌产品”。“宇峰”商标也被评为“广西著名商标”。

企业 2006 年成为“广西农业产业化重点龙头企业”，做到了真正意义上的开发一草、致富一方的经济效益与社会效益，大大地推动了社会主义新农村建设的进程，为当地经济发展作出了一定的贡献。其成功经验如下：

一、聚焦凉粉生产

企业成立之初，是承包租赁原檀圩镇食品加工厂，设备简陋，工艺落后，人才匮乏，企业意识到自己的实力弱小，必须集中力量，在一个点上突破，形成自己的核心优势才有持久的竞争力，经过调查研究，看准市场，决定发展市场潜力颇大的速食黑凉粉、龟苓膏等产品。于是转变生产模式，专注于凉粉草系列产品的生产，艰苦奋斗，取得的利润大部分投入到扩大生产之中，从而使产能不断扩大，形成了规模优势，市场占有率不断提高，逐渐成为国内规模最大的凉粉草加工企业和著名的凉粉产品原料生产供应企业，稳定解决了 400 多人的就业问题，使周围农村的富余劳动力有工作，为当地创造了一定的社会效益

二、实施品牌战略，打造“宇峰”品牌

企业意识到，仅是为厂家供应原材料，企业的发展就难以壮大，必须要有自己的品牌。因此大力

开发新品种，引进技术及设备加工生产凉粉。同时，搞好产品包装，由供应原材料转入直接进入市场销售，并逐步在市场站稳脚跟，形成了一定的市场网络。“宇峰”商标获得“广西著名商标”称号，成为同类产品中的名牌，不仅在国内畅销，而且销售到毛里求斯、新西兰、中国香港、中国台湾等多个国家和地区，深受广大消费者的青睐和喜爱

三、建章立制，以现代企业管理模式打造竞争力

质量是企业的生命，而管理是提升产品质量和效益的关键。为此，企业结合本地实际，制定和健全了一系列规章制度，并坚持“持续改进”思想，不断更新与丰富。建厂以来，通过导入ISO 9001质量管理体系、HACCP食品安全管理体系、目标管理、KPI考核、精实生产等管理模式，企业的产品质量稳步提高，在同行中独占鳌头，所生产的产品深受区内外客户和消费者的青睐

企业在制度约束，严格管理外，还积极实行人性化的管理，营造良好的企业文化，企业按时足额缴纳社会保险，不断改善办公条件和生产环境，给员工提供免费宿舍、伙食补贴等。还有员工生日会收到生日礼金，餐后供应水果，每季度一次员工的生日晚会，每年“五一”举办劳动技能竞赛，“十一”举办体育比赛，安排年度旅游等。所有这些，都大大地增强了员工对企业的忠诚度，有效提高了员工对企业的奉献精神，为宇峰打造一流品牌奠定了坚实的基础

四、创新模式，产业化发展

灵山县是个农业大县，农业资源丰富，凉粉草种植加工有多年历史，但一直以来都是分散进行，宇峰企业以“公司+基地+农户”的模式，和农户建立起合作关系，通过签订合同、技术指导、保护价回收，带领和扶持群众发展凉粉草种植。为提高种植户和农民工技术水平，他聘请农业专家采取理论与实践相结合的办法，深入到田间地头，手把手推广能够带动农民增收致富的实用技术，同时还与县级政府合作开办定期的技术交流培训课程。通过对种植户的扶持，互利互惠，增强了抵抗市场风险的能力，形成了利益共同体。企业因此被评为“广西农业产业化重点龙头企业”

对外联系方式：
刘炳继 18778789808
办 0777-6583638（兼传真）

广西新未来信息产业股份有限公司

广西新未来信息产业股份有限公司（以下简称“广西新未来公司”）创建于1997年，目前注册股本8876万元，以敏感电子元器件和模块化电源为主导产业，同时还致力于建筑智能化等IT服务业。在深圳、苏州建有控股子公司。近三年来，公司发展规模迅速壮大，整体实力不断增强，现已经成为国内最大的压敏电阻芯片生产企业、中国电子元器件百强企业。

广西新未来公司多项产品荣获省、市科技进步奖和新产品奖，并出口欧美地区。公司拥有一支由博士、硕士、高工、教授组成的高层次人才队伍，具备雄厚的研发能力，公司主导产品的技术居于国内领先水平。公司建立了较完善的法人治理结构和先进的管理制度，营就了良好的企业文化氛围。

广西新未来公司是国家级高新技术企业，通过了ISO 9001质量管理体系认证和ISO 14001环境管理体系认证，拥有自治区千亿元产业研发中心“广西电子元器件研发中心”、广西敏感元器件工程技术研究中心，多项产品列入国家级火炬计划、国家级重点新产品计划，拥有20多项专利和专有技术，并承担过国家“863”计划信息技术领域的研究课题，曾获广西科技进步奖二等奖1项、三等奖2项，北海市科技进步奖一等奖2项、二等奖2项，部分产品填补国内空白。

广西新未来公司致力于成为国内最大的敏感元器件制造商，并力争成为全球知名的敏感元器件综合生产商。

经营情况：2010年度，广西新未来公司销售收入1.53亿元，净利润3487.77万元，比2009年度增长46%；上缴各项税费1281.93万元，比2009年度增长71%；净资产2.56亿元，比2009年度增长44.63%。2010年末公司员工327人，科技人员72人，占员工总人数的22.02%，大专以上员工176人，占员工总人数的53.82%。下属的苏州中普电子有限公司迁往苏州吴中区；新投资的“2.3亿PTC和NTC热敏电阻及传感器”项目进展顺利，预计2011年下半年投产。

科研力量及技术研发：2010年度，广西新未来公司共申请发明专利2项：《$Li_2O-NiO-TiO_2$三元体系低温烧结微波介质陶瓷材料及其制备方法》、《一种压敏材料及制备方法》，实用发明专利1项《引线沾锡辅助器》；蔡德惠、黄绍芬等科研人员研制的“50D高能型氧化锌压敏电阻器”产品获2010年广西科技进步奖三等奖，李晓军、覃远东等科研人员研制的“复合添加剂化学湿法SPD防雷模块”项目获2010年度北海科技进步奖一等奖；2010年度，公司共有4名技术人员获得“高级工程师”职称，覃远东被破格授予“工程师”职称；2010年度蔡德惠获得第九批“北海市优秀专家”称号、黄绍芬获得第六批“北海市优秀青年专业技术人才”；6月，广西科技厅、工信委、发改委联合授予广西新未来公司承建“广西千亿元产业电子元器件研发中心”的任务，7月，北海市副市长彭鸣达和公司董事长徐伟共同为研发中心揭牌。

员工生活及公益事业：3月，公司团支部组织团员参加慰问合浦进乾江五保村；5月，2009年度的优秀职员赴新加坡、马来西亚旅游，并考察新加坡的电子和新兴材料产业发展情况，到肯德岗数码研究中心（KRDL）考察，到马来西亚“硅谷”槟城考察电子制造业；6月，“长江校友·蓝丝带海洋环保中国行”广西北海站活动在北海银滩举行，公司董事长徐伟担任此次活动的现场主持人，号召社会各界“保护海洋环境，守护蓝色家园”；8月，公

司参加“圆梦行动”资助8名贫困大学生圆大学梦，资助金额4万元；9月，为合浦县公馆镇创村小学捐赠价值一万元的课桌椅共计125套，并在当天参加了创村小学的教师节庆祝活动。

技术合作与交流：2010年2月，由广西新未来公司承办的“北部湾（北海）敏感元器件与传感器产业发展研讨会”在广西北海召开，北海市委副书记、市长连友农出席并发表重要讲话；4月，第75届中国电子展在深圳隆重召开，公司首次参展，展示了氧化锌压敏电阻、防雷保护器及模块化电源等产品；6月，广西新未来公司与桂林理工大学签署合作协议，标志着广西新未来公司与桂林理工大学的合作进入新的历史发展阶段。

企业荣誉：因承担的“大功率模块化逆变电源”在2008年通过了创新基金管理中心的验收，该项目的实施为我公司取得青藏铁路信号电源市场做出了重要贡献，该项目衍生产品“智能模块化UPS”分别获得2007年北海市科技进步奖一等奖，2008年广西科技进步奖二等奖，因此公司被授予“科技型中小企业技术创新基金实施十周年优秀企业”荣誉称号；获2009年度北海市“纳税增长大户”荣誉称号；4月，董事长徐伟获得“广西壮族自治区劳动模范”荣誉称号；被中国风险投资论坛和2010第十二届中国风险投资论坛组委会评为：2010年最具投资潜质创新企业，名列第三名；5月，“敏感元器件科普展示”获全区企业科技科普知识展示竞赛三等奖；公司荣获2010年广西优秀企业，董事长徐伟荣获广西优秀企业家称号；获2010年“北海市劳动关系和谐单位”荣誉称号；进入“中国电子元器件百强企业”，排名第83位。

广西博白县民族编织工艺厂

广西博白县民族编织工艺厂创建于1972年，并于当年成为博白第一个生产出口芒竹编织工艺品的厂家，是芒竹编织行业最具科技创新特色的典型龙头企业。1997年获得自营出口权，2002年通过ISO 9001—2000质量管理体系认证、是博白第一家通过质量管理体系认证的企业，同年取得国家商标局批复的“桂博、MBC”注册商标，2004年被世界零售排名第一的“沃尔玛”公司定为博白第一家绿色供应厂家，2005年又获得世界零售排名第九、编织工艺品零售排名第二的LOWE'S公司的绿色供应厂家，本企业现有干部职工359人，其中工程技术人员62人，配备有45名专职从事编织工艺技术、产品研究开发的精英队伍。企业各项规章制度完善，近年来，向国家申请了30项专利，获得18项具有自主知识产权的国家专利权。从产品工艺技术到质量一直居于国内同行业的领先水平，专利产品占全厂产品年产值、年销量、年利润的60%以上，研发的七大精美系列及折叠系列编织工艺新产品，被美名为“实用精美”品牌，而走俏欧美、日本、港台等六十多个国家和地区，企业的品牌度和社会美誉度持续上升，顾客满意率每年都保持在96%以上。专利优势、创新优势、环境优势得到进一步发挥，带动编织及原材料种植专业户的规模进一步壮大，取得了“双赢”的效果，为提升博白“中国编织工艺品之都”及“中国编织工艺品生产基地”的品位做出了重大贡献。

形成了一示范企业（玉林市国家星火技术密集区示范企业）、二中心（广西星火计划龙头企业技术创新中心、玉林市技术研究开发中心）、三基地（江宁镇、那林镇、博白镇三个编织及植物材料生产基地）、四办事处（深圳、广州、上海、南宁办事处）、五分厂（五金工艺分厂、竹木制品分厂、布艺手袋分厂、芒竹铁艺精深加工分厂、精细喷涂分厂）、3935户定点编织专业户的规模；在广西首创了集培训、编织样品实物陈列、展示于一体的多功能培训模式，添置有编织教学样品30000件（套），教室面积1500平方米。同时以深圳办事处为出口中枢，改建2000平方米样品陈列室为样品展厅及出口服务窗口，增设广州、上海、南宁办事处加强同客商的联系，形成了出口和扩大内需渠道的优质、便捷、周到服务工作方式，更加完善对客户的服务。获得多项荣誉：是2010年玉林市科技创新十佳企业、广西优秀科技型龙头企业、广西专利工作试点企业、广西重点扶持企业、广西编织生产基地、广西星火计划龙头企业技术创新中心、玉林市国家星火技术密集区示范企业、玉林市农业企业化发展重点龙头企业、玉林市技术研究开发中心、2007～2010年玉林市专利工作先进单位、玉林市工业大会战首批重点联系企业、博白县委、县政府重点保护企业、税收重点企业、出口创汇大户。厂长莫承振于2007年8月荣获广西芒竹编织行业首位“广西工艺美术大师”称号。是广西地方标准《竹、木、草编织工艺品质量安全要求》的起草发起单位，2010年2月26日，被国家科技部张来武常务副部长等领导定点作为芒竹编织特色行业的科技创新典型企业进行重点视察，亲自会见了本企业的领导干部，并合影留念。主要做法如下：

一、深化科技创新主题，为富民兴企提供良好的技术产品支撑

本企业注重实施“科技创新”战略，在企业内部建立一套创意系统，高度重视培养员工进取精神和竞争意识，努力营造企业内部的科技创新氛围，同时，调配了12名技术管理人员进入销售第一线，让他们充分了解信息和国外客户对产品的要求，使技术人员经常保持与客户联系和接触，了解各方面的情况，进一步拓宽了产品设计的思路。其次是聘请了6名专家作为本企业的高级技术顾问，负责指导本企业新产品的开发，从而保持了企业的竞争优势。为形成新产品构思、研制、创样、开发、生产的连贯性，本企业还设立了产品创新奖，无论企业内任何人，每研制成功一个出口新产品，均给予相应的奖金作为奖励，员工开发新产品的积极性很高，他们根据国际市场的需要和各个国家不同的风情习俗和爱好来进行攻关。本企业自主品牌创新能力强，生产的产品符合国家有关政策的调控方向，符合落实国家创新农产品精深加工和重点鼓励大力发展地方特色产业和产品的政策要求，已获得18项自主专利，在同行业有很强的知名度和带动行业作用，本企业产品的技术、质量等各项指标在同行业领先，被世界著名的“沃尔玛”公司、LOWE'S公司等35家大公司采购使用，研发的办公室精美装饰用品、家庭精美装饰用品、宾馆酒店精美装饰用品、旅游精美用品、玩具精美用品、季节精美包装、家具精美用品及折叠系列等八大系列编织工艺新产品，产品质量指标全部达到广西地方标准《竹、木、草编织工艺品质量安全要求》（本厂是起草发起单位）。产品销量位居广西同行前茅，专利产品占全厂销售量的60%以上，确保了本企业在国际市场竞争中处于主动地位。为富民兴企提供了良好的技术产品支撑。

二、充分运用《专利法》，维护我厂自主创新的专利产品

一是充分认识知识产权工作重要性。企业的发展壮大离不开自主知识产权这个企业的核心竞争力。我厂高度重视专利产品工作，近年来，积极派员参加有关知识产权保护维权等内容的培训班、专利产品展示（览）、讲座6期，年年都订阅《知识产权报》，举办知识产权等相关内容的培训班10期，组织员工认真学习知识产权法律法规及应知应会知识，使全厂员工进一步认识了知识产权工作的重要性。二是高度重视自主品牌创新和专利产品的研发申报工作。成立了广西星火计划龙头企业技术创新中心、玉林市技术研究开发中心，我厂新产品研发团队先后研发了实用美观系列、折叠系列、折装植物编织沙发系列等新产品向国家申请33项专利，获得了18项具有自主知识产权的国家专利权，专利产品能节约仓贮成本、运费达80%。专利产品占全部销售量60%以上。三是建立完善企业专利知识产权工作制度和保护制度。分别成立企业自主创新产品研发领导小组和专利产品维护保护领导小组，聘请常年法律顾问，有效遏制专利侵权行为，规范专利工作运行机制，维护了专利产品的权益。

三、开展多种形式的编织精深加工技术培训服务工作

为了使各项技术培训措施收到实效，本企业抽调足够力量，采取多种形式开展技术培训工作。一是制定行之有效的员工、编织专业户的培训计划，近年来，本企业不仅做好厂内员工、吸收进厂的250名农民工的全员培训、还认真抓好3935户编织专业户的定期轮训。二是有针对性地选派技术骨干到有关科研院所、外国参观考察。三是聘请了区内外有关科研院所，到企业对技术人员、厂内职工进行高新技术应用讲座。四是挑选了本企业25名技术骨干组成技术示范培训小组，常年对企业辖区内分厂的员工、编织示范户进行系列精深加工技术培训、巡回示范和现场指导。五是聘请360户编织示范户对3575户编织户开展手把手的“传、帮、带”示范。从而明显地提高了本企业的整体素质和农民工、编织专业户应用编织实用技术的水平。为企业的产业化发展和产品质量、创新能力的提高，提供了有力的保证。

四、拓展市场空间，加大精品出口和扩大内需力度，给基地种编农户带来长期稳定的收入来源

本企业从事芒、藤、竹、木、草、金属等编织工艺品生产和出口已长达四十年，产品走遍六十多个国家与地区，在国际市场享有很高的声誉，在这四十年的生产经营中，形成了良好的销售渠道，尤其是近年来，本企业注意研制开发新产品，提高产品科技含量，不断推出造型别致、实用美观的高档产品。本厂的“MBC、桂博”品牌走俏欧美、日本、港台，惹人喜爱。近年来，到本企业订货的客商不断增加，除世界第一大连销企业“沃尔玛”把本厂定为博白第一家绿色供应厂家外，其他保持长期连续大单订货的大型客商（企业、公司）还有35家。目前，本企业创新开发的七大精美系列、折叠专利系列编织工艺品，由本企业通过专利、成果转化独家生产，具有结构新颖、携带方便、造型美观、工艺精致、环保卫生实用、技术含量高、防霉、防虫、防变形的优势，在芒竹编织市场上具有巨大的潜力，是酒店宾馆、办公室、旅游、野餐、家庭、厨房、卫生间的理想用具及装饰品。其次是本企业通过建设完善深圳、广州、上海、南宁办事处，样品展厅及出口和内需服务窗口，基本形成了出口和内需优质、便捷、周到的服务工作方式，使出口和内需渠道更为便捷，更能满足国外国内客商的需求，有力地促进了本企业精品生产的持续增长，同时给基地种编农户带来了长期稳定的收入。

五、强化管理创新，不断夯实企业富民兴企的根基

企业在实施富民兴企战略中，能否发挥龙头优势，关键在于企业能否持续把握过硬的本领。为此近年来，本厂紧紧抓住企业苦练内功不放，首先是本企业领导班子重视管理创新工作，厂长亲自担任企业技术创新中心负责人，积极推进“技术创新、工艺创新、管理创新、铸就品牌、优质服务、争创佳绩”的规范化管理。制定并认真予以执行企业各项规章制度，不断夯实优化企业内部结构。其次是成立了标准化管理小组，配备有标准化管理人员26人，在原材料、半成品、产品的整个生产过程中，实行全员主动参与“自检、互检、专检”的质量把关制度，同时实行产品质量、职工工资、业绩、奖金四挂钩的激励机制，从而促进了全体员工质量意识的不断提高，经“沃尔玛”公司的每年严格验厂，企业管理、生产安全，产品质量全部达标，出口产品的合格率达到100%。在企业现场管理方面，从定量管理、物流管理、工艺纪律、工序质量控制、文明安全环保生产、责任制等方面进行全面的优化管理。使本企业增强了经营活力，扩大了产业化经营规模，保持了旺盛的发展势头，为引领编织企业做强做优、增加农民收入，发挥了重要的带动辐射作用。

中橡电子交易市场有限公司

天然橡胶是国家战略物资，也是重要的工业原料，海南、云南、广东是国内天然橡胶主要生产基地，2001 年 5 月 8 日，为有效解决传统橡胶销售中的问题，海南农垦成立了海南农垦电子商务交易中心。2005 年 12 月改制成中橡市场，目前股东是海南天然橡胶产业集团股份有限公司、中国农垦经贸流通协会、华垦（北京）投资有限公司构成，注册资金 5000 万元。

中橡市场是海南省高新技术企业、国家十五电子商务示范工程企业；国家八部委评出的全国农业产业化重点龙头企业；全国首批行业信息技术应用推广服务示范企业；2007 年是唯一荣膺国家商务部“双百市场工程”的电子交易市场；由中橡市场承建的国家级项目“中国—东盟天然橡胶国际电子交易市场”和“海南农产品公共商务服务平台”项目已经完成验收。中橡市场经过 10 年的稳定运营，已成为中国最大的天然橡胶电子交易平台，累计销售橡胶 302 万吨；成交金额达 446 亿元，交易量占全国总量的 70%，占国内需求的 25%。

中橡市场十分注重服务体系的建设，能为客户提供多方位服务：一是从目前竞买交易向竞卖交易、撮合交易、邀约订货交易、协商交易等方式拓展；二是依靠自身实力与金融机构合作，提供异地即时交收服务，消除货物在途的价格风险；三是引入专业物流仓储机构，提高市场物流服务效率；四是积极推进第三方监管，为客户搭建金融服务平台，缓解客户资金压力；此外，正在积极开展与质检机构合作，为客户提供质检服务和质量认证服务。在信息技术服务领域，中橡市场借助自身的技术实力积极参与有形市场的信息化建设和网络运营，逐步将技术创新推向市场应用。

海南天涯社区网络科技股份有限公司

海南天涯社区网络科技股份有限公司成立于 1999 年，为国内领先的互联网增值服务平台提供商。公司运营的主要项目有国内综合排名第一的全球华人网络社区——天涯社区（www. tianya. cn）、海南省最大的综合性门户网站——海南在线（www. hainan. net）。目前，公司在北京、上海、广州、深圳、三亚、成都、重庆、桂林等地设立了分支机构，并正在积极筹备新加坡、美国硅谷等分支机构。

天涯社区自 1999 年 3 月创立以来，以其开放、包容、充满人文关怀的特色受到国内网民乃至全球华人的推崇，经过十多年的发展，通过论坛、博客、微博等基础交流方式，以及个人空间、企业空间、无线客户端、来吧、问答等功能服务，成为中国互联网用户喜爱的网上生活家园和最具影响力网络社区。截止至 2011 年 6 月，天涯社区注册用户近 5200 万，月覆盖用户超过 1.5 亿，拥有大量高忠诚度、高质量用户群所产生的超强人气和互动原创内容，并形成了有天涯特色的网络文化圈，是目前国内独树一帜的以论坛为基础应用的大用户网络平台。十余年来，天涯的存在与发展已深刻地影响了中国人的思维和交流方式。面向未来，天涯社区将不断地提升用户体验，与数千万品质用户共筑全球华人网上家园。

海南在线（www. hainan. net）是海南本地最大的综合性资讯和电子商务门户网站，1999 年开通，是国务院新闻办批准的具有新闻转载权的商业网站。海南在线扎根海南，辐射全国，成为中国最大的地方性网站之一，是海南互联网信息服务第一品牌。

海南灵康制药有限公司

海南灵康制药有限公司是一家专业从事药品研发、生产和销售的创新型现代化医药企业。公司位于海口保税区内，注册资金 5000 万元，法人代表陶灵刚。公司拥有原料药、粉针剂（含头孢类）、冻干粉针剂（含头孢类）、小容量注射剂、口服固体制剂等多条现代化生产线并均已通过国家药品 GMP 认证。

公司具备完整的药品研发、生产及营销三大体系。目前公司已累计投入研发费用 5000 多万元，研制开发国家级新药 30 多个，国家专利产品 15 个，并申请国际发明专利 4 项。公司产品注射用果糖、注射用丙氨酰谷氨酰胺、注射用氨曲南、注射用奥美拉唑钠、注射用水溶性维生素、注射用炎琥宁等多个产品被评为“海南省著名商标”，注射用丙氨酰谷氨酰胺为“国家重点新产品”、“海南省高新技术产品”，注射用果糖为“国家火炬计划项目”、“海南省高新技术产品”。公司先后获得了“全国第四批企事业单位知识产权试点企业”、“中国新型工业化贡献奖”、“海南省工业质量效益型示范企业”、“实施名牌战略先进单位称号”、“海口市创新型企业”等荣誉称号。

公司以“关注健康、服务社会”为经营理念。时刻关注民生，造福患者，服务社会，为振兴中国医药产业做出应有的贡献。

海南思远实业有限公司

临高思远实业有限公司成立于 2004 年，是海南省农业产业化重点龙头企业。公司目前已形成了鱼苗育种、饲料生产、深海网箱养殖、水产品冷链加工、冷链贮运、国内外销售等完整的产业链，产品包括南美白对虾，罗非鱼、金鲳鱼等，主要出口至欧盟、美国、日本、韩国等国家。

公司成立至今，先后通过了欧盟认证、俄罗斯认证、美国 HACCP 认证、卫生质量体系认证等多项认证。在企业发展过程中，采取公司 + 农户 + 担保公司 + 银行的经营模式，同时高度重视资本运作作用，在产业资本和金融资本的结合上进行了大胆创新，取得了显著的效果。目前整个产业链终端可实现 4 万吨的产能，10 亿元的产值，净利润可达到 3 亿元，同时公司整个产业链解决了约 2200 个就业岗位，实现了经济效益和社会效益最大化。

海南京润珍珠生物技术股份有限公司

海南京润珍珠生物技术股份有限公司成立于1997年，注册资本5500万元，地处海口市金盘工业区，拥有7500余平方米的标准生产厂房，在环北部湾海域建有大型珍珠养殖基地和珍珠粉加工厂，是海南省唯一一家专业养殖、研究、生产、销售珍珠系列化妆品、美容保健品及生物制品的国家高新技术企业，也是海南省唯一取得进出口权的珍珠企业。

公司成立14年来，自主研制开发了珍珠天然盈润系列、珍珠活体靓采系列、珍珠胶囊系列等十大系列百余种珍珠化妆品和美容保健品。截至2011年8月，已取得国家发明专利12项、外观专利3项，通过初审的国家发明专利21项，已申报受理的国家发明专利14项。“京润珍珠化妆品”、“京润珍珠粉”等系列产品全部获得海南省名牌产品称号，“京润”、“gN”文字商标和“红唇含珠”图形商标3个商标被认定为海南省著名商标，“京润”被国家工商总局认定为中国驰名商标。公司成立以来先后获得“海南省高新技术行业”、“中华金银珠宝名牌”、“海南省优秀企业”等多项荣誉，并在2010年12月，京润珍珠荣膺“2010·CCTV中国年度品牌”。

公司2004年初正式确立从“管理型转向经营型”、从“岛内转向岛外”的发展方向，经过7年多的快速调整和发展，京润珍珠美容保健品、护肤品品种更加丰富，产量成倍增长，受到消费者的一致欢迎，在市场中树立了良好口碑，产品营销业绩骄人，在2009年世界经济危机背景下仍保持了60%的增幅。公司立志使全世界的爱美人士都能领略到南国健康岛珍珠的无穷魅力，都能感受到珍珠安神养颜带来的神奇功效，并将努力打造最有价值珍珠品牌，努力成为世界最优秀的珍珠企业。

重庆市唐宋服饰有限公司

重庆市唐宋服饰有限公司成立于2006年4月，由重庆市著名服装设计师、亚太市场峰会服装夺标者宋海平先生创立。企业经过四年的成长，已由一家设计公司发展为具有先进生产能力及规模生产、物流、营销为一体的服装制造中心。

公司在2008年8月通过了ISO 9000质量认证，同年9月又被国家安全生产管理局定为重庆唯一一家允许生产特别行业劳动防护用品的定点生产厂家（国家一级资质）。公司现在分别为重庆工商联常务理事单位、重庆市总商会浙江商会常务理事单位、江北区工商联（总商会）副会长单位。并在2008年5·12大地震中捐款捐物达40万元，并还将一如既往地支持社会慈善福利事业的发展。

企业现正处于快速发展的轨道中，自身成功运作了两个自有品牌，一为“TANGSONG”——专注于中高档职业装的设计制作，品牌竞争力已经成为了重庆服装行业前三甲，并成为重庆市政府服装类定点采购企业，大大促进了企业的竞争能力；品牌二为“TS”——从事时尚女装的设计及生产，产品销售遍布十余省。根植重庆，扩展全国，立足海外，提升自我，是唐宋人孜孜以求的目标，唐宋服饰将与各位同仁真诚合作，同谋发展，共创辉煌。

重庆隆发皮革制品有限责任公司

重庆隆发皮革制品有限责任公司（以下简称隆发皮革公司）始建于1997年，其前身为重庆塔山皮革制品厂（始建于1979年）。是集原皮收购、加工及销售为一体的专业型综合性生产企业，是目前中国西部最大的水牛皮皮革制品生产企业。原皮制革厂设在四川省泸州市合江县境内，后期制品厂于2009年9月正式入驻位于江北区港城东路的重庆曙光都市工业园，公司拥有资产总值8000万元，现有职工250人，其中中高级管理人员和设计、技术人员58人。公司注重自主知识产权研发及保护，目前拥有实用新型滚花框式牛皮凉席等自主知识产权的专利技术26项，申请发明专利1项。公司于2005年在同行中率先通过ISO 9001：2008质量管理体系认证；是目前同行中唯一一家通过ISO 14001环境管理体系和OHSAS18000职业健康安全管理体系认证的企业。其生产的“塔山”牌牛皮凉席被重庆市人民政府授予“重庆名牌产品”称号，“塔山”牌商标被授予“重庆市著名商标”称号。产品注重环保指标，获得中华人民共和国环境保护部十环认证（中国环境标志产品认证）。2011年6月24日，重庆隆发皮革制品有限责任公司作为第一起草单位起草的《皮凉席》行业标准正式获得中国轻工部批准将于2011年10月1日起实施。

公司生产的水牛皮凉席、牛皮汽车坐垫、牛皮沙发坐垫、牛皮枕套、牛皮地毯、牛皮拖鞋等，产品全部选用三峡库区纯天然上等水牛皮精制而成，具有无可比拟的透气性和吸汗功能。经久耐用，使用愈久愈柔顺、舒适，清爽怡人，深得消费者喜爱。产品销售网络覆盖全国及港、澳、台和东南亚地区，在上海、北京、长沙、成都均设有办事处，是中国皮革业的领头企业，在全国同行市场中占有率达80%以上，是重庆市颇具地方特色的骨干企业。

重庆三温暖电气有限公司

公司成立于1995年，专业从事中央供热系统产品的研发、制造与销售，是中国第一家生产中央热水器的专业制造商，亦为重庆市家用电器工业协会副会长单位。现有厂房5000余平方米，机械加工及检测设备180台，职工200余人，中高级工程技术人员50多人。

公司以“保护环境、改善人类生活标准”为己任，关注行业高新技术，先后与意大利、法国等国的知名企业合作，产品档次保持与欧美同步。产品囊括：商用型燃气热水炉、商用型电热水炉、商用型空气源热水机组、家用型燃气热水器、家用型电热水器、家用型空气源热水器、灶具、油烟机、保洁柜等九大类共 200 多个品种。燃气类容积式热水器容量为 125～700L，电热水器容量为 120～800L。广泛适用于家庭、学校、别墅、宾馆、会所商务中心、美容美体中心、游泳池、娱乐中心等场所。

该公司掌握了热水器行业尖端技术，拥有雄厚的技术实力，已通过 ISO9001 国际质量体系认证、中国强制性产品 CCC 认证、取得“全国工业产品生产许可证”。2000 年公司被中国质量万里行授牌“质量定点示范单位”。2004 年重庆市人民政府给公司颁发“高新技术企业认定证书”。2005 年公司被重庆市中小企业局授予“重庆市诚信守法中小企业”称号。公司从 2004 年至 2007 年间共获得中华人民共和国国家知识产权局八项专利。几年来，公司逐年发展，一步一个台阶，2007 年，产品向澳大利亚、新西兰、印度等国家和地区出口，2010 年成功与德国博世公司合作，专门生产相应的出口产品。我们公司的定位是：以建立现代企业制度为契机，以不断开发新品，提高产品科技含量，追求品质与视觉的完美结合，不断满足顾客需求为己任，以做大做实做强为目的，发挥好三温暖人的聪明才智，为走出重庆、走向中国，走向世界做出我们应有的贡献。

公司董事长兼总经理景洪，思维敏捷、接受新生事物能力强，不断学习进取，思路广阔、意识超前，实事求是，与时俱进，具有很强的开拓创新能力，特别是在企业新产品开发上，体现出超前的思路和勇于创新的能力，在经营管理上有成熟的管理经验和丰富的理论知识。该同志总是把企业新产品研发工作放在企业工作的首位，加大产品科技含量和高新技术在企业的应用，不断地对企业进行技术改造和改进，近三年来已累计投入 200 多万元，用于企业新产品研发和技术改进；另一方面尊重知识，合理应用科技人才，公司现有 20 位科技人员组成的科研队伍，紧跟国际国内电热水器、燃气热水器的发展最新趋势，不断研发科技含量高，附加值高的新产品，使“三温暖”产品在消费者中享有一定声誉。在研发新产品的同时，该同志重视营销工作，企业有一支由高素质人员组成的营销队伍，不断开拓销售市场，在重庆、四川、上海、广西、广东、云南、贵州、湖南已形成自己的销售网络，不断扩大市场份额。近年来公司先后获得“名优产品”等多项荣誉称号。

重庆强凯机械制造有限公司

公司位于重庆沙坪坝青木关镇青凤工业园区内，占地面积 24 亩，东邻土主镇，南接陈家桥镇，西靠璧山县，北连北碚区，地理位置优越，交通方便。

公司前身为重庆富强机械配件厂，成立于 1994 年，专业生产重型汽车过桥箱、换档壳体、变速副箱和摩托车曲轴箱体、箱盖等产品，现有职工五百多人，年产值达 1.2 亿元，总资产达 4900 万元，有完善的管理体系及质量检测体系，有很强的新产品试制能力。企业先后获得沙区“五十强重点企业”、重庆市信用联社“AAA 企业”等称号，总经理付强为沙区政协常委、区工商联副会长、青木关镇人大代表、青木关镇工商联会长，先后获得重庆市“首届优秀民营企业家”、沙区“建设有中国特色社会主义建设者”等称号。

目前，我公司生产加工的主要产品有：CB125 型、CG125 型、水冷 125 型、90 型、CY80 型、100 型曲轴箱体、箱盖，其中 125 系列年生产能力达 80 万套（全套），100 型及其他机型生产能力达 45 万套；重型汽车过桥箱年生产能力达到 8 万件、重型汽车变速副箱年生产能力达到 6 万件，重型汽车换档壳年生产能力达到 6 万件，90、45 变速箱年生产能力各达到 4 万件。各种产品均达到国内同类产品的质量标准，受到用户的一致好评。

重庆弘愿工具（集团）有限公司

重庆弘愿工具（集团）有限公司成立于 1993 年，重庆弘愿集团目前下属有 4 个分公司，分别是：重庆弘愿工具（集团）有限公司，重庆弘愿压缩机制造有限公司，重庆弘愿动力制造有限公司和重庆弘愿制钉有限公司。集团有两个生产基地，分别位于重庆市巴南区界石镇和巴南区花溪工业园区，占地共 63000 平方米。公司是国内最大的集开发、生产、销售于一体的气动工具专业厂家，同时又是领先的压缩机，通机产品生产企业。

公司主要生产码钉枪、直钉枪、鞋钉枪、蚊钉枪、气动锤、钢钉枪、卷钉枪、斜钉枪等 30 余个系列的气动打钉枪，年产 200 万支；便携式压缩机，年产 30 万台，发电机，动力及其他通机内产品，年产 30 万台；钉子 1.8 万吨。公司建立了覆盖全国四十多个主要大中城市的销售网络，国内市场占有率居于首位，并已批量出口欧美、东南亚等国家，享有“中国钉枪大王”的美誉。

多年来，企业坚持“巩固、扩大国内市场，开拓、发展国际市场”的发展战略，使生产、销售及经济效益均呈现持续稳定、快速、协调的发展态势。从 98 年起连年进入重庆市乡镇企业五十强和巴南区工业暨乡镇企业三十强，被巴南区列入重点保护企业。先后荣获重庆市中小企业出口创汇优秀企业、重庆市工业小巨人企业、重庆市质量效益型企业、农业银行重庆市分行信用等级 AAA 企业、巴南区出口创汇先进企业、巴南区乡镇企业局企业管理先进单位、“双爱双评”先进集体等荣誉称号。

公司注重技术开发，在国内同行中，首家通过产品 CE 认证，并陆续获得了 CSA、EPA、CARB 等国际认证。其产品已由简单的仿制发展到独立的设计、开发，目前自行设计的产品有 30 余个系列，在国家商标局注册登记的商标有8项，有29项研制成果获得国家和省级专利。公司强调规范管理，在国内同行中，首家取得ISO 9001质量体系认证证书，建立了经国家备案的企业产品标准和经技术监督局核准的计量标准。先后荣获国家农业部授予的全国乡镇企业质量管理先进单位和全国乡镇企业建立现代化企业制度先进单位，中华全国工商联五金商会授予的诚信制造商等称号。公司坚持“以精良的工具服务社会，以产业的发展报效国家”的企业宗旨，以“追求尽善尽美，服务至真至诚”为质量方针，以GB/T 19001—1994标准建立质量体系为产品的质量保障，并辅之以产品在售前、售中、售后服务中对客户郑重承诺，在行业中成为国典范，在客户中赢得了信任，在市场中确立了地位，在竞争中求得了发展。

成都贝瑞光电科技股份有限公司

一、企业概况

成都贝瑞光电科技股份有限公司位于国内首批国家级高新技术产业开发区——成都高新区内。作为专业从事表面粗糙度小于0.3nm的超精密光学元器件研发和生产的高技术企业，该公司长期专注于超精密光学加工技术和超精密光学元器件的技术创新，多项技术产品达到国际前沿、国内领先水平，是国内光学行业的著名企业。2009年被第十一届中国风险投资论坛评选为前十强“2009中国最具投资潜质的创新企业”。

公司注册资本920万元，具有高技术、产品高附加价值和轻资产的特质，其核心技术属于《国家中长期科学和技术发展规划纲要（2006～2020年）》重点支持的前沿技术——超精密制造技术和现代材料先进制备加工技术。产品主要有激光超精密光学元器件、激光精密光学元器件、红外精密光学元器件等，已形成100万件激光与红外精密、超精密光学元器件年产能力。公司长期服务于国际领袖企业，按与国际先进水平接轨的要求建设团队和企业管理体系，现有职工93人，其中多名核心成员和技术骨干具有海外工作或留学背景。

公司核心技术——超光滑抛光技术是当代超精密光学加工技术的主导技术，是国际国内诸多重大技术或应用领域的共性关键技术，在强激光系统、激光陀螺、磁头加工、集成电路基板、新型光电功能材料、软X射线光学系统等领域，有重大技术价值和广泛的应用。

公司生产的超精密光学元器件具有特殊光学物理性能，能有效提高光学系统的性能和质量，是当代先进的和新一代精密光学系统的“核心、高技术、基础性”元器件，是支持航天航空、国防军事、医疗、商业等较广泛领域的高新技术和重大装备技术的关键基础。

公司开发的单晶硅超精密光学元件、溶石英超精密光学元件等产品已在高能激光器、飞秒激光器领域得到批量应用；高精密单晶硅元件、高精密锗光学元件在红外探测器、远红外汽车夜视系统、红外热成像监控器等领域获得批量应用；高精密硒化锌光学元件在高能激光和红外领域得到批量应用。

二、发展经验：长期专注于自主创新，引领企业创建领先技术和产品

公司一直坚持以市场需求为导向，以自主创新为引领，以技术和产品创新成果产业化及市场价值实现为根本目标，长期跟踪研究行业国际最新技术发展状况和趋势，与国际领袖企业和领先同行保持密切的技术交流和合作。经过近十年专注于超精密光学元器件加工技术与产品的自主创新，深入研究加工当代最高技术质量水平——表面粗糙度0.1～0.3nm的超精密光学元器件，取得了多项国内领先、国际先进的技术成果，形成了以超光滑抛光技术为主导的核心技术及超精密光学元器件产品体系，具有国内领先、国际前沿水平。

据研究，当今国际上先进的超光滑抛光技术加工的超精密光学元件的表面粗糙度能达到0.1～0.2nm，最高水平达到0.053nm；国内先进的研究机构加工的表面粗糙度能达到0.3～0.8nm。而该公司研制生产的应用于高功率激光器的超精密单晶硅光学元件表面粗糙度可达0.07nm；应用于激光系统的超精密光学元件粗糙度0.096nm，应用于二氧化碳激光器的超精密硒化锌光学元件表面光洁度已达到美国军标10—5。以上产品代表了我国激光超精密光学加工领域领先的技术水平已达到国际前沿水平。

世界激光领袖企业Trupmf发对公司产品单晶硅超精密光学元件的检测报告显示，表面粗糙度为0.07nm，居国际前沿水平。

由该公司自主研发生产的密集波分复用器（DWDM）基片，基片表面粗糙度可达到0.1～0.2nm，处于国际领先水平。

公司在坚持自主创新的同时也非常注重知识产权的保护，目前共申请了三项发明专利和五项实用新型专利，其中“抛光光学元件的复配抛光粉及制备方法和抛光工艺”已获国家发明专利授权。此外，公司还形成了数十项尚未申请专利的非专利技术，均已广泛应用于产品研发和生产中。

公司的定位和长期发展目标是力争在激光与红外超精密光学元器件研制领域，率先发展成为国内技术领先、最具创新和价值创造力的企业，并努力打造形成业内中国第一品牌、国际著名品牌。

德阳百世昌重型机械有限公司

一、企业概况

德阳百世昌重型机械有限公司位于德阳市旌阳工业集中发展区，是四川省、德阳市重点装备制造加工企业，先后获得德阳市“优秀企业”、“安全先进企业”和四川省“成长型”中小企业以及中船重工集团重庆齿轮箱有限责任公司“优秀供应商”、“核心供应商”等称号。

公司现有职工210人，其中技术人员30人，高级技术人员18人。占地总面积80余亩，建有下料、铆焊、机加、装配等7个车间，起吊能力200吨。

主要由金属结构和机械加工两个分部组成，其中金属结构部占地30余亩，车间面积4600平方米，办公楼1000平方米，集原材料切割、组装、焊接于一体，拥有大型数控切割机、自动焊接设备40余台套；机械加工部占地50亩，重型加工车间8700平方米，现代化综合办公大楼5700平方米，拥有10米数控重型立车、5米重型立车、Φ200数控落地镗铣床、Φ160数显落地镗铣床、Φ130数显落地镗铣床、4×10米数控龙门镗铣加工中心、2.15×8米龙门镗铣床、Z30125钻床、Z30100钻床、Z3080钻床等大型机械加工设备20余台套。此外，公司还拥有数字超声波探伤仪、振动时效去应力设备和世界先进检测设备瑞士莱卡公司的激光检测跟踪仪等先进检测设备，已基本形成较完备的高精度重装机械加工生产能力。2010年公司实现工业总产值13393万元，销售收入10765万元，利税872万元，利润652万元。

目前公司主要为中船重工集团重庆齿轮箱有限责任公司、中信重工机械股份有限公司、中冶赛迪工程技术股份有限公司以及国内多家大中型钢厂等企业生产成套设备以及加工大重型箱体机械部件，主要产品涉及风电、冶金、建材、船舶等行业产品。

二、发展经验：坚持以技术改造提升专业化配套能力，顺利完成由单一的零部件制造加工企业到成套设备制造商的战略转型

自成立以来，该公司一直秉承“开拓、进取、宽容、感恩”的宗旨，坚持以技术改造和技术创新不断提升企业的专业化配套能力与水平，在较短的时间内成功实现由单一的零部件制造加工企业到成套设备制造商的战略转型。目前已基本建立完善的质量管理体系，并严格按照产品控制流程和客户的要求对产品进行严格的过程控制，使公司产品得到客户的广泛认可和高度信任。

为进一步提升产品竞争能力，公司不断进行设备更新和技术改造，坚持在科技创新和新产品开发方面加大投入力度，加强技术队伍体系建设，不断提升自身的创新和科研能力，先后为重齿、中信重工、中冶赛迪等大型企业进行了相关的产品试制和国产化改进，已达到年加工风电齿轮箱体、机架、轮毂；大型立式辊磨机箱体、中心传动、边缘传动齿轮箱体；冶金齿轮箱体、轧机、牌坊、支架；船舶齿轮箱体及大型重装零部件5000t能力，生产制造技术水平达到省内同行业先进水平。

在风电产品领域，公司成功为重齿公司提供FL600－2500kW系列风电增速齿轮箱、机架、轮毂；其中2.5MW风电增速机箱由重庆齿轮箱有限公司研发，其配套产业链中的关键部件箱体制造技术由本公司企业技术中心承担试制。2.5MW风电增速机箱体结构复杂加工难度大，根据这一特点，公司引进先进数控镗铣加工中心并自行设计专用刀具，采用特殊工器具和特殊加工工艺突破了加工关键技术，从而达到高精度、高技术、长寿命（20年以上）的技术指标要求，创新制造工艺技术实现风电齿轮箱体成功制造，替代了关键零部件进口，产品达到同行业先进水平。经鉴定2.5MW风电增速机箱设计合理、美观，结构精巧、紧凑，质量稳定、可靠，获得国家重点新产品证书和重大技术开发成果奖等；公司承揽制造的1.5MW风力发电机主机架，是国内装机容量最多使用最广的一种风力发电机，其运行环境复杂，风力大，气温最低可达－40℃，其使用寿命长达20年内对主机架不进行维护。因此对其焊接要紧极为严格，公司对特殊产品实现严格的质量控制执行先进的国家标准，其中不少产品均执行国军标JB 9001A—2001标准以及ISO 5817：1992焊接质量评定标准B级严格级执行。选择合理的焊材和制定合理的焊接参数以及规范的焊接工艺，使风机机架到达一次验收合格，成功实现批量化生产。

在建材装备领域，公司给重齿公司主要生产产品有水泥建材行业用JLP、JLT系列立式辊磨减速机箱体；JS系列中心传动减速机；MDH系列单边双传动减速机等以及其他产品。特别是近年来，根据水泥行业市场的发展需要，公司与重齿公司合作生产的大功率MDH系列单边双传动磨机减速机获得国家实用新型专利，能够满足日产2500吨至10000吨，甚至更大水泥生产线的需求。其中MDH28、7000kW单边双传动减速机创世界新纪录。目前已交货使用的JLP400、JLT400立磨减速机填补了国内大功率立式辊磨减速机箱体靠国外进口的空白，成功实现国产化。现阶生产的JLW730立磨减速机能满足日产5000吨至12000吨水泥生产线需求。而JLP系列立磨减速箱体已经成功实现批量化生产。2009年初，公司成功与中信重工机械股份有限公司合作，成为公司合格供应商，生产建材水泥行业用的JGF系列以及TGF中心传动减速机箱体。

在冶金行业产品领域，公司成功为重齿公司提供JH、JD、AG系列冶金减速机箱体，中信重工公司的80吨转炉一次、二次减速机箱体以及转炉支架，中冶赛迪公司的LZ系列轧机、冶金减速机箱体以及各种冶金行业用大重型减速机箱体和各类轧机、辊子、牌坊等产品。

四川天融无纺布有限公司

一、企业概况

四川天融无纺布有限公司，是四川天融集团有限公司（简称“TRN”）全资控股的子公司。TRN的前身是一家多元化经营的大型实业投资公司，由四位在北大、清华、南大等高等学府深造具有良好职业素质、国际化视野、专业化水准并拥有创业梦想与激情的年轻人于2000年将多家公司进行资产优化重组后新组建的现代股份制集团公司。经过“十年磨一剑”，TRN现拥有资产10亿元，通过整合优质资源，聚结行业精英，成功实现了“一业为主（无纺布实体工厂）、多种经营、产业扩张、品牌树立”的经营战略调整，使企业具备了跨越式发展的基本条件，已形成以公路工程施工、项目资本投资和无纺布生产“三驾马车”齐驱发展的良性发展轨道。

2008年，TRN在成眉工业集中发展区征地50

亩，新建集各种无纺布生产工艺与深加工制成品等为一体的“天融科技园”，第一期厂房和三条纺粘无纺布生产线现已投入生产营运，第二期综合大楼和生产厂房正在兴建，整个项目总投资预计达两亿元。目前，公司生产设备精良，工艺技术先进，拥有先进的成套生产线和检测设备，具有坚实的专业技术力量，完善的财务内控体系和质量管理体系，正在进行 ISO 9001 质理管理体系和 ISO 14001 环境管理体系的认证工作。公司现有员工 178 名，其中，高级工程师 1 名、工艺师 1 名；8 名中层技术骨干全部是大专以上毕业；技术工人大多来自职高或技校，年富力强，专业化程度较高。公司产品广泛应用于医用材料、卫生材料、环保口袋、沙发床垫、家具辅材、防水卷材、床上用品、旅游用品、服装鞋材、农用防护、路基用布、旅游箱包、车罩内饰、隔离用布和装饰用布，以及酒店一次性用品等，涵盖工业、农业、建筑、服装、家居、包装、卫生医疗和日常生活用品等领域。目前，与该公司签订长期供销合同或正在试用该公司产品的知名企业有：绵阳丰谷酒业集团、四川全兴酒业集团、郎酒、八百寿酒业、迅捷通讯、泰利通讯、中国农业银行四川分行、中国邮政储蓄、欢乐谷、全友家私、更新家私以及各种大大小小环保袋生产企业约 160 余家。

公司先后被授予“2009 年四川省小巨人企业”、“2010 年四川省最具成长型发展企业”和“2011 年四川省创新型技改重点扶持企业”等称号。

二、发展经验

一是抢抓发展机遇，明确公司未来的战略目标。自 2008 年 6 月 1 日国务院颁发“限塑令”后，无纺布市场逐渐呈现出“爆发式增长”。集团公司敏锐地发现了环保产业领域这一潜在的巨大商机，牢牢把握国家深入实施西部大开发、“5·12”地震灾后重建、成渝经济区建设等巨大商机，以及对无纺布行业广阔市场前景的科学分析和正确判断，于 2009 年果断投资进军无纺布及制成品深加工产业链领域，并以此逐步实现公司长远的战略转移，积极投资于成都，努力建成川渝乃至整个西部地区“规模最大、工艺最先进、品类最齐全、科研实力最雄厚的无纺布及制成品研发与制造基地”。

二是坚持“一业为主（无纺布实体工厂）、多种经营、产业扩张、品牌树立”的经营战略。该公司在保持无纺布及制成品主业优势的同时，积极涉足新材料、新能源、新技术、新设备等等其他相关领域，不断探索企业的多元化发展模式。

三是坚持自主创新，运用新技术、新工艺不断改造、提升传统产业。公司自投产以后，不断与上海东华大学纺织学院、中国产业用非织造布行业协会、纺融非织造布广州分会等的相关专家、教授、领导以及行业内资深的企业家等进行交流、取经，围绕无纺布及制品的研发和生产，采取自主创新、引进消化吸收再创新和集成创新等多种方式，将新技术、新工艺运用到现有工艺和传统产品中，不断开发出了诸如高细旦单 S 的卫生材料用无纺布、亲水、防静电以及淋膜复合无纺布等新产品、大大改善了传统无纺布产品的性能、进一步提升了自身的工艺水平，并不断拓宽市场。

四是坚持将公司经济效益和地区社会效益相结合，在实现自身加快发展的同时，有力地促进了地区劳动就业。公司目前已经投产的一期无纺布生产工厂，由于属全自动化生产线，生产工人虽仅 69 人，但深加工车间一期就有 139 个人之多，随着生产规模的不断扩大，预计到 2012 年底前，生产工人总人数达到 500 人之多，为拉动当地劳动就业做出贡献。

绵阳中研磨具有限责任公司

一、企业概况

绵阳中研磨具有限责任公司成立于 2006 年 7 月，公司位于四川省三台县北坝工业园北塔路。是西南地区唯一一家集设计、开发、生产、销售为一体的平面砂布轮生产企业。公司注册资本 500 万元，占地 118 亩。公司现有员工 296 名，其中高级工程师 2 名，博士 1 名，大专以上 89 人，占公司员工比例 30%，其专业涵盖化工、高分子、机械、精细化工产品的开发及应用等。营销网络覆盖华东、华南、华北、华中、西南、和东北。综合实力在全国行业排名第五、西南第一。2010 年，实现销售收入 7657 万元，比上年增长 27.3%；利润 512 万元，比上年增长 20.8%；缴税 226 万元，比上年增长 43.1%。是“三台县十大重点支持企业”，是“绵阳市知识产权试点企业”、“四川省重点技术创新项目计划企业”。

公司主要制造、销售：涂附磨具（砂带、砂布系列，平面砂布轮系列，千页轮系列及各专用磨具）、固结磨具（树脂砂轮系列）、化工原料（改性树脂胶水、专用高分子复合材料）以及专用配套设备及配件、平面砂布轮智能化生产单元。

企业法人代表谢泽，现年 41 岁，2006 年 7 月创立绵阳中研磨具有限责任公司，任总经理。到目前为止，主持完成了国家级创新基金项目 2 项、省部级科技开发项目 6 项，主持开发了“纳米高速高效砂带”“钢纸磨盘”“废旧纤维复合材料回收应用”等新技术，申请发明专利 18 项（其中一项获 2003 年度国家专利技术发明奖一等奖）。

二、发展经验

一是利用高新技术改造企业，提升发展质量。绵阳中研磨具有限责任公司集中研发核心技术和关键产品，通过不断开发新品种，促进装备和产品升级换代，其完成研发“平面砂布轮智能化生产系统”，即 CAM 计算机辅助制造系统，使企业形成具有世界先进水平、具有独立自主知识产权的核心竞争力，有望占领国内平面砂布轮 50% 以上的市场份额。同时加快推进现代企业管理模式，堵塞管理漏洞，提高信息响应速度，降低成本，并把网络技术引入企业管理，使人、财、物、产、供、销各部门相互融通协调，使企业实现了跳跃式发展。

二是坚持以自主创新为技术更新模式，不断提升发展能力。公司长期与四川大学、西南交通大学、西南科技大学、中国物理工程院、四川机械设计院等大专院校科研院所的产学研技术合作，企业研发能力和技术水平得到不断提升。同时与国际知名的美国3M、德国赫美斯、法国圣戈班和芬兰太尔公司的合作与交流，牢牢把握世界行业发展动态，使企业核心竞争力不断形成和更新。迄今为止，已申报与获得国家专利32项（其中发明专利18项），开发专利新产品17个，

三是积极加大开发国内外市场力度，实施名牌战略。公司通过“中博会”等各种大型产品交易会，在扩张和巩固国内华东、华南、华中、华北、东北、西南各大片区120多个销售点组成的营销网络的同时，充分发挥国磨具产品在价位上和技术水平上适合广大发展中国家的需要，在保持国产品牌价廉的优势下进一步提高产品质量，实施出口大战略，努力拓展国际市场。同时大力推进名牌战略，充分发挥省级著名商标作用，加大力度争取省名牌产品和中国驰名商标。

四是坚持发扬以人为本的企业文化，推进现代管理。公司以“团结进取，敬业奉献”的企业精神为灵魂，以“以人为本，以厂为家；关心企业，关爱员工。多劳多得，重奖奉献；倡规范，戒违章；讲团结，互协作，比技能，比贡献”为管理基础，按照现代企业制度管理理念、管理方式建立健全各种各样的企业制度和激励机制，推行人才引进股权匹配和项目研发、营销绩效奖励制度等，进一步采用现代化企业管理模式，为企业上市发展，走向资本市场化营作，企业国际化发展创造条件。

目前，以该公司为龙头骨干的涂附磨具产业，已成为四川省三台县工业中的后起之秀。绵阳中研磨具有限责任公司坚持技术创新为动力，以专利技术形成核心知识产权，坚定科技创新的发展道路，不断攻克涂附磨具产业技术难关，通过5～10年艰苦奋斗，打造出中国最大平面砂布轮产业基地。

四川六合锻造股份有限公司

一、企业概况

四川六合锻造股份有限公司成立于2004年4月，注册资本为5720万元，公司总资产30042万元，年产20000吨高端合金锻材、锻件。2010年实现销售收入2.7亿元，利润3570万元，上缴税收1577万元。拥有北川羌族自治县六合汽轮机材料有限公司、四川江油六合钛业有限公司、德阳六合能源材料有限公司三家全资子公司，现有职工500余人。公司先后被江油市、绵阳市和四川省等各级政府和部门授予“重点发展民营企业”、“十佳民营企业”、“四川省知识产权试点企业”、“四川省“小巨人”企业”、“四川省成长型中小企业”、国家级“高新技术企业”、“四川省建设创新型培育企业”等荣誉称号；连续多年被评为江油市、绵阳市纳税大户。

该公司是国内唯一一家能生产汽轮机叶片、螺栓等主要部件专用锻材、锻件以及汽轮机叶片、螺栓的民营企业。产品技术含量高，属于《国家重点新产品计划》（科技部2011年）重点支持领域的“新材料产业”中的“高品质特殊钢、新型合金材料”和《中国高新技术产品目录》中的“6010006高性能叶片用合金”及其锻材锻材，属于国家发改委《产业结构调整指导目录》（2011年本）鼓励类产品和四川省经信委《战略性新兴产业发展指导目录》（2011年）上榜产品，在国内处于领先水平，是国内能源装备企业东方汽轮机、上海汽轮机、哈尔滨汽轮机、无锡透平叶片厂国内大型汽轮机生产及配套企业和核电、军工企业重要的零部件供应商。目前在全国汽轮机叶片锻材锻件总需求量中，市场份额已达到38%，尤其是该公司生产的三个超临界机组动叶片用锻材锻件已逐渐替代进口，其市场占有率已超过50%，并且成为国际著名的法国阿尔斯通公司和美国通用公司、西门子公司的供应商。

二、发展经验

一是拥有优秀的技术与管理团队，具备持续的创新能力。公司目前拥有中高级职称的管理人员和技术人员78人，其中享受国务院政府特殊津贴专家一人、教授级高级工程师2人、博士2人、硕士4人。公司与国家先进钢铁材料技术工程研究中心、中国钢铁研究总院、四川大学、东方汽轮机有限公司等建立了长期的产学研技术合作关系，近几年承担国家级项目2项，省级项目2项。拥有发明专利2项、实用新型专利10项。其开发的耐腐蚀、高强度、高电阻、高温合金，用做超临界、超超临界、核电汽轮机叶片和螺栓专用锻材锻件，打破了日本、欧美公司对该类材料的垄断，使得国内主要汽轮机厂该类材料已完全实现了国产化，在为国家节约大量外汇的同时，也大幅度降低了生产成本，社会效益及经济效益显著。

二是建立了完善的管理体系和明确的发展目标。公司确立了“严细管理、持续改进、诚信服务、追求卓越”的企业宗旨，全面推行ISO 9001质量管理体系，不断加强技术创新和品牌建设的力度，不断完善企业内部控制体系及人才激励机制。公司制定了明确的五年战略目标以指引企业的发展方向，主要内容是：3年内实现销售收入超10亿元利润超1亿元；3年内实现A股上市；5年内实现销售收入超20亿元，产品技术及制造技术达到国际先进水平，建立国家级技术中心，成为国内汽轮机用高品质特殊钢和高温合金锻材锻件的重要生产基地。

三是公司成熟的产业工人、先进的生产设备奠定了高速发展的基础。公司地处“特钢新城”的四川省江油市，拥有成熟的产业工人；公司从成立之初就注重引进先进生产设备，采用先进的生产工艺，瞄准国际先进的产品质量标准；公司在短短7年时间就从无到有、从小到大，经历了高速发展的过程。

贵阳南明老干妈风味食品有限责任公司

贵阳南明老干妈风味食品有限责任公司成立于1996年，现拥有4个生产基地，占地20000多平方

米，员工2000余人，其中管理、技术人员246人。公司经过14年的发展，发展成为集“中国名牌产品”和“中国驰名商标”于一身的全国知名企业、国家级农业产业化经营重点龙头企业。目前老干妈公司已形成日产量150万瓶辣椒制品的生产能力，主要生产风味豆豉、油辣椒、鲜牛肉末、水豆豉、风味腐乳等20余个系列产品，是国内生产及销售量最大的辣椒制品生产企业。

2010年度，老干妈公司共实现销售收入20.58亿元，上缴税收2.44亿元，代扣代缴个人所得税1.05亿元，带动农户120万户，在带动相关产品发展方面，老干妈公司目前每天需要消耗160万套包装物，涉及玻璃制造、印刷、造纸、瓶盖制造等产业，打造了以“老干妈”为龙头的产业链，为建设地方经济和农业产业化的发展做出了积极贡献。

贵州酒中酒集团有限责任公司

贵州酒中酒集团有限责任公司创建于1992年，拥有酒中酒（集团）有限责任公司、仁怀市天豪大酒店、仁怀市茅台古镇酒业有限责任公司、贵州酒中酒集团销售公司，注册资金3.2亿元，占地面积460亩，现有员工1200人。该集团拥有酒中酒、酒中酒霸、西部河谷、小品酒等系列产品，年白酒生产能力达2万吨，销售收入达1亿元，产品销往北京、湖南、江西、广东、四川等20多个省、市、自治区，并已打入国际市场，先后被评为“中国酒都10强民营企业”、遵义市“十大一星”企业、贵州省“先进企业”。酒中酒产品先后荣获日本、香港、德国三项国际博览会金奖、中国名优白酒信誉品牌、国家“环境与健康产业发展贡献奖”等多个奖项。

该集团125ml酒中酒霸开创了中国高档小瓶白酒牛皮纸包装的先河，2010年被中国酒类流通协会评选为“中国酒业潜力新品”。公司拥有17个注册商标，其中，本强（图形）牌商标、小品酒（图文）商标被评为“贵州省著名商标”，酒中酒霸浓香型白酒被评为“贵州省名牌产品”，被中国酒都品牌文化组委会评为“中国酒都十大品牌企业”。

威顿（中国）化工有限责任公司

威顿（中国）化工有限责任公司组建于2001年9月18日，是外商独资企业，注册资本1887.29万美元。主要产品为硫酸、中压蒸气和低压蒸气等，硫酸生产能力达到年产80万吨。公司于2004年通过了ISO 9001质量管理、ISO 14001环境管理、OHSAS 18001职业健康安全管理“三合一”管理体系认证，多次获得省、州、市先进企业、明星企业、环保先进企业等光荣称号，2009年获得了省“环境友好企业”荣誉。公司拥有《一种阀门轴套》《一种阀杆定位装置》《变径阀杆填料密封结构》三项专利。2007年至2010年承担了六个国内外单位和项目的员工培训与实习工作，并获得赴埃及提供硫磺制酸化工投料试车的技术与管理服务合同。2010年公司销售收入达到4.1亿元。公司现有员工105人，人均纳税超过30万元/年。

公司拥有贵州威顿晶磷电子材料有限公司和孟莫克威顿（铜仁）化工有限责任公司2个子公司。贵州威顿晶磷电子材料有限公司已成为贵州省知名高科技企业，孟莫克威顿（铜仁）化工有限责任公司引入了世界顶尖的硫酸催化剂，生产新型硫酸催化剂。

贵州省梵净山锰业有限公司

贵州省梵净山锰业有限公司成立于2002年10月26日，是由国有企业贵州省松桃锰矿改制而成，注册资金488万元。该公司主要是以矿山采掘行业为主，下辖三个矿山一个工厂，拥有各类技术人才和管理人才50多人。

该公司矿山安全生产标准化建设达标“三级”；2010年完成环境治理工程项目600多万元；企业由改制前2002年底亏损270多万元，实现税收48万元。到2005年实现利润2434万元，税收721万元。2010年税收达到了1900多万元，是改制时的40多倍。公司现有资产达8000多万元，先后投资1亿多元，成立了松桃科龙化工公司、松桃汇丰房地产开发公司等公司。同时，企业积极支持慈善公益事业，2009年获得国家人力资源部、全国总工会、国家社会保障中心联合表彰。

贵州黔商市西投资担保股份有限公司

贵州黔商市西投资担保股份有限公司成立于2008年11月28日，注册资本34088万元，股东人数200人，是我省专门为中小企业，特别是为市西商圈民营经济提供信用担保服务的股份制企业，是人行贵阳中心支行认定的AA⁻优质担保机构。

2010年我公司共办理融资性担保业务391笔，担保贷款66799万元，累计担保贷款余额89988万元，已如约按期归还银行贷款并解除公司担保责任140笔，贷款金额18874万元，代偿率和风险度连续两年均为零，担保贷款质量好。实现各项业务收入2289万元，公司全年实现利润251万元，上缴税收257万元，已提取未到期责任准备金及担保赔偿准备金1705万元，已提取一般风险准备金25万元。

公司两年来先后与建设银行、交通银行、招商银行、工商银行、国家开发银行、贵阳银行等15家金融机构建立了良好的银企合作关系。积极创新融资模式，公司和黔商市西小额贷款公司与国家开发银行贵州省分行共同建立了“市西市场商户贷款机制运行模式”，为市西小贷公司办理了担保贷款45笔，贷款金额7380万元。

夏河安多投资有限责任公司

一、公司基本情况

夏河安多投资（集团）有限公司历经近40多年的发展，已成为甘南州工业经济重要支柱企业，经营范围涉及建材、电力、畜牧产业开发，兼营塑料制品、房地产开发、商贸流通等领域。集团公司现有员工1000人，总资产10亿元，资产负债率35%。集团公司框架下有夏河安多水泥有限责任公司、甘肃安多清真绿色食品公司、夏河安顺发电有限责任公司、夏河安水余热发电有限责任公司、夏河安多益华塑业有限责任公司、夏河安多建材制品有限责任公司、临夏安多园工贸有限责任公司、兰州信荣水利水电技术咨询有限公司等10家控股、参股子公司，其中水泥公司是甘肃南部最大的水泥生产企业，2500T/D项目竣工后年生产能力将达到200万吨。

公司连续多年来保持着良好的经济效益和社会效益，被省上认定为"全省资源综合利用企业"，2008年被甘肃省经济委员会认定为全省32家循环经济试点企业之一，2009年被甘肃省工业和信息化委员会评为全省8家"发展循环经济先进单位"之一，夏河安多循环经济园区建设项目被列入国务院批复的甘肃省72个循环经济重点项目。公司还先后荣获"全国五一劳动奖状"、"中国著名品牌"、"甘肃省五一劳动奖状"、"甘肃名牌产品"、"省二级企业"、"全省信贷诚信企业"、"全省重合同守信誉企业"、"省纳税先进单位"、"全省质量效益型企业"等100多项殊荣。

二、主要成就

夏河安多投资有限责任公司经过多年的发展，利税贡献率，企业创新能力，主导产品竞争能力、企业资产规模等成为甘南州领军企业。

安多投资有限责任公司作为在甘肃省建材行业率先提出发展循环经济的构想，并认真实践，实现了水泥生产全过程的循环再生利用，企业以全面提高资源、能源综合利用率、降低废弃物排放量、构建共生、互补的产业体系为最终目标，积极发展新型建材，不断补充、完善各产业链缺失环节，促进产业内、外废弃物再资源化，逐步打造产业体系完善、资源高效利用，以及带动、示范效应明显的生态建材产业园区。

新型建材产业以水泥生产为基础，围绕新型干法水泥生产线、特种水泥生产线、水泥粉磨站建设，在矿山废石再利用，余热余压利用、电机变频改造、废旧塑料回收再生利用、城市建筑垃圾、工业生活垃圾的资源互利用、水资源循环利用等投入大量的人力物力开展了具体实践和攻关，从而实现了建材产业链条的循环利用和共生互补，推进企业节能减排，提升产业发展水平。

十一五末，企业矿产资源产出率达到了360元/吨，能源产出率达到了2495元/吨，单位生产总值能耗下降0.4吨标准煤，固废利用率达到45%，工业固体废弃物处置量达到20万吨/年，COD排放0.91吨。

三、企业在创新发展方面取得的主要成果、工作亮点

安多投资有限责任公司在多年的发展中，始终把创新发展作为企业发展的根本来抓，经过对甘南州资源禀赋、企业发展实际的深刻分析，深感民族经济的发展一定要打破粗放经营，大量消耗一次性资源的发展现状，才能着带动民族经济又好又快发展。为此，提出了发展循环经济，提出了建设安多循环经济示范区的战略构想。

为此，安多投资有限责任公司根据园区产业发展基础和发展定位，规划重点建设麻当新型建材、王格尔塘畜产品加工循环经济产业园；围绕集中生产区，沿国道213线建设清洁能源产业带；积极筹建园区管理中心，负责园区综合管理、技术引进及研发、市场拓展等事宜。最终形成"两园、一带、一心"的总体空间布局。

●二园：麻当新型建材、王格尔塘畜产品加工循环经济产业园。依托麻当乡境内丰富的矿产资源，以安多水泥有限责任公司为主体，建立新型建材产业园，主要生产水泥、新型建材和包装材料等；依托区域优势畜牧资源，围绕生态养殖业基地、畜产品加工基地，大力发展各类畜产品，建设王格尔塘镇畜产品加工循环经济产业园。

●一带：依托夏河安顺发电有限责任公司、夏河安多新能源有限责任公司等能源开发企业，充分利用水泥纯低温余热资源、大夏河流域水能、风能、太阳能、生物质能能等清洁能源，建设一条围绕集中生产区、沿国道213线的清洁能源产业带。

●一心：建立夏河安多循环经济示范园区管理中心，下设技术研发机构，按照"服务高效能、管理高水平、发展高质量"的原则，尽职尽责地搞好园区规划、发展、管理、服务和技术创新工作。近期，园区产业集中布局，园区管理与生产相结合；中、远期，园区管理与生产实行空间分离，管理中心逐步向省城兰州迁移。

以余热发电、水电、风电、光伏发电、生物质发电为核心的清洁能源产业带，服务于新型建材产业园和畜产品加工产业园，为园区以及其周边地区提供电力能源；管理中心通过发挥技术引进研发、生产过程调控、市场拓展等职能，推动园区三大产业全面发展；新型建材园通过实施水泥生产线提高矿山废石、矿山剥离土、炉渣、建筑垃圾掺加量技术攻关，提高对清洁能源带、畜产品加工园建设过程中土方工程所产生的废石等材料的综合利用率，同时，通过完善包装材料产品体系，为园区各类产品提供适宜的包装物；畜产品加工园的建设，在有效带动区域特色畜牧产业发展的同时，又为生物质发电提供原料保障。因此，通过构建"二园、一带、一心"的产业布局模式，全面发展三大产业，将有效推动夏河安多循环经济示范园区快速、全面发展，带动民族地区小康社会、环境友好型社会建设。

首先，新型建材产业园围绕园区主导产业，全面构建"石灰石、固体废弃物—水泥熟料—水泥"、"水泥/固体废弃物—新型墙体材料/新型保温墙材/

新型防水密封材料”、“城乡白色垃圾—再生造粒—包装材料”等循环经济产业链。

（1）“石灰石、固废—水泥熟料—水泥”产业链。

全面实施节能降耗、水资源循环利用、余热回收利用等措施，提高生产过程资源、能源利用率，弱化环境影响。

加快技术引进、研发，提高水泥生产过程中石灰石资源利用率，以及粉煤灰、矿山废石、矿山剥离土、城市建筑垃圾等固体废弃物的掺合比例，利用先进的新型干法水泥生产工艺，生产符合市场需求的各标号普通硅酸盐水泥产品；改造、充分利用现有设备，同时，引进相关设备、工艺，研发、生产大坝水泥、抗硫水泥、水泥辅助添加剂等产品，拓展产品体系，适应市场需求，提升企业竞争力，同时降低单位产能的资源、能源消耗及废弃物排放量；将生产废水经过处理后，回用于生产系统、园区绿化等相关环节；全面回收石灰石废料，用于路基填充以及预制构件、新型建材生产等环节，提高资源综合利用率。

积极论证、建设水泥粉磨站，有效降低产品运输成本，提高市场占有率；提高对建设地工业废弃物、建筑垃圾等资源的综合利用率，改善区域生态环境；同时，通过配套建设商品砼搅拌站，全面提升散装水泥规模，有效抑制扬尘污染，减少对包装物的使用量以及包装物使用后造成的环境污染。

（2）水泥/固体废弃物—新型墙体材料/新型保温墙材/新型防水密封材料”产业链。

全面延伸水泥产品下游产业链，提高粉煤灰、矿山废石等固体废弃物综合利用率，生产各类新型墙体材料、新型保温材料、新型防水密封材料等新型建材产品，为国家“禁实”政策和“建筑节能”相关政策的顺利实施提供保障；完善产品体系，提高市场占有率，拓展水泥产业发展空间；同时，通过提高水泥精深加工率，间接地减少散装水泥产品市场供给量，进而降低对各类水泥包装物的使用量以及包装物使用后造成的环境污染。

（3）“城乡白色垃圾—再生造粒—包装材料”产业链。

加快实现与甘南、临夏、青海等邻近区域社区、城市再生资源回收体系的有效衔接，全面构建完善的废旧农膜、废旧塑料等城乡白色垃圾回收体系，保障包装材料产业发展的原料需求；以适应水泥产业发展、产能提升为出发点，逐步调整再生造粒及再生包装材料生产规模，解决城乡白色垃圾造成的草场破坏、环境污染的问题。

其次，生态畜牧产业园构建集牲畜良种繁育、饲草料精加工，到屠宰分割系列加工、肉制品生产、生物制品开发、生物有机肥生产、皮革及绒毛制品深加工等于一体的产业体系，做大做强畜产品加工业。

（1）“饲草种植—生态养殖—精深加工—生物质能—有机肥—还田”畜牧养殖产业链。

加快建设规模化生态养殖基地，引进、繁育牛羊良种，推行先进适用的养殖、管理模式；延伸产业链，重点开发高品质肉制品、毛纺制品、皮革产品等，提高产品附加值，带动牧民增收；配套建设大型沼气系统，与相关科研机构有效衔接，引进适应高原、高寒地区的沼气池发酵技术和相关微生物，开发生物质能；回收利用沼渣、沼液等资源，生产高品质有机肥产品，施用于牧草种植环节。

（2）“牛羊骨、血、内脏—生化医药—废渣—生物质能”产业链。

全面回收动物骨、血、内脏的资源，在完成GMP认证的基础上，引进生化制药相关技术、设备，重点开发血粉、蛋白胨、骨油、羊胎素、超氧化物歧化酶等生化产品，提高产品附加值；回收利用生化产品加工过程中产生的各类废渣，回用于养殖基地的大型沼气池，进行生物质能开发。

再次，清洁能源产业带产业链条为：

（1）构建“清洁能源—园区用能—城乡居民用能/甘南电网”清洁能源产业发展模式。

加快建设水泥余热发电、供暖系统，补充园区用能，降低生产、生活综合能耗；继续强化对甘南电力行业改革的协调、衔接工作，通过整合园区周边大夏河干流水电站，新建安顺水电站，以及建设风能、太阳能、生物质能开发等项目，为园区发展提供充足的能源保障；清洁能源产业分散的布局，为将富余电力供给周边城乡居民生活用电提供了良好的条件，适应“电气化县”建设的实际需求，将有效缓解居民点分散、电网架设成本高及能源供给不足之间的矛盾，降低电力供应成本，提高能源利用效率以及电力对薪柴、煤炭的替代率，同时，减少居民对林木资源、化石能源的使用量，改善生态环境。

（2）通过沼气发电项目建设，构建“养殖废弃物、城乡生活垃圾—沼气发电—沼液、沼渣回收—有机肥”产业链。

最后，管理中心与园区实行“产研分离”的发展模式，在省会兰州建设以与上述三大主导产业相关联的循环经济技术研发为主要内容的管理中心，为园区循环经济的长远发展提供技术保障；管理中心的职责还包括与其他外界机构的联系、市场拓展等；同时，为地方政府和其他企业提供产业发展、资源综合利用等方面的咨询及技术支持服务。

甘肃五山池黄酒有限责任公司

一、企业基本概况

甘肃五山池黄酒有限责任公司始建于1985年，前身是临夏县酒厂，原为县属国有企业，于2006年改制为民营公司。厂址位于临夏经济开发区，占地面积18685平方米，建筑面积9600平方米，拥有总资产1899万元，固定资产1114万元，流动资产785万元，资产负债率为54.90%。

公司现有在职员工158人，其中大专以上学历的酒类酿造、质检化验、勾兑品评和生物制剂等专业技术人员25人，并与北京营养源研究所等省内外多家科研机构有合作开发业务。现已形成年产系列黄酒5000吨、白酒1000吨，矿泉水10000吨的生产规模。内设生产部、质量部、营销部、财务部、办公室、新品研发部及三个驻外办事处。主营黄酒，兼营白酒和矿泉水饮料。目前已成为西北地区久负盛名的集研制开发、生产销售为一体的较大规模的酒类饮料生产企业。

历经26年的艰苦创业和发展，本公司已积累了一定的企业管理经验和丰富的酿酒技术。产品已发展成为黄酒、白酒、饮料三大类二十多个不同规格品种。尤其“五山池”黄酒系列产品以其优良的品质、独特的风味、精美的包装及合理的价格，在省内外市场独树一帜，深受广大消费者的青睐和同行业各级专家的好评。在近年来的企业改革和经营管理工作中，我公司遵循市场运营规律，不断转换经营机制，提升企业管理水平，牢固树立“一切为了消费者健康”的诚信经营理念，深入实施和推进名牌战略，树立了良好的企业形象和社会信誉。历年来，“五山池”系列黄酒行销西北地区，远销北京、青海、新疆、内蒙古、上海等地，部分产品还试销深圳和香港。

面对新的机遇和挑战，本公司将一如既往地坚持走品牌经营战略之路，恪守产品质量及食品安全为企业生命的宗旨，进一步加快新产品开发和新技术推广应用步伐，向高科技、高附加值方向发展，努力把临夏黄酒这一地方支柱产业做大做强，给企业创造更加丰厚的经济和社会效益的同时，为促进地方民族经济的可持续发展做出更大的贡献。

二、主要成就

“十一五”期间，在上级业务主管部门的帮助指导和关心支持下，经过公司上下的不懈努力，五山池黄酒系列产品曾先后荣获甘肃省“著名商标”、“名牌产品”等十多项国家、省（部）级嘉奖，被美誉为“陇上精品”，是甘肃省最具市场竞争力品牌和最具市场潜力品牌。

五山池虫草黄酒、当归黄酒工艺研究项目，于2007年3月通过省级科技成果鉴定，其相关集成工艺达到国内同类研究的领先水平。于2008年3月荣获了甘肃省优秀新产品新技术奖，2009年2月被评为临夏州科学技术进步奖二等奖。2006～2007年连续两年本公司被县委、县政府授予“企业纳税大户”和“纳税先进企业”荣誉称号，2009年被评为首批“临夏州诚信明星企业”。总经理尹始平同志也曾先后荣获“临夏州优秀共产党员”、“临夏州科技应用带头人”、“临夏县十佳明星企业家”等称号。

目前本公司已获取了虫草形象瓶外观设计专利（专利号ZL200430067032.0）及当归黄酒（专利号200710064379.2）和虫草黄酒（专利号200710064380.5）二项发明专利，申请注册的商标有：五山池、炳灵春、彩陶王、彩陶之乡、达里加措、百合欢、雪草等，省上已把本公司列为争创“驰名商标”的重点培育企业。

三、在创新发展方面的主要成果及工作亮点

改革是企业发展的动力，创新是企业生存的活力。黄酒作为高新技术产业，公司全员早已在观念上树立了“以科技促发展，以创新求生存”的管理理念，注重在生产和管理实践中提升企业的技术创新能力，引进先进的生产设施和检测仪器设备，不断壮大企业的科研实力，不断提升市场竞争力。

一是开发营养滋补产品，强化技术创新能力。近年来，公司坚持走质量效益型可持续发展之路，在经营机制上逐步创新的同时，在科技创新方面也有了新的突破。公司工程技术人员自选虫草黄酒、当归黄酒工艺技术研究课题，依据中国传统中医药保健理论，结合现代医学和营养学研究，以冬虫夏草发酵菌丝体粉和甘肃地道药材当归为主要原料，研制出融营养与保健功效于一体的功能性虫草黄酒和当归黄酒，其相关集成工艺技术达到国内同类研究的领先水平。这两种新产品的开发，实现了黄酒酿造工艺的新突破，为公司填补了保健酒的空白。

二是五山池系列产品能在激烈的市场竞争中站稳脚跟，产销量逐年递增，关键就在于靠过硬的产品质量和不断研制的新产品。与功能性虫草黄酒、当归黄酒相继开发的五山池年份老酒，以纯生物、高营养、绿色健康的产品特性推广上市后，赢得了消费者的好评，增加了新的卖点和商机。该产品以营养丰富、酒体醇厚、口感华润、晶莹剔透而彰显华贵，作到了商务化定位，为开拓领导效应的高端市场创造了条件。既满足了高层消费群体，又提升了品牌形象和档次。

三是深入实施名牌战略，努力提升品牌形象。为了充分发挥著名品牌优势，提升名牌效益，近年来我们通过参加全国糖酒商品交易会、广交会、兰恰会等节会，利用报刊、杂志、巨幅广告、电视、网站等各种媒体的大力宣传，充分展示了五山池系列产品及企业形象，使产品知名度进一步提高。在中国酒业竞争力新闻调查活动中，华夏酒报特推荐我公司“五山池酒”为首届中国酒业竞争力峰会“中国酒业最具竞争力创新产品”。此项荣誉将为我们继续挖掘潜力，扩充市场份额发挥作用，并为今后延伸名牌带动战略打下基础。

四是加大固定资产投资，强化基础设施建设。为了进一步改善生产环境条件，降低劳动强度，提高生产效率，公司近两年又加大了固定资产投资力度，投资近436.89万元在发酵和灌装两车间购置安装了气膜式压滤机、翻转式冲瓶机、圆盘式过滤机、四标贴标机等先进设备，还对桶装饮用水和黄酒灌装线用铝合金进行了隔断封闭，并安装了风淋门和空气净化装置，使生产车间基础设施的配置更加合理，基本满足食品行业生产加工企业卫生条件要求，符合生产许可证现场审核细则。

五是打造学习型企业团队，提升团队核心竞争力。为了进一步提高中层以上管理人员的业务能力和工作水平，近年来公司加大了培训学习力度，陆续委派各部门主管和销售人员前往西安、兰州地区，参加了国内知名企业管理咨询公司举办的相关内容的培训学习，曾先后培训学习的课程有《工厂管理之现场管理》、《打造你的颠峰团队》、《卓越领导魅力》、《面对面顾问式销售》、《成功—从优秀员工做起》和《目标管理与绩效考核》等，通过对上述课程的学习和理解，各部门主管认识到了自己在实际工作中的差距和不足。切实有效的培训学习，增进了团队的凝聚力，提升了企业的核心竞争力。

兰州大成科技股份有限公司

一、公司简介

兰州大成科技股份有限公司成立于1998年10月15日，注册资本3000万元，是高新技术企业、通过双软认证（软件企业、软件产品）、进出口企业。2009年10月，公司在原兰州大成自动化工程有限公司基础上整体改制变更为股份有限公司。目前下属全资子公司有兰州大成真空科技有限公司、兰州交大国家绿色镀膜工程中心有限责任公司、常州大成绿色镀膜科技有限公司、兰州大成铁路信号有限公司等4个企业，参股甘肃金川太阳能有限公司。

依托兰州交大和公司建有国家绿色镀膜技术与装备工程技术研究中心、甘肃工业交通自动化工程技术研究中心两个工程技术研究中心，设有博士后科研工作站和省级认定企业技术中心；与兰州交通大学联合建有光电技术与智能控制教育部重点实验室、甘肃省高原交通信息工程及控制重点实验室两个部省级重点实验室。2010年1月，公司联合12家企业和高校发起成立“甘肃省绿色镀膜新材料产业技术创新战略联盟”和“甘肃省太阳能光热应用产业技术创新战略联盟”，并成为两个联盟的理事长单位。

公司是我国高端汽车灯具真空镀膜装备、汽车轮毂真空镀膜装备、大型快速等离子轰击清洁设备、绿色镀膜新材料装备、高真空获得设备、全电子计算机联锁系统、铁路车站应急联锁系统的主要研究开发、生产基地。

二、主要成就

公司在“十一五”期间取得了一系列具有自主知识产权的标志性成果和阶段性成果。2005年公司被评为“甘肃省信息产业20强企业”，2008年被列为甘肃省振兴装备制造业重点企业、循环经济试点企业，连续7年被评为兰州国家高新技术产业开发区“重合同、守信用企业”，2008年获得兰州高新技术产业开发区“纳税50强企业”（注：排名21名）。公司共申请国家专利36项，获得授权专利24项，其中发明专利11项。先后获得国家科技进步二等奖1项、省科技进步一等奖2项、其他省部级奖励8项，1项成果入选甘肃省十五期间“十大科技成果”，1项项目获得信息产业部十五电子发展基金优秀项目。获得软件著作权证书11项，有5项产品被认定为国家级重点新产品。

2006年公司被信息产业部授予“信息产业科技创新先进集体”荣誉称号，是甘肃省唯一获得此项荣誉称号的单位。2008年获得甘肃省技术创新先进集体荣誉称号。2009年被国家科技部、财政部授予科技型中小企业技术创新基金实施十周年优秀企业。同年被中国产学研促进会授予中国产学研合作创新奖。2006年，公司创新团队入选教育部“长江学者和创新团队发展计划”创新团队（IRT0629）；2009年，公司研究团队获得“全国专业技术人才先进集体”荣誉称号，受到中组部、中宣部、人力资源和社会保障部、科学技术部表彰。

三、企业经济运行情况

近年来，公司紧紧围绕国家需求、企业发展、提高效益和推进技术进步开展工作，实现了各项经济技术指标的较快增长。2009年，本公司总资产8764万元，净资产4481万元，主营业务收入4802万元，净利润1636万元，上缴税金842万元。公司2010年度预计产品销售收入超过8000万元，实现利润总额3000万元。

陇南市祥宇油橄榄开发有限公司

陇南市祥宇油橄榄开发有限公司成立于1997年，公司注册资金1200万元，员工86人，专业技术人员18人，其中：中级以上技术人员7人，高级职称3人。公司相继研发出了祥宇牌食用橄榄油、岷归橄榄油丸、橄榄油化妆品等三大系列产品，其中研制开发的岷归橄榄油丸填补了国内油类保健品的空白，并获得了国家健字号批文。是陇南市农业特色产业开发龙头企业，也是甘肃省农业产业化重点龙头企业。目前已拥有总资产1.13亿元。

一、主要成就

①公司从2006年已通过ISO 9001、ISO 14001、ISO 22000、有机食品、绿色食品管理体系认证。②经甘肃省工业和信息化委员会审批的“甘肃省油橄榄行业技术中心”已在公司挂牌成立。科技中心2009年被邀请参与国家制定的“橄榄油、油橄榄果渣油GB 23347—2009”国家标准于同年10月1日颁布。③经市民政局批准成立了陇南市油橄榄产业协会。充分发挥龙头企业一头连市场一头连农户的作用，起到科技支撑，促进种植户增收，从油橄榄种植技术入手，组织专家学者在田间地头开班讲学，就油橄榄果树的修剪、施肥、管理等进行深入浅出的讲解，共组织培训20余次，培训人员达3000余人。④2007年投资460多万元建成了油橄榄行业甘肃省首家GMP净化车间一座。⑤2009年9月投资4980万元异地新建了祥宇油橄榄综合加工厂，先后从德国福乐伟公司购进处理油橄榄鲜果生产线2条，日加工能力提高到了280吨，年加工能力提高到了8000吨，极大地缓解了全市油橄榄鲜果加工压力，解决了果农售果难的问题，在近几年内完全能满足油橄榄果市场的加工需求，从根本上解决陇南市油橄榄果加工能力不足的矛盾。⑥在武都汉王佛堂沟建成了占地2800多亩的油橄榄种植园，共栽植了10多个优质品种6万多株。油橄榄园被评为“国家油橄榄标准化示范基地”，2008年国家质量监督检验检疫总局核准使用国家地理保护产品专用标志。

2010年因气候等原因油橄榄产量减产，政府部门指导油橄榄果收购价8元/公斤，公司给种植户承诺减产不减收，每公斤收购价提高到10元，收购油橄榄鲜果860吨，加工食用橄榄油138吨，生产岷归橄榄软胶囊0.8亿粒、橄榄油系列化妆品3万套(件)，实现综合产值3200多万元。

“十一五”期间公司已累计完成4500万元的油橄榄鲜果收购量，加工橄榄油480吨、生产岷归橄榄软胶囊2.9亿粒、橄榄油系列化妆品9万套(件)。实现综合产值7500多万元，上交税金360多万元。

天水星火机床有限责任公司

天水星火机床有限责任公司（以下简称“星火机床”）是我国专业生产大型卧式廻转车床的摇篮企业，经过四十多年的发展，现已成为世界规模最大、规格最全的卧式廻转类机床制造企业，中国大型数控车床、精密轧辊磨床主导生产企业，中国机床工具行业“八大金刚”企业。

公司拥有国家级企业技术中心，通过ISO 9001质量体系认证、欧洲CE安全体系认证、ISO 14001：2004环境管理体系认证、OHSAS18001：1999职业健康安全管理体系认证。

公司注册资本5000万元，总资产21亿元，银行信用等级AAA，在职员工1430人。公司本部下辖11个分厂，还分别在法国、德国、英国、南京、青岛、大连、营口、兰州等地投资设立15个控股子公司及3个参股公司。

公司业务涉及有机床、试验机、铸造机、风机等，广泛用于航天、航空、军工、船舶、冶金、造纸、发电、钢铁、石油、汽车、新能源等行业，销往全球40多个国家和地区。

公司先后被国家相关部委认定为全国知识产权示范单位、国家首批创新型企业；国家引进外国智力示范单位；国家标准化良好行为企业；全国机械工业500强企业；国家学习型企业示范单位；“全国五一劳动奖状”；高新技术企业；中国工具机床行业精心创品牌活动十佳企业；中国工具机床行业综合经济效益十佳企业；中国工具机床行业自主创新先进会员企业。

“SPARK”商标被认定为中国驰名商标，“SPARK”牌数控车床获中国名牌产品称号；“SPARK”品牌获全国最具市场竞争力品牌之一。

“十一五”期间，星火机床通过打造文化企业，积极调整经营方式，经营走上了跨越式发展的道路，各项指标呈翻番速度增长，通过技术研发能力的增强，提升多方面自主创新能力，产品结构得到了优化，具体情况如下：

一、公司经营成就情况

“十一五”期间，天水星火机床有限责任公司通过一系列改革，企业焕发了生机和活力，各项指标呈翻番速度增长，具体情况如下：

1. *年度指标相比较情况*

2009年公司积极应对金融危机，采取一系列措施，通过产品结构调整，加快“大、重、精、数控化”的产品开发力度，企业经营继续保持了良好的增长发展态势，实现销售收入10.3亿元，同比增长25%，完成工业总产值10.8亿元，同比增长26%，完成工业增加值4.6亿元，同比增长18%，实现出口交货值8823万元，同比增长106%，实现利润1.1亿元，上缴税金4900万元。

2010年公司预计实现销售收入13.5亿元，与2009年同比增长31%；预计完成工业总产值14亿元，同比增长30%，预计完成工业增加值5.3亿元，同比增长15%，预计实现利润1.2亿元，同比增长10%，预计上缴税金8600万元，同比增长76%。

2. *两个规划期指标比较情况*

“十一五”期间实现销售收入比“十五”期间增长493%；“十一五”期间完成工业总产值比“十五”期间增长432%；“十一五”期间完成工业增加值比“十五”期间增长465%；“十一五”期间实现利润比“十五”期间增长901%；“十一五”期间上缴税金比“十五”期间增长408%。

3. *在全国机床工具行业地位情况*

“十一五”末星火机床在机床工具行业中，金切产值排名第8位，比2005年的第17位上升9位；销售收入排名第9位同比上升12位；利润排名第13位同比上升6位；实现税金排名第8位同比上升到18位。

星火机床连续十年实现了销售收入以45%速度增长，是行业平均水平近2倍，公司综合经济效益始终位于行业前列，在行业协会的多次年会上，星火公司的跨越式发展被业内人士誉为“星火现象”。

星火机床为了抓住国家实施西部大开发战略和打造关中－天水经济区经济结构转型升级机遇，实现更好更快的发展，制定了“十二五”期间实现销售收入50亿元，利润8亿元，工业总产值54.2亿元，工业增加值20亿元，利税12亿元的目标。

二、公司经营方式转变及产品结构调整情况

1. *极转变经营方式，努力拓展发展空间*

企业为了实现做大做强的目标，实现又好又快的发展，按照“三个二”的原则，制定了“星火燎原”战略发展模式。“星火燎原”是星火机床特色的战略发展模式，是以机床制造为依托，通过建立多个“发展极”，多个机床及机械零部件专业高产出的效益单元，聚集起来则是一个航母效应。简单地说就是以小打大，以少打多。

从2007年来公司先后收购了法国索玛（SOMAB）公司、兰州机床厂、红山试验机有限公司、兰州手扶拖拉机天水分厂等4家公司，另投资新组建天水星火精密机床大修改造有限公司、天水星火机床附件有限公司、南京星能传动机械有限公司、青岛亨利安传动机械有限公司、星火机床（营口）有限责任公司、大连星火重型机床有限责任公司、大连新能源发展有限责任公司、天水机械设备进出口有限公司、天水星火新能源发展有限责任公司、甘肃星火房地产开发有限公司等10家公司，参股德国WMH公司、青岛亨利安传动商贸有限公司、英国WB公司等3家公司。通过以上资本运作，企业得到迅速发展，以无形资产为杠杆，通过资本投入，确保星火机床资产增值（国有资产增值），实现企业和股东利益最大化。

为了实现企业的持续快速发展，公司又提出了“二个调整”、“二个升级”和“一个整合”的战略思路。二个调整：一是产品结构调整，卧式机床做到极致，逐步扩展机床门类；二是产业结构调整，向新能源领域拓展，做大做强星火机床。二个升级是员工素质升级、产品品质升级。一个整合即对技术、人力、品牌等资源进行科学的整合。我们不仅在数量上、规格上保持第一，还要在精度、可靠性和外观上，还要向世界领先水平不断迈进。

2. 品结构不断优化

“十一五”期间与“十五”期间相比，产品实现了从普通机床到数控机床、从轻型机床到重型机床、从卧式机床到立式机床、从一般机床到精密机床的转变。

公司确立了主线产品开发战略，即“高、大、精、专、非”，企业牢牢抓住两个方面：一是满足市场，二是引导市场。在副线产品结构方面，提出“普、特、难、套、量”副线产品开发战略，以防范机械装备制造业的低谷到来，确保公司可持续发展，主攻方向为海洋石油行业用阀门类产品、风力发电行业基础结构零件和整机制造以及飞机发动机环形零件的制造。

公司目前主要产品有：大型数控车床、大型数控端面车床、大型数控轧辊磨床、大型数控轧辊车床、大型数控镗铣床、大型数控立式车床、大型精密轧辊磨床、重型卧式车床、大型卧式车床、轧辊车床、双柱立式车床、端面车床、专用机床、自动精密低压铸造机、实验机、风机等16大系列，品种规格可重构组合，产品广泛用于航天、航空、军工、船舶、冶金、造纸、发电、钢铁、石油、汽车、新能源等行业，销往全球40多个国家和地区。

其中：大型卧式数控车床国内市场占有率50%，大型卧式普通车床国内占有率40%，轧辊磨床国内市场占有率30%，这三大系列产品稳居全国行业前列。公司走上了跨越式发展的道路。

三、科技成果

1. 研实力不断增强

公司是国家三线搬迁企业，拥有先进的生产设备及加工工艺，拥有600余台金切及齿形加工设备，先进树脂砂铸造工艺，年产铸件20000余吨，并且内部可完成铸造、锻造、板焊、机加工、表面处理与热处理、装配、喷漆包装等全部工艺过程。公司拥有较强的技术研发能力，公司拥有国家认定企业技术中心，并与4家院校、7家企业联合组建“甘肃省数控机床产业技术创新联盟”。核心技术主要是车床、磨床、镗铣床、五轴联动、试验机、风机等方面制造技术。星火机床目前已申请专利150项，其中发明专利26项，实用新型124项。授权专利114项，其中发明专利7项，实用新型专利107项，其他均被国家专利局受理。这些核心技术已移植到更多的新产品中，大大提高了新产品技术含量。

他山之石可以攻玉。吸收别人的经验，等于站在巨人的肩膀上，“君子性非异也，而善假于物也。”就是这个道理。星火机床国际化经营从产品走向国际到资本经营走向国际，始终围绕着一个主体目标，这就是“造世界一流机床”。这个想法在督促我们不断地提升自己，向上发展，向前跨越。通过资本输出，与国际先进技术、先进管理接轨，与世界融合。每年有一批产品通过省（部）级鉴定。近五年有5种产品连续获甘肃省科技创新成果一等奖。SPARK被评为全国最具竞争力品牌，星火数控系列机床获中国品牌，企业获“全国五一劳动奖状”、“全国首批创新型企业”。

另外打造高素质人才队伍，自主培养与人才引进相结合，“走出去”与“请进来 ”相结合。实施博士、硕士、本科生“111人才工程”。企业每年都有10多人次工程技术人员到清华大学、北京大学、兰州理工大学、西安理工大学、哈尔滨工业大学脱产深造。企业每年都有10多人次到美国、日本、瑞典、德国、意大利、法国、英国等发达国家进行中、短期深造，学习先进的机械制造技术。公司送出的是“福利”，而带回的是“强智”。这些都为公司的机床设计制造提供了强大的人力资源。人才发展战略已列为公司基本战略。

2. 主创新掌握市场话语权

在原始创新自主开发普及型大型数控的基础上，和法国、德国合作生产中档、高档数控机床，在消化引进技术创新、集成创新方面，取得了重大突破。星火机床完成了大型数控车床最小规格—1M直径数控车床的开发，解决重复定位精度问题、大直径车床运行平稳性问题，开发出CKW61200大型数控车床、CKW61100/22M超长型特种无缝钢管加工设备。该系列产品替代进口项目被国家经贸委列为第8批国债扶持项目；数控轧辊车、铣、磨自动化成套设备被列为第十批国债扶持项目；大型数控超精密非涅尔透镜加工设备列入国家863计划、大型数控五轴联动车铣复合加工机床关键技术研究列入国家科技支撑项目，均通过国家科技部验收；数控五轴联动车铣复合加工机床关键技术合作列入国际科技合作计划；航空精密加工数控车床、大型精密车铣复合加工中心、大型立式微结构超精密加工设备分别列入国家科技重大专项。6种新产品列入国家重点新产品；4种新产品分别列入实施火炬计划十五周年优秀火炬计划项目、国家产业技术成果转化资金项目、国家技术创新计划、国家科技兴贸计划；7种新产品分别荣获甘肃省科技进步一、二等奖项。

重型机床也实现突破，星火机床已能制造回转直径Φ1250～Φ6300mm，加工长度3～16m，承重18～200t的重型卧式车床，标志着企业跨入重型机床生产行列，成为世界上九大重型机床制造厂家。

集成创新使星火机床在轧辊磨床的开发中取得了成功，开发了大型数控轧辊磨床，结束了我国不能制造高精度轧辊磨床的历史。目前，星火机床已能制造Φ630～2400mm，承重6～100T的各种规格的轧辊磨床系列和数控轧辊床系列。售价仅为进口的三分之一，完全可以替代进口。

原创创新、消化引进创新、集成创新“三位一体”的创新，在端面车床的开发中得到了充分体现，开发出了填补亚洲空白的大型数控端面车床。星火机床已完成了系列化开发工作，加工直径已拓展到了3350mm。产品不仅占据了国内市场，而且实现了返销美国。与法国SOMAB公司合作开发出CNC600数控车床，打开了欧洲市场。

目前，星火机床是全国首家能够同时生产精密磨床和数控车床制造企业。一个精密磨床就是一个险峰机床厂，一个80系列产品就是一个福州机床厂。近三年设计开发出新产品是过去30年的总和。新产品贡献率达到60%以上。

青海清华博众生物技术有限公司

青海清华博众生物技术有限公司由清华大学科技园和青海生物科技产业园于2005年9月共同投资成立，注册资金3000万元，是清华大学与青海省之间第一个产业投资合作项目。

清华博众公司依托清华大学研究开发和产业化的强大实力，主要从事沙棘、枸杞、白刺等高原生态植物资源的研究开发和深加工，产品包括“青海青”品牌高原沙棘酒、沙棘冰酒、沙棘枸杞复合提取物、沙棘饮品、沙棘油及软胶囊、沙棘口服液等八大系列。2009年公司产值达到1.36亿元，出口额达到1030万美元，上缴税收1100万元；2010年公司产值1.56亿元，出口额达到1120万美元，上缴税收1020万元。公司充分利用和培育青海省的优质沙棘资源，借助技术创新和市场营销能力，已经在国内外市场打造出“青海青”知名品牌，成为国内沙棘产业的领导企业并在国际上产生了广泛影响。

目前“青海青”沙棘系列产品不但销往北京、上海、广东、福建等国内市场，而且已远销欧盟、北美等海外市场，公司产品出口额居青海省各类农畜产品前列，公司沙棘产品出口额占全国沙棘产品出口总额的63%，成为我国生态高科技产品出口的典范。公司已经完成8.5万亩沙棘原料基地建设任务，带动青海全省建设沙棘资源基地超过50万亩，为沙棘产业发展奠定了资源基础。

公司研发机构被青海省科学技术厅认定为“青海沙棘研发重点实验室”，研发中心由22人组成，均具有本科及以上学历，其中博士3人，高级职称人员5人，有的在国内资深果酒企业、沙棘研发机构、国际知名食品饮料研发机构从事过研究开发工作，科研实力较强，同时与清华大学科技园、清华大学生命科学院、清华大学药学院、西北农林科技大学等科研机构建立了横向技术合作关系公司已申报和获得22项中国和欧美国际专利以及18项科技成果，“沙棘维生素P研究技术”荣获青海省2008年科技进步二等奖，“沙棘天然维生素P”2008年被评为“全国重点新产品”。公司通过了ISO 9001、HACCP等质量管理体系认证，获得欧盟及日本有机食品认证和美国FDA注册认证，是国际沙棘产业界公认的技术领先企业。

清华博众公司以“志存高远、脚踏实地”为宗旨，为国内外消费者奉献来自雪域高原纯天然、无污染、高营养的沙棘系列产品，在企业发展的同时带动生态环境的改善和沙棘产地农民增收致富，为青海这个生态大省探索出了一条发展特色生态绿色产业的广阔道路。公司在沙棘行业取得的成绩得到了国内外同行的高度评价和认可。

清华博众公司为国家级扶贫龙头企业，全国食品工业优秀龙头企业，全国企事业知识产权试点企业，全国林业知识产权试点企业，国家火炬计划重点高新技术企业、青海省农牧业产业化重点龙头企业，青海省高新技术企业，青海省科技型企业。

2007年8月，第三届国际沙棘大会在加拿大举行。大会期间，国内众多企业选报的二十多篇论文中仅有清华博众公司的唯一一篇论文入选大会主题发言。2009年9月，第四届国际沙棘大会在俄罗斯举行。公司在通过激烈的竞争，成功取得了2011年第五届国际沙棘大会主办权。这标志着“青海青”沙棘事业和青海省的沙棘产业进入国际领先行列。2011年，我公司将成为国际沙棘行业真正的带头人，青海省也将真正成为国际沙棘产业聚焦的中心，青海省在发展绿色生态经济中的探索和成绩也必将被世人所瞩目。

青海春天药用资源科技利用有限公司

青海春天药用资源科技利用有限公司（以下简称青海春天）致力于以高科技手段实现珍稀自然资源的合理开发和可持续发展，尤其在冬虫夏草的有效利用方面居于领先地位。

公司成立于2004年，是青海省重点高科技及产业化龙头企业。建设在青海冬虫夏草湿地公园的参观型生产厂，配备德国、意大利、瑞士的生产设备，建立严格监控的生产流程体系，实现产品制造工艺的先进性和产品质量的稳定性。

青海春天投资成立德国荣恩药业开展技术攻关与创新，并以此为平台，与欧洲的一流机构合作，为青海春天提供持续的技术支持。

青海春天历时五年，潜心研究，于2008年底推出极草·5X冬虫夏草系列产品。产品融贯冬虫夏草天然精粹和尖端科技手段，将冬虫夏草精华物质最极致地保留并易于被人体吸收利用。为了符合安全食用级标准，青海春天运用专业深度清洗、多重冷灭菌处理、惰性气体全程密封包装等多道工序，使极草·5X冬虫夏草系列产品均达到《药品生产质量管理规范》（GMP）要求。在此基础上，利用冬虫夏草虫体与子座分开粉碎、细胞级超微破膜、破壁技术，100%纯粉无添加剂压片工艺等专利技术手段，开发了一系列便于服用、利于吸收的极草含片、胶囊、佳兑等产品，实现了冬虫夏草的“有限资源、极限利用”。

春天人智慧开创的“5X冬虫夏草体系”中的核心专利——5X倍增技术，统括了青海春天与德国荣恩药业针对极草·5X冬虫夏草系列产品运用的所有科学技术与高端工艺。青海春天拥有的数十项技术专利，为冬虫夏草整个产业带来划时代的变革。

青海春天将不断探索珍稀药用资源的合理开发利用，在海拔2500米以上的青藏高原、在香港、在德国、在美国，数个研发团队正夜以继日地工作着，并与国内外多家医药科研机构、世界级高科技企业保持紧密合作。

“以更有价值的产品传递关爱，用智慧开创人与自然的和谐”，这始终是青海春天的追求。

青海一机数控机床有限责任公司

青海一机数控机床有限责任公司（以下简称青海一机）是由原青海第一机床厂于2001年改制而成的，是青海省高新技术企业，2001年公司技术中心被认定为青海省省级技术中心。公司是承担国家“九五”数控机床产业化工程的四大主机厂家之一，是我国机床行业的重点骨干企业和国家数控机床、加工中心生产基地。公司2009年和2010年连续两年承担“高档数控机床与基础制造装备”国家科技重大专项——“高速立卧式加工中心”课题、“动梁无滑枕立式铣车复合加工中心”课题的攻关任务，并且2009年“高速立卧式加工中心”课题产品——HMC100S高速卧式加工中心被科学技术部、环境保护部、商务部和国家质量监督检验检疫总局授予“国家重点新产品”证书，拥有实用新型专利7项：大、重型数控机床组合导轨、大中型卧式加工机床的交换工作台用定位夹紧复合机构、可转位直角铣头、一种恒温丝杠、一种大型设备安装用地脚螺栓、一种加工中心托盘弹性斜面锁紧装置、一种加工中心拉刀力检测装置。

截止到2010年底：现有员工807人，企业注册资本5460万元，企业资产总额为19758万元，负债总额为12763万元，资产负债率为64%。公司通过了ISO 9000质量体系认证，企业的生产制造能力和检测手段居国内同行业的先进水平。

2010年，公司完成工业总产值12000万元，实现销售收入11400万元，上缴税金291万元。通过不断完善质量管理保证体系，企业的产品质量和效益得到稳步提高。

经过不断的努力，企业竞争实力得到较大的提升，多年来主导产品卧式加工中心水平一直处于国内领先地位，产品订货量不断增加。近几年企业通过强化内部经营机制，建立高效运作管理架构，以及科学用人制度、优化质量管理流程、完善销售网络、改进营销策略等主要制度、规章和措施等，企业取得了较大的发展，企业的产品产值、销售收入、利润等经济指标稳步上升。

青海装备制造投资管理有限公司

青海装备制造投资管理有限公司是青海机电国有控股公司旗下的全资子公司，公司成立于2009年8月，注册资金6000万元整；其中固定资产4493万元，公司主要从事授权范围内资产管理、投资管理；为中小企业提供经济担保、咨询服务；房地产开发及基础设施建设；机电产品及配件经营；钢材、建材、有色金属经营。现有职工8人，其中中级职称4人，高级职称2人。截至2010年底，公司资产总额3788万元，负债总额610万元，所有者权益3178万元。

为振兴青海装备制造业，实现装备制造工业的规模化、现代化、产业化发展。我公司致力于青海装备制造工业园区的建设。在园区建设中，本着“加大服务促发展”的原则，以“资源共享最大化、公共服务统一化、组织管理扁平化”为目标，充分发挥国有资产的带动力、影响力，搭建装备制造业发展平台，加大现代化装备服务业建设和招商引资工作的力度，将园区建设成资源节约型、环境友好型及开放型的绿色工业园区。

青海装备制造业投资建设的青海省中小企业孵化基地是面向青海装备制造行业创业人员及中小企业创业的综合服务基地，以租售厂房、办公场所为基础的孵化平台。孵化基地的建设体现了政府对发展青海装备制造业的重视和先期谋划，对进一步促进青海装备制造中小企业的发展有着重要意义。为进一步提高园区招商引资水平和为广大中小企业提供寻求合作伙伴、确定投资方向、聚集产业和壮大企业群，为实现青海省装备制造业发展提供了现实条件和基础。

青海昆玉实业投资集团有限公司

青海昆玉实业投资集团有限公司是格尔木昆玉工艺制品有限公司整合原格尔木国营玉雕厂成立的，是集昆仑玉开采、加工、贵金属镶嵌、销售、昆仑玉文化展示博物馆为一体的大型现代化宝玉石加工、生产企业。集团成立于2008年2月，位于西宁市生物科技产业园区经三路32号，公司占地面积29000多平方米，注册资金1亿元人民币，现有员工700余人。集团下设格尔木、扬州、深圳、西宁、北京、格尔木昆仑玉雕厂、格尔木昆仑宝玉交易市场、格尔木拖拉海沟矿山等8个子、分公司。法人代表、董事长马福元。

多年来集团公司秉承“品质为本，精益求精”的企业经营核心理念，致力于昆仑玉品牌的打造，“昆玉”、“昆仑宝玉”等商标已被国家工商总局注册批准，昆仑玉产品荣获各级政府、部门、行业协会、“中华金银珠宝名牌”、“知识产权自主创新十大品牌”、“青海省名牌产品”、“青海文化产业示范基地”、“青海旅游协会重点推荐单位”等多种荣誉称号，并在第六届中国国际旅游商品博览交易会中获得“金奖”；被29届奥运会组委会指定为奖牌玉环唯一生产加工企业。

在公司发展壮大的同时，致力于社会的回报，公司是2008年奥运会奖牌玉环的主要捐赠商和唯一加工制作企业，与此同时承担了政府大美青海香港行礼品的制作和捐赠任务；承担了“中国南极昆仑站”站碑的制作、捐赠；承担了政府昆仑山口纪念碑的制作；承担了国际金藏羚羊诗歌节、金奖玉书的制作；承担了两届山地纪录片奖杯（玉琮）的制作和捐赠等多项捐赠活动，各类活动累积捐赠价值达6000多万元。

集团公司已形成以格尔木昆仑玉原石开采，昆仑玉原石交易市场和昆仑玉初级产品加工基地，以西宁为中端昆仑旅游产品的研发和加工基地，以扬州为人才培训、新产品研发和高端玉器产品加工基地，格尔木昆仑玉产业发展和公司的成长奠定了良好的基础，近期内公司力争将“昆玉”品牌打造成中国驰名商标，努力打造一个有特色可持续发展昆仑玉文化品牌，将昆仑玉文化传承和弘扬国内外，让源远流长的中华玉文化在世界发扬光大。

青海华翼风力发电机有限公司

青海华翼风力发电机有限公司成立于2010年10月，是一家集研发、制造、销售、风力发电机的科技型企业。公司位于青海省平安县西距西宁市10公里，东距兰州市190公里，公司距离西宁东站货运中心10公里铁路，并且靠近高速公路、机场交通非常便利，有利于原材料及产品运输。

公司现有土地12亩，各类厂房建筑面积3000平方米，是青海省首家风力发生产经营中小型风力发电机及其设备的现代化企业，主导产品是中小型风力发电机组及风光互补发电系统等。公司通过与国内著名企业的广泛合作和技术交流在引进和独创的基础上，迅速增强自身科技实力和核心竞争力，以其卓越的品质和完善的服务占领市场。公司非常注重新产品开发及研究，并在自身技术基础上开展多项生产技术工艺改进，目前公司拥有实用新型专利一项，并承担省市级三项科研课题。

公司目前拥有国内先进的生产设备和检测设备供给30余套，现已经形成了集设计、制造、安装、调试、营销、售后服务等一体化服务体系，主要生产300W、400W、600W、1kW、2kW、3kW、5kW、10kW、20kW系列的水平轴风力发电机和垂直轴风力发电机。各型号产品均达到量化生产可以满足不同客户群体的供货需求。

本项目在公司现有技术能力的基础上，自行研制开发，通过风电设备研发、制造和风光互补路灯的制造，将形成产品研发到产业化最佳路线，加快设计向产业化、成果向商业化转化的速度，减少中间环节的资金及时间成本。可缩短与国外先进技术差距，对加快我国的风电及太阳能设备制造行业的技术进步，具有带动和推进作用。

国家发改委、全球环境基金世界银行中国可再生能源发展项目办公室，从2002年开始，实施“送电到乡”工程已基本结束，全部建成发电，主要集中在新疆、甘肃、西藏、内蒙古、青海等省区，共建成了718个光伏和风光互补电站，装机18MW，其中风力发电800kW所采用的风力发电机组由协会生产企业提供。目前我国尚有2.8万个村、700万户、2800万人口没有用上电，且分散居住在边远山区、农牧区、常规电网很难达到，有关专家分析700万无电用户中、300万户可用微水电解决用电，而400万户可以用小型风力发电或风光互补发电，满足农牧民用电需要。解决农牧渔民看电视、听收音机、照明和用电动鼓风机做饭等生活用电问题，帮助这些地区脱贫致富，实现人民生活奔小康目标，对于改善和提高当地经济、促进地区社会、文化事业发展，加强民族团结、巩固国防建设有着重大的意义。

公司研发的每种型号产品，都有一个完整的独立供电系统，能够在各种恶劣气候环境下安全运行，无须特殊保养。是远离电网的农村、生态的蔬菜大棚、牧区、边远山区、海岛、边防哨卡、自然风景区、国家森林保护区、公路、通讯基站等的理想供电系统，既充分利用了风力资源，又为自然景观增姿添彩。

宁夏大北农科技实业有限公司

宁夏大北农科技实业有限公司是宁夏最大的集生产、销售、研发、服务于一体的现代化高科技饲料企业，是中国饲料工业协会理事级会员单位，位于银川德胜工业园区永胜西路，公司现有干部员工330人，其中大中专学历以上的专业人员占全体干部员工52%，其中兽医学博士5名、营养学硕士4名、管理学硕士3名，中级及以上职称技术人员30多名，先后承担过国家农业综合开发项目、国家星火计划项目、自治区重点科技创新项目、自治区重点新产品项目等国家、自治区及市县科技项目20多项，企业还与中国农大、宁夏大学农学院、宁夏职业技术学院等高校和机构长期开展多项技术合作。先后被评为国家农业产业化重点龙头企业、中国驰名商标、中国商业名牌企业、全国农产品加工业示范企业、全国乡镇企业创名牌重点企业、全国少数民族特需商品定点生产企业、全国饲料科技进步先进集体、自治区30家非公有制重点骨干企业、自治区高新技术企业、自治区企业技术中心、宁夏（银川）饲料技术创新中心、自治区守合同重信用企业、宁夏名牌产品、宁夏著名商标、宁夏质量奖、银川市小巨人企业等荣誉称号。

宁夏大北农原属于自治区粮食局下属的小型饲料加工企业，始建于1987年。1994年资产总额为350万元，全年销量仅为0.2万吨，年销售收入390万元，当年亏损74万元，资产负债率90%，已经到了破产倒闭的边缘。1995年公司新任领导以非凡的胆识和智慧，果断与北京大北农进行技术合作，走出了借船出海、借梯登高的发展壮大之路。2001年完成了国有企业改制工作，在新的法人治理结构推动下，公司经营活力得到充分发挥，2004年投资5500万元，在银川德胜工业园区兴建宁夏大北农科技园，建成涵盖饲料生产、鱼药兽药生产以及油脂深加工的农产品加工产业基地。2009年投资9000万元建设“年产60万吨清真牛羊肉牛奶专用饲料科研生产基地，积极响应自治区政府全力打造清真品牌的各项战略部署，引进国际一流的按照欧洲饲料安全标准设计，中外合资瑞士常州布勒生产工艺设备，严格按照国家农业部和相关部门对于饲料安全的相关规定以及清真食品生产规范，从饲料源头上保证牛羊肉及奶制品等食品完全符合穆斯林消费需要。该项目已于2009年11月正式投入生产，目前发展势头良好。

作为全宁夏饲料行业唯一的国家级农业产业化龙头企业，宁夏大北农坚持以人为本，向管理要效益，逐步建立了“干部能上能下、员工能进能出、机构能设能撤、工资能高能低”的现代企业管理制度和“能者上、庸者下”的人才激励成长机制，为德才兼备的人才大展抱负、献身企业提供了更为广阔的舞台。在经营管理上深挖内潜，苦练内功，全过程抓科技创新，全过程抓质量，全流程抓成本，把制度创新和科技创新有机结合起来，通过制度创新带动科技创新，以高科技饲料产品为载体、以高效优质的科技服务为手段，推动宁夏及周边甘、陕、蒙、青等地畜禽水产养殖业的发展，带动农民增收致富。

宁夏大北农始终坚持以“科技兴农、产业报国”企业文化理念为宗旨，致力于宁夏及西北地区畜牧养殖业的发展，建立了科学的现代企业管理制度和管理规范，按照ISO 9001国际质量管理体系、ISO 14001环境管理体系及ISO 22000食品安全管理（HACCP）等国际标准开展企业的经营管理活动，产品包括泽光牌和大北农牌两大品牌，猪、鱼、牛羊六大系列100多种优质饲料品种。产品畅销宁夏、甘肃、陕西、内蒙古、青海等省区，产品市场占有率、产品入户率等各项指标均名列同行业前茅。销售范围北到内蒙古包头、东到陕西榆林、西到青海格尔木、南到陕西咸阳、宝鸡，猪饲料西北销售第一，鱼饲料、奶牛饲料全区销量第一。

科技创新是现代企业发展的不竭动力，宁夏大北农技术创新体系以市场为导向，将产学研相结合，以发挥企业自主创新能力为主体，按照“生产一代、储备一代、研究一代、构思一代”的思路，研究和开发一批适应全国特别是西北地区市场需求的新产品、新技术，始终以高科技产品引领市场潮流。先后承担过国家、自治区、银川市项目20多项，拥有发明专利8项（受理）、外观设计专利7项。特别是公司自主研发的高产奶牛产奶高峰期饲料（721）、奶牛饲料（多能多）被自治区经信委分别确定为2009年和2010年新产品。

宁夏大北农实行“公司＋科技＋基地＋农户”的产业化经营模式，建立了高效的科技转化推广体系，创建了“知名养殖专家＋本地化专家＋广大的科普员服务队伍”的技术服务推广模式，以高科技饲料产品为载体、以高效优质的科技服务为手段，在全区20多个县市区建立了宁夏大北农县级服务站和300多个科技网点，形成带动养殖户和种植户增收致富的产业基地，与养殖户和种植户建立了牢固的利益联结机制。2010年共计发放各种技术资料、音像资料4万多份（册），开展各项技术培训36次，培训项目农民1800多人。

我们有理由相信：在各级政府和各位领导的大力支持下，在国家和自治区各项产业政策大力支持引导下，宁夏大北农一定能在新的发展时期，自加压力、负重拼搏，充分发挥自身的竞争优势，为促进宁夏农业产业结构调整、增加农民收入、推动农村经济良性循环发挥出更加积极的作用。

宁夏巨能机器人系统有限公司

宁夏巨能机器人系统有限公司是西北第一家独立开发和制造智能机器人的专业公司，是真正拥有自主知识产权和核心技术的高科技企业，宁夏高新技术开发区重点培养的高科技精密机械制造企业。公司曾获得宁蒙陕甘毗邻地区装备制造业首届联席会议中获“七大装备制造业配套中心之一”荣誉。2009年12月获得由宁夏机械工程学会颁发的“银川精加工中心”荣誉奖牌。

公司位于宁夏银川（国家级）经济技术开发区同心南街296号，公司占地面积40亩。公司人员合计132人，大专学历占50%，本科学历占22%。中专以上学历共计82%。主要产品为门式机器人和工业机器人。

宁夏巨能机器人系统有限公司工业机器人项目投资总额共计15406万元。固定资产投资三期合计15206万元。

公司一期建设已经完成，由加工车间，物流仓库，装配车间，调试与检测车间，综合办公室，研发中心及员工食堂生活设施等构成；其中车间厂房面积5103㎡。办公楼建筑面积756㎡。

一期建设主要为高精加工项目，主要进行以外协高精机械加工为主导的产业集群，作为装配制造业配套中心建设。主要的外协精密加工客户有宁夏小巨人机床有限公司等。项目建成达产可实现年销售入8080万元。利润总额1699万元，其中税金425万元。

工厂的生产设备，全部为国内外先进的数控设备，共计70多台（套），主要有各型号的加工中心、全自动数控车床、复合车削加工中心，五面体加工中心和同时5轴控制圆柱面构造立式加工中心等，大部分为宁夏小巨人机床有限公司和日本MAZAK公司产品。

公司二期建设计划2010年开始建设，2011年完成，新建技术研发中心1260㎡，新建厂房和实验中心3402㎡，新建生活中心300㎡。建设周期计划为10个月。到2011年3月结束。二期建成达产后，实现销售收入29090万元，利税总额6430万元。

三期计划到2015年结束，建成达产后，实现销售收入115144万元，利税总额27083万元。

预计项目执行期内，在2010年，生产达到门式机器人150台套。2012年生产完成门式机器人和关节机器人（5套）共计300台套。2015年生产完成门式机器人，关节机器人（100套）共计500台套。

作为西部首家工业机器人研发和产业化的项目，依托自治区良好的发展环境，将成为我们自治区新的工业亮点和经济增长点。宁夏巨能机器系统人有限公司将以振兴中国智能机器人制造业为己任，为具有自主知识产权的民族品牌而奋斗！

宁夏青龙管业股份有限公司

宁夏青龙管业股份有限公司位于宁夏青铜峡市河西地区，始建于1974年10月，前身是宁夏水利制管厂，隶属于自治区水利厅直属国有企业。1996年公司根据自治区政府宁政发（1996）55号、和宁政发（1996）83号关于《加快小型企业改革与发展的若干政策措施》的文件精神，并结合山东省诸城市的改革经验，主动向上级主管部门提出对企业进行股份合作制改造的申请，并于1998年5月改制成功，更名为“宁夏青龙管道有限责任公司”。2007年企业整体变更设立为“宁夏青龙管业股份有限公司”，并于2010年8月3日公司在深圳交易所成功挂牌上市。

2010年公司实现销售收入8.3亿元，上缴地方各种税收6000余万元，解决社会劳动力就业2000余人，并带动上下游产业链企业的发展。公司现有净资产近20亿元，各类专业技术人员300余人。公司员工队伍整体结构合理，形成了研发、设计、生产、营销及售后服务为 体的运营机制。公司生产规模和综合实力位居全国同行业前列。

主要产品有：预应力钢筒混凝土输水管（年产400公里）及专用管件、预应力钢筋混凝土输水管（年产400公里）、钢筋混凝土排水管（年产350公里）、硬聚氯乙烯PVC塑料管年产40000吨、高密度聚乙烯PE塑料给水管，年产30000吨，以及生产各种配套的塑料管件、钢塑管件等。产品被广泛应用于水利、电力、城市供排水、煤炭、化工、通讯、工矿企业和公路、铁路等多个领域。销售区域主要销往西北地区的陕、甘、宁、青、新和华北地区的北京、天津、河北、山西、内蒙古等省（市）、自治区。

公司一贯秉承“质量为本，满足需求，注重细节，精益求精”的质量理念，生产过程中建立了严格的质量保证体系，于1999年通过了ISO 9002国际标准质量体系认证。2003年又顺利复审通过了ISO 9001：2000版国际标准质量体系认证。2006年取得了ISO 9001：2000国际质量管理体系、ISO 14001：2004环境管理体系、GB/T 28001—2001职业健康安全管理体系认证。

三十多年来，公司为多项国家级、省级重点工程和其他工程提供了优质的产品和良好的服务，主要有：陕甘宁盐环定扬水、宁夏同心、固海扬水、宁夏扶贫扬黄灌溉工程、银川供水、宁东供水、内蒙古呼和浩特市供水、包头供水、鄂尔多斯供水、陕西延安引水、咸阳市城镇供水日元贷款项目、甘肃引大入秦工程、甘肃景泰电力提灌扬水、甘肃引洮供水、山西张峰水库供水、新疆“500”东延供水、北京奥运村排水工程、北京国际机场排水工程和天津滨海新区临港工业区道路排水工程等重点工程项目供水。各类管材、管件长期使用安全性能良好，得到了用户的普遍认可和赞誉。

公司先后投资设立了宁夏青龙塑料管材有限公司、银川高新区青龙管道有限公司、北京京龙新型管道有限公司、天津海龙管业有限责任公司、新疆阜康青龙管业有限责任公司、包头建龙管道有限责任公司等子公司。

优质的产品和良好的服务赢得了广大用户和政府的信赖与好评。公司为中国混凝土与水泥协会第六届理事会副会长单位；宁夏青龙塑料管材有限公司当选为中国塑料加工工业协会塑料管道专业委员会第七届副理事长单位。1994年获水利部“企业技术进步”奖，1996年获水利部“全国水利系统先进企业”奖，从2000年以来被自治区人民政府授予“重合同、守信用”企业，同时被宁夏国税局、地税局授予“纳税诚信单位”。2000年和2003年获宁夏“自治区先进企业”称号，2008年被评为“全国优秀水利企业”。

预应力钢筋混凝土输水管于1994年获国家混凝土制品质量检验中心预应力混凝土输水管行检第一，1998年“青龙牌”预应力钢筋砼输水管被宁夏回族自治区人民政府授予“宁夏名牌产品”称号，同年公司的“青龙牌”商标被宁夏工商行政管理局授予“宁夏著名商标”。2001年被国家建设部评为全国塑料行业十大名牌企业之一，2002年11月被宁夏科技厅认定为高新技术企业，2009年被宁夏回族自治区质量技术监督局授予公司质量管理奖。1999年公司生产的PVC－U管材被宁夏质量技术监督局推荐为“质量信得过产品”，公司生产的PVC－U、PE塑管于2004年被宁夏回族自治区名牌战略推进委员会评为“宁夏名牌产品”，并于2006年12月经过省级技术监督部门、国家质量监督检验检疫总局的审定被授予“国家免检产品”，公司研发的大口径、高公压PVC－U管于2009年获得国家轻工业技术进步二等奖。

公司始终秉承“追求一流，持续进步”的企业精神，为客户提供好的产品和服务，为人们生活提供健康源泉，为员工成长和生活更美好，为社会进步贡献力量为宗旨，全力打造“诚信、责任、高效、创新、团队、共赢”为核心价值观的现代企业集团，创一流公司，铸百年基业，为客户提供一流的产品和服务，为我国的管道事业做出新的贡献。

宁夏苏宁新能源设备有限公司

宁夏苏宁新能源设备有限公司成立于2002年，前身为宁夏苏宁耐磨材料有限公司。现厂区位于宁夏石嘴山经济开发区，全厂占地60750 m^2，建筑面积25000 m^2，职工300余人，其中50余名，主要从事风力发电和矿山机械设备配套的铸造与机械加工。

现已成长为一个具有一定规模的专业化和机械加工厂。下设造型、浇注、清理、热处理和机械加工5个主要车间。具有年产4万吨铸钢件、铸铁件及配套加工能力。拥有国内先进的变频熔炼炉、碱性电弧炉、连续式混砂和造型设备，采用水玻璃酯硬化造型工艺，确保了产品质量、提高了劳动生产率。同时拥有车床、铣床、镗床、刨床等多种加工设备。

公司配备了先进完善的检测设备，包括从德国引进的直读光谱仪、碳硫快速分析仪、金相显微镜、万能试验机、冲击试验机、数显硬度计、磁粉探伤仪和数显超声波探伤仪等，可对铸件材质和内在质量提供可靠的保证。与此同时公司拥有一批高、中级技术人员组成的科技队伍，在工艺设计方面采用国际先进的 Procast 凝固模拟软件保证优质产品的研发。

先进的工艺技术、完善的设备和高效科学的管理系统确保产品质量的不断提高。公司现已通过 ISO 9001：2008 质量管理体系认证。秉承“科学管理，铸诚信企业；持续改进，铸优质产品”的经营理念，努力建成一个具有先进水平的现代化绿色铸造加工企业，竭诚为国内、外客户服务。

卧龙电气银川变压器有限公司

一、公司概况

卧龙电气银川变压器有限公司是沪市上市公司——卧龙电气股份有限公司（股票代码 600580）的全资子公司。公司多年来一直是国家电器工业协会变压器理事会理事单位，是国内变压器行业骨干生产厂和自治区、银川市骨干企业。公司始建于 1968 年，是原国家机械工业部在宁夏的电力变压器定点生产厂，曾在 1990 年被国家认定为“国家二级企业”。40 多年来专业生产工农业及电力输变电用各类电力变压器和电气化铁路、高速铁路牵引变电所用高电压变压器。公司生产“WOLONG®”卧龙牌电力变压器，牵引变压器一直是自治区名牌产品。2008 年公司被评为银川市小巨人企业。公司目前是“国家级高新技术企业”、“国家火炬计划重点高新技术企业”，是自治区认定的“自治区大二型企业”，建有自治区级“企业技术中心”，也是国家科技部指定的“国家重点技术依托单位”与国家科技部火炬计划实施承担单位。2010 年公司生产的高速铁路用 220kV V/X 牵引变压器获国家五部委颁发的“国家重点新产品”证书，目前公司仍在承担国家高速铁路和客运专线所需高电压牵引变压器的国家级科研任务。

目前公司拥有总资产 6 亿元，在银川市兴庆科技园占地面积 6.6 万平方米，建筑面积 40000 平方米。2008 年完成销售 2.5 亿元，创利税 4000 万元以上，2009 年完成销售收入 4.5 亿元，实现利税 1.2 亿元，2010 年完成销售收入 5.6 亿元，实现利税 1 亿元，2011 年预计完成销售收入 6.5 亿元。公司被宁夏银行评为“AAA 信誉客户”，被银川市国税局评为“A 级纳税信誉单位”，员工 619 人，其中工程技术人员 141 人。

二、公司发展的成功经验

公司经由原银川变压器有限公司改制后，注入了全资母公司——浙江卧龙集团的先进管理方式和方法，大量地运用了现代化的管理手段，提升了管理水平，同时，公司不忘保持自己原有的技术特色，时刻紧抓市场开发，保持市场竞争能力。公司输变电用电力变压器销往国内陕、甘、青、蒙、冀、京、津、豫、川等省区；公司电气化铁路牵引变压器销往全国铁路系统，占全国市场份额 45%，产品使用在国内京沪线、京广线、陇海线、包兰线、胶济线等主要干线上，是铁道部指定的主要制造供应商。

（一）重组改制，转变经营理念提升管理水平

2005 年，浙江卧龙集团出资收购原银变。改制后在银川市兴庆科技园新建了 100000 平方米的厂区，40000 多平方米的厂房，同时建立了新的运行机制，在市委、市政府、市经委的领导下，公司用收购资金对全部企业职工进行了身份置换，职工一手拿身份置换金，一手与新企业签订了新的劳动合同，就地上岗。原公司职工在全部进行了身份置换后，近 70% 全部重新聘用上岗。改制后，公司引入了先进的经营管理理念和管理方法，使管理水平迅速提升。

1. 引导员工转变工作理念，提升执行力

新的企业正式运作以后，卧龙电气银川变压器有限公司完全采用了母公司集团一整套的管理模式——年度经营责任制目标管理，责任制对每一项费用都有计划指标，只要按照责任制的要求去控制，就能完成各项指标要求。这种企业的管理方法和模式对企业来说是行之有效的，逐步为广大员工接受。

2. 实施先进的管理方法，提升企业管理水平

公司秉承着卧龙集团“诚信·亲和·创造”的企业文化，完全按照现代化企业管理模式建章、建制和规范运行，建立了以专家委员会为主的企业战略发展咨询体系；以党委为主的党群工作体系，以经营班子为主的经营决策体系；以企业技术中心为平台的技术创新、科研开发体系；以 ISO 9000 为主的全面质量管理体系；以 ERP 计算机软件管理为主的资源管理体系；以 PDM 计算机软件管理为主的产品设计开发体系；以 BMI 专项管理中 6S 管理、QCC 管理、IE 工艺工程管理为主的生产管理体系；以学习型企业为主的全员培训教育体系；以定岗、定员、定责、定薪的绩效考核和末尾淘汰机制。

（二）、将自主创新作为企业生存发展的生命线，提升核心竞争力

1. 依托企业技术中心培育企业核心竞争力

近年来，公司始终把自治区认定的企业技术中心作为技术创新平台，目前企业技术中心聘有中国工程院院士 2 位，聘有国外专家 2 位，聘有国内行业知名专家 5 名。与国内清华大学、上海交大、西安交大各院系、中国电科院、铁道部四个勘探设计院保持着长期的技术交流合作关系。目前公司拥有专利 68 项，其中发明专利 18 项，参与了三项国家标准的制定，承担完成了三项部级科研任务，完成了一项国家火炬计划项目，完成 4 项自治区科技成果鉴定。目前公司仍在承担国家高速铁路和客运专线所需高电压牵引变压器的国家级科研任务。

2. 以新产品开发提升企业核心竞争力

近年来，企业新产品开发数量年均达 3.5 项。

总计投入新产品开发费用3600万元，占年均销售收入4.8%，新产品产值占公司每年年产值的68%。企业自主研发的低损耗节能型11万伏和22万伏输变电用电力变压器均为填补自治区空白的新产品，而且成为公司调整产品结构的主力型产品。

企业自主研发的客运专线高速铁路用V/V型牵引变压器应用在胶济线高速铁路上；承担的国务院战备办公室下达的科研开发产品：电气化铁路应急移动变电站成功试运行并通过了铁道部鉴定。获得了铁道部广州铁路局科研成果一等奖；自主研发的YN/A平衡牵引变压器和V/X型高速铁路牵引变压器被评为《国家级重点新产品》，公司被国家科技部列为该产品的技术依托单位；同时公司将进一步开发电力系统所需的移动快装式变电站和车载变压器。

银川泰丰生物科技有限公司

一、公司简介

银川泰丰生物科技有限公司成立于2003年，注册资金1500万元。位于宁夏国家级经济技术开发区——银川德胜工业园区。旗下品牌百瑞源。公司依托宁夏枸杞资源优势，是一家专业从事枸杞种植、研发、生产、销售于一体的高科技民营企业，被自治区人民政府授予“自治区农业产业化经营重点龙头企业”。

公司依托宁夏枸杞资源优势，采用传统中医与现代高科技相结合的方法，与国际国内多家科研院所合作，对枸杞进行综合开发，现已投放市场的百瑞源系列产品有：枸杞系列保健食品、枸杞系列养生饮品、枸杞系列休闲食品、枸杞干果系列产品、枸杞草本系列产品、枸杞半成品（枸杞籽油、常温枸杞鲜汁、枸杞多糖、枸杞冻干全粉等）等六大类五十余种产品，产品已远销东南亚和欧美等国家，在国内国际市场受到消费者和客户的高度赞誉。

百瑞源枸杞养生馆是公司整合宁夏枸杞资源优势和市场优势，在枸杞行业率先推出的将中华养生文化与枸杞系列产品融为一体的全国连锁经营机构。经过几年的市场建设和品牌培育，目前百瑞源枸杞养生馆已在北京、上海、西安等二十多个国内一二线城市设立了专卖店。

为进一步将中华枸杞养生文化发扬光大，百瑞源集众家之长，悉心筹谋，投巨资兴建中国枸杞馆。此馆的面世，对推动宁夏枸杞产业快速发展意义重大，为宁夏枸杞红动中国、走向世界奠定了坚实的基础。

公司秉承“百德诚为先，百事信为本”的核心理念，传承四千年枸杞养生文化，立志做大做强宁夏枸杞产业，打造中国枸杞第一品牌，让百瑞源走出宁夏、走向世界，让宁夏枸杞红遍全球！

二、公司资质

2003年公司顺利取得自营进出口权资质；

2005年12月7日公司荣获保健食品GMP证书；

2005年公司通过ISO 9001：2000国际质量管理体系认证；

2007年百瑞源枸杞油胶丸经国家食品药品监督管理局批准：具有“抗疲劳、调节血脂”等功能；

2007年公司顺利通过德国色瑞斯有机枸杞基地认证；

2007年公司顺利通过美国犹太认证；

2007年公司顺利通过美国FDA认证；

2008年2月公司顺利通过HACCP食品安全管理体系认证；

2008年公司顺利通过ISO 14001：2004环境管理体系认证；

2009年5月份公司顺利取得了清真食品准营证；

2010年3月公司顺利通过绿色食品认证；

2010年公司枸杞油软胶囊荣获自治区保健食品GMP证书。

三、公司荣誉

2005年12月百瑞源品牌荣膺“中国西部理想品牌”；

2006年公司被授予“农业产业化经营重点龙头企业”；

2006年百瑞源枸杞油胶丸荣获宁夏名牌产品；

2008年百瑞源枸杞果汁荣获宁夏名牌产品；

2008年百瑞源被授予自治区50大庆唯一指定礼品；

2008年百瑞源被授予自治区人民政府接待专用礼品；

2009年百瑞源被授予宁洽暨中阿论坛会议接待专用礼品；

2009年百瑞源被授予“中国十大特色食品领导品牌”；

2010年“百瑞源枸杞养生馆”进驻上海世博园；

2010年百瑞源被评为“世博工作先进集体”；

2010年百瑞源被自治区人民政府授予“上海世博工作先进集体”称号；

2010年连续五年被评为“重合同守信用”单位；

2010年被银川市政府评为“小巨人”企业；

2011年百瑞源被评选为“农业产业化经营优秀龙头企业”；

2011年公司投资数千万元建成中国枸杞馆。

四、公司创新

通过几年来全体百瑞源人的努力拼搏，百瑞源由原来枸杞行业的跟随者，变为行业的领导者，品牌知名度和市场占有率均居行业前列，不但企业自身得到快速成长，而且为宁夏枸杞行业做出了积极的贡献。具体工作表现在以下五方面：

（一）品牌定位精准

百瑞源——枸杞养生专家，不仅自身品牌定位精准，而且对宁夏枸杞产业给予了精准的定位，从此将枸杞列入养生产品品类，使宁夏枸杞身价倍涨。带动了枸杞产业的发展，实现农民增收、农业增效，确保枸杞产业健康发展。

（二）品牌战略目标清晰

百瑞源——打造中国枸杞第一品牌，品牌战略目标清晰，既符合公司在行业中所处的地位和枸杞产业发展的格局，又符合企业的实际状况，为公司的发展指明了前行的方向。

（三）产品创新

公司奉行“品质铸就品牌，科技成就未来”的发展思路，围绕品牌定位和品牌战略目标，以高标准、高起点、严要求为准则，开展了一系列产品创新工作。公司投放市场第一盒金属盒抽真空独立小包装枸杞，以品质至上、创意新颖，在市场上引起强烈轰动，被业界誉为枸杞产业的一次革命，这款产品投放市场，彻底改变了宁夏枸杞的品牌形象。众商家纷纷跟进，但至今从未被超越；此后，公司又成功开发市场首款免洗枸杞、有机枸杞、中国枸杞油等一系列产品，目前累计近70个品种，大大提升宁夏枸杞附加值，延伸枸杞产品产业链，同时，与区内外高等科研院所建立良好合作关系，并与宁夏大学生命科学院共建实验室，为百瑞源技术创新提供强有力的技术保障。

（四）品牌营销

公司品牌营销走差异化之路，取得了巨大的收益。面对众多竞争对手，公司在品牌营销上走文化营销之路和抓事件营销，使品牌快速成长。

第一，将枸杞产业、文化产业、旅游产业三者的完美链接可谓是百瑞源文化营销成功的经典。2007年百瑞源建成了宁夏规模最大、开放式的宁夏枸杞馆，截至2011年5月，累计接待游客逾30万人次，为推动宁夏枸杞产业和旅游产业做出了积极的贡献。但由于宁夏枸杞馆规模小、档次低，百瑞源集众家之长、悉心筹谋，历时三年，建成了全国规模最大、文化内容展示最丰富的中国枸杞馆，并于2011年6月投入使用。据估计，中国枸杞馆年接待量将达到20万人次，对推动宁夏枸杞产业和旅游产业健康快速发展意义重大。

第二，紧跟时代发展机遇，助推品牌发展。

2008年在宁夏回族自治区成立50周年大庆之际，百瑞源抢抓机遇，成为50大庆唯一指定礼品，大大提升了百瑞源的品牌知名度；

2010年百瑞源牵手上海世博会，再度在全国提升了百瑞源品牌知名度和宁夏枸杞的品牌形象，彻底改变了宁夏枸杞在消费者心目中的传统形象，让宁夏枸杞走出无品牌、走低端市场的困境。百瑞源品牌战略不仅成就了自己，还助推了宁夏枸杞产业的快速发展。

通过文化营销和事件营销，百瑞源品牌显得更有内涵、品位和张力，表现出旺盛的生命力。要说2010巧借上海世博之力，快速提升百瑞源的品牌影响力，那么，2011中国枸杞馆的落成开馆，不但为百瑞源品牌成长夯实了根基，而且对助推宁夏枸杞产业快速发展、宣传中华枸杞养生文化意义重大。

（五）市场营销

百瑞源以宁夏为腹地，以中国枸杞馆为核心，以百瑞源枸杞养生馆为辐射点，逐步拓展全国和海外市场。

根据丰富的产品线，公司在营销模式上大胆创新，2009年率先在枸杞行业推出了融高科技枸杞产品和中华枸杞养生文化于一体的全国连锁经营机构——百瑞源枸杞养生馆。一流的店面形象，深厚的枸杞养生文化底蕴，大大提升了宁夏枸杞的品牌形象和百瑞源的品牌形象。通过几年的市场运行和验证，这种营销模式完全符合产业特性，几年来，直营店取得了良好的销售业绩，为推行全国连锁加盟奠定了坚实的基础，截至目前在全国已有多家直营店和连锁店。百瑞源枸杞养生馆的成功赢在营销模式，其不仅仅是产品销售窗口，更是感受养生文化和体验系列产品的过程。

五、公司发展战略

总目标：用五年时间，力争使百瑞源的综合实力达到枸杞行业第一，在2011年实现销售收入1.2亿元的基础上，2015年实现销售收入5亿元，把百瑞源打造成中国枸杞第一品牌，并实现企业上市目标。

大连德新机电技术工程有限公司

大连德新机电技术工程有限公司成立于2001年，坐落在甘井子区辛寨子工业园区，建设面积8000多平方米，从业人员150余人，研究生、本科生、大专以上学历人员占职工总人数50%以上，拥有从事产品研发及产品设计的高级工程师、工程师职称技术人员40余人。为实现专业化设计、规模化生产的能力，2007年公司又投资成立了大连德新辅机公司。

公司主导产品：自动输送装配线及各种非标专机辅机设备；组合式电动螺栓（母）拧紧系统及螺栓自动上料设备；组合式电动螺栓（母）拆卸、挑盖设备；发动机曲轴回转力矩及曲轴间隙测量设备；汽车扭杆弹簧测试设备；各类扭矩测试仪、各类加注设备、风动工具测试台；手持式扭力扳手（定扭矩型、数显型、指针型）；各类进口系列风动工具，标准及非标套筒；自动喷标装置；制动液、防冻液加注机。

大连德新公司在螺栓（螺母）拧紧设备在汽车以及其他等装配领域，已成为国内知名品牌。公司通过技术引进、技术合作及零部件的引进，根据国内不同需求，进行了二次开发，形成了多种配置的系列化产品，满足不同领域的技术改造及增加新装备的需要。多年来，公司采用进口国际当今最为先进的交流伺服电机和全数字式伺服系统，进口传感器、减速器部件及先进的专用控制单元组装生产的多头组合微机数显电动扭力扳手，以其精度高、功能多、速度快、可靠性好，而广泛应用于汽车、摩托车行业的总装厂和发动机、变速器、底盘、车轿等生产厂的装配线上，对大幅度的提高劳动生产率，减轻劳动强度，提高产品装配质量起到了很大的促进作用，产品已在全国40多个地区150余家企业投入使用。自动喷标装置、手持式智能数显扳手、动态扭矩校准仪等产品，先后被国家专利局授予实用新型专利产品。

“质量第一、信誉至上”为公司的宗旨，本着

“质量是生命，用户是上帝”的精神，恪守信用，求实进取，开拓创新，注重服务，满足各用户不同用途的需求，是德新公司追求的目标。

大连华立国阳科技发展有限公司

大连华立国阳科技发展有限公司成立于2002年，是一家集设计、生产、服务于一体的实业公司，产品涉及涂装设备（喷粉、喷砂、喷漆）生产线、真空离子镀技术设备及工艺、物流输送设备、仓储设备等领域。多年来公司以技术为本，立足市场，服务于客户，专门致力于涂装及仓储物流设备的开发、研究与制造，以设备的节能化、环保化、人性化为设计理念，不断的推出涂装设备的新结构，新工艺，新理论，产品行销全国各地。

公司成立9年以来，引进吸收了美国，瑞士，德国涂装设备的先进技术，拥有国家级专利技术22项，先后为造船、兵工、机床、汽车、摩托车、家电、铝业、通讯、电视机、轻工、家具、农机等各行业大中型企业及外资企业提供了涂装及仓储物流专案交钥匙工程，获得国内外客户的好评。

2009年在大连长兴岛开发区创建华立国阳现代化环保涂装产业基地，工程占地八万平方米，专为入驻长兴岛的造船、风电、化工机器制造业配套，实现了互惠多赢的良性循环。依靠华立在业界多年积累的信誉，被中国涂装行业协会推举为中国涂装产业标准事业部，为华立国阳打造现代环保涂装产业规模最大、标准最高的中国华立国阳——中国现代环保涂装产业基地奠定了基础，并在三至五年内，力求达到该行业的中国涂装标准制定单位、生产设备检测基地和涂装人才培训基地；靠标准、技术和高端精准人才引领中国现代环保涂装产业向现代化大工业目标前进。

华立愿意用高端精准的服务和技术为大客户做好标准的、强化的、环保的、强速化地服务，在互惠互利的基础上实现多赢。

大连嘉泰生态网业有限公司

大连嘉泰生态网业有限公司是中国研发、生产生态网最早的企业，也是将生态网应用于农业上获得成功的企业。公司拥有职工500余人，先后从日本、韩国引进了先进的各类设备80余台套，用于生产各种网类。产品出口十几个国家和地区，在国内外同行业中享有很高的声誉。公司已经通过ISO 9001质量管理体系认证和ISO 14001环境管理体系认证，连续多年被大连市工商局列为免检企业，被大连海关列为A类出口企业。公司拥有30项发明和实用新型专利，是大连市专利试点企业和科技领军型企业。公司下设两个工厂：一个位于大连瓦房店市李官镇华铜，占地面积4.3万平方米，其中建筑面积2.1万平方米。另一个位于大连长兴岛临港工业区，占地面积为7.67万平方米，其中建筑面积为4.69万平方米，是研发与生产生态农业网的生产基地。

2011年3月，嘉泰公司与瓦房店市政府签署了《建立中国首家现代生态农业网技术示范区战略合作协议》，中央电视台、中国经济导报、大连电视台、大连日报等媒体也同时进行了广泛的报道。根据协议，在未来三年内，双方将在瓦房店地区创建中国首家大型、高标准的现代化生态农业网技术示范区，为近40万亩果园及蔬菜基地建立生态网防护工程，总体投资额20亿元；计划“十二五”期间在瓦房店市乃至整个大连地区建立起一套完整的园艺农业减灾和防灾体系，以促使农民增产、增收，达到遏制农药污染、确保蔬菜水果绿色、安全、健康的目的。

生态农业网市场：水果产业是辽宁省支柱产业之一，大连市是中国最大的苹果种植基地之一。2010年大连地区仅苹果种植面积就有240万亩，如果将大连地区的水果及蔬菜种植面积的60%采用生态农业网技术，每年就可以增收100多亿元。如果将辽宁省地区的水果和蔬菜种植面积的60%采用生态农业网技术，每年可以增收700亿~800亿元。

绿化植被网市场：目前中国水土流失面积接近全国陆地总面积的1/6；全国近40%国土约360万平方公里的陆地已经沙漠化，中国近十年因沙漠化而遭受的经济损失达2万亿元。虽然中国每年都在搞植树造林，但沙漠化现象仍越来越严重，植树造林不仅成本高，成活率低，而且效果极其有限。如果在中国长江以北的地区采用绿化植被网恢复植被，市场估值超过2700亿元。

大连森谷新能源电力技术有限公司

大连森谷新能源电力技术有限公司成立于2007年5月，位于大连市高新技术产业园区，致力于研发、生产、配置光伏发电系统为主营的高新技术企业。主营范围：太阳能电力技术开发、太阳能供电设备、太阳能电池组件、太阳能控制器、太阳能照明、太阳能电动车等。

公司拥有现代化的厂房和生产设备，已建成大连市第一条太阳能组件生产线，专门生产各种规格的多晶硅、单晶硅太阳能电池组件，满足太阳能发电工程与太阳能照明工程的需求。公司拥有已授权的25项专利技术，是大连市专利试点备选企业。

公司太阳能电池组件项目生产线，年产能力达5兆瓦，主要生产各种规格的单晶硅、多晶硅的太阳能光伏电池标准组件，年产值将达1.2亿元以上。2010年初森谷新能源公司又开发出双玻璃太阳能电池板的制作工艺和生产技术，并已申请国家专利。大功率双玻璃太阳能电池板是太阳能光伏建筑一体化的关键部分，BIPV是将太阳能光伏产品集成到建筑上的技术，它不同于传统的单玻璃太阳能电池板附着在建筑上的形式，可以制成玻璃幕墙、透光屋顶等，使太阳能光伏与建筑物达到完美的结合。光伏与建筑集成的BIPV产品作为庞大的建筑市场和潜力巨大的光伏市场两者的结合点，存在着无限广阔的发展前景。

森谷新能源公司2008年9月推出的首款“太阳能电动车”获得了第六届中国国际专利技术与产品交易会金奖。2010年森谷新能源公司又推出了自主研发生产的高尔夫球电动车、太阳能观光车，并在大连森林动物园、西安世园会等多处投入使用。该车造型新颖、驾驶便捷，具有不燃油、零排放、噪音小等环保特点，较之普通电动车充电更方便，行驶过程中也能完成太阳能充电，完全不受充电站地理位置的限制。森谷太阳能电动车最高时速为25公里，一次充电加之太阳能补充充电，最大行驶里程为100公里，可广泛用于高尔夫球场、厂区、校园、高档小区及旅游景区。

大连市铭源全科技开发有限公司

大连铭源全科技开发有限公司是专门从事混凝土外加剂专业生产商和混凝土应用方案解决商。公司秉承“品质铭刻心中，服务源于真诚”的经营理念，坚持“安全至上，质量第一”的管理原则，与各方合作共赢，获得了行业内、区域内的认可，成为全国混凝土外加剂协会会员。

公司现有萘系、氨基、聚羧酸三大系列混凝土外加剂产品。主要品种有高效减水剂、早强剂、防冻剂等15个品种。产品广泛应用于高速铁路/公路、地铁、桥梁、隧道、机场、码头（港口）、水电站、核电站及地产开发等项目的施工建筑。经过不懈奋斗，铭源科技实现持续高速增长，产品在大连地区市场占有率达40%以上，并不断开拓国内和国外市场。

铭源科技坚持以技术创新求发展，组织科研队伍，积极打造技术力量，不断研发新产品、完善新工艺。自2008年起，公司已申请发明专利40余项，其中已有2项获得实用新型发明专利。2009年，铭源科技2万吨/年聚羧酸高性能减水剂项目获得大连市科技进步三等奖，2010年，公司组织研发的聚羧酸减水剂项目荣获辽宁省第八届新产品奖二等奖。优质的产品和高效的服务吸引了众多合作——盘锦疏港铁路、甘库高速铁路、红沿河核电站、世界第三亚洲第一的韩国STX造船、东北第一高楼中心·裕景等项目都对铭源科技的产品给予了极高的赞誉。

目前公司正在积极筹划铭源低碳节能环保产业园规划。该产业园的目的是综合利用“尾矿、尾砂、尾渣”资源、配制高、精、尖建材系列产品。园内将建成技术研发区，教育培训区，检测及认证中心区，产业发展区。下设低碳节能环保研发中心，低碳环保管理学院及培训中心，材料检测中心，百万吨绿色混凝凝土及制品生产基地，百万吨高新技术产品生产基地，百余种建材添加剂生产基地。

大连天启木业有限公司

大连天启木业有限公司创建于1996年，是专业从事生产、加工建筑装饰用各类集成材；设计、生产各类家具的企业，主导产品为集成板材、集成柱、DIY集成材等系列，产品90%出口国外市场。

公司厂区占地面积59000平方米，建筑面积41000平方米，拥有集成材系列产品生产线5条，固定资产总值1.27亿元。年木材加工能力为64000立方米，年产水性高分子环保集成材28000立方米。

2010年公司投资3900万元进行技术改造，新厂区占地面积23000平方米，拥有标准化生产车间，办公楼与科研楼各一座，建筑面积9800平方米，新建三条集成材生产线，并对现有两条集成材生产线设备进行更新改造。同时，公司以水性高分子木材粘合剂为依托，针对目前的市场需求，将建设集成板系列、集成柱系列、DIY集成板系列等生产线，引进自动化设备，降低生产成本，提高生产效率，以优质的产品，发挥原木资源的最大效能，使企业在竞争中占据优势地位。大连天启木业有限公司将以全新的经营发展路线，走在中国集成材业的最前沿，以低碳、创新、发展，构筑中国集成材业的典范！

大连天益玻璃制品有限公司

大连天益玻璃制品有限公司成立于2003年9月，坐落在普兰店市太平工业园区，公司占地面积为37840平方米，建筑面积为22000平方米，注册资金2500万元，现有员工160人，其中技术管理人员30人。公司技术力量雄厚，拥有现代化的生产设备，实行科学化的管理，严格按国际技术标准组织生产，并以优良服务为广大用户提供高性能、高品质的玻璃棉和毡两大系列产品；并针对不同场地的需求，研制了不同种类的超细玻璃棉产品共100多个品种，玻璃棉和毡产品广泛应用于地面、墙体、吊顶、下水管道、机房、空压机等多种场所。公司生产的产品是目国内隔音量最大、保温隔热性能最好的环保保温材料之一，是被广泛采用的最佳环保产品。

大连天益制品有限公司秉承“追求卓越、永不满足”的管理理念，不断地发展壮大，成为东北地区玻璃制品行业的领军企业，产品质量达到国内外领先水平。产品不但销往大连、哈尔滨、营口、福州、上海等20多个国内城市及地区，而且畅销日本、俄罗斯等多个国家，其性价比高于同类其他产品。

公司董事长蔡光民，历年为社会公益事业、光彩事业和困难群体提供了大量的资金捐助，彰显出天益的财富品质观和社会正义感，展现出一个优秀的民营企业在市场经济条件下健康发展的良性轨迹。

大连宇豪轴承制造有限公司

大连宇豪轴承制造有限公司成立于2003年6月

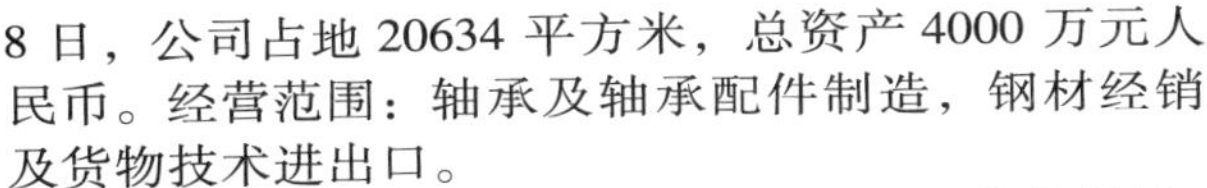

8日，公司占地20634平方米，总资产4000万元人民币。经营范围：轴承及轴承配件制造，钢材经销及货物技术进出口。

大连宇豪轴承制造有限公司通过产品优化设计、先进的工艺流程，精良的设备、完善的检测手段、严密的质量保证体系，使生产出的产品以噪声低、精度高、品质优、寿命长等特点而著称。公司研发的碳纤维复合材料轴承填补了国内空白。

公司提供ISO 9001等国际标准和国家标准的深沟球轴承、调心球轴承、圆柱滚子轴承、调心滚子轴承、滚针轴承、圆锥滚子轴承、推力球轴承和推力滚子轴承九个类型及大型、特大型和非标准轴承。产品广泛应用于汽车、拖拉机、机床、电机、船舶、石油钻机、矿山机械、轧机、造纸、轻纺、印刷机械、航空航天、机器人和国防等各个领域。同时还提供销售非标准轴承、轴承专用设备、特种钢等产品。在2010年6月，公司申请专利的碳纤维复合轴承，已经成为了国内市场的热销产品。并且在2011年成为专利试点，目前有科研人员20人，公司拥有30多项专利。

公司将继承拼搏、探索、攀登，不断的创新，以产品质量求生存，靠科技促发展，以一流的技术和精品，为用户的发展做出应有的贡献。

大连裕曼食品有限公司

大连裕曼食品有限公司成立于2006年，公司占地面积5万平方米。职工437人，年生产能力20000吨以上。贮藏能力5000吨。2008年公司又投资5000万元，引进日本和韩国先进的生产设备和先进工艺。生产罐头、水果饮料、咖啡饮料。公司拥有七项专利，是大连市专利试点备选企业。

裕曼食品在“深化企业管理、加强客户服务、创造优质产品、成就名牌企业”的企业管理方针的指引下，严格执行HACCP食品卫生安全体系、ISO 9001国际质量管理体系。作为内、外销水果罐头生产商，裕曼食品公司在不断创新发展的同时，注重从员工培训、产品研发、原料控制、生产流程设计到市场管理及经销商协助等等一整套专业的运作。公司依规模化企业运营模式，坚持“优质原料，严格控制，持续改进，争创一流”的质量方针，加强产品质量安全管理，推进技术创新，提升企业核心竞争力。

公司生产的冷冻产品、水果罐头系列产品、果酱系列产品、饮料系列产品及咖啡畅销世界多个国家和地区，深受国内外消费者青睐。水果罐头分为360g系列、820g系列、1200g系列三种规格，满足各种消费群体。饮料、果酱是从韩国进口引进的。我公司产品均是馈赠亲朋好友的佳品。

公司提倡“务实、团队、专业、创新”的企业精神，关注员工的持续成长，在实现客户价值、股东价值和员工价值最大化的同时，为消费者提供更多绿色、有机、安全的食品。

吉林敖东集团大连药业股份有限公司

吉林敖东集团大连药业股份有限公司是上市公司吉林敖东药业集团控股的子公司，坐落于大连市旅顺口区，厂区占地面积3万多平方米，建筑面积1.8万平方米，注册资本2600万元。设有口服固体制剂等七个生产车间。是一个集药品研发、生产、销售为一体的现代化综合制药企业。

公司自成立以来一直把科技创新工作放在首位。公司设有独立的科技研发中心，研发中心设有信息部、药学部、药理临床部和试制部，有专职科研开发人员30人。其中硕士以上学历8人，其余均为药学专业本科以上学历并有着丰富的工作经验。公司现有品种70余个，共自主研发新药30余个，品种涵盖心脑血管、风湿类、妇科病、解热镇痛、避孕药等多种常见病和多发病的治疗和预防药物。拥有发明专利2项、实用新型专利1项，外观设计专利若干，中药保护品种4个。

公司先后被国家科技部、财政部、税务总局三部委联合评定为国家级高新技术企业、荣获了“大连市五一劳动奖状”、“大连市优秀发明单位”，并获国家质量信用等级证书、大连市食品药品监督管理局质量管理信用等级A级企业、国家人口和计划生育科技工作先进集体。敖东大连药业将秉承“创新承载未来”的企业发展思路，严把“细节决定品质，品质决定生命”的质量信条，使企业发展成为一个以科技创新为依托，以产品质量为保障的创新型企业。

青岛市恒顺电气股份有限公司

青岛市恒顺电气股份有限公司自1998年创建以来，经过十多年的努力和各行业客户的大力支持下建成集无功补偿及滤波成套装置、电力互感器的设计制造于一体的专业性厂家。公司于2011年成功上市创业板，成为青岛市上市企业之一。

公司核心技术装备均属国际或国内一流，试验水平达到国内一流水准。公司生产运作全程实行ERP管理，现生产产品均通过国家级鉴定和ISO 9001：2008国际质量体系认证。公司产品电压等级覆盖了0.4～110kV全部电压等级，容量最大单套达到150Mvar。近年开发的互感器（SF6、CT、CVT）系列产品和磁阀式可调电抗器（MCR）系列产品，均属国内领先技术。

公司技术中心2008年被青岛市认定为市级技术中心；2009年再次命名为“青岛市高新技术企业”；并先后命名为“青岛市民营科技单位”、“青岛市AAA级企业信誉单位”；取得了电力电容器山东省名牌产品称号；获省、市科技进步奖多项；被评为青岛市民营企业十家最具成长型中小企业之一；2010年被评为青岛市首批108家最具融资价值中小企业之一。

公司在创业初期的五年里，坚持在技术上高起点、高技术含量，以市场的需求，满足客户的要求为企业的第一宗旨，完成了恒顺第一阶段的战略目标，即建厂立业，在市场经济的大潮中立住脚跟。在第二个五年的发展规划中，企业加大了技术改造的投入，于2004年引进了国际上最先进的全自动电容器制造加工设备。新生产基地一期投资达1.6亿，生产设备及试验设备达到国内一流装备水平，逐步实现了第二个战略目标，即将企业做强做大，将恒顺电气由中小企业向大中型企业迈进。在第三个五年发展规划中，主要目标是发挥企业研发能力强的特点，创造企业知名品牌。公司于2011年成功上市，为企业创造知名品牌迈出了可喜一步。

一、技术创新成为企业利润的增长点

2001～2004年是公司创业中走向规模化生产的重要年代，当时正值农网Ⅱ期改造之中，电力系统对电网质量提出了更高的要求。电力系统的综合自动化成为了提高电能质量的发展方向，公司针对这一课题，集中设计精英，研究开发的高压有载自动投切并补装置在国内率先推向市场。其设计优化程度均高于相续投入市场的无功自动补偿产品。仅此一项新品即在当年设计、当年占领市场，其产值即达到当年产值的30%以上，使公司年产值突破亿元。

近年来国家电力系统对电网中的谐波治理摆在了重要的位置，为了提高电网质量，公司聚集具有丰富经验及理论基础知识的设计人员，针对谐波治理中实际线路上复杂条件及恶劣环境首先进行了仿真数据程序设计，经过产品研发，设计的数十项滤波兼并补装置投入使用，其中国内最大容量滤波兼并补装置出口“哈萨克斯坦”，2010年公司首套110kV MCR型SVC装置在华北电网挂网运行。公司起草的《高压电力滤波装置》行业标准经国家审核批准并于2010年7月1日正式实施。

新产品的开发已成为企业经济增长的主要组成部分，公司计划每年开发至少五个新产品，至少3个在当年推入市场，确保公司在竞争的市场上永不言败。

二、人才培养成为企业前进的源动力

随着企业的发展，产品开发人才成为产品研发的重中之重。公司为了长远的目标，聘请国内著名专家、教授，并与国内著名科研院校建立了紧密型产、学、研联合开发体系。与西安交通大学建立了长期的合作关系，并保送四名科技骨干攻读工程硕士，利用产、学、研的优势，推动了产品技术的升级换代。

公司坚持在技术上高起点、高技术含量，以科学成果迅速产业化，占领行业制高点。经过多年的奋斗，已形成了以无功补偿及电力滤波系列的主导系列产品。公司成立的技术中心把技术创新放在了首位，110kV超高压并补、滤波、MCR型SVC动态无功补偿装置等新产品已先后应用于市场中，确立了公司在电容器行业中无论从电压等级还是补偿方式品种最全的优势。

三、敢于创新成为企业发展的新契机

2010年公司完成新测试中心建设项目，该项目主要是为公司开发的“磁阀式可控电抗器（MCR）型动态无功补偿技术”及高电压等级的互感器系列产品的配套而进行的厂房建设和试验装备，其中MCR项目样机已挂网运行，在完成的产品科技评审结论中专家评价“该项目处于国内领先水平，建议全面推广”。该项目已为公司创产值近千万元。

未来几年公司将对国家电力发展方面的特高压技术和智能电网产品进行系统研究开发。主要产品为适用于±800kV～1000kV直流特高压输电系统用的500kV滤波补偿电容器装置和智能电容器、电子式互感器等。在未来10年时间里，国网和南网公司在特高压直流输电系统上的投资将会有数千亿元，前景非常广阔。

“履行恒顺电气社会责任，建设恒顺电气百年品牌，视电网安全高效为己任，为电网节能环保而努力”是恒顺电气的奋斗目标。作为青岛市上市企业之一，公司将为电力工业的发展创造高新“恒顺”品牌产品。

青岛海德威科技有限公司

青岛海德威科技有限公司是一家股份制拟上市公司，自2005年创业，至今已发展成一个拥有独立研发、制造、营销系统的高新技术企业，公司总部设在青岛市崂山区，在国内主要港口上海、广州、深圳、大连、舟山、山海关、南通、黄岛等地设立了办事处，在全球52个国家设立了120多个售后服务网点，是同行业唯一具有完善全球服务网络的公司，现已成为船载航行数据记录仪国内第二的供应商，注册资本3500万元。

公司名称中，英文“headway”寓意为：“Heading the way,”就是要通过我们的努力，成为船舶行业领航者，中文“海纳百川，厚德载物，扬威四海”。海德威的发展愿景和奋斗目标，就是要建成世界知名的高技术含量船用配套产品制造商，建成像日本JRC、Furuno这样的百年跨国企业。遵循这样一种指导思想，公司自2005年创业以来，以每年高速增长的销售业绩，现已发展成一个拥有独立研发、制造、营销系统的外向型企业。

品牌是构成企业核心竞争力的关键。随着海德威压载水处理设备系列在国际知识产权保护方面的成功，公司自创的“海德威”品牌已拥有较高的知名度和美誉度。公司的品牌定位是成为在船用配套通导领域全球知名的高端品牌。不久前，在全省召开的船舶工作会议中强调，支持重点配套产品的发展，鼓励船舶配套企业自主创新能力，同时，国家工信部也提出要切实加强船用设备的发展和自主创新，推进重点船用设备国产化、自主化，加快提升船舶配套业整体水平，国家已对船舶配套企业相当重视，加大力度扶持国产品牌，海德威公司正是在政府的领导下，努力进取，在不断提高产品质量的同时，也加大了市场的销售工作，并重点开拓了国际市场，已初步建立了完善的营销网络。

海德威公司现主要经营船载航行数据记录仪，

产品已通过了欧盟的 EC 认证，中国 CCS、英国 LR、美国 ABS、德国 BSH、波兰 PR、俄罗斯 RS、印度 DGS 等各国船级社的认证，产品大多销往欧洲、亚洲、中东、北美、非洲等国家和地区，并与其中大多数客户达成长期合作协议。公司非常重视产品研发及市场拓展，每年在此两项的资金投入都占公司营业额的 30% 左右。新开发的高技术、高附加值产品已成为公司经营的主要增长点。公司今后的产品发展，在稳定原有通导设备领域的基础上，已开发出国际难题的环保设备船舶压载水处理系统，产品具有国际先进水平，已走在了国内前沿。截至目前，公司已累计申请专利 18 项，发明专利 4 项，外观设计专利 2 项，实用新型专利 10 项，软件著作权 2 项。公司已通过 DNV 船级社、ABS 船级社、德国 BSH 试验室的 ISO 9001 质量体系认证，公司的管理和生产严格按体系要求的进行，产品的质量得到保证。

产品质量方面，公司还建立健全了行之有效的产成品例行检验和出货检验制度，主营产品平均“产品合格率”达到 100%，处于同行业领先水平。公司还先后被授予高新技术企业、山东省船舶工业先进企业、山东省专利明星企业等荣誉称号。

高技术含量船舶配套业是国家重点扶持的领域，特别是在全球市场一体化的形势下，随着全球造船业和修船业的梯度转移，中国的造修船产业占全球的 80%，船舶配套业占有很大的市场空间，长期以来，国际通导设备占据了垄断地位，国产通导设备的开发成功，在价格和安装时间上占有绝对优势，经过三年多的产品销售，已逐步在国内和国际市场上打造了海德威的知名品牌。海德威的战略目标是首先成为船舶通导设备领域的领航军，然后再谋求更大的发展。公司产品目前已在世界主要发达国家船舶上安装，公司已拥有完善的全球服务体系，2008 年国际市场占有率在 30% 左右。在抢占国际市场的同时，我们也展开了对国内市场的布局。2008 年在国内市场占有率达到了 60% 以上，已在上海、广州等 11 个主要港口设立了办事处，与中远、香远等建立了长期的合作关系，在取得不俗业绩的同时，公司品牌已经拥有了良好的知名度，公司的产品技术质量水平和售后服务工作也都获得非常优秀的市场评价。

在技术创新方面，公司自成立之初就高度重视技术研发工作。从 2007 年开始，公司进一步加大了技术研发力度，从研发投入、人员配备、制度管理、信息化建设、产学研合作等方面全方位着手，努力使公司达到并保持行业领先地位。在设计队伍建设方面，公司成立了包括中、高级职称人员在内的 35 人的专业设计研发队伍，并与哈尔滨工程大学、哈尔滨工业大学、武汉理工大学、中国科学院长春应化所、物理所等展开了广泛的技术合作。为开阔视野，公司设计人员定期前往德国、希腊等世界著名船舶工业发展国家参观。经过艰苦努力，公司目前已经在核心技术方面实现了重大突破，船载航行数据记录仪采用了 Vx-works 操作系统，具有超强的稳定性，采用 PC104 架构，使设备体积最小、功率最低，仅 25W，具有国际领先水平。新开发的船舶压载水处理系统填补了国内空白，其核心技术“一种利用微电流电解灭菌除藻装置和方法”申请了国际发明专利，在此基础上，公司将知识产权战略作为公司的核心战略之一，在公司内部成立了知识产权部，全面负责知识产权工作。

经过多年实际开发，公司技术中心人员的专业技术水平和理论水平都有了较大的提高，增强了产品的研发和设计能力。公司建立了绩效考核机制，使技术人员的收入与其负责的项目绩效直接挂钩，有效地激励了技术人员。

人才的引进和培养机制是技术中心不断提升能力的重要保证。公司与武汉理工大学、哈尔滨工程大学、西南科技大学等各所高等教育机构建立了长期稳定的人才供需关系，立足于培养建设年轻的技术队伍，储备人才是持续改进和技术创新的人力根本。另外，公司又选派了 10 名技术人员，先后参加德国海事展、新加坡海事展、希腊海事展、日本海事展等国际展会，与客户直接沟通，探讨产品研发过程中的各项问题。通过以上途径，加快了研发工程师的成长。

在技术攻关的过程中，研发部坚持“走出去，请进来”的积极合作态度，着眼于项目的人才引进原则是：“适合的就是人才”，不断地吸收了许多各学科领域的专家，为项目研究提供了人才保障。

在政府各级领导及各主管部门的关怀支持下，海德威公司正在进入一个快速发展的新时期。随着海德威全面建设步伐的不断加快，已经成为整个青岛市成长最快的船用配套高科技民营企业之一，也成为山东省通导设备领域的独家企业，得到北京市政府和山东省政府的大力支持，项目获得国家、省、市的资助，在如此良好的发展环境之下，海德威公司有信心、有能力在 3 ~ 5 年时间里成为我国船用配套行业首屈一指的明星企业，建设成为具有自主知识产权的国际化大公司，为国家崛起和民族复兴做出应有的贡献。

青岛海丽有限公司

一、企业概况

青岛海丽有限公司，其前身是始建于 1922 年的青岛花边厂，为我国建厂最早的花边织带绳类产品专业制造厂家，素有“百年品牌，世纪花边”之美誉，是我国北方最大的花边、绳带产品生产基地。公司历史悠久，文化灿烂，是花边织带行业的“江北第一家”，为行业内的龙头企业，产品品类居全国第一。

公司下辖：

青岛海丽花边织带有限公司

青岛海丽贝特纺织有限公司

青岛亿和海丽高强力安全防护用品有限公司

青岛海丽服饰产业咨询服务有限公司

公司主要生产各类中高档 0.3cm ~ 15cm 全棉、化纤、弹性、非弹性装饰花边、织带，各类电脑提字带、棉花边、高强度拉力绳、氨纶花边、各类装饰丝带、绒带、航空吊拉带、安全带、耐火逃生绳、高层楼宇缓降器、物流吊装带、海洋特种绳缆、精疏丝光棉等多6000个品种，产品种类齐全、花样繁多，在行业内享有盛名，先后被授予山东省纺织行业“管理优秀企业”、青岛市“AA级信誉企业”、“青岛市劳动保障A级诚信单位”、“青岛市服装行业协会诚信会员单位”、“中国服装协会会员单位”、“青岛市文明单位”、“青岛市党建示范点”、“青岛市基层党建工作示范单”等，公司“海丽雅”品牌在2004年度被评为青岛市著名商标的基础上，2006年又被评为山东省著名商标，2007年荣获山东省名牌产品。

2011年，“安心”牌安全应急箱产品荣获市长杯工业设计成果大奖赛银质奖。

企业目前拥有瑞士、意大利、韩国、台湾产氨纶钩编机、高速无梭机、电脑提花机、高速织绳机、染色联合整烫机、电烫机等设备一千余台套，为省内同行业设备最全、规模最大的企业。公司拥有自营进出口权，产品直接出口远销美国、英国、土耳其、巴基斯坦、印度、韩国等国家和地区，经营规模和产品品类位居国内同行业前列。产品以风格独特、花型新颖，品质优良、交货快捷而备受国内外客商的青睐。为海内外近千家服装生产、运动品牌、居家寝装、汽车制造、建筑行业、航空运输等客户提供高品质的配套产品。

多年的发展中，企业注重管理机制、技术研发能力的改进和提升，取得了经济效益与社会效益的双丰收。企业各项经济指标连续多年位居省内同行业前列，2009年度，省同行业排位第一名。

二、成功经验

海丽始终相信只有依靠科学技术，只有依靠自主创新，企业才能生存和发展。公司经常召开专业技术人员座谈会，积极支持企业的自主创新工作，并每年组织科技研发人员考察国内外市场，例如美国、印度、越南、中国台湾、中国香港等国家和地区，走访客户，开发适销对路的新产品、新技术，以高品位、高技术含量、高附加值的产品占领市场，使企业在日趋激烈的市场竞争中立于不败之地。，科研人员研发的镶边纯棉花边项目已通过青岛市重点新产品鉴定，并申请了专利，同时获得山东省优秀新产品三等奖，企业目前拥有专利产品达到1800项，实用新型专利达到7项。

公司高度重视科技人才和技术创新工作，始终坚持以市场需求为导向，以经济效益为目标，不断完善激励机制，将人才的引进、培养、激励有机结合起来，创造优良的用人环境，让优秀的人才进得来、留得住、出成果、创效益，公司现有职工250多人，其中大中专生128人，占总数的50%以上。每年投入的科技术专项经费达到总收入的3%。

为提高技术创新能力，加强产品研发力度，我公司投资300多万元，陆续组建了无梭产品、勾编产品、锭编产品、染整工艺四个专业性非常强的研发部。目前各研发部拥有各类专业技术人才20多人，设备仪器60多台套，与全国十几所大专院校及专业机构保持合作和联系。目前各研发部已立项和完成的企业研发项目达到20多个，2009年，我公司为“大洋一号”科考船定向研发的深海勘测专用绳缆被认定为青岛市“专、精、特、新”产品，同年此产品进行国内市场化推广和技术提升，被认定为国家创新基金重点新产品，填补国内空白。

海丽公司一直致力于与高校、专业科研机构的强强联合，例如与清华大学合作开发新式逃生装备，与青岛大学纺织学院共同开发海洋特殊新材料绳缆以及青岛理工大学工业设计系、纺联技术研发中心、青岛染整新技术研究所等专业机构长年与各机构保持紧密的联系，为企业的新产品开发与专业人才的引进，奠定了坚实的基础。

目前新产品产值已占到公司总产值50%以上，自主知识产权作为企业的核心竞争力已逐步凸显出巨大成效。海丽公司已把知识产权工作作为一项企业可持续发展的战略性规划给与了高度重视，这也必将给企业和社会带来更大的综合效益。

三、总述

公司以诚信铺就基石，以专业赢得信赖，以创新谋求发展，以“客户想的，全是我们要做的”为经营宗旨，以“打造中国服装服饰行业第一品牌”为企业目标，不断凝练以“红色海丽、绿色世界”为主题的企业文化，企业核心竞争力不断提升，企业的诚信度和产品的美誉度得到众多客户的一致好评，尤其是2004年度工业园的顺利竣工投产，更为海丽的发展插上了腾飞的翅膀。面对全球经济一体化的挑战，我们决心不断进取，与时俱进，相信不久的将来，一个集科研、生产、销售、物流和产品精加工为一体的中国北方最大的花边织带生产基地，将以卓然英姿展现于美丽的黄海之滨。

青岛佳明测控仪器有限公司

青岛佳明测控仪器有限公司成立于1995年，是一家专业生产环保监测仪器的高新技术企业，现有员工200多人。公司现有厂房10000余平方米，拟新建厂房34000余平方米，主要业务涉及CEMS烟气固体排放、大气、大气污染源、水质、COD、氨氮、重金属、总磷、总氮、污水、微生物、粪大肠菌群、水中毒性物质监测等处理技术研究、设备生产，以及环保项目投资。强大的技术领先优势和独立知识产权，让青岛佳明成为具有巨大发展潜力的大型环保设备制造企业之一，在冶金、矿山、建材、电力、化工、玻璃、港口等众多行业中享有良好的市场声誉，品牌知名度在国内同行业中名列前茅，在青岛市同行业市场占据半壁江山。公司目前已经建立了覆盖全国30多个省（市、自治区）的销售网络，年产值超过亿元。

创新是青岛佳明不断前进的根本保障。通过自主研发，青岛佳明取得了众多发明专利。公司注重研发中心的建设，目前拥有一支经验丰富、技术精湛的研发队伍，形成了由博士、硕士和行业资深专家等构成的研发梯队，研发中心拥有一套完整科学的技术研究、产品开发、测试实验、技术管理体系，配备了主要研发和生产设备，分为理化实验室、生物实验室、光电实验室、光学实验室、高低温实验室、水质实验室、技术中心等部门，并且与中国科学院、长春理工大学等多个高科院所达成多个高新技术项目的合作。

公司于2003年通过了ISO 9001：2000版国际质量体系认证，在2004年到2007年间先后获得了由国家环保总局颁发的环境污染治理设施运营资质证书、产品认证证书及ISO 14000国际环境体系认证，并被青岛市政府认定为高新技术企业，2008年公司获得软件企业认定证书并被评为青岛市计算机信息系统集成三级资质企业。

精致服务　青岛佳明的永恒价值追求

目前，青岛佳明在全国20多个省（市、自治区）设立了技术服务站，真诚地为每一个用户提供售前咨询、安装调试、售后半年定期回访、人员培训等一条龙服务。同时，公司拥有一支强大的运营团队，具备废水、废气的运营资质，在全国多处城市运营并设立运营公司。

佳明人一直奉行“用户第一、信誉至上”的企业文化理念，以及“求实、创新、团结”的创业精神，坚持以人为本，以市场为先导，以高质量的产品、真诚的服务、过硬的技术为每一家用户服务。

环境和谐发展是未来的希望，环保意识是一个企业必须拥有的社会责任感。在“十二五”发展时期，佳明人将借助环境监测事业大发展的浪潮，不断开拓创新，依托先进的技术水平和完善的管理，发展适合中国国情的优秀监测仪器设备，为环保工作提供有效的监控数据，为全球环保事业贡献出自己的一份力量。

佳明文化与企业理念

企业使命：用高新科技改善环境、引领未来、以造福人类为己任和使命。

企业愿景：改善环境，为人类建造健康绿色的家园。

文化理念：以人为本、诚信立业、公平公正、锐意进取。

以人为本：尊重员工，尊重个人，充分发挥个人工作的积极性和主动性。

诚信立业：公司信奉脚踏实地、敬业守信的工作精神，始终保持对事业、对客户的忠诚。

公平公正：竞争的关键是公平，管理的砝码是公正，公司坚持公平竞争，公正待人。

锐意进取：和谐、团结，务实求真，创造性地开展工作。

服务理念：用户第一，信誉至上。

企业精神：厚德敬业，自强创新。

工作精神：脚踏实地，敬业守信。

用人理念：尊重个人，诚信至上；劳动光荣，论绩嘉奖。

宣传标语：宜人环境，源自佳明。

全线自主研发　独掌核心技术

核心技术是企业发展的原动力。青岛佳明拥有一支技术全面的高素质研发团队，所有产品都系自主研发，独立掌握核心技术，产品涉及气体分析检测、水质检测和微生物检测三大应用类别，每个类别有包括环境质量和污染源的检测、自动连续（在线）监测和便携式（现场）检测等两种分类方法，并配备了充足的研发经费，10000多平方米标准厂房的生产实验基地，高质量设施齐备的理化、微生物、光学等实验室，有力保证了产品研发技术的纵深发展。

与过硬的产品质量和领先的技术水平相对应，青岛佳明已建立了覆盖全国30多个省、市、自治区的销售网络，目前正在积极探索与欧美企业的技术合作，并建立了与印尼等东盟企业的合作关系，产品已进入东南亚市场。

2010年，青岛佳明立足基础管理年，从内外部提升管理水平，并相应制定了富有竞争力的薪酬体系和吸引力的福利体系，有力地增强了企业竞争力和吸引更多优秀人才的加入，为企业的发展提供了长足的动力。

创新动力不竭　行业领跑国内领先

青岛佳明创立伊始，就本着立足本国国情的原则，开展环保监测仪器的研发。目前该公司主导产业为YSB烟气连续排放监测系统（CEMS）的研发、生产和技术服务。历经10多年发展，CEMS技术已达到国内领先水平，青岛佳明成长为专业化CEMS制造商、系统集成商和运营商，年生产能力达到2000余套。

创新是青岛佳明不断前进的根本保障。通过自主研发，青岛佳明取得了众多发明专利。公司注重研发中心的建设，目前拥有一支经验丰富、技术精湛的研发队伍，形成了由博士、硕士和行业资深专家等构成的研发梯队，研发中心拥有一套完整科学的技术研究、产品开发、测试实验、技术管理体系，配备了主要研发和生产设备，分为理化实验室、生物实验室、光电实验室、光学实验室、高低温实验室、水质实验室、技术中心等部门，并且与中国科学院、长春理工大学等多个高科院所达成数项高新技术项目的合作。

青岛佳明坚持自主研发与集成创新相结合，在加强自主开发的同时，紧密跟进客户需求变化以及国内外先进技术发展方向，加强产品技术创新。该公司贯彻自主研发，集成创新，引进消化吸收再创新的产品研发思想，坚持产学研结合的研发路线。按照“总体规划，分步实施”的研发战略，青岛佳明注重高端技术的总体研发设计和一般技术的集成创新。在生产一代产品的同时，组织下一代产品的研发，在研发一代产品的同时，准备好未来产品的研发，始终保持公司产品和技术的行业竞争力。

引来风投机构　冲刺资本市场

环境保护部日前宣布，《重金属污染综合防治“十二五”规划》（简称《规划》）已经由国务院正式批复，这也是中国出台的第一个“十二五”专项规划。《规划》要求，到2015年，重点区域铅、汞、镉和类金属砷等重金属污染排放的比例，比2007年削减15%。这一规划的出台显示了党中央、国务院对重金属防治的高度重视，青岛佳明按照国家“十二五”的发展目标和展望，及时将经营目光转向重金属、大肠菌群的监测领域。随着生活水平的不断提高，人们对日常食品及饮用水的卫生要求也越来越高，目前唯一检测水质大肠杆菌群的手段就是走进实验室，但是普通百姓根本没有时间也没有精力去做这个检测，但随着“十二五”把环保工作作为重点，环保监测未来面临重大发展机遇。

青岛佳明在科技研发方面，始终保持领航者地位。2011 年初青岛佳明“JMHM－EC”型电化学法重金属在线自动监测仪，获得青岛市市北区委和青岛市市北区人民政府颁发的科学技术进步奖一等奖，被青岛市市北区人民政府列为重点扶持企业。

荣誉接踵而至，这是青岛佳明奋发进取和不断坚持的回报。

近两年，岛城企业上市步伐大大加快，青岛佳明的上市工作也在紧锣密鼓进行，目前已有国内知名风投机构正式向公司伸出橄榄枝，不远的未来，“佳明测控”将成为青岛市市北区第二家冲击资本市场的高科技企业。

青岛佳明大事记

2003 年通过了 ISO 9001：2000 版国际质量体系认证。

2004～2007 年间先后获得了由国家环保总局颁发的“环境污染治理设施运营资质证书”、“产品认证证书”及“ISO 14000 国际环境体系认证”，并被青岛市政府认定为“高新技术企业”。

2008 年被青岛市评为“软件企业”、“计算机信息系统集成三级资质企业”。

2010 年青岛佳明“JMHM－EC 型电化学法重金属在线自动监测仪”，获青岛市市北区委和青岛市市北区人民政府颁发的科学技术进步奖一等奖；被青岛市市北区人民政府列为重点扶持企业。

2011 年荣获“2010 年青岛年度企业成长之星”；“大肠菌群在线快速监测仪”获得“青岛市科学技术进步奖三等奖”；被中国环境报社评选为“全国优秀品牌企业”。

佳明测控冲击上市的相关工作业已启动，有望成为市北区第二家问鼎创业板的上市公司。

青岛张氏机械有限公司

青岛张氏机械有限公司成立于 2003 年，注册资本 463 万美元，公司总占地面积 52000 平方米，建筑面积约 24000 平方米，另外拥有两个加工工厂及两个高度关联协作工厂，厂房充足，设备先进。公司主导产品是轴类产品：汽车支撑气弹簧用活塞杆、办公椅气弹簧用活塞杆、钢管等。经过多年潜心经营，公司先后荣获“青岛市高新技术企业”、“青岛市科技创新先进企业”、“青岛市劳动关系和谐企业”、“青岛市最具融资价值中小企业”等荣誉称号。

一、发展状况

自 2003 年以来，公司已投入大量人力、物力、财力开发中高档汽车用活塞杆。目前，公司已拥有 4 项发明专利和 16 项实用新型专利，2 项计算机软件著作权，成为国内最具专业水准和实力的活塞杆生产商。生产的汽车用活塞杆在国内市场已占绝对主导地位，尤其是被世界最大的汽车用气弹簧生产商德国斯太必鲁斯（Stabilus）有限公司所认可。斯太必鲁斯有限公司在全球 13 个国家设有工厂，其市场份额占全球的 70%。我公司已与 Stabilus 建立了长期稳定的战略合作关系，目前，公司已成为其中国工厂、韩国工厂、罗马尼亚工厂、巴西工厂、美国工厂、澳大利亚工厂以及德国总部共 7 家分支的指定供应商，产品销量占全球市场的 25%。办公椅用活塞杆目前的市场占有率为全球的 60%，同行业世界前十位的厂商均与本公司有合作关系。目前，公司主要的客户群遍布中国、德国、韩国、罗马尼亚、西班牙、巴西等众多国家和地区。

二、技术水平

创新是企业发展的动力，公司始终坚持技术改造与创新，设有专门实验室，启动专项资金用于技术研发，在自主创新和引进消化吸收再创新思想的指导下，根据公司产品技术特定，以及客户对产品的各技术指标要求，积极进行技术改造与创新工作。经过潜心研究实验，最终研发成功适合公司活塞杆生产加工的自动化车床 80 余台，劳动生产率提高 40%，生产能力提高 50%。公司现在所用的全自动检测设备也是研发成果之一，该环节设备技术自动化程度国内领先。先前通过人工单支产品进行检测，投入大量的人力物力，每月 10 名员工仅能检测不到 30 万支产品，同过技术创新，发明自动化检测设备后，每月 6 名员工用自动化检测产品 300 多万支，将生产效率提高 10 倍以上。与此同时，新增知识产权 22 项，并获得胶州市委、市政府颁发的“科技创新先进企业”荣誉称号。公司拥有先进的高精度数控车床、多边铣床、滚丝机、校直机、台湾无心磨床、热处理生产炉（热处理自动采集系统）、精抛机、全自动检测设备等机械加工检测设备，精密的产品检测检验设备如美国产显微维氏硬度计、日本产表面粗糙度仪、检测锈蚀的盐雾实验机以及公司自主研发的涡流探伤仪等，确保了稳定的产品质量。此外，公司产品表面处理采用国际最先进的 QPQ 盐浴碳氮共渗热处理流水线技术，表面用度采用高频淬火工艺，先进的技术保障了产品优胜的品质。

三、公司文化

公司始终重视管理体系建设和完善，公司于 2004 年取得 ISO 9000 质量体系认证，并于 2008 年开始同步推行、实施汽车行业通用 TS 16949 质量管理体系和 ISO 14001 环境管理体系，2010 年初取得 ISO 9001：2008、ISO/TS 16949：2009 以及 ISO14001：2004 三大管理体系认证证书，并且将管理的精髓运用到企业各方面管理当中。标准化的管理体系的建设，提升了公司的经营管理水平，提高了产品的品质，增强了企业的行业竞争力，为公司进一步开拓市场奠定了稳固的基础。在办公管理方面，公司配备了双光纤网络，IBM 服务器，用友 ERP 系统，现代化的办公设备和安全的信息网络平台大大提高了工作效率。物流、仓储、财务、办公自动化使各部门工作协调性和统一性不断，各部门管理有序，分工明确，各部门员工心系公司，团结协作，整个团队运转有序。

公司始终坚持人才强企的理念，注重培养和吸纳高素质人才，并为员工提供了广阔、稳定的发展平台。公司为新员工提供从企业文化到业务知识的系统培训、定期邀请专家进行产品知识讲座及经验交流。目前，公司拥有一批在机械加工和热处方面实践经验丰富的技术专家，为产品质量的精益求精储备了强有力的技术后盾。

公司坚守安全第一、质量第二、产量第三的管理理念，秉承做专、做精、做大、做强、做久的发展观，不断聚合精英力量，整合行业资源，必将继续以强大的凝聚力、执行力和战斗力领军中国活塞杆制造业，谱写活塞杆制造加工集大成者的辉煌！

中小企业融资服务案例

国家开发银行中小企业贷款案例

——担保公司“抱团增信”模式

一、国家开发银行概况

作为我国中长期投融资领域的主力银行，国家开发银行以“增强国力、改善民生”为使命，在积极贯彻国家宏观经济政策，重点支持基础设施、基础产业、支柱产业以及高新技术等重大领域建设的同时，不断加大力度支持中小企业、新农村建设、低收入家庭住房、节能环保、医疗卫生、微贷款、助学贷款、应急贷款等与百姓生活息息相关的领域，促进社会主义和谐社会建设，在经济社会发展中发挥了重要而独特的作用。

二、中小企业贷款业务工作进展

近年来，国开行积极建立、完善覆盖全国的中小企业融资服务体系，努力缓解中小企业融资难问题。通过制度建设、市场建设和信用建设，形成以“国开行融资推动、政府组织协调、企业主体协助管理、担保公司担保、信用协会等群众组织民主评议与监督、中小金融机构代理结算”为主要内容的特色贷款模式。截至2011年6月末，国开行中小企业贷款余额1.44万亿元，累计支持中小企业、个体工商户和自然人172万户，创造就业岗位447万个，覆盖支持了制造业、农林牧渔业等近20个行业，惠及中小型企业、微型企业、个体工商户、创业青年、城市下岗职工及农村劳动妇女等各类社会群体。

三、与担保公司“抱团增信”中小企业贷款模式

国开行认真贯彻国务院关于促进中小企业发展的战略方针，以客户为中心，针对不同区域经济发展特征，不断创新贷款模式，为不同类型、不同发展阶段的各类客户提供了多元化、个性化的贷款服务，为促进当地的经济建设和社会发展发挥了重要的作用。本文重点介绍了国开行与担保公司“抱团增信”中小企业贷款模式。

（一）贷款要素

1. 支持对象：符合《关于印发中小企业标准暂行规定的通知》（国经贸中小企［2003］143号）标准要求的各类中小企业。在此基础上，结合浙江省中小企业局“三年万家”微小企业培育工程，重点支持成长型小企业。

2. 贷款期限：一般不超过1年；

3. 贷款额度：原则上控制在200万元以下；

4. 贷款利率：执行人民银行同期限基准利率。

（二）运行模式图示：

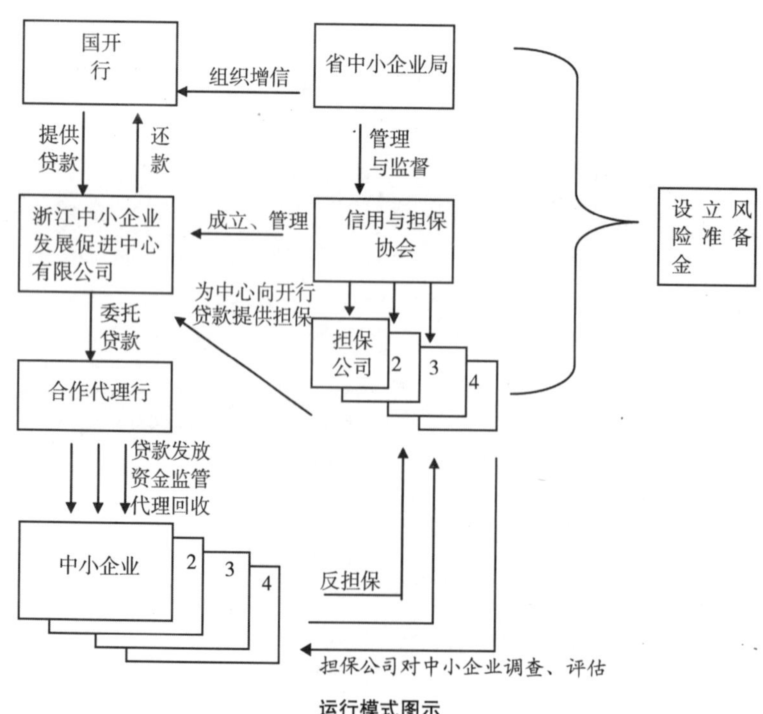

运行模式图示

注：以上以浙江分行“抱团增信”模式为例。

1. 机制建设

（1）设计周密的平台融资流程。将浙江中小企业发展促进中心作为银行和政府扶持小企业发展的服务平台；国开行选定一批经营稳健、风险控制能力较强的担保机构作为合作方，由担保机构推荐小企业并给予担保，由促进中心组织担保机构组成风险评估委员会审查评估，向国开行批量申请，国开行审议通过后给予小企业贷款支持。

（2）组织担保机构"抱团增信"，创新担保体系。该贷款模式的关键是构建新型的担保体系，以解决小企业因无足额资产抵押而难以获得贷款的难题。由于浙江省信用担保机构也普遍存在规模较小、担保实力弱，信用资信不足等原因而无法获得银行的足够信任，担保放大作用不明显。经认真研究，浙江分行创造性地提出了担保机构"抱团增信"的理念，即将多个担保机构的信用整合起来，"抱团"组成一个共同的担保体系，提升信用能力。具体从人员和资金两方面形成"抱团"机制，一是各担保机构派员组成风险评估委员会，二是每家担保机构各出资100万元组成一笔共同风险准备金，承担"再担保"责任，这样就形成了担保机构之间相互监督、相互促进、共同增信的良好机制。

（3）完善的风险控制机制。一是民主评议制度。由风险评估委员会共同审议拟推荐的中小企业项目，最大限度地识别风险；二是平辈压力制度。通过风险准备金的方式将担保机构联系在一起，从而在担保机构间产生相互监督的效果；三是额度控制。为体现成长贷款专门服务于小企业的特点，将贷款单笔额度控制在200万元以下以达到更多的惠及面。

（4）多层次还款保障。小企业成长贷款模式建立了四个方面的还款保障：一是企业还款现金流；二是"抱团增信"机制和担保机构的担保；三是担保保证金，每笔贷款担保机构都要在国开行指定账户中存入10%的保证金；四是政府扶持，由中小企业局安排200万元专项资金补充到风险准备金中，并对参与合作的担保机构给予专项补贴。这样，保证了小企业成长贷款高效、安全和可持续的运行。

（5）合作机构激励约束机制。国开行为浙江中小企业发展促进中心提供贷款本金2.5‰的手续费，手续费的额度可根据项目进展情况，在国开行政策允许的范围内适当给予提高。

2. 贷款受理与初审

用款企业和用款企业项目由合作担保机构从有融资需求的中小企业中择优遴选产生，形成初评报告后上报促进中心。

3. 合作机构审查与审议

促进中心负责对具体用款企业和用款企业项目进行民主审议。按照国开行与贷款平台合作协议中规定的操作流程，贷款平台受理企业申请后，平台专职工作人员对项目进行评估，并撰写评估报告，由审查人员签字后，报平台风险评估决策委员会审议。项目经风险评估决策委员会到会2/3以上委员签名同意后，形成会议纪要及借款申请书，上报国开行审批。

4. 国开行审议贷款、签订合同、发放贷款

国开行负责受理促进中心报送的申贷材料，撰写评审报告，报分行贷委会审议。根据分行贷委会纪要通知合作机构审批结果。对于审批同意的项目，与促进中心签订信贷合同。分行对审批通过的项目以打包贷款的形式向促进中心发放贷款。促进中心把从国开行统一贷得的款项通过商业银行委托贷款的形式转贷给用款企业。

5. 贷后管理

浙江中小企业发展促进中心有限公司除承担国开行中小企业贷款统借统还的职能外，同时也是国开行中小企业贷款的管理平台。按照国开行的要求，平台内部制定了《中小企业成长贷款项目管理实施办法》。按照办法的规定，贷款平台按期向国开行报送监管报告及相关资料。监管报告包括以下内容：贷款资金支付和用款人资金使用情况（资金支付阶段）、项目建设情况（固定资产贷款）、用款人经营情况、用款人财务状况（含简要现金流分析）、用款人主要产品市场情况、监管结论及工作建议。按照国开行要求，贷款平台建立了重大事项告知制度，当用款人发生重组、重大资产出售、经营状况急剧恶化、涉诉等事项时，贷款平台要及时通知国开行，国开行调查核实后，与贷款平台共同制定化解方案，及时化解有关贷款风险。

（三）模式特色

该模式的成功运作主要基于五个创新：一是政府合作模式的创新。该模式中省中小企业局通过组织行业协会成立中小企业支持服务平台，非常契合浙江省政府提倡的"政府引导、市场化运作"的理念。二是"抱团增信"担保模式。三是风险控制网络的创新。该模式积极引入政府资金、担保机构资金以及"抱团"风险准备金，建立了具有国开行特色的社会化的全面风险控制网络。四是民主审议机制的创新。该模式要求风险评估委员会采用集体讨论、投票表决的方式进行民主审议，既降低了小企业贷款项目决策失误的风险，又推动了担保机构间的相互合作。五是国开行市县合作机制的创新。该模式以平台为依托系统推动各类合作机构建设，目前合作的担保机构分布浙江省10个地市，实现了开发性金融对低端零售业务的批发式覆盖。

农业银行全力支持小型和微型企业健康发展

中国农业银行

农业银行作为国内银行业服务中小企业的主力军之一，股改上市后，积极调整客户结构，进一步加大对中小企业特别是小型和微型企业的支持力度。股份公司成立以来（2009年以来），累计发放中小企业贷款52 300多亿元，其中小型和微型企业贷款14 200多亿元，连续三年实现小型和微型企业贷款增长"两个不低于"的目标。

一、服务小型和微型企业的主要做法

股份制改革后，农业银行采取多种措施，切实加大对小型和微型企业的信贷支持力度，全面提升小型和微型企业金融服务水平。

一是更加突出了小型和微型企业金融业务在全行业务发展中的战略地位。提出加快发展小企业金融业务是农业银行实施“蓝海战略”的重要抓手，是构筑客户基础的重要力量，是推动业务经营转型的战略选择，是履行社会责任的必然要求。

二是充分发挥点多面广、覆盖城乡的优势，积极构建了专业化的小企业金融服务体系，形成了从总行一直到营业网点、网络覆盖全国、服务遍及城乡的小企业金融服务专业化经营管理组织体系。目前，农业银行小企业金融服务专营机构超过一千家，为小企业特别是县域小企业提供贴身的、专业化的金融服务，专营机构的小企业贷款余额已占全行小企业贷款余额的70%。农业银行还以小企业金融服务专营机构和三农金融部为平台，着力打造城乡两个专业化的小企业金融服务团队，为小企业客户提供专业化、个性化的金融服务。

三是加强制度建设，完善小企业授信“六项机制”与“四单管理”，单列小企业信贷计划，制定了单独的小企业信贷业务管理制度、信用评级规则、风险定价方法、考核指标，缩短了小企业信贷业务运作流程，实现小企业信贷业务的“一站式”审批，提高了小企业贷款审批效率。

四是积极推广符合小企业金融需求特点的金融产品，实行优惠利率。根据小企业信贷需求“短、小、频、急”的特点，推出了“简式贷”、“智动贷”、“厂房贷”等产品。针对农产品加工企业的特点，在国内银行中首家推出了“县域中小企业特色农产品抵押贷款”，采用农产品进行贷款抵押，较好的解决了农产品加工企业融资担保难的问题。充分考虑小企业经营中的困难，对优质小企业实行了优惠利率，农业银行的小企业贷款利率在同业中处于较低水平。

五是积极拓展中小企业融资渠道，设立4家村镇银行，在金融租赁公司中设置了中小企业业务部，发行了中小企业集合票据，支持中小企业融资创新，进一步丰富了服务中小企业的渠道和方式。

二、特色产品介绍

（一）简式贷

“简式贷”是指依据客户所提供的有效抵（质）押物价值或保证人的担保能力，直接进行客户授信和办理各类贷款、贸易融资、票据承兑、贴现、保函、信用证等表内外融资业务的信贷产品。

产品功能：主要满足小企业客户生产经营过程中的周转性、季节性、临时性流动资金需要。

服务对象：单户授信总额在3 000万元（含）以下和资产规模5 000万元（含）以下或年销售额8 000万元（含）以下的企业客户。

产品特点：（1）业务办理快：客户的评级、授信和用信同时审批，手续简便、审批迅速。（2）担保方式多：可采用抵押、质押和保证担保等多种担保方式，担保方式灵活多样。（3）贷款额度高：贷款额度最高可达3 000万元，充分满足小企业的资金周转需求。

特色优势：审批流程短，办理简单、快捷。

办理流程：（1）贷款申请。客户提交书面借款申请及农业银行要求的有关资料。（2）业务审批。农业银行进行贷款调查、审查和审批。（3）合同签订。农业银行与客户签订合同文本、保证担保合同及借款凭证，办理抵（质）押登记、质物交付等手续。（4）贷款发放。

常见问题解答：（1）贷款期限一般多长？贷款期限原则在1年以内（含1年），最长不超过3年。（2）有哪些还款方式？贷款期限不超过半年的，可采用到期一次还本付息方式；贷款期限超过半年的，采用按月（季）偿还本息方式。

（二）智动贷

“智动贷”是指中国农业银行在统一授信额度内，为客户核定一个可撤销的贷款额度，在此额度内客户可以通过营业柜台、网上银行、银企通平台等渠道自主、循环使用贷款的人民币贷款产品。

产品功能：主要满足小企业客户正常生产经营过程中周转性流动资金需要。

服务对象：单户授信总额在3 000万元（含）以下和资产规模5 000万元（含）以下或年销售额8 000万元（含）以下的企业客户。

产品特点：（1）贷款额度一次核定、循环使用。（2）借助网络科技手段，小企业客户可以通过电子渠道在客户终端实现自助式提款、还款。（3）随借随还，节省融资费用。

特色优势：随借随还，自助办理，节省融资费用。

办理流程：（1）贷款申请：客户提交书面借款申请及农业银行要求的有关资料。（2）业务审批。农业银行进行贷款调查、审查和审批。（3）合同签订。农业银行与客户签订合同文本、保证担保合同及借款凭证，办理抵（质）押登记、质物交付等手续。（4）贷款账户设置。（5）贷款使用。

常见问题解答：（1）贷款额度如何确定？自助可循环贷款的贷款额度根据客户提供的抵（质）押物价值和保证人的担保能力，在客户统一授信额度内，结合客户发展前景、生产经营计划、负债承受能力、还款能力、销售收入归行额等因素核定。自助可循环贷款额度项下发生的单笔贷款最低起点为5万元，并且为1万元的整数倍。（2）可以申请多长期限的贷款？自助可循环贷款额度有效期限原则上不超过1年，最长不超过3年。额度项下发生的单笔贷款期限不得超过1年，到期日不超过核定额度到期日。

（三）厂房贷

“厂房贷”是指农业银行向购买园区内工业厂房的小企业客户发放的，以其购买的工业厂房作为抵押，以借款人的经营收入和其他收入作为还款来源的贷款业务。工业厂房是指在园区内按照国家标准和行业要求进行统一的规划、设计、建设，由开发商建造，配套齐全，企业可直接入驻进行生产经营的场所。

产品功能：主要满足小企业客户购买生产经营类用房的需求，缓解客户因一次性大额支出而造成的资金周转困难。

服务对象：单户授信总额在3 000万元（含）以下和资产规模5 000万元（含）以下或年销售额8 000万元（含）以下的企业客户。

产品特点：（1）按揭成数高。按借款人的信用等级、贷款期限等因素确定按揭成数，最高可至7成。（2）贷款期限长。贷款期限结合企业的预期现金流、盈利能力和偿债能力等因素综合确定，最长可达10年。（3）还款压力小。采用分期还款方式，借款人可按月或按季还本付息，还款压力小。

特色优势：贷款期限长，企业能够在较长时期内将更多的自有资金能够投入至生产经营。

办理流程：（1）园区准入。农业银行按相关规定进行拟合作园区以及开发商准入。（2）贷款申请。客户提交书面借款申请及农业银行要求的有关资料。（3）业务审批。农业银行进行贷款调查、审查和审批。（4）合同签订。农业银行与客户签订合同文本、保证担保合同。（5）贷款发放。

常见问题解答：（1）贷款期限一般多长？贷款期限结合企业的预期现金流、盈利能力和偿债能力等因素综合确定，最长可达10年。（2）贷款额度如何确定？该产品贷款额度按借款人的信用等级、贷款期限、偿债能力和可用于还贷的现金流总额等因素确定，最高可达2 000万元。

（四）集群贷

“集群贷”是指位于县域同一产业集群内的若干借款人自愿组成一个联合担保体（以下简称“联保小组”），为联保小组内的成员在农业银行办理信贷业务提供共同连带责任保证担保的融资业务。

产品功能：主要满足县域中小企业客户生产经营过程中的周转性、季节性、临时性流动资金需要。

服务对象：县域优质产业集群内，抵质押物不足的中小企业客户。

产品特点：（1）客户对象明确：根据县域经济发展趋势，将目标客户定位于依托县域产业集群，具备一定发展前景和抗风险能力的中小企业客户。（2）担保方式灵活：采用多户联保方式，有效缓解中小企业担保难、融资难问题。（3）用信品种多样：可使用短期流动资金贷款、银行承兑汇票、保函、信用证等多种短期融资品种。

特色优势：通过多户联保方式，为县域中小企业集群化发展提供信贷支持。

办理流程：（1）产业集群准入。农业银行按相关规定对拟支持的产业集群进行准入。（2）贷款申请。客户提交书面借款申请及农业银行要求的有关资料。（3）业务审批。农业银行进行贷款调查、审查和审批。（4）合同签订。农业银行与客户签订合同文本、保证担保合同。（5）贷款发放。（6）借款人按约定还款方式偿还贷款本息。（7）办理结清贷款手续。

常见问题解答：（1）需要预存多少保证金后可用信？借款人需将不低于其用信额度10%的自有资金存入农业银行专户后方可用信。（2）是否与普通抵质押融资业务冲突？不冲突，联保小组成员可以按农业银行相关规定，另以抵质押担保方式申请信用。

（五）动产贷

“动产贷”是指农业银行向县域中小企业法人客户提供的以动产质押为担保方式的短期流动资金业务，包括贷款、银行承兑汇票、信用证等。动产质押是指借款人将其合法所有的动产移交农业银行经营机构或者农业银行委托的仓储公司、物流公司、资产监管人等中介机构占有，作为借款人向农业银行申请办理信贷业务的担保。

产品功能：主要满足县域中小企业客户生产经营过程中的周转性、季节性、临时性流动资金需要。

服务对象：以自有的动产设定质押，且具备一般县域中小企业法人客户基本条件的客户。

产品特点：（1）融资用途和期限明确：融资用途仅限于企业正常生产经营过程中的短期流动资金需求，期限最长不超过12个月（含）。（2）动产质押方式灵活：既可实行静态质押，也可实行滚动质押；既可采取现场监管，也可采取移库监管。

特色优势：借款人只能以自有的动产进行质押，信贷资金只能用于真实贸易背景下的货款支付。

办理流程：（1）借款人提出申请并提交相关资料。（2）银行进行调查、审查和审批。（3）签订质押合同。（4）借款人与经营行及监管人签订《动产质押监管合作协议》。（5）双方签订贷款合同。（6）借款人为质物开设保证金账户，办理财产保险并且在贷款期间进行跌价补偿。（7）借款人按约定还款方式偿还贷款本息。（8）办理结清贷款手续。

常见问题解答：（1）质押率一般如何确定？农业银行相关制度对押品最高质押率有明确规定的，执行相关规定；没有规定的，综合考虑质物种类、实际价值、自然损耗、变现能力等因素，合理确定质押率，原则上不超过50%，最高不超过70%。（2）目前可以接受的动产类型有哪些？一是钢材类；二是有色金属类；三是化工原料类；四是大宗农副产品；五是木材、石油、煤炭、化肥等；六是对借款人提出的上述品种外的动产进行质押时，需报一级分行批准。

（由于我行产品在不断更新升级，产品详细信息请咨询当地农业银行）

中国农业银行北京市分行

一、中小企业融资服务发展概况

中国农业银行是中国开办中小企业业务最早、中小企业信贷客户最多、中小企业信贷额度最大的银行之一。根据“大行德广，伴您成长”的服务理念，确立了“大中选强”、“小中选优”和大中小客户协调发展的市场战略，积极开展信贷业务制度创新，建立健全经营管理组织体系，构建独具特色的金融服务体系，长期致力于为一切具有良好业绩和成长潜力的中小企业提供多元化金融服务。

中国农业银行办理国际、国内通行的各类金融业务，形成了功能齐全的“五金”产品体系，包括“金钥匙”个人金融产品系列，“金光道”对公金融产品系列，“金穗卡”银行卡产品系列和“金e顺”电子金融产品系列，“金益农”三农金融产品系列，较好地满足了中小企业日益增长的多样化金融需求，努力为社会各界提供全方位、多功能、高效率的金融服务。

二、中小企业融资服务品牌及产品类型

（一）中小企业融资服务品牌

中国农业银行中小企业融资服务品牌归属对公金融服务品牌“金光道”。中国农业银行金光道，是企业成长道路上的专业金融伙伴，伴随企业成长每一步，与企业同进步，共成长。

1. 品牌释义

金光道，指中国农业银行以客户需求为导向，通过创新产品与服务，全面整合各类本外币存贷款及中间业务，为客户提供专业的对公金融服务品牌。

金光道是中国农业银行品牌下的二级品牌，隶属于中国农业银行五金品牌工程。它传承中国农业银行“承诺是金，一诺千金；专业是金，智汇于金；合作是金，点时成金；服务是金，同心如金；价值是金，笃行铸金”的“金理念”，打造综合性全方位企业金融服务平台，与客户真诚相伴，共同成长，成就宏图远景。

金光道的“光”，意指光明；寓意农行专业于企业金融服务，专注于企业未来发展，成就企业光明前景。

“道”，意指中国农业银行的专业金融服务之道，也是企业成功之道，寓意中国农业银行愿与企业互相扶携，助力企业驶入发展坦途；

中国农业银行以综合性全方位的金融解决方案服务对公客户，为客户打开便利之门，创造更多价值，助客户通达成功之道。

2. 品牌理念

专业专注，用心服务。中国农业银行资深金融专家团队全面整合公司金融产品，为客户提供综合性全方位金融服务解决方案，解决企业成长中的各种金融服务难题，助力企业实现飞跃发展。

（二）中小企业融资服务产品类型

在长期服务中小企业的过程中，中国农业银行不断完善产品功能，努力提升产品价值，逐步形成了包括6大产品系列、100多种产品的中小企业产品服务体系，能够满足中小企业全方位、多层次金融需求。

1. 融资融信系列产品，主要包括单位账户透支、应收账款融资、承兑汇票贴现、回购担保融资、贸易融资产品、银行承兑汇票、保函等产品，满足客户的各类资金需求。

2. 理财增值系列产品，主要包括外汇结构性存款、本币理财计划、代客黄金业务、债市通、代客境外理财、外汇衍生交易等产品，为客户实现财富价值最大化。

3. 支付结算系列产品，主要包括银行卡、通汇宝、漫游汇款、信用证、银关通、托收、国际汇兑等产品，为客户提供便捷高效的资金转账结算服务。

4. 电子银行系列产品，主要包括网上银行、电话银行、手机银行、消息服务、自助银行等产品，为客户提供多样化、自助化的服务渠道。

5. 代理业务系列产品，主要包括代发工资、代收代缴、代理保险等产品，利用我行功能强大的电子系统和众多的第三方合作机构，为客户节约成本，提高运作效率。

6. 综合服务系列产品，主要包括投行服务、年金托管、资信调查、投资咨询、保管箱等产品，为客户提高综合化的金融服务。

（三）北京地区特色中小企业融资产品介绍

为进一步提高我行小企业金融服务能力，更好地满足客户的金融需求，近年来，中国农业银行北京市分行深入研究小企业特点，不断加强产品和服务创新，相继研发了多款独具特色的小企业金融产品。目前重点推广的产品是：小企业简式快速信贷业务。

产品简介

小企业简式快速信贷业务是指在符合规定的单户信用总额以内（抵押担保方式最高3 000万元，保证担保方式最高1 000万元），落实全额有效抵（质）押担保、保证担保等农行认可的担保形式的前提下，信用等级评定、授信、用信一并办理，根据提供的抵（质）押物和保证担保，直接进行授信和办理各类贷款、贸易融资、票据承兑、贴现、保函、信用证等表内外融资业务，业务结束时等额减少授信额度的信贷产品。

产品功能

解决小企业在真实合法的生产经营过程中周转性、季节性、临时性的短期流动资金需要。

申办条件

1. 经过工商行政管理机关办理营业执照年检手续，从事特种行业的须持有有权机关颁发的营业许可证；按规定持有税务部门核发的税务登记证；其他经营单位应持有有权机关颁发的核准登记文件；需取得环保许可证的，还应获得有权部门出具的环保许可证。

2. 持有人民银行核准发放并经过年检的贷款卡，以及质量技术监督部门核发的组织机构代码证。

3. 实行公司制的企业法人申请信用符合公司章程，章程规定需要经董事会或股东会同意的，须由董事会或股东会授权或决议同意。

4. 生产经营符合国家法律法规和政策规划，产品和服务具有较强的市场竞争力和成长性，符合农业银行信贷政策。

5. 在农业银行开立基本账户或一般结算账户，承诺主要通过农业银行办理结算业务，自愿接受农业银行信贷和结算监督。

6. 有固定的生产经营场所和符合规定比例的自有资金，有稳定的经济收入，具备到期偿还本息的能力。

7. 客户及其法定代表人、主要投资人、实际控制人、关键管理人无不良信用记录，或虽然有过不良信用记录，但不良信用记录的产生并非主观恶意且申请本次用信前已全部偿还了不良信用或落实了农业银行认可的还款计划。

8. 能够提供合法、足值、有效的担保。

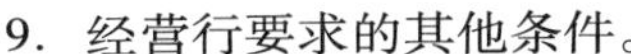

9．经营行要求的其他条件。

申办需提交的资料

1．经年检合格的营业执照、组织机构代码证、税务登记证、贷款卡。特殊行业需提供相关部门核发的行政许可证、核准书或备案书、环保许可证明等。

2．公司制企业的公司章程、验资报告，合伙企业的合伙协议、出资协议等。

3．公司制企业章程对借款有限制性条款的，须提供董事会（或股东会）同意借款意见书；合伙企业的合伙协议对借款有限制性条款的，须提供全部合伙人同意借款意见书。

4．法定代表人（负责人）身份证明书，自然人股东、合伙人身份证复印件，企业及法定代表人（负责人）的预留印签。

5．企业最近两年年度财务报表及近期财务报表，近半年电费、水费缴纳清单或有效汇总缴纳凭证（新建企业可不提供）。

6．抵（质）押物、担保的相关资料。

7．经营行要求的其他资料。

三、中小企业融资服务特色和优惠政策

设立专门为中小企业一站式服务的“中国农业银行北京市分行中小企业信贷广场”。我行中小企业信贷广场的设立以突出特色、打造品牌为出发点，突出“信贷广场、组合金融”的服务理念，以海淀、朝阳分中心为核心，引入担保公司、保险公司、小额贷款公司、会计师事务所、律师事务所、评估事务所、风险投资公司等多家中介机构，为各类中小企业提供多层次、多领域、全方位、一站式的综合金融服务，突出专业、全面的服务特色，打造农行品牌。

四、中小企业融资服务的业务办理流程

中小企业融资服务业务办理基本流程：

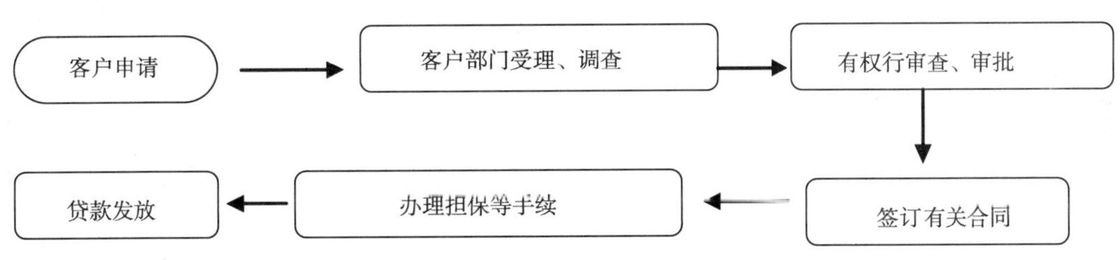

中小企业融资服务业务办理基本流程

五、中小企业融资服务部门及联系方式

各区中小企业金融服务受理联系方式

支行名称	地址	联系电话
东城	东城区金宝街58号华丽大厦	65281065
西城	西城区西直门大街118号	66001276
崇文	崇文区珠市口东大街1号新阳商务楼A座	67089993
宣武	宣武区宣武门西大街28号院10号门	63602266
朝阳	朝阳区工体路东2号	65536688
海淀	海淀区海淀大街37号	62533664
丰台	丰台区东大街9号	63812150
石景山	石景山区八角南路18号	68866907
万寿路	海淀区万寿路西街6号	68277250
亚运村	朝阳区安定路33号	64414455
开发区	北京经济技术开发区中和街3号	67882464

续表

支行名称	地址	联系电话
海东	海淀区学院路丁11号	82889008
通州	通州区新华大街61号	80509977
顺义	顺义区府前西街2号	69445854
昌平	昌平区南大街石坊沿胡同西口12号	69746152
大兴	大兴区黄村兴丰南大街48号	69290697
房山	房山区良乡拱辰北大街19号	81389559
怀柔	怀柔区青春路5号	69641582
平谷	平谷区平谷镇府前大街23号	69960742
密云	密云县密云镇滨河路24号	69044305
延庆	延庆县东外大街73号	69142181
营业部	西城区展览馆路5号	68352875

广发银行

广发银行（前身“广东发展银行”）于1988年9月经国务院和中国人民银行批准成立的一家股份制商业银行，是国内最早组建的股份制商业银行之一。

20多年来，广发银行栉风沐雨，艰苦创业，以自己不断壮大的发展历程，见证了中国经济腾飞和金融体制改革的每一个脚印。截至2010年末，全行资产总规模达到8 143.9亿元；2010年一举实现净利润61.89亿元，同比增长82.73%，净利润增长速度在股份制同业中名列前茅。经过20多年的发展，广发银行已成为国内具有一定竞争优势和影响力的全国性股份制商业银行，业务拓展到了全国各主要区域和澳门地区。截至2010年末，已在北京、上海、天津、南京、杭州、澳门等中国经济发达城市设立了29家分行，544家营业网点，676家自助银行，3 600多台自助设备，在北京、香港设有代表处，在总行设有博士后科研工作站，并与全球133个国家和地区的1 510家银行总部及其分行建立了代理行关系。根据英国《银行家》杂志对全球1 000家大银行排定的位次，广发银行已连续多年入选全球银行500强。

2006年，广发银行成功重组，引入了花旗集团、中国人寿、国家电网、中信信托等世界一流的知名企业作为战略投资者。重组后，广发银行紧紧围绕“建设一流商业银行”的战略目标，注重战略规划的执行，坚持“调结构、打基础、抓创新、促发展”，强化风险控制，坚持又好又快可持续发展，取得了良好的经营业绩。

成立20多年来，广发银行始终秉持为中小企业创造价值的经营理念，将中小企业业务作为全行业务发展的重心和基本发展战略。从供应链融资领域的“厂商银”、动产质押到物流银行、国内保理，从单一产品到“好融通”中小企业全方位融资解决方案等业务，广发银行积极研发中小企业金融产品，不断推动产品和服务创新，近几年来中小企业贷款增速高于整体贷款增速（2010年超过近4个百分点），目前，广发银行80%以上的公司客户为中小企业，50%的贷款投向中小企业，广发银行已经成为一家扎扎实实专业服务中小企业的银行。

在新的5年发展战略规划中，广发银行将中小企业业务提高到全行公司业务发展战略的新高度，重点在机构设置、人员配备、流程优化、财务核算、系统建设、后台支持等方面加大支持的力度，并增加信贷资源投入，采取“单列信贷计划、专项考核”，持续提高中小企业业务份额，同时还将进一步加强客户分层管理和实行差异化服务，打造以“好融通”为中小型企业专属服务模式，积极拓展、研发针对小型企业的金融服务模式，通过分层管理和差异化服务，把中小企业金融服务做精、做细。

广纳百川，发展无限。广发银行将努力提升全行中小企业金融服务水平，一如既往支持中小企业壮大和发展，为建设“中国最高效的中小企业银行”，致力成为“中小企业的战略合作伙伴”而不懈努力。

民生银行产业链金融，中小企业融资的“强心剂”

中国民生银行

随着全球化进程以及企业业务外包的发展，传统大而全的单一企业逐渐被供应链组织所取代，同时在全球产业结构调整的过程中，外包专业化发展孕育了大量位于供应链上下游的中小企业，这也使得各家商业逐渐把业务视角定位与中小企业这一市场蓝海。2011年7月举办的第五届中国（苏州）国际物流与供应链合作发展高峰论坛上，中国民生银行一举获得“影响中国2010－2011最佳供应链金融银行”的称号，成为同业中支持民营和中小企业融资的领跑者。

一、倾力中小企业金融服务

民生银行战略定位就是做“民营企业的银行、小微企业的银行、高端客户的银行”，为了提升对民营企业及中小企业的金融服务，民生银行在很多方面进行了大胆改革和创新，包括创新的民企“金融管家”品牌，创新产业链金融产品、开辟小微企业金融服务市场、对近25个区域的近30个行业及相关企业进行了系统的金融服务，走出了一条差异化、市场化的“特色银行、效益银行”之路。截至2010年底，民生银行全年累计向民营企业投放一般贷款超过5 300亿元，占同期信贷投放总量的62%。到2011年上半年，仅“产业链金融”向民营企业及中小企业发放的融资额就超过了4 000亿元，民营及中小企业客户在民生银行客户中的比例已经超过80%。

二、打造特色产品服务体系

2003年民生银行就开始尝试通过业务创新、产品创新为中小企业进行融资，推出厂商一票通、保理融资等系列产品；2005年开始构建专业化垂直销售体系、评审体系和业务操作体系；2006年推出应收账款、物流融资和服务增值类主打产品；2008年进一步整合产业链金融产品体系，升华动产融资业务，依托供应链为中小、民营企业开辟全新的融资通道；2009年正式提出“产业链金融”理念，为产业链条上众多中小企业提全方位的金融服务。目前，民生银行“产业链金融”不仅有近30种子产品，还有22个行业综合解决方案以及多种个性化的商业模式。

三、专注产业链条

民生银行改变传统商业银行运用单一产品的融资模式，把单一产品转变成以行业为主线的上下游企业整体融资解决方案。针对各行业中小企业交易特点，提供一体化的具有针对性的解决方案。如民生银行与泸州老窖的合作就颇有借鉴意义，2006年民生银行成都分行与老窖开始接触，由于同业竞争异常激烈，老窖自身资金充裕，最初合作方案对老窖缺乏吸引力。但民生并没有轻易放弃，凭借敏锐的市场嗅觉发现虽然老窖不缺资金，但其下游经销商因资产少、实力弱，担保条件不足，较难从银行获得融资支持，而销售渠道的融资瓶颈也制约了老窖销售业务的快速拓展。为此民生适时推出产业链金融解决方案，放弃传统融资模式下对中小企业担保和抵押措施要求，更多的将业务考察要点聚焦于是经销商与泸州老窖的交易能力。通过上下游企业与老窖之间信息流，资金流或物流的有效控制，为老窖下游经销商提供了紧缺的营运资金融资支持。与此同时，还对其老窖上游原酒供应商采用原酒抵质押的担保方式给予授信，对于下游规模较小的优质经销商则采用成熟的“商贷通”融资产品，有效为百余户老窖产业链条上的中小企业解决了融资难的问题。产业链融资模式的有效开展，还成为与老窖进一步合作的转折点，随后民生成都分行又独创性地为其量身设计“国窖1573高端定制白酒收益权理财项目”，成为国内首家将具有中国特色的白酒概念引入理财项目中的商业银行；2010年、2011年民生通过短期融资券的方式再次成功解决老窖集团的融资问题，发行金额分别为10亿元和5亿元债券，银企合作持续深化。

四、紧盯区域（行业）特色

在区域方面，民生银行充分利用区域优势开展产业链金融业务，如民生银行广州分行重点发展的区域特色金融业务就初见成效。该分行加大对区域市场重点行业和龙头客户的开发力度，探索、总结适应区域市场的业务模式，基本形成了以广州为中心，以东莞、佛山、中山为支柱，辐射珠三角和全省的业务发展格局。结合广东加工制造业发达及大宗原材料需大量省外输入的区域经济特点，广州分行一方面实施“纵向”营销策略，积极从行业龙头企业入手，围绕行业核心厂商产业链向其上下游延伸服务。如围绕美的集团、志高空调、格兰仕等家电行业龙头企业开展的“家电通”业务，从传统直接融资支持企业产能扩张，延伸至通过度身设计三方协议甚至是多方协议，配合核心厂商对各级销售渠道的融资整合，从自身向上下游客户延伸，逐步覆盖全产业链。

另一方面有效实施产业集群营销策略，积极围绕具有地域积聚和业务相近特征的产业集群，通过“模式创新，横向复制”重点支持产业集群内中小配套企业。如在泉州地区，当地企业主要为民营企业，在经济结构中纺织鞋服又作为泉州地区的支柱产业、其中不乏国内一线的运动品牌如安踏、特步、361度、匹克、七匹狼、鸿星尔克等本土品牌企业，围绕这些品牌服装企业聚集着着一大批配套中小企业。由于大部分配套企业实力较弱，难以从银行获得融资支持。对此情况民生泉州分行细致分析产业集群配套企业盈利特点，针对配套企业虽然实力较弱，但多与品牌服装商已建立稳定交易关系这一特点，利用品牌服装企业为上下游配套企业进行信用增级，并通过商业承兑汇票、银行承兑汇票等产品解决贸易中急缺营运资金问题，有效支持了服装中小企业集群。该模式下的中小企业融资面临的难题迎刃而解，并在短期内显示出了巨大的经济效益和社会影响力。目前已有30余家品牌服装企业与民生泉州分行建立了业务合作关系，为产业集群内近500家中小企业提供了100余亿元融资支持。同时，民生产业链金融已逐步形成了以青岛港口、太原焦化、深圳贵金属、南京成品油、长春汽车等区域特色产业集群服务模式，品牌影响力持续提升。

五、产业链金融大有可为

产业链金融合理解决了中小企业短期运营资金缺口的问题，利用链条交易关系的贸易自偿性，有效解决中小企业融资中“信用弱、周转资金缺乏、应收账款回收慢、贷款担保难”等融资障碍。利用产业链整体实力、核心企业的资信，并与物流仓储企业的分工协作，进行物流、信息流及资金流的“三流”整合，采用核心企业信用支持、企业存货控制、应收账款回款锁定等一系列路径减少中小企业融资过程中的信息不对称风险。在产业链金融”的融资模式下，处在产业链上的中小企业一旦获得融资支持，资金这一“脐血”注入配套企业，也就等于进入了产业链，从而可以激活整个“链条”的运转，同时借助民生银行信用的支持，还为中小企业赢得了更多的商机，达到银企双赢的良好效果。

近年来，民生银行在产业链金融业务上成绩颇丰，目前与全国200余家大型生产厂商建立了稳定的合作关系，已为其上下游数千家供应商、经销商提供了融资服务。同时，深化产业链金融模式、持续创新产品、完善服务体系，更好地落实为民营和中小企业提供全方位服务也已成为民生银行的服务宗旨和特色！

中小企业金融服务“龙易贷—您贷不待”

龙江银行

龙江银行股份有限公司（LONGJIANG BANK CORPORATION，简称龙江银行）是新设合并原齐齐哈尔市商业银行、牡丹江市商业银行、大庆市商业银行和七台河市城市信用社而设立的股份有限公司。龙江银行注册资本30.8亿元，总行设在哈尔滨市，现有营业网点126个，从业人员3 200余名。

按照黑龙江省委、省政府的决策部署，龙江银行立足于“面向农业产业，面向中小企业，面向地方经济”的市场定位，以资本为纽带，优化股东结构，引进了黑龙江省大正投资集团、中粮集团、黑龙江北大荒集团、上海（上实）集团、上海国际集团等国内一流的战略投资者，走农业特色化道路，以农业产业金融为重点，为社会提供全方位优质金融服务，为股东谋取最大利益，为地方经济发展不断提供强有力的资金支撑。

龙江银行将紧密围绕黑龙江省委、省政府经济和社会发展战略，融入龙江经济，贴近龙江人民，服务网络覆盖全省，逐步实现跨区域发展，办成存款要稳定、贷款要效益、资金要灵活、经营要安全的特色银行，努力建成客户满意、股东满意、社会满意、政府满意的现代金融企业，为黑龙江经济发展做出新贡献！

一、龙江银行的精准定位

（一）面向农业产业的特色战略定位

面向中小企业和地方经济是城市商业银行的共性定位，面向农业产业是龙江银行的特色定位。国家对三农问题非常重视，连续6年以1号文件下发关于农业方面的扶持政策和制度安排，黑龙江省在农业发展方面具有得天独厚的优势和资源，是国家重要的老工业基地和商品粮、战略粮生产储备基地。龙江银行面向农业产业的定位，符合国家发展农业的战略，符合黑龙江省省情的实际。

（二）面向中小企业的特色产品定位

为落实“面向中小企业”的市场定位，龙江银行成立了小企业信贷中心，下设小企业信贷、微小企业信贷等部门，积极拓展针对中小企业的金融创新产品。以特色化、专业化经营为发展理念，实行“一行一品”经营模式，建设“通用型”、“特色型”、“区域型”小企业信贷产品体系，大力发展物业贷、商铺贷、生意贷等“龙易贷”系列产品，成立特色支行，推广特色产品，加强特色服务，打造“小企业专属融资通道”，有效地解决了小企业融资难的问题。

（三）面向社区的特色服务定位

龙江银行是龙江人自己的银行，通过走进社区、“36588”、24小时人工服务等渠道，贴近百姓生活，实现便民、助民、惠民。

1. 创建社区银行。根据网点周边社区特点，通过特色社区营销模式，为社区居民、农户及中小企业提供一揽子金融产品，有针对性提供个性化、差异化的服务，以便捷的服务吸引客户，以真挚的情感打动客户，培养了良好的邻里关系、合作关系，培育出大批中诚度极高的客户群体。龙江银行提出了适合自身发展的社区银行特色模式，创立了中国式社区银行的全新概念，让社区银行真正成为百姓的“贴心银行”，最终实现银行与客户双方共赢。

2. 打造“36588”的服务品牌。“36588”就是一年365天每天的营业时间都是从早八点到晚八点。龙江银行针对广大社会公众的服务需求，提出“做百姓的银行”，践行“以客户为中心”的服务理念，将营业时间延长到晚八点。使城区居民下班后还可以享受到高品质、高效率的存贷款金融服务，创建了特色服务品牌，赢得了广大客户及社会各界的高度认可。

3. 实现24小时人工服务。龙江银行充分利用先进的RTS服务设施，开办了24小时人工服务，为客户提供安全可靠的、一对一的延时服务，增进了客户与银行之间的感情交流，使龙江银行的服务更具人性化。

二、龙江银行小企业信贷特色服务

龙江银行根据“面向农业产业、面向中小企业、面向地方经济”的市场定位，坚持培育小额信贷“专属通道、专业队伍、专门产品、专心服务”的“四专”形象，体现信贷产品“容易、便宜、快e”的“三易”优势，不断拓展小额信贷的新空间、新领域，推出了多个为城市和农村小微企业量身定制的创新型信贷产品。

小企业信贷“龙易贷”系列产品：目前包括生意贷、物业贷、商铺贷等多款针对不同客户的小额信贷产品。

（一）产品设计理念

基于广大微小企业融资难的现状，以及小企业资金需求“短、小、频、急”的特点，在防控风险的前提下，尽可能简化流程、提高效率，体现产品“容易、便宜、快e”的“三易”优势。

（二）主要服务群体

小企业、微小企业、城市创业者、个体工商户、农村农户等客户群体。

（三）主要功能

解决城市和农村小微企业生产、经营活动中的资金需求，为广大小企业、个体户、农户提供方便、快捷、低成本的金融服务。

（四）产品特点

“龙易贷”系列产品具有担保方式灵活、手续简便、审批速度快、贷款额度大的特点：

1. 突破传统理念，为小企业、小商贩、农户提供正规专业的银行融资服务，让客户体验“贷款不求人，到龙江银行咱是VIP”的尊贵感受；

2. 突破传统抵押担保瓶颈束缚，以无抵押及“零售＋批发”的创新担保方式，降低小企业融资门槛；

3. 突破城商行间无差别的小企业信贷服务模式，打造支持“小微”企业的专业融资平台；

4. 可根据不同的客户群体，打造不同的产品流程，在最短的时间内为客户提供最优的金融产品。

（五）安全性

在制度体系上，采用国际标准的操作技术、引进德国IPC技术进行管理和培训，规范化操作、专业化人员、专业的风险控制技术和风控组织形式，建立了适合小额贷款特点的制度体系。

在专营机制上，实行小额信贷“一行一品”、“一行一特色”，专业化服务、差异化经营，在全行小额信贷管理模式上逐渐向独立事业部制进行转化。对小额信贷特色行和从业人员实行独立的绩效考核制度，将绩效与业务规模、服务质量、风险状况挂钩。对特色经营渠道实行专项考核，风险度与业务授权挂钩。

在IT建设上，自主探索开发了微小企业信贷IT管理系统。实现了按照客户淡旺季需求灵活化的还款计划的制定，提高了我行微贷产品的地区竞争力。

（六）推广价值

1. 产品自身灵、活、快的优势满足客户短、频、急的需求；

2. 贷款市场空间广阔，办理小额信贷业务的金融机构少，市场潜力大。

3. 人员专业化程度较高，在低风险的前提下，实现了相比同业更低的准入门槛。

（七）产品效益

1. 社会效益：推动经济发展，解决小企业和社会低端人群贷款瓶颈，提供专业小企业融资平台，尤其改善县域小企业和农户融资局面。

2. 经济效益：回报率高、风险分散，为中小银行开辟新的利润增长渠道和有别于大银行的经营道路。

（八）客户评价

“龙易贷”系列贷款产品满足了从农户到个体户，从私营业主到公司类小企业的需求，使以往在银行贷款“无门”的客户成为龙江银行的“VIP”。2010年末，龙江银行小企业“龙易贷”系列产品荣膺由中国小额信贷机构联席会及中国人民银行研究生部共同颁发的“2010中国小额信贷机构最佳创新贡献奖”。表明“龙易贷”系列产品的差异划定位、流程化管理、专业化服务形成了极强的市场号召力和同业竞争力，获得了市场和监管部门的认可，成为具有较好知名度的银行服务品牌。

助力小微企业腾飞

——提供信用管理、资金筹措、增值服务

宜信

小微企业作为我国经济体系中的重要群体，在过去一直没有受到与其对社会、经济发展贡献相应的重视，融资渠道缺乏、经营管理经验缺乏、市场信息获取渠道缺乏等问题严重阻碍了其发展。2011年以来，小微企业由于受宏观紧缩信贷政策、成本增幅快、税负重等因素影响，生产经营遭遇了“寒流”。珠江三角洲、江浙等地大批小微企业陷于经营困境。

为此，2011年7月，工信部等四部委联合印发了《小微企业划型标准规定》，首次在小微企业划型中增加了“微型企业”这一类别；2011年10月，国务院出台了《支持小型和微型企业发展的金融财税措施》，这一文件被称为“国九条”，从融资渠道、税负等层面出发，为解决小微企业生存发展困境提供支持。

宜信集团于2006年在中国率先推出“个人对个人”（Person to Person或称“P2P”）信用管理和财富管理服务，宜信平台对接两端客户，一端是有小额资金需求的高成长性人群，即现阶段收入尚处于中低水平，但正通过个人努力和社会支持，特别是小额信用资金的帮助，在短时间内实现个人高速成长的一类人群，他们代表着社会进步和中产阶层的未来崛起；另一端为希望将手中闲置资金出借，通过财富管理实现投资理财收益、并获得精神回报的出借人。宜信引入国外先进的信用管理理念，结合中国的社会信用状况，为平台两端客户提供包括信用咨询、信用评估、信贷方案制定、协议管理、回款管理等多方面专业的信用管理和财富管理服务。通过宜信搭建起的信用服务平台，使两端客户之间的信贷交易行为变得更加安全、高效、专业、规范。

宜信集团创建于2006年，总部位于北京，是中国领先的集财富管理、信用风险评估与管理、信用数据整合服务、小额贷款行业投资、小微贷款咨询服务与交易促成、公益助农小额信贷平台服务等业务于一体的综合性现代服务业集团公司。目前已经在上海、广州、深圳、沈阳、大连、哈尔滨、济南、青岛、武汉、长沙、昆明、杭州、南京、苏州、西安、成都、重庆、郑州等全国40多个城市建立了全国性服务网络。

宜信集团帮助过去传统金融服务体系所未覆盖的广大中低收入群体，包括小微企业主、学生和贫困农户等人群释放信用价值，获取无抵押、无担保的信用资金，用于创业或用于自身的职业培训，为广大创业者、小微企业主在传统金融服务体系外提供了新的资金选择。

宏观政策层面对小微企业的支持有目共睹，宜信集团一直一来把小微企业主作为重要的客户人群，推出信用管理服务、资金筹措服务及客户增值服务三大服务体系，全面帮助小微企业解决资金、经营管理等生存、发展中的各项难题，并通过与政府、行业协会等组织的合作，形成合力，以求更好的帮助小微企业发展。

一、信用管理：帮助小微企业主获得信用资金

小微企业普遍存在资金周转难题，某银行在北京、深圳、杭州等城市相关市场的调研显示：小微企业融资渠道中，亲友或民间借贷占比83%。缺少实物资产、担保难等难题将多数小微企业挡在银行门槛之外。

宜信集团通过研究和实践发现，尽管缺少实物资产，但小微企业主都具备一项未被开发的无形资产——信用。但是，信用作为一种无形资产，同时，中国个人信用体系建设尚未完善，首先要帮助小微企业主，乃至中国信用人群做的事情就是进行信用教育、信用体系建设、信用评估和信用甄别。

宜信集团引入国外先进的信用管理理念和技术，与国际领先的零售信贷风险管理领导者费埃哲建立战略合作关系，进一步提升信用管理能力。通过宜信搭建起的信用桥梁，包括小微企业主在内的高成长性人群一改过去缺少实物资产，难以从传统的金融体系中以抵押担保的方式获得资金的困境，实现了信用价值的释放。

二、资金筹措：基于信用的创新融资模式

在信用管理服务的基础上，宜信集团还为信用良好的小微企业提供资金筹措服务。宜信集团打造了一个基于信用基础上的信用贷款服务平台，通过这一平台，个人、机构可以为小微企业提供资金支持，并获取一定的利息收益。多样化、自由化的资金获取形式，帮助小微企业扩展了融资渠道。

针对小微企业、私营业主的资金需求情况，宜信集团推出了“助业贷”小微企业信贷服务，帮助其获取无抵押、无担保，最高不超过100万的信用贷款。有资金需求的小微企业主申请贷款需要提供个人资信材料信用审核通过后，宜信将根据申请人

的信用情况，帮助其筹措相应额度的信用资金，信用程度越高，获取的资金额度越大。助业贷有着无需抵押无需担保、无任何前期费用、手续简单、办理迅速等特点。

三、增值服务：提供培训、咨询、渠道拓展等服务

在信用管理、资金筹措服务之外，经营管理的提升、市场信息的获取等也是影响小微企业发展的重要因素。因此，为了研究适合小微企业资金需求的信贷方式，更好地为小微企业提供融资服务，2011 年 9 月，“信翼小微企业服务中心”在上海正式宣告成立。

“信翼小微企业服务中心”是为解决小微企业客户成长难的现实问题而推出的综合服务体系。本着重经营、轻抵押，重信用、轻担保的服务理念，引领金融服务创新，为小微企业提供融资信用服务，并借助企业管理平台为小微企业提供企业发展咨询、专业技能培训和行业市场信息等多项增值服务，为小微企业的发展提供全面的智力支持。

中心成立之后，为小微企业主提供包括行业研究、咨询、培训、渠道拓展、融资等在内的一系列增值服务，帮助客户更好的成长和创造价值。同时，宜信集团还推出了基于“信翼小微企业服务中心”的一系列小微企业增值服务，其中包括：

1. 信翼计划

2011 年，在既有服务的基础上，宜信推出增值服务——“信翼计划”。“信翼计划”一期选择女性创业者作为主要受众群体，将关注视角投向有梦想、敢行动的女性客户，希望通过专业系统的培训帮助她们所领导的小微企业提升核心竞争力，实现可持续发展。

“信翼计划”一期项目一经推出，便受到全国各地女性客户的热烈欢迎和广泛支持。经过层层竞选，最终宜信 7 名优秀女性创业者客户脱颖而出，获得了进入清华经济管理学院学习的机会。入选的女性企业家们将完整地学习“中国女性创业管理”高端系列课程，包括发现机会、商业计划书制作、新市场开发、企业财务、税务规划和如何管理成长中的企业等，接受全面且实用的企业管理教育。“信翼计划”第二期——“宜信－北航小微企业工商管理研修班“联手北京航空航天大学经济管理学院，由知名经管教授为小微企业主量身定制精品管理课程，将企业战略、市场营销、财务管理、人力资源的经典理念与前沿发展带给大家，期望能够为那些具有梦想、渴望提升的小微企业主增添助力。

2. “微金融·微动力”——宜信赛扶微小企业助力计划

2011 年—2012 年，作为 SIFE（赛扶）中国的最重要合作伙伴之一，宜信集团与 SIFE 中国合作，于 2011 年 9 月到 2012 年 7 月之间在全国范围内推出“微金融·微动力——宜信赛扶微小企业助力计划”。期间，将先后进行微小企业生存现状调研、微小企业生存报告编写、微小企业咨询项目执行等多个环节。“微金融·微动力——宜信赛扶微小企业助力计划”的目的，就在于帮助这个最受人忽视的弱势群体解决他们生存和发展的部分难题。

截至目前，“微金融·微动力”——宜信赛扶微小企业助力计划第一阶段项目已经启动，60 支赛扶学生团队将对超过 3 000 家小微企业的生存现状进行调研，并最终形成《小微企业生存报告》，为调查、了解小微企业的生存现状获取第一手材料。

电话：010－57382000

网址：www. CreditEase. cn

四季青市场担保业务案例

浙江中财担保有限公司

我公司曾参与了四季青服装市场经营户摊位质押担保贷款业务，累计为市场担保额近 6 亿元，累计担保费收入近 600 万元，从公司介入开始到最终退出这块业务，真正发生代偿的业务只有三笔，最终也都全部或部分收回本金及利息，是一个较成功的项目，既为公司带来良好收益，也为公司在行业内打出了牌子。

一、客户简介

四季青服装市场建于上世纪 90 年代初，已有 10 多年市场运作经历，是杭州当时最早专营服装批发的专业市场。四季青服装市场作为引领国内服装潮流的前沿，辐射于全国各地专业服装市场及专卖店，具有一定的知名度和影响力。市场分为南北两区，下设 5 个管理科，共有 1 000 余家经营户，3 000 多个摊位，年均产值 60 亿元左右，为江干区第一纳税大户，也是享受区里优惠和扶持政策的重点单位。市场内经营户大多已在该行业经营 5 年以上，拥有自主品牌的销售或加工实体，同时周边也应运而生众多新市场，如电力装饰市场、苏杭服装市场、新杭派市场、佳宝童装市场等，形成了以四季青服装市场为龙头的从事专业市场的杭海路商圈，而四季青服装市场是其中摊位转让价值最高，发展最较成熟的市场。

二、项目启动

2003 年初，杭州农村信用合作联社（现杭州联合银行）找到我司，提出共同参四季青服装市场经营户摊位质押贷款担保项目，目的是为了把四季青市场项目做大做强，也为保障银行自身风险。作为市场管理方的四季青集团则希望银行能为其市场经营户加强贷款支持力度，增加市场资金的流动性，推动经营，从而提升市场内摊位价值。而对于我司来说，三方的合作应该是共赢、良性的，也符合我公司在新环境下开展担保业务的要求，但为市场经营户作担保，除了对经营户的经营情况要有具体了解并掌握外，对其第二还款来源，也就是其所拥有的摊位优先承租权确认，以降低风险、保障我司利益。2003 年 2 月份公司与四季青信用社、四季青集团签订了关于《四季青服装市场摊位质押担保合作协议》（三方协议），又与中国银行杭州杭海路支行签订了三方协议，项目启动。

三、项目进行情况与调整

1. 截至2004年底，摊位在保余额为6 087万元（公司外部担保3 341万元、内部营销员4 165万元），总量占用保证金为1 463.425万元。公司于2003年2月21日开始为四季青服装集团公司下属四季青服装市场摊位借款提供担保，至2003年底共为市场累计担保26 496万元（中行17 186万元，年底在保余额9 472万元），期初保证金为1 400万元，后因摊位担保总量增加，造成担保额度不足，故多次充入保证金，目前在中行保证金为1 900万元。

2. 结合2003年情况，且2004年4、5月国家对整个信贷行业的宏观调控背景下，公司根据现有资金及担保规模与抗风险能力分析，本着对公司自身和银行负责的态度，从6月份起对市场摊位借款担保进行了一系列调整（压缩存量、控制新增），截至2004年底，累计担保额为20 546万元（中行14 559万元，年底在保余额6 087万元）。

3. 上述可见，该块业务对公司占用资金过大，如担保总量不加限制，整体风险较难控制，与公司追求长期稳健发展不相符。因此，公司在2004年成功引入金丰担保作为我公司退出与四季青信用社合作后的新的担保单位，截至当年6月份，我公司在四季青信用社的担保责任已全部解除，无逾期或代偿业务。

4. 2005年起，我司经过探讨，在达成四季青服装市场目前3000多只摊位的平均全年累计贷款总量在3亿左右（每半年转一次）；三家担保公司之间应加强信息的互通；银行应做好监控作用；市场管理部门也应事后配合协调的共识后重新调整方案。

（1）承前述（1）点，确定2005年摊位质押担保额度。目前除集团公司担保的营销员以1∶8的放大比例以外，摊位与公司外部担保都以1∶10的放大比例。截至2004年底，摊位与公司外部担保额为9 428万元，占目前已使用的保证金64.42%，说明这两块业务仍占据中行业务的重头（其中摊位占了41.59%）。参照该比例，以1 900万元计算，2005年保有额度为7 500万元，实际允许新增1 400万元；

（2）确定担保金额。目前我们单个摊位单笔担保金额最低的3万，最高的60万之间相差幅度较大，投入相同精力和时间，所能为银行和担保公司带来的收益和附加值（包括存款和中间业务）相差甚大。因此，单个摊位单笔担保金额应控制在10万—40万元之间。为了在方案制定出以后，便于落实，依据目前我们可以直接掌握的资料信息，提出以下量化指标，认真参照执行。

①借款人在四季青服装市场只拥有1个摊位，经营方式为传统进销模式，单个摊位单笔担保金额控制在20万元以内（最高不超过20万元），如能提供其他实物资产（如房产或产权式商铺产权证复印件）或在中国银行（以下简称中行）日均存款达到 元，以其存折复印件为准，最高借款金额不超过30万元。

②借款人在四季青服装市场拥有2个以上摊位，经营方式为家族裙带经营、品牌经营的，单个摊位单笔担保金额控制在30万元以内（最高不超过30万元），个人总额度严格控制在100万元以内，个人借款额度超过60万元的，必须提供其在四季青服装市场拥有的所有摊位营业执照复印件、公司营业执照（视情况而定）、中行日均存款达到 元、走帐为中行的，申请当月前半年的历史交易明细单，其他银行的，须为一年（以存折或银行流水为准），要求所反映的每季度资金进出量须在200万元以上；凡涉及多个借款人授权同一人，贷款资金为该授权人经营周转用的情况，除其个人名下借款额度不超过100万元以外，其他授权的参照方案1）执行，其个人总量额也不应超过150万元。

③原来已经操作的贷款，仍按照原办法操作，按照压缩存量、控制新增的原则，争取经过两到三次转贷后，逐步回到该方案的要求上，同时可对有住房的经营户以个人住房抵押贷款的形式适当介入，不仅可以满足经营户继续贷款的需求，对增加银行的收益和带来的附加值也是同样有好处的；对于新增业务，应该在该方案被双方认可后，认真执行。

（3）确定担保期限。期限严格按照协议规定的最长为6个月，如遇特殊情况需展期，担保期限也不超过原借款期限，担保公司不得为以贷还贷客户作担保；

（4）市场、银行、担保公司三方应建立定期通报制度，把三家担保公司在催贷时遇到的问题及存在潜在风险或已有不良记录的客户名单汇总，在每月底及时反馈给各方，真正起到对每笔贷款的风险防范和控制的目的；

（5）担保公司和银行之间应本着双方所签署的合作协议的精神，遵守共同参与、独立审查的原则，双方有责任和义务把各自调查情况和审查结果及时告知对方，以及向客户做好解释工作的义务。

经压缩存量从2005年初6 087万元压缩至年底3 000万元，可用保证金增300多万元。

四、代偿业务的处理

随着2006年1月份中行的四季青市场摊位质押担保业务结束，经营户续贷工作也相应停止，其后的清收工作中有三笔代偿业务：

1 马小妹：由我公司2005年5月31日为其代偿本息共计155 788.50元，经我公司与市场管理科协商，最终由借款人、担保公司、市场签订三方协议（详见附件二），决定借款人在签订协议当日付清代偿利息后，由市场负责联系下家，并负责转让过程中的过户事宜，并共同监督转让款先行归还我代偿本金，后马小妹摊位以高于贷款本金金额的价格转让，并全部归还我公司代偿本金。

2 金龙德：实际用款人历月仙，杭州本地人，在杭有两套住房，在四季青服装市场已经营近10年，前几年的优势经营已使其积累了一定资本实力，且还款意愿较强，但考虑到银行政策的变化及目前经营仍无起色，实际还款能力不足，采取逐步压缩退出的办法，将其两套住房抵押我公司并为其办理房产抵押贷款，以抵押贷款资金保证其摊位贷款能顺利转贷至杭州商业银行，并逐笔压缩，虽其后第一笔房产抵押贷款到期时，由我公司为其代垫12万元本金（其余本金及利息自筹），但其直接抵押杭州行业银行后所取得贷款资金立即归还这12万元本金，其后第二笔我公司为其担保的房产抵押贷款也顺利到期归还，至此其所担保的贷款已全部脱保，无给公司造成损失。

3周平：温州人，在杭有套住房（可能按揭），原一直在九星外贸经营（该摊位已经转让），四季青摊位长期出租，实际已无能力归还我公司代偿资金，基于以上情况，我们及时与周平本人和市场进行了多方面协商、交涉，在今年11月份办理了过户及工伤登记等手续，并将其摊位的转租权转移至我公司，由我公司与现承租人签订了《2007年摊位出租协议》，所取得的转租费用一并冲抵租金、工商、税务及先前由我公司代偿本息，最终在2007年由该摊位承租人低于周平贷款金额的价格转让，转让金全部归还我公司代偿本金，至此我公司收回部分本金。

五、结论

四季青市场摊位质押担保业务在当时公司刚刚起步的前几年中应该算是较为成功的案例，从公司介入到调整再到最后的成功退出，公司一直坚持把风险控制放在第一位，而在处理代偿业务时，结合每个客户的情况，针对性的处理方案，灵活变通，既做到了有礼有序有力的处置，也保障了公司的利益不受损失，并且也真正使银行、市场、担保公司三方在协议的权利和义务得到充分的体现发挥；虽该业务收费偏低，但较低的不良率、较高的代偿回收率、以及带给公司的附加收益，该业务是较为成功的，也证明了四季青服装市场是个较为成熟，实力较强的市场。总之，公司不仅在经济利益上受了益，更重要的是在银行圈内建立了很好的口碑，宣传了中财担保，为将来与银行的深入合作打下了坚实的基础。

搭建专业融资平台，促进中小企业与非公有制经济又好又快发展

成都合力创业融资担保有限公司

公司成立于2003年12月，系经四川省人民政府批准成立的省内首批商业性担保机构。公司注册资金50 063万元，信用等级AAA，截至2010年底，公司累计为1 200余家中小企业提供融资担保服务，为企业提供融资服务近100亿元，其中融资担保在保余额近20亿元，代偿损失率不足0.5%。服务中小企业，实现多赢共享。四重举措为中小企业量身定做融资方案：

一、融资类担保

1. 企业融资担保

【流动资金贷款担保】

品种释义：为满足企业在生产经营过程中临时性、季节性的资金需求，保证其生产经营活动正常进行向银行或其他合法贷款人取得短期贷款资金时，由于自身抵（质）押物不足，而由专业担保公司向贷款人提供信用增级的第三方担保。

服务对象：符合国家产业政策导向、经营状况良好的各类中小企业。

业务优势：受理流程高效快捷，反担保措施设置灵活，合作银行渠道广泛。

【固定资产建设贷款担保】

品种释义：为企业因固定资产项目建设、购置、改造及其相应配套设施建设而向银行和其他合法贷款人申请中长期贷款，由专业担保公司向贷款人提供的第三方担保。

服务对象：新办企业的基本建设贷款、成熟企业的技术改造贷款、水电站等工程项目过渡性贷款。

业务优势：贷款期限长，融资成本低，反担保措施设置灵活。

【承兑汇票担保】

品种释义：为企业开具承兑汇票的敞口部分向银行提供担保，包括银行承兑汇票担保和商业承兑汇票担保。

服务对象：需要开具承兑汇票的各类贸易型企业、生产型企业等。

业务优势：流程审批快捷、合作银行多、一体化服务。

2. 个人贷款担保

【个人综合授信贷款担保】

品种释义：为中小企业的实际控制人、股东或个体工商户因个体经营向银行和其他合法贷款人申请的综合授信贷款提供担保。

服务对象：具有完全民事行为能力、有一定收入保障的自然人。

业务优势：一次性取得授信额度，循环使用，借还自由。

【个人消费贷款担保】

品种释义：为个人按揭购买房产、汽车、大型电器等消费贷款提供担保。

服务对象：具有完全民事行为能力、有一定收入保障的自然人。

业务优势：手续简便、审批快捷、费用低廉。

二、非融资类担保

1. 工程担保

【投标保函】

品种释义：担保人为投标人向招标人提供的，保证投标人按照招标文件的规定参加招标活动的担保。

服务对象：各种工程项目投标人。

业务优势：审批流程快捷、费用低廉。

【履约保函】

品种释义：担保人为承包人向发包人提供的，保证承包人按照建设工程承包合同中规定的条款完成该项目的担保。

服务对象：各种工程项目承包人。

业务优势：审批流程快捷、方式灵活。

【预付款保函】

品种释义：担保人为承包人向发包人提供的，保证承包人正确、合理使用发包人支付的预付款的担保。

服务对象：各种工程项目承包人。

业务优势：审批流程快捷、费用低廉。

【支付保函】

品种释义：担保人为业主单位向施工单位提供的，保证业主单位按合同约定支付工程款的担保；以及为施工单位、业主单位向农民工提供的，保证民工工资支付的担保。

服务对象：各种工程项目发包人和承包人。

业务优势：审批流程快捷、方式灵活。

2. 贸易合同履约担保

品种释义：担保人为大宗原材料、工矿产品贸易合同等的交易双方或一方提供的履约担保。服务对象：有真实商品贸易关系的交易双方。

业务优势：资信高、反担保措施设置灵活、审批流程快捷

3. 分离式银行保函担保

品种释义：担保公司为被保证人（发包人或承包人）向银行申请出具保函，保证工程合同正常履行。该业务是将申请人与被保证人分离，担保公司作为申请人由银行统一审核授信，服务对象：需要以银行保函形式保证合同履行的非银行授信客户。

业务优势：资信高、受理周期短、不占用银行授信额度。

4. 诉讼保全担保

品种释义：在民事诉讼程序中，担保人为保全申请人向人民法院提供的保障被保全人合法权益的担保。

服务对象：诉讼保全申请人。

业务优势：资信高、受理周期短、费用低廉。

三、中间业务

【上市融资顾问】

品种释义：为国内中小企业在海内外资本市场上市融资提供咨询及方案设计服务。主要为拟上市客户提供上市咨询、方案设计、资金安排等一体化服务，协助客户完善公司内部治理以达到上市要求。

服务对象：符合相关制度要求的拟上市企业。

服务优势：熟悉国内外资本市场政策，能提供全流程服务，为客户解决多方面问题。

【投、融资顾问】

品种释义：为企业生产经营过程中各种投融资需求提供一整套解决方案，协助客户办理银行贷款、信托融资、集合债发行等业务。

服务对象：国内中小企业。

服务优势：融资渠道多样，融资业务品种丰富，融资效率高。

【法律顾问】

品种释义：为企业生产经营过程中提供法律咨询、分析及论证，讲授法律事务知识、协助拟定法律文书等服务。

服务对象：国内中小企业。

服务优势：法律案例经验丰富，精于商业纠纷及合同纠纷处理。

【项目评审】

品种释义：评审客户的项目计划执行情况及预测未来发展情况，总结项目的财务状况及其它情况。为企业项目团队提供项目可行性分析，同时协助项目团队获取各种社会资源支持以增强项目可行性。

服务对象：国内大中型项目公司及其他项目合作方。

服务优势：为多家公司提供项目优化整合方案，各方面资源较为丰富，能协助客户快速高效实现项目规划。

【个人理财融资咨询服务】

品种释义：个人将闲置资金出借给其他有完全民事行为能力的自然人，委托我公司代为进行专业的尽职调查、风险咨询；并协助客户完善合法手续、监控资金使用、本息催收等咨询服务，从而帮助出借人管控风险，维护其资金安全。

服务对象：自然人。

服务优势：为客户提供专业的理财融资咨询服务。

四、投资业务

【风险投资】

品种释义：向具有一定技术领先性、成长性或成熟性的企业在其创业期或成长期进行投资。解决企业的资金瓶颈问题，同时提供投融资、税务、法律咨询等综合服务。

服务对象：高科技、节能环保、技术创新等领域处于创业期或成长期的企业。

服务优势：依托担保业务，整合资金和客户资源，帮助其制定经营管理战略和目标，实现快速增长。

【传统产业投资】

品种释义：向风险性较小、收益稳定、规模性增长潜力巨大的行业进行投资，如能源、酒店服务、公用事业和基础设施建设等。

服务对象：水电开发企业、商务酒店、水务企业等。

服务优势：有经验丰富的投资团队，不仅能为企业提供资金支持，且能提供配套增值服务。

四川创业融资担保有限公司

服务类型及业务品种：

一、担保业务

融资担保：企业流动资金、固定资产投入短、中、长期贷款、综合授信、银行票据担保、融资租赁担保、贸易融资担保、信托担保。

工程担保：企业招投标、承（发）包商履约及农民工工资支付担保。

个人贷款担保：个人消费贷款（车贷、房贷）及经营性贷款担保、短期抵押贷款担保。

诉讼保全担保：诉前保全担保、诉讼保全担保。

二、咨询业务

为企业提供融资咨询、管理咨询及财务管理、财务顾问服务。

三、投资业务

私募股权投资：风险投资、IPO 前的股权投资。

不良资产投资：企业实物资产收购处置、金融机构不良资产收购处置。

◎**经典案例一　中小企业融资服务**

对某塑胶科技集团有限公司流动资金贷款担保 2 000 万元

2011 年 5 月某塑胶科技集团有限公司向我公司提出申请，由我公司为该笔贷款提供保证担保，并由中国农业银行股份有限公司 C 市支行发放流动资金贷款 2 000 万元，贷款期限 12 个月。

该公司主要生产给水、排水、线管、型材、多孔管、线槽、PPR、PE 八大系列 2 000 多个品种，产品的标准化、质量满意度、品牌知名度等在同行业中名列前茅，通过国家强制性产品检测认证，被国家建材局标准研究所、国家统计事务所和中国名牌商品协会评为“全国十大品牌”，获“四川省第六届名牌产品”，“国家免检产品”称号，产品取得四川、重庆、西北、东北、云、贵、新疆等 20 余个省、市、自治区建委或建设厅颁发的建设工业产品准用证或推广证、中石油昆仑燃气有限公司市场证等，销售网络遍及全国各主要中心城市，产品有较大的市场占有率，年产品销售率达 95% 以上，销售收入连年增长。

我公司受理其申请后对该公司作了全面的风险尽职调查，全面揭示了该笔贷款的风险。经充分论证得出该公司是一个成长性和抗风险能力都较强的大型新型塑胶管材企业集团。但是该公司在 C 市工业集中发展区的土地和厂房都无产权证，针对此情况专门为其定制了个性化的反担保措施：第一由其大股东持有的该公司 23% 的股权作质押，登记在我公司名下；第二由其法人代表和大股东夫妇为该笔贷承担连带保证责任。以上措施基本为信用担保，设立这样的反担保措施，理由如下：第一，该公司提供给我公司近 3 年的财报数据真实可信，比如集团本部 3 年来的销售收入在纳税申报表上、向银行提供的财务报表上、向我公司提供的财务报表上数据完全一致。说明该公司财务管理健全，稳健。整个集团销售收入 2010 年度近 20 亿元，是 C 市的纳税大户。第二，从人民银行征信系统查询该公司及其法人代表、全体股东无不良信用记录。第三，该公司从 1995 年到 C 市投资建厂到 2010 年，几经发展注册资本金由 500 万元增资到 10 500 万元，销售收入由 1 000 多万元增加到近 20 亿元，资产规模累积到 36 500 万元，在全国塑胶行业中排名靠前，综合实力是西南地区第一，被国家确定为西南地区建材生产基地，其技术中心被认定为四川省省级技术中心，独立组建了具有行业一流水准的产品检测中心并获得了国家级 CNAS 实验室的权威认定，取得了由省技术监督局颁发的能够出具产品质量检验合格证明的“A 级资格证书”，是省质检院在省内同行中设立的唯一一家网络实验室。第四，截至 2011 年 5 月底，该公司共有贷款为 3 500 万元，资产负债率为 45%，预计集团本部 2011 年可实现销售收入 65 000 万元，有充足的现金流来保证第一还款来源。第五，该公司在同行业中资产负债率较低，有近 19 000 万元的净资产，该公司的有形资产完全能覆盖负债，第二还款来源有充分保证，同时，该公司有强烈的还款意愿。

该项目的风险分析：第一，政策风险：国家如果对产业政策作出重大调整，直接影响到该行业的发展。但是，目前国家大力发展经济，其产品用途广泛，同时该公司作为全国同行业排名靠前的大型企业，具备很强的市场竞争力和抗风险能力。房地产市场现状对其销售收入会带来一定影响，但影响不大。第二，市场风险：由于产能过剩会造成同行业恶性竞争，原材料，电力等涨价因素会进一步摊薄销售利润。由于该公司在全国有 5 家独立的分公司，都具备相当的市场竞争能力，如果出现此种情况，最多影响到公司 2011 年的销售计划，对公司的盈利能力不会带来根本性的影响。以上理由得出该项目风险较小，该公司违约成本很高 。

在 2011 年银行额度趋紧的情况下，经过与贷款行的积极沟通，该笔贷款很快顺利发放，及时补充了企业生产所需流动资金，同时也给企业带来了较好的经济效益。

◎**经典案例二　农民工工资担保服务**

C 市 H 集团房地产开发有限公司成立于 2006 年 10 月，它的成立标志着 H 集团迈出了进军 C 市的第一步。作为该公司入川第一个项目“华宇．蓉国府工程”，经审查该公司财务状况良好、资质等级为暂定三级、项目建筑施工合同真实合法，所以我公司于 2010 年 8 月 16 日向 C 市建设委员会出具担保金额为 255.9 万元的农民工工资支付担保书。该项目位于人民南路四段，工程造价 5 118 万元，工期 18 个月，我公司在其建设过程中，始终切实做好维护农民工利益的工作，未发生拖欠农民工工资等造成不良社会影响的情况，使 H 集团在成都的第一步取得了阶段性胜利。之后，我公司陆续与 H 集团 C 市房地产公司合作，先后为其四个大型住宅项目工程提供了农民工工资担保，担保金额累计达 3 000 万元，为 H 集团在 C 市的发展、为维护农民工利益、为构建和谐社会，做出了应有的贡献。

◎**个人经营性贷款担保案例**

一、申请贷款金额 100 万元、年限 3 年期，贷款银行：重庆银行股份有限公司成都分行

二、借款人情况

（一）借款人姓名：陈（女、32 岁）

婚姻情况：已婚 工作单位：P 县 SZ 调味品厂 职务：总经理

配偶姓名：卢（男、34 岁）；工作单位：P 县 SZ 调味品厂；职务：法人

（二）企业情况

P 县 SZ 调味品厂成立于 2007 年 6 月 6 日，经营范围：豆瓣（含郫县豆瓣）、酱腌菜生产、销售。厂区占地面积近 13 200 平方米，有员工 60 余人，有从事调味品行业的专业人员和销售精英团队。“SZ 佳意牌”红油豆瓣为该厂主要品牌产品，年产量约5 000余吨，产品销往郑州、南京、北京、江浙、广州等地。

三、抵押物情况

位于 P 县的建筑面积 106.61m^2 的个人房产。

四、案例说明

此笔贷款为 P 县 SZ 调味品厂为解决企业生产经营所需流动资金向我公司申请担保的个人经营性贷款担保业务，此贷款品种审批流程快捷简便，银行放款速度快，贷款人从资料递交开始、15 个工作日内就能取得贷款，专为小企业贷款服务，为中小企业生产经

营搭建起方便、快捷的融资平台。

南通开发区惠民信用担保公司

南通开发区惠民信用担保有限公司是以政府投资为引导、按照市场化运作、实行企业化管理的一家政策性和商业性兼容的专业担保机构。公司于2004年9月28日正式挂牌运作，公司性质为股份有限责任公司，注册资本人民币11 199万元，投资主体为南通经济技术开发区，财政资金以南通开发区总公司名义出资800万元，占比7.15%；江苏安惠生物科技有限公司出资6 330万元，占比56.52%；公司董事长陆汉萍出资4 069万元，占比36.33%。公司目前有员工16人，均为金融、法律、财会方面的专业人才。

公司自成立以来累计为南通市中小企业提供担保1108笔，担保总额264 530万元，公司目前在保笔数200笔，担保余额70 890万元。公司合作的银行有：农业银行南通分行、工商银行南通分行、中国银行南通分行、建设银行南通分行、江苏银行南通分行、交通银行南通分行、招商银行南通小贷中心、浦发银行南通分行、中信银行南通分行、民生银行南通分行、南通农村商业银行、国家开发银行江苏省分行、广发银行南通分行、兴业银行南通分行。

公司在运营中，注重风险内控，每一项目企业均有专人负责，从保前调查、保后跟踪到贷款收回一条龙服务，有效防范了担保风险。南通惠民担保以“高效、便捷、快速、优质”的服务获得了中小企业、合作银行以及政府的好评。在南通市经贸委及中国人民银行南通中心支行共同组织的行业专项评级中，公司连续三年被评为A级信用担保公司。

一、全心全意帮扶企业

惠民担保在解决中小企业贷款难、担保难问题的同时，能想企业所想、急企业所急，在控制风险的同时全力为中小企业服务。

南通怡芙塑胶有限公司是南通开发区一家专业生产化妆品包装物的企业，产品质量在同行业处领先水平，企业为国际化妆品知名品牌欧莱雅、玫琳凯、雅芳等配套生产化妆品塑料包装。我公司在对该企业的经营状况、财务情况、反担保措施等综合考量后为其提供了200万元贷款担保。在我公司担保期间，企业由于操作工人操作不当发生意外火灾，造成重大损失，我公司项目经理第一时间赶赴火灾现场，调查了解事故造成的损失和影响，并向贷款银行出具了相关情况报告。在贷款到期后，企业抽出流动资金按时归还了贷款并向我公司提出继续担保的申请。我公司项目经理在对其尽职调查的过程中发现：该企业事故善后工作已基本结束，生产经营已恢复正常，订单充足，货款回笼稳定，然而原来反担保保证的企业却不愿为其反担保。在我公司的汇办评审会上，针对该企业的实际情况，我公司为其设计了合理的反担保措施：企业的主要生产设备抵押及法人的一套上海的房产二次抵押进行反担保。在发放了200万元流动资金贷款后，该企业生产销售步入正轨，销量同比上升了20%，实现了银、保、企共赢，取得了良好的社会效益和经济效益。

二、依靠省再担保体系做大做强

2008年年底，为解决中小企业融资难问题、支持中小企业健康发展，江苏省委、省政府成立了江苏省信用再担保有限公司，并构建了覆盖全省市、区、县信用再担保体系，省再担保公司经过对我公司各项指标的考核，批准我公司纳入再担保体系，成为再担保体系的主办机构。我公司在业务发展中注意与省再担保公司的合作，并取得了一定成效。

南通德尔物流有限公司为一家经营性物业企业，公司拥有商业房产24万平方米，因流动资金缺乏向我公司申请5 000万元贷款担保。根据《融资性担保公司管理暂行办法》，对单个担保企业担保责任余额不得超过净资产的10%，因此我公司单户担保金额不得超过1 119万元。我公司与省再担保公司沟通，与其联合对该企业调查后，由我公司对该企业提供了1 119万元贷款担保，省再担保公司提供了3 881万元贷款担保，解决了企业的燃眉之急。此举开创了南通市担保机构与江苏省再担保公司合作担保的历史先河，此举不仅做大做强了公司担保业务，更进一步提高了公司抗风险能力。

三、打造科技型担保机构

为加快新兴产业发展，推动经济结构转型，国家、省、市相继出台对高新技术担保融资扶持政策。我公司积极响应各级政府有关文件精神，大力扶持我市高新技术中小企业。目前，我公司在继续扶持金属制品、纺织家纺、船舶制造、建筑等传统行业的同事，新增高新技术企业担保项目8家，担保额度达2 500万元，行业涉及精细化工、生物工程、医疗器械、软件开发等领域。今后，我公司将在为市内中小企业开展融资担保服务的同时，加大对科技型中小企业的扶持力度，加快公司向科技型担保服务机构的转型。

无锡市华泉隆担保有限公司

无锡市华泉隆担保有限公司成立于2009年7月，地处江阴市青阳镇得瑞尔物流园内，企业发起人有11位：上海暄腾实业有限公司、上海鹏申实业发展有限公司、上海凌浩建筑材料有限公司、无锡强博钢铁贸易有限公司、江阴市佑添钢铁有限公司、刘云、郑清泉、叶守华、彭立枝、陈祖强、许家国。其中法人代表刘云，公司注册资本12 680万元。经营范围以融资性担保为主。

本公司的设立主要是为了解决江阴市得瑞尔物流园内的企业和当地中小企业的融资问题，为这些中小企业提供融资担保，从而提高钢材市场整体竞争力和促进当地中小企业的繁荣发展。

一、拟开展的业务情况

1. 资金基础

公司实收资本12680万元，都是货币资金，因此实收资本中可用于存出保证金和银行存款的资金占比为100%。由此看出，公司资金主要运用于银行存款，资产流动性较强，为担保业务开展奠定良好的基础。

2．业务品种

公司将发挥民营企业的力量，解决中小企业发展难、融资难的问题。为入驻得瑞尔物流园内的企业和当地的中小企业提供融资担保。公司将严格执行国家法规、政策，杜绝从事政策规定以外的担保或者投资业务。

随着社会经济地快速发展、融资需求地快速增长，担保业务品种越来越多。而公司基于中小企业融资难的问题，立足得瑞尔物流园，同时兼顾当地中小企业，具有针对性地开展中小企业融资担保业务。通过提升物流园内企业的实力从而促进钢材市场的良性发展，带动周边钢材贸易的繁荣发展，并促进当地中小企业快速发展。

3．业务规划

公司未来3年担保业务规划情况如下：

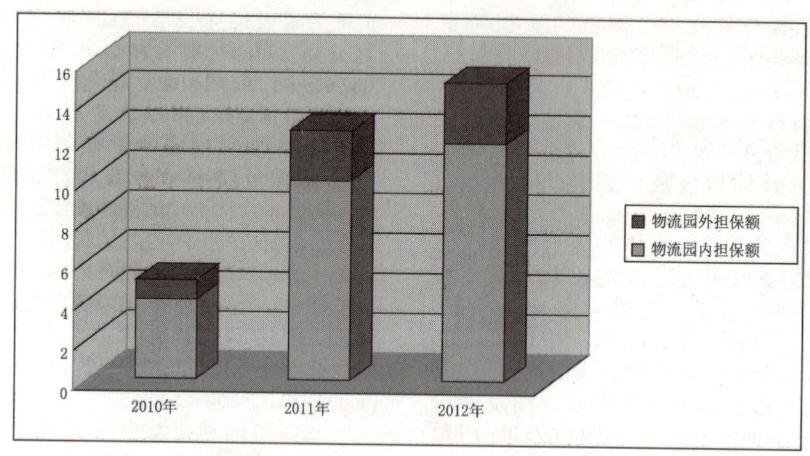

公司未来3年担保业务规划情况　单位：万元

上图为公司基于以下3点的基础上得出：①得瑞尔物流园2010年6月正式营业；②未来三年银行给予公司的放大倍数分别为4倍、5倍、6倍；③大部分担保业务期限6个月；④公司为园内和当地企业担保额比例为4：1。

由于公司目前新设成立，尚未与银行实际开展业务，不过目前公司已与多家银行达成明确的合作意向。从上图可以看出，未来3年公司担保业务的开展为物流园内外中小企业提供了良好的融资环境，十分有利于物流园内外中小企业的发展壮大，物流园内企业的发展又对于市场内仓储、运输收入以及物流园知名度都能产生良好的促进作用，社会效益显著。

二、公司内部管理制度和风险控制制度及具体措施

（一）内部管理制度

为适应市场的不断变化及公司发展的需要，公司建立了较多的内部管理制度，并仍不断修订完善。主要管理制度包括：《内部管理规定》《综合部工作职责》《财务部工作职责》《业务发展部工作职责》《风险管理部工作职责》《法律事务部职责》《总经理、副总经理、总经理助理岗位职责》《财务管理实施细则》《部门岗位职责》《员工日常行为规范》《保密制度》《卫生管理制度》《员工食堂管理规定》《车辆管理制度》《门卫岗位责任制》《宿舍楼管理公约》等，通过各项管理制度严格规范内部管理，从而建立了高效、合理的内部体系。

（二）风险控制制度

公司高度重视风险控制制度体系的建设，制定了《担保业务管理暂行办法》作为开展担保业务的管理大纲，明确了公司担保业务操作流程、担保客户准入条件、反担保措施、担保费收取、准备金计提、档案管理等。同时公司聘请专业律师进行制度审核以及合同文本的起草建立。同时，公司建立了评委会制度作为公司的主要会议制度，所有担保项目都要通过评审委员会的评审。

（三）具体措施

根据公司《担保业务管理暂行办法》，担保业务设置为以下流程：申请受理——调查初审——业务复审——评委会评审——批准办理——保后监管。

1．申请受理由公司业务发展部负责，主要工作内容包括：

（1）接洽了解客户基本情况、贷款需求情况等；根据客户具体情况，介绍对担保客户、反担保人、担保费、保证金等方面的相关规定和要求。

（2）对基本符合担保条件的客户，积极指导其准备相关材料。

（3）接受客户所提交的担保申请及有关材料，审查有关材料是否齐全、真实、准确，做出受理、不予受理或退回补充更正的决定。

（4）对受理客户登记建档，建立业务台账，录入微机规范管理。

2．调查初审由本公司业务发展部负责，主要内容包括：

（1）走访约谈担保申请人和反担保人，了解相关情况，判断贷款资金真实投向和反担保资料的真实准确程度。

（2）访问、咨询担保申请人、反担保人的业务往来客户、贷款银行等，了解其品行及历史信用记录情况等，形成调查工作记录。

(3) 通过实地察看和了解产权登记情况等途径，对反担保人反担保能力进行调查，形成调查工作底稿。

(4) 根据了解、调查和核实的情况，对担保申请人、反担保人是否符合本办法规定的条件逐一审核，拟写担保调查报告。

(5) 对本公司是否为客户提供担保提出具体初审意见。

(6) 将有关档案整理移交风险管理部复审。

3. 业务复审由本公司风险管理部负责，主要内容包括：

(1) 根据本暂行办法规定条件，逐一检查各项档案卷宗材料是否齐全。

(2) 判断业务经营部初审意见是否妥当；复审过程认为必要，可就某一重点可疑问题组织进行现场核实。

(3) 做出复审通过或不通过或退回补充调查等复审意见。

4. 通过复审的担保业务，送交本公司总经理审定。

5. 本公司设立评委会，负责对总经理审定通过的担保业务进行综合评审，形成是否通过的评审结论，提交本公司执行董事决定。

(1) 评委会设委员5名，可从本公司内部产生，也可外聘，具体人选由执行董事决定。

(2) 评委会设主席1名，由委员选举产生，负责主持评委会会议等有关工作。

(3) 评委会对担保业务做出结论，一律采取记名表决方式，同时必须明确签署“同意”、“反对”或“弃权”，且不得涂改。4名及以上委员通过为同意，3名委员通过为续议，2名及以下通过为否决。

执行董事对评委会评审通过的担保业务拥有最终决定权。

6. 经批准的担保业务由本公司派专人负责办理相关手续，要求客户缴存风险保证金，安排本公司划存代偿保证金，订立有关担保协议补充归档，指导客户开办电子网络银行业务等。

7. 业务经营部负责担保业务的保后常规监督，通过约见走访被担保人、反担保人，适时监控被担保人账户资金流向，跟踪被担保人、反担保人业务情况，发现被担保人、反保人有如下异常情况的，应及时拟写有关情况说明并移交风险管理部列为重点监督对象管理。

(1) 发生重大经济纠纷、违法经营行为；

(2) 发生重大财产或经济损失；

(3) 出现不良的信用记录，有赌博、吸毒等不良习性；

(4) 被担保人、反担保人发生的可能严重危及本公司担保业务安全的其他有关情况。

8. 风险管理部对已经发生的本公司代偿业务，应按照反担保合同的有关约定，及时组织依法予以追偿，确保本公司资产不受损失。

公司已建了一套较为完整的保前调查，担保评审，保后检查机制，制定了较为明晰、完整、可操作性强的业务操作流程，制度建立较为健全。

三、公司组织形式

1. 法人治理

公司章程对股东会、执行董事、监事及总经理的职责及权限都做了明确的规定。股东会由全体股东所组成，是公司最高权力机构，股东会议由股东按照出资比例行使表决权；公司设执行董事1名，执行董事为法定代表人刘云，同时兼任公司总经理，负责主持公司日常的经营管理，并行使公司章程规定的其他职权；聘请叶守忠、王云为副总经理，分管业务经营和风险控制及法律事务等管理工作；公司设监事1名，由郑清泉担任，以监督执行董事及高管层的经营管理活动和日常工作。

整体看，公司法人治理结构完善。

2. 部门设置

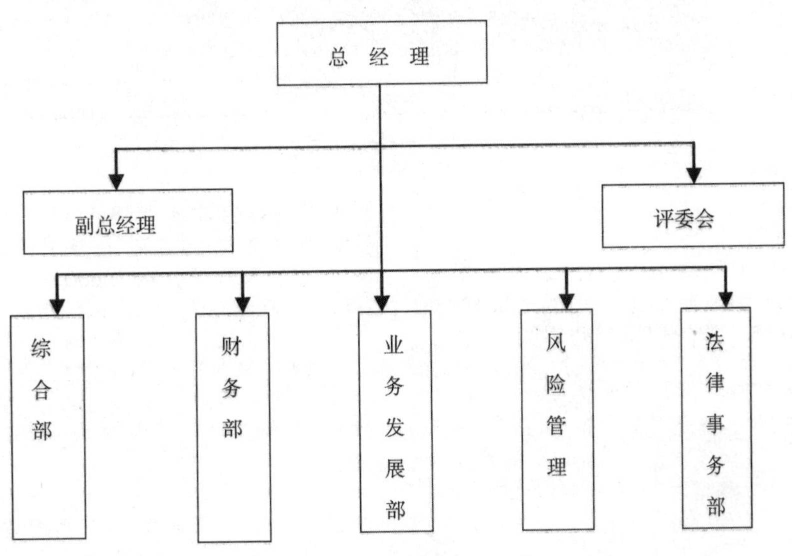

部门设置

公司内设综合部、财务部、业务发展部、风险管理部、法律事务部5个职能部门，各部分职责分工明确、互为监督。

综合部主要负责档案、人事、后勤管理等内部综合业务；财务部主要负责财务管理、会计核算、报税等；业务发展部主要负责对企业保前调查、办理担保手续、业务统计、保后跟踪管理等；风险管理部主要负责对担保业务开展的程序、调查评价、手续、资料等质量，监督检查、代偿业务的处理、保后关键风险点检查等；法律事务部主营负责法律手续完备性。

公司部门设置较为齐全，且在业务开拓和风险管理的职责安排上，构筑了相互配合、互相制衡的监督约束机制。

公司现有员工18人，主要通过社会招聘，专业构成为财会、金融、法律等；年龄、学历分布如下表：

公司员工学历、年龄结构合理，对担保行业认知度较高、风险管理经验较丰富，稳定性强，基本能够满足公司业务开展的需要。

员工情况表

年龄			学历			职称			总人数
小于30岁	30~50岁	大于50岁	大专以下	大专	本科以上	初级	中级	高级	
8	8	2	7	10	1	2	6		18

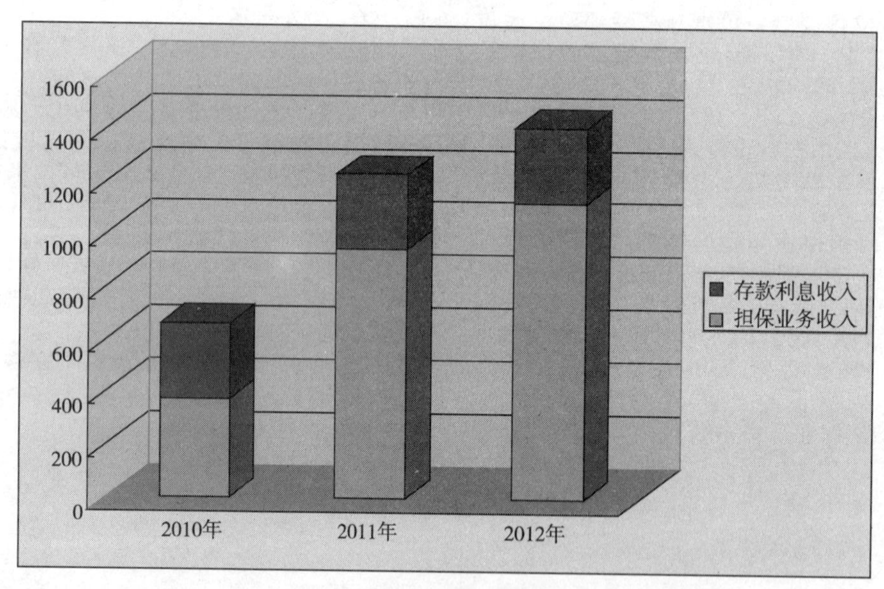

收入预测（单位：万元）

四、效益分析

1. 经济效益分析

该收入预测数据基于①得瑞尔物流园2010年6月正式营业；②未来3年银行给予公司的放大倍数分别为4倍、5倍、6倍；③担保费年费率为1.5%；④大部分担保业务期限6个月；⑤银行一年定期存款利率2.25%的基础上得出，预测得出2010年—2012年收入合计分别为660.3万元、1 230.3万元和1 410.3万元。

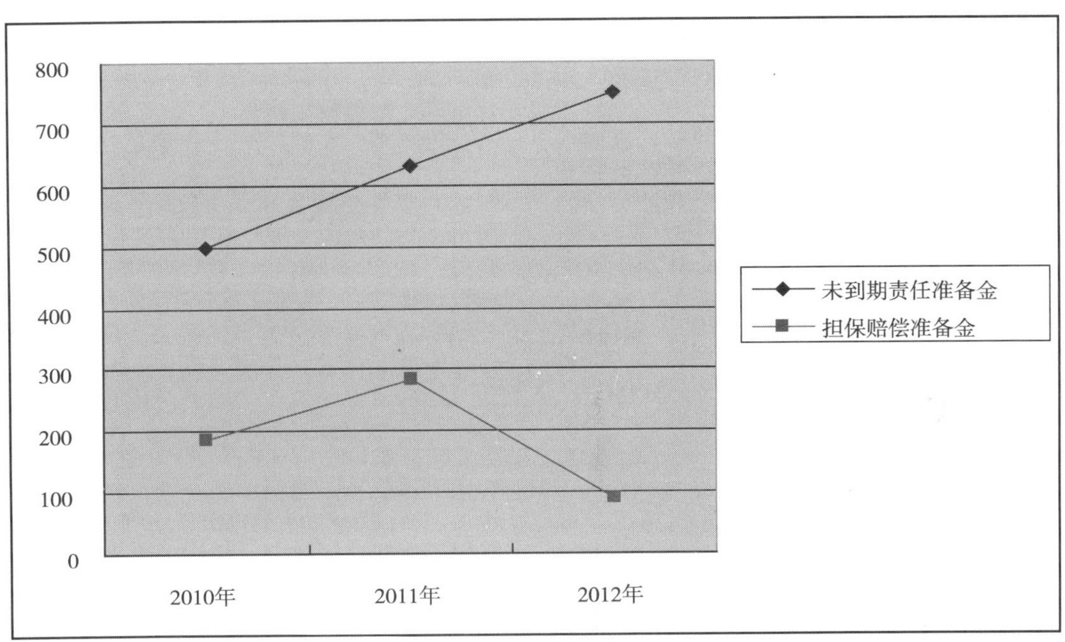

准备金预测（单位：万元）

该准备金预测数据基于：①未到期责任准备按照保费收入的50%累计计提；②担保赔偿准备金按照担保余额的1%差额计提的基础上得出，预测得出2010年—至2012年准备金小计分别为687.5万元、915万元和840万元。

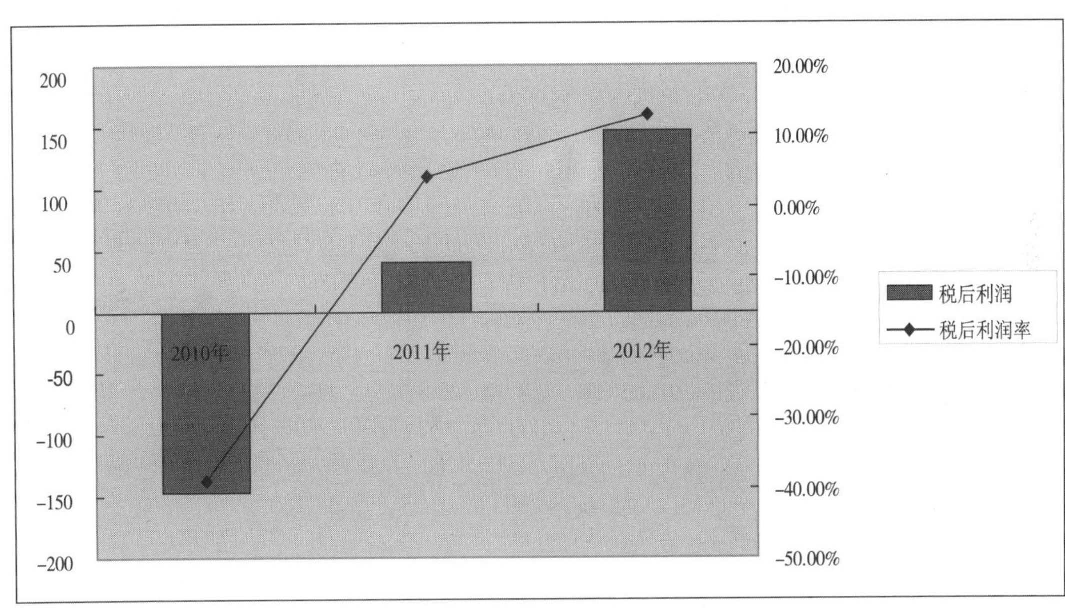

盈利预测（单位：万元）

根据3年预测分析表，2010年—2012年税后利润率分别为-38.92%、4.15%、13.02%。可以看出，公司开展担保业务后，担保公司的经济效益显著增强，可以为更多的中小企业解决融资问题。

2. 社会效益分析

得瑞尔物流园内企业经营的钢材品种主要有螺纹钢、线材、型材，分别占比40%、25%、35%。

得瑞尔物流园计划发展成为集商贸、物流、港口、仓储、装卸于一体的仓储物流基地。公司2010年、2011年、2012年预计为物流园内外中小企业带来5亿元、12.6亿元、15亿元的贷款担保规模，整个物流园预计年销售额将会达到25亿元、70亿元、90亿元，预计将会为当地创税1 250万元、3 500万元、4 500万元。同时物流园3年安排的就业人员将会达到1 000人、1 200人、1 500人。随着得瑞尔物流园的发展，势必会进一步引入人力资源，在一定

程度上缓解了当地就业压力的问题。

总体看来，从上述各项、各角度预测分析表可以看出，当担保公司开始运作，经济效益将显著体现。公司充分运用银行放大倍数效应，为物流园内的更多企业和当地中小企业解决融资问题，进而提高钢材市场整体竞争力，同时将带动整个钢贸企业和当地中小企业的经营能力，给当地带来较明显的税源增量，在一定程度上缓解当地就业压力。

江阴市及周边苏南地区经济较发达、中小企业融资需求旺盛，担保行业的市场前景非常广阔。江阴市得瑞尔物流园计划于2010年6月正式营业，入住商户有约200家，此外当地中小企业众多，担保公司的客户来源较广，选择性较强，对业务开展十分有利。

公司股东实力雄厚，资信良好，且随着公司业务的不断发展，将会逐步增加资本金，壮大担保实力，为公司的不断发展提供有力的保证。

结合当地钢材市场和担保机构的发展情况，可以预见未来江阴市得瑞尔物流有限公司和无锡市华泉隆担保有限公司的发展趋势，通过公司股东和员工的共同努力，是能够实现上述经营目标和效益目标的。

打造公益核心服务平台 创新公共服务项目

——江西省中小企业公共服务平台服务功能及业绩

江西省中小企业服务中心作为省级核心服务机构，在打造省级中小企业公共服务示范平台过程中，按照主管局全面实施中小企业成长工程、构建四大服务体系的工作思路，不断培育服务品牌项目，丰富平台内容，注重突出其综合性、公益性和专业性，充分发挥省级综合服务平台龙头示范作用，构建了涵盖信息服务、技术服务、培训服务、法律服务、创业服务、市场推广服务等为核心的公共服务平台。

一、信息服务

信息服务是江西省中小企业服务中心的重要服务项目。建成开通的江西省中小企业服务网站www. jxsmes. gov. cn，免费为企业提供宣传展示服务，并联合电信部门全面推广“商务领航”等信息服务，帮助企业成功建立电子销售渠道，有效解决市场开拓难的问题。开通了铜产业信息发布功能，发布专题研究报告，2010年下半年还分别在鹰潭、上饶召开了两次季度铜价分析预测会议，受到与会企业的广泛欢迎，为企业及时掌握业内发展动向，把握国内外发展行情，为生产提供决策参考。

同时针对脐橙种植与加工企业，设计一套科学实用的监测指标体系，全面摸清赣州地区所有脐橙种植园及加工企业的底数，特别是规模以上种植园和加工企业的种植、生产、经营情况，了解和掌握国内和国外脐橙产业整个情况。2009年我们通过一年的时间，在省、市、县、企业之间建立四级数据直报点，辐射面达赣州19个县和全国重点经营网点。

二、教育培训服务

近年来，在国家工业和信息化部和江西省中小企业局的统一部署下，按照“狠抓基础，突出个性，资源共享，按需服务”的原则，按需施教，注重银河培训品牌效应，充分利用和优化现有的社会资源，坚持“动态培训与常态培训相结合、企业需要和课程设置相结合、精心组织与后勤保障相结合”的服务理念，采取多层次、多渠道、多形式的方式，先后在南昌、萍乡、上海、抚州、井冈山等地组织举办“江西省成长型中小企业高级管理人员培训班”、“江西省中小企业信用担保业务培训班”、“江西省工业园区统计员培训班”、“科学组织内训培育企业文化培训班”、“全国中小企业生产经营运行监测工作培训会议”等34个班次，培训人数达5 000人次。取得了良好社会效益，得到了企业参训人员的一致好评，巩固了国家银河培训在企业心中的品牌形象。

三、技术创新服务

为更好的服务于本省的中小企业，完善服务体系项目内容，启动中小企业技术服务项目工作。为了进一步给全省11个设区市、99个县市区的75万户中小企业提供全方位、多层次的社会化服务，在认真总结前期试点经验的基础上，经过反复论证和科学规划，起草编制了《江西省中小企业技术服务项目管理办法》。经过调研，了解企业生产学习两不误的需求，分别通过信息化手段建立企业网络商学院，实现了集中授课与分散授课相结合；通过远程视频系统，实现了视频授课与课堂授课相结合；通过推广中小企业网络在线学习方式，实现网上学习，从而为企业大大节省了培训费用，解决了企业学习与工作之间的矛盾。一年来，共组织不同层次、不同规模、不同地点的培训班7个，服务企业402人次。免费向全省中小企业播放教学课程32次、70学时，全省共有613家企业、835人次参加了培训，成功举办了4次现场公开课，现场听课的企业有216家，228人次，通过视频系统收看的企业有115家企业，174人次。免费赠送南昌东劲实业有限公司、萍乡贯胜鞋业有限公司等10家企业学习账号，提升了企业自身培训能力。

四、市场推广服务

作为省级中小企业核心服务机构，积极帮助企业理顺销售网络和渠道，并利用一切机会帮助他们开拓国内外市场。2009年，应毛里求斯商业企业部常和南非第十六届国际贸易展览会组委会及毛里求斯小企业和手工业发展局的邀请，我中心组织江西省中小企业访非团近30余人分别于7月与9月赴毛里求斯、南非各进行了为期10天的访问。两次出访不但对外推广展示了我省中小企业优秀产品，为江西省中小企业在非洲寻求到了更多的商机，双方还就人员交流、技术培训、商贸洽谈、产品交易等众多方面达成共识，建立了实质性的商务交流。

五、法律咨询服务

中心积极搭建起了法律服务平台，为广大中小企业提供了政策性法律咨询服务、企业维权服务。有效防范了企业经营法律风险。通过网站设立的政策法律服务专栏，发布国家、省有关支持中小企业和非公有制经济发展的政策法规信息，免费宣传讲解，推广合法经营知识，促进了企业依法经营。两年间累计有687家企业获得法律服务，大型公开授课活动和咨询活动共计4次，累计为近千名企业工作者培训及提供咨询。中心还建立了投诉举报、受理登记、调查取证、依法查处、结果反馈的工作机制。由省中小企业服务中心向企业推介优质法律服务机构，受理企业投诉，维护企业合法权益。累计13家企业提出委托申请，获得企业专职法律顾问服务，签订《聘请法律顾问协议书》16份。代理金额达371 000元。累计6家企业提出委托申请，由律师事务所代理案件，解决法律纠纷事宜，代理金额达48 500元。

六、创业辅导服务

中小企业创业辅导活动是扎实推进“创业服务年”的一项重大举措。是以提升中小企业经营管理者的素质和能力，营造中小企业发展的良好育成环境，整合社会资源建立中小企业创业辅导长效机制的意义所在。中心早在3年前就与南昌市敏弘人力资源有限公司一起，针对劳务用工开展合作，带动我省中小企业人力资源的整合利用，为企业提供全方位、多层次、有差异的本性化服务，强化中小企业服务中心的服务功能，先后在高安市宏达纺织有限公司、亚中纺织有限公司等企业成功举办了多期“金蓝领”培训班，得到了当地政府、企业和学员们的一致好评，也为我们全省中小企业系统提高了知名度和美誉度，截止到当年底，就有9个地市中小企业局和多个县中小企业局接洽沟通过，并与高安合作，开展企业全年内训、行业内定期集中培训；在劳务用工、劳务外输方面与吉安县中小企业局达成共识，展开劳务、培训、公开课的合作。

省级综合服务平台还以省培训中心本级为基础，面向全省择优遴选优秀创业导师，筹建百名导师库来帮助有志人士创业。通过动员社会各界特别是工商界的资源，为创业人员提供“一对一”的导师辅导帮助他们成功创业，成就具有社会责任感的未来企业家。

创新服务模式　破解中小企业融资难题

吉林省促进中小企业发展服务中心

中小企业融资难是一个世界性难题，如何破解中小企业融资难一直是社会各界艰辛探索和深入研究的问题。创新融资服务方式、开发适合中小企业特点的金融产品是帮助中小企业发展的一个有效途径。

2007年，吉林省实施了民营经济3年腾飞计划，把大力发展民营经济摆上了突出位置。要有效实施民营经济腾飞计划、助推中小企业发展，破解中小企业融资难题无疑是重中之重。吉林省促进中小企业发展服务中心是政府扶持的大型公益性综合服务机构，担负着为中小企业提供融资等多种要素服务的职能，中心领导班子怀着强烈的事业心和高度的政治责任感，敏锐地意识到，中心要想在大力发展民营经济的历史进程中履职尽责，有所作为，就要充分利用政府的组织、政策优势，调动各方面资源，在金融产品和操作模式上有所突破，进而降低银行信贷风险，使银行愿意为创业者和中小企业贷款。为此，中心经过多方沟通协调、不断开拓探索，开创了多种中小企业融资服务品牌项目。

一、万民创业小额担保贷款项目

随着民营经济腾飞计划的实施，吉林大地掀起了全民创业的热潮，越来越多的人走上了创业的道路，而创业者面临的最突出问题就是资金短缺。为了缓解这一难题，中心对各家银行的中小企业金融产品进行了全面调研，对每个产品进行了详细的了解和研究，在经过中心多次讨论后，初步制定了一套全新的小额贷款模式。中心领导带领相关人员亲自跑银行，先与负责中小企业贷款业务的部门领导洽谈，双方觉得有深入研究的可能后，再与分管行长谈。经过与多家银行多次商谈，国家开发银行吉林省分行对这个贷款模式表现出了浓厚的兴趣。作为一家政策性银行，开行一直想为中小企业发展贡献一份力量，这正是一个难得的机遇。开行专门召开了专家论证会，把政府相关部门、省信用担保公司等多家单位的领导召集到一起，共同对贷款模式进行论证和完善，创造性地提出了“三台一会”模式，即由省促进中小企业发展服务中心为借款平台，以省信用担保公司和各地担保公司为担保平台，以开行、省促进中心、省担保公司和各市县合作办共同组建合作审议平台，并成立省信用促进会为信用自律组织，将此贷款模式命名为“万民创业小额担保贷款”，以推动全省全民创业活动。由于开行在各市县没有分支机构，需要一家银行作为委托代理机构来发放贷款，于是中心又与网点多的银行进行沟通，功夫不负有心人，吉林省农村信用联社最后同意作为委托代理金融机构。2007年6月，“万民创业小额担保贷款”项目正式启动，得到了广大创业者和中小企业的欢迎，被誉为惠民工程、富民工程。

吉林省东北袜业工业园是省级大学生创业孵化基地，每年有百余名的大学生来到这里创业，没有启动资金是这些大学生面临的首要问题。中心非常重视这件事情，多次与国家开发银行吉林省分行、吉林省信用担保有限公司、吉林省农村信用联社等单位进行沟通协商，希望能帮助这些大学生解决资金问题。由于没有抵押物，银行最终同意大学生用新购置的袜机来抵押。经过多方努力，首批33名大学生用半个月时间就拿到了共计660万元的小额贴息贷款资金。同时，为减化贷款手续，节约时间，中心又积极协调，把放款银行、担保公司、公证处及保险公司召集到一起实行现场实地办公，在袜业园办公室当场为大学生办理手续、发放贷款。这极大地鼓舞了袜业园大学生的创业热情。

随着业务的开展，创业者和中小企业有效需求不断增加，开行的信贷规模已不能满足中小企业的资金需求，中心又及时与吉林银行沟通，希望吉林银行能加入进来，吉林银行对此非常重视，结合其自身经营特点，本着实用、便民、效率的原则，对贷款模式进行了调整，很快第一批吉林银行万民创业小额担保贷款发放到了创业者手中。在项目实施的过程中，中心特别注重项目的规范化发展，严格制定和完善各项制度和流程，防控信贷风险。项目实施4年多的时间无一笔代偿。截至2011年6月底，共向全省30个市（县）发放万民创业小额担保贷款20.51亿元，支持创业项目2万余个。

二、千户成长工程融资支持项目

2005年，吉林省委、省政府出台了《关于进一步加快民营经济发展的决定》，省工信厅（原省中小企业局）在对省内成长型中小企业发展情况进行大量调查的基础上，提出做强做大千户成长型中小企业的建议，得到了省政府的充分肯定。2006年，省政府办公厅转发了《关于"十一五"期间做强做大1 000户成长型中小企业实施意见》，提出到"十一五"末期，1 000户成长型中小企业要成为全省中小企业暨民营经济发展的中坚力量和"龙头"。2007年，吉林省启动实施民营经济3年腾飞计划，重点是认真贯彻落实"千户实施意见"，把千户企业做强做大，省促进中小企业发展服务中心作为中小企业综合服务机构，有义务、有责任做好这项工作。

资金不足是企业的最大难题，严重制约了企业的发展。为切实解决成长型中小企业融资难问题，中心成立了省中小企业融资服务平台，按照"工作项目化、项目品牌化"的发展思路，在实践中不断探索和完善，成功打造出"千户成长型企业融资支持项目"这一融资服务品牌，深受社会各界的认可和赞誉。省融资平台与省内18家金融机构建立了联席合作机制，通过企业自行申报，各地工信局、中小企业服务中心、担保公司推荐等途径征集项目，对项目进行初步考察，择优推荐给各金融机构，金融机构有合作意向后，对贷款项目进行联合考察，为企业量身定做融资方案，贷后省融资平台还会对企业进行跟踪服务。"千户成长型企业融资支持项目"已建立起项目征集、推荐、考察、审核、跟踪的运作模式，实现了供需的有效对接，减少了银行与企业的信息不对称，提高了企业贷款成功率。同时，建立了"千户企业融资项目数据库"，对企业实行动态档案管理，及时了解企业需求，积极为企业提供融资服务。每年，还对通过省融资平台推荐获得银行贷款的部分千户企业给予财政贴息扶持，降低了企业的融资成本。

截至2011年6月底，省融资服务平台累计在全省范围内征集有资金需求项目1 800余个，共向全省金融机构包括开发银行、农发行、工行、建行、交行、农行、中行、农联社、吉林银行等直接推荐项目855个，其中，有415个项目获得银行贷款52.66亿元。省融资服务平台联合吉林银监局、人民银行长春中心支行、各金融机构召开银企保对接大会，共为企业融资450亿元。

三、抚松模式 园区模式

中心不断深入与金融机构的合作，与开发银行共同推出中小企业融资"抚松模式"、"园区模式"，其中，"抚松模式"得到了开发银行总行的高度重视，并将此模式在全国范围内进行了推介。"抚松模式"运用"四台一会"的贷款模式，即以吉林省促进中小企业发展服务中心为借款平台，以当地担保公司为担保平台，以当地金融机构为委托代理结算平台，以当地新闻媒体为公示平台，以中小企业信用促进会为信用自律组织，为当地单笔资金需求在500万元以下的中小企业提供贷款支持，有效缓解了中小企业因抵质押物不足带来的融资难题。"园区模式"将政府的组织资源与开发银行的融资优势相结合，采取政府协调推动，园区融资平台统借统还，贷款项目逐级推荐，民主评议、风险共担、市场化运作的原则，满足特色工业园区内中小企业的融资需求。

截至2011年6月底，抚松县、长春市绿园区、长春市高新区、德惠市、梅河口市、白山市江源区、东北袜业工业园7个县（市、区）试点工作稳步推进，发放贷款3.896亿元，支持企业124户。

中小企业信息化服务案例

天翼助力“数字企业”建设

中国电信

中小企业是我国经济发展中最活跃的力量。企业在成长发展的过程中，伴随着生产管理、销售、服务、培训、创新、扩张等各个重点环节，无一不需要充分利用信息化的手段来予以支撑实现、实施流程整合提升甚至是模式的变革性再造。21 世纪随着全球经济一体化的到来，数字企业必将成为未来的发展趋势。

一组来自《中国中小企业信息化调查报告》的数据显示，信息化所带来的成效已经得到中小企业的认可：有 34.6% 的中小企业认为信息化降低了企业的物流、配送成本；37.1% 的中小企业认为信息化降低了库存资金占用率；46.9% 的中小企业认为信息化提高了企业商品流通效率；62.5% 的中小企业认为信息化降低了人工成本；49.5% 的中小企业认为信息化降低了决策成本；高达 68.1% 的中小企业享受到了信息资源带来的市场机会。

作为国家主体电信运营商，中国电信积极接应“十二五”中小企业成长规划，与各地政府主管部门携手，推进中小企业信息化“十个一”工程，打造星级“数字企业”。加快信息技术在中小企业的企业基础建设、生产与管理、售后与服务等核心业务环节层面的普及推广和深化应用，助力企业提升管理，提高效率，降低成本，提高客户服务水平，提高企业创新能力，增强企业核心竞争力。目前已在安徽、福建、广东、浙江、江苏、上海、山东等全国范围开展中小企业信息化系列培训，覆盖制造业、建筑业、批发业、零售业、交通运输、房地产等行业，打造三到五星级“数字企业”，与政府联合对星级数字企业授牌。“十个一”工程大力推进了企业信息化，打造信息化企业即“数字企业”，帮助企业将更多的精力专注于核心业务发展，更好地满足中小企业捕捉商业机会、创新并快速拓展业务，通过智慧化、信息化、数字化手段，助力企业与企业客户一起，为实现信息化与工业化融合而共同努力。

一、推进企业信息化，建设“数字企业”

“数字企业”是指企业充分利用现代通信信息技术，深刻把握行业发展前沿，结合企业自身生产、办公、销售和服务需要，系统性地推进本企业生产经营管理的科学化、网络化和智能化，推进产品更新换代，带动产业转型升级，不断提升企业的经济效益和竞争力。

“数字企业”主要需要三个方面的应用：企业基础建设、生产与管理、售后与服务等方面的应用。具体包括“十个一”：一套云服务平台、一条互联网光速宽带、一套便捷沟通的网络、一个企业门户应用、一套内部监控应用、一套综合办公应用、一套企业培训应用、一套经营管理应用、一套电子商务应用、一套客户服务应用。

1. 基础建设应用

利用中国电信的光纤宽带服务，为企业提供便利高速的互联网通道；利用定制网关，为企业提供内部高效安全的数据网络服务；利用企业总机服务和企业建站服务，为企业提供便利实惠的语音门户和互联网门户；基于中国电信的云服务平台，向“数字企业”客户提供企业云主机、云存储、云桌面应用，为企业提供更加优质、成本更低的系统硬件和集成服务。

2. 生产与管理应用

通过中国电信视频监控应用系统所提供的全球眼服务，向企业客户提供基于视频的先进管理手段；借助翼机通服务，为企业提供门禁和考勤服务，并方便企业员工进行企业内的支付；利用在线会计/进销存服务，方便企业管理者随时了解企业的库存、销售情况；通过协同通信应用，为企业客户提供基于 PC 和通信录的协同办公系统；利用在线培训系统，大大提高培训的效率，节约企业培训成本；利用物联网技术，为企业提供定位、监测等服务，提升企业产品创新应用的能力。

3. 售后与服务应用

中国电信整合了传统 CRM 软件功能，为客户提供在线咨询、投诉售后服务等呼叫中心应用，方便企业掌握客户服务及满意度等情况，提升服务水平和管理效率；并为客户提供自助服务，让客户及时了解获取订单、物流配送等情况，提高企业经营效率，降低企业运营成本。

二、“数字企业”给客户带来的价值

1. 整体规划、分步实施、一劳永逸

中国电信以中小企业客户为中心，深入理解客户需求，并识别客户核心诉求，为客户进行信息化的统一规划，分阶段建设，并且终生维护，解决了企业缺 IT 维护人员的烦恼，让客户一劳永逸。

2. 资源共享、安全高效、节省成本

中国电信"数字企业"工程，为客户精心规划和设计企业信息化方案，有效整合资源，避免因零散建设造成不兼容与浪费，促进资源共享。利用云平台，具有超强的开放性与可扩展性，能够根据客户实际需要实现功能扩展，与客户现有系统无缝对接，安全高效，节省了企业成本。

3. 专家支持、专业团队、优质服务

中国电信拥有覆盖广泛的专业技术人员和专业服务团队，能够为客户提供多种外包服务及综合信息应用，帮助企业专注于核心业务，提升企业核心竞争力。

三、中国电信数字企业成功案例

案例 1：浙江拓邦混凝土有限公司

浙江拓邦混凝土有限公司是温州 2008 年新成立的民营企业，公司在职员工 150 余人，拥有混凝土生产线 2 条，灌装混凝土运输车、泵车、货运运输等车辆 50 余辆。

随着企业发展，中国电信温州分公司为客户提供了企业信息化一揽子的解决方案，包括 GPS 车载定位、天翼手机综合虚拟网、企业闪讯、ITV 数字电视等。

经过一段时间的使用，浙江拓邦深切感受到信息化带来的便利：借助电信优质的 3G 网络，企业所有车辆安装了 GPS 定位系统，实现了对所有车辆的实时监控，既降低了企业的人工成本，又降低了传统调度的通讯成本，更提高了车辆使用率和调度人员工作效率；通过组建天翼手机企业综合虚拟网，客户通信得到很大改善，降低了通讯费用，还营造了企业氛围，提高员工的工作积极性；在企业宿舍安装闪讯宽带及 ITV 数字电视，改善了员工生活环境，实现了企业和员工双赢。

拓邦混凝土公司在享受到电信带来的实惠后，和电信公司建立了良好的合作关系，E 监控、移动 OA 等新项目，也都在踊跃尝试接触中。现在，公司老总逢人便讲："电信不但通讯做得好，用了他们的数字企业项目，更好！"

案例 2：深圳圆通速递公司

深圳圆通速递公司总部在上海，公司发展初期存在业务下单慢、无统一的服务号码等问题。为进一步提升企业生产效能，中国电信深圳分公司为其提供了信息化整体解决方案。

深圳分公司首先将客户的呼叫中心打造为业务调度核心，建立 CRM 系统，提升处理订单速度及服务水平；提供总机服务，优化企业内部通信网络，对外统一号码，提升企业形象；建立 CRM 系统，提高管理效率及企业形象。

圆通公司通过信息化应用实现了生产效能的飞跃：业务下单从最初需要 8 分钟提高到目前只要 2 分钟，日业务量处理量从 3 万票上升为 8 万票；旺铺助手 CRM + 宽乐通信解决了客户无电子客户资料库、无法掌控分部资料的问题；呼叫中心方案解决了号码不统一、经常占线、话务员管理与考核无数据报表的问题，公司管理效率大大提高。

案例 3：广东佛山顺德某会计事务所

顺德某会计事务所业务繁忙，前台接线员用人工记录客户来电，接听速度慢而且容易丢失记录，经常有客户表示前台电话怎么也打不通，无形中流失了一部分客户，企业管理者对此颇为头痛。

中国电信广东佛山分公司为客户推荐旺铺助手应用，其客户资料管理、来电弹屏、短信发送等功能引起了客户兴趣。经过一个星期的试用后，客户反映接线员的工作效率提高了。使用旺铺助手后，特别是客户资料来电弹屏功能特别好用，可以方便知道是哪个客户来电，与客户沟通的效率提高了许多；来电漏接功能也为客户挽回了不少业务损失，之前由于前台电话数量有限，漏接了不知道多少客户的来电，损失了不少业务，使用旺铺助手后，可以知道哪些客户来电没有接听，直接回拨方便极了。

目前客户已办理旺铺助手单机版应用，为每部固话都开通了旺铺助手功能，并且加开了 3G 套餐天翼手机，客户非常满意。

案例 4：泉州运城制版有限公司

泉州运城制版有限公司（简称运城制版）地处泉州清蒙工业区，是福建地区最大的印刷模具供应商。公司原主要使用中国电信固话、光纤、定制网关等基础语音和网络通信服务。公司员工 400 多人，集体宿舍员工上网、电视娱乐等需求较大，但前期公司布线不规范、线路有所老化，员工需求迟迟得不到满足。企业管理者希望尽快改善和提升就业生活环境，加强员工关爱和员工福利，从而提高企业人才队伍的稳定性。

中国电信泉州分公司"想用户之所想，急用户之所急"，根据客户需求，通过"电信出一点，企业出一点、员工出一点"的方式，为客户进行"员工宿舍线路的光纤化升级改造、员工宿舍宽带、互动电视、天翼 3G 手机、翼机通应用"等一揽子解决方案团购优惠办理，让大多数员工都及时享受到了电信及企业为其创造的工作生活的便利和业务使用的优惠，同时有效帮助企业以最小的成本改善了用工环境，提高员工满意度，得到了企业领导的高度认可和感谢。企业领导表示：下一步将在生产、通信、办公、管理、销售、服务、企业文化建设等方面进一步加深与中国电信的全面合作，借助中国电信综合信息化应用提高企业管理水平，提升市场竞争力。

案例 5：安徽尊贵电器有限责任公司

安徽尊贵电器集团有限公司（简称"尊贵电器"）是一家集冰箱、冰柜、洗衣机研发、生产、销售和服务于一体的民营企业。公司员工众多、办公地点分散，需要统一的管理和综合办公系统。且随着新生产线的不断建设完善和投入运营，客户规模不断扩大，销售网点和人员呈分散化趋势，迫切需要提升各个网点销售数据汇总和分析效率。

中国电信合肥分公司为尊贵电器提供了一揽子的解决方案，包括 4008 企业语音门户、工作手机、综合办公应用、销售管家应用等。4008 商务一码通帮助企业搭建经济型的客服呼叫中心；销售管家及人员定位应用聚焦企业对终端销售所关注的三个关键点（DPP）：数据（Data）、地点（Place）、人员（People）实现了三位一体的实时直观掌控，帮助公司领导层准确把握市场销售动态，有针对性地进行店面管理和实施市场活动，同时轻松实现对终端工作人员的巡访管理和对工作绩效的量化考核。

安徽尊贵电器集团表示，在整个项目的合作配合中，中国电信对尊贵电器公司内部信息化需求的理解是首屈一指的，服务更是超出了预期。

案例 6：滁州宜庭家纺有限公司

宜庭家纺有限公司（简称"宜庭家纺"）专业从事床上用品设计、开发、生产与品牌营销，拥有纺织厂、印染厂、家纺制品厂等一整套完整的自主产业链。

宜庭家纺在发展过程中遭遇以下问题，如车间管理方面，不能实时了解车间日常生产情况，不能及时发现货物流转中的问题；经营管理方面，门店销售数据主要通过电话、传真、邮件等方式传送，不仅速度较慢甚至还可能出现统计错误；员工管理方面，存在出勤、工时记录不准确等问题。

中国电信滁州分公司为宜庭家纺量身定制了全球眼视频监控、翼机通、销售管家等。通过10多个视频监控点，领导可随时在电脑、手机等终端上查看工厂运转以及员工的工作情况；销售管家的应用实现了销售数据的及时传送，辅助领导进行原料供应等决策；翼机通加强了对员工出勤、用餐等方面的管理，也为员工提供了方便。

宜庭家纺有限公司表示，宜庭家纺的信息化水平在全行业处于领先地位。与中国电信合作一年多来，公司尝到了信息化的甜头。信息化使企业在管理效率的提高方面受益匪浅。

案例7：贵州好一多乳液有限公司

贵州好一多乳液有限公司是贵州省内乳制品龙头企业，在省内的扎佐、修文等地都设有奶源基地。伴随公司经营网点的不断增加和生产基地的不断扩大，每日销售数据不能及时传送到总部，各奶源基地由于离总部较远又比较分散，公司领导不能及时了解各源基地的生产情况及员工工作情况，对公司管理造成极大的不便。

中国电信贵阳分公司向贵州好一多乳液有限公司适时推荐了“连锁在线”视频监控业务。2010年5月好一多公司在其修文、扎佐两个奶源基地安装连锁在线监控点170余个、用于基地与总部实时传送销售生产数据的数字电路3条，满足了公司对奶源基地的远程管理需要，做到销售及生产数据及时传送，大大提高了公司的工作效率。

目前，贵州好一多乳液有限公司对各项业务使用满意，计划在新建的奶源基地继续安装、使用“连锁在线”业务。公司作为企业信息化建设的优秀单位，得到了贵州省经信委的肯定，并获得贵州省首批“数字企业”的荣誉称号。

“与沃同行”，共建信息化中小企业

中国联通

我国中小企业数量庞大，中小企业的生存和发展离不开信息化服务，信息时代瞬息万变，而把信息化融入中小企业内外沟通、形象展示、促进营销和提升管理的过程也是打造信息化企业的过程。中小企业资金少、人才缺，生存重于发展，为电信运营商协助中小企业向信息化迈进提出了更高的要求。中国联通依托先进的3G、宽带网络，全业务提供能力以及完善的服务体系，致力于信息化中小企业的建设和国民经济信息化的服务工作

一、中国联通致力于信息化中小企业建设

自2008年中国联通重组以来，确立了“沃·商务”作为企业客户的服务品牌。2011年，在服务企业客户方面，确立了在全国范围内推行移动OA、政府执法、汽车信息化、监测监控、股票机/专用上网卡等“5+2”项重点行业应用，在全国范围内成功举办了12场全国级、1 600多场省级中国联通“沃行天下”行业应用巡展；针对中小企业制定了“沃·商务”中小企业融合套餐，在全国范围举办了3万场中小企业聚类市场拓展活动；中国联通打造的基于云计算的中小企业信息化平台——“宽带商务”聚集了上百种适于企业通信、营销、办公财务等方面的信息化应用，大大降低了企业信息化的门槛；中国联通在中小企业客户服务体系方面推行网格化营销体系优化建设，荣获第八届（2011年）全国通信行业企业管理现代化创新成果二等奖。2011年中国联通企业客户收入同比增长超过27%，也有力支持了全国中小企业的信息化建设工作。

二、“沃·商务”中小企业融合套餐+统一通信：聚焦客户沟通

“沃·商务”中小企业融合套餐是中国联通专为中小企业打造的集固话、手机、宽带为一体的融合通信产品，不仅能为企业提供固话、2G、3G、宽带的一揽子解决方案，还向企业赠送信息化增值产品，同时实现了企业员工之间电话互拨优惠，固话手机共享时长无月租，长话市话自由打，轻松实现合帐缴费等特点。

统一通信将语音、传真、电子邮件、移动短消息、多媒体和数据等所有信息类型合为一体，可以给企业用户提供便捷的短信发送、文件传输、邮件收发、语音通信等多种企业办公应用。

通过融合套餐的使用，企业客户员工之间内部沟通更便捷，信息化水平得以提高，通信费用更加节省。通过统一通信的使用，成功将网络办公和话音、短信结合在一起，为公司内外的沟通带来便利。

三、移动视频监控：企业管理利器

近年来，视频监控在企业的安全防护、生产管理等方面得到广泛应用。中国联通依托当前技术最先进、速度最快、终端最成熟丰富的WCDMA网络，推出移动视频监控产品，大大扩大了视频监控的应用范围及灵活性。

中国联通移动视频监控支持无线接入、宽带接入、专线接入等多种视频终端接入方式，为客户提供基于手机、计算机及专用终端的视频展现方式，具备远程实时监控、远程实时报警、网络图像存储等功能。

中国联通移动视频监控可以为中小商铺、办公场所、生产车间、车辆等提供多种用途的监控。

四、“宽带商务”：企业信息化良性生态圈

“宽带商务”是中国联通服务中小企业信息化建设，充分利用在产业链中的影响，联合硬件平台提供商、软件提供商、应用开发商、IT搜索引擎服务商等众多上下游厂商，搭建的开放式SaaS平台。中国联通“宽带商务”公共服务平台成为国家发展改革委第

一批国家信息化“中小企业电子商务服务”试点，“宽带商务”获评“中小企业信息化十大影响力品牌”。

中国联通“宽带商务”致力于面向中小企业打造丰富、低价的应用集市，重点满足企业通信、商务销售活动的需求，具有电信级，长期稳定，即买即通，低门槛等服务特点。

“宽带商务”的使用营造了中小企业信息化建设的良性生态圈：中小企业在集中的业务门户进行自主选择、试用与在线购买；IT开发商或个人，自由地在应用集市中提供服务，极大丰富应用提供，同时，提供开放的中小企业信息应用开发、测试环境，为IT开发商或个人提供价格低廉的开发资源和测试环境。

作为国有特大型通信运营企业，中国联通将一如既往地切实履行主导电信运营商的社会责任，围绕党和国家“坚持以信息化带动工业化，以工业化促进信息化，提高经济社会信息化水平”的战略部署，充分利用全业务电信运营商优势，着力实施3G领先与一体化创新战略，聚焦增长，提升效率，致力于成为信息生活的创新服务领导者。在中小企业领域，中国联通将通过进一步整合基础通信、增值通信和信息化应用资源，提高服务深度和广度，鼎力相助中小企业信息化建设。

“与沃同行”，共建信息化中小企业！

“位信管家”产品介绍

北京联通

为加大物联网技术在商贸物流中的推广应用，提高我国商贸物流现代化、智能化水平，推动智慧物流发展，北京联通公司推出了针对物流行业客户的“位信管家”的行业应用新产品，它利用卫星定位和基站定位，针对物流行业的业务特点，对物流车辆定位、监控、调度，以及物流运力分析、订单管理、货物管理追踪等整个物流业务流程，进行综合管理的一套软硬件综合信息系统，对助力物流企业降低成本、创造价值、方便管理、提高效率和扩大业务起着重要作用。

“位信管家”产品覆盖了物流车辆的实时调度、车辆监控、订单管理、货单追踪、站点配置、线路配置、运力分析、车辆告警、信息管理等各个业务环节，助力物流企业降低成本、创造价值、方便管理、提高效率和扩大业务。主要价值表现在：

1. 实现对物流环节的有效掌控。
2. 实现资源的高效利用。
3. 降低企业的营运成本。
4. 实现管理模式向IT化的转变。

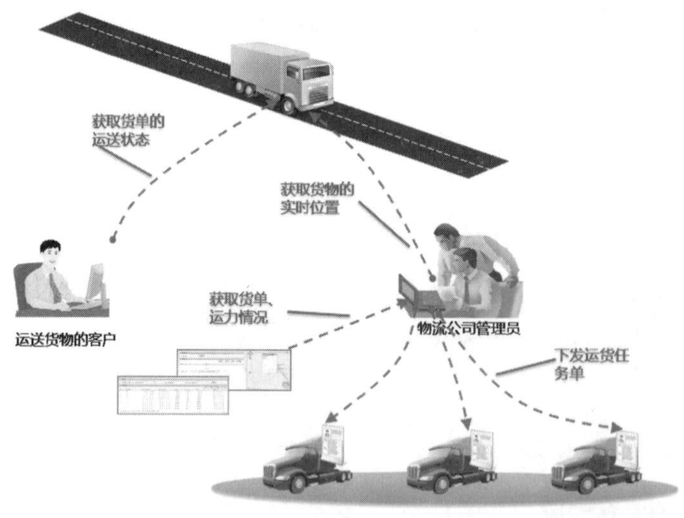

主要功能如下：

（一）实时监控：在地图上，对物流车辆进行实时、直观的监控。可以查看到车辆的实时位置、行驶速度、行驶方向等信息。实现对车辆状态的直观掌握。

（二）轨迹回放：查看以往车辆的运行情况。系统自动记录车辆的定位经度、纬度、时间、方向、速度等运行参数，并支持事后回放、分析、查询和打印输出。

（三）货单追踪：查看各个货单的运送状态，以及其基本信息。系统能实时展现出各个货单的及时状态，便于物流公司与货主了解货物的实时运送情况。

（四）运力分析：自动分析基地内或者选定的任意区域的可用运输车辆情况，真实地了解运力情况，从而进行合理的货单分批。

（五）统计报表：位信管家产品用便捷的方式查询基础信息和运营数据，从物流行业业务出发，提供自动化的统计功能。

（六）信息管理：系统具有企业、车辆、人员信息管理功能，将企业需管理的信息全部纳入系统管理的范围，实现企业的信息化管理转变。

（七）权限管理：权限管理功能可对不同职责不同管理范围的人员分配不同的管理权限，最高级的企业管理员可自行设定账号并进行权限分配，便于企业内部的分工合作。

◎**北京德利得物流有限公司成功案例**

一、项目客户介绍

北京德利得物流有限公司成立于2000年9月，旗下拥有北京、上海、广州德利得物流3家全资子公司，组成了80余家全国物流配送企业加盟的德利得全国物流配送联盟。北京德利得物流有限公司在2006年被中国交通运输协会评为中国物流百强企业，并通过ISO9000－2000质量认证体系。北京德利得物流有限公司，是中国AAAA级综合物流企业，在第三方物流企业中，以专业的物流服务与管理严谨著称，主要服务于中国的跨国企业和国内的优势企业，如：雀巢（中国）有限公司、松下电器（中国）有限公司、通用医疗电气有限公司等。其运营总监恽绵担任中国物流学会常务理事、中国物流学会特约研究员、北京道路运输协会副会长，在业内有很大的影响力。

北京德利得物流有限公司一直着力于为客户提供VIP式个性化的全程综合物流管理服务，通过为客户量身定制一站式个性化综合物流解决方案实现“快速、准确、高效”的物流服务标准，并借助先进的运输管理软件（TMS）移动物流信息平台，发挥基于网络信息平台与GPS移动信息平台的物流信息实时传递优势，打造德利得物流高速信息体系，使货物集散、分拨、配送与物流信息化管理技术有机结合。

为适应现代物流发展、满足客户日益增长的物流需求，2005年北京德利得物流启用位于北京市通州区的40000平方米的综合物流仓储配送中心，内有平面仓、立体月台仓、保温仓、快速分拨中心等，设施完善，配有现代化的仓储管理系统。

二、客户需求

在物流行业竞争日益激烈的环境下，北京德利得物流有限公司提出构建更广泛的物流系统、应用更科学的管理手段、引入更高效的信息化技术。

（1）构建更广泛的物流系统。德利得公司积极尝试构建一体化的全国物流配送管理体系，逐步强化自身的物流配送能力，通过海、陆、空多式联运，形成辐射全国的物流配送网络管理能力。

（2）应用更科学的管理手段。德利得公司采用驻站式VIP客户服务体系与一体化运营管理调度方法，充分发挥公司整体指挥调度体系的实力，并通过实时物流路径优化，提高物流效率，降低物流成本，逐步形成真正的“黄金链条”高效的同城物流配送管理体系.

三、位信管家解决方案

1. 德利得物流技术解决方案

德利得物流“位信管家”项目的技术解决方案，由定位服务器、远程监控中心、移动定位终端和广域网联动四个模块组成。

定位服务器。是“位信管家”的核心，实现以移动网络GPRS无线传输为基础，通过无线传输网络连接覆盖所有终端和远程监控中心程序的一个或多个互联网服务器。

远程监控中心。是客户物流管理水平提升的利器，客户可直接通过网页浏览或者安装的PC客户端程序，通过互联网与位讯通服务器连接，实现对所有互动GPS终端的位置监控和指挥调度。

移动定位终端。是保障车辆定位系统运转的关键，本次为客户提供的专业GPS手持机：GPS高灵敏度、防滑耐摔、巡航时间长；且提供地图定位、位置信息上传、照片上传、终端之间即时通讯以及普通手机功能。本次提供的定位跟踪器产品：便捷小巧、三防设计，还可实现语音对讲和紧急通话功能。

广域网联动。为客户提供对外加密的数据库访问接口，可以向客户以外的单位，提供实时位置、历史轨迹、通讯内容的服务。

2. 德利得物流功能实现方案

（1）精准调度。德利得物流在收到客户取货通知后，由客服或调度员立即通过定位系统调出负责该区域的递送人员或车辆的具体位置，并将相关数据保存记录，以便日后查询。

（2）科学下单。调度人员根据系统提示的最近送货人，通过GPS终端、WCDMA终端发送调度指令以及派单信息，使递送人员能够及时了解客户的需求信息，同时送货递送人员还通过后台下载方式将取货的任务单下载到手机中，便于及时查询和记录。

（3）数据反传。递送人员在完成包裹寄送工作后，现场可通过WCDMA或GPRS传输签收信息，还可通过手持终端对当天递送和取件信息进行扫描和上传，并可对破损货物进行拍照反馈。

（4）任务分析。德利得物流的管理人员可通过后台管理系统实现对所有递送人员当天取送货信息的统计分析、数据对比。

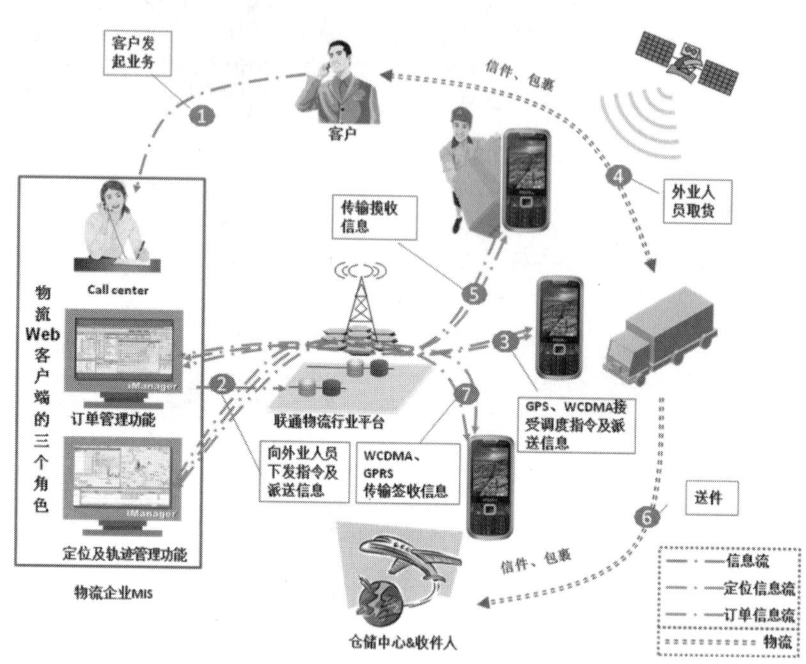

（5）管理监控。德利得物流的管理人员可对市内递送车辆和人员进行实时定位及信息统计，可实时对车辆的轨迹进行监控．同时还可查看车辆的路线回放。

3．德利得物流“车辆定位”主要功能

（1）实时监控：通过联通“车辆定位”系统可实现对作业车辆的实时定位、运输路线的实时监察；车辆的运能、载况的实时反馈。

（2）订单定位：通过联通“车辆定位”系统系统，可将客户订单定位标识于地图上，方便调度员直观地优化任务的分派。

（3）精准调度：通过联通“车辆定位”系统，可实现物流管理中心通过语音、文字与司机即时沟通，通过下发目的地坐标和导航轨迹等，实现现场指挥和中心导航。

（4）末梢反馈：借助联通“车辆定位”系统，司机可通过手持终端，借助简单的操作，完成原有繁琐的业务流程报批，还可通过定位照片、定位视频等，及时汇报现场情况。

（5）电子围栏：借助联通“车辆定位”系统，德利得物流可对手持终端员工进行电子围栏设定，一旦越过归定范围，系统自动弹出提示消息，方便德利得物流对员工的日常管理，避免运输车辆离开设定好的路线行驶。

（6）定时定位：借助联通“车辆定位”系统，德利得物流可自行设置定位间隔及日期。例：周一~周五，每天上午9点~下午5点。

（7）手动定位：联通“车辆定位”系统，可根据德利得物流管理人员需求，对特定目标员工，进行手动定位。

4. 德利得物流“车辆定位”方案特点

（1）系统管理方便。联通“车辆定位”系统，可根据德利得物流的需求，自定义群组关系，并对各环节人员进行增删改。

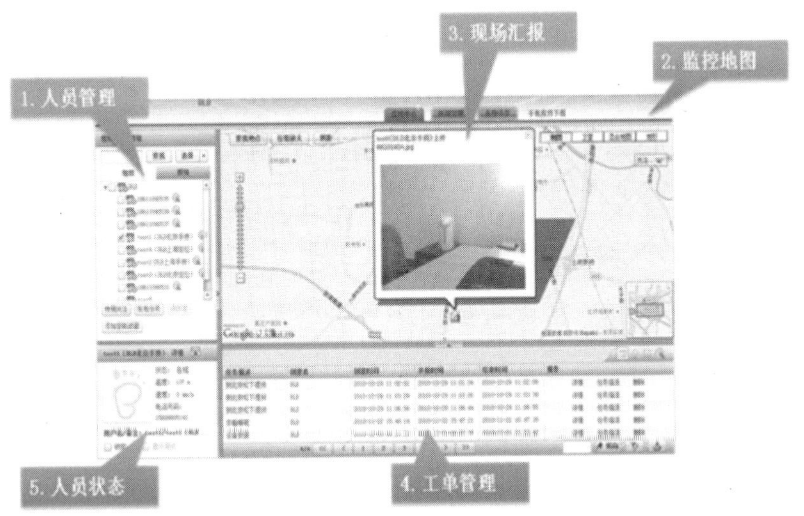

（2）日常监控精准。联通“车辆定位”系统，可向德利得物流提供直观查看车辆及人员位置的功能，还可对行驶轨迹回放浏览。

（3）现场汇报容易。运输人员使用联通“车辆定位”系统时，可随时向总部汇报现场情况，汇报内容可以是文本、图片或声音。

（4）工单管理科学。德利得物流管理人员可通过联通“车辆定位”系统，在后台实时查看每个工单的指派和完成情况。

（5）人员沟通便利。联通“车辆定位”系统可为所有使用人员查看相互的即时通信状态，确保物流人员实时联系。

四、“位信管家”的应用效果

（1）物流信息化降低运营成本。北京德利得物流有限公司，在使用联通“车辆定位”业务后：

任务配发更加精准，物流配送时间有效得到缩短。

物流调度更加及时，拥堵等待时间有效得到避免。

车辆监控更加科学，人员工作进度有效得到评估。

信息传递更加便捷，企业内部沟通有效得到强化。

（2）物流信息化提高管理水平。联通“车辆定位”产品，通过手持终端及时对位置数据进行采集，帮助德利得物流有限公司在任务调度、路线规划、人员管理、业绩考核四个管理核心环节起到了重要的作用。任务调动更加有章可循，路线规划实时性有效保障，人员管理更加科学合理；业绩考核可通过系统横向评比。

（3）物流信息化缩短沟通环节。联通“车辆定位”产品为北京德利得物流有限公司提供了人员车辆间、人员车辆与公司之间的通话交互、短信交互功能，借助手持终端实现任务派发、通知群发、状态查询、信息提醒等大量日常事务，有效提高了企业内通信沟通的效率，提升了企业办公效率。

（4）物流信息化实惠清晰可见。联通“车辆定位”项目的实施，直接帮助德利得公司员工的通讯成本减少13%，企业内单笔物流配送的时间缩短7%，企业物流配送客户的满意度提升了15%，并带动德利得物流有限公司月业务量的有效增长。同时，在项目实施过程中，通州联通客户经理从切实解决公司实际需要出发，充分向德利得物流公司的相关领导演示功能丰富、准确专业的联通物流行业信息化应用服务，联通专业的物流信息化应用获得客户的一致认可。

（5）客户评价。德利得物流运营总监恽绵为中国物流采购学会常务理事、中国物流学会特约研究员、北京道路运输协会副会长，恽总在多次在物流行业交流会上表示：中国联通的“位信管家”的信息化解决方案助力了德利得在信息化应用上的探索和领先。

搭建服务平台　专业服务中小企业信息化

畅捷通软件有限公司

畅捷通软件有限公司（以下简称畅捷通）是用友软件股份有限公司2010年3月投资成立的全资子公司，其前身是原用友集团小型管理软件事业部。一直以来，畅捷通以"信息化推动社会及商业进步"为使命，致力于为中小企业、政府、公共事业及非营利组织提供专业、标准、灵活易用的信息化产品和服务。作为国内领先的中小企业信息化专业服务商，公司中小企业用户的数量已经突破100万家。

自2005年，中小企业信息化推进工程实施以来，用友集团公司就积极响应政府号召，积极支持中小企业信息化推进工作，组织参与了大规模的免费培训、巡回演讲和信息化服务推进活动。2009年，工信部中小企业司开展了中小企业管理升级公共服务平台试点工作，畅捷通成为第一批平台试点单位，并在工信部中小司指导下，会同中国中小企业发展促进中心在全国范围内实施了"中小企业健康成长计划"。通过与全国各省市中小企业主管部门进行合作，共同建设中小企业信息化公共服务平台，希望通过平台化的服务方式，整合产业链资源，为中小企业提供"一站式"的信息化服务及管理能力提升服务。

经过两年来的努力，"中小企业健康成长计划"已经在绝大部分省市深入开展，受到了各地中小企业以及主管部门的欢迎和肯定。在推动信息化发展、完善中小企业信息化服务体系、帮助中小企业健康成长等方面，取得了显著成效。

一、健康成长计划实施情况和取得的成果

自2009年"中小企业健康成长计划"启动至今，通过建立信息化辅导站，形成覆盖全国的服务网络，积极探索集企业管理咨询、解决方案提供、信息化实施、人员培训全流程的信息化服务模式，成功完成了2009年"对10万家中小企业进行入户体检"和2010年"中小企业信息化服务体系建设"的工作目标，取得了显著的成效。截至2010年底：

1. 全国"中小企业信息化辅导站"达到280家，较2009年新增150家，基本上覆盖了除西藏以外的省市城市及部分二、三级城市。为让更多中小企业找得到服务，提高服务质量和服务效果，宣传中小企业信息化推进工程，公司在各地辅导站中推行管理标准、对外形象、技术产品、服务模式、认证培训"五统一"全程服务模式，实施规范化、标准化的信息化专业服务。

2. 继续为中小企业开展管理运营的健康体检，对5万多家中小企业经营状况进行调查，并对数据进行汇总分析，完成了《中小企业管理运营健康调查报告（2010）》。

3. 在全国范围内开展了中小企业信息化大讲堂、专家咨询会、企业管理沙龙、沙盘管理实战等形式多样的推进活动6 000余场，参加培训的中小企业近30万家，培训信息化专业人才和信息化主管超过50万人次，帮助近13万家中小企业实施了信息化。

4. 组织信息化体检师培训及认证考核80场，新认证的体检师达到1125人。

5. 在全国范围内启动了"中小企业信息化全程服务快车"计划。现在每天有100辆印着"中小企业信息化推进工程"标识的服务快车，奔驰在为中小企业健康成长服务的道路上。

6. 在全国各地培育区域性信息化成功示范企业1 000多家，筛选出全国级案例126家，并根据区域特点、行业特点，整理了30篇典型案例，汇总形成了《中小企业管理信息化案例研究（2010）》。

二、与各地中小企业管理部门积极合作，共同推进信息化

"中小企业健康成长计划"在绝大部分省市的深入开展，既依赖于遍布全国的辅导站体系，同时也离不开各地政府和协会的大力支持与配合。特别是与北京、上海、广东、四川等省市和部分行业协会的合作具有代表意义和借鉴作用。

1. 与烹饪协会合作推出首个行业健康成长计划"全国餐饮企业健康扶持计划"

2011年5月8日，在工信部中小企业司的指导下，由畅捷通软件有限公司携手中国烹饪协会共同推出了"全国餐饮企业成长扶持计划"。这是首个面向行业的健康成长计划，也是全国第一个专门针对餐饮行业的大型信息化管理扶持行动。该"计划"将通过餐饮企业成长扶持计划网站为餐饮企业经营发展"号脉问诊"，同时对餐饮企业的信息化建设给予实际扶持，在切实提升企业管理水平和运营效率的基础上，使信息化管理手段在全国餐饮企业得到更好的运用和推广，全面提升餐饮企业信息化管理水平。

目前，该"计划"已经在全国20多个城市陆续展开，并依托遍布全国的信息化辅导站服务体系，为数万家餐饮企业信息化建设提供了支持。

2. 与北京市经信委合作，推动"北京市中小企业健康成长计划"

2010年，与北京市经济和信息化委员会共同发起"北京市中小企业健康成长计划"，由畅捷通软件有限公司协助怀柔区经信委针对怀柔区中小企业进行区域性试点。

目前，已经建成了怀柔区中小企业健康成长辅导站，开始为怀柔区中小企业做免费健康体检。共为怀柔区中小企业提供信息化专项培训20场，培训企业300家，培训专项人才100人，树立示范企业10家，并完成了2010年度《北京市怀柔区中小企业管理运营健康状况报告》的撰写和"怀柔区中小企业管理运营健康指数"体系的建设，为主管政府部门指导中小企业发展提供了可靠数据。

3. 与上海中小企业（生产力促进）中心通力合作，启动了上海市中小企业健康成长计划。

该计划依托信息化辅导站，免费为上海市各区县经济城和工业园区内的中小企业提供体检服务。由众多的管理专家组成体检师队伍，对企业进行管理诊断和咨询，提出解决中小企业管理问题的“处方包”建议，引导和帮助企业实施信息化，提升中小企业竞争力，获得持续稳定健康的成长。

截至2010年10月，共建立39家“中小企业管理信息化辅导站”，平均每个区县2家服务站，全市共认证了83名中小企业管理运营健康体检师。在辅导站的平台体系和畅捷通公司共同协助下，在全市开展中小企业信息化管理培训活动37场，培训中小企业4 000余家，参与体检的中小企业达到了1 100家，实施应用信息化的中小企业达到2 000家以上，最终形成了《2010年中小企业健康运营管理报告（上海）》，并提交上海经信委评审备案。2011年将继续开展信息化服务平台体系试点，联合更多的信息化厂商，进一步完善上海市中小企业管理信息化服务站体系。

4. 与广东省及梅州市中小企业局合作，搭建中小企业信息化应用服务平台

（1）与广东省中小企业局合作，启动“广东省中小企业信息化普及之旅”。广东省中小企业局的指导下，畅捷通与广东省中小在线等多家单位共同启动了“广东省中小企业信息化普及之旅”。搭建信息化应用服务平台，为广东省中小企业提供信息化应用咨询及免费培训。共建立30家中小企业管理信息化辅导站，为1.5万家中小企业（包括商贸型中小企业）实施健康体检，开展150多场中小企业管理信息化系列培训活动，培训中小企业8 000多人次，认证中小企业管理运营健康体检师100名。并支持当地两化融合中心开展了30场工业和信息化融合系列专题培训，培训人员达到5 000人次。

（2）与广东省梅州市中小企业局共建中小企业电子商务服务平台。该平台由梅州市中小企业局发起，由畅捷通提供技术支持和方案输出，也是畅捷通自主创新的首个云服务平台。平台建设目的是为了帮助梅州中小企业解决发展过程中遇到的，诸如缺乏产品推广、品牌意识差、管理能力有限、发展资金匮乏等困难；帮助梅州中小企业抓住电子商务大发展的机遇，推广梅州特色产业；帮助梅州中小企业扩大产品销售市场，增加产品销售利润，打造重点行业、企业品牌。2010年下半年，针对当地金柚之乡，民用青花瓷最大产地等产业特色设置平台模块，开始招商，预计2011年将至少有500家企业入网。该平台的建立，对扩大企业产品的营销范围、加快产业集群建设、完成企业供应链整合、规范企业操作和过程管理、加强政府对地区中小企业的监控、为政府提供信息发布渠道等将发挥重要的支撑作用。

5. 与四川绵阳中小企业主管部门合作，共同推动“健康才是竞争力”系列活动。

畅捷通与四川省绵阳市经委、中小企业局、信息产业局及各中小企业服务中心机构合作，在当地推动了中小企业健康成长系列活动。该活动以“健康才是竞争力”为主题，以改善企业经营管理环境、提高中小企业经营和管理水平、增强中小企业核心竞争力和可持续发展能力为目的。

系列活动主要是依托当地信息化辅导站，为绵阳市各区县中小企业开展信息化培训、专家咨询、免费健康体检等专业服务，同时进行信息化示范企业的建设。截至2010年底，开展中小企业信息化管理培训活动25场，培训中小企业近2 000家，参与体检的中小企业近1 000家，实施应用信息化的中小企业达到300余家，建设信息化示范企业10家。

面对中小企业在“十二五”所将面对的新形势，畅捷通将继续开拓思路、创新工作方法，按照“政府扶持中介，中介服务企业”的理念，将信息化辅导站服务体系建设和“创新服务模式”建设，作为今后畅捷通信息化推进工作的重中之重。紧紧围绕促进中小企业持续健康发展，做到六个“服务于”：服务于促进中小企业发展政策措施的贯彻落实；服务于中小企业产业升级和结构调整；服务于缓解中小企业融资难；服务于中小企业管理水平提升；服务于中小企业市场开拓；服务于中小企业运行分析工作，使信息化服务体系真正成为连接政府和中小企业的桥梁，为支持和服务中小企业信息化做出更大贡献。

园区服务案例

创新思路、科学发展，推进都市工业园向科技产业园转型

武汉市白沙洲都市工业园

为全面贯彻落实党的十七届四中全会以及中央、省、市、区经济工作会议精神，以科学发展观为指导，深入实施“工业强市”战略，以结构调整和发展方式转变为主线，以项目推进为关键环节，突出抓好中小企业民营经济发展，打造“千亿板块，百亿园区”，推进白沙洲都市工业园向高新科技产业园转型，建设循环经济示范园区。

一、前言和实施背景

白沙洲地区是武汉市老工业基地之一，也是国有大中型企业集中地。武汉武昌经济开发区、白沙洲都市工业园区建设于此。1992 年市政府以武政办〔1992〕70 号文件，确定武昌经济开发区启动建设面积为 50 公顷，实施滚动发展，并赋予相配套的政策。2000 年 4 月，市政府下发了《市人民政府办公厅关于设立武汉东湖新技术开发区武昌科技工业园的批复》武政办〔2000〕65 号文件，2000 年 6 月，《武汉东湖开发区管委会关于成立武汉东湖新技术开发区武昌科技工业园的复函》武新管函〔2000〕23 号文件，批准武昌区在白沙洲地区建设武昌科技工业园，按照市政府文件的要求，2001 年，武昌科技工业园管委会委托市规划设计院，编制了开发区控制性详细规划，2002 年 4 月，市规划管理局《关于武昌科技工业园管理委员会武昌科技工业园控制性详细规划的批复》（武规规字〔2002〕1 号文），批准了武昌科技工业园控制性详细规划，规划范围：东起 107 国道，西到武金干堤、南接江国路，北至江盛路（江泰路），总规划面积为 153 公顷。

2004 年 8 月，市政府以《关于将白沙洲都市工业园列为市级都市工业园区的批复》（武都市工业〔2004〕4 号文），确定白沙洲都市工业园为市级都市工业园区；按照市政府文件的要求，武汉市武昌区经济发展园区管理委员会委托市规划设计院，编制了武汉市白沙洲都市工业园区控制性详细规划，武汉市城市规划局以《关于武汉市白沙洲都市工业园用地规划的批复》（武规规字〔2004〕34 号文），批准了白沙洲都市工业园区的用地规划，规划范围：东临 107 国道，西达武金堤公路，南至白沙二路，北抵江民路，规划总面积为 407.42 公顷。

2006 年，在全国清理开发区工作中，经国家发改委审核认定，省政府以鄂政函〔2006〕120 号文件，批准武汉武昌经济开发区为省级开发区；开发区产业发展方向和聚集主要产业为钢材深加工、成套设备制造和新型建筑材料。

2008 年 4 月，市政府为指导加快全市都市工业园区的建设和发展，市政府下发了《市人民政府办公厅印发武汉市都市工业园区产业发展规划纲要（2008—2011 年）的通知》（武政办〔2008〕78 号文件），确定了白沙洲都市工业园区产业定位，主导产业是船舶机械制造，优势产业是汽车电子、高新技术和创意产业。并制订了全市都市工业园空间扩展规划，以《市人民政府办公厅关于武汉市都市工业园空间扩展规划的批复》（武政办〔2008〕112 号文件），重新明确了武昌区白沙洲都市工业园规划范围，规划范围东扩展至武咸公路（107 国道），西达武金堤公路，南临白沙二路，北抵江民路，同时将“武船”、“南华高速”两大优势企业现状工业用地纳入园区扩大范围，现在白沙洲都市工业园区规划总面积为 502 公顷，其中工业用地 338 公顷，临时工业用地 59 公顷。

二、主要效果和具体做法

2009 年，园区入驻企业 272 家，其中规模以上企业 98 家。园区技工贸总收入 163.1 亿元，同比增长 22.27%；实现工业总产值 140.3 亿元，同比增长 24.79%；税收收入 4.3 万元，同比增长 23.6%。企业从业人员 1.75 万人，其中新增就业岗位 260 个。园区固定资产投资额达到 6.5 亿元。其中引进企业 26 家。引进内资项目 9 个，投资额 29 139 万元，新落户的注册资金 1 000 万以上的企业 3 个。2010 年预计工业总产值达 170 亿元，税收 4.8 亿元。

1. 明确白沙洲都市工业园产业发展的空间布局

白沙洲都市工业园要重点发展电子信息制造业、高科技船舶制造业以及与东湖开发区和沌口开发区配套的高科技制造业，着力打造电子信息制造业集聚区、高科技船舶制造业集聚区以及与东湖开发区和沌口开发区配套的高科技制造业集聚区。

（1）电子信息制造业集聚区

在江民路以南，江国路以北，土地面积约 92.6 公顷（如图 11）的区域，规划建设电子信息制造业集聚区，具体包括信息安全产业集聚区、船舶电子业集聚区等。

首先，依托瑞达信息安全产业股份有限公司，加快中部信息安全产业基地的建设，并推进“国家信息安全成果产业化（湖北）基地”落户园区。其中，中部武汉基地中长期规划用地 46.7 公顷，分为生产区、孵化区、研发区、检测实验区等，产品有安全芯片、智能电子钥匙、双网隔离机、路由保密机、可信网关等。预计，到 2012 年，该基地的信息安全产业产值将达到 20 亿元，在国内的市场占有率达 10%。

其次，依托武昌造船厂和武汉南华高速船舶工程有限公司形成船舶电子业集聚区。船舶电子业的产品主要包括通信导航设备、测量控制设备和信息系统等，这些产品在船舶中的配置因船舶类型和档次的不同而异。

此外，进一步发挥武昌人才密集的资源优势，积极引进更多种类的电子信息制造业企业，尤其是电子信息制造业企业研发和营销总部入驻，提高园区产业的科技含量。

（2）高科技船舶制造业集聚区

以武昌造船厂、武汉南华高速船舶工程有限公司为核心，土地面积约53公顷的区域，建设高科技船舶制造业集聚区。

依托武昌造船厂、武汉南华高速船舶工程有限公司的海洋工程船、高速快艇、豪华游船、旅游观光潜艇等主要品牌产品，发挥701所、719所、长江船舶设计院和大专院校的科技人才优势，建立起国际化的高端特种船舶研发与营销体系，重点发展科学考察船、海事船、大型液化天然气船、万箱级以上集装箱船、大型液化石油气船、大中型工程船舶、高档化学品船、大型远洋渔船、深潜救生艇、水下探测打捞深潜器、浅海管线电缆维修装置等一系列高技术含量、高附加值船舶或装置，提升白沙洲都市工业园武昌区船舶产业的科技含量，大力发展武昌区的船舶产业。

（3）与东湖开发区和沌口开发区配套的高科技制造业集聚区

在以江国路以南，八坦路以北，土地面积约40公顷的区域，建设与武汉沌口经济开发区、武汉东湖新技术开发区配套的高科技产业基地。

依托白沙洲都市工业园武昌区优越的地理位置、丰富的人才资源优势和鲜明的总部经济特色，重点发展与武汉东湖新技术开发区配套的3G、集成电路（IC）、3S软件（GPS、GIS、RS）、教育多媒体软件等高科技产业，与武汉沌口经济开发区配套的通讯、电子电器、汽车电子等高科技产业，并吸引这两大开发区内制造企业的区域总部、研发部门、营销中心等入驻白沙洲都市工业园武昌区，着力打造与东湖开发区和沌口开发区配套的高科技制造业集聚区。

2．加大协调服务力度，促进中小企业民营企业发展

贯彻落实《国务院关于进一步促进中小企业发展的若干意见》，加大服务力度，支持中小企业做大做强。建立健全服务企业的长效机制，帮助中小企业实现又好又快发展。

（1）建立健全服务企业的长效机制，积极搭建企业融资、法律咨询、安全培训和达标、企业人才培训、大学生实习、就业、创业等服务平台。改善企业融资服务，拓宽企业融资渠道，建设中小企业融资合作机制，建立完善风险机制，召开1－2次银企对接会，及时协调解决银企合作中的有关问题。

（2）深入园区企业，特别是中小民营企业，掌握了解企业生产经营活动的状况和遇到的困难问题，及时提供有针对性服务，创新思路，打造贴心服务模式，不断优化服务措施，改进服务质量，支持企业做大做强。

（3）加强园区公共设施配套建设，为园区企业和职工提供良好的工作生活环境；利用部分政府资金，吸纳部分社会资金，修建职工宿舍和职工食堂等服务性设施，为园区企业职工提供全方位服务。

3．积极推进重大项目建设，搞好招商引资工作

园区始终把加快重点项目推进作为增强经济发展活动，推进产业转型，完善功能配套的重要举措来抓，强化责任意识，健全工作机制，科学有序地推进项目建设和招商引资工作。

（1）围绕船舶机械制造、汽车电子、信息安全等重点产业，采取产业链招商、以商招商的方式，进行有针对性招商，提高工业园区引资门槛，变招商引资为招商选资，做好与东湖高新技术开发区、沌口开发区的产业配套和东部沿海产业转移的承接工作，注重引进附加值大，科技含量高的企业入驻园区。

（2）采取市场手段，鼓励工业、商业地产公司来园区兴业，引进一批注册资金千万元以上的大企业、大项目。

4．大力调整产业结构，推进都市产业园向高新科技产业园转型

进一步明确功能分区，通过优化产业结构，围绕园区产业发展方向，推进支柱产业和新兴产业的对接和融合，壮大产业链。

（1）利用工业园区企业的空闲厂房，建设科技产业园。利用湖北联谊、恒钢物流等企业的空置办公楼和厂房，建设科技产业园，指导武汉光通科技企业孵化器管理有限公司，引进更多的科技型企业，做大做强光通科技产业园。

（2）利用企业闲置用地和园区储备用地，建设一批产业园。通过政策、资金支持，采取政府入股等形式，鼓励湖北联谊、恒钢物流等企业拿出土地，并集约利用土地，建设科技楼宇、专业楼宇。利用专汽等储备用地，建设科技楼宇，引进符合园区产业规划的项目，建设一批科技产业园。

5．转变发展方式，建设循环经济示范园区

（1）工业园区把加快转变经济发展方式，作为实现未来经济目标的关键，将经济增长方式从粗放型向集约型转变，向结构优化、规模经济、科技进步、科学管理要效益，引进科技含量高、经济效益好、资源消耗低、环境污染少、人力资源优势得到充分发挥的企业，建设“两型园区”。

（2）在制定循环经济示范园区建设规划和实施方案的基础上，将建立一套循环经济发展水平的统计评价指标体系，建立一套工业园区发展循环经济的激励和约束机制。提出以提高资源利用效率为核心、以提高资源利用效率和减少废弃物排放为目标，发展“低碳经济”，通过政府引导和市场运作并举，在三年内打造循环经济体系，创建循环经济示范园区。

三、持续改进措施

1．进一步明确园区发展方向

加快产业结构调整，促进产业转型升级，改善园区软硬环境，以电子信息制造业、高科技船舶制

造业、与东湖开发区和沌口开发区配套的高科技制造业为主导，重点发展总部经济特色明显的现代高科技制造业，将白沙洲都市工业园发展成为武昌区电子信息制造业、高科技船舶制造业、与东湖开发区和沌口开发区配套的高科技制造业三大产业的集聚区，将白沙洲都市工业园打造成为三大产业的企业研发、营销总部的集聚区、武汉市绿色制造和清洁生产的示范区以及在武汉市乃至中部地区具有影响力的高科技产业园区。

2. 进一步完善园区发展策略

（1）修订和完善控制性详细规划

修订和完善具体而完备的控制性详细规划，有助于落实白沙洲都市工业园在园区布局、厂房、生活区、休闲区、道路、供水、供电、供气、绿化等方面的规划细则，有助于指导园区工业地产开发和公共基础建设，最终实现白沙洲都市工业园“改巢引凤”和“腾笼换鸟”的战略目标。

（2）加强基础设施建设

依据白沙洲都市工业园的发展目标与要求，结合白沙洲都市工业园基础设施的现状，大力加强基础实施建设。力争早日建成并投入使用一些企业从事生产、经营活动所急需的基础配套设施，创造优良的园区硬件条件吸引更多符合园区产业发展规划的企业入驻。

（3）实施工业地产开发

白沙洲都市工业园得天独厚的区位优势和高地价，决定了该园区更适合发展占地少、产值高的高科技产业。园区内土地利用效率较低的传统制造业企业必将面临转型、异地搬迁和对所持有的园区内土地进行重新开发的问题。政府要大力引导这些传统制造业企业引进战略投资合作伙伴，将其持有的土地开发为高科技型工业楼宇，提高土地的使用效率和投资回报率。

3. 积极推进制度创新

（1）园区物业管理社会化制度

改革园区现有的各自为政的物业管理制度，实现园区物业管理的社会化。随着工业地产开发商的引进和其提供的“一揽子”解决方案，园区将实现工业地产管理的社会化和专业化运作。将实现以招标的方式引进专业化物业管理公司对园区进行管理，包括维修、养护、管理园区房屋及配套的设施设备和相关场地，维护区内环境卫生和相关秩序等。对于园区内持有土地的企业，可经协商后将其一并纳入园区物业管理公司管理范围，也可在白沙洲都市工业园区物业管理原则的总体框架之下任其自我管理。通过自管与他管相结合的方式对园区物业进行管理，最终提高园区的物业管理绩效水平。

（2）产学研战略联盟促进制度

发挥武昌区高校云集，科技智力密集的优势以及总部经济优势，鼓励园内企业与大学、研究所等研究机构共同构建产学研战略联盟，如武汉理工大学高速船舶产业产学研战略联盟、武汉邮电科学研究院信息安全制造业战略联盟、武汉理工大学汽车电子配套产业产学研战略联盟等。通过组合各种技术创新要素，实现园区企业与大学研究所之间的优势互补，共同培养高层次人才，提升白沙洲都市工业园企业员工的技术创新能力和企业管理能力，将产学研战略联盟的重大科技成果转化为园区企业现实的生产力，最终提升企业自主创新能力和产业核心竞争力，推动园区的结构调整与战略升级。

4. 制定园区相关政策

（1）工业地产开发政策

白沙洲都市工业园的工业地产开发政策主要包括两大方面：一是土地开发政策，二是销售和持有物业的租赁政策。

（2）园区产业优惠政策

对符合白沙洲都市工业园长期发展规划的企业，要制定税收、扶持等方面的优惠政策吸引其早日入驻园区。

5. 推动信息平台建设

通过推动白沙洲都市工业园区信息平台建设，最终实现以下功能：

满足工业园区在互联网上集中统一形象宣传，扩大招商引资．高效、及时地向都市工业区属规模企业发布国家、省、市、区相关政策和法律法规。满足工业园区和企业相关数据、信息及各种申报、上报材料的上报工作。发展实现网上零售、网上购物、网上浏览等虚拟化的商业流通方式。

满足企业利用互联网开展企业形象、产品宣传、企业商务运作等需求。

在区委、区政府领导下，白沙洲工业园将创新方法，狠抓各项工作的落实。根据“两型社会”建设综合配套改革试验的总体要求，结合工业园实际工作情况，进一步解放思想，开拓创新，争先进位，争创特色，争创一流，提高执行力，调动各方面积极性，扎实做好工业园区各项工作，逐步把白沙洲都市工业园区建设成为高新科技产业园区。

板块推进　集约发展
打造一流工业总部新城

——雁塔鱼化工业园步入发展快车道

雁塔鱼化工业园位于西安市雁塔区西部鱼化地区。作为雁塔区重点发展四大经济板块之一的鱼化工业园，从成立之日起，就承载着提升雁塔区工业发展水平，优化区域产业结构的重大战略任务。

2009 年年初，陕西省县域经济工作会议召开后，雁塔区委、区政府依据西安市工业布局调整规划，决定将鱼化地区作为雁塔区提高核心竞争力的载体和可持续发展的增长极，依托区位优势和资源禀赋，打造国内一流、全省示范、经济效益、社会效益和生态效益俱佳的工业综合区。

2009 年 3 月，经省政府专题会议研究，鱼化工业园被列为陕西省首批 44 个重点建设的工业园区之一。同时，园区位列西安市三家重点建设工业园区首位。

2009年4月，雁塔区政府正式设立鱼化工业园管委会。6月，科技路西延伸段开工建设。

2009年8月，园区管委会成立揭牌暨基础设施建设开工仪式举行。仪式当天，省委常委、市委书记孙清云，分管工业副省长吴登昌亲自为园区揭牌，并启动基础设施建设。仪式举行后，孙书记在管委会主持召开了西安市工业园区建设座谈会，正式拉开区县工业园区建设序幕。

2010年，雁塔区委、区政府决定大力实施板块推进战略，做大做强主导产业，构建区域发展核心竞争力，加快自管区域的小寨商圈、鱼化工业园、科技产业园和西沣路地区等经济板块建设。

2010年6月，陕西省中小企业促进局授予鱼化工业园“陕西省重点建设县域工业集中区”称号。

2011年初，国家发改委、工信部、国务院政研室等部委领导和专家在考察和听取鱼化工业园发展汇报后，对园区的发展定位给予充分的肯定。

2011年3月，雁塔区委、区政府将鱼化工业园列为“十二五”重点发展四大经济板块之一，出台了《关于加快推进经济板块建设工作的意见》（雁发（2011）4号），给予经济板块发展政策和园区当年2亿元建设资金支持。

2011年4月，国家工信部中小企业发展促进中心与园区签订战略合作协议并授牌，西北首家国家级“新型都市工业示范园”落户园区。

2011年5月，省委常委、市委书记孙清云在雁塔调研工作时指出，雁塔在“十二五”期间要优化区域布局，打造富有特色的发展板块，同时要调整产业结构，形成具有竞争力的主导产业。

2011年7月陕西省创建新型工业化产业示范基地领导小组授牌园区“陕西省新型工业化产业示范基地”。

2011年11月西安市人力资源和社会保障局、西安市总工会、西安企业及企业家联合会、西安市工商业联合会四家联合授牌鱼化工业园为“西安市劳动关系和谐工业园区”。

一、科学规划绘就宏伟蓝图

从2009年4月工业园成立，深感肩上责任重大的鱼化工业园管委会一班人就一刻也不敢懈怠，不断思考着鱼化工业园的功能定位和发展目标。鱼化工业园从起步开始，就立足建设国内一流园区，按照“产业不低于高新，整体形象不低于曲江”的要求，对园区发展进行反复研究论证，力争在园区建设上不走弯路，避免重复建设。

管委会一班人走出雁塔、走出西安，先后组织人员到苏州工业园，北京丰台总部新城，四川青羊、龙潭工业园学习，在学习其他园区先进经验的同时，也对鱼化工业园的发展定位不断地进行思考，充分认识到，在雁塔“强三优二，板块推进”的要求和西安建设国际化大都市的背景下，地处西安市西南黄金地段的鱼化工业园单纯的发展工业已经不能满足区域发展的需要，未来的鱼化工业园将是一个集工业、居住、商贸服务于一体的新型都市工业园区。

2009年5月，陕西中际国际城市发展研究院对鱼化工业园产业发展规划进行了专题研究。经过对高新区、经开区、沣京工业园的实地考察调研，对园区内现有46家企业的抽样调查。在查阅大量资料、专家反复论证的基础上，初步提出了鱼化工业园“以专用设备制造业为主导，以输配电及控制设备制造业为支柱，形成高新技术和先进适用技术错位发展，集物流等配套服务于一体的、具有鲜明特色和较强竞争力的新型循环工业园”的总体定位和“力争到2014年引进企业百家以上，累计完成固定资产投资120亿元以上，当年实现总产值200亿元以上，上缴税收10亿元以上”的发展目标。

2010年初，针对新的发展阶段和发展要求，鱼化工业园又邀请世联地产对鱼化工业园产业定位和整体发展战略进行再次深入研究。世联地产通过对园区资源、周边现状、西安市产业发展趋势的深入研究，历经半年，于2010年6月提出了鱼化工业园的总体发展思路——按照“高起点规划、高标准建设、集约化发展、规范化管理”的总体要求，坚持“产业集群化、资源集约化、环境和谐化、服务专业化、园区国际化”的发展思路，全力打造“以总部经济为支柱，以高端制造业为基础，以金融信息服务业为配套，以贸易流通服务业为辅助”的全国一流、全省示范，经济、社会、生态俱佳的现代化、都市化、国际化工业总部新城。

2009年12月，西安市政府第99次常务会议审议通过了《西安鱼化工业园规划》，园区规划范围东起西三环，西至绕城高速，北靠昆明路，南依科技西路，总用地面积5.37平方公里（合8 058亩），涉及雁塔、长安、未央三个行政区部分用地。其中工业用地3 024亩，占建设用地的37.53%；绿地1738亩，占建设用地的21.57%；居住用地1 317亩，占建设用地的16.35%；道路广场用地1 239亩，占建设用地的15.38%；公共设施用地241亩，占建设用地的2.99%；市政公共设施用地148亩，占建设用地的1.83%；仓储用地210亩，占建设用地的2.6%，建成后的鱼化工业园将是一个工业文明与生态文明交相辉映的工业总部新城。

雁塔鱼化工业园作为大西安主城区内唯一的都市工业园，联动西咸、高新、主城核心区三大区域，是大西安城市战略布局的重要组成部分。园区以无可比拟的六大价值优势及科学的发展规划受到国家有关部委的认可和支持，2011年4月7日被国家工信部中小企业发展促进中心授予西北首家国家级“新型都市工业示范园”称号。

核心价值一　政策优势，省级重点项目，各级政府鼎力支持

雁塔鱼化工业园是陕西省重点建设的44家县域工业园之一，受到省、市、区各级政府和部门的大力扶持，为雁塔鱼化工业园的发展创造良好政策环境。

核心价值二　区位优势，城市新区，绝无仅有的都市工业园

雁塔鱼化工业园位于关天经济区核心城市西安，南临国家级高新技术产业开发区西安高新区，西接第四个国家级新区西咸新区，东连西安主城核心区，在大西安发展中起着承东启西的重要作用，是西安国际化大都市建设的重要组成部分。

核心价值三　交通优势，立体交通网，纵横都市工业动脉

雁塔鱼化工业园东起西三环，西至绕城高速，北靠昆明路，南依科技西路，距高新腹地仅5分钟车程，距西安咸阳国际机场仅20分钟车程。规划中的地铁3号线在园区南入口处、5号线在园区北入口设有站点，未来连接咸阳、西咸新区至西安的地铁7号线贯穿园区；周边的立体交通格局业已成型，交通优势十分明显。

核心价值四　配套优势，全产业配套，奠定企业腾飞基石

园区内路网密集，规划主、次、支路14条，总长27.24公里。通信、天然气、雨污水、自来水、电力管网等其它配套设施与道路建设同步接入。

核心价值五　人才优势，数十万精英，科技教育资源丰富

雁塔区科技教育资源丰富，辖区内有西安交通大学、西安电子科技大学、陕西师范大学等22所普通高等院校，千人以上民办高校12所，省级以上科研院所55家，各类专业技术人员13.8万人，为园区企业提供大量高技能人才。

核心价值六　生态优势，公园大特区，周秦汉唐生态长廊

园区位于西安周秦汉唐文化景观轴中央，沣京遗址公园、镐京遗址公园、阿房宫遗址公园、汉长安城遗址公园四大遗址公园近在咫尺，周边人文气息浓厚。随着再造昆明湖计划出炉，园区周边生态环境优势逐步显现，为雁塔鱼化工业园提供了绝佳的生态环境。

聚集众多优势，雁塔鱼化工业园按照“布局组团化、产业高端化、建设集约化、功能复合化、配套标准化”的原则，秉承产业、功能、形象统筹全局的思路，以打造鱼化工业总部新城为目标，着力构建“一轴、两带、三核”的空间结构。“一轴”为由贯穿工业园东西向的纬一路作为区域的城市发展主轴，“两带”分别为新型产业布局为主要功能的西部产业发展带和以发展总部办公、生活配套为主要功能的东部产业发展带；“三核”为东部产业发展带上的总部经济交流核和活力生活休闲核，西部产业发展带上的产业发展核。按照区域布局将园区从东向西分别为生活配套区、总部聚集区和新兴产业区，全力打造新型都市工业示范园。

——生活配套区。占地2 100亩，总建筑面积375.6万平方米，总投资139.1亿元，总销售额179.3亿元，税收32亿元。建成后的生活配套区将通过产业、功能、形象同步发展，实现“产业发展和城市发展高度融合，经济发展与环境保护相互和谐”，形成“工作、生活、休闲一体化”的产业新城发展模式，营造时尚、动感的生活空间，打造园区的购物、娱乐中心。生活配套区包括青年时尚居住区板块、生态居住区板块、集中安置区板块、商业休闲区板块。

——总部聚集区。占地1 250亩，总建筑面积198.4万平方米，总投资100亿元，总产值68亿元，税收10亿元。总部聚集区将通过西北总部基地项目建设，打造智能化、低密度、生态型的科技商务花园，使其成为立足西安、辐射西北、影响全国的国内领先建筑节能示范区，西北地区最具影响总部基地，西安生产性服务业新高地，成为西安有一个靓丽的城市标签。

——新兴产业区。占地2 200亩，总建筑面积176万平方米，总投资55亿元，总产值86亿元，税收11.5亿元。新兴产业区通过发挥园区已有的装备制造业发展优势，打造以工业生产功能为主，集研发、中试功能为一体的生产基地，提升雁塔区属工业发展水平。

二、高端定位打造绿色生态示范园区

在西安市工业布局调整规划和雁塔区“十二五”发展规划中，鱼化工业园肩负三大任务：雁塔板块推进战略的重要一极；高新产业外溢的承接地；西安中小企业成果转化的平台。

“十二五”期间，鱼化工业园将按照“绿色发展、创新发展”的都市工业发展原则，以服务西安国际化大都市建设为目标，依托雁塔独特的信息流、人才流、资金流及现代物流等社会资源，坚持基础设施建设与产业发展相结合，政府主导与市场配置相结合，自我发展与合作创新相结合，充分依托高新区技术扩展趋势，特别是借助于第四个国家级新区——西咸新区的建设机遇，大力发展现代生产性服务业和战略性新兴产业，重点发展生物医药、节能环保、信息服务、新能源新材料、文化创意等五大支柱产业。

——生物医药。以打造国内领先的生物医药专业园区为契机，重点支持基因工程、农业生物医药、中药现代化、医疗器械及保健品的发展。

——节能环保。着力打造集展示、交易、集成、服务等四大功能为主的节能环保示范园。重点支持建筑节能、工业设备节能和能源产业节能。

——信息服务。将打造以信息技术咨询服务、设计与开发服务、信息系统集成服务、数据处理及运营服务为一体的专业化信息服务平台。

——新能源新材料。着力打造西安市西南地区新能源新材料发展的新高地。重点发展太阳能光伏、半导体照明（LED）、高导高强铜基合金材料等。

——文化创意。将打造集动漫、游戏、立体电影创意、健康科普教育、动漫形象及衍生产品的制作、发行、推广为一体的特色文化创意产业园。

通过对这五大产业类企业的引进，鱼化工业园将完成从传统型工业向都市型工业的转变，到“十二五”末，完成总投资260亿元，其中工业投资总额130亿元，实现年工业总产值200亿元，实现年工业增加值60亿元，年税收突破20亿元。

鱼化工业园把“绿色园区、生态园区”的发展理念贯穿园区建设始终，坚持节能减排、低碳环保，为园区发展注入绿色效能。

——高品质的建筑节能。园区总建筑面积750万平方米，将通过采用外墙保温系统、地源热泵系统、雨水收集系统、LED节能泛光照明系统等建筑节能系统，使单位面积能耗节约53%，单位面积调号节约440%。

——用地布局集约化。工业园在项目入园用地审批中，严格把关，深挖土地潜力，通过建立集中居住区、公共信息服务平台、公共研发中试基地、公共总部办公大楼等措施，最大程度的节约用地。具体就是要求每个项目单位不再单独建设办公大楼、员工宿舍、研发基地，由工业园统一建设，统一调配使用。

——高效的水资源循环系统。园区建立统一的污水处理系统、雨水收集系统、生活用水供给系统，最大限度的节约水资源。

三、项目支撑铸就产业新高地

鱼化工业园始终按照“大项目引领大发展，好项目推动好发展”的工作思路，抢抓机遇，破难攻坚，通过招商引资，实施项目带动战略。

2011年以来，园区形象初步形成，便捷的交通、优美的环境、完善的配套设施、优质高效的服务吸引了众多投资者，大规模的项目建设全面展开。

总投资52.5亿元的西北总部基地项目开工建设；

容纳50家以上企业的光电电子科技产业园项目开工建设；

西安华澳丽康生物工程项目开工建设；

总投资10亿元的西安鱼化汽车产业园开工建设；

综合配套开发项目前期工程开始启动；

……

截至目前，洽谈项目619个，开工项目5个。其中，总投资10亿元以上项目4个，3亿元以上项目15个，5 000万以上项目84个。

北京嘉恒西北总部基地项目

西北总部基地项目总占地1 050亩，总建筑面积140万平方米，总投资52.5亿元。建成后预计入驻企业超过1 000家，实现年产值100亿元，年税收8亿元，创造就业岗位20 000个以上。西北总部基地项目将打造立足西安、辐射西北、影响全国的西北地区最具影响力的企业总部聚集区，成为西北地区总部经济发展的标杆。

青啤项目

搬迁新建80万千升啤酒厂及配套物流库项目由青岛啤酒西安汉斯集团有限公司投资建设，该项目占地1 000亩，总建筑面积48万平方米，总投资16亿元，建设周期18个月，建成后预计实现年产值18.4亿元，年税收6.5亿元，创造就业岗位2 000个。

铁路信号厂项目

铁路运营调度指挥自动化及客运服务系统开发和产业化项目由西安铁路信号厂投资新建，该项目占地259亩，总建筑面积16.2万平方米，总投资10亿元，建设周期36个月，建成后预计实现年产值10亿元，年税收1亿元，创造就业岗位1 000个。

新型都市工业示范基地项目

新型都市工业示范基地项目由西安市雁塔区鱼化工业园管委会投资建设，是鱼化工业园发展都市工业的重要试点。该项目总占地面积203亩，总建筑面积30万平方米，总投资9亿元。基地建设坚持“统一布局、统一设计、统一配套的原则”，以节约土地、节能环保、低碳经济为理念，高起点规划、高标准建设，在建设过程中大量采用新材料、新技术，凸显绿色园区特点，为总部型投资项目和中小工业企业集聚发展提供生产经营场所和发展平台。

集中安置区项目

鱼化工业园集中安置区按照“政府主导、集中安置、配套设施共享”的原则，将建设环境优美、生态文明的安置小区典范。集中安置区总占地面积216亩，安置人数3 800人，总建筑面积46.32万平方米（其中安置面积43.69万平方米，商业面积2.63万平方米）。小区坚持高容积率、低建筑密度的原则，通过对“家园”这一理念的诠释，分别从建筑单体户型、立面效果和内部大尺度的景观院落两个方面使整个居住小区成为“公园里的家，家边的公园”。同时考虑村民自住和出租两种需求，一梯八户点式高层搭配4户出租安置户型。在4个村子集中安置的前提下，通过合理的规划布局，形成4个相对独立的生活组团。最大条件的满足群众生产生活的需要。同时，鱼化工业园将以打造高品质的集中安置小区亮点工程为契机，大力推进统筹城乡发展工作。到“十二五”末，实现人均地区生产总值翻两番以上，城镇居民人均可支配收入达到45 000元以上，年递增15%；农民人均纯收入达到18 000元以上；地区容纳人口10万人；带动就业人口3万人以上。

两年来，鱼化工业园经历了从高端装备制造业传统型工业到现代生产性服务业都市型工业的转变，已经进入了发展的快车道，各项经济指标快速增长，基础设施加快推进，多种产业齐头并进。逐渐从“筑巢”向“引凤”过渡。

站在新的起点，鱼化工业园将突出一个目标，提升两种能力，实施三大战略，全面提升园区的产业聚集能力和综合竞争力，大力实施产业融合战略、区域发展战略、壮大总量和优化结构并举的战略，打造以现代生产性服务业和战略性新兴产业为主导的工业总部新城，推进鱼化工业园跨越式发展，实现“十二五”规划宏伟目标。未来，鱼化工业园将成为拉动雁塔经济发展的新引擎，承接高新区产业转移的新平台，西安市西南统筹城乡的新示范，陕西省县域工业园区的新排头。

现代工业与商业的完美结合，人与自然的和谐相处。昆明池畔，故时化鱼成龙，而今商贾云集，万家灯火，鱼化工业园必将成为关中—天水经济区内一颗耀眼璀璨的明珠。